1. 中共中央、国务院于1994年6月14日至17日在北京召开全国教育工作会议，江泽民、李鹏、李瑞环、朱镕基，胡锦涛等党和国家领导人出席开幕式。图为会场全景

韩树民　摄

2. 中共中央总书记江泽民在全国教育工作会议开幕式上作重要讲话

韩树民　摄

3. 国务院总理李鹏在全国教育工作会议开幕式上作题为《动员起来，为实施〈中国教育改革和发展纲要〉而努力》的主题报告

韩树民　摄

4. 国务院副总理李岚清在全国教育工作会议上讲话

韩树民　摄

5. 中共中央政治局委员、书记处书记丁关根主持全国教育工作会议闭幕式并讲话

韩树民　摄

6．在全国教育工作会议期间，江泽民、李鹏、李瑞环、朱镕基、胡锦涛等党和国家领导人与出席会议的代表合影

韩树民　摄

7

8

9

7. 国家教委主任朱开轩在云南省思茅地区视察并了解少数民族教育情况

李曜升　供稿

8. 张孝文副主任在东南大学参观分子电子实验室

曹国永　供稿

9. 柳斌副主任在海南师范学院视察学生食堂

马建华　供稿

10

10. 王明达副主任在安徽省阜阳地区检查扫盲工作

孟庆宏 供稿

11

11. 韦钰副主任在厦门大学参观固体表面物理化学国家级实验室

陈盈晖 供稿

12

12. 张天保副主任在河北省涞源县山区视察乡村小学

宋德明 供稿

13

14

15

16

13. 西藏自治区召开教育工作会议，贯彻全国教育工作会议精神，提出加快教育发展和改革的规划及目标

晋美朗杰　摄

14. 北京市万泉庄小学在一年级开展计算机教学实验。图为学生进行汉字输入练习

刘全聚　摄

15. 安徽省金寨县“希望小学”的学生开展课外活动

安徽省教委　供稿

16. 河北省易县西陵中学在学生中开展电视维修技术培训

刘全聚　摄

17. 青海省重视女童教育引起国内外教育界关注。图为有关方面在该省召开女童教育国际研讨会会场　　韦熹　摄

18. 陕西省残疾儿童李欢自强不息，曾受到江泽民总书记、李鹏总理的接见。图为李欢在天安门观看升旗仪式时向国旗致敬　　刘全聚　摄

19. 上海第二医科大学人类基因实验室的研究人员在进行学术研究　　上海市教委　供稿

20. 新疆阿勒泰市在牧区开展扫盲。图为农牧民在毡房前学习识字

刘全聚　摄

17

19

18

20

21

22

23

21. 湖南常德师范专科学校学生在天文台观察太阳黑子

刘全聚　摄

22. 天津市在成人中等专业学校开展人口知识竞赛

张晋峰　摄

23. 江西南昌市百花洲小学教师带领学生在“八一”起义纪念馆进行革命传统教育

江仁生　摄

24

25

24. 广东省在宣传《教师法》中举办"教育植树活动"。图为"教育林"揭幕

黄小坚　摄

25. 国家教委在1994年第10个教师节期间举办优秀教师"园丁之家"活动

张　波　摄

26. 四川省举办大学生首届艺术节。图为重庆大学演出的"永恒的旗"一幕

屈　辉　摄

26

中国教育年鉴

1995年

《中国教育年鉴》编辑部

人民教育出版社

(京)新登字 113 号

图书在版编目(CIP)数据

中国教育年鉴 1995/《中国教育年鉴》编辑部编.-北京:人民教育出版社,1995

ISBN 7-107-11458

Ⅰ.中… Ⅱ.中… Ⅲ.教育事业-年鉴-中国-1995 Ⅳ.G52-54

中国版本图书馆 CIP 数据核字(95)第 23591 号

中国教育年鉴

(1995)

《中国教育年鉴》编辑部 编

*

人民教育出版社出版发行

全国新华书店经销

华云电子数据中心照排

民族印刷厂印装

*

开本 787×1092 1/16 印张 62.5 插页 6 字数 1,330,000

1995 年 12 月第 1 版 1996 年 1 月第 1 次印刷

印数 1—3,500

ISBN 7-107-11458-1

G·4569 定价 82.60 元

编辑说明

一、《中国教育年鉴》是国家教委编纂的全国性专业年鉴和综合资料性著作。它是各级教育行政部门、各类教育（学校）执行党和国家的教育方针政策、做好教育工作情况的总结，是我国教育事业不断发展和改革成果的记录。

二、编纂本书是为教育管理决策、科研和教学人员研究汇集的资料；为教育战线工作沟通信息、交流经验开辟的园地；为宣传中国教育发展改革成果设立的窗口；并为热心关注和研究我国教育的读者提供事实依据。

三、年鉴的基本栏目有：党和国家有关教育工作的重要文件，党和国家领导人有关教育工作的重要讲话，国家教委负责人的讲话或专文，全国教育年度工作方针计划，教育综合改革与管理，基础教育，高等教育，职业技术教育，成人教育，师范教育，民族教育，学校体育、卫生与国防教育，电化教育，干部与师资管理，教材建设，教育技术装备建设，教育国际交流和与香港、澳门、台湾地区的合作，各省、自治区、直辖市教育（按行政区划顺序排列），文件资料汇编，教育大事记等。每卷将根据当年的实际情况调整个别栏目。

四、《中国教育年鉴》当年出版卷号的内容反映上一年工作的基本情况。某些多年才能完成的工作任务，主要记述当年该项工作的进展情况。

五、本年鉴的撰稿单位是国家教委各司局，直属单位，各省、自治区、直辖市教育部门。审稿为同级主管负责人。

六、卷内全国性统计数字，由统计部门提供，引用应以此为准。某些条目中的数字，因统计口径不一，可能有不尽一致之处，望读者使用时注意。

七、台湾省、香港、澳门地区教育事业发展情况和数据暂缺。

八、在编纂过程中，力求做到内容全面系统，资料准确无误，文字简明精炼。但由于我们水平有限，加之使用的需求差异，因而会有需要改进之处，希望读者指正和建议。

《中国教育年鉴》编辑部

1995年8月

目　录

YEARBOOK OF EDUCATION IN CHINA

-1995-

Contents

江泽民总书记在全国教育工作会议上的讲话

（1994 年 6 月 14 日）

这次全国教育工作会议，是在我国加快建立社会主义市场经济体制和现代化建设步伐的新形势下，由党中央、国务院召开的一次重要会议。会议的主要任务是，以邓小平同志建设有中国特色社会主义理论和党的基本路线为指导，贯彻党的十四大和十四届三中全会精神，进一步落实教育优先发展的战略，动员全党全社会认真实施《中国教育改革和发展纲要》，为实现九十年代我国教育改革和发展的任务而奋斗。李鹏同志将代表党中央、国务院作重要报告，希望各部门、各地区认真学习和贯彻执行。

十一届三中全会以来，在各级党委和政府的领导下，经过广大教育工作者的辛勤努力，我国教育事业得到了迅速发展，教育改革逐步展开，教育工作取得显著成绩，提高了国民素质，培养了大量人才，对国家的经济建设、科技进步和社会发展作出了重大贡献。我代表党中央、国务院，向辛勤工作在教育战线的广大教师和教育工作者致以崇高的敬意，向关心、支持教育工作的社会各界人士表示衷心的感谢！

党中央和邓小平同志一贯重视教育工作，在建设有中国特色社会主义的总体发展战略中，始终把教育作为关系社会主义现代化建设全局和社会主义历史命运的一个根本问题。小平同志反复强调教育在社会主义现代化建设中的重要地位和作用，认为在“三步走”的发展战略中第一位就是发展教育和科学技术。他指出，实现现代化，科学技术是关键，基础在教育，要尊重知识、尊重人才。各级领导要像抓好经济工作那样抓好教育工作，少讲空话，多干实事，再穷也要照顾科教经费，要千方百计，在别的方面忍耐一些，甚至牺牲一点速度，也要把教育问题解决好。不论怎么困难，也要提高教师的待遇，切切实实地帮助他们解决一些具体问题。他对教育改革和发展也作出了许多重要指示：教育要面向现代化，面向世界，面向未来，要全面地正确地执行党的教育方针，端正方向，真正搞好教育改革，使教育事业有一个大的发展、大的提高；要抓紧对青少年学生的思想政治教育，培养有理想、有道德、有文化、有纪律的社会主义新人。小平同志关于教育的一系列论述，是我们党制定新时期教育方针政策的理论基础，为教育改革和发展指明了方向，提供了强大的思想武器，全党同志特别是各级领导干部在学习邓小平同志建设有中国特色社会主义理论中，要认真领会小平同志的教育思想，要象小平同志那样从战略高度上重视教育，促进教育的改革和发展。

同志们，在我们这样一个有近12亿人口、资源相对不足、经济文化比较落后的国家，依靠什么来实现社会主义现代化建设的宏伟目标呢？具有决定性意义的一条，就是把经济建设转到依靠科技进步和提高劳动者素质的轨道上来，真正把教育摆在优先发展的战略地位，努力提高全民族的思想道德和科学文化水平。这是实现我国现代化的根本大计。十四届三中全会再一次向全党郑重指出：社会主义市场经济体制的建立和现代化的实现，最终取决于国民素质的提高和人才的培养。

改革开放以来，全党全社会对教育的重要性和战略地位的认识有了新的提高，涌现出许多在教育的改革和发展中取得显著成绩的地区、部门和单位。但是发展不平衡，一些地区和部门，还没有把教育摆到应有的位置。有的同志对工作重点转移到经济建设为中心是理解的，而对经济建设转到依靠科技进步和提高劳动者素质轨道上来这个战略方针则认识不足。有的同志认为“经济要上，教育要让”，“先把经济搞上去，再来发展教育”，甚至出现了挤占、挪用教育经费，上经济项目、盖楼堂馆所、拖欠教师工资的现象。有的同志对坚持两手抓的方针贯彻不力，社会主义精神文明建设抓得不紧，放松了对青少年的思想政治教育。这些认识和做法，都是同党中央和邓小平同志的要求不相符的，是缺乏远见的和有害的。

各级领导干部必须充分认识，大力发展教育，加快培养社会主义现代化建设人才，提高全民族的思想道德和科学文化素质，是贯彻党的基本路线的必然要求，是坚持基本路线一百年不动摇的必然要求。只有把教育搞上去，才能从根本上增强我国的综合国力，才能在激烈的国际竞争中取得战略主动地位。只有培养一代又一代有理想、有道德、有文化、有纪律的献身有中国特色社会主义事业的建设者和接班人，才能保证我们国家的长治久安。在整个社会主义现代化建设的过程中，教育优先发展的战略地位必须始终坚持，不能动摇。如果我们现在不是这样来认识教育问题，就会丧失时机，贻误大事，就要犯历史性的错误。

要加快教育改革和发展，必须全面实现党中央、国务院颁布的《中国教育改革和发展纲要》。这不仅是教育部门的大事，也是全党全社会的一件大事。各级党委和政府要切实加强对教育工作的领导，结合本地区的实际情况，制定具体的实施方案，精心筹划，统一部署，组织贯彻落实。主要负责同志要经常深入学校和基层单位，调查研究，指导工作，及时处理重大紧迫的问题。各级党委和政府在研究制订发展规划和年度计划时要保证优先发展教育事业。中央要求，凡是教育战略地位落实得不好的地区和部门，必须进一步提高认识，下决心调整本地区本部门的建设布局和投资结构，确保教育事业优先发展。要把重视人才培养、保证教育投入、为教育办实事，作为各级党政领导干部任期目标责任制的重要内容和政绩考核的重要标准。这一条，组织部门在考核干部时务必注意。一切对党、对人民高度负责的领导干部，都应为本地区教育的改革和发展作出努力。关于学校的领导体制，实行党委领导下的校长负责制的高等院校，党委要对重大问题进行讨论并作出决定，同时保证行政领导人充分行使自己的职权。试行或实行校长负责制的其他学校和中小学，也要切实发挥党组织的政治核心作用。

落实教育优先发展的战略地位，要求在全党全社会形成和保持尊师重教的良好风气。振兴民族的希望在教育，振兴教育的希望在教师。教师是人类灵魂的工程师。这个职业是崇高而又艰辛的，应该受到全党全社会的尊敬。尊师重教，首先要从各级领导干部做起，特别是高级领导干部更应起带头作用。要认真贯彻执行《教师法》，维护教师的合法权益，按照规定保证和提高他们的待遇，为他们创造工作、学习、生活的必要条件。现在，不少省、区、市党委和政府每年都要为教师办几件实事，这个做法很好，应该大力提倡。各个部门、各条战线、各行各业都要满腔热情、积极主动地关心和支持教育工作，尊重教师的劳动，使我们中华民族尊师重教的优良传统发扬光大。

各级各类学校都要全面贯彻党的教育方针，坚持社会主义办学方向，努力培养德智体全面发展的“四有”新人。要针对改革和建设过程中出现的新情况、新问题，不断加强和改进学校的思想政治工作和政治课教育。要加强对学生进行马列主义毛泽东思想基本理论特别是邓小平同志建设有中国特色社会主义理论的教育，加强党的基本路线的教育，加强爱国主义、集体主义和社会主义思想的教育，加强中国近代史、现代史和国情的教育，加强我国优秀文化传统和革命传统的教育。要通过总结经验、改进教学方法，使各级各类学校的政治课上得更好。加强理论教育、思想教育和政治工作的目的，就是要引导和帮助青年学生树立正确的世界观、人生观、价值观，打下科学理论的基础，确立为建设有中国特色社会主义而奋斗的政治方向。这样，才能增强青少年抵制错误思潮和拜金主义、享乐主义、极端个人主义等腐朽思想侵蚀的能力。各地区、各部门的主要领导同志要经常同师生座谈，作形势报告，这要形成制度。要认真维护学校的教学秩序，促进安定团结。全社会都要关心和保护学生的健康成长，共同创造良好的育人环境。

这里我要特别讲一下教育与生产劳动相结合的问题。这一条已经明确写入《纲要》，是我们教育方针的重要组成部分。教育与生产劳动相结合是坚持社会主义教育方向的一项基本措施。建国以后我们一直实行这一条，方向是对头的，虽然在贯彻执行中也出现过一些问题，但总的是成功的，对青年学生的健康成长很有好处。事实证明，如果只是让学生关起门来读书，不参加劳动，不接触社会实践，不了解工人农民是怎样辛勤创造社会财富的，不培养劳动人民感情，是不利于他们健康成长和全面发展的。学生适当参加一些物质生产劳动，应成为一门必修课，不是可有可无，这一点务必要充分认识和高度重视。为了落实教育与生产劳动相结合的原则，要从几个方面做好工作。一是学校要结合自己的实际情况把这件事列入教学计划，统筹安排。二是各级教育部门要进行具体指导和督促检查。三是各级党委和政府要加强领导。四是有关方面要积极支持和配合，为学生参加生产劳动提供必要条件。

我们的基本国情之一，是在经济比较落后的条件下办大教育。我们必须立足于这个实际，深化教育改革，使我们的教育结构和教育体制适应社会主义市场经济发展和社会全面进步的要求。财政再困难，也必须舍得投资把义务教育办好，这是提高全民素质的奠基工程。高等教育要通过改革，进一步提高教育质量和办学效益。要大力发展各种层次的职业教育和成人教育，使大部分人思想文化素质和职业技能得到提高。调整教育结构的关键环节,是要多办一些各类职业学校,培养大量的各种初级中级人才。这既有利于学生的分流,又能满足当前经济社会发展的多方面需要。各级教育部门和学校的广大教育工作者要进一步解放思想,实事求是,积极探索社会主义市场经济条件下教育的新体制和发展的新路子,努力建设有中国特色的社会主义教育体系。

同志们,实现90年代我国教育改革和发展的宏伟目标,是十分光荣和艰巨的任务。经过建国40多年的努力,特别是改革开放15年来的发展,教育事业有了一定规模,教育改革积累了许多宝贵的经验,形成了一支上千万人的教师队伍,这些都为今后教育改革和发展奠定了良好的基础。中央相信,在邓小平同志建设有中国特色社会主义理论和党的基本路线指引下,只要我们坚定不移地把教育放在优先发展的战略地位,抓住机遇,扎扎实实地组织实施《中国教育改革和发展纲要》,中华民族的教育事业一定会越来越繁荣昌盛。

动员起来，为实施《中国教育改革和发展纲要》而努力

——李鹏总理在全国教育工作会议上的报告

(1994年6月14日)

这次会议，是改革开放以来党中央、国务院召开的第二次全国教育工作会议，也是我国教育发展史上的一次重要会议。这次会议的召开，对全面部署和动员实施《中国教育改革和发展纲要》，研究解决我国教育改革和发展中的重大问题，实现90年代教育改革和发展的战略目标，促进我国的社会主义现代化建设，必将产生重大影响。

刚才江泽民总书记作了重要讲话，希望大家深入领会，认真贯彻。下面，我就全国教育工作讲几点具体意见。

一、目前教育工作的形势和任务

当前，我国改革开放和社会主义现代化建设事业进入了一个新的发展时期。我们要在90年代实现第二步战略目标，必须坚持党的基本路线，深化改革，扩大开放，集中精力把经济建设搞上去。在加强物质文明建设的同时，要切实加强社会主义民主法制和精神文明建设，促进社会全面进步。经济建设和社会进步，从根本上讲，必须依靠科技和教育。适应建立社会主义市场经济体制的需要，面对21世纪的发展机会和挑战，必须进一步深化教育改革，加快教育事业的发展，提高全民族的素质，为实现我国国民经济和社会发展战略目标培养跨世纪的人才。这是摆在我们面前的一项紧迫任务。

党的十一届三中全会以来，在邓小平同志重视教育、尊重知识、尊重人才的思想指导下，全党全社会对教育的认识有了很大提高，教育工作取得重大成就。就全国来说，九年义务教育全面展开，小学入学率达到98%，初等教育基本普及；大城市和部分经济较发达地区基本普及了义务教育。职业教育迅速发展，中等职业技术学校在校学生已占高中阶段学生人数的50%。成人教育成绩显著，众多职工参加了岗位培训，广大农民接受了各种形式的文化和技术教育。扫除文盲有明显进展，青壮年中的文盲率下降到7%左右。高等教育有很大发展，在校普通高校和成人高校本科和专科学生共439万人，硕士生8.9万人，博士生1.8万人。此外，还派出大批留学生，不少人已经学成归国。高等学校已经成为我国基础科学、高科技和应用科学研究的重要阵地。教育与科技、经济的结合日益密切，取得了相得益彰的效果。许多地方提出了“科教兴省”、“科教兴市”的

方针，涌现出一大批改革和发展教育事业的先进地区和单位。广大的教师、教育工作者和社会各界人士，为发展教育事业作出了重要贡献。

必须清醒地看到，我国教育事业的发展还不适应现代化建设的需要，教育改革还滞后于建立社会主义市场经济体制的要求。一些地方和部门不同程度地存在着忽视教育，特别是忽视基础教育的现象，对教育改革缺乏紧迫感，教育优先发展的战略地位在实际工作中还没有完全落实。在改善办学条件和教师待遇等方面也做得不够，还存在不少困难和问题。一些地方中小学生特别是初中生辍学问题比较突出。各级党委和政府对此必须引起高度重视，在实际工作中认真研究解决。

教育是我国现代化建设的重要组成部分和战略重点。江泽民同志在党的十四大报告中指出："我们必须把教育摆在优先发展的战略地位，努力提高全民族的思想道德和科学文化水平，这是实现我国现代化的根本大计。"教育事业能否得到较快较好的发展，将直接影响到我国现代化战略目标能否顺利实现。党中央、国务院发布的《中国教育改革和发展纲要》，是我国教育事业发展的纲领性文件。为了实现《纲要》所确定的发展目标，必须重点做好以下几个方面的工作：

在本世纪末基本普及九年义务教育，基本扫除青壮年文盲。这是提高全民族素质的根本要求，也是今后一个时期我国教育事业发展的"重中之重"。要力争到本世纪末在85%左右人口的地区普及九年义务教育，使青壮年中的非文盲率达到95%左右。实现这个任务的难点在农村，特别是占人口20%左右的边远和贫困地区。广大的农村地区要根据不同情况，因地制宜，实行"三教"统筹，农科教相结合。应当把普及九年义务教育、扫除青壮年文盲和职业技能教育结合起来，作为脱贫致富的一项根本性措施，制定规划，分步实施。要重视少数民族教育事业，进一步做好对边远、贫困地区和少数民族教育事业的对口支援。重视发展幼儿教育，解决好女童入学问题。重视发展特殊教育。"希望工程"是一种有益的社会助学活动，所筹集资金应主要用于资助贫困儿童就读。

大力发展职业教育和成人教育。职业教育和成人教育是现代化教育的重要组成部分。大力发展职业教育和成人教育，是提高劳动者素质和振兴经济的必由之路，其重要性不仅为经济发达国家的经验所证明，也为我国这些年来的经验所证明。现在我国职工队伍的总体素质还不适应现代化建设的要求，必须十分重视办好各类职业学校和成人学校，积极开展多种层次的职业培训，使城乡新增劳动者受到必要的职业训练，使广大从业人员的文化素质、职业技能和职业道德得到普遍提高。要特别重视电视教育，提高电视教材的制作水平，这是一种花钱少效率高的办学方式。对函授教育、业余进修以及自学辅导等各种办学形式以及在职人员的继续教育，都要予以重视和支持。

以提高教育质量和办学效益为重点发展高等教育。高等学校是培养高级专门人才，发展高新科学技术的重要力量。高等教育要通过改革，走内涵发展为主的道路，使规模适当，结构合理，质量和效益明显提高。今后一个时期，适当扩大规模的重点是高等专科教育和高等职业教育，注重培养广大农村、中小型企业以及乡镇企业所需要的人才。大学本科教育要把重点放在提高教育质量上。面向21世纪，重点建设100所左右的高等学校和一批重点学科点，即“211工程”，是一项国家重点建设项目，要分期分批地加以实施。要通过这一计划的实施，推动高等教育改革和多种形式联合办学，促使高校布局和结构趋于合理，提高办学规模效益和教育质量。要充分发挥科研优势，发展同企业的结合，推进科研成果的产业化，特别是发展高新技术产业。

要积极开展国际学术交流与合作。硕士生、博士生的培养要基本上立足于国内。同时要进一步做好派遣留学生的工作，对出国留学人员继续实行“支持留学，鼓励回国，来去自由”的政策，鼓励他们以多种形式为祖国服务。

二、全面深化教育改革，促进教育事业发展

社会主义市场经济体制的建立为教育的改革和发展提供了机遇和动力，同时也要求加快教育改革步伐，使教育与经济紧密结合起来，逐步建立起有中国特色的社会主义教育体制。在教育方面，我国的基本国情是发展中国家办大教育，这就要求我们在以政府办学为主体的前提下，积极鼓励社会各界多方筹集资金办学。同时要通过改革，把教育办成高质量和高效益的教育。加快教育改革步伐，重点是做好以下几个方面的工作：

调整教育结构，把提高劳动者素质，大力发展职业教育，摆在突出的位置。从我国当前社会生产力水平出发，教育结构应以九年义务教育为基础，办好普通高中，大力发展初、中级职业教育和成人教育，适当发展高等专科教育和高等职业教育，努力提高高等院校本科教育的质量和水平。近年来，人们对职业教育的认识有了明显提高，但还没有达到应有的高度，在实际工作中也没有得到足够的重视。要克服轻视职业教育的陈腐观念。必须明确，在相当一个时期内，我国教育工作的一项十分重要而紧迫的任务，是在普及九年义务教育的基础上，大力发展职业教育。这是符合我国国情的培养大量应用性人才的一条根本出路。各级政府都要结合当地的资源条件和产业优势，因地制宜地办好各类职业学校或职业培训中心。要根据初、中级专门人才的需求情况和基础教育的普及程度，有计划地实行小学后、初中后、高中后三级分流。小学后的分流，主要是在九年义务教育尚未普及的地区进行，相应发展初级职业教育。有的地区，九年义务教育中也可以根据实际需要，适当增加一些职业教育的课程。初中后的分流是开展职业教育的重点，要逐步做到初中毕业生的50—70%进入中级职业学校或职业培训中心。高中后的分流，即高中毕业生除进入普通高等学校外，都能逐步接受多种形式的职业培训或进入高等职业学校。接受过各级各类职业教育的毕业生，根据本人的意愿、条件和可能，都允许接受更高层次的教育，获得继续深造的机会。要通过上述结构调整，逐步形成初等、中等、高等普通教育和职业教育共同发展、相互衔接、比例合理的教育体系。职业学校的招生要逐步规范化，克服高、初中毕业生交叉报考各种职业学校的混乱现象，提高教育质量。在全社会实行学历文凭和职业资格证书并重的制度。国家教委和地方教育行政部门，对职业教育和成人教育负有统筹、协调和宏观管理的责任。以进行学历教育为主的各级各类职业学校和成人学校，原则上由各级教育部门进行管理。在职的岗位培训工作，原则上由各级劳动、人事部门和有关业务部门进行管理。职业学校的培养目标应以各行各业熟练劳动者和社会需要的各类技术人员、管理人员为主，当前要特别注意培养发展社会主义市场经济迫切需要的财税、金融、工商管理等各类应用学科的人才。企业的岗位培训要法制化。新招职工上岗前必须经过培训，取得合格资格才能上岗。

改革办学体制。过去由政府包揽的办学体制，在当时的历史条件下曾经起过积极作用，现在已经不能适应发展社会主义市场经济的要求，不能满足社会日益增长的需要，也不利于调动社会各方面力量办学的积极性。近年来，由政府包揽办学的格局已经开始打破。今后，要把这项改革进一步引向深入，逐步建立以政府办学为主体、社会各界多方筹集资金办学的体制。基础教育特别是义务教育主要由政府来办，同时鼓励企事业单位和其他社会力量按照国家法律和政策，采取多种形式办学，有条件的地方也可以采取“民办公助”、“公办民助”等办学形式。职业教育和成人教育应在政府的管理下，主要依靠行业、企事业单位、社会团体举办，或者由社会各方面和公民个人联合举办，政府给予适当资助和扶持。职业学校要走教育和产业相结合的路子，增强学校自身发展的能力。高等教育实行以政府办学为主、社会积极参与、各方面联合办学的体制。某些高等学校可以试行以学生缴费、社会集资为主、国家补助为辅的办学模式。社会各界办学应以职业学校为主。企业举办的中小学应继续办好，有条件的地方在政府统筹下也可以逐步交给社会来办。欢迎境外机构和个人按照我国法律和教育法规，来华捐资办学或合作办学。

改革教育管理体制。要按照各级各类教育的特点，理顺政府、社会和学校的关系，建立科学的管理体制。基础教育自 1985 年实行地方负责、分级管理以来，增强了地方各级政府的责任，调动了社会各方办学的积极性，改革方向是对的。但是，一些地方将农村管理基础教育的责任层层下放到乡、村，由此带来经费筹措和教育管理上的某些困难，这也是近两年来出现拖欠农村中小学教师工资问题的一个原因。要进一步明确中央和省、地、县、乡管理基础教育的责任，对县、乡分级管理作出相应的调整。农村基础教育的办学责任，除少数经济比较发达的地区可以实行县、乡两级管理外，多数地区应该责任主要在县。在学校经费无法保证的贫困地区，教育经费的统筹管理权要放在县级政府，县以上各级政府要设立专项基金支持这些地区义务教育的实施。教育管理体制改革的难点和重点在高等教育。现行的高等教育管理体制，基本上是50年代初院系调整时按大区和按行业为主布局的。后来各省因发展地方经济的需要又办了不少院校，其中相当一部分与中央部委所属院校性质雷同。随着部门管理职能的转变，部门办学的管理体制也应逐步改变。今后，高等教育要逐步实行中央和省、自治区、直辖市两级办学、两级管理，以省级为主的办学与管理体制。中央部委所属高校要扩大服务面和专业面，拓宽经费来源渠道，面向社会自主办学。中央行业主管部门除继续办好少量行业特点明显、有特殊需要的高等学校外，多数中央部委所属高等院校要逐步下放给省级政府领导，或实行中央部委和省级政府多种形式的联合办学。加强省级政府对所在地区高校的协调、统筹和领导的责任。要打破条块分割和“小而全”的状况，逐步减少单科性院校，对校、院、系、学科或专业进行调整、联合、合并，充分发挥现有师资和设备等方面的潜力，提高教学质量和办学效益。这项改革牵动面比较大，要通过试点，总结经验，逐步展开，不要一哄而起，搞形式主义。高校数量不宜再增加，应集中人力、财力、物力，办好现有大学。要继续高等学校内部管理体制的改革，增强学校办学活力。要合理调整系科、专业和课程设置，拓宽专业基础和知识面，逐步实行“学分制”，在确定必修课的同时设立和增加选修课，扩展学生知识视野，激发学生学习的主动性和创造性，增强他们适应社会实践需要和进一步学习、研究的能力。

改革普通高等学校、中等及中等以上各类职业学校招生、收费和毕业生就业制度。高等学校和中等专业学校、技工学校的招生，现在实行的是国家任务与调节性计划相结合的体制。在劳动力市场逐步完善，全面实行上学缴费制度后，国家教育行政主管部门的主要任务，是调控招生总规模和结构，管好学历文凭，参与制定和监督教育经费使用，监督教学质量和教育行政法规的贯彻执行。普通高等教育、普通高中、中等及中等以上职业教育属于非义务教育，实行缴费上学是世界许多国家通行的做法。从我国已经试行的学校看，都取得了比较好的效果，已经逐步为社会所接受。收费的标准，要按培养成本的一定比例确定，也要考虑社会和学生家长的承受能力。在建立收费制度的同时，要有相应的配套措施。收费主要是为了转换机制，调动学生学习的积极性，而不是减少教育经费的财政拨款。对家境困难的学生设立贷学金，面可以适当宽一点；对品学兼优的学生设立奖学金，奖学金的发放面可以小一点，数额应该大一些。需要毕业生的部门、地区或单位可以出资设立定向奖学金，但在招生时不得降低录取标准，毕业后要按合同规定到定向的部门、地区或单位工作。对一些国家特殊需要的专业实行特殊优惠政策。缴费上学制度在试行阶段，实行“老生老办法、新生新办法”。条件成熟后，毕业生除少量按合同就业外，其余的在国家政策指导下自主择业。改革方案要周密制定，加强宣传和思想工作，处理好改革、发展和稳定之间的关系。

三、加强和改进学校德育工作，努力提高教育质量

教育质量是教育事业发展的生命力所在。各级各类学校都要认真贯彻“教育必须为社会主义现代化建设服务，必须与生产劳动相结合，培养德、智、体全面发展的建设者和接班人”的方针，把提高教育质量摆在突出的位置。

贯彻教育方针，提高教育质量，必须十分重视德育。现在，广大青少年学生总的思想倾向是好的，是积极向上的。他们把个人的命运和国家的发展联系在一起，为社会主义现代化事业而努力学习，这是主流。但也出现了新的“读书无用论”和拜金主义等错误思想，对青少年学生产生了不良影响。面对新的形势和要求，必须切实加强党的领导，加强和改进学校德育工作，积极探索新形势下德育工作的新思路。要用通俗易懂的方式向学生讲解马克思主义理论，进行毛泽东思想特别是邓小平同志建设有中国特色社会主义理论的教育，进行爱国主义、集体主义、社会主义思想教育，进行中国历史特别是近代史、现代史教育和国情教育，进行中华民族传统美德教育、革命传统教育和法制教育。要教育学生树立科学的世界观、正确的人生观和高尚的道德情操，以及民族自尊、自信、自强的精神。帮助学生增强抵制剥削阶级腐朽思想和腐朽生活方式的能力，使中华民族传统美德和光荣革命传统能结合时代精神在青年一代身上发扬光大。德育要根据形势发展的要求和学生各个阶段身心发展的特点来进行。对中小学生，重点进行文明礼貌、遵纪守法、公民义务和基本道德规范教育。对高中生和大学生，要简明扼要地讲授马克思主义的基本观点，学习毛泽东同志的重要哲学著作，学习邓小平同志建设有中国特色社会主义的理论。中小学的美育（包括音乐、美术、劳作等）对全面提高学生素质，陶冶学生情操，培养全面发展人才，具有重要作用，应该切实加强。各级领导干部要经常深入学校调查研究，与师生座谈，听取他们的意见，给他们做形势报告，进行生动而实际的国情教育。全社会都要关心和保护青少年的健康成长。广大教师和教育工作者要发扬敬业奉献精神，以身作则，为人师表。

必须下决心纠正长期存在的单纯应付考试的倾向。这种不良倾向使学校和学生忽视德育、体育，脱离实际，脱离社会，不注重素质的全面提高而一味应付考试。如果不认真解决这个问题，势必误人子弟，造成严重后果。要大胆吸收和借鉴当今世界先进的教育方法，认真总结我国成功的教育经验，坚决摒弃陈旧过时的、与现代教育不相适应的教育内容和方法。要努力改变教育同社会和生产实践相脱离的状况，培养学生的进取精神、创造精神和适应社会需要的良好心理素质。要加强教材建设，改革和完善考试方法和考试制度，切实减轻中小学生过重的课业负担，使青少年一代全面发展和茁壮成长。

四、各级党委和政府要进一步加强对教育工作的领导，努力为教育办实事

加强党和政府对教育工作的领导，是落实教育优先发展战略地位的根本保证。改革开放以来，各级党委和政府对教育的重视程度有了很大的提高。但是也要看到，在一些地方和部门，对教育重视不够的现象依然存在。邓小平同志曾尖锐地指出："忽视教育的领导者，是缺乏远见的、不成熟的领导者"。各级党委和政府的主要负责同志，都要用邓小平同志的教育思想衡量一下，看你那个地区或部门，教育优先发展的战略地位是否真正得到了落实。对于实现《纲要》提出的目标，必须有紧迫感。各级领导要从本地实际出发，加强对教育工作的全面统筹，把教育发展目标纳入社会发展的总体规划之中，并采取切实措施加以实现。要把重视教育、为教育办实事作为各级领导干部的任期目标责任和政绩考核的重要内容。各级政府要就教育发展和改革情况每年向同级人大作出报告，并接受社会各界的监督。

各级政府都要注意解决教育工作中以下几个方面的实际问题：

切实增加教育投入。改革开放以来，我国教育经费的总量有了一定的增加，但教育经费紧缺的状况依然存在，必须尽快改善。各级党委和政府要树立教育投资是战略性投资的观念，合理调整投资结构，在安排财政预算时，优先保证教育的需求，并切实做到《纲要》提出的"三个增长"。

国家财政对教育的拨款，是教育经费来源的主渠道，必须予以保证。《纲要》提出，到本世纪末，国家财政性教育经费支出占国民生产总值的比重应达到4%，国务院有关部门要制定相应的政策措施，认真加以落实。关于各级财政支出中教育经费所占的比重，财政部要会同国家教委，根据财税体制改革后财政计算口径的变化，尽快提出中央财政和省财政中教育经费应占的比例，确保教育投入实际有较大的增长。

农村和城市教育费附加问题，已明确城乡教育费附加以新三税的 3%为准。农村不缴纳三税的乡镇企业、个体企业，缴纳教育费附加的办法要认真落实。农民负担的 5%里面，已规定教育费附加占 1.5—2 个百分点，具体比例由各个地方规定。教育费附加是农村民办教师工资补贴和学校公用经费的主要来源，不能扣减，更不得挪用甚至取消。各地对此都要建立严格而有效的监督检查制度。

实施义务教育主要是政府的责任，各级政府要对义务教育的投入作出切实安排。为保证贫困地区实施义务教育，中央、省、地、县四级政府要设立专项经费。中央财政现有的扶助贫困地区义务教育专项经费要逐年增加。省、地、县财政预算也应作出相应的安排。

实施“211 工程”，需要设立专项基金，各级政府和有关部门要作出统筹安排。今年中央财政将拨出专款，作为实施这一工程的启动资金，以后还要逐年增加。省级政府和有关部门也要相应地作出安排。

改革国家教育经费管理体制，实行教育经费预算单列，使教育事权和财权相统一。教育经费预算应由各级教育部门每年提出方案，由各级政府列入预算，批准后认真实施。从今年开始，国家统计局、国家教委要对教育经费支出情况分别统计并予以公布。

进一步完善多渠道筹措教育经费的体制。根据财税体制改革的新情况和当地实际需要，允许各省、自治区、直辖市政府，开征用于教育的地方税费，但必须专款专用。根据人民群众的承受能力，适时调整义务教育阶段的杂费标准和非义务教育阶段的收费标准，各类学校不得以任何名目乱收费；国家支持学校开展勤工俭学，兴办校办产业，对包括各类职业学校在内的校办产业继续实行税收优惠政策。继续鼓励厂矿企业、社会力量以及境内外各界人士捐资助学和农村集资办学。城乡中小学危房改造和新建校舍要列入政府基建计划，农村教育集资审批权放在县一级，这部分集资款也主要用于义务教育的危房改造和新增校舍。教育方面除此之外的乱集资必须严格禁止，社会也不得向学校乱摊派。

为使用金融手段支持教育的发展，原则同意建立教育银行。

加强教师队伍建设，提高教师待遇。建设一支具有良好思想品德和业务素质的教师队伍，是教育事业发展的关键。依靠广大教职工，充分调动他们的积极性和创造性，是我们制定教育政策的一个基本出发点。改革开放以来，党和国家坚持尊师重教的方针，加强教师队伍建设，不断提高教师的社会地位和待遇，取得很大的成绩，但是还有许多不够的地方。现在要采取切实有力的政策措施，认真落实以下几件实事：

努力提高教师素质。认真办好各类师范教育，鼓励优秀学生报考师范学校，师范学校毕业生要乐于从教。有计划地对教师进行培训，以提高其思想、业务素质和教学水平。

依法提高教师工资待遇。《教师法》规定教师的平均工资水平应当不低于或者高于国家公务员的平均工资水平的目标，各级人事、财政和教育部门应采取切实措施认真加以落实，并尽快到位。要建立有效机制，杜绝拖欠教师工资的现象，对侵犯教师合法权益和挪用教育经费的，要坚决依法追究责任。

加快改善教师住房条件。应把城市教师住宅建设纳入城市建设总体规划和建设计划，对教师采取优先和优惠政策，使城镇教职工家庭人均住房面积达到当地居民的平均水平。

切实解决教师尤其是农村教师看病就医的问题。教师的医疗要同当地国家公务员享受同等待遇。

妥善解决民办教师问题。我国农村中小学民办教师，为发展农村教育事业作出了重要贡献。各地政府要采取积极措施，改善民办教师待遇，逐步做到民办教师与公办教师同工同酬。合格的民办教师要逐步经过考核转为公办教师，不合格的要予以调整。有关部门要作出规划，分年度实施，争取在今后六七年内基本解决民办教师问题。教师必须按照编制和资格聘用，不得以代课教师等名义增加教师编制。

大力表彰和奖励优秀教师。各级政府都要表彰和奖励优秀教师，让那些为教育事业做出优异成绩的教师和教育工作者，获得应有的精神和物质奖励。要继续通过多种途径，在全社会进一步形成尊师重教的良好风尚。要进一步做好离退休教职工的工作。

加强教育法制建设。社会主义市场经济体制的建立和完善，需要有完备的法制作保证，教育发展和改革目标的实现也有赖于法制的健全。改革开放以来，我国相继颁布了《学位条例》、《义务教育法》、《教师法》等一批重要的法律和行政法规。但是，教育立法工作还不能适应教育改革和发展的要求，无法可依、有法不依、执法不严的现象还比较普遍。今后，要加快教育立法步伐，尽快制定《教育法》、《职业教育法》、《高等教育法》以及《教师法》的配套法规。各地也要制定和完善地方教育法规，逐步形成适合我国国情的教育法规体系。各级政府要带头执法，也希望各级人大加强执法的检查和监督。

同志们！

实现《中国教育改革和发展纲要》提出的目标和任务，是一项伟大而光荣的使命，任重而道远。让我们在邓小平同志建设有中国特色社会主义理论和党的基本路线指引下，紧密地团结在以江泽民同志为核心的党中央周围，艰苦奋斗，少说空话，多干实事，坚定不移地实施《纲要》，努力把我国教育改革和发展推向一个新的阶段，为社会主义现代化建设做出更大的贡献！

李岚清副总理在全国教育工作会议上的总结讲话

（1994年6月17日）

在党中央、国务院的直接领导下，经过与会同志的共同努力，这次全国教育工作会议取得了圆满成功。大家一致认为，这次会议很重要，很及时，很务实，会议精神和措施的贯彻落实，必将对我国教育事业和社会主义现代化建设产生重大而深远的影响。

一、关于会议的重要意义和主要收获

党中央、国务院十分重视教育工作，1993年颁发了《中国教育改革和发展纲要》，提出了90年代乃至下世纪初教育改革和发展的目标和任务。组织好《纲要》的实施，不仅直接关系到教育改革和发展目标的实现，也将影响到社会主义现代化建设的全局。党中央、国务院召开这样一个高规格的重要会议，就是要从党和政府的高层领导做起，动员全党全社会认真实施《纲要》，推进我国的教育改革和发展，使教育为社会主义现代化建设做出更大的贡献。

江泽民同志的重要讲话和李鹏同志的主题报告，是这次会议的两个最重要的文件。代表们普遍反映，泽民同志的重要讲话和李鹏同志的主题报告，高瞻远瞩，虚实并举，既有重大战略方针，又求实务实，有具体政策和措施，充分表达了党中央和国务院对发展教育事业的坚定决心和殷切期望。这对我国的现代化建设将产生长远的指导作用，激励和鼓舞各级党委、政府、社会各界和广大教育工作者排除困难，奋发进取，开创教育工作的新局面。

这次会议的主要收获是：

第一，增强了落实教育优先发展战略地位的自觉性和紧迫感。这次会议的一个首要任务，就是进一步解决在新形势下如何落实教育优先发展的战略地位问题。会议期间，大家通过学习泽民同志和李鹏同志重要讲话和交流经验，进一步认识到：国运兴衰，系于教育。我国现代化目标的实现和社会主义市场经济体制的建立，最终取决于国民素质的提高和人才的培养。各级党委、政府要牢固树立社会主义建设必须依靠教育的思想，下决心调整投资结构，扭转一些地区在经济建设上仍然存在的盲目上项目、铺摊子的外延发展模式，把经济建设切实转到依靠科技进步和提高劳动者素质的轨道上来。

第二，进一步明确了教育改革和发展的目标、任务和基本思路。会议认真讨论了《关于〈中国教育改革和发展纲要〉的实施意见》。普遍认为，《实施意见》在大量调查研究和反复进行科学论证的基础上，进一步提出了实施《纲要》的具体目标、任务和政策措施，是一个很好的施工方案。大家表示，要在《纲要》及其《实施意见》的指导下，结合本地区、本部门的实际，扎扎实实地组织好施工。

第三，进一步明确了各级党委、政府和社会各界共同办好教育的责任，提出了促进教育改革和发展的保障措施。与会同志进一步认识到，办好教育是全党全社会的任务，各级党委和政府首先要把办好教育的责任承担起来，对教育采取重点扶持和倾斜的政策、措施。会上，许多领导同志表示，一定要像小平同志要求的那样，宁可在别的方面忍耐一些，甚至于牺牲一点速度，也要千方百计增加教育投入，支持和保障教育的发展。同时要动员全社会重视教育，支持教育，建立起政府、社会、教育之间紧密结合的机制。全党全社会都要积极行动起来，落实会议精神，努力为繁荣我国教育事业作出应有的贡献。

二、关于加快教育改革，促进教育事业发展的几个问题

关于90年代我国教育的改革和发展问题，江泽民总书记、李鹏总理的讲话和报告中分别谈了重要的意见。结合会议讨论的情况，我再补充讲几点具体意见。

（一）改革是解决中国教育问题的根本出路

解决好中国的教育问题，根本出路在改革。从国情来看，我们是一个有近12亿人口、经济还比较落后的发展中国家，举办了世界上最大规模的教育。国力有限，教育投入不能满足实际需要是长期存在的矛盾。我们必须从实际出发，通过深化教育改革，把我国的教育办成高效益的教育，走出一条符合中国国情的发展教育的路子。尤其在建立社会主义市场经济体制的新形势下，过去长期形成的教育思想、教育体制、教育结构、教学内容和方法等，与经济、社会不相适应的矛盾更加突出。因此，深化教育改革已成为当前教育工作的一项紧迫任务。

我们强调以改革为动力推动教育的发展，丝毫不意味着否定过去的教育成绩。建国40多年来，特别是改革开放以来，我国教育事业取得了举世瞩目的成就，培养了大批建设人才。但我们在肯定过去成绩的同时，也应当看到，在新形势下教育工作面临着许多新情况，存在着许多急待解决的困难和问题，教育的改革相对滞后于经济体制的改革和现代化建设的要求，所以，我们必须进行教育改革。这个改革是社会主义教育制度的自我发展和完善，是在继承过去好的东西的基础上，改变教育在不同程度上脱离经济建设和社会发展的状况。各级领导、全社会、广大教育工作者，都应以积极进取的精神，推进教育的改革。

（二）坚定信心，确保“两基”目标的实现

到本世纪末基本普及九年义务教育、基本扫除青壮年文盲，这是提高整个民族素质的基础，是我国社会主义现代化建设的奠基工程。正如李鹏总理在报告中所说的，在90年代我国整个教育发展中，这是“重中之重”。我们必须认识到，实现这个目标，需要全党全社会采取切实措施，做出巨大的努力。同时，我们也是有信心的。一是，我国教育发展已有了相当的基础。二是，90年代经济的发展将为教育发展提供比较好的物质条件。三是，鉴于我国幅员广大，各地情况也有较大区别，我们制定了分区规划、分类指导、分步实施的原则，不搞一刀切，这有利于充分调动不同地区实施“两基”的积极性。

四是，党的工作重点转移到经济建设上来以后，全党全社会对人才和教育的重视程度越来越高，尊师重教日益成为社会风尚。因此，可以相信，经过大家共同努力，“两基”目标是能够实现的。

普及九年义务教育的难点在农村，特别是贫困地区。发展农村教育要坚决扭转不同程度存在的脱离农村经济建设的指导思想和办学模式，走一条适合当地实际的办学路子。农村教育要在增加投入，改善办学条件的同时，大力提倡三教统筹、农科教结合。不论是九年教育，还是六年教育，都要在学好文化知识，养成良好道德行为及文明习惯的基础上，增加一些职业技能和实用科学知识的内容。这样，大部分学生毕业后，都能用其所学技能和知识，在农村经济和社会发展中发挥积极作用。同时，要从各地实际出发，办好一些实验小学、实验中学，为那些品学兼优、有条件并愿意升学的学生创造深造的条件。已经普及九年义务教育的城市和经济发展程度较高地区农村，在教育内容、师资水平、教育设施等方面要进一步推进教育的现代化，使基础教育的质量不断提高。

基础教育必须从“应试教育”转到素质教育的轨道上来，全面贯彻教育方针，全面提高教育质量。

实施“两基”任务还需要强调以下几点：一是为了提高基础教育的质量就必须大力培养合格的教师。因此，我们必须继续坚持办好各类师范教育，这是我国教育的传统和特色。在这个问题上不要有丝毫的动摇。还要在投资、师资配备等方面对师范教育实行必要的倾斜政策。要坚持对师范生的特殊优惠政策，支持鼓励优秀学生报考师范。教师是崇高的职业。要教育各级干部，特别是各级领导干部对教师要尊敬。同时也要加强对教师人生观、世界观的教育，做好他们的思想政治工作，使他们发挥为人师表的作用。二是企业在转换经营机制和建立现代企业制度过程中，应继续办好所属中小学、幼儿园。地方教育行政部门应加强对企业办学的业务指导。在建立现代企业制度试点的地方，条件成熟后，在政府统筹下，也可以逐步由企业办学转为社会办学。三是少数民族是中华民族大家庭中的一部分，少数民族地区办教育的难度往往更大一些。因此我们要对少数民族教育给以特殊的关怀和支持。四是要认真抓好各类特殊教育和幼儿教育、学前教育，重视解决女童入学难的问题。五是扫盲工作要把学文化和学技能、传播社会主义精神文明结合起来。

（三）大力发展职业教育和成人教育

大力发展职业教育、成人教育，是符合我国国情的培养大量应用人才的一条根本出路，也是推进教育现代化、振兴经济的必由之路。现在我国每年约有400万小学毕业生，600万初中毕业生和100万高中毕业生不能升入高一级学校，我们必须通过大力发展职业教育和成人教育，为他们提供接受职业技术训练的机会，努力做到“学者有其校”，使他们成为社会需要的合格的劳动者和适用的人才。

发展职业教育要坚持小学后、初中后和高中后三级分流，实行学历教育与短期培训并重的原则。小学后的分流要因地制宜，主要在贫困地区实行；初中后的中等职业教育是发展重点，要兴办多种类型、多种规格的中等职业学校或培训班；高中后的分流要多样化，培养更多的工艺型、应用型人才；发展高等职业学校，主要走现有职业大学、成人高校和部分高等专科学校调整专业方向及培养目标，改建、合并和联办的路子。通过三级分流和调整结构，逐步形成初等、中等、高等普通教育与职业教育共同发展、相互衔接、比例合理的教育体系。要大力发展短期职业培训，使城乡新增劳动力上岗前都能接受从事职业必须的训练。要给职教毕业生经过一段工作实践后开辟继续学习和深造的途径，为他们创造多次选择的机会。

要大力办好各类成人教育事业，积极开展多层次的培训和继续教育，使广大在职人员知识能得到更新，思想文化素质和职业技能不断得到提高。要特别重视电视以及函授、业余进修、自学辅导等多种办学形式。

关于职业教育和成人教育的管理体制，这次会议已经明确，国家教委和地方教育行政部门负有宏观管理、协调和指导的责任，同时要注意发挥行业和部门的职能与指导作用。凡是进行学历教育的职业学校和成人学校，原则上由各级教育部门进行管理，要规范学制，努力办出应有的特色；在职的岗位培训工作，原则上由各级劳动、人事部门和有关业务部门进行管理。要尽快建立职业资格证书制度，国务院准备成立职业资格统筹管理机构，推动实行学历文凭和职业资格证书并重的制度。

（四）积极推进高等教育体制改革

高等院校是培养高层次人才、发展科技的主要基地，而科技的发展水平又是实现我国第二、三步发展战略目标、迎接21世纪挑战的根本保证。我国高等院校为了完成这一光荣而艰巨的任务，必须通过改革进一步提高教学质量和办学效益。高等教育改革涉及面很广，这里重点讲讲部门办学体制改革问题。

我国高等教育的部门办学体制，是在计划经济体制下形成的，在历史上对高等教育的发展起过重要的、积极的作用。但这种条块分割的高教管理体制，也是造成“小而全”、重复设置和效益不高的重要原因之一。随着经济体制改革的逐步深化，其弊端越来越明显，给高等学校带来的困难和问题日益突出，急需按照《纲要》所提出的目标，有步骤地进行改革。今后这一改革的重点是，中央部委所属高校要扩大服务面和专业面，面向社会，自主办学，进一步鼓励多种形式的联合办学，合理调整布局，提高办学效益。除有些部门仍需继续办少量行业特点明显或骨干学校外，其余大部分学校逐步过渡到以中央和省两级办学、两级管理，以省级办学与管理为主的体制，以便省、直辖市、自治区对本地区的高等院校能统筹进行合理布局和调整，减少不必要的重复，集中人力、物力办好若干所高质量、高水平的高等院校，为本地区的社会和经济发展提供人才。中央各有关部门仍要一如既往地加强对所属高校的支持和领导。改革的目的是为了提高这些院校的办学质量和效益，缓解他们办学中的困难，而决不是削弱这些院校。当然，这项工作难度很大，需要各方面的通力合作和支持。进行这项改革，一定要从实际出发，态度要积极，步子要稳妥。多数部属院校可以先同地方搞各种形式的共建、联办，待条件成熟后再下放，部分条件已成熟的也可以现在就下放，总之要讲究实效，不要刮风，不搞形式主义。

各地、各部门对建设“211工程”积极性很高，也有许多新的举措。在此，需要强调：第一，要集中中央和地方各方面的力量，统筹规划。今年中央财政准备拿出“211工程”

启动资金，地方和部门也应根据自己的实际情况和条件除相应增加投入外，还应在学校征地等方面给予优惠。第二，要采取“共建”、“联办”等不同办法，在推动联合上下功夫；学校要在改革方面有大的突破，办成高水平、高质量、高效益的新型大学。第三，建设“211工程”的地方，首先要下大力量办好基础教育和职业教育。凡是基础教育达不到规定要求，拖欠教师工资严重的地方，所属高等学校不能进入“211工程”。

（五）切实加强和改进学校德育工作

这次会议根据新形势下的新情况，讨论了《关于加强和改进学校德育工作的若干意见》。这个文件准备进一步修改后由中央转发，各地要认真贯彻执行。学校德育要坚持加强马克思主义毛泽东思想特别是邓小平同志建设有中国特色社会主义理论的教育和党的基本路线教育，加强爱国主义、集体主义、社会主义思想教育。要把邓小平建设有中国特色社会主义理论编成教材对学生讲授。在这里，我想再着重强调以下几点：一是要重视中华民族优良道德传统的教育。在中华民族源远流长、丰富多彩、博大精深的文化遗产中，很多优良的道德传统是极为丰富的思想宝库，其精华能够绵延数千年而不衰，成为中华民族的凝聚力所在，今天仍然显示出旺盛的生命力和积极的现实作用。我们现在提倡的热爱祖国、集体主义、勤奋节俭、尊师重教、团结友爱、尊老爱幼、谨严礼貌、诚实守信、见义勇为、严己宽人、先人后己、勤学不倦等等，都可以从我国浩如烟海的思想宝库中找到其渊源。社会主义的道德，只能建立在对民族道德传统的批判继承之上。应当取其精华、去其糟粕，把我国的优秀文化和传统美德集中起来，并与革命传统相结合，赋予新的时代内容，形成社会主义精神文明中具有中国特色的价值观、道德观和行为准则。这种价值观、道德观和行为准则不仅为群众所喜闻乐见和容易接受，并会成为反对和抵制个人主义、拜金主义、享乐主义等消极腐朽思想的强大力量。我已请国家教委组织专家编写有关读物，从娃娃开始教，一直到小学、中学、大学，用我们民族的优良传统教育，熏陶青少年一代，使他们形成中华民族的道德人格，担当起振兴中华，建设有中国特色社会主义的历史重担。二是开展国情教育要重点进行活的形势教育。各级党政领导干部，特别是主要领导干部，都要抽些时间到学校中走一走，同师生们座谈，做形势报告，讲讲我们的工作，也讲讲面临的困难和解决的办法。这也是领导同志转变作风、联系群众的一个重要方面。这要坚持下去，形成风气。三是要重视美育。学校的美育对于培养全面发展的人才具有重要作用，应该切实加强。不仅小学、初中要开好音乐、美术等课程，高中、大学也应开设艺术欣赏课，教会学生欣赏音乐、舞蹈、戏剧、美术、书法等等，并掌握一定的技巧。但重点还是着力于陶冶情操，提高道德修养。中宣部、国家教委等部门提倡看一百部好电影、唱一百首好歌的活动取得了良好效果就是一个例证。美育还应在许多学科的教学中贯彻。还要组织文艺团体经常到学校演出健康向上的文艺节目，社会上的文化场所也要创造良好的育人环境，并向学校提供优惠服务。四是要进行遵纪守法和做一个好公民的教育，特别是宪法的教育，每个学生都要了解我国的这一根本大法的基本内容，并自觉地作为自己一切行为的根本准则。国家教委要组织编写有关教材。

这次会议上，江总书记又就加强高校党

建问题作了重要指示，各地要认真学习贯彻。要注意研究高校党建和思想政治工作中出现的新情况、新问题，进一步加强高校党组织的自身建设，首先是领导班子建设，并积极探索加强基层党组织建设的新经验。充分发挥学校党组织的政治核心作用和党员的先锋模范作用，全心全意依靠广大教职工办学，并充分发挥各级教育工会、共青团、学生会等组织的作用。继续做好在大学生、青年教师和业务骨干中培养积极分子和发展党员的工作。要大胆培养、提拔使用学有成就、德才兼备的中青年教师和干部。此外，还要继续高度重视和做好维护高校稳定的工作。

三、关于教育系统和社会普遍关注的几个问题

当前教育工作中出现了一些比较突出的困难和问题，解决这些问题的基本原则和思路，在总理的主报告中已分别作了阐述，我再就其中几个具体问题作些补充。

（一）关于增加教育投入问题

李鹏总理报告中提出了当前增加政府对教育投入的具体要求，国务院有关部门和各级政府要认真落实。财政部要会同国家教委等部门根据财税体制改革后财政支出计算口径的变化，年内提出“八五”期间也即1995年教育经费占财政支出的比例，并应分别提出中央级财政和省级财政中教育经费所占比例，确保教育投入有较大的增长。根据《纲要》原来提出的“八五”期间全国平均达到15%的目标，一般情况下，省级政府应达到20%以上，县级的比例就要更高。同时，要根据各项改革深化的需要，通过多种渠道筹措教育经费，进一步完善教育投入的保障机制。中央、国务院已原则同意开征用于教育的地方税费，各地可根据需要与可能积极研究实施。

实施义务教育主要是政府的责任，要充分发挥社会主义制度的优越性，帮助贫困地区实施义务教育。中央决定设立中央、省、地、县四级教育扶贫专项经费，中央和省级政府要在现有扶贫专项经费的基础上，从今年开始逐年有所提高。地、县财政预算也要作出相应安排。这笔专项经费的使用，要借鉴国内外资金管理的先进经验，建立一种健康有效的机制，切实提高使用效益。

农村教育实行集资办学，是多渠道筹措教育经费的一条重要渠道。这项政策在80年代全国基本普及小学教育工作中起了决定性作用。90年代要实现基本普及九年义务教育的目标，除政府增加教育投入外，仍然要坚持集资办学的路子。不能把广大人民群众在量力、自愿的原则下集资办学视为乱摊派。但要严禁挪用和以此名义搞其它的乱摊派、乱集资，一旦发现必须依法追究责任。农村教育集资主要用于农村中小学危房改造和实施义务教育扩建校舍。农村教育集资的审批权放在县一级，这在总理报告中已明确，各地应照此执行。现在全国已普遍开展的“希望工程”、“春蕾计划”和其它形式的捐资助学活动要继续提倡和支持。对教育等公益性事业的捐资，依照有关法律、法规的规定，从应纳税所得中予以扣除。

前一个时期，由于种种原因，一些地方和学校出现了乱收费现象。国务院和各地对这股行业不正之风进行了制止和纠正，情况有所好转。各地要重视这个问题，发现这类问题要坚决加以纠正和制止，严重违纪的要追究责任。

（二）关于提高教师待遇问题

小平同志指出：“我们不论怎么困难，也

要提高教师待遇。这个事情，在国际上都有影响。”贯彻《教师法》，提高教师的社会地位和待遇，是各级政府的责任，各级政府的各有关部门都要承担起相应的职责。国务院正在研究制定相应的配套法规，各地也都要从本地实际出发，研究制定实施细则。这次教育系统工资改革方案已经出台，各地要认真抓好落实工作。同时，要注意研究这次工改中的一些矛盾和问题，及时加以调整解决。

今年以来，一些地方又出现了拖欠中小学教师工资问题，并有扩大趋势。各级党委和政府要十分重视并认真解决这一问题，建立中小学教师工资按月足额发放的保障机制。凡是拖欠教师工资的地方，一律不准用地方财政收入盖楼堂馆所，不准买小轿车，更不准领导干部出国。各省、自治区、直辖市要把中小学教师工资纳入财政全额预算，不留缺口。一般地区要将教师工资由乡管改为县管，少数经济发展程度较高的地区可由县、乡两级管理。

各级政府应把尽快解决教师住房问题作为一件大事来抓。在住房建设和住房制度改革等方面，应对教师实行优先、优惠政策，对教师住房的出售、租赁，要确定优惠比例，确保在今后二、三年内，使城镇教职工家庭人均住房达到或超过当地居民的平均水平。北京、陕西、大连、中山等地优先解决教师住房的经验，值得推广借鉴。这也是稳定教师队伍的重要措施。希望各地创造更多更好的经验。

要切实解决广大教师的医疗问题，在医疗保险改革中，对教师实行优惠。

（三）关于民办教师问题

目前，全国有中小学民办教师230多万人。长期以来，广大民办教师在生活条件和工作环境非常艰苦的情况下，兢兢业业、无私奉献，为我国基础教育事业的发展作出了巨大贡献，功不可没。中央、国务院对这个问题非常重视，各地要采取切实措施，改善民办教师待遇，逐步做到与公办教师同工同酬。今后不再增加新的民办教师，并通过优秀民办教师经考核认定资格后转为公办、师范院校招收一些民办教师进行深造、辞退不胜任的民办教师、部分到年龄民办教师退休等办法，力争在今后六七年内基本解决民办教师问题。

（四）关于制止乱设高校、乱招生问题

今后一个时期，高等教育要走内涵发展为主的道路，而不是增设新校，铺新摊子。这个指导思想必须明确。近年来，一些地方不顾实际需要和可能，盲目增设新校；还有的地方违反国家有关规定，越权审批设置新的高等院校。这些问题，应引起高度重视，并采取措施予以纠正。必须重申，增设高等学校的审批权在国家教委，未经授权，任何省、自治区、直辖市、部门都不得越权。

近两年，高校招生连续突破计划规模，不仅造成教学条件恶化和教育质量下降，而且由此产生不稳定因素。对此我们要有清醒的认识。今后要严格执行高校招生计划，要努力解决目前高校在招收自费生、委培生工作中存在的问题，严格制止一些高校私招、多招学生或滥发地方文凭等违纪现象，并要追究有关负责人的责任。

（五）关于民办教育问题

民办教育是我国社会主义教育事业的组成部分，发展民办教育，是当前教育体制改革的重要内容。国家对这项事业采取积极鼓励、大力支持、正确引导、加强管理的方针。

民办教育正处在发展阶段，在办学和管

理方面还存在着一些需要研究的问题，国务院正在抓紧研究制定《民办学校条例》，各地要在鼓励和支持发展民办教育的同时，加强引导和管理，促使其健康发展。民办教育自身也要扬长避短，办社会之所需，补国家办学之所缺。

需要特别指出的是，各类民办学校都要全面贯彻教育方针，坚持社会主义办学方向；接受当地教育行政部门的管理；收费标准不能脱离我国的现实水平，不能以盈利创收为目的；各级党政领导干部和教育行政部门的领导干部不得在民办学校兼职。

国家鼓励国外境外人士和法人团体来我国捐资助学，欢迎按照我国有关法规合作办学。境外和外资企业在我国境内一般不宜举办独资学校，特殊情况可个案处理。

（六）关于办好高校伙食、解决特困生补助问题

去年以来，由于市场粮油价格的调整，高校伙食工作面临较大的困难。近一个时期以来，一些地方、部门和高校采取了一些措施，取得了较好的效果。今后要继续做好学校伙食工作。地方政府应建立定点的以国营渠道为主的高校粮、油、肉、煤供应点（站），采取适当倾斜政策，实行最高限价，适当提高补贴费。各高校要加强食堂管理和民主监督，努力减少浪费。

高等学校普遍开始试行缴费上学制度以后，要重视解决特困生问题。党中央、国务院对此极为重视，决定从总理预备金中拨出1亿多元，对中央部门所属院校的特困生，通过组织勤工俭学活动提供资助。各地区、各部门及各高校要积极采取措施，努力解决好特困生的补助问题。

要按照国家教委的有关规定，加强学生勤工俭学的管理工作，坚决制止学生参与不健康的课外兼职活动。

各地政府要加强对学校周围环境的管理，制止和打击影响学校秩序的各类违法犯罪活动。要重视校园治安工作，严格学校管理。

四、关于会议精神的传达贯彻和宣传工作

这次教育工作会议结束后，各地各部门一定要抓好会议精神的传达贯彻和宣传工作。

（一）及时传达会议精神，组织广大干部、群众认真学习江泽民同志的重要讲话和李鹏同志的报告。通过学习，在统一认识的基础上，落实好教育优先发展的战略地位。

（二）认真研究制订贯彻这次会议精神的规划和措施。各地要在传达学习会议精神，深入调查研究的基础上，召开党委、政府主要负责人参加的教育工作会议，传达贯彻这次会议精神，部署本地教育改革与发展工作。国务院有关部门和地方政府各部门要齐心一致，形成合力。各省、自治区、直辖市要就本地贯彻落实这次会议的情况，于今年内向党中央、国务院写出报告。

（三）各地都要根据《纲要》及《纲要》的《实施意见》，制定本地区的实施规划和具体措施。各地党委、政府要会同人大、政协每年定期检查《纲要》、《教师法》的贯彻情况。要重视教育决策研究，注意加强教育规划和重大方针政策的研究和科学论证工作，避免决策上的失误。

（四）要切实转变领导作风，改进工作方法。主要领导要亲自调研和处理实施《纲要》中遇到的重大问题。各级领导特别是一、二把手，都要有联系的学校，抓典型，抓试点，希望每年至少要去学校一、二次。要提倡务实的精神，像北京市委和市政府等省市领导抓教育工作那样，不说空话，每年为教育办几件实事。

（五）中央和地方都要组织新闻单位加强对这次会议、对教育工作的宣传报道。要在会后一个时期内，比较集中地宣传这次会议的精神。要采取多种形式组织党政领导谈怎样贯彻《纲要》和《教师法》，为教育办哪些实事。要深入采访，宣传各地教育改革和发展的新经验、新成果。总之，新闻媒介要发挥舆论导向作用，形成强大的社会舆论，为推动我国教育事业的改革和发展做出应有的贡献。

朱开轩主任在全国教育工作会议预备会上的讲话

（1994年6月13日）

由党中央、国务院召开的全国教育工作会议，是教育界和社会各界盼望已久、普遍关注的一件大事。在会议开幕之前，我就会议的有关问题通报一下情况，作几点说明。

一、关于会议的任务和筹备情况

这次会议是改革开放以来，由中央召开的第二次全国教育工作会议。第一次是在1985年，正当全面推进经济体制和科技体制改革的重要时刻，中央主持召开全国教育工作会议，讨论贯彻《中共中央关于教育体制改革的决定》，小平同志亲自出席会议并作重要讲话，有力地推动了我国教育体制改革和教育事业的发展。本次会议是处于世纪之交的90年代中期召开。90年代是实现现代化建设第二步战略目标和建立社会主义市场经济体制的关键时期。党的十四大提出了加快社会主义建设步伐、建立社会主义市场经济体制基本框架的战略任务。这为教育改革和发展提供了新的机遇和动力，也对教育事业提出了新的要求。为了实现90年代的战略任务，去年2月，中共中央、国务院发布了《中国教育改革和发展纲要》（以下简称《纲要》）。《纲要》总结了建国40多年来，特别是党的十一届三中全会以来教育改革和发展的经验，分析了教育工作面临的形势，提出了90年代乃至下世纪初我国教育发展和改革的目标、方针和重大政策措施，成为指导我国教育改革和发展的纲领性文件。认真实施《纲要》，不仅是教育系统的中心任务，也是各级党委和政府以及全社会的重要职责。为了动员全党全社会认真实施《纲要》，党中央、国务院决定召开一次高层次的会议，全面落实教育优先发展的战略地位，实现《纲要》规定的教育改革和发展的任务，开创我国教育工作的新局面。

为了开好这次会议，岚清同志亲自主持召开一系列座谈会，做了大量调查研究与协调工作，并且对教育改革和发展的重大问题比较系统地提出了重要意见。在国务院直接领导下，国家教委从去年下半年开始着手进行会议的筹备工作，组成专门班子，在广泛调查研究与征求各方面意见的基础上，为会议准备了三个文件：一个是《关于〈中国教育改革和发展纲要〉的实施意见》（征求意见稿），第二个是《中华人民共和国教育法（草案）》（送审稿），第三个是《关于加强和改进学校德育工作的若干意见》（讨论稿）。国家教委党组认真研究了这些文件，并围绕会议拟解决的有关问题，包括当前教育工作的形势和任务、教育发展和改革的目标、思路和重大政策措施以及保障条件等问题多次进行讨论，分别形成了向党中央和国务院的汇报提纲，为这次会议的召开做了比较充分的准备。

党中央、国务院对这次会议给予了高度重视。4月8日，在李鹏总理主持下，国务院召开了总理办公会议，听取国家教委关于会议筹备工作情况报告。5月12日，在江泽民总书记的主持下，召开中央政治局常委会议，进一步听取了国家教委党组关于会议筹备工作情况的汇报以及《纲要》实施意见的说明。这两次会议原则同意国家教委的汇报内容和为会议所做的准备工作，并从我国国情出发对教育改革和发展的许多重大问题作了重要指示，主要包括：(1) 这次全国教育工作会议意义重大，是在新的历史时期动员全党全社会进一步从思想和行动上落实教育优先发展的战略地位，促进教育改革和发展的重要会议。中央同意汇报中建议的由江泽民总书记作重要讲话，李鹏总理作主题报告，李岚清副总理作会议总结，并决定每个省要有一位主要领导人（省长或书记）以及分管教育的负责同志参加会议。(2) 动员全党和全国人民，在本世纪内实现基本普及九年义务教育、基本扫除青壮年文盲（简称“两基”）这一历史性任务是本次会议的重点；要从提高国民素质的高度来看待这个问题；特别要注意因地制宜、分类指导，采取切实措施，认真解决好广大农村特别是占人口20%左右的边远和贫困地区普及义务教育问题。(3)突出强调从中国国情出发，进一步调整宏观教育结构，要按照小学后、初中后、高中后“三级分流”的办学方针，大力发展职业教育和成人教育，培养适应社会主义现代化建设需要的多方面人才。这是加快提高劳动者素质、振兴经济的必由之路，不仅符合我国的国情与需要，而且在许多国家早已证明是行之有效的。(4) 本科以上高等教育的工作重点要放在优化结构、调整布局、转换机制、提高质量与效益上。要着眼于面向21世纪，重点建设好一批高水平的学校和学科。(5) 要进一步加强和改进各级各类学校的德育工作和党的建设。(6) 各级政府和社会各方面都要努力增加教育投入，为发展中国教育事业、解决当前教育面临的突出问题和困难多办实事。根据《纲要》精神，两次会议确定或进一步明确了若干重要政策或措施。(7) 加强教师队伍建设，特别强调力争在本世纪内或稍晚一点时间基本解决农村中小学民办教师问题。(8) 对涉外办学的方针政策作了原则性指示；要进一步加强国际教育交流，欢迎按照中国法律合作办学与捐资助学，但一般情况下不宜接受外国机构、单位或个人来华独资办学。党中央、国务院领导同志关于教育工作的指示，明确了这次会议的指导思想，也为当前和今后的教育工作提供了重要的指导原则和方针政策，我们要认真学习领会，结合实际贯彻实施。

二、关于提交会议讨论的三个文件的说明

这次提交会议讨论的三个文件，拟建议审议后分别以国务院行政法规、人大立法和党中央文件的形式颁发或转发，目的是以法律、法规手段，指导和推动我国教育事业沿着法制化、规范化的轨道改革和发展。现对其中若干问题作几点说明：

第一个文件是《关于〈中国教育改革和发展纲要〉的实施意见》（征求意见稿）（简称《实施意见》）。这是在总结各地区、各部门一年来贯彻实施《纲要》的经验，分析实

施过程中新情况、新问题的基础上，适应实际工作需要制订的实施《纲要》的“施工方案”。从去年下半年开始，我们即着手进行这项工作，经过广泛征求意见，反复论证修改，形成了这份《实施意见》，现提交会议讨论。在会后再作修改后，拟建议由国务院批准下发，作为实施《纲要》的指导性意见。

《实施意见》共28条，分为“教育发展”、“教育改革”和“保障条件”、“加强领导”四大部分，使《纲要》规定的目标尽可能进一步细化、量化，任务分阶段分步到位，政策措施更具有可操作性。

关于教育发展目标。《实施意见》根据国民经济和社会发展的客观要求，明确了调整宏观教育结构的总体构想，即：以九年义务教育为基础，办好普通高中，大力发展职业教育和成人教育，适当发展高等专科教育，努力提高本科教育的质量和水平。据此，对各级各类教育分别提出了具体的发展目标和发展重点，还提出了提高教育质量和效益的要求，以及相应的政策措施。

主要内容有：第一，基础教育关系民族素质和国家的前途、命运，《实施意见》把基础教育特别是普及九年义务教育作为教育发展的重点，提出了全国到本世纪末在占全国总人口85％的地区基本普及九年义务教育的奋斗目标；并根据地区差异，把全国分成城市及经济发展程度较高的农村、中等发展程度的农村、经济发展程度较低的农村以及特别贫困地区等四类地区，分别提出了普及教育的目标、期限及相应的办学路子、办学模式以及监督保障措施。这就把《纲要》提出的分区规划、分类指导的原则具体化了。各地反映按照不同地区确定发展目标和措施的思路是基本符合实际情况的，有利于因地制宜地实现普及九年义务教育的目标。第二，把大力发展职业教育和成人教育放到调整宏观教育结构的突出位置，逐步建立起初等、中等、高等职业教育和普通教育并行发展、相互衔接、比例合理的教育体系；与此同时，大力开展多种形式、多种规格的岗前、在岗、转岗培训，建立与学历教育并重的职业资格教育制度。这种发展和改革思路将触及我国教育制度和劳动人事制度，要根据各地不同情况积极进行探索试验，逐步完善。第三，《实施意见》进一步明确了高等教育要走内涵发展为主的道路，并对规模、结构、质量、效益分别提出了要求。高等教育规模扩展的重点是高等专科教育和高等职业教育；本科和研究生教育着重提高质量和效益，有步骤地实施“211工程”，不断提高教学、科研和管理水平。实现这一目标，要求我们在高等教育的发展思路和发展重点以及办学体制、办学模式上有一个比较大的调整和改革，一方面要认真办好一批高水平的学校和学科，一方面要把发展重点放到努力为农村、乡镇企业和第三产业培养适应性强的应用人才上。

关于教育改革。党的十四大和十四届三中全会确立了建立社会主义市场经济体制的改革目标，并且提出了一系列重大改革举措。教育改革面临着十分有利的机遇和巨大的压力。去年，根据中央财经小组的部署，为配合十四届三中全会决定的起草，我们组织了社会主义市场经济与教育改革的专题调研，调研报告提出的深化教育改革的设想得到文件起草小组和中央财经小组办公室的认同，成为建立社会主义市场经济体制总体框架的组成部分。《实施意见》吸收了这次调研的成果，在《纲要》的基础上，对于如何深化教育改革提出了进一步的设想和举措，便于按照《纲要》的要求组织改革施工。

《实施意见》围绕培养适应社会主义市场经济和社会全面进步要求的人才这一中心任务，进一步提出了教育体制以及教学领域里改革的内容、方法、目标和思路。在今后一段时间内，要加大教育体制改革的力度，力争在办学体制、管理体制以及招生和毕业生就业制度改革等方面取得明显成效。主要是：(1) 基础教育要进一步完善地方负责、分级管理的体制，明确划分中央、省、地、县、乡各级政府的职责，强调了县级政府在组织义务教育的实施方面负有主要责任；(2) 职业教育和成人教育强调要在政府统筹管理下，充分调动行业、企事业和社会各界办学的积极性，建立和完善现代企业教育制度，健全面向社会的办学体制；(3) 高等教育改革重点要放在促进多种形式的联合办学，逐步改变高等学校“条块分割”办学和管理体制方面存在的弊端。通过必要的政策导向和社会需求的调节机制，促进国家教委所属院校、中央业务部门所属院校、地方所属院校之间，以及地方院校之间的联合，鼓励普通高等学校和成人高等学校之间的联合与协作，合理调整高等教育布局，优化高等教育结构，提高办学效益。到2000年基本形成中央和省两级管理、以省级政府为主办学与管理的条块结合的新体制框架；(4) 加快高等学校和中等专业学校、技工学校招生、收费、毕业生就业制度改革，随着劳动力市场的不断完善和人事制度的改革，逐步实行学生缴费上学、大多数毕业生自主择业制度。1997年大多数学校按新制度运作，2000年基本实现新旧体制转轨。

关于保障条件即增加教育投入和加强教师队伍建设。《实施意见》对《纲要》规定的以国家财政拨款为主，多渠道筹措教育经费的体制补充明确了若干重要措施，主要有：(1) 改革教育经费的管理体制，教育经费实行预算单列，建立定期公布各地教育经费支出状况的制度，实行社会监督；(2) 建立中央、省义务教育专项基金，扶持贫困地区实施义务教育；(3) 明确地方政府可以根据实际需要和可能，开设用于教育的地方税种；(4) 中央开列“211工程”启动资金，并逐步建立扶持“211工程”的专项资金；(5) 建立教育银行，运用金融手段融通教育资金；(6) 规定农村教育集资的审批权在县，同时报省级人民政府备案等等。这些措施只是现阶段全国范围可能做到的，今后将随着财政和经济状况的变化作出新的规定，各地还可根据不同条件采取补充措施，增加教育投入。同样，《实施意见》中对教师队伍建设特别是提高教师待遇，解决好教师住房、医疗条件等方面的规定，各地可从实际出发更好地解决教师队伍建设问题。

第二个文件是《中华人民共和国教育法（草案）》（送审稿）（简称《教育法》）。这是教育法规体系中的母法，是国家有关教育工作的根本大法。它主要就涉及教育的全局性重大问题作出原则的规定，为制定其他的教育法律、法规提供法律依据。各级各类教育的具体问题，则主要由其他教育法律、法规具体规定。

《教育法》的起草工作从1985年开始，至今已有10个年头。10年来，针对起草工作中面临的基本问题，国家教委组织力量进行了广泛、深入的调查研究，召开过一系列研讨会，征求了国务院各部门和各省、自治区、直辖市教育部门的意见，听取了各民主党派中央和无党派著名人士、教育界、法学界专家学者的意见。总的看来，各方面对送审稿给予了基本肯定，但也提出了一些建设性意见。有些观点不尽相同，其中一些重要内容已反映在提交本次会议的《教育法》说明稿中，请代表们研究。为了做好起草工作，还注意吸取、借鉴世界各国教育法制建设的有益经验，专门收集、整理了10多个国家的教育法，对国外教育法进行了比较研究，借鉴了对我国教育有益的经验。国务院法制局、全国人大教科文卫委员会、全国人大常委会法工委等单位也派专人提前介入与指导，参与了讨论和修改工作。全国人大常委会及国务院已将本法列入了立法计划。

《教育法》草案先后十一易其稿。现在的《教育法》共分11章，98条，提交这次大会讨论后再作修改，争取今年内送交全国人大常委会审议。

我们还正在起草职业教育法、高等教育法等一批教育法律和行政法规，准备陆续提交国务院和全国人大常委会审议，争取在本届政府任期内，初步形成教育法规体系。

第三个文件是《关于加强和改进学校德育工作的若干意见》（讨论稿）。学校德育工作事关民族未来的思想道德水准和精神风貌，是学校教育极其重要的组成部分，一直受到党和政府的高度重视。党的十一届三中全会以来，中央连续下发过三个关于加强和改进学校德育工作的文件。即《中共中央关于改革学校思想品德和政治理论课教学的通知》、《中共中央关于改进和加强高等学校思想政治工作的决定》和《中共中央关于改革和加强中小学德育工作的通知》。这次提交讨论的这个文件主要解决的问题是：学校德育如何适应加快改革、开放和社会主义建设，建立和发展社会主义市场经济体制新形势的要求，努力培养跨世纪的"四有"新人。

文件是在岚清同志直接指导下组织起草的。文件起草过程中先后到部分省、市征求教育领导部门、大中小学干部和教师的意见，国家教委党组多次进行研究并征求了中宣部意见，这个讨论稿就是在初步集中了各方面意见的基础上形成的。文件分析了德育工作面临的形势和任务，把重点放在如何改进德育工作上，分别对德育内容、方法、自身建设和育人环境等方面提出了改进意见。强调要以邓小平建设有中国特色的社会主义理论为中心内容，改革德育和政治理论课程。对中学高年级和大学的学生要简明扼要地讲授马克思主义的基本观点，学习毛主席的重要著作；进行爱国主义、集体主义、社会主义教育，要加强针对性；要深入进行活的国情教育，中华民族传统美德教育和革命传统教育；加强养成教育、社会公德教育和职业道德教育；进行美育和健康心理教育等。特别是提出了要整体规划学校德育体系，小学、初中、高中、大学要有各自重点并整体衔接，循序渐进地全面提高学生的思想道德和科学文化素质。当然，学校德育关系到方方面面，不可能面面俱到，只能就比较紧迫的主要问题有针对性地提出改进意见。这个文件在这次会议讨论进行修改后，将报送中央。

三、关于会议的开法

这次会议是有党和国家领导人以及地方党政主要负责同志参加的、共商百年大计的高层工作会议。会议将听取江泽民总书记的重要讲话，李鹏总理的主题报告，并由李岚清副总理作会议总结；会议还要请部分省、市的主要领导同志和教育部门的同志就落实教育战略地位、加强"两基"、大力发展职业教育和成人教育、推进高等教育体制改革、加强和改进德育工作以及深化农村和企业的教育综合改革等方面内容作经验交流；同时，请代表们对提交会议的三个文件进行讨论，提出意见。我们希望各位代表集中精力，以邓小平同志建设有中国特色的社会主义理论特别是邓小平同志关于教育工作的论述为指导，认真学习中央领导同志的讲话，总结交流落实教育战略地位、发展和改革教育的经验，联系本地区、本部门实际把《纲要》提出的目标和任务真正落到实处。

全教会之后，国家教委在年内还拟召开三次教育部门的工作会议，落实全教会精神，具体部署《实施意见》中几项最迫切的工作。一是部署90年代分步实施“两基”的督导工作会议；二是研究加快部属高校体制改革的座谈会；三是推进农村教育综合改革的经验交流会。

各位代表，从现在到21世纪只有6年多时间了，我们在这里筹划的正是如何培养面向21世纪的一代新人这样一件关系我国经济振兴和民族未来的大事。我们要以对国家、民族高度负责的精神状态办好这件大事，把这次会议开成一个振奋精神、增强信心的会议，鼓劲务实的会议，为繁荣我国教育事业作出应有的贡献！

朱开轩主任在国家教委 1994 年教育工作电话会议上的讲话

（1994 年 1 月 11 日）

今天国家教委召开 1994 年教育工作电话会议，我讲三个问题。

一、关于 1993 年教育工作的回顾

1993 年是我国教育史上非常重要的一年。党中央、国务院颁发了《中国教育改革和发展纲要》，为建设有中国特色社会主义教育体系绘制了蓝图，成为推动我国九十年代教育改革和发展的巨大动力。全国人大审议通过了《中华人民共和国教师法》，使我国教师队伍建设开始走上法制化轨道。党的十四届三中全会通过的《关于建设社会主义市场经济体制若干问题的决定》，为加快改革和发展教育进一步指明了方向。适应社会主义市场经济的发展，围绕实施《纲要》和《教师法》，教育系统主要抓了以下几项工作：

（一）制定了实施《纲要》的规划和措施。国家教委在认真调查研究的基础上，对《纲要》的总体实施提出了按教育发展、教育改革和条件保障三大部分和从 1993 年到 2000 年划分三个阶段分别制定具体规划和实施措施的意见。1993—1995 年为第一步，按“八五”计划的要求去实施；1996—1997 年为第二步，这两年连同前三年是教委本届班子的任职期，《纲要》的实施要收到较大成效；1998—2000 年为第三步，基本完成《纲要》规定的目标和任务。同时，全国 20 多个省、自治区、直辖市和十几个部委也相继召开专门会议，研究部署了《纲要》的实施工作。

（二）教育立法工作有了较大进展。国家教委提出了由教育基本法律、法律和行政法规三个层次、若干项目组成的教育法规体系的总体框架及其立法进度表。《教师法》已经公布，并从今年 1 月 1 日起正式实施。国家教委向国务院提交了《残疾人教育条例》、《民办学校条例》和《优秀教学成果奖励条例》。组织了《教育法》的起草工作。还颁发了一批重要政策性文件，如《关于自费出国留学问题的通知》、《民办高校设置暂行规定》、《普通高等学校申请更改名称问题的规定》等。各地也制定了一批地方性教育法规，如北京、上海通过了关于《实施〈义务教育法〉办法》，广西出台了《中小学校保护条例》，广东出台了《广东省高等教育管理条例》等。教育立法工作迈出了可喜步伐，教育系统和全社会依法治教的意识有所增强。

（三）教育事业发展较快。我国已在 90% 以上的人口地区基本普及了初等教育，大城市和部分经济发达地区基本普及了初级中等教育，九年义务教育正在全国分步骤地实施。国家教委建立了“两基”评估验收制度，到年底已有26个省、自治区、直辖市对350多个县（市、区）进行了“两基”评估验收，北京市率先基本实现“两基”，吉林省基本扫除青壮年文盲。为支持贫困地区和少数民族地区实施义务教育，世界银行贷款的第一个项目正在按计划执行，第二个项目也开始启动。普通高等学校本专科在校生254万人，为历史最高水平。为我国进入21世纪准备骨干人才和发展高新科技而设立的“211工程”开始启动。世界银行贷款的“重点学科建设”项目正在顺利执行中。经第五批博士、硕士学位评审，全国新增博士学位授权学科专业274个，硕士学位授权学科专业864个，博士生指导教师1945人。国家教委“跨世纪优秀人才计划”开始实施，首批评选出42名优秀年轻专家并列入计划予以资助。高中阶段职业教育在校生数第一次超过普通高中。成人高校本专科在校生已达190万人。参加各类成人技术培训的人数明显增长。近几年每年扫除文盲500万人以上，青壮年文盲率已下降到7%左右。民族地区教育继续发展，对口支援143个少数民族贫困县发展教育工作取得明显成效。

（四）教育改革取得新的进展。配合党的十四届三中全会《决定》的起草工作，国家教委组织专题调研，提出了适应新经济体制需要的教育体制改革的总体思路和改革建议。办学体制改革不断深化，正在向以政府办学为主体、社会各界共同办学的方向发展。基础教育继续完善地方负责、分级管理的体制。已普及初中的大、中城市逐步取消小学升初中的入学考试，实行就近入学。小学和初中开始全面实施九年义务教育新课程方案。高中会考制度从试点转入全面实施。国家教委等四部委联合发起，运用百部优秀影视片在中小学开展爱国主义教育活动，收到良好效果。高等学校管理体制改革和布局合理调整工作有了新的发展，部分高校联合或合并，部分中央部门所属高校出现了由中央部门与地方政府共建、联办和有关方面组成校董会等多种办学形式。国家教委在广东省进行了扩大省级政府对高等教育决策统筹权的试点。校内管理体制改革普遍展开。招生、收费和毕业生就业制度改革步伐明显加快，部分高校开始试行收费制度和奖、贷学金制度。国家教委颁发了普通高校本科专业设置规定，修订了本科专业目录，进一步下放了本科专业审批权限。对部分基础性理科学科继续采取保护性措施。职业教育、成人教育在政府统筹管理下，进一步加强与行业、事业单位及社会各方面的联合办学。学校与企业联合培养人才的“双元制”试点逐步扩大。中专招生、毕业生就业制度改革加快，非国家任务招生已占招生总数的40%。国家和各省确定的农村教改实验县、“燎原计划”示范乡和城市、企业的教育综合改革试点都取得新的进展。

（五）努力增加教育投人，加强教师队伍建设。国家教委在对1993—2000年全国教育经费总需求进行测算的基础上，向国务院提出了关于增加教育投入的总体思路的初步建议。适应财税制度的改革，已向财税部门提出了按新三税（增值税、营业税、消费税）征收城市教育费附加的方案以及校办产业继续实行减免税的政策建议。国家教委会同财政部提出并由国务院办公厅下发了《关于解决中央部属院校价格补贴问题的通知》，使中央部委院校执行地方物价补贴政策所遇到的困难得到一定程度的缓解。中央和各地加强教师队伍建设，提高教师待遇，改善教师住房，做了大量工作。国家教委配合人事部提出的教师工资改革方案即将出台。在国务院领导下，各地方政府采取一系列措施，使兑现教师工资取得很大进展。在教师节表彰了一批全国优秀教师和教育工作者，评选出一批特级教师、优秀中小学校长、有突出贡献的教授、专家和全国高校优秀教学成果奖获得者。

（六）**召开了几个重要会议**。根据工作需要，国家教委调整了原定计划，召开了以下几个委级会议。1. 为准备1993年12月在印度召开的九国全民教育首脑会议，3月份在北京、河南召开了我国全民教育大会，通过国际交流，向世界展示了我国普及初等教育和扫除文盲取得的成就。2. 受国务院委托，召开了教育支援西藏工作会议，进一步明确了教育援藏的方针，落实了支援措施。3. 会同中组部、中宣部召开了第四次全国高校党建工作会议，总结交流了高校党建工作的经验，表彰了一批做出显著成绩的高校，研究并提出了在社会主义市场经济条件下进一步加强和改进高校党建和思想政治工作的意见。4. 国家教委、国家科委、国家体改委联合召开了高校科技产业工作会议，总结了高校发展科技产业的经验，进一步明确了发展高校科技产业的方针、任务和目标。5. 召开了第四次委属高校咨询工作会议，进一步明确了委属高校九十年代改革和发展的目标。6. 召开了农村教育实施“燎原计划”和城市教育综合改革工作研讨会，认真总结了开展农村教育综合改革和城市教育综合改革6年来的经验，研讨了今后深化改革和加快发展的目标和措施。

总之，1993年教育改革和发展的各个方面都取得了一定成绩，教育系统总的形势是好的。但是也应该看到，当前仍然存在一些比较突出的困难和问题。教育体制改革与经济体制改革相互衔接不够，要在加快适应上下功夫；教育经费困难加剧，教育投入机制不能适应教育事业发展及社会各方面的需求，公用经费下降；教师待遇偏低，特别是拖欠教师工资问题未能全部如期解决，至今仍欠3亿多元，一些地方和学校教师队伍不够稳定，辍学率增加；一些地方和高校不听招呼，招生数量增长过快，办学条件跟不上，带来学校管理上的一些新的问题；教育体制改革过程中，政府及其教育部门宏观调控的力度不够等。

二、关于1994年的工作任务

1994年教育工作总的指导思想是，以邓小平同志建设有中国特色社会主义理论为指导，认真贯彻党的十四届三中全会精神，全面部署和推进《纲要》的实施工作，严格执行《教师法》. 加大教育改革力度，促进教育事业进一步发展。为此，1994年要着重抓好以下几个方面工作。

（一）基础教育

基础教育特别是实施“两基”，是今后一个时期整个教育发展的重点。必须坚定不移地依法推进九年义务教育的实施。国家教委根据《纲要》的要求，提出分区规划、分类指导、分步实施的原则与目标；各省、自治区、直辖市也要制定落实到县、乡的普及九年义务教育具体规划，并分步组织实施。同时，研究制定扶持边远贫困地区普及一定年限义务教育的政策与措施。在总结1993年“两基”评估验收工作的基础上，修改评估验收办法，全面推开对普及九年义务教育和扫除青壮年文盲县（市、区）的评估验收工作。国家教委将组织力量，对各地区的评估验收工作进行抽查。今后将逐年公布实现“两基”的县（市、区）名单，并开展表彰奖励活动。要研究高中发展方针和办学模式，部署重点高中建设工作。改变农村中学办学模式单一的状况，进一步研究农村初中和高中注入职业教育内容的具体措施和方案。要高度重视各级师范教育，提高师资学历合格率。继续发展幼儿教育和特殊教育事业。

继续完善基础教育地方负责、分级管理的体制。进一步明确省、市级政府发展与统筹基础教育的责任，理顺县、乡管理基础教育的职责。在欠发达地区，教育经费的统筹管理权宜放在县级政府。

（二）高等教育

高等教育要全面贯彻“规模有较大发展，质量上一个台阶，结构更加合理，效益有明显提高”的方针。考虑到高校招生规模已连续两年大幅度增长，1994 年的发展速度应适当，重点放在提高质量、调整结构、提高效益与改善办学条件上。切实抓好“211 工程”，稳步发展，推动改革，推动联合，同时要进一步落实有关投资。在合理调整现有高校布局基础上，进一步健全设置高等学校的评议、审批程序。探索专业设置宏观调控与管理的办法。逐步推进对高校教学的评估工作。积极发展专科教育。改革硕士生考试与录取办法，进一步扩大培养单位录取自主权。加快博士生导师审批制度的改革步伐。贯彻全国高校科技产业工作会议精神，研究发展基础学科和高科技研究的政策与措施，积极引导并扶持高校办好一批科技产业。继续抓好“跨世纪优秀人才计划”的实施工作。

要积极推动中央部门学校与地方共建及其它多种形式的联合，发挥中央部门和地方政府两方办学的积极性，争取 1994 年在改革部门办学体制和投资体制方面有重要进展。逐步扩大省、自治区、直辖市对属地高等教育的统筹权。切实抓好广东、上海等省、市高教体制改革试点工作。进一步理顺政府、社会和学校之间的关系，促进学校建立并完善自主办学、自我发展、自我约束的机制。

要大力推进高校及中等专业学校招生、收费和毕业生就业制度的改革。重点是改变“两包”（国家包学费、包分配），逐步实行学生缴费上学、自主择业的改革；关键是转变观念与积极完善奖学金、贷学金、勤工助学等制度，积极试行自费、公费并轨办法。收费要考虑社会承受能力，稳步推进。老生老办法，新生新办法。

要进一步深化学校内部管理改革。根据社会需要，进一步调整专业结构；对基础性学科要有进一步的保护措施。加快教学管理、教学内容和教学方法的改革。

（三）职业教育

继续贯彻《国务院关于大力发展职业技术教育的决定》，加快职业技术教育的发展。各级政府要统筹管理，加强领导，增加投入，积极促进行业、企事业单位、社会力量办学和联合办学，特别是要落实企业的责任。加强师资培养培训工作，完善职教师资职务评聘制度。制定和修订教学大纲和教材。促进双证制的实施，健全职业教育服务体系。开展依托部分有条件的重点中专进行高职班的试点工作，推动职业大学的改革和建设。全面贯彻全国中专工作会议精神，推进中专学校的改革和发展，抓好全国重点中专评选工作。发布国家级重点职业高中标准，总结推广河北、山东等省探索新的办学模式的经验。扩大“双元制”试点范围。积极发展初、高中后多样化的职业教育。

进一步做好农村教改实验县和“燎原计

划”示范乡的工作，注重面上推广，积极促进“三教统筹”和农科教结合。继续抓好现有试点城市和企业的教育综合改革。

（四）成人教育

成人教育要继续以大力开展岗位培训和继续教育为重点，积极推进行业、企事业单位建立和完善岗位培训制度、证书制度、岗位职业资格考试和考核制度及继续教育制度。1994 年仍要完成年扫盲不少于 400 万的任务。积极办好乡（镇）、村农民文化技术学校，开展实用技术培训，推进“绿色证书”制度的实施，加强乡镇企业职工培训。成人高、中等教育要继续贯彻国务院办公厅转发国家教委《关于进一步改革和发展成人高等教育的意见》，发挥成人高、中等学校的多功能作用，充分运用广播、电视、函授等教学手段，向社会特别是中小城市、边远地区提供更多的接受高中后教育的机会。积极发展成人高等职业教育。按照“积极鼓励、大力支持、正确引导、加强管理”的方针，发展社会力量办学。组织好国家学历文凭考试的试点。开展建立现代企业教育制度试点工作。进一步加强自学考试工作。

（五）确保教育投入，提高教师待遇。

根据《纲要》规定的精神，1994 年全国财政预算内教育经费占全国财政支出的比例应有明显增长。要设立并逐步增加中央、省、县、乡四级政府扶助义务教育专款。会商财税部门尽快颁布税制改革后城市和农村教育费附加的征收比例和征收办法。省级政府和中央部委应统筹调整并规范各类学校的学杂费标准。根据事权财权相统一的原则，研究提出各级教育行政部门参与同级政府教育经费预算工作的意见。研究完善农村教育集资政策，切实解决中小学校舍建设投入体制问题。建立教育信托投资公司，筹建“中华教育发展基金会”。委属高校进行拨款基金制试点，强化拨款机制的宏观调控作用。改进经费使用办法，建立相应的评估制度，加强经费的审计、监督。

要认真组织实施教师工资改革方案，保证教师平均工资水平不低于或者高于当地公务员的平均工资水平。中央和地方都要采取有力措施，加快教师住房建设。教育部门要主动同有关部门配合，提出在住房、医疗等方面对教师实行优惠的办法。委属高校教师住房年内要争取基本实现“三年解困”的目标。对仍未兑现拖欠教师工资的，要区别不同情况依法严肃查处，并探讨建立杜绝拖欠教师工资的机制。要本着办实事的精神，认真组织好第十个教师节庆祝活动，进一步在全社会树立尊师重教的良好风尚。

1994 年，国家教委在工作部署和安排上，要继续一手抓好教育系统第一线，一手抓好机关建设。认真推行公务员制度，不断提高干部队伍素质。在去年机构改革的基础上，把进一步转变工作职能放在首位。国家教委机关和地方教育行政部门都要增强为基层服务的意识，加强学习，减少应酬，深入实际，调查研究，多办实事，精简会议文件，克服官僚主义、形式主义，提高工作质量和水平。

为动员全党全社会落实教育优先发展的战略地位，认真实施《纲要》，中央领导同志已初步同意在 1994 年上半年召开全国教育工作会议。

此外，国家教委还要召开“两基”督导工作会议和农村教育综合改革工作会议，会同中央有关部门召开中央部门所属高校深化教育体制改革会议。

三、需要强调的几个问题

（一）联系教育工作实际，认真学习《邓选》和《决定》。

《邓小平文选》第三卷是我国改革开放和现代化建设丰富经验的理论总结，是统一全党思想，教育干部和人民的最好教材和有力武器。党的十四届三中全会通过的《决定》，提出了建立社会主义市场经济体制的总体规划。《邓选》和《决定》进一步明确了改革和发展教育的根本指导思想。各级教育行政部门和学校要继续组织师生认真学习，深刻领会邓小平同志建设有中国特色社会主义理论，理解坚持党的基本路线一百年不动摇的深远意义，把握我国经济发展分“三步走”的战略，深入研究教育如何适应建立新经济体制的需要，从而推动并加快教育事业的改革和发展。《邓选》和《决定》有着深刻的内在联系，要结合起来学习，深入思考，融会贯通，加深理解，学以致用。

各级领导干部带头学好《邓选》和《决定》，意义重大。要进一步解放思想，紧密联系本地区、本部门、本单位的实际，研究新情况、新问题，懂理论，知全局，不断增强工作中的原则性、预见性和创造性，提高领导能力和管理水平。

（二）全面部署实施《纲要》，重点抓好“两基”工作。

国家教委已经提出了分项目、分步骤实施《纲要》的意见，将提交今年的教育工作会议讨论。各省、自治区、直辖市也要结合本地区的实际情况全面部署《纲要》的实施工作。

《纲要》提出的教育发展目标，主要包括“两基”、“两重”和大力发展职业教育和成人教育。根据我国的国情和现代化建设的需要，教育的发展要调整结构，降低重心，加快发展中等和中等以下教育，特别是实现“两基”。建国以来我们曾经几次提出普及教育和扫除文盲的要求，但一直没有实现。《纲要》明确提出要在本世纪末实现“两基”，这对改变我国教育落后状况，提高中华民族素质，将产生决定性的影响。到本世纪末，已是建国50周年，我国将朝着更宏伟的第三步战略目标前进。那时如果“两基”任务还不能完成，不仅同建立社会主义市场经济体制的要求不相适应，而且同我国的国际地位很不相称。但从目前情况来看，实现“两基”仍然存在相当大的困难，特别是在人均收入四五百元以下的8000万左右人口地区实现普及初等教育，在虽已脱贫但仍属欠发达的人口地区普及九年义务教育困难更大，这是我们实现“两基”工作的重点所在。“两基”首先是政府的责任。各级政府必须把“两基”工作摆在非常突出的位置，采取各种必要的措施，保质保量地完成“两基”任务。要正确处理好“两基”与“两重”的关系，“两基”抓不好，“两重”谈不上。

（三）深化改革，促进各级各类教育进一步发展。

今年是社会主义市场经济体制改革整体推进将有重大突破的一年，各个领域的改革步伐都会加快。教育要加快发展，必须深化改革。发展是目标，改革是动力。要把握好改革的时机和力度，自觉地使改革有利于发展，形成改革与发展互相促进的良性循环。

社会主义市场经济体制的建立是推动我国教育事业发展的强大动力。但在市场经济发育过程中，也会给教育带来一些负面影响。要通过深化改革，理顺教育与社会各方面的关系，强化教育的条件保障机制，不断改善教育的外部环境。从教育内部来说，一定要把工作的重点放到深化学校内部管理改革和各项改革，增强学校活力上来。穷国办大教育，提高效益，保证质量，至关重要，关系到学校乃至于整个教育事业的生存和发展。各级各类学校都必须特别注重提高教育质量和办学效益。尤其是高等教育，要注意纠正不顾办学条件，片面追求发展规模的倾向。今后一般不再新建高校，主要通过合理调整布局，走内涵发展的道路。如果教育质量和效益有明显的提高，也有利于从教育外部争取更多更好的保障条件。这是一个重大课题，应认真研究，不断创造新经验。

（四）加强教育立法工作，抓紧建立教育法律体系。

市场经济必须健全法制。在市场经济条件下，也必须加强教育立法，实行依法治教。只有通过立法，才能规范政府、学校、社会组织和公民的教育活动，保障教育事业健康发展。目前，国家教委已经提出教育法律体系的总体框架。同时还制订了1993—1998五年中重点教育立法项目起草工作计划。其中《教育法》已修改多稿，争取第一季度完成起草工作，尽快提交国务院讨论通过后报人大常委会审议。《职业教育法》和《高等教育法》继续加紧起草。除这三部法律外，还需起草和修改20多项行政法规。其中已送国务院审议，但尚未发布的有《民办学校条例》、《优秀教学成果奖励条例》和《残疾人教育条例》，正在抓紧起草和修改的有《境外组织和个人来华办学条例》、《征收教育费附加的规定》、《教师法》的配套法规等。各地也要进一步加强对教育立法工作的领导，制订适合当地实际情况的规章及实施细则，逐步形成分层次的教育法律体系，使教育事业走上依法治教、健康发展的轨道。

（五）加强和改进学校德育工作，保持学校稳定。

在旧经济体制向新经济体制加快转轨过程中，学校德育工作出现了许多新情况、新问题。加强和改进学校德育工作，仍是摆在我们面前的一项十分重要而紧迫的任务。特别是“读书无用论”以及拜金主义、享乐主义、极端个人主义等错误思想对青少年学生的影响，千万不可低估。要认真总结德育工作的经验，进一步加强党的基本路线教育，爱国主义、集体主义、社会主义思想教育，近代史、现代史教育和国情教育，进行中华民族优秀传统道德教育和革命传统教育。要遵循儿童青少年思想品德形成和发展规律，对大、中、小学的德育内容和方法进行整体规划，并使之互相衔接。要充分发挥广大教师教书育人的作用，加强思想政治工作队伍和管理人员队伍的建设。充分发挥各级工会、共青团和关心下一代工作委员会等组织的作用。

稳定是教育改革和发展的前提条件，学校稳定也是社会稳定的重要保证。对给学校的稳定可能带来影响的各种社会的、教育内部的因素要予以足够的重视。对于牵涉师生切身利益的问题，包括生活后勤，要认真解决好，并努力做好思想工作。要注意校园治安，严格学校管理，对于那些到学校寻衅滋事、欺侮学生、殴打教师的不法之徒，要坚决依法处理。

（六）纠正行业不正之风，保持廉洁，把反腐败斗争进行到底。

中纪委二次全会后，按照党中央、国务院关于开展反腐败斗争的部署，教育系统做了大量的工作，取得了很大的成绩。我们要进一步学习、领会党中央这一重大举措的现实意义和深远的战略意义，把教育系统反腐败斗争进行到底。

教育系统的行业不正之风，群众反映较集中的是乱收费问题。乱收费问题虽然原因很复杂，但必须作为专项治理，坚决纠正。去年国家教委发出了《关于坚决纠正中小学乱收费的通知》和《关于取消中小学乱收费项目的通知》，国务院办公厅发出了《关于加强中小学收费管理工作的通知》。各级教育行政部门和学校要继续按上述《通知》的要求，进一步加强收费管理工作。要严格区别义务教育阶段与非义务教育阶段收费的政策界限。不论是哪一种收费，都要按当地政府的规定执行，学校不得自立名目，自定标准。学校要向社会公开政府批准的收费项目和标准，接受社会监督。严格控制学校代收费用的项目。学校不得以任何形式对学生进行集资和罚款。任何部门不得向学校或通过学校向学生摊派、借款。高等学校收取学杂费的标准，特别是需要调整的，一定要按规定报经上级主管部门核准。巧立名目滥收费的，要加以制止。教育投入不足，经费紧缺，已经成为社会关注的热点。解决这个问题的主要出路是靠各级政府增加对教育的投入以及教育自身的深化改革。学校的职责是教书育人。乱收费同教育事业的性质和任务极不相称。我们要从清正廉洁、反对腐败的高度，认识乱收费问题的危害性，用实际行动维护学校和教育事业的声誉。在切实纠正乱收费的同时，教育系统要继续严肃查处各类重大案件，坚决纠正权钱交易等各种形式的不正之风。通过建立和完善相应的规章制度，加强纪检、监察、审计等工作，保证教育事业健康发展。

同志们，1994 年是教育加大改革力度和全面实施《纲要》的关键一年。我们面临的困难不少，在某种程度上说是严峻的，但是也要看到具备很多有利条件。建立新经济体制和国民经济持续、快速、健康发展，为教育加快改革和发展提供了新的契机，全社会都在呼吁重视教育。只要我们更加紧密地团结在以江泽民同志为核心的党中央周围，振奋精神、积极工作、大胆探索、勇于实践，就一定能够克服困难，不断前进，使教育改革和发展迈上一个新的台阶。

加强和改进学校德育工作，促进社会主义精神文明建设

张孝文

坚持两手抓，两手都要硬，在坚持以经济建设为中心不动摇的同时，坚定不移地加强精神文明建设，这是我国社会主义现代化建设总体布局的一条根本原则，也是邓小平同志建设有中国特色社会主义理论的重要内容。邓小平同志对社会主义精神文明建设的地位、目标、内容、方法等有一系列重要论断。他高度重视教育，从理论高度、战略全局关注着我国教育事业的发展。他关于教育工作的论述也包括了教育在我国精神文明建设中的地位和作用及教育战线自身精神文明建设的问题。1994年6月，党中央、国务院召开了全国教育工作会议。会后又下发了国务院《关于〈中国教育改革和发展纲要〉的实施意见》、《中共中央关于进一步加强和改进学校德育工作的若干意见》，同时，中共中央印发了《爱国主义教育实施纲要》。这些都是关系到教育改革和发展、社会主义精神文明建设和社会主义现代化建设全局的大事。我们教育系统的同志正在结合贯彻落实这次会议和有关文件的精神，学习《邓小平文选》和建设有中国特色社会主义理论。这里，我想联系学校德育工作的实际，谈谈学习邓小平同志关于社会主义精神文明建设理论的体会。

一

邓小平同志一贯高度重视社会主义精神文明建设。他阐明了精神文明建设在社会主义现代化建设全局中的战略地位和教育在社会主义精神文明建设中的基础地位。

他提出，“在社会主义国家，一个真正的马克思主义政党在执政以后，一定要致力于发展生产力，并在这个基础上逐步提高人民的生活水平。这就是建设物质文明。”“与此同时，还要建设社会主义的精神文明”。（《邓小平文选》第3卷，第28页）物质是基础，精神文明说到底是离不开物质文明的。我国实行改革开放以来，广大人民群众特别是青少年学生从祖国欣欣向荣、蓬勃发展的景象中看到了自己得以施展才能的美好前景，极大地提高了学习科学知识、增长才能的自觉性，精神面貌为之一新。这生动体现了经济建设对精神文明建设的推动作用。只讲献身精神，不讲物质利益，这不是辩证唯物主义。正如小平同志所指出的：“不讲多劳多得，不重视物质利益，对少数先进分子可以，对广大群众不行，一段时间可以，长期不行。”（《邓小平文选》第2卷，第146页）因此，我们对于以经济建设为中心，加

强物质文明建设任何时候都不能动摇。另一方面，建设社会主义精神文明，又是我们坚持社会主义道路，集中力量进行现代化建设的重要保证，这一点也决不能忽视。总之，社会主义的物质文明建设能为社会主义精神文明建设创造良好的条件，而社会主义精神文明建设又对社会主义物质文明建设起着导向作用、动力作用和保证作用。二者虽然有自身不同的发展规律及应遵循的原则，但又是相互依存和相互促进的。把精神文明建设同物质文明建设对立起来，认为加强社会主义精神文明建设会影响或妨碍经济建设的观点是不正确的。我国经济建设和科学技术发展的主要精神动力，来自实现国家富强、民族振兴的崇高理想。我国知识分子在比发达国家困难得多的条件下用少得多的财力和较快的速度自力更生创造出一大批高新科技成果，实现“两弹一星”上天，靠的就是这种强大的精神动力。深化改革，扩大开放，建立和发展社会主义市场经济体制，实现国民经济持续、快速、健康发展，也要靠精神文明建设提供动力和支持。靠马克思主义理论、共产主义信念和振兴中华的共同理想战胜困难，无论过去、现在和将来，这都是我们的真正优势。反之，不加强精神文明建设，物质文明的建设也要受破坏、走弯路。诚如小平同志告诫过我们的那样：风气如果坏下去，经济搞成功又有什么意义？而且会反过来影响整个经济变质。江泽民同志深刻地指出，在任何时候、任何情况下，发展物质文明都不应以削弱甚至牺牲精神文明建设作为代价，而应积极促进精神文明的发展，既满足人民的精神生活需要，又为发展物质文明不断提供动力和智力的支持。（《人民日报》，1994年6月23日）所以，精神文明建设和物质文明建设是统一的。只有两个文明建设都搞好，才是有中国特色的社会主义，才符合广大群众的根本利益和愿望。

教育在整个精神文明建设中具有特殊重要的地位和作用。对全国人民特别是青少年学生加强思想政治教育，更是社会主义精神文明建设中的基础工程。发展社会主义精神文明，克服不良社会风气和消极腐败现象，需要开展多方面的工作，如加强民主与法制建设，加强对文化市场和娱乐场所的监督管理，打击违法犯罪活动，取缔非法出版物，查禁淫秽书刊、音像制品，改善各类有利于精神文明建设的文化设施等等，但是，最根本的还是要依靠教育，要重视及发展教育事业。邓小平同志说：“改善社会风气要从教育入手。”（《邓小平文选》第3卷，第144页）他明确提出，要“把毛泽东同志提出的培养德智体全面发展、有社会主义觉悟的有文化的劳动者的方针贯彻到底，贯彻到整个社会的各个方面”。（《邓小平文选》第2卷，第106至107页）中共中央印发的《爱国主义教育实施纲要》中指出：“爱国主义教育是全民教育，重点是广大青少年。”“学校是对青少年进行教育的重要场所”。爱国主义教育是这样，其他方面的教育同样是如此。在我国普及九年制义务教育，不仅是为了提高全民族的科学文化水平，也是为了从小抓起，提高青少年学生和全体人民的精神道德素养。这是精神文明建设中的治本之策。

1989年春，邓小平同志曾针对新的历史条件下出现的“一手硬，一手软”的现象尖锐地提出，十年最大的失误是在教育方面，思想政治工作薄弱了，教育发展不够。随后不久在我国出现的一场严重的政治斗争，证明了邓小平同志的批评是十分英明、十分及时的，也给予我们全党和全体教育工作者一个严重的教训。去年 8 月，《中共中央关于进一步加强和改进学校德育工作的若干意见》中又及时提出，要“克服‘一手硬，一手软’和忽视德育工作的倾向”。当前，我国改革开放和建立、发展社会主义市场经济体制的新形势，为学校德育工作创造了新的有利条件，也提出了更高要求。但学校德育工作还很不适应。实际工作中还没有把德育放到应有的地位。德育工作的内容及方法有待改进。有关制度及政策措施还不够配套完善，队伍也不稳。社会环境中一些消极现象和错误思想也对青少年造成不良影响，甚至思想混乱，道德滑坡。因此，我们必须增强新形势下进一步加强和改进学校德育工作的自觉性和紧迫感，通过学习《邓小平文选》，掌握理论武器，努力贯彻落实党中央做出的进一步加强和改进学校德育工作的决策。

二

邓小平同志阐明了社会主义精神文明建设的目标和思想政治教育的重点，为学校的德育工作指明了方向。

在我国经济体制正实行重大变革，社会生活许多方面发生了深刻变化的历史条件下，应当用什么思想教育青少年学生？学校德育工作的培养目标是什么？这是新时期加强和改进学校德育工作需要回答的一个重大问题。社会上对此存在着不同的观点和主张。实际上，邓小平同志在他的著作中已经作出了明确的回答。他说：“所谓精神文明，不但是指教育、科学、文化（这是完全必要的），而且是指共产主义的思想、理想、信念、道德、纪律，革命的立场和原则，人与人的同志式关系，等等。”（《邓小平文选》第 2 卷，第 367 页）“教育全国人民做到有理想、有道德、有文化、有纪律”。（《邓小平文选》第 3 卷，第 110 页）培养“四有”新人，这是《邓小平文选》中贯彻始终的思想。这一重要思想既明确规定了我国社会主义精神文明建设的根本任务，也确定了学校的培养目标，同时也高度概括了思想政治教育的重点所在。

“有理想”是“四有”中最重要的内容之一。这里所说的理想，既是指把中国建设成为富强、民主、文明的社会主义现代化国家这一共同理想，也是指共产主义这一长远的最高理想。邓小平同志指出，我们过去在非常困难的情况下战胜千难万险取得革命胜利，就是因为有理想，有马克思主义信念，有共产主义信念。对广大青少年学生进行理想教育，也就是要帮助他们确立为建设有中国特色社会主义而奋斗的政治方向。今天在校的青少年学生，明天会在工业、农业、商业、科技、教育、文化、国防等等不同战线上从事不同的工作，他们在事业上可以也应该有不同的具体理想。我们要教育青少年把具体事业上的理想与建设有中国特色社会主义的共同理想联系起来，要使这个共同理想成为推动他们在各自的具体岗位上努力奋斗的最有力的、起长远作用的动力，成为他们在事业和生活道路上追求的价值目标。只有这样，才能坚持党的基本路线一百年不动摇，保证邓小平同志创导的建设有中国特色社会主义的事业长盛不衰，后继有人。

崇高的理想只有建立在掌握科学理论的基础之上才是充满自信的、坚定不移的，才能经得起风浪。这个理论就是马克思主义。邓小平同志坚定地指出，“马克思主义是科学。它运用历史唯物主义揭示了人类社会发展的规律。封建社会代替奴隶社会，资本主义代替封建主义，社会主义经历一个长过程发展后必然代替资本主义。这是社会历史发展不可逆转的总趋势。”（《邓小平文选》第3卷，第382至383页）“对马克思主义的信仰，是中国革命胜利的一种精神动力。”（《邓小平文选》第3卷，第63页）今天搞社会主义建设，靠的也是马克思主义。我们要按照《中共中央关于进一步加强和改进学校德育工作的若干意见》的要求，“以邓小平同志建设有中国特色社会主义理论作为学校马克思主义理论教育的中心内容”。这是新时期加强和改进学校教育工作的首要任务和根本措施。我们要向青年学生简明扼要地讲授马克思列宁主义的基本观点，学习毛主席的重要哲学著作，特别是学习邓小平同志建设有中国特色社会主义理论。

学校德育的内容应该是多方面的。邓小平同志指出：“要加强各级学校的政治教育、形势教育、思想教育，包括人生观教育、道德教育。”（《邓小平文选》第2卷，第369页）我们认为，根据青少年学生思想实际，在加强关于基本路线教育的同时，当前应该突出强调爱国主义、集体主义的教育，保持艰苦奋斗传统、反对剥削阶级腐朽思想侵蚀的教育，以及遵纪守法的教育。要通过爱国主义的教育提高民族自尊心、民族自信心和自豪感，以热爱祖国、贡献全部力量建设社会主义祖国为最大光荣，以损害社会主义祖国利益、尊严和荣誉为最大耻辱。要通过集体主义教育使人民群众和青少年懂得，从总体上说，个人利益和集体利益是统一的，但有时也会有矛盾。一旦个人的、局部的利益与集体的、全局的利益发生矛盾，就应该首先考虑并服从整体的特别是国家的利益。要通过艰苦奋斗的创业精神的教育，在青少年中养成以勤俭为荣，以奢侈为辱，以比贡献为荣，以比享乐为耻的风气。要通过中华民族优良道德传统和我党革命传统的教育，抵制各种错误思想和不良习俗对青少年的侵袭。要在全体人员中加强纪律教育和法制教育。大中小学的学生从入学起，就要学习和养成遵守纪律的习惯。对一切无纪律、违反法制的现象，都必须坚决反对和纠正。

为了全面加强和改进对青少年学生的思想政治教育，我们必须依据邓小平同志的理论和中共中央《意见》的精神，在德育工作的重大原则问题上进一步统一思想。“坚持社会主义意识形态的主导地位”，这是《意见》中明确提出的一条重要原则。我国经济体制改革的目标是建立社会主义市场经济体制，使资源在国家调控下通过市场得到合理的有效的配置，这样的经济体制是与社会主义的根本制度相一致的。因此，建设有中国特色的社会主义，在经济上要坚持以公有制和按劳分配为主体，在思想领域则必须坚持以社会主义意识形态为主导。建立和发展社会主义市场经济，决不意味着马克思主义的基本原则不管用了，决不意味着我们历来倡导的革命精神和高尚道德过时了，不起作用了。那些不顾社会效益，唯利是图，坑蒙拐骗，制造假冒伪劣产品的行为，那些制黄贩毒、奢侈腐败的现象，既是违背社会主义精神文明的要求的，也是破坏社会主义市场经济的基本原则的，既毒化着社会风气和青少年的思想，又阻碍了经济建设的健康发展，因此，我们必须认真开展积极的思想斗争，旗帜鲜明地坚持社会主义意识形态的主导地位，决不能容忍错误的思想和行为肆意横行。

三

邓小平同志不仅阐明了精神文明建设的重要地位和丰富内容，而且从多方面论述了精神文明建设和思想政治教育的方法，为建立和完善学校德育工作体系提供了思想武器。

邓小平同志站在战略的高度，从建设有中国特色社会主义的全局出发来看精神文明建设。他把思想政治教育不仅仅看作是学校的任务，而且看作是全党全社会的工作。他指出，正如毛泽东同志所说，思想政治工作，共产党、青年团、政府主管部门、学校的校长教师都应该管。各个有关部门的同志，整个社会的家家户户，都要关心青少年的健康成长。工会、妇联、共青团、少先队、学生会的工作都要加强。尤其要重视思想政治工作队伍的建设，要支持他们做好工作，关心他们在工作和生活上的实际困难。各级党组织都要切实加强对思想政治工作的领导。精神文明建设首先要着眼于党风和社会风气的根本好转，而端正党风是端正社会风气的关键。搞好党风，又特别要求党的各级领导干部以身作则。党员尤其是党的各级负责干部，要高度重视、身体力行共产主义思想和共产主义道德。思想文化教育卫生部门及它们所属的企业都要以社会效益为最高准则。思想文化界要多出好的精神产品，要坚决制止坏产品的生产、进口和流传。邓小平同志尤其重视教师在精神文明建设中的作用，他指出，一个学校能不能培养德智体全面发展、有社会主义觉悟的有文化的劳动者，关键在教师。他要求提高教师的政治地位和社会地位，改善教师的物质生活待遇，并且提出："各级党委和学校的党组织，应该热情地关心和帮助教师思想政治上的进步，帮助他们认真学习马克思列宁主义、毛泽东思想，使更多的人牢固地树立起无产阶级的共产主义的世界观。要积极地在优秀的教师中发展党员。"（《邓小平文选》第2卷，第109页）

邓小平同志阐明了精神文明建设的一系列方法论原则。他指出，学马列要精，要管用的。马克思主义不是教条，而是行动的指南，要完整、准确地掌握马列主义、毛泽东思想的科学体系，从实际出发坚持和发展马克思主义理论。他要求思想教育从小抓起，并且从不同教育对象的实际出发，承认差异，区别对待，要反对形式主义，讲究实效。

《中共中央关于进一步加强和改进学校德育工作的若干意见》指出："现在和今后一二十年学校培养出来的学生，他们的思想道德和科学文化素质如何，直接关系到21世纪中国的面貌，关系到我国社会主义现代化建设战略目标能否实现，关系到能否坚持党的基本路线一百年不动摇。"德育工作是一项社会性的系统工程。规划和实施这一系统工程，是全党全社会的共同任务，要依靠全社会努力共同创造良好的育人环境。我们教育部门和学校的干部、教职工尤其要承担起这一光荣的责任。我们要按照中央《意见》的精神，整体规划学校的德育体系。要遵循青少年思想品德形成的规律和社会发展的要求，根据德育工作的总体目标，按照不同年龄及学习阶段的理解接受能力，科学地规划各教育阶段的具体内容、实施途径和方法，为了肩负起培养"四有"新人这一历史的重任，我们教育系统的同志要进一步深入学习邓小平同志建设有中国特色社会主义理论，掌握思想武器，把各级各类学校的精神文明建设推向一个新的高度。

在全国“两基”督导工作会议上的总结讲话

柳 斌

全国“两基”督导工作会议是在全国教育工作会议胜利闭幕之际开始的，是国家教委贯彻落实全教会精神召开的第一个重要会议。会议期间，同志们学习了江泽民、李鹏同志在全教会上的重要讲话，听取了李岚清同志的总结报告，岚清同志接见了国家督学并对开展督导工作做了重要指示。开轩同志为会议做了主题报告，16个省、自治区、直辖市提供了经验材料，各地代表进行了认真的讨论和广泛的交流。与会同志普遍反映，这是一次“两基”和督导工作经验的总结大会，也是本世纪末实现“两基”，搞好督导工作的动员大会，相信在这次会议精神指导下，“两基”工作和教育督导制度的建设必将进入一个新的发展阶段。

关于实施“两基”的大政方针、思路和举措，岚清同志、开轩同志都做了明确指示。在今后一个时期内，我们应着重从三个方面去做好贯彻落实的工作：一是抓依法治教，着重解决领导干部认识到位，政府行为到位，经费投入到位的问题，以逐步改善办学条件；二是抓面向全体学生，使学生全面发展，深化教育改革，解决提高教育质量，提高国民素质的问题；三是抓督导评估工作，解决实施“两基”的运行机制问题，推动基础教育积极稳步地向前发展。下面讲几点意见作为这次会议的一个小结。

一、这次会议的收获和意义

与会同志认为，这次会议的主要收获有四个方面：

第一，对“两基”工作的重大战略意义取得了共识。“两基”是提高全民族素质，推进社会全面进步的基础，也是培养各级各类专门人才的基础，以“两基”为重点是我国九十年代教育改革和发展的重要方针和指导思想。

第二，进一步明确了基础教育改革与发展的目标、方针和任务，明确了九十年代实现“两基”的规划目标、实施原则和步骤，研究了继续完善分级办学、分级管理的思路，以及增加投入，改善办学条件的若干政策、措施，提出了建立健全“两基”工作评估验收和表彰奖励制度的意见。

第三，进一步明确了教育督导的性质、任务和工作重点，提出了进一步加强教育督导工作的基本思路和要求。

第四，增强了实现“两基”，搞好教育督导工作的信心。八十年代，我们用十年时间，投入一千多个亿，完成了基本普及初等教育的任务。据测算到2000年“普九”需要的投入与前者大体相当或稍多一些。因此，尚需付出艰苦的努力。但是今天国家的经济力量和群众的生活水平都有了显著提高，教育的发展也为“两基”奠定了较好的基础，特别是这次“全教会”，中央领导和各省（自治区、直辖市）主要负责人对“两基”高度重视，十分关心，只要我们以积极的态度克服困难，创造条件，在全党、全社会的共同努力下，“两基”目标一定能够如期实现，教育督导工作一定会登上新的台阶。

与会同志反映，提交会议的文件，体现了全教会的精神，符合各地的实际情况，是比较成熟的。代表们也提出了不少建设性的修改意见，我们将认真研究，尽量吸收，尽快修改下发。

这次会议总结了1985年以来“两基”和督导工作经验，指明了继续前进的方向，制定了新的重大举措，开成了一个总结经验，增强信心，开拓未来，团结奋进的大会，其意义是重大而深远的。

二、调整宏观教育结构，抓好“两基”是中央的重大决策，是整个教育工作的重点

1. 调整宏观教育结构，降低教育发展的“重心”，是90年代我国教育改革和发展的一个重要指导思想。优化宏观教育结构是建立社会主义市场经济体制的需要，是合理配置人力资源的需要，也是提高整体办学效益的根本途径。

我国是一个发展中的社会主义国家，根据国情和生产力发展的水平，经济的承受能力，以及当前和今后一个时期教育普及所能达到的程度，我国宏观教育结构应以普及九年义务教育和扫除青壮年文盲为基础，办好普通高中教育；大力发展职业教育和成人教育；适当发展高等职业教育和专科教育，努力提高本科教育的质量和水平。在这几类教育中，要始终把提高劳动者素质，培养初、中级人才摆到突出位置。要降低教育重心，抓好“两基”和职业教育。搞好“两基”和大力发展职业教育是相辅相成，紧密相连的。大力发展职业教育，必须以普及九年义务教育和扫除青壮年文盲为基础，搞好普及九年义务教育和扫盲教育必须贯彻教育与生产劳动相结合的原则，在适当阶段把学文化与学技术结合起来。

党中央、国务院多次强调，这次全教会中央领导同志讲话也一再指示：在本世纪末基本普及九年义务教育，基本扫除青壮年文盲，是一个时期内我国教育事业的“重中之重”。以开轩同志为首的新一届国家教委党组也多次重申，国家教委的工作重点放在抓好“两基”上。

在抓好“两基”工作的同时，也要办好普通高中，建设好1000所左右重点高中。小学初中不设重点学校，各地应努力办好所有的小学和初中。重点高中应在已经普及九年义务教育的县（市）设立。

2. 中央采取了一系列措施加强“两基”工作。李鹏同志向全国宣布了“两基”的目标，提出了有计划实行“小学后、初中后、高中后三级分流”的方针，进一步明确了农村基础教育的管理体制，提出了本世纪末基本解决民办教师问题的思路。中央指出，各级党委和政府要树立教育投资是战略性投资的观念、优先保证教育的需求，切实做到《纲要》提出的“三个增长”。这次全教会还提出了增加教育投入，主要是义务教育投入的多项政策，包括中央、省、地、县四级设立义务教育专项经费，农村教育集资审批权放在县级，农村中小学校舍建设列入基建计划、确定征收教育附加的政策等。这些措施都将极大地推进“两基”的顺利实施，对广大教育工作者，校长、教师的工作也是一个巨大的鼓舞。

3. 实施“两基”要坚持因地制宜的原则。分区规划、分类指导、分步实施是实现“两基”的一个重要指导原则，在办学条件、质量要求上要因地制宜，区别对待，不搞一刀切。

实现“两基”的难点在贫困地区和民族地区。教育扶贫是“两基”工作的一个重要方面，体现了党和国家的民族政策。各地、各部门的领导干部务必高度重视，把它做为一项重要工作，认真抓好。

中央、省、地、县和各部门要对贫困地区实行倾斜政策，从经费、师资培养、设备等多方面加大扶持力度。

在加强扶贫工作的同时，要鼓励已实现“两基”目标的省、地（市）、县继续巩固和提高，在办学条件，师资队伍建设，教育质量，管理水平等方面更上一层楼。在大城市和有条件的地方，可有计划地普及高中阶段的教育。

三、全面贯彻教育方针，全面提高教育质量

江泽民、李鹏、李岚清同志在全国教育工作会议上的重要讲话和报告都强调，要全面贯彻教育方针，全面提高教育质量。这是党和国家对教育战线上全体工作同志寄予的殷切期望。

“两基”和“两全”是一个有机的整体。正如李鹏总理指出的那样，教育质量是教育事业发展的生命力所在。实现“两基”任务的根本目的是提高全民族的素质，为我国实现社会主义现代化建设提供符合需要的各级各类人才打基础。如果不能保证质量，“两基”工作就失去了意义。因此，在“两基”工作的全过程中，都有一个保证质量，提高质量的问题。而全面贯彻党和国家的教育方针，深化教育改革，就是全面提高教育质量的保证。当前“普九”和扫盲工作中也确实存在需要努力提高质量的问题。人民群众为了后代的成长，为了实现富裕、文明、幸福的美好愿望，为教育事业的发展付出了很大的代价。党以重教为先，政以兴教为本，民以支教为荣，教育工作者理所当然要办好学校，做到教以育人富民兴邦。

（一）转变教育思想，更新教育观念

九年义务教育是面向适龄儿童少年的国民教育，必须面向全体学生，全面贯彻教育方针，为学生打好各方面素质的基础，使他们得到全面发展。多年来，国家教委和许多地方教育行政部门，学校的校长、教师为改变基础教育的应试倾向，全面提高学生素质，采取了很多措施，做了很多工作，也取得了一定效果，但由于多方面的原因，应试倾向并没有从根本上得到纠正，应当看到，这里的关键是要转变教育思想，端正办学方向，破除旧的传统教育观念，树立正确的人才观、质量观。我们要认真学习贯彻小平同志“三个面向”、“又红又专”、“四有新人”等教育思想，更新观念，指导教育工作。要用小平同志的教育思想来统一各级党政领导干部、广大教育行政干部、学校校长和教师乃至学生家长、社会各界的思想认识。

九十年代，我们不仅要使基础教育的规模有一个较大发展，而且要使教育质量登上一个新台阶。要积极探索，锐意改革，争取本世纪末，初步建立起全面贯彻教育方针，全面提高教育质量，面向全体学生，德智体全

面发展，以提高公民素质为宗旨的面向 21 世纪的基础教育的新模式。

（二）加强德育，五育并举

全面贯彻教育方针，全面提高教育质量，首先要加强和改进德育工作。这不仅是提高教育质量的重要内容，也是社会普遍关注的问题。在全教会上，中央领导同志的讲话、报告和有关文件，对学校德育工作都做了明确的指示或规定。前不久在上海召开的全国中小学爱国主义教育的现场会，对今后工作做了部署。所以，当前最重要的、最紧迫的工作就是要抓落实。

要认真研究在建立社会主义市场经济体制和深化改革开放的条件下，德育工作面临的新问题。积极探索，革新创造，形成规范，建立制度，增强德育的针对性和实效性。当前除了加强爱国主义、集体主义、社会主义教育和行为规范训练以外，针对部分青少年精神世界贫乏和心理承受能力差等问题，还要加强健康的情感教育和心理品质训练。

要高度重视良好的社会育人环境的建设。教育部门要在当地党委、人民政府的统一领导下，与宣传、文化、广播电视、工、青、妇等有关部门和社会各界紧密配合，共同关心、重视青少年和儿童的思想政治工作，学校要发挥主渠道、主阵地作用，形成强有力的、良好的"小气候"；要办好家长学校，向家长普及教育科学知识，提高家庭育人的水平；要充分依托社区，因地制宜开展工作；要充分动员传播媒介，宣传党的教育方针和中小学德育工作的原则，形成正确的社会舆论，使社会的方方面面都关心青少年的健康成长，承担培养一代新人的责任。

在加强德育的同时，也要花力气抓好其他各育，要改革教学内容和教学方法，加强基本知识和基本技能的培养和训练，重视培养学生的学习能力以及分析问题和解决问题的能力，注意发现和培养有特长的学生。体育、美育和劳动教育，是目前学校教育中的薄弱环节，应从配备教师、开足课时、保证必要的场地器材等方面大力加强。音、体、美、劳技等方面工作今后都要纳入督导评估的范围，认真检查，严格要求。以提高学生的身体素质，使学生具有健康、美好而又丰富的精神世界。

（三）以实行新工时制为契机，减轻学生过重的课业负担

减轻中小学生过重的课业负担的工作，已经搞了许多年，应当看到很多地方、学校取得了较好的成绩，但也存在一些问题。实践证明，减轻学生过重课业负担，促进他们全面发展，要进一步改革和完善招生、考试制度；利用实行新工时制的契机，抓紧调整课程方案，精减课程内容，调整教学要求。

为了落实岚清同志关于在高中恢复艺术（欣赏）课和进一步减轻学生过重的课业负担的指示，国家教委以实行新工时制为契机组织力量对中小学教学（课程）计划进行了调整。经过多方听取意见，慎重研究论证，确定了调整方案。

这次调整共涉及小学、初中、高中十二个学科，调整后，义务教育阶段"六·三"学制九年课时总量共减少 912 节，"五·四"学制九年课时总量共减少 946 节，高中三年课时总量共减少 252 节。

调整后，六年制小学周学科课时总量在 25 节以下，五年制小学周学科课时总量在 26 节以下。三年制初中和四年制初中周学科课时总量分别在 29 节和 28 节以下。高中周学科课时总量在 30 节以下。同时，对现行的其他几套教学计划也做了相应的调整。

现在基础教育司和体卫艺术司正在根据课时调整方案，着手对学科教学大纲和教材进行调整，将在近期完成。中小学的课程调整意见将于今年秋季开始实施，条件不成熟的地方可推迟到明春实施。

课程调整是一项细致、复杂的工作，也是一件关系到深化中小学教学改革，稳定中小学教学秩序，减轻师生负担，促进教学质量提高的大事。各级教育行政部门和中小学校要高度重视，认真实施。实行新的工时制后，更要加强对学生学习方法的指导，搞好学生课余、校外生活的安排，促进学生生动活泼主动地发展。

（四）进一步改革和完善中考、会考和高考制度

为贯彻全教会和《纲要》的精神，国家教委拟加快初中招生、中考、高中会考和高考制度的改革。这是涉及千家万户、方方面面，关系到广大学生切身利益，影响到社会安定的大事，一定要深入细致地做好。

在普及初中教育的地方，继续推进和完善小学毕业生免试就近入学的办法。这样，有助于减轻小学生负担；有助于调动所有学校、广大教师办学和教学的积极性。高中毕业会考的方向是对的，目的是面向全体学生，办好所有学校，全面贯彻方针，经几年试验已逐渐取得共识，今后一要坚持，二要不断改进和完善。

中考和高考虽为选拔性考试，但一定要按照教学大纲命题，难度适中，份量适当，既要有利于高一级学校选拔学生，也要有利于下一级学校的教育教学工作。今后高考改革的方向是在会考的基础上减少考试门数，中考也要在德智体诸方面全面考核基础上进行改革。

无论是调整教学课时，还是改革招生和考试办法，都希望有关方面给予理解和支持，每个学科都不肯减少课时，每个学科都要列入考试科目，如果这样，减轻学生负担就成了一句空话。

现代社会对青少年和儿童进行教育的内容越来越多，都希望单独开课或增加课时。从局部考虑可能是有道理的，但从全局考虑可能是有困难的，或是不可行的。在多数情况下，这些教育内容可通过相关学科渗透、课外活动、讲座等多种方式进行。决不能在有限的学时内搞压缩饼干，填鸭式教学。

（五）坚决纠正干扰贯彻“两全”方针的某些错误作法

近年来，各级教育行政部门、教研单位和学校，都在努力贯彻“两全”方针，执行国家教委的有关规定，加强管理，深化改革，建立教学常规。逐步形成良好的教学秩序、校风、学风。但也不时出现一些影响“两全”方针贯彻的杂音和干扰。

各地要认真严肃地采取措施严禁滥编滥印、强行与教材搭配推销各种复习资料和硬性推销书刊、产品、商品；严格控制考试次数；对名目繁多的读书、竞赛活动要加强管理，建立严格的审批制度。各级教育行政部门、教研室，要从自己做起，模范执行党和国家的各项政策、法规、规章、制度，严肃纪律，不应给下级单位和学校压升学指标、以升学率和分数排队奖惩学校和教师；不应大搞统测统练统考，乘机硬性推销复习资料，谋取不正当利益；不应再允许一些人假借名目，组织以营利为目的的竞赛活动。这些都应纳入纠正行业不正之风的范畴，及时予以治理。

（六）扎扎实实做好扫盲工作

这几年扫盲工作取得了很大成绩。当前，最重要的是遵循两个大会的精神，依照《扫除文盲工作条例》规定和《纲要》的要求，认真总结前一阶段的工作经验和行之有效的措施，坚持已经形成的好的工作制度。巩固已有成果，并针对存在的问题，进一步采取有力措施，切实制定和落实规划，保证扫盲目标的实现。

以下几方面工作，请各地同志依据当地实际切实做好：

1. 深入宣传贯彻落实党中央、国务院全教会和国家教委"两基"督导工作会议精神，按照《中国教育改革和发展纲要》及《条例》要求，进一步提高全社会对扫除文盲的认识，增强紧迫感、使命感。各级政府和教育部门，要充分调动广大干部和群众开展扫盲的积极性，依法扫盲，使扫盲的要求进村入户，使青壮年文盲人人皆知。各级政府要加强领导，增加投入，组织各有关部门、群众团体、文化单位、学校都来参与，分工协作，齐抓共管，抓住当前有利时机，乘势而上，完成扫除文盲的历史任务。

2. 本世纪末全国基本扫除青壮年文盲，使青壮年文盲率降到5%以下。根据各地经济、教育的发展水平，到本世纪末全国大体分三步扫除青壮年文盲的规划期限和标准。每年扫除文盲总计应达400万以上。各地要按照这个要求，调整本地区的扫盲计划，务求按期完成任务。

3. 要建立推动扫盲工作的机制，加强对"两基"的督导。普及初等教育的地方，要基本扫除青壮年文盲；初等教育没有普及的地方，扫盲一律不验收；扫盲不达标，普及九年义务教育不验收；加强扫盲目标管理责任制；把扫盲学文化和学技术紧密结合起来；坚持"一堵二扫三提高"原则；积极办好乡村文化技术学校，大力加强扫盲后巩固提高工作。

4. 切实改善扫盲教育的条件

(1) 按照《纲要》规定，各地都要建立社会扫盲基金；从中央、省、地（市）县的专项经费中，拨出一定数量用于扫盲教育；各地要按照《条例》的规定，疏通扫盲教育的经费渠道，并确定适当的比例，农村教育费附加主要用于民办教师工资的集体支付部分和补充农村义务教育公用经费，也要安排一部分用于农村扫盲。

(2) 完善扫盲机构、充实人员。按照《条例》和国家教委有关文件的规定，省、地、县都要有相应的机构，相应的人员负责扫盲工作，乡镇要按规定配备必要的人员抓扫盲工作并按照规定落实其待遇；村委会应指定专人负责，大、中、小学要参与扫盲教学工作。

5. 完善扫盲评估检查、表彰奖励制度。各省、市、自治区要按照扫盲规划开展扫盲检查验收工作。扫盲验收可与基本普及九年义务教育同时验收，也可视本地的扫盲情况，在普及初等教育的基础上，提前验收。

对扫盲工作中涌现出的先进单位和个人应予表彰奖励。

6. 健全和完善扫盲教育档案和扫盲工作报告制度。从省到乡村都要按照国家教委的有关规定健全和完善扫盲教育工作档案，将扫盲工作过程（包括教学活动）记录存档，作为扫盲抽查评估的重要资料。

为了及时掌握扫盲工作的进展情况，要进一步完善扫盲工作报告制度。每年12月底以前各省教委要向国家教委报告一次全年扫盲工作的进展情况，国家教委汇总后，向各省进行通报。

7. 各地要严密注意堵盲和复盲工作，必须把新生文盲率控制在3%以下，15岁以下未读满小学四年的少年，由小学动员其回校学习直到达到上述标准。各省、市、自治区要制订扫盲后继续教育规划，充分发挥农民文化技术学校的作用，广泛开展扫盲后继续教育。

四、坚持依法治教，解决实施两基的条件保障问题

自1986年《义务教育法》颁布实施后，国家又相继颁布了《义务教育法实施细则》、《教师法》、《未成年人保护法》、《九年义务教育课程方案》、《中小学德育大纲》、《学校体育工作条例》、《学校卫生工作条例》、《扫除文盲工作条例》、《教育督导暂行规定》等法律法规。这些法律法规为普及义务教育、扫除文盲工作提供了法律保证和规章依据。这次提交会议讨论的几个文件，是"两基"法规及制度的继续完善。其目的就是要从制度上保证义务教育投入，强化政府行为，建立健全执法监督机制，保证"两基"工作健康发展。八年来，全国各省、自治区、直辖市有力地推动了工作。北京、吉林、山东等地总结出如下经验：1. 坚持不懈抓普法教育，领导干部带头学法、讲法、执法，努力增强干部、群众，特别是各级领导干部的法制观念；2. 各级政府和职能部门明确各自的执法责任，依法行政；3. 制定与国家有关法规相配套的地方法规；4. 依法及时处理各种违法案件；5. 建立健全督导制度；6. 加强教育执法队伍建设。这些经验值得借鉴。

组织实施两基是政府的责任。要依法规范各级政府的行为，切实保障实施"两基"的条件。

首先，要依法保障"两基"的经费投入。全教会上，党中央、国务院已确定了若干重要的投入政策，地方各级人民政府要坚定不移地贯彻执行党中央、国务院的决定，把依法保证"两基"投入当作一件大事，抓紧抓好。对中央已经明确的政策，要用足、用好，同时要研究财政、税收制度改革后出现的新情况，新问题，根据分级办学、分级管理的原则，制定地方法规，努力增加投入，确保教育经费稳定增长。各种社会力量和个人捐资助学，是国家法律规定予以鼓励提倡的。各地要进一步开拓、完善教育投入体制，加快建立健全以政府投入为主，多渠道筹措教育经费的机制。

第二，贯彻《教师法》，抓好师资队伍的建设。今年是实施《教师法》的第一年，各级政府和有关部门，要继续改善教师待遇，提高教师社会地位。要下大力量继续解决拖欠教师工资的问题，尤其是要千方百计落实教育系统新工资方案，采取有效措施，保证教师工资按时足额发放。地方应尽快在住房、医疗、退休、养老保险等方面制定对教师的优惠政策。各地要根据中央的精神，通过多种形式，争取到本世纪末基本解决民办教师问题。

为保证义务教育有合格而稳定的师资来源，要优先发展师范教育。要根据"普九"的需要，适当扩大师专规模。师范院校要进一步明确为基础教育服务的方向，继续深化教育教学改革，改革招生分配制度，各地要采取措施提高师范生生活待遇和毕业分配到位率。

要加强教师的思想政治工作，鼓励教师努力提高政治和业务素质，热爱教育事业，热爱学生，关心全体学生，全面关心学生，教书育人，为人师表，积极进行教学改革，努力提高教学质量。

五、加强督导完善监督执法的机制

李岚清副总理在接见国家督学时指出：抓落实没有监督、指导怎么行？他要求各级政府充分重视教育督导工作，充分发挥教育督导的作用。岚清同志的重要意见说明各级政府在明确法律责任、落实措施、组织实施时，必须对“两基”工作进行监督和指导，这是政府宏观管理教育的不可分割的两个方面。地方各级政府要按照岚清同志的要求切实加强对教育督导工作的领导，使教育督导机构能依法对下级政府及其有关职能部门的教育工作、下级教育行政部门的工作和学校的工作进行监督、检查、评估、指导，这是保质保量如期实现“两基”目标的重要运行机制。

第一，要建立、健全“两基”的执法监督机制。

1. 要依法制订、修订“两基”实施规划，明确各级政府及其有关行政职能部门的职责，督导部门要依法监督下级人民政府“两基”规划的实施和各有关职能部门落实法律责任的情况。凡因工作失职未能如期实现“两基”规划目标的，要追究有关人员的责任。

2. 要抓紧“两基”有关法规、制度的建设，使“两基”工作有法可依，有章可循。提交会议讨论的一些文件尤其是《义务教育评估验收暂行办法》经修改后将尽快下发。请各地根据《暂行办法》抓紧制订本地的评估验收办法。在确定评估验收标准时，凡是国家已规定的各项指标和量化标准，各地不要自行更改、如有特殊情况需要更改的，必须报经国家教委同意。凡在《义务教育评估验收暂行办法》中未规定量化标准的由各省根据《暂行办法》中规定的原则和要求自行确定。

3. 要依法进行评估验收，达标奖励。无论是县级自查自评，还是省级评估验收或国家教委的督导检查，都应以《义务教育法》及其《实施细则》、《扫除文盲工作条例》以及其它法规文件的有关规定为依据，坚持评估验收标准，实事求是，讲求实效。注意把评估验收与巩固、发展已有的成果结合起来，与改进和加强学校的常规管理结合起来，与推动全面贯彻教育方针、全面提高教育质量结合起来。

实施“两基”的主要责任在地方。对普及九年义务教育和扫除青壮年文盲县（市、区）的评估验收由各省、自治区、直辖市人民政府负责，国家教委进行监督、检查和指导。县级单位要认真进行自查自评，这是搞好评估验收工作的基础。在评估验收工作中如果发现弄虚作假、蒙骗督导人员的，要追究责任，严肃处理。

国家教委将根据评估验收的结果，对最终完成“两基”任务和如期实现“两基”规划目标成绩突出的省（自治区、直辖市）和普及义务教育和扫除青壮年文盲工作先进县（市、区）进行表彰奖励。《关于普及义务教育和扫除青壮年文盲工作的表彰奖励办法》经修改后将下发试行。各省、自治区、直辖市可制定本地的表彰奖励办法。表彰奖励也是推动“两基”实施运行机制的重要内容。

第二，要建立对普通中小学校督导评估的制度。实现“两基”的根本目的是提高国民素质，为培养“四有”人才奠定基础。所以，全面贯彻教育方针，全面提高教育质量，始终是教育的中心工作，也是实施义务教育的宗旨。国家教委于1991年下发了《普通中小学校督导评估指导纲要》。据统计，全国已有21个省（自治区、直辖市）制订了中小学校督导评估方案（包括指标体系），并在部分县（市、区）和高中进行了试点。还有一些省、自治区选择部分学校进行了督导评估。一些县、区已基本形成制度。请各地继续抓紧这项工作。已经进行试点的省、自治区、直辖市在总结经验的基础上，争取在1995年辖区内所有县、区都能开展对中小学校的督导评估，再用两三年时间推开到所有中小学校，形成学校自评和县区督导评估相结合的制度。对中小学校的督导评估主要由县、区组织实施，至今尚未进行县、区试点的地方，要尽快落实试点工作。1995年将对这项工作的进展情况进行督导检查。

国家教育督导团还将在今年适当的时候，召开一次普通中小学校督导评估工作研讨会。请各地抓紧工作，在理论和实践的结合上下功夫，总结出更多更好的经验，为研讨会作好准备。

为了充分发挥教育督导机构的职能作用，使监督执法的机制正常运行，需要强调几个问题：

第一，教育督导是政府管理教育的行为。"两基"评估验收工作，是一项政策性很强的综合性督导评估，涉及到各级政府及其有关行政职能部门，需要各级政府统一领导和协调，由督导部门组织实施。各级政府要为督导部门履行督导职能，完成督导任务创造必要的条件。还要协调好督导部门与其他各职能部门的关系，保证督导工作顺利进行。

第二，进一步加强督导机构和队伍建设。已经建立了督导机构的地方要进一步充实和加强；尚未建立督导机构的地方，要尽快按规定建立独立设置的督导机构，并赋予督导机构督导下级政府教育工作的职能。要重视督学队伍建设。坚持《教育督导暂行规定》中规定的督学的基本条件，要遴选懂教育，有经验，有能力，能够行使督导职权，独立完成督导工作任务的人员担任督学，绝不能把督导室作为照顾安排干部的场所。凡是不符合督学基本条件的，应予以调整。

第三，要处理好督导部门和普教部门的关系。目前，多数省（自治区、直辖市）的督导部门和普教部门工作关系是很好的，都是为了一个共同的目标，相互合作，密切配合。但是个别地方出现一些矛盾，主要表现在两者的职责分工不很清楚。应坚持两条原则：一是要把职能划分清楚；二是要有分工有合作，形成一种协调并进的关系。普教部门的职能主要是负责基础教育的行政管理和指挥；教育督导部门是执法监督系统，它的主要职能是依法对下级人民政府和有关职能部门的教育工作、下级教育行政部门和学校的工作进行监督、检查、评估、指导。但是在体制转换中普教部门和督导部门两者的工作很难切得一清二楚，互不相干。因此，普教部门和督导部门两者在工作发生交叉时，应充分协商，分工合作，分工不分家。请有关省教委领导同志要本着上述原则，明确划分两个部门的职责，作好协调工作。

六、贯彻好会议精神，真抓实干，推动"两基"工作的更大发展

（一）认真组织好各级教育部门和学校学习、领会、贯彻全教会上中央领导同志的重要讲话及这次会议的有关文件。进一步统一关于"两基"战略地位的认识，明确国家和本地"两基"发展的思路、目标、方法和步骤，为确保"两基"目标的实现奠定基础。

（二）广泛动员各种宣传媒介，宣传会议

精神，努力使各级政府和全社会都了解实现“两基”是我国九十年代教育发展的战略重点，是提高全民族素质的奠基工程，要把实现“两基”放在优先发展的地位。从而动员全党全社会为实现“两基”的宏伟目标献策献力，形成有利于“两基”实施的社会环境。

（三）切实把“两基”放在“重中之重”的地位，抓紧抓实。全教会是以“两基”为重点的。我们希望各级政府、教育及有关部门在研究教育工作时，特别是在经费投入、师资待遇等方面优先考虑“两基”。省教委每年至少要专题研究几次“两基”工作，教委一把手要亲自抓“两基”。各地要建立和完善实施“两基”的政策法规和各项制度。要认真抓好评估验收工作。

（四）建立、健全执法监督系统，加强督导队伍建设，完善督导制度，是贯彻实施《中国教育改革和发展纲要》的内容之一，是加强教育宏观管理实行依法治教的重要环节，是推动“两基”目标如期实现的有效机制。希望各地在认真组织“两基”评估验收工作的同时，切实加强督导机构建设，并赋予督导下级政府教育工作的职权，确保执法监督机制顺利运行。

同志们：现在离本世纪末只有六年半的时间了，实现“两基”的任务艰巨而又光荣，我们要发扬只争朝夕的精神，坚持不懈，积极推进“两基”的发展；我们要坚持实事求是的精神，扎扎实实地做好工作，保证“两基”的质量。我们要在各级政府的领导下，动员各方面力量，依法治教，为完成党中央、国务院提出的本世纪末实现“两基”的目标而努力。

认真贯彻全教会精神，积极推进农村教育综合改革

王明达

这次全国农村教育综合改革工作会议，是国家教委今年召开的一次重要会议。会议的任务是：认真贯彻全国教育工作会议精神，实施《中国教育改革和发展纲要》，总结交流几年来农村教育综合改革的成果和经验，进一步动员和部署农村教育综合改革工作。

国务院对这次会议很重视，李岚清副总理将到会作重要讲话。农业部领导也专程与会，就农村工作形势和对农村教育的要求作重要讲话。朱开轩主任正在国外访问，委托我就这次会议要研究的问题讲几点意见。

一、积极推进农村教育综合改革是贯彻全教会精神和实施《纲要》的重要任务

今年6月，中共中央、国务院召开的全国教育工作会议，是一次具有重要意义的会议。会议明确了今后一个时期教育发展的主要目标，即在本世纪末基本普及九年义务教育、基本扫除青壮年文盲，这是教育事业发展的“重中之重”，同时要大力发展职业教育和成人教育，并以提高教育质量和办学效益为重点发展高等教育。会议强调，要全面深化教育改革，把调整教育结构摆在突出的位置，改革办学体制，改革教育管理体制，加强和改进学校德育工作，努力提高教育质量。现在各地正在根据本地的实际情况，制订实施《纲要》的细则；对全教会提出的许多要求正在努力落实。各省（自治区、直辖市）已经和即将召开教育工作会议贯彻全教会精神。当前是我国教育改革和发展的大好时机。我们要抓住这个时机，努力工作，加快我国教育的改革和发展。

贯彻落实全教会精神和《纲要》的许多重要任务，如普及九年义务教育，扫除青壮年文盲，大力发展职业教育和成人教育，以及妥善解决民办教师问题，办学体制和管理体制的完善与改革，教育经费的筹措等，主要问题都是在县级和以下的农村。要解决这些困难，根本出路在于深化农村教育改革。因此贯彻落实全教会精神，实施《纲要》，必须把农村教育综合改革摆在重要的位置。

农业、农村和农民问题，始终是我国社会主义现代化建设中关系全局的根本性问题。改革开放以来，中央反复强调，经济建设必须转到依靠科技进步和提高劳动者素质的轨道上来。而推动科技进步和提高劳动者素质，根本上又依赖于教育的发展。对农村教育进行综合改革，不仅是农村经济体制改革和科技体制改革的必然要求，也是促进农村教育发展的重要措施，因而农村教育综合改革是我国整个农村改革的一个重要组成部

分，对促进农村经济发展和社会全面进步有重要作用。

农村教育是中国教育的大头和难点。党的十一届三中全会以后，随着全党工作重点转移到以经济建设为中心上来，农村对科技和各类人才的需求十分迫切。但是农村教育事业的发展不适应农村现代化建设的需要。一些地方的领导对教育重视不够，教育优先发展的战略地位在实际工作中没有真正落实；在办教育的指导思想上，没有体现主要为当地的经济建设和社会发展服务。教育结构不合理，主要是办普通中小学，职业教育、成人教育很薄弱。在普通中小学中全面贯彻教育方针也还不够，在一些地区片面追求升学率的现象还相当突出，实际上也影响了基础教育的质量。进入城市各种专业学校的毕业生，由于多种社会原因又很难回到农村。这样就使不少农村地区，基础教育质量不高，专业人才匮乏。在经济水平较低的农村地区尤其严重。不少地区的领导和群众强烈要求加快农村教育改革，使农村教育与农村的经济发展、社会生活、农民利益密切结合，这样才能调动群众办教育和送子女上学的积极性，才能促进农村教育的发展。

中共中央、国务院颁布的《中国教育改革和发展纲要》明确指出：要积极推进农村教育综合改革，促进教育同经济、科技的密切结合。近年来，中央领导同志多次强调要改革和发展农村教育。江泽民同志指出："百年树人，教育为本。对教育的任何忽视，都是一种短视和危险行为。农村教育一定要立足本地实际，调整学校结构，更多地培养出当地发展所急需的初中级人才。"李鹏同志指出："我国农村文盲这么多，要研究农村教育如何适应农村特点，使学生学了有用。要结合'燎原'、'丰收'、'星火'计划的实施，狠抓农村教育，提高广大农民的科学文化素质"。李岚清同志也指出："多数农村初中应适当进行职业教育，这是一个很大的问题。农村义务教育主要不是为了升学，而主要是为了提高农民素质，培养有农业科普知识的现代化农民和乡镇企业的职工，要把'农科教'很好地结合起来。这个指导思想不解决，农民家长、孩子、干部对义务教育不会有积极性"。

总之，农村教育综合改革，是全教会和《纲要》提出的一项重要任务。认真抓好这项改革，是农村现代化建设的迫切要求，是农民群众的强烈愿望，是促进农村教育发展的需要，是有中国特色社会主义教育体系的重要特征之一。各级党政部门和教育部门的领导，一定要高度重视和积极推进农村教育综合改革工作，提高自觉性，增强紧迫感。

二、认真总结农村教育综合改革的成绩和经验

早在革命战争年代的老解放区，我们党就重视发展和改革农村教育，新中国成立以来，党和政府又多次提出改革农村教育。在总结历史经验的基础上，为贯彻《中共中央关于教育体制改革的决定》提出的"教育必须为社会主义建设服务"的方针，国家教委提出了对农村教育进行综合改革的设想，并决定选点实验，取得经验，逐步推广。1987年初，国家教委同河北省人民政府商定，在河北省的阳原、顺平、青龙三个贫困县进行农村教育综合改革实验。1988年又在总结实验经验的基础上，提出了"燎原计划"，经国务院批准后在全国实施。农村教育综合改革和"燎原计划"提出后，得到了农村广大干部、群众、教育工作者和关心农村工作的人们的热情支持。改革实验范围迅速扩大。现在国家教委确定的改革实验县116个，各省、自治区、直辖市确定的实验县540个，“燎原计划”示范乡发展到7056个，分布在1553个县。为了扩大推广范围，国家教委在全国确定了29个地区（市）农村教育综合改革联系点。目前面上推广的工作正在稳步发展。农村教育综合改革已经成为我国农村改革和整个教育改革中很有特色的一个组成部分。我国农村教育改革也引起了国际上的关注。1992年6月，由联合国教科文等国际组织支持在山东泰安召开的农村教育国际研讨会，对我国农村教育改革给予了较高评价。去年，联合国教科文组织第27届大会又通过决议，在中国的河北省保定市建立“国际农村教育研究与培训中心”，这对加强我国农村教育和国际的交流增加了新渠道。

经过几年的改革实验，我国的农村教育改革已经取得了明显成效：一些进行改革的地区，农村教育的战略地位进一步得到加强；教育结构逐步趋向合理，基础教育的普及面和教育质量有较大提高，职业教育和成人教育有了很大发展；初步探索出一条符合我国国情的农村教育综合改革的路子；涌现出一大批各种类型、各具特色的好典型；各地编写出版了几百种关于农村教改的专著、经验文集和上千种教材。

几年的实践也为改革和发展我国农村教育积累了宝贵的经验，归纳起来，主要是：

各级党委和政府加强领导，教育部门主要负责同志亲自抓，是推动农村教育综合改革工作的关键。农村教育综合改革不仅涉及教育内部各类教育的改革，也和农村经济、科技等各方面有密切关系。要使改革开展起来并取得实效，必须紧密依靠各级党委、政府加强领导。现在中央提出了“科教兴农”，不少地方也提出了“科教兴省（市、县）”的方针。很多领导认识到，必须加强政府领导，促进各部门配合，积极推进农村教育改革，普遍提高农民素质，才能真正落实这一方针，加快农村发展。党政领导重视，为农村教改创造了良好条件。但实施过程中，教育部门必须做深入的发动和大量的组织工作。许多地方的实践表明，推动农村教育改革，在教育内部遇到的困难还较多。教育部门的主要负责同志要亲自抓，有专人负责，有机构办事，深入调查，认真抓点。加强教育内部各方面的协调，才能有效地克服各种困难，统一各方面认识，扎扎实实地推动农村教改深入发展。

转变教育观念，明确农村教育办学方向是农村教育综合改革工作的重点。农村教改的任务，一方面要使各级政府重视教育，真正落实农村教育的战略地位；另一方面要使社会各方面明确如何办好农村教育。由于历史和社会的原因，一些旧的观念影响农村教改的深入发展。因此转变教育观念，明确农村教育办学方向是农村教育综合改革工作的重点。国家教委在布置农村教育改革一开始就明确提出：农村教育必须由单纯的升学教育转到主要为当地建设服务同时兼顾升学的轨道上来。1987年国家教委和辽宁省政府在鞍山联合召开了农村教育办学方向讨论会。根据几年的教改实践经验，要实现办学方向的转轨，必须确立一些重要的教育观念：只有重视农村教育，才能提高农村劳动者素质；农村教育必须把实现“两个基本”放在重中之重，基础文化教育不仅是各类教育的基础，也是学生将来从事各项工作的基础，要切实加强基础教育；只有一般的文化教育是不完全的，不能适应现代社会生产和生活的需要，必须要在一定的文化基础上进行多种形式的专业技术教育，因此要调整农村教育结构，大力发展职业教育和成人教育；我国农村社会生产力总体水平还不高，同时各地发展很不平衡，农村各类教育都必须具有各地农村的特点，普通中小学要因地制宜，在适当阶段开设一些生产劳动和职业技术课程；小学后、初中后、高中后实行三级分流，贫困地区的农村要早期进行职业技术教育；农村学校要积极参加当地精神文明建设。各地要用多种形式反复宣传这些观念。观念有了变化，农村教改才能逐步深入发展。

实行“三教统筹”，是调整农村教育结构的基本内容。调整教育结构是我国整个教育改革工作中的重要任务。目前我国农村教育主要是中等和中等以下的基础教育、职业教育和成人教育。对这三类教育实行统筹是近年来我国农村教改实践中群众创造的重要经验。实行“三教统筹”，是调整农村教育结构的基本内容。“三教统筹”的主要内容是：三类教育农村都需要，都应当认真抓好；三类教育各有其特点和作用，要根据其特点和当地的社会发展水平，使三类教育结构合理，协调发展；三类教育要在办学条件、教学设施、师资等方面因地制宜，互相沟通。各地从当地实际出发，创造了许多实行“三教统筹”的形式，有效地促进了农村教育结构的调整，显著地提高了农村教育的综合效益。实践表明，许多地方实行“三教统筹”，使基础教育获得发展，教育质量也显著提高。国家教委在河北首先进行改革实验的3个贫困县，经过多次调查，基础教育质量在其所在地区都有明显提高。有些地方的领导在实践中看到，要加快实现“两基”目标，就必须抓好“三教统筹”。

积极推进“农科教结合”，是促进教育为农村建设服务的基本途径。“农科教结合”是落实“科教兴农”，促进农业发展的必然要求，也是振兴农村经济，促进农村社会全面进步的必由之路。这是整个农村改革进程中广大干部群众创造的重要经验。国务院已召开专门会议并发出通知，要求各地各部门要认真实行“农科教结合”。教育部门要在各地党委、政府领导下，发挥教育的特点和优势，主动配合农业、科技等部门积极推进“农科教结合”。各地已经创造了多种多样的“农科教结合”形式。农村教改开展较好的地方，教育部门积极参与贡献了自己的力量。实践证明，“农科教结合”，既是农村教育综合改革的一项重要内容，也是教育为农村经济社会发展服务的基本途径。只有在努力搞好“农科教结合”中，农村教育才能得到农村经济、科技等部门和广大农民群众应有的支持。

认真实施“燎原计划”，是推进农村教育综合改革的重要措施。“燎原计划”来自农村教改的实践，其主要内容是通过改革和发展农村教育，大面积提高农村劳动者素质，促进农村的发展。它也是逐县、逐乡推广农村教改先进典型经验的一个计划。因此实施“燎原计划”既是农村教育综合改革的重要内容，也是推进农村教改的重要措施。通过建立大批“燎原计划”示范乡，使教改任务落实到基层。把“燎原”、“星火”、“丰收”计划结合起来，通过提高农村劳动者素质，加快了实用技术的推广，对农村经济的发展和精神文明建设，起到了重要的作用。“燎原计划”贷款工作也取得了明显的经济效益和社会效益。1988—1991年共发放使用2.18亿元，培训回乡初、高中毕业生和农民5000万人次，推广各种实用技术 11000 多项，新增总产值 13.78 亿元，新创利税 1.95 亿元。通过“燎原计划”的实施，涌现了一大批依靠教育、科技，促进农村发展的典型。

广泛动员高校和教育科研院所参与，既提高了农村教育综合改革的效益，也促进了高校和科研院所自身的改革。从国家教委在河北 3 个县进行农村教改实验开始，就组织了清华大学、天津大学、南开大学、北京师范大学、中央教科所参加实验县工作。河北省还组织了十几所高校参与。高校帮助各县制定了经济社会发展总体规划，提出了教育改革发展的实施方案，帮助县里培训了各类师资。有的高校还帮助建立县级职业学校，提供专业建设和基地建设指导，进行“五四”学制试验。为使教育为经济开发扶贫服务，高校派出了科技副县长和教授，引进开发项目，帮助改造县办工业，发展“两高一优”农业，引进新品种，改造低产田。围绕开发项目，组织高校和当地职业、成人学校培训各种实用人才。并在一些乡、村选择了见效快的技术改造项目，为中小学引进全国先进的教学方法，在短期内见到了成效。使这些县依靠科技，重视教育的观念明显变化，经济、教育都有较大发展。参与教改的单位也把实验县作为社会实践基地，动员学生也参与工作，对学校和科研单位自身的改革和建设起到了促进作用。其他各省（市、区）也都组织了高校参与农村教改，取得了明显成绩。师范院校还写出了一些农村教改的专著。没有高校科研单位的参与，农村教改很难深入发展，取得较好效益。

从实际出发，因地制宜，分类指导，坚持不懈抓点带面，逐步推进，保证了农村教育综合改革稳步健康发展。我国农村突出的特点是不平衡，各地差异大。在推进农村教育综合改革工作中，一直坚持从各地实际出发，分类指导，不搞一刀切，不一轰而上。强调抓好实验，注重调查研究，推广典型经验，以点带面，逐步推进。在实践中探索，在实践中提高认识、统一认识。农村教改内容并不复杂，但在认识和实践上真正落实教改的任务，困难还不少。必须坚持不懈地抓紧推进这项工作。为此国家教委近些年来坚持每年召开现场会议，利用典型推动面上工作。几年来先后在六个大区不同经济水平的十多个县推广了先进典型，取得了较好效果，保证了这些年来农村教改稳步健康发展。

当前我国的农村教育综合改革虽然已经取得显著成绩，但也存在不少问题。从全国来看，农村教育综合改革的发展很不平衡。多数实验区和一些进行农村教改的地方领导重视，改革进展较大，效果明显。但也有不少地方，包括少数实验县，变化不大，甚至还没有动起来。即使在一些教改开展较好的地区，对经验还总结不够，许多做法还没有形成制度，已有的成果还不巩固。高校和教育科研单位参加农村教改的面还不广。一些地方对实验工作的成效和经验缺乏及时总结，政府的统筹力度不够，致使试点地方的工作深化不够，推广工作进展不快。国家教委对这项改革的指导、督促、评估工作也有待进一步改进和加强。

三、新形势下深化农村教育综合改革的任务

经过几年的实践，我国农村教育综合改革的思路已基本明确。今后的主要任务是，在建设有中国特色社会主义理论指导下，认真贯彻全国教育工作会议精神，实施《中国教育改革和发展纲要》，继续坚持农村教育综合

改革“点上深化，面上推广”的工作方针，加大改革的力度，在全国加快推广已经取得的成功经验。要从各地实际出发，逐步把工作重点转到面上推广。点上深化的主要工作要放在巩固已有成果，逐步建立制度，形成规范，深入教学过程，落实到教学计划、课程教材。使我国农村各类教育的办学效益和教育质量都提高到新的水平。

按照地区特点，进一步完善“三教统筹”，提高农村教育整体水平。我国农村各地区经济、社会发展水平很不平衡。《纲要》明确提出要分区规划、分类指导。从我国农村的现实出发，已有少数成片地区经济水平超过了小康水平，正朝着初步现代化的目标前进；有一些地区接近小康水平；大多数地区稳定解决了温饱正努力向小康水平前进；还有少数贫困地区没有稳定解决温饱。上述各类地区的农村教育改革在总的方向和普遍经验上有共同性，但在具体实施过程中应有不同的要求。

大多数农村人口地区处在第二和第三种情况。这些地区，农业人口仍占大多数，乡镇企业有一定发展，第三产业还较薄弱。这些地区的首要任务是努力实现“两个基本”，大力发展职业教育和成人教育。初中还未完全普及，要重视小学后的分流教育；初中后升入高中阶段的人还不占多数或大多数，要加强初中的改革，要认真考虑初中毕业生回乡参加各种生产劳动的需求。要多种形式引进职业教育的内容，目前各地农村教改的经验，多数都能适用于这些地区。3+1、初二分叉、渗透型、综合初中等进行初级职业教育的形式要因地制宜搞好试验，逐步在一个地区或县内要规范化、制度化。规范的职业初中是培养职业定向的劳动者，办好这种职业初中一般比普通初中要花更多的钱，各地有实际需要也应积极试办。要充分依靠和发挥乡（镇）、村农民文化技术学校进行多形式初级职业教育的作用。县级要首先办好一所综合性职前职后结合的骨干职业学校与成人学校，一校多用，两个牌子。要把县级学校建成“上挂、横联、下辐射”的基地。要特别重视办好农林牧专业的职业教育，学制要多样化，学技术和经营管理结合。要有利于农民致富，才能有活力和吸引力。这些地区农业劳动力转移任务很重，要和有关部门配合，为促进农业劳动力转移开办新的专业。

少数成片超小康水平的地区，乡镇企业发展很快，三资企业比重大，外向型经济发达，农业产值相对比重较低，纯农业人口很少。城乡一体化程度高，高新技术产业迅速增加，人均收入远高于农村平均水平，第三产业发展快，市场经济体制发育较快。这些地区的农村教育改革和发展，要更好地适应经济和社会发展的需要，应该有新的特点。要高标准扫除青壮年文盲，全面普及九年义务教育，有学习能力的残疾儿童都应受到良好教育，并逐步实现普及12年教育。教师的学历层次要提高。一般应在初中后分流，为满足特殊人群的需要也可办少量职业初中，以保证全面普及九年教育。高中教育要多样化，高中阶段职业教育要超过60%。除县一级办好几所高水平中等骨干职业学校外，要加强乡镇成人教育中心的建设，提高师资、设施水平，使其成为农村社区教育培训与文化活动中心。成为培训乡镇企业职工和农民的主要阵地，并承担部分就业前多形式的高中阶段职业培训任务。村一级学校应和农民文化活动中心建设结合。这些地区需要发展高等职业教育和培养复合型人才。要在中心城市范围内城乡统一规划，充分利用中心城市的普通高校和成人高校，举办面向农村需要的高等职业教育和高中后教育。高校一般应建在中心城市，以扩大服务面。要重视经营管理和商贸人才的培养。某些培训标准要与国际一致。要广泛利用现代教育技术。职业、成人教育机构，办学形式也要多样。人口密集地区的职业、成人学校要提倡二部制，日校夜校并举。要重视发展社会文化生活教育，提高社会文明程度。这些地区要发展“两高一优”农业，要重视培养掌握现代农业技术和经营管理的新型农民。

贫困地区一般都在边远山区、少数民族地区，交通不便，人口稀散。这些地区重点要扎扎实实地普及小学教育，极困难地区先普及初小，努力开展扫盲。对贫困及人口稀散地区要认真研究小学复式教学，强化对复式教学的支持。课程要精简，适当合并，增加实用生活、生产知识。要努力提高女童入学率。贫困地区很多人在小学后，甚至初小后就不能继续在正规学校学习，要逐步参加生产。因此要发展成人教育，使他们有机会参加非正规的学习。要采取更灵活的形式办好成人和职业教育，把重点放在普及最基本的实用生产技术和生活知识。要根据居民分布状况和经济水平，可以在一个地区甚至更大的范围内办一所或几所中等职业学校，有的贫困县人口多，也可在县内办好一所职业中学。还要积极创造条件努力办好初中、高中，学校的布局从当地实际出发，要有利于提高办学效益和教学质量，逐步提高教育水平。

在农村教育改革中还有一些需要重视的普遍问题。要加强农村学校的思想政治教育和道德教育。要特别注意培养学生相信科学的思想，增强他们与农村封建迷信与落后习俗作斗争的能力，树立热爱农村，建设家乡，立志改变农村面貌的信心。要重视农村学校教育与生产劳动相结合的问题。江泽民同志在全教会上明确提出：“学生适当参加一些物质生产劳动，应成为一门必修课，不是可有可无，这一点务必要充分认识和高度重视。”现在很多地方，开设生产劳动课的要求没有落实，要在教改中认真解决。还要努力解决片面追求升学率问题，各级地方政府、教育行政部门均不应以升学率高低作为评价学校办学水平的唯一标准，更不允许给学校压升学率指标。要提倡在农村积极开展“五四”学制试验和逐步推广。在河北几个贫困县的实验中，“五四”学制受到各方面欢迎，有些县已全部实现五四制，说明只要努力克服困难，实施“五四”制是可行的。职业初中、综合初中、综合高中，各地都可根据实际情况积极试办。

农村教育的宏观管理体制改革要按全教会的精神落实。为有利于农村教改，在教育内部需要明确分工，密切合作。在九年义务教育阶段内，发展初级职业教育，改办职业初中，由基础教育管理部门负责决策和规划，经费列入义务教育项目；职教管理部门应对办学业务进行指导。县、乡级职业学校和成人学校要提倡结合，即一校多用，职前职后结合。目前现状是，县级职业学校占绝大多数，乡级基本上是成人学校。因此，县级学校以职教部门为主进行管理，成人教育部门对成人教育业务要进行指导；乡（村）级农民学校，由成人教育部门为主进行管理，职教部门要对职前的教育进行业务指导。各地教育部门要做好内部协调。

要积极主动地参与和推动“农科教结

合”。教育部门要进一步提高对“农科教结合”的认识。“农科教结合”是推动我国农村经济和社会发展的重要机制和形式。实行“农科教结合”，一方面是农业、科技、教育等有关部门要加强配合协作，形成合力，使有限的人才、科技资源在农村建设中发挥更大的效益；另一方面，要求各级政府加强对农业、科技、教育等部门工作的统筹协调。这里讲的农，不仅是农业，也包括了农村经济社会的发展。因此在各类经济发展水平地区，教育部门都应自觉主动地参与推进这项工作，都可以发挥作用。这里讲的教，也不能仅限于在农村的教育，也包括了在城市里的高等教育和其它各类专业教育，教育部门要把凡是能为农村发展服务的各种教育力量组织起来，多种形式为农村培养人才，开发项目，推广技术，传播精神文明。特别是农村的职业教育、成人教育要更主动地和农业、科技部门配合，运用教育的优势为农村发展、农民致富直接做一些贡献。农村的中小学也要教育青少年热爱农村，立志建设新农村。

认真实施“燎原计划”，要进一步扩大范围，提高水平。“燎原计划”是通过逐乡、逐县推广农村教改的先进典型经验来推动农村教改的深入发展。要继续扩大实施范围。“燎原计划”的主要内容是通过改革发展农村教育，在提高劳动者素质的基础上，同时结合当地经济开发的需要开展专业技术教育，增强农村吸收运用科技的能力，促进农村发展。因此，实施“燎原计划”的乡首先就必须有进行基础文化教育和专业技术教育的基地。要办好中小学和职业学校、成人学校。同时也要参与当地经济的开发。参与当地经济开发，培养专业人才主要应由职业学校、成人学校来进行。在不同经济水平地区，基础文化教育、专业技术教育和经济开发的需求虽然都有较大差别，但都可通过实施“燎原计划”在不同层次和水平来推进教育的发展和经济的开发。所以各类地区都要重视扩大实施“燎原计划”。争取在2000年前把实施“燎原计划”的乡扩大到2万个。在一些有条件的地方要根据当地农业开发、经济开发的需要，建立一批标准较高的“燎原计划”示范乡。从各地经验看，紧密结合“两高一优”农业项目开发，农村现有的职业、成人学校都可以发挥较大作用。在高校的支持下，有的农村地区在发展乡镇企业方面，农村的各种专业学校也可以做出贡献。要提高实施“燎原计划”的水平，必须搞好“三教统筹”和“农科教结合”。各地要在政府领导下，主动地使“燎原计划”和“星火计划”、“丰收计划”、“绿色证书工程”紧密结合，统筹安排。要继续用好“燎原计划”专项贷款，各地要通过多种渠道争取扩大“燎原计划”贷款，还要遵守国家的金融制度，配合有关部门做好贷款的使用和管理。

要更广泛地动员高等院校、中专和教育科研部门参与农村教育综合改革。动员和组织高等院校、中专和教育科研部门参与，是促进农村教育综合改革不断深入，提高效益的重要条件。高等院校、中专和教育科研部门在农村可以发挥重要作用。帮助县制定经济、社会发展规划，帮助企业进行技术改造和新产品开发；采取多种方式为当地培养、培训师资和技术骨干、管理人才，帮助推广实用技术，帮助建设职业学校、成人学校，指导普通中小学进行教学改革、编写教材、开展教育科学理论研究等。高等院校以及教育科研部门要争取逐步都能参与农村教育综合改革。

师范院校更应积极参与农村教改。培养和培训一大批适合农村教改要求的师资队伍是师范教育的紧迫任务。参与农村教育综合改革，会增强为农村经济和社会发展服务的紧迫感，促进师范教育的教育思想、教学内容的改革，培养更多适应农村教育需要的合格师资，认真总结我国农村教育改革的经验，还将丰富和发展教育科学理论。

农、林、医、理工科、财经商贸等院校，也要继续发挥学校的优势，用多种形式参与农村教育改革。城市的各类成人高校也应积极了解农村的需求，帮助农村培养人才，指导农村有关学校的专业建设，培养师资。根据“国家八七扶贫攻坚计划”，大专院校、教育科研单位要与贫困县直接挂钩，通过科技承包，技术推广，选派科技副县长、副乡长等形式，推动贫困地区农村经济、科技、教育的发展。各地教委要做好组织协调工作，农村各级政府和教育部门要主动争取高校等部门的支持，为他们的工作提供必要条件。

四、加强领导，促进农村教育综合改革的深入健康发展

各级党委和政府要把改革和发展农村教育纳入当地经济、社会发展的总体规划，加强对农村教育综合改革的领导。各级教委的主要负责人，要按照《纲要》提出的要求，亲自抓农村教育综合改革。各地要充实和加强农村教育综合改革管理部门的力量，有办事机构，配备素质较高的专职人员，并要保证必要的工作条件。各级都要加强干部培训工作。不仅要使各级教育管理干部了解农村教育改革的方针任务和措施，还要使农村学校的校长、教师，明确农村各类教育的办学指导思想，为农村教改的深入发展创造有利条件。

在进一步推动农村教改深入发展时，更应总结过去的经验教训，必须坚持因地制宜，分区规划、分类指导。地方政府和教育部门都要坚持不懈地抓好一批典型，以点带面、逐步推进。各地要在现有实验点的基础上，着重抓好一批在实行“三教统筹”、“农科教结合”、实施“燎原计划”等方面经验丰富、措施规范、示范作用较强的典型。要努力把点上积累的经验规范化和制度化。要加大推广先进典型的力度，使所取得的典型经验及时推广到面上，充分发挥效益。

要积极探索农村教育改革的理论。随着我国社会主义市场经济体制的建立，农村经济和社会发展出现了许多新的问题。在新的形势下，深化农村教育综合改革，必须重视加强农村教育理论的研究。要认真研究农村经济社会发展和建立社会主义市场经济对农村教育提出的新要求。要提倡科研人员深入农村调查研究，参与改革实验，坚持理论联系实际的原则。还要注意加强对国际上特别是发展中国家农村教育经验的比较研究，吸收其先进经验。要认真做好对农村教育综合改革的检查评估工作。对在农村教育综合改革工作中取得突出成绩的单位和个人要进行表彰和宣传。

同志们，在新的形势下，深化我国农村教育综合改革是一项十分艰巨的历史任务，我们要在全国教育工作会议精神和《中国教育改革和发展纲要》指引下，抓住机遇，真抓实干，开拓前进，坚持不懈，为开创我国农村教育综合改革的新局面而努力奋斗。

开展多边智力合作，促进国内教科文事业发展

韦　钰

1979年2月19日，中国联合国教科文组织全国委员会正式宣告成立。它标志着我国和联合国教科文组织的合作进入了一个新的阶段。

联合国教科文组织（即“联合国教育、科学及文化组织”）成立于二次世界大战之后的1946年，中国是创始国之一。1971年10月29日，联合国教科文组织继联合国大会之后，恢复了我国在该组织中的合法席位。自此，我国和该组织的合作掀开了新的一页。但是，在随后的相当一段时间内，受当时历史条件的制约，我国参与教科文组织的业务活动十分有限，国内的相应工作机构也不够健全。这种情况，在党的11届3中全会之后才开始有了根本性的转变。经国务院批准，由国家教委（当时称“教育部”）牵头、其他有关单位联合组成的中国联合国教科文组织全国委员会及其办事机构——秘书处，在改革开放的大好形势下，终于成立了。这对我国组织和开展和联合国教科文组织的合作，是一个有力的推动。回顾十五年来走过的路，我们深深感到，我们对教科文组织的工作之所以能取得一定的成绩，在教育、科学、文化和传播等领域的合作出现了全面铺开、蓬勃发展的局面，从根本上说，是在党的11届3中全会制定的改革开放政策的指引下，历届全委会主任、副主任和秘书处同志辛勤工作，共同努力的结果，也离不开各有关部门和单位的大力支持。

实践中加深认识，抓住特点，为我所用

教科文组织是一个成立于二次大战后的联合国机构，又是一个涉及意识形态问题较多的组织。如同对一切外来事物一样，对这个组织也要有一个分析的观点，有一个清醒的认识，有一个趋利避害，调动其积极因素为我所用的过程。

正确的实践来源于正确的认识。能否搞好教科文组织的工作，关键是对它的性质，它的特点，它的活动方式有一个全面、准确的认识，从而发现和把握住其独特优势，为我所用。

教科文组织是一个联合国专门机构。它有一些不同于其他机构的特点。一是活动范围广，除了在教育、科学（自然科学、社会科学及人文科学）、文化和传播（新闻、出版、电影、电视等）领域开展活动外，还可进行各种跨学科、跨部门的教育、研究和信息活动，覆盖和平、发展、人权、环境、妇女、青年、移民乃至吸毒、艾滋病防治等诸多当代重大政治和社会问题；二是凭藉其自身拥有

的知识和人力资源，以及与其有联系、活跃在各学科、各领域的一大批非政府国际组织，结成一个实力雄厚的智力网络，成为重大国际科学、教育及文化合作项目的有权威、高水平的组织者；三是在其几十年开展活动的经验基础上，该组织逐步摸索形成了在各领域举办不同层次和规模的会议、研讨、培训、出版、试验项目和提供顾问服务等多种合作与交流方式，对于会员国（无论发展中国家还是发达国家）启迪思想、更新观念、获取信息、增加知识、组织活动和培养人才，都可起到有益的催化作用和增殖效果。正因如此，尽管教科文组织不同于联合国开发计划署等资金援助机构，不可能向任何一国、任何一个单独的项目提供大宗的物质或资金援助，它的这种“不提供面包，但提供酵母”的合作方式，对于迫切需要知识、信息、技术和经验的广大发展中国家来说，仍然有不少可资利用之处，因而受到它们的欢迎。

我们对教科文组织的认识，并不是一开始就非常清楚、非常全面的。在全委会正式建立前即我国席位恢复后的初期，受当时历史条件的限制，我们曾一度对其大量业务活动（除少量自然科学项目外）基本上采取了不介入的作法。即使在八十年代初期即成立全委会之后，我们一些部门、一些同志也曾有过偏重“硬件”而忽视“软件”、偏重争取援助图书馆、实验室而忽视争取智力合作与支持等不甚切合实际的想法。只是在随后十来年合作的实际过程中，才逐步加深了对这一国际智力合作组织特点和优势的体验和了解，并相应制定了切合实际的工作方针，我们的工作才能不断深入，不断扩大。在这方面，国内的不少部门、不少地方都取得了可喜的成绩，形成了一套利用教科文组织的帮助促进本身工作的宝贵经验。

借助外部支持，推动教育事业的发展

教育一直是教科文组织的最大活动领域，在这一领域投入的人力资源最多，经费比例最大，开展的活动也最为广泛多样。除其自身的正常预算外，教科文组织还利用联合国开发计划署，儿童基金会和人口基金等机构的经费开展教育合作活动。

教科文全委会成立以来，在国家教委领导的正确指导和大力支持下，在委内各司局、各单位和许多省市（自治区）教育部门和专家的积极参与下，我国与教科文组织在教育领域建立了全方位的合作关系，逐步形成了从中央到地方的相当一批专职干部和积极分子。

自1978年以来，我国派代表团出席了隔年在日内瓦举行的第37至43届国际教育会议，也出席了第三届国际成人教育会议（1985年），亚太地区通过高等教育学历、文凭与学位相互承认公约的国家级国际会议（1983年）以及亚太地区教育部长和经济规划部长会议（1978年、1985年、1992年），宣传了我国发展教育事业的成就，听取并学习了其他国家的有益经验。特别是李铁映同志和李岚清同志先后率团出席在宗滴恩举行的世界全民教育大会（1990年3月）和在新德里举行的九个发展中人口大国全民教育首脑会议（1993年12月），不仅突出体现了我国政府对发展教育的高度重视，同时也再次表明，我国对争取国际多边合作机构的支持促进我国教育发展和教育改革寄予的高度期望，对教科文组织加强与我国的合作，是一个有力的推动。

教科文组织亚太地区办事处在开展地区教育合作活动方面十分活跃，它针对亚太地区广大发展中国家面临的共同问题，组织了亚太地区教育革新为发展服务（APEID）、亚太地区大众教育（APPEAL）等合作计划，在帮助会员国扫盲、发展基础教育和成人教育及进行教育改革等方面发挥了积极的作用。我国一直是这些地区教育合作活动的积极参与者。通过国内建立的相应工作机制，国家教委有关司局、委有关单位以及河北、吉林、甘肃、陕西、山东、江苏、贵州、河南、山西、四川等省教育工作者参加了教育领域的各种专家会议、研讨会、讲习班或培训班，不仅学到了东西，也对国际合作作出了自己的贡献。我国还和教科文组织教育规划研究所合作，每年派出一二名教育计划人员去该所接受培训，迄今学习过的人员已达 16 名。

为了扩大对外影响和国内受益面，我国在教科文组织的支持下，围绕我国教育发展的一些热点问题，近年来还在国内主办召开了一系列国际研讨会，有选择地邀请一些国家的教育部长或知名学者出席。关于高等教育改革（1989 年）、面向二十一世纪的教育（1990 年）、农村教育（1991 年）和职业技术教育（1993 年）的几个国际研讨会以及 1993 年 3 月举行的中国全民教育国家级大会，都开得十分成功，受到应邀与会的教科文组织总干事等高级人士的赞扬。

我国各地在发展教育和扫盲方面的成就，多次受到教科文组织的表彰和奖励。四川巴中县、山东五连县、贵州松桃县、河南西平县以及甘肃、吉林、湖南、黑龙江和新疆的教育委员会均曾获得该组织的各种教育奖金或荣誉性表彰。

在教育领域的业务合作中，我们还注意广开财源，利用多种渠道，根据国家教育发展的实际需要，配合国家教委和有关省区，重点实施一些长期性的实验项目，如贵州省黎平县的促进青壮年扫盲、广西壮族自治区龙胜各族自治县的少数民族妇女扫盲及扫盲后教育、甘肃省陇西县的农村成人教育与培训、安徽省的扫盲和扫盲后继续教育等实验项目以及河北省实施的全民教育行动计划等。这些项目或计划都是在外部少量资金的支持下就某一特定方面进行局部试点，摸索经验，以求取得以点带面的增殖效果。

在教育领域的合作中，不少单位在利用外部经验方面取得了显著的成效。甘肃省教委组织实施 JIP 计划（教科文组织亚太地区办事处开展的“提高小学教育质量联合革新计划”之简称），就是一个突出的例子。

从 1986 年开始，甘肃教委组织力量，有计划、有步骤地在甘肃省九个地区的 100 所小学开展 JIP 的实验项目。他们从本地区经济文化欠发达的实际出发，将 JIP 计划旨在提高小学教育质量的四大要素（学前准备、教育人员培训、改进教学方法和教材以及争取家长和社会的支持）有机地应用于实验学校，经过一段实践，使小学生的成绩水平得到明显提高。截至 1993 年，甘肃实施 JIP 的学校已扩展到 1200 多所十万多名学生。1993 年 8 月，全国教育科学规划领导小组对甘肃实施 JIP 项目的情况进行了国家级的鉴定，对实验的成效给予了充分的肯定，认为它有“重要应用价值”和“重要学术价值”。

发展科技交流　促进科技进步

自然科学是教科文组织的重要领域之一，其活动范围既包括基础科学和工程科学，也包括与发展密切相关的海洋、生态、水文、地质、信息、能源等学科。该组织和联合国环境规划署、国际原子能机构等联合国其他专门机构以及国际科学联盟理事会、的里雅斯特理论物理研究中心、欧洲核研究中心等非政府国际组织或研究机构保持着密切的协作关系，藉以共同开展一些大型的国际合作项目或学术活动。正因为它具备在一国或双边开展有困难的若干关键学科或前沿学科开展合作研究的能力，该组织在科学领域的活动，一向深受广大会员国的欢迎。

我国早在该组织恢复我席位之时即参加了其“人和生物圈”计划、国际水文计划等科学合作项目。为了配合我国现代化建设的需要，全委会成立后，在有关部门的支持下，一直把科技领域的合作和参与置于最优先的地位。由于我国既是一个发展中国家，又是一个在不少学科已达到世界先进水平的科技大国，我国的参与一向深为教科文组织和广大会员国所重视。

我国派代表团出席了亚太地区第二届科技部长和经济规划部长会议（1982 年），出席了政府间海洋学委员会 1977 年以来的历届大会。1993 年 7 月，周光召院长还亲自率团出席了在巴黎举行的教科文组织太阳能专家会议。我国还派团出席了人和生物圈计划、国际水文计划、综合信息计划、政府间信息学计划、政府间海洋学委员会以及国际地质对比计划等专门计划理事机构的逐届例会，并多次在其中担任主席或副主席等重要职务。中国科技界对该组织科技活动的高度重视和积极参与，博得各方的一致好评。

在国家科委、科学院、水利部、地质矿产部、国家海洋局和大专院校的积极支持下，我国科技工作者在教科文组织的各个科学合作计划和项目中都积极参与，发挥了重要作用。“人和生物圈计划”是对生物圈内森林、草原、沙漠、岛屿、山地等各类生态系统的自然规律以及人类活动的影响进行综合研究的一项重要计划，中国近二十年来一直是最活跃的成员之一，并对其研究活动作出了自己的贡献。中国至今已有鼎湖山、武夷山、长白山、梵净山、锡林郭勒草原、神农架、博格达峰、卧龙大熊猫保护区、盐城和西双版纳等十处列为世界生物圈保护地，去年还正式成立了中国生物圈保护区网络。在国际水文计划方面，在该组织支持下，在我国成立的第一个国际河流泥沙研究与培训中心已经进入了第十个年头，为亚太地区发展中国家培训了一批水科学工作者。在国际地质对比计划中，中国地质科学家每年参加约 30 个研究课题，由中国学者牵头的每年有七八个；我国还将于 1996 年在北京召开有上千人参加的第 30 届国际地质大会。在信息学计划范围内，设在北京工业大学的国际微型计算机培训班在亚太地区国家培训微机技术人才方面，做了大量工作，博得各方好评。国家科委信息中心一直是该计划以及亚太地区科技信息网的积极成员。在海洋学方面，以国家海洋局为主并吸收有关大专院校力量，多年来积极而扎实地参加了教科文组织的各项合作研究、专题调查和监测活动，获取了大量珍贵的海洋调查和观测资料，与许多国家和组织建立了信息和文献交换关系，同时也有力地促进了我国沿海台站观测网络的建立。他们还通过适当的工作，维护了我国的海洋权益。1993 年，我国学者当选政府间海洋学委员会西太平洋分委员会主席。这些，都既扩大了我国的影响，也有力推动了我国科技事业的发展。

在生物、化学、物理、数学等基础科学领域，我国科学家、学者积极参加教科文组织的一系列研讨、培训或交流活动，以其精深的见解和严谨的学风博得国外同行的尊重。自1987年起，科学院和大专院校还于每年七八月份为教科文组织举办一期夏季物理学校，邀请国外物理学家就某一专题来华进行学术交流，这一活动迄今已办了七届，反应十分热烈。在工程科学领域的合作也在不断加强，去年年初和年末，教科文组织和中国教科文组织全国委员会合作，先后举办了关于中国能源战略圆桌会议和关于中国洁净煤技术的高级专家会议，受到国内外专家的普遍重视。我国科技界和教科文组织雅加达东南亚科技地区办事处也有密切的合作关系，并参加了亚太地区在物理教育、微生物学、科技信息交换、农村适用技术、天然物化学产品以及可替代能源等方面的科技网络活动。

我国科学家的成就和中青年科学工作者的大量涌现引起教科文组织的高度重视。名闻遐迩的“水稻杂交之父”袁隆平和北京大学青年生物学教授陈章良先后荣获教科文组织颁发的教科文组织科学奖和贾乌德·侯赛因青年科学家奖。

社会科学是教科文组织的重要领域之一，虽然从数量上看它在其整个活动中的比例相对不大，但在教科文组织中具有重要的地位。除去一般意义上的社会科学和人文科学外，该组织近年来特别注重有关发展问题的研究，同时也经常涉足和平、人权、人口、裁军等问题的探讨。我国社会科学院和大专院校的社会科学工作者以我为主地参加了其中的许多学术活动，他们独树一帜的精辟见解，给各国同行留下十分深刻的印象。

弘扬民族文化　保护世界共同文化财产

文化、新闻、出版、电影电视，是教科文组织的又一重要活动领域。我国有关部门、文化团体和文化艺术界人士十多年来积极参与了各种形式的文化交流和合作项目。

保护古迹遗址，保护自然和文化遗产，是教科文组织在文化领域的重要活动之一。早在六七十年代，该组织发起的保护努比亚、拯救威尼斯和修复婆罗浮屠等国际运动就为其赢得了世界性的声誉。近年来，该组织在《保护世界文化和自然遗产公约》范围内开展的活动，更成为其最优先的项目之一。我国自1985年正式批准加入《公约》以来，已先后分三批共有十项文化和自然遗产被列入“世界遗产名录”（故宫、长城、周口店、秦始皇陵、敦煌、黄山、泰山、黄龙、九寨沟、武陵源），并开展了各种专题、形式的合作，这不仅提高了我国遗产的知名度，对我国的风景名胜和文化古迹的保护和管理，也起到了有益的促进作用。

1988—1997年，是联合国宣布的“世界文化发展十年”。教科文组织在“十年”范围内组织了若干有世界影响的大型文化合作项目，其中最重要的一个是“丝绸之路——对话之路综合研究”。作为古代丝绸之路的发祥地，我国积极参与了这一项目的实施。在教科文组织的支持下，中国教科文组织全国委员会和国内有关部门密切合作，承担了丝绸之路项目的第一项考察，即从古都西安出发经河西走廊进入新疆最后抵达喀什的沙漠路线（中国地段）考察。之后，我们又会同广东和福建地方政府，完成了丝绸之路海洋路线考察队在广州、泉州停靠和考察的接待工作。两项活动取得了圆满成功，博得了各方一致好评。它弘扬了中华民族的灿烂文化，宣传了我国改革开放和稳定的大好形势，也有利地促进我国和教科文组织的合作。

为了加强东方文化研究，探讨东方文化在当代社会进步和发展中的作用，我们还在教科文组织的支持下，与有关单位合作开展了有关东方文化研究的系列活动，如东方文化与当代青少年伦理道德教育研讨会，中国传统哲学研讨会等，邀请海内外学者参加，都收到了很好的效果。

我国学者还积极参与了教科文组织编纂大型历史文化研究专著如《人类科学文化发展史》和《中亚文明史》的学术活动。该组织出版的另一多卷历史专著《非洲通史》，也经我国对外翻译出版公司全部译成中文，其中大部分已经发行出版。

在艺术领域，我国文化部和中国文联下设各团体，近年来与教科文组织合作，在电影、戏剧、音乐、舞蹈等领域举办了研讨、讲习、培训和考察等各种活动，受到了该组织和国际艺术界人士的普遍赞扬。为了集中介绍我国文化欣欣向荣的局面，文化部还于1983年在教科文组织总部举办了为期一周的中国文化日活动，收到很好的宣传效果。

在新闻出版等传播领域，我国记协、新华社、新闻出版署等单位在参与教科文组织的合作活动方面也十分活跃。我国积极参与了国际交流发展计划政府间委员会的活动，并在组织培训活动、召开地区专题研讨会和更新设备等方面获得了一些有益的帮助。

回顾过去了的十五年，在我国独立自主的和平外交政策的指导下，我们对联合国教科文组织的工作取得了一定的收获，在开展业务合作为我国现代化建设服务方面也有一定的收益。对此，我们感到高兴，同时也深深体会到：如同一切双边或多边的合作渠道，我国与该组织的合作始终贯穿着互通有无、取予结合的原则。我们藉助教科文组织的优势促进了国内工作，也通过参与其活动对广大会员国的发展，对平等互利的国际智力合作作出了自己的贡献。今后，我们要进一步提高参与水平，拓宽合作范围，开辟新的合作领域，更好地发挥全国委员会的协调、联络、咨询和执行职能，把对教科文组织的工作做得更好。

社会主义的根本任务与教育

张 天 保

邓小平同志关于教育的论述，从建设有中国特色社会主义理论科学体系的高度，从社会主义现代化建设全局、长远、战略的高度，运用马克思主义的立场、观点、方法提出问题，分析问题，解决问题。重温和把握小平同志关于教育的论述，感到对教育战略地位的认识又提高了一步。

从发展和解放生产力的高度看教育

邓小平同志一贯重视教育。远的不说，从一九七五年抓各行各业的整顿开始，到一九九二年视察南方的谈话为止，小平同志对教育工作作了一系列指示。“尊重知识，尊重人才”这八个金光闪闪的大字，已经成为建设有中国特色社会主义理论的重要组成部分。

小平同志为什么如此重视教育，他是从怎样的角度看待教育问题的呢？如果我们不是只简单地引用小平同志关于教育问题的某些话，而是从小平同志提出教育、科技问题时的背景和思路，来学习他分析问题的立场、观点和方法，就不难发现，小平同志谈论教育、科技问题时，总是同什么是社会主义、怎样建设社会主义紧密联系在一起的。

新中国成立以后，在头八年中，社会主义建设和社会主义改造取得了巨大成就。从一九五七年到一九七八年十一届三中全会的二十年中，我们虽然也做了许多工作，取得了一些重大成果，但从总体上看，情况不大好。特别是“文化大革命”给国家和人民带来了严重灾难。那时，政治局面混乱，经济建设处于缓慢发展和停滞状态，人民生活没有得到多大提高。这种严酷的现实迫使人们思考，难道社会主义就是贫穷吗？小平同志科学地总结了建国以来成功的经验和失败的教训，明确指出，“贫穷不是社会主义”，“社会主义阶段的最根本任务就是发展生产力”，并将这一根本指导思想落实到全党的工作部署上，果断地率领全党实现了工作重点的转移，又从中国的实际情况出发，把发展生产力具体化为“三步走”的战略目标。搞了几十年革命和建设还没有搞清楚的基本问题搞清楚了，发展生产力的具体目标和蓝图也有了，如何实现呢？从国内来看，必须坚持改革开放的政策，坚持四项基本原则，保证社会的稳定；从国际来看，必须创造一个和平的国际环境。这一整套思想、方针、政策，后来概括为党的基本路线，即一个中心、两个基本点。

《邓小平文选》第三卷展现了十一届三中全会以来党的路线、方针、政策形成和发展的历史过程。当我们沿着时间顺序，从理论的高度重温这些历史篇章时，就会发现，邓小平同志最强烈的愿望就是加快我国生产力的发展，尽快把经济建设搞上去，在中国早日实现四个现代化，使人民的生活富裕起来，在世界范围内显示出社会主义制度的优越性。他在一九九二年视察南方谈话中关于社会主义本质的论述和“三个有利于”，就是这一思想和目标的集中体现。可以说，这是小平同志谈论所有问题和拟订一切政策的根本出发点和归宿。研究小平同志对教育问题的论述，同样不能离开这一出发点和归宿。

早在“文化大革命”末期，小平同志就根据毛主席、周总理的指示，提出了把国民经济搞上去，实现四个现代化的目标。怎样实现这个目标呢？在当时的历史条件下，他大刀阔斧地抓了各行各业的整顿，同时强调要发展科技和教育。一九七七年，他指出：“我们要实现现代化，关键是科学技术要能上去。发展科学技术，不抓教育不行”。同年，他又说：“我们国家要赶上世界先进水平，从何着手呢？我想，要从科学和教育着手。”在这个时期，小平同志就把发展科技和教育，当作实现四个现代化的“关键”和着手点来看待，并且身体力行，自告奋勇来管科教这项“难搞”的工作。党的十一届三中全会以后，全党工作重点转移到社会主义现代化建设上来，十二大把“一心一意搞建设”具体化为“翻两番”的目标和三个战略重点。在这新的历史时期，小平同志同样把发展科技和教育看作实现“翻两番”的“关键”。一九八二年，他在谈到实现“翻两番”时说：“搞好教育和科学工作，我看这是关键”。在谈到人才这个问题时，他又说：“二十年规划能否实现，关键就在这里。”在改革开放逐步深化的情况下，为了解放生产力，一九八四年和一九八五年，中央相继作出了经济体制改革和科技体制改革的决定。小平同志在谈到经济体制改革的文件时，突出地强调了两点，一是这个文件好，“就是解释了什么是社会主义，有些是我们老祖宗没有说过的话，有些新话。”二是，“这个文件一共十条，最重要的是第九条，当然其他各条也都是非常重要的。第九条，概括地说就是‘尊重知识，尊重人才’八个字，事情成败的关键就是能不能发现人才，能不能用人才”。在谈到科技体制改革时，又说，“我最关心的，还是人才”。从这里，我们得到一个十分重要的启示，那就是，在小平同志看来，不仅发展生产力的关键在于知识和人才，而且解放生产力的关键也在知识和人才。正是在这个背景下，为了使人才的培养能够与经济体制、科技体制的改革相配套，中央又作出了关于教育体制改革的决定。三个决定的出台，极大地推动了经济的发展和改革的深化，在这个过程中，一九八六年底到一九八七年初，我们国家发生了两件重要事，一是学生闹事，二是更换了党的总书记。在党中央的领导下，我们进行了反对资产阶级自由化的教育和斗争。当时，国内国外都有人担心或怀疑十一届三中全会以来的路线、方针、政策是不是正确，会不会改变。针对这一情况，小平同志花了大量时间，从理论的高度，从我们党历史的经验、教训的角度，从改革开放以来实践的角度，反复说明十一届三中全会以来的路线、方针、政策是正确的，不会变。他不仅强调要坚持“整个社会主义历史阶段的中心任务是发展生产力”，而且进一步提出，“贫穷不是社会主义，发展太慢也不是社会主义”，要加快发展生产力，加快改革开放，解放生产力。在这样的背景下，小平同志再一次强调了科技和教育的重要性，提出了“科学技术是第一生产力”的著名论断，要求我们“要千方百计，在别的方面忍耐一些，甚至于牺牲一点速度，把教育问题解决好”。一九八九年春夏之交的政治风波平息后，小平同志又指出：“以后我们怎么办？我说，我们原来制定的基本路线、方针、政策，照样干下去，坚定不移地干下去”。经济要“争得较快的增长速度，实现我们的发展战略”。一九九二年初小平同志视察南方的谈话集中体现了这一思想。在加快改革和发展的新时期里，小平同志又一次提醒我们，“经济发展得快一点，必须依靠科技和教育”，“希望大家通力合作，为加快发展我国科技和教育事业多做实事”。

以有中国特色社会主义理论和党的基本路线形成发展的过程为背景，重新学习小平同志对教育的论述，我感到有以下几点重要的启示：

第一，发展教育和科学技术，是社会主义根本任务的必然内在要求，应有之义。在“以阶级斗争为纲”的年代，虽然教育和科技在实际工作中有所发展，但从指导思想上看，只能是阶级斗争的工具，知识不被重视，知识分子处于“老九”的地位，甚至被戴上“资产阶级知识分子”的帽子，作为专政对象。而当我们弄清了什么是社会主义，抛弃了“以阶级斗争为纲”，代之“以经济建设为中心”时，就必然要求尊重知识，尊重人才，大力发展教育和科技。对什么是社会主义认识越清楚，就越能重视教育和科技；对发展和解放生产力越强烈，就越会对发展教育和科技具有紧迫感。

第二，在加快发展生产力，实现“三步走”的战略目标，把经济建设搞上去的过程中，教育和科技不只是一般地重要，而是处于“关键”和“着手”点的地位。为什么呢？因为“科学技术是第一生产力”，发展科学技术，基础在教育。实践证明，在科学技术飞速发展、以经济和科技为基础的综合国力较量日趋激烈的时代，经济发展应该走一条什么样的路子呢？走“抓革命，促生产”的路子不行；违反经济规律，搞群众运动不行；艰苦奋斗的精神一定要坚持和发扬，但不能仅仅依靠“吃大苦、流大汗”的办法。必须“把经济建设转到依靠科技进步和提高劳动者素质的轨道上来”。这是我们党在总结国内国际发展经济的经验、教训的基础上，对经济建设规律认识上的飞跃，也是在怎样建设社会主义问题上的一个发展。只有认清了怎样建设社会主义，才能把科技、教育摆在“关键”地位。

第三，现在，重视教育和科技的人越来越多，这是全党全社会的一大进步。但是，还有一些同志，特别是一些领导同志对教育的重视程度不够，没有从什么是社会主义和怎样建设社会主义的高度看待教育，没有把教育摆到发展和解放生产力的“关键”和“着手”点的地位，这是我们的认识同小平同志有中国特色社会主义理论的一个重要思想差距。

从长远、战略的高度看教育

我国人口众多，经济还不发达，这是基本国情。为了实现现代化，既要加快经济建设，又要大力发展教育和科技，促进社会全面进步，而资金有限。这是经常遇到的一个现实的、比较尖锐的矛盾。如何处理这些难题呢？还是让我们从小平同志分析教育和科技问题时的立场、观点和方法中，去寻找办法吧！

一九八九年，小平同志同两位中央负责同志谈话时，曾经说过："考虑任何问题都要着眼于长远，着眼于大局。"事实上，小平同志自己就是从长远、大局的高度来观察和处理国内外重大事件的。十一届三中全会之后，他提出了用二十年时间使国民生产总值"翻两番"的目标，并且阐述了前后两个十年的关系是"前十年为后十年做好准备"。之后，又进一步发展为"三步走"的战略目标，更是考虑了未来七十年的发展规划。观察和处理经济问题是这样，观察和处理教育、科技问题也是这样。一九八三年，小平同志就指出："教育要面向现代化，面向世界，面向未来"，这既指明了教育自身的发展和改革要着眼于长远，着眼于国内现代化建设和国际范围内激烈竞争的大局，也包含了要从长远、大局考虑来改革和发展教育。小平同志从长远、大局来考虑问题，在处理加速器问题上反映的更为突出。当我国在北京建设正负电子对撞机时，有的外国朋友问，你们在不富裕的情况下为什么要搞加速器？小平同志回答说："这是从长远发展的利益着眼，不能只看眼前。"在提出和论述"科学技术是第一生产力"这一著名论断时，小平同志进一步指出："从长远看，要注意教育和科学技术。否则，我们已经耽误了二十年，影响了发展，还要再耽误二十年，后果不堪设想"，"我这里说的关于教育、科技、知识分子的意见，是作为一个战略方针，一个战略措施来说的。从长远看，这个问题到了着手解决的时候了。"

小平同志着眼于长远、着眼于大局，来观察和处理教育、科技问题，是非常有远见卓识的。首先，我们是在一个经济、文化不发达的国家里进行社会主义现代化建设的，需要一个长期、艰苦的奋斗过程。即使在党确立了正确的思想路线、政治路线和组织路线之后，仍然需要经过七十年左右的时间，才能达到中等发达国家的发展水平。赶上发达国家的水平，还需要更长的时间。这就要求先打好包括智力准备在内的各个方面的基础，以求得到将来更快的发展。其次，在科学技术迅速发展的时代，"我们国家，国力的强弱，经济发展后劲的大小，越来越取决于劳动者的素质，取决于知识分子的数量和质量"。提高劳动者的素质，造就大批优秀知识分子，在很大程度上决定于教育的发展。再次，教育本身的规律决定了培养人才的周期较长，所谓十年可以树木，百年才能树人。为了国家和民族的长远利益，必须及早筹划，不能等到经济发达了再来发展教育。

小平同志着眼于长远，着眼于大局来观察和处理问题，为我们树立了榜样。正因为他是从长远、大局、战略的高度来考虑问题的，所以才高瞻远瞩，以革命家的气魄和胆识，要求我们"在别的方面忍耐一些，甚至于牺牲一点速度，把教育问题解决好。"一些地区和部门的领导同志努力按照小平同志的指示做了。但是，仍有一些领导同志在处理经济和教育的关系时，急功近利，把眼前、暂时、局部的利益摆在了首位，不重视教育，甚至宁肯在教育方面忍耐一些，也要把经济项目搞上去。应该说，这是我们同小平同志观察和处理教育问题时的又一个重要差距！

从全面建设"两个文明"的高度看教育

通读《邓小平文选》第三卷，使我们强烈地感受到，小平同志针对几十年来"左"的影响所带来的后果，最强调发展生产力、解放生产力、共同富裕，并为此提出了改革、开放等一系列方针、政策；同时，小平同志又最强调坚持四项基本原则，加强思想政治教育，并同资产阶级自由化进行了坚决斗争。不发展和解放生产力，我们只能贫穷，社会主义制度的优越性不能体现，不可能建设有中国特色的社会主义。同样，不坚持四项基本原则，不加强思想政治教育，也不可能建设有中国特色的社会主义。小平同志在讲到坚持两手抓时，指出："广东二十年赶上亚洲'四小龙'，不仅经济要上去，社会秩序、社会风气也要搞好，两个文明建设都要超过他们，这才是有中国特色的社会主义。"

在认识和处理"两个文明"建设的关系上，我们曾走过曲折的道路。十一届三中全会之前的二十年中，坚持以阶级斗争为纲，没有认识到物质文明建设是精神文明建设的基础，"精神文明说到底是从物质文明来的"，忽略了生产力的发展，结果不仅经济停滞不前，而且精神文明建设也受到"左"的影响和干扰，坚持社会主义，只能是一种主观愿望。在全党工作重点转移，一心一意搞经济建设的过程中，又曾经出现过忽视政治思想教育，忽视坚持四项基本原则的失误。两次学潮和两位总书记的更换，都集中反映了这种倾向。小平同志尖锐地指出，十年最大的失误在教育方面。思想政治工作薄弱了，教育发展不够。认为这方面的失误比通货膨胀等问题更大。因为它同样给党和国家造成了严重后果。政治上的"左"和右，表现形态不一，但从认识论根源来看，却有相同的特点，那就是观察和处理事情时的片面性，忽视了物质文明建设和精神文明建设互为依存，相互促进的内在联系，往往单打一。

教育的功能是多方面的。加快教育的发展和改革，不仅对提高全民族的素质，培养各种专门人才，促进生产力的发展具有重要的意义，而且对社会主义的民主、法制建设，对在全社会树立正确的理想、信念和价值观，抵御资本主义和封建主义腐朽思想的侵蚀，坚持四项基本原则，都具有深远的基础性作用。小平同志指出："中国的事情能不能办好，社会主义和改革开放能不能坚持，经济能不能快一点发展起来，国家能不能长治久安，从一定意义上说，关键在人。"发展和改革教育，培养一代又一代有理想、有道德、有文化、守纪律的社会主义建设者和接班人，并在此基础上，在实践中发现和大胆使用德才兼备的优秀人才，把他们选拔到各级党政领导班子中来，这是坚持和发展社会主义的钢铁长城。教育在"两个文明"建设中的重要作用，是很多同志似乎都明白的道理，但在实际工作中，为什么又常常出现"一手硬，一手软"的现象呢？这不仅是因为对教育本身的重要性认识不足，而且是因为没有全面、准确地理解建设有中国特色社会主义的含义，没有处理好"一个中心、两个基本点"的关系。当强调发展生产力，把经济建设搞上去的时候，往往忽视了社会主义精神文明建设。这是我们的思想认识同建设有中国特色社会主义理论的又一个思想差距。

结　束

小平同志指出："忽视教育的领导者，是缺乏远见的、不成熟的领导者，就领导不了现代化建设。"怎样才能更加重视教育，努力作一个有远见的、成熟的领导者呢？综上所述，必须深入学习小平同志著作中所体现的马克思主义立场、观点和方法，从建设有中国特色社会主义这个全局的高度看教育，从发展和解放生产力的高度看教育，从长远、战略的高度看教育，从全面建设社会主义物质文明和精神文明的高度看教育。只有这样，我们的认识才能提高一步。在提高认识的基础上，还必须象小平同志所说的那样，“少讲空话，多干实事”。如果我们在认识上和实际措施上都能到位，虽然不敢说就已经成为一个有远见的、成熟的领导者，至少可以向这个目标迈进一大步。

中共中央关于进一步加强和改进学校德育工作的若干意见

(1994年8月31日)

为适应当前深化改革，扩大开放和加快社会主义现代化建设步伐的新形势的要求，进一步加强和改进学校德育工作，提出以下意见。

(1)以邓小平同志1992年年初重要谈话和党的第十四次代表大会为标志，我国改革开放和社会主义现代化建设事业进入了一个新的发展阶段。青少年是国家和民族的未来，教育和培养好他们，是社会主义建设事业的奠基工程，也是广大人民群众的期望与心愿。现在和今后一、二十年学校培养出来的学生，他们的思想道德和科学文化素质如何，直接关系到21世纪中国的面貌，关系到我国社会主义现代化建设战略目标能否实现，关系到能否坚持党的基本路线一百年不动摇。必须站在历史的高度，以战略的眼光来认识新时期学校德育工作的重要性。

(2)十一届三中全会以来的15年，随着改革开放事业的不断深化，国家政治稳定，经济发展，民族团结，社会进步，人民生活水平不断提高，一派生机勃勃。我国社会主义制度在世界风云变幻的严峻考验下，显示出强大的生命力。改革开放和现代化建设事业为广大青少年的成才和发展展现了广阔的舞台和美好的前景。近年来，在以江泽民同志为核心的党中央领导下，学校德育工作在总结经验的基础上不断探索前进，在全面贯彻教育方针，提高学生思想道德和科学文化素质，培养合格人才，促进学校改革、发展和维护学校、社会稳定方面发挥了积极作用，取得了显著成绩。广大青少年学生拥护党的路线、方针、政策，关注改革开放的进程，希望祖国早日强盛，愿意为社会主义现代化建设事业贡献力量，成才的愿望和学习的自觉性增强，努力适应建立社会主义市场经济体制对人才素质的新要求。这些都是我们因势利导，进一步做好学校德育工作的基础和有利条件。

(3)新形势对学校德育工作提出了更高的要求：在经济体制发生重大变化，以公有制和按劳分配为主体，其他多种经济成分和分配方式并存的条件下，如何坚持社会主义意识形态的主导地位，用马克思列宁主义、毛泽东思想和邓小平同志建设有中国特色社会主义理论教育青少年；在进一步扩大对外开放，学习国外先进科学技术和管理经验的条件下，如何教育青少年正确认识我国国情，继承和发扬中华民族优秀文化传统和中国共产党领导下的革命斗争传统，树立民族自尊、自信、自强、自立的精神；在新旧体制转换过程中还存在各种矛盾，社会生活中还有需要克服的消极现象的情况下，如何引导学生逐步树立正确的世界观、人生观和价值观，培养良好的道德品质；在人民生活水平有了较大改善和提高的情况下，如何培养学生具有自力更生，艰苦奋斗的精神和坚强的意志品质；在科学技术迅速发展，社会主义市场经济体制逐步建立的情况下，如何指导学生在观念、知识、能力、心理素质方面尽快适应新的要求。这些都是学校德育工作需要研究和解决的新课题。加快改革开放和现代化建设步伐，以及教育改革和发展的新形势、新任务，迫切地要求德育工作更好地发挥对青少年学生健康成长和对学校工作的导向、动力、保证作用。

（4）面对新的形势和要求，学校德育工作还很不适应。必须解放思想，实事求是，有紧迫感。要以邓小平同志建设有中国特色社会主义理论为指导，全面贯彻党的教育方针，坚持社会主义办学方向，落实《中国教育改革和发展纲要》，加大改进工作的力度，完善德育体系，积极推进教育教学改革，克服“一手硬，一手软”和忽视德育工作的倾向，努力培养有理想、有道德、有文化、有纪律的献身有中国特色社会主义事业的建设者和接班人。

（5）整体规划学校的德育体系。要遵循青少年学生思想品德形成的规律和社会发展的要求，根据德育工作的总体目标，科学地规划各教育阶段的具体内容、实施途径和方法。学生的“五爱”（爱祖国、爱人民、爱劳动、爱科学、爱社会主义）情感，文明的行为习惯，良好的道德品质和遵纪守法意识，科学的世界观、人生观、价值观，社会主义的理想信念，是一个通过教育逐步形成的过程。各种教育内容的深浅和侧重点，要针对不同年龄及学习阶段的理解和接受能力有所不同，逐步提高。各教育阶段的德育课程、教学大纲、教材、读物，教育和管理方法，学生思想品德表现的评定标准及方式等都要据此加强整体衔接，防止简单重复或脱节。

（6）以邓小平同志建设有中国特色社会主义理论作为学校马克思主义理论教育的中心内容。这是新时期加强和改进学校德育工作的首要任务和根本措施。学校政治理论课和思想品德课是系统地对学生进行马克思主义理论教育和品德教育的主渠道和基本环节，要重点进行教学内容和方法的改革。要向青年学生简明扼要地讲授马克思列宁主义的基本观点，学习毛主席的重要哲学著作，特别是学习邓小平同志建设有中国特色社会主义理论；要从学生思想实际出发，紧密结合改革开放和社会主义现代化建设的丰富实践，回答学生普遍关心的问题；指导学生逐步学会运用辩证唯物主义和历史唯物主义的立场、观点、方法，分析现实社会生活中的政治、经济、文化、道德现象，评价各种社会思潮，确立为建设有中国特色社会主义而奋斗的政治方向。根据当代中国社会政治经济的基本特点和发展变化以及学生的特点，不断改进和完善教学内容体系，编写出相对稳定、具有规范性的教材。要改进考试方法，注重考察学生对所学内容的理解程度和实际接受情况。

（7）深入持久地进行爱国主义、集体主义和社会主义思想教育。爱国主义教育要以中国近、现代史和国情教育为依托，形成贯穿小、中、大学各教育阶段，由浅入深的稳定的教育序列。高等学校和高中阶段要开设时事政策课或讲座，以国内外形势及党和国家重大方针政策为主要内容，对学生进行生动、现实的国情教育。中小学都要有自己特色的进行爱家乡、爱祖国教育的基地和乡土教材。要建立和健全升降国旗、重要集会唱国歌等制度，积极组织缅怀英烈、学习杰出历史人物、参观文化古迹、革命遗址、祖国山川以及新中国建设成就等爱国主义教育活动。要充分运用各种大众传播媒介，形成爱国主义教育的整体气氛。要把增强民族团结，维护祖国统一，列为学校爱国主义教育的重要内容。

要对学生进行以集体主义为核心的价值观教育。要教育学生明确，建立社会主义市场经济体制，仍需要倡导集体主义，正确处理个人、集体、国家之间的利益关系，发扬对国家和人民的奉献精神。要帮助学生正确认识社会上存在的各种消极现象，培养辨别是非善恶的能力。反对拜金主义、享乐主义、极端个人主义。要引导他们接触人民群众，学习人民群众，组织他们参与校内外精神文明建设活动。

要对学生进行坚持党的领导和社会主义道路的教育。青少年成长发展与国家的前途命运息息相关，因而，什么是社会主义，为什么要坚持社会主义，如何建设社会主义，始终是他们关心和思考的深层次问题。要有针对性地对学生深入进行坚持有中国特色社会主义道路和党的基本路线的教育，逐步确立坚定正确的政治方向，自觉维护学校和社会的稳定。

(8)开展中华民族优良道德传统的教育。要认真研究和继承那些在我国历史发展中长期形成的优良道德思想和行为准则，赋予新的时代内容，并编撰成系统的丛书。要把中华民族的优良道德传统和在人民革命及在社会主义建设实践中形成的新道德典范结合起来，并吸收世界上其他国家的先进文明成果，提出有中华民族特色、体现时代精神的价值标准和道德规范，编写适合不同年龄层次学生的教材、读物，拍制影视片，广泛宣传，反复教育，长期熏陶。

(9) 增强适应时代发展、社会进步，以及建立社会主义市场经济体制的新要求和迫切需要的素质教育。要重视培养学生开拓进取、自强自立、艰苦创业的精神；大力加强法制教育特别是宪法的教育；要有计划地进行社会公德和职业道德教育；要在九年义务教育阶段中进一步落实音、体、美课程，并积极在普通高校和高中阶段开设艺术选修课，陶冶情操，提高学生的艺术修养和欣赏水平；要积极开展青春期卫生教育，通过多种方式对不同年龄层次的学生进行心理健康教育和指导，帮助学生提高心理素质，健全人格，增强承受挫折、适应环境的能力。

(10) 德育工作要与关心指导学生的学习、生活相结合，与加强管理相结合。德育工作者要深入到学生中去，通过谈心、咨询等活动，指导他们处理好在学习、成才、择业、交友、健康、生活等方面遇到的矛盾和问题。要加强管理，认真贯彻实施《小学生日常行为规范》、《中学生日常行为规范》和《高等学校学生行为准则》，严格校规校纪，加强良好校风、学风建设。培养学生自我教育、自我管理、自我服务、自我约束的能力。

(11) 进一步发挥全体教职工的育人作用。教师最关键，要认真履行《教师法》规定的教书育人任务，言传身教，为人师表，引导学生德智体全面发展。教育行政部门和学校要加强教师思想政治工作，制定和完善有关制度、政策，采取切实措施调动全体教师的积极性与责任感，鼓励教师担任班主任，落实教书育人工作。学校各项管理工作、服务工作也要明确育人职责，管理育人，服务育人。

(12) 按照不同学科特点，促进各类学科与课程同德育的有机结合。借鉴国外包括发达国家在这方面的经验和做法，在教育改革中积极探索，总结经验，并及时加以规范，形成稳定的机制。高校应积极开设人文、社会科学类选修课程，与马克思主义理论课和思想品德课统筹规划，分工合作。各门课程的建设应体现社会主义的办学方向和全面发展的办学指导思想，教学大纲和教学评估标准要有正确的思想导向。教学主管部门和教研人员要深入教学领域与学生实际，有针对性地发挥教学、科研的德育功能。

(13) 重视校园文化建设。要大力开展学生喜闻乐见的丰富多彩、积极向上的学术、科技、体育、艺术和娱乐活动，建设以社会主义文化和优秀的民族文化为主体、健康生动的校园文化。要努力净化校园环境，抵制消极、腐朽思想的渗透和影响，抑制低俗文化趣味和非理性文化倾向，引导校园文化气氛向健康高雅方向发展。在整个社会精神文明建设中，学校应成为最好的小环境之一，并对大环境的优化做出积极贡献。

(14) 加强实践环节。教育与生产劳动相结合，是坚持社会主义教育方向的一项基本措施。各级各类学校都要把组织学生适当参加一定的物质生产劳动作为一门必修课，列入教学计划，统筹安排，各级教育行政部门要进行具体督促检查。实验、实习课程也要进一步加强，在时间、内容、组织、条件上予以落实和保证。九年义务教育阶段的思想品德课、劳动课要有公益劳动、远足锻炼以及参加社会生活等方面的内容。高中和高等学校要把社会实践纳入教学、教育计划，组织学生参加社会调查、生产劳动、科技文化服务、军政训练、勤工俭学等活动。要加强对社会实践活动的管理和指导，明确教育目的，提高教育实效。对不利于学生身心健康、妨碍学习和校园生活秩序的活动要予以劝阻并制止。

(15) 学校教育、家庭教育、社会教育紧密配合。学校要主动同家长及社会各方面密切合作，使三方面的教育互为补充、形成合力。要通过家长委员会、家长学校、家长接待日等形式同学生家长建立经常联系，大力普及家庭教育知识，吸收家长参加德育过程。建立校外教育网点，使学校德育向校外延伸。要依靠关心下一代协会、社区教育委员会、校外德育辅导员等各种社会性的青少年教育组织和其他社会团体，动员、组织、协调社会各方面力量支持学校做好德育工作。

(16) 完善德育工作管理体制。各级各类学校党组织都要加强对学校思想政治教育工作的领导。不管学校实行何种领导体制，校长都要对学生的德智体全面发展负责；在党委（总支、支部）的统一部署下，学校都要建立和完善校长及行政系统为主实施的德育管理体制。要把德育贯穿在教育的全过程，落实在教学、管理、后勤服务的各个环节上。学校和教育行政部门的机构改革，应注意对德育机构作出合理安排，有所加强。要建立德育工作的评估制度，并把德育工作作为评价一个地区、一所学校的教育教学工作的重要内容。高等学校德育工作应列入“211 工程”评估标准。

(17)推动思想政治教育的科研和学科建设。思想政治教育是一门科学，有其自身的规律。要把思想政治教育作为人文社会科学的重点学科加强建设，把德育重大问题研究项目列入国家教育科学研究规划和国家哲学社会科学研究规划。要培养和造就一批德育专家、教授、特级教师和理论家。

(18) 加强德育队伍建设。要优化队伍结构，建设一支专兼结合、功能互补、信念坚定、业务精湛的德育队伍。各级党委以及教育行政部门和学校都要采取措施，稳定德育骨干队伍，不断补充新生力量。要积极开展各种培训工作，提高队伍素质。要创造条件组织政治理论课教员和德育工作者参加社会实践，接触实际，了解国情，研究改革开放前沿的新情况、新问题。要建立表彰制度，增强德育队伍的事业心和使命感，并使他们的工作得到社会的高度尊重。要完善德育队伍的专业职务系列，为他们解决好专业职务、待遇等方面的问题。要制定政策，保证德育工作骨干能够不断地得到进修提高。积极支持和发展"双肩挑"的制度。

(19) 保证经费投入，改善物质条件。德育是教育事业的重要组成部分，教育行政部门和学校要合理确定德育方面的经费投入科目，列入预算，切实保证。学校要为德育工作提供必要的场所与设备，不断改善条件，优化手段。

(20) 充分发挥学校党组织和工会、共青团、少先队、学生会等组织的作用。党组织应加强自身的组织建设、思想建设以及对德育工作的领导，要求党员教师在教书育人中起模范作用。通过基层党组织以及工会、共青团组织，发动广大教职工做好学校德育工作，特别是教师要发挥以身作则、为人师表的作用。共青团、少先队、学生会应根据各自的特点和任务，开展健康有益的教育活动，把广大学生吸引到自己周围，成为党联系、团结、教育青少年一代的重要纽带。党、团组织应根据青年学生的思想特点和要求，举办业余党校、团校，推动学生的马列主义学习小组的活动，积极发展符合条件的优秀学生骨干入党、入团。

(21) 德育工作是一项社会性的系统工程。宣传、理论、文艺、影视广播、出版、新闻界必须以爱国主义、集体主义和社会主义为主旋律，以科学的理论武装人，以正确的舆论引导人，以高尚的情操塑造人，以优秀的作品鼓舞人。引导青少年追求高尚的道德情操、健康的审美情趣，倡导正确的消费方式和生活方式。一切从事精神产品生产的部门和作家、艺术家，都要满腔热情地为青少年提供有益的精神食粮。政府有关部门要制定必要的政策措施，对非营利性的高雅的严肃的文艺事业予以重点扶植。中宣部、国家教委、文化部、广播电影电视部要定期奖励优秀的青少年教育影视片、读物和歌曲，表彰从事青少年艺术教育做出重要贡献的艺术家。要运用行政的、法律的、经济的以及群众监督等手段加强对文化市场和娱乐场所的管理，制止只顾谋利、无视社会效益的行为。要制定法规，地方的公安、工商和文化管理等部门要依法对学校周边的文化、娱乐、商业经营活动进行监督、严格管理。

(22) 运用法律武器保护青少年健康成长。各级政府要广泛宣传，认真贯彻《未成年人保护法》。公安、司法、检察、工商管理、海关、邮政等有关部门要采取严厉措施，查禁淫秽书刊、音像制品，打击教唆青少年犯罪的活动。教育部门要协助政府做好未成年人保护和防治青少年犯罪的综合治理的协调工作。贯彻执行《未成年人保护法》的情况应作为考评各地政府工作政绩的一项重要内容。

(23)地方各级政府要把优化社区育人环境列入社会主义精神文明建设的计划。每年都要为青少年教育办几件实事。在城镇建设中，要注意兴建科学馆、艺术馆、博物馆、图书馆、体育馆和青少年之家等设施。对已有而被挤占的设施，要做清理。农村要结合当地的精神文明建设，对中小学生进行移风易俗，反对封建迷信的教育。历史、文化、革命传统、爱国主义教育方面的场馆、景点，是对青少年进行德育的重要课堂。各省、自治区、直辖市都要因地制宜确定并重点建设一批德育基地，对学校有组织的参观教育活动免予收费。各级党委和政府要加强领导，把学生参加生产劳动、社会实践纳入社会主义精神文明建设整体工程中加以实施。

(24)学校德育工作要有法制保障。学校德育的地位、任务和主要方针、原则要有权威性和稳定性，必须制定相应的法律法规，以保证教育者、受教育者及社会有关方面共同遵循。社会主义市场经济体制的逐步建立和教育的改革、发展使这种法制建设更为必要和迫切，要把这个问题进一步纳入到整个法制建设中加以解决。

(25)加强各地党委、政府对学校德育工作的领导。地方各级党委和政府的主要领导要抓德育，要定期研究并检查学校德育工作。要进一步发挥地方党委、教育工作部门的作用。各级政府要为学校德育工作在人、财、物等方面创造必要的条件，切实解决学校德育工作中存在的实际困难和问题。教育行政部门要把学校德育工作作为主要业务之一。要完善地方党委、政府和中央国家机关有关部委的领导同志联系学校的制度，定期到学校做形势报告、讲学、与师生座谈、交朋友。各级党委、政府要正确认识和处理好改革、发展和稳定的关系，把维护学校稳定，作为一项长期的重要任务来抓。

党的十一届三中全会以来，中央关于加强和改进学校德育工作陆续下发了《中共中央关于改革学校思想品德和政治理论课教学的通知》、《中共中央关于改进和加强高等学校思想政治工作的决定》、《中共中央关于改革和加强中小学德育工作的通知》，这些文件的基本精神仍要继续认真贯彻执行，情况变化了的，以本文件为准。各级党委、政府和教育部门要检查、总结贯彻落实情况，研究存在的问题，结合本地区、本部门的实际，提出贯彻落实本文件的具体实施办法。

国务院关于《中国教育改革和发展纲要》的实施意见

（1994年7月3日）

《中国教育改革和发展纲要》(以下简称《纲要》)是90年代乃至下世纪初教育改革和发展的蓝图，是建设有中国特色社会主义教育体系的纲领性文件。认真贯彻实施《纲要》，是各级党委和政府的重要职责，是各级教育行政部门和各级各类学校的中心任务。

一、到2000年我国教育发展的目标和任务

（一）《纲要》根据我国社会主义现代化建设的战略部署，确定我国教育事业发展的总目标是：到本世纪末，全民受教育水平有明显提高；城乡劳动者的职前、职后教育有较大发展；各类专门人才的拥有量基本满足现代化建设的需要；形成具有中国特色的、面向21世纪的社会主义教育体系的基本框架。再经过几十年的努力，建立起比较成熟和完善的社会主义教育体系，实现教育的现代化。

（二）到2000年全国基本普及九年义务教育（包括初中阶段的职业教育），即占全国总人口85%的地区普及九年义务教育。初中阶段的入学率达到85%左右，全国小学入学率达到99%以上。

积极创造条件，使残疾儿童与其他儿童同步实施义务教育。大中城市基本满足幼儿接受教育的要求，广大农村积极发展学前一年的教育。

——根据分区规划、分类指导、分步实施的原则，全国不同地区的发展目标和速度可有差异。

约占总人口40%左右的城市及经济发展程度较高的农村，目前初中普及率较高。这类地区1997年前基本普及九年义务教育。

约占总人口40%左右的中等发展程度的农村，目前小学已普及。这类地区2000年前基本普及九年义务教育。

约占总人口15%左右的经济发展程度较低的农村，其中占总人口5%左右的地区，小学教育基础较好，到2000年基本普及九年义务教育；其余占总人口10%的地区重点普及五—六年小学教育。

约占总人口5%左右的特别贫困地区，要普及三—四年小学教育。

——从各地实际出发，初中办学模式要多样化。农村尤其是经济发展程度较低的地区，初中应适时注入适合本地需要的职业教育内容；也可以在初中教育的一定阶段，实行普通教育与职业教育分流；有的地区可试办职业初中。贫困地区还可采取正规教育和非正规教育相结合的方式，普及初中阶段教育。

——各省、自治区、直辖市要制定落实到县、乡的普及九年义务教育的分阶段规划，组织落实，并且按国家教委发布的《普及九年义务教育评估验收办法》，在县（市、区）自查的基础上，负责检查验收。要建立地方各级政府每年向上级政府和同级人大报告实施义务教育情况的制度，国家教委每年公布各地验收情况。要强化各级教育督导机构及其职能，负责对义务教育实施和验收的监督、检查。本世纪末，国家教委要会同国家统计局进行全国义务教育普查。

(三)大城市市区和有条件的沿海经济发展程度较高地区要在普及九年义务教育的基础上，积极普及高中阶段教育（包括普通高中和高中阶段的职业教育）。普通高中可根据各地的需要和可能适量发展。到2000年普通高中在校生要达到850万人左右。每个县要面向全县重点办好一两所中学。全国重点建设1000所左右实验性、示范性的高中。

(四)有计划地实行小学后、初中后、高中后三级分流，大力发展职业教育，逐步形成初等、中等、高等职业教育和普通教育共同发展、相互衔接、比例合理的教育系列。

——在九年义务教育尚未和一时难以普及的地区，进行小学后的分流，发展初等职业教育。

——大部分地区以初中后分流为主，大力发展中等职业教育，逐步做到50—70%的初中毕业生进入中等职业学校或职业培训中心。到2000年各类中等职业学校年招生数和在校生数占高中阶段学生数的比例，全国平均保持在60%左右；普及高中阶段教育的城市可达到70%。

——积极发展多样化的高中后职业教育和培训。通过改革现有高等专科学校、职业大学和成人高校以及举办灵活多样的高等职业班等途径，积极发展高等职业教育。

——职业教育的培养目标应以培养社会大量需要的具有一定专业技能的熟练劳动者和各种实用人才为主。当前要特别注意培养发展社会主义市场经济急需的财会、税务、金融等各类人才。对所有接受职业学校教育的学生，应根据本人的条件和可能，给予多种形式的继续学习深造的机会。

——大力开展多种形式的职业培训。认真实行“先培训、后就业”、“先培训、后上岗”的制度，使城乡新增劳动力上岗前都能受到必需的职业训练。在全社会实行学历文凭和职业资格证书并重的制度。

——全国中心城市和每个县首先重点建设一两所适合本地区发展特点的、综合性的中等骨干职业学校或培训中心，同大量形式多样的短期培训相结合，形成职业教育的网络。全国逐步建成约2000所重点中等职业学校或培训中心。

——大、中城市和经济发展程度较高的农村应积极发展残疾人高、中级职业教育。要鼓励社会力量和个人兴办残疾人职业培训机构，对残疾人进行以实用技术为主要内容的中、短期培训。全国逐步建成30所省级残疾人职业教育中心。

(五)高等教育要走内涵发展为主的道路，使规模更加适当，结构更加合理，质量和效益明显提高。

——到2000年全国普通高等学校和成人高等学校本专科在校生达到630万人左右，其中本科生180万人，专科生450万人。18—21岁学龄人口入学率将上升到8%左右。

——不同类型不同层次的高等学校应有

不同的发展目标和重点，办出各自的特色。各类大专层次的高等教育应适当扩大规模，注意充分利用电视、广播、函授等办学形式，为广大农村、乡镇企业以及中小型企业生产第一线培养人才。本科教育要把重点放在提高质量上，硕士生、博士生的培养基本上要立足于国内。在培养基础学科人才的同时，要重视培养社会主义建设急需的高层次应用型和复合型人才。

——实施“211 工程”。面向 21 世纪，分期分批重点建设 100 所左右的高等学校和一批重点学科，使其到 2000 年在教育质量、科学研究、管理水平及办学效益等方面有较大提高，在教育改革方面有明显进展。争取有若干所高等学校在 21 世纪初接近或达到国际一流大学的学术水平。

——进一步发挥高等学校在我国科学技术工作中的重要作用。高校科学技术工作，应面向社会主义现代化建设，同培养人才相结合。大力组织科技攻关，开展技术开发、推广应用和咨询服务，有计划有重点地发展科技产业，使科技成果尽快转化为现实生产力；努力加强基础性研究和高技术研究。到本世纪末建成 100 个左右国家级的基础研究基地和工程（技术）研究中心。高校哲学社会科学研究工作，应以马克思主义、毛泽东思想和邓小平建设有中国特色社会主义的理论为指导，研究和解决社会主义现代化建设中的重大理论和实际问题，为建设有中国特色的社会主义作出贡献，成立并努力办好教育系统建设有中国特色社会主义理论研究中心。

（六）大力发展以扫盲和岗位培训及继续教育为重点的成人教育。

——到 2000 年全国基本扫除青壮年文盲，使青壮年的非文盲率达到 95％左右。国务院决定成立全国扫盲工作部际协调机构，统筹指导扫盲工作。

——各行业都要建立从业人员在岗和转岗的培训制度，积极开展岗位培训。城市和农村每年都应有一定比例的从业人员接受多种形式的岗位培训。到 2000 年全国多数乡和村都应办起能常年开展培训活动的农民文化技术学校。把文化知识教育和职业教育结合起来。

——成人学历教育应向多样性、职业性方向发展。各类成人学校要加强同普通学校、职业学校的联系与合作，提高办学效益，努力办出成人教育特色。要充分利用各种远距离教学形式为中小城市、乡镇企业、农村以及边远和经济发展程度较低地区服务。要完善自学考试制度，鼓励自学成才。

——大力加强在职干部的培养提高和继续教育工作。要以高等学校为依托，充分调动社会各方面的积极性，逐步建立规范化的继续教育制度，努力为各行各业培养造就大批适应我国社会主义市场经济和社会发展要求的骨干人才。

（七）重视和发展少数民族教育事业。中央和地方政府在教育经费和师资培训以及世界银行贷款等方面要对少数民族教育采取特殊的倾斜政策。继续认真组织和落实内地省、市对民族地区教育的对口支援。认真办好高等学校的少数民族预科教育和本专科民族班教育。加强对少数民族干部的培训。各民族地区要积极探索符合当地实际的发展教育的路子。

（八）积极发展广播电视教育和学校电化教育，推广运用现代化教学手段。到 2000 年基本建成全国电教网络，全国 70％左右的县要建立起教育电视台（收转台），70％左右乡镇中心小学以上的学校和少数民族寄宿制学校要能够直接收看教育电视节目。

(九)进一步加强国际教育交流与合作，扩大教育对外开放，吸收与借鉴世界各国发展教育的成功经验和人类科学文化成果。积极开拓对外交流渠道，争取对我国发展教育的资助与合作项目，支持和发展学校和科研机构的国际学术交流与合作。继续扩大派遣自费留学生，对公费派遣留学人员要优先考虑国家的重点学科、建设项目人才培养的需要，切实改进选拔和管理工作。对留学人员继续实行“支持留学，鼓励回国，来去自由”的政策，鼓励他们学成回国或采取多种形式为祖国服务。改革来华留学生的招生和管理办法。建立国家留学基金管理委员会，使来华与出国留学生的招生、选拔和管理工作走上法制化轨道。

(十)我国教育事业的发展还要着眼于大力提高质量和效益。

——按照邓小平同志提出的“教育要面向现代化、面向世界、面向未来”的要求和教育方针，研究制定各级各类学校的基本办学条件标准和质量标准，建立和完善教育监测评估和督导制度，使受教育者的素质有明显提高，更好地适应经济建设和社会发展的需要。

——加强教育发展的统筹规划，合理调整教育结构和布局；积极推进高等学校之间、中等职业学校之间的联合和协作，实行资源共享、优势互补、精简机构、减少冗员、提高生师比，充分发挥现有学校教师和校舍、仪器设备、图书资料等方面的潜力，提高学校的规模效益和办学效益。到2000年学校平均规模，本科院校达到3500人以上，专科学校达到2000人以上，中专学校达到1000人以上，技工学校达到500人以上，职业高中达到600人以上，力争到本世纪末在实现我国教育的高效益方面有更大进展。

二、深化教育改革的任务和政策措施

(十一)《纲要》提出，随着经济体制、政治体制和科技体制改革的深化，教育体制改革要采取综合配套、分步推进的方针，初步建立起与社会主义市场经济体制和政治体制、科技体制改革相适应的教育新体制。通过深化教育改革，促进教育事业发展，提高教育质量和办学效益，多出人才，出好人才，更好地为社会主义现代化建设服务。

(十二)加快办学体制改革，进一步改变政府包揽办学的状况，形成政府办学为主与社会各界参与办学相结合的新体制。

——基础教育主要由政府办学，同时鼓励企事业单位和其他社会力量按国家的法律和政策多渠道、多形式办学。有条件的地方，也可实行“民办公助”、“公办民助”等形式。企业举办的中小学继续办好，有条件的地方在政府统筹下也可以逐步交给社会来办。

——职业教育和成人教育应面向社会需要，在政府统筹管理下，主要依靠行业、企事业单位、社会团体和公民个人举办，鼓励社会各方面联合举办。政府通过专项补助和长期贷款等形式给予必要的扶持。职业学校要走产教结合的路子，更多地利用贷款发展校办产业，增强学校自身发展的能力。要建立和完善现代企业教育制度。通过立法，明确企业举办职业教育以及对在职职工进行岗位培训和继续教育的责任。

——普通高等学校实行以政府办学为主，积极发展多种形式的联合办学。某些科类的高等学校可以试行以学生缴费和社会集资为主，国家财政补助为辅的办学模式。社会各界办学应以职业学校为主。

——国家欢迎港、澳、台同胞，海外侨胞和外国友好机构和人士按照我国法律和教育法规，来华捐资办学或合作办学。

（十三）深化中等及中等以下教育体制改革，完善分级办学、分级管理体制。

——基础教育实行在国家宏观指导下主要由地方负责、分级管理体制。国家负责制订有关基础教育的法规、方针、政策及总体发展规划、基本学制、课程设置和课程标准；设立用于贫困地区、民族地区、师范教育的专项补助基金；对省级教育工作进行监督、指导等。省级政府负责本地区基础教育的实施工作，包括制订本地区基础教育发展规划，确定教学计划、选用教材和审定省编教材；组织对本地区基础教育的评估、验收；建立用于补助贫困地区、少数民族地区的专项基金，对县级财政教育事业费有困难的地区给予补助等。地、市政府根据中央和省级政府制定的法规、方针、政策，对本地区实施义务教育进行统筹和指导。县级政府在组织义务教育的实施方面负有主要责任，包括统筹管理教育经费，调配和管理中小学校长、教师，指导中小学教育教学工作等。乡级政府负责落实义务教育的具体工作，包括保障适龄儿童、少年按时入学。有条件的经济发展程度较高的地区，义务教育经费可仍由县、乡共管，充分发挥乡财政的作用。

——中等和中等以下职业教育和成人教育要进一步理顺管理体制。中央和地方教育行政部门对职业教育和成人教育负有统筹、协调和宏观管理的责任。要规范各类职业学校的学制，相同水平的各类职业学校的毕业生在就业和待遇上应大体一致。以进行学历教育为主的职业学校和成人学校，原则上由各级教育部门进行管理。职业培训和在职的岗位培训工作，原则上由各级劳动、人事部门和有关业务部门进行管理。

——继续大力推进农村、城市和企业的教育综合改革。积极实施燎原计划，认真做好推广农村教育综合改革实验县和燎原计划示范乡工作，促进“农科教”结合和“三教统筹”。国家教委和各省、自治区、直辖市教育部门都要重点抓好一批综合改革的试验典型。

（十四）深化高等教育体制改革，建立政府宏观管理、学校面向社会自主办学的体制。

——通过立法，明确高等学校的权利和义务，扩大学校的办学自主权，使学校真正成为面向社会自主办学的法人单位。学校在政府宏观管理下，自主组织实施教学、科研工作及相应的人、财、物配置，包括制定年度招生方案、自主调节系科招生比例、调整或扩大专业范围、确定学校内部机构设置、决定教职工聘任与奖惩、经费筹集和使用、津贴发放以及国际交流等。同时要深化学校内部管理体制改革，通过学校内部机构、人事制度、分配制度和后勤管理改革，进一步调动教职工的积极性，促进高等学校建立和完善面向社会自主办学和自我约束的机制。

——政府要切实转变职能，改善对学校的宏观管理。政府的主要职能是：制订教育的方针、政策和法规；制订各类高等学校设置标准和学位标准；制订教育事业发展规划和审批年度招生计划；提出教育经费预算并统筹安排和管理以及通过建立基金制等方式，发挥拨款机制的宏观调控作用；逐步建立支持教育改革和发展的服务体系；组织对各类学校教育质量的检查和评估等，对学校进行宏观管理。属于学校的权限，坚决下放给学校。为保证政府职能的转变，使重大决策经过科学的研究和论证，要建立健全社会中介组织，包括教育决策咨询研究机构、高等学校设置和学位评议与咨询机构、教育评估机构、教育考试机构、资格证书机构等，发挥社会各界参与教育决策和管理的作用。

——高等教育逐步实行中央和省、自治区、直辖市两级管理，以省级政府为主的体制。认真贯彻落实国务院关于《高等教育管理职责暂行规定》中有关中央和地方对高等教育的管理权限。逐步扩大省级政府的教育决策权和统筹权：（1）随着中央业务部门管理的部分高等学校转由省级政府管理或实行联合办学，省级政府应对这些学校连同省属高校，进行统筹，合理布局，对学校和专业设置在自愿和充分协商的基础上进行必要的调整。（2）有条件的经济发展程度较高地区的中心城市办学，由中央和省两级政府统筹。(3) 现阶段仍由国家教委审批高等学校的设置，同时，积极做好高等专科学校和高等职业学校审批权下放的试点工作。

从长远看，中央业务部门除继续办好少量行业特点明显、有特殊需要的高等学校外，应逐步把主要精力放到预测行业人力需求、制订行业岗位规范和岗位资格证书制度、设立奖学金和贷学金、引导培养本行业紧缺人才、组织和参与评估监督、协助国家教委对本行业教育的发展与改革进行指导等方面上。

（十五）逐步改变高等学校条块分割、“小而全”的状况，优化高等教育的结构与布局，提高办学效益。

——中央各部门所属高等学校要扩大服务面和经费来源渠道，加强与地方政府、企业及社会各界的合作与联系，改变单一的办学模式和单一的经费来源状况，增强学校适应社会多方面需求的能力。部门所属学校的管理体制要分别不同情况，采取中央部门办、中央和地方政府联合办、地方政府办、企业集团参与管理、学校之间的联合或合并等不同办法，进行改革。这项改革牵动面比较大，要从实际出发，采取积极而又审慎的态度和相应的配套措施，通过试点，总结经验，逐步展开。要防止一哄而起，搞形式主义，更要注意不能使学校的投入和教学工作受到削弱。

为推进部门所属院校管理体制改革，加快探索部门所属院校由各省、自治区、直辖市政府领导或实行中央部委和各省、自治区、直辖市政府之间多种形式的联合办学，拟成立部门院校体制改革协调小组，加强对这项工作的指导并协调解决改革中出现的各种实际问题。中央各有关部委要继续加强对所属高校的支持和领导。从 1994 年起，选择若干类型学校进行部属院校管理体制改革的试点，1997 年条件成熟的学校进入新体制运行，争取到 2000 年或稍长一点时间基本形成以省级政府为主办学与管理的条块结合的新体制的框架。

——实行全国和地方（大区、省、中心城市）分层统筹规划，通过必要的政策导向和社会需求的调节机制，促进国家教委所属院校、中央业务部门所属院校、地方所属院校之间以及地方院校之间的联合，鼓励普通高等学校和成人高等学校之间的联合与协作，合理调整高等教育布局。

——改变目前高等学校封闭办学的状况，提倡校与校之间有条件地教师相互兼课，充分发挥学校仪器设备、图书资料和校舍的利用率。在研究生培养规模较大的高等学校，逐步实行研究生兼助教的制度并通过实行学分制等各项改革，逐步减少住读生，增加走读生，推进生活服务的社会化，提高办学效益。

（十六）积极推进高等学校和中等专业学校、技工学校的招生收费改革和毕业生就业制度的改革，逐步实行学生缴费上学，大多数毕业生自主择业的制度。1997年大多数学校按新制度运作，2000年基本实现新旧体制转轨。

——改革招生计划体制。在现阶段实行国家任务计划与调节性计划相结合的体制。在人才市场、劳动力市场比较完善，全面实行缴费上学制度后，学校可根据社会需求和办学条件自行调整招生规模。国家通过制订学校设置及学位和学历证书的基本标准、审核办学条件、教学评估、拨款以及有关部门发布毕业生就业状况和人才供求信息等手段，调控招生总规模和专业结构。

——学生实行缴费上学制度。缴费标准由教育行政主管部门按生均培养成本的一定比例和社会及学生家长承受能力因地、因校（或专业）确定。原则上同一学校（或专业）实行同一种收费标准。不应以收取高额学费而降低录取标准。国家建立各种专项奖学金或定向奖学金，奖励品学兼优的学生和报考国家重点保证的某些学科、师范院校及特殊的、条件艰苦的专业和志愿到边远地区工作的学生。急需毕业生的部门、地区或企事业单位也可设立专项奖学金或定向奖学金。国家对家庭经济困难的学生设立贷学金。学生缴费上学制度改革尚在试行阶段，只适用于新入学的学生，原来已在校的学生仍实行老办法。

——高等学校和中等专业学校、技工学校的毕业生，近期内除委托、定向培养生和自费生外，实行在国家宏观指导下，学校与用人单位供需见面和一定范围内双向选择的制度。在人才市场、劳动力市场比较完善，全面实行缴费上学制度之后，除享受国家和单位专项或定向奖学金的学生按合同就业外，其余学生在国家政策指导下进入劳动力市场自主择业。为保证艰苦地区和行业、国家重点单位的人才需求，除实行上述专项或定向奖学金和贷学金制度外，国家还要通过工资政策、规定服务期限等政策措施进行宏观调控。各地区和学校要在调查研究的基础上周密制定实施这项改革的方案，要加强宣传和思想工作。

（十七）加强教育法制建设，依法治教。加快教育立法步伐，抓紧制定《教育法》、《职业教育法》和《高等教育法》等一批教育法律和行政法规。各地也要从实际出发，制定和完善有关的地方教育法规，逐步形成分层次的教育法规体系。各级政府要带头执法，要建立和加强执法监督制度。

（十八）认真贯彻教育方针，深入进行教学改革，努力提高教育质量。

要进一步转变教育思想，改革教学内容和教学方法，克服学校教育不同程度存在的脱离经济建设和社会发展需要的现象。基础教育应把重点放在提高儿童和青少年的思想道德水平、文化科学知识、劳动技能和身体、心理素质上来。要通过深化教学改革以及推进小学毕业生就近入学、初中毕业生升学考试、高中会考和高考制度等改革，切实减轻学生过重的学习负担，使学生在德、智、体等方面生动活泼地得到发展，为将来进入社会和继续学习打下良好的坚实基础。职业教育要注重职业道德和实际能力的培养，努力造就一批能够适应社会主义市场经济发展需要、能够跻身于国际市场激烈竞争的、具有良好素质的新一代熟练劳动者和生产第一线的建设者。高等教育要重点发展应用性学科和专业，适度发展新兴学科、边缘交叉学科，稳定和提高基础学科；要努力培养高层次复合型人才；要特别重视培养农村和乡镇企业需要的各种人才，开拓人才通向农村的途径。采取与实际工作部门以及境外机构和个人联合培训、研修等措施，努力培养适应社会主义市场经济急需的管理人员和教学、研究人员。要合理调整系科和专业设置，拓宽专业面，优化课程结构，改革课程内容和教学方法，加强教材建设，注重素质和能力的培养，增强学生对社会需要的适应性。逐步实行学分制，在确定必修课的同时，设立和增加选修课，拓宽学生的知识视野，激发学生学习的主动性和创造性。建立合理的淘汰制和优秀学生奖励制等教育教学制度，大面积提高教育质量。

（十九）切实加强党对教育工作的领导，大力加强和改进德育工作。要组织师生认真学习马列主义、毛泽东思想，特别是邓小平同志建设有中国特色社会主义的理论。进一步加强党的基本路线教育和爱国主义、集体主义、社会主义思想教育，进行中国历史特别是近代史、现代史教育和国情教育、法制教育，进行中华民族传统美德和革命传统教育，培养和造就德、智、体全面发展的“四有”新人。

要遵循青少年和儿童思想品德形成发展的规律和社会发展的要求，科学地规划大、中、小学德育的目标、内容和实施途径，加强整体衔接。对中小学生重点进行文明礼貌、遵纪守法、公民义务和基本道德规范教育。对中学高年级和大学的学生要简明扼要地讲授马克思主义的基本观点，组织学生认真学习毛泽东同志的重要哲学著作，特别是学习邓小平同志建设有中国特色的社会主义理论。中小学的美育（包括音乐、美术和劳作等）对全面提高学生素质、陶冶学生情操、培养全面发展的人才具有重要作用，应该切实加强。要加强学校党的建设，发挥学校党组织的政治核心作用和党员的先锋模范作用，建立和完善校长负责德育实施的管理体制。要加强德育队伍建设，不断提高队伍素质，同时，要从政策和制度上保证“教书育人、管理育人、服务育人”的落实。广大教师和教育工作者要发扬敬业奉献精神，以身作则，为人师表。要加强德育的实践环节，大力推进校园文化建设。要广泛动员社会力量参与学校教育，通过各种途径，关心和保护青少年的健康成长，形成学校教育、社会教育、家庭教育更加紧密结合的新格局。

（二十）各级各类学校都要进一步贯彻教育与生产劳动相结合的方针，采取多种形式促进学校教育与社会的紧密结合。要把劳动教育列入教学计划，逐步做到制度化、系列化。社会各方面要积极为学校进行劳动教育提供场所。

进一步加强学校体育、卫生工作，把促进学生身心健康成长作为教学改革的重要任务。认真贯彻落实《学校体育工作条例》、《学校卫生工作条例》等有关学校体育、卫生工作的规定。各级政府要把学校体育、卫生工作状况列为各级教育督导的内容之一。

（二十一）加快劳动、人事、工资制度与教育体制的配套改革，把人才的培养与合理使用更好地结合起来。

逐步建立学历文凭和职业资格两种证书

制度，组建职业资格委员会，制定各种职业的岗位规范和录用标准。采取公开招聘、公平竞争、考核录用的办法，使高等学校和中等职业学校毕业生公开、公平竞争就业。要不拘一格选拔人才，打破人才部门和地区所有的状态，促进人才合理流动，并对某些艰苦行业和边远贫困地区实行必要的人才保护政策，建立就业指导、职业介绍等中介机构，为毕业生就业提供服务，运用工资待遇等杠杆调节劳动力的供求和人才的流向。

三、增加教育投入，加强教师队伍建设

(二十二) 国家财政对教育的拨款，是教育经费的主渠道，必须予以保证。各级政府要树立教育投资是战略性投资的观念，合理调整投资结构，在安排财政预算时，优先保证教育的需求并切实做到《纲要》提出的"三个增长"。

——《纲要》提出，到本世纪末，国家财政性教育经费支出占国民生产总值的比重应达到4%，国务院有关部门要制定相应的政策措施和实施步骤，认真加以落实。关于各级财政支出中教育经费所占的比例，财政部要会同国家教委，根据财税体制改革后财政计算口径的变化，尽快提出中央财政和省财政中教育经费应占的比例，切实保证教育拨款实际上有较大幅度的增长。

——应制定并颁布《实施义务教育投入条例》，明确规定各级政府要采取有力措施，保证和不断增加对义务教育的投入。农村实施义务教育各类学校公办教师的工资，一般由县级财政负责支付，经济发达的农村，也可以由乡级财政负责支付。民办教师工资，属政府支付部分，由县级财政负责；乡筹部分，在征收的教育费附加中支付；实施义务教育各类学校年生均公用经费定额，由省级政府制定标准，由县级财政（经济富裕地区亦可由乡级财政）负责拨款；城乡实施义务教育的学校新建、改建、扩建和危房改造所需资金，由各级政府列入基本建设投资计划；中央和地方县级以上各级人民政府都应设立和增加对边远、贫困地区实施义务教育的专项经费。中央财政对边远、贫困地区义务教育及有关的师范教育等专项扶助经费，从今年开始由现在的2亿多元要逐年有较大幅度提高，尽快在两三年内达到每年不少于10亿元。地方县级以上各级财政预算也应作出相应安排并应采取有效的监控措施，保证专款专用。

——为实施"211工程"，需要设立专项基金。这项经费中央和地方、部门要作统筹安排。1994年中央财政拨出3亿元专款，作为启动资金，以后逐年增加。省级政府和其他有关中央部门也要根据实际需要，作出安排。

——为切实保证高等学校和中等以上职业学校生均公用经费逐年有所增长，中央各部门及省级人民政府应按国家有关规定制定本部门、本地区各类学校公用经费标准，据此执行和考核。

——为实现事权与财权的统一，要进一步改革教育经费管理体制，教育经费实行预算单列并由各级教育行政部门提出年度计划的建议，报同级财政部门，由同级政府列入预算，批准后认真实施。

——加强对各级政府教育投入水平的监控。从1994年开始，国家教委会同国家统计局对全国和各省、自治区、直辖市教育经费执行情况予以公布，加强社会监控。各级政府应定期向同级人民代表大会专题报告教育预算执行情况，接受监督考核。

（二十三）适应财税体制的改革，进一步改革教育费附加征收办法。城乡教育费附加按增值税、营业税、消费税的3%征收。农村不缴纳增值税、营业税、消费税的乡镇企业和个体企业教育费附加的征收办法，由各省、自治区、直辖市政府确定。农民按人均纯收入的1.5%—2%征收（包括在农民负担的5%之内）教育费附加，具体比例由各地方从当地实际出发作出规定，由税务部门负责征收。教育费附加主要用于农村民办教师补贴和补充学校公用经费，不能扣减，更不得挪用甚至取消。各地对此都要建立严格而有效的监督检查制度。除足额征收国家规定的教育费附加外，地方政府可根据国家有关法律和实际需要与可能，决定开征其他用于教育的地方附加费，专款必须专用。

（二十四）多渠道筹措教育经费。

——国家支持学校发展校办产业，对包括各类职业学校在内的校办产业仍继续实行减免税政策。国家对校办产业的政策性低息贷款将逐年增加。

——建立教育银行，运用金融手段扩大教育资金来源。

——继续鼓励厂矿企业、社会力量以及海内外各界人士捐资助学和农村集资办学。对教育事业的捐资，依照有关法律、法规的规定，从应纳税的所得中予以扣除。农村集资主要用于农村学校危房改造、修缮和新建校舍以及教学基本条件的改善。教育方面除此之外的乱集资必须严格禁止。农村教育集资的审批权放在县一级。各类学校不得以任何名目乱收费，社会也不得向学校乱摊派。

（二十五）认真贯彻执行《教师法》，加强教师队伍建设，提高教师的思想、业务素质和教学水平，建设一支具有良好政治业务素质、热爱教育事业、结构合理、相对稳定的教师队伍。

——要有计划地对中小学的校长、教师进行培训。到本世纪末，使95%以上的小学教师和80%以上的初中教师达到国家规定的合格学历标准。有条件的经济发展程度较高的地区要逐步提高中、小学教师的学历层次。各级政府要采取特殊政策大力办好师范教育，鼓励优秀学生报考师范院校，鼓励师范院校毕业生乐于从教。同时要积极鼓励和吸引更多的非师范院校优秀大学毕业生到中小学任教。为了加强对中小学教师教学工作的管理，提高校长的领导水平，要制订中小学校长岗位规范，实施“百万校长培训计划”，争取1997年左右在全国实行中小学校长持证上岗制度。

——高等学校要加强教师的继续教育，提高教师队伍的整体素质，平稳实现90年代教师队伍的新老交替。为了提高教师的教学和学术水平，有条件的高等学校可对教学任务较重的副教授以上教师实行学术休假制度。大力培养中青年骨干教师，重视从国内外吸引优秀人才充实教师队伍，积极实施“跨世纪人才工程”，造就一支跨世纪的学科带头人队伍。应用学科应逐步做到新增教师都具有一定的本专业的实践经验，大力提倡高校教师与企业、研究院（所）和实际工作部门的专家进行交流。

——结合职业教育的特点，制订职业学校教师资格标准。到2000年使中专学校教师基本达到任职资格标准，职业中学、技工学校60%以上的教师达到任职资格标准。积极聘任企业工程技术、管理人员和能工巧匠任兼职教师。职业学校专业技能教师可实行教师职称和专业技术职称双职称制。有关高等学校要积极承担培养职业学校师资的任务，有条件的可单独举办师资班，对口招收中等职业学校毕业生。

——各级教育部门和学校都要采取有效措施，认真加强对教师的思想政治工作，充分发挥教师中党、团组织和工会的作用，努力提高教师的政治思想觉悟和道德水平。

（二十六）提高教师的待遇和社会地位。

——保证实现《教师法》和《纲要》所规定的教师工资待遇的目标，使教师的平均工资水平不低于或者高于国家公务员平均工资水平。要建立有效机制，决不允许拖欠教师工资，人事、财政部门应制订相应的提高教师工资的规划和计划。各地区、各部门在国家规定的政策内可根据实际情况，具体制订教师的津贴标准和范围。要采取特殊措施较大幅度地改善优秀骨干教师的待遇。要采取措施提高民办教师待遇，逐步做到民办教师与公办教师同工同酬。今后不再增加新的民办教师。现有合格的民办教师经考核认定资格后逐步转为公办教师，不合格的要予以调整。国家计委、人事部及各地要作出规划，分年度实施，争取到本世纪末基本解决民办教师问题。

——改善教师住房条件。各级政府应继续贯彻执行国务院办公厅［1992］52号文件精神，重视教职工的住房建设，把城镇教师住宅建设纳入城市建设总体规划和“康居工程”计划，对教师住房采取优先优惠政策，尽快使城镇教职工家庭人均住房面积达到或超过当地居民的平均水平。

——切实解决教师尤其是农村教师看病难、报销难的问题。按规定享受公费医疗的教师要同当地国家分务员享受同等医疗待遇。

——各级领导必须进一步确立依靠广大教职工特别是教师办好学校的思想，充分调动教师的积极性和创造性，提高他们的社会地位。各级政府要制订表彰、奖励优秀教师和优秀教育工作者的规定和办法，通过舆论宣传以及搞好每年一度的教师节活动等多种途径，促进全社会进一步形成尊师重教的良好风气。

四、落实教育优先发展的战略地位，加强党和政府对教育工作的领导

（二十七）贯彻实施《纲要》的关键，是各级党委和政府切实把教育摆在优先发展的战略地位并在实际工作中认真加以落实。

各级党、政主要领导都应亲自抓教育，要象抓好经济工作那样抓好教育工作，把教育列入党和政府工作的重要议事日程。

各级政府应将教育发展列入本地区经济和社会发展规划，将各类学校建设纳入地区市政建设和乡村建设规划，在部署、检查、总结年度工作时把教育工作作为一项重要内容。各级政府要就教育发展和改革情况每年向同级人民代表大会作出报告。

把重视教育，保证必要的教育投入，为教育办实事，列为各级领导干部的任期目标责任制和考核政绩的重要内容。

要动员和组织全社会关心和保护青少年和儿童的健康成长，创造良好的育人环境。各级领导干部应经常深入学校，与师生座谈，了解情况，研究和解决问题，定期向师生作形势报告。

各地应认真总结推广本地区落实教育战略地位，实施《纲要》的经验，相互交流。

（二十八）切实加强领导，认真组织好《纲要》的“施工”。贯彻落实《纲要》，是90年代我国教育事业和整个社会主义现代化建设的一件大事，也是一项十分复杂、艰巨的社会系统工程。各级党委和政府、教育行政部门、各级各类学校要把认真学习邓小平建设有中国特色社会主义理论、《中共中央关于建立社会主义市场经济体制若干问题的决定》和认真落实《纲要》结合起来，进一步解放思想，从实际出发，大力开展调查研究并积极支持教育科学研究特别是教育决策咨询研究，促进教育决策的科学化，制定本地区、本部门和学校实施《纲要》的具体规划和措施，分阶段、分步骤组织实施，进一步推进教育事业的改革和发展。

1994年全国教育工作会议

1994年6月14日至17日，党中央、国务院在北京召开全国教育工作会议。这次会议主要任务是：以邓小平同志建设有中国特色社会主义理论和党的基本路线为指导，贯彻党的十四大和十四届三中全会精神，为了实现我国九十年代国民经济“翻两番”的奋斗目标，加快建立社会主义市场经济体制和现代化建设步伐，动员全党全社会认真实施《中国教育改革和发展纲要》，全面落实教育优先发展的战略地位，为推动社会主义现代化建设目标的实现而奋斗。

为了开好这次会议，在国务院的直接领导下，国家教委进行了认真细致的筹备工作。组成专门班子，在广泛调查研究的基础上，为会议准备了《关于〈中国教育改革和发展纲要〉的实施意见》(征求意见稿)、《关于加强和改进学校德育工作的若干意见》(讨论稿)和《教育法(草案)》等三个文件，并就教育工作分别向党中央和国务院报送了汇报提纲。党中央、国务院对这次会议给予了高度重视。4月8日，李鹏总理主持召开总理办公会议，听取国家教委关于会议筹备工作情况的汇报。5月12日，江泽民总书记主持召开中央政治局常委会议，进一步听取国家教委关于会议筹备工作情况的汇报以及《〈纲要〉实施意见》的说明。这两次会议原则同意国家教委的汇报内容和为会议所做的准备工作，并对教育的改革和发展作出了许多重要指示。

1994年6月14日上午9时，全国教育工作会议开幕式在人民大会堂小礼堂隆重举行。党和国家领导人江泽民、李鹏、李瑞环、朱镕基、胡锦涛、李岚清、李铁映、邹家华、陈希同、钱其琛、费孝通、孙起孟、雷洁琼、铁木尔·达瓦买提、宋健、李贵鲜、司马义·艾买提、胡绳、钱正英等出席了开幕式。参加会议的代表有各省、自治区、直辖市及计划单列市的党委书记或省长(自治区主席、市长)、主管教育的党政领导、教育行政部门负责人、中央和国家机关有关部门的负责人等共计250多人。会前，党和国家领导人同与会代表合影留念。

在会议的开幕式上，江泽民总书记发表了重要讲话，李鹏总理代表党中央、国务院作了题为《动员起来，为实施〈中国教育改革和发展纲要〉而努力》的主题报告。会议期间，朱镕基副总理向与会代表作了经济形势的报告。6月17日举行会议闭幕式，由中央政治局委员、书记处书记丁关根主持，李岚清副总理作大会总结。

江泽民总书记在讲话中谆谆告诫全党，“在整个社会主义现代化建设的过程中，教育优先发展的战略地位必须始终坚持，不能动摇。如果我们现在不是这样来认识教育问题，就会丧失时机，贻误大事，就要犯历史性的错误”。他同时要求，“要把重视人才培养、保证教育投入、为教育办实事，作为各级党政领导干部任期目标责任制的重要内容和政绩考核的重要标准”。李鹏总理在报告中，对我国教育的发展目标、改革思路和教育的保障措施等方面都作出了重要指示，并突出强调各级党委和政府要切实落实教育优先发展的战略地位，必须少说空话，多干实事，在“实”字上下功夫。朱镕基副总理在讲话中要求，经济部门的同志都要以小平同志为表率，甘当教育部门的后勤服务员，为教育提供支持和服务。李岚清副总理在总结讲话中再次强调，贯彻《纲要》及其实施意见，是各级政府的责任，要列入各级党委和政府的重要日程。各地都要制定实施《纲要》的规划和具体措施，主要领导要亲自调研和处理实施《纲要》过程中遇到的重大问题，认真做好会议精神的学习、贯彻和宣传工作。会议期间，李岚清副总理还先后两次召开座谈会，同出席会议的各省、自治区、直辖市的党政主要领导座谈，听取各地贯彻落实《纲要》，做好教育工作，促进经济社会发展的经验。会上，北京市市长李其炎、上海市市长黄菊、四川省委书记谢世杰、云南省委书记普朝柱、山西省委书记胡富国、广西壮族自治区党委书记赵富林、河北省省长叶连松、湖南省省长陈邦柱、江苏省委书记兼省长陈焕友、山东省省长赵志浩、吉林省委副书记张岳琦、广东省副省长卢钟鹤、辽宁省委副书记、大连市委书记曹伯纯等省市领导以及国家教委艺术教育委员会委员周荫昌同志作了大会发言。其他省（自治区、直辖市）的党政领导同志也在李岚清同志主持的座谈会上发了言。

全国教育工作会议进一步明确了我国教育改革和发展中的一系列重大问题，提出了加快教育改革和发展的政策措施，主要是：

到本世纪末在全国范围内实现“两基”。 即到2000年，在全国85%左右的人口地区普及九年义务教育，全国青壮年人口中非文盲率达到95%以上。会议认真分析了我国实现“两基”的有利条件和存在的困难，依据我国的国情，制订了实事求是、分区规划、分类指导、分步实施的原则，将全国实施“两基”分“三步”（1996年、1998年和2000年）、“三片”（经济发展较快地区、经济中等地区、经济相对困难地区）进行。为了实现这一宏伟目标，会议同时提出，要进一步改革和完善基础教育的办学体制与管理体制。基础教育以政府办学为主，同时积极鼓励社会力量办学；除少数经济发展程度较高的地区实行县、乡两级管理外，多数地方管理基础教育责任主要放在县一级，由县级政府统筹管理。

调整教育结构，大力发展职业教育和成人教育。 会议提出，从我国当前社会生产力水平出发，必须大力发展职业教育。有计划地实行小学后、初中后和高中后三级分流。小学后的分流，主要是在经济比较困难地区进行。初中后的分流是发展的重点，要兴办多种类型、多种规格的中等职业学校或培训班，逐步做到使初中毕业生的50—70%进入中级职业学校或培训班；高中后的分流要多样化，高中毕业生除进入普通高等学校外，都能逐步接受多种形式的职业培训或进入高等职业学校。要通过调整，逐步形成初等、中等、高等普通教育和职业教育共同发展、相互衔接、比例合理的教育体系。职业学校的招生逐步规范化，克服高、初中毕业生交叉报考各类职业学校的混乱现象。在全社会实行学历文凭和职业资格证书并重的制度。会议还进一步理顺了职业教育的办学和管理体制，明确国家教委和地方教育行政部门，对职业教育和成人教育负有统筹、协调和宏观管理的责任。以进行学历教育为主的各级各类职业学校和成人学校，原则上由各级教育行政部门进行管理。

继续深化高等教育制度改革，全面提高办学效益和教学质量。会议提出，高等教育要逐步实行中央和省、自治区、直辖市两级办学、两级管理，以省级为主的办学与管理体制。中央行业主管部门除继续办好少量行业特点明显、有特殊需要的高等学校外，多数中央部委所属院校要逐步下放给省级政府领导，或实行中央部委和省级政府多种形式的联合办学，加强省级政府对本地区高校的协调、统筹和领导的责任。国家将逐步减少单科性院校，对校、院、系、学科或专业进行调整、联合、合并，充分发挥现有师资和设备等方面的潜力，提高教学质量和办学效益。改革高等学校招生、收费和毕业生就业制度。高等学校逐步实行缴费上学，同时加快相应配套措施的建设。缴费上学在试行阶段，实行“老生老办法，新生新办法”。条件成熟后，毕业生除少数按合同就业外，其余的在国家政策指导下自主择业。

根据新形势的特点和需要，切实加强和改进学校德育工作。会议研究讨论了《中共中央关于进一步加强和改进学校德育工作的若干意见》，对学校德育工作的内容、方法、自身建设和育人环境等提出了改进意见。会议强调，加强学校德育，尤其要重视并解决好教育与生产劳动相结合的问题，应当把学生适当参加一些物质生产劳动和社会实践作为一门必修课。同时，还要进一步重视并加强国情教育、中华民族优良传统美德教育以及美育工作。

出台了一系列保障教育事业健康发展的政策措施，主要是：

——努力增加教育投入。会议在重申教育经费必须坚持以国家财政拨款为主，切实做到《纲要》中提出的“三个增长”的同时，进一步补充明确了若干重要措施。主要有：(1) 改革教育经费管理体制，教育经费实行预算单列，建立定期公布各地教育经费支出状况的制度，实行社会监督；(2) 建立中央、省、区、县四级义务教育专项基金，扶持贫困地区实施义务教育；(3) 明确地方政府可以根据实际需要和可能，开设用于教育的地方税费；(4) 中央开列“211 工程”启动资金，并逐步建立扶持“211 工程”的专项资金；(5) 建立教育银行，用金融手段融通教育资金；(6) 把农村教育集资的审批权放到县一级。

——加强教师队伍建设，提高教师待遇。会议在对教师的培养、培训、工资待遇、住房和医疗等问题作出具体要求的同时，着重研究了民办教师问题。会议提出，要争取用六、七年的时间基本解决民办教师问题。

——加快教育法制建设。会议提出，要加快教育立法步伐，尽快制订《教育法》、《职业教育法》、《高等教育法》以及《教师法》的配套法规，健全和完善执法监督机制，努力克服教育工作中存在的无法可依、有法不依、执法不严的现象。

此次全国教育工作会议，会议规格之高，规模之大，在我国教育发展史上是前所未有的，是一次具有里程碑意义的重要会议。会议的召开，对全面部署和实施《中国教育改革和发展纲要》，实现九十年代教育改革和发展的战略目标，促进我国现代化建设，必将产生重大而深远的影响。

经过会议对三个文件的讨论，会后进行修改，1994 年 7 月 3 日，国务院发出《关于〈中国教育改革和发展纲要〉的实施意见》；8 月 31 日，中共中央发出《关于进一步加强和改进学校德育工作的若干意见》；11 月 21 日，李鹏总理主持召开国务院第 26 次常务会，原则通过《中华人民共和国教育法》，决定提请全国人大常委会审议通过。

撰稿　康　宁　崔保师

审稿　张保庆　郭振有

贯彻落实全教会精神情况综述

国家教委办公厅

1994年，党中央、国务院召开的全国教育工作会议闭幕后，国家教委即对会议全部文件及时进行整理，并报请党中央、国务院审议定稿。中宣部和国家教委联合发出了《关于认真宣传全教会精神，加强教育宣传报道的通知》，中央和各地都加大了教育宣传的力度。短短几个月，通过学习、宣传、贯彻《中国教育改革和发展纲要》和全国教育工作会议精神，全党全社会对新形势下优先发展教育的认识明显提高，教育工作进一步摆上了各级党委和政府的议事和决策日程。国家教委和全国各地围绕会议精神的贯彻落实，抓紧工作部署，采取了一系列措施，全国教育改革和发展出现了可喜的形势。

各级党委和政府以中央为表率，按照中央要求，传达、学习、贯彻全国教育工作会议精神，截止1994年底，已有北京、天津、上海、河北、山西、辽宁、吉林、黑龙江、江苏、浙江、安徽、福建、江西、山东、河南、湖北、湖南、广东、广西、四川、贵州、陕西、甘肃、青海、宁夏、新疆、西藏等27个省、自治区、直辖市，电力部、机械部、冶金部、铁道部、中国石油化工总公司、兵器工业总公司、中国石油天然气总公司等一些中央部门，相继召开了教育工作会议。许多地市县和地方的部门也召开了教育工作会议，贯彻全国和省级教育工作会议精神。各地、各部门召开的教育工作会议，有两个显著特点：一是党委、政府和党政领导同志高度重视，都以全教会为表率，由主要领导同志讲话和作主题报告。二是把贯彻落实全教会精神同本地、本部门实际紧密联系起来，虚实结合，突出一个“实”字。从中央到地方都十分注重解决教育发展的保障条件，根据需要与可能，在《纲要》及其《实施意见》规定的政策范围内，出台了一系列教育改革和发展的新思路、新政策和新举措。

全国教育工作会议把在本世纪内基本普及九年义务教育、基本扫除青壮年文盲确定为教育事业发展的“重中之重”。为了推进“两基”工作的实施步伐，国家教委在全教会之后紧接着召开了“两基”督导工作会议。进一步明确了九十年代分三步（1996年、1998年、2000年）、三片（经济发展较快地区、中等发展地区、相对困难地区）实施“两基”的规划目标、实施进度和具体步骤，并提出了“两基”督导验收工作的基本思路和要求。9月召开了“全国农村教育综合改革工作会议”，交流并讨论农村教育综合改革、“三教统筹”、农科教结合问题，进一步推动农村的“两基”工作。10月召开了计划首批实现“两基”的京、津、沪、苏、浙、鲁、吉、辽九省市“普九”工作汇报会，研讨有关规划和政策问题，进一步明确了首片“普九”地区的工作思路、原则和办法。为了加强对扫盲工作的领导，经国务院批准，11 月成立了由 11 个部委、人民团体组成的全国扫盲工作部际协调小组，并召开第一次部际协调会议，讨论了扫盲工作的目标、规划、实施步骤与督导验收办法。经国家评估验收，目前北京、天津、上海已宣布实现了“两基”。一些经济发达地区加快了实现“两基”的步伐。全国已经实现“两基”的县（市、区）554 个。扫盲方面，除三个直辖市外，东北三省吉林、黑龙江、辽宁已基本扫除青壮年文盲。全国经省级验收完成扫盲任务的县（市、区）已达到 850 个。《纲要》确定的发展目标正在分地区、有步骤地实施，教育事业呈现加快发展的势头。

为了推动高等教育管理体制改革，促进教育质量和办学效益的提高，国家教委 10 月召开了教委直属高校校长、党委书记咨询工作会议，提出了《关于国家教委直属高校积极推进办学与管理体制改革的意见》。12 月召开了全国高等教育体制改革座谈会，对部门举办的高校管理体制改革的指导思想、目标、途径、步骤进行了充分的讨论，进一步明确了改革思路。国家教委所属 35 所高校中已有 20 所高校的管理体制改为国家教委与高校所在地政府共管、共建。中央业务部门所属普通高校管理体制改革也取得较大进展。全国共有近 200 所高等学校通过部门与地方共建、共管、合作办学、高校合并与企业和社会团体实行协作办学等多种形式，开展联合办学。同时，高校招生收费制度改革也加大了力度，经国家教委批准，共 50 所高校开展了招生收费“并轨”试点，并取得初步成功。

《中共中央关于进一步加强和改进学校德育工作的若干意见》公布之后，国家教委党组就如何学习、宣传、贯彻这个文件，迅速在教育系统进行了部署，并把落实这个文件同贯彻中央《爱国主义教育实施纲要》结合起来，作为贯彻全教会精神的一项重要内容组织动员并抓紧落实。6 月国家教委会同中宣部、广电部、团中央等部委在上海召开了“爱国主义教育现场经验座谈会”。11 月召开了各省、自治区、直辖市教育部门负责同志参加的德育工作座谈会，专门研究交流各地贯彻中央德育文件的情况和经验。许多地方和中央部门的领导亲自抓学校德育工作，建立了联系学校制度，到学校开展调查研究，向师生作形势报告，收到了良好效果。中小学生的时事教育、百部爱国主义影视片教育活动受到普遍好评。“两课”改革试点工作正在抓紧进行。学校党建工作认真贯彻全教会和前四次高校党建会议精神，进一步改进和加强。各类学校广泛开展了以弘扬中华民族传统美德为题的丰富多彩的教育活动，爱国主义、集体主义、社会主义成为校园文化的主旋律。学校局势继续保持稳定。

国家教委把加强教育立法作为转变职能的重大举措，摆到突出的议事日程，加快了教育立法步伐。《教育法（草案）》经过十年努力，1994 年 11 月与 12 月已分别经国务院常务会议和全国人大常委会议审议并原则通过，决定提请 1995 年全国人民代表大会审议。1994 年还颁布了《教学成果奖励条例》、《残疾人教育条例》等两项重要行政法规。《〈教师法〉实施细则》、《民办学校条例（草案）》等行政法规也已提请国务院审议。《职业教育法》、《高等教育法》等一批法律、法规正按计划起草。各地结合实际，制订了一批地方性教育法规，如北京、天津通过了《关于实施〈教师法〉办法》，江西通过了《义务教育经费筹措和使用管理办法》等。

在贯彻落实全国教育工作会议精神中，各地结合实施《教师法》，在提高教师队伍素质的同时，提高教师待遇，努力为教师解决实际困难。国家教委会同有关部门提出了教育系统实施国家工资改革新方案的具体意见并认真组织落实，多数地区教师工资水平有所提高。为了下大气力解决民办教师问题，国家教委会同人事部，提出了解决思路，并拨出民师转正指标15万。为切实解决教师住房困难，国务院办公厅于10月召开了全国教师住房建设工作经验交流会议，研究草拟了《关于加速解决教职工住房问题的若干意见》。

在贯彻落实全教会精神上，各地进一步确立了教育优先发展的战略地位。河北、福建、江苏等省响亮地提出了建立“教育强省”和“科教兴省”的目标。各地都把实现“两基”作为发展当地教育事业的“重中之重”，并确定了大力发展职业教育和成人教育的措施。继京津沪已经基本普及九年义务教育之后，广东、浙江、吉林、江苏、山东、辽宁等省，将采取增加投入、加强教师队伍建设、深化教育教学改革等切实措施，在1995年前基本普及九年义务教育。各地还结合当地实际，就九十年代发展教育的重点任务，决定实施各种教育工程。如北京市决定实施基础教育、山区教育、普及高中阶段教育等“十大工程”；上海决定在今后5年内筹资30—50亿元，用于实施“211”、紧缺人才培养培训等“八大工程”。

为加快教育事业的发展，各地各部门普遍提出要以改革促发展。在中等及中等以下教育改革上，各地进一步完善义务教育管理体制，普遍实行县、乡、村三级办学，县、乡两级管理，以县为主，由县统筹教育经费的管理体制。在改革职业教育管理体制上，山西省提出职业教育由原来的政府统管改为政府统筹，教育部门主管，部门谁办谁管的体制；江西省决定成立“职业技术教育协调领导小组”，加强对各类职业教育的统筹。在高等教育办学体制及管理体制改革上，北京、上海、四川、辽宁等地的几十所高校，通过联合办学、学校合并、成立校董会、中央部属高校转地方管理、中央和地方共建共管等多种形式，在高校办学体制和管理体制改革上取得了显著进展。

在贯彻落实全教会精神中，各地还将解决教育面临的突出问题和困难做为重点，在增加教育投入、解决教师待遇和住房等方面，制定了一系列政策和措施。北京、天津、上海、广东、山东、浙江、福建、宁夏、贵州等地都作出决定，教育经费占财政支出的比例要到达20%以上，并切实做到“三个增长”。北京市还作出决定，义务教育阶段各类学校的年生均公用经费定额，由市政府制订标准，并随物价指数调整，以保证生均公用经费的实际增长。广东、黑龙江、山东、河南等16个省设立了以扶植贫困地区实施义务教育为主的专款。河北、贵州两省设立的“211工程”专款分别为2.1亿元和1亿元。一些省市还对宾馆、饭店、招待所等服务行业、城镇新建住宅以及广告业、娱乐业开征教育事业发展费。四川省决定开征职工教育费附加，按职工收入的1—1.5%计征，全年可征收1.2至2.6亿元。与此同时，各地还通过把教育集资审批权放在县一级，教育经费实行预算单列，运用银行、基金会等金融手段，扩大教育资金来源。在解决教师待遇、住房、医疗方面，北京、天津、上海决定，确保教师人均收入高于国家公务员平均工资水平的10%。提出教师公费医疗与当地国家公务员享受同等待遇的有福建、湖北、江苏、河南等11个省。北京市将在1995年试行中小学教师统筹医疗住院保险制度，解决教师重病治疗的困难；到1997年，全市基本解决教师中人均居住面积在5平方米以下的困难户。提出在“八五”末期，争取使城镇教职工家庭人均住房面积达到或超过当地居民平均水平的有辽宁、吉林；两三年内实现这一目标的有广东、福建、安徽、陕西等省。四川省决定在本世纪内兴建中小学教职工住房1000万平方米，基本实现教职工都有一套（处）经济实用的住宅。浙江、广东、河北、宁夏、陕西、江西等13个省提出在本世纪内基本解决民办教师问题。各地为实现这一目标，都纷纷安排相当数额的转正指标，用于符合条件的民办教师转公办教师。

1994年是教育战线贯彻落实《纲要》和全教会精神迈出坚定步伐的重要一年，是教育改革和发展取得新进展的关键一年，也是整个教育战线励精图治、求实务实、积极进取的一年，这一年将成为我国教育发展史上具有重要历史意义的一年。

撰稿　康　宁　崔保师

审稿　张保庆　郭振有

全国“两基”督导工作会

1994年6月18日—20日，国家教委在北京召开了全国“两基”督导工作会议。各省、自治区、直辖市教育厅（局）主任（厅、局长）、督导室主任、普教处长、成教处长、国家督学和有关部委的代表参加了会议。这次会议的主要任务是，认真学习、研究贯彻江泽民、李鹏、李岚清在全国教育工作会议上的讲话和《中国教育改革和发展纲要》；部署实施九年义务教育和基本扫除青壮年文盲的工作；研究在新形势下如何充分发挥教育督导的作用，推动“两基”任务的落实。与会代表讨论了《关于九十年代基本普及九年义务教育和基本扫除青壮年文盲的意见》、《“两基”评估验收工作实施方案》、《义务教育投入条例》、《普及义务教育评估验收暂行办法》等文件。

会议期间，国务院副总理李岚清接见了全体国家督学并发表重要讲话。朱开轩主任代表国家教委党组、国家教委，宣布任命郭福昌、陈德珍为国家教育督导团副总督学，并向国家督学颁发了聘书。

这次会议的主要收获是：进一步明确了教育督导的性质、任务和工作重点，提出了进一步加强教育督导工作的基本思路和要求。增强了搞好教育督导工作的信心。

关于进一步加强教育督导工作，会议强调（1）要进一步提高各级政府对教育管理工作中有着特定的地位和作用的认识，地方各级政府要加强对教育督导工作的领导，特别要加强对“两基”评估验收工作的领导，各级政府和教育行政部门要为督导部门发挥督导职能、完成督导任务创造必要的条件。(2)逐步建立对普通中小学校督导评估制度。国家教委于1991年下发了《普通中小学校督导评估指导纲要》，据统计，全国已有21个省（自治区、直辖市）制定了中小学校督导评估指标体系，并进行了试点。各地督导部门要抓紧这项工作。已经进行试点的地方，要进一步总结经验，逐步扩大对中小学校进行督导评估的范围。没有进行试点的地方要尽快制订督导评估指标体系，进行试点。(3)进一步加强督导机构和队伍建设。要重视遴选懂教育、有经验、有能力、能够行使督导职能并能独立完成督导任务的人员担任督学。

撰稿　翟立新
审稿　张永彪

全国农村教育综合改革工作会

1994年9月22日至26日，国家教委在河北省唐山市召开了全国农村教育综合改革工作会议。讨论国家教委《关于深化农村教育综合改革的意见》，进一步动员和部署了新形势下深化农村教育综合改革工作。出席会议的有各省、自治区、直辖市、计划单列市、新疆生产建设兵团等教育行政部门的主要领导和负责同志；全国29个农村教育综合改革联系地区（市）的主管专员（市长）；北京师范大学、华东师范大学、东北师范大学、华中师范大学、陕西师范大学、南京师范大学、西南师范大学、山东师范大学、河北农业大学、沈阳农业大学和清华大学等高校的领导和国家教委、中央有关部委、解放军等部门的负责同志共200多人。国家教委副主任王明达作了《认真贯彻全教会精神，积极推进农村教育综合改革》的报告，农业部副部长洪绂增代表农业部作了《适应农村经济发展需要　深化农村教育综合改革》的讲话，国家教委副主任柳斌也讲了话。9月23日，国务院副总理李岚清讲话指出：农村教育综合改革作为广大干部、群众和教育工作者在改革实践中的一项创举，丰富了社会主义教育事业的实践和理论，已经成为我国教育改革和整个农村改革的重要组成部分，显示了其生命力，并在国际上产生了影响。各级党委和政府要进一步加强对农村教育综合改革工作的领导，加快农村教育综合改革的步伐。各级党政一把手要亲自抓，切实搞好农村教育综合改革的规划，在政策和措施上对农村教育给予倾斜，并继续动员和组织更多的大中专学校和教育科研机构参与农村教育综合改革，推动农村教育更好地为当地经济建设和社会发展服务。

王明达在报告中把几年来农村教育综合改革的主要经验归纳为7条：(1) 各级党委和政府加强领导，教育部门主要负责同志亲自抓，是推动农村教育综合改革工作的关键；(2) 转变教育观念，明确农村教育办学方向是农村教育综合改革工作的重点；(3) 实行三教统筹，是调整农村教育结构的基本内容；(4) 积极推进农科教结合，是促进教育为农村建设服务的基本途径；(5) 认真实施燎原计划，是推进农村教育综合改革的重要措施；(6) 广泛动员高校和教育科研院所参与，既提高了农村教育综合改革的效益，也促进了高校和教育科研院所自身的改革；(7) 从实际出发，因地制宜，分类指导，坚持不懈抓点带面，逐步推进，保证了农村教育综合改革稳步健康发展。王明达提出，今后的主要任务是，继续坚持农村教育综合改革“点上深化，面上推广”的工作方针，加大改革力度，在全国加快推广已经取得的成功经验。要从各地实际出发，逐步把工作重点转到面上推广。点上深化的主要工作要放在巩固已有成果，逐步建立制度，形成规范，深入教学过程，落实到教学计划、课程教材，使农村各类教育的办学效益和教育质量都提高到新的水平。各地要按照地区特点，进一步完善三教统筹，积极推动农科教结合；认真实施燎原计划，进一步扩大范围，提高水平；要更广泛地动员高等院校、中专和教育科研部门参与农村教育综合改革。

河北省、山西省、黑龙江省、江苏省、唐山市、四川德阳市、新疆阜康市、广西浦北县、湖南汨罗市政府以及吉林省教委、东北师范大学等14个单位在大会上发言。

撰稿　孙文正

审稿　郝铁生

全国教师住房建设经验交流会

1994年10月21日至24日，国务院办公厅在大连市召开了全国教师住房建设工作经验交流会。会议的任务是：学习贯彻1994年全国教育工作会议精神，讨论落实党中央、国务院关于解决教师住房困难问题的方针政策，总结交流各地区、各部门在解决教师住房工作方面的经验，研究应该进一步采取的措施，以推动各地加快解决教师住房问题的步伐。出席会议的有各省（自治区、直辖市）人民政府主管教育工作的副省长（副主席、副市长）和计委（计经委）、财政厅（局）、教委（教育厅、局）领导，各省会市人民政府市长，计划单列市的有关领导以及国务院有关部委的领导共200余人。国务院副总理李岚清出席了会议，就教师的地位和作用以及解决教师住房问题的重要性和迫切性在会上作了题为《加快教师住房建设，推动教育改革和发展》的讲话。国务院副秘书长刘济民作了会议总结讲话，国家教委副主任张孝文作了工作报告。

会议提出：对城市中小学教师住房，到1995年已达到国家“八五”目标的地区，按国家要求，“九五”期间，应以改善、提高为主，重点解决人均居住面积在5—6平方米以下的住户，争取率先实现“九五”目标。到1995年底尚未达到国家“八五”目标的地区，“九五”前两年要抓紧解危解困。到“九五”末城市中小学教师的住房标准一般都要达到或超过国家规定的目标。少数经济特别困难的边远省、自治区及个别内地条件较差的城市，可以适当推迟达到国家目标的时间，但当地教师的居住标准也应该达到或高于当地居民的平均居住标准。对于高校，各地区和部门要制定本地区本部门高校住房解困规划和住房建设规划，力争用3年左右时间基本解决中青年教师住房问题，用5年左右时间使绝大多数教师的住房条件能够得到明显改善，到“九五”末高校教师住房面积总体上应达到或超过国家规定的标准。为了实现奋斗目标，会议提出了7条措施。

会上讨论了由国家教委、建设部、国家计委、财政部、国家土地管理局、全国教育工会联合草拟的《关于加速解决教职工住房问题的若干意见》。国务院办公厅已于1995年3月将此《意见》转发各地和国务院各部门贯彻执行。

撰稿　马锡地

审稿　牟阳春

“普九”工作九省市汇报会

为了贯彻落实全国教育工作会议精神，确保第一步1996年在40—45%人口地区“普九”的规划目标如期实现，1994年10月10日至13日，国家教委在吉林省长春市召开了经济较发达的9省市，即北京、天津、上海、辽宁、吉林、江苏、浙江、山东、广东“普九”工作汇报会。9省市教委（厅、局）分管主任，厅（局）长及普教处长、督导室主任参加会议，汇报了贯彻全国教育工作会议的情况，交流了“普九”规划、措施和经验，研讨了“普九”工作中的若干政策性问题，考察了双阳县和长春市区中小学教育，进一步明确了经济较发达的省市“普九”工作的思路、原则和方法。国家教委主任朱开轩、副主任柳斌参加了会议并在闭幕会上做了讲话。会议重点研讨解决了三个问题。

一是增强了完成第一阶段“普九”目标首战必胜、志在必夺的决心和信心。九省市人口约3.6亿，占全国总人口的30.76%，若九省市如期实现“普九”，再加上其他省、自治区大中城市和经济发达地区“普九”的县（市、区），第一步1996年在全国40—45%人口地区“普九”的目标就有可能实现。会议对吉林省双阳县经验给予了充分肯定，认为该县“普九”的经验表明，一个经济中等发展地区，只要认识到位、投入到位、工作到位，同样可以较好地完成“普九”任务。会议认为各地应该抓住全教会后“普九”的好形势，千方百计，积极努力推进普九工作。

二是正确掌握“普九”标准。一方面要增强紧迫感，下决心抓早、抓实；一方面要防止走过场和盲目追求办学条件的高标准。要联系实际，认真贯彻全教会精神，坚持积极进取，实事求是，分区规划，分类指导，分步实施的原则。“普九”的标准在达到国家基本要求的前提下，要因地制宜，不同地区、同一地区不同的发展阶段，可以有不同的标准；对于通过验收的地区，要提出更高的标准。对“普九”的办学标准和质量要求具有相对性、地区性、阶段性。在普及程度、师资水平上要严格掌握，不能降格以求；对校舍、仪器配备、图书资料等要分类要求，不搞“一刀切”。

三是继续抓好“普九”验收后的巩固提高工作。实施义务教育是一项长期的系统工程，评估验收是对“普九”阶段性成果的检查，不意味实施义务教育的终结。已通过评估验收的县要防止松动情绪，要根据当地经济社会发展的需求，对义务教育提出更高的要求和目标，继续抓好巩固和提高工作。要建立机制，在巩固成绩的基础上，使教育普及程度，学校办学条件，教师整体素质，教育质量和效益上一个新台阶。三大直辖市和经济基础比较好的地方要逐步发展高中阶段教育。

会议就当前“普九”工作亟待解决的主

要问题提出了意见：

(1) 关于投入问题。全国教育工作会议上李鹏总理的报告和国务院《关于〈中国教育改革和发展纲要〉的实施意见》中，宣布了十个保障义务教育投入方面的政策，要用足用好。教育行政部门还要紧紧依靠地方党委和政府的领导，加强与有关部门的沟通和配合，除足额征收教育费附加外，可依法出台增加投入的新政策，创造新经验。(2) 关于师资队伍建设。针对目前初中师资达标率普遍偏低的情况，有些省初中新师资补充不能满足扩大初中规模的需要。会议强调首先要抓好师范专科教育，保证初中教师有稳定来源。其次要重视在职教师的培养培训。民办教师问题，九省市除北京、上海已全部解决，天津已为数不多外，其它6省还有相当比例，各地表示要按照中央的部署，坚持“关、转、招、辞、退”五字方针，制定具体方案和措施，首先解决数量不太大的初中民办教师问题，再有计划地解决小学民办教师问题。(3) 关于贫困地区“普九”工作。第一片经济比较发达的9省市，除京、津、沪、江苏外，其它5省共有30个国家级“八七”扶贫攻坚县，一些省也有经济发展较贫困的县。贫困县的“普九”，一要发扬自力更生，艰苦奋斗的创业精神；二要加大扶持力度；三要实事求是，区别对待，在办学条件上、教学质量上的要求，要有别于发达地区。(4) 关于流动人口中适龄儿童少年入学问题。与会代表倾向于由人口流入地负起责任，经费由人口流入地区负担一部分，再向学生家长收取一部分借读费，借读费标准，由各省因地制宜制定。

会后，下发了汇报会《纪要》，对全国普九工作起到了较强的指导作用。

撰稿　赵雅琴

审稿　王文湛

全国高等教育体制改革座谈会

1994年12月16日至18日，全国高等教育体制改革座谈会在上海召开。这次会议的主要任务是，进一步学习、领会和贯彻党中央、国务院关于高等教育体制改革的有关精神；交流、总结近几年来高等教育体制改革的情况和经验；着重讨论进一步推进高等教育体制改革的思路、政策和措施。参加会议的有80个省、自治区、直辖市教委主任、高教局长，42个部委及工业总会（总公司）教育司（局）的负责同志。北京、上海等11个省市主管教育的省（市）长，国家计委等16个部委主管教育的部长（主任）应邀出席了会议。国家教委主任朱开轩主持会议并在开幕式上作题为《积极推进高等教育体制改革》的报告。国务院副总理李岚清到会讲话。上海市市长黄菊出席闭幕式，国家教委副主任张孝文做了会议总结。

朱开轩在报告中就高等教育管理体制改革的重要意义、当前形势、改革思路和主要措施发表意见提出，高等教育管理体制改革要围绕实现体制改革的总目标，在认真总结历史经验教训的基础上，采取“方向明确，态度积极，努力探索，措施得力，步子稳妥，逐年到位”的工作方针来进行。改革的目标是，争取到2000年或稍长的一点时间，基本上形成举办者、管理者和办学者职责分明，以财政拨款为主多渠道经费投入，中央和省级政府两级管理、分工负责，以省级政府统筹为主，条块有机结合的体制框架。朱开轩要求各级政府及其行政部门，都要从我国高等教育发展的长远利益出发，制定管理体制改革的总体构想和统筹规划。当前要以推动各种形式的联合办学和调整高校布局为主推动管理体制改革。要积极促进专业通用性强、地方十分需要的中央部门所属院校转由省级政府为主管理；积极推进中央部门与地方政府共同建设，共同管理；积极推动距离相近的不同类型、不同科类的高校开展各种形式的合作办学，实行资源共享，优势互补，学科交叉，协同发展；积极创造条件，促使部分学科互为需要的高校或规模较小、科类单一、设置重复的学校在自愿基础上进行合并；鼓励企业、企业集团参与办学，实行产学研结合。不管改成哪一种管理模式，都不能因此而减少对学校的投入，削弱对学校的支持。

国务院副总理李岚清在听取12个省市、部委负责人的大会发言后，作了题为《认真贯彻全国教育工作会议精神，积极推进高教办学和管理体制改革》的重要讲话，要求各部委、各地方共同努力，实现《中国教育改革和发展纲要》提出的逐步建立政府宏观管理、学校面向社会依法自主办学的体制这一管理体制改革目标。各级领导同志必须进一步增强全局观念，从全国政治、经济体制改革的全局，从培养适应21世纪要求的高质量人才、提高教育质量的全局出发，认识这一改革的重要性和迫切性。在中央与地方、国家教委与中央各业务部门之间，逐步建立政府宏观管理、学校面向社会依法自主办学的体制。要逐步实行中央和省、自治区、直辖市两级管理，以省级政府统筹为主的体制；对于部门所属学校的管理体制要分别不同情况，采取多种形式进行改革，“九五”期间应以积极推进联合共建为重点，条件成熟的应转由地方管理。李岚清表示，尽快成立国务院部门院校体制改革协调小组，会后抓紧落实。

会议讨论了国家教委提出的《关于深化高等教育体制改革的若干意见(讨论稿)》，肯定了《意见》的基本内容并提出了修改意见。《意见》拟由国家教委修改后报国务院批转各省、自治区、直辖市人民政府，国务院各部委、各直属机构执行。

撰稿　吴　燕

审稿　周远清

全国学校德育工作座谈会

为了推动《中共中央关于进一步加强和改进学校德育工作的若干意见》的贯彻落实，1994 年 11 月 18 日～21 日，国家教委在山东济南召开了学校德育工作座谈会，全国 28 个省、自治区、直辖市党委教育工作部门和教育行政部门有关负责同志参加了会议。国家教季副主任张孝文到会讲话。着重就贯彻落实中央德育文件当前和今后一个时期需要抓好的几项工作提示了几点意见：一是各级教育部门要统筹规划学校德育体系，使小学、中学、大学德育目标和内容相互衔接，要根据《意见》和中央印发的《爱国主义教育纲要》精神修订、制订各教育阶段的德育大纲。二是推进高校马克思主义理论课和思想品德课的教学改革。要进一步明确，"两课"是社会主义大学本质特征之一，是对大学生系统进行马克思主义理论和思想品德教育的主渠道，是大学生的必修课；马克思主义理论教育应主要包括马克思主义基本原理、毛泽东思想、邓小平同志建设有中国特色社会主义理论，中心内容是邓小平同志建设有中国特色社会主义理论；"两课"教学目标是确立大学生献身建设有中国特色社会主义的政治方向、为树立正确的世界观、人生观打下科学理论的基础及增强抵制错误思想侵蚀的能力。三是充分发挥全体教师教书育人的重要作用，积极开展教书育人、管理育人、服务育人活动。四是高校党组织要加强对学校德育工作的统一领导，校长及行政要对学生德、智、体全面负责，要建立和健全学校党委领导下校长和行政为主实施的德育管理体制。五是加强学校德育队伍建设。各级领导要关心德育工作者，解决他们工作、学习、生活中的实际困难和问题，同时要提高他们的业务水平，提倡奉献精神。会议指出：中央德育文件的发表及中央最近采取的一系列措施，为学校德育工作创造了良好的条件，各级教育部门要努力工作，并带动各级各类学校的干部、教师、德育工作者，使学校德育工作水平、质量有新的提高，促进青少年学生健康成长。与会代表交流了各地学习贯彻《意见》的情况和经验，讨论修改了国家教委有关部门就进一步贯彻落实《意见》草拟的文件稿。会后，各地教育部门结合实际，普遍抓紧了贯彻落实《意见》规划和措施的制订和实施工作。

撰稿　李功毅

审稿　瞿振元　靳　诺

国家教委直属高校咨询委员会会议

1994年10月17日至20日，国家教委直属高校工作咨询委员会第五次全体（扩大）会议在杭州浙江大学召开。国务院副总理李岚清，国家教委主任朱开轩、副主任张孝文，浙江省副省长徐志纯，中国科学院常务副院长路甬祥出席了会议。咨询委员会全体委员以及国家教委有关司局负责人参加会议。

国家教委35所直属高校的咨询委员交流、研讨了学校近年来在贯彻实施《中国教育改革和发展纲要》，推进办学和管理体制改革、招生收费制度改革、教育教学改革、内部管理体制改革以及加强德育工作等方面的经验和思路，研究了委直属高校贯彻全国教育工作会议和中共十四届四中全会精神的有关工作。委员们对委属高校深化办学和管理体制改革，加强教学工作，提高教育质量，力争委属高校的整体办学水平上新台阶，以适应21世纪经济、社会和科技发展的需要达成了共识，提出了推进相关工作的意见。与会委员还就国家教委提交会议的5个咨询文件进行了咨询讨论。

朱开轩主任在会议开幕式上讲话。要求委属高校要在全面贯彻全教会提出的“以提高教育质量和办学效益为重点发展高等教育”精神和贯彻党的十四届四中全会精神方面增强紧迫感，为全国高校起好示范带头作用，要抓住机遇，推动学校改革，促进事业健康发展。他指出，高等教育发展的主要途径是深化改革。当前委属高校要积极推行以“共建”、“联合”为主的办学和管理体制改革，学校要转变观念，首先要为所在地方的经济和社会发展服务。

李岚清副总理在听取了部分委员的大会发言后作了讲话，充分肯定了委直属高校在贯彻《纲要》和全教会精神方面所作的大量工作和所取得的成效。强调各级政府和有关部门要努力为教育办实事。增加教育投入是政府的责任，同时仍然要坚持多渠道筹措教育经费。他特别指出，当前为教育办实事，稳定教师队伍，除抓好教师的工资问题外，还要突出抓好教师的住房问题。

此次会议对咨询委员会的组成进行了调整换届。新一届咨询委员会委员由国家教委直属高校的党委书记和校长担任，执行主席为复旦大学校长杨福家、清华大学党委书记方惠坚、东北师范大学校长王荣顺。

撰稿　陈维嘉　马　涛

审稿　陈小娅

国家教委 1994 年工作要点

指导思想

（1）1994 年教育工作总的指导思想是：进一步用邓小平同志建设有中国特色的社会主义理论武装教育战线广大干部、教师和学生，贯彻党的十四届三中全会精神，学好《邓小平文选》第三卷；努力工作，克服困难，认真落实《中国教育改革和发展纲要》和《教师法》；抓住时机，深化教育改革，继续促进各类教育事业特别是“两基”工作向前发展。

全面部署《纲要》实施工作

（2）上半年召开全国教育工作会议，讨论实施《纲要》的具体规划，部署今后七年的教育工作。

为推动《纲要》的实施，会同有关部门，年内另筹备召开：部门所属高校工作会议、“两基”督导工作会议和农村教育综合改革会议。

加快教育立法并加强执法监督

（3）制订适应社会主义市场经济体制要求和教育改革与发展需要的教育立法规划；起草修改《教育法》，报国务院审议后提请人大常委会批准颁布；调研起草《职业技术教育法》和《高等教育法》；向国务院报送《单位和个人捐资助学条例》、《征收教育费附加规定》、《教师职务条例》和《教育督导工作条例》等条例，并争取尽快颁布执行：协助国务院法制局修订《民办学校条例》、《残疾人教育条例》和《教学成果奖励条例》；会同有关部门，制订发布《教师聘任暂行规定》、《教育电视台（站）管理规程》和《校外教育工作规定》等规章；推动并督促地方的相应立法工作。

（4）根据国务院办公厅的通知精神和人大教科文卫、国家教委、司法部等六个部委的要求，在全国大力组织、宣传、学习《教师法》，并认真抓好贯彻落实工作。会同有关部门，年内分别组织对《义务教育法》和《教师法》实施工作的督导、检查工作。

切实改进各级各类学校的思想政治工作

（5）组织学习《邓小平文选》第三卷、领会贯彻党的十四届三中全会文件精神，是教育战线全年的一项重点工作。各级教育行政部门和各类学校，年内要采取多种形式，继续组织干部师生通读《邓小平文选》第三卷。在深入讨论、领会的基础上，引导广大干部师生坚定走中国特色社会主义道路的信心。

（6）在全面贯彻党的教育方针和落实中央有关学校德育工作文件的基础上，针对当前学校德育工作出现的各种新问题，调研起草在实行社会主义市场经济条件下，进一步加强和改进大、中、小学德育工作的决定。

(7)逐项落实1993年全国高等学校党建工作会议精神。进一步加强高等学校领导班子建设，研究提出改革高校马列主义理论课和思想品德课的方案。高度重视各项新的改革政策出台后的不同反映，及时研究、引导、处理高校出现的各类敏感与热点问题，继续保持高等学校的稳定。

进一步深化教育改革

(8) 继续深化教育体制改革

基础教育：继续完善分级办学、分级管理的体制。进一步调整、理顺县、乡管理基础教育的职责。在贫困的农村地区，加强县级统筹的权力。

职业教育和成人教育：贯彻“统筹管理，加强领导，面向社会、面向市场，主要依靠行业、企业、事业单位、社会力量和个人办学”的原则，进一步理顺职业教育和成人教育的办学与管理体制，开展多层次、多形式办学模式试点工作。

高等教育：逐步扩大省（自治区、直辖市）对高等教育的统筹权。进一步理顺政府、社会和学校之间的关系，继续扩大学校的办学自主权，促进学校建立并完善自主办学、自我发展、自我约束的机制。积极扩大中央部门学校与地方院校的共建及其它多种形式的联合办学模式的试点工作。重点研究改革部门办学体制和投资体制并开展相应的试点。

(9)积极推进高校和中等专业学校招生、收费和毕业生就业制度的改革，扩大收费上学、自主择业的改革试点范围，积极完善奖学金、贷学金、勤工助学等配套措施。

进一步改革硕士生考试与录取办法，扩大培养单位录取自主权。加快改革博士生导师审批制度。

(10)进一步深化并完善学校内部管理改革，结合工资改革，建立新的分配制度。根据社会需要继续调整高校专业结构，采取措施保护基础性专业、学科。加快教学管理、教学内容和教学方法的改革，努力提高教学质量。

(11)继续大力推进农村和城市的教育综合改革。在进一步做好农村教育综合改革实验县和“燎原计划”示范乡工作的基础上，加强推广工作，积极促进农村县、乡两级的农科教结合和“三教统筹”；在全国部分大型国有企业中，开展建立适应现代化企业需要的教育制度的试点工作。继续抓好现有试点城市的教育综合改革工作。

(12)加强国家教委对教育的宏观调控职能，逐步建立、完善宏观调控体系。进一步改进和加强教育科研工作。组建国家教育督导团，继续完善各级教育督导机构。在调查研究的基础上，年内要初步建立起对各类学校办学条件与办学质量的监控机制，对各级政府教育投入指标和水平的统计与公布制度，以及旨在保证教师工资待遇的督导检查制度。

继续促进各级各类教育事业的发展

(13)坚定不移地依法推进九年义务教育的实施。国家教委根据《纲要》的要求，提出分区规划、分类指导、分步实施的原则与目标；各省、自治区、直辖市制定适应落实到县、乡的普及九年义务教育的规划，并分步组织实施。同时，研究制订扶持老、少、山、边和尚未脱贫地区普及九年义务教育的政策与措施。完善普及九年义务教育的评估验收标准。年内公布首批实现“两基”的县（市、区）名单。

进一步研究高中的发展方针和办学模式。

(14) 继续贯彻国务院《关于大力发展职业技术教育的决定》，加快职业教育发展。总结、研究“双元制”的试点工作。加强重点职业技术学校的建设，进一步办好示范性骨干学校。加强职业教育教师队伍的建设，研究制订职业技术学校教师的从业资格标准。积极发展初中后和高中后的多样化教育与培训。全面贯彻全国中专工作会议精神，继续抓好中专学校的建设。

(15) 继续大力发展成人教育。研究建立学历文凭与职业岗位资格证书相结合的制度。完善从业人员岗前、在岗、转岗岗位培训制度。加强对各级成人学历教育的管理，开展相应的考试与评估试点工作。积极支持并引导社会力量办学，进一步完善自学考试工作，研究规范继续教育体系的措施。建立完善扫盲机制，落实中央和地方的扫盲基金，完成年内扫除400万青壮年文盲的任务。

(16) 继续推动电化教育事业的发展，加强教育电视台站建设。

(17) 全面贯彻高教事业发展方针，以改革促发展。继续合理调整高校布局，走内涵发展为主的道路。进一步健全并从严执行高等学校设置、升格的评议、审批程序。逐步推开对高校教学工作的评估；积极发展专科教育，大力推动高等农林教育的改革。

颁发《重点建设一批高等学校和重点学科实施意见》(简称“211工程”)，推动落实有关投资，并对部分高校进行首批预审工作。

贯彻全国科技工作会议和高校科技产业工作会议精神。加强国家重点研究基地建设，提高基础研究水平。积极引导并扶持高校办好一批科技产业。抓好“跨世纪优秀人才计划”的实施工作。

(18)全面贯彻全国民族教育工作会议精神，继续加强民族教育。逐步落实对民族贫困县的教育对口支援工作。进一步办好内地西藏班，加强对民族地区教育管理干部的培训。

增加教育投入并加强经费管理

(19) 根据三中全会的《决定》和国家财税体制改革的框架，研究并提出确保教育投入稳定增长的思路和办法，建立相应的教育经费管理体制和有关配套政策，落实《纲要》提出的教育投入的各项指标。1994年要力争中央和地方的教育经费占同级财政支出的比例有明显的增长。提出建立中央、省(区)、县(市)、乡四级扶助教育专款的办法。研究税制改革后农村和城市教育费附加的征收办法，以及对校办产业实行税收优惠的措施。调整并规范各类学校的学杂费标准。

(20)研究提出国家教委和各级教育行政部门参与同级政府教育经费预算工作的意见。坚决制止乱收费，公布取消教育内部若干不合理收费项目。引导并完善农村教育集资工作。建立教育信托投资公司，筹建“中华教育发展基金会”，开展委属院校建立高校拨款基金制的试点，强化拨款机制的宏观调控作用。改进经费使用办法，建立相应的评估制度，进一步提高教育经费使用效益。

加强师资队伍建设并继续提高教师的待遇

(21) 根据《教师法》的规定，加强教师队伍建设。完善教师队伍规范化管理，改进教师职务评定和教师聘任制。继续发展师范教育，完善鼓励优秀学生报考师范学校的政策措施。采取措施，进一步加强教师培训工作，保持教师队伍特别是骨干教师队伍的稳定。

（22）认真组织实施教师工资改革方案。同有关部门配合，提出在住房、医疗方面的改革办法和对教师实行优惠的措施。研究制订关于教师离退休工作的政策。继续创造条件，实现委属高校教师住房“三年解困”的目标。区别不同情况，依法严肃查处拖欠教师工资问题，并探讨建立杜绝拖欠教师工资的机制。

认真组织好第十个教师节的庆祝活动，进一步在全社会树立“尊师重教”的良好风气。

扩大对外教育合作与交流

（23）进一步扩大对外教育交流与合作，研究进一步加强此项工作的政策与措施；研究做好留学人员中优秀人才回国服务或在外为国服务的具体办法。全面贯彻中央对港、澳、台地区教育工作的方针与政策。

搞好机构改革并加强机关建设

（24）根据中央的统一部署，积极稳妥地搞好国家教委机关和直属单位的机构改革；对地方各级教育行政部门的机构改革工作提出指导性意见。落实有关公务员制度并开展相应的培训。

各级教育行政部门，要进一步转变职能，继续下放应该下放的权力。认真转变工作作风，加强调查研究，切实提高工作效率和水平。

（25）根据中央的要求，继续在教育战线深入开展反腐败斗争，加强廉政建设。严肃查处有关重大案件，坚决纠正教育领域乱收费、“权钱”交易等不正之风，建立并完善相应的规章制度。加强对各级教育行政部门的纪检、行政监察和教育审计工作。

综合改革与管理

各类教育发展基本统计

1994 年各级各类普通学校基本情况　　单位：万人

	学校数（所）	学生数			教职工数	
		毕业生数	招生数	在校学生数	计	其中：专任教师
普通高等学校本专科	1080	63.74	89.98	279.86	104.03	39.64
中等专业学校	3987	72.91	122.54	319.79	51.65	24.70
技工学校	4430	55.68	71.44	187.09	34.01	15.29
普通中学	82358	1361.90	1859.75	4981.66	419.07	323.37
职业中学	10217	107.62	175.28	405.61	41.53	27.66
工读学校	95	0.19	0.26	0.55	0.32	0.16
小学	682588	1899.59	2537.03	12822.62	627.14	561.13
特殊教育学校	1241	1.43	3.98	21.14	3.32	2.27
幼儿园	174657			2630.27	114.92	86.18

1994 年成人学校基本情况　　单位：万人

	学校数（所）	学生数			教职工数	
		毕业生数	招生数	在校学生数	计	其中：专任教师
成人高等学校	1172	45.53	101.72	235.20	21.00	9.49
成人中等专业学校	4811	70.11	115.21	263.81	21.66	10.96
成人中学	4756	56.16	50.52	60.62	3.73	2.05
成人技术培训学校	344829	6625.38	5583.03	4757.83	37.94	15.10
成人初等学校	163423	789.59	710.97	761.34	16.11	5.14

1994年各级学校中女学生数和女教师数 单位：万人

	女学生		女教师	
	人数	占学生总数的%	人数	占教师总数的%
普通高等学校	96.4	34.5	12.7	32.1
中等专业学校	156.2	48.8	10.2	41.3
普通中学	2207.0	44.3	112.1	34.7
职业中学	193.8	47.8	9.9	35.7
小学	6035.3	47.1	257.0	45.8

1994年各级学校少数民族学生数和教师数 单位：万人

	少数民族学生		少数民族教师	
	人数	占学生总数的%	人数	占教师总数的%
普通高等学校	17.8	6.4	2.1	5.3
中等专业学校	23.2	7.3	1.6	6.5
普通中学	324.2	6.5	20.8	6.4
职业中学	19.0	4.7	1.4	5.1
小学	1149.2	9.0	47.9	8.5

1994年小学分城镇农村的学校数和学生数 单位：万人

	学校数（所）	学生数		
		毕业生数	招生数	在校学生数
总计	682588	1899.59	2537.03	12822.62
城市	30194	264.75	307.33	1612.59
县镇	80682	328.08	412.68	2075.58
农村	571712	1306.76	1817.02	9134.45

1994年小学分办别教职工数 单位：人

	合计	专任教师数	行政人员数	工勤人员数	校办工厂、农场职工数
总计	6271397	5611324	471083	160525	28465
教育部门办	3954725	3444130	400358	94499	15738
其他部门办	405822	338353	35616	29537	2316
集体办	1895880	1816586	34292	34607	10395
民办	14970	12255	817	1882	16

1994年小学毕业生和初中毕业生升学率 单位：万人

小学毕业生升学率			初中毕业生升学率		
小学毕业生数	初级中等学校招生数	升学率（%）	初中毕业生数	高级中等学校招生数	升学率（%）
1899.59	1644.87	86.59	1152.60	551.33	47.83

1994年学龄儿童入学率及小学五年保留率 单位：万人

学龄儿童入学率			小学五年保留率		
全国学龄儿童总数	已入学学龄儿童数	入学率（%）	1990年一年级在校学生数	1994年五年级在校学生数	五年保留率（%）
11949.56	11758.16	98.4	2472.35	2004.61	81.08

1994年普通中学分城镇农村的学校数和学生数 单位：万人

	学校数（所）	学生数		
		毕业生数	招生数	在校学生数
总计	82358	1361.90	1859.75	4981.66
城市	12725	283.01	357.73	980.08
县镇	18496	387.11	503.54	1368.54
农村	51137	691.78	998.48	2633.04
高中	14242	209.30	243.39	664.80
城市	4954	69.56	83.50	229.78
县镇	5930	101.88	118.39	322.46
农村	3358	37.86	41.50	112.56
初中	68116	1152.60	1616.36	4316.86
城市	7771	213.45	274.23	750.30
县镇	12566	285.23	385.15	1046.08
农村	47779	653.92	956.98	2520.48

1994年普通中学分办别教职工数

单位：人

	合计	专任教师数			行政人员数	工勤人员数	校办工厂、农场职工
		计	初中	高中			
总计	4190692	3233707	2686868	546839	500507	378924	77554
教育部门办	3493449	2733801	2252417	481384	432378	279952	47318
其他部门办	409535	292425	229695	62730	57993	52268	6849
集体办	276815	200694	199835	859	8124	44948	23049
民办	10893	6787	4921	1866	2012	1756	338

1994年职业中学分城镇农村的学校数和学生数

单位：万人

	学校数（所）	学生数		
		毕业生数	招生数	在校学生数
总计	10217	107.62	175.28	405.61
城市	3442	40.34	64.93	159.71
县镇	3094	35.05	56.42	125.37
农村	3681	32.23	53.93	120.53
高中	8679	93.82	146.77	342.56
城市	3404	39.85	64.16	158.03
县镇	2958	32.62	51.86	115.82
农村	2317	21.35	30.75	68.71
初中	1538	13.80	28.51	63.05
城市	38	0.49	0.77	1.68
县镇	136	2.43	4.56	9.55
农村	1364	10.88	23.18	51.82

1994年职业中学分办别教职工数

单位：人

	合计	专任教师数			行政人员数	工勤人员数	校办工厂、农场职工
		计	初中	高中			
总计	415250	276615	25352	241263	69124	50520	18991
教育部门办	336276	231290	31185	200105	56401	37337	11248
其他部门办	60822	37571	364	37207	10804	9183	3264
集体办	14234	5920	3729	2191	531	3341	4442
民办	3918	1834	74	1760	1388	659	37

1994年中等专业学校分类别学校数和教职工数　　单位：人

	学校数（所）	教职工数					
		计	其中：专任教师				
			小计	高级讲师	讲师	助理讲师	教员
总计	3987	516535	247048	33118	94695	104630	14605
中等技术学校	3093	406553	187035	25754	75180	76672	9429
工业学校	959	167182	72709	10690	30010	28632	3377
农业学校	368	50084	22484	3081	7859	10105	1439
林业学校	52	8695	3681	539	1434	1561	147
医药学校	551	66425	30742	4895	13371	11515	961
财经学校	572	62351	30449	3414	11746	13783	1506
政法学校	146	14486	6175	593	2265	2944	373
体育学校	163	13143	6886	718	3012	2681	475
艺术学校	153	14579	8980	1223	3796	3202	759
其他学校	129	9608	4929	601	1687	2249	392
中等师范学校	894	109982	60013	7364	19515	27958	5176
其中：幼儿师范学校	67	8058	4271	620	1457	1829	365

1994年中等专业学校分科学生数　　单位：人

	毕业生数	招生数			在校学生数
		计	招高中毕业生数	招初中毕业生数	
总计	729106	1225412	220943	1004469	3197851
工科	173209	336919	55174	281745	904555
农科	35143	46950	5801	41149	151467
林科	7830	10527	904	9623	35443
医药卫生科	80407	125815	7861	117954	358160
财经	107464	203182	56378	146804	472328
管理	47878	124568	29612	94956	283056
政法	24802	34541	27486	7055	68490
艺术	11272	30540	2613	27927	77711
体育	10968	16825	167	16658	47269
师范	230133	295545	34947	260598	799372
其中：幼儿师范专业	16904	24314	467	23847	66536
特教师范专业	1510	1831	170	1661	5362

1994年普通高等学校规模 单位：所

学校数	300人及以下	301人至500人	501人至1000人	1001人至1500人	1501人至2000人	2001人至3000人	3001人至4000人	4001人至5000人	5001人及以上
1080	34	24	145	213	163	198	118	67	118

1994年普通高等学校设置专业数 单位：个

	合计	哲学	经济学	法学	教育学	文学	历史学	理学	工学	农学	医学
种数	772	8	33	22	16	106	15	72	391	54	55
点数	23973	88	3552	727	913	3728	525	2807	9387	1213	1033

1994年普通高等学校校数和教职工数 单位：人

	学校数（所）	教职工数						
		计	其中：专任教师					
			小计	教授	副教授	讲师	助教	教员
总计	1080	1040275	396389	28281	102114	168683	76573	20738
综合大学	70	144660	54868	4933	15986	22815	8741	2393
理工院校	297	406007	141734	10690	39180	60516	23819	7529
农业院校	59	67324	23595	1694	6219	9598	4710	1324
林业院校	11	10743	4039	314	1136	1768	669	152
医药院校	132	118591	44689	4972	10236	18265	9648	1568
师范院校	241	163913	72872	3113	17345	31318	16751	4345
语文院校	15	11697	4796	345	1319	2063	805	264
财经院校	83	49233	20477	989	4385	9580	4230	1293
政法院校	27	15257	5207	284	1027	2276	1192	428
体育院校	15	7340	3298	195	805	1428	799	71
艺术院校	31	12308	5664	444	1456	2176	1271	317
民族院校	12	10629	4486	163	1025	2154	897	247
短期职业大学	87	22573	10714	145	1995	4726	3041	807

1994 年普通高等学校分科学生数

单位：人

	毕业生数	招生数	在校学生数	
			人数	%
总计	637417	899846	2798639	100.00
哲学	2117	2043	7395	0.27
经济学	80981	143882	396534	14.17
法学	17650	30526	84998	3.04
教育学	35234	40487	117872	4.21
文学	92928	125070	350291	12.52
历史学	16794	15513	50616	1.81
理学	87845	99239	314651	11.24
工学	228922	344105	1117604	39.93
农学	27856	32876	111193	3.97
医学	47090	66105	247485	8.84

1994 年普通高等学校工科分大类学生数

单位：人

	毕业生数	招生数	在校学生数	
			人数	%
总计	228922	344105	1117604	100.00
地矿	9927	7758	36877	3.30
材料	10741	13729	48109	4.30
机械	48796	65003	224226	20.06
仪器仪表	6386	7852	27395	2.45
热能核能	5220	7147	23175	2.07
电工	24465	35022	117523	10.52
电子与信息	35410	76131	218520	19.55
土建	25310	42904	131063	11.73
水利	3654	4396	15932	1.43
测绘	1523	2097	7150	0.64
环境	2551	3148	10681	0.96
化工与制药	15026	21213	70910	6.35
轻工粮食食品	8443	11071	35056	3.14
农业工程	4197	5057	17819	1.59
林业工程	1561	1921	6318	0.57
纺织	5795	6758	23019	2.06
交通运输	5297	8246	26855	2.40
航空航天	902	1343	4856	0.43
兵器	151	448	1139	0.10
公安技术	478	716	2494	0.22
工程力学	646	831	2966	0.27
管理工程	12443	21314	65521	5.86

1994年分学科门类研究生数 单位：人

	毕业生数	招生数	在学研究生数
总计	28047	50864	127935
其中：博士生	3723	9038	22660
硕士生	24181	41718	104991
研究生班学生	143	108	284
哲学	454	649	1709
经济学	1967	4977	10803
法学	1296	2559	5817
教育学	540	954	2277
文学	1575	2549	6390
历史学	506	934	2238
理学	5521	8818	22782
工学	12463	22155	58016
农学	945	1943	4671
医学	2780	5326	13232

1994年幼儿园基本情况 单位：万人

	园数（所）	幼儿数	教职工数	
			计	其中：专任教师
总计	174657	2630.27	114.92	86.18
教育部门办	20645	814.62	25.30	20.10
其他部门办	23266	326.18	36.38	19.11
集体办	112462	1385.85	47.61	42.92
民办	18284	103.62	5.63	4.05

1994年盲聋哑学校和弱智儿童辅读学校基本情况 单位：人

	学校数（所）	学生数			教职工数	
		毕业生数	招生数	在校学生数	计	其中：专任教师
总计	1241	14319	39820	211404	33189	22713
一、盲聋哑学校合计	871	6608	14324	72181	24829	16211
1. 盲聋哑学校	120	1367	2650	13818	4699	3033
盲生部		181	398	1195	636	457
聋哑生部		1186	2252	12123	4063	2576
2. 聋哑学校	729	4528	9817	51525	18537	12187
3. 盲校	22	319	479	2138	1163	702
4. 普校附设盲聋哑班		394	1378	5200	430	289
二、弱智儿童辅读学校（班）	370	7711	25496	139223	8360	6502

1994 年成人高等学校基本情况　　单位：万人

	学校数（所）	学生数			教职工数	
		毕业生数	招生数	在校学生数	计	其中：专任教师
总　　计	1172	45.53	101.72	235.20	21.00	9.49
广播电视大学	46	9.99	22.14	53.64	443	1.95
职工高等学校	703	8.33	13.09	30.75	8.13	3.77
农民高等学校	4	0.01	0.05	0.07	0.03	0.01
管理干部学院	170	2.93	7.05	13.54	3.70	1.42
教育学院	245	6.16	8.73	23.06	4.57	2.26
独立函授学院	4	0.29	0.53	1.36	0.14	0.08
普通高等学校举办的						
1. 函授部		12.74	33.53	77.05		
2. 夜大学		4.38	12.81	29.87		
3. 成人脱产班		0.70	3.79	5.86		
总计中：电大普通专科班		2.39	7.72	15.21		

1994 年成人中等专业学校和技术培训学校基本情况　　单位：万人

	学校数（所）	学生数			教职工数	
		毕业生数	招生数	在校学生数	计	其中：专任教师
成人中等专业学校总计	4811	70.11	115.21	263.81	21.66	10.96
广播电视中等专业学校	152	12.61	22.61	56.77	1.84	0.92
职工中等专业学校	1827	20.70	37.15	81.88	7.61	3.75
干部中等专业学校	215	3.57	5.94	12.51	1.28	0.58
农民中等专业学校	492	5.26	9.67	21.44	1.89	1.10
函授中等专业学校	60	10.97	17.44	41.02	1.08	0.40
教师进修学校	2065	17.00	22.40	50.19	7.96	4.21
成人技术培训学校总计	344829	6625.38	5583.03	4757.83	37.94	15.10
职工技术培训学校	12377	592.61	605.73	438.02	7.87	4.11
农民技术培训学校	332452	6032.77	4977.30	4319.81	30.07	10.99

1994年成人中学基本情况 单位：万人

	学校数（所）	学生数			教职工数	
		毕业生数	招生数	在校学生数	计	其中：专任教师
成人中学总计	4756	56.16	50.52	60.62	3.73	2.05
职工中学	2024	36.69	27.47	31.92	2.46	1.31
高中	1622	23.61	23.54	28.60	2.19	1.17
初中	402	13.08	3.93	3.32	0.27	0.14
农民中学	2732	19.47	23.05	28.70	1.27	0.74
高中	671	4.66	4.82	6.25	0.51	0.34
初中	2061	14.81	18.23	22.45	0.76	0.40

1994年成人初等学校基本情况 单位：万人

	学校数（所）	学生数			教职工数	
		毕业生数	招生数	在校学生数	计	其中：专任教师
成人初等学校总计	163423	789.59	710.97	761.34	16.11	5.14
职工小学	1115	13.51	14.40	14.35	0.34	0.19
农民小学	162308	776.08	696.57	746.99	15.77	4.95
其中：扫盲班	112077	486.18	414.69	463.36	10.98	3.19

国家教委1994年教育事业发展统计公报

（1995年3月29日）

1994年，全国教育战线在中央“抓住机遇、深化改革、扩大开放、促进发展、保持稳定”的方针指导下，全面贯彻全国教育工作会议精神，各级各类教育事业取得进一步发展。据统计，当年全国国民教育总规模达到27740万人，比上年增加1523万人；小学净入学率98.4%，增长零点七个百分点；初中毛入学率73.8%，增长零点七个百分点；高中阶段毛入学率30.8%，增长二点四个百分点；大学毛入学率5.7%，增长一个百分点。教育发展的主要问题是：高等教育事业发展与办学条件投入不足的矛盾进一步突出；成人高校非学历教育培训人数继续下降；中小学教师减员人数上升。

义务教育与学前教育

小学阶段义务教育取得新的进展，小学入学率、巩固率提高，辍学率下降，男女童性别差降低，教师学历合格率略有提高，但教师流失率上升。

当年全国小学 68.26 万所，比上年减少 1.41 万所；招生 2537.03 万人，增加 183.55 万人；在校生 12822.62 万人，增加 401.38 万人；毕业生 1899.59 万人，增加 58.08 万人。小学学龄儿童入学率（按各地相应学龄学制计算）98.4%（7—11 周岁小学净入学率 98.7%），比上年增长零点七个百分点。其中男女儿童入学率分别为 99.0%和 97.7%，分别比上年增长零点五和零点九个百分点，男女性别差由上年的一点七个百分点降低到一点三个百分点。小学在校学生五年巩固率 81.08%，比上年增长二点二五个百分点。其中女学生五年巩固率 80.59%，增长二点一六个百分点。小学生辍学率 1.85%，比上年下降零点四二个百分点。其中男、女学生辍学率为 1.93%和 1.75%。小学毕业生升学率 86.59%，比上年增长四点六个百分点。

全国小学教职工 627.14 万人，比上年增加 5.3 万人。其中专任教师 561.13 万人，增加 5.97 万人。专任教师中，民办教师 181.66 万人，减少 11.31 万人，民办教师占教师总数 32.3%，比上年下降二点五个百分点。小学教师学历合格率 86.59%，增长一点九个百分点。小学生师比 22.9：1，比上年的 22.4：1 略有提高。小学教师流失 19.5 万人，占小学教师总数 3.52%，比上年增长零点八五个百分点。

初中阶段义务教育有一定发展，初中入学率、三年巩固率较上年有所提高，辍学率下降，初中毕业生升入高一级学校的升学率有较大提高，教师学历合格率提高，教师减员严重。

全国初中学校 6.96 万所，比上年减少 343 所。其中普通初中 6.81 万所，减少 299 万所；职业初中 1538 所，减少 44 所。初中招生 1644.87 万人，比上年增加 139.28 万人。其中普通初中招生 1616.36 万人，增加 137.42 万人；职业初中 28.51 万人，增加 1.86 万人。初中在校生 4379.9 万人，比上年增加 241.47 万人。其中普通初中在校生 4316.86 万人，增加 234.66 万人；职业初中在校生 63.05 万人，增加 6.81 万人。初中毕业生 1166.4 万人，比上年增加 17.71 万人。初中毛入学率 73.8%，比上年增长零点七个百分点。在校生三年巩固率 85.39%，增长二点七一个百分点。初中辍学率 5.1%，比上年下降二个百分点，其中男女学生辍学率分别为 5.8%、4.3%。初中毕业生升学率 47.8%，比上年增长三点七个百分点。

全国初中专任教师 272.23 万人，比上年增加 8.14 万人。其中普通初中 268.69 万人，增加 7.91 万人；职业初中 3.53 万人，增加 0.23 万人。专任教师中民办教师 19.98 万人，比上年减少 2.49 万人。民办教师占初中专任教师总数比重 7.4%，比上年下降一点二个百分点。

初中教师学历合格率 63.84%，比上年增长四点三个百分点。生师比 16.1：1，比上年的 15.7：1 略有提高。初中教师流失 14.1 万人，占初中教师总数的 5.42%，比上年增长一点五九个百分点。

全国中小学校舍建筑面积 81418.7 万平方米，比上年增加 2857.7 万平方米。其中危房 1664.8 万平方米，危房率 2.04%，比上年的1.95%有所上升。理科教学仪器设备、教学分组实验和图书配备达标的学校所占比例分别是：初中37.3%、33.6%和32.3%；小学19.8%、14.2%和25.9%，虽比上年有较大提高，但总体水平仍然较低。幼儿教育继续稳步发展。全国幼儿园17.5万所，比上年增加9460所，在园幼儿（包括学前班）2630.27万人，增加77.73万人。3—5周岁幼儿毛入园率41.0%，比上年增长四点九个百分点。幼儿园园长和教师共93万人，比上年增长三点五七个百分点。其中幼儿师范毕业教师占45.2%，比上年增长三点一个百分点。

特殊教育发展迅速。全国特殊教育学校1241所，比上年增加118所；招收残疾儿童3.98万人，增加0.63万人；在校残疾儿童21.14万人，增加4.28万人。其中在盲聋哑学校就读的学生6.70万人，在弱智儿童学校及辅读班就读的学生2.91万人，在普通学校特教班及随班就读学生11.53万人。残疾儿童毕业人数1.43万人，比上年增加0.26万人。

高中阶段教育

全国高中阶段学校（包括普通高中、职业高中、中等专业学校、技工学校、成人中专和成人高中）38442所，在校学生共1770万人，高中阶段毛入学率30.8%，比上年增长二点四个百分点。

各类中等职业技术教育进一步发展。在普通教育中各类中等职业技术学校招生和在校生占整个高中阶段教育的比重为58.3%和56.1%，分别比上年增长零点一个百分点和二点四个百分点。

普通高中在校生规模在连续多年下降后首次回升，辍学率降低，高中毕业生升入大学的比例有所提高，普通高中教师减少，教师学历合格率提高，办学条件有所改善。全国普通高中1.42万所，比上年减少138所；招生243.39万人，增加15.05万人；在校生664.8万人，增加7.89万人；毕业生209.3万人。辍学率3.85%，比上年下降二点一四个百分点。

高中专任教师54.68万人，比上年减少1.2万人。生师比为12.2∶1，比上年11.8∶1略有提高。高中教师学历合格率53.38%，比上年增长二点二九个百分点。普通高中图书、实验条件达标率有所提高。图书达标率43.5%，增长二点三六个百分点；理科实验设备达标率46.09%，增长三点五个百分点；教学实验分组达标率44.3%，增长三点九四个百分点；实验室建筑面积达标率47.35%，比上年增长三点三六个百分点；体育场馆面积达标率41.34%，增长一点八六个百分点。

职业高中进一步发展，专任教师学历合格率较低。全国职业高中8679所，比上年增加276所；招生146.77万人，增加11.89万人；在校学生342.56万人，增加36.21万人；毕业生93.82万人，增加5.83万人。

职业高中专任教师24.12万人，比上年增加1.26万人。教师学历合格率27.49%，增长一点四九个百分点。

职业中学办学条件有所改善。实验室建筑面积达标率25.35%，比上年增长二点七三个百分点；体育场院面积达标率23.77%，增长一点二四个百分点；理科实验设备达标率21.39%，增长二点七四个百分点；教学实验分组达标率20.60%，增长二点三二个百分点；图书达标率26.51%，增长一点八个百分点。

中等专业学校招生和在校生规模继续增长。全国普通中等专业学校 3987 所，比上年增加 23 所；招生数 122.54 万人，增加 7.65 万人；在校生 319.79 万人，增加 37.76 万人。其中中等技术学校招生 93.47 万人，增加 6.93 万人，在校生 241.4 万人，增加 31.57 万人。中等师范学校招生 29.07 万人，增加 0.72 万人；在校生 78.39 万人，增加 6.19 万人。

普通中等专业学校教职工 51.65 万人，比上年增加 0.52 万人。专任教师 24.7 万人，增加 0.72 万人。普通中等专业学校专任教师中具有本科以上学历的教师比例达到 62.11%，比上年增长一点零一个百分点。生师比由上年度的 11.8：1 提高到 13.0：1。其中中等技术学校从 11.6：1 提高到 12.9：1；中等师范学校从 12.4：1 提高到 13.1：1。

技工学校稳步发展。全国技工学校 4430 所，比上年减少 47 所；招生数 71.44 万人，增加 5.09 万人；在校生 187.09 万人，增加 13.19 万人；毕业生 55.68 万人。技工学校教职工 34.01 万人，增加 0.49 万人。其中专任教师 15.29 万人，增加 0.26 万人。

成人高中教育全面缩减。全国成人高级中学 2293 所，比上年减少 399 所；招生 28.36 万人，减少 3.7 万人；在校生 34.86 万人，减少 4.12 万人；毕业生 28.27 万人。其中职工高中 1622 所，比上年减少 414 所；招生 24 万人，减少 2 万人；在校生 29 万人，减少 3 万人；毕业生 24 万人。农民高中 671 所，比上年增加 15 所，招生 5 万人，减少 2 万人；在校生 6 万人，减少 2 万人；毕业生 5 万人。

成人中等专业学校有较大增长，全国成人中等专业学校 4811 所，比上年增加 28 所；招生 115.21 万人，增加 29.54 万人；在校生 263.81 万人，增加 57.05 万人，毕业生 70.11 万人。

高等教育

高等学校研究生教育继续发展，本专科教育规模进一步扩大，办学效益有所提高。

全国普通高等学校 1080 所，比上年增加 15 所。其中大学学院 627 所，比上年增加 1 所；高等专科学校和短期职业大学 453 所，增加 14 所。招收博士生的学校 198 所，招收硕士生的学校 401 所，招收本科生的学校 645 所，招收专科生的学校 1070 所。

全国培养研究生的单位 720 个。其中高等学校 402 个，科研机构 318 个。招收研究生 5.09 万人，比上年增加 0.87 万人。其中博士生 9038 人，硕士生 41718 人。在校生 12.79 万人，比上年增加 2.11 万人。其中博士生 22660 人，硕士生 104991 人。毕业生 2.8 万人。

普通高等学校招收本专科生 89.98 万人，比上年减少 2.42 万人。其中招收本科生 40.96 万人，增长 5.98%，招收专科生 49.02 万人，下降 8.8%。本专科比例为 1：1.2（上年为 1：1.39）。普通高校本专科在校生 279.86 万人，比上年增加 26.31 万人。其中本科在校生 151.7 万人，增长 7.03%；专科在校生 128.17 万人，增长 14.62%。本专科毕业生 63.74 万人。

全国普通高等学校教职工 104.03 万人，比上年增加 1.9 万人。其中专任教师 39.64 万人，增加 0.86 万人。专任教师中：教授 2.83 万人，副教授 10.21 万人，讲师 16.87 万人，助教 7.66 万人，教员 2.07 万人。

普通高等学校生师比进一步提高，由上

年的6.5：1提高到7.1：1。在校生平均规模由上年的2381人提高到2591人，平均每校增加210人。其中本科院校平均规模3418人，专科院校平均规模1338人。

普通高等学校校舍面积12357万平方米，比上年增加911万平方米。由于在校生规模大幅度增长而投入不足，生均校舍面积由上年的42.4平方米下降到40.9平方米。生均教学仪器设备值达不到规定标准的学校达70%以上。

全国成人高等学校1172所，比上年减少11所。其中广播电视大学46所，增加1所；职工高等学校703所，减少11所；农民高等学校4所，减少1所；管理干部学院170所，增加1所；教育学院245所，减少4所；独立函授学院4所；在836所普通高等学校中举办了函授部、夜大学。

成人高等学校招生大幅度增长，在校生规模扩大。全国成人高校招本专科生（含电大普通班）101.7万人，比上年增加15.43万人。其中招收本科生8.66万人，增长十三点九五个百分点；专科生93.07万人，增长十八点三二个百分点。本专科在校生235.2万人，比上年增加48.89万人。其中本科生22.79万人，增长二十五点八个百分点；专科生212.41万人，增长二十六点三一个百分点。

全国成人高等学校教职工21万人，比上年增加0.53万人。其中专任教师9.49万人，增加0.54万人。专任教师中，教授1133人，副教授19071人，讲师44676人，助教24512人，教员5557人。

成人高等学校校舍建筑面积2585万平方米，比上年增加291万平方米。生均校舍面积由上年的22.2平方米下降到21.2平方米。

成人培训与扫盲教育

中初等技术培训教育蓬勃发展，扫盲工作完成年度规划目标，成人高等学校非学历教育逐年减少。

全国成人技术培训学校34.48万所，比上年增加4.65万所。其中职工技术培训学校1.24万所，比上年增加2603所；农民技术学校33.25万所，比上年增加4.39万所。共培训结业6625.38万人次。其中培训结业职工592.61万人次，培训结业农民6032.77万人次。目前仍有4757.83万人在校学习，其中职工438.02万人，农民4319.81万人。

成人技术培训学校教职工37.94万人，比上年增加5.89万人。其中职工技术培训学校教职工7.87万人，农民技术培训教职工30.1万人。成人技术培训学校专任教师15.10万人，比上年增加4.03万人，其中职工技术培训学校专任教师4.11万人，农民技术培训学校10.99万人。

1991—1994年成人高等学校非学历教育每年平均以18.73%的速度递减。全国各类成人高校非学历教育结业人数133.7万人次，比上年下降十七点四个百分点。其中证书教育14.57万人次，岗位培训99.79万人次，大学后继续教育7.29万人次，其它11.92万人次。

成人初等学校5.13万所，比上年减少1650所；招生296.28万人，减少22.09万人；在校生297.98万人，减少17.71万人。教职工5.14万人，增加1.48万人。其中专任教师1.95万人，增加0.5万人。

全国扫盲学校（班）结业人数486.18万人，达到了九十年代平均年扫盲400万的国家规划目标。扫盲教育教职工人数10.98万人，比上年增加1.79万人。其中，专任教师3.19万人，比上年增加0.59万人。

一九九四年各级普通学校基本情况

表1 单位：万人

	学校数（所）	毕业生数	招生数	在校学生数	教职工数	
					计	其中：专任教师
总计	960653	3565.86	4865.35	21661.38	1395.99	1080.40
一、研究生	(720)	2.80	5.09	12.79		
1. 高等学校	(402)	2.59	4.72	11.82		
2. 科研结构	(318)	0.22	0.36	0.98		
二、普通高校						
本专科	1080	63.74	89.98	279.86	104.03	39.64
国家任务	·	51.23	58.23	199.30		
委托培养		7.74	18.43	48.24		
自费生		4.52	13.14	31.87		
教师本专科		0.25	0.18	0.45		
三、普通中等学校	101087	1598.30	2229.27	5894.70	546.58	391.18
1. 中等专业学校	3987	72.91	122.54	319.79	51.65	24.70
中等技术学校	3093	50.35	93.47	241.40	40.65	18.70
中等师范学校	894	22.56	29.07	78.39	11.00	6.00
2. 技工学校	4430	55.68	71.44	187.09	34.01	15.29
3. 普通中学	82358	1361.90	1859.75	4981.66	419.07	323.37
高　中	14242	209.30	243.39	664.80		54.68
初　中	68116	1152.60	1616.36	4316.86		268.69
4. 职业中学	10217	107.62	175.28	405.61	41.53	27.66
高　中	8679	93.82	146.77	342.56		24.12
初　中	1538	13.80	28.51	63.05		3.54
5. 工读学校	95	0.19	0.26	0.55	0.32	0.16
四、小学	682588	1899.59	2537.03	12822.62	627.14	561.13
五、特殊教育小学	1241	1.43	3.98	21.14	3.32	2.27
六、幼儿园	174657			2630.27	114.92	86.18

一九九四年各级成人学校基本情况

表 2　　单位：万人

	学校数（所）	毕业生数	招生数	在校学生数	教职工数 计	教职工数 其中：专任教师
总计	518991	7586.77	6561.45	6078.80	100.44	42.74
一、成人高校	1172	45.53	101.72	235.20	21.00	9.49
1. 广播电大	46	9.99	22.14	53.64	4.43	1.95
2. 职工高校	703	8.33	13.09	30.75	8.13	3.77
3. 农民高校	4	0.01	0.05	0.07	0.03	0.01
4. 管理干部学院	170	2.93	7.05	13.54	3.70	1.42
5. 教育学院	245	6.16	8.73	23.06	4.57	2.26
6. 独立函授学院	4	0.29	0.53	1.36	0.14	0.08
7. 普通高校举办		17.82	50.13	112.78		
函授部		12.74	33.53	77.05		
夜大学		4.38	12.81	29.87		
成人脱产班		0.70	3.79	5.86		
其中：电大普通班		2.39	7.72	15.21		
二、成人中等学校	354396	6751.65	5748.76	5082.26	63.33	28.11
1. 成人中专	4811	70.11	115.21	263.81	21.66	10.96
广播电视中专	152	12.61	22.61	56.77	1.84	0.92
职工中专	1827	20.70	37.15	81.88	7.61	3.75
干部中专	215	3.57	5.94	12.51	1.28	0.58
农民中专	492	5.26	9.67	21.44	1.89	1.10
函授中专	60	10.97	17.44	41.02	1.08	0.40
教师进修学校	2065	17.00	22.40	50.19	7.96	4.21
2. 成人中学	4756	56.16	50.52	60.62	3.73	2.05
职工中学	2024	36.69	27.47	31.92	2.46	1.31
农民中学	2732	19.47	23.05	28.70	1.27	0.74
3. 成人技术培训学校	344829	6625.38	5583.03	4757.83	37.94	15.10
职工技术培训学校	12377	592.61	605.73	438.02	7.87	4.11
农民技术培训学校	332452	6032.77	4977.30	4319.81	30.07	10.99
三、成人初等学校	163423	789.59	710.97	761.34	16.11	5.14
1. 职工初等学校	1115	13.51	14.40	14.35	0.34	0.19
2. 农民初等学校	162308	776.08	696.57	746.99	15.77	4.95
其中：扫盲班	112077	486.18	414.69	463.36	10.98	3.19

国家教委机构改革

按照《中国教育改革和发展纲要》的基本精神，为适应社会主义市场经济的需要，本着转变职能，理顺关系，精兵简政，提高效率的原则，国家教育委员会职能配置、内设机构和人员编制方案（即“三定”方案）经中央机构编制委员会办公室审核，国务院批准，国务院办公厅于1994年2月24日印发。

一、“三定”方案要求国家教委职能转变的具体内容是：

加强教育法制研究和建设的职能。加快教育法制建设，建立和完善执法监督系统，逐步走上依法治教的轨道。

进一步改进教育行政管理方式。以制订有关教育工作的方针、政策和各种相关的标准等为主要职能。加强统筹规划、宏观调控、协调指导、评估监督，同时改进教育拨款方式，建立新的拨款机制。

深化中等以下教育的体制改革，继续完善分级办学、分级管理的体制。对中等及中等以下教育的行政管理主要依靠地方政府实行统筹和管理。将制定教学计划、年度招生规模、确定教师职务限额等职能下放给地方政府。

深化高等教育体制改革。逐步建立政府宏观管理、高校面向社会自主办学的体制。对目前仍须由国家教委直接管理的高校，将专业调整、招生、基建设计审定、工资分配、用人制度、专业技术职务岗位设置和调整、校内机构设置、副校长级（不含副校长级）以下干部任免等工作，下放给学校，扩大学校的办学自主权，使学校逐步成为面向社会自主办学的法人实体。

建立健全教育行政决策和管理的支持机构，强化教育服务体系。充分发挥委属事业单位的作用，将教育管理决策的前期研究、教材审查、有关教育考试等一些业务性、技术性、辅助性的工作转移到相关的事业单位。

把委属企业推向市场，将经营自主权落实到企业，促进其发展。

二、国家教委是国务院主管全国教育事业的职能部门。主要职责是：（1）研究制订全国教育发展战略和教育工作的方针、政策、法规及重要规章制度并监督执行，研究教育理论等。（2）研究制订教育事业的发展规划，拟定教育事业的发展重点、规模、速度和步骤，指导、协调教育规划、计划的实施。（3）综合管理全国的基础教育、普通高等教育、职业技术教育、成人教育等工作，指导、协调各地区、各部门有关教育的工作，负责教育督导与评估。（4）参与国家经济体制和科技体制改革方案的研究和制定工作，并根据其基本精神和要求，统筹规划、协调指导教育体制和办学体制的改革，理顺教育内部和同外部的关系，建立适应社会主义市场经济体制和政治体制、科技体制需要的具有中国特色的社会主义教育体制及运行机制。

(5) 按照党中央、国务院确定的教育经费"两个增长"的原则，监测各地贯彻"两个增长"的执行情况；会同有关部委制订筹措教育经费、教育拨款、教育基建投资的方针、政策、法规，归口管理国外对我国的教育援助和教育贷款。(6) 会同有关部门制订教育系统劳动工资及人事管理工作的有关政策和规章制度，指导学校内部管理体制改革，统筹规划并指导各级各类教师和教育行政干部队伍的建设工作。(7) 指导各级各类学校的思想政治工作、德育工作、体育卫生与美育工作、国防教育工作。(8) 归口管理全国的学历教育及其考试工作，规划、指导大学后继续教育工作、成人自学考试工作、扫除青壮年文盲工作。(9) 改革高校的招生制度，会同有关部门制定普通高校、成人高校、中等专业学校以及研究生层次的招生指导计划并组织指导实施，会同有关部门改革高校毕业生就业分配制度，组织实施高校毕业生就业分配计划。(10) 组织高校承担国家重大科研项目并协调实施，规划、指导并推动教育系统的自然科学研究、发展高新技术及科研成果转化工作，规划并指导高校哲学、社会科学研究工作。(11) 归口管理教育系统对外交流，负责出国留学人员、来华留学人员等工作以及同港、澳、台地区的教育交流，负责实施教育对外智力开发援助计划。(12) 规划并管理国家教育管理情报、统计资料及信息系统的开发和建设工作。(13) 管理委属高校和委属企事业单位，指导有关的教育学会、协会、基金会等社团组织的工作；按照干部管理权限和程序，考核任免有关单位的主要领导干部。(14) 完成国务院交办的其他事项。

按国务院规定，管理国家语言文字工作委员会。

三、根据上述职责，国家教委设置18个职能司和机关党委。行政编制总数为748人。

1. **办公厅**：综合协调机关重要政务、事务，负责各类文件的运转和管理工作，负责党组会、办公会及委级工作会议的组织安排和会议议定事项的督办工作，负责文秘、信访、保密、保卫以及委机关行政事务工作。

2. **政策法规司**：负责教育发展、改革的总体规划和计划，起草综合性的教育法律、法规及有关文件，协调教育法律、法规体系框架建设的实施工作，指导教育体制、办学体制等综合改革的研究和试点工作。

3. **人事司**：负责教育系统人事、劳动工资的管理工作，统筹规划、协调指导各级各类教师和教育行政干部队伍建设工作，指导学校内部人事、劳动管理体制与分配制度的改革，主管委机关和直属单位的机构编制工作，考核、任免委属高校、直属企事业单位和代管单位的主要领导干部，管理委机关和驻外使（领）馆教育处（组）的人事工作。

4. **计划建设司**：制订教育事业发展的中长期规划及年度计划，统筹协调并制定普通高校招生计划；负责普通和成人高校、民办高校的设置、撤销、更名和调整的审核工作，负责高等学历教育布局、结构的调整；编制委属高校和直属事业单位的基建投资计划，管理教育基建补助专款；负责全国教育基本统计工作。

5. **财务司**：制订多渠道筹措教育经费、教育投资和教育经费管理体制的方针、政策和有关的法规、条例，负责全国教育经费投入情况的统计和有关教育经费："两个增长"执行情况的监测，编制委属单位教育事业经费和出国、来华留学人员经费的预决算，协调管理教育专项经费，统筹管理国拨外汇、赠援款和外资贷款，监督管理委属单位的国有资产。

6. **条件装备司**：编制教育技术装备及有关规范标准，负责教学科研物资保障、教材及图书资料出版、发行供应的协调工作，制订委属单位所需统配物资计划并负责办理其中的进出口审批手续，规划并指导教育电视台（站）建设工作，指导高校校办产业、后勤管理以及中小学勤工俭学工作。

7. **基础教育司（教育督导团办公室）**：综合管理全国基础教育工作，指导、推动9年义务教育的实施，指导基础教育结构及教学改革，参与研究基础教育体制的综合改革；制订基础教育评估标准和有关教学、教材建设的基本文件，规划、组织中小学统编教材的审定工作；参与中小学师资和校长队伍的建设与培训工作，指导中小学生德育工作和中小学教师的思想政治工作；协助教育督导团组织开展教育督导工作。

8. **高等教育司（国家教委直属高校工作办公室）**：综合管理全国高等教育教学工作，制订高等教育工作及各学科发展规划，指导高等教育教学改革，参与研究高等教育体制综合改革和普通高校的设置、撤销与调整工作，拟定高等教育评估标准、专业目录、教学及教材建设的基本文件，指导高校的专科生、本科生培养工作，参与研究高校师资队伍建设工作，指导高校师资培训工作，协助委属高校工作领导小组做好委属高校的综合协调工作。

9. **职业技术教育司**：统筹规划与协调全国的职业技术教育工作，拟定职业技术教育发展规划，参与研究职业技术教育体制综合改革并指导实施，研究制定职业技术教育的评估标准和指导性教学文件，规划、协调并指导职业技术教育教材的建设工作，参与研究职业技术教育师资队伍建设工作，指导职业技术教育师资培训工作，指导中等专业学校、职业技术学校学生和教师的思想政治工作。

10. **成人教育司**：统筹规划与协调全国的成人教育工作，拟定成人教育工作的发展规划及指导性教学文件，归口管理并规划、指导大学后继续教育、专业证书考试、社会力量办学的评估验收考试和学历认定考试等工作，指导扫除青壮年文盲工作，指导高等教育、中等专业教育自学考试工作及教育系统的广播、电视、函授等远距离教育教学工作。

11. **民族教育司**：综合管理并协调少数民族教育的特殊性工作，统筹规划和指导少数民族语言文字教材建设和少数民族师资培训工作，负责组织并协调对少数民族地区教育援助工作。

12. **师范教育司**：指导、推动师范教育教学改革，参与研究中小学师资队伍建设工作，统筹规划和指导中小学师资培训工作，拟定中小学师资学历达标的规划、计划并组织指导实施。

13. **社会科学司**：统筹规划与协调教育系统的哲学、社会科学、教育科学研究和马克思主义理论教育工作，组织、协调高等学校承担国家重大社会科学研究项目并指导实施。

14. **科学技术司**：统筹规划并指导高校的科技体制改革工作，拟定高校自然科学技术发展规划，组织高校承担国家重大科技研究项目和高新技术研究任务并指导实施，主管高校重点实验室、工程研究中心、重点学科建设以及委属高校的科技工作，指导高校科技成果转化和科技产业发展工作。

15. **思想政治工作司**：指导高校学生和教师的思想政治工作，制订加强思想政治工作和稳定学校局势的政策规定及对策，规划、指导高校思想政治工作队伍建设工作。

16. **高校学生司**：归口管理全国普通高校专科生、本科生、研究生及第二学位生的招生与学籍管理和毕业生就业分配工作，组织研究并指导实施有关招生和毕业生就业分配工作的改革。

17. **体育、卫生与艺术教育司**：归口管理学校体育、卫生健康教育和艺术教育工作，拟定有关“体、卫、艺”教育教学与学生体育竞赛的指导性文件，规划并指导有关的教材建设、专业师资培训工作，指导学校国防教育和大、中学生军训工作。

18. **外事司**：负责国际教育交流与合作，归口管理全国出国留学、国外来华留学、教育援外和教育外援工作，规划并协调指导教育对外宣传工作，指导驻外使（领）馆教育处（组）的业务工作，代表国家教委开展同港、澳、台地区的教育交流工作。

19. **机关党委**：负责国家教委机关和在京直属单位的党群工作。

另外有中央派驻、协调机构、离退休老干部机构及后勤服务机构6个。

四、国家教委内设机构司局级领导干部名单

专职委员：林炎志 郝克明 郭福昌 陶遵谦
副总督学：郭福昌（兼） 陈德珍
办公厅主任 张保庆
政策法规司司长 王茂根
人事司司长 陈文博
计划建设司司长 徐敦潢
财务司司长 钱一呈
条件装备司司长 李英惠
基础教育司司长 王文湛
（教育督导团办公室）
高等教育司司长 周远清
（国家教委直属高校工作办公室）
职业技术教育司司长 杨金土
成人教育司司长 董明传
民族教育司司长 韦鹏飞
师范教育司司长 金长泽
社会科学司司长 杨瑞森
科学技术司司长 左铁镛
思想政治工作司司长 朱新钧
高校学生司司长 王炽昌
体育卫生与艺术教育司司长 宋尽贤
外事司司长 何晋秋
机关党委书记 林炎志（兼）
专职副书记 邵仲康
审计局局长 覃立垣
纪检组、监察局局长 张 荣
国务院学位委员会办公室主任 王忠烈
中国联合国教科文组织全国委员会秘书处
秘书长 曹元聚
离退休干部局局长 王光义
机关服务中心（行政服务局）
主任 向自治

撰稿 王晓芜 关长空
审稿 李卫红

发布《中国档案分类法教育档案分类表》

为建立教育档案统一的信息分类检索方法，实现教育档案分类检索体系的规范化，更好地为发展我国教育事业服务，国家教委经过几年的反复研究、论证、试点，并经国家档案局批准，于 1994 年 7 月 26 日发布了《中国档案分类法教育档案分类表》（以下简称分类表）。

《分类表》由编制说明、主表、辅助表三部分组成。主表是教育档案分类的依据，下设 12 个二级类目：GE1 教育事业管理、GE2 基础教育、GE3 特殊教育、GE4 职业技术教育、GE5 高等教育、GE6 成人教育、GE7 师范教育、GE8 民族教育、GE91 国际教育交流与合作、GE92 科学研究、GE93 基本建设、GE94 仪器设备。在每个二级类目下，视其隶属关系和类集档案数量的多少进行展开和延伸，以达到细分的目的。辅助表的设置除采用《中国档案分类法》四个辅助表外，增设了“专业学科表”，以适应《分类表》类目与专业学科组配复分的需要。

《分类表》是《中国档案分类法》的有机组成部分，其基本原则、方法，适用于我国各个历史时期所形成的教育档案的分类。其主表适用于中华人民共和国成立以来所形成的教育档案的分类标引。

撰稿　杨文海
审稿　王庆林

信 访 工 作

〔**概况**〕　国家教委信访办公室 1994 年围绕教委的中心任务开展信访工作，努力为教育改革和发展服务。全年共受理人民群众来信 21673 件，比上年增长 9%；接待来访群众 4420 人，与上年同期相比基本持平；接待集体上访人员 32 批，共 320 多人；编发摘报、简报 43 期，发交办函 1400 件，重要信访问题当年结案率为 68%；长期在京上访滞留的上访老户有 7 人稳定在地方，信访工作有了新变化和新进展。

〔**国家教委重视信访工作**〕　为了密切和加强与人民群众的联系，国家教委领导在繁忙公务中，坚持亲自处理重要的人民来信，批阅信访材料，使很多重大疑难的信访问题得到较快的处理。国家教委信访办公室（简称“信访办”）根据重要的信访情况和问题编发的摘报简报，委领导批示28件，其中，朱开轩主任批示16件。1994年7月，信访办针对信访中反映一些地方学校乱收费严重的情况，及时编发摘报予以反映，朱开轩主任7月23日在该期摘报上批示：“请廉政办商教育报，反对乱收费问题恐要做长期治理，建议头版括出一角专门反映民情并有短评或按语，旗帜鲜明地反对不合理的违纪收费，可以点名但要核实。”国家教委领导对教师权益受侵害的信访案件尤为关注，对反映关于山西、河南、北京三省市教师被执法人员殴打致残致死未得到及时处理的94第21号摘报，朱开轩主任批示，“请以我委名义，分别致函三省市政府，请求核实查处。”国家教委副主任张孝文、韦钰在该期摘报上也作了批示。在中央有关部门、地方政府及司法机关的高度重视下，这几起殴打教师案件的直接责任者被依法惩处。针对信访办公室工作紧张辛苦、工作难度大的情况，朱开轩、张孝文、柳斌等领导多次给予鼓励和肯定。春节前夕，朱开轩主任与办公厅领导还与信访干部一起座谈。

〔**处理来信来访**〕 1994年，教育系统信访工作出现了许多新特点：历史案件大幅度下降，现实问题大幅度上升；维护自身权益问题、政策性问题、动态性问题、教育改革中的热点问题以及举报揭发等问题明显增多；出现信访总量增加，信访层次提高，疑难问题上升且一般思想疏导工作难以奏效，信访工作难度加大。（1）来信来访反映的主要问题是：拖欠教师工资，民师转正、待遇及老有所养，教师的公费医疗得不到保障，一些基层单位因管理不当出现的责任事故，举报揭发一些领导以权谋私，校舍纠纷和乱收费，高校招生，学籍及毕业生分配，职称评定及住房，老教师离退休后的待遇以及历史遗留问题等等。（2）妥善处理信访案件。信访办本着为人民办实事，实事求是的原则，按照教育部门管理权限，对信访问题逐件认真处理。对人民群众的一般性问题，做咨询、疏导及转办落实工作；对涉及政策方面的问题、教育改革中的热点问题和重要建议性的问题，加强综合分析和专题研究，及时编发摘报、简报，为委领导以及委内各司局提供信访信息；对一些重要信访问题和疑难案件，信访办通过直接立案查办，与有关部门联合办案，或发函交办到地方有关部门调查处理，并加强协调、催办，要求定期结案。（3）稳妥处理好集体上访。1994年，信访办接待处理集体上访群众32批320多人。人数批数均比上年增长160％。由于大多数集体上访都有一定的合理因素且人数多，涉及范围较大，有的上访者情绪比较激烈。信访办公室做到了及时热情接待，耐心听其申诉，稳定情绪，做好思想疏导工作。有的则根据反映情况与地方有关部门联系，提出建议，妥善落实。（4）做好上访老户的工作。为将长期滞留北京的上访人员稳定在地方，信访办公室多次研究处理办法和措施，先后派人赴黑龙江、河南、江苏、河北、山西、浙江等地与地方政府和教育行政部门研究协商稳定措施，并请辽宁、山东、河南等地教育行政部门负责信访工作的同志和一些基层政府的负责同志来京共同研究稳定办法。

〔**召开“三北”地区信访协作会**〕 为适应新形势需要，信访办公室于1994年6月6日至8日协助辽宁省教委在大连市召开了第四次“三北”（华北、东北、西北）地区教育信访工作协作会议。研究如何进一步加强省级教育部门的信访工作。国家教委办公厅负责同志传达了中央和国家教委领导关于做好信访工作的指示。会议总结了改革开放以来教育系统信访工作经验和当前信访工作中出现的新情况和存在问题，强调在新形势下如何加强省级教育部门信访工作意见。

国家教委信访办公室为加强教育战线信访工作联系，沟通情况，总结和推广信访工作先进经验，还于年初建立了一支75人的信访信息队伍，各省市、自治区、直辖市、计划单列市教育行政部门和委属高校都确定了信息员，及时反映本地区的信访情况。

〔**实施《引导群众逐级上访规定》**〕 为进一步贯彻中央、国务院提出的“分级负责、归口办理”的信访工作原则，在总结河南省教委试行群众逐级上访工作经验的基础上，国家教委制定下发了《关于教育系统引导群众逐级上访规定》，并于1994年8月首先在黑龙江、河北、河南、山东4省试行，方便了群众反映问题，加强了地方基层干部责任，密切党群、干群关系，促使信访工作逐渐向规范化、法制化过渡。

撰稿 刘德润
审稿 郑树山

中国妇女教育状况与对策

联合国在1992年决定于1995年在中国首都北京召开第四次世界妇女大会，这使中国妇女的状况备受世界关注。

新中国成立以后，中国《宪法》和其他法律规定妇女在教育方面享有与男子同等的权利。中国政府制定了男女平等的教育政策，采取了一系列有利于妇女受教育的措施。随着教育事业的发展，中国妇女教育取得了巨大的成就。

基础教育：建国四十多年来，中国初等教育规模迅速扩大，中等教育稳步发展，为女儿童、少年入学提供了根本保证。到1994年，全国有小学68.3万所，在校学生12822.6万人，其中，女生6035.3万人。与旧中国教育发展最高年份的1946年（小学28.9万所，在校学生2368.3万人，女生603万人）相比，分别增长2.4倍、5.4倍和10.0倍。全国有中学8.24万所，在校学生4981.7万人，其中，女生2207.0万人。与1946年（中学0.43万所，在校学生149.6万人，女生30万人）相比，分别增长19.0倍、33.3倍和73.6倍。在校学生中，小学女生所占的比例已达到47.1%，中学达到44.3%。全国形成了普及初等教育网，合理的学校布局，为女儿童就近入学提供了便利条件。1994年，全国7—11周岁的学龄儿童入学率已达到98.4%，其中女童入学率为97.7%，比解放前提高近80个百分点。全国普及初等教育的人口地区覆盖面已超过90%，在城镇及富裕的农村，女童、少年已普遍受到中等以上教育。

中等职业技术教育：1994年，全国有中等专业学校3987所，在校学生319.8万人，其中女生156.2万人，占29.5%；技工学校4583所，在校学生182.2万人，其中女生占40%左右；农业、职业中学10217所，在校学生405.6万人，其中女生193.8万人，占47.8%。中等职业技术教育的各类学校在校学生中女生的数量和所占的比重在各级各类学校中增长最快，比重最高。近年来，许多职业技术学校开设了妇女就业的专业，陆续创办了多所女子职业学校和高等女子职业学校，提高了女青、少年的入学率和就业率。与此同时，针对农村妇女的整体素质较低，不能适应农村经济发展和产业结构调整需要的状况，各地教育行政部门、妇联对农村妇女进行了多形式、多层次、多渠道、多规格的职业技术教育和实用技术培训。

高等教育：四十多年来，特别是中国共产党十一届三中全会以后，中国的高等教育事业迅速发展，为妇女进入高等学校深造创造了更多的机会。一系列政策和良好的学习环境，使在校女大学生的人数和占在校生的比例都有大幅度增长。1994年，全国普通高等专科以上学校有1080所，在校学生279.9万人中，有女学生96.4万人，占34.5%。学校数、在校学生数和在校女学生数与1947年相比，分别增加5.2倍、18.1倍和34.9倍。1994年，平均每万人口中，在校大学生和在校女大学生人数为23.6人和8.1人，分别是1947年的6.9倍和14.0倍。全国硕士研究生在校学生10.5万人中，有女学生3.1万人，占29.5%；取得硕士学位的研究生2.7万人中，有女硕士0.8万人，占29.6%；全国博士研究生在校学生2.3万人中，有女学生0.3万人，占13%；取得博士学位的研究生为0.6万人，其中女博士为0.067万人，占11%。

妇女扫盲教育：建国前，女性文盲占女性人口的90%以上。新中国成立后，中国政府开展了几次大规模、持久的全国性扫盲教育。根据妇女文盲比例大的现状，尤其重视扫除妇女文盲。经过普及教育和扫盲教育的共同作用，女性文化素质低下的状况有较大的改变。1990年第四次全国人口普查时，全国有15岁以上女性人口39915万人中，文化程度状况是：大学：480万人；高中（中专）：3496万人；初中：9671万人；小学（包括扫盲）：13496万人，分别占15岁以上女性总人口的1.19%、8.76%、24.23%和33.82%。总人口中的文盲率由建国前的80%以上降到了1990年的15.88%，女性文盲占女性总人口的比例由建国前的90%以上，1994年已降到30%左右。

各类学校在校生中女生数和所占比重 单位：万人

年代	普通高校		普通中学		普通中专		职业中学		小学	
	人数	%	人数	%	人数	%	人数	%	人数	%
解放前最高年份		17.8		20		20				25.5
1980	26.8	23.4	2180.1	39.6	39.2	31.5	14.8	32.7	6517.4	44.6
1985	51.1	30	1893.1	40.2	60.7	38.6	95.4	41.6	5986.2	44.8

续表

1987	64.7	33	2018.6	40.8	52.2	45.3	116.3	43.5	5821.8	45.4
1989	70.2	33.7	1887.3	41.4	98.8	45.4	125.7	44.5	5676.7	45.9
1991	68.3	33.4	1997.6	42.7	103.8	45.6	143.6	45.5	5654.6	46.5
1993	85.2	33.6	2071.7	43.7	133.7	47.4	169.4	46.7	5815.9	46.8
1994	96.4	34.5	2207.0	44.3	156.2	48.8	193.8	47.8	6035.3	47.1

中国妇女教育的基本经验是：（1）在《宪法》和《中华人民共和国妇女权益保障法》等国家及地方性法规、条例、文件中，对于妇女在各方面的正当权益作了明确的规定。依据法律和有关政策，关心妇女教育已成为各级政府的责任，使妇女在教育方面享有与男子同样的权利和义务，男女平等受教育原则在中国教育中逐步落实。与此同时，还进行了深入细致的思想发动工作，各地普遍制定乡规民约，促进女儿童的入学，使受教育者中妇女的数量和所占比重逐年提高。（2）各级领导重视妇女教育工作，将其列入党委和政府的议事日程，要求各部门协调配合，保障妇女的合法权益。绝大多数的省（市、区）成立了由政府领导，计划、教育、人事、劳动、妇联等部门以及用人单位参加的教育协调机构，初步形成了政府领导下有关部门分工协作、齐抓共管，定期布置、检查评估、总结经验和表彰先进的教育工作网络，保证妇女教育每个步骤和环节的顺利进行，促进了妇女教育的发展。（3）制定鼓励和优惠政策，为女性接受教育提供重要保障。对经济困难的女生减免杂费、提供食宿或给以生活补贴、资助学习用品、发助学金、开办免费的女子班或女子学校；各类专门学校适当对女性考生给以优惠；鼓励企业多招女工（生），以及和用人单位联合办学，签订合同等办法，为女生就业创造良好的条件；国家定期对普及九年义务教育和完成扫盲规划的县（市、区）进行评估验收和表彰奖励；中央和地方设立了专项奖励基金，对成绩突出的单位和对积极送女童入学的家长和积极组织女童入学的干部给以表彰和奖励等。（4）采取灵活多样的办学形式，为女童就近入学和妇女参加职业技术培训及扫除妇女文盲创造条件。中国经济、教育发展不平衡，自然地理环境、居住条件差异很大，为保证女儿童入学，各地在举办全日制小学的同时，还举办只开设语文、数学两科或四科基础课的简易小学、半日制、隔日制、巡回制小学等。在一些地区，开办女童班，在学习文化知识的同时，学习一到两项实用技术。通过县、乡、村三级培训机构，实行短期与系统学习相结合，以短期为主的形式进行职业技术教育和实用技术培训。针对妇女文盲多的状况，在正常开展扫盲教育的同时，还开展一些以扫除妇女文盲为主的阶段性、地区性的扫盲工作。根据妇女心理特点和一些地区的民族习惯，专门举办姑娘班、媳妇班、妈妈班等妇女扫盲班；在教学方面，编写适合妇女学习的扫盲教材和扫盲后读物，采取课堂集中教学、见物识字、注音识字、个别辅导等形式，均收到好的效果。（5）利用各种新闻媒介、会议、政府领导发表广播、电视讲话等，广泛开展舆论宣传，使政府及有关部门人员了解国家和地方有关教育的法规、政策，提高依

法执教的自觉性。通过宣传推广各地、各部门发展妇女教育的好经验、好做法，起到“拨亮一盏灯，照亮一大片”的作用，使更多的单位和个人为妇女教育做贡献，动员社会各界关注、共同参与教育工作，从而为妇女教育创造良好的社会环境。与此同时，各级政府对广大妇女进行了“自尊、自信、自立、自强”教育，通过各种途径，提高妇女的社会地位和自身素质，激发女性参加学习的积极性。

妇女教育存在的主要问题是：(1) 从全国来说，女儿童入学率低于男童，在未入学的适龄儿童中，女童占多数，特别是经济发展较慢和地理环境不利的西南、西北地区，有些省女童的入学率还很低。据抽样调查，中小学女生辍学率高于男生，在辍学的儿童中，因家庭经济困难而辍学的儿童约占一半，绝大部分又是女性。(2) 女性受教育程度低于男性，且女性知识人口中，小学毕业的人占大多数。在高等学校中，女大学生，特别是女硕士、女博士的比例仍然偏低。(3) 现有妇女文盲、半文盲的人数和占女性人口的比例高。中国部分少数民族只有语言没有文字，致使部分少数民族妇女由于不懂汉语，成为新的文盲，加上每年未入学和中途辍学的女儿童，扫除妇女文盲的任务仍然十分艰巨。

中国妇女教育的目标是：根据中国社会主义现代化建设的战略部署和中国教育发展的总目标，力争到本世纪末，在全国总人口85%的地区普及九年义务教育，初中阶段入学率达到85%左右，实现在初等教育阶段适龄女儿童都能按时入学接受教育，每年女童失学率不超过2%，辍学率控制在2%以下；使绝大多数的适龄女少年按时入学接受中等教育或接受不同年限的职业技术培训；实现城镇妇女70%接受岗位培训、职业培训，农村妇女50%接受实用技术培训的目标；随着高等教育的发展，使妇女进入高等学校的人数大大增加；到本世纪末，全国青壮年中的文盲率降到5%以下，基本扫除青壮年妇女文盲。

根据以上目标所采取的对策与措施是：进一步加强领导，发动和依靠社会各方面力量办好妇女教育，除继续采用过去一些行之有效的办法外，还将采取下列措施：(1) 各级政府在运用法律手段的同时，加强宣传教育，增强群众的法制观念，并通过检查、监督和奖惩制度，使家长按时送女童入学，受完规定年限的教育；学校为女儿童入学提供良好的受教育环境、依法办学；社会保障女童受教育的权利不受侵犯，各界人士密切合作，家庭、学校、政府各尽其责。国家将进一步完善和制定有关政策和法规，特别是要制定鼓励企业、学校平等招收女工、女生的政策，使妇女的合法权益得到充分的保障。(2) 深化中等以下教育体制改革，继续实行分级办学、分级管理。抓住社会参与这个环节，发动和依靠群众，形成全社会关心重视妇女教育的局面。国家将重点加强农村、山区、边疆、少数民族地区的妇女教育工作，逐步缩小他们与发达地区的差距。国家将对贫困地区采取经济扶持政策，每年拨出专款重点帮助西部地区改善小学校舍、增加布点，以保证女童就近入学。(3) 积极发展第三产业和职业技术教育，拓宽妇女入学、就业的渠道。职业技术教育的各类学校将根据社会的需要和女性的特点，适时调整专业（工种），发展第三产业专业，并开辟适合女性的新专业（工种），增加妇女入学和就业的机会，增强其劳动素质和就业竞争能力。与此同时，将加强对女性考生、考工人员的择业指导，加强对女青年的宣传和教育，转变她们的升学和择业观念，教育她们从实际出发，根据国家生产建设的实际需要和本人条件，正确选择专业和工种岗位，逐步改变目前妇女存在的大量结构性的待业现象，改变在招生中各专业（工种）之间冷门和热门考生量相差悬殊的状况。（4）进一步为妇女创造接受高等教育的条件。九十年代，在合理调整结构，大力提高质量和效益的基础上，高等教育扩大规模的重点是高等专科教育和高等职业教育，注意培养广大农村、中小企业、乡镇企业和第三产业所需要的人才，这将为妇女进入高等学校深造提供更多的机会，使越来越多的妇女培养成为经济建设需要的高、精、尖人才。（5）继续坚定不移地贯彻国务院《扫除文盲工作条例》，把扫除妇女文盲作为全国扫盲工作的重点。加强各级政府对扫除妇女文盲工作的领导，要因地制宜，分类指导，加强妇女扫盲工作的组织管理。对经济、教育较差的地区，在政策和资金等方面进一步实行倾斜，以保证妇女扫盲目标的实现。广泛开展扫除妇女文盲的舆论宣传，破除重男轻女思想的影响，在全国开展妇女“学文化、学技术，比成绩、比贡献”活动和巾帼扫盲表彰活动，提高文盲妇女的学习信心和积极性，创造一个社会各界人士都来关心、支持和参与扫除妇女文盲的社会环境。加强妇女扫盲教育的理论研究和教材、教学内容改革，研究编写适合妇女扫盲和农村成人脱盲人员巩固提高的教材和读物。（6）加强妇女教育的国际合作与交流，积极主动争取国际社会和组织对中国妇女教育事业的关心和支持。建立和完善与国际接轨的妇女教育统计指标监测体系，进一步提高妇女教育统计信息工作的水平。开展妇女热点问题的调查和研究，做好妇女教育的科学研究工作。

撰稿　杨晓青
审稿　徐敦潢

基础教育

义务教育

〔**概况**〕 1994年，在全国教育工作会议上，确立了本世纪末在全国85%的人口覆盖地区普及九年义务教育（以下简称“普九”）的战略目标和任务，并确定了实施“普九”步骤的“五、四、三”方针。“五”即五条原则：(1) 积极进取，实事求是，分区规划，分类指导；(2) 分步推进，在普及小学教育的基础上，再普及初中阶段的义务教育；(3) 坚持标准，注重质量，特别是普及程度、师资队伍标准不能降低标准要求；教学设施、图书、教学仪器、体育器材等方面应基本保证；(4)“普九”重点是初中，适当扩大现有初中规模，加大农村初中改革力度；(5)“普九”难点在贫困地区和少数民族地区，对这些地区要因地制宜，区别对待，不搞“一刀切”。“四”即全国按经济发展不同程度划分为四类地区。“三”即在实施步骤上，全国四类地区分三步实施（三步走）：第一步（1994—1996年），在40——45%人口覆盖地区，即城市和经济发展程度较高的农村基本“普九”；第二步（1997—1998年），在60—65%人口覆盖地区，即部分中等发达程度地区基本“普九”；第三步（1999—2000年）在85%人口覆盖地区，即增加了余下的中等发展程度地区和贫困地区中条件较好的5%人口覆盖地区“普九”。贫困地区余下的10%人口覆盖地区继续发展和巩固“普五”或“普六”，5%的特别贫困人口地区通过正规或非正规教育，普及3——4年小学教育（其中包括简易小学教育）。

截止1994年底，全国除海南、内蒙、云南、西藏外，已有26个省、自治区、直辖市召开了省一级教育工作会议。在各省教育工作会议上，将本世纪末基本实现“两基”的战略目标作为今后一个时期教育发展的“重中之重”，并出台了一系列相应措施，同时，还按照全教会确定的“普九”原则和步骤，进一步修订了本省实施规划。

国家教委根据分区规划、分类指导原则，于今年10月份在吉林省长春市召开有北京、天津、上海、辽宁、吉林、山东、江苏、浙江、广东九省、直辖市教委（局）主管基础教育负责人参加的“普九”工作汇报会议。会议期间，9个省、市汇报了贯彻全教会情况，交流了“普九”规划、措施和经验。会议研讨了“普九”工作中若干政策性问题。会上宣布经国家教委评估检查，北京、天津、上海三大市已经达到现阶段普及九年义务教育和扫除青壮年文盲的要求，率先全面实现了“普九”。

根据1994年统计，全国学龄儿童入学率为98.4%，其中女儿童入学率为97.7%。普通初中毛入学率为73.8%；初中留级率分别为2.92%和0.63%。小学、初中在校生辍学率分别由上年的2.19%和5.78%，下降到1.85%和5.11%。

撰稿　吴树琴
审稿　王文湛

〔颁发义务教育评估验收办法〕　国家教委于1994年9月正式颁发《普及义务教育评估验收暂行办法》(以下简称《暂行办法》)。国家教委于1993年制订并下发了《普及九年义务教育评估验收办法（试行)》。此后，各省、自治区、直辖市人民政府把评估验收“普九”县（市、区）的工作列入重要议事日程，统一部署，加强领导，使工作顺利开展。为了更好地推动“普九”工作健康发展，国家教委根据试行情况和各地的意见，对《普及九年义务教育评估验收办法（试行)》进行了修改。修订后的《暂行办法》进一步强化了国家的宏观指导，扩大了地方的管理权限，针对各地发展水平不平衡的特点，强调区别不同类型地区提出具体标准和要求，增强了适应性，同时对表彰奖励和处罚做出了原则规定。

国家教委要求各省、自治区、直辖市要根据《暂行办法》的精神，修订本地区的评估验收办法，要坚持并正确掌握“普九”标准，实事求是地制定有关省级评估项目的指标要求，适时组织评估验收。

到年底，以县（市、区）为单位的评估验收工作在全国有步骤、有计划地进行。至1994年10月，全国有27个省、自治区、直辖市的554个“普九”县（市、区）评估验收合格。预计到2000年，将在全国85%人口地区实现“普九”。

撰稿　唐淑芬
审稿　王文湛

〔实施贫困地区女童教育项目〕　1994年，国家教委基础教育司与联合国儿童基金会北京办事处商定，在陕西、甘肃、宁夏、青海、云南、贵州、四川、广西、安徽等9省(区)，101个县，152个乡，2039所学校开展一项为期两年的“促进贫困地区女童教育项目”。该项目是针对我国女童入学率低于男童的状况而开展的。据1993年统计，全国小学女学龄儿童入学率为96.82%，但是，在西部贫困地区、少数民族聚居地区，女童入学率低、辍学率高的问题相当突出，引起了国内外的广泛关注。该项目的最终目标是：加强101个贫困县的初等教育，缩小男女儿童在入学率和辍学率方面存在的差异，实现初等教育的普及。

为按期实现项目目标，各级项目执行机构采取了以下措施：

(1) 加强领导，建立项目管理机构。中央和省、县、乡各级教育部门均已成立了项目领导小组，由主管领导兼任项目主任，有关部门和科研单位人员参加，1994年，召开了项目主任会议，培训项目管理人员。(2) 开展宣传教育活动，优化教育环境。针对女童教育存在的困难和阻力，各地教育部门联合妇联、共青团、公安、司法、关工委、电视台及宗教局等部门，利用各种会议、广播电视、板报标语、资料印发等多种形式，向社会、家长反复宣传《义务教育法》、《妇女权益保障法》、《未成年人保护法》，宣传女童与男童一样享有同等受教育的权力和义务。各项目县、乡、村开展宣传教育活动共2583次，受教育面达403795人次，家长送女童入学的积极性明显提高。(3)培训项目乡小学校长和女教师，提高他们对女童教育重要性的认识，改进女童教育工作。1994年，共开展此类培训500余次，使项目学校骨干教师、女教师都接受了不同层次的培训。(4)增加政府投入，同时广泛动员社区、家长集资改善办学设施，为女儿童入学创造基本条件。(5)坚持多种形式办学，实行正规教育与非正规教育相结合，为不同条件家庭的女儿童提供入学机会，同时实行减免杂费或助学金制度。(6)进行教材教法改革，编写与当地社会、经济发展相关的、适合女童需要的乡土教材。

撰稿　陈　莉

审稿　王文湛

教 学 工 作

〔**调整新工时制课程计划**〕　为了执行国务院颁布的每周44小时工作制的规定，国家教委在调研和论证的基础上，对《九年义务教育全日制小学、初级中学课程计划（试行）》和《现行普通高中教学计划的调整意见》进行了调整。这次调整在保持全日制中小学教学（课程）计划的课程结构不变的前提下，适当调整了各类课程的课时，减少了周课时总量。调整后的课程计划于1994年秋季开始实行。少数不具备条件的地方，推迟到1995年春季开学实施。民族小学、初级中学的课程（教学）计划，由有关省、自治区、直辖市教育委员会、教育厅（局）参照国家教委下发的调整意见，结合民族地区的实际进行调整。

调整后的课程（教学）计划如下表：

调整后的九年义务教育“六、三”学制

全日制小学、初级中学课程安排表

课程			小学一	小学二	小学三	小学四	小学五	小学六	初中一	初中二	初中三	小学课时合计	初中课时合计	九年课时合计
国家规定课程	学科类课程	思想品德	1	1	1	1	1	1				204		404
		思想政治							2	2	2		200	
		语文	9	9	9	8	7	7	6	5	5	1666	534	2200
		数学	4	5	5	5	5	5	5	5	4 *	986	468	1454
		外语（Ⅰ）							3	3			204	204
		外语（Ⅱ）							4	4	4		400	400
		社会				2	2	2				204		557
		历史							2	2	2		200	
		地理							3/2	2			153	
		自然	1	1	1	1	2	2				272		685
		物理								2	3		164	
		化学									3		96	
		生物							2/3	2			153	
		体育	2	2	3	3	3	3	2	2	2	544	200	744
		音乐	2	2	2	2	2	2	1	1	1	408	100	508
		美术	2	2	2	2	2	2	1	1	1	408	100	508
		劳动			1	1	1	1				136		336
		劳动技术							2	2	2		200	
		周学科课时	21	22	24	25	25	25	29 *	29 *	25 *	4828	2772 *	7600 *
	活动类课程	晨会（夕会）	每天10分钟											
		班团队活动	1	1	1	1	1	1	1	1	1	204	100	304
		科技文体活动	4	4	3	2	2	2	2	2	2	578	200	778
		周活动课时	5	5	4	3	3	3	3	3	3	782	300	1082
地方安排课程			1	1	2	2	2	2	1	1	5 *	340	228 *	568 *
周课时总计			27	28	30	30	30	30	33 *	33 *	33 *	5950	3300 *	9250 *

说明：“ * ”　表示外语课按水平Ⅰ开设的课时数。如果外语课按水平Ⅱ开设，则初三数学周课时数为5；初一至初三周学科课时数都是30，初三地方安排课程课时数为1，地方安排课程初中合计为100课时，九年合计为440课时；初一至初三周课时总计数都为34节，初中课时合计为3400节，九年课时合计为9350节。

调整后的九年义务教育“五、四”学制
全日制小学、初级中学课程安排表

课程		学段/年级（周课时）	小学 一	小学 二	小学 三	小学 四	小学 五	初中 一	初中 二	初中 三	初中 四	小学课时合计	初中课时合计	九年课时合计
国家规定课程	学科类课程	思想品德	1	1	1	1	1					170		438
		思想政治						2	2	2	2		268	
		语文	10	10	9	9	9	4	5	5	5	1598	636	2234
		数学	5	8	6	5	6	4	4	4	4	952	536	1488
		外语（Ⅰ）						4	4				272	272
		外语（Ⅱ）						4	4	4	4		536	536
		社会			2	2	1					170		578
		历史						2	2	2			204	
		地理						3	3				204	
		自然	1	1	1	2	2					238		738
		物理								2	3		164	
		化学								2	2		132	
		生物						2	2	2			204	
		体育	2	2	2	2	2	3	2	2	2	340	302	642
		音乐	2	2	2	2	2	1	1	1	1	340	134	474
		美术	2	2	2	2	2	1	1	1	1	340	134	474
		劳动			1	1	1					102		370
		劳动技术						2	2	2	2		268	
		周学科课时	23	24	26	26	26	28	28	25＊	22＊	4250	3458	7708
	活动类课程	晨会（夕会）	每天10分钟											
		班团队活动	1	1	1	1	1	1	1	1	1	170	134	304
		科技文体活动	3	3	2	2	2	3	2	2	2	408	302	710
		周活动课时	4	4	3	3	3	4	3	3	3	578	436	1014
地方安排课程			1	1	1	1	1	1	2	5＊	8＊	170	528	698
周课时总计			28	29	30	30	30	33	33	33	33	4998	4422	9420

说明：“＊”表示外语课按水平Ⅰ开设的课时数。如果外语课按水平Ⅱ开设，则初三、初四周学科课时数分别为29节和26节，地方安排课程初三、初四分别为1课时和4课时。

调整后的普通高中教学计划

课程 \ 年级 课时	高一	高二	高三	授课总时数
政治	2	2	2	184
语文	4	3/4	5	375
数学	4	4	5	392
外语	4/5	4		289
物理	3	3/2		187
化学	3/2	3		187
生物		3		102
历史	2	2		136
地理	3			102
体育	2	2	2	184
艺术（音乐 美术）	1	1		68
劳动技术	每学年4周，共12周。			
社会实践活动	每学年安排2周。在劳动技术课、课外活动或学科教学活动的时间内安排。			
每周必修课总课时数	28	27	14	2206
选修课	2	2	15	
课外活动	5（体育锻炼3 其它2）	同左	同左	
周活动总量	35	34	34	

撰稿　杨秀梅

审稿　马　立

〔**小学生学习质量抽样调查**〕　1994年12月国家教委基础教育司牵头的“小学生学习质量抽样监测”项目完成总报告的撰写。

小学生学习质量调查，是联合国教科文组织、联合国儿童基金会根据世界全民教育大会的行动计划，在20个发展中国家开展的“监控全民教育目标”的项目，该项目要求：各国政府通过参与项目活动，探索一种简便、可行的对义务教育质量进行监控的方法；帮助各国建立、培训国家级的监控队伍并对他们提供技术支持，以便在这些国家能长期地进行全民教育目标监控。

这次测查对象为全日制六年制小学中的四年级与六年级的学生。根据《中国教育统计年鉴》的数据，我国各省、自治区、直辖市中全日制六年制小学占80%以上的有21

个，按地理区域将这21个省、市、自治区划分为六个组，抽取吉林、河北、陕西、江苏、湖南、云南、广东、四川8个省为样本省。又按地域、经济状况划分为大城市、县级市、非山区（平原或丘陵）县、山区县四种类型。省会作为该省大城市的代表为必选样本，其他三类按每省学生占八省小学生总体的比例，采取分类整群抽样的办法抽选3—5个。共抽选44个样本县市。

样本学校的抽取采用比例概率抽样（PPS）方法，共抽取1305所小学。

用随机数表在每所样本学校的四、六年级各抽取20名为样本学生参试。8个省共抽选49020名学生，其中四年级学生24580人，六年级学生24440人。根据统计规律，在理论上，用测查数据所做的推断误差控制在5%以内。

这次调查测试包括语文、数学、生活技能等三方面内容，根据我国九年义务教育六年制小学 语文、数学、自然、体育、社会、劳动、思想品德等七门学科教学大纲的基本教学要求和教科文组织提供的参考题，按水平测查要求制定的测试卷。由于"生活技能"在我国未单独设课，而国际上通常是从健康与营养、环境、日常生活三个方面进行"生活技能"的测试，"生活技能"测试卷是从我国小学开设自然、体育、社会、劳动、思想品德等的教学大纲中选择相关内容形成的。测查的总体结果见下表

语文、数学、生活技能测查结果统计

	语文		数学		生活技能	
	四年级	六年级	四年级	六年级	四年级	六年级
平均正确率（P）	81.86%	81.50%	90.91%	90.43%	69.52%	67.64%
标准差 （S）	13.64	12.18	8.56	9.08	16.32	14.04
合格率	81.50%	83.10%	92.40%	89.70%	79.10%	79.80%

从调查数据分析，学生对小学阶段语文、数学方面的基础知识、基本技能掌握得较为扎实，学生在综合运用知识的能力、解决实际问题的能力等方面的发展与教学大纲要求相比，尚有不足。

"生活技能"受纸笔测查手段的限制，不能有效地反映操作技能的状况，但从调查结果显示，大多数学生基本达到了五科教学大纲中有关生活技能内容部分的要求。

撰稿 沈白榆

审稿 马 立

〔**开设中学职业指导课**〕 在现行《九年义务教育全日制小学、初级中学课程方案》中，在初中阶段和《现行普通高中教学计划的调整意见》中都提出了开设"职业指导课"的要求。它的任务是，帮助和引导学生了解社会，了解职业和专业；了解自己的生理、心理、兴趣、才能和体质等特点；教育学生正确处理国家、社会需要和个人志愿之间的关系，增强职业意识和对未来职业的适应能力，使学生能够正确地选择符合社会需要及其身心特点的职业或专业方向。

在普通中学开展职业指导课是落实人力资源合理配置的一项措施，有助于"教育为社

会主义建设服务”方针的落实。国家教委基础教育司于1991年在部分省、市进行了中学职业指导试验。上海市在240所中学开展了职业指导的试验，占全市中学总数的三分之二。试验表明，开展职业指导工作改变了学校传统教育封闭的状态，对克服片面追求升学率和转变狭隘的人才观，对沟通教育和职业的关系，提高教育的社会效益，进一步为经济建设服务，提供多层次的人才是十分有益的。北京市东城区教科研中心德育研究室重点探讨了“职业指导与德育相结合”的问题，为新时期的德育拓宽了内容，注入了活力，增强了实效。江苏省无锡县天一中学，研究了农村中学开展职业指导如何为当地经济建设服务的问题。

在试验的基础上，国家教委于1994年9月13日制订了《普通中学职业指导纲要》，下发到各省、自治区、直辖市教育部门试行。《指导纲要》的内容主要有四个方面：职业指导的原则；职业指导的目标和内容；职业指导的途径和方法；实施职业指导的领导和管理。

《指导纲要》下发后，吉林、湖北等省教委已转发，并提出了具体的实施要求；河南省已开始师资培训工作；人民教育出版社及北京、四川、吉林、江苏等省、市已编写了职业指导教材。

撰稿 鲁 纹
审稿 马 立

〔**宋庆龄奖学金**〕 1994年7月首届宋庆龄奖学金在上海颁发。

为了纪念国家名誉主席宋庆龄同志，弘扬宋庆龄同志为中华民族、为少年儿童奉献毕生精力的高贵品质，鼓励少年儿童热爱祖国、刻苦学习、努力锻炼，早日成为有理想、有道德、有文化、有纪律的跨世纪的人才，国家教委、中国福利会共同设立了“宋庆龄奖学金”，以表彰、鼓励全国少年儿童中思想品德、文化、艺术、体育、科技等方面的成绩优秀者。“宋庆龄奖学金”每三年颁发一次，每届评选获奖学生300名。

宋庆龄奖学金获得者基本条件是：热爱共产党、热爱人民、热爱社会主义祖国；勤奋学习；关心集体、助人为乐、尊敬师长；并在德、智、体、美、劳某一方面有突出成绩者。具体分类要求如下：

(1) 思想品德类：能严格要求自己，品德高尚，表现突出，有群众基础，在社会上有一定影响者。

(2) 文化类：在文化基础知识学习、运用方面成绩突出，在国际、全国、省（自治区、直辖市）各类竞赛评比活动中成绩优异者。

(3) 艺术类：在音乐（声乐、器乐）、舞蹈、戏剧、演讲、书法、绘画、文学创作等方面有显著成绩，在国际、全国、省（自治区、直辖市）各种竞赛、表演活动中成绩优异者。

(4) 体育类：在各种体育（包括教育部门组织的体育锻炼活动、游戏活动）竞赛活动中成绩优异者。

(5) 科技类：在爱科学、学科学、用科学方面成绩突出的；有科技小发明的；在国际、全国、省（自治区、直辖市）的科技竞赛活动中成绩优异者。

获得1994年首届奖学金的300名优秀学生在颁奖会上领取了证书和奖金。

撰稿 陈 纲
审稿 曹胜利

〔**学生竞赛、评奖管理**〕 为了正确引导面向全国中小学生的各项竞赛、评奖等活动的健康发展，国家教委于1994年7月6日颁发了《关于进一步加强中小学生竞赛、评奖活动管理的通知》对有关竞赛活动作了具体要求：(1) 中小学生竞赛、评奖等活动要坚持学校和学生自愿参加的原则。开展竞赛活动要以基层和学校为主，面向大多数中小学生。(2) 凡以中小学生为对象的竞赛、评奖等活动，均实行教育部门归口管理、严格履行报批手续。小学原则上不举办全国性或跨省（区、市）的竞赛、评奖活动。举办全国性或跨省市的中学生竞赛活动，主办单位须将竞赛方案报国家教委有关司（局）批准后，方可进行。(3) 经批准的中小学生竞赛、评奖等活动，举办单位须按批准方案实施，并接受教育行政部门的监督、指导。竞赛活动结束后，将结果报有关教育部门备案。(4) 各省（区、市）教育行政部门要根据国家教委有关司（局）的正式批文，结合当地实际情况，确定是否参加有关的竞赛、评奖等活动。未经批准的竞赛、评奖等活动，各地教育行政部门和学校不得组织学生参加。在经过批准的竞赛、评奖等活动中取得的成绩是否与评先进、升学、评职和晋级挂钩，各地教育行政部门应认真研究、逐个从严审核。(5) 举办竞赛、评奖等活动不得收取活动费、报名费或其它各种名义的费用，所需经费，原则上是谁举办谁出钱，企、事业单位可以赞助，但不能通过活动做商业广告，更不能利用各种竞赛、评奖等活动推销书刊、商品等牟利。(6) 各社会团体、学术部门、新闻、出版等单位未经国家教委及有关教育行政部门允许，不得使用教育行政部门的名义编书向中小学生推荐，发行各类书刊、产品和组织中小学生竞赛、评奖等活动。违反者，如经发现，将追究其责任。

撰稿　王新立
审稿　曹胜利

德 育 工 作

〔中小学爱国主义教育〕　中小学实施爱国主义教育是提高全民族整体素质和加强社会主义精神文明建设的基础工程，是中小学德育工作的一条主线。

建立和完善制度。从1990年起，国家教委在各地中小学初步形成的国旗、国歌教育制度基础上，下发了《关于施行〈中华人民共和国国旗法〉严格中小学升降国旗制度的通知》。各级教育行政部门，根据国家教委部署相继建立了重要节日、假日、纪念日开展爱国主义主题教育的制度。

确定教育内容。1988年，国家教委在科研的基础上，按照总体设计、由浅入深、分段实施、坚持不断、循序渐进、相互衔接的原则制定并颁发了《小学德育纲要（试行）》、《中学德育大纲（试行）》，分别确定了小学、初中、高中阶段爱国主义教育的基本内容和要求。党的十四大后，国家教委又根据新阶段的任务对其进行了修订，《小学德育纲要》已于1993年3月正式颁发。

建立教育渠道。1991年，国家教委根据江泽民同志关于对青少年加强两史一情和爱国主义教育的指示精神，制定了《中小学加强中国近代、现代史及国情教育的总体纲要(初稿)》及思想政治、语文、历史、地理等学科的教育纲要，并据此修订了教学大纲、编写了九年义务教育的新教材和各年级的思想政治课教材及与之配套的音像教材、挂图、课外读物等；一些地方还编写了乡土教材，形成了以“两史一情”教育为基础，贯穿于各年级、各学科之中的比较规范的爱国主义教育序列。1993年9月中宣部、国家教委、广电部、文化部联合发出《关于运用优秀影视片在全国中小学开展爱国主义教育的通知》形成了学校与社会力量紧密配合进行爱国主义教育的氛围；在地方党委和政府支持下，各级教育行政部门充分利用本地区的人文、历史等资源，与有关部门配合建立了一批爱国主义教育基地，形成了校内外结合的爱国主义教育实施系统。

总结交流经验。1994年5月，中宣部、国家教委、文化部、广电部、共青团中央联合在上海召开了“全国中小学爱国主义教育现场会”，国务院副总理李岚清给大会发了贺信并提出了指导意见。国家教委副主任柳斌代表五部委做了题为“以爱国主义教育为主旋律，加强中小学德育工作”的报告；上海市委、吉林省委宣传部、佳木斯市委、中央电视台、江苏省教育、广东省教育厅、湖北团省委、西安市教委、成都市委宣传部、辽宁省电影公司、北京市教育局等单位介绍了中小学爱国主义教育的经验。

撰稿　周长祜
审稿　曹胜利

〔**颁发《中学生日常行为规范》**〕　《中学生日常行为规范》(以下简称《规范》)自1988年试行以来，各地认真贯彻，在提高广大中学生思想道德素质，形成良好校风、学风等方面，有明显成效，受到社会各方面的好评。1994年2月28日，国家教委发出了《关于正式颁发〈中学生日常行为规范〉的通知》(以下简称《通知》)。《通知》指出，《规范》集中体现了国家对中学生日常行为的基本要求，目的在于使其养成良好行为习惯，促进身心健康发展。加强对中学生的道德教育。《通知》要求，贯彻实施《规范》要做到知行统一，重在做到做好。要循序渐进，持之以恒。各地各校要区分不同年龄、学段，从实际出发制定切实可行的教育训练计划，坚持全面要求，分步实施，严格训练，点滴做起。要取得家长和社会的广泛支持与密切配合。认真做好品德评定工作。各地教育行政部门和学校在贯彻实施《规范》中要把师德建设作为根本环节抓紧抓好，教师要言传身教，率先垂范。

《通知》要求各地教育行政部门和学校要把贯彻实施《规范》列入重要议事日程。并把贯彻实施《规范》的情况作为对各级教育行政部门督导检查和学校教育质量综合评估的一项重要内容。

中学生日常行为规范

一、自尊自爱，注重仪表

1. 维护国家荣誉。尊敬国旗、国徽，会唱国歌，升降国旗、奏唱国歌时要肃立、脱帽、行注目礼，少先队员行队礼。

2. 坐、立、行、读书、写字姿势正确。
3. 穿戴整洁、朴素大方。头发干净整齐，不烫发、化妆、佩戴首饰。男生不留长发，女生不穿高跟鞋。
4. 养成良好的卫生习惯。不随地吐痰、乱扔废弃物。不吸烟、喝酒。
5. 举止文明。不打架骂人、说脏话。不赌博，不参加封建迷信活动。
6. 情趣健康。不看色情、凶杀、迷信的书刊、影视片，不唱不健康歌曲。
7. 不进营业性舞厅、营业性电子游戏厅、酒吧和音乐茶座等不适宜中学生活动的场所。
8. 爱惜名誉，拾金不昧，不受利诱，不失人格。

二、真诚友爱，礼貌待人

9. 要讲普通话。使用礼貌用语。讲话注意场合，态度和蔼。
10. 尊重他人的人格、宗教信仰和民族习惯。谦恭礼让，敬老爱幼，尊重妇女，帮助残疾人。遇见外宾，以礼相待，不卑不亢。
11. 尊重教职工，见面行礼或主动问候。回答师长问话要起立，接受递送物品时要起立并用双手。给老师提意见态度诚恳。
12. 同学之间团结互助，正常交往，真诚相待，不叫侮辱性绰号，不欺侮同学，发生矛盾多做自我批评。
13. 待客热情，起立迎送。邻里有困难时，主动关心、帮助。
14. 未经允许不进入他人房间、动用他人物品、看他人信件和日记。
15. 不随意打断别人的讲话、打扰他人学习工作和休息，妨碍别人要道歉。
16. 惜时守信。答应别人的事要按时做到，做不到时表示歉意，借他人钱物要及时归还。珍惜时光。

三、遵规守纪，勤奋学习

17. 按时到校，上课前准备好学习用品。上、下课时，起立向老师致敬。下课时，请老师先行。
18. 上课专心听讲，勇于提出问题，敢于发表自己的见解，积极回答老师的提问。
19. 认真预习、复习，按时独立完成作业。考试不作弊。合理安排课余生活。
20. 积极参加团队活动和学校、班级组织的文体活动、劳动和社会实践活动。
21. 认真值日，保持教室、校园整洁优美。保持图书馆、阅览室的安静。不在教室和楼道内追逐喧哗。
22. 爱护校舍和公物，不在黑板、墙壁、课桌、布告栏等处涂抹乱刻画。借用公物要按时归还，损坏东西要赔偿。
23. 参加各种集会准时到达，不做与会议无关的事。
24. 遵守宿舍和食堂的制度，爱惜粮食，节约水电，服从管理。

四、勤劳俭朴，孝敬父母

25. 生活有规律，按时作息。
26. 学会料理个人生活，自己的衣物用品收放整齐。
27. 主动承担收拾房间、洗衣、做饭、洗刷餐具和打扫楼道、庭院等力所能及的家务劳动和公益劳动。
28. 生活节俭，不摆阔气，不乱花钱。

29. 尊重父母意见和教导，经常把生活、学习、思想情况告诉父母。

30. 外出和到家时，向父母打招呼，未经家长同意，不得在外住宿。

31. 尊敬体贴帮助父母、祖父母、外祖父母，关心照顾长辈和兄弟姐妹。

32. 对长辈有意见，有礼貌地提出，不耍脾气，不顶撞。

五、严于律己，遵守公德

33. 遵守交通法规，不违章骑车，过马路走人行横道。

34. 乘公共车、船主动购票，给老、幼、病、残、孕妇及师长让路、让座，不争抢座位。

35. 遵守公共秩序，购票购物按顺序，对营业人员有礼貌。

36. 爱护公用设施、文物古迹。爱惜庄稼、花草、树木。保护有益动物和生态环境。

37. 参观游览守秩序，瞻仰烈士陵墓保持肃穆。

38. 观看演出和比赛，做文明观众，不起哄滋扰，结束时鼓掌致意。

39. 尊重外地人，遇有问路，认真指引。

40. 见义勇为，对违反社会公德的行为要进行劝阻，发现违法犯罪行为及时报告。

撰稿　孙学策
审稿　曹胜利

特殊教育

〔**残疾儿童少年义务教育**〕　1994年，全国盲、聋和弱智学校达1241所，在普通学校附设特殊教育班4004个，在校生共21.14万人。全国已建各级聋儿康复机构1400多个，1994年收训聋儿近9千人，培训弱智儿童家长3万人。全国已建残疾人职业培训机构300多个，1994年培训残疾人9.7万人；中等特殊教育师资培养、培训机构已增至33个，7所高等师范院校设立了特殊教育专业。

为适应全国特殊教育事业的发展，1994年7月，国家教委颁发了《特殊教育学校建设标准（试行）》（以下简称《标准》），分别对盲、聋、弱智三类学校在基本建设中的学校选址与规划、校园用地面积指标和校舍建设标准作了规定。《标准》是根据视力、听力和智力残疾儿童和少年身心发展的特殊规律制定的，旨在为其创造一个适合他们德、智、体诸方面全面发展的校园环境。

〔**调整新工时制教学计划**〕　1993年国家教委颁发了全日制盲校、聋校课程计划（试行）方案。为实行国务院颁布的新工时制，1994年10月22日，国家教委又发文对全日制盲、聋校的课程计划进行了调整。新的课程计划突出了对残疾学生的德育教育，增加了缺陷补偿课程，如聋校课程更注重对学生的口语、听和说的训练，盲校增加了定向行走等训练学生技能的课程。新的课程方案根据学生残疾程度的差异，提出了分类教学的原则，同时加强了劳动和劳动技术教育，增设了地方开设课程。弱智教学计划在1987年“征求意见稿”的基础上，经修改调整已于1994年10月颁发“试行”方案。

调整后的新工时制课程计划如下表：

调整后的九年义务教育“五·四”学制全日制盲校小学、初级中学课程安排表

课程			小学一年级	小学二年级	小学三年级	小学四年级	小学五年级	初中一年级	初中二年级	初中三年级	初中四年级	小学总课时	初中总课时	九年合计
国家规定课程	学科	思政 思想品德	1	1	1	1	1					170		438
		思政 思想政治						2	2	2	2		268	
		语文 阅读	5	5	6	6	6					952		2030
		语文 写字	2	2								136		
		语文 说话	1	1								68		
		语文 作文			2	2	2					204		
		语文 小计	8	8	8	8	8	5	5	5	5	1360	670	
		数学	6	6	6	5	6	4	4	4	4	986	536	1522
		外语						2	2	2			204	204
		社会			2	2	1					170		578
		历史						2	2	2			204	
		地理						3	3				204	
		自然			1	2	2					170		670
		物理								2	3		164	
		化学								2	2		132	
		生物						2	2	2			204	
		体育	2	2	2	2	2	2	2	2	2	340	268	778
		定向行走	1	1	1	1	1					170		
		音乐	2	2	2	2	2	2	2	1	1	340	202	542
		美工	2	2	2	2	2	1	1	1	1	340	134	474
		认识初步与生活指导	3	3								204		204
		劳技 劳动			1	1	1					102		536
		劳技 劳动技术						3	3	3	4		434	
		周学科课时	25	25	26	26	26	28	28	28	24	4352	3624	7976
	活动	晨（夕）会	每天10—15分钟											
		班团队活动	1	1	1	1	1	1	1	1	1	170	134	304
		体育锻炼、个别矫正作业、兴趣活动、自习	2	2	2	2	2	2	2	2	2	340	268	608
		周活动课时	3	3	3	3	3	3	3	3	3	510	402	912
地方安排课程			1	1	1	1	1	2	2	2	6	170	396	566
周活动总量			29	29	30	30	30	33	33	33	33	5032	4422	9454

调整后的九年义务教育“六·三”学制全日制盲校小学、初级中学课程安排表

课程			周课时＼年级	小学一年级	小学二年级	小学三年级	小学四年级	小学五年级	小学六年级	初中一年级	初中二年级	初中三年级	小学总课时	初中总课时	九年合计
国家规定课程	学科	思政	思想品德	1	1	1	1	1	1				204		404
			思想政治							2	2	2		200	
		语文	阅读	5	5	6	6	4	4				1020		2030
			写字	2	2								136		
			说话	1	1								68		
			作文			2	2	2	2				272		
			小计	8	8	8	8	6	6	6	5	5	1496	534	
		数学		5	5	5	5	5	5	5	5	4	1020	468	1488
		外语								2	2	2		200	200
		社会					2	2	2				204		557
		历史								2	2	2		200	
		地理								3/2	2			153	
		自然				1	1	2	2				204		617
		物理									2	3		164	
		化学										3		96	
		生物								2/3	2			153	
		体育		2	2	2	2	2	2	2	2	2	408	200	710
		定向行走		1	1	1							102		
		音乐		2	2	3	3	3	3	1	1	1	544	100	644
		美工		2	2	2	2	2	2	1	1	1	408	100	508
		认识初步与生活指导		2	2	2							204		204
		劳技	劳动				1	2	2				170		470
			劳动技术							3	3	3		300	
		周学科课时		23	23	25	25	25	25	29	29	28	4964	2868	7832
	活动	晨（夕）会		每天10—15分钟											
		班团队活动		1	1	1	1	1	1	1	1	1	204	100	304
		体育锻炼		3	3	3	3	3	2	2	2	2	578	200	778
		个别矫正作业													
		兴趣活动													
		自习													
		周活动课时		4	4	4	4	4	3	3	3	3	782	300	1082
地方安排课程				1	1	1	1	1	2	1	1	2	238	132	370
周活动总量				28	28	30	30	30	30	33	33	33	5984	3300	9284

调整后的九年义务教育全日制聋校课程安排表（试行）

课程			周课时＼年级	一	二	三	四	五	六	七	八	九	总课时
国家规定课程	学科	思政	思想品德	1	1	1	1	1	1				204
			思想政治							2	2	2	200
		语文	语言训练	3	3	3							306
			阅　读	8	8	8	8	8	6	6	6	6	2164
			叙　述				2	2	1				170
			作　文						2	3	3	3	368
			写　字	1	1	1							102
			小　计	12	12	12	10	10	9	9	9	9	3110
		数　学		5	5	5	6	6	6	5	5	5	1622
		自然常识				1	1	1	1				136
		社会常识					1	1	1	2	2	2	302
		理　科								2	2	2	200
		律　动		2	2	1							170
		体　育		1	1	1	2	2	2	2	2	2	506
		美　工		1	1	2	2	2	2				340
		劳技	劳　动	1	1	1	2						170
			劳动技术					2	6	6	6	6	872
	周学科课时			23	23	24	25	25	28	28	28	28	7832
	活动	晨　会		每天10分钟									
		班团队活动		1	1	1	1	1	1	1	1	1	304
		体育锻炼		1	1	1	1	1	1	1	1	1	304
		兴趣活动、个别矫正		2	2	2	2	2	2				408
		周活动课时		4	4	4	4	4	4	2	2	2	1016
地方安排课程				1	1	1	1	1	1	3	3	3	504
周活动总量				28	28	29	30	30	33	33	33	33	9352

调整后的九年义务教育全日制弱智学校（班）课程安排表

课程＼周课时＼年级			一	二	三	四	五	六	七	八	九	总课时
学科	常识		1	1	2	2	3	3	3	3	3	714
	语文	阅读	5	5	5	5	5	5	5	5	5	1530
		语言训练	2	2	2	1	1	1				306
		作文				1	1	1	2	2	2	306
		写字	1	1	1	1	1	1				204
		小计	8	8	8	8	8	8	7	7	7	2346
	数学		5	5	5	5	5	5	5	5	5	1530
	音乐（低年级唱游）		3	3	3	3	2	2	1	1	1	646
	美工		2	2	2	2	2	2	1	1	1	510
	体育		3	3	3	3	2	2	2	2	2	748
	劳动技能		2	2	2	2	4	4	8	8	8	1360
	周学科课时		24	24	25	25	26	26	27	27	27	7854
活动	晨会		每天10分钟									
	班团队活动		1	1	1	1	1	1	1	1	1	306
	文体活动		1	1	1	1	1	1	1	1	1	306
	兴趣活动		1	1	1	1	1	1	1	1	1	306
	周活动课时		3	3	3	3	3	3	3	3	3	918
周活动总量			27	27	28	28	29	29	30	30	30	8772

撰稿　王　洙
审稿　曹胜利

〔**颁布《残疾人教育条例》**〕　1994年8月23日，国务院总理李鹏签署161号令，颁布《残疾人教育条例》（以下简称《条例》）。《条例》是与《中华人民共和国残疾人保障法》相配套的中国第一部有关残疾人教育的专项行政法规，它的制定与颁布为特殊教育的进一步发展提供了法律保障。

国家教委、民政部和中残联于1994年12月联合发出通知，要求各省、自治区和直辖市认真组织学习和宣传《条例》，同时尽快制定贯彻实施《条例》的细则或办法。

撰稿　王　洙
审稿　曹胜利

附　　残疾人教育条例

第一章　总　则

第一条　为了保障残疾人受教育的权利，发展残疾人教育事业，根据《中华人民共和国残疾人保障法》和国家有关教育的法律，制定本条例。

第二条　实施残疾人教育，应当贯彻国家的教育方针，并根据残疾人的身心特性和需要，全面提高其素质，为残疾人平等地参与社会生活创造条件。

第三条　残疾人教育是国家教育事业的组成部分。

发展残疾人教育事业，实行普及与提高相结合、以普及为重点的方针，着重发展义务教育和职业教育，积极开展学前教育，逐步发展高级中等以上教育。

残疾人教育应当根据残疾人的残疾类别和接受能力，采取普通教育方式或者特殊教育方式，充分发挥普通教育机构在实施残疾人教育中的作用。

第四条　各级人民政府应当加强对残疾人教育事业的领导，统筹规划和发展残疾人教育事业，逐步增加残疾人教育经费，改善办学条件。

第五条　国务院教育行政部门主管全国的残疾人教育工作。县级以上地方各级人民政府教育行政部门主管本行政区域内的残疾人教育工作。

县级以上各级人民政府其他有关部门在各自的职责范围内负责有关的残疾人教育工作。

第六条　中国残疾人联合会及其地方组织应当积极促进和开展残疾人教育工作。

第七条　幼儿教育机构、各级各类学校及其他教育机构应当依照国家有关法律、法规的规定，实施残疾人教育。

第八条　残疾人家庭应当帮助残疾人接受教育。

第九条　社会各界应当关心和支持残疾人教育事业。

第二章　学前教育

第十条　残疾幼儿的学前教育，通过下列机构实施：

（一）残疾幼儿教育机构；

（二）普通幼儿教育机构；

（三）残疾儿童福利机构；

（四）残疾儿童康复机构；

（五）普通小学的学前班和残疾儿童、少年特殊教育学校的学前班。

残疾儿童家庭应当对残疾儿童实施学前教育。

第十一条　残疾幼儿的教育应当与保育、康复结合实施。

第十二条　卫生保健机构、残疾幼儿的学前教育机构和家庭，应当注重对残疾幼儿的早期发现、早期康复和早期教育。

卫生保健机构、残疾幼儿的学前教育机构应当就残疾幼儿的早期发现、早期康复和早期教育提供咨询、指导。

第三章　义务教育

第十三条　地方各级人民政府应当将残疾儿童、少年实行义务教育纳入当地义务教育发展规划并统筹安排实施。

县级以上各级人民政府对实施义务教育的工作进行监督、指导、检查，应当包括对残疾儿童、少年实施义务教育工作的监督、指导、检查。

第十四条　适龄残疾儿童、少年的父母或者其他监护人，应当依法使其子女或者被监护人接受义务教育。

第十五条　残疾儿童、少年接受义务教育的入学年龄和年限，应当与当地儿童、少年接受义务教育的入学年龄和年限相同，必要时，其入学年龄和在校年龄可以适当提高。

第十六条　县级人民政府教育行政部门和卫生行政部门应当组织开展适龄残疾儿童、少年的就学咨询，对其残疾状况进行鉴定，并对其接受教育的形式提出意见。

第十七条　适龄残疾儿童、少年可以根据条件，通过下列形式接受义务教育：

（一）在普通学校随班就读；

（二）在普通学校、儿童福利机构或者其他机构附设的残疾儿童、少年特殊教育班就读；

（三）在残疾儿童、少年特殊教育学校就读。

地方各级人民政府应当逐步创造条件，对因身体条件不能到学校就读的适龄残疾儿童、少年，采取其他适当形式进行义务教育。

第十八条　对经济困难的残疾学生，应当酌情减免杂费和其他费用。

第十九条　残疾儿童、少年特殊教育学校（班）的教育工作，应当坚持思想教育、文化教育、劳动技能教育与身心补偿相结合，并根据学生残疾状况和补偿程度，实施分类教学，有条件的学校，实施个别教学。

第二十条　残疾儿童、少年特殊教育学校（班）的课程计划、教学大纲和教材，应当适合残疾儿童、少年的特点。

残疾儿童、少年特殊教育学校（班）的课程计划和教学大纲由国务院教育行政部门制订；教材由省级以上人民政府教育行政部门审定。

第二十一条　普通学校应当按照国家有关规定招收能适应普通班学习的适龄残疾儿童、少年就读，并根据其学习、康复的特殊需要对其提供帮助。有条件的学校，可以设立专门辅导教室。

县级人民政府教育行政部门应当加强对本行政区域内的残疾儿童、少年随班就读教学工作的指导。

随班就读残疾学生的义务教育，可以适用普通义务教育的课程计划、教学大纲和教材，但是对其学习要求可以有适度弹性。

第二十二条　实施义务教育的残疾儿童、少年特殊教育学校应当根据需要，在适当阶段对残疾学生进行劳动技能教育、职业教育和职业指导。

第四章　职业教育

第二十三条　各级人民政府应当将残疾人职业教育纳入职业教育发展的总体规划，建立残疾人职业教育体系，统筹安排实施。

第二十四条　残疾人职业教育，应当重点发展初等和中等职业教育，适当发展高等职业教育，开展以实用技术为主的中期、短期培训。

第二十五条　残疾人职业教育体系由普

通职业教育机构和残疾人职业教育机构组成，以普通职业教育机构为主体。

县级以上地方各级人民政府应当根据需要，合理设置残疾人职业教育机构。

第二十六条 普通职业教育学校必须招收符合国家规定的录取标准的残疾人入学，普通职业培训机构应当积极招收残疾人入学。

第二十七条 残疾人职业教育学校和培训机构，应当根据社会需要和残疾人的身心特性合理设置专业,并根据教学需要和条件，发展校办企业，办好实习基地。

第二十八条 对经济困难的残疾学生，应当酌情减免学费和其他费用。

第五章 普通高级中等以上教育及成人教育

第二十九条 普通高级中等学校、高等院校、成人教育机构必须招收符合国家规定的录取标准的残疾考生入学，不得因其残疾而拒绝招收。

第三十条 设区的市以上地方各级人民政府根据需要，可以举办残疾人高级中等以上特殊教育学校（班)，提高残疾人的受教育水平。

第三十一条 县级以上各级人民政府教育行政部门应当会同广播、电视部门，根据实际情况开设或者转播适合残疾人学习的专业、课程。

第三十二条 残疾人所在单位应当对本单位的残疾人开展文化知识教育和技术培训。

第三十三条 扫除文盲教育应当包括对年满 15 周岁以上的未丧失学习能力的文盲、半文盲残疾人实施的扫盲教育。

第三十四条 国家、社会鼓励和帮助残疾人自学成才。

第六章 教 师

第三十五条 各级人民政府应当重视从事残疾人教育的教师培养、培训工作，并采取措施逐步提高他们的地位和待遇，改善他们的工作环境和条件，鼓励教师终身从事残疾人教育事业。

第三十六条 从事残疾人教育的教师，应当热爱残疾人教育事业，具有社会主义的人道主义精神，关心残疾学生，并掌握残疾人教育的专业知识和技能。

第三十七条 国家实行残疾人教育教师资格证书制度，具体办法由国务院教育行政部门会同国务院其他有关行政部门制定。

第三十八条 残疾人特殊教育学校举办单位，应当依据残疾人特殊教育学校教师编制标准，为学校配备承担教学、康复等工作的教师。

残疾人特殊教育学校教师编制标准，由国务院教育行政部门会同国务院其他有关行政部门制定。

第三十九条 国务院教育行政部门和省、自治区、直辖市人民政府应当有计划地举办特殊教育师范院校、专业，或者在普通师范院校附设特殊教育师资班（部)，培养残疾人教育教师。

第四十条 县级以上地方各级人民政府教育行政部门应当将残疾人教育师资的培训列入工作计划,并采取设立培训基地等形式，组织在职的残疾人教育教师的进修提高。

第四十一条 普通师范院校应当有计划地设置残疾人特殊教育必修课程或者选修课程，使学生掌握必要的残疾人特殊教育的基本知识和技能，以适应对随班就读的残疾学生的教育需要。

第四十二条　从事残疾人教育的教师、职工根据国家有关规定享受残疾人教育津贴及其他待遇。

第七章　物质条件保障

第四十三条　省、自治区、直辖市人民政府应当根据残疾人教育的特殊情况，依据国务院有关行政主管部门的指导性标准，制定本行政区域内残疾人学校的建设标准、经费开支标准、教学仪器设备配备标准等。

第四十四条　残疾人教育经费由各级人民政府负责筹措，予以保证，并随着教育事业费的增加而逐步增加。

县级以上各级人民政府可以根据需要，设立专项补助款，用于发展残疾人教育。

地方各级人民政府用于义务教育的财政拨款和征收的教育费附加，应当有一定比例用于发展残疾儿童、少年义务教育。

第四十五条　国家鼓励社会力量举办残疾人教育机构或者捐资助学。

第四十六条　县级以上地方各级人民政府对残疾人教育机构的设置，应当统筹规划、合理布局。

残疾人学校的设置，由教育行政部门按照国家有关规定审批。

第四十七条　残疾人教育机构的建设，应当适应残疾学生学习、康复和生活的特点。

普通学校应当根据实际情况，为残疾学生入学后的学习、生活提供便利和条件。

第四十八条　县级以上各级人民政府及其有关部门应当采取优惠政策和措施，支持研究、生产残疾人教育专用仪器设备、教具、学具及其他辅助用品，扶持残疾人教育机构兴办和发展校办企业或者福利企业。

第八章　奖励与处罚

第四十九条　有下列事迹之一的单位和个人，由各级人民政府或者其教育行政部门给予奖励：

(一) 在残疾人教育教学、教学研究方面做出突出贡献的；

(二) 为残疾人就学提供帮助，表现突出的；

(三) 研究、生产残疾人教育专用仪器、设备、教具和学具，在提高残疾人教育质量方面取得显著成绩的；

(四)在残疾人学校建设中取得显著成绩的；

(五)为残疾人教育事业做出其他重大贡献的。

第五十条　有下列行为之一的，由有关部门对直接责任人员给予行政处分：

(一)拒绝招收按照国家有关规定应当招收的残疾人入学的；

(二) 侮辱、体罚、殴打残疾学生的；

(三) 侵占、克扣、挪用残疾人教育款项的。

有前款所列第 (一) 项行为的，由教育行政部门责令该学校招收残疾人入学。有前款所列第 (二) 项行为，违反《中华人民共和国治安管理处罚条例》的，由公安机关给予行政处罚。有前款所列第 (二) 项、第 (三) 项行为，构成犯罪的，依法追究刑事责任。

第九章　附　则

第五十一条　省、自治区、直辖市人民政府可以依照本条例制定实施办法。

第五十二条　本条例自发布之日起施行。

幼 儿 教 育

〔**实施学前儿童发展项目**〕 1994年，国家教委基础教育司与联合国儿童基金会合作开展了“家庭、社区、教育机构共同促进学前儿童发展”项目，旨在通过动员家庭、社区参与，建立家庭、社区和学前教育机构之间稳定而有效的机制，探索适合当地特点的多种非正规学前教育形式，为今后学前教育的发展提供有效的经验。

该项目选择了安徽省的金寨、寿县、岳西、太湖及广西壮族自治区的金秀、融水、田东、平果一共8个国家级贫困县，吸收当地卫生、民政、妇联等部门参加，通过大量的社会宣传和动员，充分调动了广大家长、教师和社区工作者的积极性，在发展正规学前班的同时，积极发展灵活多样的非正规学前教育形式。如安徽省的项目县创办了幼儿周末班、幼教巡回辅导站、还组织当地幼师学生利用寒、暑假深入幼儿家庭，入户指导；广西壮族自治区的项目县利用农村有线广播开办幼教广播讲座、创办双语教学学前班、幼儿游戏小组等，这些非正规的学前教育形式，有力地促进了当地学前教育的发展。据1994年底统计，通过一年的项目工作，广西壮族自治区项目县70%的儿童、安徽省项目县82%以上的儿童已经受到学前一年教育，其中寿县已达97%。

实践证明，在现有经济条件下，发展灵活多样的非正规学前教育形式，不仅迅速而有效地增加了当地儿童接受学前教育的机会，而且逐步形成了家庭、社区、教育机构共同参与的和谐的整体教育环境。该项目活动的开展，为今后中国学前教育的发展提供了广阔的思路。

撰稿 姜 瑾
审稿 曹胜利

关心下一代工作

〔**概况**〕 据不完全统计，截止1994年底全国教育系统已有百余万离退休和现职同志参加关心下一代工作。工作开展好的有河南、吉林、湖北、天津、甘肃、安徽、河北、广西、贵州等9个省（区、市）；较好的有辽宁、山东、江苏、海南、湖南、黑龙江、四川、陕西、云南、广东、福建等11个省。有的单位虽然成立了关工委，但工作没有开展起来，组织建设尚未形成网络。针对这一情况，国家教委关工委通过召开专题会议和举办培训班，编发“工作简报”，为中国教育报“关心下一代专栏”等形式宣传先进典型，及时总结经验，进行工作理论探讨；召开了部分高校关心下一代工作经验交流会；分别召开华东、西北地区协作会，研究探讨适合本地区特点的工作思路和方法；深入工作起步较晚的边远地区和少数民族地区调查研究，宣传关心下一代工作的重大意义，推动工作的发展。

为了拓宽工作思路，关工委支持、参与了一些有益于青少年身心健康的活动：(1)参加了国家教委图工委、艺教委、中学生体协联合向井冈山老区中小学赠书的活动。第一批价值3.5万元的图书和体育器材，第二批捐10万元购置图书并资助井冈山小杜鹃艺术团。(2)参加了中国青年出版社等单位联合举办的“祖国万岁”、大百科出版社等单位联合举办的“爱我中华、爱我家乡”两个读书活动和科普出版社联合举办的“联想魔方”作文比赛。(3)经国家教委领导批准与日本住友商事株式会社经过友好协商，设立了“住友中日青少年友好奖学基金”。日方提供本金5万美元，从1995年开始，用利息奖励我方设置日语专业中等学校品学兼优的学生，为促进中日青少年友好交流服务。

〔**围绕中心开展工作**〕　为了贯彻全国教育工作会议精神，中共中央颁发的《爱国主义教育实施纲要》和《中共中央关于进一步加强和改进学校德育工作的若干意见》，1994年11月，国家教委关工委在北京举办了县级关工委秘书长培训班，来自全国20个省市的300多名同志参加了学习。培训班结束后，各省、自治区、直辖市教委关工委从本省的实际出发，研究制订了实施计划。河南省教委关工委、江苏省宜兴市教委关工委等许多单位专门下发了通知，对学习贯彻两个文件精神提出了具体要求。各地关工委针对青少年的实际情况，充分发挥老同志的优势，因地制宜，开展了丰富多彩的教育活动。大连市金州区教委关工委在认真学习提高认识的基础之上，积极主动配合区教委开展爱国主义教育：(1)参与研究制订开展德育工作的方针政策，同区教委领导一起分析情况，研究问题，确定工作思路，制定工作计划；(2)参与区教委有关会议，积极开展“爱国主义教育的理论与实践”、“市场经济与德育工作”等专题研究；(3)配合区教委组织中小学生到爱国主义教育基地开展活动。如以“甲午战争百年祭”为主题的教育活动，使全区八万多名中小学生受到教育。(4)参与社区教育，优化育人环境。

为了更好地配合教育部门的中心任务进行工作，各地关工委大力倡导，坚持开展调查研究，增强了工作的针对性，为领导的决策，发挥参谋助手作用。天津市教育局关工委重视开展调查研究工作，重视调研工作队伍的建设，自上而下建立了若干调研组，及时抓住教育工作中的重点、难点、热点问题进行调研，写出11篇有事实、有分析、有对策、有建议的质量较高的调查报告。市教育局关工委专题调研组自1992年开始每年完成一个课题的调研。为了总结、推进调研工作，天津市教育局关工委在11月召开了全市普教系统关工委调查研究工作经验、成果交流会。

〔**推广长春地质学院经验**〕 长春地质学院党委、关工委通过指导“MM”(马列主义、毛泽东思想)学习研究会开展关心下一代工作。该院“MM”学习研究会是1989年9月由4名学生发起成立的，在院党委和关工委的支持、指导下，发展为设有11个系分会，会员1479人的社团组织，一大批品学兼优的学生成为研究会的骨干。研究会以学习马列、毛泽东和邓小平原著为主，与社会实践活动相结合，对现实社会中的难点、热点问题进行研讨，引导学生运用马克思主义的立场、观点、方法，对各种社会思潮进行调查、分析、讨论，通过一系列行之有效的教育活动，帮助学员认识社会，了解国情，武装头脑，坚定理想、信念，初步确立科学的世界观、人生观和价值观。研究会培养了一大批入党积极分子，有62%的会员提出了入党申请。在1992、1993两年，学校发展的学生党员中，研究会的成员分别占85%和89%，为高校的党建工作提供了宝贵的经验。长春地院“MM”学习研究会以退休教师来精心指导，这些老同志结合历史背景、社会现实和学生思想实际讲解马列主义理论。他们热爱学生、了解学生，善于与学生交朋友。他们坚信马列，勤勉育人，无私奉献的高尚人格具有很强的感召力，使学生对马列主义、共产党人理解、信服。关工委围绕思想政治工作、“两课”和党建工作的主渠道，指导“MM”学习研究会的活动，是学校学生思想政治工作的配合延伸和补充，成为学校工作有机的组成部分。

为了宣传、推广长春地质学院关工委配合主渠道加强学生思想政治工作的宝贵经验，国家教委关工委、地矿部教育司和吉林省教委于1994年7月在长春地质学院召开了经验交流会。北京、上海、天津、吉林、沈阳等省、市的党委高校工委、教委关工委和全国30所高校关工委负责同志出席了会议。会上总结了长春地质学院、大连理工大学、华东师大、东南大学、吉林大学、东北师大、郑州粮食学院、北京师大、西安交大、北方交大、重庆大学等校的工作经验，概括起来有以下6点：(1)进行革命传统教育，开展“忘年交”活动。东北师范大学关工委组织老教师在学生中举办“中国近现代历史人物系列讲座”。讲座突出思想性、知识性和趣味性。把每个人物放在具体的历史条件下，实事求是地进行历史唯物主义的分析，生动形象富有感染力。东北大学关工委抓住将东北工学院复名为东北大学的时机，配合党委在学生中开展东大光荣革命传统教育。讲校史、忆老校长张学良将军兴办教育、爱国抗日的光辉业绩，宣传东大学生参加一二·九运动的壮举，激发起广大学生振兴中华，报效祖国的决心。(2)开展心理咨询，探讨人生真谛。吉林电气化高等专科学校关工委，努力探索新时期思想政治工作的特点、规律，针对当代大学生心理特点，设立人生咨询服务站。运用哲学、心理学、伦理学、教育学等理论，结合学生学习、生活、政治、思想等方面的问题，共话人生，交换看法，坦诚相见，引导学生积极向上，追求真知，扎扎实实地迈好青春每一步。重庆大学关工委建立“女生工作指导中心”，组织老同志中思想、业务好，经验丰富、作风过硬的女教授、女干部担任指导中心的顾问，开展女生的心理、生理咨询、答疑解惑，解决实际问题。华东师范大学关工委发挥女教授联谊会的作用，围绕女生学习、恋爱、入党、就业等问题开展咨询，帮助女同学树立自尊、自爱、自立、自强的精神，追求人生真谛。(3) 发挥老同志作用，参与学生管理、教学督导和思想政治工作。北京师范大学关工委组织有丰富组织管理经验的老同志，做学生宿舍管理员工作。他们工作热情高、责任心强，对学生关怀体贴，严格要求，从点滴小事入手，全面关心学生的成长，做耐心细致的思想工作。在校领导的支持下，学生宿舍风气好转，整洁温馨、团结和谐。吉林大学关工委配合学校教学管理部门，聘请教学经验丰富的教授、专家任督学。他们深入教学一线听课、评课，检查教学秩序，评估教学质量，就教学中反映出来的成绩、问题，研究分析，提出建议，当领导的参谋、助手。西安交通大学等校的老教师深入教研室，对青年教师言传身教，为提高教学质量、为树立良好的教风、学风，做出贡献。(4) 深入调查研究，为领导决策提供依据。东南大学关工委为掌握第一手材料，深入到学生中开展专题调研。结合重大政治事件，国内外形势变化、党风廉政和改革开放建立社会主义市场经济等问题，了解研究学生和青年教师的思想状况，摸清脉搏，写出调查报告供领导参考并有针对性地开展教育活动。重庆大学关工委对尖子生、双差生和困难生分类调研。提出有针对性的教育措施。在对学校周边社会文化环境调查时，发现问题及时反映，主动协助学校领导解决问题。(5) 注重美育工作，寓教育于校园文化活动中。大连理工大学关工委注重美育工作。在学校开展阅读欣赏、音乐会、书画社、收藏展、美学讲座等促进学生健康向上的校园文化活动，启迪学生树立正确审美观、认识美育与科学、生活、工作、爱国、爱情、道德等方面的内在联系，陶冶学生的高尚情操，深受欢迎。(6) 开展办学活动，为社会培养多种人才。

各校关工委注意发挥老同志热爱教育、懂得教育和善于教育的特长，积极开展办学活动，为社会培养了大批急需人才，为社会青年找到就业出路。其中，北京师范大学创办的京师科技学院、海南中学语文、数学教师进修班，初中英语口语强化班等都是办学效益较好，教学质量较高的。

〔**农村关心下一代工作**〕　中央提出："保持社会稳定，必须保证占全国80%的农村的稳定""农业加强了，农村稳定了，全国才能稳定，改革开放才能顺利进行，经济才能持续、快速、健康地发展"。自1993年下半年开始，教育系统各级关工委从这个全局出发，把工作的重点放在农村，围绕农村的社会主义物质文明和精神文明建设，围绕《中国教育改革和发展纲要》提出的在本世纪末实现基本普及九年制义务教育，基本扫除青壮年文盲的目标。到1994年，关工委因地制宜，做了大量工作：(1) 以"热爱家乡、建设家乡、富裕家乡"为主题，对青少年进行思想教育。各地关工委把农村"五老"(老干部、老党员、老教师、老复员军人、老劳模) 动员组织起来，充分发挥他们的优势，组成报告团、讲师团，利用重大节日、纪念日和德育基地，结合村史、乡史对广大青少年进行思想教育，帮助他们树立起热爱祖国、热爱家乡、献身家乡的坚定信念。通过举办农业科技培训站 (班)、教育咨询站等，为青少年成才创造条件。黑龙江省桦南县教委关工委立足本县，深入到大、中、小学校做思想工作，利用寒暑假组织学生深入生产第一线，了解家乡美好前景，坚定了学生为建设家乡发奋学习，为改变家乡面貌献身的决心。

(2) 配合教育部门着力抓好普及九年制义务教育和扫盲工作。面对农村出现的失学、辍学现象自觉开展“劝学”活动，采取多种措施捐资助学，为辍学学生补课解困。为了提高民办教师的水平，老教师开展传帮带和教育咨询活动，为农村中小学提高教育质量增强了后劲。许多老同志通过对学校现状和社会需求的调研，转变了以升学率评价学校的质量观，把学生的德智体全面发展与基本技能的培训作为培养新一代农民的重点，为提高农村中小学的办学水平当顾问出谋划策。(3) 寻求农村致富之路，狠抓职业技术教育。各地关工委举办了许多“三教统筹”型学校。其中云南曲靖的“希望学校”、江苏宜兴的“育才学校”、贵州习水的“树人学校”等办学效果较好，受到群众的欢迎。辽宁省丹东市的李丰家老师、河北省河间市的卢涛老师、河北省肥乡县的程万里老师等离休不离教，身居穷乡僻壤，克服重重困难推广农业科学技术，带领群众走上致富之路。湖北、四川等地还结合本地实际对外出打工人员进行培训。(4) 关工委在加强农村精神文明建设中发挥了重要的作用。各地关工委面对农村一时间沉渣泛起的赌博吸毒、贩黄卖淫、流氓盗窃、封建迷信活动等丑恶现象，重视利用本地德育资源，采取多种形式进行以爱国主义、集体主义和社会主义为中心的主旋律教育，通过社团活动，班级、团队主题教育活动，社会专题调查以及建立校外活动站等方式，提高青少年的思想政治觉悟和道德品质。云南省陆良三岔河乡关工委着眼于农村政权建设，参与村、乡党建工作，两年先后发展6名青年入党。(5) 关工委把《未成年人保护法》、《义务教育法》等作为保护青少年健康成长的武器。各地关工委坚持以法律为准绳，向危害青少年成长的现象作斗争。许多地方聘请老同志担任校内外辅导员、执法监督员、失足青少年的帮教员、少年法庭的陪审员，运用舆论宣传法规，提高了家长、教师的执法意识，强化了青少年守法和依法自我保护意识。根据学生的不同年龄，分层次地把法律常识教育与学校德育工作相结合。

为了及时地总结、交流各地开展农村关心下一代工作的经验，开创农村关心下一代工作的新局面，国家教委关工委于5月22日至5月25日在云南召开了有云南、四川、贵州、黑龙江、吉林、辽宁、河北、天津、山西、上海、安徽、江苏、河南、湖北、海南、甘肃、陕西等17个省、直辖市教育系统关工委负责同志参加的农村关心下一代工作研讨会。会议重点研讨了农村关心下一代工作的几个问题：(1) 要充分认识农村关心下一代工作的重要性与紧迫性。(2) 关工委要通过工作实绩，赢得领导的重视，获得领导的支持。(3) 关工委要围绕各地教委、各级各类学校的中心任务开展工作，起到参谋、助手的作用。(4) 扎扎实实地深入基层，深入群众，多办实事是关工委工作的立足点。(5) 关工委要紧紧围绕农村“三教统筹”和“农科教结合”开展办学、助学、科技兴农、经济致富的工作。要着力抓好基础教育，开展职业技术教育，进行农业科普，市场经济和法律知识培训。

撰稿　郭春开

审稿　李蒙思

教育督导

〔“两基”督导评估〕 1994年，全国有27个省（自治区、直辖市）开展了对“普九”、“扫盲”县（市、区）的评估验收。国家教育督导团先后组成10个督导检查组，对河北、湖北、内蒙古、辽宁、山东、河南、四川、甘肃8个省、自治区的“两基”工作进行了督导检查，对天津、上海两市的“普九”、“扫盲”工作进行了督导评估。印发了《对河北等八省、自治区实施义务教育和扫除青壮年文盲工作的督导报告》，发表了《京、津、沪全面普及九年义务教育和基本扫除青壮年文盲的新闻公报》。经督导评估认定，继北京之后，天津、上海两市所属全部区、县基本普及了九年义务教育和基本扫除了青壮年文盲。

1994年11月，国家教育督导团组织国家督学对各地于10月底以前报送的“普九”“扫盲”县（市、区）材料进行了审查，确认全国首批达到现阶段“普九”、“扫盲”要求的县(市、区)554个。1994年11月至12月，又有10个省评估验收77个县（市、区）。

1994年国家教委对辽宁、黑龙江两省的扫除青壮年文盲工作进行了验收。此外，还有300多个县（市、区）经过省级验收基本扫除了青壮年文盲。

撰稿　轩兴平
审稿　张永彪

〔全国首批普及九年义务教育和扫除青壮年文盲县（市、区）名单〕

北京市：
东城区　西城区　崇文区　宣武区　朝阳区
海淀区　丰台区　石景山区　门头沟区　房山区
大兴县　通县　顺义县　昌平县　怀柔县　延庆县
密云县　平谷县

天津市：
和平区　河东区　河西区　河北区　南开区
红桥区　汉沽区　东丽区　津南区　西青区
北辰区　大港区　武清县　静海县　塘沽区
蓟　县　宝坻县　宁河县

河北省：
石家庄市：桥东区　长安区　桥西区　新华区
藁城市　晋州市　辛集市　新乐市
获鹿县　郊　区　正定县
邯郸市：丛台区　邯山区　复兴区　峰峰矿区
唐山市：新　区　迁安县　路南区　开平区
迁西县　唐海县
沧州市：孟村回族自治县　任丘市　黄骅市
青　县　吴桥县
廊坊市：三河市　香河县　大厂回族自治县
文安县　固安县
保定地区：涿州市
张家口市：桥东区

山西省：

太原市：南郊区
长治市：城　区
阳泉市：城　区　矿　区　郊　区
吕梁地区：汾阳县
晋中地区：榆次市　祁县
临汾地区：襄汾县　曲沃县　翼城县　侯马市
晋城市：城　区　阳城县

内蒙古自治区：
呼和浩特市：回民区　新城区　玉泉区
包头市：昆都仑区　青山区　白云鄂博矿区
赤峰市：元宝山区
兴安盟：乌兰浩特市
二连浩特市

辽宁省：
大连市：旅顺口区　中山区　西岗区　沙河口区
　　甘井子区　金州区　长海县
沈阳市：和平区　皇姑区　沈河区　大东区
　　铁西区　东陵区　于洪区　新民市
　　辽中县　苏家屯区　新城子区
鞍山市：立山区　铁东区
锦州市：凌河区
营口市：站前区　西市区　老边区　鲅鱼圈区
丹东市：振兴区　元宝区
辽阳市：白塔区　文圣区　宏伟区　太子河区
　　弓长岭区
朝阳市：龙城区　双塔区
盘锦市：双台子区　兴隆台区　盘山县
抚顺市：顺城区
本溪市：南芬区
阜新市：太平区
铁岭市：银州区　清河区
葫芦岛市：龙港区

吉林省：
长春市：郊区　南关区　朝阳区　宽城区
　　二道河子区　双阳县
吉林市：昌邑区　永吉县　桦甸市　丰满区
　　龙潭区　船营区
四平市：铁西区　公主岭市　铁东区
辽源市：西安区　东丰县　龙山区
通化市：集安市　辉南县　东昌区　二道江区
白山市：临江市　抚松县　八道江区
白城市：洮北区
延边朝鲜族自治州：图们市　安图县
松原市：扶余区　前郭尔罗斯蒙古族自治县

黑龙江省：
哈尔滨市：动力区　道里区　南岗区
齐齐哈尔市：龙沙区　建华区　铁锋区
　　富拉尔基区　讷河市
牡丹江市：宁安市　西安区　东安区
佳木斯市：前进区　东风区　富锦市
大庆市：红岗区
鸡西市：密山市
鹤岗市：萝北县
伊春市：伊春区　带岭区
大兴安岭地区：新林区
牡丹江市农管局
牡丹江市铁路分局
哈尔滨铁路分局
齐齐哈尔铁路分局
哈尔滨农管局
宝泉岭农管局
牡丹江林管局

上海市：
黄埔区　南市区　卢湾区　徐汇区　长宁区
闸北区　静安区　虹口区　杨浦区　普陀区
宝山区　闵行区　上海县　嘉定县　松江县
南汇县　奉贤县　川沙县　青浦县　金山县
崇明县

江苏省：
南京市：江宁县　六合县　高淳县　鼓楼区

玄武区　白下区　下关区　建邺区
雨花台区　大厂区　栖霞区　浦口区
盐城市：建湖县　东台市　大丰县
扬州市：泰州市
南通市：启东市　海门市
镇江市：丹阳市　扬中县　句容县　京口区
润州区
常州市：武进县　金坛市　溧阳市　钟楼区
天宁区　戚墅堰区　郊区
苏州市：常熟市　沧浪区　金阊区　平江区　郊区
太仓市　昆山市　吴县　张家港市　吴江市
无锡市：郊　区　南长区　北塘区　崇安区
马山区　无锡县　江阴市　宜兴市

浙江省：
杭州市：上城区　下城区　西湖区　拱墅区
江干区　临安县
宁波市：江北区　镇海区　海曙区　北仑区
江东区　鄞　县　慈溪市　余姚市
嘉兴市：秀城区　平湖市　郊　区　海宁市
桐乡市　海盐县　嘉善县
绍兴市：越城区　绍兴县　诸暨市　上虞市
温州市：鹿城区
金华市：婺城区　东阳市
衢州市：柯城区
舟山市：嵊泗县

安徽省：
合肥市：中市区　西市区　郊　区
淮南市：田家庵区
芜湖市：新芜区　鸠江区　镜湖区　马塘区
铜陵市：铜官山区　狮子山区　铜陵县
蚌埠市：郊区　中市区　东市区　西市区
马鞍山市：花山区　雨山区　金家庄区
向山区
安庆市：郊区
滁州市：琅琊区　全椒县
宣城地区：宁国县　绩溪县

福建省：
厦门市：湖里区　开元区　鼓浪屿区　思明区
杏林区

江西省：
南昌市：青云谱区　东湖区　西湖区　新建县
景德镇市：珠山区
萍乡市：安源区
新余市：渝水区
九江市：浔阳区　彭泽县　德安县
上饶地区：上饶市
宜春地区：上高县　宜丰县　靖安县　奉新县
抚州地区：抚州市　临川县　资溪县
吉安地区：井冈山市
赣州地区：赣州市　大余县

山东省：
济南市：市中区　历下区　槐荫区　天桥区
青岛市：市南区　市北区　四方区　李沧区
崂山区　城阳区　胶州市　平度市
胶南市　黄岛区　即墨市　莱西市
淄博市：张店区　临淄区　周村区　桓台县
淄川区
枣庄市：市中区
东营市：广饶县
潍坊市：诸城市　寿光市　潍城区　奎文区
高密市　昌邑市
烟台市：龙口市　蓬莱市　招远市　栖霞县
长岛县
威海市：环翠区　文登市　荣城市　乳山市
济宁市：市中区
泰安市：泰山区　新泰市　郊区
莱芜市：莱城区　钢城区

河南省：
信阳地区：信阳市
驻马店地区：驻马店市

三门峡市：义马市
南阳市：卧龙区
郑州市：上街区
平顶山市：卫东区
洛阳市：偃师市　孟津县　涧西区　西工区
焦作市：山阳区　解放区　孟县　修武县
新乡市：新华区　红旗区　郊区
安阳市：文峰区　北关区
许昌市：魏都区　长葛市
漯河市：源汇区

湖北省：
武汉市：武昌区　青山区
黄石市：铁山区　石灰窑区　下陆区　黄石港区
襄樊市：樊西区　樊东区　宜城县　襄城区
十堰市：茅箭区　张湾区
沙市市
宜昌市：伍家岗区　西陵区

湖南省：
长沙市：东区　南区　西区　北区　郊区　长沙县
株洲市：东区　南区　北区
湘潭市：韶山市
衡阳市：江东区　衡山县
郴州地区：郴州市
娄底地区：冷水江市
岳阳市：郊区　南区　汨罗市

广东省：
广州市：越秀区　东山区　海珠区　荔湾区
天河区　白云区　黄埔区　芳村区
花都市　从化市　增城市　番禺市
深圳市：福田区　罗湖区　南山区　宝安区
龙岗区
珠海市：香洲区　斗门县
汕头市：金园区　升平区
韶关市：北江区　武江区　浈江区　南雄县
曲江县

河源市：源城区
梅州市：梅江区　梅县　蕉岭县
惠州市：惠城区
东莞市
中山市
江门市：城区　郊区　新会市　台山市　开平市
恩平市　鹤山市
佛山市：城区　石湾区　南海市　顺德市
高明市　三水市
阳江市：江城区
湛江市：赤坎区　遂溪县
茂名市：茂南区
肇庆市：端州区　鼎湖区　高要市　四会市
清远市：清城区
潮州市：湘桥区
揭阳市：榕城区
云浮市：云城区　新兴县

广西壮族自治区：
桂林市：秀峰区　七星区　象山区　叠彩区
桂林地区：荔浦县

海南省：
琼海市
海口市：新华区

四川省：
成都市：青羊区　锦江区　武侯区　金牛区
成华区　温江县
重庆市：大渡口区
攀枝花市：东区
泸州市：市中区
德阳市：什邡县　广汉市　绵竹县

贵州省：
贵阳市：白云区

云南省：

昆明市：盘龙区　五华区
玉溪地区：玉溪市
德宏傣族景颇族自治州：畹町市

陕西省：
西安市：碑林区　新城区　雁塔区　未央区
　　　　阎良区　莲湖区　灞桥区　高陵县
宝鸡市：渭滨区　金台区
咸阳市：杨陵区
渭南地区：渭南市　韩城市
汉中地区：南郑县
延安地区：黄陵县

甘肃省：
兰州市：城关区　安宁区　西固区　七里河区
酒泉地区：金塔县　安西县　酒泉市　玉门市
　　　　　敦煌市
张掖地区：临泽县　高台县
金昌市：金川区
白银市：白银区
嘉峪关市

青海省：
西宁市：城中区　城西区
海东地区：乐都县

〔**国家教育督导团**〕　为了加强对各地区、各部门教育工作的宏观管理和督导，经中央编制委员会审核，国务院批准，建立国家教育督导团。1994年4月6日，国家教委就建立国家教育督导团发出通知，对国家教育督导团的职能作出了规定：国家教育督导团在国家教委党组领导下，行使国务院赋予国家教委的教育督导职权。其主要职责是：①对国家有关教育工作的方针、政策、法规的执行情况进行监督、检查。②主要就省、自治区、直辖市人民政府及有关职能部门对中等及中等以下教育及有关工作的管理情况进行督导和评估。向国务院和国家教育委员会反映情况，提出建议。③拟订有关教育督导工作的法规和重要的规章制度。④制订有关教育督导工作的方针、计划、办法和指导方案，组织实施全国性的教育督导工作。⑤指导地方各级教育督导工作。⑥指导督导人员的培训和教育督导理论研究工作。《通知》指出：国家教育督导团由总督学、副总督学及国家督学组成。总督学由国务院任命，主持国家教育督导团工作。副总督学协助总督学工作。国家教育委员会设国家教育督导团办公室，工作上独立运转，负责督导团的日常工作。

为适应国家教育督导团开展工作的需要，国家教育督导团制订了若干工作制度，国家教委办公厅于1994年9月9日下发了《关于印发国家教育督导团若干工作制度（试行）的通知》。

撰稿　吴国栋
审稿　张永彪

〔**督导机构和队伍情况**〕　1994年，全国有29个省、自治区、直辖市建立了省级教育督导机构。其中：政府教育督导室2个，教育督导室7个，教委（教育厅、局）督导室18个，人民政府教育督导团办公室1个，教育督导团办公室1个。有29个省（自治区、直辖市）的369个地（市、州、盟）建立了教育督导机构，占29个省（自治区、直辖市）地（市、州、盟）总数的99.2%，教育督导机构总数比1993年增加16个；有27个省（自治区、直辖市）的地（市、州、盟）已全部建立了教育督导机构；其中：政府督导室135个，教育督导室61个，教委督导室173个。在29个省（自治区、直辖市）中的县（区）级教育督导机构总数达到2526个，比1993年增加70个，占29个省（自治区、直辖市）县（区）总数的91.9%；县（区）教育督导机构中政府督导室841个，教育督导室272个，教委督导室1413个。全国共有13个省、直辖市从省级到县（区）已全部建立了教育督导机构。即：北京、天津、山西、辽宁、吉林、黑龙江、上海、江苏、浙江、福建、湖北、湖南、甘肃。

1994年全国教育督导人员总数增加到20087人，其中专职教育督导人员9974人，兼职督导人员（含特约教育督导员）10113人。专职教育督导人员中经过督导专业培训比例为43.5%，共4340人。

全国教育督导机构情况表

省级督导机构	已建立督导机构的市(地、州、盟)(个)	占所辖市（地、州、盟)的百分比（%）	已建立督导机构的县（含县级市、省辖市的区）(个)	占所辖县（含县级市、省辖市的区）的百分比（%）
北京市教育局督学室	10	100	8	100
天津市教育局督导室	13	100	5	100
河北省教育督导室	12	100	168	94.4
山西省教委督导室	11	100	118	100
内蒙古自治区教育厅教育督导室	12	100	94	94
辽宁省教育督导团办公室	14	100	100	100
吉林省教委督学室	9	100	59	100
黑龙江省人民政府教育督导室	19	100	157	100
上海市教育督导室	14	100	8	100
江苏省教育督导室	11	100	106	100
浙江省教育督导室	11	100	86	100
安徽省教委督导室	15	93.8	58	56.3
福建省教育督导室	9	100	80	100
江西省教育督导室	11	100	78	78
山东省教委督导室	17	100	113	83.7
河南省教委督导室	17	100	148	94.3

省级督导机构	已建立督导机构的市(地、州、盟)(个)	占所辖市(地、州、盟)的百分比(%)	已建立督导机构的县(含县级市、省辖市的区)(个)	占所辖县(含县级市、省辖市的区)的百分比(%)
湖北省人民政府教育督导室	14	100	99	100
湖南省教委督导室	14	100	122	100
广东省教育厅督导室	21	100	116	96.7
海南省教育厅教育督导室	2	100	15	75
广西壮族自治区教委督导室	14	100	106	84
四川省教委督导室	23	100	175	79.9
贵州省教委督导室	9	100	81	94.2
云南省教委督导室	17	100	112	88.2
陕西省人民政府教育督导团办公室	10	100	102	95.3
甘肃省教委督导室	14	100	85	100
青海省教委普通教育督导室	6	75	36	83.7
宁夏回族自治区教育厅督导室	4	100	18	75
新疆维吾尔自治区教育督导室	16	100	90	98.9
总　　计	369	99.2	2526	91.9

注：①北京、天津、上海三市所辖的区统计在市（地、州、盟）一栏。

②总计中百分比不含西藏。

全国教育督导队伍情况表

省、自治区、直辖市	省督导机构人数（人）		市（地）级督导机构人数（人）		县（区）级督导机构人数（人）		总　计	
	专职	兼职	专职	兼职	专职	兼职	专职	兼职
北京市	10	21	72	65	46	19	128	105
天津市	7	13	72	19	36	19	115	51
河北省	5	2	76	28	503	197	584	227
山西省	7	17	45	23	543	268	595	308

省、自治区、直辖市	省督导机构人数（人）		市（地）级督导机构人数（人）		县（区）级督导机构人数（人）		总计	
	专职	兼职	专职	兼职	专职	兼职	专职	兼职
内蒙古自治区	5	3	45	13	239	131	289	147
辽宁省	12	9	90	18	460	21	562	48
吉林省	6	9	63	16	344	121	413	146
黑龙江省	6	6	65	50	609	282	680	338
上海市	11	10	132	48	48	15	191	73
江苏省	4	27	53	153	389	497	446	677
浙江省	7	16	34	81	208	551	249	648
安徽省	11	0	44	15	149	32	204	47
福建省	9	15	70	41	428	26	507	82
江西省	7	6	30	69	201	189	238	264
山东省	7	16	77	60	311	339	395	415
河南省	5	22	56	141	404	1234	465	1397
湖北省	4	29	63	130	368	769	435	928
湖南省	12	25	62	44	313	729	387	798
广东省	7	6	58	48	224	207	289	261
海南省	3	6	6	5	36	45	45	56
广西壮族自治区	4	38	38	20	278	119	320	177
四川省	9	14	64	38	529	936	602	988
贵州省	3	0	28	8	224	285	255	293
云南省	5	22	30	55	122	179	157	256
陕西省	6	38	47	27	440	241	493	306
甘肃省	6	35	69	108	319	497	394	640
青海省	9	24	20	49	126	120	155	193
宁夏回族自治区	5	0	17	0	58	0	80	0
新疆维吾尔自治区	6	3	59	37	236	204	301	244

省、自治区、直辖市	省督导机构人数（人）		市（地）级督导机构人数（人）		县（区）级督导机构人数（人）		总　计	
	专职	兼职	专职	兼职	专职	兼职	专职	兼职
总　计	198	432	1585	1409	8191	8272	9974	10113

注：北京、天津、上海三市所辖区的人数统计在市（地）级一栏。

撰稿　李　捷　陈卫军
审稿　张永彪

〔**中小学校督导评估**〕　1994年，各地按照《普通中小学校督导评估工作指导纲要》的要求，继续开展中小学校督导评估工作。国家教育督导团重点抓了以下几项工作。(1) 1994年8月，在哈尔滨市召开了全国中小学校督导评估工作座谈会，总结交流了对中小学校进行督导评估的经验，研讨了有关问题和今后的工作。会后，国家教委印发了座谈会《纪要》。(2) 1994年10月，组织部分国家督学对北京市的中小学校督导评估工作进行了考察，并印发了《关于北京市开展中小学校督导评估工作的调查报告》。(3) 1994年12月，邀请北京13中学、天津市海河中学、哈尔滨市78中学、沈阳市50中学、上海市勤奋中学、无锡县华庄镇中学、重庆市树人小学和武汉市崇仁路小学共8所中小学校的校长进行座谈。他们介绍了开展督导评估工作以来提高办学水平的经验。他们的经验得到了国家教委领导同志的肯定。

撰稿　莫景祺
审稿　张永彪

〔**督导研究会**〕　为更广泛地团结广大的教育督导工作者，开展理论研究与学术交流，探索建立具有中国特色的教育督导制度，中国教育学会教育督导研究会于1994年8月12日至14日在黑龙江省哈尔滨市召开成立大会暨第一届年会。中国教育督导研究会是研究教育督导的全国群众性学术团体，是中国教育学会所属的二级组织。其宗旨是：以邓小平同志建设有中国特色社会主义理论为指导，研究教育督导的理论、方法和技术，交流教育督导研究成果，推进具有中国特色的教育督导制度的建设。国家教育督导团副总督学、中国教育学会副会长陈德珍代表国家教委副主任、国家教育总督学柳斌和中国教育学会到会祝贺。国家督学郑启明作了《关于筹建教育督导研究会的情况报告》。大会通过了《中国教育督导研究会章程》；选举了理事；召开了第一次理事会，并推举郑启明为理事长、吕可英、刘铁岭为副理事长。在第一届年会上，开展了学术交流活动。

撰稿　吴国栋
审稿　张永彪

职业技术教育

概　况

1994年，党中央和国务院召开的全国教育工作会议指出，职业教育是提高劳动者素质和振兴经济的必由之路，使全国职业技术教育的发展步伐加快。

1994年全国各类职业技术学校情况统计　　单位：万人

	学校数（所）	毕业生数	招生数	在校生数	教职工数	专任教师数
中等技术学校	3093	50.35	93.47	241.40	40.65	18.70
职业中学	10217	107.62	175.28	405.61	41.53	27.66
高中	8679	93.82	146.77	342.56		24.12
初中	1538	13.80	28.51	63.05		3.54
技工学校	4430	55.68	71.44	187.09	34.01	15.29
短期职大	87	2.15	3.55	9.39	2.26	

1994年全国各类中等职业技术学校（含中等技术学校、职业高中、技工学校，不含中师，下同）比上年增加278所；招生数比上年增加25.26万人；在校生比上年增加80.92万人；毕业生比上年增加11.17万人；教职工总数比上年增加2.1万人。其中，中等技术学校比1993年增加47所，招生数比上年增加6.93万人，在校生数比上年增加31.57万人；职业中学比1993年增加232所，招生数比上年增加13.75万人，在校生比上年增加43.02万人；技工学校比1993年减少45所，招生数比上年增加6.44万人，在校生数比上年增加13.14万人。另外，职业大学比1993年增加4所，招生数比上年增加244人，在校生数比上年增加1.4万人。

1994年，中等职业技术学校（含中师）招生数和在校生数占高中阶段招生数和在校生数的比重，分别为58.3%和56.1%，比上年分别提高0.2个和2.4个百分点。

撰稿　李鑫　关伟

审稿　刘来泉

教 育 管 理

〔**评选国家级重点中专校**〕 自1991年开展普通中等专业学校教育评估以来，通过合格评估、办学水平评估、选优评估，各省、自治区、直辖市教委在征求国务院有关部委意见后，报请省、市人民政府批准，确定了省、部级重点普通中等专业学校699所。在此基础上，1994年学校主管部门推荐上报了国家级重点普通中等专业学校备选名单和材料。国家教委本着坚持标准、严格控制、实事求是、统筹兼顾的原则进行审批，成立了以国家教委副主任王明达为主任委员，有关负责同志及专家、学者组成的国家级重点普通中等专业学校审议委员会，并于1994年4月在河北省保定市召开了审议工作会议，形成了审议报告，提出了国家级重点中专建议名单，经国家教委批准，共评出国家级重点普通中等专业学校249所。

国家级重点普通中等专业学校名单

北京市	北京铁路电气化学校
	北京市农业学校
	北京煤炭工业学校
	北京市建筑材料工业学校
	北京卫生学校
	北京工艺美术学校
	中央音乐学院附属中等音乐学校
	北京舞蹈学院附属舞蹈学校
	北京戏曲学校
	北京什刹海体育运动学校
天津市	天津铁路工程学校
	天津建筑材料工业学校
	大港石油学校
	天津无线电机械学校
河北省	石家庄铁路运输学校
	河北化工学校
	河北唐山市卫生学校
	华北石油学校
	河北省机电学校
	河北省沧州地区农业学校
	河北省保定地区农业学校
	解放军军需工业学校
	河北省沧州卫生学校
	保定电力学校
	河北省体育运动学校
山西省	太原铁路机械学校
	大同煤炭工业学校
	山西省计划统计学校
	山西省太原冶金工业学校
	山西省建筑工程学校
	山西省中药材学校
	山西省戏曲学校
内蒙古自治区	包头铁路工程学校
	呼和浩特交通学校

	包头机械工业学校		朝阳市体育运动学校
	赤峰卫生学校	新疆自治区	新疆石油学校
	内蒙古建筑学校		乌鲁木齐铁路运输学校
黑龙江省	黑龙江省邮电学校		新疆农业学校
	黑龙江省建筑工程学校		新疆邮电学校
	黑龙江省农业机械化学校		新疆机械电子工业学校
	大庆石油学校		新疆商业学校
	哈尔滨电力学校	甘肃省	兰州石油学校
	佳木斯农业学校		兰州化工学校
	牡丹江林业学校		长庆石油学校
	黑龙江省畜牧兽医学校		兰州铁路机械学校
吉林省	吉林铁路经济学校		甘肃省林业学校
	吉林省交通学校		甘肃省畜牧学校
	吉林省邮电学校		培黎石油学校
	吉林省农业学校	青海省	青海省财经学校
	吉林冶金工业学校		青海省湟源畜牧学校
	吉林化工学校	宁夏自治区	宁夏卫生学校
	长春地质学校	陕西省	西安铁路运输学校
	吉林省戏剧学校		咸阳机器制造学校
辽宁省	抚顺煤炭工业学校		陕西省农业学校
	阜新煤炭工业学校		陕西省水利学校
	沈阳铁路机械学校		陕西第一工业学校
	辽宁省水利学校	河南省	郑州铁路机械学校
	大连海运学校		黄河水利学校
	渤海船舶工业学校		中原机械工业学校
	辽宁省石油化工学校		河南省信阳卫生学校
	鞍山钢铁学校		河南省农业学校
	辽宁省农业工程学校		河南省粮食学校
	辽河石油学校		河南省交通学校
	辽宁省铁岭农业学校		郑州铁道卫生学校
	辽宁省财政学校		郑州水利学校
	辽宁省林业学校	湖北省	武汉铁路运输学校
	辽宁省邮电学校		武汉船舶工业学校
	辽宁省粮食学校		武汉电力学校
	辽宁省轻工业学校		武汉无线电工业学校
	辽宁省电子工业学校		武汉水运工业学校
	大连铁路卫生学校		湖北省邮电学校
	沈阳市体育运动学校		襄阳农业学校

	黄冈地区农业学校
	襄樊市卫生学校
	恩施自治州财经学校
	襄樊市体育运动学校
	沙市市财政会计学校
湖南省	湖南省株州冶金工业学校
	株州铁路机械学校
	湖南省化工学校
	湖南省长沙农业学校
	湖南省机械工业学校
	湖南省煤炭工业学校
	衡阳铁路工程学校
	湖南省农业机械化学校
	湖南省建筑学校
	湖南省林业学校
	湖南省粮食学校
	湖南银行学校
	株州铁路电机学校
	湖南安江农业学校
广东省	广州轻工业学校
	广东省邮电学校
	湛江气象学校
	民航广州中专学校
	广东省交通学校
	广东省航运学校
	佛山市卫生学校
	肇庆市卫生学校
	韶关市卫生学校
	广东省人民警察学校
	广东省体育运动学校
广西自治区	广西水电学校
	广西交通学校
	广西轻工业学校
	柳州铁路运输学校
	广西贸易经济学校
	广西农业学校
	广西柳州卫生学校
	广西南宁化工学校
	广西林业学校
	广西壮族自治区体育运动学校
云南省	云南省交通学校
	昆明地质学校
	云南省财经学校
	云南省财贸学校
	云南省艺术学校
贵州省	黔南民族行政管理学校
	贵阳市卫生学校
四川省	成都航空工业学校
	成都水力发电学校
	重庆煤炭工业学校
	内江铁路机械学校
	四川统计学校
	重庆电力学校
	四川银行学校
	四川省泸州化工学校
	四川省建筑工程学校
	四川省邮电学校
	四川省机械工业学校
	四川省农业机械化学校
	四川省轻工业学校
	重庆机器制造学校
	四川省财政学校
	四川省重庆药剂学校
	四川省林业学校
	四川省南充农业学校
	四川省川剧学校
上海市	上海市化学工业学校
	上海市商业学校
	上海市邮电学校
	上海市第一人民警察学校
	上海市第二医科大学附属卫生学校
	上海市商业会计学校
	上海港湾学校
	上海市舞蹈学校
	上海市体育运动学校
江苏省	南京铁路运输学校

	南通纺织工业学校
	南京机电学校
	南京地质学校
	徐州煤炭工业学校
	南京无线电工业学校
	南通航运学校
	常州纺织工业学校
	无锡机械制造学校
	苏州农业学校
	徐州煤炭建筑工程学校
	常州财经学校
	南京交通学校
	江苏省邮电学校
	南京化工学校
	苏州工艺美术学校
	南京市体育运动学校
浙江省	杭州船舶工业学校
	杭州电力学校
	浙江银行学校
	浙江省交通学校
	金华卫生学校
	温州商业学校
	浙江省艺术学校
	浙江省体育运动学校
山东省	山东省轻工业经济管理学校
	山东省昌潍农业学校
	济南铁路机械学校
	山东省机械工业学校
	胜利石油学校
	山东省畜牧兽医学校
	泰安煤炭工业学校
	山东省财政学校
	山东省商业学校
	山东省电子工业学校
	山东省中医药学校
	山东省林业学校
	山东省水利学校
	山东省农业机械化学校
	山东省邮电学校
	山东银行学校
	山东省卫生学校
	山东省城市建设学校
	山东省烟台农业学校
	山东省潍坊艺术学校
安徽省	合肥电力学校
	淮南化学工程学校
	安徽省银行学校
	安徽纺织工业学校
	安徽省艺术学校
江西省	九江船舶工业学校
	江西省煤炭工业学校
	南昌气象学校
	江西电力学校
	赣州地质学校
福建省	福建机电学校
	福建水利电力学校
	集美轻工业学校
	泉州电力学校
	漳州农业学校
	福建省邮电学校
	福建林业学校
	福建侨兴轻工学校
	福建工艺美术学校

撰稿　刘玉林
审稿　刘来泉

〔颁发职业高中标准及评估指标〕　在1990年制订颁发《省级重点职业高级中学的标准》，并评估认定了两批455所省级重点职业高中之后，国家教委组织全国各有关省、自治区、直辖市教育行政部门、教学研究机构，开始调研、起草《国家级重点职业高级中学标准》的工作，于1994年2月1日由国家教委颁发施行。《标准》共25条，对国家级重点职业高中的办学目的、方向、规模、设施、师资队伍、教育教学工作、经费、校办产业，以及学校管理、质量效益等都作出了明确规定。

根据《标准》以及国家有关法律、法令，国家教委组织江苏、山东、河南、河北、甘肃等省起草《国家级重点职业高级中学评估指标体系》。《体系》包括两大部分：其一是评估条目，设一级指标10个，包括办学方向、规模与设施、学校领导、师资队伍、教育经费与校办产业、教学工作、行政工作、思想政治工作、政府重视与社会参与和质量效益。二级指标45个，分设于每个一级指标之下。其二是评估报表。

撰稿　王孟春
审稿　刘来泉

〔**骨干学校建设**〕　国家教委于1994年5月27—31日在河北省召开了“全国骨干职业技术学校（中心）建设工作研讨会”。全国28个省、自治区、直辖市教委职业教育处的负责同志参加，河北省省长叶连松和国家教委副主任王明达出席并作了重要讲话。河北、江苏省和青岛市等地政府在会上作了经验介绍。会议讨论了在社会主义市场经济体制下，骨干学校建设的目标任务、政策措施、管理体制，以及办学模式等问题。会后印发了《全国骨干职业技术学校（中心）建设工作研讨会纪要》，对今后骨干职业高中建设提出了意见：(1) 各地要把骨干学校建设作为贯彻落实《中国教育改革和发展纲要》和《国务院关于大力发展职业技术教育的决定》的战略措施，作为全面提高职业高中教育水平的关键来抓；(2) 骨干职业高中建设的目标是，到本世纪末在全国建成1000所；(3) 各地要加强对骨干职业高中建设的领导，增加投入，加快步伐；(4) 要深化骨干职业高中教学领域的改革，加强职业高中专业建设，提高管理水平和办学效益，发挥骨干学校的作用。

撰稿　王孟春
审稿　刘来泉

〔**华夏基金会资助项目评估**〕　1994年，国家教委组织有关部门对华夏基金会资助农村职教发展项目（第一期）执行情况进行了评估。从评估结果看，11所项目学校（湖南长沙县职业中专、湖南农业大学农村职业高中教材研究中心、江苏铜山张集职业中学、浙江嘉兴农业学校、河南辉县第一职业中学、吉林双辽农职教中心、河北南宫职教中心、云南昆明第二职业中学、甘肃合水职业中学、安徽施集农业中学和北京平谷职教中心）均完成或超额完成了规定的项目目标。

资助项目的实施，对项目学校的发展与改革起到了较大的促进作用：(1) 改善了办学条件，扩大了办学规模。项目共捐助仪器设备873台（件），价值75万美元。加上当地政府的各种配套建设（设备、图书、实验实习场所、学生宿舍、食堂等），使项目学校办学条件有较大幅度改善，绝大多数项目学校的办学规模均有所扩大。如浙江嘉兴农校在校生由1990年的456人增加到1993年的1079人。云南昆明二职，在校生由1990年的726人，增加到1993年的1163人。(2) 调动了地方政府支持职业教育的积极性。资助项目的实施，在一定程度上肯定了项目学校的办学方向，提高了学校的知名度，使当地政府支持项目学校乃至当地职业教育发展的积极性明显提高。11个项目中，当地政府均完成了规定的配套任务，其中有些项目大幅度超出了项目文件的规定，江苏铜山张集职中原定配套65万元，实际完成101万元；湖南长沙县职专原定配套56万元，实际完成300万元。(3) 推进了项目学校的各项改革。浙江嘉兴农业学校进行的不包分配的改革试点，使学生掌握了过硬的本领，提高了毕业生在劳动力市场上的竞争能力，受到了国家教委和农业部的肯定；江苏铜山张集职中面向农村，改革通过单一中考方式录取新生的招生制度，结合当地对人才的需求，实行中考、委托培养、定向招生等多种招生办法，宽进严出，为农村培养了更多的实用型人才。各项目学校还通过招收短期培训班、建立分校、设立扶贫点等措施，扩大了学校的办学功能。(4) 促进了办学效益和教育质量的提高。捐助设备的到位，提高了项目学校的实验开出率，增强了科技实验的能力，推进了实习基地建设，明显提高了学生的理论水平和动手能力，增强了对当地进行科技辐射的能力。如北京顺义县下洼村有一个30亩的苹果园，本应是盛果期，因为管理不善、技术落后，1992年总产不足4千斤。后经平谷农职校果林班师生指导，1993年产量上升到4万斤，受到顺义县政府和果农的高度称赞。(5) 促进了学校骨干示范作用的发挥。各项目学校坚持人才培养、科技实验、生产示范、技术推广和经营服务相结合的办学方向，通过项目建设，均已成为当地职业教育的骨干力量，并在不同区域内发挥着示范作用。项目学校中，有6所已进入省部级重点职业学校行列。

撰稿　范海林
审稿　刘来泉

〔**校长岗位培训**〕　为了落实国家教委1993年颁发的《全国职业中学校长主要职责及岗位要求（试行）》和《关于加强全国职业中学校长岗位培训工作的意见》，1994年，国家教委职业技术教育司组织有关专家编写了职业中学校长岗位培训教材《职业高中管理》、《中国职业技术教育概论》、《中国职业技术教育简史》、《国外职业技术教育》、《农业技术导论》、《农村职业中学案例剖析》、《法律基本常识》、《职业技术教育政策法规》。并要求各地自编适合当地经济发展、改革及人才需求的培训教材。

1994年各地积极进行职业中学校长岗位培训的准备工作。一些省市教委转发了国家教委的文件，召开会议，制定有关政策。如辽宁省教委主要领导专门召开会议，研讨职业中学校长岗位培训工作，成立了领导小组，明确了分工。北京市教育局规定《全国职业中学校长主要职责及岗位要求》是今后选拔、任用、考核、培训职业高中校长、职业中专校长和校级干部的基本依据。一些省市确定了本省职业中学校长岗位培训机构。如江苏教委委托常州技术师范学院、东南大学承担职业中学校长岗位培训工作。一些省市教委在摸清本省校长情况的条件下，分类进行培训。有的省市计划在3至5年内完成职业中学校长岗位培训工作。北京市教育局规定，培训所需经费、教学设施纳入教育事业发展计划，纳入教育经费预算。

撰稿　吴继宸
审稿　刘来泉

教 学 改 革

〔试办五年制高职班〕　根据经济建设对高等职业技术人才提出的迫切需求，1994年9月国家教委下发《关于在成都航空工业学校等10所中等专业学校试办五年制高等职业教育班的通知》,对试办高职班提出了基本要求：(1) 试办高职班的部门和行业，要根据经济建设对专业人才的需要，明确制订高职班的培养目标和规格要求，结合行业的岗位特点，逐步制定高职班培养人才的岗位资格标准，承担颁发岗位资格证书的工作。(2)试点学校要根据高等职业教育的特点，制订试办专业的教学计划和教学大纲，课程设置应根据培养目标的要求，注重职业能力训练和实践性教学环节。实践性教学应在教学计划中占到50%左右的课时。(3) 试点学校要加强对所办高职班的管理。

中等专业学校试办高职班，须报经国家教委批准。本次10所学校试办的高职班招收初中毕业生，学制五年，考生参加当地中等学校招生考试，统一录取。学校可实行三、二分段形式组织教学。高职班试点工作自1994学年开始。对高职班毕业生的考核实行学历考试和技能考核相结合的方式，逐步实行双证书制。采取毕业生就业学校推荐，供需见面，双向选择，择优录用和自主择业方式。

高职班试点学校及专业

序号	试点学校	隶属关系	试点专业	招生对象	招生规模
1	成都航空工业学校	航空工业总公司	机电技术应用 电子测量技术	初中 五年	80 80
2	中国民航广州中等专业学校	民航总局	发动机维修 飞机电子设备 航管雷达	初中 五年	80 40 40
3	九江船舶工业学校	船舶工业总公司	电子设备运行与维修 机床数控技术应用	初中 五年	80 40
4	浙江交通学校	省交通厅	海洋船舶驾驶 轮机管理 公路与桥梁	初中 五年	40 40 40
5	无锡机械制造学校	省机械厅	机床数控技术应用	初中 五年	80

序号	试点学校	隶属关系	试点专业	招生对象	招生规模
6	包头机械工业学校	兵器工业总公司	机床数控技术 应用 焊接工艺	初中 五年	80 40
7	北京煤炭工业学校	煤炭部	矿山测量 矿山机电 采矿技术	初中 五年	40 40 40
8	郑州铁路机械学校	铁道部郑州局	电力机车 铁道供电	初中 五年	80 40
9	株州冶金工业学校	省冶金工业总公司	钢铁冶炼 有色冶炼 冶金机械	初中 五年	40 40 40
10	上海市邮电学校	市邮电局	通信技术	初中 五年	80
合计					1200

撰稿　孙　明

审稿　刘来泉

〔**政治课改革**〕　1994 年，国家教委对中等职业技术学校政治课进行改革，确定了新的课程设置。这次政治课改革以马列主义、毛泽东思想和建设有中国特色社会主义理论为指针，以提高学生的思想政治素质和道德素质、培养四有新人为目标，以讲求思想政治教育的实效为原则。新的政治课课程设置、教学大纲及教材具有适应时代要求、体现职教特色、着眼思想教育、精减教学内容等特点。政治课以爱国主义、集体主义和社会主义教育为主线，同时，加强了职业道德和法律知识的教育。为增强学生的适应能力，适当开阔学生的知识面，在不增加总学时的情况下，增加了政治课的课程门类。

新的政治课教材共六门 7 本书，即：《建设有中国特色社会主义理论与实践》、《职业道德》、《经济·政治》、《世界观·人生观》(上下册)、《法律》、《国情》。新教材已于 1994 年全部出版。各类中等职业技术学校自 1994—1995 学年度开始，按照新的政治课课程设置和教学大纲，使用新的教材进行教学。

1994 年 11 月 3 日，在北京市东城区职教中心学校举行了中等职业技术学校政治课新教材首发式。王明达副主任出席并讲话。中宣部、国务院纠风办、全国政协等有关部门负责同志、有关专家教授及师生代表 50 多人参加。

撰稿　富祥武

审稿　刘来泉

〔**中专体育课改革**〕　1994 年 2 月，国家教委职业技术教育司会同学校体育卫生司，制定了《全国普通中等专业学校（不含中师）体育课程教学指导纲要》，首次对中专体育教学提出了要求。这个《纲要》改变了以往那种以竞技项目训练为主线的体育课教学模式，着重培养和树立学生的终身体育的观念，并把体育的社会性、文化性、参与性、娱乐性等功能逐步引入教学实践。《纲要》规定了中专体育课程教学的目的、任务、课程设置与教学内容安排等，是实施体育课教学、管理和评估的依据。在此基础上，配套新编了中专体育教材和体育教学录像片，1994年开始向全国中等专业学校推荐使用。

撰稿　陈铁军
审稿　刘来泉

〔**教育基地培训**〕　1994年，天津大学职业技术教育学院、浙江大学职业技术教育学院、湖北农业大学、河北农业技术师范学院和新批准成立的同济大学职业技术教育学院等5所职业技术教育培训基地共举办职业中学校长、中等专业学校校长和学校科级干部培训班67期，培训3165人；举办职业技术教育师资培训班47期，培训2509人；编写职业中学校长岗位培训教材、管理干部培训教材、职业中学学生教材近30本；面向社会举办职业技术教育培训班，共培训2343人。在举办培训班的同时，各基地加强了自身建设。形成了职教管理干部与专业课教师培训并举，短期培训与学历教育并举，职业技术教育培训与研究并举的多功能职业技术培训基地。

撰稿　高　瑛
审稿　刘来泉

〔**教材信息服务**〕　为进一步解决困扰职教事业用书难的问题，1994年全面展开职业技术教育教材信息与服务工作。

在坚持以图书发行部门为主渠道的前提下，逐步理顺职教教材供求关系，整顿供求秩序，提供教材信息服务。各地逐步建立起了符合当地职教办学需求的各级教材服务网络。目前除云南省、西藏自治区外，全国已有28个省、直辖市、自治区，在教育行政部门领导下，建立了职教教材信息服务领导小组和工作小组，并开展了工作。

1994年6月，职教司向各地印发了《职教教材信息与服务暂行办法》，针对职业学校招生工作实际，采取“一年一次、在校有书、确保开课、余缺后补、分类供应”的原则，适应各地办学的灵活性，确保了在校生的专业用书，并且使七、八月份专业仍在调整中的学校新生有书用。1994年秋季，教材品种达350种。

撰稿　陈铁军
审稿　刘来泉

对外交流与合作

〔**中德教育合作**〕　1993年11月，联邦德国总理科尔先生访华，与我国政府领导人在发展两国职教合作问题上达成了共识。以此为基础，1994年4月，中国成立了由外经贸部为组长，国家教委、劳动部、国家经贸委为副组长的中德职教合作中方协调小组，就中德职教合作的有关议题、原则、中方各部门的协作等问题进行了研究和安排。

1994年6月，中国政府总理李鹏访问了德国，与德国政府具体讨论了两国间职教合作的有关问题，并于7月4日发表了《中华人民共和国政府和德意志联邦共和国政府关于加强职业教育领域合作的联合声明》，确定了中德职教合作的基本原则和框架，并决定建立一个“中德工作小组。”以推动和协调中德职教领域中的合作与交流。

9月28日，中德职业教育工作小组在北京成立，并召开了第一次会议。会议形成了《中德职业教育倡议行动联合公报》，明确了该小组的工作重点是：加强国家和经济界在职教领域内的合作；加强由企业和学校共同承担的继续教育；继续推广双元制试点的经验；长期保证双元制职业教育的资金；保障实训教师的地位；加强职业咨询和职业信息工作等。为了完成这些任务，德方将向中方提供经验和经费方面的帮助。

1994年11月14至17日，国家教育委员会与德国汉斯·赛德尔基金会和德国技术合作公司在浙江省杭州市联合举办了中德职业技术教育学术研讨会。来自中德双方的政府官员、经济界人士、职教理论专家及职教管理人员100多人（其中德方49人）出席了会议。会议回顾总结了中德职教合作14年来所取得的成果和经验，展望了中德职教合作的广阔前景，并就职业教育的体系、企业参与职业教育、职业教育的教学计划和教材开发、职业教育的师资培养与进修、职业教育受教者的条件待遇和就业走向等问题进行了认真讨论。

撰稿　刘建同

审稿　刘来泉

〔**中澳教育合作**〕　1994年，中国澳大利亚之间的职教合作有新的进展。1994年1月，澳大利亚联邦就业、教育与培训部组团访问中国，就两国间开展职教领域的合作进行了探讨。3月，国家教委和澳大利亚联邦就业、教育与培训部签署了关于两国政府间开展职业教育合作的谅解备忘录。决定首先在旅游及宾馆服务专业进行合作，重点是研究解决该专业的课程设计、教材开发、教师能力扩展等问题。为此，中方的3位专家于6月赴澳大利亚考察并为澳方举办了烹饪演示课。8月，澳方3位专家来华考察并为中方培训西餐教员。

撰稿　刘建国

审稿　刘来泉

城市与企业教育综合改革

〔**城市教育改革**〕　1994年，各实验城市在全教会后，相继召开了由市长、市委书记参加的教育工作会议，研究制定本省、市城市教育改革与发展目标，落实科教兴市战略，确保教育优先发展。上海市提出了“建设一流城市，必须以建立一流教育为先导”，并从上海城市建设和发展战略目标出发，确立了创建一流教育的目标。宁波市委、市政府出台了《关于加快教育发展的若干意见》，确定了全市教育发展的目标任务。重庆市委、市政府出台了《关于城市教育综合改革的决定》和《关于对区市县党政主要负责同志抓教育工作进行年度考核的通知》等7个政策性文件。绍兴市委、市政府颁发了《关于加快教育改革和发展的若干意见》，并提出要为下世纪绍兴市的经济腾飞打下坚实的教育基础。大连市基本做到了：在研究制定长远发展规划和年度计划时，保证优先发展教育；安排财政支出时，优先保证教育事业的需要；提高职工待遇时，优先保证教师待遇的落实；部署检查工作时，优先研究和部署教育工作；选拔任用干部时，优先任用尊师重教干部。

各实验城市在改革中均把实现城市教育现代化作为城市现代化建设的一项重要内容来部署、落实。江苏省以苏、锡、常为龙头，在全省范围内部署了教育现代化工程的实施步骤。苏州市确立的创一流教育目标是：到本世纪末，努力创建与现代化、国际性开放城市相适应的一流教育事业，在国内率先达到中等发达国家80年代末的教育发展水平；新成长劳动者受教育的年限达到11.5年以上，每万人中具有大专以上学历的人数达到国内领先水平，高、中、初级技术工人比例达到1∶6∶3；建成一批具有国家级水平、能与国际教育接轨的学校，形成具有中国特色苏州特点的、面向21世纪的社会主义现代化教育体系。无锡、常州及省内其他8个地级城市也都制定了各自实施现代化工程的具体目标和措施。沈阳市根据“一高两大两化”（高科技、大生产、大流通、国际化、现代化）的城市发展战略，也确定了建立现代化教育的发展目标。

各实验城市在1994年注重了教育保障体系的建立和健全，纷纷出台有关政策、条例等。邯郸市委、市政府规定对各级政府抓教育的三项考核硬指标：一是要把教育列入当地经济和社会发展总体规划，摆在重要议事日程；二是必须把教育经费支出列为硬支出，确保教育经费的“三个增长”；三是把教育列入考核各级党政一把手的重要指标，把一把手推向抓教育的第一线。大连、宁波、自贡、锦州、绍兴、济南、岳阳等市教育经费实行预算单列，由教育行政部门提出年度计划的建议，报同级财政部门，由同级政府列入预算批准后实施。自贡市将教师工资和纳入工资部分的政策性补贴全额纳入财政预算，确保按时全额兑现。宁波市颁发了《关于从事中小学教育工作满30年的教职工退休后增发生活补助费的通知》、《关于落实教职工住房优先优惠的意见》、《关于城区教师公寓的分配意见》、《关于职工教育经费统筹的实施细则》等，并在宁波市《关于加快教育发展的若干意见》中强调要建立加快教育发展的保障机制。大连市政府在市中心为市区教师兴建了1000余套高标准住宅，从根本上缓解了教师住房紧张的矛盾。哈尔滨、长春、青岛、成都、自贡等市也在增大教育投入和加快教职工住房建设方面采取了许多措施，出台了一系列文件。

在实验城市，职业教育有了相当程度的发展，中等职业技术学校招生和在校学生人数占高中阶段学生人数的比例均超过50%。

普通高中（2+1）办学模式受到普遍欢迎。即用两年时间学完高中全部课程后学生实行分流，一部分学生继续接受一年的文化课学习作升入高一级学校的准备，另一部分学生接受一年的职业技术教育后参加当地的社会、经济建设。1994年浙江省在实验城市湖州取得试点经验后，率先在全省范围内推开了这种办学模式，受到社会和学生、家长的欢迎。

撰稿　郭利萍

审稿　郝铁生

〔**企业教育改革**〕 1994年，中国纺织总会、石油天然气总公司、铁道部等部门，江苏、浙江、河北、甘肃、内蒙古等省（区）相继召开了深化企业教育综合改革的会议，研讨加强对企业教育改革实验的组织和指导。河北、黑龙江、浙江、陕西、江苏、山东等省和重庆、厦门等市继续扩大实验范围，增加了一批实验企业。各实验企业普遍加大了转换经营机制，建立现代企业制度的步伐，带动了企业教育综合改革，出现了突破性进展。首先是进一步深化了企业教育运行机制和管理体制的改革，企业教育共同办，育人用人一体化的局面初步形成。各实验企业在“综合”上下工夫，改变教育部门一家唱“独脚戏”的封闭状态，劳动、人事、计划、财务等部门协同配合，形成齐抓共管企业教育的局面。在此基础上，一部分实验企业如宝山钢铁公司从企业教育的社会化乃至国际化等新的视角对企业教育进行更深入的探索，取得了新鲜的经验。二是紧密围绕企业需要，培养大量适用人才，实验企业为增强在市场经济中的竞争能力，加强了股份制、股票、市场经济等知识以及计算机、外语的普及培训，加强了金融、市场营销等人才和一人多岗的复合型人才的培养。上海石化股份有限公司在努力提高职工素质的基础上，积极实施“四个一百”工程，即培养100名装置专家、100名高级科技专家、100名高级经营管理专家、100名技术尖子，以适应企业实行股份制后发展生产和参与国内外市场竞争的需要。三是促进了企业的生产发展和科技进步。上海自来水供不应求，年年夏季形势严峻，上海自来水公司为了改变这种局面，在扩建水厂改造设备时，大打教育培训战役，大幅度提高专业人员和技术工人的水平。合肥美菱股份有限公司不断进行教育改革，把提高职工素质放在首位，最近又与安徽大学合办了安徽大学美菱经济学院，为企业的更大发展提供强大的后劲。多年对教育的重视，使公司从一个濒临倒闭的小企业，跃居中国百家著名企业第30名，全国家电行业第一名。四是企业教育综合改革理论研究取得新成果。1994年，研究工作主要集中在“企业教育综合改革的理论与实践”的课题上。完成了总课题报告的框架撰写；完成17个子课题的研究报告；出版了数本企业教育综合改革的专著，发表了数十篇研究文章；相当一部分的研究成果已经在企业的教育改革中发挥了作用。一年来，各实验企业普遍创造和积累了新的经验：（1）坚持经济、科技、教育结合，为企业的改革和发展服务。一是为企业的整体改革服务。仪征化纤厂在实行股份制后，为适应股票在境外上市参与国际竞争的形势，重点培养了一批会外语、懂管理、能经营，参与产品开发和市场竞争的涉外人才，满足了企业对人才的需求。二是为企业科技进步服务，天津碱厂从日本引进大型新设备，技术要求高，他们把严格培训作为引进设备的第一道工序，要求必须做到四懂（懂原理、性能、用途、构造），三会（会操作、维护、修理），保证了一次开车成功。三是为提高企业管理水平服务，许多企业通过教育培训使广大职工学习和掌握新的管理思想、管理方法、管理手段，有效地促进了企业经济效益的提高。四是为生产经营服务，着眼于大面积的职工岗位培训和提高职工的整体素质。(2)坚持人事、劳动、教育统筹，不断改革企业教育管理体制和运行机制。在改革教育管理体制方面，各实验企业创造了多种模式，或在组织上实行人劳教合并，或在工作程序上分工合作。在建立新的教育运行机制的过程中，创造了许多新的经验。兰州炼油化工总厂教育部门紧密配合企业经营机制的转换和三项制度的改革，主动适应，主动服务，建立并推行了管理干部任职资格证书、专业技术人员资格确认证、工人上岗培训证的三证制度，为企业教育注入了新的生机，取得了瞩目的成绩。上海凤凰自行车公司提出上岗靠竞争，收入靠贡献。工人岗位按技术水平分为10个档次，干部岗位分为7个档次，职工可以随时参加各档次的培训和考核，一旦通过，即享受相应的待遇，极大地调动了职工参加学习的积极性，1993年该公司培训量为8000人次，1994年达到20000人次。(3)坚持职工教育、职业教育、基础教育统筹，优化教育结构。各实验企业普遍在加强基础教育的同时，大力发展职工教育和职业教育，调整学校布局，实行三教统筹，各类教育资源共享，优势互补，在教学中注意各类教育内容和教学手段的衔接，大大提高了教育质量和办学效益。铁道部第三工程局的各工程处都是大而全，小而全，在综合改革中实行双向统筹，对各类学校进行合并和调整，减少了34所中小学、专业学校、职工学校，同时以每年2%的比例压缩人员，提高师生比，教育系统统筹前是2840人，1993年底压缩到2376人，1994年压缩到2250人以下，总计压缩590人，如每人每年平均收入按4000元计，每年可节约236万元。通过改革，全局的教育结构和教育资源的配置得到了明显的优化。

〔**企业教育研讨会**〕　为进一步总结几年来的改革经验，研究在新形势下企业教育综合改革的新情况和新问题，国家教委城市与农村教育综合改革办公室、甘肃省教委和中国成人教育协会企业教育研究会于1994年10月在兰州炼油化工总厂共同召开全国企业教育综合改革研讨会。包括近50家企业的代表，28个省、自治区、直辖市有关部门和计划单列市的代表共110人参加了研讨会。14家企业在会上介绍了他们在教育综合改革中取得的成果和经验。会上，代表们对改革实验的焦点问题进行了研讨。主要是各实验企业教育综合改革的进度差距较大，一部分企业工作薄弱，影响因素很多，但企业和地方领导对企业教育缺乏足够的重视；国务院有关部门，需要进一步发挥对企业教育宏观指导的作用；省、自治区、直辖市教育部门，对企业教育综合改革实验具体指导有待加强。代表们还讨论了国家教委提出的《关于深化全国企业教育综合改革的意见（征求意见稿）》。

撰稿　李一扬
审稿　郝铁生

农村教育综合改革

〔**评选先进单位**〕 1994年，国家教委评选农村教育综合改革先进单位名单如下：

北京市

昌平县、平谷县、房山区崇各庄乡、昌平县农村职业学校、大兴县第一职业高中

天津市

静海县、西青区张家窝乡、武清县石各庄乡、大港区太平村镇成人教育中心学校、蓟县小港乡初级中学

河北省

阳原县、顺平县河口乡、青龙县土门子乡、鹿泉市职业教育中心、丰南市、迁安县、藁城市岗上镇、任丘市陵城乡、南宫市职业教育中心、三河市马起乏职业学校

山西省

临猗县、阳泉市平坦乡、左云县综合技术学校、方山县圪叉嘴学校、翼城县里砦镇农民文化技术学校

内蒙古自治区

敖汉旗、阿荣旗职业中学、镶黄旗宝格丁高勒苏木、鄂托克前旗二道川乡呼芦素淖尔村农技校、科右前旗大坝沟中学

辽宁省

海城市、大连市金州区杏树屯镇、黑山县常兴镇、本溪县农村成人中等专业学校、凤城市第二职业技术专业学校、辽中县于家房初级中学

吉林省

东丰县、双辽县卧虎镇、前郭县孤店子乡、辉南县永康中学、吉林省农业学校、九台市农民中等专业学校

黑龙江省

讷河市、密山市、绥化市西长发镇、五常市职业技术教育中心、佳木斯市郊区红旗中学、龙江县白山乡八村学校

上海市

嘉定区、青浦县、浦东新区顾路中学、闵行区群益职业技术学校、金山县山阳镇成人中等文化技术学校

江苏省

宜兴市、东海县、昆山市、宿迁市龙河乡、丹阳市界牌镇、大丰县南阳镇、通州市五总乡成人教育中心校、铜山张集职业高级中学、江宁县铜山中学

浙江省

鄞县、德清县钟管镇、海盐县于城乡、诸暨市牌头镇越山完小、临安县青山镇初中、绍兴县杨汛桥镇成人文化技术学校、温州市瓯海区滕桥镇成人文化技术学校、宁海县第二职业中学

安徽省

蒙城县、金寨县、休宁县岭南乡、铜陵县钟鸣镇、来安县职业高中、泾县二中、宿州市聋哑学校

福建省

永安市、建阳县将口镇、沙县大洛中心小学、晋江市深沪中学、安溪职业学校、连城县四堡乡文化技术学校

江西省

宜丰县、弋阳县、宁都县青塘镇、弋阳县烈桥中学、宁冈县职业中学、黎川县燎原广播电视学校

山东省

诸城市、莱州市大原镇、平邑县资邱乡、泰安市郊区下港乡成人教育中心学校、邹平县明家集乡成

人教育中心学校、胶州市张家屯镇职业初中、定陶县陈集中学、平原县职业中专、淄博市临淄区第一职业高中

河南省

长葛县、栾川县、新郑县梨河乡、南阳县青华乡、汝州市成人中等专业学校、博爱县职业中等专业学校、清丰县第一职业高中、罗山县龙山乡成人教育学校、扶沟县城郊乡马村初级中学、汝南县马乡职业高级中学

湖北省

潜江市、武汉市洪山区和平乡、房县桥上乡、宣恩县职业高中、郧县第二高中、监利县上车湾乡成人文化技术学校、谷城县黄畈乡职业初中

湖南省

汨罗市、湘潭县列家桥乡、娄底市小碧乡、芷江民族职业中专、江永职业中学、安化县农业职业中专、怀化炉亭坳中学、永顺松柏园艺中学、郴县农民中专、长沙县职业中专学校

广东省

东莞市、南雄县、从化市、中山市横栏镇、梅县松源镇、四会市大沙镇、遂溪县渔业高级中学、南海市九江镇成人文化技术学校、高州市沙田镇成人文化技术学校

海南省

白沙县、琼山市红旗镇、琼海市文市中学

广西壮族自治区

浦北县、贵港市三里镇、罗城县小长安乡、横县职业中学、博白县职业技术学校、平南县镇隆乡农民文化技校、桂平县南木中学

四川省

江油市、开江县杨柳乡、宜宾县蕨溪镇、广汉市万福乡中学、泸县泫滩镇中学、涪陵市蔺市镇五马中学、仁寿县第四职业中学、温江县燎原职业学校、青神县南城乡成教中心、江北县茨竹镇农民文化技术学校

贵州省

贵阳市乌当区、清镇市王庄乡、开阳县花力乡翁昭村、湄潭县职业高中、黔西县素朴镇素丰小学、镇远县都坪镇成教中心农技校

云南省

宣威市、陆良县马街镇、思茅市农林技术学校、昆明市西山区团结乡成人文化技术学校、禄丰县甸尾中学、龙陵县龙山小学

陕西省

韩城市、城固县、榆林市牛家梁乡、西安市户县二中、凤翔县陈村镇农民文化技术学校、柞水县职业中学

甘肃省

武威市、夏河县王格尔塘乡、张掖市上秦乡、会宁县郭城农业中学、泾川县窑店乡农民文化技术学校

宁夏回族自治区

吴忠市、固原县头营乡、盐池县职业中学

青海省

乐都县、湟中县多巴镇、乐都县职业学校

新疆维吾尔自治区

阜康市、哈密市第一职业高中、轮台县阳霞乡农牧民文化技术学校、阿克苏市喀拉塔乡

西藏自治区

乃东县、林芝县米瑞乡职业技术学校

新疆生产建设兵团

新疆生产建设兵团125团

高校、科研单位

清华大学、东北师范大学、河北农业大学、山西农业大学、沈阳农业大学、安徽农业大学、扬州大学农学院、山东农业大学、湖北农学院、华南农业大学、广西农业大学、四川农业大学、甘肃农业大学、中央教育科学研究所

撰稿　孙文正
审稿　郝铁生

〔建立联系点〕　国家教委于1994年6月8日发出通知，决定建立一批地区（市）农村教育综合改革联系点。目的在于将农村教

育综合改革实验县的经验，在一个地区（市）范围内加以推广，积累在一个地区（市）进行农村教育综合改革的经验，并逐步形成燎原之势。各联系点要把推广实验县经验的工作纳入本地区（市）经济、社会整体发展规划之中，切实落实教育的战略地位，宁可在别的方面节省一点，也要千方百计为本地区教育办几件实事。

全国地区（市）农村教育综合改革联系点名单

河北省：	张家口市
广西壮族自治区：	玉林地区
山西省：	吕梁地区
内蒙古自治区：	赤峰市
四川省：	德阳市
贵州省：	遵义地区
辽宁省：	丹东市
云南省：	曲靖地区
吉林省：	辽源市
西藏自治区：	山南地区
黑龙江省：	齐齐哈尔市
陕西省：	商洛地区
江苏省：	连云港市
甘肃省：	张掖地区
浙江省：	湖州市
宁夏回族自治区：	银南地区
安徽省：	滁州市
福建省：	南平地区
青海省：	海东地区
江西省：	上饶地区
新疆维吾尔自治区：	昌吉回族自治州
山东省：	淄博市
河南省：	南阳地区
新疆生产建设兵团：	农六师
湖北省：	襄樊市
湖南省：	怀化地区
林业部：	三明市林科教结合实验区
广东省：	东莞市
海南省：	三亚市

撰稿　孙文正

审稿　郝铁生

〔**教育扶贫**〕　1994年3月，国家教委成立了由王明达任组长、郭福昌为副组长的国家教委扶贫工作领导小组，下设办公室。6月23日至24日，在河北省阳原县召开了国家教委扶贫工作会议，扶贫领导小组成员，有关司局、办、研究所及河北省教委、张家口市，直接参与扶贫工作的清华大学、天津大学、南开大学、北京师范大学、河北农业大学等有关高校参加了会议。会议总结交流了国家教委定点扶贫县——河北省阳原、顺平、青龙3县的扶贫工作经验，提出了今后进一步加强3县扶贫工作的意见：(1) 继续选派干部，组成帮扶组（团），深入县蹲点挂职扶贫，不解决温饱不脱钩；(2) 动员委内有条件的企事业单位，根据自己的实际给三县提供一定的物质帮助；(3) 有关高校继续为3县定向培养一部分大中专技术人才和师资；(4) 发动委机关和直属单位为3县和其他贫困地区捐赠衣被。

根据上述意见，1994年，国家教委的扶贫工作有了新的突破：(1) 计划建设司从1994年起，用3年时间每年安排15万元，指定用于3县中的1县建设校舍（即每个县可安排一次），河北省教委每年在分配中央补助义务教育的投资时，向三县倾斜；财务司每年从委主任基金中分别拨给3县30万元，将河北省列入世界银行贷款第3个贫困地区基础教育项目，请河北省向3县倾斜。(2) 人事司、机关党委和团委在征求大多数司局意见的基础上，拟定了继续向3县选派副县长、县委副书记和干部挂职锻炼的计划。（3）港澳台办公室在安排邵逸夫捐赠项目时，为阳原安排了中学项目，投资80万港币，为顺平、青龙安排了小学项目，各投资50万港币。（4）燎原计划办公室先后与首汽集团、中国机械设备进出口总公司合作，为顺平、青龙各建1所“燎原小学”。首汽集团职工共捐献35万元人民币，在顺平县杨家台乡革命老区建立“首汽燎原小学”，1994年10月8日竣工，举行了开学典礼；中国机械设备进出口总公司职工捐献20万元人民币，在青龙县古丈子乡卧龙池满村拟改建1所“中设燎原小学”，预计1995年6月底竣工使用。

撰稿　孙文正

审稿　郝铁生

高等教育

普通高等学校发展改革

〔**宏观调控本科专业设置**〕 第四次全国高等教育工作会议召开之后，国家教委于1993年7月颁布《普通高等学校本科专业设置规定》，下放了本科专业设置的审批权限。由于这一改革举措，本科专业设置管理的新办法刚刚出台以及其他种种原因，1993/1994年度普通高等学校本科专业设置数量净增1251个，比原设本科专业总数增加16.59%，共涉及67个省市、部委，331所高校，平均每校净增本科专业3.8个。个别院校净增本科专业达20余个。师范院校增设非师范专业的比例过大。经济学门类的专业增加过猛，新增专业经费投入不足，师资以及办学条件等难以保证。

为了贯彻落实1994年全国教育工作会议确定的高教改革和发展的方针，加强放权后专业设置的宏观管理，国家教委先后召开省市、部委和委属高校专业管理工作会议，并于1994年7月18日下发了《关于近期普通高等学校本科专业设置和备案工作的意见》，提出了普通高等学校本科专业设置宏观管理的11条原则意见。

1994年下半年各地、各部门按照《意见》要求，认真进行了实施。国家教委于8月完成了委属高校至2000年本科专业设置额定数核定工作。到年底，绝大多数的地方、部委的教育行政部门已按照《普通高等学校本科专业设置规定》的要求成立了本地区（部门）的专业设置评议委员会，有近一半的地方（部委）的教育行政部门完成了对所属高校本科专业数额的核定工作。

由于采取上述调控措施，1994/1995年度普通高等学校本科专业设置总量得到控制。1994/1995年度普通高等学校共净增本科专业888个，涉及71个省市、部委，365所高校，平均每校净增2.4个本科专业。与上年度相比，全国普通高校本科专业净增数减少363个，平均每校增设专业数减少1.4个。各学科门类增长的比例也趋于正常。地方和部委的教育行政部门在本年度的专业审批工作中，为抑制专业增长过快过猛的势头，做了大量有效的工作。湖南省所属高校本年度共申报42个本科专业，经省专业设置评议委员会评议、省教委审批报国家教委备案的本科专业为22个，是原学校申报总数的52.4%；国内贸易部所属院校本年度共申报

49 个本科专业，经部专业设置评议委员会评议、报国家教委备案的本科专业为 27 个，是原学校申报总数的 55.1%。

撰稿　张庆国　陈田初
审稿　周远清

〔**起草高等教育法**〕　根据全国人大常委会的指示，在国务院的统一部署下，国家教委于 1993 年 9 月开始起草《中华人民共和国高等教育法》（草案）。1994 年，《高等教育法》起草工作进入草拟法律条文阶段。先后草拟出第一至第四稿，为最终形成《高等教育法》（草案）奠定了基础。

《高等教育法》（草案）起草工作遵循以下四个基本原则：第一，坚持注重从我国高等教育实际出发，认真总结 40 多年来高等教育正反两方面经验教训，与积极借鉴、吸收外国高等教育经验相结合的原则。第二，坚持立足现实、适当超前的原则，既要将高等教育实践中符合教育规律的做法和基本经验以法律形式固定下来，又要注意从总体上把握并在法律上反映和体现高教改革、发展的基本趋向，发挥立法对实践的导向作用，促进高等教育的进一步改革和发展。第三，坚持加强针对性原则，力争通过立法对当前高等教育实践中存在的若干突出问题的解决有所推动和促进，为高等教育的改革和发展创造良好的内、外部环境。第四，坚持明确位置、详略得当的原则，《高等教育法》在遵循《宪法》和《教育法》规定的基本原则的前提下，应对高等教育的基本法律制度作出原则规定，同时为今后进一步制定有关高等教育的行政性法规和部门规章提供依据。

一年来，《高等教育法》起草工作对以下 10 个重点和难点问题进行了研究，初步取得了研究成果：(1) 明确规定《高等教育法》调整的对象及其适用范围，规定高等教育在经济和社会发展中的地位、作用和任务。(2) 科学地确立高等教育活动应当遵循的若干重要原则。(3) 将高等教育关系主体具体化为举办者、办学者、管理者、教育者和受教育者 5 个主体之间的权利、义务关系。(4) 确认高等学校的法人地位，具体规定高等学校的自主权及其应当履行的义务和责任。(5) 致力于建立规范化的高等学校内部管理体制，实行高等学校内部管理和决策的科学化、民主化。(6) 确立新的高等教育管理体制，推动政府转变职能，增强中央和省级政府教育行政部门对高等教育的宏观调控能力。(7) 确立高等学校多渠道筹措教育经费的原则。(8) 为深入进行高等教育体制改革提供相关的法律依据，促进高等教育结构和布局的改善以及整体办学效益的提高。(9) 通过具体的法律规定，推动高等学校提高教育质量、解决办学经费问题，建立和完善自我发展、自我约束的机制。(10) 针对高等教育活动中的违法行为分别规定相应的法律责任，增强法律的严肃性和强制性，保障《高等教育法》的顺利实施。

撰稿　李建聪
审稿　周远清

〔**建设有中国特色高教理论研究**〕　1994 年 10 月，国家教委“建设有中国特色社会主义高等教育课题组”在无锡召开了第二次研讨会。提交会议的 76 篇大会报告和论文反映了研究工作明显地向深度和广度进展。

当前，该项研究主要反映了如下的特点

和趋势：通过两年的研究和两次研讨会，更加明确了该项研究的重点是建设有中国特色社会主义高等教育的理论研究，是从我国的实际出发，提炼和回答高等教育改革和发展中的一系列基本理论问题。关于“理论要点”的框架，研究者先后分别提出了20多种方案，已逐步集中在宏观背景、地位作用、办学方向、发展战略、体制改革、教学改革、科学研究、教师队伍、对外开放、党的领导等10个方面。

按照课题组的计划，1995年课题组计划的55个项目，都将拿出阶段性成果。

撰稿 陈祖福

审稿 周远清

〔**文科基础学科基地建设**〕 根据中国高校文科基础学科的现状，为进一步深化改革，适应二十一世纪我国政治、经济、文化和社会发展需要，培养少而精的文科（中国语言文学、历史学、哲学等）基础学科的理论人才，国家教委决定在全国高校范围内，依据“扶强保重，合理布局”的原则，确定一批“国家文科基础学科人才培养和科学研究基地”。

根据国家教委文件精神，1994年，全国有38所高等院校，72个文科基础学科专业点向国家教委提出了申报。年底，国家教委在北京召开了“文科基础学科人才培养和科学研究基地”专家评审会。国家教委最后确认51个为“国家文科基础学科人才培养和科学研究基地”。

“基地”建设以5年为期。国家教委及有关部委、省、市教育主管部门，每年将对其所属学校“基地”投入建设经费约15万元，“基地”所在学校按1∶1相应投入。国家教委将组织专家，每两年对“基地”作一次评估，四年后全面验收。

撰稿 杨志坚

审稿 周远清

〔**研制教学评价方案**〕 为了加强对高等学校教学工作的宏观管理，推动教学基本建设和教学改革，不断提高教学质量和办学效益，国家教委高教司于1994年6月20日发文决定开展高等学校教学评价方案的研制工作。

研制工作主要由具有丰富教学管理经验且长期从事教学管理工作的专家承担。在研制工作中，努力做到方案研究与实测验证相结合。研制工作所遵循的主要原则是：(1)评价方案要准确体现高校教学工作的规律；(2)应贯彻国家教委对当前高校教学工作的政策导向；(3)能体现和区别不同类型院校（例如重点院校和一般院校）的人才培养要求和特点；(4)具有对教学工作状态的诊断功能；(5)具有可操作性，并尽可能简化。

根据上述原则，经过研究、实测、修改，1994年各科类完成了评价方案的研制工作。从完成情况看，工科院校的评价方案指标体系分为教学条件、教学状态、教学效果三个部分，14项评价要素，31项评价项目。评价结果分为合格、暂缓通过、不合格三种状况。高教司利用评价方案在工科9所学校开展了教学工作评价试点，通过试点评价，各方面认为，评价方案指标体系较好地反映了高校教学工作的规律，对学校教学工作具有较强的导向性：第一，它不仅给出了学校教学工作的结论，而且便于学校诊断教学工作中存在的问题，可以使学校有针对性地改进工作；第二，它是针对一个学校教学工作的全局评价，可以清楚地诊断学校在办学指导思想、办学思路以及全校教学工作全局方面的问题，对学校教学工作有很大帮助。

撰稿　王启明
审稿　周远清

〔实施面向21世纪教学课程改革计划〕

面向21世纪改革高等教育的教学内容和课程体系，是实现《中国教育改革和发展纲要》提出的“教育质量有明显提高”的重大举措。教学内容和课程体系，直接反映教育目的和培养目标，是养成人才素质、提高教育质量的核心环节。进入90年代，相对论、量子力学、系统理论、信息科学、非线性理论、量子化学、分子生物学等等本世纪建立的科学理论，已成为当代科学和高新技术发展不可缺少的理论基础。但是，目前高等教育基础课的教学内容和课程体系很少反映20世纪以来，特别是二次世界大战以后的科技成就。这就必然要求改革人才培养模式，改革教学内容和课程体系，以适应社会和学生的多样化选择，培养和造就大批适应21世纪社会、经济、科技、文化等发展需要的高质量的专门人才所必须建立的教学内容和课程体系，实现教学内容、课程体系、教学方法和手段的现代化，提高教学水平和质量，培养跨世纪的专门人才。

1994年初，高教司向委领导报送了“面向21世纪改革教学和课程体系计划”，朱开轩主任在报告上批示：“这是一个有远见的设想，意义重大，应予以支持。”张孝文、张天保副主任也批示支持。1994年7月，高教司在青岛召开了全国理科教学指导委员会主任联席会议，特邀了部分高等学校分管教学工作的副校长参加。会议讨论了面向21世纪改革教学内容和课程体系的迫切性、内涵、指导思想、方法和步骤等问题，统一了思想认识。会后，国家教委高教司正式发出了《关于制定和实施“高等理科教育面向21世纪教学内容和课程体系改革研究计划”的通知》和“计划项目指南”。到1994年底，收到全国70多所高校3700多位教师参加申报的360多个改革研究项目。目前，正在对这些项目进行审议之中，第一批正式成立的改革研究项目即将正式下达。

为了指导和推动面向21世纪教学内容和课程体系改革，高教司还组织举办了大型报告会，请了全国人大副委员长、中科院院士卢嘉锡教授等13位院士、教授分别作了各学科的21世纪科学发展与教学改革的报告。

面向21世纪教学内容和课程体系改革的内涵十分丰富。首先，要研究21世纪社会、经济、科技、文化发展的状况和趋势，研究21世纪人才的素质和规格要求。其次，要研究教育和教学思想的发展和进步，探讨适应新世纪的教学思想、培养目标和培养模式。第三，要进行教学内容、课程结构、课程体系改革的研究和实践，开设出各种适应培养跨世纪人才需要的基础课、专业课以及各类选修课。第四，要编写出版一批高质量的面向21世纪的新教材和培训适应这些新教材的教师队伍。

撰稿　陈祖福
审稿　周远清

〔**计算机基础教育**〕 在1994年召开的“第五次全国高校计算中心建设与管理研究会会议”上提出《加强计算机基础教育，促进高校教育质量的提高》的问题。

计算机专业教育重点是培养学生掌握计算机现有成果，并使之与本专业相结合，以适用于实际工作，要使学生具备适应21世纪需要的科学素养和基本技能。为此，培养目标要根据高校的现有条件，将计算机基础教育的课程分为三个层次：(1) 计算机文化基础；(2) 计算机技术基础；(3) 计算机应用基础。

要制定措施，把加强计算机基础教育落到实处。(1) 加强组织领导，充分重视计算机基础教育。(2) 加强计算机教学的研究。(3) 增加经费投入，改善上机条件。(4) 建立专门的教学组织机构，加强教学管理。(5) 大力开展计算机辅助教学 (CAI)。(6) 加强教材建设，努力打好基础。

撰稿 葛道凯
审稿 周远清

〔**理论课教学改革**〕 1994年，根据中央有关精神和国家教委党组的指示，社科司确定了高校马克思主义理论课教学改革工作的指导原则，即：积极稳妥地开展理论课的教学改革，改革的重点是教学内容和教学方法的改革，要将建设有中国特色社会主义理论做为理论课教学的中心内容，要认真贯彻邓小平同志“学马列要精，要管用”的指示精神。在具体操作上，面上的多数高校要继续执行国家教委在以往文件中对课程设置、基本教学内容和必要学时的规定，侧重教学内容和方法的改革；与此同时，国家教委和省市及部委教育主管部门可以选择并指导少数条件好的高校在课程设置、教学内容、教学方法等方面进行较大幅度的改革试验。

在这一方针指导下，经国家教委党组确定清华大学、南开大学、东北师范大学和中山大学为马列主义理论课和政治课的“两课”教学改革试点学校。上海、四川、吉林、山东等省市也分别确定了“两课”教改试点学校，国家教委又在地方试点学校中确定华东理工大学、成都电子科技大学和首都师范大学为国家教委“两课”教改试点联系学校。许多省市和学校成立“两课”教改领导小组和工作小组，有的还成立了专家咨询小组，就教改中的重点问题进行深入研究和讨论，并把“两课”改革作为学校整体教育改革的一个重要组成部分，制定有关政策和采取多种措施积极支持和推进教学改革。

为学习、贯彻全教会精神，推动高校“两课”教学改革，进一步加强对试点学校的工作指导，国家教委社科司和思政司于7月在京召开了“高校‘两课’教学改革试点工作会议”。各试点学校提交了本校的“两课”教改方案；会议侧重研究了如何在教学中加强建设有中国特色社会主义理论的教育问题；并就教改工作中的认识问题和政策问题进行了研讨。国家教委副主任张孝文在会上讲话指出：江泽民和李鹏同志在全国教育工作会议上的重要讲话，深刻论述了“两课”在高等学校教育中的地位、作用和目的、内容等重要问题，我们要认真学习并以此指导“两课”的教学改革。他强调，把建设有中国特色社会主义理论作为高校马克思主义理论教育的中心内容，帮助学生确立为建设有中国特色社会主义而奋斗的政治方向，是新时期对高等学校培养接班人提出的客观要求。

在进行这一理论的教学方式上，目前可以有两种形式，一是各门课程都要结合自身的学科特点去努力体现这一理论的相关内容，其中在“中国社会主义建设”课（或相近名称的课）中，比较集中地讲授其主要内容；另一种是在试点学校中积极探索单独开设一门课程，比较全面和集中地讲授这一理论。张孝文同志在讲话中还对教学改革和试点工作的有关政策问题作了论述。

为落实年初江泽民同志在全国宣传思想工作会议上所作的“教育系统要编写建设有中国特色社会主义理论的教材，作为学校政治课的主要内容”的指示精神，社科司着手从两个方面开展工作：一是再一次修订《中国社会主义建设》教学大纲，加强建设有中国特色社会主义理论的相关内容；二是为了配合集中讲授这一理论的教学需要和培训教育系统干部的需要，组织部分高校的专家学者，编写《建设有中国特色社会主义理论教程》和原著选读。11月，在北京召开了“建设有中国特色社会主义理论教学研讨会”。与会代表交流了各校开展这一理论教学的经验，对在教学中遇到的问题进行了充分的研讨，并初步讨论了《建设有中国特色社会主义理论教程》的基本内容、编写体例和篇章设置。

12月，社科司在南京组织召开了“高校马克思主义原理教学改革研讨会”。与会代表对如何讲授建设有中国特色社会主义理论的相关内容等问题进行了讨论。

9月，中共中央下发了《关于进一步加强和改进学校德育工作的若干意见》。根据国家教委党组指示，社科司会同思政司起草了《关于高校马克思主义理论课和思想政治教育课教学改革的若干意见》，并分别在直属高校咨询工作会议和学校德育工作会议上征求修改意见。

撰稿　马　雷
审稿　杨瑞森

〔**制定高校管理信息标准**〕　1994年8月19日，国家教委发布教育管理信息系统标准《高等学校仪器设备管理基本信息集》。此前，1992年7月27日国家教委已发布《高等学校学生管理基本信息集》和《高等学校教职工管理基本信息集》。至此，高等学校的管理信息系统标准得到进一步配套和完善。

《高等学校仪器设备管理基本信息集》包括基本信息、辅助信息和代码表三个部分。

基本信息内容有：基本情况、规格类、价格类、附件类、使用管理类、精密贵重仪器设备使用类和大、中、小型计算机使用类。

辅助信息内容有：系、所、中心类和实验室级别类。

代码表内容有：经费科目码、现状码、使用方向码、资产分类代码及其与国家教委条件装备司所用高等学校仪器设备分类代码对照、本信息集采用的国家标准和国家教委条件装备司所用代码。

这三个数据交换标准的制定是国家教育管理信息系统和高等学校进入中国教育和科研计算机网并实现资源共享的基本建设，并为中国教育管理信息标准化、系统化、规范化迈出了重要的一步。

撰稿　樊晨晨
审稿　崔佑铣

国家教委直属高校教育

〔**管理体制改革**〕 1994年，国家教委直属高校办学和管理体制改革在广度和深度上均有进一步的深化。

由国家教委与地方政府共同建设委属高校数进一步增加。一年来，国家教委相继与厦门市、浙江省、吉林省、天津市、江苏省、湖北省人民政府签定议定书或联合发文，决定对厦门大学、浙江大学、吉林大学、东北师范大学、南开大学、天津大学、南京大学、东南大学、武汉大学、华中理工大学等10校，由国家教委与学校所在地方人民政府进行共同建设。共建后，这些学校仍隶属国家教委，同时实行国家教委与地方政府双重领导、以国家教委为主的体制，国家教委原对学校的投资渠道不变，继续核拨额定的各项拨款，并按正常增长比例增加，地方政府也要在资金、政策各方面给予学校支持，并把共建学校列入本地区经济、社会发展规划。学校在人才培养、科学研究、科技开发等方面要立足于为所在地方服务，优先满足本地区经济和社会发展的需要。其中，厦门市政府决定每年为厦门大学从政府财政中拨出1000万元“共建费”用以改善办学条件，并承诺在各项有关政策上使厦门大学教职员工在工资、各项补贴及其他生活待遇上不低于市属高校水平，1994年，厦门市政府对厦门大学的投入累计已逾3000万元。在1994年，广东、上海等地已实行共建的委属高校的各项共建措施也进一步落实。广东省政府在1993、1994年两年从各种渠道向中山大学、华南理工大学的投入资金达到9000万元。上海市对复旦大学、上海交通大学、上海外国语大学的共建补贴、项目相继到位或落实。天津、江苏、浙江、山东等省市政府也分别在地方出台政策补贴、基本建设城市配套费、公费医疗、征地等方面给予共建学校以程度不同的政策优惠，为学校进一步的改革和发展创造了较好的外部环境。

四川大学和成都科技大学合并成立四川联合大学。1994年3月，国家教委、四川省人民政府正式批复两校合并成立四川联合大学，实行国家教委和四川省政府共同建设、双重领导，以国家教委为主的办学体制。1994年4月8日，四川联合大学成立大会在成都举行。党和国家领导人江泽民、李鹏、李岚清、李铁映等题词祝贺。四川省政府领导和国家教委领导出席了成立大会并讲话。

部分院校的管理体制进行成建制调整。(1)广州外国语学院在1993年实行由国家教委、广东省政府双重领导、以广东省为主的领导体制。为进一步贯彻落实《纲要》精神，更好地适应广东省经济发展的需要，培养更多的外语人才，1994年11月12日，国家教委副主任张孝文、广东省副省长卢钟鹤在广州签署了《关于广州外国语学院交接工作备忘录》，决定自1995年1月1日起将广州外国语学院的行政隶属关系成建制移交给广东省政府。(2) 经国家教委与对外贸易经济合作部协商，将天津对外贸易学院成建制并入南开大学。1994年10月14日，国家教委副主任张孝文与对外贸易经济合作部副部长李国华签定了《关于天津对外贸易学院并入南开大学的议定书》，决定于1994年12月31日前完成归并工作。天津对外贸易学院的在编人员、资产全部划归南开大学，由南开大学根据学校事业的改革和发展规划及学科建设的需要进行统筹调整。

高校间广泛开展多种形式的合作办学。为进一步提高办学效益，实现学校间的资源共享、优势互补和学科交叉、共同发展，国家教委积极推动委属高校间、与委外高校及科研院（所）间多种形式的合作办学，在师资互聘、互相承认学分、共同利用图书资料及公共服务体系、共同开展科学研究、联合组织科技开发以及共同建设后勤服务设施等方面进行合作，挖掘学校办学的潜力，合理利用现有资源，共同促进事业的发展。北京大学与北京医科大学、吉林大学与白求恩医科大学、复旦大学与上海第二医科大学和中科院上海物理研究所、兰州大学与中科院兰州分院、青岛海洋大学与海洋研究所等，都建立了合作办学关系。

撰稿　马　涛
审稿　陈小娅

〔**“211工程”预审**〕　1994年10月至12月，根据“211工程”，预备立项的程序，国家教委邀请全国高校具有较高学术造诣和较丰富学校管理经验的专家组成专家组，相继对清华大学、北京大学、浙江大学、南京大学、复旦大学、上海交通大学等6所委属高校进行了“211工程”部门预审。专家组在分别对学校进行实地考察，对学校申请进入“211工程”的规划报告及学校的办学水平和条件进行了认真的评议，并提出预审意见。专家组评审认为，清华大学、北京大学等6校具有较长的办学历史、良好的办学传统及校风、学风，师资力量雄厚、学术水平较高，特别是经过“七五”、“八五”国家重点建设及国家“八五”重点倾斜投资，学校办学实力显著增加，办学水平明显提高，已具备进行“211工程”建设的良好基础和条件。专家们一致建议通过6校的“211工程”部门预审，并呼吁国家有关部门和地方政府视可能条件增加对6校的投入，支持其能早日实现规划的目标。国家教委副主任张孝文出席了6校的预审会，并介绍了国家教委关于“211工程”的设想、目标、规划及建设内容。北京市、浙江省、江苏省和上海市的有关领导分别出席驻本省、市委属高校“211工程”部门预审汇报会，并表示支持学校的改革与发展，促使其及早达到规划目标，为国家和地方的经济建设和社会发展作出更大的贡献。

撰稿　马　涛
审稿　陈小娅

〔**教育系统首批中国工程院院士**〕　1994年6月，中国工程院公布首批院士名单，共计有96名专家当选为中国工程院院士，其中国家教委及委属高校共有12人当选，即：

机械与运载工程学部：

阮雪榆	上海交通大学	教授
谢友柏	西安交通大学	教授

路甬祥　中科院副院长、浙江大学校长　教授

汪槱生　浙江大学　教授

信息与电子工程学部：

韦　钰　国家教委副主任　教授

王　选　北京大学　教授

金国藩　清华大学　教授

化工、冶金与材料工程学部

李恒德　清华大学　教授

能源与矿业工程学部

张光斗　清华大学　教授

土木、水利与建筑工程学部

张　维　清华大学　教授

李国豪　同济大学　教授

农业、轻纺与环境工程学部

钱　易　清华大学　教授

撰稿　李彦忠

审稿　李　凌

〔**招生、收费制度改革试点**〕　为了贯彻落实《中国教育改革和发展纲要》提出的“改革学生上大学由国家包下来的做法，逐步实行收费制度。高等教育是非义务教育，学生上大学原则上均应缴费”的精神，国家教委1993年决定在东南大学、上海外国语大学进行招生、收费制度改革试点。1994年进一步扩大改革试点范围，其中，有27所国家教委直属高校参加这一改革试点，使试点学校总数达到29所。改革试点学校招生时不再区分“公费生”和“自费（委培）生”，不再对两种计划招收的学生采取不同的录取标准，招收新生一律缴费上学，使现行的“公费生”、“自费（委培）生”并轨运行，机制一步到位。试点学校招生“并轨”后收费标准，根据生均实际培养成本的一定比例并参照我国城乡居民的实际收入，1994年确定为1000—1500元（含学杂费、住宿费），并允许不同地区、学校和不同的专业有不同的收费标准。

1994年国家教委29所直属高校招生、收费制度改革的试点工作平稳启动，试点学校的招生工作进展顺利，报考生源数量充足，生源质量明显提高，生源结构基本合理，招生计划完成较好，新生入学报到工作进展顺利。试点学校招生、收费制度改革的各项配套措施已全面启动实施，以奖学金、贷学金、勤工助学、特困学生补助等为主要形式的激励机制和保障机制正在逐步建立和完善。随着学杂费收费标准的提高，试点学校普遍在激励机制和保障机制的配套中投入了较大的财力，根据不同的收费标准，各校均提高了各项配套措施的强度和覆盖面。据统计，改革后试点学校奖学金、贷学金、勤工助学、特困学生补助等各种配套措施的总投入一般占到收取学杂费的45%以上，覆盖学生面则达到70%以上。

——奖学金：为了吸引优秀的学生上学并增强学生在校学习的积极性，各校均设立了高额的新生入学奖、优秀学生综合奖及各种单项奖学金。据统计，试点学校设立的各类奖学金总额占到学杂费总收入的1/3以上（不包括社会团体、个人设立的奖项），覆盖面在50%以上。

——贷学金：为了保证家庭经济困难的学生也能够上学和完成学业。据统计，各校贷学金的最高额度都已接近甚至超过学生上学所需缴纳的费用，覆盖面也在10—20%，贷学金的总额占学杂费的5%以上。

——勤工助学：试点学校都把勤工助学

作为解决困难学生日常学习、生活问题的主要措施。各校均建立了勤工助学制度，设置了勤工助学机构，落实了勤工助学基金，帮助学生联系勤工助学岗位。学校的勤工助学活动优先保证家庭经济困难的学生，对特困生提供固定的勤工助学岗位。各校不仅在校内组织勤工助学活动，也在积极向社会开拓勤工助学的渠道。

——特困学生补助：试点学校均设立特困学生补助专款，实施助学工程，对家庭经济特别困难的学生及突发困难的学生给予专项补助，如生活困难补助、饭菜票补助、冬衣补助、节假日补助等。有的学校还采取了减免特困生学杂费的做法。

招生、收费制度改革在学校内部引起了深刻的变化。

——收费标准的提高使学校和教师普遍感到提高人才培养质量的压力，促进学校加快教育教学改革。各校普遍推行学分制，放宽学制，一般为3至6年，最多可达8年。实行学分制后，学生可在指导教师的帮助下自主选择学习课程、进度，在一定范围内自主选择专业方向或专业。允许经济困难学生中途休学打工，待改善经济条件后重新回校完成学业，允许学生修完规定学分后提前毕业，也允许学生延长在校学习时间、推迟毕业。

——试点学校由于招收新生的质量明显提高，水平比较整齐，教学计划更易安排和实现，学生对教师教学的要求和期望也大大提高。由于上学缴费还增强了学生对家庭、对社会的责任感，学习的主动性和积极性也有较大的提高。

——随着收费标准的提高，学生对学习、生活条件均产生较高的要求和期望，试点学校普遍感到办学条件亟待改善的压力。各校均相应增加了投入，对学生宿舍、食堂进行了较大规模的修缮，加强了管理，同时也增加了对教室、实验室、图书馆等方面的投入，使新生学习、生活环境得到较大程度的改善。

撰稿　游　森
审稿　董长侠

〔**校园文明建设**〕　国家教委在1993年底组织有关专家，对1991年以来在直属高校开展的校园环境、学生学习和生活环境检查评优工作进行了小结。国家教委决定自1994年起，更名为“校园文明建设检查评估”。对通过检查评估并取得优秀成绩的直属高校，国家教委除给予校园文明建设优秀奖的表彰和奖励之外，还将授予“文明校园”的荣誉称号并颁发奖牌；对1991—1993年已获得校园环境、学生学习和生活环境优秀奖的13所高校经过复查成绩仍为优秀的，也授予“文明校园”荣誉称号并颁发奖牌；把直属高校校园文明建设达标作为学校申请进入“211工程”的必备条件之一。

1994年5月，国家教委办公厅发出了《关于部署1994年校园文明建设检查评估工作的通知》；国家教委直属高校工作办公室同时印发了《1991—1993年直属高校校园、学生学习和生活环境检查评优工作小结》。

1994年9—11月，由国家教委直属高校工作办公室、思想政治工作司、高校学生司、条件装备司、人事司、计划建设司、部分委属高校的有关专家和受检高校所在省市教委（高教局）等有关同志组成检查组，分别对天津大学、南开大学、北京语言学院、东南大学、厦门大学、浙江大学的校园文明建设情况进行了检查评估。检查结果表明，6校基本达到了国家教委有关评估指标的优秀水平。国家教委决定授予上述6校“文明校园”荣誉称号，并各奖励办学经费40万元。

10—12月，根据国家教委部署，对1991年以来已获得校园、学生学习和生活环境优秀奖的13所直属高校校园文明建设成果的巩固深化和提高情况进行了认真的复查总结，12月中旬，国家教委对中国人民大学和北京外国语大学的校园文明建设成果巩固提高情况进行了抽查。对13所高校进行复查抽查，结果基本合格。

12月下旬，在国家教委直属高校1995年基建计划会议上，国家教委宣布了对南开大学等6校的表彰决定。同时对1991年以来接受检查评估并取得优秀成绩的东北师范大学等19所高校授予了“文明校园”奖牌。

撰稿 张爱龙
审稿 温 纯

学位与研究生工作

〔学位授予情况〕 1994年，国务院学位委员会批准授予9位著名科学家、政治家和社会活动家名誉博士学位。即：北京大学授予意大利参议院议长斯帕多利尼先生名誉历史学博士学位；同济大学授予美国建筑大师贝聿铭先生名誉博士学位；西北农业大学授予德国李西比大学康纳德·门格尔教授名誉农学博士学位；浙江大学授予香港著名人士邵逸夫先生名誉博士学位；中国人民大学授予日本前首相竹下登先生名誉博士学位；北京体育大学授予德国体育学院盖哈尔特·海克尔教授名誉教育学博士学位；清华大学授予香港著名人士梁銶琚先生名誉博士学位；北京理工大学授予德国柏林工业大学贡特·施普尔教授名誉工学博士学位；华中理工大学授予德国国家科学院哥庭根马—普生物物理化学所所长埃尔温·内尔教授名誉理学博士学位。

1993～1994年授予博士学位人员情况列下表：

学科门类	合　计	普通高等学校	其　它
总　计	3564（67）		
哲　学	53（1）		
经济学	170（5）		
法　学	98（1）		
教育学	43（1）		
文　学	92（5）		
历史学	68（1）		
理　学	911（11）		
工　学	1389（28）		
农　学	125（3）		
医　学	615（11）		

注：括弧中数字为总数中在职人员申请博士学位的授予人数

1993～1994 年授予硕士学位人员情况列下表：

学科门类	合　计	普通高等学校	科研机构
总　计	26166（1366）		
哲　学	418（36）		
经济学	2024（238）		
法　学	1321（151）		
教育学	517（27）		
文　学	1477（80）		
历史学	437（6）		
理　学	4592（125）		
工　学	11672（474）		
农　学	884（45）		
医　学	2689（184）		
军事学	135		

注：括弧中数字为总数中在职人员申请硕士学位的授予人数

1994 年，国务院学位委员会批准首钢工学院、长春大学、合肥经济技术学院、集美航海学院、新疆艺术学院、海南医学院等 6 所高等学校为新增学士学位授予单位。

撰稿　赵玉霞
审稿　王忠烈　奚广庆　谢桂华

〔**研究生教育工作要点**〕　为进一步推动研究生教育的改革与发展，国家教委于 1994 年 9 月 13 日印发了《关于研究生教育近期工作要点》。《要点》的基本内容是：(1) 研究生教育的发展要坚持走内涵发展为主的道路，使硕士生、博士生的培养基本立足国内。研究生的招生规模近期应基本稳定在 1994 年的招生规模水平，条件较好的培养单位博士生所占比例可适当提高。(2) 加强对研究生招生工作的宏观调控，确保研究生的入学质量。(3) 改革研究生经费拨款办法，逐步推行研究生兼“三助”制度。研究生用于科研工作的费用一般应由招收研究生的单位和导师从科研经费中筹集。在逐步推行研究生兼助教、助研、助管制度的基础上，硕士生和博士生待遇具体标准由各单位自行确定。要多渠道筹集研究生教育经费，设立研究生教育基金；鼓励、支持社会各界设立各类研究生奖学金、基金等。(4) 改进和加强研究生、特别是博士生培养工作，全面提高教育质量。硕士生培养要多样化，要大力加强适应经济建设需要的应用型、复合型人才的培养（如财经政法等应用文科硕士、工程硕士等），做好专业学位的培养试点工作（如建筑学硕士、工商管理硕士等）。博士生的培养基础要“宽”、“广”，论文要“新”“实”。拓宽基础按一级学科或相关学科群设置课程和制定培养方案。科研工作和论文选题允许在相关的学科范围内选择，鼓励从事新兴交叉学科的工作，但必须达到前沿性和创造性标准。要逐步实行严格的博士生资格考试制度。(5) 加强和改进研究生德育工作，要根据新的形势和要求，结合研究生的特点，加强以马克思列宁主义、毛泽东思想特别是邓小平同志建设有中国特色社会主义理论的教育和党的基本路线教育为主要内容的德育工作，使学生牢固树立科学的世界观、正确的人生观和高尚的道德情操，以及民族自尊、自信、自强的精神。(6) 加强评估工作，建立并完善研究生教育与学位工作的质量监督和评估制度。

撰稿　李建民
审稿　王忠烈　奚广庆　谢桂华

〔**“211工程”启动实施**〕 1994年召开的全国教育工作会议和《国务院关于〈中国教育改革和发展纲要〉的实施意见》进一步明确了“211工程”的指导思想。李鹏总理指出:“211工程”是一项国家重点建设项目,要分期分批地加以实施。要通过这一计划的实施,推动高等教育改革和多种形式联合办学,促使高校布局和结构趋于合理,提高办学规模效益和教育质量。李岚清副总理强调:在实施“211工程”中,第一,要集中中央和地方各方面的力量,统筹规划。地方和部门除根据自己的实际情况和条件增加投入外,还应在学校征地等方面给予优惠。第二,要采取“共建”、“联办”等不同办法,在推动联合上下功夫;学校要在改革方面有大的突破,办成高水平、高质量、高效益的新型大学。第三,建设“211工程”的地方,首先要下大力量办好基础教育和职业教育。凡是基础教育达不到规定要求,拖欠教师工资严重的地方,所属学校不能进入“211工程”。

1994年以“211工程”为动力,推动高等教育改革,积极鼓励部门与地方共建,鼓励有条件的高等学校进行联合,促进办学体制及高等学校内部的综合改革。据统计,国家教委、农业部、国家中医药管理局等部门同地方联合共建的学校已有30所左右。

在推动改革的同时,在部分高等学校中积极稳妥地做好“211工程”部门预审工作。凡要开展“211工程”部门预审的主管部门均需按有关条件报国家教委审批。预审的重点是确定学校总体发展规划,分析已有的基础,认清优势、问题和差距,明确改革和发展的奋斗目标,制定实施措施,为学校描绘出面向21世纪的发展蓝图。

为加强对工程建设的宏观指导,在《关于重点建设一批高等学校和重点学科点的若干意见》基础上,组织专家和有关人员制订了《“211工程”建设规划》,并从为国家经济建设和社会发展服务出发,选择了农业、交通、能源、材料、信息、自然科学的基础学科和德育教育、税收等领域(学科),组织专家制定重点学科建设规划,明确“211工程”应为国家解决哪些重大科学技术问题。

撰稿 郭新立

审稿 王忠烈 奚广庆 谢桂华

〔**工商管理硕士教育**〕 1994年,工商管理硕士教育在重要的基础性建设方面取得了实质性的进展:(1)编辑出版了我国第一本《工商管理硕士教学大纲》。该大纲由国务院学位委员会办公室、国家教委研究生工作办公室委托MBA试点工作协作小组,组织近百名专家,历时两年多编辑完成,共收入18门MBA研究生主干课程。(2)成立全国工商管理硕士教育指导委员会。该委员会由国务院学位委员会、国家教育委员会批准成立。委员会是全国工商管理硕士教育的指导和咨询组织,其宗旨是指导协调全国工商管理硕士教育活动,推动我国工商管理硕士教育的发展,加强与工商企业界的联系与协作及国际间的交流与合作,促进我国工商管理硕士教育水平的不断提高。委员会由18名专家、学者和企业界知名人士组成,袁宝华同志任主任委员。(3)首批86名工商管理硕士毕业生走上工作岗位。1994年工商管理硕士研究生招生1400余名,较之试点初期有了较大的发展。

撰稿 李丹阳

审稿 王忠烈 奚广庆 谢桂华

〔**学位与研究生教育评估**〕　1994年7月29日，中国第一家从事学位与研究生教育评估的事业机构“高等学校与科研院所学位与研究生教育评估所”在北京理工大学成立。评估所的主要任务是接受国务院学位委员会和国家教育委员会的委托，开展对高等学校和科研机构博士、硕士学位授予单位的评估，各学科博士、硕士点及其学位与研究生教育质量的评估，面向社会开展咨询服务，开展国际交流合作，以及接受社会各界委托的有关评估工作。落实《中国教育改革和发展纲要》，建立社会中介机构来承担具体评估任务，是深化改革，保证教育质量和提高办学效益的重要措施。是在社会主义市场经济的新形势下，转变政府职能，加强宏观调控和管理的新举措。今后，国务院学位委员会和国家教育委员会负责确定学位与研究生教育评估工作的方针、政策和任务，以及对评估结果的认定，而评估的具体实施由评估所负责组织。

国务院学位委员会于1994年7月1日发出《关于对天津商学院等单位少数硕士学位授权点进行限期整顿的通知》。国务院学位委员会决定对不能保证学位授予质量的天津商学院制冷及低温工程专业硕士点和化工部化工机械研究院化工过程机械专业硕士点暂停学位授予权，限期两年内整顿。对学位授予质量基本合格但存在一定问题的6个单位的7个有关专业硕士点暂时保留学位授予权，限期两年内改进提高。

撰稿　刘桔

审稿　王忠烈　奚广庆　谢桂华

〔**规范在职人员申请学位工作秩序**〕　1991年国务院学位委员会正式批准在全国部分单位开展在职人员以研究生毕业同等学力申请硕士、博士学位工作，为广大在职人员提高业务素质，自学成才开辟了一条有效途径，已经得到社会各方面的积极评价和普遍欢迎。到1994年，每年平均授予在职人员1000余人学位。为了进一步做好在职人员以研究生毕业同等学力申请学位工作，1994年初国务院学位办公室组织了北京地区在职人员申请学位工作的检查，同时委托上海、陕西、江苏、广东、辽宁、吉林、黑龙江、四川、湖北等省市学位委员会或高教局组织当地在职人员申请学位工作的检查。通过实地检查认为，所授学位质量是有保证的。从学位获得者的情况看，他们的动手能力和实际科研成就较为突出，多数同志都已在全国公开学术刊物上发表论文，有的还发表专著，此项工作的开展为他们的成长和获取学位开辟了一条有效渠道。

检查中也发现了个别单位不能严格执行有关文件规定，在课程有效期的认定，毕业年限，答辩专家组成员的组成，推荐人，评阅人的审定等环节违反规定；个别单位管理混乱，方案不完备，有些单位领导也不重视此项工作，甚至对管理干部施加负面影响；综合考试不符合要求；大专学历申请硕士学位的人数逐年上升；一些单位开办进修班，明里暗里与学位挂钩，干扰了这项工作的正常进行。

为了适应改革开放对高层次专门人才的需要，促进高层次人才多渠道成长，根据《中华人民共和国学位条例》及其暂行“实施办法”规定：对所有在职人员申请学位进行外语统考；所有申请人要先取得课程合格成绩以后才能正式提出申请；对大专学历申请硕士学位明确规定要取得省部级以上科技或学术成果奖，或通过研究生入学考试，或通过成人自学高考本科段八门课程合格等。另外，国家不再进行集中的验收和审核，将放权给开展这项工作的有关单位，同时依法对这项工作进行监督与评估，以保证学位授予质量，维护我国学位的良好声誉。

撰稿 徐伯良

审稿 王忠烈 奚广庆 谢桂华

〔**试点自行审定博士生指导教师**〕 国务院学位委员会第十二次会议决定，对博士生指导教师的审核办法进行改革，在保证质量的前提下，把由全国组织统一评审的办法，逐步转变为由博士学位授予单位严格按照国务院学位委员会制订的基本条件和标准，自行组织审定博士生招收和培养的指导教师。1994年，国务院学位委员会批准70个单位(其中41所高等学校、中国科学院28个研究所和中国社会科学院研究生院）开展自行审定博士生指导教师试点工作。

本次试点各有关单位非常重视，均根据国务院学位委员会《关于开展自行审定博士生指导教师试点工作的几点意见》的有关规定和精神，结合各自的实际情况，制订了试点实施方案。截止1994年底，已完成试点工作的46个单位共自行审定博士生指导教师941名，其中包括一批中青年指导教师，使这些单位的博士生指导教师年龄结构有了较大改善。自行审定的博士生指导教师名单及有关材料，经送国务院学位委员会学科评议组征询意见，认为评审质量是比较好的。

各有关单位在试点工作中，宣传和贯彻了“博士生指导教师不是教授中的一个层次，而是培养博士生的重要工作岗位”的精神，不仅从观念上，而且从制度上推动了博士生指导教师由固定层次向工作岗位的转化。各试点单位按照“按需设岗”的原则和遴选指导教师的标准、条件，作出了到龄退休、缺科研项目和经费时停止招生等离岗规定，在自行审定试点工作中加以实施。

这次博士生指导教师审核办法的改革，使博士学位授予单位在如何调整和加强博士点学科建设方面有了更大的自主权，各单位可根据自身学科发展、博士点建设、人才培养需求及生源情况等，做到按需、合理评聘指导教师。

撰稿 梁国雄

审稿 王忠烈

〔**省级学位委员会建设**〕 1994年4月，广东省学位委员会正式宣告成立，至此，中国已有江苏、四川、上海、陕西、湖北、广东等6省市成立了省级学位委员会。这些省市学位委员会，不断加强自身的建设和发展，开展了学士学位管理、硕士点评估、在职人员以研究生毕业同等学力申请学位工作检查、研究生课程进修班的管理和监督等项工作。江苏、陕西两省组织开展了学士学位工作的调研，强化了学士学位的管理，并对研究生的社会需求情况进行了调研；江苏、四川两省会同省教委抓了重点学科建设工作；江苏、湖北两省会同省教委积极推动了“211工程”建设，在贯彻“全教会”和《中国教育改革和发展纲要》精神，促进部委和地方共建重点大学方面迈出了可喜的步子。

为进一步加强省级学位委员会的建设，促进宏观调控，分级管理等高教管理体制改革目标的实现，国务院学位委员会办公室于12月在京召开了省市学位委员会工作座谈会，总结交流了经验，研讨了工作。会议认为：在具备条件的省市建立省级学位委员会符合高教管理体制改革的精神，是一项成功的尝试，今后要大力推进省级学位委员会的建设，赋予他们更多的统筹决策权，促进各地区学位与研究生教育的健康发展。

撰稿　施太庚

审稿　王忠烈　奚广庆　谢桂华

〔**学位与研究生教育学会成立**〕中国学位与研究生教育学会于1994年7月26日至28日在清华大学召开成立大会。

中国学位与研究生教育学会是全国学位与研究生教育工作者的群众性学术团体。其宗旨是：坚持党的基本路线，在国家教育委员会、国务院学位委员会的指导下，团结全体会员，从我国国情出发，开展学位与研究生教育理论和实际问题的研究，进行学术交流，开展评估和咨询等活动，以促进工作，推动改革，为建设和完善有中国特色的社会主义学位制度和研究生教育体系做出贡献。

会议通过了中国学位与研究生教育学会章程和由96人组成的理事会名单。根据学位章程，理事会推选35人组成常务理事会。常务理事会第一次会议推举唐敖庆任会长，陈佳洱、顾明远、郭其侨、蒋德明、梁尤能、刘盛纲、路甬祥、石元春、陶德麟、吴本厦、姚泰任副会长，梁尤能兼任秘书长。

中国学位与研究生教育学会是经民政部批准成立的一级学会，现设7个工作委员会，即文理科工作委员会（由综合、财经、政法等类别的单位组成）、工科工作委员会、师范类工作委员会（由师范、艺术、体育等类别单位组成）、医科工作委员会、农林学科工作委员会、信息管理工作委员会、评估工作委员会。首批会员单位共370个。

撰稿　孙也刚

审稿　王忠烈　奚广庆　谢桂华

高校思想政治教育

〔**中共中央发出德育工作文件**〕　1994年9月9日，中共中央发出《关于进一步加强和改进学校德育工作的若干意见》(以下简称《意见》)。《意见》以邓小平同志建设有中国特色社会主义理论为指导，明确了新形势下学校德育工作的根本任务、总目标、指导思想和必须坚持的原则，提出了德育内容、途径、方法和组织实施等方面需要进一步加强和改进的意见和措施。

为推动教育战线学习、贯彻《意见》，9月16日，国家教委和中共北京市委、市政府邀请首都教育界代表进行座谈，中共中央政治局委员、国务院副总理李岚清在讲话中指出：教育和培养好青少年，是建设有中国特色社会主义伟大事业的奠基工程。学校德育工作事关我们国家和民族的未来。我们党历来都十分重视学校德育工作。我国改革开放和社会主义现代化建设事业进入了一个新的历史阶段，为学校德育工作创造了新的有利条件，也对学校培养人才的思想道德和科学文化素质提出了新的、更高的要求。各级教育部门和学校要认真研究制定实施规划，扎实工作，使加强和改进学校德育工作的各项任务逐一落实。

9月19日，国家教委向各地教育部门发出了《关于学习贯彻〈中共中央关于进一步加强和改进学校德育工作的若干意见〉的通知》。国家教委主任朱开轩以《新时期学校德育工作的纲领》为题，分别在《人民日报》和《中国教育报》上发表了署名文章。9月23日，国家教委发出关于贯彻中共中央《爱国主义教育实施纲要》的通知，要求结合贯彻《意见》将爱国主义教育贯穿在幼儿园、小、中、大学各教育阶段，形成教育系列。国家教委有关负责同志先后在北京、武汉、重庆等地作了中央德育文件精神的宣讲。10月中旬，国家教委在召开的委直属高校咨询委员会工作会议上，将贯彻落实《意见》作为重要内容之一进行了部署。11月中下旬，国家教委在山东济南市召开了学校德育工作座谈会，各省、自治区、直辖市党委教育部门和教育行政部门负责人参加了会议，会议就如何进一步贯彻《意见》和《爱国主义教育实施纲要》做出研究和部署。

撰稿　李功毅

审稿　瞿振元　张晋峰　新诺

〔高校学生思想政治教育〕　积极、稳妥推进思想政治教育课改革。为适应我国深化改革、扩大开放、加快建立社会主义市场经济体制的新形势，贯彻落实第四次全国高校党建会关于“积极、稳妥地推进马克思主义理论课和思想政治教育课（简称“两课”）的教学改革”的精神，国家教委成立了由副主任张孝文任组长的“两课”改革领导小组，并确定清华大学、南开大学、中山大学、东北师范大学4所高校为“两课”改革试点单位。同时，积极推动非试点学校进行以教学内容和方法为重点的教学改革，形成了点面结合、上下结合的“两课”改革的态势。1994年上半年，国家教委思想政治工作司就思想政治教育课改革工作赴清华大学、南开大学、东北师范大学、中山大学、复旦大学、华东理工大学、上海交通大学等高校调研。1994年7月国家教委在北京召开了包括思想政治教育课在内的“两课”改革试点工作会议，讨论试点学校的改革方案。张孝文、林炎志同志分别在会上讲话。本着“一年抓试点、一年抓建设”的指导思想，1994年11月国家教委有关部门在河北石家庄召开了思想政治教育课改革和建设研究会，成立了思想政治教育课教材编审委员会，分别对《思想道德修养》和《法律基础》进行修订。并对思想政治教育课教学内容、方法、教学时数，改革的指导思想、原则、步骤、教师队伍建设、机构设置和管理体制等提出意见。

大力加强新形势下校园文化建设。国家教委思想政治工作司于1994年2月发出《新形势下加强校园文化建设研讨会纪要》提出：校园文化建设要以育人为宗旨，以校风、学风建设为核心；校园文化建设要坚持正面引导，用小气候影响大气候；校园文化要作为一个稳定的传统来建设；要加强党对校园文化建设的领导，形成党、政、工、团、学齐抓共管的格局。并根据上学收费和完全学分制的逐步推行带来的班集体、系集体将有所淡化的情况，确定社团文化、寝室文化为新形势下校园文化建设的重点。针对校园秩序管理出现的一些新的特点和问题，国家教委于1994年12月发出《关于加强高等学校校园秩序管理的通知》，对高校内部各类娱乐服务设施、各类公司实体及活动、外来人员的管理等提出了要求，使新形势下校园文化朝着积极健康的方向发展。

加强制度建设，加快制定《中国普通高等学校德育大纲》的进程。1994年4月，“高校德育大纲研究”总课题组在北京对德育大纲进行了修改、统稿、形成了《中国普通高等学校德育大纲》征求意见稿，并起草《关于〈中国普通高等学校德育大纲〉说明》呈报教委领导审定。1994年11月，《中国普通高等学校德育大纲》征求意见稿作为落实《中共中央关于进一步加强和改进学校德育工作的若干意见》的配套文件提交在济南市召开的学校德育工作座谈会讨论。到年底，德育大纲的研制工作已告一段。

贯彻落实《爱国主义教育实施纲要》，大力加强爱国主义教育。中共中央印发《爱国主义教育实施纲要》后，国家教委于1994年9月23日发出了《关于贯彻〈爱国主义教育实施纲要〉的通知》，强调要以《纲要》为指导，深入开展爱国主义教育。要按照《纲要》的要求，进一步发挥课堂教学主渠道的作用，把爱国主义教育贯彻到课堂教学之中。同时要求进一步完善有关制度，积极开辟爱国主义教育的课外教育活动，并与有关部门、团体相配合，加强基地建设。在对高等学校的检查、评估和对中、小学的教育督导中，要把爱国主义教育是否落实列为主要内容之一，确保爱国主义教育落到实处，收到实效。

撰稿 陈 昆

审稿 瞿振元 张晋峰 靳 诺

〔**思想政治教育学科（专业）建设**〕 1994年3月，国家教委思想政治工作司在北京召开思想政治教育专业研究生培养工作会。会议总结6年来培养思想政治教育专业硕士研究生的经验，研究和论证了专业办学向更高层次发展等问题。清华大学等13所高校的专家、教授及有关领导出席了会议。国务院学位委员会主任何东昌到会并讲话。

思想政治教育专业创办于1984年，1988年开始招收硕士研究生。截止1993年底全国有66所高校开设了思想政治教育专业，其中26所高校具有硕士学位授予权，共培养600多名硕士研究生，2600多名第二学士学位生，近万名本科生。专业建设取得的主要经验和成绩表现在：(1)全面贯彻教育方针，坚持培养目标，有明确的教学计划、课程设置及主要课程的统编教材，严格执行各项教学基本要求。(2) 在教材建设方面，通过国家教委统一组编、校际合作、学校编写等各种形式组织了专业教材的编写，到目前已出版近百部教材和专著。(3) 在师资队伍建设上，逐步形成了以一批学科学术带头人为核心、老中青相结合、具有合理职称结构、具有较强实力的专业教师队伍。(4) 在科研方面，一批学校已确定了相对稳定、具有特色的研究方向。相当一批学校的教师承担了国家、省市及部门的有关科研项目，并已取得了一定成果。(5) 教学条件有了很大改善。

撰稿 李 斌

审稿 瞿振元 张晋峰 靳 诺

〔**高校思想政治教育研究会年会**〕 全国高等学校思想政治教育研究会成立10周年暨1994年会于12月7日在广州华南理工大学召开。李鹏总理为研究会题词:“发展思想政治教育,培养德育学科人才”;国务院副总理李岚清发贺词:“希望研究会团结全国从事高校思想政治教育研究的同志们,以邓小平建设有中国特色的社会主义理论为指针,积极研究和探索,为新时期加强和改进高校思想政治教育工作,培养‘四有’新人做出新的贡献。”国家教委发了贺信。

全国高等学校思想政治教育研究会到1994年拥有29个省、自治区、直辖市和中国人民解放军高等学校系统团体会员30个。全国性学术年会每2年一次,6个大区每年分别举行研讨会。每次向全国学术年会报送的论文逾百篇,向各大区和团体会员单位研讨会报送的论文总数在3000—4000份左右。

研究会重点规划了“七五”、“八五”科研选题:关于思想政治教育指导思想的研究,新时期高校思想政治教育内容和方法的研究,高校教师、学生思想政治状况调查的研究,大学生思想特点和成长规律的研究,思想政治教育工作体制和队伍建设的研究,大学生思想政治教育课程建设的研究,思想政治教育专业学科建设的研究,新时期高校党的建设的研究等。

研究会创办的学术性刊物《思想教育研究》设有思想教育短论、调查研究、学习与参考、思想政治教育课、队伍建设、地方研究会之角、论文选萃、论点摘编、信息动态、热门话题等20多个栏目。

1984年研究会成立以来,已召开4届会员代表大会。原中宣部副部长曾德林曾任第一、二届会长;原国家教委副主任,现任中国社会科学院副院长滕藤任第三届会长;原中宣部教育局局长陆钦仪任第四届会长。

撰稿 靳 诺

审稿 瞿振元 张晋峰

高校学生管理

〔**招生工作**〕 1994年,全国共有251万名符合条件的青年报考了普通高等学校,其中,应届高中毕业生占68%、往届高中毕业生占31%。报考理工类的占63%、报考文史类的占37%。共录取新生89.98万人,其中理工类约占70%、文史类约占30%;专科生约占录取总数的60%。党团员约占90%,应届高中毕业生占63%,地区级以上三好学生和优秀学生干部占3%,保送生占2%。

1994年,普通高等学校招生实行“并轨”改革试点。经过调查研究,国家教委提出了《关于进一步改革普通高等学校招生和毕业生就业制度的试点意见》,决定在招生中实行国家任务和调节性两种招生计划形式在录取时使用同一分数线的“并轨”，同时从招生开始实行收费制度。并逐步建立学生在校时相应的奖学金、贷学金制度与毕业时实行少数毕业生由国家安排就业，多数毕业生“自主择业”的就业制度。

1994年，共有40多所高等学校（其中委属29所、部属2所）实行招生“并轨”改革试验，所招新生占全国招生总数的近十分之一。试验基本上是成功的。主要表现在：“双轨”制带来的弊端得到消除，试点院校生源基本上没有因为新的收费办法而受影响，而且新生质量有提高。同时，招生“并轨”后引发了这些高校教学、学籍管理办法、奖贷学金制度等方面的改革以及与此相联系的毕业生就业制度改革。

1994年，在入学考试的改革方面，根据考试的科目设置近期改革方案，有24个省份实行了高中毕业会考基础上的新的科目设置方案，另外5个省份为1995年实行这个方案作了准备，上海市则结合“自主招生”考虑新的改革试验。考试的计分办法有4个省实行高考标准分制度的试验。

1994年，在全国高校招生考试期间，国家教委学生司和监察部驻国家教委监察局联合召开座谈会，提出了加强录取工作的意见，尤其是对于各地方在加强行政监察的同时，健全了管理制度，完善了社会监督制度，防止了不正之风的发生。

撰稿　范卫宏
审稿　赵亮宏

〔**研究生招生**〕　1994年全国硕士生招生国家计划为30308名，报考116184人，实际录取41155人，超计划录取10847人。

从生源方面看，在职人员报考65753人，占报名总数的56.6%，录取22191人，占录取总数的53.9%，应届本科毕业生分别占报名和录取总数的43.4%和46.1%。同等学历人员报名和录取的比例分别占在职人员报名和录取数的29.6%和22.4%，比前两年有较大的增幅。

从学科方面看，经济学、法学类各专业报考人数较多，为26462人，录取7191人，比1993年分别增加20.2%和50.7%。报考人数最多的是企业管理和管理工程专业（含MBA）为5338人，录取2575人，比上一年分别增加76.3%和135%。

从录取方式看，全国统一入学考试录取26485人，单独考试录取8706人，优秀应届本科毕业生被推荐免试入学的5964人。

撰稿　姜　钢
审稿　赵亮宏

〔**统一学历证书**〕　1994年12月29日，国家教委制定颁发了《普通高等教育学历证书管理暂行规定》，决定自1994年起普通高等教育学历证书由国家统一印制。

普通高等教育学历证书包括毕业证书、结业证书和肄业证书3种。普通高等学校、研究生培养单位按国家规定招收，入学后取得学籍的学生，完成某一阶段的学业后，根据考试（考查）的结果，取得相应的学历证书。国家承认普通高等教育学历证书所证明的学历，执证人享受国家规定的有关待遇。对不是按国家招生规定招收的学生以及各种培训班的学生，学习结束后不能颁发毕业（结业、肄业）证书，只能发给学习证明书。普通高等教育学历证书实行国家、省（自治区、直辖市）或国务院有关部门、学校三级管理。国家教委按每年经审定的各省（自治区、直辖市）、国务院有关部门所属普通高等学校招生计划数统一印制毕业证书和结业证书内芯；省（自治区、直辖市）教育行政部门对所在地区范围内的普通高等学校每届毕业生进行资格审查，将学历证书按相应年份经国家审定的招生数分发给学校；学校负责向学生颁发学历证书。

1994年起，普通高等学校和其他研究生培养单位的毕业和结业博士生、硕士生、本科生、专科生以及列入普通高等教育招生计划的电视大学、函授大学、夜大学普通专科班毕业和结业生使用由国家教委统一印制的毕业（结业）证书或内芯。除此之外，其它普通高等学校、研究生培养单位自行印发的毕业或结业证书国家不予承认其证明的学历。

1994年12月30日，国家教委就向外国来华留学生颁发学历证书工作发出了通知，规定：外国来华留学生的学历证书自1995年起由国家统一制作。其中毕业证书分博士生、硕士生、本科生3类，证书内容包括学生姓名、性别、国籍、出生日期、学习年限、所学的专业、年制等，证书印有防伪标志。结业证书与我国学生的结业证书相同。每年3月份，各省、自治区、直辖市教委、高教（教育）厅（局）外事部门核定本地区各高等学校的预计毕业外国留学生人数，报国家教委审核后，领取统一制作的学历证书，并负责向本地区有关院校发放。由学校向留学生颁发证书。

国家教委要求各省教委的外事部门按有关规定严格审批接受外国留学生的院校，对不具备条件或严重违反规定、出现重大问题的院校，坚决不予批准或取消其接收外国留学生资格。每年各高等学校录取的接受学历教育的留学生，应报所在省教委的外事部门核准备案，否则无效。

撰稿　高尚勤
审稿　赵亮宏

〔**本科专业接收旁听生试点**〕　为了促进高等教育发展，探索人才培养的新途径，国家教委批准东南大学、浙江大学、南京大学于1994年进行接收本科课程旁听生的试点改革。要求接收的旁听生数量最多不超过学校当年招生计划的3%。申请旁听者须符合《普通高等学校招生暂行条例》规定的报名条件，参加接收学校的考核。经考核被接收为旁听生者，按学校有关专业培养1名本科毕业生所需的实际费用交纳学费，入学后均插入相应的本科生班级学习，所修的课程，经考试合格，发给成绩证明，累计学分。符合所修专业的教学计划要求，修满毕业规定的学分，经本人申请，学校审核后，发给毕业证书，符合学位条例授予标准者，按规定授予学士学位。旁听生旁听结束后，进入人才市场自主择业，学校不负责分配工作。

东南大学等3所普通高等学校1994年共接收105名旁听生。以后将在总结经验基础上由国家教委另行决定。

撰稿　高尚勤
审稿　赵亮宏

〔**毕业生分配**〕　1994年全国普通高等学校共有本专科毕业生574394人（含专科生

251607人），其中地方所属高校338651人，国务院有关部委所属高校179895人，国家教委直属高校55848人。从派遣结果看，到地方所属单位工作的有463111人，到中央部门所属单位工作的有97971人，录取研究生10537人，其他（出国、结业、待就业等）2775人。

1994年全国共有毕业研究生25351人（含博士生3205人），其中国家教委直属高校11055人，国务院其他部委和地方所属高校及科研单位14296人。从毕业研究生工作流向看，到高等学校工作的有9774人，到科研单位4804人，到大中型企业4026人，到党政机关1898人，到其他事业单位1655人，到部队系统653人，录取博士生（后）1637人，其他（出国、结业、回省待分等）904人。

1994年社会对毕业生的需求量与上年相比有所下降。从地域角度来看，经济发达地区如上海毕业生供需比为1∶2.3；浙江为1∶1.88，内地省份如湖北为1∶0.96，边远地区如甘肃为1∶1.3；内蒙古为1∶0.47。

从学科专业角度来看，社会对一些应用性学科的毕业生继续保持旺盛的需求，其中计算机、工业自动化、会计学、英语、国际金融、国际贸易等专业的需求量，是毕业生数的几倍，甚至十几倍。但一些基础学科如考古、历史、哲学等专业的毕业生仍“供过于求”。

为了认真贯彻党中央、国务院提出的“改革、发展、稳定”的工作方针，根据毕业生就业工作的特点和1994年毕业生的需求情况，国家教委重点加强了对毕业生就业的政策导向。国家教委于1993年11月30日发出了《关于做好1994年全国普通高等学校毕业生就业工作的通知》和《关于做好1994全国毕业研究生就业工作的通知》，提出了1994年毕业生就业工作的方针政策，规定：国家任务招生计划的毕业生，原则上仍由国家负责在一定范围内安排就业，实行“供需见面”和一定范围内“双向选择”的办法，落实毕业生就业方案。

1994年，国家教委对国家重点单位需要毕业生继续实行倾斜政策，着重抓了重点计划的制订和落实工作。根据中共中央、国务院关于进一步搞好国有大中型企业的精神，从国家教委直属高校和国务院有关部委所属院校，抽调6811名本专科毕业生和1000名毕业研究生，作为重点计划下达到500家重点单位，在一定程度上满足了这些单位对毕业生的急需。并于12月国家教委召开了由高校、主管部门及重点单位参加的供需见面会，积极为落实保证重点计划创造条件。各主管毕业生就业部门在安排毕业生就业时，充分考虑了招生来源等因素，兼顾内地省份、沿海地区和边远地区的需要，根据实际情况确定了一些比例或原则，调控毕业生的流向。国家教委规定，毕业研究生到京、津、沪及其它沿海开放城市工作的非当地生源的总人数原则上不超过非当地生源的25%，国家教委直属高校本、专科毕业生跨省市调动不超过实际可分数的40%。各省市和部委也根据本地区、本部门的实际情况做了一些规定，调控毕业生流向。广西规定80%以上的毕业生回来源地、市就业；工科院校各专业的25%用于保证重点单位的需要。

建立和完善服务体系。许多地方、部委和高等学校相继成立了毕业生就业指导机构，积极开展毕业生就业指导工作，为毕业生择业提供信息、咨询、指导等服务。一些省市、部委继续扩大了“双向选择”的范围，为培育和建立毕业生就业市场进行了有益的探索和尝试。

撰稿 陈 曦 王 辉

审稿 王路江

〔**举办毕业生之夜文艺晚会**〕 为了在新形势下搞好毕业生的思想教育工作，鼓励毕业生到祖国需要的地方去，为社会主义现代化建设建功立业，国家教委与中央电视台联合于6月24日举办了《'94大学毕业生之夜》文艺晚会，中央电视台向全国现场直播。全国各高等学校组织毕业生收看。李岚清副总理、朱开轩主任、广播电影电视部杨伟光副部长、文化部陈昌本副部长等领导接见了毕业生代表并出席观看了晚会，对晚会的成功给予了高度的评价。许多毕业生看过晚会之后说：国家教委举办这样的晚会，为我们提供了一次向社会展示自己风采的机会。

撰稿 陈 曦 王 辉

审稿 王路江

高校科技工作

〔**年度改革思路**〕 1994年，随着国家各项改革政策、措施的相继出台，国家教委科技司（以下简称“科技司”）进一步转变自身职能，理顺内外关系，加强宏观指导，创造各种有利条件，不断深化高等学校科技工作体制的改革，推动高等学校科技工作持续、稳定、健康地向前发展；积极参加国家科委有关科技体制改革的活动，提出与国家科技体制改革相接轨的高等学校科技机构调整和人员合理分流的建议方案，并编制“九五”计划和2010年发展规划。

为了贯彻国家“稳住一头，放开一片”的科技指导方针，科技司在认真分析高等学校科技工作特点的基础上，从实际出发，提出了“狠抓两头，努力促进基地、项目、人才一体化建设”的高等学校科技工作基本思路，引导高等学校积极探索，深化改革，并逐步建立起高等学校科技工作新体制。所谓“两头”，一头是加强和稳住基础性研究（包括基础研究、应用基础研究、高技术研究、重大科技攻关等）。利用基础较好的科研基地、研究机构，调整、组织一支精干高效的队伍（计划2万多人），在科技前沿领域开展创新工作，力求重点突破；另一头是加强科技成果推广转化及商品化、产业化工作，引导绝大多数科技人员面向经济建设主战场，为振兴国家和地方经济服务。在向社会大量推广、转化科技成果的同时，有重点有选择地以各种形式发展校有科技产业。在狠抓“两头”的同时，逐步推进“基地、项目、人才一体化建设”，加快建立高等学校科技工作的新体制，以基地带项目，以项目促基地，在基地、项目的发展中大力促进人才特别是高级专门人才的培养。在1994年，国家教委科技司围绕这一基本思路，积极组织、论证各类项目，建立与完善各级各类研究与开发基地，争取和开辟各种科技经费和贷款渠道，组织和调动各类研究与开发队伍，开展各种活动，使高等学校科技工作都不同程度地取得实效和进展。

1994年初，科技司组织人员在以往研究的基础上，对《普通高等学校科技工作条例》进行了重新修改，该条例已基本成形。

撰稿　张拥军　杨雪琴
审稿　陈清龙

〔**科学研究情况**〕　1994年，高等学校承担的国家基础性研究项目、高技术研究项目与科技攻关项目又有较大进展。

“攀登计划”是一项国家级的重大基础性研究计划，该计划自实施以来，由国家教委负责组织实施的项目A类共6项半，B类3项半。为加强A类项目的管理，1994年6月，科技司在京召开了国家教委负责实施的攀登A类项目首席科学家和秘书会议，交流2～3年来实施项目的经验，提出了存在的问题及解决的办法，并对与“九五”计划的衔接进行了讨论。对陆续进入中期评估阶段的项目，科技司在1994年组织专家评估组进行了评估，评估共分A、B、C 3个等级。3个项目评估结果均为A等。对国家教委负责实施的B类项目，1994年完成了第一批项目总体方案的审查，组织了专家委员会，并向国家科委和其它部委推荐了高校系统的专家委员会成员。在目前国家已确定实施的15个B类项目中，进入专家委员会的高等学校专家共36名，占专家总数的30%，由国家教委负责实施的3个项目1994年经费各100万元也已到位。

高等学校承担的国家“863”计划项目在1994年中也进展顺利。由“863”计划投资在清华大学建设的自动化技术领域的“计算机集成制造系统（CMIS）实验工程研究中心”，自通过国家验收以来，“中心”及分设在东南大学等高等学校的5个网点全部向社会开放，在CMIS研究开发与推广应用方面已在十多家企业中开始发挥作用，提高了我国在制造技术方面的水平，为相关产业的改造与发展指出了一条现代化之路。该中心1994年获得了美国制造工程师学会（SME）颁发的本年度CMIS应用与开发“大学领先奖”。1994年，国家教委配合国家科委，完成了“863”计划中新材料、自动化、生物技术和信息领域通信主题专家委员会的换届工作。在新产生的专家委员会中，在新材料技术领域，高等学校专家占专家委员会委员的43%；在自动化技术领域的两个主题中，CIMS主题高等学校专家占专家委员会委员的50%，智能机器人主题，高等学校专家占专家委员会委员的60%；在生物技术领域，高校专家占专家委员会委员的28%；在信息技术领域的通信主题，高等学校专家占专家委员会成员的1/3，其下设4个专业专家组，高等学校专家约占一半。“863”计划能源技术领域重点项目“高温气冷堆实验工程”1994年也已正式启动，组成了以国家教委副主任韦钰任组长的新的领导小组。1994年9月23日，国家教委在清华大学进行的“高温气冷堆”初步设计专家审评会，对清华大学提出的技术方案进行了审查，一致认为该方案合理可行。

1994年，是“八五”科技攻关计划执行过程中十分关键的一年。科技司把“八五”项目工作的重点放在由国家教委组织的项目：PFBC（增压循环流化床联合循环发电）、低温堆、220吨/时循环床锅炉研制、激光、特种工程塑料、料浆法磷铵等的执行上，积极组织协调，切实保障项目按合同计划执行。对PFBC项目进展中出现的资金缺口的情况，科技司商洽徐州电业局、江苏省电力局与国家计委共同解决。对220吨/时循环床锅炉研制项目中用户与制造厂之间的矛盾也进行了协商。由清华大学热能系承担的“85—206—02—05带煤气化功能的差速循环流化床锅炉研制”专题，1994年已经签定合同。同四川联合大学（原成都科技大学）承担的“15万吨/年料浆法磷铵关键设备研制”项目，已和化工部协调，召开了可行性论证会，并报国务院重大办审批。对国家科委组织的“重大病虫害防治应急计划”，经国家教委组织各有关高等学校参加了项目申报、论证立项工作。对生物技术领域“八五”攻关计划，清华大学、天津大学、山东大学、武汉大学的5个项目已于1994年立项启动。在低温堆技术研究的基础上，由国家计委批准立项的200MW低温供热堆示范项目业已开工。

1994年7月中旬，淮河中下游地区发生严重的水污染事件，国务院于8月31日召开了“淮河流域水污染防治工作会议”，研究对策，并制订了在2000年使淮河变清的目标。国家教委责成科技司快速组成了“国家教委淮河流域水污染防治专家考察组”，于10月6日至10月20日，沿淮河干流，从上游到下游，对河南、安徽、江苏三省有关地区及相关行业的污染情况作了重点考察。在考察过程中，专家组与各地方政府有关部门就经济持续发展与污染防治、清洁生产和各种治污方案的可行性等问题交换了意见。最后，专家组形成了《淮河流域水污染状况调研报告》和《淮河变清的关键技术与示范工程》立项建议书初稿。在征求河南、安徽、江苏三省意见的基础上，又组织有关专家对立项建议书进行反复修改，已正式上报国家科委及国务委员兼国家科委主任宋健同志，争取在淮河治污工程中发挥高等学校应有的作用。

撰稿　张拥军　杨雪琴
审稿　陈清龙

〔制订科技“九五”计划和2010年发展规划〕　“九五”到2010年新的世纪迎来新的科技发展高潮，我国正着手制订“九五”计划和2010年远景发展规划。为使高等学校学科、人才、科技的优势为国家经济发展尽到责任，科技司组织对“九五”期间的基础性研究、高技术研究和科技攻关等分别向我国科技主管部门提出了自己的设想与建议。

在基础性研究领域，科技司提出了“九五”设想与建议1.统一规划，使高等学校多学科综合优势得到充分发挥。并确定有限目标，组织精干队伍，实行重点突破，使一部分学科领域的研究水平进入国际先进行列，在一些重大方向上取得国际领先的成就；2.在主要从事基础研究和应用基础研究的一批高等学校中，优选一批重点学科，建成一批学科群。使该方向上人才培养的“教练员”—博士生导师及其研究工作能处在基础性研究的国际前沿，加强基础性研究与人才培养的结合；3.在现有国家重点实验室、开放实验室和学校研究所的基础上，通过相互合作，促进学科间的交叉与渗透，重点瞄准基础性研究前沿领域，培养新的生长点，组建若干个有优势、有特色、有一定规模主要从事基础性研究的基地；4. 建设若干全国性或地区性的基础科学研究中心，促进高等学校间、高等学校与独立研究所之间的结合或融合，不断增强高等学校承担国家重大基础性研究任务的能力，为理顺我国基础性研究的体制提供发展模式与先进经验；5. 集中培养一批跨世纪学科带头人。对“九五”期间高等学校发展重点，经调研初定为：（1）结合“211”工程实施，通过对基础研究学科群、重点实验室、基础科学研究中心的建设，在高等学校稳住2万人左右的基础性研究队伍；(2)分层次培养一批跨世纪学科带头人；（3）抓好一批重大基础性研究项目；（4）建立全国性教育、科研计算机网和图书资料公用系统；（5）加强和完善基础性研究的基金体系，大幅度增加自然科学基金的总额度和资助强度；（6）控制规模，促进联合；（7）着力培养一批跨世纪优秀学科带头人；（8）在政策导向上，应鼓励注重有应用前景或应用背景基础性研究，充分注意交叉和新兴学科前沿的研究。根据高等学校在基础性研究中的地位与作用及国家的战略目标，科技司组织高等学校提出了“九五”期间国家级重大基础研究项目，已报送国家科委作为国家教委第一批建议的重大基础性研究项目。

编制“九五”高技术计划。计划共分6个领域：电子信息、生物、新材料、先进制造技术、新能源、海洋技术。国家教委按编制要求，根据高等学校实际，推荐专家参与各领域的计划编写工作。其中由国家教委负责牵头的先进信息技术应用分领域的编制计划已经完成。从1993年起，国家科委组织专家研讨我国面对下世纪的高技术计划——“超级863计划”。为使高等学校能更多承担国家“863”计划任务，1994年国家教委组织高等学校部分专家、学者进行研讨，提出了关于“超级863计划”的补充建议。首先明确指导思想：（1）发展我国自己的高技术事业，确定优先领域；（2）应积极贯彻江泽民同志“有所赶，有所不赶”的方针，坚持“技术驱动，应用导向，市场吸引”的技术路线；（3）在总结我国“863计划”的执行与实践、吸取国外发展高技术的经验与教训的基础上，研究高技术发展的自身规律，探索并走出一条我国自己开展高技术研究、发展高技术产业的途径，逐步缩短我国与发达国家的差距；（4）在高技术计划的执行过程中，要形成我国相对稳定的高技术人才培养系统，发现并造就一批“帅”才和“将”才，锻炼出一支研究队伍；（5）在某些领域形成具有集成能力的基地群体，并成为我国高技术事业不断发展的支撑点，或直接与企业结合形成产业，进入市场。其次，明确“超级863计划”的定位与界面，未来我国高技术计划的主攻战略目标为：对那些在10—20年左右能够进入生产，并使相关的产业发生重大变革的技术，进行产业化前的关键技术的突破和集成。第三，明确“超级863计划”的运行机制，应根据高技术自身的特点，实行“政府组织，技术驱动，应用导向，市场牵引”的运行机制。第四，明确“超级863计划”的优先领域：在生物技术方面主要是以提高农业生产水平为目标的农业生物生态技术；以新药创制为主体的生物及医学技术。在能源技术方面主要是以煤的高效率低污染燃烧及利用为主的常规能源技术。在信息技术方面主要是以信息高速公路为核心的信息技术，包括相关的端站设施及光电子和计算机等信息处理技术。在制造技术方面主要是指以改造我国的传统产业为主要目标的制造技术。

在材料技术方面主要是指事关国民经济建设重大问题，或国家科技计划和其它计划（包括高技术计划）所需的关键材料。在海洋技术方面主要是着眼于海洋资源开发利用和海洋权益保护的海洋技术。

科技攻关计划。1994年，科技司确定高等学校编制“九五”科技攻关计划的基本原则是：高等学校要面向经济建设主战场，正确认识高等学校在国家科技活动中的地位、作用，充分发挥高等学校人才、技术密集及多学科的综合优势，为我国高新技术产业的发展，传统产业的更新改造贡献自己的力量。同时提出了几点注意的问题：（1）科技工作要依照“科学技术是第一生产力”，“经济建设必须依靠科学技术，科学技术工作必须面向经济建设”，“把经济建设进一步转移到依靠科学技术进步和提高劳动者素质的轨道上来”的指导思路；（2）调整科技体制，科技工作要与人才培养相结合；（3）解决转化的每一个环节，调动各种积极因素；（4）打破部门和行业封锁，集中力量办好几件大事。根据上述指导原则，提出高等学校“九五”科技攻关项目选择原则，并在相应领域提出了“九五”的具体目标：在能源领域，重点解决燃煤问题、低温供热堆的升级开发研究及其它新能源开发应用，包括太阳能、地热能、风能、生物质能、潮汐能等。在先进制造技术领域，综合自动化，建立大型工业过程合理和有效的信息流结构体系。在CIMS技术的开发及示范工厂方面，“九五”期间要围绕企业在CIMS总体规划下的单元技术推广应用及局部信息集成，在已开发的和现有的各种软件模块基础上研制有我国自主版本的单元技术及局部（或全局）集成应用系统，在国内200家企业推广应用。在激光技术应用方面，“九五”期间重点将激光技术用到加工制造业，用于国民经济的支柱行业，满足经济发展的迫切需求。在信息技术方面，发展微电子科技与产业，研究开发通信技术，多媒体技术，高清晰度电视（HDTV）及有源矩阵液晶投影电视（TFT）等。在化工、轻纺领域，加速化学物质的研究、开发，加快化肥工业的发展，着重解决整个精细化工行业技术装备升级，开发新型精细化学品为目标。在材料领域，解决农业、基础设施建设、支柱产业等三方面发展急需的关键新材料，开发新品种，满足传统行业重大技术改造和技术进步的需要，并形成具有较大经济效益的我国新材料产业。在交通领域，以提高整车性能优化、提高电池的比能量和循环命、建立快速充电系统和加强可靠性研究为中心，继续提高各项单元技术，并在道路方面重点放在施工工艺和技术上有所创新，以加速我国道路建设和降低施工成本。在海洋技术领域，加速发展养殖业，积极发展海洋天然药物的研究与开发，利用先进的科技手段为海洋资源的综合开发和利用提供科学依据。继续进行海水淡化与综合利用研究。在信息方面建立地理信息系统。在生命科学与技术领域，以战略性产品为龙头，带动关键技术的科技进步，形成新型产业，重点发展医药生物技术和农业领域的重大“难点”、“热点”问题的生物技术。在环保技术领域，对围绕我国城乡和流域污染控制重点领域和关键问题，城市环境污染控制、乡镇企业污染控制与农村生态环境保护、流域环境综合治理与生态保护，全球环境问题，包括酸雨控制、CO_2控制与排放、生物多样性、湿地保护，高新技术（生物、膜）在环境保护中的应用示范等方面开展攻关。

撰稿　张拥军　杨雪琴
审稿　陈清龙

〔**科研基地建设**〕　1994年，国家教委利用国家重点实验室建设十周年总结表彰大会的契机，把国家重点实验室、部门开放实验室定位在基础性研究上，强调创新，使高等学校近150个重点、开放实验室成为基础性研究重要组成部分。筹建一批工程（技术）研究中心，探讨新型管理体制和运行机制，产学合作，促其成为科技成果向现实生产力转化的通道。构筑联合建立的科学研究中心和试点的研究机构，适当集中一些优势基地和精干力量，学科交叉，优势互补，以形成一支攀登科技高峰的主力，探索现代科研体系，为科技体制深化改革摸索路子。为发挥和提高国家重点实验室在基础研究中的骨干作用。1994年对国家教委所属的大连理工大学“海岸与近海工程实验室”、南京大学“计算机软件新技术实验室”、厦门大学“固体表面物理化学实验室”、清华大学“智能技术与系统实验室”、北京大学“蛋白质工程及植物基因工程实验室”等国家重点实验室进行了评估。对天津大学的“内燃机燃烧学实验室”和华中理工大学的“激光技术实验室”继续进行二次建设。对北京大学“视觉与听觉信息处理实验室”、武汉大学“计算机软件工程实验室”、南京大学“固体微结构物理实验室”和山东大学“晶体材料实验室”完成了验收。利用国家计委举行“国家重点实验室创建十周年庆祝活动”的机会，国家教委召开了“国家重点实验室建设十周年总结表彰大会”分会，总结了委属国家重点实验室建设以来取得的成就、经验、存在的问题以及今后努力方向和目标。

1994年5月，国家教委对所属36个国家重点实验室和15个开放满一年的部门开放实验室进行了运行补助费的评审。结果评出A类实验室15个（其中国家重点实验室12个），B类实验室30个（其中国家重点实验室20个），B⁻类实验室6个（其中国家重点实验室4个）。按照“国家重点实验室管理办法”，1994年共有15个任期已满的实验室主任和学术委员会主任进行了换届。同时有57个世界银行贷款国家重点实验室与51个部门开放实验室成立了学术委员会。

1994年，国家教委所属高等学校共有14个工程研究中心获得国家批准，开始续建或筹建工作。其中有3个工程研究中心被列入国家投资建设计划项目：浙江大学的“工业自动化工程研究中心”为续建项目，已完成全部投资额；北京大学的“新闻与电子出版系统工程研究中心”完成总投资的70.6%；东南大学的“火电机组振动工程研究中心”完成总投资的63.9%。由世界银行贷款建设的北京大学的“软件工程”、清华大学的“光盘及其应用”、浙江大学的“应用电力电子技术”、上海交通大学的“模具CAD/CAM/CAE”、华东理工大学的“超细粉末制备技术”和华南理工大学的“造纸工艺及污染控制”等6个第三批工程研究中心也已完成申请、论证工作。清华大学的“工业锅炉及煤的清洁燃烧工程研究中心”、天津大学的“精馏技术工程研究中心”、华中理工大学的“激光加工工程研究中心”、西安交通大学的“流体机械与压缩机工程研究中心”和同济大学的“城市污染控制工程研究中心”等5个工程研究中心，业经国家计委立项批复，其可行性研究及前期启动工作已经展开。到1994

年6月底，中国国际工程咨询公司已经完成了对这5个工程研究中心可行性报告的评估。1994年，为建立适应于市场需要的工程研究中心（ERC）的新运行机制，由国家计委确定了首批进行股份制试点建设的工程研究中心，其中包括清华大学的“工业锅炉及煤的清洁燃烧”和华东理工大学的“超细粉末”两个工程研究中心。在国家教委及两校领导积极支持下，股份化工作进展顺利，并摸索出两条不同的模式。

为落实“稳住一头，放开一片”的科技指导方针，深化基础性研究的体制改革，增强基础性研究的整体竞争实力，国家科委从1994年起试点建设国家级基础性研究所。1994年先试点的7个研究所中有委属的北京大学重离子研究所和北京师范大学低能核物理研究所。国家教委形成了《高等学校基础性研究所试点评议办法》，组织评议专家委员会分别于10月5—8日和9—12日在北京召开了两个研究所的评议会。

1994年，国家科委为“稳住一头”，加快发展我国基础科学研究的配套措施，提出了建立若干个“国家基础科学研究中心”的设想。在此背景下，国家教委提出关于国家科学研究中心的几点建议：（1）必须超越部门（单位）的利益，国家实验室，工程研究中心，重点学科和博士点是建立“中心”的基础；（2）一个学科为主，多学科交叉，促进各部门（单位）间、区域间和学科间基础研究人员的协作研究；（3）基础研究的关键是要有创新思想的人；（4）在本研究领域代表国家最高水平，并能独立承担国家重大科学研究任务；（5）创造宽松的软环境和先进的硬环境，使在“中心”工作的科研人员安心地、充分地发挥其才智；（6）科研人员及“中心”的领导核心实行流动机制，在公平竞争基础上汰劣选优，形成流动的实体。国家教委并确定了“中心”的运行机制4种模式：（1）以相关学科的国家重点实验室（含开放实验室）为基础，在一个总的学术思想指导下选择各实验室中相关的具有优势的研究方向组建“中心”；（2）组建集高等学校、科学院、有关部门研究院所于一体的有法人地位的虚实结合的“中心”；（3）以高等学校和科学院的现有研究条件为基础，以重点实验室（含开放实验室）为依托组建“中心”；（4）“中心”以国家重大研究方向作为结合点，实行校（高等学校）、院（科学院）联合、文理交叉，并以国家重点实验室（含开放实验室）作为依托构成实体。经国家教委的组织与推动，目前高等学校正与有关方面酝酿建立若干个科学研究中心，有的已正式成立。

撰稿 张拥军 杨雪琴
审稿 陈清龙

〔**科研计算机网**〕 为适应中国当前教育科研领域广泛开展交流的需要。1993年10月21日，国家计委召开的“九五”科技计划和“2010年”国家科技发展规划座谈会，国家计委主任陈锦华邀请国家教委副主任韦钰共同提出由国家计委支持建立“中国教育和科研计算机网（CERNET）”（大学网），为我国培养高质量的人才提供技术准备。1994年1月14日，韦钰副主任主持召集科技司、外事司、条装司、“211工程办公室”等单位，研究建设“大学网”的问题，会上提出了报告，定名为“中国教育科研计算机网（CERNET）”。并经国家计委批准立项。国家教委由科技、外事、财务、计划建设等7个司局长组成了领导小组，1994年完成了项目的可行性论证、建设启动等工作，北京、沈阳、西安、上海、武汉、南京、成都、广州等8个地区实现了互连，形成了整套组织管理体系。

该网总体建设目标：利用先进实用的计算机技术和网络通信技术，把全国大部分高等学校连接起来，推动这些学校校园网的建设和信息资源的交流共享，与当前的国际性学术计算机网络互连。

组织管理机构上，在国家教委的领导下，(1)成立管理委员会：由国家教委有关领导，网络中心和地区网点所在高等学校的主管副校长组成，是CERNET建设的最高领导机构和决策机构。(2)成立专家委员会：由网络中心及地区网点所在学校的有关专家组成，在管理委员会的领导下进行工作，全面负责CERNET技术工作。(3)成立专家委员会执行组：在专家委员会的直接领导下，负责CERNET建设的日常性工作，由清华大学有关人员组成。

在资金筹措上，第一期工程提出经费预算总数为8000万元，由国家拨款4000万元(其中含有600万美元的外汇额度)，其余的4000万元由国家教委和网点依托单位负责落实解决。

到1994年底，利用国家公用数据网(CHINAPAC)连接的各个CERNET网络中心单位：清华大学、北京大学、北京邮电大学、上海交通大学、西安交通大学、东南大学、华南理工大学、东北大学、电子科技大学和华中理工大学等，CERNET示范工程试验网已经开始工作。1994年，按示范工程项目可行性研究报告进行了设备采购的技术谈判与商务谈判。

撰稿　焦慧颖　杨雪琴
审稿　陈清龙

〔**科技工作数据指标**〕　1994年，全国普通高等学校理、工、农、医学科领域科技工作主要数据指标如下：(1)科技人力。全国高等学校从事科技活动的人数近62万人，其中高级职称人员12.4万人，占20%；研究与发展人员23万人，其中科学家和工程师22万人，占95.7%，高级职称人员7.8万人，占33.9%；全时研究与发展人员14.2万人，其中高级职称人员5万人。(2)研究与发展经费。1994年，全国高等学校通过各种渠道获得科技活动经费共40亿元，比上年有较大幅度增长；主要来自“863”高技术研究、科技攻关、国家自然科学基金、产学研工程产业化计划研究以及企事业单位委托的各个层次大量科技任务。(3)研究与发展机构。高等学校现有经主管部门批准的研究与发展机构1800个，机构中从事研究与发展人员3.5万人，就读的研究生1.7万人，其中博士生4000人。(4)研究与发展课题。1994年，全国高等学校共承担研究与发展课题达9万项；应用推广、科技服务课题1.8万项。当年拨入经费33亿，比上年增加27%，拨入经费中用于基础研究的占10%，应用研究占52%，试验发展占38%。(5)国际科技交流。1994年高等学校出席国际学术会议5000人次，交流学术论文5000篇，出席在国内召开的国际学术会议近万人次，交流论文达万篇。全国高等学校共派遣800余人出国攻读学位，其中攻读博士学位600人，硕士学位200人。(6)研究与发展成果及技术转让。1994年，全国高等学校共出版科技专著5000部，在国内外学术刊物上发表学术论文17万篇，鉴定科技成果9000项，签订技术转让合同5000项，当年实际收入2.5亿元。(7)高等学校科技企业。1994年，全国高等学校有近400所大学共兴办各种类型的科技企业近2000个，经营额近55亿，税后利润近10亿元。

撰稿 张建华

审稿 陈清龙 江玉仙

〔**跨世纪优秀人才培养**〕 1994年6月，国家教委发出关于申报《跨世纪优秀人才计划》1994年度人选的通知和该计划基金的试行办法。本年度的评选方法是首先由学校推荐人选，经国家教委科学技术委员会的专家进行三级（通讯、会议、综合）评审，然后由国家教委领导小组审查通过。要求申请者必须具备的条件是：思想政治素质好；热爱科技、教育事业；有强烈的事业心和奉献精神；业务水平高，学术上已有突出成绩和一定的威望；对学科发展有一定预见性；善于继承、勇于开拓、创新和拼搏；学风端正，有一定的管理能力；能团结人，发展潜力大等。

科研课题由入选者自主确定。科研基金按人和科研项目的实际情况资助，一般连续支持资助2～3年。

1994年度人选经过审定，最后入选77名，入选者来自53所高等院校，其中教授63名，副教授14名，平均年龄38岁。入选者获资助最高额为70万元，最低额为15万元，共计资助77名金额为1792万元。

撰稿 郑文相

审稿 张酉水

〔**科技成果转化**〕 1994年，高校列入国家级星火计划共15项，占总项目数的2.24%；列入国家级科技成果重点推广计划75项，占总项目数的31.80%，其中工业类58项，农业类17项；列入国家级重点新产品试制（鉴定）计划112项，占总项目数的4.01%；农业部提出“重大动植物病虫害应急计划”，有北大、东北师大、武汉大学等3所高校进入；北京地区高校技术市场网由开始6所发展到25所高校，举办了两届技术成果交易会，经济效益和社会效益十分显著。1994年，清华大学横向合同金额达到1.17亿元。西北地区高校技术市场网建立后，5月9日—11日在西安召开“94西北地区高校科技成果交易会”，有西安地区17所学校和兰州大学参展，16个省市2000多人参加交易会，当场签定正式合同13项，成交正式合同金额230万元，意向合同139项，地区与高校签定长期合作协议17份。

积极组织高等学校为地方经济发展服务。1994年北大、清华等16所重点高校应江山市政府邀请，与江山市经委和各有关企业，广泛进行了技术交易和洽谈，并建立了对口联系；在“’94烟台高新技术产业开发区共建联谊会”上，11所高校发布科技成果信息98项，山东大学还与开发区签定了共建协议。

做好高校科技成果的宣传，向社会推荐高校成果。继续做好《中国高校技术市场》月刊的编辑、发行工作，组织了学校专集和成果精粹充实月刊内容，对通讯员来稿的数量和刊登数进行计算机管理，评出优秀通讯员、先进集体，由编辑部发优秀证书。1994年国家教委科技发展中心从全国农业院校和委属高校的1000多项农业科技成果中，精选出

400 余项成果编印成《全国高校农村实用新技术精选》推向社会，取得了初步成果。为适应市场经济要求，向国际惯例靠拢，逐步变经验型管理为科学化管理，实现技术出口管理工作的规范化、法制化，1994 年国家教委参加了由国家科委组织的《中国技术出口控制目录》的编制工作。科技发展中心按要求从近三年来获国家发明奖、国家教委科技进步奖等项目以及学校上报的项目中共筛选出 2000 多项，经整理，分类，录入，初审，并组织专家审查，共选出符合出口控制要求的项目 79 项，按行业分类并归纳出控制要点。

撰稿　刘剑平　罗志宏
审稿　张秀梅

〔**科技产业**〕　1994 年，全国绝大部分地区和高校认真贯彻执行全国高校科技产业工作会议精神，在市场竞争日益激烈、税赋加重和资金严重缺乏的情况下，据对 32 所国家教委直属院校产业的情况调查，1994 年技工贸收入超过 44 亿元，利润约 5.5 亿元；涌现出一批上规模、上档次的高新技术企业，如北大方正集团、清华紫光集团和复旦复华集团 1994 年进入了全国高新技术企业百强行列，其中北大方正集团列全国百强第十三位，年销售额达 18 亿元，利润 1.6 亿元；各地各校根据各自的特点和实际情况，采取了一些改革措施，积极探索高校科技产业发展的新路子。清华大学、东南大学、西安交通大学对校办产业实行集团化管理，由董事会下总经理负责的集团公司代表学校管理产业，对校办产业实行企业化管理，初步理顺了管理体制和运行机制；北京大学依靠学科优势，集中力量狠抓重点科技产业的发展，并加强了对学校公司的管理和校办工厂的改造和产品开发；天津地区根据地区经济发展的要求和特点，以市场为导向，及时调整本地区高校产业结构，使高校科技产业的发展与地区经济的发展紧密地结合起来等等。为推动高校更好地贯彻执行全国高校科技产业工作会议精神，1994 年，国家教委科技发展中心组织编写了《一项利国利民利校的开拓性事业—全国高校科技产业工作会议精神文件汇集》一书。国家教委科技发展中心狠抓了高校现代经营管理人才的培养工作，先后举办了三期共 122 人的境内外培训。

1994 年，通过“火炬计划”和新产品试制鉴定计划及“火炬”基金对高校科技产业注入资金投入，重点支持上规模、上效益的项目。1994 年高等学校列入国家级火炬计划 50 项（包括与社会合作的项目），占总立项数的 14.37%，批准贷款额度 9680 万元。其中国家教委专项 20 项，贷款额度 4800 万元。截止年底，落实贷款 6000 万元，占总批准额度的 61.98%。1994 年申报 1995 年国家级“火炬计划”国家教委专项的项目共有 63 项，其中委属院校 33 项，非委属院校 30 项。经国家教委组织有关专家评审，共有 29 个项目符合国家级火炬计划的立项条件，其中委属高校 16 项，非委属高校 13 项，共申请贷款额度 1.55 亿元。在中国火炬高技术产业开发投资基金支持的首批项目中，高等学校有 2 项，分别是西安交通大学的超微型摄像机及其系列产品和武汉大学的多媒体软件及其系列产品，占总立项数的 12.5%，获得基金 1000 万美元。截至 1994 年底高校共有 287 项进入了国家级火炬计划，占计划总数的 18.14%。从我们追踪调查的情况看，70%的“火炬”项目取得了显著的经济和社会效益。清华大学人工环境工程公司的“RH 智能控制器”1992年列入国家级火炬计划教委专项，落实贷款300万元。1994年光控制器销售额达6000万元，利税2600万元。

撰稿 刘剑平
审稿 张秀梅

〔**专利管理**〕 1994年，国家教委与中国专利局联合起草了《关于加强高校知识产权工作的规定》(初稿)，该《规定》正经有关法规部门审查。

1994年，为贯彻落实中央有关加强知识产权工作的精神，针对高校专利工作情况，召开了“高校专利工作座谈会”。会议总结了高校十年来的工作情况和经验，明确了今后高等学校专利工作的指导思想是：解放思想，拓宽思路，提高认识，加强保护，改进管理，强化实施。会上国家教委副主任韦钰和中国专利局副局长明廷华到会讲话。会上还专请了重视专利工作的两位校长作了特邀报告，请了三位产业办主任从产业角度谈了专利工作必须加强的体会。

撰稿 刘剑平
审稿 张秀梅

〔**科研专项基金**〕 1994年，根据博士点基金管理办法和当前高校科技工作的实际，对博士点基金的管理工作做出了改进，主要是：(1)各校申报博士点基金的范围从前三批扩大到第四批博士点；(2)项目申报强度由3万元提高到4万元；(3)使用450万元支持重点资助课题，450万元作跨世纪人才工作费用。按此方案，1994年经形式审查合格的申报项目共1192项，申报总经费4940.5万元，经过6125人次专家进行评审，按择优资助的原则资助593项，拟资助经费2014.4万元，占申请经费的40.8%。

1994年，国家教委优秀年轻教师基金共申报317项，经形式审查有24项不合格，对通过形式审查的293项聘请1455人次专家进行通讯评审，回收评议函1394份，回收率95.8%。确定资助103人，资助经费544.5万元；联合资助10项，32万元；优惠边疆地区10项，53.5万元；有偿资助11项，经费170万元，并对第一批有偿资助课题进行实地考察。1994年召开了“优秀年轻教师基金管理工作研讨会”，对该基金实施的工作作了总结。

撰稿 刘剑平
审稿 张秀梅

〔**科技成果评奖**〕 1994年，国家教委科技进步奖根据国家科委对奖励工作具体办法的改革，申报书采用国家统一格式，并对计算机录入系统和管理系统进行了改进，同时拟对丙类奖评奖办法作出改进，待批准后执行。为提高报奖质量，1994年，国家教委科技发展中心举办2期改进后的计算机录入和管理系统培训班。1994年国家科技进步奖有261所高校申报1955项成果，其中甲类奖1657项，乙类奖251项，直报47项。形式审查合格34项；在通讯评审中，发出通讯评审材料7496份，回收7346份。经过专家会评审，评出授奖项目714项，其中一等奖73项；二等奖250项；三等奖391项。向国家推荐自然科学奖34项。国家发明奖19项，国家科技进步奖31项，并全部通过形式审查。

1994年通过教委组织鉴定的科技成果共416项，其中横向、自选、自然基金类330项；国家攻关、“863”类49项；国家教委立项15项；博士基金14项；军工类8项。1994年高等学校通过国家教委的重大成果204项报国家科委。为国家科委《成果大全》选送179项，被选登155项。

获1994年国家教委科技进步奖一等奖名单如下：

甲类：一等奖（63项）

序号	项目名称	完成单位
1	随机场的预测理论和马氏模型的识别	北京大学
2	参类水溶性化学成分的研究	北京大学
3	铟和锑的国际原子量新标准	北京大学
4	金属硫蛋白的结构与功能	北京大学
5	圆柱壳在轴向冲击下塑性稳定性的第二临界速度研究	北京大学
6	系统鲁棒分析与综合	北京大学
7	边界积分—微分方程及其在变分不等式问题中的应用	清华大学
8	重夸克偶素及其强衰变的理论研究	清华大学
9	原子（分子）层次的超灵敏谱学（及应用）与原子分子高激发态谱学研究	清华大学
10	固体材料的宏细观本构理论与断裂	清华大学
11	两相有反应湍流理论和数值模拟及其在燃烧中的应用	清华大学
12	张量函数表示理论及材料的本构方程不变性研究	清华大学，江西工业大学（现为南昌大学）
13	特殊条件下铸铁结晶凝固过程的研究	清华大学
14	氯氟烃CFC-12替代物HFC-134a的热力学物性研究	清华大学
15	热流体工程中的热阻力、热绕流、热驱动和热稳定性	清华大学
16	激光器纵模分裂原理、现象及其在激光物理和计量学中应用基础研究	清华大学
17	电解质溶液理论研究	清华大学
18	大跨桥梁风致振动及控制理论研究	同济大学
19	有机合成色素的光电与光生物分子工程	华东理工大学
20	直线法原理及其应用研究	东南大学
21	光学与光电子薄膜的理论和特性研究	浙江大学
22	基于知识的设备诊断的基础理论与方法研究	华中理工大学
23	滞后大系统的稳定镇定与控制	华南理工大学
24	醇体系中新型无机物的合成与晶化规律的研究	吉林大学
25	刚性链耐高温高分子材料的分子设计及其结构与性能关系的研究	吉林大学
26	调和映照及其应用	复旦大学

27	血友病基因治疗的动物试验	复旦大学
28	固相配位化学反应及原子簇合成	南京大学
29	中国东南部晚元古代碰撞造山带的岩石学研究	南京大学
30	太阳活动22周观测和研究	南京大学
31	合成气制乙醇催化反应机理的研究	厦门大学
32	随机最优控制的最大值原理与倒向随机微分方程	山东大学
33	地下水污染模拟的反问题	山东大学
34	四方相钽铌酸钾晶体	山东大学
35	准晶位错柏格矢的实验鉴定	武汉大学，中国科学院北京电子显微镜实验室
36	原子核多体关联动力学与重离子核反应输运理论	兰州大学
37	单电子转移反应的研究	兰州大学
38	甘青地区第四纪环境演变研究	兰州大学
39	自由基致癌机理及抗癌新途径	兰州大学
40	高密，高速，高信噪比全光光盘记录介质中的非平衡瞬态动力学	北京航空航天大学
41	形状记忆合金滞后行为的研究	北京航空航天大学
42	营养协迫条件下植物的根际效应及适应性机理的研究	北京农业大学
43	系膜增殖性肾小球肾炎炎症硬化机理的研究	北京医科大学
44	中国大黄属植物的化学成分分析及生物活性的研究	北京医科大学，陕西宝鸡市医药公司，北京市中药科学研究所
45	核苷转运作为肿瘤化疗靶点的研究	中国协和医科大学
46	复杂控制系统对称性及相似结构的研究	东北大学
47	内蒙古东南部早前寒武纪孔兹岩系成因及其含矿性	长春地质学院
48	中国西北巴谢河流域灾难性大型滑坡研究	长春地质学院
49	钢管混凝土统一设计理论	哈尔滨建筑大学
50	酪氨酸对卵巢hCG致孕酮生成作用的调节	哈尔滨医科大学
51	肝癌铁蛋白及其亚基的研究	上海医科大学
52	Ph1染色体相关白血病细胞和分子生物学研究	上海第二医科大学
53	应用生物学固定原理提高人工关节长期稳定性的实验研究	上海第二医科大学
54	舌鳞状细胞癌生物学特性及其防治实验研究	上海第二医科大学
55	人多发性骨髓瘤及B细胞增殖病的免疫病理和生物调节因子的研究	苏州医学院
56	手屈肌腱二区亚分区及各亚区内损伤修复的基础和临床研究	南通医学院
57	甘蓝型油菜主要品质性状的遗传规律和品质育种方法研究	华中农业大学
58	多组份分析体系分类理论及化学计量学算法研究	湖南大学
59	血管平滑肌a肾上腺素受体触发Ca2＋运动的研究	中山医科大学
60	Tamm-Horsfall蛋白在肾小管间质性肾炎免疫发病机理中的作用	中山医科大学
61	山蛭生物学和行为的研究	中山医科大学
62	一种通用的非线性电路分析方法	电子科技大学
63	凝固前沿动力学与形态选择研究	西北工业大学

乙类：一等奖（10项）

序号	项目名称	完成单位
1	同步电机阻尼磁链定向控制理论及其在大功率交交变频系统中的应用	清华大学，冶金部自动化研究院
2	青霉素结晶新型技术与设备	天津大学，华北制药厂
3	MBMI-多束混合注入设备和技术	大连理工大学，鞍钢附企公司
4	人造卫星舱布局优化（不公布）、螺旋运动舱布局优化（可公布名称）	大连理工大学，中国空间研究院飞行器总体部
5	粉煤灰建筑微晶玻璃	大连理工大学
6	鱼雷脱靶量及末弹道测量系统	东南大学
7	等离子喷涂羟基磷灰石涂层—钛基牙种植体	四川联合大学（四川大学）
8	水射流辅助刀具切割破碎硬岩的研究	重庆大学
9	MW301涡轮膨胀机轴承-转子系统研制	西安交通大学
10	涡旋制冷压缩机及涡线加工专用数控磨铣床	西安交通大学，宁江机床厂

撰稿　刘剑平

审稿　张秀梅

成人教育

概　况

〔**基本情况**〕　1994年，全国成人教育继续深化改革。

岗位培训作为成人教育的重点，继续坚持“积极推进，突出重点，按需施教，保证质量，注重实效，逐步完善，形成制度”的工作方针，行业、企事业单位的岗位培训制度、证书制度、岗位职业资格考试和考核制度与继续教育制度进一步建立和完善。国务院各部门中已有60%以上的行业（系统）制定了岗位规范，有的行业制定规范达上千种。冶金、建设、石油天然气等行业基本建立了岗位培训制度；司法、建设、财政、外贸、统计、旅游等部门对一些涉及国计民生和责任重大的关键岗位实行了岗位（职业）资格证书制度；农业部门实行了“绿色证书”制度。1994年职工技术培训学校共有1.24万所，比上年增加2603所，培训结业职工592.61万人次，在校学习438.02万人。

1994年，全国扫盲学校（班）结业人数486.18万人，达到了九十年代平均年扫盲400万的国家规划目标。农村成人教育继续办好乡（镇）、村农民文化技术学校，开展实用技术培训，推进“绿色证书”制度的实施，加强乡镇企业职工的培训。1994年全国共有农民技术学校33.25万所，比上年增加4.39万所，培训结业6032.77万人次，仍有4319.81万人在校学习。

成人高、中等教育继续发挥多功能作用，充分运用广播、电视、函授等教学手段，向社会特别是中小城市、边远地区提供更多的接受高中后教育机会。1994年全国共有独立设置的成人高等学校1172所，比上年减少11所，有836所普通高等学校举办了函授部、夜大学。成人高等学历教育招生101.73万人（含电大普通班），超计划招生14万人，比上年增加15.47万人。在校本科生22.79万人，专科生212.41万人。

1994年，有成人高级中学2333所，比上年减少399所；招生29万人，减少4万人；在校生35万人，减少5万人。成人中等专业学校4811所，比上年增加28所；招生115.21万人，增加29.54万人；在校生263.81万人，增加57.05万人。

社会力量办学事业在“积极鼓励、大力支持、正确引导、加强管理”的方针指导下继续发展，有关管理的法规、规章正在制定、完善中。

撰搞 瞿延东 张世平
审稿 董明传

〔**发展方针**〕 根椐中共中央、国务院召开的1994年全国教育工作会议精神和《中国教育改革和发展纲要》及其“实施意见”，今后一个时期成人教育改革与发展的任务和目标是：

——完成到本世纪末基本扫除青壮年文盲的任务，大力发展扫盲后的农村成人教育和实用技术培训。

——建立从业人员在岗和转岗的培训制度，大力加强在职干部的培养提高和继续教育，继续将岗位培训和继续教育作为成人教育的重点。

——成人学历教育要向多样化、职业性方向发展。各类成人学校要加强同普通学校、职业学校的联系与合作，提高办学效益，努力办出成人教育特色。充分利用各种远距离教学形式为中小城市、乡镇企业、农村及边远和经济发展程度较低的地区服务。完善自学考试制度，鼓励自学成才。

——深化办学体制的改革，形成在政府的管理和适当资助、扶持下，成人教育主要依靠行业、企事业单位、社会团体举办，或者由社会各方面和公民个人联合举办的格局。

——完善分级办学、分级管理的体制，健全管理机构，充实管理力量，提高管理水平。

——多渠道解决成人教育的投入问题，实现成人教育资源的优化配置和合理利用，提高办学效益。

——加快成人教育立法步伐，加强执法监督和对违法、违纪行为的处罚、纠正。

撰稿 瞿延东 张世平
审稿 董明传

〔**贯彻全教会精神**〕 1994年6月，中共中央、国务院召开全国教育工作会议后，各省、自治区、直辖市都积极部署，先后召开本地的教育工作会议，对落实全教会和《中国教育改革和发展纲要》关于大力发展成人教育的精神，做出了认真的部署和安排。(1) 加大扫盲工作力度。各地根据在本世纪末基本扫除青壮年文盲的要求，制定了分期规划、分步实施的具体措施和办法。贵州省规定，1995年全省扫除青壮年文盲30万人，使非文盲率达到88%左右。1996年到1997年，全省扫除青壮年文盲60万人，非文盲率达92%左右，省人民政府成立全省扫盲工作协调机构，统筹指导扫盲工作，地（州、市）、县成立相应的机构，实行扫盲工作的目标管理责任制，层层签订目标管理责任书。增加扫盲专款，建立社会扫盲基金和多渠道筹集扫盲资金的办法。(2) 在成人高中等学校在校生人数、乡镇成人文化技术学校的普及率以及非学历教育培训人数等方面做出规划。广东省成人教育的发展目标是，进一步健全和完善三级农民教育网络，2000年，全省建成200所示范性乡镇成人文化技术学校，建立和完善多元化、多功能和开放型成人高等教育体系；北京市确定成人教育改革和发展的总目标是：到本世纪末，成人教育事业有较大发展，教育质量显著提高，岗位培训和继续教育形成制度，逐步形成与社会主义市场经济相适应的成人教育运行机制，建立起与首都经济建设和社会发展相适应的、具有中国特色和首都特点的、面向二十一世纪社会主义成人教育体系的基本框架，使北京市成人教育走在全国前列。(3) 突出重点，大力开展岗位培训和继续教育。北京市决定，到本世纪末，全市管理及技术性岗位人员基本实行持证上岗。每年应有占城区40%—50%和占农村10%—20%的从业人员接受多种形式的岗位培训。对从事专业技术工作的人员及时进行继续教育。各区县、各业务部门和各企事业单位，每年应有不少于15%的专业人员接受各种形式的继续教育；江苏省决定到2000年城镇企业和乡村企业职工年全员培训率分别达到50%和30%左右，全省技术工人等级在现有基础上平均提高一级，农副业从业人员年培训率达30%左右。为加强对岗位培训工作的领导，天津市委、市政府决定建立天津市培训工作委员会，由市委、市政府有关部、委、办、局、工青妇等部门的负责同志组成，市委、市政府的主要领导同志任主任。(4) 深化成人教育体制改革。各地按照《〈纲要〉实施意见》的要求，成人教育贯彻面向市场、加快改革、大力发展、提高质量加快办学体制改革，形成在政府统筹下，主要依靠行业、企事业单位、社会团体和公民个人举办，鼓励社会各方面联合办学的成人教育办学体制。

到1994年年底，全国绝大多数省（直辖市、自治区）都已先后召开了地方教育工作会议，深入贯彻全教会精神，颁布、制定了一系列重要文件、政策和措施，我国的成人教育事业因此也将同整个教育事业一样，不断深化改革，不断发展，迈向更高的台阶，实现《中国教育改革和发展纲要》中所提出的宏伟目标。

撰稿　瞿廷东　张志坤

审稿　董明传

扫 盲 工 作

〔**成立部际协调小组**〕　1994年9月24日，经国务院批准，成立了全国扫盲工作部际协调小组。主要负责扫盲工作的宏观指导和检查，动员全社会关心、支持和参与扫盲工作。国家教委主任朱开轩任组长。11月2日，在北京人民大会堂举行了协调小组第一次会议。出席会议的有国家教委、中共中央宣传部、文化部、广播电影电视部、农业部、林业部、国家民委、中国人民解放军总政治部、全国妇联、共青团中央和中国科协等11个成员单位的主要负责同志。全国人大副委员长、协调小组顾问陈慕华出席会议并讲话。国务院副总理李岚清作了书面讲话。朱开轩同志主持会议并作了总结。协调小组副组长、国家教委副主任王明达介绍了全国扫盲情况和今后工作意见。

今后要广泛开展扫盲后继续教育和青壮年农民的各类培训，采取多种形式，巩固扫盲成果，全面提高农村从业人员的素质。

会议要求各部门要紧密协作，抓住当前

有利时机，广泛宣传发动，集中力量，迅速形成扫盲热潮，确保我国扫除文盲历史任务的完成。同时表示，要结合本部门的职能和日常工作，积极参与推动扫盲工作。此外，还就加强扫盲工作领导，实行扫盲责任制，增加经费投入，解决扫盲教师、教材，改进教学方法等问题提出了建议。

撰稿　孙凤岐
审稿　李家林

〔**扫盲及农村成人教育**〕　1994年，全国共扫除文盲486.18万人，并有6032.77万人参加了各类实用技术培训。经国家教委抽查认定，北京、天津、上海、辽宁、吉林、黑龙江等省（直辖市）青壮年人口中的文盲率已降到5%以下，提前实现了基本扫除青壮年文盲的目标。经各省（自治区、直辖市）政府组织验收，有850多个县（市、区）达到了国家规定的扫盲标准，约占全国县（市、区）总数的三分之一。

从1978年至1994年，全国累计扫除文盲近7000多万人，接受各种形式教育培训的农村劳动者已达到2.6亿人（次）以上。培养了一大批科学致富的带头人、技术骨干、乡镇企业职工和管理干部。对增加农民收入、促进农村两个文明建设、推动农村小康建设发挥了重要的作用。农村成人教育从过去以扫盲与初等文化技术教育为主，发展到初、中、高，多层次、多门类、多规格、多形式的既相对独立，又与基础教育、职业技术教育有机联系，协调发展的教育格局，成为农村教育的重要组成部分。

1994年11月20日至24日，国家教委在江苏省无锡县召开了全国扫盲与农村成人教育工作会议。

会议提出，农村成人教育要全面贯彻《纲要》和《实施意见》，坚持三教统筹、协调发展，农科教结合的原则，进一步深化扫盲与农村成人教育改革，不断完善适应社会主义市场经济发展的有效机制，加快扫盲步伐，分类规划，分步实施，确保本世纪末全国实现基本扫除青壮年文盲的目标。要下大力量发展农村成人教育，加快县、乡、村成人文化技术学校建设，举办一批骨干示范学校，在普及推广实用技术培训的基础上，积极发展初、中级文化、科技教育，大面积地培养初、中级技术人才。要积极为发展“两高一优”农业培训各类实用人才，要重视对从事二、三产业的农村劳动者，特别是乡镇企业职工和基层干部开展岗位培训，全面提高农村从业人员的思想道德和科学文化素质，直接有效地为增加农民收入，促进农业、农村经济与社会发展服务。

撰稿　孙凤岐
审稿　李家林

〔**验收黑龙江、辽宁两省扫盲达标**〕1994年9月9日至16日和12月14日至23日，应黑龙江、辽宁省政府的申请，国家教委分别组织扫盲检查团，赴两省抽查验收扫盲工作。

扫盲抽查验收采取随机抽样和协商指定相结合的方法，在每省分别确定经济、教育基础薄弱的5个县（市）为抽查单位，每个县（市）抽查3个乡（镇）、9个行政村。

国家教委扫盲检查团分别就两省抽查的结果认定，黑龙江、辽宁省扫盲工作达到了国家规定的扫盲标准。(1)两省1949年10月

1日以后出生，年满15周岁的人口中非文盲率达到95%以上。所抽查的县（市）各乡（镇）、行政村青壮年人口中非文盲率均在95%以上，经测试脱盲学员合格率达到95%以上。（2）两省均在八十年代中期普及了初等教育。所抽查的县（市）1993年小学适龄儿童入学率均在99%以上，年辍学率控制在1%以下，15周岁人口中初等教育完成率在99%以上，基本堵住新文盲的产生。（3）两省所有乡（镇）、村均建立了农民文化技术学校。所抽查的县（市）乡、村两级成人学校办学面为100%，均具备了一定的基本设施，建立了专兼结合的教师队伍，采取多种形式对广大农民开展了政治、文化、技术等教育，巩固和提高了扫盲成果。

撰稿　孙凤岐
审稿　李家林

成人中、高等教育

〔**中等教育发展目标**〕　1994年4月23日，国家教委下发了《关于改革和发展成人中等专业教育的意见》，确定了我国成人中等专业教育九十年代到本世纪末的发展目标，并提出8项改革措施。

发展目标是：要全面提高成人中等专业教育水平，建立规模适度、布局合理、结构优化、质量和效益较高、具有地方、行业特色及较强职业性和开放型的成人中等专业教育体系。到2000年，全国大多数县（市）、区要建立成人（农民）中等专业学校或成人教育中心；部门（行业）、企事业单位举办的成人中等专业教育应进一步巩固和加强；广播电视、函授中等专业教育要在地方政府统筹下积极发展。到本世纪末，成人中等专业教育总体规模达到在校生600万人，其中学历生300万人。评选一批国家级、省（部）级示范性学校。

改革措施是：①坚持为社会主义现代化建设服务的办学方向，结合本地区、本部门（行业）的发展规划、人才及经济建设的需求设置专业，培养德、智、体全面发展的合格人才。②健全各级成人中等专业教育的管理机构，继续完善分级办学、分级管理的体制。③改革学校内部管理体制和运行机制，扩大学校办学自主权。④突破单一学历教育模式，采取多种教育形式，培养多规格人才。建立和完善学历文凭、技术等级证书、岗位资格证书并重的制度，国家教委将选择少数学校进行“双证”或“多证”教育试点工作。⑤建立一支素质较高、以专职为骨干，专兼结合的教师队伍。鼓励教师一专多能，有计划、有目的选拔优秀毕业生进入成人高校学习，以不断充实教师队伍。有条件的学校可实行双师制。⑥深化教学改革，加强理论研究，全面提高教育质量。⑦办学单位要确保对学校的投入，办学经费应根据财政收入的增长而增长。⑧加强评估督导工作，不断提高整体办学水平。

撰稿　彭兴颀
审稿　李家林

〔**中专教材建设**〕　从1992年起，国家教委组织有关省市对农民中专学校原农学、果林、畜牧兽医、农村经济管理4个专业的教学计划、教学大纲和教材进行了修订，50余科教材已于1994年秋季陆续使用；为了适应社会主义市场经济的需要，加速中等文秘人才的培养，制订了成人中专现代文秘专业的教学计划，编写了配套教学大纲和教材共12科；此外，结合当前实际和学员的思想实际，贯彻《中共中央关于进一步加强和改进学校德育工作的若干意见》和“学马列要精，要管用”的精神，调整了成人中专学校政治课程的设置，将原来各类成人中专学校使用的《政治经济学》、《哲学》、《马克思主义基础》和《中国革命史》，改为《建设有中国特色社会主义理论与实践》、《辨证唯物主义基本原理》、《道德与法律》等。并编写了贯彻少而精、理论联系实际、学以致用和注重能力培养的教材。

撰稿　彭兴颀
审稿　李家林

〔**成人高校招生**〕　1994年6月，全国教育工作会议上提出“到2000年全国普通高等学校和成人高等学校本专科在校生达630万人左右”。1994年，全国各类成人高校招生工作有以下特点：(1)招生人数增加。1994年经国家教委审定的全国各类成人高校招生总规模为82.4万人，比1993年增加2.4万人。报名总数达到189.6万人，比1993年增加40余万人。根据各省级招生机构上报的录取新生情况汇总：1994年录取新生总数为88.7万人（其中第二专科学历教育7.37万人）。录取新生的成份比例如下：工人占38.4%，干部占27.67%，教师占13.53%，从业人员占13.94%，社会青年占6.39%；脱产和半脱产占33.15%，业余占66.85%；年龄段比例：40岁以上占1.9%，30～39岁占8.63%，26～29岁占12.65%，25岁以下占76.82%。(2)第二专业专科学历教育纳入招生计划。招生对象及条件：第二专业专科学历教育招收具有国民教育系列大学专科以上学历的从业人员，其工龄、年龄不予限制。资格审查：报考第二专业专科学历教育的考生，报名时须交验国民教育系列大学专科以上毕业证书原件和复印件，由省、自治区、直辖市招生机构审核认定。报考脱产学习的在职职工，须经本单位批准。入学测试及录取：报考第二专业专科学历教育的考生，应具有与第二专业所属科类相应的高中文化基础。(3)1994年成人高校招生考试成绩及最低控制分数线有较大幅度提高。各省、自治区、直辖市一般理科提高5分，文科提高10分。(4)计算机管理在招生工作的各个环节得到了广泛应用。各地招办在组织报名、考试、录取等环节都运用了计算机，提高了招生工作的科学性和工作效率。

撰稿　瞿延东　李桂明　张总明
审稿　董明传

〔**文凭考试试点**〕　国家学历文凭考试是国家对不具备颁发学历文凭资格的民办学校毕业生水平的学历认定考试。

经国家教委批准，1993年底在北京市的15所民办高校中开始了国家学历文凭考试的试点工作；1994年批准辽宁省开始此项试点工作。参加试点的学校是在省、市评估基础上选出了办学条件较好、教育质量有可靠保证的单位；试点专业均为应用性、职业性较强和社会急需的；专业教学计划（课程设置和教学大纲）按照国家教委《成人高等专科教育制订教学计划的原则意见》确定；考试工作按照国家教委高等教育自学考试办公室的意见组织实施，自考机构统一考试的课程为专业教学计划所设课程的70%，其余30%的课程在省教委和自考机构的监督下由学校负责考试；学生入学有一定的录取标准，学校对学生的教育过程全面负责。

建立国家学历文凭考试制度具有重要意义：一是支持、鼓励民办高等教育的政策措施。使民办高校有了多种发展的渠道，一部分办学条件达到《民办高等学校设置暂行规定》的学校经国家教委批准取得颁发国家学历文凭资格，实施高等学历教育；一部分具备一定办学条件，尚未取得颁发国家学历文凭资格的学校，可以紧紧围绕当地经济、社会发展的需要开设专业，国家通过学历文凭考试认定其毕业生的学历；除此之外，所有民办高校都可以开展助学活动，通过自学考试取得国家学历文凭。二是促进民办高等教育健康发展。选择一批民办高校实行国家学历文凭考试，把国家考试和民办高等教育结合起来既可以发挥这些学校的优势，满足经济建设、社会发展对人才的迫切需求，又保证了高等学历教育的规格和质量。

撰稿　瞿廷东　余平一
审稿　董明传

〔成人高等职业教育试点〕　根据《关于教育体制改革的决定》中的“积极发展高等职业技术院校”和国务院批转《国家教育委员会关于改革和发展成人教育的决定》中的“职工大学、职工业余大学、管理干部学院应当利用自己同企业、行业关系紧密的有利条件，结合需要，举办高等职业技术教育，为企业事业单位培养生产、经营管理方面的专业技术人才”的精神，从1986年开始在上海、天津、沈阳、江苏等省市的少数办学条件较好的职工大学试办了高等职业教育班。到1994年止，全国已有10个省、两个部委共41所成人高校、4所普通高校成人教育学院试办了35个专业的“高职班”。其招生对象主要是中等职业技术学校和普通高中毕业的在职人员。入学参加国家统一的成人高考并加试专业知识和技能考核。成绩合格者颁发国家统一印制的大学专科毕业证书（部分学校颁发毕业证书的同时还颁发职业资格或技术等级证书）。据统计，“高职班”累计毕业生约3500多人。

撰稿　瞿廷东　张　科
审稿　董明传

〔函授、夜大学教育评估〕　为加强对普通高等学校函授、夜大学教育的管理、监督和评估，提高教育质量，1994年10月17日，国家教委办公厅印发了《普通高等学校函授教育评估基本内容和准则》、《普通高等学校夜大学评估基本内容和准则》、《普通高等学校函授教育评估指标体系（试行）》、《普通高等学校夜大学评估指标体系（试行）》等4个文件。主要分学校投入、教育管理、教育质量3个部分。学校投入部分，包括学校办学指导思想、教学管理服务机构、队伍和办学条件、办学规模、函授站布局和专业设置、师资队伍、办学经费等项16条内容。教育管理部分，包括规章制度、学生管理、系（院）和教师的管理、教学过程管理、函授站管理等项20条内容。教育质量部分，包括思想政治教育、教学计划、大纲、教材及试题水平、学生学习效果、社会、用人单位评价等项14条内容。

“普通高等学校函授教育评估指标体系”根据以上评估的基本内容，设有评估项目、评估指标、评估要素、评估分值、评估方法、评估标准等。共有评估项目3项，评估指标14项，评估要素66项，总分为1000分。

撰稿　瞿延东　孙丽为
审稿　董明传

岗位培训

〔**管理干部岗位培训**〕　国家教委于1994年10月8日制定颁发了《关于加强成人教育管理干部岗位培训工作的意见》，对今后一个时期内加强成人教育管理干部岗位培训工作，逐步建立成人教育管理干部岗位培训制度作出了安排和部署。《意见》提出：到本世纪末，在全国基本建立起成人教育管理干部岗位培训制度。包括：对新从事成人教育管理工作的人员实行先培训、后上岗的岗前培训制度；对在岗的成人教育管理人员实行经常性的学习培训制度；对成人教育主要管理岗位上的人员实行持证上岗的制度等。

《意见》提出了现阶段成人教育管理干部岗位培训的主要任务。一是按照社会主义市场经济体制建立过程中成人教育改革发展的需要，大力开展多样化的适应性培训活动，提高成人教育管理人员的政策业务水平和对形势发展变化的适应能力；二是认真抓好各级各类成人学校院校长的资格性培训，提高其履行岗位职责的能力，达到岗位规范的要求。

为了保证成人教育管理干部岗位培训的顺利实施，国家教委在《意见》中提出了“统筹规划、分工负责”等项工作指导原则。

撰稿　瞿延东　金占旺
审稿　董明传

〔**岗位培训向社会化发展**〕　1994年，为组织开展社会化培训活动，大力提高社会从业人员和成人的科技、文化素质和职业能力，取得较好的社会效益。上海市为尽快建设成为国际经济、金融、贸易中心之一的现代化国际大城市，市委、市政府将普遍提高从业人员和广大市民的外语水平和计算机应用能力列为实施“九十年代上海紧缺人才培训工程”的重要基础项目。由市政府教育卫生办公室、市成人教育委员会、市人事局和市委组织部共同组织，动员包括各级各类学校、培训机构和计算机生产厂家在内的社会各界力量，采用电视播课等多种培训手段，组织开展大规模的社会化培训，在上海掀起了前所未有的学微机、学外语热。1994年内上海共组织3次全市性的计算机应用能力初级水平考试和一次中级水平考试，共有18万人参考，许多人取得了由市政府认可的计算机应用能力合格证书。此外，上海市还举行了两次通用外语（含英、日等语种）水平考试，报考者十分踊跃。

北京市为贯彻落实《中国教育改革和发展纲要》及全国教育工作会议精神，确定今后一个时期内集中力量组织实施成人培训工程（包括中、高层次紧缺人才培训工程、转岗人员培训工程和乡镇企业职工培训工程等3个子工程），使成人教育在首都城乡经济发展、市场体制建立、产业结构调整、扩大对外开放，以及促进劳动力的合理流动，保持社会稳定中发挥突出作用。现在，成人培训三项子工程都已起步实施，受到社会各界的普遍关注和欢迎。

天津市是一个老工业城市。1993年以来，市委、市政府把大力加强对干部职工的培训作为加快天津经济发展，再创天津辉煌的一项战略措施。市委、市政府提出"九四年要成为培训年"。成立了以市委书记高德占同志任主任的培训工作委员会，并召开了全市培训工作会议，在全市掀起了学知识、学科学、学技术、学外语、学微机的学习热潮。市委、市政府还下发了《关于进一步加强培训工作的意见》，出台了一系列鼓励学习、推动培训开展的政策措施。一年来，天津市广大干部职工学习热情空前高涨，据统计，1994年天津市参加学习培训超过百万人次。职工全员培训率创历史最高水平。

此外，河北省提出了以提高农村劳动力素质和企业职工岗位技能为重点的"成人培训工程"。机械工业部以"人才工程"为重点，大力开展岗位培训和继续教育，抓好6项重点工程。电力部提出"111"培训网络工程。水利部提出了"12240"工程。

撰稿 瞿延东 金占旺
审稿 董明传

民办教育

〔**民主党派召开研讨会**〕 1994年10月28日至30日由民革、民盟、民建、民进、农工民主党、致公党、九三学社、台盟八个民主党派和全国工商联、中华职业教育社联合在北京召开了"全国民办教育研讨会"。来自各省、自治区、直辖市的200余名民办学校的代表参加了这次改革开放以来民办教育层次较高、规模较大的全国性研讨会。

研讨会的目的是：学习、贯彻1994年6月由中共中央、国务院召开的全国教育工作会议精神，交流了如何筹措资金、加强内部管理、提高教学质量的经验。共商如何继续发扬艰苦奋斗的创业精神，不断改善办学条件，办出水平和特色，为我国教育事业的改革和发展作出更大贡献。

人大常委会副委员长孙起孟、雷洁琼，中央统战部副部长刘延东，国家教委副主任王明达等出席研讨会并讲了话。王明达同志在题为《贯彻全教会精神，促进民办教育健康发展》的报告中指出：民办教育是我国社会主义教育事业的组成部分，发展民办教育是当前教育体制改革的重要内容；民办教育要纳入全国教育规划，把重点放在大力发展中等和中等以下的职业教育和成人教育上；完善法规，依法办学，全面贯彻“十六字”方针，促进民办教育健康发展；民办教育要全面贯彻教育方针，努力提高教育质量。

撰稿　瞿延东　董平一

审稿　董明传

师范教育

〔**小学新教师试用期培训**〕 我国每年有20万名中师毕业生分配到小学任教。开展小学新教师试用期的培训，对加强小学教师队伍建设，提高初等教育水平，都具有重要的意义。国家教委于1994年11月14日印发了《关于开展小学新教师试用期培训的意见》。

《意见》指出，小学新教师试用期培训是对新分配到小学任教的毕业生进行有目的有计划的使其尽快适应教育教学工作的培训。培训对象为新分配到小学任教的中等师范学校、其他中等学校及以上层次学校的毕业生。培训内容和要求是：(1) 进行专业思想教育，了解国情，学习中小学教师职业道德规范，使新教师立志做一个光荣的人民教师。(2) 政策法规教育，学习《义务教育法》、《教师法》、《未成年人保护法》和学科教学大纲等，使新教师加强教育教学法规和教学大纲意识。(3) 熟悉教育教学环境，了解乡情、地方教育发展状况、教改动态并初步熟悉本地区的经济、文化环境以及人际关系等，使新教师尽快投入教师群体之中，转变角色。(4) 加强教育教学常规训练，运用已学过的教育理论了解和研究学生，制定班队计划、组织班队活动，做个别生教育和家访工作。按照教学大纲要求制定教学计划，组织教学，初步掌握备课、上课批改作业、辅导和考试等常规，使教师尽快提高教育教学的实际能力。(5) 对非师范专业的毕业生还要进行教育理论和学科教学法的培训。

新教师的培训可分集中培训和分散培训。培训时间不少于120课时（每学期以15个教学周计算，每周4课时），具体安排由各地自定，集中培训时间不得少于总课时数的三分之一。新教师试用期考核的内容、要求、方法要根据培训目标和培训内容来制定，由教师进修学校、中心校和教师所在学校共同负责，并由教师进修学校考核，报教育行政部门备案。

《意见》强调各地的师资培训机构主要负责培训工作的实施、检查和总结；教师所在学校或中心校主要负责确定指导教师、保证培训时间，建立新教师培训档案，组织新教师参加教育教学实践活动等。对培训合格的新教师，教师进修学校发给新教师结业证书并作为转正和确定教师专业技术职务的重要条件。1994年，小学新教师试用期培训已在全国陆续开展。

撰稿　胡　巍
审稿　金长泽

〔**在职小学教师进修专科学历**〕 为了教师学历达标率的逐步提高，国家教委师范司于1994年4月26日印发了《关于开展在职小学教师进修高等师范专科学历工作的通知》。

《通知》提出，开展小学教师进修高师专科学历的培训工作要根据需要和可能安排；要职前培养和职后培训统筹考虑，小学教师提高学历层次要以新师资培养为主，在职教师培训为辅；要协调好与中学教师培训工作的关系。

参加小学教师进修高师专科学习的学员应是中师（或高中）毕业后工作数年，有一定工作经验，并接受过省、自治区、直辖市教育行政部门规定的继续教育培训的有培养前途的中青年教师，通过培训、实践、再培训，成长为骨干教师。

办班院校要经过省教育行政部门的批准，招生应列入成人高校年度招生计划。学员要经全国成人高校统一招生考试，择优录取。录取时要充分考虑小学教师的实际和专业特点，并要采取有效措施，保证骨干教师优先入学。

小学教师进修高师专科学历的学习形式应以业余（函授）为主，脱产为辅。业余（函授）学制为三年，脱产为二年。

举办小学教师进修高师专科学历培训工作，必须由省、自治区、直辖市教育行政部门根据国家教委《关于进行培养专科程度小学教师试验工作的通知》所规定的条件进行审批，并报国家教委备查。

撰稿　胡　巍
审稿　金长泽

〔培养专科程度小学教师试验〕　为贯彻落实《中国教育改革和发展纲要》中提出的“到本世纪末，通过师资补充和在职培训，小学和初中教师中具有专科和本科学历者的比重逐年提高”的精神，研究探索培养具有中国特色的专科程度小学教师的规格和办学模式，国家教委继1992年4月批准北京等17个省、直辖市和中国石油天然气总公司所属的29所学校进行培养专科程度小学教师的试验后，于1994年4月又批准天津、河北、山西、辽宁、吉林、黑龙江、上海、江苏、浙江、安徽、山东、江西、河南、湖北、湖南、广东、海南、广西、四川、云南等总数达20个省、自治区、直辖市的36所学校进行培养专科程度小学教师的试验。在试验形式方面，采取招收初中毕业生进行五年一贯制试验的20所，采取招收中师毕业生或高中毕业生进行“三、二”分段制试验的16所。

为进一步搞好培养专科程度小学教师的试验工作，国家教委师范教育司于1994年3月中旬在广州市召开了培养专科程度小学教师研讨会，交流了各地培养专科程度小学教师的情况及经验。会议决定由上海牵头成立“专科程度小学教师培养课程方案”课题组，具体研究起草“专科程度小学教师培养课程方案”的问题。

1992年批准进行培养专科程度小学教师试验的学校

省份	试验学校	试验形式	招生规模（每班30人）	生源	纳入1992年高校招生计划数	联合办学学校
北京	北京三师	三、二分段制	240	中师毕业生	240	北师分院
上海	上海师专	三、二分段制	380	中师毕业生	330	
天津	天津二师	三、二分段制	60	中师毕业生	60	天津师专
黑龙江	哈尔滨师范	五年一贯制	60	初中毕业生		
	大庆师范	五年一贯制	60	初中毕业生		大庆师专
吉林	长春师范	五年一贯制	60	初中毕业生		四平师院
辽宁	沈阳师范	三、二分段制	60	中师毕业生	60	沈阳大学
	省艺术幼儿师范	五年一贯制	60	初中毕业生		师范学院
	大连师范	五年一贯制	60	初中毕业生	60	大连大学
河北	唐山师范	五年一贯制	30	初中毕业生		唐山师专
山西	太原师专	三、二分段制	30	中师毕业生	30	
江苏	无锡师范	三、二分段制	60	中师毕业生	60	常熟高专
	晓庄师范	三、二分段制	60	中师毕业生	60	南京师专
	南通师范	五年一贯制	30	初中毕业生		
山东	济南师范	五年一贯制	60	初中毕业生		济南联大
	青岛师范	三、二分段制	30	中师毕业生	30	青岛师专
福建	福州师范	五年一贯制	30	初中毕业生		福州师专
	厦门师范	三、二分段制	30	中师毕业生	30	集美师专
河南	郑州师范	五年一贯制	60	初中毕业生		郑州教院
湖北	武汉二师	三、二分段制	30	中师毕业生	30	武汉教院
湖南	湖南一师	五年一贯制	60	初中毕业生		
广东	广州师范	三、二分段制	120	中师毕业生	120	广州师专
	东莞师范	五年一贯制	60	初中毕业生		
	中山师范	五年一贯制	60	初中毕业生		
	深圳师专	三、二分段制	60	中师毕业生	60	
四川	成都师范	五年一贯制	60	初中毕业生		成都大学
	重庆一师	三、二分段制	60	中师毕业生	60	重庆教院
陕西	西安师范	五年一贯制	30	初中毕业生		西安联大师范学院
石油天然气总公司	华北石油学校	二、三分段制	30	高中二年级结业生	30	承德石油高专
总计	29		2030		1260	

1994年批准进行培养专科程度小学教师试验的学校

省份	试验学校	试验形式	招生规模	纳入1994年高校招生计划数	联合办学学校
天津	天津市师范	五年一贯制	40		天津师专
河北	保定师范	五年一贯制	40		保定师专
山西	太原师范	五年一贯制	40		太原师专
辽宁	鞍山师范	三、二分段	60	60	鞍山师院
吉林	吉林师范	五年一贯制	80		吉林师院
	延边一师	五年一贯制	40		延边师专
黑龙江	齐齐哈尔师范	五年一贯制	80		齐齐哈尔师院
上海	上海一师	五年一贯制	161		上海教院
	上海二师	五年一贯制	160		上海第二教院
	上海六师	五年一贯制	180		上海教院
江苏	常州师范	五年一贯制	40		常州技术师院
	新苏师范	五年一贯制	40		常熟师专
	丹阳师范	三、二分段	30	30	镇江师专
浙江	杭州师范	三、二分段	40	40	杭州师院
	宁波师范	五年一贯制	40		宁波师院
	湖州师范	三、二分段	40	40	湖州师专
	乐清师范	三、二分段	40	40	温州师专
安徽	合肥师范	三、二分段	40	40	合肥教院
山东	淄博师范	三、二分段	40	40	淄博师专
	胜利油田师范	五年一贯制	60		胜利油田师专
江西	南昌师范	三、二分段	35	35	江西省教院
河南	开封一师	五年一贯制	80		开封教院
	洛阳一师	五年一贯制	40		洛阳教院
	焦作师范	五年一贯制	80		焦作教院
湖北	沙洋师范	三、二分段	70	70	荆州师专
	武汉一师	三、二分段	30	30	武汉教院
湖南	岳阳师范	五年一贯制	80		岳阳师专
广东	广东外语师范	三、二分段	180	180	
	新会师范	三、二分段	43	43	
	南海师范	五年一贯制	80		
	高州师范	三、二分段	80	80	
海南	琼台师范	三、二分段	40	40	海南师院
广西	桂林师范	五年一贯制	40		广西师大
	南宁师范	五年一贯制	40		广西师院
四川	成都大学	三、二分段	60	60	
云南	昆明师范	三、二分段	40	40	昆明师专
总计	36		2309	868	

撰稿　唐京伟

审稿　孟吉平

〔**中等特殊师范教育**〕 1994年全国已建立起中等特殊教育师资培养培训机构33个(其中17个是中国—联合国儿童基金会合作加强师资培训项目学校),根据1988年全国特殊教育工作会议的要求,已基本实现了每省一所中等特殊教育师范学校(特教师资培训中心)。现已培养出3000多名合格新师资(尚有在校生4000多名),培训在职特教师资8000余人。这些特教师资培养培训机构除南京特殊教育师范学校和昌乐特殊教育师范学校单独设校外,其他基本上都是附设在普通中等师范学校或中等幼儿师范学校(极少数附设在特殊教育学校),多为两块牌子、一套领导班子的管理体制。实践证明,普通中等师范学校(或幼师)附设特殊师范教育专业,投资少、见效快、效益高,是我国发展特师专业的一种成功模式。普师现有的校舍和设备,为特师专业的迅速开办提供了必要的场地和物质条件;普师的师资优势,加强了特师文化基础课和技能课的教学。这样,既保证了特师专业文化课和技能课的教学质量,也缓解了新办特师专业师资严重缺乏的困难,同时,在管理上也节省了许多人力、物力,还有利于在普师渗透特教知识。一些培养培训机构已建成为集特教新师资培养中心、特教在职教师培训中心、特殊教育教研中心、特殊教育科研中心、特殊教育信息服务中心为一体的多功能的特殊教育基地。

在加快进行基地建设的同时,各地中等特殊教育师范学校(特教师资培训中心),从建校起就始终把坚持社会主义办学方向放在首位,并不断加强和改进思想政治工作,强化专业思想教育,教育学生热爱特殊教育事业,热爱残疾儿童、少年,爱当特教教师、会当特教教师。

由于中国特殊师范教育工作起步较晚,基础比较薄弱,还存在着一些需要研究解决的问题:一是各地对中等特殊师范教育的办学模式、教学计划的研究还不够深入,目前中等特殊教育师范学校(特教师资培训中心)的专业、课程设置不够规范,需进一步调整;二是中等特殊教育师范学校(特教师资培训中心)的专业课教师来源没有保证、进修渠道不够畅通,因而专业课师资队伍数量不足、素质偏低,影响了学校工作的开展和教育教学质量的提高;三是教材建设亟待加强,特师专业课至今没有国家规划教材,教学参考资料匮乏,给教学工作造成较大困难;四是中等特殊教育师范学校(特教师资培训中心)办学经费不足的情况较为严重,特教专业设备较为缺乏,从而影响了办学条件的改善和教育教学质量的提高。

为主动适应特殊教育事业发展的需要,进一步促进中等特殊师范教育教学改革,全面提高质量,国家教委师范教育司于1994年6月30日—7月2日在陕西省西安市召开了“全国中等特殊师范教育改革研讨会”,会议总结交流了各地中等特殊师范教育发展的基本情况、经验及存在的问题,并重点围绕中等特殊师范教育如何进一步深化改革、提高质量,构建符合中国国情的、具有中国特色的中等特殊师范教育体系等问题进行了深入认真的研讨。会议进一步明确了我国中等特殊师范教育改革总的指导思想,以及今后应做好的几方面工作。国家教委师范教育司将依据《中等特殊教育师范学校专业课教学大纲》,尽快编写出一套专业课教材。还将委托部分省市进行“3+1”的实验,即从三年制普通师范学校或幼儿师范学校毕业生中选拔一些政治思想好、学习成绩优秀并有志于献身特殊教育事业的学生，集中一年时间学习特殊教育专业知识，然后做特教教师，以探索中等特殊教育师范学校办学模式改革、加速培养特教师资的新路子。

撰稿　葛振江

审稿　孟吉平

〔**师范学校普及普通话检查评估**〕　根据国家语委、国家教委《关于对高等师范院校普及普通话工作进行检查评估的通知》的精神，在各校自查和各省、自治区、直辖市普查的基础上，国家语委、国家教委检查组于1993年下半年检查了全国52所师范专科学校的普及普通话工作，对受检学校普及普通话工作进行了全面考查和量化分析，52所学校全部合格。其中34所学校达到“优秀”标准(90分以上)，占抽查学校总数的65.38%；16所学校达到“良好”标准(80分以上)，占抽查学校总数的30.77%。1994年2月1日，国家语委、国家教委发文公布抽查结果如下：

首都师范大学（专科部）	优秀
天津师范专科学校	良好
廊坊师范专科学校	优秀
唐山师范专科学校	优秀
忻州师范专科学校	良好
雁北师范学院（专科部）	优秀
包头师范专科学校	优秀
昭乌达蒙族师范专科学校	优秀
朝阳师范专科学校	优秀
丹东师范专科学校	优秀
四平师范学院（专科部）	优秀
白城师范专科学校	优秀
大庆高等专科学校	优秀
绥化师范专科学校	优秀
上海高等师范专科学校	优秀
常熟高等专科学校	优秀
南通师范专科学校	优秀
湖州师范专科学校	优秀
绍兴师范专科学校	优秀
芜湖师范专科学校	优秀
徽州师范专科学校	优秀
宁德师范专科学校	良好
龙岩师范专科学校	良好
九江师范专科学校	良好
抚州师范专科学校	良好
淄博师范专科学校	优秀
泰安师范专科学校	优秀
洛阳师范高等专科学校	优秀
新乡师范高等专科学校	优秀
郧阳师范高等专科学校	优秀
黄冈师范高等专科学校	优秀
常德师范专科学校	优秀
岳阳师范专科学校	优秀
韶关大学（专科部）	优秀
西江大学（专科部）	良好
柳州师范专科学校	良好
玉林师范专科学校	良好
通什师范专科学校	良好
宜宾师范专科学校	优秀
重庆师范专科学校	优秀
贵阳师范高等专科学校	良好
黔东南民族师范高等专科学校	优秀
昆明师范高等专科学校	优秀
思茅师范高等专科学校	优秀
渭南师范专科学校	优秀
咸阳师范专科学校	合格
兰州师范专科学校	良好
天水师范高等专科学校	良好
青海师范专科学校	良好
银川师范专科学校	良好
昌吉师范专科学校	良好
新疆生产建设兵团师范专科学校	合格

撰稿 连秀云
审稿 金长泽

〔**高等师范学生职业技能训练大纲**〕 1994年3月22日，国家教委印发了《高等师范学校学生的教师职业技能训练大纲（试行）》。高等师范学校的培养目标是中等学校教师，具有高等职业教育的性质。但是，长期以来高等师范学校普遍存在着重文化知识教育，轻教师职业技能训练的倾向，培养出的学生不能尽快适应中学教育教学工作。该《大纲》分为四个部分：讲普通话和口语表达、书写规范汉字和书面表达、教学工作、班主任工作技能。在高等师范学校有目的、有计划地进行系统的教师职业技能训练，引导学生将专业知识和教育学、心理学的理论与方法转化为具体从师任教的职业行为方式，并使之趋于规范化，对于形成学生的教育和教学能力具有重要作用。国家教委要求各高等师范学校要结合本校实际情况，贯彻执行。该《大纲》是高等师范学校教学工作的指导性文件，是评估高等师范学校教学工作的一项依据。

撰稿 林奇青
审稿 金长泽

〔**高等师范数学专业教学要求**〕 1994年1月3日，国家教委印发了《普通高等师范学校数学教育专业（本科）教育教学基本要求（试行）》。该《基本要求》的制订工作是国家教委师范教育司牵头组织全国44所高师本科院校数学教育专家参加讨论研究，历时6年而形成的工作成果。《基本要求》分为四部分：政治思想、道德品质方面的基本要求；教师职业修养方面的基本要求；相关学科与一般文化知识方面的基本要求；数学教育学科知识与能力方面的基本要求。其中，数学教育学科知识与能力方面又分为：分析类课程的基本要求、代数类课程的基本要求、几何类课程的基本要求、应用数学类课程的基本要求、数学教育类课程的基本要求。国家教委将以此为依据对高等师范学校数学教育专业进行教学评估。

撰稿 林奇青
审稿 金长泽

〔**教师口语教材**〕 教师口语是各级各类师范院校开设的一门新课，为了加强这门课程的建设，国家教委师范教育司组织专家、教授、高级讲师，依据《师范院校教师口语课程标准（试用）》编写了高等师范院校（含本、专科）、中等师范学校和幼儿师范学校使用的《教师口 语》教材，并要求各地根据不同方言区的特点，组织编写地方教材与之配套。

为了有利于教师的教和学生的学，有利于师范生掌握并运用教师职业口语技能，有利于教学和训练目标的检测，这套教材是由《教师口语》教科书、《教师口语训练手册》和《教师口语音像教材》三部分组成的系列教材；教材内容是由普通话训练、一般口语交际训练和教师职业口语训练三部分组成的一个有机结合的整体，教材体系是在语言应用理论和教育理论指导下形成一个融知识、训练材料和训练方法为一体的全新体系。

1994年1月8日——20日，在北京召开了高师、中师和幼师《教师口语》教科书审定会。《教师口语》教科书和《教师口语训练手册》已由有关出版社出版，并于1994年秋季开始向各地师范院校供书。

撰稿　连秀云
审稿　金长泽

〔函授、电教、自考相沟通培训教师〕自国家教委1992年下发《关于加快中学教师学历培训步伐的意见》以来，全国已有近64万初中教师参加了函授、卫星电视教育、自学考试相沟通的培训。1993、1994连续两年进行了全国“三沟通”培训中学教师7个专业13门课程的抽考，共计17个省、区10万多名学员参加了由中国电视师范学院统一出题的全国抽考。同时，师范司组织有关人员，分赴其中10个省、区巡视检查部分科目进行的抽考和“三沟通”培训工作。

从抽考成绩抽样统计来看，文科成绩普遍较好，理科成绩普遍较差且呈不均匀状。从检查情况看，各地对“三沟通”培训工作普遍重视，具有较强的质量意识，已形成组织管理和培训两个网络，各项规章制度健全，自考部门与师训部门关系普遍协调，教学的各个环节较为重视，考风考纪较好。通过巡视检查，推动了“三沟通”培训工作，使培训质量有了进一步的保证。

按照国家教委文件的精神，部分初中教师学历达标率较高的地区在开展函授、卫星电视教育、自学考试相沟通培训初中教师的同时，开始了函授、电化教育、自学考试相沟通培训高中教师的试点工作。据统计，已有7个省56700人参加这种形式的培训。为了使这项工作在保证质量的前提下，达到加快培训步伐的目的，国家教委师范司在1994年4月下发了《关于函授、电化教育、自学考试相沟通培训高中教师工作有关问题的通知》。通知提出：进行函授、电化教育、自学考试相沟通培训高中教师的工作，要从本地区的实际情况出发，统筹规划，合理安排。先进行试点，取得经验后再逐步分期分批地开展；开展此项工作一定要报国家教委备案；培训对象应是普通高中和职业高中、中专学校相应学科的文化课教师。

撰稿　谢敬仁
审稿　金长泽

民族教育

概 况

〔**综述**〕 1994年，以邓小平同志建设有中国特色社会主义的理论为指导，贯彻和落实第四次全国民族教育工作会议和全国教育工作会议精神为中心，少数民族地区积极加快改革开放步伐，全面实施《中国教育改革和发展纲要》及《〈纲要〉实施意见》，各级各类少数民族教育蓬勃发展。

办学规模稳步扩大。1994年，全国各级普通学校少数民族在校生数达1616.92万人，占全国各级普通学校在校生总数的7.46%；少数民族教职工96.41万人，占全国总数的6.91%；少数民族专任教师77.01万人，占全国总数的7.13%。全国共举办独立设置的民族中小学28000多所。普通高校共举办民族班和预科班近400个，民族班在校生数达0.55万人，预科班在校生数达1.13万人。全国26个省、自治区、直辖市和20个国家部、委、局共办有内地西藏班（校）88所（含中专、高中和初中），在校生数达0.92万人。各类学校民族学生基本情况见下表：

1994年各级各类学校少数民族教育基本情况

单位：万人

	招生数	在校生数	毕业生数	教职工数	专任教师数
普通高校		17.79		4.69	2.11
其中：					
民族班	0.14	0.55			
预科班	1.09	1.13			
成人高校		5.45		0.85	0.40
中专学校		23.21		2.98	1.62
其中：					
中师学校		7.52		0.86	0.52
内地西藏中专班	0.09	0.33	0.99		
成人中专		12.38		1.24	0.67

	招生数	在校生数	毕业生数	教职工数	专任教师数
普通中学	120.11	324.25	81.25	27.35	20.76
其中：					
内地西藏班	0.16	0.60	0.16		
职业中学	7.94	18.98	5.35	1.98	1.40
工读学校（单位：人）	154	272	134	158	63
小学	222.80	1149.19	138.21	54.96	47.88
特教学校（单位：人）	1328	5227	535	1558	1053
幼儿园	47.55	83.03	40.09	4.13	3.12

民族地区义务教育发展势头良好。小学学龄儿童入学率，初中、小学教师学历合格率等进一步提高，危房比重有所降低。内蒙古、新疆、宁夏、广西、西藏、云南、贵州、青海等8个主要少数民族省、区义务教育各项监测指标逐步接近和达到全国平均水平。据统计，8省、区1994年小学学龄儿童入学率平均数为91.26%，比1993年增长1.97个百分点，其中西藏1994年为62.50%，比1993年增长10.15个百分点；内蒙古小学学龄儿童入学率、巩固率、升学率和宁夏小学升学率分别为98.50%、85.64%、86.92%、89.44%，均高于全国同期的平均水平。内蒙古小学缀学率为1.83%，低于全国平均水平。宁夏、新疆初中、小学教师合格率、云南初中教师合格率高于全国平均水平，其中宁夏、云南初中教师学历合格率为79.24%、69.16%。

撰稿　阿布都　林仕梁　卢胜华
审稿　韦鹏飞

〔**中等以下民族教育**〕　1994年，全国中等及其以下各级各类学校中少数民族在校生达到1599万余人。其中小学少数民族在校生为1149万余人，普通中学为324.25万人；职业中学和中等技术学校为34.67万人；专任教师达74.89万人；三类学校专任教师数也有不同程度的增长。

各民族地区为发展中等及其以下教育采取了一系列的措施：(1) 千方百计增加投入。在保证财政对教育的投入持续稳定增长和继续依靠群众和社会力量集资的同时，还采取了设立包括民族教育在内的各项补助专款，建立教育发展基金或教育信贷银行，利用世界银行贷款“二贫困”项目帮助民族贫困县发展基础教育（共85个）等措施。甘肃等省区还出台了征收高消费、城市住宿和机动车辆教育费附加等新政策。(2) 采取更加灵活的办学形式，提高少数民族儿童入学率。如在各级各类学校举办寄宿制民族班。在边远贫困地区开办半日制、隔日制、早、午、晚班和巡迴教学点。青海、甘肃、贵州、广西、四川等省区的一些地方还因地制宜地举办了少数民族女童班、女子班，并适当减免学杂费。此外，还开设了刺绣、纺麻、蜡染等一些实用技术课程，使女童入学率和巩固率都大大提高。(3) 调整中等教育结构，发展职业教育。一些民族地、州职业中学在校生数与普通高中在校生数之比已达到或接近1∶1。还积极开展农村教育综合改革，初、中等毕业生的“三后”教育和在小学阶段渗透职业技术教育因素等改革实验。促进了民族教育由应试教育向以素质教育为主，兼顾升学的转变，大大提高了劳动者素质，对当地经济建设和群众脱贫致富起到了积极的促进作用。(4) 开展教学改革，尤其是双语教学改革实验，提高民族教育质量。民族地区近几年来开展了不少单科或综合以及双语教学改革实验。其中延边朝鲜族自治州的双语教育改革实验涉及学制、课程和教学方法等多方面，教学质量得到明显提高；为适应改革开放形势的需要，内蒙哲里木盟自1994年始还在民族中学进行蒙、汉和外语三语教学的改革实验；此外，内蒙伊克昭盟大力发展电化教学，用于师资培训、基础教育的学科教学、职业教育的专业课教学和实用技术的推广等，取得了十分明显的效果。

撰稿　赵　卫
审稿　韦鹏飞

〔**民族教育处长会议**〕　为学习贯彻全国教育工作会议精神，总结交流民族教育工作经验，1994年12月，国家教委民族教育司在海南省三亚市召开了全国民族教育处长会议，17个省、自治区、直辖市和28个地、州(盟)的60余名代表参加了会议。国家教委专职委员郭福昌在会上作了题为《落实全教会精神，开创教育事业新局面》的报告。民族教育司司长韦鹏飞讲了话。

会议进一步明确了今后一个时期民族教育工作的主要任务和要求。强调以贯彻落实全教会精神和《中国教育改革和发展纲要》为中心，着重抓好几个方面工作：(1) 切实加强民族教育的宣传工作，提高对其重要性和紧迫感的认识。(2) 加强民族地区教育行政干部的培训，尽快提高管理水平，适应改革开放建立社会主义市场经济形势下民族教育改革与发展的需要。(3) 大力加强民族师范教育，提高少数民族师资培养和教师的政治业务水平。(4) 继续组织和落实发达省、市对少数民族贫困县的教育对口支援协作。(5) 加大对民族教育的投入和扶持力度。(6) 加强少数民族文字教材和图书的编译出版工作。(7) 加强少数民族教育的理论研究和学术交流。(8) 抓紧进行民族教育的立法工作。

撰稿　赵　卫
审稿　韦鹏飞

对口支援协作

〔**内地西藏班**〕　1984年，党中央、国务院决定在内地部分省市举办西藏班，招收藏族小学毕业生。从1985年起，内地16个省市首批接受了承办西藏班的任务，截止到1994年，内地西藏班已有13000名西藏区内小学生毕业，其中农牧民子女占70%。1994年，内地各级各类西藏班在校生一万余人，分布在全国26个省市的150余所各级各类学校。其中有4000名左右的中专(中师)在校生，近800名大专以上在校生。根据西藏经济建设和社会发展的需要，这些学生所学专业涉及经济、文化、教育、管理、卫生、邮电、交通、公安、法律、金融等。到 1994 年，已有 2000 多名中专毕业生完成学业返回西藏参加工作，受到用人单位的好评。

1994 年，内地西藏班招收初中预科生 1280 人、中专（中师、高中）生 1177 人、大专生 248 人。

10 年来，内地西藏班（校）在较好的学习和生活环境中，藏族学生在德、智、体几方面都得到了全面的发展和提高。先后有 120 多人加入了中国共产党，174 名同学受到国家教委、国家民委等单位的表彰。1994 年，有北京、天津、成都三所西藏中学 249 名高中毕业生参加全国高校招生统一考试，有 33 人达到或超过最低录取控制线，其中 18 人达到本科录取线，3 人达到第一批院校录取线。

1994 年 7 月 29 日，国家教委等部门在人民大会堂举行了“纪念内地西藏班办学十周年座谈会”。国务院副总理李岚清发来贺信；国家教委副主任王明达、韦钰，国家民委副主任江家福，中央统战部副部长李德洙，西藏自治区人民政府副主席梁公卿，全国人大民委副主任伍精华，民盟中央常务副主席丁石孙等有关方面的领导同志出席会议并讲话。

撰稿　张　强
审稿　韦鹏飞

〔**内地对口支援协作项目**〕　1994 年，各有关省、自治区和直辖市对少数民族贫困县的教育对口支援协作工作取得了较大的进展。截止年底，95%以上的市、县（旗）确定了一对一的对口支援协作关系，其中绝大部分“对子”落实了具体项目，签订了协议书，并已开始执行。已落实的项目主要包括：帮助民族贫困县培训教师、中小学校长和教育行政管理干部；支持部分教学仪器和实验设备；开展教育信息交流，确定一部分急需紧缺的专门人才；对民族贫困县的中小学校舍建设提供适当的支持；帮助开办部分校办工厂、企业，搞好勤工俭学等。各地根据具体情况有所侧重。据初步统计，已落实的支援资金和教学仪器设备价值总计达 1000 余万元，其中大部分已经到位。

撰稿　赵　卫
审稿　韦鹏飞

〔**培训西藏教育管理干部**〕　继 1993 年举办第一期西藏教育行政管理干部培训班之后，1994 年 10 月，国家教委又在成都市四川联合大学举办了第二期西藏教育行政管理干部培训班。来自西藏那曲、林芝、阿里、昌都 4 个地区的教委主任、主管教育的县长、教育局长和部分中小学校长参加了培训。并参观了成都市、绵竹、什邡县的中小学教育和校办产业的发展情况。学员们经过培训开阔了视野，为今后抓好本地教育奠定了基础。

撰稿　张　强
审稿　韦鹏飞

教学与教材建设

〔《民族常识》教育试点〕 根据党中央、国务院关于在全国中小学加强马克思主义民族理论和党的民族政策教育的有关精神,为使广大青少年从小树立正确的民族观,养成自觉维护民族团结的意识和良好的行为习惯,国家教委、国家民委决定在全国中小学开展民族常识教育,并于1994年2月17日发出《关于在天津市中小学开展民族常识教育试点的通知》,要求将天津市作为第一批试点地区,从1994年秋季开始在该市部分区(县)普通中小学开设《民族常识》教育课程,到1997年在全国范围逐步推开。

天津市教育局、市民委接受这项试点工作后,1994年3月,教育局、民委提出了在本市开设《民族常识》课程的具体安排意见,拟从1994年秋季新学年开始,在红桥区、河北区、北辰区、东丽区、武清县、蓟县和油田等七个区、县的小学四年级、初中一年级和高中(含职校、师范)一年级等三个年级进行民族常识课的教学试点。试点学校共1168所,教学班3331个,学生总数121601人,其中小学777所,教学班1799个,学生68362人;初中323所,教学班1196个,学生43005人;高中68所,教学班336个,学生10234人。

为了加强管理,保证质量,天津市成立了民族常识教育试点工作领导小组和指导小组。同时,天津市组织有关科研、教学人员编写了民族常识课教学大纲,分年级、分区县包干负责成立教研小组,具体负责业务指导。

5月9日,天津市召开了全市《民族常识》课教育试点工作动员会。会议要求,各区、县必须高度重视试点工作;各试点学校的行政领导和教师应首先学习和掌握马克思主义关于民族问题的基本理论、我国的民族政策及有关民族知识;及时总结经验,为逐步推广这项工作创造条件,为全国作出表率。9月19日,在武清县举办了全市《民族常识》教学培训班,挑选各区县德才兼备的教育行政干部和教研人员进行培训,并随后在各区县举办教学业务培训班,对所有参与试点工作的教师、干部轮训了一遍。

试点采用国家教委编写的《民族常识》试用教材教学,教材纳入时事政治课教材系列,每周安排1～2课时,并组织开展了"民族知识竞赛"、"民族知识演讲会"和"民族歌舞比赛"等丰富多彩的教学活动和定期表彰民族团结先进集体和个人。凡试点学校都进行了民族常识课的正常考试或考查,成绩记入学生档案。经过半年来的教学实践,试点工作初步形成了一套既切合实际又行之有效的教育教学做法。

撰稿 阿布都 林仕梁 卢胜华
审稿 韦鹏飞

〔**修订高校民族预科基础课教材**〕 全国高校民族预科基础课教材出版以来，经过近两年的教学使用证明是适用的。为了进一步提高教材质量，适应民族高等教育改革的需要，国家教委民族教育司、国家民委教育司于1994年11月在武汉市召开了“全国高等学校少数民族预科基础课程教材修订会议”。会议代表根据教学实践，确定根据以下原则对这套教材进行修订。(1) 要认真总结在教学中使用教材时发现的优点和存在的问题，并与教学大纲进行对照，在分析的基础上对教材进行修订。(2) 在教材内容和教学要求上，要加强针对性。这套基础课教材既要体现以多数预科学生学习为主的要求，又要照顾到文化程度较高学生学习的需要，这就要求有的教材内容要适当加深，有的知识面应拓宽，做到深浅适度。(3) 注意教材的思想性，科学性和民族特色问题。(4) 在教材结构上，要根据教学实际和教学大纲要求，有的教材要适当调整知识结构，有的教材在体系结构上要注意协调；在篇章结构上，要充实、完整，使教材体系更加完善。(5) 注意课程关系和教学时间的分配问题。关于课程关系问题，应加强汉语文、数学等基础工具课的教学。至于确定的讲座课，有条件的学校可继续进行开设这类课程的试点，条件暂时还不具备的学校仍可因校、因地制宜开设原已开设的相关课程。但应逐步创造条件，等条件成熟时，再开设有关讲座课程。在教学时间的分配上，既要从一年制预科（班）实际出发，又要兼顾到两年制预科（班）教学需要。

根据上述原则，确定由有关专家分别修订高校民族预科的《基础汉语》(上、下册)、《阅读与写作》(上、下册)、《数学》(上、下册）和《英语》（上、下册)、《英语教师用书》(上、下册)、《英语听力训练》(上、下册)、英语听力磁带。要求到1995年5月左右，所有教材全部修订完毕。

撰稿 易先培 张 辉
审稿 韦鹏飞

〔**审定藏族中小学学科名词术语**〕 1986年，国家教委民族司根据《全国中小学教材审定委员会工作章程》的有关规定，并结合民族文字教材建设的实际，确定中小学民族文字教材的审定原则是：凡是跨省、自治区居住的同一民族，统一使用一套协作编译、出版的民族文字中小学教材。由国家教委民族教育司牵头会同有关省、自治区教育部门协商成立民族文字教材审查委员会进行审定。根据这一精神，于1986年经国家教委批准成立了藏文教材审查委员会，负责审定西藏、青海、四川、甘肃、云南五省、区协作编译、出版，共同使用的中小学藏文教材。8年来，共审定教学大纲45种，课本119种，教参35种，审定名词术语3.2万余条。

在审查工作中，为了避免各类名词术语翻译、使用上的混乱，力争教材中的名词术语达到规范和统一，全国藏文教材审查委员会在审定中小学教材的同时，着重审定了中小学各科教材的名词术语。到1994年，已经审定出版了《汉藏对照法律名词术语》、《汉藏对照地理名词术语》、《汉藏对照历史名词术语》和《汉藏对照数学、物理、化学、生物、生理卫生名词术语》。通过审定，统一了教材中的名词术语，保证了教材的质量，推动了中小学藏文教材建设工作。

撰稿　达来　加甲
审稿　韦鹏飞

〔**民族教材编译出版工作**〕　1994年，全国有13个省、自治区21个民族的中小学生使用29种文字进行教学，有10个省、自治区建立了相应的民族文字教材编译、出版机构，每年编译、出版各种教材3000多种，为民族教育事业的发展作出了贡献。

为了体现党的民族语文政策和肯定几十年民族文字教材建设工作所取得的成绩，1994年，国家教委决定用100万元奖励几十年来为少数文字教材编译、出版作出贡献的单位，用于购置高档轻印刷系统及相应的民族文字软件，逐步实现办公室自动化，降低教材出版成本，提高教材编译、出版质量和速度，保证教材的供应。

撰稿　达来　加甲
审稿　韦鹏飞

学校体育、艺术与国防教育

体育工作

〔**农村学校体育**〕 1994年，按分类指导原则，国家教委体育卫生与艺术教育司在广东省湛江市遂溪县、安徽省凤阳县和江苏省江宁县、甘肃省临泽县分别召开了三大片农村学校体育工作研讨会，同时，还对全国农村学校体育工作现状进行了调查，形成了对中国农村学校体育工作现状和形势的基本估计：(1) 各级政府逐步将农村体育工作纳入了农村教育综合改革的轨道；(2) 随着经济的发展，许多地区对农村学校体育的资金投入有所增加，农村学校体育条件有所改善；(3) 不少地区农村体育师资配备也基本得到解决；(4) 农村学校体育先进典型大量涌现，为中国农村学校体育的发展起到了示范作用，为不同地区如何开展农村学校体育工作提供了多种经验和模式。但是，农村学校体育工作也还存在发展不平衡的现象，主要表现在：(1) 一些贫困地区农村体育工作难以开展，而一些经济发达地区则由于受到经商热冲击，出现体育教师流失、教学质量下降等现象；(2) 农村教育中重智育、轻体育的现象依然存在；(3) 多数地区农村学校体育教研工作落后，教学观念陈旧，教学内容、方法、手段单一，一部分地区存在以《国家体育锻炼标准》的“达标”代替教学的倾向等。

撰稿　毛振明
审稿　曲宗湖

艺术教育

〔**艺术教育座谈会**〕 1994年4月1日，李岚清副总理邀请国家教委艺术教育委员会委员在中南海进行座谈，听取艺术教育委员会委员对发展我国学校艺术教育的意见和建议。李岚清副总理在座谈会上就学校艺术教育工作发表讲话指出，美育是整个教育中不可缺少的重要组成部分。并提出4点意见：(1)国家教委要尽快制定《艺术教育工作条例》；(2)国家教委党组要专门研究一次艺术教育工作，进一步理顺艺术教育管理体制；(3)要引导学生开展课外文艺活动，定期举办文艺会演和文艺比赛活动；(4)要加强对艺术教育工作的领导，在适当时候召开全国艺术教育工作会议。

〔**召开艺委会**〕 1994年6月22日至24日，国家教委艺术教育委员会（简称“艺委会”）在北京召开第三届全体委员会议，总结第二届艺委会工作，聘任第三届艺委会委员，提出下届艺委会工作任务。李岚清副总理向会议致函，国家教委主任朱开轩，副主任柳斌先后在开幕式和闭幕式上讲话。李岚清副总理在信中指出，美育是教育中不可缺少的重要组成部分，它对于陶冶人的思想情操，提高人的审美情趣，使人树立崇高的审美理想，具有其它教育所不可替代的作用。朱开轩主任在讲话中指出，是否重视艺术教育，关系到《纲要》中两全方针的贯彻落实。全国教育工作会议强调两基、两全，两基离不开两全，两全离不开德育和美育。因此全教会把美育放在一个突出位置上，会议的主要文件中都写有美育的内容。柳斌同志在讲话中代表国家教委肯定了艺委会的工作，对赵沨主任委员在工作报告中提出的加强艺术教育的意见和建议表示赞赏和支持。

第三届委员会由46位委员组成，赵沨同志任主任委员，周荫昌、靳尚谊、武兆令为副主任委员，杨瑞敏任秘书长，王琦、杨力任副秘书长。

〔**高中开设艺术欣赏必修课**〕 为全面贯彻教育方针，加强普通高中的艺术教育，提高高中学生的艺术修养，使之确立正确的审美观念，国家教委于1994年7月下发了《关于在普通高中开设艺术欣赏课的通知》，决定于1994年秋季在全国普通高中开设艺术欣赏必修课。

《通知》指出，普通高中艺术欣赏课（分为美术欣赏课和音乐欣赏课）在高一、高二年级开设，每周一课时，占用必修课课时开设。开课形式可采取班级授课或大课方式进行。在该课教学大纲颁发之前，各地先暂用国家教委基础教育司编写的《美术欣赏高中选修课本》和《音乐欣赏高中选修课本》。鉴于高中艺术教师严重不足，《通知》要求各地采取多种途径解决师资缺额问题，同时着手制订普通高中艺术教师的培养和培训计划。

为做好这项工作，国家教委体育卫生与艺术教育司于1994年8月起着手制订普通高中艺术欣赏课教学大纲，组成了工作小组，在北京、山东、辽宁、黑龙江、江苏等地进行了调研，并在此基础上，于1994年年底撰写出《大纲》初稿。与此同时，体育卫生与艺术教育司着手进行教学实验工作，确定山东、江苏、河北、河南、四川、新疆等省（自治区）和黑龙江齐齐哈尔市、吉林磐石县、湖北潜江市为普通高中艺术课教学实验区。通过实验，以点带面，为在全国大面积开设高中艺术欣赏课摸索经验，进一步推动此项工作的顺利开展。

撰稿　杨　力

审稿　杨瑞敏

国防教育

〔**修订高校学生军训大纲**〕　为进一步贯彻《兵役法》有关规定和《中国教育改革和发展纲要》中关于“重视国防教育，增强国防观念，继续组织高等学校、中等专业学校和高级中学学生参加多种形式的军事训练”的要求，搞好新形势下的高等学校学生军事训练工作，国家教委、总参谋部、总政治部联合组织对1987年7月制定的《高等学校学生军事训练大纲》进行了重新修订，并于1994年5月印发了新的《高等学校学生军事训练大纲》(以下简称《大纲》)。《大纲》规定集中训练时间为4—5周，军事理论课教学时数为60—70学时。教学内容也作了适当的调整，更加适合各类高等学校教学的实际情况，有利于提高教学质量。

为加强对《大纲》的贯彻执行，国家教委学校国防教育办公室于1994年8月下发了《关于认真贯彻执行〈高等学校学生军事训练大纲〉的通知》，“通知”对贯彻《大纲》提出了以下要求：(1) 各地教育行政部门要组织有关人员认真学习、研究《大纲》，对新增加的内容要组织军事教师进行培训；要对高校执行《大纲》的情况进行监督和检查，对不能按照《大纲》要求开展军训的学校应向有关部门提出调整意见。(2) 各高校要严格按照《大纲》的要求组织训练与教学，按有关规定保障军训所需的课时、教学人员和经费；要采取有效措施，使各项教学内容和要求得到落实。(3) 高等学校组织军事训练与教学，使用国家教委、总参谋部、总政治部重新编写的教材。国家教委已会同总参、总政有关部门开始组织编写新的高校军训教材和配套辅助教材，新教材预计在1994学年第二学期下发各高校使用。根据有关规定未经国家教委审定的教材停止使用。

此外，各军训学校，还积极采取措施，加强师资队伍建设，有计划地由军事院校毕业生和具备大专学历的转业干部中选拔教员，并根据情况送到军事院校进修，不断提高教员的军政素质。到1994年，全国具有高级职称的专职军事教师8名；中、初级专职军事教师达400余名，军事教师的教学水平、学历层次和职称结构都有了较大的提高和改善。

为提高高等学校军事理论课教学质量，逐步解决高等学校、高级中学军事理论课师资力量不足的问题，国家教委于1991年11月下发了《关于开办学校国防教育专科起点教师本科班的通知》当年，全国有50余名学员被录取。国防教育专科起点教师本科班由河北师范大学和解放军军事教育学院共同承办，学制为全脱产两年。共设置10门必修课和7门选修课，各科考试合格者，授予大学本科毕业证书。经过两年的努力，“专科起点教师本科班”学员于1994年6月10日圆满结业。

〔**中、小学国防教育**〕 1994年，在各级教育部门、军事部门和学校的共同努力下，据统计，小学、初中国防教育普及率达40%以上的省（市、区）已达到17个；个别省小学、初中国防教育开课率，城镇已达80%，农村达到60%；一些地区的教育行政部门已将学校国防教育列为评估学校、考核教师、评选先进的重要内容之一。

为进一步贯彻《小学、初中国防教育纲要》，总结交流义务教育阶段学校国防教育工作的经验，国家教委于1994年11月21日至24日，在浙江省绍兴市组织召开了全国小学、初中国防教育工作会议。国家教委、中国关心下一代工作委员会、总参动员部、总政群工部的有关领导及来自全国27个省、自治区、直辖市教育部门的代表参加了会议。代表们对《小学、初中国防教育纲要》（试行）和国家教委主持编写的九年义务教育阶段《国防教育读本》提出了修改意见。

会议分析和总结了近几年各地教育部门和学校已逐渐认识到国防教育作为人才培养的重要环节所发挥的具有战略性的作用，将学校国防教育列入了工作日程，纳入学校教育计划；各试点学校利用学校教育和教学的主渠道，采取“结合、渗透”的教育原则开展国防教育，取得了较好的教育效果；许多地方的党、政、军有关部门与教育部门密切配合，发挥各自优势，为中小学国防教育办实事，解决问题，齐抓共管，形成了一个有利于国防教育开展的社会环境。

会议要求，各地教育部门要抓住当前发展国防教育工作的有利时机，做好以下几项工作：(1) 加强对学校国防教育工作的领导，注重解决工作中的实际问题，尽量增加经费投入，努力为学校开展国防教育提供必要的条件。(2) 结合本地实际制定出《小学、初中国防教育纲要》的实施细则，对国防教育实施制度化、法规化管理。(3) 积极争取地方党、政、军领导和社会的支持，动员各级政府、军事等部门，切实担负起支持、协调、指导学校开展国防教育的责任。(4) 建立教师岗位培训制度，使中小学教师具备一定的国防理论知识和军事素养，不断提高教学水平，并逐步将国防教育工作列为考评教师的一项内容。(5) 积极做好《国防教育读本》的宣传、推广和使用工作，丰富和充实国防教育内容，逐渐形成一个系统的、以爱国主义为核心的国防教育内容体系，使《小学、初中国防教育纲要》规定的教育内容、要求落到实处。(6) 结合本地实际，逐步建立或确定一批国防教育基地或中心，积极组织学生参加内容丰富而生动的教育活动，并形成制度。(7) 根据实际确定本地区学校国防教育的工作目标，加快扩大教育的覆盖面，力争“九五”期间，在全国乡中心小学以上的学校普及小学、初中国防教育。

撰稿　田建东

审稿　宋尽贤

电 化 教 育

〔**电视大学发展综述**〕 从中国广播电视大学成立以来，到1994年，共为全国各行各业各个领域培养大专毕业生177.8万人，占同期全国高等学校毕业生的14.7%。1994年，全国大专在校生有53万人。此外，还培养了中专毕业生30余万人，各种非学历教育结业生3000多万人，高等师范和中等师范毕业生30多万人，培训了中小学校长和教师200多万人，为农村、乡镇企业培训科学技术人员3000多万人次。目前，广播电视大学已成为集普通高等、中等教育、成人高等、中等教育、职业教育、师范教育于一身的新型的教育模式，在中国培养经济建设和社会发展人才方面起着重要作用。

中国广播电视大学办学的特点是：(1)建立主动适应经济建设和社会发展需要的办学机制。坚持统筹规划、分级办学、分级管理，建立了遍布全国的、与广播电视教育网络相结合的现代远距离教育系统；采用文字、音像教材、广播、电视、计算机等多种媒体教学。建立了比较可靠的质量保证体系，较好地保证了人才培养的质量要求；坚持按需办学，主动适应经济建设和社会发展对人才培养的需求；广播电视大学坚持面向社会、面向基层、面向农村的办学方向，把提高全民族素质、造就新一代劳动者作为重要职责。广播电视大学实现了师生之间异地不同时的教学信息的传递，它无需校园和课堂，一位教师为几届遍布各地的千百万学生授课。(2)多层次、多种类培养人才。广播电视大学成立以来，既举办以高等专科为主的成人和普通高等学历教育、广播电视中专教育及卫星电视师范教育，同时又开展以岗位培训为主的职业教育、大学后继续教育和农村实用技术教育等非学历教育的多层次、多规格、多功能的多形式办学。累计招收中文、经济管理、政治、法律、理工、农医、艺术、体育、师范类359个专业的普通和成人高等学历教育学生232万多人，在我国城镇乡村各行各业都活跃着一大批电大毕业生。据1987年国家教委对全国电大毕业生大范围追踪调查表明，用人单位对电大毕业生信任和比较信任的比例为86%；毕业生在业务能力、管理能力方面达到大专或大专以上水平的分别占90%和79%。据1994年统计，全年共招收大专学历教育学生22.14万人，其中财会、税务、金融类学生有11.77万人，占53.2%。今后广播电视大学总的目标是，培养社会主义建设需要的、德智体全面发展的，重点面向基层的应用型专门人才。按照《中国教育发展和改革纲要》和《国务院关于〈中国教育改革和发展纲要〉的实施意见》的要求，在本世纪末，广播电视大学学历教育与非学历教育都要有一个大发展。进一步实行开放办学，扩大广播电视大学教育的覆盖面，面向基层、面向农村、面向边远省区和经济不发达地区，更多地培养各类应用型人才。到2000年，学历教育在校生翻一番，即，高等专科在校生和中等专业在校生分别达到90万人。根据不断发展变化的经济和社会需求，本着学用结合、按需施教和注重实效的原则，积极开展以岗位培训为重点的各种非学历教育、大学后继续教育；搞好在职中小学教师继续教育和“百万中小学校长培训”；以推广农村实用科学技术为重点，积极参与农村教育综合改革，为农村和乡镇企业培养大批科技和管理人员。

〔**电大15周年校庆**〕 1994年11月21日，国家教委电化教育委员会和中央广播电视大学在北京举行中央广播电视大学15周年校庆暨全国广播电视大学表彰大会。江泽民总书记题词：“办好广播电视教育，提高全民族素质”，李鹏总理题词：“办好广播电视教育，培养四化建设人才”，李岚清副总理题词：“进一步办好广播电视教育，提高全民族素质，培养四化建设人才。”全国人大副委员长雷洁琼，广播电影电视部副部长杨伟光等应邀出席。国务院有关部委局、北京市有关部委局、高等院校、香港、台湾远距离教育界的同行，各省、自治区、直辖市、计划单列市及独立设置的电大校长和师生代表、中央电大、北京电大师生员工等1000多人出席大会。

国家教委副主任、国家教委电化教育委员会主任、中央广播电视大学校长韦钰作了题为《抓住机遇，促进广播电视大学的改革和发展》的主题报告。韦钰指出，电大教育是一种与面授教育并行发展的独立的教育形式，已经成为我国高等教育的重要组成部分。广播电视大学今后一个时期的总体发展目标是：立足我国国情，适应经济建设和社会发展需要，发挥电大的特点和优势，增强开发程度，采用现代教育技术，进行覆盖全国、服务于基层的多层次、多规格、多功能、多形式办学，为更多的人提供接受高等教育、中等专业教育、职业教育、岗位培训和继续教育的机会和条件，为提高广大劳动者素质作出积极贡献，把中国广播电视大学办成具有中国特点的、世界先进的现代远距离教育的开发大学。

会上，国家教委电化教育委员会宣读了《关于表彰全国电大优秀主讲教师、优秀教育工作者和优秀毕业生的决定》、《关于授予何华民“见义勇为优秀大学生”荣誉称号的决定》。黄修已等35人获优秀主讲教师称号，温泽润等101人获优秀教育工作者称号，姜战林等335人获优秀毕业生称号。

〔**杨振宁博士应聘电大主讲教师**〕 1994年6月，杨振宁博士应中央广播电视大学的邀请，担任中央广播电视大学“大学物理”课程《当代物理学前沿》专题的主讲教师。杨振宁博士任中央电大主讲教师并亲自授课，对提高中央电大的影响，提高电大的教学水平，对中国广播电视教育的发展有着积极和长远的影响。

〔**国际合作办学**〕 为使广播电视大学教育更好地适应国家社会主义市场经济和现代化建设的需要，服务于国家改革开放的大政方针，尽快地与国际现代化教育接轨，培养大批国家急需的了解国际经济发展动态、管理经验和法规惯例的人才，1994 年国家教委批准，中央广播电视大学与美国旧金山州立大学商学院和美中远程教育合作发展基金会将合作开设《现代企业财务与金融》、《企业财务管理与分析》和《市场营销学》3 门电视课程的教学。

1994 年 6 月，中央电大副校长牛振冬率电大中美合作项目考察团一行 5 人赴美国与旧金山州立大学商学院和美中远程教育合作发展基金会正式签署了合作项目协议书。根据三方协议，旧金山州立大学商学院负责编写 3 门课程的文字和录像教材，派出教授(全部是博士)讲课；中央电大负责拟定教学要求、制定教学计划、组织考试；美中远程教育合作发展基金会对项目提供一定的资助。中国驻旧金山总领事馆教育参赞李志明等出席了签字仪式。

为使开设的实用商业课程能够结合中国正在建立社会主义市场经济体制的实际，中央电大聘请多位我国著名经济学家与美方共同拟定了教学大纲，同时翻译成中文。3 门课程的每门课电视录像 36 学时，复习指导录像 4 学时，配有 35 万字的书面教材。学员经过学习并通过考试成绩合格者，可获得由中央电大和美国旧金山州立大学商学院颁发的单科结业证书。

撰稿　张瑞麟
审稿　张　庆

干部与师资管理

管理干部培训

〔**综述**〕　1994 年，国家高级教育行政学院举办了第八、九期高校领导干部进修班，第五、六期高校中青年干部培训班、首届高校组织部长研讨班、全国部分地（市）级教委领导干部培训班以及建设有中国特色社会主义理论骨干研讨班等 10 个班，共培训学员 775 人。

为了加强培训工作，国家高级教育行政学院制定了明确的办班目的。组织学员结合党的十四大报告、十四届三中全会通过的《关于建立社会主义市场经济体制若干问题的决定》、四中全会通过的《中共中央关于加强党的建设几个重大问题的决定》，以及马克思主义有关著作，进一步系统学习《邓小平文选》第三卷。通过学习，认清社会主义的本质，提高全面贯彻执行党的“一个中心，两个基本点”的基本路线的自觉性与坚定性。进一步振奋精神，改进思想工作方法，提高政治理论素养与思想水平，提高原则性、系统性、预见性与创造性。并组织党员学习马克思主义教育思想和《中国教育改革和发展纲要》。通过学习，研究教育基本规律，全面理解和贯彻党和国家的教育方针，总结交流高校改革的经验，明确在市场经济条件下，高等教育改革与发展的正确方向及基本任务，启发深化改革的思路，进一步提高研究、解决当前学校中各种新问题的能力，促进高等学校的改革与发展。

〔**学习邓小平建设有中国特色社会主义理论**〕　高校领导干部进修班和高校中青年干部培训班全体学员按照教学计划安排，集中学习了邓小平同志建设有中国特色社会主义理论，认真重读和精读了《邓小平文选》第三卷，选读了马克思、恩格斯、列宁、毛泽东的有关著作以及党的十四大报告、《中共中央关于建立社会主义市场经济体制若干问题的决定》、《中共中央关于加强党的建设几个重大问题的决定》等中央文件，听取了有关领导和专家学者的专题报告，结合教学内容进行了参观考察。

在教学过程中，学员围绕着什么是社会主义、怎样建设社会主义这个基本问题，联系实际，全面地理解和把握建设有中国特色社会主义理论的科学体系。通过学习，学员们认识到：(1)“特色”理论的精髓是解放思想，实事求是。(2)“特色”理论的主题是只有社会主义才能救中国，只有社会主义才能发展中国。(3)“特色”理论的基础和出发点是我国处在社会主义初级阶段的科学论断。(4)“特色”理论的主干、主线是生产力标准和“三个有利于”理论。(5)“特色”理论的崭新发展是社会主义市场经济理论。(6)“特色”理论的核心是党的基本路线。以经济建设为中心，坚持四项基本原则，坚持改革开放，是建设有中国特色社会主义理论体系的核心和政治灵魂。离开了党的基本路线，就不可能理解这一理论体系的实质和真谛。

〔**学习《纲要》**〕 1994届全体学员学习《中国教育改革和发展纲要》、全国教育工作会议精神以及教育基本原理和教育管理知识等。特别是对邓小平教育思想的基本观点、教育的本质、功能和基本规律、教育思想、市场经济与教育规律，以及全面贯彻教育方针的关系等内容进行了深入学习和研讨。同时，针对当前高等教育的实际，全体学员就高等教育改革和发展的形势、深化高等教育改革的基本思路、高校改革的基本经验、高等学校管理的基本经验等进行了广泛的交流和研讨。通过学习、研讨和交流，学员们进一步明确了高等教育改革发展的方向和任务，认识到，《中国教育改革和发展纲要》初步明确了建设有中国特色社会主义教育体制的基本原则，这是建立社会主义高等教育体制的指导原则。社会主义高等教育必须坚持为社会主义现代化建设服务；必须坚持培养德、智、体等全面发展的社会主义事业的建设者和接班人；必须坚持共产党的领导和马克思主义的指导。在坚持社会主义方向和原则的前提下，可以借鉴西方国家高校在市场经济条件下的办学经验。学员们认为，在社会主义市场经济体制建立过程中，不仅要坚持正确的办学方向，还要适应市场经济对高等学校提出的新要求，深化高校改革，加强内部管理，提高办学效益，提高教育质量，为社会主义现代化建设培养出合格的人才。

〔**教学科研工作**〕 1994年，为了全面提高培训质量，院党委高度重视培训工作，采取有力措施，加强教学科研工作：(1)制定合理、可行、规范化的教学计划。为了提高培训质量，学院教学部门和培训部门密切配合，把制定切实可行的教学计划作为培训工作的头等大事来抓。首先，坚持科学性原则，在教学内容上，把建设有中国特色社会主义理论作为学习的主要内容，深入贯彻党的十四大、十四届三中、四中全会和全教会精神；同时，学习和掌握教育理论、教育管理知识，用科学的内容武装高校领导干部。其次，坚持因材施教的原则。根据学院的性质和培训对象的特点，在制订教学计划时，教学环节的设计既要符合成人教育的特点又要符合教育系统和学校教育管理者的特点，提高教学各环节的效率，全面提高教学质量。第三，坚持灵活性原则。教学计划要根据不同时期党的路线、方针政策和不同阶段党对培养选拔干部的具体要求，不断调整教学内容，改进教学方法，使干部培训更加符合形势的需要。(2)实行分段教学负责制，充分发挥教研部(所)作用。1994年学院提出在培训工作中实行教研部（所）分段教学负责制。每一部(所)根据教学计划制定的不同教学阶段，结合各自的教学内容，分段负责教学过程的每一环节，充分发挥教研部（所）的教学功能。(3)加强教师队伍建设，开辟教学工作新局面。1994年下半年，学院复办以来首次面向学员开设了有关建设有中国特色社会主义理论、教育理论以及高教管理等内容的选修课和必修课，有17位教师（含双肩挑）走上讲台，为第九期高校领导干部进修班、第六期高等学校中青年干部培训班作了专题讲座。这一新举措开辟了学院培训工作与教师队伍建设的新局面，为全面提高培训质量提供了保证。（4）围绕培训任务，加强科研工作。“教学带动科研，科研促进教学”是学院培训工作的指导方针，为了全面提高培训质量，学院创造条件，采取措施，积极开展围绕培训工作的各种科研活动。1994年围绕学院培训任务，共立项各级科研课题16项，其中包括建设有中国特色社会主义理论、高校领导干部培训工作、中国教育行政、学校管理以及高等教育改革等方面内容。第四，加强科研工作的管理。为了使科研工作规范化、制度化，1994年学院制定了《科研管理条例》、《科研项目管理办法》等制度，增强了教师和科研人员工作责任感，保证了科研成果的质量。

撰稿 王治军

审稿 张仁贤

师资管理

〔**具有教授任职资格评审权的高校名单**〕 1994年，具有教授任职资格评审权的高等学校由84所减少为83所，因批准原四川大学和成都科技大学两校合并为“四川联合大学”，使任职资格的学校总数减少1所。

具有副教授任职资格的高等学校1993年10月前批准的为103所，11月至年底，又批准13所，1994年又批准17所，这样，1994年具有副教授任职资格的高等学校总数为133所，名单如下：

一、1993年11月至12月批准的13所学校名单：

西南石油学院	浙江工业大学
浙江中医学院	温州医学院
长沙铁道学院	大连铁道学院
上海铁道学院	南京铁道医学院
上海铁道医学院	西安地质学院
河北地质学院	浙江丝绸工学院
东北电力学院	

二、1994年批准的17所学校名单：

郑州工学院	杭州商学院
南昌大学	西北纺织工学院
江西医学院	江西师范大学
内蒙古大学	南昌航空工业学院
内蒙古农牧学院	内蒙古师范大学
中南民族学院	内蒙古医学院
中央财政金融学院	西南民族学院
福建师范大学	江西财经学院
福建医学院	

撰稿 朱保江 雷朝晖

审稿 韩治祥

〔**解决教师工资拖欠**〕　1994年是贯彻实施《中华人民共和国教师法》的第一年，全国教育工作会议后，特别是教师节前，一些省、市、区着力抓了中小学教师工资的清欠工作，但随着各地实施工资制度改革兑现增资工作的进展，全国又出现大面积的拖欠。其中工资套改增资部分约占拖欠总数的70—80%。

为了从根本上解决拖欠教师工资问题，中央领导多次指示，要尽快建立教师工资的保障机制。1994年元月，李岚清副总理在国家教委关于解决拖欠教师工资进展情况的报告上批示，请国家教委和有关省、自治区的领导，在尽快解决当前拖欠的基础上，"并研究如何保证今后不再拖欠的保障机制。"1994年6月中旬，李鹏总理在全国教育工作会议的报告中指出："要建立有效机制，杜绝拖欠教师工资的现象。"一些地方将农村管理基础教育的责任层层下放到乡、村，由此带来经费筹措和教育管理上的某些困难，这也是近两年来出现拖欠农村中小学教师工资问题的一个原因。要进一步明确中央和省、地、县、乡管理基础教育的责任，对县、乡分级管理作出相应调整。农村基础教育的办学责任，除少数经济比较发达的地区可以实行县、乡两级管理外，多数地区应该责任主要在县。在学校经费无法保证的贫困地区，教育经费的统筹管理权要放在县级政府，县以上各级政府要设立专项基金支持这些地区义务教育的实施。

为了贯彻落实《中华人民共和国教师法》，维护教师的合法权益，杜绝拖欠教师工资现象的再度发生，保障中小学教师工资按时足额发放，根据中央领导同志的指示精神，1994年国家教委一直把建立教师工资的保障机制作为一项重要工作来抓。1994年3月下旬，国家教委在长沙召开了部分省教育、财政部门参加的关于建立中小学教师工资按时发放保障机制的研讨会。起草提出了《关于建立中小学教师工资按时发放保障机制的意见》。1994年8月下旬，国家教委在北京举办了地市级教育行政部门领导干部培训班，交流和研究了拖欠教师工资问题。为了全面掌握全国各地拖欠教师工资的情况，促进拖欠问题的解决，1994年国家教委了解统计全国拖欠教师工资3次，并进行了内部通报。积极利用电视报刊等新闻单位进行宣传呼吁，进一步引起全社会对拖欠问题的关注，促进拖欠问题的解决。并宣传了陕西省旬邑县、山东省阳信县、江苏省灌南县从体制上和学校内部管理上采取有效措施，做到不拖、不欠、不少、按时足额发放教师工资的经验。

为了首先兑现所拖欠的教师工资，1994年地方各级党委和政府及教育、财政、人事等部门，积极采取检查督导、调拨资金、落实责任、发文通报等措施。湖北省为了保证在1995年春节前解决拖欠问题，由财政调拨3.525亿元资金帮助各地清兑工资，强调调度的资金首先保证发放教师的工资，并且省政府组织教育、财政、人事等部门的领导组成6个工作组，赴拖欠严重的地区检查督办。江苏省财政先后调度4亿元资金支持淮北等重点贫困地区。浙江省建立省、市（地）、县（市）三级教育扶贫资金，以保障乡镇财政用于发放教师工资。四川省委、省人大、省政府规定："教师工资保障情况要同计划生育、社会治安综合治理一样，实行'一票否决权'"。陕西省从1994年起建立保工资厅（局）长负责制，各地市建立专员、市长保工资责任制。山西省政府与省教委、省教委与各地教育行政部门签定的 1994 年工作责任目标，把解决拖欠教师工资问题列入了第一项内容。

为从根本上解决拖欠教师工资问题，从 1993 年起，一些省区已采取了标本兼治的措施，特别是 1994 年 6 月全国教育工作会议以后，各级政府积极贯彻“全教会”精神，积极建立和完善教师工资的保障机制。各省、自治区、直辖市政府在召开的教育工作会议上普遍提出，在保证国家财政对教育投入的基础上，要采取切实措施，多渠道筹措教育经费，努力增加教育投入，确保教育优先发展的战略地位。据了解，全国已有十多个省、市规定教育经费占财政支出的比例限期达到 20%以上，不少省、市开辟了建立教育基金、征收教育费附加等新的筹措渠道。为了保证教师工资按时发放，一些地区采取了不同的措施。

经过努力，在 1995 年春节前，除部分地区尚有 8 亿元的工资套改增资部分未补发外，全国各地基本兑现了中小学教师工资。

撰稿　马书义

审稿　韩治祥

教材建设

人民教育出版社

〔调整和修订新工时制中小学教材〕 为了贯彻落实国务院新工时制的规定，根据国家教育委员会颁发的普通基础教育课程(教学)计划调整意见和中小学各科教学大纲调整说明，人民教育出版社对调减课时的各类中小学教材提出教材调整意见，同时研究安排了调整和修订教材的具体办法：(1) 印发了《九年义务教育教材和现行中小学教材调整意见》(以下简称《教材调整意见》。1994年7月，人民教育出版社在吉林省召开“全国基础教育课程教材研讨会”，向各省（区、市）教委普教处长和教研室主任介绍了中小学教材的调整情况，就有关问题作了说明，同时印发了《教材调整意见》，供1994年秋季执行。(2) 调整和修订教材。1994年下半年，人民教育出版社按照《教材调整意见》，首先对1995年秋季使用的初级中学语文和历史教科书作了修订，其他学科的各类教材，均把《教材调整意见》附在教师教学用书中，以满足学校教学的需要。1995年，人民教育出版社将继续对13个学科120多册教材，按照《教材调整意见》进行相应的调整和修订，1996年春季和秋季全部供应修订后的教材。

〔新订普通高中课程标准〕 国家教委着手制订同《九年义务教育课程计划（试行)》相衔接的普通高中课程计划，委托人民教育出版社组织人力制订语文、数学、物理、化学、生物、历史、地理、外语（包括英、俄、日语）共8个学科10门课程的课程标准，并参加国家教委主持的高中政治、体育、艺术课程标准的制订工作。新的高中课程标准将于1995年完成送审稿。国家教委基础教育司聘请大学教授、教研人员和中学特级教师50余人成立8个学科研究小组，由人教社的编审任召集人。另外，各学科研究小组聘请了一批专家、教授担任咨询委员和顾问，以保证新课程标准的水平和质量。1994年3月和12月，先后召开了两次制订高中课程标准工作会议，国家教委副主任柳斌到会作了重要讲话。各研究小组对各科课程标准的编写指导思想、原则和框架进行了研究，草拟了初稿。这项工作正在顺利进行。

〔义务教育教材编写、试验和送审〕 人民教育出版社1994年完成了两种学制小学

五、六年级实验教材的编写任务，并在全国试验学校进行第一轮试验。1994年，人民教育出版社举办了小学数学、社会、体育、物理、化学等学科的新教材研讨班，参加地方组织的教师培训110人次。试验工作为教材的修订和进一步完善，提供了可靠的依据。1994年5月，全国中小学教材审定委员会组织审查九年义务教育小学和初中三年级教材，人民教育出版社送审的有思想品德、语文、数学、自然、社会、物理、化学、生物、历史、外语（英语、俄语、日语）、音乐、美术等18个学科60种教材，经全国中小学教材审定委员会审查，全部获得通过。这些教材列入国家教育委员会推荐使用的中小学教学用书目录，供全国各地区和学校选用。

〔**研究和编写盲、聋学校教材**〕 1994年初，人民教育出版社接受了国家教委下达的编写出版全日制聋哑学校和盲童学校教材的任务。为了做好这项工作，编出盲、聋生适用的教材，成立了聋校教材编委会，由人教社、国家教委基础教育司和部分省市的特殊教育负责人任编委会委员。人教社各学科的业务骨干和部分聋校的特级教师、高级教师任各科教材的主编和副主编。2月召开了第一次编委扩大会，会上进一步明确了指导思想、编写原则，确定了总体方案。之后，在调查研究的基础上，各学科分别拟定了编写纲要，并在7月召开的第二次编委扩大会上审查通过。盲校教材主要由人民教育出版社组织编写，其中的小学语文和数学教材于1995年秋季出版。加上从1993年起供应全国使用的培智学校教材，我国包括盲、聋、培智学校在内的全套特殊教育教材，总数将超过600种，这些教材全部由人民教育出版社出版。

〔**教育图书编辑出版**〕 受国家教委委托，人民教育出版社于1994年新编了高师课本《中学教育学》、《大学心理学》、《外国教育思想史》等。有计划有重点地修订了高师课本《儿童心理学》、《学校管理学》、《教育学》（师专用）等。

《邓小平同志论教育》（1990年初版）连续五年重印8次，印数近8万册。

1994年10月26日是我国当代教育家、编辑出版家叶圣陶先生诞辰一百周年。叶圣陶先生也是人民教育出版社第一任社长兼总编辑。人民教育出版社出版了五卷本《叶圣陶教育文集》。文集的主要内容是：第一卷收编叶圣陶关于教育的文学作品，分四辑：短篇小说和长篇小说；童话、寓言；散文；诗歌。第二卷收编叶圣陶关于教育的论著，分八辑：教育杂文一卷；教育杂文二卷；卷头初辑；时论一束；卷头二辑；卷头三辑；教育杂文三卷；晴窗随笔。第三卷收编叶圣陶关于语文教育的论著和书信，分四辑：语文教育；阅读教学；写作教学；书信。第四卷、第五卷收编叶圣陶主编和编写的中小学语文教材（节录），有《开明国语课本》、《开明新编国文课本》、《开明新编高级国文课本》、《开明文言读本》、《国文百八课》、《开明国文讲义》等。

《中国古代教育论著丛书》（10卷13册）1994年已全部发稿。1994年出版的重点教育图书还有《十年历程》（何东昌著）、《小学校长自学丛书》（加强贫困地区小学教育项目）、《教育实验丛书》和《课程研究丛书》。

〔**修订成人高考复习丛书**〕 为了帮助报

考各类成人高等学校的考生系统复习中学课程，掌握基础知识，参加各类成人高等学校的招生考试，人民教育出版社根据国家教委1994年8月重新颁布的《全国各类成人高等学校招生复习考试大纲》，对1992年出版的《全国各类成人高等学校招生考试复习丛书》进行了较大的修订。这套丛书适合成人学习的特点，重点突出、实用性强，书中较多地采用分析、比较的方法介绍概念及其含义，并配合课文设置了多种形式的练习题。为使学习者较好地掌握教材内容，提高运用能力，各学科都配置了“解题指导”，以帮助考生掌握复习方法，提高审题、答题的能力。

全套丛书包括：政治、语文、数学、物理、化学、历史、地理、英语、俄语、日语等10个学科。

〔课程教材研究〕 1994年，人民教育出版社和课程教材研究所以主要力量投入普通高中课程教材研究。对高中课程计划和高中语文、数学、外语（英、俄、日三门学科）、物理、化学、生物、历史、地理和体育课程设置和课程标准进行研究，提出了研究报告，供国家教育委员会参考。重点课题《国际中小学课程教材比较研究》总论卷、本国语文卷和数学卷基本完成了分国研究。作为子课题单位，继续参加国家级重点课题《21世纪中小学教育模式的研究与实验》的研讨活动。《课程教材研究所学术论著丛书》开始编辑出版，《张志公语文教育论集》已出版。继续开展中青年论文评比活动。学术月刊《课程·教材·教法》发行量稳步上升，1994年每月发行约5万份。

〔对外合作出版与国际交流〕 1994年人民教育出版社、课程教材研究所的对外合作出版与国际交流活动继续健康发展，取得良好成果。(1) 参加在台湾举行的1994大陆图书展览和两岸图书出版合作研讨会。人民教育出版社出版的中小学教材、中师、高师教材、教育理论图书及辞书和《中国教育年鉴》等图书引起台湾教师、学生和教育理论研究人员的很大兴趣。(2) 人民教育出版社与国外有关机构合作开始编写海外华人使用的中小学华文教材。(3) 根据联合国开发计划署与我国政府的合作项目“高中英语教材”的项目计划，人民教育出版社和英国朗文出版集团有限公司继续编写新高中英语教材。(4) 继续执行联合国人口基金“高中人口教育项目”，编写出版了《人口教育培训教材》和《人口教育课本》。执行1994年签订的新的“初中人口教育项目”，编写出版了初级中学使用的《人口和青春期教育》课本。(5) 积极开展对外版权贸易工作。与日本和台湾省等出版公司签署了转让《初中中国地理》、《中日交流标准日本语》和《初中英语》版权的协议。(6) 完成世界银行项目的设备引进采购任务和人员培训。(7) 顺利进行联合国儿童基金会合作项目工作，完成“小学及学前教材与读物印制分中心”的选点、立项考察、定点与设备采购工作。(8) 召开了“二十一世纪基础英语教育国际研讨会”。与会代表共110多人，分别来自中国、美国、英国、日本、澳大利亚、俄罗斯、韩国及我国的台湾省和香港地区。会议就基础英语的课程设置，教材编写和使用，教学方法和技能，语言学习理论，教学评估，以及现代化多媒体手段的运用等问题进行了讨论和交流。(9) 接待国外访问团组38个，如美国、英国、日本、德国、韩国、新加坡、朝鲜、马来西亚等国及香港、台湾地区来访团组，以及瑞典、澳大利亚、俄罗斯等国的有关专家。人民教育出版社派出赴美国、英国、法国、德国、韩国、新加坡、朝鲜等国家及香港、台湾地区考察、工作访问和进修人员24人次。

〔获奖图书、教材〕 1994年人民教育出版社出版的图书和教材有15种在各种评奖活动中获奖。

新闻出版署主办的国家图书奖

提名奖	中国心理学史	高觉敷　主编
提名奖	教育学	王道俊　主编

共青团中央、文化部、广播电影电视部、新闻出版署主办的中国青年优秀图书奖

优秀奖	龙的传人	王宏志、臧嵘　主编
提名奖	世界之瑰宝　民族之骄傲	王宏志、臧嵘　主编

中国教育学会优秀著作奖

优秀专著奖	当代外国教育思想研究	毕淑芝　著
优秀专著奖	外国教育史	戴本博等　主编
优秀专著奖	中学体育教学指导书	王占春　主编

中国出版工作者协会、中国地理学会主办的全国首届地理图书奖

一等奖	九年义务教育地理教科书	陈尔寿、吴履平　主编
一等奖	高级中学地理课本	陈尔寿　主编
二等奖	小学地理课本	陈尔寿、吴履平　主编
二等奖	海洋开发	艾万铸　主编
三等奖	初中地理教材分析和研究	吴履平、刘淑梅　主编

香港'94邮票展览

镀金奖	毛泽东邮票图集	邮票博物馆　编

冰心儿童图书奖

第五届冰心儿童图书奖	金波诗词歌曲集	金波　编

江苏省人民政府主办的第四次哲学社会科学优秀成果奖

二等奖	学前儿童语言教育	赵寄石、楼必生　主编

撰稿　魏国栋　吕　达　张定远
李　琳　张月仙　邢克斌
审稿　吴履平

高等教育出版社

〔**庆祝建社 40 周年**〕　1994 年 5 月 18 日是高等教育出版社建社四十周年纪念日。6 月 6 日至 24 日，高教出版社在北京举行四十周年成果展览。李鹏、李岚清、李铁映等党和国家领导人题词祝贺、国家教委发贺信。李鹏总理题词是："多出优秀教材，培养建设人才。"李岚清副总理题词是："发展成绩，总结经验，进一步做好教材出版工作，为祖国教育的改革和发展作出更大贡献"。李铁映同志的题词是："腾飞！"题词祝贺的还有彭佩云、雷洁琼、赵朴初等。

人大常委会副委员长雷洁琼、国家教委副主任张孝文、中国出版工作者协会常务副主席卢玉忆等同志出席了开幕式，并为开幕式剪彩。首都教育、科学、文化出版等各界领导、专家、教授和同行约 4000 人参观了展览。高等教育出版社社长于国华向来宾们汇报了高教社的创业史和取得的成绩。40 年来共出版新书 1 万种、重印书 2 万种，累计出版高等教育、职业教育和成人教育教材 8.2 亿册。并宣布从 1994 年起向老少边地区的 12 所高等学校和职业技术学校赠送教材。首批将捐赠 3000 种，10 万册教材，以支援这些地区发展教育。同时还宣布从今年起建立学术著作出版基金，每年投资 50 万元，用以扶植学术专著的出版和培养中青年作者。

撰稿　胡延华　苏雨恒

〔**出版社改革**〕　党的十一届三中全会以来，高等教育出版社的改革先后经历了"定额管理"、"综合目标责任制"、"综合目标管理"三个阶段。

经过第三阶段改革，实施"综合目标管理"后，该社改革的深层次问题是劳动、人事、分配制度的改革。在广泛调查研究的基础上，该社选择了与社会配套改革比较相对弱的分配制度进行第四阶段的改革。这一改革着重解决以下几个问题：(1) 在分配办法上，强化平时，淡化年终，强化工资，淡化奖金。(2) 在考核方式上，进行分类分级的综合目标考核，即将全社的各个单位和岗位进行分类，并进行综合目标考核。(3) 在奖励机制上，采用职工月津贴与一贯表现、一年表现、所在单位状况及全社经营状况相联系的机制。将上一年的考核结果，作为下一年度按月发放津贴的依据；将各年考核结果，作为专业职务和行政职务、职级升降的依据。此外，还设立了突出贡献奖励项目，鼓励广大职工为出版社做出更大的贡献。津贴的分配和突出贡献奖励办法，体现了按劳付酬、按能奖励、效率优先、兼顾公平、有突出贡献重奖的分配原则，调动了各方面的积极性。

在改革中，该社始终坚持正确的方向和以下三条原则：(1) 每个阶段的改革都必须在总结前一段改革经验的基础上，兴利除弊。

这种良好的继承性，保证了改革不断沿着健康方向发展。(2) 从实际出发。作为出版社，实行的是企业管理，企业的改革经验可以借鉴，但必须从出版社的实际出发；作为出版社，兄弟出版社的改革经验可以借鉴，但必须从高等教育出版社的实际出发。(3) 始终遵循高等教育出版社的办社原则：坚持为人民服务、为社会主义服务即为教育事业服务的出版方针；坚持社会效益为首，高度重视经济效益，正确处理两个效益的关系；坚持局部利益服从全局利益、眼前利益服从长远利益；坚持出好书、出效益、出信誉、出人才的办社目标；充分发挥全社整体优势和部门分工协作精神，增强综合实力。

撰稿　苏雨恒

〔**坚持正确出版方向**〕　成立于1954年的高等教育出版社，目前年出书2000余种(其中新书近500种)，4500余万册。四十年来，该社坚持为人民服务、为社会主义服务、为教育事业服务的出版方针，坚持积累科学文化，传播知识，以书育人的办社宗旨；在不断总结经验的基础上，适应建立社会主义市场经济的新形势，确定了明确的发展目标和发展战略：(1)组织出版跨世纪的文字、音像、电子教材和图书；(2) 组织和培育跨世纪的出版队伍和作者队伍；(3) 学习和培育跨世纪的科学管理方法；(4) 组织和创建跨世纪的工作条件和生活条件。经过不断努力，将高教出版社办成国内一流并跻身于世界先进出版社行列的综合性的大型现代教育出版社。

1994年，该社坚决贯彻执行新闻出版署关于出版社从出版物总量增长向质量效益的阶段性转移的精神，深化改革，加强管理。所出版的教材，编校和印装质量良好，经内部检查，保持了较高的合格率；春秋两季教材继续保持100%准时进栈，确保了学生课前到书和教学的正常开展。全年共出版教材和各类教学参考书、工具书、学术著作1733种，5020万册，总码洋25186万元，用纸量620545令，上交税款632万元，全年总收益1727万元。各项指标均比上一年度有较大的增长，达到了历史上的最好水平。

撰稿　苏雨恒

〔**调查研究“九五”出版规划**〕　高等教育出版社从建社到现在，已先后完成了教委制定的7个五年规划，第8个五年规划任务的执行即将于1995年结束。从1996年起，国家教委将重新制定和颁布新的九五规划。在改革开放的新形势下，教育改革不断深入，国家的教育体制在发生着一系列的变化，教学内容和教学方法也在发生着深刻的革命。作为专业的教材出版社，高教出版社必须适应新的形势，主动研究新形势下出现的新问题，解决教学内容和教学方法的改革给教材建设和教材出版、发行带来的新问题，以更好地为教育事业服务，为教学工作服务。

针对上述情况，为了贯彻执行新闻出版署关于从总量增长向质量效益的阶段性转移的精神，配合国家教委制定好九五教材建设规划，高教出版社于1994年组织队伍进行了九五出版规划的调研工作。整个调研工作在社领导的直接领导下有计划、有步骤地进行，具体分两步走：第一步，在初步调查研究和认真分析形势的基础上，提出制定九五出版规划的调研工作的指导思想。第二步，在明确出版社的未来发展方向和发展目标及调研指导思想的基础上，进行全面的调研，并具体制定出版社的九五出版规划。为了把这项关系出版社未来发展的工作搞好，为出版社今后若干年的发展打下良好基础，出版社组织若干个调研小组，分别对在京的国务院各部委、各大专院校进行了调查，并且对出版社的基本情况作了深入细致的分析，对出版社近年来的出书结构、效益情况、人员状况、物质条件等进行了分析和评估。目前，调研工作的第一步已经完成。

撰稿　苏雨恒

审稿　于国华　杨陵康　彭志平

教育基本建设

〔**概况**〕 1993—1994年国家预算内安排的教育事业基本建设投资仍按领导体制分为中央预算和地方预算两部分。国务院各部门所属院校国家预算内基建投资由中央预算安排，地方教育事业的国家预算内基建投资由地方预算安排。同时中央预算中还安排了一部分补助地方教育事业的基建投资。此外投资来源还有自筹、利用外资、无偿捐赠、地方和群众集资等。

1993—1994年中央每年补助地方教育事业基建投资24950万元，其中补助老少边穷地区普及九年义务教育基建投资为11000万元，补助师范教育基建投资为6700万元，补助城市中小学教职工住房基建投资为5350万元，机动补助基建投资为1900万元。

根据国务院各部门和地方教育行政部门报送的教育基建统计年报汇总，全国普通高等学校和教育部门所属其他各级各类学校1993年共完成基建投资169.26亿元，竣工校舍建筑面积2938万平方米。其中普通高等学校完成投资50.41亿元，竣工校舍建筑面积412万平方米；教育部门所属除普通高等学校以外的其他教育事业完成投资118.85亿元，竣工校舍建筑面积2526万平方米（含中师投资5.06亿元，竣工校舍84万平方米；教育学院及教师进修学校投资2.69亿元，竣工校舍50万平方米；普通中学投资53.01亿元，竣工校舍1117万平方米；职业中学投资8.59亿元，竣工校舍162万平方米；小学投资38.90亿元，竣工校舍949万平方米；其他投资10.60亿元，竣工校舍164万平方米）。

1994年全国普通高等学校和教育部门所属其他各级各类学校共完成基建投资217.17亿元，竣工校舍建筑面积3522万平方米。其中普通高等学校完成投资62.03亿元，竣工校舍建筑面积476万平方米；教育部门所属除普通高等学校以外的其他教育事业完成投资155.14亿元，竣工校舍建筑面积3046万平方米（含中师投资5.78亿元，竣工校舍90万平方米；教育学院及教师进修学校投资2.57亿元，竣工校舍45万平方米；普通中学投资68.80亿元，竣工校舍1334万平方米；职业中学投资9.53亿元，竣工校舍175万平方米；小学投资51.59亿元，竣工校舍1160万平方米；其他投资16.87亿元，竣工校舍242万平方米）。

上述完成投资及竣工校舍建筑面积中均未包括国务院各部门和各省、直辖市、自治区业务厅（局）所属的中等专业学校、技工学校、职业学校以及企事业单位所属中学、小学、幼儿园的数字在内。

全国普通高等学校和教育部门所属其他教育事业基建投资按不变价格计算逐年有所增长，1993年比1992年增加39.08亿元，增长30.02％；1994年比1993年增加47.91亿元，增长28.31％。其中，国家预算内投资1993年比1992年增长19.23％；1994年比1993年增长20.16％。增长比较多的是中小学基建投资，特别是中学（包括普通中学和职业中学）的基建投资，1993年比1992年增长23.47％，1994年比1993年增长27.15％。其中，国家预算内投资也连续有所增长。

撰稿　韩劲红

审稿　牟阳春

〔各类教育基本建设投资及建筑面积情况〕

1993、1994年全国普通高等学校和教育部门所属其他教育事业基本建设投资

年份	总计（万元）	国家预算内投资（万元）	全国普通高等学校基建投资				教育部门所属其他教育事业基建投资			
			合计（万元）	占总计的％	其中：国家预算内投资		合计（万元）	占总计的％	其中：国家预算内投资	
					小计（万元）	占投资总额中预算内投资的％			小计（万元）	占投资总额中预算内投资的％
1	2＝4＋8	3＝6＋10	4	5＝4/2	6	7＝6/3	8	9＝8/2	10	11＝10/3
1993	1692547	396653	504063	29.78	297941	75.11	1188484	70.21	98712	24.89
1994	2171669	476601	620343	28.56	356686	74.84	1551326	71.43	119915	25.16

1993、1994年教育部门所属其他教育事业基本建设投资

单位：万元

年份	合计		中等师范学校		中学		小学		其他	
		国家预算内		国家预算内		国家预算内		国家预算内		国家预算内
1	2＝4＋6＋8＋10	3＝5＋7＋9＋11	4	5	6	7	8	9	10	11
1993	1188484	98712	50569	9709	616020	48388	388991	27274	132904	13341
1994	1551326	119915	57765	11306	783295	63180	515936	32704	194330	12725

注：表中“其他”包含教育学院和教师进修学校

1993、1994年全国普通高等学校和教育部门所属其他教育事业竣工建筑面积

单位：万平方米

年份	总计	住宅	全国普通高等学校	住宅	教育部门所属其他教育事业 合计	住宅	中师	中学	小学	其他
1	2=4+6	3=5+7	4	5	6=8+9+10+11	7	8	9	10	11
1993	2937.35	873.90	411.96	218.80	2525.39	655.10	83.75	1278.94	949.45	213.25
1994	3522.64	1048.83	475.77	244.36	3046.87	804.47	89.88	1509.55	1159.86	287.58

注：表中"其他"包含教育学院和教师进修学校

1993、1994年全国普通高等学校和教育部门所属其他教育事业基本建设投资所占比重

年份	全国基本建设投资总额（亿元）	国家预算内投资（亿元）	文教、卫生、科研行业投资（亿元）	全国普通高等学校和教育部门所属其他教育事业基本建设投资 合计（亿元）	占全国基建投资总额的比重（%）	占文教、卫生、科研投资的比重（%）	其中：国家预算内投资 小计（亿元）	占全国基建投资总额中国家预算内投资的比重（%）
1	2	3	4	5	6=5/2	7=5/4	8	9=8/3
1993	4615.5	431.76	270.63	169.25	3.67	62.54	39.67	9.19
1994								

撰稿　韩劲红
审稿　牟阳春

〔**教师住房建设**〕 1993年10月31日，全国人大常委会第八届四次会议审议通过了《教师法》，其中第28条规定："地方各级人民政府和国务院有关部门，对城市教师住房的建设、租赁、出售实行优先、优惠"；中共中央、国务院印发的《中国教育改革和发展纲要》及其《实施意见》明确提出，"地方政府和主管部门要增加对教职工住房建设的投资。'八五'期间，力争使学校教职工住房条件有明显改善。"在党中央和国务院的领导下，各地党委和政府的关心以及各部门的支持下，教师住房建设取得了成绩。

"八五"期间，前三年（至1993年）教师住房建设的总投资为45.59亿元，竣工面积1071万平方米，三年投资超过"七五"五年总数。1981年至1993年累计，全国城市用于中小学教师住房共投资近96亿元，建成中小学教师住房3178万平方米，计57.58万套。城市中小学教师家庭人均居住面积已由1981年末的3.8平方米，提高到1993年的6.98平方米；全国用于普通高校教师住房建设的投资75.2亿元，竣工面积2566万平方米，建成教师住房48万套。高校教师住房户均建筑面积已由36.6平方米提高到1992年底的49平方米，成套率70%。

近年来，由于各级政府和部门的关心和重视，各地在解决教师建房用地，推进房改，广开资金渠道，调动各方面积极性，制定优先优惠政策，减免各种税费等方面都做了富有成效的工作，教师住房建设工作成绩显著。大连市委、市政府认真贯彻国办发[1992]52号文件和《教师法》，1993年，将市中心地段2.3万平方米的土地无偿划拨给市教委，建教师大厦。在1993—1994两年中，总投资近2.5亿元，新建教师住房20.4万平方米，2500套，为近3000户教师改善了居住条件，其中教师大厦11.2万平方米，解决1000套教师住房。据1994年末统计，该市城区教师家庭人均居住面积达到9平方米，县镇教师家庭人均居住面积达9.4平方米，全市城镇教师家庭人均居住面积达9.2平方米，基本上消灭了无房户和住房特困户。广东省1986年至1993年的八年中，用于城市中小学教师住房建设资金10.24亿元，竣工面积363万平方米，建成住房48976套。到1993年底，全省城市中小学教师家庭人均居住面积已由2.3平方米提高到8.39平方米，教师住房成套率达71%，率先实现了“八五”规划目标。江西省委、省政府主要领导对解决教师住房高度重视，省长吴官正要求各级政府要像抓危房改造那样抓好教师住房建设。近几年省政府陆续出台了一批解决教师住房的文件，到1993年底，全省城市中小学教师家庭人均居住面积已由2.7平方米提高到7.44平方米。省属15所高校，1991—1993年政府共投资5200万元，竣工住房面积20万平方米，建成近3000套。省属高校中讲师以上职称的教师有70%住上了单元式住房。河北省委、省政府1990年决定，用三年时间，解决高校中青年教师住房困难，称作“省属高校第一期住宅工程”。对该工程，现任省委书记，当时的省长程维高亲自部署，亲自指挥。1991年—1993年，投资8011万元，建成住宅24.87万平方米，有4431户中青年教师喜迁新居，占1990年底省属高校中5368户无房户的83%。

坚持住房制度改革，多渠道筹集建房资金。在国家财力有限，教师缺房严重、需求量大的情况下，单纯靠国家投资难以解决教师住房问题。要多建快建住房必须坚持房改精神，充分调动几个方面的积极性，采取国家、集体、教师个人共同负担的原则，多种渠道筹集资金。实践证明，这是一条符合我国国情较好较快解决教师住房问题的必经之路。河南省实行一比三、三三制（即各级财政拿三分之一，学校自筹三分之一，教师个人自筹三分之一）解决城市中小学教师住房的办法，加快了建设步伐。1983—1993年十一年间共筹措资金3.65亿元，新建住房174万平方米，建成住房3.16万套。到1993年底，城市教师家庭人均居住面积已由1982年的2.2平方米，提高到7.7平方米。1991—1993年，省属高校多种渠道筹集资金7738万元，新建住房27.8万平方米，建成住房4604套，缓解了教师特别是中青年教师住房困难。各地经验证明，在教师住房建设中，一定要取得计划、财税、建设、物资、土地、房改、房地产等有关部门的有力配合与支持。陕西省有关部门对教师住房建设免征有关税费后，每平方米造价可以降低50—100元，每套住房节约二、三千元。吉林省各有关部门1983—1994年对教师住房建设减免各种税费近亿元。

尽管教职工住房建设取得了很大的成绩，但也还存在许多问题。据1992年底统计资料，全国城镇居民人均居住面积是7.3平方米，而全国高等学校教师家庭人均居住面积只有6.59平方米，特别是中青年教师的居住条件更差。到1993年底全国城镇居民人均居住面积已达7.5平方米，而全国城市中小学教师家庭人均居住面积只有6.98平方米。到1993年底，全国城市中小学教师家庭中还有21.93%为缺房户，总计达36.66多万户，其中无房户17.22万户，困难户19.44万户，分别占城市中小学教师总户数的10.30%、11.63%。此外还有等房结婚的大龄青年教师8.28万余人，占教师总人数的4.28%。

撰稿 马锡地
审稿 牟阳春

〔直属高校住宅解困〕 1990年10月国家教委制定了《关于“八五”期间缓解委属高校教职工住房困难的实施方案》，确定从1991年起，用三年时间基本解决中青年教职工的无房问题（其标准是使现有的无房户最低能有一间面积不少于12平方米的住宅和共用厨房、厕所），力争用5年左右的时间使大部分骨干教职工的住宅达到国家规定的最低标准。

到1994年底，委属高校累计完成住宅建设投资9.7亿元（其中国拨投资6.8亿元；学校自筹2.9亿元），累计建成住房119.2万平方米，约2.1万套，使各校无房户问题基本得到解决。使近4万户教职工程度不同的改善了居住条件，基本达到了“八五”前4年确定的“解困”目标要求。

实施“解困”方案4年来，根据国家有关住房改革精神，结合学校内部管理体制改革，经过调查研究并经委主任办公会议多次研究明确了“解困”思路和措施。

稳定事业规模，严格控制人员增加。“七五”期间，委属高校事业发展较快，人员增加较多，但教育投资安排和校舍建设并未相应跟上，造成各类办学设施超负荷运转，对住房的需求也不断膨胀，加剧了住房紧缺的矛盾。据1990年统计，委属高校教职工人均居住面积（包括危房和临时房）不足6平方米，低于同期全国城镇人口的平均居住水平。在36所委属高校中，共有无房户为1.8万户（几乎全部为中青年教职工），严重拥挤（指人均居住面积在4平方米以下，急需改善的）2.5万户，二者相加为4.3万户，占教职工总户数的45%。为尽快改变此局面，确定从“八五”开始，委属高校要重点做好“稳定规模、调整结构、提高质量、深化改革、提高效益、改善条件”工作，要求全日制在校生规模基本稳定在28—30万人之间。并按照核定的事业发展规模和人员编制，控制人员增加。对三、五年内不能实现住宅“解困”的学校，暂停进人。采取此项控编措施，使委属高校教职工人数逐年下降，1990年为15万人，1992年底下降到14.5万人，1993年继续下降到14.3万人，从而减轻了对住房的需求压力。

调整投资结构，加大住房建设投资力度。委属高校“七五”及以前年度的基建投资安排，从结构上分析，主要用于教学用房建设。

要在“八五”期间集中有限的资金，投入住房建设，首先必须调整投资内部结构，明确规定国家正常基建投资的安排要向住宅建设倾斜，重点确保教工住宅的建设。要求各校每年用于住宅建设的投资（包括配套投资），由“七五”的30%增加到不少于50%。学校自筹投资也绝大部分用于住宅的建设。对三、五年内仍不能实现“解困”目标的学校，原则上不再安排教学科研用房的建设。所建住宅户型应以适合于中青年教师居住的一、二类住宅为主，严格控制三、四类住宅的建设。使近几年的住宅建设投资占年度总投资的比重逐年加大，1991年达到47%；1992年达到53%，1993年达到55%，1994年达到56%。进一步加强了住宅建设的投资力度。

拓宽住宅建设资金渠道，明确筹资比例。委属高校的教工住宅建设，长期以来由于受旧的管理体制和福利性的建房、分房制度的束缚，主要依靠国家投资解决。这种做法加剧了住宅建设资金不足的矛盾，也助长了学校在住宅建设上对国家的依赖性。为了更多地筹集建房资金，逐步改善单一由国家投资解决教职工住宅的做法，建立国家投资、学校自筹和教职工个人集资建房的新机制，根据学校类别不同，明确规定了学校自筹及个人集资与国家投资的比例，如工科院校自筹及个人集资比例不低于20—25%，综合院校不低于15—20%，师范和外语院校不低于10—15%。此项规定实施后，委属高校用于住宅建设的自筹投资不断增长，由1991年的340万元增加到1994年的1.5亿元，4年累计达到2.9亿元，占同期建房投资总数的30%。减轻了国拨投资不足的压力。开拓了住宅建设的资金来源渠道。

对自筹资金建住房实行奖励政策。为鼓励和提倡学校积极筹措建房资金，“八五”期间，在安排国拨投资基建计划时，每年都保留一部分投资作为对积极筹措建房资金的奖励，1992年至1994年平均每年安排1500万元左右。并分别不同类型学校确定奖励标准，多筹多奖，少筹少奖，不筹不奖，以此调动了学校筹资建房的积极性，使学校用于住宅建设的自筹投资增长很快。1991年为340万元，1992年增加到4831万元，1993年8836万元，1994年达到15000万元。

大力推进住房制度改革，加强对现有住宅的管理。根据国家和地方政府有关房改规定和学校的实际情况，对现行的低租金、无偿分配住房的制度进行了改革。在委属高校普遍实行了提高租金、超标加租、收取住房保证金、有偿分配、集资建房等改革措施。极少数学校经批准还进行了出售校园外零散住宅的试点。学校还普遍加强了对现有住宅的管理，使现有住宅得到合理使用。对非在编人员的住宅及现有住宅存在的长期闲置、转借他人、不合理使用、无理占用等问题制定了解决措施和管理办法，取得一定成效。据统计，1991—1994年，委属高校已清理收回不合理住房1200多套，约6万余平方米，等于增加建房资金6000万元，使现有住宅得到了合理使用。

积极依靠当地政府支持，集中建设教师公寓。4年来，部分委属高校的住宅建设用地已十分紧缺，为使这些学校的住房建设得以继续进行，积极配合学校争取地方政府的帮助，在高校集中的地段，集资建设教师公寓，以优惠价格向教职工分配和出售。1992年以来，一些大城市如北京、上海、天津、广州、南京等，在高校集中地段已经或即将建设教师公寓。如北京市人民政府在国务院及有关部门的帮助支持下，优惠提供390亩土地，并减免税费，由有关部委、学校、个人共同筹资8.3亿元，建设教师住房3.3万平方米，并将在1995年底陆续交付使用。这将有效地解决在京高校的教师住房困难，也将在一定程度上促进委属高校住宅“解困”目标的实现。

实施上述住宅解困方案虽已取得较好成效，但同时也存在一些问题，主要是：(1)自1992年下半年以来，由于建筑材料大幅度涨价、施工定额调整、收费标准提高等因素，致使住宅造价不断提高，投资效益下降。原定“八五”“解困”方案需建住宅180万平方米，投资10亿元，现需增加到14亿元。而国家教委尽最大努力只能安排12.7亿元，约可建成住宅166万平方米。与原计划相比，投资要增加2.7亿元，预计竣工住宅面积却减少14万平方米，对“解困”目标的实现产生影响。(2)经过3年努力，绝大部分青年教职工由“无房”成为“有房”，有的住进了单元房。但现住在平房或筒子楼的职工，按国家教委规定的“解困”标准为有房，他们居住条件无论与国家标准或地方标准相比仍是最低水平，迫切希望能继续得到“缓解”和改善，有的甚至认为自己还没有“解困”。(3)委属高校近几年虽然从严控制教职工人员增加，但个别学校由于事业发展和人员更新需要，教职工编制仍有所增加，从而对住宅的需求量增大，影响了“八五”“解困”方案的顺利完成。

面对上述问题，为确保“解困”目标的实现，国家教委强调：今后将继续积极向国务院有关部门反映在“解困”过程中遇到的实际困难，取得他们的理解和支持，争取从国家投资的主渠道增加投入，以加快建房速度。同时要继续进一步稳定事业规模，控制人员增加，以减轻住宅紧缺的压力。要继续贯彻多渠道筹资建房的政策，加大住房建设投资力度。支持学校参加所在地区的高校教职工住宅小区建设，并争取享受地方政府的各项优惠政策。根据国家教委1994年3月29日下发的《国家教委直属高校周边土地开发建设的试行意见》，允许部分有条件的学校引进外部资金，开发改造校外住宅小区，利用收取的资金加快学校住宅的建设。要继续巩固和发展已经取得的“解困”成果，使委属高校的教职工住宅早日达到国家规定的合理标准。

撰稿　杨明奎

审稿　牟阳春

技术装备建设

行 业 管 理

〔**概况**〕 1994年全国有423个工厂承担教学仪器设备生产任务。全行业职工总人数为35576人，其中工程技术人员4088人。固定资产原价为605756元，较1993年增加294986元；1994年全行业共完成工业总产值(不变价)934807元，其中教学仪器设备总产值595252元，利润总额完成68741元，税金总额完成70068元。

教学仪器设备全行业1994年实现的主要经济指标：工业产品销售率为92.16%，低于全国标准值；工业资金利税率为13.25%，低于全国标准值；工业增加值率为35.28%，高于全国标准值；工业全员劳动生产率为10089元/人，高于全国标准值；工业成本费用利润率为8.91%，高于全国标准值；流动资产周转率为1.12次，低于全国标准值；工业经济效益综合指标为1.02。

完成工业总产值3000万元以上的省有：吉林省、上海市、江苏省、浙江省、福建省、山东省、湖北省、湖南省、四川省。

〔**新产品研制**〕 1994年有5种产品研制完成并通过了国家教委级鉴定：

多媒体电视卡	由中国深圳教育企业总公司研制
语言学习系统	由长沙高新技术产业开发区长海视听设备有限公司研制
中小学天文观测教具	由湖北当阳市教学仪器厂研制
帕斯卡裂桶演示器	由湖北当阳市教学仪器厂研制
快速绘图仪	由阳谷县科教仪器厂研制

〔**标准化管理**〕 根据国家教委《关于教学仪器设备实行定点生产的通知》要求，继续开展并完成了定点工厂的审定工作。通过对部分省、市上报的65家工厂条件的审核，其中的43家工厂被确定为国家教委定点厂。截止1994年底，经国家教委审定确定的定点厂已达83家。这些教学仪器厂将在教学仪器行业的发展中发挥其龙头骨干作用。

继续抓紧标准化工作，1994年批准发布了9项行业标准：

JY0114-94	电磁波发送接收演示技术条件
JY0057-94	教学用磁钢
JY0213-94	教学用力学、热学仪器运输、储存环境条件和试验方法
JY0136-94	向心力演示器技术条件
JY0343-94	容积单位演示器技术条件
JY0060-94	计数器
JY0344-94	钉板
JY0345-94	演示算盘
JY0346-94	小学数学教具箱

为了提高教学仪器行业的现代化管理水平，根据国家标准《全国工农业产品（商品、物资）分类与代码》(GB7635-87)的要求，继续在编制1994年教学仪器产品供货目录时试用编码，该代码标准拟于1995年发布实施。

为促进教学仪器设备行业的发展，继续积极筹集教学仪器设备发展基金。从1993年建立教学仪器发展基金以来，资金的主要来源是每次供应工作会的部分结余款纳入基金。1994年浙江大学中试仪器厂捐赠10万元作为教学仪器发展基金。

为进一步加强教学仪器设备行业的宏观管理，1994年对教学仪器设备供应工作会议进行了深化改革。对组团方式、展厅结构、会议形式、编制统一供货目录（事前把关）、组织产品质量审查组（会议中把关）、公开财务等具体工作进行了改革，以规范市场，提高效益，把“中介”服务做得更好。

〔**质量管理**〕 1994年继续以质量为中心，强化质量管理工作。根据《国务院关于严厉打击生产和经销假冒伪劣商品违法行为的通知》和《国务院关于进一步加强质量工作的决定》文件的精神和行业归口的原则，国家教委对语言学习系统（语言实验室）产品及生产厂开展了质量审查活动。国家教委组织了专家组和国家级检测部门，对全国申报的54家生产厂的68种型号的产品按国家教委颁发的《教学仪器设备产品生产厂必备条件》和国家标准《语言学习系统通用技术条件》(GB/T14185)分别进行了工厂质量保证体系的审查和产品的检测。有40个厂家的52种型号产品获得产品合格证，并于9月召开了合格厂家的厂长会。这项工作强化了质量意识，维护了学校装备的质量和利益。

配合“质量万里行”和“打假”活动，国家教委条件装备司对教学仪器设备行业开展了产品质量跟踪调查，对反馈回的各种问题都进行了相应的调查，并进行了妥善处理。1994年，对纵波演示器等44种480件教学仪器产品进行了质量监督检测，首检合格率为86.46%。同时对79种211件教学仪器产品进行了质量监督补检。检测结果合格率为84.36%。全年产品监督检测平均合格率为85.82%。但是，1994年技术改造更新措施投资计划为2000万元，仅完成491.9万元。产品销售收入为841195千元，比1993年下降1.05%。出口交货值为71461千美元，其中教学仪器66778千美元，比1993年下降7.8%。

撰稿 俞伟跃
审稿 李兴植

教学实验工作

〔**中小学实验教学普及工作**〕　截止到1994年，全国（除西藏、台湾）29省、自治区、直辖市的2400余个县中，已实现中小学实验教学普及县441个，占全国总县数的18%。全国97784所中等学校中（含中等职业学校、中等专业学校），普及物理、化学、生物课实验教学的学校数已达43279所，占学校总数的44.3%；全国712973所小学中，普及小学自然课实验教学的达280813所，占学校总数的39.4%。

据教学仪器设备经费情况调查表统计，中小学校已有物理、化学、生物、自然课实验仪器金额29.3亿元，其它各类教学仪器设备金额43亿元，总计72.3亿元。

撰稿　陈小平
审稿　李兴植

〔**高校实验室工作**〕　据不完全统计，全国（除西藏、台湾），1042所普通高校中现有实验室38861个，使用面积为752.06万米²，拥有实验室工作人员133738人，有教学、科研仪器设备359万台（件），原值141.44亿元。

1993/1994学年度开设教学实验647339个项目，完成7845023个学时的工作量，承担科研课题42888项，完成13526万个机时工作量，开展社会服务34522项，完成7378万个机时的工作量。

在国家教委副主任韦钰的关心和支持下，1994年度北京中关村地区联合分析测试中心国家教委的基金投放量从40万元增加到50万元，中国科学院也相应增至50万元，缓解了中心基金投放不足的现象。初步扭转了每年基金申请额大大超出批准额的状况，并改革了参加联合中心的高校申请使用基金的办法。即：不得利用基金使用本校已有的仪器设备。这一改革措施将有利于无仪器高校的课题申请，使中心的仪器设备，进一步扩大向全国高等学校的开放范围。

撰稿　陈小平
审稿　李兴植

教学仪器研究和技术管理

〔**研究计划审查**〕 国家教委教学仪器研究所于1994年9月13—15日在京召开了教学仪器研究项目审查会。会议审查了1994年度全国有关研究单位和人员向国家教委申报的高、普教教学仪器研究项目186个，与会代表经反复讨论有77个研究项目通过审查，并由国家教委教学仪器研究所编制成《一九九四年度教学仪器研究计划》，报国家教委批准下达执行。

会议还就进一步落实国家教委教学仪器十年规划提出近期教学仪器研究应注意的问题：(1)高校物理实验教学中应结合计算机特点，将快速实时采集、调控等功能引入实验，不应满足于在现有实验中用计算机作计算处理工具。今后配置仪器要多采用组合实验，因此要加强采用新技术的组合实验仪器的研究开发。(2)开展对中学物理仪器基础件系列化、通用化、标准化的研究，包括仪器外形、外壳尺寸及配套件、实验装夹器具等。鉴于“七五”期间中学已配备了一定数量的钢制黑板，今后应加强钢制黑板配套用磁性教具系列的研究。(3)化学专业应瞄准高水平、通用性强的实验仪器的研制和开发，尤其是测量手段的更新，要加强防止高校化学实验室环境污染仪器设备的研究。(4)生物玻片要大力推广塑料包埋工艺，扩充其品种和产量，生产体现发育过程(如胚胎发育、大小孢子发育和组织器官发育等)和人体组织学、病理学的系列玻片。开展计算机模拟生理机制、分子行为、生长发育及生态系统微机控制等智能化仪器的研究。(5)积极开发计算机辅助教学(CAI)软件开发技术的研究，如多媒体写作系统，课件开发方法——课件工程及相应的多学科教学软件—课件的开发等。

1994年，有31项教学仪器研究成果通过国家教委鉴定。

〔**仪器质量审查**〕 1994年，国家教委教学仪器研究所检测室及各检测站完成了国家教委下达的136种707件教学仪器产品的质量审查工作，一次抽检平均合格率为87.3%，同往年持平，但是由于各种原因而未参检的产品也有所增长，产品质量状况不容乐观。

〔**教具评审**〕 1994年，国家教委教学仪器研究所承担的联合国儿童基金会教具项目，即北京教具中心的工作，完成了非设备援助项目活动31个，举办了十几个培训班。8月在新疆召开了分中心主任会，进行了学前教具评选，在10个分中心选送的100余件教具中有28个获奖。其中广西分中心研制的“万能形体组合片”，北京教具中心研制的“小学美术教学挂图”，浙江分中心研制的“幼儿园游戏角玩具系列”，陕西分中心研制的“健身跳”(含蹦床)获本次评选的一等奖。

此外，北京教具中心还完成1996—2000年周期教具合作项目的方案文本，得到教委和外经贸部的确认。

撰稿　王长毅
审稿　冯振家

国际交流和与港、澳、台地区的合作

留学工作

〔**公派留学**〕 为贯彻落实中央关于出国留学的方针、政策，1994年国家教委外事局，对如何加强和改进公费出国留学工作等问题进行了认真研究。在征求有关高等院校、国务院有关部委及省市主管出国留学工作领导意见的基础上，外事司向领导上报了《关于进一步加强和改进国家公费出国留学工作的意见》的报告。为适应政府职能的转变和提高国家公派留学的效益，根据委领导的要求，加快了中国留学基金管理委员会的筹建工作。

为落实1993年底在天津召开的国家公费出国留学选派工作会议精神，1994年，对地方、部委和高等院校上报的人选材料进行初审，对优秀中青年科技人员出国留学项目组织了两次专家评议，完成了1994年国家公费出国留学人员的录取工作。此外，加强了对培训部的指导工作，对培训部提出“面向社会，参与竞争，提高培训质量”的要求，下达了聘请外国专家计划和培训部师资培养计划，1994年安排培训人数为950人。1994年，共办理公派留学人员2415人，其中国家公派1962人，单位公派363人，世界银行贷款项目留学人员90人。

为了解国家公费出国留学的有关情况，外事司先后赴福建、广东、浙江、江苏、吉林等省进行调研，研究1995年国家公费留学人员的选拔办法。

1994年，为解决由于出国留学人员改持因私普通护照而出现的问题，经与外交部、公安部协商，解决了由国家教委留学服务中心继续受理国家公派及单位公派人员的送签问题。为解决留学回国人员落户口难的问题，与公安部进行商讨，并由公安部正式发出通知，简化了留学回国人员落户手续。此外，还就公派留学人员换领因私护照后携带免税行李物品等有关规定，与海关总署进行多次协商。

撰稿 吉基旺

审稿 蒋妙瑞

〔**留学回国工作**〕 1994年2月1日在人民大会堂举办了大型文艺晚会，中央政治局常委胡锦涛、国务院副总理李岚清亲切会见了22位优秀留学回国人员代表。此后，又组织了15名优秀留学回国人员代表出席中央办公厅举办的“中央领导同志与首都知识界知名人士共渡元宵佳节”活动。

为支持留学人员回国及时开展科研工作，1994年审批了留学回国人员科研资助费第七、八、九批资助费，共计1400多人。为了解赴国外招聘留学人员团（组）工作和留学回国人员科研资助费效益情况，下发了“关于填报《赴外招聘留学人员团（组）情况调查表》的通知”和“关于填报《留学回国人员科研资助费有关事项调查表》的通知”，并要求有关省、市、部委认真总结改革开放以来留学回国工作的成绩、经验，探索吸引优秀人才回国工作和留学人员以多种形式为国服务机制等问题。1994年，共办理回国工作手续450人，受理为国服务项目1652项，其中产品开发18项，引进技术设备21项，合办公司投资19项，合作科研22项，短期讲学28项，国际贸易2项。

〔**自费留学**〕 1994年，为加强自费出国留学的宏观管理和贯彻落实国家教委副主任韦钰在1993年青岛会议上的有关指示精神，加强了自费出国留学审核及其收费管理工作，先后多次征求有关省市意见，统一制定了自费出国留学申请表、审核表，于1994年1月1日起在全国统一使用。同时与北京市高教局专门成立了课题组，联合研制出“全国自费出国留学管理系统”软件，并在杭州、昌平、北京召开小型研讨、试运行会议。为做好此系统的推广工作，1994年9月8日至13日在内蒙古呼和浩特市举行“全国自费出国留学管理系统”软件培训班，共有29个省市自费出国留学审核办公室的同志参加了培训班的学习。会议部署了自费出国留学审核及其收费管理工作。此系统的正式进行，标志着自费出国留学审核及其收费等工作纳入了规范管理的轨道。

撰稿　吉基旺
审稿　蒋妙瑞

〔**接受来华留学**〕 1994年，根据我国与有关国家的协议或双边友好交流关系，国家教委继续向144个国家提供我国政府奖学金名额。1994/1995学年度实际录取了115个国家的2000余名来华留学生，其中非洲学生占16%，亚洲学生占38%，欧洲学生占40%，美洲与大洋洲学生占6%。他们中的大部分是双边互换政府奖学金生，另一部分是我国政府单方面提供的专项奖学金生。我国政府设立的专项奖学金项目有：优秀生奖学金、HSK考试优胜者奖学金、中华文化研究奖学金、UNESCO奖学金、发展中国家智力援助奖学金。1994年，享受上述专项奖学金的来华留学生人数比上一年有所增加。

1994年，享受我国政府奖学金的来华留学生总数为4000余人，其中本科生占38%，硕士生占9%，博士生占3%，具有硕士学位以上的进修人员占35%，一般进修人员占5%。1994年2月，我国政府增加了全额奖学金生的生活费，调整后的标准为：本科生400元人民币/月，硕士生450元人民币/月，博士生500元人民币/月。全额奖学金生继续享受免交学费、住宿、医疗、教材、实验、部分集体旅游等费用的待遇。同年，国家教委还会同其他6个部委制订、发放了“在华外国奖学金生购物证”，持证人可按我国规定享受铁路、轮船、国有涉外饭店和游览参观点的优惠。

1994年，我国高等院校通过校际交流、

地区间交流、个人申请等多种渠道，接受了来自138个国家的22000余名来华留学生和短期进修生，比1993年增加约60%。他们绝大多数是自费留学生，其中本科生占13%，硕士生占2%，博士生占0.7%，进修生占46.3%，短期生占38%。

1994年，国家教委按照《中国教育改革和发展纲要》以及全国教育工作会议的精神，深化改革，简政放权，加强宏观管理，保证了来华留学生工作的健康发展。主要工作有：积极推动立法工作，逐步规范全国来华留学生工作；采取各种措施，把好来华留学生招生质量关，保证以教学为中心，提高来华留学生教学质量；严格管理毕业文凭的发放；重新审定并颁发200所有条件接受外国留学生高等院校名单；建立计算机管理及其他各种规范化管理制度；派出调研小组赴非洲国家调研，编纂非洲国家高校手册，指导编辑出版《外国留学生工作研究》(英文版)；举办了来华留学生管理干部外语培训班和研讨班，提高队伍整体素质；注意协调好与有关部委、社会各界和学校的关系，共同搞好留学生工作。

撰稿 张国庆
审稿 蒋妙瑞

国际交流

〔**双边交流**〕 1994年，国家教委负责人与其它国家政府教育部门领导人之间的高层往来进一步加强。澳大利亚、新西兰、古巴、俄罗斯、罗马尼亚、喀麦隆、肯尼亚、孟加拉等国教育部门的领导人分别率教育代表团来华访问。国家教委负责人也先后率教育代表团访问了加拿大、意大利、德国、瑞士、肯尼亚、刚果、喀麦隆、日本、韩国、巴西、墨西哥、巴西等国。这些政府教育部门高层领导人的互访活动，进一步增进了相互了解，加深了友谊，有力地推动了我国与上述国家教育交流与合作的健康发展。

1994年，我国继续巩固和加强与发达国家政府部门、学术团体、高等学校和科研机构的合作，在努力开拓新的渠道、积极争取外援方面取得一定进展。向英国政府申请了新的科研合作项目8个，获得资助365.24万英镑；国家教委还与英方共同对ELT项目进行了评估，并确定了1995年合作进行的7个项目。1994年4月，召开了中法教育交流第二次磋商会，双方共同确定了24个合作项目。1994年7月，李鹏总理与德国总理科尔共同签署了《职业教育合作联合声明》；与德国技术合作公司和赛德尔基金会等机构的合作亦取得新的进展。此外，还与比利时、俄罗斯等国的高等学校和科研机构签定了新的科研合作协议。通过与澳大利亚海外援助局商谈，落实了“在职管理培训项目”和“中澳大学机构合作项目”，共获得资助1900万澳元。与日本国际交流基金、日本学术振兴会、笹川财团等的合作也有所发展，笹川财团决定将资助金额由500万美元增加到1000万美元。1994年，还争取到菲律宾首都银行赠款300万元人民币，用于向我国有关高等学校的学生提供奖学金。

1994年，我国的智力援外工作在原有的基础上继续发展。国家教委派出工作组对科特迪瓦进行了立项考察，签署了合作协议的换文手续。对肯尼亚完成了立项考察并签署了有关协议。援助津巴布韦的设备的采购工作已经完成。援助加纳、毛里求斯、纳米比亚、苏丹、埃及和塞内加尔的设备正在采购或已经发运。与项目有关的援外教师均已选定，有的已经派出。

1994年，国家教委共派出专家、学者3038人次出国考察、讲学、合作研究和参加学术会议；共聘请外国专家、学者2083人次来华考察、讲学、合作研究和参加学术会议。

1994年，国家教委共派出53个教育代表团组出国访问，其中副部长级以上团组6个；邀请并接待外国教育代表团组74个来华访问，其中副部长级以上团组13个。

1994年，我国与有关国家政府部门签署的双边教育交流与合作协议(包括执行计划、会谈纪要、备忘录等）共37个。

撰稿　徐永吉
审稿　蒋妙瑞

〔**多边交流**〕 1994年，国家教委与联合国儿童基金会的合作继续顺利进行。正在执行的7个项目是：师范教育项目、加强贫困地区小学教育项目、远距离电化教育项目、教材编写与印刷项目、教具研制与开发项目、教育管理信息项目和小学、幼儿园衔接项目。1994年，制定了联合国儿童基金会1996—2000年援华教育项目方案。联合国儿童基金会将为这一周期提供1900万美元的无偿援助，在西北、西南地区的150个贫困县开展基础教育、远距离教育、师范教育等合作项目。1994年，美国IBM公司通过联合国儿童基金会向国家教委捐款50万美元，用于加强县级教育规划。此外，联合国儿童基金会还向广西壮族自治区捐款5万美元，用于遭受水灾学校的重建工作。1994年，研究落实了九国全民教育首脑会议的后续活动，李鹏总理正式签署了《德里宣言》。

1994年，国家教委与联合国人口基金的合作继续发展。正在执行的项目有：大学人口学培训与研究项目、中学人口教育项目、农民成人学校人口教育项目和中国人民大学人口学培训中心项目。1994年，联合国人口基金从储蓄金中拿出70万美元，支持在农村中学开展人口教育，该项目将从1994年8月开始执行，为期2年。另外，联合国人口基金还为北京大学人口科学研究中心提供5万美元，用于开展人口学的教学与研究。1994年，国家教委接待了联合国人口基金总部派来的方案审评和战略制订代表团，代表团分别在山东和陕西两省考察了人口教育及大学人口学培训项目的执行情况，并给予了高度评价。1994年，北京大学和中国人民大学分别开办了国际人口学硕士班，并为朝鲜、蒙古人口学者开设了人口学培训课程。

1994年，国家教委与联合国开发计划署的合作继续进行。正在合作和执行的项目有：高中英语教材编写项目、中小学校长培训项目、中小学师资培训项目和中学现代化教学手段项目。

1994年，国家教委利用联合国儿童基金

会、联合国人口基金、联合国开发计划署援款共723万美元，国内各级政府配套投入约4000万元人民币。1994年，根据项目协议，国家教委派出12个团组，共68人次出国考察或参加方向性培训，14人次出国进修；接待了来自美国、泰国、斯里兰卡以及联合国有关组织派来的评估审评团8个，共33人次，接待来华专家7人次，接受外国长短期留学生6人次。

1994年，国家教委派人参加了3次APEC教育论坛会议，成立了APEC研究中心；为1995年3月召开的世界社会发展首脑会议组织编写了中国教育成就小册子；还参与了1995年联合国第四次世界妇女大会“妇女与教育”论坛的准备工作。

1994年4月，在北京举行了世界中学生越野赛，16个国家和地区共318人参加了比赛，中国选手获得4个组别的3个团体冠军。1994年，国家教委接待了世界中学生体联副主席、塞浦路斯共和国教育部中学司司长为首的代表团。

1994年，国家教委派出8个大、中学生代表团，共161人次参加了国际体育比赛，获得团体冠军3个，亚军4个，个人冠军20个、亚军和季军各9个的好成绩。

撰稿　张艺华
审稿　蒋妙瑞

〔**互派专家、教师**〕　1994年，国家教委通过政府协议途径向34个国家派遣教师87人，其中汉语教师53人。目前，由政府渠道派出的教师134人，分别在49个国家的60多所高等学校或中等学校任教。

1994年，我国各类学校共聘请长、短期外国文教专家、外籍教师13000多人次，其中语言专家1090人次，其他学科、专业专家10200多人次，外籍教师1600人次。他们分别来自美国、英国、日本、德国、法国等50多个国家和地区。

1994年，国家教委所属高等学校和单位在国内举办了109个国际学术会议，邀请3387名外国学者来华与会，国内参加会议的学者有12000多人次。国家教委为上述会议提供42万元人民币的经费资助。1994年，国家教委所属高等学校和单位派出1712名学者出国参加了1269个国际学术会议，与会学者中具有高级职称的占81.9%，中级职称的占12.6%。国家教委为其中247名学者出国与会提供了经费资助。

撰稿　傅延风
审稿　李海绩

〔**对外汉语教学**〕　1994年，对外汉语教学工作进一步发展。全国有200多所学校从事对外汉语教学工作，共接受外国留学生20000多名。教学结构有所变化，层次有所提高。在继续加强短期速成教育、汉语预备教育的同时，本科生、研究生的学历教育也逐步展开。除学校教学外，对外广播教学、海外函授教学等也取得了较大成绩。中国国际广播电台已经有26种语言播放“教汉语”节目，其中15个语种出版了正规教材，向世界各地寄发，受到听众的广泛欢迎。此外，海外华侨、华人子弟及驻我国外交、外企人员学习汉语的人数也有较大增加。

1994年，继续深入开展对外汉语教学研究，完善教材建设。召开了“对外汉语文化教学发展问题研讨会”等一系列学术讨论会，研讨了有关对外汉语教学的性质、对外汉语教学中语言和文化的关系等一系列理论问题及有关教学法、教材编写等问题。共出版教材近 40 种，科研著作 10 余种。还出版了初级汉语情景教学片《北京行》（500 分钟），“中华文化讲座”系列片，录音教材《跟我读汉语》一套。同年，组织召开了 1988—1992 年对外汉语教学优秀奖评选会，经过专家严格评审，共有 32 个项目被分别评为优秀教材奖、优秀科研成果奖和优秀教学奖。

1994 年，汉语水平考试（HSK）工作继续扩展。国内有 14 个考点进行汉语水平考试，考生共 5659 人。境外除继续在韩国、日本、新加坡、加拿大和香港地区进行考试外，还在德国、法国、意大利和菲律宾增设了 4 个考点，考生总数 2400 多人，比 1993 年增加了 50%多。此外，汉语水平考试的研究工作也取得较大进展。

1994 年，教师培训工作取得很大成绩。共举办近 10 期教师培训班和研修班。除国家教委暑期外国汉语教师研修班外，还有新加坡、韩国、菲律宾、香港等国家和地区教师培训班或校长进修班，以及国内新教师岗前培训班等。共培训中、外教师近 200 名。除 20 名我国教师外，其他分别来自日本、新加坡、韩国、菲律宾、美国、越南、法国、比利时、加拿大、意大利、俄罗斯、澳大利亚、香港等十几个国家和地区。

1994 年，汉语教学国际交流与合作广泛开展。邀请有关学者来华进行学术交流，接待有关代表团及友好访问学者来华访问，同时派学者出席在海外召开的学术研讨会，加强中外学术交流。向世界近 30 个国家和地区的大学、汉语汉学机构及友好人士、世界汉语教学学会会员等赠送中文书籍近 2 万册，磁带、录像带、幻灯片等 1 千多盘（套）。此外，还向罗马尼亚布加勒斯特大学赠送了电教设备，出资在乌克兰民族大学开办“中国国家教委资助生汉语班”。

1994 年，分别在天津和北京召开了中国对外汉语教学学会第四届理事会第一次会议和中国对外汉语教学学会成立 10 周年纪念会。

撰稿　宋永波
审稿　李海绩

外事管理与宣传

〔**涉外法规建设**〕　1994 年 5 月 10 日至 16 日，国家教委在南京召开了全国教育外事工作会议，这是自改革开放以来国家教委首次召开的全国讨论教育外事工作的会议。各省、自治区、直辖市教委、高教局和国家教委所属高等学校的外事处长共 85 人参加了会议。国家教委副主任韦钰出席会议并作了重要讲话。会议总结了改革开放以来教育外事工作所取得的主要成绩和存在的主要问题，明确了在新形势下教育外事工作的指导思想和主要任务，讨论修改了有关教育涉外法规文件的草案。

1994年，教育涉外法规的建设进一步加强。为加强中外合作办学的管理，促进中国教育事业的发展和教育国际交流与合作，国家教委在深入调查研究、广泛征求意见的基础上，制定了《中外合作办学暂行规定》，将于1995年初发布。同年，为完善对外籍人员子女学校的管理，为外籍人员子女接受教育提供方便，促进中国的对外开放，国家教委还拟定了《外籍人员子女学校管理办法》，并已广泛征求各地、各部门意见，计划于1995年发布。

撰稿　徐永吉
审稿　蒋妙瑞

〔**对外宣传工作**〕　1994年编写了中国教育系列对外宣传材料，先后出版了中英、中法、中俄、中德、中日文对照的《中国高等教育》、《中国职业教育》、《中国基础教育》、《中国研究生教育》、《中国少数民族教育》、《中国教育概况》6期小册子，翻译出版了《李鹏同志在全国教育工作会议上的报告》、《中国教育改革和发展纲要的实施意见》。这些材料普遍受到欢迎，起到了很好的宣传作用。

为确保驻外使（领）馆和广大留学人员能够看到高质量的电视录像片，经多方调查和反复比较后，从日本购进了1台电视制式转换器，直接向国外提供20多套N制式录像带。1993年，共向国外提供4批录像片，348小时电视节目。同年，还向国外发送电影9部，380个拷贝。

为拓宽对外宣传工作渠道，经委领导批准，从1994年下半年开始着手筹办《神州学人》（电子版），以便通过国际联网的计算机网络准确、快捷地向海外留学人员传递国内政治、经济、科技、教育、文化和社会生活等领域发展与改革的信息，传达祖国对海外留学人员的关怀和期望，报道国家对留学人员的政策和规定，为海外留学人员提供各种所需的信息服务。1995年1月开始试发，届时海外留学人员坐在计算机前即可随时阅读来自祖国的消息。

撰稿　李　玲
审稿　蒋妙瑞

民间国际交流

〔**第三届理事会**〕　中国教育国际交流协会第三届理事会于1994年5月3日至5日在北京召开。本届理事会由93位理事组成。会议选举李滔、丁石孙、陶西平、谢丽娟、卢钟鹤、王大中、张岂之、罗豪才、邵宗杰、顾明远、次旺俊美、郝克明、倪孟雄、王显明、李顺兴为常务理事；李滔为会长；丁石孙、陶西平、谢丽娟、卢钟鹤、王大中、张岂之、罗豪才、邵宗杰、顾明远、次旺俊美为副会长；李顺兴为秘书长。理事会聘请黄辛白为名誉会长；聘请经叔平、季羡林、张维、吕型伟、路甬祥、毋国光为协会顾问。理事会讨论修改了协会章程，并通过第三届理事会的4年工作规划。

〔**培训工作**〕　经北京市成人教育局批准，中国教育国际交流协会筹办的中国教育国际培训中心作为独立的法人教学机构，于1994年3月在北京正式成立。该中心主要承担对厂矿企业和社会上外语人才的培训；对外国人的汉语和中国文化培训；对国内中小学教师和校长的教学和管理方面的培训；以及组织教育系统人员赴国外进行各类培训等工作。1994年该中心在国内举办了6个培训班，培训了近500人次。

1994年3月，中国教育国际交流协会在联合国组织总部正式注册，取得了联合国非官方机构一级咨商权，成为联合国承认的非政府组织。1994年，协会已应联合国组织邀请派人参加了在埃及举行的世界人口与发展大会。

1994年11月，经国家外国专家局批准，中国教育国际交流协会正式取得了事业单位和社会团体境外培训资格。培训的范围确定为教育系统应用学科、学校管理、校办产业的科技人员和管理人员的境外培训。

为适应培养人才的需要，1994年中国教育国际交流协会与美国英语学会合作编写了《实用英语》教材。对提高培训人员特别是教师的语言实践能力，改进教学方法有很大的帮助。

〔**人员交流**〕　1994年，中国教育国际交流协会共组织15个团组125人次分赴9个国家和地区进行专业考察，接待32个团组469人次来华进行教育考察；年内，与日本、美国等13个国家的教育民间组织或大学、中学开展了教育交流或建立了交流合作关系。

1994年，协会请进315名外籍教师到24个省、市的74所学校任教，其中长期101人，短期214人。举办暑假英语强化班33个，培训3028名中学、师专的英语教师或企业人员。接受美国、日本、瑞典、韩国等200名长短期留学人员，其中长期5名，短期195名。

〔**开拓合作新项目**〕1994年中国教育国际交流协会开拓的新的工作领域和新项目有：(1)与澳大利亚音乐集团公司合作，配合国家加强中小学艺术教育的主导思想，在北京、天津地区开展了“小学音乐”教学项目。第一批项目学校共30所。由澳大利亚方面向项目学校无偿提供1500台高档次卡西欧电子琴，由协会配备琴桌和相关附属设备。项目学校使用澳方提供的音乐教材。此项目已开始启动。(2)1994年8月，协会与比利时安特卫普大学签署了合作培训经济管理硕士生(MBA)的协议。商定中方负责招生，比方负责对中方选送的学生进行为期一年的正规培训，通过考试后由该大学发给经济管理硕士文凭。该项目1994年底已开始筹划实施。(3)协会与韩中学术文化交流协会就合作开展韩国学生暑期短训班事宜签署了协议。根据协议，1994年韩国派遣150名学生来华，分别到北京大学、清华大学、北方交通大学、北京中医药大学、南开大学、天津大学学习汉语。

日本凯尔向中国贫困地区赠送文具的项

目已经延续了五年。1994 年 4 月，凯尔又向陕西省的小学赠送 3200 箱价值约 50 万元人民币的文具，以支持陕西省的教育事业。

〔**举办国际研讨会**〕 1994 年中国教育国际交流协会在华举办了 4 个国际会议：(1) 为迎接第四届世界妇女大会，中国教育国际交流协会和国家教委教育发展研究中心、社会科学司于 11 月 16 日至 18 日在上海召开“妇女与教育国际研讨会”。来自美国、英国等 10 多个国家和国内的专家、学者 70 余人出席了研讨会。郝克明主持会议并作了“中国妇女教育的现状与发展”的主题发言。全国妇联书记处书记康泠和上海市委副书记陈至立出席了开幕式并讲话。(2) 年底，中国教育国际交流协会、中国友好联络会与美国国际教育基金会合作在哈尔滨召开了“青年领导艺术国际研讨会”。(3) 1994 年 10 月 23 日至 25 日，中国教育国际交流协会与德国歌德学院合作在北京举办了“多元文化国际研讨会”。(4) 1994 年 10 月 24 日至 25 日，“中美高教与地方经济发展研讨会”在苏州大学召开，此次研讨会目的是解决当今高等学校如何为地方的经济发展服务问题。

〔**新年联欢**〕 1994 年 12 月 25 日至 29 日，中国教育国际交流协会与厦门市政协和厦门大学在厦门联合主办了华夏园丁迎'95 大联欢活动。来自内地 30 个省市和港澳地区 236 所中小学和幼儿园的近 400 名教师参加了大联欢活动。全国政协副主席钱正英、国家教委副主任韦钰和新华社香港分社副社长张浚生专程赴厦门参加联欢活动。全国政协副主席马万祺题词志贺：“弘扬华夏文采，凝聚同胞感情”。国家教委主任朱开轩、新华社澳门分社副社长宗光耀发了贺辞、贺电。这次大联欢活动形式新颖，内容丰富。除安排参观访问、文艺演出外，还就“华夏传统伦理道德与当代青少年教育”进行研讨。

撰稿 张守华
审稿 张德安

与港、澳、台地区合作

〔**召开座谈会**〕 为进一步推动对港澳台地区的教育交流，国家教委于 1994 年 11 月 15 日至 19 日在郑州召开了对港澳台地区教育交流工作座谈会。全国 27 个省、自治区、直辖市教委、教育厅、高教局和国家教委所属高等学校港澳台办的负责人共约 70 人参加了会议。国家教委副主任韦钰、国务院台办副主任孙晓郁，国务院港澳办社会文化司的负责人出席了会议。会议期间，代表们学习了中央对港澳台工作的方针和政策，会议还对今后的工作作了部署。新华社香港分社教科部、澳门分社宣传文体部的负责人也专程前来与会，介绍了港澳地区教育情况，并就内地与港澳地区的教育交流工作谈了具体意见。

〔与香港合作〕 1994年，内地与香港的教育交流与合作进一步加强。高等学校之间学术交流活动频繁，合作领域不断扩大，成效显著。据统计，国家教委直属35所高等学校及直属单位派往香港出席学术会议、讲学及合作科研人员约1500人次，攻读学位的研究生近200人次。国家教委接待香港地区来访的教育团组15个，250多人次，接待香港其他方面来访团组和个人120人次。4月19日，国务院副总理李岚清会见了来北京访问的香港大学及理工教育资助委员会访问团一行35人。7月，在北京举办了有200名来自京港两地学生参加的题为“我的祖国”的学生交流营活动。李岚清副总理出席了开幕式。

1994年，香港一些教育基金会继续向内地教育事业赠款。邵逸夫先生向内地162所大、中、小学赠款1.047亿港元，用于建造科技馆和教学楼。霍英东教育基金会于10月20日举行了第八次理事会暨顾问委员会联席会议和1993年青年教师基金和教师奖颁奖仪式。曾宪梓教育基金会评选出1000名高等师范专科院校优秀教师，奖励金额为556万元人民币，并于12月30日向他们颁发了优秀教师奖。华夏基金会向内地职业技术教育及基础教育项目资助了90多万美元。王宽诚教育基金会向内地教育项目资助16万余美元。柏宁顿教育基金会向内地捐赠扶贫资金182万元人民币。

〔与澳门合作〕 1994年，国家教委直属高等学校赴澳门出席学术会议、短期讲学的人员为200人次，国家教委接待澳门教育界人士来访团组9个，近300人次。内地高等学校招收澳门本、预科生351名，研究生48人（其中博士生4人）。应澳门政府公职司及有关院校邀请，内地高等学校56位教授、专家应聘继续在澳门任教或工作。

〔与台湾合作〕 1994年，海峡两岸的教育交流进一步发展。国家教委直属高等学校赴台进行学术交流及访问的人员为200多人次，接待台湾学者来祖国大陆进行学术交流及访问的人员为1400多人次。两岸合作举行学术会议11个。北京大学与台湾光华基金会合作开办了北京大学光华管理学院。1994年，祖国大陆高等学校招收了120名台湾学生，其中博士生14人，硕士生63人，本、专科生43人。同年，还招收预科生104人，进修生、旁听生等62人。

撰稿　刘建丰
审稿　李海绩

教育审计

〔**综述**〕 1994年各级教育审计机构努力适应新的形势、任务和要求，积极开展审计工作。据32个省、自治区、直辖市、计划单列市和35所委属高校的统计，全年共审计45798个单位或项目，审计总金额287.2亿多元，纠正违纪金额2.2亿多元，促进提高经济效益8657.05万元，提出审计建议21388条，被采纳17041条；促进被审计单位建立和修订内控制度4158条。与1993年相比，1994年的教育审计工作无论在深度和广度上还是在执法力度上都有了进一步的提高和加强，对于维护国家的财经秩序，推动廉政建设，促进加强管理，提高教育投入效益，发挥了重要的作用。

各级教育审计机构1994年紧紧围绕教育经费的增收节支、提高使用效益这一中心任务，对领导与群众关心的热点、难点问题，如对教育费附加的征收、拖欠教师工资和中小学乱收费、校办产业、基建项目、企业经济效益和负责人离任经济责任、财务决算的审计等等，积极开展效益审计和内控制度的评审；并认真贯彻“一审二帮三促进”的原则，强化了审计监督。

1994年，全国共有教育审计机构4017个，其中独立设置的1197个，与其它部门合署办公或合并的2820个。共有教育审计人员12482人，其中专职2561人，兼职9921人。

各级教育部门加强了对人员的培训。各地共举办各类培训班489个，13137人次参加了学习；同时积极开展了理论研讨活动，共撰写论文1391篇。

〔**审计工作会**〕 1994年4月10日至12日，全国教育审计工作会议暨先进集体、先进工作者表彰大会在山东大学召开。会议对1993年教育审计工作进行了总结交流；布署了1994年的任务。国家教委副主任柳斌出席会议并讲话指出：教育审计工作是整个教育工作的重要组成部分。各级教育部门要重视教育审计工作，切实加强领导，进一步建立健全审计机构，配备必需的审计人员，积极支持他们依法履行职责。驻委审计局局长覃立垣作了题为《振奋精神　抓住机遇　积极开创教育审计工作的新局面》的报告。会上，宣读了国家教委表彰70个先进集体和80名先进工作者的决定。

〔**年度审计重点**〕 1994年，按照审计署和国家教委的授权，驻委审计局的重点审计任务有3项：一是对教育系统财政财务收支、固有资产管理和其它经济活动中重大的、带有普遍性和倾向性问题组织或进行审计或审计调查；二是对划定范围内的85个单位实行审计监督，保障这些单位财务收支的真实、合法和效益以及国有资产的保值增值；三是完成领导交办的审计任务。

围绕以上3项任务，1994年驻委审计局主要开展了以下工作：(1) 组织并进行了对委属高校校办产业的审计调查。通过对校办产业的状况、产权关系、管理体制、经营状况、企业效益等方面的审计调查，提交了专题报告，并提出解决问题的6条建议。2月6日，国家教委办公厅发文进行了通报。(2) 对驻意大利、荷兰、比利时、奥地利四国使馆教育处管理留学人员经费和固定资产的情况进行了审计调查。(3) 派出6个小组，对上海交通大学、同济大学、人民教育出版社、高教研究中心、《神州学人》杂志社的财务收支和管理情况，以及华东师范大学的基建情况进行了就地审计。(4) 根据委领导的决定，对高校人文社科图书基金会1988年至1994年与境外42家书商公司的经济来往情况和基金会原负责人的经济责任进行了审计。

〔行业指导和制度建设〕 为加强和巩固教育审计工作的基础，国家教委1994年10月11日下发了《关于进一步建立健全教育内审制度的通知》，重申关于审计机构和人员的规定，要求各级教育主管部门、委属院校和直属企事业单位进一步加强内审机构建设和内审工作。

国家《审计法》颁布后，1994年9月8日，审计局下发了《关于认真学习、积极宣传〈审计法〉的通知》，对学习、宣传《审计法》，做好贯彻《审计法》的准备工作，提出了要求。

1994年，审计局先后多次派人到北京、黑龙江、辽宁等6个省区市、5个市区县和18所委属高校进行了调研，还派人参加了4个地区和高校的审计工作片会。在这些调研和参加会议活动中，一面了解基层工作情况；一面进行业务指导。

在制度建设方面，1994年12月31日，下发了《委属院校校办企业厂长、经理离任审计工作规定》，此前，6月28日，已印发了《关于加强工程竣工决算审计工作的意见》对离任经济责任审计和竣工决算审计提出了要求和指导性的意见。

〔培训和学术研讨〕 1994年，审计局先后主办、委托和联合有关单位举办了关于新财税制度、国有资产评估、公司法、企业法、外汇体制改革、基建审计、计算机审计等内容的学习班、培训班共6个，培训教育审计骨干近500人次。通过学习和培训，使学员熟悉了新出台的有关重大改革措施及其相关的政策法规，提高了业务水平。

为了明确在社会主义市场经济条件下教育审计的职责、任务、地位和作用，以及效益审计的方法和综合评价指标等问题，中国教育审计学会，于1994年10月11日召开了第二届教育审计学术研讨会。研讨会收到论文100余篇，通过评选，选出优秀论文13篇。为推动计算机审计和基建审计工作的开展，1994年11月3日至11日，审计局还召开了计算机审计研讨会和基建审计研讨会。广大教育审计工作者结合工作实践，积极探讨与社会主义市场经济体制相适应、符合教育规律和特点的审计监督制度与方法，促进了教育审计水平的提高。

撰稿 刘 宜

审稿 覃立垣

教育科研、学术活动与报刊

教育发展研究

〔**邓小平教育思想研讨**〕 国家教委教育发展研究中心于1994年3月1日至3日在北京召开了“邓小平教育思想研讨会”。李岚清、雷洁琼、王光英、朱开轩、逄先知、李琦、刘吉、胡昭广等领导出席了开幕式，国家教育发展研究中心主任、国家教委专职委员郝克明主持会议。李岚清同志讲话指出，邓小平同志在探索和回答如何巩固、发展和建设社会主义的过程中，始终把教育作为关系社会主义建设全局和社会主义历史命运的战略问题加以考察，并亲自抓教育工作，发表了一系列精辟的论述，形成了具有中国特色和时代特征、内涵十分丰富而深刻的教育思想，成为指导我国教育改革和发展的科学的理论基础和强大的思想武器。学习、研究、宣传、实践邓小平同志的教育思想，是我国教育界和理论界的重要任务，也是各级党政领导提高领导现代化建设水平的基本条件。要首先学习他高瞻远瞩、着眼全局的战略眼光，从社会主义建设全局的高度，重视教育、改革教育、发展教育。要遵循他所倡导的解放思想、实事求是的思想路线，坚持从中国的国情出发，勇于探索，大胆试验，努力创建具有中国特色的社会主义教育体系。要像他那样少说空话，多做实事，坚持理论与实践相结合，脚踏实地，艰苦创业。

国家教委、中央文献研究室、中国社会科学院、中央党校以及十多个省市的教育界专家主要研讨了下列问题：(1)邓小平教育思想的理论意义。与会者认为邓小平同志始终给教育以特别的关心和支持，对教育问题发表了一系列精辟的论述，既有对马克思主义教育学说、毛泽东教育思想的继承，又有总结新时期我国社会主义教育实践经验而作出的发展和创新，形成了系统的、与实践相结合的具有创造性的教育思想理论。这是其创立的建设有中国特色社会主义理论的重要组成部分之一，是指导我国教育改革和发展的科学理论基础和强大思想武器。研习、宣传和实践小平教育思想，是一件大事，对认清和抓紧解决当前教育问题，切实落实《纲要》所提出的目标和任务，具有重大的理论意义和现实意义。(2)邓小平教育思想的科学意义。许多同志认为，邓小平同志对教育工作的重要论述，是以伟大政治家的风度和大教育的观点，“着眼于长远，着眼于大局”，

"用宏观战略的眼光分析问题"，反映出他整个教育思想立论高、意境深的特点和高度洞察力以及深刻见解。特别指出小平同志对我国教育路线、方针、政策的形成和发展作出的卓越贡献。总之，邓小平同志科学地将马克思主义教育思想与20世纪80年代的时代特征以及中国四个现代化建设的实际结合起来，并在实践中创造性地发展了马克思主义教育思想，形成了具有中国特色的社会主义教育理论。(3) 邓小平思想对教育战略的指导意义。与会者在结合邓小平教育思想分析落实教育优先发展的战略地位的问题时，明确提出这是一项系统工程，要从我国国力和教育内外部条件出发，在体制和机制方面进行一系列改革，需要政府、教育、社会和家庭共同努力。首先，应提高各级政府和领导干部对发展教育事业重要性的认识，实行领导目标责任制。同时，加强法规建设，并建立各种监督机制，如财政预算审核、对财政预算执行监督机制等等，使教育战略地位的落实在制度上得到保证。其次，通过邓小平教育思想的深入宣传，促使整个社会直至每个家庭、每个公民都明确自己在"落实教育战略重点地位"方面应负的职责。再次，教育部门和教育工作者在落实教育战略地位上能做些什么需要好好研究。如加强宏观决策的研究；从中国实际出发，深化教育改革，促进教育更好地为社会主义现代化服务；深化改革，大胆试验，开拓路子，通过更好地发挥教育对社会发展的战略作用来赢得全社会重视和落实教育重点的战略地位。

国家教育发展研究中心在会后将这次研讨会论文选编成《邓小平教育思想研究文集》一书。该书于6月由江西教育出版社出版。

撰稿　郭　戈

审稿　谈松华

〔**国际研讨会**〕　1994年11月4日至7日，国家教育发展研究中心和中国联合国教科文组织全委会秘书处在北京举办了"市场经济与教育改革国际研讨会"。来自9个国家和4个国际组织的50余名专家学者就会议的"市场经济与教育体制"、"市场经济与人才培养"、"市场经济与教育投资"等3个专题进行了研讨。国家教委主任朱开轩到会祝贺，联合国教科文组织助理总干事波尔作了讲话。郝克明教授作主题报告，指出社会主义市场经济的建立促进了全国范围内产业结构、技术结构的调整和科学技术的进步，对劳动者素质和专门人才的培养提出了新的要求，教育体制、教育结构和教学内容须随之进行改革，这是中国也是世界所面临的教育改革的重要问题。为此，召开市场经济与教育改革方面的研讨会，既有助于国际社会更多了解中国教育发展和改革的进程，也有助于中国吸收和借鉴其他国家在市场经济条件下教育改革的成功经验。中国体改委副主任王仕元作专题报告，就中国改革开放的历史进程、市场经济体制建立过程中新的任务、新的要求等作了介绍。在"市场经济与教育体制改革"专题上，代表们提出，随着教育运行环境的变化，办学体制要多元化；教育管理体制要加强政府的宏观管理和计划调节功能；中国中央产业部门办学这一特殊问题的改革方向是实现投资多元化、办学主体化和管理法制化。在"市场经济与教学改革"专题上，中国代表认为教学改革是教育改革的核心，在教学指导思想、教学内容、教学方法上应进行系统化改革。在“市场经济与教育投资体制改革”专题上，代表们提出应提高教育投资的等级，以法律形式保证政府主渠道投入，拓宽教育投入渠道，增加教育经费，高教拨款实行基金制，建立高校学生资助体制。

研讨会主要有几个焦点问题，即：政府如何在不断变化的市场需要与相对稳定的教育之间发挥作用；职业教育在教育结构中的位置；教育拨款体制改革中生均教育成本的测算标准如何确定；贫困地区教育发展的战略构想如何规划等。

联合国教科文总干事马约尔高度评价本次会议，认为取得教育改革成功的关键是其价值观而不是某种模式，每个国家的教育改革只能是自己设计，而不是进口的模式。他表示，教科文组织十分高兴地支持了这一聚会，并将同中国携手前进在属于下一代的未来大道上。

撰稿　宋大川

审稿　谈松华

〔**调查义务教育学生质量**〕 为了较全面地了解我国义务教育阶段学生质量现状，以便为国家教委制定义务教育综合质量标准提供依据，1993年5月国家教委国家教育发展研究中心在国家教委基础教育司的支持下，与华东师范大学教科所合作，对北京、天津、河北、辽宁、上海、浙江、广州、湖北、四川、甘肃、宁夏等11个省、市、自治区的1万5千余名小学毕业班在校生和1万2千余名初中毕业班在校生进行了包括语文（小学、初中）、数学（小学、初中）、自然常识与劳技（小学）、思想品德与美育（小学）、英语（初中）、音乐美术（初中）、劳技（初中）和行为评价（初中）及部分省市开设的综合文、理科（初中）等在内的全面质量抽样调查。同时，还对被调查学生所在的学校校长、教师就办学条件、教学管理、学生学业负担等问题进行了问卷调查。调查方式是以分科测试为主，辅以问卷调查。以笔试为主，辅以动手操作和听、说测试。

1994年，对这项调查初步进行了汇总分析，结果表明，《义务教育法》颁布以来，我国义务教育在普及程度不断提高的同时，质量也有提高。特别是小学阶段，绝大多数学生达到了教学基本要求。小学测试的4门学科的平均分都在70分以上，及格率在75%以上。各学科学习成绩很差的学生（成绩低于40分者）仅占被测学生的1.3%—2.5%。初中阶段虽然问题较多，但从测试结果看，英语、综合文科、综合理科、劳技等科的及格率都超过60%，语文的及格率也接近60%，说明进一步提高质量也有了一定的基础。

测试发现的主要问题是：(1) 初中是义务教育阶段学生学习质量的薄弱环节。初中阶段学生学习的总体水平偏低，分化较严重，学习很差的学生在英语、数学、劳技3科中约占10%左右，在美术、音乐中则高达17%和26%。除数学、劳技和行为评价外，其余6科的平均成绩都低于70分，语文、音乐、美术的及格率更低于60%。此外，初中被试学生中语文、数学、英语3门工具科都及格的学生只占34.3%，语文、数学、外语、综合理科、综合文科5科都及格的学生则仅占19.20%。(2) 经济、文化不发达的西部地区不仅是普及义务教育的重点和难点，而且是提高教育质量的重点和难点。西部地区学生学习质量的状况不仅远远落后于东部和中部地区，而且离教学的基本要求相差较远。特别是初中阶段，语文、英语的及格率不足40%，综合理科、综合文科、美术的及格率不足30%，音乐的及格率仅为8.1%。若以西部地区与11省、市、区的平均及格率比较，差距也十分明显：语文、数学分别低24和22个百分点，英语、综合理科、综合文科、音乐、美术则低32个百分点以上。(3)各学科成绩之间有较大差异，存在着明显的学科结构性偏差。主要表现在升学必考的工具性科目（如小学语文、数学，初中数学、英语等）考试成绩普遍较好；而升学不考的科目（如音乐、美术等）则成绩很差。又如，小学数学与小学常识的及格率相差13.2个百分点，优秀率相差48.9个百分点；有的省小数及格率与常识劳技的及格率相差35个百分点。初中数学的及格率比音乐高33.5个百分点，比美术高30个百分点，初中数学的优秀率比音乐高25.2个百分点，比美术高25.5个百分点。有的省初中数学及格率竟比音乐和美术分别高出68个百分点。(4)学生综合应用知识、解决问题的能力不强。在记忆性和技能性强的题目上学生普遍得分较多。但是，凡需要学生独立观察、思考、解决问题的题目，如，小学数学中的应用题、特别是对统计图的理解和对闰年的判断，语文中的阅读分析等，普遍得分较低。又如，初中学生中不少人不会列方程解应用题。初中语文中的应用文写作也得分不高，阅读理解就更差。音乐、美术测试更加暴露了学生能力不强的问题：近一半小学生不会识别常见的音符，不少初中生的素描能力甚至不及小学毕业应达到的水平。

根据这项研究，对问题形成的原因进行了分析，并提出了改革基础教育教学体制和建立义务教育质量监测机制的建议。这项研究成果受到国家教委领导的肯定。

撰稿　杨念鲁
审稿　谈松华

〔**裴斯泰洛齐教育思想研讨**〕　1994年10月10日至14日，中央教育科学研究所和瑞士苏黎世裴斯泰洛齐教育研究所在北京共同举办了“裴斯泰洛齐教育思想国际研讨会”，庆祝《裴斯泰洛齐选集》中文版出版发行和迎接裴斯泰洛齐诞辰250周年。参加研讨会的有瑞士、德国、比利时、日本和中国的专家、学者、记者和翻译共40人，提交学术论文共25篇。中央教育科学研究所所长卓晴君主持开幕式，并介绍了中国教育改革和发展的现状，瑞士驻中国大使馆参赞洪含雅和国家教委外事司副司长王仲达以及瑞士苏黎世裴斯泰洛齐教育研究所所长汉斯·格瑞克博士出席了开幕式并致词。会议期间，国家教委副主任王明达会见了与会代表，并在会上讲话。

与会代表着重围绕着裴斯泰洛齐的教育成就与影响，裴斯泰洛齐的教育思想的理论意义，关于培养教育人的基本思想，关于职业教育的理论与实践，裴斯泰洛齐教育思想与当代教育改革等问题进行了研讨。首先，与会代表强调裴斯泰洛齐教育思想与实践具有革命性，他主张破除旧的教育制度和传统的教育观念，建立新的教育制度和新的教育理论体系；他批判具有等级性的旧的教育制度，致力于建立全民的新学校和新的教育制度，促进了初等教育的大众化和普及化；他反对教育脱离儿童的精力和兴趣，致力于使教育心理化，有利于教育顺应儿童个体的需要；他反对教育脱离社会生产和生活，致力于通过教育与生产劳动相结合的途径，把学习与手工劳动，学校与工场结合起来，促使教育符合社会和时代的需要等。其次，与会代表指出裴斯泰洛齐的教育思想与实践对近代教育改革，对现代教育理论和教学改革产生了影响。如他提出发展全民教育、提高国民素质问题、和谐发展的问题、简化教育内容的问题、教育心理化的问题、传授知识与发展能力的问题、教育与生产劳动相结合、教育与生活相联系的问题、以及农村是普及教育的重点等，仍然是现代教育理论与实践尚待解决的重要课题。第三，与会代表认为裴斯泰洛齐是世界著名的教育思想家和改革家。19世纪中叶，美国的爱德华·奥斯丁·希尔顿在纽约州奥斯维哥的一所与小学衔接的师范学校推行裴斯泰洛齐的直观教学法，其它一些师范学校也相继采用了裴斯泰洛齐的教学方法，进行教学改革，一时形成了“奥斯维哥运动”。1868年，日本明治政府接受了美国式的裴斯泰洛齐直观教学法，并与日本的教育实际相结合，发展成为启迪教学法，是日本教学法历史发展的转折点。19世纪末、20世纪初，裴斯泰洛齐的教育学说与西方文化一起传入中国，成为改革封建旧教育的理论武器之一。第四，有的与会代表从方法论的角度来考察对裴斯泰洛齐教育思想和实践研究的发展，认为在对裴斯泰洛齐的研究中有实用的、理论的和历史的三种方法形成了不同的研究传统，各自占据一定程度的传统地位。第五，与会者还强调对裴斯泰洛齐教育思想和实践进行评价时，既要看到其革命的和科学的一面，也要看到其改良主义和机械主义的一面；既要承认其成功的一面，也要承认其失败的一面。与此同时，还应客观地、历史地对其进行分析和研究，但绝不能用现代的思维水平去苛求于他。

与会代表指出：当前中国教育正处在加快改革开放的发展阶段。中国教育的改革与发展是一个不断创新的过程，同时还须要解放思想，大胆吸收和借鉴人类社会的一切文明成果，学习各国教育改革的先进经验。这次的研讨会加深了对裴斯泰洛齐教育思想和实践及其影响的研究。对瑞士的职业教育也有了更全面的了解，并且有力地宣传了中国建设和教育的成就，增进了中国和各国学者之间的教育交流。

撰稿　方晓东　蔼正明

审稿　卓晴君

中国教育学会

〔**纪念学会成立15周年**〕　1994年是中国教育学会成立15周年。6月22日，学会在京召开纪念大会。全国人大常委会副委员长雷洁琼、孙起孟和有关方面负责人出席。李岚清副总理题词：“积极开展群众性的教育科研和学术交流，为教育的改革和发展作更大的贡献。”张承先会长在会上总结了学会15年来所取得的成绩和经验，指出学会今后工作的努力方向。张天保副主任代表国家教委向大会表示祝贺，并充分肯定了学会成立15周年来对繁荣我国教育科学，开展教育科学改革等方面所起的重要作用。他要求各级教育行政部门进一步关心、支持教育学会工作，更好地发挥学会的作用。

在纪念会上，表彰了学会先进单位126个，先进工作者96人；优秀教育论文一等奖11篇、二等奖18篇、三等奖25篇，优秀教育专著39部、教育经验著作奖1套，西南“信息杯”学会研究优秀论文一等奖4篇、二等奖26篇、三等奖31篇。

〔**科研学术活动**〕 1994年，学会开展了多项教育科研和学术活动：关于邓小平教育思想的研究。1月15日，学会召开了“学习《邓小平文选》第三卷、认真落实教育战略地位”座谈会，雷洁琼、葛志成、龚育之、柳斌、张文松和陶西平等同志参加。与会同志分析了我国教育当前面临的形势，指出落实教育战略地位首先要解决思想认识问题，要把教育发展与经济发展真正协调起来。5月9日召开了“学习《邓小平文选》第三卷，加强和改进学校德育，培养社会主义接班人”座谈会。与会同志认为，学生的人生价值取向在新形势下是多样性和复杂性的，而学校的德育观念、内容和方法等都明显滞后于变革了的社会现实和当代学生的教育需求，致使学校德育工作出现实效性不强的状况。因此，在德育改革中有必要对德育内容加以调整和充实，使其更贴近现实社会生活和当代青少年学生的内心世界。同时也要改进德育方法，把握好德育要求与当代学生需求的结合点，以减少学生的逆反心理，提高德育实效。9月23日至26日，学会在南京召开第八次全国学术讨论会，主题是：学习《邓小平文选》第三卷，学习《中共中央关于进一步加强和改进学校德育工作的若干意见》，加强和改进中小学德育工作，培养社会主义事业建设者和接班人。与会同志指出，必须重视德育工作的科学性和实效性，加强对德育过程的研究和对学生的引导；学校德育面对社会转型、价值取向多样化和新的国际环境，必须坚持社会主义一元化的价值导向，扩展德育内涵，全方位有重点地进行教育，并将一元化德育目标层次化，找准教育的起点，分阶段逐步提高，力求实效；德育不仅要适应社会、接近生活，现实化，还应具有超前性，要按照面向未来的道德理想去塑造和培养人，促进两个文明的建设。

关于市场经济与教育发展改革的研究。1994年，教育经济学研究会召开3次学术会，研讨“教育商品化”、“教育市场”、教育产业及学校收费等问题，探讨在社会主义市场经济条件下教育改革、教育投资和教育经济效益等问题。企事业教育分会召开研讨会，探讨在建立现代企业制度过程中的中小学办学机制和投资机制问题。中青年教育理论工作者研究会召开“区域发展与教育改革”研讨会。与会者认为，经济发展的不平衡造成文化教育发展的不平衡，教育落后又影响了欠发达地区的发展，应采取各种措施发展欠发达地区的教育；欠发达地区不应片面追求发达地区的教育发展水平，而应立足于本地区实际，建立规模适当、结构合理、质量较高、有本地区特色的教育体系，以适应本地区经济发展需要，这是欠发达地区教育发展的根本所在。

关于教育基本理论的研究。教育学研究会召开第五届教学论学术会，与会同志提出，教学理论与教学实践的结合是多层次的双向结合，要经过一系列中介环节，不是一次性完成的；教学论与课程论是并存互补的关系，教学论学科要进行体系、范式、基本原理和基本概念的改造，使多种范式共存，有自身独立的概念体系，扩展基本原理所要解决的内容；课程论要增强地方性和灵活性，弘扬民族文化传统，扩展“双基”内涵，建立义务教育目标体系和加强活动课程的研究；教学论研究要从理论转向应用，从封闭转向开放，从单科转向跨学科，注意定量分析，同时要重视学生主体性发展的实验研究。

关于教育管理的研究。教育管理研究会召开学术年会，与会者指出，当前城市基础教育办学体制和领导体制应着力克服“国家包揽，单位封闭”的弊端，结合当地实际提出办学框架，即以政府办学为主体，民办和多体制、多形式的联合办学；农村基础教育管理体制要实现地方化、社会化的目标，构建农村社区参与教育的模式；中小学应继续坚持以“三个面向”为指针，以改革为主线，以育人为目的的办学思想，注重从理论上研究学校教育和教育管理包括思想、组织、目标、质量和方法等问题。同时还指出，教师是改革和发展教育的依靠力量，应建立“教育科研、教育实践、教师提高”三结合的机制，把师资队伍建设作为一项“系统工程”；学校管理者必须是学校教育与管理专家，体现时代特征。工读教育研究会受国家教委委托，经过广泛调查研究，起草了《工读教育条例》。

关于教育实验的研究。教育实验研究会就我国教育实验中的若干理论与实践问题展开讨论。与会者认为，开展教育实验必须树立正确的实验观，坚持马克思主义的认识论，把理论研究与实践结合起来，走中国教育实验之路；必须处理好实验与学校教育常规的关系，注意学习、借鉴国内外先进的实验理论和方法，加强地区性和全国性的交流，要立足于教育实验中国化，着力于教育实验专题化；教育实验既要借鉴自然科学的某些原则、技术和方法，又要注意教育的特色，努力提高我国教育实验的科学化水平。

〔**出版著作**〕 1994 年，中国教育学会为纪念成立 15 周年，举办了较大规模的优秀教育论文（论著）的评选活动。在此基础上，一年来，学会编辑出版了《三个面向与深化教育改革》一书，与中国高等教育学会联合主编了《中国教育群英谱》2 卷。小学数学研究会编辑出版了《小学数学教学新论》。语文教学法研究会编辑出版了《语文教育实习指导》。西藏学会编辑出版了爱国主义教育丛书《高原的新生》等著作。

〔**对外交流**〕 1994 年，中国教育学会及其研究会、地方学会对外交流活动开展得较为活跃，(1) 中国教育学会和民进中央于 11 月底在海口市联合主办了海峡两岸暨港澳地区部分中学校长座谈会，探讨中国传统文化与中学教育问题。与会者认为，继承发扬民族优秀文化传统是海峡两岸和港澳同胞的共同利益；中华民族传统美德中的爱国主义、整体观念和高尚情操，对于国家统一、民族团结、社会安定和青少年教育都有现实意义。(2) 外语教学研究会和有关单位于 5 月在京联合举办“21 世纪基础英语教育国际研讨会”，邀请美、英、俄、日、韩、澳大利亚和我国台湾省、香港地区的有关学者参加。书法教育研究会于6月在京召开“国际书法教育学术研讨会”,从理论与实践的结合上探讨书法教育在提高国民素质中的重大意义和在实践中遇到的问题。会议邀请日、美、新加坡、爱尔兰以及我国台湾省、澳门地区的专家学者参加并作学术发言。(3)少年儿童校外教育研究会于8月与台湾企划人协会互派第二届“和平小天使”访问团,并于12月派出有40个民族参加的“大陆少数民族演出团”访问台湾。上海市教育学会教育交流团一行27人应台湾教育会的邀请,赴台出席“世界经济发展中海峡两岸暨港澳地区全民教育发展之展望学术研讨会”并考察10所学校。

〔**学会建设**〕 1994年,中国教育学会新批准成立了中小学计算机教育、教育督导、劳动技术教育、中学德育、复式教学、教育理论刊物和教育实验等7个研究会。地理、书法、物理、生物学、历史、小学语文等教学研究会圆满地进行了换届改选。目前,学会所属二级组织已增至47个,其中研究会42个,中心5个;所属中央部委系统学会1个,地方学会43个,其中省级30个,原计划单列市13个。中国教育学会现已拥有团体会员91个,全国各级教育学会会员达82万人。一年中,研究会和各级学会在增进内部的团结协作、健全机构、建立管理制度、筹措活动经费、发展个人会员、制定科研规划、办好会刊会报和提高学术活动水平等方面创造了许多好的经验。

撰稿 毛士元
审稿 郭永福

中国高等教育学会

〔**开展学术活动特点**〕 1994年,中国高教学会系统,群众学术活动的特点是:(1)群众参与普遍、研究领域广泛。全国70多个分会、研究会几乎都不同程度地开展了学术活动;研究的课题涉及到:高等教育学基础理论的研究、高校改革中许多应用问题、高教发展战略、高教与市场经济体制的关系、高校内部管理、课程教学改革等问题。(2)突出以应用研究为重点。大部分学会、研究会都把主要精力用于应用性课题的研究,全学会系统主要围绕贯彻全国教育工作会议精神,重点研究了邓小平教育思想的现实指导意义、深化高教管理体制改革、加强高校德育工作、深化教学改革提高教育质量等问题。(3)学术活动形式多样、成果丰硕。除常规的发布课题组织研究、召开专题学术研讨会、举办学术年会、评选优秀科研成果等活动外,不少学会还举办了学术报告会、专题座谈会,山西省高教学会召开了校长论谈会、广东省高教学会召开了大学校长与企业家恳谈会等。1994年完成了许多项省级、部委级“八·五”研究课题，有的已结题通过鉴定并出了专著。其中河北、四川等省的部分成果获得省评优秀成果奖。许多学会、研究会都出版了专著，在高教研究刊物上，各种学术会议上发表交流的论文约数千篇。

〔**主要学术活动**〕 1994年8月，中国高教学会、中国冶金高教学会、辽宁省高教学会联合召开“建设有中国特色社会主义理论与邓小平教育思想学术研讨会”。中国高教学会会长何东昌参加了会议并发表讲话。与会者认为：邓小平教育思想是建设有中国特色社会主义理论的重要组成部分。邓小平同志既坚持和继承毛泽东教育思想的基本观点，又善于从时代的发展，结合中国的教育实际，深刻阐述教育与现代化、教育与生产力的关系，明确教育是现代化建设的战略重点之一。邓小平同志对教育工作的许多批示、讲话，为当前我国教育改革和发展指明了方向。与会者认为：邓小平教育思想的特点：一是坚持党的实事求是的思想路线，邓小平同志关于教育工作的一系列论述，贯穿了这一主线。二是邓小平教育思想体现了战略与战术，宏观与微观，理论与实践的统一。会议认为：在落实《中国教育改革和发展纲要》和全国教育工作会议精神的过程中，要重视深入学习和运用邓小平教育思想，宣传和研究邓小平教育思想，最重要的是要密切结合实际，与中国特色、时代特征、历史经验、教育改革的实践联系起来，努力为教育改革与发展作贡献。

1994年12月，高校思想政治教育研究会召开的学术年会，研讨了在新形势下，如何加强和改进高校思想政治工作，如何落实《中共中央关于进一步加强和改进德育工作的若干意见》和《爱国主义教育实施纲要》以及把高校德育工作研究提高到新水平等问题。与会同志认为：当前德育工作的大政方针已经明确，高校德育工作面临着新的形势、新的机遇，也面临新的困难和问题。与会同志讨论了充实德育内容、改进方法、加强自身建设，和优化教育环境，加强优秀传统文化教育等问题，并提出实施《关于加强和改进高校思想政治工作的若干意见》的建议。

1994年10月，高教管理研究会召开了高教管理体制改革研讨会，主要讨论了社会主义市场经济体制与高教管理体制改革问题。会议认为：高教体制改革的目的：一是逐步改变高度集中的计划经济条件下形成的条块分割的管理体制，实现条块有机结合；二是推动政府部门转换职能。

1994年9月江苏省高教学会举行了高校办学体制学术研讨会，着重就联合办学的目的、办学的形式、作用进行了讨论。大家认为：联合办学的目的，可概括为：求发展、上效益、上水平，充分发挥高教在经济和社会发展中的功能。联合办学的形式要从实际出发，采取多种形式。联合办学的作用是：有利于增强办学活力，提高办学效益；有利于调整高教结构，打破条块分割的管理体制；有利于社会各界参与办学，增加教育投入，使高校主动适应经济和社会发展的需要。

〔**学会科研活动**〕 1994年，高教学会贯彻《中国教育改革和发展纲要》积极开展教育科研活动，发挥教育科研对教育改革和发展的促进作用。各地各部委高教学会接受教育行政部门委托开展了教育决策咨询研究。电力高教学会为电力部进行的《电力部贯彻落实〈纲要〉实施意见——建立一流电力教育培训体系》研究已完成，并作为电力部文件印发。建材高教学会进行的《建材局属高校后勤管理改革的评估体系的若干意见》研究已完成，并作为建材总局人事司文件印发。高校实验室工作研究会受委托研究的《高校仪器设备基本信息集》已完成，并以国家教委文件发布；《高校基础、技术基础实验室评估的实施办法的标准表》，已被国家教委条件装备司采用。四川省高教学会代省委起草了《四川省高校体育课程‘教学指导大纲’》已完成。

〔**培训活动**〕　1994 年，各地各部委高教学会、研究会开展了促教的培训活动。北京市高教学会除每年暑期都举办政治课教师备课培训活动外，1994 年举办了“多媒体技术与电教硬件器材技术培训班”，有 300 人参加；举办“新概念力学”讲座，有 200 人（次）参加。河南省举办“两课”教师培训班，有 60 多人参加。高校基本建设学会与国家教委计划建设司联合举办“全国高等院校长基建工作研讨班”有 143 人参加，培训期 3 个月。科研管理研究会举办了“科技管理干部培训与研讨班”，已办了三期，为期一周，有 150 人参加。林业高教研究会举办“青年教师教育学培训班”，有 30 人参加，时间 3 个月。

撰稿　章炳良

审稿　郝维谦

中国高等教育杂志

〔**宣传内容**〕　1994 年，《中国高等教育》杂志紧紧围绕党中央和国务院召开的全国教育工作会议精神，及时、活泼地宣传高等教育战线改革和发展的新鲜经验，为推动高等教育的改革与发展发挥舆论的导向作用。

1994 年，全国教育工作会议后，及时刊登了江泽民、李鹏、李岚清在全国教育工作会议上的讲话，同时编发了探讨在新形势下高等教育如何改革和发展的文章。刊登了李岚清的《学习中国特色的社会主义理论，深化教育体制改革》以及朱开轩、张孝文的文章，均对认识、领会和贯彻党中央关于高等教育改革和发展的方针和任务具有指导意义。本刊评论员的《贯彻〈决定〉实施〈纲要〉》和《认真落实全教会精神　努力提高质量和效益》的社论，强调贯彻落实全教会精神，高等教育必须以提高教育质量和办学效益为重点，要通过改革，走内涵发展为主的道路，深化高等教育办学体制、管理体制、招生和毕业生就业制度的改革。文章还着重提出建设有中国特色的社会主义高等教育必须抓住深化高教体制改革这个关键，坚持深化教育教学改革这个核心，加强和改进德育工作，加强师资队伍建设。

为了反映不同地区、不同学校对深化改革、适应新形势的理解和探索，《中国高等教育》刊登了十多所高校院校长的文章，分别从不同角度、不同侧面探讨了建立与社会主义市场经济相适应的高校内部管理体制和运行机制，增强办学活力，优化队伍结构，提高教育质量、科研水平和总体办学效益等问题。南昌大学的文章和对四川联合大学的采访报道，探索了联合办学新模式的情况和经验。本刊记者采写的《说改革、话“并轨”——94级高校新生入学采访》、《远见卓识动真格 重教尊师称楷模》等，触及了当前社会对高等教育普遍关心的教育经费、教师待遇、交费上学等一些热点问题。

积极介绍和推广教育教学改革经验。针对前一时期部分学校出现的教学滑坡的趋势和存在着的潜在危险，《中国高等教育》强化了对教学升温和教学改革的宣传，《教改纵横》栏目刊登的86篇文章中，涉及到马列主义理论教育、思想政治教育，文、理、工、农、商、外语、管理等学科的改革和建设，以及高层次人才培养的问题与对策。

为进一步加强高校的党建和德育工作，《中国高等教育》及时刊登了《中共中央关于进一步加强和改进学校德育工作的若干意见》和《爱国主义教育实施纲要》，并编发20多篇文章，从不同角度探讨了在新的历史条件下加强和改进思想政治工作的新思路和新经验。

为激励更多跨世纪优秀人才尽早脱颖而出，成为高教战线的中坚力量，1994年《中国高等教育》新开辟了《校园英才》栏目，共介绍了李建保、张福锁、樊建人、杨玉良、黄润秋、赵玉芬、辛建国、杨树锋、徐显明等活跃在教学科研第一线的优秀青年教师，讴歌了他们以祖国的需要为第一目标、献身高教事业、以自己的行动书写一份份令人惊异记录的感人事迹。

在成人教育的宣传方面，侧重提高教育质量和办学效益。《新形势下发展成人高教的探讨》、《办好成人高教的几点体会》等20多篇文章强调应适应社会需要，加强管理，掌握成人教育规律，深化内部改革，紧密依靠行业、企事业单位，开拓发展成人教育，充分发挥成人高教的功能与特色。

〔**征文活动**〕 1994年《中国高等教育》举办2个征文活动。一个是《新时期思想政治工作》征文。全年共收到来稿200多篇，共发表15篇，评选出二等奖3个：《不能把科学信念等同于宗教信仰》（作者：吴倬）、《应加强博士生的马克思主义理论教育》（作者：周新城）、《对“德育适应论”的思考》（作者：张琼），评选出三等奖5个、优秀奖6个。另一个是“高教杯·高校科技开发与产业”有奖征文。100多所理、工、农、医、师范、民族院校的科研管理部门和校办企业的负责人投稿，在约200篇来稿中刊登14篇，经评选、《改革奋进曲 科技兴校歌》（作者：陈浩 韦君）、《清华紫光集团的发展及其特点》（作者：严宁）、《学科性公司：高校科技产业的一种新模式》（作者：褚超孚 陈中平 葛周芳）和《促进科技与经济结合 推动教育改革的深化》（作者：胡剑峰 周立放）4篇获二等奖，另有5篇获三等奖。

〔**召开宣传会议**〕 为提高宣传质量，《中国高等教育》于5月和10月分别召开了由各省、区、市和中央各部委教育司局参加的宣传工作会，提出1994年宣传报道工作的基本思路、宣传要点、宣传要求。在这两次会议上《中国高等教育》的负责人强调，面对社会主义市场经济的大潮，《中国高等教育》必须坚持正确的办刊方向，努力适应市场经济的需要，进行自身的改革，即在大力宣传改革的同时，无论从内容和形式上也要进行相应的改革，在宣传方法上改变已往的“完成时”和“过去时”，更多地采取“现在进行时”，增加能够互相启发的探讨性稿件。

〔**机构改革**〕 为加强对宣传工作的领导和委属教育报刊的集中统一管理，国家教委党组于1994年9月15日决定将《中国高等教育》编辑部并入新成立的中国教育报刊社。

〔**栏目设置**〕 《中国高等教育》设有领导同志讲话或反映重大问题的《特稿》，本刊评论员的专栏《高教评说》以及《校长论坛》、《热门话题》、《党的建设》、《德育天地》、《理论与实践》、《教改纵横》、《队伍建设》、《科技与产业》、《国际交流》、《体育卫生》、《校园文化》、《后勤管理》、《成人高教》、《校园英才》、《教坛广角》、《他山之石》、《新书评介》等25个固定栏目和《贯彻纲要》、《执行教师法》、《贯彻纲要　深化改革》2个临时栏目。

撰稿　龚映杉

审稿　张笛梅

北京市教育

概况

〔基本情况〕

1994 年各级普通学校基本情况

单位：人

学校类别	学校数（所）	毕业生数	招生数	在校学生数	教职工数 计	教职工数 其中专任教师
一、普通高等学校	67	40339	61062	199270	102177	34994
研究生	(50)	5484	9178	24067		
本科		26842	36349	136639		
专科		8013	15535	38564		
二、中等专业学校	119	15491	22930	66563	14816	6320
中等技术学校	99	11723	17676	52415	12341	5074
中等师范学校	20	3768	5254	14148	2475	1246
三、普通中学	693	143052	218242	583758	69452	44731
高　中	280	24112	34704	86584		8360
初　中	413	118940	183538	497174		36371
四、农业、职业中学	180	17033	29639	66350	10146	5699
高　中	180	16987	29421	66132		5696
初　中		46	218	218		3
五、工读学校	6	273	348	634	403	169
六、小　学	3035	184566	186315	1024503	73738	60524
七、特殊教育学校	21	1144	1304	8203	839	608
八、幼儿园	3301			352979	42118	17413

1994 年各级成人学校基本情况

单位：人

学校类别	学校数（所）	毕业生数	招生数	在校学生数	教职工数 计	教职工数 其中专任教师
一、成人高等学校	83	30805	63835	151829	14557	5881
广播电视大学	2	1876	2403	8176	1088	438
职工高等学校	44	4718	9134	21514	4383	1897
农民高等学校	0	0	0	0	0	0
管理干部学院	34	4282	9085	16757	7738	2868
教育学院	1	1180	1722	2933	555	250
独立函授学院	2	530	874	2302	793	428
普通高校举办						
函授部		12368	26901	65964		
夜大学		4997	12453	31915		
干部专修科		854	1263	2268		
二、成人中等专业学校	150	22729	30012	75305	8883	3775
广播电视中专	1	5512	5980	16436	821	338
干部中专	12	385	707	1906	565	172
职工中专	97	9858	14891	33520	4490	1698
农民中专	16	3719	5120	15865	783	351
函授中专	1	749	1729	4207		
教师进修学校	23	2506	1585	3371	2224	1216
三、成人中学						
职工中学	409	8562		9438		
农民中学						
四、成人技术培训学校						
职工技术培训学校						
农民技术培训学校						
五、成人初等学校						
职工初等学校						
农民初等学校						
其中：扫盲班						

制表：周　彤　张源　史文龙

基础教育

〔**综述**〕 1994年，北京基础教育系统认真学习《中国教育改革和发展纲要》和《中华人民共和国教师法》，贯彻全国与市教育工作会议精神，依照“保持清醒、找准差距、解决困难、着眼未来”的要求，坚持整体推进和重点突破相结合，加快教育改革和发展步伐。

1994年1月，北京市教育局召开的工作会议强调，1994年基础教育工作要在几个认识问题上取得一致：一要牢固树立为社会经济服务的观念，二要树立大教育观，三要转变教育观念。继续以干部教师队伍建设为重点，以提高教育质量和办学效益为目的，进一步明确基础教育改革和发展的目标和任务。8月，再次召开工作会议，研究到本世纪末北京市普通教育发展思路。会议强调：北京基础教育发展和改革，关键是教育体制的改革，核心是教学改革，重点是教育结构的调整，根本目的是提高教育质量和办学效益。

办学条件进一步改善，校办企业利润大幅度增长。1994年，全市校办企业总产值达到28.8亿元，纯收入达到3.2亿元。经市政府批准，调整了中小学学杂费及部分项目收费标准，每学期净增收费3800余万元，全部用于补充公用经费不足。基础薄弱校建设和边远山区乡中小学教育得到改善。1994年，对城近郊区23所基础薄弱初中校在明确职责、调整布局和增加投入等方面提出相应对策，并将其中7校列入“二部制”校舍改造计划。远郊276所农村基础薄弱初中校全部通过验收。为60个边远山区乡中小学投资500万元改善办学条件，同时加强城乡教育部门的相互支援与合作，边远山区乡61所中心小学和71所中学与城近郊区的132所中小学建立和开展了校际间的“手拉手”活动。全市中学校舍改扩建任务累计完成22.73万平方米，净增普通教室582座，专用教室421座，初步缓解了初中入学高峰紧张状况。1994年新建山区寄宿制小学19所，总数达到60所。单人教学岗位由213个减少到125个，办学规模扩大，办学效益有所提高。

〔**义务教育**〕 经国家教委督导组于1993年10月18日至30日检查，确认北京市在全国率先实现了“普九”和完成了“两基”达标。1994年2月中旬，市教育局成立义务教育调查组，就如何高标准实施九年制义务教育对18个区县进行问卷调查，并深入房山、崇文、石景山3区，召开15个座谈会，研讨制定《北京市关于巩固普及九年制义务教育成果提高教学质量和办学效益的标准（试行）》。通过调查组会议和局长办公会议近10次的研究论证，于10月24日正式印发。这一标准同前7年使用的“普九”原标准相比，涵盖面明显扩大，各项标准均有提高。

6月29日，市人大、市政府联合召开会

议，对检查全市执行《义务教育法》和《教师法》的情况进行动员和部署。7 月 15 日，市督学室召开区县督学室副主任会议，部署“两法”检查，对区县自查工作提出具体的要求。10 月 19 日，领导小组在市教育局礼堂召开“两法”检查培训会。市督学室专兼职督学、市特约教育督导员、市政府文教办、市人大教科委、市教工委约 80 余人参加。与会人员分组进行学习研究，确定“两法”检查工作的步骤及工作分工。10 月 25 日至 11 月 18 日，由市督学室、市人大教科委、市政府文教办、市委教工委、市教育局、市成人教育局约 60 余人组成的市“两法”检查组，共分 5 组分别对各区县进行了为期 4 天的检查。检查期间，听取了各区县实施“两法”的自查报告，深入 23 个乡（镇）、57 所中学、67 所小学、19 所教育学院分院（教师进修学校）、16 所中师了解情况。检查结束后，与各区县政府口头交换意见。市特约教育督导员参加了部分区县的检查活动，市人大代表 38 人同时对区县教育工作进行了视察。1994 年，北京市教育局分别印发了《北京市中小学校教育质量自我评估工作程序（试行）》和《北京市中小学校教育质量综合督导评价工作程序（试行）》。至 12 月底，全市有 12 个区县和燕山办事处建立了学校自评制度，5 个区县召开了学校自我评价经验交流会或研讨会。市督学室对开展自我评价和接受过督导评价的部分中小学校校长进行问卷调查。调查结果表明，通过学校开展自我评价，效果明显的占 66.5%，效果一般的占 32.1%，效果不明显的占 1.4%。通过接受督导评价，学校工作有明显变化的占 50.7%，有变化的占 49.3%，变化不大的占 0.4%。

〔改变薄弱初中〕 1993 年，市教育局确定城近郊区 23 所薄弱初中，并决定用 3 年时间提高这些学校的教学质量和社会声誉，以推动全市初中整体教育水平的提高，为在义务教育阶段全部实现就近入学打好基础。1994 年，在继续投资 300 万元和进一步搞好干部培训的同时，市教育局与市政府政策研究室、文教办共同对薄弱初中的现状进行调查研究。调查结果，23 所学校的生源状况有所改善，在实际招进的 5524 名学生中，有 579 人担任过班队干部，占学生总数的 10%；这些学校转出的学生共 382 人，占 6.9%。从外校转进的学生达 101 人。23 所学校中，中考及格率在 85%以上的学校有 18 所，未达 80%的学校仅两所。呈送市政府的调查报告认为造成基础薄弱校办学条件差、与好学校办学水平差距大、社会声望低的主要原因是：历史上形成的先天不足，政策上扶植力度不够，资金筹措渠道极少，社会误评造成师生精神压抑。在调查研究的基础上，起草了动员全市各行各业力量支援基础薄弱初中校改变面貌的意见，上报市政府。

经过 1994 年对农村基础薄弱初中进行检查验收后，全市 276 所乡、镇初中全部验收合格。远郊区（县）通过调整布局，撤并中学 76 所。为改善办学条件，市投资 800 万元，区（县）、乡（镇）及学校共筹集资金 2.8 亿元，新建教学楼 118 栋，建筑面积达 24 万平方米，新建实验室、专用教室 869 个，新征土地 1532 亩，新建扩建操场 150 多个，教学设施、设备已按办学条件基本标准配齐，基本满足了教育教学需要。专任教师的学历合格率达 80%以上。学校管理已步入制度化、规范化，教育质量在稳步提高，1994 年中考及格率达 91.7%，辍学率降低到 0.95%。一些学校锐意改革，积极探索农村初中教育改革的路子，涌现出昌平县崔村中学、桃洼中学、怀柔县庙城中学、顺义县北石槽中学、密云县高岭中学、穆家峪中学、延庆县千家店中学、大兴县礼贤一中等一批适应当地经济建设和社会发展需要，满足学生个性发展，全面贯彻教育方针，全面提高教育质量的典型。近两年，通县二中、通县六中、顺义杨镇一中、房山区燕山东风中学等4所农村中学被评为市“全面育人办有特色”的学校。为使农村中学教育更上一个新台阶，市教育局下发《关于加强远郊区（县）普通中学规范化建设工作的通知》，决定到2000年，使30—40%的农村普通中学达到规范化建设的基本要求。通知提出学校规范化建设6条基本要求，并对开展这一工作做出安排。

〔**实施新课程方案**〕 1994年新学年开始，市教育局依据国家教委《实行新工时制对全日制小学初级中学课程（教学）计划进行调整的意见》和《实行新工时制对高中教学计划进行调整的意见》，对中小学课程（教学）计划作了调整。

调整后的小学课程计划：一、二年级语文讲读课每周由8节调整为7节，音乐课由2节调整为1节；三年级语文讲读课由9节调整为7节，增加1节自然课；四年级语文讲读课由8节调整为6节，数学课由6节调整为5节；五年级语文讲读课由6节调整为5节，自然课由2节调整为1节；三至六年级班队会由2节调整为1节。市教研部根据各科大纲的调整意见对有关教材进行了相应调整。调整后的课程（教学）计划从1994年秋季开学起实施。调整后的初中周学科课时，初一、初二为29课时，初三为25课时，周活动课时均为3课时；调整后的高中周必修课课时，高一为28课时，高二为27课时，高三为14课时，选修课课时，高一、高二为2课时，高三为15课时；课外活动课时均为5课时。

8月31日，为指导中学干部教师了解调整精神，转变教育思想，更新课程观念，改革教学方法，提高课堂教学质量，市教育局召开“北京市中学课程计划调整报告会”，各区县教育局主管局长、中教科长、中教研主任及部分中学校长共600余人参加会议。国家教委基础教育司副司长马立就课程计划调整的指导思想、调整内容、实施中需要注意的问题作了专题报告。

〔**教育教学**〕 德育工作的针对性和实效性进一步增强。通过总结经验、树立典型，以爱国主义为核心的德育工作得到进一步推进。爱国主义教育基地建设有较大进展，1994年全市拥有市级青少年教育基地29个，区县、学校级教育基地2800多个，三级基地教育网络系统初步形成。在全国率先在普通高中开设艺术课，开课率达91%。

1994年，全市1218所城市地区小学和乡镇中心小学的1—6年级全部开齐劳动课。有专人负责劳动教育，能研究工作的校数占总数的99.5%，比1993年增加17.5%；有劳动教研组，能开展教研活动的校数占总数的70.4%，比1993年增加16%；有劳动基地或实践场所的校数占总校数的80%，比1993年增加5%；有劳动专用教室的校数占总校数的20.9%，比1993年增加10.5%；有专职劳动课教师的校数占总校数的47.5%，比1993年增加30%；能为区县提供劳动教育教学经验的校数占总校数的17.4%，比

1993年增加3%。

1994年，在各区（县）教育局总结推荐的基础上，市教育局确定北京二中、广渠门中学、顺义杨镇一中、北师大二附中、人大附中、燕山东风中学、通县六中等7所学校为“全面育人办有特色”的学校。11月9日，在顺义县杨镇一中召开“全面育人办有特色学校”表彰会。各区（县）教育局局长、中教科长、部分中学校长共200余人参加会议。会上，总结交流了北京二中充分发挥学生个性特长、广渠门中学积极探索创业素质教育、顺义杨镇一中实行全员全过程全方位管理、北师大二附中努力创设优良育人环境、人大附中办校中校培养高水平学生、燕山东风中学把美育渗透到劳技教育和学科教学之中、通县六中通过教育科研提高教师素质的经验。会议指出，学校全部工作应以“全面育人办有特色”作为出发点和归宿，要通过创建“全面育人办有特色”学校，提高学生整体素质，推动学校全面工作的开展，产生整体效益。会议强调，不能把创办特色学校理解成在某一方面搞几个特长生，搞几个运动队，让他们去拿奖牌。需深入实际去调查研究，摸透学校的优势所在、问题所在，然后下真功夫去抓。一些初步办出特色的学校要不断扩大整体效益的成果，提高特色的层次。被表彰的学校更要从培养跨世纪人才的高度，使“全面育人办有特色”工作向更高层次发展。

以实施“小学生质量综合评价”为导向，以快乐教育经验为途径的整体改革，进一步落实了小学由应试教育向素质教育转轨的目标。

〔**师资建设**〕 1994年，为加强中等师范学校师资队伍建设，北京市教育局委托市高等学校师资培训中心在首都师范大学举办基础数学和中文学科硕士研究生主要课程培训班。有9所中等师范学校选派21名本科学历的中青年教师参加学习。这两个硕士研究生班利用两年的寒暑假，开设研究生所学的主要课程，并结合中等师范教育特点，对内容做适当调整，使其教学更具针对性。

1994年全市应参加培训的5104名中小学校级干部全部完成岗位职务培训，提前三年完成国家教委要求的中小学校长执“岗训合格证书”上岗的任务。后备干部选拔和培训逐步进入规范化、制度化轨道。中小学教师的继续教育完成近⅔的任务。通过学习贯彻《教师法》，突出加强了教师的思想政治工作和师德教育。教师工资、住房、医疗等问题均有所改善。工资套改工作到6月基本完成，教职工人均增资109.56元。教师住宅建设开复工面积19万平方米。通县试行教师大病医疗住院保险办法，在教师公费医疗管理改革上迈出了较大的步伐。

1994年，北京市中小学共有23740人晋升或认定了专业技术职务，其中高级职务2763人，中级职务9164人，初级职务5679人，大中专毕业生见习期满后认定初级职务5234人。中小学职评工作继续实行向青年教师倾斜：(1)职务指标：1994年市职改办又一次拨给北京市基础教育系统高级职务指标630个(其中包括新增指标500个，原节余指标130个)，用于专项评聘36岁到40岁的中小学教师。对于35岁以下青年教师评为高级职务的仍不受名额限制，所用指标据实报销。(2)推荐、评审结果：按照上述办法推荐到市高评委会参加评审的人员共783人，经考核评审共评出高级职务610人。其中：中学高级教师523人，中师高级讲师16人，小学的中学高级教师71人；36至40岁的460人，35岁以下的150人，年龄最小的只有27岁。40岁以下的高级教师达到964人，新一代骨干教师群体初见规模。1994年，北京市中小学、幼儿园还评出特级教师113人。其中，中学62人，小学48人，幼儿园3人。对保育员也开展了考工定级工作，制定了保育员技术等级标准，组织进行了业务理论知识培训和考试以及实际操作技能的考核，完成了4844名保育员（其中：高级192、中级3796、初级856）从普通工人向技术工人转换工种和评定工资的工作。

〔**招生与考试**〕 1994年，北京市强化了对初中入学办法实行宏观调控、区县政府负责的管理体制。在小学毕业考试命题的科学性、规范性，保送、推荐工作的公正性、可操作性以及可监控性方面进一步明确了原则要求，完善了管理办法。主要内容有：(1)各区县采取有效措施，加强薄弱初中校建设，力争用3年左右的时间，随着初中校办学整体水平的提高，逐渐缩小择优比例，在本地区实现基本就近入学。(2)继续将毕业考试命题权交给小学，强调改革考试方法、内容及教学过程的管理和督导评估，筹建小学毕业考试科目题库。(3)加强保送、推荐工作管理，规定可以对保送生用毕业考试成绩复审，允许东城、西城、崇文、宣武、海淀5个区试行保送3%至5%的有突出进步且毕业考试成绩特别优异的学生。减少推荐项目和推荐生数量，对推荐生提出一定的文化课成绩要求，规范特长测试的内容与方法。(4)严格控制特长班数量，要求各种特长班由区县重新申报培养目标与教改计划，经市教育局批准后方可招生，同时纳入本区县择优入学人数比例。1994年一般不再批准举办新的特长班。(5)继续坚持“四公开”，健全社会与校内监督机制和违纪查处制度，强调对一切循私舞弊或玩忽职守、不认真查处群众举报问题的责任人都要追究责任。(6)私立、民办学校跨区县招生须经市教育局批准，并应在公立学校发布入学通知后进行。(7)义务教育阶段不收自费生，不得将赞助教育与学生入学直接挂钩。

为了加强招生宣传工作，1994年首次编辑出版《1994年北京市初中毕业生升学报考指南》，将招生主要文件、考生及其家长关心问题的解答、报名所用表格样式、体检标准和其它有关材料一并收入。《1994年北京市高级中等学校提前招生学校简章》和《1994年北京市高级中等学校部分面试、口试、专业加试学校名单》也在《北京教育报》公开刊载，加大了招生工作的透明度，减少了考生报名的盲目性。5月，市中招办、教研部负责人还在北京电视台“为您咨询”栏目，就中招政策和中考命题，现场回答了考生、家长热线电话提出的问题。5月底，市中招办又在北京工人体育场举办了全市第八届高级中等学校招生咨询大会。参加咨询活动的招生学校共计206所。咨询大会通过音像、图片、文字材料、现场答疑等多种形式宣传招生政策、办法、计划与专业情况。

1994年，北京市初中毕业生升入高一级学校全面实行体育考试，得分记入升学总分。全市有111836名初中毕业生参加了体育考试，根据考试结果统计，优秀率为68%，及格率为95.5%。考生的身体素质和运动能力比1993年有明显提高。升学考试体育的做法使学校的体育活动发生了变化，把以前学生被动的“要我锻炼”转变为主动的“我要锻炼”，有助于养成学生经常锻炼的习惯。

1994 年，全市初中毕业、升学统考增加了英语听力测试，在规定时间内，由北京人民广播电台统一播放，考试时间 15 分钟，成绩 15 分，计入统考总分。考前试播，少数收听效果不好的边远地区考场，用市里统一录制的密封录音盒带同时进行考试。

〔**教改试验**〕 1994 年，中学“化学实验教学改革方案”中间实验继续在东城区、西城区进行全面推广。化学学科成果已在全市各级学校普遍落实，并将实验成果和经验纳入北京市新编初中化学教材之中。生物学科推广密云县教师进修学校“根据季节、调整植物教学”的改革实验经验，利用年会向各区（县）教研员做了经验介绍，并推广钢院附中教师王惠《生物教学要加强科学方法训练》的课堂改革经验，在全市骨干学习班做经验介绍，撰写论文，借《教育之窗》栏目向全市播放录像。外语学科推进高中词汇教学改革，推广《词、句、文》教学法取得较大成果，西城区普遍开展此项实验，参加试验的还有丰台、延庆、崇文、宣武及其它区（县）的少数教师，组成了有 34 人参加的研讨组。小学数学学科完成了马芯兰教改经验的第一轮中间实验工作，该实验从 1986 年 9 月开始到 1994 年 7 月止，在 18 个区县及燕山区、铁路局等 230 所 400 多个班进行实验，实验过程中编写了全套教材、教学参考书，这套教材和现行教材相比从学生的认识规律出发更注重知识的整体结构，有利于学生能力的培养。6 年中共进行教材教法培训、典型引路课 50 多次，深入 16 个区县作具体指导，以保证实验工作的顺利进行。撰写了“马芯兰教学思想浅析”一书。完成了实验报告。实验结果显示实验班的教学质量，尤其是学生能力明显提高，1994 年 7 月毕业前夕，对 20 个实验班及对比班的学生进行了测查，能力测查比对比班高 24.7%。在实验过程中培养提高了一批中青年教师，139 位实验教师中有 15%成为区级骨干，45%成为校级骨干，25 位教师破格评为小学高级职称。

〔**建立海淀教改试验区**〕 为把海淀区建成全市教育最发达、教育质量最高的地区之一，为首都的教育改革和教育现代化提供经验，1994 年 8 月，中共北京市委、北京市人民政府正式批准建立海淀教育改革实验区，该区成为全国第一个在地市一级行政区域范围内进行全方位、整体性、综合性改革的教改实验区。李鹏、李岚清、雷洁琼等党和国家领导人先后为教改实验区题词。李志坚、陶西平、胡昭广、陈大白等市领导三次至海淀区办公，研究教改实验区的问题，市政府批复 10 条政策以支持教改实验区，区委、区政府亦多次召开会议，专门研究实验区的工作。11 月 25 日区教育工作会议召开，颁布了海淀教改试验区《规划》（草案），该《规划》内容包括教育改革和发展的战略目标，总体设计，教育发展的 10 项工程，教育改革的 10 项基本任务和教育改革试验的组织实施及政策、资金保障 5 个部分。

为加强对教育改革实验区的领导，强化政府的统筹职能，海淀区首先对区级教育管理体制进行改革，撤销了区文教办、托幼办、教育局、成教局，成立中共海淀区委教育工作委员会，海淀区人民政府教育委员会，统一领导和协调全区教育工作，将原督学室改为区人民政府教育督导室。区委副书记胡栖枝兼任教工委书记，副区长李凤玲兼任教委主任和督导室主任。教工委下设办公室、组织人事部、宣传部、纪委、工会、团工委、少工委等机构，教委下设普教处、职成处、办公室、学前教育办公室、社会教育办公室、基建财务办公室、招生办、农村教育办公室等机构。

撰稿 耿 申

审稿 汤世雄

高等、中专教育

〔综述〕 1994年，北京高等和中专教育事业沿着稳定、健康的轨道向前推进。普通高等学校本专科在校生比1993年增长9.3%；在校研究生比1993年增长12.7%；全市高校新增校园占地1762.5亩，新增校舍建筑面积31.4万平方米，正在施工面积54.9万平方米。为解决教师住房困难，由北京高校房地产开发公司承担的北京西三旗育新花园教师住宅小区工程进展顺利，截止到1994年12月底已完成投资2.3亿元人民币。另外海淀区六道口的静淑园教师住宅小区工程也已全面开工。1994年北京地区高校中，北京大学、清华大学、北京航空航天大学、北京理工大学、北方交通大学、北京邮电大学、北京科技大学、北京医科大学、中国地质大学、石油大学、北京农业大学等11所部委属重点高校通过了“211工程”部门预审，进一步推动了北京高校办学水平的提高。

学校内部管理体制改革逐步深化，办学活力增强。1994年北京高校认真贯彻落实国家工资改革方案，市属高校进行了工资改革，加大了校内分配制度改革的力度，并较快地与内部管理体制改革接轨。工资改革普遍提高了教职工的收入水平，初步理顺了校内各类人员的工资分配关系，加大了高校工资分配的自主权。各校围绕改革和发展的目标任务，推行满工作量聘任，继续分流、优化队伍。一批学校师生比达到1∶8以上，专任教师已占教职工总数的40%，较大地提高了办学效益。1994年，北京高教系统继续推进北京工业大学等5校的教学改革经验，开展面向21世纪教学内容和课程体系研究，学分制已进入第三轮实践，清华大学、北京工业大学已全面实行学分制。北京高教发展普通高等职业教育的两个网络系统正在逐步形成。北京联合大学拟在3年内实现专科生和高职班学生占在校生规模的50%。进一步加强与中专校联合办学相互衔接与沟通，高职班试点工作初见成效。年内，市政府召开了大学郊区分校工作会议，部署了以大学郊区分校为基地，通过改革和发展逐步形成为农村和乡镇企业培养应用型人才的普通高等职业教育网络。北京市还在高校中开展了教学质量状态检测，推动了教育质量状态的优化。为此，成立了“北京高等学校教育质量评议中心”和建立了“北京市普通高等学校教育质量参数数据库”，直接为高校教育教学改革服务。

1994年，北京市围绕贯彻《教师法》，狠抓教师队伍建设，组织了部分高校，对非师范专业毕业的青年教师进行教育理论的学习和岗位培训，全年共培训1000多人；对本科学历的青年教师组织了硕士研究生主要课程的学习，共有700人参加培训；继续开展了第三批北京高校青年学科带头人和优秀骨干青年教师的评选活动，选拔出青年学科带头人68名，青年骨干教师409名。

北京市高校积极开展多种形式的联合办学。市委教育工委和市高教局多次召开会议，研究推进这项改革的政策措施。一年来，在办学和管理体制改革上主要采取6项措施：(1)对市属高校进一步调整合并，优化布局结构。(2)高校与郊区县政府联合办郊区分校，为农村培养高级专门人才。(3)采用共建方式，双向支持，扩大部属院校的服务面向。(4)促进高校间联合办学，实现共同培养人才和促进高校科技进步。(5)继续推进产学合作办学，实现企业和高校共同培养人才和促进高校科技进步。(6)积极开展境外、国外合作办学。

招生、收费制度改革与毕业生就业制度改革迈出了突破性一步。在1994年招生中，北京有8所高校经国家教委和市政府批准，率先进行了公费、自费“并轨”的改革试点，同时建立了奖学金、勤工助学金和贷学金等配套制度。为提高师范生质量，市属师范院校面向外省市招收450人，扩大了招收高师预备班数量，采取措施，加强了保送生工作，使1994年市属师范院校招生质量为近年来最好的一年。在毕业生就业制度改革方面，继续实行了一定范围内的“双向选择”，为鼓励毕业生积极投身到国家最需要的地方建功立业，设立了毕业生分配就业奖励基金，全年共颁发150万元，奖励1802人，占毕业生总数的5%。

科研、科技开发和校办产业工作成绩显著。1994年，北京高校基础科学研究和高新技术研究成果显著，在第三届北京市哲学社会科学优秀科研成果评选中，高校获优秀成果奖64项（共160项），其中三项特等奖全部由高校获得。北京市政府决定实施“110工程”，即到本世纪末推广应用100项高等院校的高新技术科研成果，组织高等院校参加10项北京市重大科技改造项目。这项工作目前已初步选出第一批科技项目22个，有些项目已开始启动。同时，北京高校积极参加国家和地方组织的“产学研工程”，截止目前已有10项列入计划，投资达1亿元以上。1994年，北京高校校办产业发展迅速，全年批准新建校办产业20家，落实校办产业贷款2000万元。全年北京高校校办产业产值达38亿元，比上年增长46%；利润为6亿元，比上年增长50%，上交学校2亿元，比上年增长25%。

进一步加强思想政治工作和精神文明建设。一年来，北京高校认真贯彻中央十四届三中、四中全会精神，深入学习《邓小平文选》，紧密联系工作实际，做好思想政治工作，增强思想政治工作的针对性。坚持讲服务（为育人中心工作服务，为改革和发展服务），讲结合（结合业务工作进行），讲渗透（贯穿、渗透于各项工作之中），讲实效（防止和克服形式主义，注重实际效果），取得了较大进展。北京高校文明校园建设工作继续进行，中央工艺美术学院、首钢工学院等7所高校被授予“文明校园”称号，进一步优化了北京高校的政治环境、教学环境和生活环境，学校的校风、学风及师生的文明意识都得到了促进和加强。

领导重视，增加投入，促进改革进一步深化。北京市领导十分重视教育工作，1994年，陈希同、李其炎等市委、市政府领导先后深入北京经济学院、中央民族大学等9所高校现场办公，解决学校在办学、共建中遇到的实际困难和问题，有力地调动了广大教职工的积极性，推动了高校改革工作的进一步发展、深化。1994年，北京市政府克服困难，给高教投入达2.2亿元，比1993年增长26%。中央部委对所属在京高校投入也都超过往年。各高校在中央精神指导和各级政府的领导和大力支持下，确定发展目标，全面落实改革、发展规划，开创了努力提高教育质量和办学效益的局面。

〔**高校现场办公会**〕 1994年，为推动北京高等教育的改革和发展，陈希同、李其炎等市委、市政府领导和有关委办局的负责人先后深入北京经济学院、北京财贸学院、首都师范大学、北京广播电视大学、北京中医药大学、北京联合大学机械工程学院、中央民族大学、北京联合大学和北京工业大学等9所大学召开现场办公会，听取13所高校工作的汇报，研究学校改革发展中的重大问题，支持学校改善办学条件，帮助学校解决办学中的困难和问题。

积极推进高等教育体制改革，支持和鼓励开展多种形式的联合办学。1994年1月，北京中医药大学、对外经济贸易大学、北京化工大学、北京服装学院和中国金融学院的领导同志共同商议，率先实行5校联合办学。4月20日，李岚清同志到对外经贸大学听取5校联合办学的汇报，指示5校要在平等协作，优势互补，互利互惠的原则下积极推进联合办学。7月25日，市委书记陈希同、市长李其炎、国家教委副主任张孝文和有关中央部委的领导以及市委、市政府有关委办局负责人到中医药大学，5校领导参加，进行现场办公。领导同志充分肯定5校联合办学的方向是正确的，走出了一条高等学校办学的新路子。市委、市政府和有关部门要积极支持。办公会同意5校成立专业技术职称联合评审机构并进行试点；支持5校联合筹建信用社，筹措联合办学资金；同意5校在望京小区筹建大学生公寓。

坚决贯彻重在提高的方针，大力支持市属两所重点高校进入国家“211工程”重点建设。为了高标准实施《中国教育改革和发展纲要》，提高市属高校的教育质量和学术水平，陈希同、李其炎等领导到首都师范大学和北京工业大学现场办公，听取了学校深化改革、加快发展、加强师资队伍和学科建设，提高教育质量，特别是学校力争进入国家“211工程”重点建设的情况汇报，对两校制定学校进入“211工程”重点建设的奋斗目标，给予鼓励和支持。希望两校把进入国家“211工程”的计划作为目标，激励广大干部、教职工树立雄心壮志，积极进取，团结奋斗，为首都的改革和发展做出贡献。同时，与学校领导共同研究进入国家“211工程”重点建设所面临的困难和问题，并决定为学校筹集启动经费，积极为学校解决校舍建设、学科和实验室建设等方面遇到的困难，帮助学校改善办学条件，支持学校加快发展。

重视民族教育，关心少数民族师生，支持中央民族大学的发展。11月1日，陈希同、李其炎和国家民委主任司马义·艾买提、国务院副秘书长齐济民、国务院有关部委和市委、市政府领导到中央民族大学，听取学校工作汇报，关切询问少数民族师生学习、工作和生活情况，充分肯定中央民族大学建校40年来在培养少数民族人才，维护祖国统一，促进民族团结和民族地区发展，保持首都安定等方面取得的重大成绩。强调中央民族大学是我国民族教育的最高学府，是培养少数民族干部的基地和摇篮，各方应尽力给予支持，共同努力，帮助学校解决困难，推动学校的改革和建设，进一步把中央民族大学办好，为少数民族地区培养更多更好的人才。市委、市政府领导在办公会上决定：市政府每年拨专款支持中央民族大学学生参观北京市的历史文化景点；拨专款支持学校更新食堂设备，改善办伙就餐条件；拨专款补助困难学生，解决少数民族学生学习、生活困难；市卫生局及时拨付、报销民族大学师生的医疗费；在该校总体规划中调整解决开发用地问题。国家有关部门负责人也表示，要积极支持，共同努力，逐步解决学校新建图书馆、民族博物馆、理科实验楼，学生宿舍等，改善学校基础设施，支持民族大学的改革和发展。

调整高等教育宏观结构，积极发展高等职业技术教育。在北京联合大学和北京联合大学机械工程学院现场办公时，市委、市政府领导对学校面向首都经济建设，积极发展高等职业技术教育的办学方向给予充分的肯定，鼓励学校全面贯彻《中国教育改革和发展纲要》和全国、市教育工作会议精神，加快学校的学科、专业结构的调整步伐，加强师资队伍建设，多培养高质量的高等职业技术人才，适应北京经济建设和社会发展的需要在自己的层次上办出一流水平。同时，要求有关部门加快联合大学新校的建设，帮助解决调整中的困难，解决机械工程学院办学中的突出困难和党政隶属关系等问题。在北京经济学院和北京财贸学院的现场办公时，市委、市政府领导强调要加快市属高校调整的步伐，充分发挥教育资源优化配置的作用，在调整中出效益、上水平，对学校改革发展的设想、长远规划给予支持，并帮助学校解决校舍建设资金和征地困难等问题。

支持发展成人教育。陈广文、胡昭广、陈大白等领导在北京广播电视大学现场办公时，对电大积极发展成人教育，克服困难，不断发展给予鼓励，对电大发展规划给予指导，要求电大解放思想，抓住机遇，大力发展各种类型的成人教育，为首都经济建设和社会发展做出更大贡献。现场办公会上，还帮助解决电大建设征地等问题。

〔**管理体制改革**〕　北京是国内高校最集中的地区之一。在建设社会主义市场经济的新形势下，原有体制越来越不适应于改革和发展的需要，表现在：高等教育布局结构不够合理；学校专业设置重复；办学“小而全”效益不高；一些学校服务面窄，经费渠道单一，交叉学科难以建设，复合型人才难以培养等等。为了解决这些矛盾，1994年，北京市政府和高校积极地推进高教管理体制的改革，开展了多种形式的试验和探索，其主要做法如下：

合并调整市属高校的结构布局。北京市政府从1992年开始，对市属高等学校进行了整体布局调整，到1994年底实现了原北京师范学院、北京师范学院分院、北京联合大学外语师范学院三校合并，成立首都师范大学；北京计算机学院和原北京联合大学经济管理学院并入北京工业大学；北京经济学院与北京财贸学院合并，筹建1所经贸大学；北京联合大学内部的文理学院与文法学院合并为应用文理学院，电子工程学院与自动化工程学院合并为电子自动化学院。同时在抓紧进行的还有以首都医科大学为主体的市属医科类高校的调整等工作。经过这次较大规模的调整后，市属高校的布局结构更加合理、规模效益有了明显提高。办学实体由原来的26个减少为13个，校均规模由1100人左右增加到2900人，并实现了教职工队伍优化、分流、精减，使师生比有了较大提高。通过调整，使市属高校的科类、层次结构趋于合理，各校的位置和发展方向更加明确，在调整中，市政府集中投入了较大的资金，各校的办学条件都有了明显改善。

地方政府与中央部委共建在京高校。从1993年底开始，中国航空工业总公司与北京市人民政府就开始磋商合办北京航空航天大学，共同支持北航教育改革实验，进入国家“211”工程，办成一流大学。1994年4月，双方正式签订了合办协议书，协议书规定，北航在行政隶属、投资体制、经费渠道不变的前提下，在为国家培养更多合格的航空航天人才和承担科研任务的同时，更好地为北京市经济建设和社会发展服务。北京市将北航列入地方高教发展和科学技术发展规划，支持北航的校园改造和建设。协议签订后，北京市各部门相继到学校现场办公，履行协议规定的任务。为北航解决数名高科技人才进京落户问题，优先审批了学校的三项基建项目规划，并决定向学校投资建设两个重点实验室。北航也利用学校的招生指标为北京市培养紧缺专业师资，积极将学校的科研成果，转让给北京市应用等。与此同时，北京市还与国家教委商议共建中国人民大学和北京师范大学的事宜。

高校之间展开广泛的合作办学。到1994年，北京高校间的合作办学有3种形式：一种是位于北京东北部的对外经贸大学、北京化工大学、北京中医药大学、北京服装学院和中国金融学院5所大学共同倡议合作办学，建立大学园区。着手在教师互聘、资源共享、优势互补等方面探索实质性合作和有效运行机制。目前5校大学园区内的教师联聘办法和酬金标准已确定，并在互相开放实验室、发放图书馆通用借阅卡、共同组织学生活动和共同集资兴办高效益产业等方面有了一定进展。另一种是位于北京西北部的中国人民大学、北京师范大学、北京医科大学、北京航空航天大学、北京科技大学、北京理工大学、北京邮电大学和北方交通大学等8所重点大学，在已建立多年的8校协作组的基础上，一致同意更进一步紧密合作，并吸收邻近的中国地质大学加入这个联合体。1994年6月，这9所学校制定了联合办学的章程和进行协作的具体办法，积极探索如何在投资、管理体制不变的情况下，使校际合作取得实效，便于操作。目前，9校在学科共建、教学协作、科研协作、物资设备工作协作等7个方面制订出了具体的实施办法。第三种是许多高校间的双边协作和联合，如北京大学与北京医科大学为进一步适应21世纪科技发展的需要，提高综合大学的办学总体水平，在办学体制改革方面进行积极探索，两校共建生命科学学院和新药研究与发展中心，以加强新兴、交叉学科及高新技术领域的科研合作，并在此基础上探索高层次人才培养方面的合作，联合申报新的硕士、博士学科点。清华大学与北京中医药大学签署协议，建立两校间全面、长期的科技合作关系，联合建立中医药科学与工程研究中心，联合开展基础研究，人才培养，探索高校科技与企业、贸易、金融等紧密结合的有效机制，逐步建成中医药现代科学技术的研究、培训、推广中心。类似的合作办学还有中国人民大学与北京理工大学、北京商学院与北京轻工业学院等一批学校。

高校与企业、科学研究单位等协作办学。为了加强学校与企业和科研单位的联系，促进教育、科研、生产三结合，增强学校的办学活力和提高教育质量，北京不少高校与企业科研单位实行协作办学。石油大学由石油天然气总公司、石油化工公司和海洋石油总公司三大石油企业集团组成石油大学理事会，共同办好石油大学。北京邮电大学、北方交通大学等校都组成了本行业大企业参加的董事会，探索促进产学研结合培养人才、科技开发和共同发展的途径。北京林业大学、中国地质大学等校与中国林业科学研究院、中国地质科学研究院等科研单位协作，共同建立科研所、实验室，联合培养研究生，合作进行科研攻关。此外，北方交通大学、北京科技大学等高校与北京远郊延庆、昌平等县合作，为农村培养中小学外语师资和乡（镇）企业急需人才。各郊区（县）正在探索建立“社区学院”，发展农村高等职业教育，为地区经济发展培养留得住、用得上的高等职业技术人才。

北京高校的管理体制改革，受到了国务院领导、国家教委的高度重视和北京市委、市政府的大力支持。1994 年 4 月，国务院副总理李岚清召集北京东北部 5 所高校的领导开会，研究如何将 5 校的联合更加深入地发展下去。北京市市委书记陈希同、市长李其炎和国家教委副主任张孝文于 7 月 25 日召开 5 校联合办学的现场办公会，充分肯定了联合起来，优势互补，资源共享，共同发展、提高的改革方向，并采取实际行动，支持 5 校的改革探索。北京其他高校的联合办学也都受到各级领导部门的关注和帮助，使得这方面的改革正在一步步地深入发展。

〔**招生工作**〕　1994 年，北京高等学校加大招生改革力度，促使改革向纵深发展。主要做了几个方面工作：

招生“并轨”改革试点。1994 年全国有 37 所高等学校（北京地区有 8 所）经国家教委批准率先进行“并轨”改革试点。高等学校在录取时，不再按国家任务和调节性两种计划形式分别划定分数线，而是实行同一录取分数标准。改变大学生上大学由国家包下来的做法，逐步实行收费制度；改革高等学校毕业生“统包统分”和“包当干部”的就业制度，实行少数毕业生由国家安排就业，多数毕业生“自主择业”的就业制度。改革的同时要有奖、贷学金，勤工助学等措施，在收取部分培养费时，要考虑到群众的承受能力。试点学校所确定的收费标准，一般都在实际培养费的 20－25%左右。即每年收费 1000－1500 元之间，少数学校收费标准略高一些。试点刚开始时，不少人担心怕收费后影响生源的数量和质量。从录取结果看，由于生源较好，试点学校都能在控制分数线以上录取到合格的考生，而且不少学校录取分数高于 1993 年。例如清华大学 1993 年录取最低分数比第一批录取院校控制分数线高 108 分，1994 年高 118 分，北京大学 1993 年比控制分数线高 80 分，1994 年高 122 分。这说明上大学要缴纳部分培养费，在观念上已经被广大群众理解和认同。但是由于 1994 年刚开始试点，在宣传方面还有待加强，使广大考生及社会不但知道上大学要负担一部分培养费，而且还要知道这样做的目的和意义以及配套改革措施，这样才能使这项改革巩固和完善起来。

录取体制改革。录取新生是整个高校招生工作关键的环节之一。在总结过去录取经验基础上，做了几项改革：

第一，在本科层次实行国家任务计划和调节性计划所招生的专业，考生可以根据自己的意向选报自己认为合适的志愿学校或专业。在录取时，不再先录取“公费生”，然后再录取“自费生”，实现志愿自由填报，录取统一标准的目标。自费生如果在学校录取分数线上未录取满额，可以适当降分再录取一部分，但是录取分数不得低于同批控制分数线。实行这种办法的好处是：(1) 适应了考生填报志愿多样化的需求。(2) 有效缩小了过去录取办法（即先公费后自费）造成的同校同专业考生分数上的差距。往年规定自费生的录取是在分数线下20分以内，公费生则在分数线以上录取。因此公费生、自费生录取分数差距较大，一般二者之间相差50分左右，有的要相差100多分，这样在一个专业里或一个班里组织教学十分困难。1994年，公费生、自费生录取分数大体相当，其中有很多学校自费生录取分数高于控制分数线。以理工科为例，第一批录取控制分数线为468分，北方交通大学自费生最低录取分数为505分，北京医科大学为484分，对外经济贸易大学为570分，首都医科大学为480分，北京科技大学为479分。第二批录取控制分数线为406分，北京轻工业学院的自费生录取最低分数为457、北京经济学院为440分，北京财贸学院为451分。(3) 录取的公平、合理性得到很好的体现 。

第二，分批次，按志愿顺序同步组织录取工作。这种方法也是由计算机控制，在同一个时间里各个学校都录取同一顺序志愿的考生。例如，每批开始录取时，各高等学校都录取第一志愿的考生，第一志愿全部录取完以后，再录取下一个志愿的考生。这样做可以解决档案周转快的有可能被下一个志愿录取，周转慢的有可能落选而造成的不公平、合理的矛盾。

第三，改变档案室管理档案的办法。管理档案的办法历来都是分学校从高分到低分顺序排列，使人看起来，一目了然。这种近似“明码标价”式的管理，有一定的弊端。现在改为具有“加密”性质的不再分学校而只按统一编号进行管理，人们无法分清什么考生报考了什么学校。这种统一编号和考生具体情况的对应关系，只有计算机“知道”，人们必须根据计算机的指令来工作，这对克服“人为”因素的干扰是十分有效的。

建立健全招生工作廉政建设4条措施：(1) 制定全体录取工作人员守则，切实做到“四个严格”和“十个不准”。四个严格是：严格执行国家和北京市的各项招生政策规定；严格执行录取工作程序；严格执行招生计划；严格遵守招生工作纪律。十个不准是：不准循私循情；不准向考生许愿；不准指名录取；不准先亲先友；不准学校和招生办串通录取；不准按“条子”录取；不准接受考生和家长的礼物；不准向考生和家长暗示索要礼品；不准接收学校的财物；不准向学校索要财物。对违反上述规定者，要视情节轻重给予相应的纪律处罚，包括批评教育，撤销录取人员资格，纪律处分，情节特别严重的还要追究法律责任。(2) 强化监督措施。要求各高等学校和市招办都要有纪检或监察部门的领导同志参加录取工作；加强市人大、政协、政府、纪检、监察等方面的监督，请他们到录取现场视察工作；充分发挥新闻单位的舆论监督作用，对录取进展情况及时向社会报道，增加录取工作的透明度；录取新生的全部名单公开在北京日报上刊登，接受社会监督。(3) 强化录检组的建设。录取检查组是录取过程中的“把关”部门，他们要对学校的录取工作进行全面的检查，使各校新生录得合理、退得有据。正因为如此，我们选拔了一些办事公道、作风正派、懂政策、讲道理的同志担任此项工作。强化录检组的职能使其能认真履行这一个职责，较好地完成任务。(4) 在录取期间，为加强集体领导防止个人决定重大问题，建立了办公会例会制度，每天至少要进行一次。办公会要对各高校的提档分数线及录取中出现的问题，及时研究，提出解决问题的办法。

由于分配上的原因，用人单位不愿多接收女生，但是很多学校录取女生比例都不低。如北京外国语大学录取女生达到80%。他们都表示尽管分配时要多费些周折，也不能不录取那些条件合格的女生。北京经济学院还录取7名残疾考生，有的身高仅1.34米，有的一眼失明，有的肢部残缺等。北京联合大学应用文理学院，经院长特别批准录取了一名高位断臂的考生。这名考生表示保证要好好学习，毕业后报效祖国。

〔**校办产业**〕 北京地区高校1994年校办产业产值达40亿元，比上年增长54%，利润达6亿元，比上年增长50%。从1990年到1994年，产值增长8.8倍。利润增长7.3倍。1994年国家税赋上升，增值税17%，而以科技产业为主的校办产业技术含量高，进项抵扣低，加之上年库存进项抵扣不到位，致使校产普遍加重了负担。另外，回款率低，外欠多，资金十分困难。产值上亿元的高校从上年的5个增加至8个。

校办产业迅速的发展，反映了高校发展经济的巨大潜力。校产对高校建设发挥了重大作用，直接补充教育经费与事业费之比，高的已达1∶1，大部分高校都在30%以上，对稳定教工队伍起到了促进作用；转化了高校的科技成果，形成了一批社会科技产业的基地；为市场经济发展培育了一批高层次的经营、开发、管理人才；建设了一批教学、科研、生产相结合的新型基地；有助于贯彻党的教育方针；这就为高等院校适应市场经济的发展开拓了中国特色之路。

北京地区高校为发展校办产业创造了丰富的经验。北京大学为高校做出了榜样，出现了以北大方正为代表的覆盖全国印刷出版界的高科技产业基地。打开了南墙，兴办了科技产业街。北京工业大学创办了教、技、工、贸相结合的一条龙体系，形成的北京、深圳、香港三点一线，为内引外联，双向辐射，为高校发展教学与科研，使产品挤进国际市场，铺开国内市场，开拓了一条航路。北方交大的兰通集团，三年上三个大台阶，产值从几百万到亿元，表现了高校高层次人才开发科技产业的巨大智能和雄厚实力，他们为技术开发占领市场建立科技产业基地提供了宝贵的经验；北京中医药大学1993年、1994年学校校产收入均为事业费的1∶1，他们向社会显示了高校的实力，发挥了自己的优势，北京农业大学抓住机遇，筹资7000多万元，创办5个科技产业基地，走出了一条将农业大学办成为社会服务、为经济服务、为科技服务、为大生产服务的路子。不仅是农业人才辐射的基地，而且是农业科技发展的基地。北京建工学院主动适应市场经济需求，校办企业产值已年年翻番。清华大学在推动高校适应市场经济发展，实行人、财、物从计划经济向市场经济转化，从行政管理向经济管理转化，从原始产权向法人产权转化方面，建立了新的经济体制和机制，为校办产业实行新的管理创造了经验。北京还有工大电子厂，清华机械厂，理工大实验厂所办的太平洋比特健身器械有限公司，经济学院起重工具厂，中医大药厂，首师大电火花机床厂，6个工厂进行改造，开拓了新局面。

撰稿 李　鋆　李同铮　李致和　杜　明　张林秋

审稿 耿学超　陈大白　林浦生　马淑珍

〔**普通中专教育**〕 1994年，北京普通中专学校中市属66所。1994年实际招生的学校90所，招收新生中招收高中毕业生2776人，招收初中毕业生14900人。专任教师中具有高级职称的851人，占教师总数的16.8%，另外有兼职教师360名。学校占地面积328.4万平方米；校舍建筑总面积132.1万平方米；学校固定资产值60248.7万元；藏书299.9万册。

市委、市政府召开中专工作会议。1994年8月22日，市委、市政府召开建国以来首次北京中专工作会议。总结了北京地区中专教育事业所取得的显著成绩和存在的主要问题。提出北京中专教育要立足行业，面向社会，服务全国，采取“深化改革，加快发展，优化结构，全面提高”的方针。积极实施北京地区中 专的“321”工程。

会议确定了北京中等专业教育当前要着重抓好的9项改革工作和市政府为解决中专学校当前改革和发展中存在的主要困难，加快中专教育的发展所采取的7项具体措施。9项改革工作是：(1)联合办学，提高北京中专教育的整体效益和质量。(2)建立督导制度，加强宏观管理。(3)理顺管理体制，明确管理职责。(4)理顺投资体制，加强财务监督。(5)继续深化学校内部管理体制改革。(6)深化教育教学改革，提高教育教学质量。(7)加强教师队伍建设，提高教师的思想政治素质和业务素质。(8)积极进行招生就业制度改革。(9)与高等学校联合试办高职班。

7项措施是：(1)市政府从广告业征收的教育事业发展费中拨出一定比例用于发展普通中专教育事业，筹集一定资金作为重点普通中专学校专业建设及校舍完善配套基建费用。(2)深化改革。继续巩固、完善、深化学校内部管理体制改革。1994年，学校内部管理体制的改革主要在考核上加大了力度，把考核与报酬挂钩，有的学校个人之间每月相差100多元。调动了积极性，全市师生比已达到1∶10。

召开了市属5校综合改革试点经验交流会。这5所学校精简了机构和行政人员。行政后勤人员与教师的比例达到了1∶1，有的甚至0.8∶1，师生比达1∶14，教师周课时从6增到12，大大提高了效益。加强学生能力培养。组织英语、计算机、语文水平测试，三门课程共有7200多人次参测，对提高三科教学水平起到了较好的作用。

积极推进联合办学，加快办学体制的改革。1994年，北京6个区的卫校实行联合，经市编办批准，成立了“首都卫生学校”；文教办根据胡昭广副市长批示已批准市一轻工业学校、仪器仪表工业学校和振华旅游学校联合办学；北京护士学校采取总分校制，与医院联合办学。这些均已开始按联合办学有关章程运作。另外，有些学校与企业或郊区县已实行联合办班。二轻系统的皮革与塑料学校已制订出联合办学方案。加快招生改革。经市政府批准，在计划内招收30%的收费生，并扩大“不包不转”的招生数，1994年共招收这类学生1690人。扩大对边远贫困山区的招生数量。1994年在60个边远山区乡招收130名有两年以上实践经验的青年入学。1994年全市中专校在录取工作中，积极推进计算机录取试点。今年共有17所学校的30个专业参加机录，共录新生2173名。还进行了文艺、体育特长生的加试等工作。

继续试办高职班。国家教委批准煤炭工业学校为全国试办高职班的10所中专学校之一。另外，还有无线电学校等4所中专与联大、北工大联合办了5个高职班，共招学生156名。(3) 进行第二期办学条件合格和办学水平评估。完成了对17所学校的合格评估、11所学校的水平评估，促进了学校建设。评出第三人民警察学校、水利水电学校、商贸学校、中医学校、财政学校、皮革工业学校、海淀卫生学校等7所为合格学校。经北京地区中等专业学校综合评估领导小组同意，北京市八一农机学校、北京铁路机械学校、北京城市建设学校、北京市第三人民警察学校、北京护士学校、北京市第二轻工业学校、首都铁路卫生学校、北京市人民警察学校为北京市级重点中专学校。主管局和学校对此次评估都十分重视。仅从投入看，11所学校共投入3835多万元资金，改善了办学条件。(4) 加强教学管理和师资队伍建设。根据国家教委颁发的《普通中等专业学校专业目录》，对中专学校现设的专业进行了规范化调整工作。经过调整，目前全市共开设有210个专业，其中《目录》外专业11个。1994年全市有17所中专共新增开31个专业。组织宣传学习、贯彻《教师法》。并对执行情况进行了检查。完成了职称评审工作。当年职评工作中，共组织30名专家分成8个组对127名教师进行了答辩。经高评委最后评审，131人申报，确认具有高级职称任职资格的共96名，通过率为73.28%。组织两期教务员培训班，76位教学管理人员接受了培训，促进了各校教学管理的规范化建设。(5) 加强学籍管理工作。转发了国家教委《普通中等专业学校学生学籍管理规定》，对11723名毕业生的证书进行了验印工作。完成新生注册17676人。新生户口审批11344人。(6) 加强学校德育工作。召开了部分中专学校加强德育工作座谈会。举办了中专学校关于加强德育工作的专题报告会。针对中专特点，召开研究制订贯彻《中共中央关于进一步加强和改进德育工作的若干意见》的实施方案研讨会。评选市教育系统德育先进集体和优秀德育工作者。先进集体1个（煤炭工业学校）、优秀德育工作者21名。评出优秀学生干部31名，三好生96名，先进集体17个。开展中专校第十二届五月鲜花文艺汇演和第一届舞蹈节。共有35所学校100多个节目报名，2000名学生参加，共评出一等奖4个，二等奖8个，三等奖16个。分别组织教师、学生暑期夏令营，共有20所学校的60多名师生参加。举办纪念“一二·九”运动合唱节活动，26所学校3000名师生参加了演出，评出一等奖2名，二等奖4名，三等奖8名，优秀奖2名，其中100名校长、书记组成的合唱团登台演唱，得到师生好评。组织学生参加“读百卷书，激爱国情”活动，并举办了读书知识竞赛活动。30所中专学校参加，铁路电气化学校获笔试第一名。并与清华大学一起代表高教局参加北京电视台等七单位举办的读书知识大赛，铁路电气化学校获三等奖（共6个队），北京市医药器械学校获最佳组织奖。完成市政府交办的组织远南运动会观众的任务，11所学校，2万人次观看12场次的比赛。学生守纪律，有热情，给运动员以极大的鼓励。组织国庆45周年天安门广场联欢活动，有19所中专学校2400名师生组成国庆高校第七区，该区曾多次受到有关领导的表扬。(7)体育工作。举办了北京中专第22届运动会。与有关部门一起组团参加全国首届职业技术学校田径运动会，体校组获第一名，中专组获第六名，北京团获团体总分第六名，北京队获精神文明第一名，高教局获优秀组织奖。北京市农业学校、第三人民警察学校、什刹海体育运动学校被国家体委、国家教委批准为全国职教系统体育先进集体。

撰稿　詹生根、蔡继顺
审稿　谢幼琅

成人教育

〔综述〕　1994年，为使成人教育更直接有效地为首都建立社会主义市场经济体制、加快现代化建设步伐和提前三年实现小康服务，北京采取了重点突破、整体推进的方针，在成人教育系统推出了《北京市中高层次紧缺人才培训工程》、《北京市转岗人员培训工程》、《北京市乡镇企业职工培训工程》(以下简称“三项工程”)，带动了成人教育工作的全面改革和发展。截止1994年底，全市有各级各类成人院校5442所（个）。其中成人高等学校83所、成人中等专业学校150所、职工学校、培训中心409所、社会力量办学1523所，乡镇成人学校276所。全年累计有386.2万人次参加各级各类成人教育培训，比去年同期增加85.4万人次，增长率为28.4%。其中：职工教育培训为322.1万人次，农民教育培训为64.1万人次，与去年同期相比分别增加83.6万人次和1.9万人次。参加成人初、中、高等学历教育为18.2万人，占总培训量的4.7%，以岗位培训为重点的各类培训为230.5万人次，占培训总量的59.7%；社会力量举办的各类教育培训达137.5万人次，占培训总量的35.6%。1994年除成人高等学历教育毕业生外获得市高等自学考试大专以上毕业证书4086人。成人高中等学校教师新评高级职称263人，其中正高职35人、副教授228人。

各级党和政府重视成人教育。1月27日，李岚清副总理视察北京市成人教育，并看望成人教育的教师并与成人教育工作者座谈，强调了党的十四届三中全会提出成人教育要大力发展的重要意见。2月5日至7日，朱开轩、王明达等国家教委领导分别视察北京财贸管理干部学院和燕京华侨大学。3月29日，中共北京市委、市政府召开了北京市成人教育工作会议，提出了大力发展成人教育的目标、任务、措施和今后一个时期工作的重点。8月28日，中共北京市委、北京市人民政府颁发《关于进一步改革和发展成人教育的若干措施》。7月—8月，市政协对北京市职工教育情况进行了专题考察，并向市委、市政府提出了《关于在建立现代企业制度中加强企业职工教育的几点意见》。

在市成人教育工作会议、市教育工作会议召开之后，有15个区、县召开了教育工作会议，7个区、县召开了专题成教会议，提出了大力发展区县成人教育的意见；市经委、商委、建委、市政管委、外经贸委、农办等委办局也根据各自情况，提出了本部门、本行业成人教育的发展计划。

〔实施3项培训工程〕　(1) 实施“中高层次紧缺人才培训工程”，目标是：“集中力量培训一批当前紧缺的现代企业管理、涉外商务、金融保险、房地产开发与经营、城建工程项目管理、财税审计、涉外法律、外经外贸、农村经济管理、旅游和外语、计算机应用技术等高层次、复合型和外向型人才”。东城区委、区政府为提高党政干部和企事业单位中、高层次管理人员的素质，从1994年上半年开始，对全区45岁以下的党政机关干部和企事业单位的中高层次管理人员进行计算机应用技术、外语培训等。由于区长、区委常委带头参加培训，该区中高层次紧缺人才培训工程迅速启动，全市许多区县开始对领导干部进行计算机应用技术培训，并针对各区县情况，着手培养财会、房地产、外经外贸等紧缺人才。为了培养中高层次紧缺人才，市经委与人民大学联合举办了工商管理硕士研究生班，为企业培养高层次跨世纪决策人才。市商委提出了“百千万”工程，将在近3年内培养出百名高级商业人才、千名中级专业技术人才、万名中小企业经营者。市政管委投资300万元与清华大学、建工学院联合办学，培养一批适应市政发展需要的具有硕士水平的管理人才。市外经贸委在陆宇澄同志亲自倡导支持下，推出了“万名经贸人才培训工程”，即用3—5年培养1万名精通国际商务的中高级经贸人才，并投资200万元筹建“北京市中高层次外经外贸管理人才培训中心”。目前，北京市商委系统的“北京市商业企业高层次管理人才培训中心”、北京市市政管委系统的“北京市房地产经营开发和市政管理高层次人才培训中心”、北京市建委系统的“北京市城市建设企业高层次管理人才培训中心”、北京市农口的“北京市中高层次农业管理干部培训中心”以及区县中高层次紧缺人才培训中心均在筹建之中。为配合此项工程的实施，市成人教育局被国家教委考试中心定为北京地区全国计算机等级考试承办机构，现已在北京市建立了5个全国计算机等级考试点。(2) 实施“转岗人员培训工程”。随着社会主义市场经济体制的建立，我市的经济结构和产业结构进行了大幅度的调整，经调查，1994年至1997年，全市将有百万劳动者因社会需求的变化及经济转轨而转移工作岗位。根据这样的社会经济发展需要，岗位培训工作由对在岗人员进行适应性和达标性的培训转向了对即将转岗人员进行选择新职业、走上新岗位的知识、技术培训。市一轻总公司、东安集团、首钢、电信管理局等单位在综合配套改革、职工分流过程中，积极开展转岗人员培训,取得了良好的经济效益和社会效益。朝阳区粮食局在国家粮食政策改变后，及时对职工中的骨干进行了转岗培训，使一直从事粮食计划供应的职工转变成经营型人才，合作开办了“瑞达速冻食品公司”经济和社会效益较好,全区共对1800名职工进行了转岗培训。东城区利生体育用品公司在改建中对下岗的800人立即进行了转岗培训，促进了职工合理分流。北京市公用局结合天然气进京，煤炭公司结合煤炭用户减少等变化，都及时进行了转岗培训。(3) 实施“乡镇企业职工培训工程”。目前，北京市农村广大干部大多数只达到中专水平，乡镇企业不仅是郊区经济的重要支柱，也是全市经济的重要组成部分。据1992年统计，目前乡镇企业职工具有大专以上水平的只占职工总数的0.3%，专门人才更是缺乏。为提高农村干部和乡镇企业干部、科技人员及职工队伍管理和专业水平，使其在国内外市场竞争中立于不败之地，制定并组织实施了《北京市乡镇企业培训工程》，即到1997年为乡镇企业培养1万名大专以上毕业生,5万名中专毕业生,专业技术人员新增1万名和对50万名职工进行岗位培训（简称《1515工程》）。副市长段强以及农委、农办领导高度重视,郊区县委、区县政府、各有关部门层层发动、组织，依据各自实际情况，确定任务。为使学历教育向农村特别是乡镇企业倾斜，1994年上半年在密云县进行“乡镇企业劳模预科班”试点工作，效果较好，现在房山、怀柔、顺义、门头沟等10个远郊区县乡镇企业劳模预科班已发展到846人。远郊区县还开始创办电大分校，一些富裕村如房山的韩村河、白草洼、窦店，通县的大镐村等纷纷要求区县电大分校在本村办大专班，以满足乡镇企业对大专层 次人才的大量急需。

为推动“三项工程”的实施，市成人教育局与有关委、办、局成立了工程实施领导小组，制定了相应的政策。各区县、委办局总公司提出了具体措施。

〔**教育改革**〕 为使职业高中、中专、技校与成人高等职业教育、成人高等学历教育接轨，经批准在市总工会职工大学、东城职工大学与北京财经学校、东城职业教育中心、190中学职业高中班试办接轨班；西城职工中等专业学校与北京实用美术学校试办接轨班，促进了职前职后教育的沟通。

为充分发挥教育资源作用，出现了成教与普教、市属学校与中央院校、民办学校与成人教育学校等联合办学的新形式，形成了低投入、高产业、高效益办学特色。如海淀区职工大学与北京电影学院联合举办艺术专业、与北京航天航空大学联合举办家电维修专业;机械局职工大学与马来西亚英迪学院、东城区职工大学与新加坡华夏管理学院联合举办经济管理、财会专业等进行中高层次紧缺人才培训。北京煤炭管理干部学院为充分发挥校舍与图书、教学设备作用，与中华社会大学、兴华大学、北京黄埔大学、北京中国驻颜美容学院、北京求知学院、北京联华高等职业技术学院、北京高等秘书学院等7所民办院校联合办学,组成“院长联谊会”和“办公室主任联席会”,在教室、教学设备、体育设施、图书资料等方面实行统一安排、资源共享，在安全保卫、卫生、文体活动等方面实行统一管理,既使教育资源得到 充分利用，管理有条不紊，各校又有办学自主权；王码、华远等9所民办计算机培训学校联合成立了西城成人电脑培训集团；中国人民大学夏光仁教授联合北京百货大楼、东安集团、贵友大厦、燕莎、西单商场等20家企业集团及一商职工中等专业学校办了“北京中新企业管理学院”；通县城关桥主村运桥集团公司与中国武术专家八卦公第5代传人及其他武术界专家在本村办了通县运桥武术成人职业高中等。另外，二商职工中专学校与食品公司、菜蔬公司联合办学，对职工进行培训，西城职工中专与中央歌舞团联合办舞蹈专业等，都取得了较好的效果。

为了扩大教、考分离的办学模式试验，市成人高等教育自学考试办公室又在崇文区进行中专自学考试试点，并正在研究为乡镇企业管理专业大专水平和小学教师综合大专水平及电视高中开办自学考试科目。

完成了成人中等专业学校的评估工作。3年来共评估115所学校，其中A级校18所、B级校2所。通过评估加强了学校班子建设，健全了各项规章制度，加强了教学管理，促进了教育教学质量的提高。学校硬件建设有所改善，直接投入1000万元，校舍面积净增4万多平方米。成人高等学校在过去评估的基础上，根据教委要求，制定了新的评估方案，为正常开展评估打下了基础。修订了成人高等学校教学计划，并从1995年开始，增开外语课（要求达到四会）和计算机课（要求通过A级）的教学。制定了《关于市属独立设置的成人高等学校成人中等专业学校达标的意见》，以促进学校的建设及教学质量的提高。

为提高成人教育的教学水平，市成人教育局还邀请有关专家，按照“基础理论够用，保证大专水平，理论联系实际和便于自学”的原则，统编了应用数学、大学实用英语、应用文写作、计算机应用4门基础课的教学大纲和教材，已开始使用。

〔**法制建设**〕 1994年完成了《北京市社会力量办学管理办法》的修改工作，1994年9月23日市政府（23号令）发布了新的《北京市社会办学力量管理办法》，并于1994年10月15日开始实施。完成了《北京市农民教育条例》（草案）第5稿（已报市政府），完成了《北京市继续教育条例》（草案）第6稿，《〈北京市职工教育条例〉实施细则》几经修改，正在进一步征求意见中。

1994年7月至8月，市成人教育局会同市人大教科委对两个区（县）、5个委（办）及其所属14个企业贯彻执行《北京市职工教育条例》情况进行了深入调研，同时对全市350个单位贯彻《北京市职工教育条例》的情况进行了问卷调查。1994年10月至11月，市成人教育局会同有关部门对全市18个区县贯彻落实《中华人民共和国教师法》及其北京市实施办法的情况进行了检查。一年来，市及区（县）查处非法办学共48起，市成人教育局对违章办学单位进行了罚款，并妥善解决了个别企业擅自撤消职工中专学校的问题。

〔**宏观管理**〕 市委、市政府进一步明确了市成人教育局对全市成人教育工作的统筹协调和宏观管理的职能以后，全市成人教育工作的宏观管理得到了加强。

进一步明确了成人教育改革和发展目标：到本世纪末，全市成人教育事业有较大发展，教育质量有显著提高，岗位培训和继续教育形成制度，建立起与首都经济建设和社会发展相适应的、具有中国特色和首都特点的、面向21世纪的社会主义成人教育体系的基本框架。为了实现这一目标，要集中力量实施“三项工程”，并以此为龙头，带动成人教育改革和发展。其主要任务是：(1) 大力开展岗位培训和继续教育；(2) 深化改革，稳步发展成人学历教育；(3) 深化农村教育改革，大力发展农村成人教育，全面提高农村从业人员素质；(4) 积极推进社区教育和企业教育综合改革和发展；(5) 鼓励支持社会力量依法举办各种教育事业；(6) 加强学校内部管理体制改革和教育改革。

在贯彻市教育工作会议上，市成人教育局总结了加强成人教育宏观管理的6项工作，即：(1) 加强法制建设与执法力度。(2) 加强规划与统计。(3) 加强制度保障与政策支持。(4) 加强信息管理与服务。(5) 加强教师和干部队伍建设。(6) 加强成人教育发展战略与理论研究。

〔**基础建设**〕 为加强成人教育院校的德育工作与教师和管理干部队伍的建设，在市委教育工委领导下，通过对成人教育系统德育和党建工作的专题调查，3月，市成人教育工作会议上提出了《关于加强和改进成人教育系统党的建设和思想政治工作的意见》(征求意见稿)；教师节期间市成人教育局作出了“关于向王泰库同志学习”的决定，总结了丰台区职工中专班主任王泰库同志深入细致地做成人学员政治思想工作的经验。在全市教育系统评选德育先进工作中，成人教育系统有57名评选为市德育先进个人。在深入调研的基础上，制定了《关于开展北京市成人院校管理干部培训工作的意见》和《关于加强北京市成人教育教师队伍建设的意见》，有计划地开展了培训工作。

为解决北京市乡（镇）成人学校机构建制，市成人教育局与市编办颁发了《北京市乡镇成人学校机构编制标准》(试行)，并已开始落实。

市、区县财政及委（办）为大力发展成人教育，加大了对成人教育的投入。市政府投资支持市成人教育局两年建成成人教育培训中心。宣武区政府在财政困难的情况下，仍增拨95万元用于发展成人教育，丰台区政府投入200万元，为区职工中等专业学校征8亩建校用地，在三年内为成人教育工作的教职工解决2000平方米的宿舍；怀柔县政府每年给成人教育局增拨30万元经费，支持成人教育事业的发展。

撰稿 张 定
审稿 王茂才

天津市教育

概　况

〔基本情况〕

1994年各级普通学校基本情况

单位：人

学校类别	学校数（所）	毕业生数	招生数	在校学生数	教职工数	
					计	其中专任教师
一、普通高等学校	25	15763	23715	71743	27620	10170
研究生		1102	2293	5071		
本　科		8801	11304	42562		
专　科		5860	10118	24110		
二、中等专业学校	74	10702	18572	50561	10578	4780
中等技术学校	63	9027	16016	43401	9061	4082
中等师范学校	11	1675	2556	7160	1517	698
三、普通中学	672	112347	156464	410350	48980	34256
高　中	183	19312	23942	62399	—	6319
初　中	489	93035	132522	347951	—	27937
四、农业、职业中学	101	9845	17877	44251	5327	3420
高　中	98	8356	16029	41866	—	3289
初　中	3	1489	1848	2385	—	131
五、工读学校	2			667	142	62
六、小　学	3219	138344	152941	896174	62511	51616
七、特殊教育学校	19			2331	769	527
八、幼儿园	287	14114	12128	157391	9080	5310

注（1）职中不含职教班。

（2）工读学校在校生中有工读班学生45人，职教班学生589人，中学班学生33人。

1994年各级成人学校基本情况

单位：人

学校类别	学校数（所）	毕业生数	招生数	在校学生数	教职工数	
					计	其中专任教师
一、成人高等学校	45	12972	26165	60677	8576	4223
广播电视大学	1	3367	5964	13322	1985	818
职工高等学校	35	5039	7819	19499	4618	2666
农民高等学校						
管理干部学院	8	1328	2927	5699	1530	538
教育学院	1	287	1057	2289	443	201
独立函授学院						
普通高校举办						
函授部	(10)	1291	2876	7264		
夜大学	(17)	1273	5053	11358		
干部专修科	(7)	387	469	1246		
二、成人中等专业学校	99	11730	22024	41255	4452	2261
广播电视中专	2	1194	5621	8375	155	93
干部中专	17	1893	2662	4875	781	297
职工中专	55	4395	8353	18086	2116	1144
农民中专	10	1926	3520	7620	511	265
教师进修学校	15	2322	1868	2299	889	462
三、成人中学	13	3726	3356	10151	183	168
职工中学	10	3572	3202	10151	169	162
农民中学	3	154	154		14	6
四、成人技术培训学校	2224	370646	379400	70163	1119	682
职工技术培训学校	17	1049	2667	2241	30	19
农民技术培训学校	2207	369597	376733	67922	1089	663
五、成人初等学校	220	8151	10458	2811	143	114
职工初等学校	1	17	17	17		
农民初等学校	219	8134	10441	2794	143	114
其中：扫盲班						

填表人：王挥　海飞平　李　琪

基础教育

〔**义务教育**〕 1994年，天津市分两步对全市普及义务教育情况进行了全面检查，1月～8月，市、区（县）、乡（镇）、学校层层进行了自查，并提出了自查报告。9月，国家教委督导检查组对天津市18个区（县）义务教育工作进行复查验收，确认：天津市“普九”各项指标均基本达到国家规定的要求，有些区（县）超过了规定的标准。全市义务教育的特点是：(1) 工作扎实，各项工作均做到“三个到位”（认识到位、工作到位、措施到位）；“三个纳入”（纳入当地经济和社会发展总体规划，纳入政府重要议事日程，纳入干部政绩考核的范围），真正把教育摆在优先发展的战略地位。(2) 普及面广。适龄儿童入学率：小学，市区为100%，农村除个别区（县）外也达到100%；初中，市区为100%，农村为96%以上。在校生辍学率：小学，市区和农村均在1%以下；初中，城区在2%以下，农村在3%以下。残疾儿童少年入学率，市区和农村分别达到90%以上和75%以上。15周岁人口中受完初等教育率，市区和农村均在98%以上；17周岁人口中初级中学教育完成率，市区在95%以上，农村在90%以上。教师学历合格率：小学95%；初中83.2%。(3) 教育投入大。全市18个区县教育经费均做到了“两个增长”，有些区做到了“三个增长”。教育支出总额中做到了财政拨款为主。(4) 办学条件显著改善。小学和初中分别做到“一无两有八配套”和“一无两有十配套”。截止到1994年底，农村地区共消除危房240.97万平方米。从1984～1994年，10年间共新建、翻建、大修校舍357.4万平方米，占农村中小学校舍总面积的96%。其中新建教学楼395栋，40%的中小学是新建校舍，使农村出现了一批建筑式样新颖，环境幽雅、具有现代化气派，花园式楼房校舍。此外，修复课桌椅67.3万套，充实了价值3263.5万元的教学仪器和文体设备。城市地区共投资1.2亿元，改造危房51.2万平方米（其中1994年投资700万元，改造危房4.8万平方米）。改扩建中小学202所。到1994年底，全市中小学共配备计算机9941台。计算机总数量、人均占有率、设备质量3个重要指标在全国居先进行列。(5) 教育质量稳步提高，毕业生全科合格率：小学，市区在99%以上，农村在90%以上。初中，毕业合格率：市区为96%，其中全科合格率在70%以上，优秀率为45%。毕业年级学生体育合格率：小学，市区在95以上，农村在88%以上；初中，市区和农村均在90%以上。学生行为规范合格率：全市为99%以上。

〔**调整规划**〕 实施义务教育第一步战略目标在全市基本完成后，天津市委、市政府及时提出了第二个战略目标，即办学条件和教育质量都要上新台阶。根据全市“普九”的重点和难点均在农村的实际，1994年8月15日，市政府批转了市教育局制定的《天津市农村地区基本实现九年制义务教育后小学办学标准》和《天津市农村地区基本实现九年制义务教育后初中办学标准》。从1994年开始运作，到本世纪末农村中小学办学水平达到“六化”(校舍建设标准化、校园基地园林化、仪器设备现代化、教育教学科学化、师资队伍优良化、学校管理规范化)。其实施办法是：(1) 继续调整学校布局。10月，制定下发了《天津市农村地区学校布局调整规范实施意见》。222个乡（镇）中已有97个乡(镇)按天津市建设规范调整了中小学布局和规模。全市农村地区学校总数由原来的3200所，减至2721所。其中：小学由原来的2798所，减为2411所；中学由原来的402所，减为310所。调整后的学校，布局更趋合理，学校的规模，设备条件、办学效益均有较大的改观。(2) 依照“六化”要求，以乡（镇）为单位，分期分批、逐年推进，定期检查验收，确认合格后，由市人民政府命名授予“九年制义务教育办学规范乡（镇)”的光荣称号。(3) 区（县）落实规划。天津市有农村的12个区县都把提高义务教育质量，实现“六化”纳入区县总体发展规划。纳入工作重要议事日程，明确分工，责任到人，精心筹划、精心组织、精心施工。西青区是天津市较早实现“普九”达标的区县之一。该区实现“普九”达标后，定出了6年“普九”，2年巩固，5年提高”的规划，把重点放在加强管理，提高教育质量上。依据国家要求和天津市规定的示范校标准，区制定出学校五星级管理达标评估方案，将学校管理分为学校容貌管理、校风管理、教学管理、后勤管理、设备管理5个方面。又把每一方面分解成若干条目。推动了学校工作全面开展和全区示范和规范乡（镇）的建设。1994年该区已有4所小学和1所中学挂上了五星级牌子，2所中学被评为四星级达标中学，40所中小学获得星级。静海县从1993年开始，对学校布局进行了调整。调整后的乡镇均形成了“四个中心”，即有一所较标准的幼儿园、一所较规范的中心小学、一所规模较大的中心初中、一所功能完善的成人文化技术学校。

〔**德育工作**〕 1994年，贯彻《中共中央关于进一步加强和改进学校德育工作的若干意见》、《爱国主义教育实施纲要》，开展了以下几项教育活动：

观看百部爱国主义教育影视片。市、区(县)、校级制定计划，采取多种落实措施，安排观看层次，使每个中、小学生都能看到，并组织《观后感》、《影评》等征文活动及评选，从几千篇文章中上报市级478篇，最后评出一等奖15名，二等奖30名，三等奖45名。推行影视片的主题歌曲演唱活动和“四个四”、“五个百”活动，即：熟悉四个爱国人士，会唱四首爱国歌曲，写四篇观后感和影评，做四件有益于人民的好事；读百本书，看百部片，会讲百个爱国小故事，会唱百首爱国歌曲，写百篇观后感。以上各项活动加深了观看百部影片的教育效果。

贯彻“国旗法”，严格升、降国旗制度。组织了三次大规模检查、两次观摩活动。区(县)、学校多次组织学生到北京观看升旗仪式，以规范升、降国旗仪式，训练升旗手，并通过介绍资料、书籍等方法，提高在国旗下讲话的质量，加深对学生的教育效果。

加强对学生的传统美德教育。组织德育科长和干部互相观摩传统美德教育现场会；

组织中小学生阅读《中华五千年》丛书，了解中华民族的历史和传统美德，知道主要爱国人士的事迹和名人的有关美德的事例；加强对学生养成教育，贯彻日常行为规范，培养学生的良好道德行为。

评选先进。1994 年批准 3 所中小学为市级贯彻日常行为规范示范校。至此，全市已树立 105 所中小学为示范校；成立市中小学生奖励基金会，对 105 名"学雷锋树新风做新人"的优秀学生进行表彰奖励；1994 年共评选出市级三好学生 7603 人（其中，小学 2405 人，中学 5198 人），优秀学生干部 1171 人。评选出区（县）级三好学生 39176 人，校级 124723 人；旅港同乡基金会 1994 年再次评选表彰 90 名有突出事迹的优秀学生；有 12 名优秀学生受到宋庆龄奖励基金会表彰和奖励。1994 年，表彰 102 名模范班主任，并在市级报刊上介绍他们的事迹。

心理健康教育。4 月份，在实验中学召开现场会，介绍和推广中小学心理健康教育的经验。从 7 月份开始，组织了市区实验学校心理健康教育骨干培训班，已完成两期。市实验中学、常德道小学的论文被选中，于 5 月份在北京举行的亚澳地区心理健康教育年会上进行交流，受到好评。市实验中学、耀华中学、塘沽教师进修学校、常德道小学、河东教研室等 10 余所学校或单位开展了心理测量，培训年轻班主任，对学生开讲座等项工作，有的还开展了对学生的心理咨询，并注意个案的材料积累。

社区教育。1994 年表彰 100 个先进集体，上报论文 130 篇；加强市、区、校三级基地建设，现有学军、学农、学工、社会服务、劳动实践、传统教育等基地 4000 多个，可容纳学生总数的 60%；学校派往乡、镇、街道专职从事社区教育的干部、教师 766 人；专兼职校外辅导员 1300 多人。做到有教育层次，有丰富内容，有专人管理，有明显标志。对以上人员按特长建卡，区（县）所属单位互通情况，各校根据教育内容调用。市内 6 区还做到了人员优势互补。

〔**艺术教育**〕 1994 年，天津市举办第二届"校园艺术节"，发动全市 90%以上的中小学和幼儿园，110 万学生参加"爱祖国、爱家乡、迎世乒"为主题的艺术活动。内容包括声乐、器乐、舞蹈、民间艺术、美术、书法等。各区（县）共组织 76 场次，演出 1423 个节目，展出的美术作品 25470 件。市组织民乐、铜管乐、舞蹈、秧歌等四次调演和少年宫、职业学校两个专场调演，有 110 所中、小学和 14 个少年宫参加，观看学生达 10000 余人次。组织"校园艺术节书画精品展"，展出 216 件作品，从中精选 30 件送全国参加比赛。命名首批"艺术教育特色学校"52 所。组织 5 所中小学参加第二届全国中小学"爱祖国，爱老师"歌咏录像比赛，二师附小获一等奖，东丽区崔家码头小学、宁河县芦台一小和北辰区 92 中获二等奖，塘沽区实验小学获三等奖。在市校园美展的基础上，向全国中学生"我的祖国，我的老师"美术书法摄影比赛，报送 30 幅作品。经过评选，获一等奖 1 幅，二等奖 2 幅，三等奖 4 幅。

〔**教育改革**〕 1994 年，天津市依照《中国教育改革和发展纲要》精神，在努力克服应试教育影响、加快向素质教育转轨的方面，加大了力度。

建立新的课程体系。从 1993 年起，全市中小学起始年级全面实施了义务教育新课程计划。其他年级的课程也进行了调整。调整的思路是：立足全面发展，落实活动课程，加强外语和计算机教育，重视劳动教育。到1994年底，中小学各年级的活动课程全部纳入课表，小学五年级全部开齐外语课。中学计算机课均已开齐开足，大多数小学也开设了计算机课或组织了计算机兴趣小组。小学劳动课和中学劳动技术课列入教学计划，开课率城乡均达到100%。根据《小学劳动课教学大纲》编写了小学1～6年级劳动课教材；中学劳技课教材几经修订，日趋完善，使之与义务教育课程方案相配套。区（县）的劳动技术教育基地和职业技术实习基地相互融通，使学生在实践中提高动手操作能力。

讨论教育（教学）思想。在实施新课程体系过程中，强调必须以教育思想的改革为先导，为此，配合新课程计划和课程体系的学习开展了全市范围的教育思想大讨论，以帮助广大教师树立新的质量观和人才观。河西区上海道小学是天津市最早进行整体改革的实验校之一，从1980年起，该校在改革教材、教法和学制的同时，就进行了课程结构的改革，创造了以学科课程和活动课程、显性课程和潜在课程相结合相辅相成的大课程体系的教改经验。区教育局先后两次召开小学活动课现场会，进行了探讨研究，制定了《河西区小学活动课程指导纲要》。发动全区50多所小学以自己的优势项目为基础，编制出60多个活动项目指导纲要。该区小学活动课做到了有大纲、有计划、有教材、有基地、有评估检查办法、有管理机构和各种规章制度。全区实现了两个100%，即100%的学校每年级按要求开足开好5节活动课；100%的学生参加群体活动和科技、文艺兴趣活动。

减轻中小学生过重课业负担。天津市教育局为减轻中小学生过重课业负担采取的措施是：（1）管住各类考试，规定除初中毕业升学考试和高中毕业会考外，一律不得进行区县一级统一考试。学校的期末考试和平时测试必须按有关规定实施。（2）管住各类竞赛，严格规定各类以中小学生为对象的竞赛包括学科类竞赛，必须经市教育局批准。1994年起，小学毕业升学与竞赛成绩脱钩。（3）控制作业总量，坚决杜绝以作业惩罚学生的错误做法。（4）减少教学用书，严格控制各种复习练习资料的编印和发行。市教育教学研究室采取措施改进教材编写，精减教学内容，本着科学、精练、实用的原则，对地方教材进行了修订和重编。用“精”“减”“分”“并”（同类合并）的办法，减少教材品种，使每种教材的内容压缩10%～20%。并把课内外用书分开。对不同程度的学生提出不同层次的要求，使每个学生能有比较合理的课业负担，以减少学生的思想压力。

进行普通高中办学模式的改革。天津市采取多种形式在普通高中阶段注入职业技术教育内容，并实行高中会考后分流教育，使普通高中学生学习二年半，通过高中会考后再学习一年半专业知识，毕业时取得高中毕业证和职专毕业证两种证书。“双证书制”为办学单位、学生个人及用人单位都提供了方便。

〔**教师队伍建设**〕 1994年，分配到普教系统的师范类大中专毕业生2872人（师大502人，师专482人，其他院校184人，中师毕业生1704人），占师范类毕业生总数的89.4%。天津市初步形成了高、中师配套、学科较齐全的师资培训基地。到1994年，天津市师范院校已具备年输送2700名新教师的能力，基本满足“普九”对师资的需求。

1994 年，中等师范教育进行了两项改革：一是在部分中师校招收五年制专科师范新生，为小学培养大专学历的青年骨干教师，1994 年招收大专生的学校有天津师范学校和第二师范学校，两校共招生 200 名。五年制专科班，实行优胜劣汰的竞争机制：学生学习到三年级时，进行中师筛选，从 200 名学生中选拔出 150 名进入后两年的专科学习，毕业后分配到小学任教，并享受大专待遇。其余 50 人成绩合格者按中专生分配到小学任教。二是部分中师进行一校两制的改革实验，以推进办学体制改革，培养多方面的人才。1994 年，天津市幼儿师范学校成立了“礼仪职业中专”和“海兹曼钢琴学校”，招生 185 人。第二幼儿师范学校成立了“美术广告职业学校”招生 102 人。外语师范学校成立了“爱华外国语学校”招小学毕业生 90 人。

学习贯彻《教师法》。天津市委、市政府制定了《天津市实施〈中华人民共和国教师法〉办法》（共 227 条，以下简称《实施办法》)。《实施办法》规定：教师队伍建设是以建设一支具有良好思想政治素质和业务素质的教师队伍为目标。逐步实行教师资格制度、职务制度、聘任制度、考核制度、培养和进修制度等。

教师的继续教育。1994 年，天津市中小学教师继续教育完成率达到 70%。在继续教育中重点抓了以提高青年教师的学科知识和教学能力为目的的“青年教师希望工程”。通过开展一年一度的“希望杯”青年教师优秀课竞赛，青年教师学术讲坛，高、特级教师示范课观摩等系列活动，使一批青年教师脱颖而出。有 20% 的青年教师（约 8000 人）已成为各区县教育教学骨干力量。青年教师已成为天津市普教战线的有生力量。为了表彰、鼓励青年教师不断进取，市政府从 1993 年起，特地从专业技术职称指标中拨出一定比例用来破格晋升一批优秀青年教师。1994 年脱颖评聘 40 岁以下的中学高级教师 80 人，35 岁以下中学一级教师 98 人；小学高级教师 90 人，幼儿园高级教师 15 人。评聘符合中学高级教师任职条件的小学教师 44 人。到年底，经过培训和继续教育，小学、初中教师的学历达标率，分别已达 96%、83.2%，并有 8.28% 的小学教师，17.9% 的初中教师达到了比国家规定的高一级的学历。对农村地区，针对中小学教师数量不足的问题，采取了委培、定向招生和扩大农村招生数量等办法，解决农村教师短缺问题。1987～1994 年共为农村地区补充高师毕业生 3900 余人，占全部高师毕业生的 48.75%。

〔**提高教师待遇**〕　1994 年，天津市政府专门给普教系统增拨 9000 个中、高级专业技术职务和政工师职务指标（其中高级 2000 个），使近万名教师的职称得以晋升。

在教师待遇方面，做到教师工资按时足额发放，不拖欠。蓟县是天津市的边远县，该县乡村教师工资收入中的部分补贴一直由各乡镇负担，由于种种原因，一度这部分工资报酬不能及时到位和正常发放。蓟县县政府积极采取措施，除将拖欠部分一次偿清外，为杜绝这种现象再度发生，决定教师调整工资部分改由县财政负担。原来由各乡镇负担的教师工资中的补贴部分，改由县财政从下拨乡镇的财政款项中统一扣除，直接拨给县教育局，做到专款管理，专款使用，专款定期检查，确保全县 9000 名教师均能按时足额领到工资报酬。

改善教师居住条件。1994年12月，市政府制定了《天津市解决教师住房问题暂行办法》。在市政事业单位建房资金分配上保证普教系统职工建房资金占40%以上的比例。在全市危陋房改造、翻建中，凡涉及中小学教师住房一律免交学校负担的部分资金。在单位分房时，配偶是中小学教师、职工的优先解决住房并免交集资款。据不完全统计，1994年，全市18个区（县）为教师建房11万多平方米。市区教师人均住房面积达6.07平方米。武清县达到9.4平方米，静海县达到12平方米。教师住房难的问题得到了较大缓解。

表彰奖励先进教师。1994年教师节，全市奖励4.5万名从教30年以上教师和教育工作者（包括离、退休者），其奖励面占全市教职工总数的30%。奖励人数超过近5年来奖励教师的总和。还以市政府的名义命名表彰重奖（每人1万元）了普教系统10名教师标兵。到1994年，受到市中小学幼儿教师奖励基金会表彰奖励的仅市级模范教师累计已达4000余人次。天津市教育局和市科委还联合设立了"播种太阳奖"，奖励那些在自然科学教学活动中做出成绩的优秀教师。1994年，奖励基金会还编辑出版了《健美之源》一书，表彰宣传40名体、音、美教师的先进事迹。这是自1990年相继出版《教坛风流》、《润物细无声》、《校长的足迹》、《成人教育之星》以后的第五部为教师树碑立传的"群英谱"。

民办教师全部转为公办教师。1994年，将天津市最后1124名民办教师全部转为公办教师。10年来累计民转公的教师总计达10940人，至此，结束了天津市民办教师的历史。

〔**民族教育**〕 天津市有41个少数民族，20多万人，占全市总人口的2.28%。天津市委、市政府多年来重视民族教育工作，坚持从实际出发，积极开展和深化民族教育。市教育局和各区、县教育局建立相应机构，具体领导、筹划此项工作。6所中等民族学校中有5所先后重建，1所进行了修缮。1993年又新建了招收少数民族学生的职业中专，创办了中央民族学院函授大专班。到1994年，全市形成由民族幼儿园、小学、中学到大专的系统完整的民族教育网络。民族学校办学质量明显提高。全市十三所民族小学均达到了所在区县教育质量的中上水平。市民族中学多年来初中毕业生的巩固率、毕业率、升学率均达100%，高考升学率保持在80%以上。少数民族集中的红桥区（主要是回族，占该区总人口的8%）7所民族小学平均办学水平都已进入全区先进行列。1992年天津市红桥区被国家教委、国家民委授予"全国民族教育先进集体"称号。1994年，红光中学初中西藏班已毕业六届共456人，高中西藏班已毕业三届共230人。1994年第三届高中藏族毕业生也全部考入大学。红光中学从1989年成立青年党校，对藏族学生进行政治方向教育。至1994年已有10名藏族学生加入了中国共产党。家长以把孩子送到红光中学上学为荣。在西藏那曲，群众称"红光中学是藏北人民的希望。"1988年国务院授予天津红光中学"全国民族团结进步先进集体"称号。1992、1994年该校两次被评为"全国民族教育先进集体"。

1994年10月，天津市民委、教卫委和市教育局联合发出《关于加强民族教育工作的若干意见》，提出进一步发展民族教育的奋斗目标和具体措施。11月，召开市民族教育工作表彰大会，对23个民族教育先进集体和19名先进个人进行表彰，进一步推动了民族教育工作。1994年天津市教育局被评为“全国民族教育先进单位”。

〔**职业技术教育**〕 天津市认真贯彻落实国务院关于大力发展职业技术教育的指示，改革办学体制，充分调动行业、企事业和社会各方面办学的积极性。1994年新建职业中学（中专）12所，其中企事业办3所，乡镇办3所，公办民助5所，民办公助1所。新增专业15个。使中、初级职业学校达126所，职业（中专）学校44所，开设专业168个。全市职业（中专）学校招生16956人。其中农村地区职业学校发展到48所54个专业，1994年招生4608人，比1993年增30%。全市中等职业技术学校招生与普通高中招生之比达到1.74∶1（其中农村为1.08∶1）。

1994年，为深化职业教育改革，拓宽部分职业学校优秀生继续深造的渠道，经与市高教局研究决定选9所职业中专与市职业大学开展6个专业的中职接高职的试验（分前期职业学校教育阶段和后期职业大学教育阶段。前期学习年限为三年，后期学习年限：理科专业三年，文科专业二年），逐步形成初等、中等、高等职业教育体系。

打破普教模式，探索具有职业教育特点的管理规范，制定下发了关于进一步加强德育、教学、体育卫生、师资队伍建设和职业学校学生质量评估方案等五个文件，在各区（县）试行。

首次组织职业学校开展“爱国主义教育和社会实践营”活动，10所市级重点职业高中和两所职业中学师生参加，中央电视台、天津电视台、《天津日报》等7家新闻单位作了系统报道。举办市职业学校军训成果汇报表演大会。市内6个区职业学校代表队和三所预备军人职业学校学生参加。首次与中央电视台、天津电视台、中学生杂志社共同录制“第二起跑线”职业教育专场。11所职业学校师生参加，充分展示了职业学校风貌，向全市乃至全国首次展示了职业学校在德育方面取得的成果。

1994年，在全市职业学校技工类毕业生中全面开展技术等级考核，实行双证书制度。43所职校2903名毕业生参加15个行业，28个工种（专业）考核，达到中级工（四级）的251人，占8.6%，初级工（三级）2374人，占81.7%。有38所学校（专业）三级以上合格率达100%。

撰稿　王　挥　刘　津
审稿　张凤民

高等教育

〔**综述**〕 1994年6月，天津医学院与天津第二医学院合并组建天津医科大学；12月，天津对外贸易学院并入南开大学，天津市普通高等学校总数由上年26所减至25所。

1994—1995学年度初，全市普通高等学校在校本科学生较上年增加2505人；专科学生较上年增加3920人；在校硕士研究生较上年增加962人；在校博士研究生较上年增加167人。在校研究生、本科生和专科生的比例由上年的1∶10.16∶5.12调整为1∶8.39∶4.75。

全市普通高等学校1994年招收本科生较上年增加714人；招收专科生较上年减少970人；招收硕士研究生较上年增加643人；招收博士研究生较上年增加86人。在本专科招生中，共招收委托培养生6491人，较上年减少996人；招收自费生2609人，较上年增加484人。此外，普通高等学校成人教育招收函授本科生526人，专科生2350人；招收夜大学本科生880人，专科生4173人；招收干部专修科469人。1994年，共毕业本科生8801人，专科生5860人，硕士研究生949人，博士研究生151人。

1994年，天津市普通高等学校专任教师中有正高级职称人员926人，副高级职称人员2979人，中级职称人员4547人，初级职称人员1351人。

市属普通高等学校1994年度财政拨入教育事业费19198.7万元，较上年增加41.3%。预算内外教育事业费总计支出24772.5万元，较上年增加39.9%。当年以预算外资金抵补教育经费1839.1万元，占当年预算拨款的9.6%。1994年，全市高校共建成教师住宅8万余平方米，在教师节前，已有2245户教师喜迁新居，另有1951户教工住宅得到改善。

〔**科学研究**〕 1994年，天津市普通高等学校（含附属医院）通过各种渠道拨入研究与开发经费14666.2万元。列入学校一级科学研究年度计划的理工农医学科研究与开发课题共3070项，其中，国家“八五”攻关项目100项，国家“863”高技术项目30项。理工农医学科非研究与开发课题394项，其中，研究与发展应用项目265项，科技服务项目129项。基础研究课题、应用研究课题和试验与发展课题的比例为1∶1.99∶0.80。列入学校一级科学研究年度计划的人文、社会科学研究课题530项，其中，国家社科规划基金项目58项，国家教委社科研究项目77项，高校古籍整理研究项目6项，中央其他部门社科专门项目23项，省市自治区社科项目126项。

1994年，共鉴定理工农医类科研成果358项，其中，国际水平111项，国内首创112

项，国内先进123项。共出版理工农医类科学专著156部；发表学术论文4799篇，其中，在国内学术刊物上发表627篇，在全国学术刊物上发表2799篇。共出版人文、社会科学类著作691部，其中，专著338部，教材235部，工具书等118部；另外，出版译著46部，发表译文129篇；发表学术论文2711篇，其中，在国外学术刊物上发表41篇，国内外公开发行1061篇。1994年，全市普通高等学校共获得理工农医类成果奖励81项，其中，国家发明奖3项，国家科技进步奖3项，国务院各部门科技进步奖16项，省、市级科技进步奖53项。

11月22日至23日，天津市人大常委会组成人员前往南开大学、天津大学、天津纺织工学院、天津医科大学、天津师范大学、天津农学院、天津理工学院和理工学院一分院，视察高等学校科技工作。11月29日，市人大常委会第12次会议听取了天津市高等教育局局长邢元敏受市政府委托所作的关于天津市高等学校科技工作情况的报告。报告反映了天津市高等学校发挥人才、科技优势和潜力，组织调动主要科技力量，全力投入经济建设主战场的现状：(1) 加快高级专门人才培养，适应天津市经济发展需要；(2) 大规模转移、转化科技成果；(3) 推进一批重大科技成果的转化，为天津四大支柱产业发展和重点工程建设服务；(4) 大力开拓高新技术及其产业，形成天津经济的新增长点；(5) 积极参与天津市引进技术的消化吸收和国产化；(6) 推广高效农业技术；(7) 加强软件科学研究，为经济建设和社会发展的重大决策提供科学依据；(8) 全面实施高等学校科技进步综合计划，增强天津市经济发展的实力和后劲。

从1994年起，天津市属高等学校分期分批由北京、天津等地的重点高校和科研单位聘请100名博士生导师担任客座教授或客座研究员，指导、帮助和直接参与市属学校的教学、科研和学科建设工作。12月10日举行天津市高等学校礼聘博士导师仪式，市委、市政府向首批受聘于天津医科大学、天津师范大学、天津理工学院、天津中医学院和天津财经学院的54位博士导师表示祝贺。在这54名博士导师中，有中国科学院院士9名，国务院学位委员会学科评议组成员28名。

12月26日，中共天津市委书记高德占、市长张立昌在天津市教育工作会议上强调，天津市高等学校的科技成果应该直接为本市经济建设和社会发展服务，经济部门应该更多地依靠高等学校更新和开发新的技术。天津市高等教育局立即组织全市高等学校主动向社会推出成果和承接研究和开发任务。天津市经济委员会积极组织企业到高等学校查询、洽谈科技合作，双方还共同组织高校科技成果洽商会，高等学校的科技实力、潜力和成果，受到了经济部门的普遍重视。

12月13日，江泽民总书记视察了天津大学和南开大学。参观了南开大学自然科学研究成果展、社会科学研究成果展，勉励师生要努力学习。

〔实施人才“阳光计划”〕 天津市高等教育局制定了培养跨世纪人才的“阳光计划”，其基本内容是：在全面加强高等学校师资队伍建设的同时，突出抓好以2500名教学和学术骨干为核心的中青年教师队伍的建设，使之尽快形成“一、三、五、七、九”的梯队结构，即在2000年前，在全市高等学校中选拔和培养100名45岁左右，属国内一流水平的学术专家，成为重点学科的带头人；培养 300 名 40 岁左右的教授和 500 名 35 岁左右的副教授作为学术骨干；在教师中要有 700 名 30 岁以下具有博士学位和 900 名 28 岁以下具有硕士学位的青年教师，作为教学、科研工作一线的突击力量。

跨世纪学科带头人的评选办法是：自荐与推荐相结合，经校学术委员会审核通过后，向市高教局提交申报书和专家举荐书；申请者作公开答辩，市高教局组织同行知名专家进行评议，提出建议名单；高教局专家咨询委员会进行综合评议，提交建议名单；市高教局进行审定、批准和公布。1994 年，在全市普通高等学校中首批评定 9 名跨世纪学术带头人，市高教局当年给予专项经费支持。并辅以其他培养措施。对培养对象实行每两年一次的定期全面考核制度。

〔**招生管理**〕 根据国家教委关于加强普通高等学校招生规模宏观管理的要求，天津市高等教育局在下达 1994 年本专科生招生计划的通知中强调，规范招生计划管理工作，严格执行国家下达的招生计划，维护招生计划的严肃性。招生工作结束后，市高教局对 1994 年招生计划执行情况、办学条件和招生计划管理情况等 3 项工作进行了检查。“招生计划执行情况”的检查内容是：执行国家下达计划总数、委托培养招生按协议录取、自费生生源地区调整情况、招生遗留问题、贯彻招生计划意图等；“办学条件”的检查内容是：生均校舍建筑面积、住校生生均宿舍面积、生均教学仪器设备值、专任教师中高级职称比例、生均教室建筑面积、生均实验室建筑面积、生均图书藏书量等；“招生计划管理情况”检查的内容是：使用计算机注册和处理、新生注册日期、上报招生计划执行情况、学生宿舍管理情况、学生食堂管理情况、收费标准是否符合国家规定等。各项内容均分为 A、B、C 三级。天津市高等教育局制定的招生计划执行情况检查考核办法已被国家教委印发各地。

〔**管理体制改革**〕 1994 年 11 月 25 日国家教委主任朱开轩、天津市市长张立昌共同签署国家教委和天津市人民政府共同建设南开大学、天津大学的协议。实行“共建”后，南开大学、天津大学实行以国家教委为主，国家教委和天津市政府双重领导的体制。两校原投资渠道不变，国家教委将继续向两校提供额定的事业经费和基建投资，并保证按正常比例增长。从本年度起，对天津市出台的政策性补贴，天津市政府每年年底按实际补贴数以“共建费”拨给两校。对两校从国内外引进高级人才，天津市在户口指标、免收城市建设费等方面，给予与地方高校同等待遇。天津市政府协助解决南开大学、天津大学建设发展用地。国家教委支持天津进行高教布局调整，支持两校发挥人才和科研优势，参与天津市发展汽车、机械、电子、化工等支柱产业。天津市在制定或修订经济、社会发展规划时，把南开大学、天津大学的发展纳入城市整体发展规划之中。

天津医学院和天津第二医学院合并组建天津医科大学。天津医学院创建于 1951 年，合并前有 5 个系 10 个专业，10 个博士学位授权单位和 39 个硕士学位授权单位。天津第二医学院成立于 1984 年，合并前有 4 个系 4 个专业。为发扬这两所医学院校的长处，实现优势互补，资源合理配置，增强办学实力，提高办学效益，经天津市政府申报，国家教委批准，两校合并组建天津医科大学。6月10日，天津医科大学挂牌仪式隆重举行，李岚清副总理题写校名，天津市委书记高德占、市长张立昌为天津医科大学揭牌。天津外贸学院并入南开大学。10月14日，国家教委和外经贸部在北京签署关于天津对外贸易学院并入南开大学的议定书，将天津外贸学院并入南开大学后，由南开大学根据改革和发展的总体规划、专业和学科建设计划等予以统筹安排。外经贸部将在可能的条件下，继续对南开大学在经济、外贸学科专业的教育教学改革、科学研究、人才培养、毕业生分配以及师资培训等方面予以支持。南开大学将尽可能地满足外经贸部在相关领域人才培养、科研等方面的要求。并入交接工作已于12月底完成。

〔**教学工作**〕　1994年12月，天津市高等教育局召开天津市高等学校教学工作会议。会议通过《关于加强天津市普通高等学校教学工作的决定》。《决定》分为两大部分，第一部分为加强四大教学基础建设，简称“四建”；第二部分为严格四大教学环节督查，简称“四查”。

加强“四建”的措施是：(1) 加强教学第一线教师队伍建设。包括加强基础课教学力量，规定本、专科基础课和教学第一线任课教师中，有高级职称人数分别不得低于高级职称教师总数的60%和80%。新担任基础课的青年教师必须具有硕士以上学位。建立“教学楷模”评选制度，从1994年开始，每年滚动评选“教学楷模”100名，授予荣誉称号，每人每月增发教学津贴200元。增设基础课教师高级职称岗位。(2) 加强课程建设。包括加强基础课程建设和加强系列课程建设，加强基础教材建设，市高教局设立“高等学校出版基金”，主要用于资助优秀基础课教材的研究、编写和出版。建立优秀课程评价和奖励制度。把课程建设和专业建设紧密结合。(3) 加强基础教学设备建设。包括更新基础实验教学仪器设备。从1995年开始，市高教局和学校每年对等投资400万元，有计划地更新设备。建设信息高速公路，市高教局专项投资建网，并尽快与中国教育和科研计算机网联网。建设天津高等学校文献资料中心。配齐教学用计算机，从1994年开始，市高教局与学校每年对等投资400万元用于添置教学用计算机。加强语言实验室建设，从1995年开始，市高教局与学校每年对等投资100万元，力争3年内满足在校本、专科学生的教学需要。(4) 加强实践教学基地建设。包括建立实践教学基地、表彰实践教学工作先进集体和先进个人，办好高等学校自身实践教学基地，探索加强大学生教学实习工作的新方法，等等。

严格“四查”的内容是：(1) 查学校对教学工作的领导。包括建立每年一次的学校教学工作汇报交流制度，建立教学工作状态主要指标的统计和公布制度，建立培育、评选优秀教学成果制度。(2) 查教师的教学。包括建立“教师任课说明书”制度，教师教学业绩评价制度，教师授课评价制度和健全教师教学档案制度。(3) 查学生的学习。包括大学英语统测达标，非计算机专业学生计算机统测达标，基础课抽测，以及实施对打架、偷窃、赌博、考试作弊的学生一律按严重违纪勒令退学的制度。(4) 查人才培养质量的反馈。包括建立科学评价高等学校人才培养质量制度和建立人才培养质量评鉴系统。

为落实“四建四查”市高教局长与各高

校校长在“决定”上共同签字，会议决定成立“天津市高等学校教学工作督查委员会”，在其以下设高等学校教学管理质量、高等学校教师教学质量、高等学校学生学习质量和高等学校人才培养质量4个工作委员会。

〔**科技产业**〕 天津市高等学校科技产业工作规划目标是：加速高等学校科技成果转化，大力发展科技产业，以促进高校直接服务于天津经济建设为主要任务，全面实施科技产业“八一五”工程，即通过8年努力，到2000年高校科学技术经营额达到15亿元。1994年，天津市加快调整高校产业结构，上游抓紧学科建设，增强科技优势，下游依托科技优势，规划发展科技产业，初步形成若干骨干科技产业方向。天津纺织工学院围绕复合材料、特种功能纤维和新型纺织助剂为主的3大科研方向，形成既有纺织专业特色、又与科学研究和人才培养相配套的特种功能纤维和新型纺织助剂两大科技产业方向，依托科学研究前期条件迅速规模化发展。天津大学确定了“化工为主、机电结合”的产业调整方向，重点支持几个骨干科技企业上规模、上效益。天津理工学院形成的精细化工、复合材料和机电与电子产品为主的产业方向；天津师范大学形成以计算机应用技术产业为主体，生物技术、教学仪器设备相结合的产业和产品结构。

为了推动重点产业化项目上规模，培育新的经济增长点，1994年采取学校自建、与企业合作联营、吸引外资等形式，重点推进8项重点科技产业项目，多渠道筹集资金，共投入2.13亿元。这些项目全部建成后总产值预计可达7.66亿元，可创利税2.63亿元。其中，天津理工学院“高档染料中间体”与社会企业合营，当年扩建当年投产，产品出口9个国家和地区，产值4000万元，利税500万元，创外汇560万美元。天津大学“双酚A”与香港合资，已打通全部工艺的80%。南开大学“镍氢电池负极粉”在宝坻合资建成450吨生产线并试车成功。

高等学校科技产业因校制宜地推动多种形式的企业改革和推行分配制度改革。实行基本工资与效益工资相结合，按劳分配工效挂勾；用工制度推行招标、聘任与自由组合相结合，引入双向选择、择优上岗的竞争机制；企业管理中进行校内股份制、风险承包制和一厂两制等多方面的管理改革实验。同时，一批高等学校企业陆续走出学校，向规模化、社会化方向发展，年内有5所学校的10多个企业在天津6个郊区（县）扩建或新建企业。

为了引导和推进高等学校科技产业建立现代企业制度，1994年，市高教局组织全市高等学校进行企业清产核资工作。通过对企业国有资产的界定，逐步理顺了学校与校办企业、学校与联营企业以及合资合作企业的投资关系，增强了学校科技产业负责人对国有资产保值、增值的责任意识。对经营不善、长期亏损的企业进行了清理或撤并，对分散、分立的小型企业进行了调整或合并，撤销了46个校办企业。各学校对符合学校产业发展方向的骨干企业充实了注册资金，对动用学校固定资产过多、注册资金过大的企业进行了减资处理。1994年，全市高等学校科技产业在从业人员减少3.7%的情况下，经营额达到5.5亿元，较上年增长14%。

〔**体育普及与提高**〕 为迎接第43届世乒赛在天津举行，4月15日在南开大学体育馆举行以“迎接世乒赛、当好东道主”为主题的天津市高等学校第五届群众性体育节开幕式，10 万余人次参加了 100 多项体育比赛和体育活动。5 月 20 日，天津市第二十二届大学生田径运动会在中国民航学院开幕，2 人破两项天津市纪录，5 人破五项天津市大学生纪录。另外，20 所高等学校分别组团参加了天津市第八届运动会，共夺得 28 块金牌、31 块银牌和 21 块铜牌，5 人（次）打破 2 项天津市纪录及多项天津市大学生纪录。市高教局还组织了第三届跳绳运动会、“五项达标”比赛、武术、乒乓球比赛等群众性体育活动，对加强校园文明建设和保持高校稳定起了积极作用。

1994 年，天津市高等学校先后派出田径、排球、棋类、篮球、武术代表队参加了国际、国内的各级各类比赛，共夺得国际比赛 1 块金牌和 2 块银牌；国内比赛 13 块金牌和 11 块银牌。天津外国语学院国际象棋队在第二届世界大学生国际象棋锦标赛中取得团体总分第 2 名和男女个人第 5 名。南开大学女子排球队连续 5 年保持甲级队地位，在全国大学生排球赛中，以不败的成绩第五次蝉联冠军，并在全国女排锦标赛 A 组赛上进入前 6 强。天津师范大学田径队在中日室内田径比赛中取得 4×400 米女子接力赛冠军，打破亚洲纪录；在全国竞走比赛中，获得团体总分第 3 名。

撰稿　刘　毅
审稿　孙衍广

普通中专教育

〔**体制改革**〕　1994 年初，天津市有 6 所中专学校被确定为天津市综合改革试点校，有 16 所中专学校被确定为单项改革试点学校。其中橡胶工业学校从“二一一”教学改革起步，到建立产教结合委员会，发展到与 5 省市建立了学校生源董事会，与 16 家企业确定了较为稳固的合作关系，朝着校企合一的方向迈进了一大步。人民警察学校在培养人才途径上作了大胆尝试，探索了与社会结合，在实践中培养学生的新路，这一经验在全国公安教育系统中引起积极反响。化工学校以培养学生 4 种语言、4 个能力为主线的教学改革实验，通过现场会，已在全市中专学校广为传播。天津市委常委、市教卫工委书记王鸿江对化工学校的教改经验给予了充分肯定。一轻工业学校通过校内体制改革，调动了全员积极性，提高了办学效益。今年在校生由原来的 1200 人增加至 1600 人，一线教师由原来的 301 人减少至 223 人，人均效益提高 75%，人均收入增长 20～30%。铁路工程学校以铁路信号专业为教学改革试点，确定了新的 CBE 教学体系，加大了教学改革的力度。大港石油学校在配合企业深化改革的过程中，加快教学领域的改革步伐，优化专业结构，拓宽服务面向，更新教学内容，改进教学方法，多层次、多形式、多规格办学，走教学、技术开发、生产经营三结合的道路，提高了学校对市场经济的适应性。

〔**实行多证制**〕 为适应市场经济对人才的需求，从1994年开始，天津市中专学生试行多种证书制度，学生既可获得毕业证，又能按照自己的专长和能力取得其他证书，促使他们毕业后有更多的条件进入人才市场，以自己的本领参与竞争。经过周密的准备，1994年天津市中专学校分别举办了计算机、英语水平测试和珠算统考和技能比赛。全市共有5384名中专学生参加3个学科的测试，取得了满意的成绩。通过测试调动了这3个学科教与学两方面的积极性，为推动多种证书制度奠定了基础。

〔**德育工作**〕 以贯彻《中共中央关于进一步加强和改进学校德育工作的若干意见》和《爱国主义教育实施纲要》为先导，中专学校德育工作得到进一步加强。1994年，成立了中专学校思想政治和品德教育研究会。举办了政治课教师培训班，特别是在如何将邓小平建设有中国特色的社会主义理论贯彻政治课教学中的问题进行了研讨，明确了思路，取得了共识，并付诸实施。1994年还在中专学生中举办了《祖国万岁》演讲活动，经过层层选拔，有9名学生获优胜奖。

此外，在天津市第十三届中专运动会上，有48所中专学校的876名运动员参加了比赛，有32人次打破了12项市级中专运动会纪录；在一年一度的国际NEC马拉松比赛中，普通中专学校长跑联队囊括了男女普通组接力赛冠亚军，第四次蝉联了这一国际赛事的男子普通组接力赛冠军。由16名体育健儿组成的天津市中专代表队参加了首届全国职业技术学校田径运动会，取得了中专组团体总分第八名。

撰稿　丁沪玲
审稿　史万铎

成 人 教 育

〔**全员培训**〕 1994年，天津市委、市政府把抓好全社会的学习培训作为贯彻全国教育工作会议的一项重要举措，作为天津经济和社会发展的一项战略任务，作为各级领导干部业绩考核的一项重要内容，并于1994年8月召开了天津市培训工作会议，下发了《关于进一步加强培训工作的若干意见》。市委书记高德占、副书记李建国、市委常委王鸿江、副市长庄公惠等领导多次主持召开了部分委（局）、区（县）和大中型企业培训工作汇报会；各区（县）、各系统、行业和部门把培训工作作为重大问题列入议事日程，纳入领导的目标管理范围，并多次召开会议，研究培训工作，制定培训规划，建立培训机构，健全培训网络。至年底，全市已有114个部(委、局)、区(县)及局级公司建立了培训工作委员会和办事机构，其中有45个单位是党政一把手担任培训工作委员会主任，初步形成了从上到下抓培训工作的指挥网络。

培训已遍及城乡，覆盖各行各业。年初以来，培训范围和规模迅速扩展，至年底，全市已培训114万人次，其中城市63万人次，农村51万人次；参加初级英语和计算机培训的已达7.6万人；全年百万人次和7万人英语和计算机的培训任务都已超额完成。此外，为扩大培训影响，掀起培训热潮，市第二教育局还会同有关部门在全市开展了“学绝技，创绝招，争做技术明星”、“和平杯初级英语知识竞赛”等5大系列培训活动，收到了较好的效果。

培训试点有了突破性的进展。1994年，天津市重点抓了三个方面的培训试点，(1)抓了天津碱厂、东亚毛纺厂等10个单位企业教育综合改革试点；(2)抓了纺织、二轻系统等亏损企业培训工作试点；(3)抓了静海、武清、西青等区域性教育综合改革试点，使其在建立与现代企业制度相适应的教育培训运行机制上，在经(农)科教结合上，在亏损企业如何搞好转业、转岗培训上都有了新的突破。

培训与经济的结合日益紧密。许多企业把抓好培训工作看作是企业生存与发展的根本所在，是发展企业后劲，提高市场竞争能力的关键一环。这些企业的培训呈现三个特征：一是培训活动开始向车间渗透，与生产活动相结合，与岗位技能相适应；二是培训不断向高层次发展；三是培训工作开始走上规范化、制度化轨道。无缝钢管厂结合热轧分厂重点改造工程开展全岗全员培训。东亚毛纺厂根据生产需要开展不同类型的培训，实现革新挖潜162项，创收100万元。手表厂结合镀钛镀金工艺攻关进行培训，一项成果节约资金350万元。

培训的机制正在建立。许多单位把建立激励和约束机制作为培训工作持续发展的重要保障。市建委、市教育局等部门在部分职工和教师中开始实行资格证书和持证上岗的制度。天津碱厂、大港电厂等企业对在岗人员实行考核定级，并把学习培训与晋升职务、职称评聘挂钩。许多单位在招工招干中，实行“先培训后就业，先培训后上岗，先培训后任职”的制度。

培训的基础建设得到了进一步加强。为扩大培训规模，提高培训质量，不少单位增加了教育投入，改善了办学条件。市公安局1994年投资160万元改善培训基地，投资40万元购置教学设备。西青区投入1000万元建设区、乡、村三级培训阵地。宝坻县新增校舍面积2980平方米。静海县在企业新建培训中心13所。此外，许多部门还加强了教材建设。市公安局统一编写了《公安工作常用实用英语200句》、《派出所民警工作ABC》。市第二教育局组织编写了《计算机应用基础》、《微型计算机基础应用教程》，并在全市建立了71个计算机培训定点学校。

〔**农村成人教育**〕　为改变农村人才匮乏的状况，加速乡镇企业和农业经济的发展，天津市重点抓了农村成人教育如下几项工作。实施“51510工程”。即：在5年内培养1万名大专生、5万名中专生、10万名乡镇企业关键岗位职工。1994年是“51510工程”的启动阶段，计划招收大专生2000人，中专生1万人，岗位培训2万人。为了实现这一目标，市第二教育局与市农委、教卫委、乡镇企业局、教育局、劳动局等部门的领导协商，共同组建了“51510工程”领导小组。本着按需、务实、量化、可行的原则制定了本年度招生培训计划，并将培训指标分解到区县，落实到乡镇。1994年确定77所高中等学校、400多所农村成人学校、职业学校和乡镇企业培训中心承担“51510工程”的学历教育和岗位培训的任务。承担教育和培训任务的各学校都根据“51510工程”的需要，调整专业设置，制定教学计划，选派优秀教师，改善办学条件。一年来，由于各部门的共同努力，“51510工程”已初见成效。全年共招收大专生3748人，中专生17100人，岗位培训达55678人。

抓好“绿色证书”工程。为提高农民实用技术水平，市第二教育局一是协助市农委制定了“绿色证书工程规划”，即从1994年开始，用五年的时间，通过培训使10万名农民获得“绿色证书”。二是抓了“绿色证书”教育试点，使其由原20个乡镇扩大到130个乡镇，其专业内容也由林果业扩大到养殖、蔬菜等8个专业，至年底已完成1.4万人的培训任务。

发展脱盲后继续提高教育。1994年2月经国家教委检查验收，天津市已率先成为全国扫除青壮年文盲的省市。为巩固扫盲成果，市政府批转了第二教育局《关于认真搞好脱盲后继续教育的意见》，在脱盲学员中广泛开展了学文化、学技术的培训活动，一年来参加这一学习活动的达1万余人。

扩大“燎原计划”示范乡的试验。示范的乡(镇)已由1993年的29个扩大到51个，并围绕经济发展项目，建立培训、实验、示范、推广一体化的服务体系。参加学习的达5800人。人口教育也有新发展，1994年已培训1344人。

〔**成人高、中等教育**〕 根据《中国教育改革和发展纲要》的精神，按照重点突破，分类指导，整体推进的原则，1994年，市第二教育局确定32所学校为首批综合改革试点校，通过抓点促面，使学校教育在办学体制、办学模式、教学领域、招生制度等项改革上都有新的突破。

一是办学体制、办学模式改革有了新的突破。许多学校已由过去一厂一校的联合办学，逐步向多层次、多形式、多方位的联合办学的方向发展。在办学模式改革上，改变了那种单一的、封闭型的办学模式，正逐步走上以学历教育为基础，以岗位培训和继续教育为重点的办学轨道。办学体制和办学模式的改革，扩大了学校功能，增强了办学效益。1994年，全市45所成人高校，学历教育毕业10021人，招生17767人，在校生40809人；非学历教育培训15万人次。99所成人中专学校，学历教育毕业11730人，招生22024人，在校生41255人；非学历教育培训17万人次。

二是教学领域改革不断深化和完善。为使成人学校教育适应经济发展和培养应用型人才的需要，成人高等学校确立了以高等职业技术教育的思想来改造成人高等教育教学体系，并于1994年5月召开了有各学校领导和各方面专家参加的高等职业技术教育教学计划论证审定会，论证审定14所学校的15个教学计划。成人中专调整60个专业，新增10个专业，并在会计、统计、市场营销等6个专业进行了课程结构改革的试点。在证书制度改革上，成人高中等学校开始在一些学校和专业中进行“双证”或多证教育的试点，使学生在通过学习培训和考核合格后，既可获得毕业证书，又可获取职业资格证书或其它具有职业性质的等级证书，以适应市场经济对复合型人才的需求。

三是成人招生改革加大了力度。扩大了成人高校照顾录取的范围，先进劳模预科班招生的范围，以及成人中专免试入学的范围。在22所成人高校中试行专业证书接大专学历的招生试点，扩大了中、高等职业技术教育对接的试点。降低了实行专业能力考试试点校考生的年龄。对中等职业技术教育毕业生实行专业考试。由于推出了上述改革措施，1994年成人高校报考人数比1993年增加30%。

四是德育进一步加强。为进一步加强德育，培养社会主义“四有”新人，成人高中等学校认真学习和贯彻了《中共中央关于进一步加强和改进学校德育工作的若干意见》、国家教委《关于贯彻〈爱国主义教育实施纲要〉的通知》，分别召开了德育教育改革研讨会，确定了以邓小平同志建设有中国特色的社会主义理论为主导，以提高学员的社会主义职业道德为目的的德育改革思路，并依此组织有关专家学者分别编写了成人高校和成人中专政治课教材。为提高政治课教学质量，第二教育局还分类举办了政治课教师培训班，使他们了解新编教材的编写原则，及重点、难点。此外，各级各类学校在德育教育中还结合学生的思想实际，采取演讲、座谈、文艺演出等多种形式，对其进行有中国特色的社会主义理论教育、爱国主义教育和职业道德教育，进一步提高了学生的政治理论水平和思想道德素质。

〔**社会办学**〕　天津市社会办学根据“积极鼓励，大力支持，正确引导，加强管理”的工作方针，重点抓了法制建设和基础管理，使其在法制的轨道上健康发展。(1) 坚持以法治教。年初，市第二教育局组织市、区两级行政执法人员在全市范围内对社会力量办学进行了执法检查。一方面对乱办学、乱办班、乱收费的情况进行清理整顿，另一方面对合法办学单位的办学活动进行了全面检查。检查中对56个非法办学单位予以取缔，对严重违反有关规定的32个办学单位予以撤销，对在某些方面存在问题且未能很好解决的52个办学单位限期进行整顿。通过这次检查，整顿了办学秩序，净化了办学环境，为开展社会化培训奠定了良好的基础。(2) 加强管理。起草了《天津市社会力量办学管理条例》，制定了《关于加强社会力量办学审计工作的意见》、《关于对实施学历教育的民办学校情况汇总和执法检查的实施意见》、《关于开展社会力量办学管理人员岗位培训工作的意见》。并根据分类指导的原则，深入管理不善、办学条件较差的学校，进行督导，帮其整改。(3) 开展社会化培训。为适应市场对人才的需求，卓有成效地开展培训工作，社会力量办学单位按照行业、专业建立了培训协作组织，为停产、半停产及亏损企业培训。在收费上采取了减、缓、免的优惠政策。1994年，社会力量办学单位举办了“家庭电脑大赛”、“少儿英语口语大赛”、“老年教育成果展”等系列培训活动。全市近700所社会办学单位，已完成40万人次的培训任务。

撰稿　海飞平
审稿　刘贵顺

河北省教育

概　况

〔基本情况〕

1994年各级普通学校基本情况

单位：人

学校类别	学校数（所）	毕业生数	招生数	在校学生数	教职工数 计	教职工数 其中专任教师
一、普通高等学校	52	27719	42574	121312	39016	14740
研究生		228	433	1015	—	—
本　科		10246	13508	50209	—	—
专　科		17245	28633	70088	—	—
二、中等专业学校	203	39730	61206	163740	25526	12883
中等技术学校	137	25813	43058	117040	18829	9284
中等师范学校	66	13917	18148	46700	6697	3599
三、普通中学	5294	—	—	2736025	215286	170145
高　　中	571	92572	118673	304530	—	24768
初　　中	4723	580111	925412	2431495	—	145377
四、农业、职业中学	358	—	—	206078	22598	14822
高　　中	273	43114	74948	167474	—	12401
初　　中	85	9462	13793	38604	—	2421
五、工读学校	1	—	—	5	7	—
六、小　　学	47623	1080444	1590952	8160405	295359	271972
七、特殊教育学校	67	414	2230	11184	1300	860
八、幼儿园	1632	—	—	1534560	56469	47923

1994 年各级成人学校基本情况

单位：人

学校类别	学校数（所）	毕业生数	招生数	在校学生数	教职工数	
					计	其中专任教师
一、成人高等学校	43	15794	35524	87130	8814	3469
广播电视大学	1	4327	8747	26062	1436	520
职工高等学校	19	2153	3346	9017	3129	1225
农民高等学校	—	—	—	—	—	—
管理干部学院	8	1560	4071	9228	2098	637
教育学院	15	3404	4001	10854	2151	1087
独立函授学院	—	—	—	—	—	—
普通高校举办	—				—	—
函授部	—	3015	9907	21967	—	—
夜大学	—	951	4120	8634	—	—
干部专修科	—	384	1332	1368	—	—
二、成人中等专业学校	239	33298	44451	105594	7672	4475
广播电视中专	6	2766	5393	13105	334	189
干部中专	6	224	1028	2287	503	236
职工中专	48	3528	8034	18051	2369	1200
农民中专	21	1343	1799	4790	444	257
教师进修学校	158	25437	28197	67361	4022	2593
三、成人中学	252	12873	15101	16698	1083	510
职工中学	160	7345	8413	9570	822	404
农民中学	92	5528	6688	7128	261	106
四、成人技术培训学校	45600	7099083	6403387	5042963	31729	12476
职工技术培训学校	1583	307467	307735	238842	5648	3229
农民技术培训学校	44017	6791616	6095652	4804126	26081	9247
五、成人初等学校	8868	283726	300020	239018	6347	1667
职工初等学校	374	10026	9694	7814	831	675
农民初等学校	8494	273700	290926	231804	5516	992
其中：扫盲班	6040	100062	61663	68186	3426	547

〔**全省教育工作会**〕 1994 年 9 月 13 日至 15 日，河北省政府在石家庄市召开全省教育工作会议，主要任务是：传达贯彻党中央、国务院召开的全国教育工作会议精神，动员全省各级党委、政府以邓小平同志建设有中国特色社会主义理论和党的基本路线为指导，进一步落实教育优先发展的战略地位，认真抓好《中国教育改革和发展纲要》的实施，研究确定全省到本世纪末教育改革和发展的目标、任务和具体政策措施。省委书记程维高作了题为《落实教育优先发展战略开创我省教育工作新局面》的讲话，指出要建设经

济强省，必须首先建设教育强省。要把经济建设搞上去。必须包括把教育事业搞上去，只注意抓经济，不注意抓教育，不能说是完全实现了工作重点转换。要把教育事业摆到同经济建设同等重要的中心地位，像抓经济工作一样去抓教育。省长叶连松作了《全面实施〈中国教育改革和发展纲要〉为建设教育和经济强省而努力》的主题报告，提出全省教育工作总的目标是：到本世纪末，全省人均受教育年限达到7.5年以上，其中劳动人口平均受教育年限达到9年以上；城乡劳动者的职前职后教育有较大发展，技术岗位的从业人员普遍接受职业培训；大学文化人口达到150万人以上，中专、高中文化人口达到750万人以上；形成与建设经济强省相适应的、面向世界、面向21世纪的社会主义教育体系的基本框架。到本世纪末和下世纪初，使全省教育发展的主要指标居全国先进行列，初步建成与经济发展相适应的教育强省。为达到这一目标，省委、省政府提出5项具体任务：到本世纪末，基本普及九年义务教育，基本扫除青壮年文盲；大力发展职业教育和成人教育；高等教育以提高教育质量和办学效益为重点，走内涵发展为主的道路；通过深化改革，初步建立起与社会主义市场经济体制相适应的教育体制和教育运行机制；适应建设经济强省的需要，各类教育的主要总量指标实现进位。会议讨论制定了河北省政府《关于〈中国教育改革和发展纲要〉的实施意见》、《关于加强和改进学校德育工作的若干意见》、《关于大力发展职业教育和成人教育的决定》。对达到普及九年义务教育标准的石家庄市的长安区等20个县、市区省政府颁发了普及九年制义务教育证书。

基础教育

〔**义务教育**〕 1994年3月3日，河北省人大八届二次会议通过并公布了《河北省实施〈中华人民共和国义务教育法〉办法》。《办法》共分总则、就学、教育教学、实施保障、管理与监督、附则等七章47条。

为贯彻省人大通过的《办法》和《中国教育改革和发展纲要》，5月17日，中共河北省委、省政府制发了《关于大力加强基础教育的决定》，其中新出台的措施有：从1994年起，各级政府设立义务教育补助专款；对有工资收入的在职职工，每年按年工资总额的1%一次性征收义务教育费；城镇住宅建设和其他非生产性建设，每平方米加收5元，用于义务教育；党政机关和企事业单位中40岁以下具有专科以上学历的专业人员，申请从教者，可以到中学任教，评定教师职称的年限可放宽，工龄可以按教龄计算。5月25日，省教委召开基础教育工作座谈会，提出确保基础教育经费的稳定来源，做到财政宽裕时，优先增加教育投入，财政紧张时，重点保持教育投入，削减预算时，不减教育投入。会议要求县、乡两级政府把普及九年义务教育列入小康建设规划。6月9日，省政府召开落实《决定》电话会要求党政一把手亲自抓，总负责落实好《决定》。各地以此为契机加快普及九年义务教育进程。

1994年，河北省有20个县、市（区）达到普及九年义务教育要求，累计有40个县（市、区）达标；达到“普九”标准的乡镇总数601个。

1994年，全省小学适龄入学率为98.44%，辍学率为1.29%，小学毕业升学率为85.65%。初中生在每万人口中占383.88人，辍学率为4.14%。高中生在每万人口中占48.08人。

〔**爱国主义教育**〕　中共中央《加强爱国主义教育纲要》发表后，河北省委、省政府为加强对中小学生进行爱国主义教育，确定西柏坡中共中央旧址、李大钊故居、冉庄地道遗址、育德中学旧址、河间白求恩手术室、潘家峪惨案遗址、阜平城南庄晋察冀军区司令部旧址、梅花惨案遗址、涉县129师司令部旧址、狼牙山五壮士跳崖处、前南峪抗日军政大学旧址、华北烈士陵园、晋冀鲁豫烈士陵园、董存瑞烈士陵园、冀东烈士陵园、冀南烈士陵园、省博物馆为全省首批爱国主义教育基地，为全省大中小学学生开展爱国主义教育提供良好场所。唐山市实施“五个一”工程对学生全方位进行爱国主义教育。一是将爱国主义教育贯穿于一切学科的教学之中，二是编写了《可爱的唐山》等一批乡土教材，作为小学和中学以上学生的必读书目。三是组织学生观看百部爱国主义影片。四是建立市级德育基地12个，县级的138个，校级的1万多个。对学生进行革命传统、理想前途、守法和改革开放等一系列专题教育。通过上述活动，全市高中以上学校建学生业余党校93个，学党章小组850个，参加党校学习的达15824人次，有5877人向党组织递交了入党申请书。为贫困地区捐款捐物，折合人民币达200多万元，建立“手拉手”联谊学校400多所。

〔**师资建设**〕　实施九年制义务教育，初中师资数量不足，水平不高是河北省突出问题。本年度在职初中教师以“三沟通”培训为重点的师资培训工作得到加强，培训的巩固、及格率均保持在90%以上，举办各类骨干教师培训班，全年培训230089人次；中等师范教育继续保持良好的发展势头，与上年相比增加招生3000人，在校生达到46000人；教育学院招中师学历提高班2000人，比上年增加1200人，全省教师进修学校完成招生26882人。小学、初中教师学历合格率分别由上年度的89.01%、46.67%提高到92.99%和54.96%。为动员未达到学历合格标准的初中教师积极参加“三沟通”培训，省教委制定6项具体政策：(1) 中小学教师专业合格证书的单科成绩与函授、卫星电视教育、自学考试、电大师专班相应单科成绩互通；(2) 不具备专科以上学历者不得到初中任教；(3) 不具备合格学历，又没有取得初中教师《专业合格证书》的，以及教学专业不对口的，不能评为中学一级教师；(4) 学历不合格又不参加学历培训的教师不能评为县级以上模范；(5)“八五”末期，要将学历不合格，又未取得《专业合格证书》的初中教师调整到小学任教；(6) 民办教师转正时，小学教师必须具有中师以上学历或取得小学教师《专业合格证书》，初中教师必须具有大专以上学历或中学教师《专业合格证书》，具有本科学历的民办教师转正时要给予大幅度加分。同时对各级教育行政部门也提出了要求：在职教师学历不合格，必须参加一种形式的培训，各地市参加进修学历和总人数必须达到学历不合格教师总数的70%以上。初中特别是农村乡镇初中薄弱落后，成为普及九年制义务教育的“瓶颈”。面对这种状况，各级教育部门多次开会进行专题研究，认为必须及早动手，统筹规划，超前发展。每年师范院校毕业生，重点武装乡镇初中，并规定了优惠政策。注意解决教师住房、子女就业、医疗保健等实际困难。

〔**向贫困地区儿童献爱心**〕 在团中央倡导的“希望工程”号召下，5月11日，河北省少年儿童基金会发出了《关于开展“向贫困地区儿童献爱心”活动的倡议》，全省各地、各行业引起共鸣，积极响应，此项活动仅开展半个月已收到各地捐款2万余元，衣服、鞋帽6000余件（套），图书12900册，玩具、体育用品800余件。7月1日，革命老区阜平县城南庄“八一”希望小学奠基动工。这是河北驻军捐资筹建的第一所“八一”希望小学。省军区原副政委、离休干部赵渭忠捐款3000元。河北驻军已为希望工程捐资60多万元。河北农业大学团委倡导扶助百名失学少年活动，师生捐助的3450元人民币，作为1994年下半年革命老区平山县115名失学少年的学习经费。并在每年向每个受帮助的同学捐助60元，直至他们小学毕业。该校师生从1991至1993年，共为希望工程捐助17000多元，还与平山县签定协议，全校100个学生团支部与平山县100名失学少年建立长期稳定联系。1994年河北省社会各界纷纷向希望工程捐资逾千万元。石家庄市人民商场儿童部99名职工共捐款10200元和40双儿童皮凉鞋。省委组织部《干部与人才》杂志社捐款9000元用于救助张家口地区30名失学儿童重返校园。唐山市物资企业集团职工捐款3325元。省三胞传播公司与石家庄市图书批发市场30余家为希望工程捐献少儿读物13000余册及部分学习用品，价值25000元。唐山富豪集团公司为希望工程捐款50万元之后，全厂职工又开展了“1（家）+1助学行动”，自发捐款5万余元。河北省教育学院教授曹剑英将获得的曾宪梓教育奖2000元捐献给希望工程。截至6月份统计，全省希望工程筹资总额已达1155万元，已救助失学儿童近3万名，建希望小学10所。

职业技术教育

〔**建设县级职教中心**〕 到1994年，全省已建成县级职教中心100所，另有39所正在筹建，省政府下达任务在1995年每县（市）要建1所职教中心。

县级职教中心实行政府统筹办学。省政府专门建立了职教协调领导小组，拟定了分期分批建设职教中心计划，并采取多渠道筹措建校资金。从省委书记、省长，到各市地县的一把手，都亲自抓职教中心建设。计划、财政、劳动、人事、农业、科技、银行等各部门，也给予了积极支持和合作。为建立职教中心的校办产业，省政府规定，对于使用贷款建立的职教中心，还贷之前其校办工厂和农业生产实习基地的所有税费全部免收。没有校办工厂或新建校办工厂有困难的，各县市政府要划拨一两个效益好的地方企业归学校。省政府还就职教中心常务副校长的选拔、任职条件等作了规定，要求县、市长兼任校长，并且每年对校长进行1至3次培训。还先后制定了《河北省示范性职业学校评估标准》和《县级职教中心建设评估标准》。据对100所职教中心统计，长班在校生校均1264人，超过2000人的11所，超过2500人的有2所，迁安县职教中心已超过3000人。在办好长班的同时，各职教中心还开展各种实用技术短期培训，在校生校均2599人次。100所县职教中心，校园占地面积校均115亩，校办厂（场）占地面积校均191亩，基础实验室校均3个，专业课实验室校均5.7个，有69所学校建立了微机室，60所学校建立了电教室，48所学校建立了语音室，校舍建筑面积校均13524平方米，各校在建总面积2085平方米。

1994年，职业技术学校（职教中心）的校办企业（含短期培训、技术服务收费）总收入校均达42.76万元，收入超50万元的中心有40所，其中超过80万元的有7所，超过100万元的有8所。各地还发展联合办学，联办专业已超过60%，全省有85所职教中心和组织部门联合办学，培训农村后备干部达4000多人。

〔**为市场经济服务办学**〕 河北省适应市场经济发展，采取多种形式办职业技术教育。（1）紧密型联合办学。职中与大行业实行长期联办，职业学校把联办的重点定在经济实力雄厚、企业规模大，有长期用人需要的大行业上，并把这些专业定为骨干专业。张家口第一职业中学是一所普通中学改办的。拥有11个专业、28个教学班，是所集职业中专与职业高中于一体的综合性职业学校。他们面向社会，根据市场经济对各类人才的不同需求，采取学校与经济部门长期联合办学；学校与企业主管部门、工厂三方不定期联合办学；学校与工厂短期联合办学；承担企业委托办学；学校与机关、事业单位松散挂钩办学等形式，较好地解决了培养人与用人脱节、教育与经济分离的问题。该校与张家口市城建委联办的建筑职业中专、先后开设了建筑企业管理暖通等4个专业，毕业7届学生共667人，全部被城建委系统录用。他们组织服装专业学生上街设摊，深入机关、厂矿搞义务裁剪制作；烹饪、服务专业学生到市内各大宾馆、饭店义务服务。还与联办单位、对口单位挂钩，建起校外实习点70多个。这所学校通过建立生产经营基地以及发展联合办学，每年可创收近百万元，用于改善办学条件和扩大再生产。用于购置实验仪器的资金达200多万元。（2）城郊职业中学根据郊区经济特点，招收农家子弟为城郊集体企业培养人才。迁安县职教中心面向市场，采取定向招生，定向培养，与企业联合办学。该县西北部以林果业为主，他们就定向招收林果专业学生；中部和东部有种菜历史，就多培养农学专业人才；南部、西部铁矿资源丰富，就培养矿山开采技术人员。县办职教中心与卫生局、劳动服务公司、交警队、企业委、工业委等企事业单位联合举办9个专业，其中三年制长班15个，750人；一年制短班1400人。先后增开了矿山开采、冶金、机械运输、电工、汽车修理等专业。学生边上学边致富活动，有致富项目的占77.3%。从1986年以来，在2807名长班毕业生和6000名短班毕业生中，有2267人被各企事业单位直接录用，6540人活跃在农村。

〔**勤工俭学**〕 1994年，全省开展勤工俭学的学校达到51902所，占学校总数的97.08%，总产值达447399万元。校办工厂达到6326个，总产值达到27.99亿元。工业利润达到31513万元。学校基地(包括林、畜、渔场）达到30659个，土地面积312172亩，农业总产值达到24911万元，农业纯收入达到7032万元。各类商业服务网点10427个，营业额78110万元，利润12518万元。1994年全省勤工俭学学生人均收入71.92元。

高等教育

〔**重点学校与学科建设**〕 《中国教育改革和发展纲要》提出建设“211工程”后，1993年4月河北省委、省政府做出了争进“211工程”的决定，聘请了北京大学、清华大学等全国7所重点高校的17位博士导师，对提出申报的河北大学、河北农业大学、河北师范大学、河北工学院、河北医学院5所高校和省属38所院校的124个学科专业，进行了专家评审。之后，由国家教委有关司局、省有关领导、省直有关部门和部分原专家组成员组成了评委会，于1993年12月召开了评审委员会会议。经过反复酝酿和讨论，以投票方式评出河北工学院和河北大学两所重点建设的大学和省属高校的50个重点学科专业。为支持这两所大学和50个学科专业的建设，省政府决定从1994年开始，省财政每年增拨专款3000万元，连续7年拟拨2.1亿元；7年间两校各自筹3000万元，共计2.7亿元，全部用于这两所大学的建设。另外，省政府负责社会筹资5000万元，支持重点学科建设。

重点建设的50个学科专业是：

河北工学院：应用物理、应用数学、电器、高分子材料、机械制造、汽车与拖拉机、工业自动化、热能工程、金属材料及热处理、半导体材料、工业管理工程、化工过程机械、机械电子工程

河北大学：中国古代史、中国古代文学、分析化学、计算机及应用、生物工程、世界经济、光学与材料物理、外国教育史、英国语言文学

河北农业大学：农田水利工程、作物遗传育种、植物病理学、作物栽培学与耕作学、果树学、结构工程、农业经济管理，农业机械化

河北医学院：生物化学、内科学、外科

学（骨科）、生理学、病理学、人体解剖学、麻醉学

河北师范大学：基础数学、细胞生物学、自然地理学、文艺学

河北师范学院：中国近现代史、马克思主义理论教育

唐山工程技术学院：采矿工程、钢铁冶金

河北财经学院：贸易经济、会计学

河北轻化工学院：环境工程

河北机电学院：应用电子技术

河北林学院：林学

1994 年，经国务院学位委员会批准，河北省普通高等院校（含中央部属院校）新增 1 个博士学位授予单位、2 个硕士学位授予单位；新增博士学位授予学科专业点 4 个，硕士学位授予学科专业点 15 个。另外，博士生指导教师也有了新的增加。至此，全省普通高等学校共有 5 个单位、12 个学科专业点可招收博士研究生；有 11 个单位 103 个学科专业可招硕士研究生。

〔**学术带头人**〕 1994 年 10 月 7 日，省政府召开全省专家工作会议，组织实施跨世纪学术和技术带头人培养工程。实施这项工程的总体目标是：到本世纪末培养出 20 名左右能代表国内先进水平的新一代学术和技术带头人，其中少数人可能成为达到进入世界科技前沿的杰出青年专家；200 名在各自的学科领域里起骨干或核心作用的青年学术和技术带头人。到 1997 年，拟培养出近 100 名 30 至 40 岁左右的拔尖人才，其中一小部分达到国内学科带头人的先进水平，大部分达到省内各自的学科领域里的骨干或核心青年人才。

〔**高校参与农村教改**〕 从 1987 年国家教委，河北省政府开辟农村教育改革综合实验区以来，到 1994 年，河北农大等省内外高等院校师生积极参与这项改革实验。其主要作法：（1）实行协议书制度。双方在互惠互利的原则上，共同负责培养人才的任务。河北轻化工学院与深县乡镇企业局签定联合举办大专班协议书。校址设在深县颜料化工厂，校名为河北轻化工学院、深县颜料化工厂联合大专班。（2）联合管理。由省教委牵头，地、县、局、厂与学院教务处、基础部参加，成立联合办学董事会。研究解决办学过程中的重大事宜。（3）实行合同制统一招生制度。即参加全省统一高考和统一招生，划定一定分数线，在联合办学地区内择优录取，学生与厂方签定服务合同书，并交纳一定押金，每月享受助学金和奖学金待遇。毕业后留厂工作。（4）学生实行半工半读，调整传统式专科教学计划，压缩不必要的理论课课时，增加实践课课时，边学习、边实践。学校设在工厂，学生白天上午上课，下午分组轮流到不同车间和科室参加劳动。（5）任课教师实行住厂任教。上午授课，下午备课或随学生参加实践，了解工厂的技术状况和难题，在待遇上，校内计算教学工作量并照发一切福利，住厂授课期间，按学时和天数给予一定补贴。（6）注重实践环节，上实验课，厂方提供交通车，学生到学校本部做实验。生产实习就在厂内进行。课程设计和毕业设计（论文），要求结合工厂技术改造和新产品研制、管理制度改进等实际课题，现场作业。所有实践环节，都由教师和厂方工程技术人员指导，并按要求进行考试、考核。

在与乡镇企业联合办学的同时，师生深

入乡镇大力推广科学技术。河北农业大学从1978年以来，组织3100多学生，组成261个小分队，深入全省百余县1000多个乡，向上万户农民推广科学技术，学生走村串户，推广农业科技，宣传农业政策，培训农村技术骨干，并通过调查研究，积极向有关部门献计献策。如涿州市决定建一万亩日光大棚，一万头牛的“双万工程”，河北农大学生深入涿州各乡镇，白天和农民一起在田间劳动、实地传授技术，晚上在村办小学开办夜校，向农民传授日光大棚及养牛知识。在学生们的帮助下，这个市“双万工程”进展顺利，取得显著经济效益。1994年夏秋季节，河北农大还根据省政府大力发展棉花的号召，组织学生深入棉区，指导棉农防治棉铃虫，为河北省今年棉花增产立下了功劳。学生在帮农民增产增收的实践中增长了自已的才干，巩固了所学知识。该校被评为河北省社会实践活动先进单位。在冀东有一支花果之乡昌黎县是备受农民欢迎的河北农业技术师范学院“大学生自行车服务队”。这所学校鼓励学生接触社会，接触实践，提高动手能力和社会实践能力。同学们组成了一支几百人参加的自行车服务队。利用星期日和课余时间对学院附近的乡（镇）、十几个村庄、一百多个农户进行跟踪服务。修剪果树3万余棵，解答技术问题500余条，创直接经济效益15万余元。被评为河北省首届大学生“科技十星”的高术国同学，为一农户的葡萄园实施“化控”技术，年收入提高2000余元。农民高兴地说：“靠山吃山、靠海吃海，傍着农技师院沾科技的光。”

受到省政府及有关部门的重视，一些建议已被采纳实施。

〔**高校改革**〕 河北省高等教育改革力度不断加大，1994年出台了一些新措施：(1)改革大中专毕业生就业制度。3月2日至4日，省教委、省人事厅、省计委联合在石家庄市举办了“河北省1994年高校毕业生就业双向选择洽谈会”。来自全省近400家单位的1200多名代表和省内外近20000名大中专毕业生参加了洽谈会，共签约3536份。除师范院校外，河北大学等21所省属高校均建立了毕业生就业市场，省教委等有关部门从市场的场所和时间、市场行为规范、宏观调控措施等方面加强了管理和指导，明确了面向基层就业的原则和方向。全省共安排大中专毕业生61160人，其中到市地以下单位就业的52757人，占86.2%，各级师范院校毕业生全部安排到了教学第一线，重点充实了县、乡中学师资。同时，积极主动地做好省外院校毕业生的引进工作，共争取省外院校回省工作的毕业生5519人，比1993年多400人。(2)高考资格报名新规定。7月上旬省教委发出通知，对高考报名资格作出新规定：一是自1991年及以后各年级的普通高中毕业生，可持高中毕业证书（内含会考成绩合格证明）参加高考，从毕业当年计有效期3年。因文化成绩不合格的结业生，可申请在毕业当年或次年再补考一次，合格后可补发毕业证。二是河北省在外省借读的高中毕业生，在外省取得会考合格证明后在河北省报名参加高考，从毕业当年计有效期为3年。三是实施会考前的高中毕业生报名参加高考，均需参加高三年级会考科目的考试，取得高考资格合格证书后方可报名，以获证当年计算合格证书的有效期限为两年。四是1994年未获得高中毕业证但已获体育、艺术类高考报名资格的应届高中毕业生，其报考资格从毕业当年计有效期限为两年。(3) 探索“校企合作”建立董事会试点。为了探索“校企合作、产学研结合”的办学新机制，河北轻化工学院董事会7月15日在石家庄宣告成立。首批参加河北轻化工学院董事会的单位共30家，其中既有国有大、中型企业，也有县办企业、乡镇企业、合资企业和科研单位。董事单位之间根据互惠互利、民主协商和与义务对等的原则，共同参与人才培养，开展学校与企业之间的双向服务。这在全省尚属首次。(4) 狠抓高校科研工作。1994年，河北省各高等院校的科学研究工作本着“抓强项、创拳头、出成果、出尖子”的指导思想，扩大了科研队伍，增加科研经费，承担了国家和省级重大科研攻关项目，加快成果转化。38所省属高校参加科研人员比上年增长近10%，达到5500人；科研经费2000万元；鉴定科研成果150项，其中达到国际水平的25项，国内领先水平的90项；承担省级重大科技攻关项目11个，占全省总数的26%；“产学研联合工程”项目19个，占项目总数的20%；列入省计委重大攻关项目8项，其中“苯酐氨酸”已列入国家“九五”攻关计划项目；本年度全省科技进步一等奖共有4项，高校就占3项；发表学术论文4000余篇，鉴定技术转让和技术服务合同460余项。

成人教育

〔**农村教育综合改革**〕 到1994年河北省实施农村综合教改实验县（市）扩大到12个，并先后建立了张家口和保定两个市级教育改革实验区。教改实验区紧密结合当地经济建设和社会发展的实际，培养了大批适用人才，有力地促进了农村教育、农村经济的发展。在农村教育的办学指导思想上，开始由单纯“升学教育”转到了主要为当地经济和社会发展服务，兼顾升学的轨道上来，改变了过去那种教育结构、教学内容、培养目标单一的局面，形成了基础教育、职业教育和成人教育协调发展的新格局；在农村经济建设上，开始由就经济抓经济转到了发展经济依靠科技进步和提高劳动者素质的轨道上来。以阳原、顺平、青龙3个贫困县为例，教改以来，用于改善办学条件的投资达6781.5万元，所有学校全部实现了“一无两有八配套”，农村劳动者吸收运用科技的能力明显增强。据统计，全省12个教改实验县（市）从教改以来，共培训在乡初、高中毕业生1246110人次，农民初级技术人员由1986年的5986人增加到1993年的10992人，中级技术人员由486人增加到1768人。有146万人掌握一、两项实用技术，促进了当地经济的发展。

〔**农村成人教育**〕 到1994年，河北省各县都建有完善的县、乡、村三级培训网络，形成了以县职教中心为“龙头”，乡（镇）成人学校为骨干，村成人学校为基础的农村三级培训网络。据统计，全省已有100%的县、100%的乡（镇）、85%的村分别建起了成人学校和培训机构，农民全员培训率达到80%以上，农村年培训量上千万人次，促进了当地的经济发展和劳动者素质的提高。在县职教中心这一“龙头”带领下，乡镇成人学校积极发挥骨干作用。阳原县在加快农村培训网络建设的几年间，工农业总产值由1986年的0.98亿元提高到1993年的6.3亿元；经济综合指标由张家口地区12个县倒数第一，成为正数第四；乡镇企业的综合位次由落后地位上升到地区第一位；农民人均收入由1986年的121元，提高到1993年的529元；1993年底人均存款830元，人均收入超千元的村32个。衡水地区由于开展了多种类型的培训，仅1993年劳务输出30多万人，年创收10亿多元。唐山市所辖各县把建立成人教育网络列为小康建设的硬指标，层层纳入了各级党委、政府的目标责任制。1994年各县区都建有一所成人教育（或职教）中心，每个乡镇都建有成人学校，村办学面积达到了88%，基本上形成了县、乡、村三级办学网络。市教委及有关局围绕市委、市政府部署的“雄鹰计划”，广泛开展了“引进一个项目，培训一批农民，兴办一个拳头项目，致富一方群众”活动，通过上挂500多家大中专院校和科研单位，引进和培训推广新技术达2687项次。培训农民92万多人，培训乡镇企业干部、职工25.9万人；培训第三产业的从业农民1.08万人。乐亭县组织成人教育的“精兵”成立了“科教兴农讲师团”，加快了全县高效农业的发展。全县蔬菜大棚发展到1.5万亩，仅此一项，每年农民可增收近亿元。

〔**成人高等教育**〕 根据国家教委要求，河北省从1994年起，成人高等教育试行大学基础教育，暂名“河北省大学基础教育中心”，设在河北省广播电视大学，各地电大分校及有条件的成人学校、电大工作站经省教委批准设有教学点。办学形式有脱产和业余两种。实行学年学分制。脱产文科为一年，理工、农、医为一年半。业余学习者，文科一年半，理工农医等为二年。教学组织是在省教委领导，由大学基础教育中心（省广播电视大学）具体负责，各电大分校及设立基础教育教学班的成人高校的业务上接受大学基础教育中心的领导。大学基础教育的教学计划、教材、大纲由国家教委统一制定。各门课程的结业考试均由国家教委或省教委统一命题并组织。1994年大学基础教育招生报名工作于4月中旬在各地市进行开设专科层次的财经类、法律类专业。5月省教委审批注册，9月入学。

〔**自学考试**〕 4月23日，河北省举行第21次自学考试，共开考56个专业，合计13万余人，报考29万余科次。总的特点是新考生增多；热门专业报考人数相对集中；考生年龄下移；25岁以下的考生占考生总人数的65%以上。全省10年来共有74万余人参加了自学考试，获得毕业证书和专业证书的近5万人。自1992年河北省自学考试报考人数突破16万人以来，本年报考人数处于下降略回升趋势，达到13万余人。

〔**社会办学管理**〕 9月16日，省教委发出通告，对河北华美自修学院（社会力量办学单位）在《石家庄日报》刊登招生广告妄称隶属河北中华职教社等内容，在社会上造成不良影响。另有石家庄兴华学院私自变更经省、市教委已审批的招生广告内容并增加了招生专业及收费等内容。对上述两单位给予“取消招生资格、进行整顿、视其整顿情况再决定是否停办”的处分。

撰稿　李　铭　高智军
审稿　周治华

山西省教育

概况

〔基本情况〕

1994年各级普通学校基本情况

单位：人

学校类别	学校数（所）	毕业生数	招生数	在校学生数	教职工数 计	教职工数 其中专任教师
一、普通高等学校	26	16390	20339	67498	23272	9088
研究生		230	407	1081		
本　科	12	7774	8751	35158		
专　科	14	8386	11181	31259		
二、中等专业学校	127	28791	35261	102885	17929	8979
中等技术学校	103	19443	26179	77704	14487	7227
中等师范学校	24	9348	9082	25181	3442	1752
三、普通中学	3485	417796	516784	1425214	143223	111989
高　中	408	70894	59482	196964		19036
初　中	3077	346902	457302	1228250		92953
四、农业、职业中学	369	34522	41592	100798	12273	8146
高　中	267	28584	32291	75859		6463
初　中	102	5938	9301	24939		1683
五、工读学校	2	34	52	73	82	39
六、小学	41303	547235	649995	3213149	185935	169718
七、特殊教育学校	27	406	873	4224	959	674
八、幼儿园	7545			978466	43889	35508

注：普通高校专任教师中具有高级职称的教师2329人，占专任教师总数的26.63%。

1994 年各级成人学校基本情况

单位：人

学校类别	学校数（所）	毕业生数	招生数	在校学生数	教职工数	
					计	其中专任教师数
一、成人高等学校	35	10326	20534	44617	6124	2606
广播电视大学	1	1641	2953	6222	689	191
职工高等学校	17	1229	2462	5962	2438	1086
农民高等学校						
管理干部学院	6	664	2058	3689	1063	460
教育学院	11	2826	3710	8221	1934	869
独立函授学院						
普通高校举办：						
函授部	13	2980	7200	15211		
夜大学	11	962	2095	5256		
干部专修科	1	24	56	56		
二、成人中等专业学校	173	10747	16309	34284	6127	2978
广播电视中专	1	530	1336	2512	763	221
干部中专	2	82	162	595	98	57
职工中专	50	3131	6188	13468	2279	1124
农民中专	2	29			47	24
函授中专	3	166	132	575	46	29
教师进修学校	115	6809	8491	17134	2894	1523
三、成人中学	374	13681	8954	15846	817	210
职工中学	54	2921	2437	3340	191	81
农民中学	320	10760	6517	12506	626	129
四、成人技术培训学校	21159	1798318	1552375	1638250	41339	5725
职工技术培训学校	639	101312	51432	98768	1969	881
农民技术培训学校	20520	1697006	1500943	1539482	39370	4844
五、成人初等学校	11622	174465	112841	162719	9895	1553
职工初等学校	43	2340	1246	2658	45	6
农民初等学校	11579	172125	111595	160061	9850	1547
其中：扫盲班	7001	17882	34072	48718	5450	733

制表人　赵丽华

注：成人中专各类短期技术培训结业 26880 人次，参加人数达 11111 人次。成人高校培训招生 11157 人。成人高校专任教师中具有高级职称的教师 452 人，占专任教师总数的 19.38%。

〔**教育投入**〕 教育经费的多渠道筹措。1994年，山西省各项教育投入达到29.6亿元，比上年增加7.7亿元，增长35.16%。其中：(1) 预算内教育拨款20.37亿元，占总投入的68.82%，比上年增加5.64亿元，增长38.29%。(2) 各级政府征收用于教育的税费收入达到2.41亿元，占到总投入的8.14%，比上年增加0.57亿元，增长30.98%。(3) 勤工俭学收入用于教育的经费达到0.93亿元，占总收入的3.14%，比上年减少0.03亿元。(4) 其他属于国家财政性教育经费0.10亿元，占总收入的0.34%，比上年减少0.03亿元，降低23.08%。(5) 社会捐资办学经费3.2亿元，占总收入的10.81%，比上年增加2.53亿元，增长19.85%。(6) 学杂费收入2.19亿元，占总收入的7.4%，比上年增加0.83亿元，增长61%。(7) 其他教育经费0.39亿元，占总收入的1.32%，比上年增加0.17亿元，增长77.27%。

教育经费支出执行情况。1994年教育部门经费总支出为29.49亿元，比上年增加7.82亿元，增长36.09%。其中：(1) 属于国家财政性的教育经费支出23.85亿元，比上年增加6.21亿元，增长35.2%。(2) 社会集资办学经费支出3.19亿元，比上年增加0.59亿元，增长22.7%。(3) 学费、杂费支出2.08亿元，比上年增加0.79亿元，增长61.24%。(4) 其他教育经费支出0.37亿元，比上年增加0.32亿元，增长164.29%。

生均教育事业费及与上年比较增长情况。普通高校4018.04元，增加563.04元，增长16.29%；普通中等师范学校1847.58元，增加498.43元，增长36.94%；职业中学743.54元，增加251.77元，增长51.19%；普通高中835.72元，增加304.74元，增长57.39%；城镇普通初中617.05元，增加166.62元，增长36.85%；农村普通初中410.04元，增加107.84元，增长35.6%；城镇小学352.78元，增加112.6元，增长46.88%；农村小学230.63元，增加75.61元，增长48.77%。生均公用经费（预算内）：普通高校1446.89元，减少243.31元，降低14.4%；普通中等师范学校454.95元，减少29.34元，降低6.05%；职业中学124.49元，增加6.27元，增长5.3%；普通高中94.49元，增加7.29元，增长8.36%；城镇普通初中67.58元，减少12.11元，降低15.19%；农村普通初中21.34元，减少5.41元，降低25.22%；城镇小学29.92元，增加2.87元，增长10.61%；农村小学6.22元，减少0.50元，降低7.44%。

改善办学条件情况。1994年在继续增加教育投入的基础上，大力改善办学条件。省基建投资计划为1.03亿元，其中高教0.83亿元，普教0.2亿元。全省中小学新建校舍81万平方米，维修校舍124.2万平方米，购置教学仪器27.4万套，购置文体器材140余万件，购置图书资料278.3万册。全省中小学危房面积由1993年的0.49%下降到1994年的0.35%，教学仪器、文体器材、图书资料的“三配套”比例由1993年的70%上升到1994年的79.82%。

〔**全省教育工作会议**〕 10月28日至31日，由山西省委、省政府召开的全省教育工作会议在太原举行。出席会议的有各地市委书记或专员、市长，分管教育的副专员、副市长，教委主任和督导室主任；各县（市、区）委书记或县长、教育局长；普通高校党委书记、校长，部分成人高校和中专学校的负责同志，共400余人。省委、省人大、省政府、省政协的领导同志出席会议。省委书记胡富国在会上作了题为《优先发展教育是兴晋富民的根本》的重要讲话，副省长郭裕怀作了主题报告，省长孙文盛作了会议总结。国家教委副主任韦钰应邀出席会议并讲话。

根据省委、省政府决定，会议确立了山西省到本世纪末着力抓好的10项教育重点工程：(1)“双基”工程。基本普及九年义务教育和基本扫除青壮年文盲的县(市、区)分别达到100个以上。(2)教育扶贫工程。通过增加投入和政策倾斜，加快吕梁地区和其他贫困县的教育发展，在师资水平、办学条件、教育质量等方面达到或接近全省平均水平。(3)职教发展工程。办好100所中等职业技术学校。高中阶段职业技术学校与普通高中在校生人数的比例达到1.2∶1。每县建成一个综合职业技术教育培训中心，承担本县人才培训任务。建设20个高等职业技术学校或高职班。初步形成结构比较合理、与普通教育彼此衔接、相互补充、并行发展的职业教育新体系。(4)高校“四重”工程(重点大学、重点学科、重点实验室和重点科技成果)。采取得力措施，确保山西大学、太原工业大学在“九五”期间进入国家“211工程”，成为全国重点大学。重点学科、重点实验室建设和重点科技成果的研究开发达到国内先进水平。(5)成人岗位培训工程。在全省普遍推行“双证书”制度(学历证书、技术等级证书)，使三分之一以上的从业人员受到较为规范的岗位技术培训。(6)教育综合改革工程。以三教(普通教育、职业教育、成人教育)统筹和农科教、经科教结合为重点，深化教育改革，进一步增强教育为经济建设服务的功能，使城乡教育综合改革取得明显的社会效益和经济效益。(7)调整教育结构和布局工程。高等院校走优势互补、联合办学的道路，努力发展工、商类专科教育，用三年左右时间基本完成结构和布局调整。中等教育重点发展中等职业学校，适当压缩普通高中规模，逐步取消戴帽学校，大力兴办寄宿制学校。(8)师资培训工程。全面提高教师队伍整体素质，高校青年教师基本达到硕士研究生水平，培养100名中青年学科带头人和1000名学科骨干教师。中等和初等教育教师学历达标率达到或超过全国平均水平。太原市开展小学教师专科化实验。(9)教师安居工程。通过各种途径筹集资金，新建一批高等院校和城市中小学教工住宅，使城市中小学教工住房条件有较大改善，高校现有教职工住房问题基本上得到解决。(10)德育工程。建设一批德育示范县、示范学校和基地，初步形成学校、家庭、社会三结合，多方位的德育教育网络。

会议强调，在教育10大工程中，“双基”工程是“重中之重”，各地要首先保证“双基”工程，从实际出发，有计划、分步骤地做好10大工程的实施工作。会议认真研究了增加教育投入和提高教师待遇两件大事。决定从1995年起，省财政支出教育经费所占比重达到20%，以后稳步增长，2000年达到25%。地市级1995年达到25%以上，县级要更高。城乡教育费附加按增值税、营业税、消费税的3%计征。从1995年起，在报经国家批准后，对旅店、小汽车、广告、职工工资征收教育地方税费。通过多方筹资，使全省教育经费在今后几年平均每年比现在增加5亿元以上。此外，省里将设义务教育和高校重点院校、重点学科建设两项专项资金，各地、县也对义务教育专项资金作出相应安排。为改善教师待遇，力争在3至4年内实现“教师安居工程”目标。在整顿民办教师队伍的基础上，每年拿出相当数量的指标用于民办教师转正，到2000年基本解决合格民办教师的转正问题。

会议认真研究讨论了《山西省贯彻〈国务院关于〈中国教育改革和发展纲要〉的实施意见〉细则》、《山西省90年代基本普及九年义务教育和扫除青壮年文盲的实施意见》、《关于加速职业技术教育发展的决定》、《关于深化全省高等教育改革坚持内涵发展的若干意见》、《关于增加教育投入提高教师待遇的意见》、《关于贯彻〈中共中央关于进一步加强和改进学校德育工作的若干意见〉的实施意见》等6个文件。修改后分别以省委、省政府文件下发，作为实施10大工程，推动全省各级各类教育发展的指导性文件。

〔**教育督导**〕 (1) 督导机构进一步健全，督导队伍不断壮大。到年底，省和11个地（市）、118个县（市、区）全部建立了督导机构。其中阳泉等3个地、市和岚县等12个县（区）成立了人民政府教育督导室，强化了教育监控职能。全省共有专、兼职督导人员903人，其中专职督导人员595人，兼职督导人员308人，督导队伍已具一定规模。(2)《普通中小学校督导评估工作指导纲要》在组织试点的基础上，开始进入逐步推行阶段。《普通中小学校督导评估工作指导纲要》颁布以后，分别在襄汾县、清徐中学、太原五中进行了为期3年的试点工作。5月9日至12日，在襄汾县召开了“山西省实施《普通中小学校督导评估工作指导纲要》现场会”，总结了襄汾县3年来试点的经验，实地考察了襄汾县利用评估手段科学管理学校的情况，并印发了“山西省教育委员会关于学习、推广襄汾县实施《普通中小学校督导评估工作指导纲要》经验的决定”，为在全省逐步建立和完善中小学校督导评估制度奠定了基础。(3) 逐步建立、健全“两基”评估验收制度，“两基”评估验收工作进展顺利。在总结1993年对太原市南郊区“两基”评估验收试点经验的基础上，3月在太原市召开了“两基”督导工作会议，安排部署了1994年的评估验收工作，并讨论研究了《山西省‘两基’评估验收进度规划》、《山西省‘两基’评估验收工作若干问题的决定》、《山西省‘两基’评估验收指标等问题的说明》；召开了“两基”评估验收领导小组会议；于4月和9月分两批对1993年、1994年申报的长治市城区等14个县（市、区）进行了评估验收，14个县（市、区）全部合格，受到国家教委的好评；10月底在全省教育工作会议上，山西省人民政府对“两基”评估验收合格的长治市城区等14个县（市、区）进行了表彰，各发奖牌一块，奖金10万元。

基础教育

〔**义务教育**〕　1994年，全省小学学龄儿童入学率为98.65%，小学毕业生升入普通初中的比例为83.56%，初中毕业生升学率为38.56%。

1994年，山西省各级人民政府按照全国教育工作会议提出的要求，将九年义务教育工作作为全省教育事业发展的“重中之重”，进一步提高对普及九年义务教育工作的认识。采取得力措施，积极落实国家和山西省制订的实施义务教育的法律规定和地方行政法规，努力完成义务教育年度规划任务，圆满完成了对有关县、乡义务教育检查确认工作。全省又有古交市、右玉县、和顺县、宁武县、河曲县等5个县（市）达到实施小学阶段义务教育基本要求，达到实施小学阶段义务教育基本要求的县（市、区）已有77个，占全省县（市、区）总数的65.3%，这些县（市、区）人口为2348.4万人，占全省人口总数的77.9%，达到实施小学阶段义务教育基本要求的乡（镇）1618个，占全省乡（镇）总数的81.6%，覆盖人口为2633万人，占全省人口总数的89.3%。全省有原平市、太谷县、霍州市、晋城市郊区、阳城县、汾阳县等6个县（市、区）达到实施初中阶段义务教育基本要求，达到初中阶段义务教育基本要求的县（市、区）已有26个，占全省县（市、区）总数的22.3%，这些县（市、区）人口总数为872.6万，占全省人口总数的28%，实施初中阶段义务教育的乡（镇）达930个，占全省乡（镇）总数的46.8%，覆盖人口1519.8万人，占全省人口总数的51.5%。

〔**控制中小学生流失**〕　近年来，山西省一些地方中小学生流失呈上升趋势，尤其是初中学生流失比较严重，有的乡（镇）初中学生年流失率达10%以上，直接影响了九年义务教育的顺利实施，影响了基础教育事业的健康发展和全省人民科学文化素质的提高。山西省政府高度重视控制中小学生流失工作。省政府办公厅于1994年3月下发了《关于解决中小学生辍学问题的通知》，对控制中小学生流失问题提出了5条意见，要求各地在6月底以前，采取各种措施，动员流失的小学生全部返校，使初中学生的流失率严格控制在3%以内。要求各级人民政府切实担负起实施义务教育，组织学生入学，保证学生按时受完九年义务教育的责任，对迫使适龄儿童、少年做工、经商、当学徒的家长或其它监护人，县、乡人民政府或其指定部门要对其进行批评教育，对拒不送其子女或被监护人返校就学的，视具体情况罚款500至5000元，对违反国家规定，擅自使用童工、童商者，除责令其立即退回外，每招用一名童工罚款3000元至5000元。对情节严重、坚持不改的，要提请司法部门依法惩处。并规定：凡未受完当地规定年限义务教育的儿童少年不得进入乡（镇）企业做工，不得承包乡村生产项目，工商行政部门不得发给营业执照。各地按照《义务教育法》的要求和省政府的有关规定，强化了控制中小学生流失工作。翼城县人民政府健全执法程序，制订了地方法规和行政性规定，对流失学生依法分3步动员其返校复学：（1）如学生辍学，由乡（镇）人民政府向其家长或监护人发出辍学儿童少年就学通知书，提出批评，并要求其限期送子女或被监护人就学。（2）如在规定期限内仍不送其子女或被监护人就学的，由乡（镇）人民政府对其依法作出处罚裁定，要求他们在规定期限内向乡（镇）人民政府送缴罚金，并送其子女就学。（3）对不按规定履行处罚裁定的家长或监护人，由作出处罚裁定的机关申请人民法院强制执行。执法程序的健全，为依法治教提供了良好的舆论环境和执法条件，这个县中小学生流失率控制在国家规定的范围，1994年顺利通过了省政府组织的"两基"评估验收。省教委向全省各地转发了翼城县的作法和经验。各地采取得力措施，使全省中小学生流失上升的趋势得到控制。1994年，全省小学生流失2389名，流失率为0.1%，初中学生流失18814名，流失率1.6%，基本控制在国家规定的范围。

〔**评选"宋庆龄奖学金"**〕 根据国家教委、中国福利会关于从1994年起，设立"宋庆龄奖学金"的决定和分配山西省的推荐名额：初中8名，小学2名。自下而上，层层选拔推荐，最后经全国宋庆龄奖学金理事会审定，山西省有10名学生荣获首届"宋庆龄奖学金"，并于1994年7月参加了在上海举行的颁奖仪式和'94国际少年儿童文化艺术节，授予每位获奖同学荣誉证书和500元奖学金。这10名同学是：崔伟（山西大学附中35班）、田亮（太谷县城关中学初二年级）、牛向晖（晋城市五中初三年级）、郑志荣（女，临汾三中初三年级）、李凯（离石三中初三年级）、侯睿（女，忻州六中初三年级）、张阳（女，运城地区实验中学初二年级）、贾鹏（长治十中初三年级）、杨晨（太原市新建路小学六年级）、张科科（女，长治市城区建设东路小学四年级）。

〔**教师队伍建设**〕 1994年，全省小学、初中和高中教师学历合格率分别为90.82%、53.24%和42.41%，都比上年有提高。1994年进行了全省第三批特级教师评选，有149名中小学教师被省政府授予山西省特级教师称号。至此，全省共有特级教师351名。4月，山西省政府发出《关于保证中小学教师工资按月足额发放的通知》，作出6项规定，要求各地实行首长负责，把落实教师工资列入领导干部责任目标内，年终进行严格考核；公办教师工资和民办教师工资的国补部分要一次到位，不得留有缺口；凡拖欠教师工资的县（区）和乡镇，无论是党政机关还是事业单位，一律不准兴建楼堂馆所，不得购买小汽车。9月7日，省政府又召开全省解决拖欠教师工资电话会议，副省长彭致杰在讲话中要求各级政府、财政和教育部门积极行动起来，彻底解决拖欠教师工资问题。同时省政府还要求做好教师医疗费的清理工作，按现行财政体制，各级政府负责解决各自所属学校教师医疗费拖欠问题。

〔**德育工作**〕 全面贯彻落实《中共中央

关于进一步加强和改进学校德育工作的若干意见》，制定了学校德育“2221”工程，即到2000年建设20个德育示范县（区）、200所德育示范学校、1000个德育基地的德育工作目标，分年度实施；对爱国主义教育提出“三个一体化”原则，即爱国主义教育与学校德育一体化，与各科教学工作一体化、与美育劳动教育一体化。使爱国主义教育进入课堂教学主渠道，同时搞好丰富多彩、寓教于乐的各种课外教育活动。《中学德育大纲》和《小学德育纲要》及中小学生日常行为规范的实施取得新进展，评选了省级三好学生297名、优秀学生干部181名，先进班集体和优秀班主任各295名。同时，注意了德育理论研究，制定了科研选题，评选出省级优秀论文54篇。此外，还组织3万名高中学生进行为期10天的军事训练，培养了学生的国防意识。抓了学校安全工作，制定了重大伤亡事故报告制度。加强了中小学生德育方面各种竞赛，评奖活动的管理。

职业技术教育

〔综述〕 为了进一步加快全省职业技术教育发展步伐，以适应经济和社会发展的需要，1994年，根据省政府的安排，省教委会同计划、经济、劳动、人事、财政、税务等部门对全省职业技术教育进行了大规模的全面调查研究。在此基础上，代省政府起草了《关于推行“双轨制”，加速山西职业技术教育发展的意见》，对全省职业技术教育的发展规划、办学体制、管理体制、投入体制、学校布局、专业设置、招生分配制度等重大问题提出改革措施。省教委进一步宣传和推广左云县综合技术学校的办学经验。大力发展校办产业和实习基地，是1994年职教工作的一项重要任务。到年底全省职业学校校办产业纯收入达到4200万元。校办产业和实习基地的建设，一方面改善了培养学生动手能力的条件，另一方面补充了教育经费的不足。对普通中专学校的评估和专业调整，是1994年职教工作的又一重要任务，这项任务的完成，促进了中专学校的发展，使中专教育更好地适应社会主义市场经济体制建立的需要，发挥了中专学校的优势。11月，省教委受省政府委托，向省八届人大常委会第十二次会议报告了全省1988年颁布职教条例6年来职业技术教育工作情况。经会议审议认为，全省职教工作取得了显著成绩。1994年，全省高等、中等、初等职业技术学校达到588所，在校生26万人。其中，中等职业技术学校在校生22.7万人，与普通高中在校生之比为1.16：1，中等职业技术学校与普通高中招生数之比达到1.29：1。1994年，普通中专专任教师比上年增长3.21%，其中有高级职称的教师988人，占专任教师总数的11%；职业高中教师学历合格率为18.32%，比上年提高1.3个百分点；职业初中教师学历合格率为45.45%，比上年提高6.63个百分点。

8月24日至29日，由国家教委、国家体委、国家劳动部举办的全国首届职业技术学校田径运动会在太原市举行。山西省委、省政府对这次运动会十分重视，在时间较短，国家基本上没有经费支持的情况下，承办了这次运动会，对全国职教事业做出了贡献。国家教委副主任王明达、国家体委副主任刘吉以及山西省委书记胡富国、省长孙文盛等领导出席开幕式。12000余人参加了开幕式大型文体表演。山西代表团68名运动员参加了各项比赛，获得团体总分第一名。

全国首届职业技术学校田径运动会前夕，国家教委、国家体委、国家劳动部在太原山西省计划统计学校召开了全国职教系统体育工作先进学校表彰会。山西省有18所学校受到了表彰，即：山西省计划统计学校、太原铁路机械学校、山西省太原冶金工业学校、大同煤炭工业学校、山西省体育运动学校、山西省供销学校、山西省煤炭工业学校、山西省财贸学校、山西省交通学校、山西省中药材学校、太原师范学校、太原钢铁公司技工学校、大同电力技工学校、左云县综合技术学校、太原市财政金融职业学校、太原旅游职业中专学校、山西省建筑工程学校、山西省粮食学校。

8月30日至9月1日，国家教委在山西省左云县综合技术学校召开了“全国职业技术学校左云办学经验现场会”。会议充分肯定了左云县综合技术学校坚持正确的办学方向，发扬自力更生、艰苦奋斗精神，坚持实业兴学，为当地培养人才的经验，并决定向全国推广。左云县综合技术学校的办学业绩引起了全国各地的关注，会后不少省市组团到左云考察学习。

〔**中专评估和专业调整**〕 经过两年的普通中专学校合格评估、办学水平评估和评选重点学校评估，促进了学校规范化建设。8月，国家教委公布国家级普通中等专业学校名单，山西省有7所学校为国家级重点中专，即：太原铁路机械学校、大同煤炭工业学校、山西省计划统计学校、山西省太原冶金工业学校、山西省建筑工程学校、山西省中药材学校、山西省戏曲学校。

按照国家教委颁布的普通中专专业目录和调整专业的原则，结合山西经济发展和社会需求，2月，组织专家会同省有关厅局和地市，在研究论证的基础上，根据办学条件，对全省（部属学校除外）95所普通中专学校的9科46类379个专业进行了调整。

〔**教育综合改革**〕 按照“点上深化、面上扩展”的方针，农村教育综合改革继续积极推进农（经）、科、教结合，实施燎原计划。工作的重点是上质量、上水平，加大教育综合改革的力度。在认真总结前几年改革试点经验的基础上，评选出全省农村教育综合改革先进单位。其中临猗县、阳泉市郊区平坦乡、山西农业大学、左云综合技术学校、方山县圪叉咀学校、翼城县里砦镇农民文化技术学校等6个单位被评为全国农村教育综合改革先进单位，受到国家教委的表彰。副省长王文学在国家教委召开的全国农村教育综合改革唐山工作会议上，介绍了山西农村教育综合改革经验。同时，进一步加强了对农村教育综合改革实验区、实验县的分类指导和督导评估工作。对昔阳、汾阳、阳城、阳泉市郊区、太原市南郊区、原平、广灵7个省级实验县的农村教育综合改革工作进行了督导评估，推动了实验水平的提高。7月，山西省政府批转了省农科教结合领导组《关于进一步加强农科教结合，推动农村经济发展的意见》，省教委与省科委、省农牧厅在晋中地区召开了农科教结合汇报会，向国务院农科教结合检查组汇报了山西农科教结合工作情况，考察了农科教结合的典型。城市教育综合改革在继续做好太原、阳泉试点城市改革的同时，扩大了试点，试点企业由原来的4个扩大到21个，其中国家级4个、省级7个、地市级7个。为城市教育综合改革的全面推开打下了较好基础。

高 等 教 育

〔**解决高校实际问题**〕 1994年初，高等学校刚开学，省委专门召集全省高校党委书记、校长举行座谈会，对做好高校工作进行部署，省委书记胡富国、省长孙文盛分别到会讲话，3月10日，省委常委、常务副省长郭裕怀召集太原市和省直有关部门负责人召开专门会议，共同商讨在粮油价格放开、副食品较大幅度涨价的情况下搞好高校后勤工作的对策。4月15日，孙文盛省长和郭裕怀副省长又一次来到山西医学院主持召开现场办公会，就改进高校的思想政治工作、后勤服务工作等进行检查指导。成立了由太原市一位副市长为组长、省教委一位副主任为副组长，由太原市城建、供电、煤气、自来水、工商等有关部门负责人参加的“高校服务小组”，深入学校帮助排忧解难，改善学生生活和学习条件。同时省政府还责成省财办主任带领省粮食厅、太原市财委和粮食局的负责同志组成调查组，专门就高校的粮、油、菜、副食品供应及食堂饭菜价格、质量等进行调查研究，解决实际问题。省委建立了常委联系高校制度，每一位省委常委和副省长固定联系一所高校。从4月22日起，省委书记胡富国带领省委、省政府有关部门负责人，先后到山西大学、太原工业大学、山西农业大学、山西财经学院、山西医学院、山西矿业学院看望师生，了解学校工作，倾听群众意见和建议。胡富国书记每到一校，都深入到学生宿舍、食堂了解学生伙食价格、饭菜质量，并与大学生一起就餐，体验学生生活。

1994年山西省委、省政府为高校解决了不少难题，办了许多实事。主要有：(1) 从4月份起，由省财政给全省高校在校生每生每月增加10元伙食补贴。(2) 建立高校与粮食、商业部门每月一次供需联系制度，由双方协商，签订合同确保供应。同时，设立了高校粮、油、肉专供点，对高校实行优惠供应，优质服务。(3)“高校服务小组”通过现场办公，摸清了省城15所高校存在的涉及供水、供电、供气、市容环卫、城建、规划、交通等方面的81个问题，积极组织各个方面协同作战，逐一解决。81个问题大部分已经解决，其余的问题正在落实。

〔**重点学校建设**〕 山西大学、太原工业大学两所省重点高校建设取得新进展。山西大学的物理学专业被国家教委批准为“全国理科基础科学研究和教学人才培养基地”专业点，标志着该专业已达到国内先进水平。为保证这两所高校的建设进度，安排基本建设投资4128万元，占高校基建投资的50%以上，预定在本年度完工的38个基建项目绝大部分已完成。

〔**思想政治工作**〕 1994年，山西省高等学校认真贯彻中共中央《关于加强和改进学校德育工作的若干意见》和《爱国主义教育实施纲要》，坚持对师生进行马克思主义理论教育和形势政策教育，积极探索新形势下加强和改进高校思想政治工作的思路，推出实施爱国主义教育的“3511工程”，即组织3个爱国主义教育宣讲团，开展5项“中华在我心”主题活动，创建10所爱国主义教育示范学校，建立100个校内外爱国主义教育基地。

8月13日至17日，根据山西省委的安排，在五台山召开了全省高等学校思想政治工作座谈会。省委书记胡富国、省委副书记梁国英到会讲话，并与高校的党委书记、校长、团委书记、学生代表座谈。梁国英副书记就提高领导对德育的认识，高举建设有中国特色社会主义理论旗帜，大力开展中华民族传统美德教育，建设好三支德育队伍，大力开展社会实践，进行艰苦创业教育等问题讲了话。

加强马克思主义理论课和思想政治教育课（以下简称“两课”）的教学，是高校1994年一项重要工作。根据形势的发展重新修订了“两课”教材，制订了“两课”改革试行意见，确定山西大学、晋中师专为试点校，进行“两课”改革试验。组织进行了高校思想政治教育优秀论文和教材的评选，召开了华北地区第三届高校思想政治教育年会，促进了高校德育理论研究和教学改革。山西大学《用爱国主义点燃大学生心灵之火》获中国高等学校思想政治教育研究会第二次优秀论文评选一等奖。

〔**教学管理**〕 为了进一步推动高校深化教学改革，提高教学质量和办学效益，4月，省教委印发了《关于对部分高校教学质量进行调查的通知》。从5月11日至6月11日，先后对忻州师专、晋中师专、晋东南师专、吕梁高专、太原师专、运城高专等6所高校的教学质量作了调查。调查的主要内容是：学校加强教学工作管理，深化教学改革的措施和效果；教学经费投入及保证使用情况；以课堂教学为主，提高教学质量的措施；贯彻执行国家教委学籍管理有关规定的情况。调查重点是4个投入：学校领导在教学上的精力投入、年度教学经费投入、教师在教学上的精力投入、学生在学习上的精力投入。调查以各校中文、数学、英语3个系为主。调查结果表明，高校教学质量“稳中有升”。进一步强化了教学工作在学校工作中的中心位置，促进了教学管理制度的建设，明确了深化教学改革的思路，对提高教学质量起到了积极促进作用。1994年，全省高校的大学英语全国四级水平考试的通过率达到了56.9%，比去年提高9个百分点，高于全国高校平均水平。其中太原工业大学、山西经济管理学院通过率达80%以上，高于全国重点大学平均水平。

为维护高等学校学历教育的严肃性，切实保证高等学校学历教育的质量和规格，制止乱发文凭，省教委在2月25日印发了《关于加强普通高等学校学历证书文凭管理工作的通知》。通知要求：（1）各高校对1990～1994年经山西省普通高校招生办公室审核同意录取、学校注册的学生数以及各届颁发学历证书的学生数和学生学籍变动情况汇总上报。（2）澄清1990～1994年各校未经省普通高校招生办公室审核批准，自行招收的学生和自行颁发的学历证书、合格证书、结业证书、学习证书等情况，如实写出详细书面报告。（3）省教委根据学校自查情况，4月份组织专家进行重点抽查。（4）根据国家教委要求，从1994年起新的毕业证书内芯由山西省教委统一购置和管理。各高校在每年的5月底持花名册到省教委进行资格审查，审查合格后由省教委统一编号，各学校负责发放。（5）从1994年起，各高校于当年11月底前，将经过省招生考试管理中心审核同意录取并经学校注册取得学籍的学生名单和软盘报省教委。（6）各高校领导与学籍管理、教学管理部门要重视此项工作，实事求是地认真组织自查，如有问题而隐瞒不报，一经查出省教委将视情况通报批评，对问题严重的将在一定时间内收回其直接颁发学历证书的权力。

〔**培养青年学科带头人**〕　为了选拔和培养优秀青年教师，使其尽快脱颖而出，成为学科带头人，省教委决定从1994年开始建立“青年教师学科带头人评选培养制度”。

评选的对象是：凡是在山西省普通高校任教、年龄在40岁以下的专任教师和即将学成回国并在山西省普通高校任教的出国留学人员均可申报参评。

评选的条件是：（1）高教教龄在5年以上，在教学岗位上教学工作量满3年以上，至少独立承担并完成过一门主要课程的教学任务，教学效果优秀。（2）在学科的建设上做出了突出成绩，具备作为该学科学术带头人的基本素质。（3）至少完成或正在承担着一项省级以上科研项目，并且是课题主要承担者。（4）英语达到CET6级水平或其它语种达到相应的水平。（5）获得硕士学位，并有讲师以上职务，或学习过研究生主要课程，有副教授以上职务。（6）博士学位获得者可不受上述条件限制，优先入选。

入选者的义务是：（1）积极承担教学、科研和科技开发任务，并能很好完成。（2）每年都要制订出详细的包括学习、教学、科研和科技开发4项内容的计划。（3）每年年终要向学校、省教委汇报一次思想、学习或工作情况。（4）从评为被培养的青年学科带头人之日起，至少在本岗位工作5年以上。

评选的数额和办法是：全省100名，采取每年评一次滚动式进入的办法。省级青年学科带头人限在有硕士授予权的学科或少量基本具备硕士授予权条件的学科。校级培养名额与条件由各校自定。

培养方式是：以在职为主，国内为主，结合教学科研工作进行培养，各校要根据本校、系实际情况制订出详细培养计划，对被选者提出明确学习、教学、科研和社会服务等方面的要求，定期进行监督、检查。

〔**毕业生就业工作**〕　山西省委、省政府重视大中专毕业生就业工作。1994年，山西省共接受、分配大中专毕业生41000人，为了妥善解决毕业生的就业问题，省委常委会议专门作了研究，决定：（1）1994年毕业的2000名公安、政法、税务、工商行政管理等专业的大中专毕业生和农林专业高校毕业生，由省人事厅一次性下拨增干指标，坚持专业对口的原则，分配到系统基层单位工作。特别是对农林专业的学生，不能分配到非农林部门工作。(2) 鼓励毕业生到基层、农村、特别是贫困山区工作，并给予优惠待遇：到贫困山区工作的，工资高出规定的1至2档；到乡镇企业工作的可以把工资关系放在县乡镇企业局；不论哪类院校毕业生，只要自愿到中小学当教师，不受指标限制。(3) 对部属院校和外省院校回山西工作的毕业生，不受地区指标限制。(4) 对毕业研究生，不受编制和增干指标限制，并负责解决配偶工作的调动。(5) 对自费生不得歧视，尽可能分配适当工作。6月2日，省委、省政府召开了毕业生代表座谈会，省委书记胡富国发表讲话，鼓励毕业生到艰苦地方奉献青春，并就如何正确认识当前形势，树立正确人生观、价值观和妥善解决毕业生就业问题提出要求。由于领导重视，措施得力，在安排毕业生就业工作难度较大的情况下，较好地完成了毕业生就业安排任务。

〔**对外交流**〕 1994年，进一步开展了引进国外智力和选派工作。在引进国外智力方面，22所高校聘请长期外国专家、外籍教师49名从事教学和科研工作；邀请45名专家进行短期讲学、合作研究。接受长短期外国留学生61名。在公费出国留学工作方面，省筹资金派出留学人员32名，国家公费留学人员派出7名，落实251万元科研资助项目和课题研究30余个。高校选派29名专家、教授、学者参加国际学术会议。在对外交流方面，又有5所高校与国外院校建立了校际交流关系。山西农业大学与美国欧柏林大学恢复了互派教师的交流项目。有11所高校、1所普通中专学校、3所普通中学与国外34所大学、中学或研究机构建立了不同层次、不同形式的交流关系。

成人教育

〔**农民教育**〕 1994年，农民教育以扫盲为重点，以农村为主战场，认真实施“6143计划”，即1994年在全省扫除6万名青壮年文盲，组织110万人次接受农村实用技术培训，使“六有”(有领导班子、有教师队伍、有固定校舍、有必要仪器设备、有实验实习基地、有可靠经费来源）乡镇农民文化技术学校的办学面达到40%，基本扫除青壮年文盲的县区达到30个。为了推动全省扫盲工作的开展，年底，进行了两次活动。一是由省教委、省团委、省妇联联合进行了全省扫盲工作检查，深入到全省11个地市的17个县(区)及20个乡镇和部分行政村进行检查。二是与省城11个新闻单位联合搞了为期20天的“三晋扫盲行”采访活动。这两次活动对全省扫盲工作起了积极促进作用：(1) 政府行为逐步到位。许多地市和县区对今冬明春的扫盲做了安排，将扫盲工作列入工作目标，建立督查制度，规定完不成任务的通报批评，不得评为先进；(2) 出台了一些切实可行的措施，落实了扫盲人员编制和经费。一些县区充实了成人教育专职管理人员。昔阳县给每个乡镇增加1名成人教育专职人员，使每个乡镇的成人教育专职干部达到2名。吕梁地区是贫困地区，在财政十分困难的情况下，行署作出决定，县级每年至少应安排2万元扫盲专项经费；(3) 全省出现继1990年以来的又一次扫盲高潮。据不完全统计全省组织10万人参加扫盲学习，完成了年度扫盲任务，全省扫除文盲约6万人，至11月底，全省已有襄汾等14个县区的扫盲工作通过了省级验收。

〔**成人高等和中专教育**〕 为加快全省成人高等教育的改革和发展，7月，山西省人民政府批转了省教委《关于加快我省成人高等教育改革和发展的若干意见》，提出今后一个时期全省成人高等教育的主要目标与任务是：以直接有效地为山西省经济建设服务为中心，以培养应用型、外向型、复合型人才为重点，建立与社会主义市场经济相适应的成人高等教育运行机制，逐步形成结构合理，功能齐全，职前和职后职业技术教育相衔接的成人高等教育新体系。实行学历教育与非学历教育并举，以非学历教育为重点，为在职从业人员提供更多的接受高中后教育和培训的机会。成人高等学历教育的在校生到"八五"末由1992年的3万人达到3.8万人，到本世纪末达到6万人。非学历教育在校生人数由1992年的3万人，到"八五"末达到4.5万人，到本世纪末达到12万人，使非学历教育的在较生人数与学历教育在校生人数之比，由1992年的1：1到"八五"末达到1.5：1。为加强管理，提高教学质量，制订了《职工高等学校、管理干部学院和函授、夜大学评估指标体系实施细则》，部署了成人高校的评估工作。各类成人高等学校的办学水平评估工作于11月全面铺开。为适应社会发展需要，在长治医学院、山西中医学院、山西经济管理学院和运城高等专科学校设置了函授或夜大学。国家教委批准建立了山西青年管理干部学院，使全省成人高等教育有新的发展。在重视成人高校改革发展的同时，省教委制订出台了《关于进一步改革和发展成人中等专业教育的若干意见》，对今后一个时期全省成人中专教育的目标、任务、政策、措施提出了指导性意见。6月组织了对全省各类成人中等专业学校文化基础课统考，开展教师赛讲活动，评出10名省级教学能手和20名优秀教师。

进一步改革和完善成人教育招生制度。1994年，成人高校继续试行"劳模预科班"，根据全省不同行业的要求，适当改革和调整了大专专业证书的招生类别、专业和招生条件；成人中专继续试行"推荐生"，对山西省农业广播电视学校实行单独招生，首次推出"专业证书转全科证书"的改革措施。1994年招生任务完成良好，各类成人高等学校共录取新生24786人，完成招生计划的85.39%。有5所成人高校10个专业以"招工招生结合"（简称："双招"，下同）的形式，从普通高校考生中录取新生427人，占计划招生数的82.59%；各类成人中专学校共录取新生3439人（不含省农业广播函授学校和"双招"生），成人中专推荐生录取3690人，共录取新生7129人，完成招生计划的60.5%。

〔**社会力量办学**〕 1994 年山西社会力量办学坚持贯彻国家教委“积极鼓励，大力扶持，正确引导，加强管理”的 16 字方针，在管理体制、教学管理、提高质量上采取了有力措施，使全省社会力量办学逐步走上健康发展的轨道。从 7 月起，省教委社会力量办学视导评估专家组对 25 所社会力量举办的非学历高等教育层次的学校和办学单位进行了视导评估。针对社会力量办学存在的问题，进一步加强了管理：建立了例会制度，定期检查学校办学情况，及时了解和研究办学中的问题；加强了招生广告的审批和管理，建立了比较规范严格的审批程序；对社会力量办学财务人员进行培训，制订了《山西省社会力量办学财务制度》(草案)。1994 年有 36 个社会办学先进单位和个人在全省社会力量办学经验交流会上受到表彰奖励。

〔**自学考试**〕 1994 年，山西高等教育自学考试为适应本省社会需求，打破一年两考的常规，共组织了 6 次考试，试行直属考区，增开本科 1 个专业、专科 25 个专业，在全省逐步形成学科专业层次较为齐全的格局。据统计，本科、专科、中专三个学历层次累计开设专业达 85 个，1994 年全省考生累计报名人数为 175702 人，报考科次为 460460 人。有 8940 人通过参加自学考试获取了毕业证书，其中本科 215 人，专科 8695 人，中专 30 人。

撰稿 张 为 方 榛 张正义
赵丽华 任月忠 贯真真
审稿 宋玉岫

内蒙古自治区教育

概　况

〔基本情况〕

1994 年各级普通学校基本情况

单位：人

学校类别	学校数（所）	毕业生数	招生数	在校生数	教职工数	
					计	其中专任教师
一、普通高等学校	19	9775	11064	38995	14702	6863
研究生	—	80	163	389	—	—
本　科	—	5169	5241	21722	—	—
专　科	—	4526	5660	16884	—	—
二、中等专业学校	102	15053	18148	54787	15643	7394
中　技	80	10890	13751	41534	12531	5771
中　师	22	4163	4397	13253	3112	1623
三、普通中学	1905	284542	394257	1030607	106645	77980
高中	371	53608	65142	172078	…	15190
初中	1534	230934	329115	858529	…	62790
四、农职业中学	410	37399	59989	140460	17374	12271
高中	201	18690	22234	55495	…	6506
初中	209	18709	37755	84965	…	5765
五、工读学校	2	59	119	187	166	42
六、小学	13831	422054	464222	2352440	172928	153482
七、特殊教育学校	19	92	288	1193	500	350
八、幼儿园	1610	48830	56730	147612	22129	15413

1994年各级成人学校基本情况

单位：人

学校类别	学校数（所）	毕业生数	招生数	在校生数	教职工数 计	教职工数 其中专任教师
一、成人高等学校	22	6311	12467	28946	4480	2086
广播电视大学	1	1888	2070	5516	984	372
职工高等学校	9	860	1135	3403	791	382
农民高等学校						
管理干部学院	2	490	884	1522	550	246
教育学院	10	1634	2486	6103	1967	1008
独立函授学院						
普通高校举办						
函授部	—	941	3461	7688	—	—
夜大学	—	418	2120	4162	—	—
干部专修科	—	80	311	552	—	—
二、成人中等专业学校	116	13222	12046	36560	5894	2997
广播电视中专	3	4375	2570	11656	849	436
干部中专	5	273	205	691	253	106
职工中专	46	4860	4559	14040	2509	1250
农民中专	3	100	60	178	50	37
教师进修学校	59	3614	4652	9995	2233	1168
三、成人中学	113	7755	9835	11415	637	351
职工中学	113	7755	9835	11415	637	351
农民中学						
四、成人技术培训学校	6647	1360000	1350000	1310000	5857	2631
职工技术培训学校	322	50000	50000	30000	1360	961
农民技术培训学校	6325	1310000	1300000	1280000	4497	1670
五、成人初等学校	3950	145202	112590	115210	2602	1062
职工初等学校						
农民初等学校	3950	145202	112590	115210	2602	1062
其中：扫盲班	3245	82417	547229	70404	2031	627

制表人　武福英、苑文彬

〔**年度工作方针**〕　1994年全区教育工作总的指导思想是：以邓小平同志建设有中国特色社会主义理论为指导，深入学习和贯彻全国教育工作会议和《纲要》精神，贯彻落实《义务教育法》和《教师法》，采取措施进一步深化教育改革，全面提高教育质量和办学效益，促进各类教育事业健康发展。根据这一指导思想，自治区教育厅确定1994年全区教育年度工作方针：（1）积极推动《纲要》的贯彻落实，筹备召开全区教育工作会议，修订和完善教育事业发展规划和计划，确定教育改革的总体思路；（2）进一步深化教育体制改革，增强教育主动适应经济和社会发展的能力，积极探索建立与社会主义市场经济体制相适应的教育新体制的路子；(3)把基本普及九年义务教育和基本扫除青壮年文盲摆在全区教育工作的突出位置，列为“重中之重”，切实加强宏观调控、条件保障和督导评估工作，分阶段有步骤地落实“双基”目标；（4）进一步改革中等教育结构，推动多种形式、多种规模、多种力量办学，大力发展职业技术教育；（5）加强和改善对高等教育的领导和管理，面向自治区经济建设，加大高等教育的改革力度，挖掘内部潜力，巩固和发展高等教育；（6）以城乡、企业教育综合改革为重点，加快成人教育的内部改革，促进成人教育的发展；（7）继续贯彻全国民族教育工作会议精神，优先重点发展民族教育；（8）全面贯彻教育方针，深化教学领域的改革，全面提高教育质量和办学效益，促进应试教育向素质教育转化；（9）积极创造事业发展的条件，切实加强师资队伍的建设和管理，争取各方面支持，努力增加教育投入；（10）继续深入开展反腐败斗争，加强廉政建设，坚决纠正教育领域乱收费、乱办班等不正之风，确保教育战线特别是高等学校的持续稳定。

〔**教育投入**〕 1994 年，全区国家财政性预算内教育事业费支出达 15 亿元，占全区国内生产总值（658.6 亿元）的 2.28%。自治区在资金比较困难的情况下，基本保证了教育事业发展的需要。

1994 年自治区地方全口径教育经费支出总额为 25.94 亿元，比上年增长 20.66%，其中地方财政预算内教育经费支出为 17.19 亿元，比上年增长 19.13%，其中预算内教育事业费支出 15.13 亿元，比上年增长 21.43%。1994 年全区财政经常性收入为 68.10 亿元，比上年增长 21.39%。全区国家预算内教育经费的增长速度低于同期地方财政经常性收入的增长速度。1994 年，全区地方财政总支出为 92.8 亿元，国家财政预算内教育经费占财政总支出的比例为 18.52%，比上年增加 2.05 个百分点，其中，教育事业费占财政总支出的比例为 16.30%，比上年提高 2.08 个百分点。1994 年全区普通教育生均预算内教育事业费：高中生均为 806.71 元，比上年增长 31.91%；初中生均城镇为 568.32 元，比上年增长 15.33%，农村为 362.75 元，比上年增长 22.86%；小学生均城镇为 422.65 元，比上年增长 22.29%，农村为 248.84 元，比上年增长 28.15%。由于工资改革等原因，人员经费增长较快，但是农村初级中学，生均公用经费比上年下降 20.48%。

1994 年，全区预算外资金收入较上年有了较大的增长。其中：中小学勤工俭学、社会服务收入中用于教育的经费达 9582 万元，比上年增长 15.55%；各级各类学校收取学杂费为 21114 万元，比上年增长 74.64%，其中：教办普通中小学收入达 9575 万元，较上年增长 56.12%；社会捐集资办学经费收入为 8284 万元，比上年增长 14.89%；各级政府征收用于教育的税费为 13990 万元，比上年增长 52.43%，其中：城市教育费附加 5952 万元，比上年增长 47.91%，农村教育事业费附加 7918 万元，比上年增长 57.00%。

经费使用效益情况。1994年，全区各级各类学校共改造危房44万平方米，支出金额达7576万元；购置学生课桌凳23万单人套，支出金额达2743万元；购置各种教学仪器13万台（件），支出金额达2020万元；购置图书资料147万册，支出金额达748万元，使办学条件有了一定的改善。

教育经费支出的内部结构情况。1994年，全区教育经费支出中，作为主渠道的预算内教育经费占国家财政性教育经费支出的75.9%，比上年降低3.3个百分点，其中教育事业费和教育基建支出占68.4%，比上年降低2.2个百分点；各级政府征收的用于教育的税费占5.3%，比上年提高0.4个百分点；企业办学经费占14.1%，比上年提高3.2个百分点；校办产业、勤工俭学和社会服务收入用于教育的经费占4.2%，比上年降低0.3个百分点。

教育经费支出中人员经费和公用经费比重同上年比较情况。1994年，教育部门财政预算内教育事业费实际支出为15.27亿元，其中：人员经费支出为12.25亿元，占总支出的80.2%，公用经费支出为30.18亿元，占总支出的19.8%；人员经费比例比上年提高3.9个百分点，而公用经费比例比上年降低3.9个百分点，其中，职业中学公用经费比例由上年的21.34%，下降至15.35%，普通中学公用经费比例由上年的19.72%下降至15.59%，普通小学由上年的13.05%下降至10.60%，普通高等学校由上年的41.95%下降到39.46%。

基础教育

〔**综述**〕 1994年，内蒙古自治区基础教育以实施义务教育为重点，进一步完善“地方负责，分级管理”的体制，继续呈现出积极发展的态势。依法实施义务教育取得新进展。经检查验收，全区又有5个市（区）基本普及九年义务教育，393个乡（镇）、苏木基本普及初等义务教育。全区幼儿园比上年增加518所；小学附设和独立的学前班9838个，比上年增加49个；特殊教育学校比上年增加4所。中小学布局进一步调整，办学相对集中，效益稳步提高。全区小学比上年减少261所，教学点9087个，比上年减少151个，在校生比上年增加0.54万人，学龄儿童入学率达到98.5%，女童入学率达到98.2%，均比去年提高0.2个百分点。全区普通初中比上年减少2所，在校生比上年增加4.02万人，小学毕业生升学率为86.9%，比上年提高0.8个百分点。全区普通高（完）中比上年减少11所，招生比上年增加0.42万人。高中毕业会考制度经过3年多的实践已逐步完善，年内，参加会考的首届高中毕业生已毕业。

〔**义务教育**〕 1994年，全区各级人民政府进一步加强了对义务教育工作的领导，切实把依法实施义务教育作为政府的行为。各级教育部门把义务教育摆在教育工作的突出位置，采取了行之有效的措施，有计划、分步骤地依法实施义务教育。

开展第三个“义务教育宣传月活动”。1994年5月，是自治区第三个全区“义务教育宣传月”。自治区教育厅和司法厅联合发出通知，部署了宣传活动。在宣传月活动中，自治区副主席赵志宏作了《认真开展全区第三个义务教育宣传月活动》的电视讲话。内蒙古人民广播电台开辟了“义务教育大家谈”专题节目。各盟（市）、旗（县）从实际出发，都对宣传月活动作了周密细致的安排。全区约有300多万中小学师生通过多种形式进行了《义务教育法》宣传，增强了广大人民群众依法实施义务教育的观念。不少地区的党政一把手直接领导宣传月活动，深入基层，研究解决义务教育工作中存在的具体问题，把宣传活动同捐资助学、改善办学条件、制止中小学生辍学、为教师办实事等结合起来，收到了实效。

对基本普及九年义务教育的旗县（市区）进行督导评估验收。根据自治区政府确定的“两基”验收标准，经过调查摸底，自治区教育厅确定乌兰浩特市、二连浩特市、包头市白云鄂博矿区、呼和浩特市新城区和玉泉区为1994年接受基本普及九年义务教育验收的旗县（市区），并完成了评估验收岗前培训。7月下旬至8月初，自治区教育厅对上述5个市（区）的“普九”工作进行了评估验收。经自治区政府批准，认定这5个市（区）为自治区第二批基本普及九年义务教育的旗县（市区），全区基本“普九”的市（区）达到9个，人口覆盖率为8%。

继续开展乡（镇）、苏木义务教育和中小学学校管理抽查评估。自治区教育厅把农村牧区的义务教育作为“普九”工作重点，第二次开展了乡（镇）、苏木义务教育和中小学学校管理抽查评估，调动了农村牧区实施义务教育的积极性。年内，经自治区教育厅组织抽查，认定393个乡（镇）、苏木普及或基本普及了初等义务教育，使基本普及初等义务教育的乡（镇）、苏木达到430个，占全区乡（镇）、苏木总数的四分之一以上；命名41所中小学为自治区义务教育示范学校。这些乡（镇）、苏木和学校认真贯彻《中华人民共和国义务教育法》，多渠道筹措资金，积极改善办学条件，努力提高普及水平和管理水平，取得了显著成绩，起到了典型、示范作用。

进一步贯彻落实义务教育课程方案，认真实施新工时制后的课程计划。2月21日，自治区教育厅印发了《关于加强落实〈九年义务教育全日制小学初级中学课程方案（试行）〉工作的意见》。《意见》提出：(1)到2000年，全区所有小学、初中都要按规定开齐开足课程方案中所有课程。城市中小学要求在1995年秋季开齐开足；城镇、乡、苏木中心校要求在1997年开齐开足；农村牧区中小学要求在2000年前开齐开足。重点解决音、体、美、劳、外语课程的开设问题。(2)各地根据所开课程对师资的需求，提出师资培养培训规划，师资培养从1994年起纳入自治区大中专院校招生计划。(3)开设课程所需设施、器材等由各盟市按义务教育配备标准，采取整体推进、综合配套办法予以配置，今后自治区对各地实施义务教育水平的评估验收要特别加强对薄弱学科设备及图书添置的检查。8月11日，自治区教育厅依据国家教委《关于实行新工时制对全日制中小学教学计划进行调整的通知》，印发了《关于实行新工时制对全区普通中小学教学计划进行调整的意见》，调整了全区九年义务教育教学计划和大纲。调整后的教学计划和大纲，体现了素质教育的要求。1994年秋季开学后，有部分学校开始实施。到1995年春季开学时，将在全区乡（镇）、苏木中心校以上中小学和已普及初等义务教育的乡（镇）、苏木其它小学全面实施。

深化农村牧区普通初中教育改革。在自治区1500多所普通初中中，有84%分布在农村牧区。农村牧区普通初中每年的毕业生，大部分要回乡参加当地的生产建设。为了实现由应试教育向素质教育转变，使农村牧区普通初中教育更好地服从、服务于当地的经济建设，自治区近年来采取了一系列措施深化农村牧区初中教育改革，收到了良好的效果。(1) 引导农村牧区普通初中引进职教因素，开齐开足开好劳动技术课。自治区教育厅组织编写了农村牧区初中劳技课教材；举办8个项目的劳技课师资培训班；通过多种渠道给农村牧区普通初中普遍划拨了校田或牧场。(2) 在大多数农村牧区普通初中办起“3+1”职业培训班，对升不了学的毕业生进行实用技术培训。(3) 要求旗县政府从办学思想、办学条件、管理水平等方面对农村牧区普通初中进行分类排队，逐乡逐校帮助解决问题，并对学校提出明确的奋斗目标。(4) 抓典型，树样板，以点带面，推动改革。1994年6月下旬，自治区教育厅在兴安盟、哲里木盟和赤峰市召开了“全区初中教育工作现场经验交流会议”，推广科右前旗大坝沟中学、通辽钱家店实验初中、敖汉旗新惠二中和包头市第二实验中学“面向农业、面向农村、面向农民”，“不求人人升学、但求个个成才”，“开发智力、培养能力、为当地经济建设培养实用人才”的办学经验，为全区农村牧区普通初中提供了提高素质、促进成才的办学思路。

“希望工程”得到社会各界的支持。自治区于1990年7月实施“希望工程”以来，到1994年底，“希望工程”已收到517.84万元捐款，救助失学儿童22584人。全区已有11个盟市的54个旗县布点实施“希望工程”，已建在建希望小学12所，同时改善8所小学的办学条件。

〔**高中会考**〕 1994年，全区参加会考的首届高中毕业生毕业。根据自治区的有关规定，各级会考办认真核对了所有考生的考籍和成绩，向符合条件的47060名高三学生颁发了《内蒙古自治区普通高中会考证书》，其中有39969人获得会考全科合格证书，占84.93%。为了推动全区普通高中实验教学的开展，年内，进一步扩大了实验操作考查范围，考查试点学校由去年的33所扩大到72所，顺利完成了对17457名学生进行物理、化学、生物实验操作考查。自治区高中会考制度自1991年实行后，经过3年多的实践，已趋于规范化、制度化。

〔**德育工作**〕 1994年，全区各级教育部门和中小学认真贯彻《爱国主义教育实施纲要》和《中共中央关于进一步加强和改进学校德育工作的若干意见》，遵循儿童和青少年思想品德形成发展的规律，围绕新形势，寻求德育工作的新思路，就教育思想、德育理论、观点、内容、途径和方法等进行了探索，做了富有成效的工作。自治区教育厅起草了《关于进一步加强和改进中小学德育工作的意见》，组织开展了传统美德教育课题研究、新时期工读教育研究、《爱国主义教育实施细则》实践、《基础教育阶段德育工作实施要点》试点、普通高中德育工作试点校评选等活动，充分调动了各盟市、旗县和中小学开展德育工作的积极性。各地结合实际，认真抓了德育基地、队伍、教材和机构建设，在学生中有针对性地开展了党的基本路线教育、爱国主义教育、理想道德教育、日常行为规范教育和学雷锋为人民服务、青年志愿者行动、社会调查、知识竞赛、公益劳动、艺术节、第二课堂等多种有益的社会活动。全区中小学德育工作收到了可喜成果，涌现出一批德育工作先进集体、优秀班主任和先进工作者以及象赤峰市巴林右旗大板一中阿拉坦巴根那样舍己救人、见义勇为、争做好人好事的青少年学生。

〔**体育、卫生与艺术教育**〕 各级教育部门坚持把中小学体育卫生工作的重点放在农村牧区，积极推动学校体育卫生工作两个《条例》和自治区《实施办法》的落实。自治区教育厅制定了《全区农村牧区学校体育卫生工作评估标准》，各盟市有计划地扩大了农村牧区学校体育卫生工作试点范围，通过各种渠道为试点乡、试点校解决体育卫生器材、经费、师资方面的困难。伊克昭盟等地的试点工作取得了明显成效，推动了农村牧区学校体育卫生工作的开展。为了深化初中毕业生升学加试体育的改革，5月，自治区教育厅在赤峰市召开“初中毕业生升学加试体育工作研讨会”，推广赤峰市红山区的经验。这项改革的试点面不断扩大，全区已有7个盟市和厂矿企业实行初中升学加试体育，为1995年全面实施这项改革提供了经验。课余训练得到加强。自治区教育厅制定了《加强学校课余训练试点工作的意见》，对学校课余训练工作提出了要求，拟定了相应措施。中小学生体育达标率、合格率有明显提高，在1994年全区中学生田径锦标赛中，有15人次打破全区中学生10个田径项目的纪录。继续抓好卫生教育，自治区教育厅表彰了学生体质健康监测工作优秀工作者，编写了《学生体质综合评价标准》，在呼和浩特市组织有3万名学生参加的营养知识竞赛。全区中小学健康教育开课率达到48%。各级教育部门和中小学认真落实国家教委《学校艺术教育总体规划》和自治区的《实施方案》，涌现出一批开展艺术教育的先进典型。10月，自治区教育厅组织开展了全区学校艺术教育大检查，对12个盟市、24个旗县(区)的110所中小学、师范学校的艺术教育工作进行了检查，推动了学校艺术教育的开展。

〔**教师队伍建设**〕 认真贯彻实施《教师法》。《教师法》颁布后，自治区政府转发了《国务院关于贯彻实施〈教师法〉若干问题的通知》，对学习、宣传和组织实施作了具体部署，并决定把《教师法》列入全民二、五普法学习内容，把每年九月定为《教师法》宣传月。1994年元月1日，在《教师法》开始实施之日，自治区副主席赵志宏就学习和贯彻《教师法》作了电视讲话。内蒙古电台、内蒙古电视台开办专题节目，《内蒙古日报》、《内蒙古教育》开辟专栏，把《教师法》宣传列为重要内容。全区各地在开展大规模的学习、宣传活动的同时，采取切实措施，积极推动《教师法》的贯彻实施。在此基础上，自治区教育厅经过调查研究，草拟了《贯彻〈教师法〉的实施意见》。

继续加强中小学教师队伍的培养、培训和管理，确保师资队伍素质的不断提高。1月,自治区教育厅召开了全区中师校长会议，研究制定了中师全面实现标准化、深化教学和管理改革，进一步提高教育质量和办学水平的政策和措施。进一步加强了以培养青年骨干教师为重点的中师教师队伍建设。年内，接受国家教委委托，举办了全国中师青年骨干教师第6期培训班。全区初中教师学历达标全员培训工作通过建立各级责任制、健全学员档案管理等措施，已经步入正轨，形成了完整有效的培训体系。为了全面提高中小学教师思想和业务素质，适应自治区实施九年制义务教育的需要，自治区政府批转了教育厅关于《内蒙古自治区中小学教师继续教育实施意见》。《实施意见》明确了中小学教师继续教育的性质、任务和原则，确定了继续教育的对象、内容、形式和目标，划分了继续教育的职责，提出了保证继续教育工作的措施。按照继续教育的实施步骤，从1995年起到2000年,全区中小学教师继续教育对象将全部轮训一遍。年内，顺利完成了中师招生、高师专科和中师自学考试及中小学幼儿园教师专业合格证书考核工作。全区有20640名初中教师参加16个专业56个学科的高师专科自学考试和初中教师专业合格证书文化专业知识考试，及格率为76%；有21000名高中、小学、幼儿园教师参加了中师自学考试和高中、小学、幼儿园教师专业合格证书文化专业知识考试，及格率为80%。为了进一步加强对民办教师队伍的管理，自治区教育厅组织各地对民办教师重新审核后，实行了电脑统一管理。全区民办教师队伍的管理步入规范化轨道,数量有所减少,整体素质有所提高。到1994年底，全区民办教师总数已由6.69万人下降到5.6万人(含计划外民办教师1万人)，其比重由27.4%下降到23.2%。在中小学教师职称评审工作中，各地普遍开展了对教师履行岗位职责情况的考核，经过考核被评为“优秀”的教师可以申报晋升高一级专业技术职务。全区中小学高级教师职务任职资格参评人数为1235人,通过975人,占参评人数的78.9%。1994年,全区中小学教师学历合格率又有新的提高。小学为78.0%、普通初中为55.8%、普通高中为46.4%，分别比上年提高1.2、2.8、0.8个百分点。

努力为教师办实事，不断提高教师的地位和待遇。1988年以来,自治区多方筹资,实施“安居乐业工程”,以解决城镇中小学教职工无房户和特困户住房为重点，有计划、分步骤、多形式地加快教职工住房建设。自治区政府采用“目标管理、匹配投资、签订合同、层层落实”的办法，由自治区计委、财政厅、教育厅与各盟市对应部门，各盟市政府（行署）与各旗县（区）政府分别签订中小学教职工住房建设合同书，逐级建立了教职工住房建设领导小组，从解决宅基地到施工，给予一系列优惠。到1994年，全区共建中小学教职工住宅113万平方米，完成投资3.47亿元，中小学教职工家属人均住房面积已由1988年的4.6平方米提高到6.53平方米。1994年7月27日，自治区政府办公厅转发了自治区教育厅等5个部门《关于多方筹措资金加速解决旗县镇以上中小学教职工住房建设问题的意见》，要求各盟市、旗县在《城市中小学教职工住房建设“八五”计划和十年规划》的基础上，对住房现状进行一次全面摸底调查，并制定出切实可行的分年度实施方案，力争到自治区成立50周年（1997

年）之际，使中小学教职工住房水平达到或略高于当地居民住房的平均水平。8月，自治区教育厅在巴彦淖尔盟召开了全区城镇中小学教职工住房建设现场经验交流会，进一步推动了这项工作的开展。

1994年，在国家教委和人事部划拨3000个劳动指标的基础上，自治区又拨出3000个专项劳动指标用于优秀民办教师转公办教师。经自治区政府批准，1994年11月24日，自治区教育厅、人事厅、财政厅发出通知，对1985年底前录用的民办教师从1995年1月1日起，提高国拨补助费标准，每人每月增加35元。

重视解决教师工资拖欠问题。近年来，各级党政部门对此想了不少办法，采取了一系列积极措施，但是由于自治区是边疆少数民族地区，经济力量薄弱，全区100个旗县（市区）中有31个国家级贫困县，19个自治区级贫困县，加之连年受灾，到1994年，全区仍有9个盟市的47个旗县拖欠中小学教师工资。自治区党委和政府多次召开会议要求限期兑现，大部分地区采取了首先保证教师工资和从上级财政超贷资金等措施，在9月10日教师节前和春节前基本兑现了拖欠工资。

〔**电化教育**〕 近年来，自治区、盟市、旗县（区）三级建立健全了电教工作机构，乡（镇）、苏木电教站不断增加，开展电教的幼儿园、中小学、师范学校、教师进修学校逐年增多，形成了比较完整的电教工作体系。全区有专职电教工作人员2391人，兼职1887人，具有高、中级技术职称的982人。全区能够达到国家教委一类、二类电教设备配备标准和有一定的电教设备并能开展电化教育的学校达3486所。为了充分发挥这些电教设备的效益，推动基础教育电教工作的深入开展，从1992年开始，自治区教育厅按照《全区开展电化教育学校评估标准》，连续3年对全区开展电化教育的学校进行评估验收。1994年是评估验收的最后一年，自治区教育厅抽出专人，对全区申报的100所电教一类学校进行了评估验收，认定包头一中等74所学校为全区首批电化教育优秀学校，并予以挂匾命名。

职业技术教育

〔**教育教学改革**〕 1994年，全区中等职业技术学校面向社会积极拓宽办学渠道，挖掘办学潜力，实行多层次、多形式办学。普通中等专业学校在坚持以中专教育为主、行业办学为主的前提下，实行联合办学、委托办学、函授办学和自学助考，打破了原来单一的办学模式，发挥本校优势，开办了各种类型的职业技术培训班，逐步形成了多层次、多形式的办学格局。包头机械工业学校经国家教委批准，从1994年起试办了高等职业技术班。内蒙古供销学校与区内30多个企业签订了委托合同和定向培养合同，并与北京化工大学、内蒙古饭店、包头饮食服务公司分别联办了大专班、中专班、职业高中班。1994年该校在校生达957人（不含函授生和短期培训生）。呼和浩特交通学校、内蒙古电力学校、包头煤炭工业学校积极开展国际间的友好交流和合作，分别与加拿大、俄罗斯、蒙古的一些院校缔结了校际友好关系，为自治区职业技术教育走向世界奠定了良好的基础。职业高中在进一步扩大与企事业单位联合办学的同时，积极探索与高等院校联合办学的路子。年内，乌兰浩特市第一职业高中、锡林浩特市职业中学、赤峰市第三职业高中分别与吉林职技师院、锡盟电大、包头钢铁学院实行了联合办学。为了普及牧医知识，更好地为牧业生产服务，锡林浩特牧业学校深入当地牧民家庭，举办了个体牧医进修班，受到牧民的普遍欢迎。

调整专业设置，改革教学内容和教学方法，为当地经济建设培养实用人才。年内，普通中等专业学校拓宽了专业范围，新增设了计算机应用、市场营销、涉外会计、乡镇企业经营管理等36个自治区经济建设急需的应用型专业，使专业数和专业布点有所增加。有的学校实行了“双证书”或“多证书”制度，学生除了取得中专学历证书外，同时取得1至3个技术等级证书，成为一专多能的人才。呼和浩特交通学校在筑路汽修专业实行了毕业证、技术等级证、汽车驾驶证“三证书”制，突出了职业技术教育的特点，毕业学生深受用人单位的好评。为了调动学生学习的积极性，内蒙古银行学校率先在全区中专学校实行了“学分制”，并开展了“珠算、点钞、会计记帐、储蓄计息、英文打字、微机操作、钢笔书法、应用文写作”八项技能考核。农村牧区职业中学注重“实际、实用、实效”，坚持从农牧区、农牧业、农牧民的实际需要出发，大胆更新教学内容，增加了实用技术课的比重。巴盟临河市第三职业高中在农学专业中增加了“果树栽培”、“食用菌栽培”，畜牧专业中增加了“肉猪育肥”、“疫病防治”等内容，并将各种实用技术通过录像、投影形式到附近乡村播放，直接为农牧民服务。哲里木盟科左中旗民族职业高中实施了“3111工程”，即每个在校学生联系自家、亲友、邻居3户农牧民家庭，帮助他们一年内“多养1头猪、10只鸡、多赚100元”，收到了明显效益。城镇职业高中面向第二、三产业培养输送人才。赤峰市为提高职业高中学生素质，对职业高中具有考核条件专业的毕业生进行了技术等级考核，实行毕业证和技术等级证“双证书”制度。仅赤峰市第一职业高中烹饪、机械、电工3个专业的毕业生，就有218人获得了双证。呼和浩特市根据社会需求调整职业高中专业设置，培养各类应用型专业人才，形成了教育与企业双向服务、互相依靠的格局，1994年，全市职高毕业生就业率达90%。年内，全区职业中学面向社会，积极开展了人才培训、科技示范、科技扶贫等活动，为广大农牧民举办短期实用技术培训班829期，培训农牧民56420人次；与当地贫困乡苏木、村嘎查签订致富合同300个，创直接经济效益389.43万元；推广实用技术项目198个，创直接经济效益4566.7万元；承担科研项目96个，成功79个，成功率占82%。

深化中等专业学校招生、分配制度改革，适应建立社会主义市场经济体制对中专人才日益增长的需求。1994年，全区中等专业学校招生增加了调节性计划，招生计划由原来单一的国家任务公费生形式，发展为包括收费生、委培生、自费生、定向生、不包分配生在内的多种形式。在1994年全区中专招生计划中，调节性计划占21.7%，招收委托生1143人，比上年增长2.2倍。为了保证农村牧区对中等专业技术人才的需求，区内中等专业学校招生计划除部分学校、专业由盟市统一划线录取外，其余招生指标继续定向到乡、镇、苏木。农、牧、林、水类中专学校扩大了招收学农务农、村来村去、承认学历、不包分配的学生名额，为农牧业生产培养“下得去、留得住”的人才。

〔**重点骨干学校建设**〕　为了促进全区职业技术教育的发展，提高全区职业技术教育的水平，近年来，自治区坚持抓重点骨干学校的建设。1994年，经国家教委批准，包头铁路工程学校等5所中专学校被评为国家级重点中专学校；经自治区政府批准，呼和浩特交通学校等19所中专学校被评为省部级重点中专学校。自治区教育厅组织了第三批自治区级、第二批盟市级重点职业高中的评估、认定工作，评出自治区级重点职业高中11所，认定盟市级重点职业高中14所。目前，自治区级重点职业高中已发展到24所，盟市级重点职业高中发展到35所。盟市、旗县政府及教育主管部门重视重点骨干学校的建设。年内，地方财政为自治区、盟市两级重点职业高中投资672.1万元，两级重点学校新增建筑面积35162平方米，新增基地面积523501平方米。各重点学校的办学条件有了改善，办学规模和办学水平进一步提高，发挥了骨干示范作用。

〔**校办产业**〕　1994年，全区中等职业技术学校继续走产教结合、发展校办产业的路子，进一步增强了学校自我发展的能力。全区普通中等专业学校校办产业纯收入达1459万元，其中1034万元用于改善办学条件，占总创收的71%。全区中专创收超百万元的学校有9所，30万元以上的6所，10万元以上的20所。全区职业中学校办产业纯收入达1344.15万元，其中460万元用于改善办学条件。全区职业高中校办产业纯收入超百万元的有4所，30万元以上的5所，20万元以上的13所、10万元以上的31所。充分发挥人才、技术和设备的优势，因地制宜发展校办产业。内蒙古银行学校的校办产业已形成实验信用社、经贸公司、房地产开发公司、典当拍卖公司“一社三司”的格局，学校加强了对校办产业的领导、协调和管理，校办产业实体之间优势互补，效益显著，年纯收入达300万元。包头机械工业学校大力兴办产业实体，不断壮大经济实力，学校现有14个实体，校办产业年收入超百万元。巴盟杭锦旗二中根据当地肉食市场的需求，新建了养猪场，目前已发展到有种猪50头、育肥成猪300头、仔猪680头的规模，年创收14万元。呼伦贝尔盟鄂温克旗职业高中年内创办汽车驾驶员培训学校，开班半年创收30万元，购置东风牌教练车8台。

〔**校内体制改革**〕　为了调动广大教职工的积极性，增强办学活力，全区中等职业技术学校积极推进以人事制度和分配制度改革为重点的学校内部管理体制改革。包头机械工业学校推行了岗位责任制，学校各部门、各类人员职责分明，行政科室减少62%，干部减少27%，初步形成了“小机关、大服务”的局面。包头铁路工程学校本着“精干、高效”的原则，在定职能、定机构、定人员的基础上实行了全员合同化管理，对干部实行聘任制，并签订聘任合同；对工人实行优化组合、竞争上岗，并签订岗位合同。内蒙古建筑学校加大了分配制度改革的力度，对教职工津贴、奖金发放进行严格考核，规范了发放办法，同时设立了教学奖，专门奖励在教学中成绩突出的教师。内蒙古商业学校强化了竞争和激励机制，人事制度上实行了全员聘任制，分配制度实行了档案工资加奖金制，后勤管理实行了任务、经费、消耗承包制。各盟市、旗县教育行政部门给职业中学更多的办学自主权，在职业中学积极推行校长负责制、教师聘任制和结构工资制，明显地调动了职业中学校长和教职工的积极性。

高等教育

〔**管理体制改革**〕 1994年，自治区在深化高等教育体制改革，建立政府宏观管理、高等学校面向社会自主办学的体制方面，采取了积极的措施，进行了有益的探索。

进一步扩大高等学校的办学自主权。1994年1月8日，自治区主席乌力吉主持召开自治区政府常务工作会议，听取了内蒙古大学关于《争进“211工程”，深化改革，加快建设与发展的八年规划》的工作汇报。会议原则批准内蒙古大学的“211工程”规划，并予以正式立项。会议批准对内蒙古大学实行若干特殊政策，重申了自治区政府1993年第六次常务会议将内蒙古大学作为“教育特区”的决定：在办学资金投入、基础设施建设、发展校办产业、同社会企事业单位联合办学、联合开展科学研究与技术开发以及深化学校管理体制改革等方面，给予特殊优惠政策；在招生、专业调整、机构设置、干部任免、经费使用、职称评定、工资分配和国际交流与合作等方面，进一步扩大内蒙古大学的自主权。内蒙古大学是党和国家在少数民族地区最早创办的综合性大学，也是自治区唯一的国家级重点大学。“211工程”的实施，自治区政府关于进一步扩大办学自主权的若干特殊政策，使内蒙古大学师生深受鼓舞。抓住机遇，加快发展，争进“211工程”，已成为该校师生员工的共同认识和自觉行动。

建立校董事会，吸收企业和科研单位参与办学和管理。为了加强学校与社会的联系，促进教学、生产、科研三结合，增强学校的办学活力和提高教育质量，年内，内蒙古大学、内蒙古工业大学、包头钢铁学院与自治区一些企业和科研单位共建了校董事会。这些企业和科研单位参与高等学校的办学与管理，在经费、设备、社会实践等方面给高等学校以大力支持，高等学校在科技开发、人才资源方面直接为企业和科研单位服务，双方互惠互利，体现了优势互补。

积极促进高等学校的联合办学。近年来，

自治区政府和教育厅积极支持、推动这项改革，指导高等学校开展了多种形式的联合办学。1994年，经自治区政府批准，内蒙古农牧学院与自治区乡镇企业局联合办学，成立了内蒙古农牧学院乡镇企业分院；经自治区政府同意，自治区教育厅批准，内蒙古工业大学与美国纽约华埠商科学院联合办学，成立了内蒙古工业大学国际现代商科学院。年内，自治区政府组成考察组，考察了江苏、北京等地高等学校联合办学的做法，在调查研究的基础上，提出了全区高等学校联合办学的思路。总的要求是：联合办学必须符合高等教育体制改革的总目标和基本方向；必须坚持互惠互利、优势互补的原则；必须以提高教育质量和办学效益为最终目的；既要积极，又要稳妥，具体操作时，要严格加以论证，成熟一个联合一个，逐步到位。

改善对高等学校的宏观管理。一年来，自治区教育厅通过强化统筹规划、政策指导、评估检查、信息服务等调控手段，进一步改善了对高等学校的宏观管理。年内，成立了“自治区普通高等学校专业设置评议委员会”，制订印发了《内蒙古自治区普通高等学校专业建设管理暂行规定》，使全区高等学校专业建设与管理趋于规范化。组织进行自1985年开展重点学科建设以来的首次评估检查，促进了重点学科的基本建设，使自治区高等学校重点学科由原来的18个发展到30个。组织全区高校开展了重点课程建设活动，推动高等学校的课程建设上质量、上水平。按照国家教委的要求，对普通高等学校学历证书实行国家、自治区、学校三级管理，对1994届普通高校各类应届毕业生进行了学校与自治区两级毕业资格审查，颁发了由国家教委统一印制的防伪学历证书，使这项管理开始步入制度化轨道。深化教学管理改革，批准内蒙古师范大学在试点的基础上，对1994年入学新生实行完全学分制管理。

〔**为经济建设服务**〕 调整高等教育专业结构，增设适应自治区经济建设和社会发展需要的应用型急需专业。年内，经自治区教育厅审批，内蒙古大学、内蒙古工业大学电力学院等院校新上了自动控制、供用电技术等14个自治区经济建设急需的应用型专业，其中本科专业6个，专科专业8个，使自治区普通高校的专业结构进一步优化。

坚持和完善定向招生、定向分配政策，为农村牧区经济建设培养各类专门人才。为了使贫穷落后地区对人才的需求得到进一步落实，1994年，在总结经验的基础上，进一步完善了定向招生、定向分配的有关政策和规定。具体做法是：区内农林医师院校本、专科招生（不含体育、艺术、外语专业本科、蒙语授课本科）和区内非农林医师院校专科的招生，继续实行定向招生、定向分配。原则上本科招生指标定向到旗县（区），专科招生指标定向到乡、镇、苏木。各盟市可根据本地区经济建设和社会发展需要，确定定向范围并划定最低控制分数线；非农林医师专科招生定向范围由各盟市结合本地区实际确定，并划定最低控制分数线。年内，报考农林医师类院校的人数大幅度增加，生源质量进一步提高。据统计，在61788名考生中，有27931名考生报考区内农林医师类院校，占高考总人数的45.2%。为了开拓人才通向农林生产第一线的新途径，按照全国普通高等农林教育工作会议精神，在内蒙古农牧学院、内蒙古林学院等校也招收了保送生。各校招收保送生的数量控制在学校当年国家任务计划招生总数的10%以内。保送生的文化课成绩与高中会考成绩挂钩，严把录取关，确保质量。

发挥科技人才优势，面向经济建设主战场，开展形式多样的科技服务。1994年，自治区高校科技工作坚持为经济建设服务的指导思想，主要科技力量继续向经济建设主战场转移。年内，全区高校共承担各级各类科技项目812项，其中当年项目285项，国家重点项目4项，国家自然科学基金项目74项，自治区项目350项；出版科技专著45部，科普专著7部；发表科技论文1949篇，其中国际刊物发表80篇；鉴定科技成果91项，其中国际水平的8项，国内首创的16项；有49项研究成果获奖，其中获国务院各部门科技进步奖5项，自治区科技进步奖30项；有5项科技成果获专利，有10项科技成果提出专利申请，全区高校有科技人员10456人，研究与发展人员1601人。各高等院校充分发挥自身优势，深入工厂、农村、牧区，积极主动地开展多种形式的科技服务。1994年，内蒙古农牧学院共有师生2460人次深入基层，进行55个大项、103个子项的技术服务，为农牧民创造了约3900万元的经济效益，被誉为“科技的传播者，致富的引路人”。该院教师边搞科研、边从事科技服务。动物科学系的10多名教师承担了自治区攻关项目“内蒙古白绒山羊新品种选育综合技术”，在搞科研的同时，深入农村牧区大力推广使用增绒剂、公羔特培、选育等技术，共培训农牧民1700多人。经他们帮助，土左旗青山乡白绒山羊由2万只发展到10.2万只，年增收270万元，使该乡人均年收入由400元增加到700元。该院师生在农村牧区建立了多种形式的综合科技示范基地。例如，在伊金霍洛旗新街镇塔河二社建立了农牧业科技示范基地，通过推广种养加新技术，使塔河二社人均产粮由800斤增加到1600斤，人均收入由300元增加到800元。

〔**招生制度改革**〕 积极推进普通高中毕业会考基础上的高考科目设置改革。1994年，自治区普通高中毕业会考第一个周期结束，在此基础上进行高考科目设置改革的条件基本成熟。经自治区政府和国家教委批准，从1994年起，自治区普通高等学校统一招生考试科目试行文、理两大类设置。文科类考试科目：语文、数学、外语、政治、历史；理科类考试科目：语文、数学、外语、物理、化学。用汉语授课的考生参加国家教委命题的全国统一考试。进行高考科目设置改革的指导思想是：高考科目设置要有利于中学教学安排和提高教学效益，有利于减轻学生负担，有利于高校选拔新生，有利于高考实际操作，有利于会考功能的发挥。这一改革方案目前仍在实施过程中，进展顺利。

有计划地进行招收收费生的试点工作。1994年，在接收国家教委下达的委属高校招收收费生计划的基础上，在内蒙古大学、内蒙古工业大学的部分专业中试行了招收收费生。收费生毕业后先由学生与用人单位进行“双向选择”，经选择仍不能就业的学生，纳入国家分配计划，由自治区安排就业。区内外收费生招生列入国家任务招生计划，收费标准与招生计划一并公布。由于积极宣传、精心组织，招收收费生试点工作取得了较好的效果，招生计划全部完成，所招新生的质量也得到了保证。

〔**教育国际交流**〕 到1994年底，累计获世界银行贷款1750万美元，获境外捐资助学、联合办学和无偿援助项目近1000万美元。有11所高校与日本、美国、加拿大、澳大利亚、蒙古、俄罗斯等国家的20多所院校建立了校际协作关系。派出各类出国留学人员500多人，已学成回国的有300多人。应邀参加国际学术会议的专家、教授逐年增多，蒙古学、草原生态学、蒙医学、动物学等20多个学科在国际学术界参与讨论并引起重视。部分高校利用汉语、蒙语、中蒙医、中兽医等学科优势开始成批接收包括进修生、本科生、研究生在内的多层次的外国留学生。

成人教育

〔**扫盲工作**〕 1994年，自治区各级人民政府和教育部门积极推进全区扫盲教育规划的实施，全区共有10万农牧民参加了扫盲学习，其中5.2万人达到了脱盲标准，使全区青壮年非文盲率达到93.4％。

继续把扫盲工作的检查、评估、验收纳入教育督导系列，与普及九年义务教育的检查、评估、验收工作同步实施。年内，经自治区“两基”评估验收和自治区政府批准，乌兰浩特市、二连浩特市、包头市白云鄂博矿区、呼和浩特市新城区和玉泉区成为自治区第二批基本扫除青壮年文盲的旗县（市区），从而使全区基本扫除青壮年文盲的市区达到9个。

全区各地结合实际，采取一系列加强扫盲教育的措施。巴彦淖尔盟层层签订扫盲教育责任状：由行署逐级向下签订责任状，一直签到乡镇（苏木）、村（嘎查）；由教育部门逐级向下签订责任状，一直签到学区、学校、教师，层层分解任务。锡林郭勒盟对城乡扫盲情况作了重点调查，举办了各种形式的文化提高班，对脱盲人员进行文化提高教育，最大限度地控制了复盲率。不少地区把扫盲和农牧民实用技术培训紧密结合起来，在脱盲学员具备了初步读写能力之后，及时组织他们学习实用技术，既巩固了扫盲成果，又掌握了实用技术。1994年12月，自治区教育厅发出《关于利用冬闲时期积极开展扫盲工作的通知》。各级教育部门组织农村牧区中小学利用现有的校舍、设备举办了各种形式的扫盲班，广大农村牧区中小学教师和高年级学生利用寒假时间参加了当地的扫盲工作。

〔**农村牧区文化技术学校建设**〕 1994年1月，自治区政府召开了全区农村牧区教育综合改革工作会议。会议提出：要按照“燎原计划”的要求，继续重视和加强县、乡、村三级农牧民文化技术学校的建设。“八五”期间，要重点发展乡（苏木）级文化技术学校，使其办学面达到95％以上；旗县级农牧民中专或培训中心以及村（嘎查）农牧民文化技术学校也要有所发展，办学面都要达到75％以上。各级农牧民文化技术学校实行政府统筹，教育及有关部门联合办学的体制，以开展扫盲和扫盲后的科技教育为主，同时体现一校多用，既是对农牧民进行社会主义教育的阵地，也是开展科技咨询、信息交流的场所。在全区农村牧区教育综合改革会议的推动下，县、乡、村三级农牧民培训网络的建设得到加强，农牧民实用技术培训普遍展开。到1994年底，全区县级农牧民培训中心已发展为65个，占89个农牧业旗（县、区）的73%；乡（苏木）级农牧民文化技术学校发展为1446所，比上年增加146所，占1553个乡（镇、苏木）的93.1%；村（嘎查）级农牧民文化技术学校有10693所，比上年增加2393所，占13738个村（嘎查）的77.8%。赤峰市对乡镇（苏木）和村（嘎查）农牧民文化技术学校进行了评估，全市村（嘎查）农牧民文化技术学校发展到2497所，办学面达92.3%；乡镇（苏木）农牧民文化技术学校发展到270所，办学面达100%。年内，全区参加实用技术培训的农牧民达330万人次，其中有45万人经过考核达到了农牧民家庭技术员的标准。截止1994年底统计，全区累计已有267万名农牧民掌握了一技两技之长，其中180万人领到了“绿色证书”。赤峰市已提前一年实现了到“八五”末期平均每个农牧户有一名家庭技术员的目标。

〔**岗位培训和继续教育**〕 1994年，全区岗位培训和继续教育继续向规范化、制度化方向发展。自治区建立健全了各类培训领导机构；自治区工农牧教育管理委员会负责全区岗位培训的宏观指导工作；由组织、人事部门牵头，建立了全区干部培训领导小组；由劳动部门牵头，建立了全区工人等级考核领导小组；由经委牵头，建立了全区经济、科技干部培训领导小组。各类成人高等院校已逐步成为岗位培训和继续教育的基地。年内，职工岗位培训、公务员岗前培训、部分行业的全员培训进一步展开，极大地提高了在岗和从业人员的素质。包头第一热电厂、内蒙古第二毛纺厂和大雁矿务局等企业教育综合改革试点单位，建立和完善了各项培训制度，形成了培训、考核、使用、待遇一体化的现代企业教育的运行机制。这些企业严格执行“先培训、后就业”和“先培训、后上岗”的制度，紧紧围绕企业的生产、新产品、新工艺开发和技术改造，突出了适应性培训、管理岗位培训和继续教育。在技术性较强的关键岗位，实行持证上岗，并同企业内部劳动人事制度改革紧密结合，凡上岗、转岗、晋级、提干都须征得教育部门的同意，实行教育“一票否决权”；岗位培训已与企业的生产、改革、管理形成合力，为企业的生存与发展奠定了人才基础。一些乡镇企业也靠教育起家，大力加强了岗位培训。呼和浩特玛钢厂是个小型乡镇企业，全厂500多名正式工人，都经过中专层次的培训，使企业在激烈的竞争中立于不败之地。1994年12月，自治区教育厅和自治区经贸委联合召开了“全区企业教育综合改革会议”，积极推动岗位培训和继续教育的深入开展。

〔**成人高等教育**〕《中国教育改革和发展纲要》颁布后，自治区成人高等教育积极探索向多样化、职业化方向发展，进一步加强应用型、复合型、外向型人才的培养。主要举措是：(1) 按照“集中力量、合理布局、发挥优势、提高质量”的原则，有步骤地调整了成人高校的布局，推动了成人高校的联合办学。(2) 主动适应自治区经济建设和社会发展对人才的需求，调整了专业设置，增强了学校自我发展的能力。到1994年，“汽车设计与制造”、“计算机原理及应用”、“财会电算化”、“计量与检测”等一批新专业逐步开设。(3) 深化教学领域的改革，提高教学质量和效益。近年来，全区成人高校在课程设置和教学内容、方法上进行了一系列改革：调整基础课、专业课的比例，增设应用性的章节；加大实践性教学环节的比重，确保实践性教学质量；与企业部门双向介入，促进生产、教学相互渗透等。(4) 创办第二学历教育、后期本科试点等新的办学形式，为用人单位服务。(5) 深化招生制度改革，进一步拓宽招生范围。1994年，职工大学、电视大学除招收两年以上工龄的在职职工外，允许招收城镇从业人员和农牧民，专业不受限制；普通高校、成人高校业余函授专业允许招收少量社会青年。本年度，区内外成人高校招生计划17633人，报考人数48270人，比上年增加9431人，招生计划数与报名人数之比为1：2.74。区内成人高校招生比上年增加1656人；在校生比上年增加5333人。高等教育自学考试规模不断扩大。1994年，全区共开考40个专业，报名参加自考的人数达12.26万人，创历史最高纪录；有14.37万人取得自考单科合格证，共有23个专业5392人取得自考毕业证书，其中本科128人，专科5264人。

民族教育

〔**综述**〕 1994年，自治区坚持贯彻“优先、重点”的方针，使全区各类民族教育在改革中得到进一步的发展。目前，有民族幼儿园112所，比上年增加5所；民族小学3068所，比上年增加44所；民族普通中学369所；民族职业中学47所，比上年增加5所；民族特殊教育学校1所；有10所普通高等学校和29所中专开设了蒙语授课专业。全区各级各类普通学校少数民族在校生达86.6万人，其中蒙古族73.1万人。除农职业中学外，全区各级各类学校中，少数民族学生所占比重均高于其人口比重。全区各级各类蒙语授课、加授蒙语文在校生42.8万人，比上年增长1.7万人，占蒙古族学生总数的57.6%，比上年提高2.3个百分点。全区各级各类学校少数民族教师7.4万人，比上年增加0.7万人，其中蒙古族教师6.5万人，比上年增加0.8万人，蒙语授课教师3.3万人。

为了进一步了解和掌握全区民族基础教育的情况，解决民族基础教育工作中存在的问题，促进民族基础教育深化改革，加快发展，1994年3月至4月，自治区教育厅、民委联合组成调查组，分赴12个盟市，深入44个旗县、95个乡镇苏木，对224所民族中小学进行了详细的实地调查，拟定了加强和改进民族教育工作的实施意见。

全国第四次民族教育工作会议之后，全区民族中学在端正办学思想、深化教育改革、加强学校管理、改善办学条件、提高教学质量等方面进行了积极的探索和试验。为了总结和交流全区民族中学在上述方面的经验，研究和探索在建立社会主义市场经济体制下发展民族中学教育的新途径，6月，自治区教育厅在锡林浩特召开了全区民族中学管理经验交流会议。会议围绕民族中学改革和发展的主要问题，进行了专题研究，提出了今后民族中学教育改革和发展的任务。

〔**义务教育**〕 1994年，自治区民族义务教育同整个义务教育同步实施，做到了有计划、分步骤地积极推进。牧区苏木普及初等义务教育的速度明显加快，继上年全区6个苏木普及或基本普及初等义务教育后，经自治区第二次乡（镇、苏木）义务教育抽查评估，全区又有80个苏木普及或基本普及了初等义务教育。赤峰市宁城县头道营子民族联合实验小学等学校被评为自治区义务教育示范学校。全区各地按照自治区教育厅的安排，继续组织开展了建设标准化民族学校活动，不断增加投入用于牧区民族中小学的配套建设，促进了民族中小学办学条件的改善和牧区苏木义务教育的实施。优先用于民族地区贫困旗县发展义务教育的世界银行贷款“第二个贫困地区基础教育发展项目”已进入重点实施阶段，土建维修、设备购置等工作全面铺开。自治区教育厅在化德县成功地进行了中小学校舍“燃池”取暖试点，并制定了推广规划，为牧区和高寒地区中小学冬季取暖开辟了一条新路子。民族基础教育师资队伍素质又有新的提高，全区民族小学、民族初中蒙语授课教师学历合格率分别达到82.02%、60.42%，比上年分别提高3.62、5.72个百分点，均高于全区平均水平。

〔**教育改革**〕 近年来，自治区民族中等教育在学校内部管理体制和教学改革方面进行了积极的尝试。锡林浩特市蒙古族中学、四子王旗民族中学、新巴尔虎左旗蒙古族中学等学校均实行了校长负责制和教职工全员聘任制。不少民族中学从培养人才的高度出发，立足实际，横向沟通，大胆进行了教学改革试验：在教学思想上，坚持全面贯彻教育方针，积极促进应试教育向素质教育转变；在教学内容上，正确处理“三语”（蒙语、汉语、外语）关系，加强了汉语文和外语教学；在教学方法上，改革过去传统的“注入式”教学方法，充分调动学生主动学习的积极性，引进先进的教学方法，大胆开展了实验改革。内蒙古师范大学附属中学按照“延用蒙语、强化汉语、重视外语”的指导思想，对蒙语授课班的授课用语进行了改革，试办了蒙授英语班。蒙授英语班选修蒙语，加强汉语，重点学好英语，高考时考英语，不考蒙语，为高等院校培养外向型的民族人才创造了条件。这一改革到1994年已连续进行3年，受到自治区有关部门的支持和家长的好评。为了加速培养少数民族工程技术人才和经济管理人才，在1994年的高校招生工作中，自治区继续从蒙语授课文科类专业中划出一定数量的招生指标，在内蒙古大学、内蒙古工业大学和内蒙古财经学院开办了招收蒙语授课高中毕业生的理工、经济类预科班。

〔**对口支援协作**〕 内蒙古自治区与北京市建立教育对口支援协作关系两年来，由于两省市教育行政部门和24个对口协作区县

(旗)的共同努力，对口支援协作工作取得了较大的进展。各对口协作县区都互派人员进行参观学习和实地考察，在师资培训、教育信息交流、教学改革、发展校办产业等方面，开展了广泛的协作和交流。北京市教育局和市属12个区县积极帮助自治区12个贫困旗县解决了教育上存在的不少实际问题。1994年6月，北京市教育局陶春晖局长率团到内蒙古农村、牧区实地考察，把北京市普教战线教职工的130万元捐款送到了自治区，在奈曼旗兴建1所民族希望小学。8月，北京市大兴县教育局的领导和教师代表把全县教师的3.54万元捐款送到了翁牛特旗，用于救助当地失学儿童。

撰稿　陈　联

审稿　韩永久　秦政奇

辽宁省教育

概况

〔基本情况〕

1994 年各级普通学校基本情况

单　位：人

学校类别	学校数（所）	毕业生数	招生数	在校学生数	教职工数	
					计	其中专任教师
一、普通高等学校	61	37330	55001	178114	58687	23530
研究生		1407	2818	6830		
本　科		19465	25586	96283		
专　科		16458	26597	75001		
二、中等专业学校	165	30362	43849	133067	25429	12129
中等技术学校	135	21774	34212	99905	20400	9394
中等师范学校	30	8588	9637	33162	5029	2735
三、普通中学	2448	575786	690513	1922132	184758	135499
高　中	386	82879	98859	266780		20960
初　中	2062	492907	591654	1655352		114539
四、农业、职业中学	606	49965	68753	167876	21266	13429
高　中	533	46698	65630	162758		13053
初　中	73	3267	3123	5118		376
五、工读学校	13	256	362	1067	489	265
六、小　学	14655	636786	750424	3750611	237673	202349
七、特殊教育学校	79	773	1196	8490	2944	2119
八、幼儿园	10923			1090474	71633	43828

1994年各级成人学校基本情况

单　位：人

学校类别	学校数（所）	毕业生数	招生数	在校学生数	教职工数	
					计	其中专任教师
一、成人高等学校	60	29010	52346	132874	12572	5693
广播电视大学	3	6502	10306	28238	2001	895
职工高等学校	48	5781	7891	22205	7823	3524
农民高等学校						
管理干部学院	7	1476	4360	8406	1783	769
教育学院	2	2031	2674	5888	965	505
独立函授学院						
普通高校举办：						
函授部		9374	17500	44550		
夜大学		3732	9512	23387		
干部专修科		114	103	200		
二、成人中等专业学校	248	26374	32214	84428	12473	7394
广播电视中专	13	9760	10049	31635	755	306
干部中专	2	39	300	537	288	110
职工中专	115	10820	14454	35335	4196	2140
农民中专	25	3849	4882	10156	1022	592
函授中专	1	250	331	731	20	9
教师进修学校	92	1656	2198	6034	6192	4237
三、成人中学	333	20215	20192	26938	2984	1929
职工中学	173	13134	13151	18165	2047	1171
农民中学	160	7081	7041	8773	937	758
四、成人技术培训学校	11267	3039579	2941749	2053212	17788	6870
职工技术培训学校	691	190690	203599	166104	5452	3243
农民技术培训学校	10576	2848889	2749412	1887108	12336	3627
五、成人初等学校	2935	148235	146347	154937	5222	2216
职工初等学校	35	4119	3569	4631	589	375
农民初等学校	2900	144116	142778	150306	4633	1841
其中：扫盲班	1081	36373	32923	23391	2623	569

制表　刘劲姿

〔**年度工作方针**〕　1994年，辽宁省教育工作的指导思想是：认真贯彻党的十四届三中全会通过的《关于建立社会主义市场经济体制若干问题的决定》和《中国教育改革和发展纲要》，以建设有中国特色的社会主义理论为指导，落实省委、省政府"科教兴辽”的战略方针，组织实施《辽宁省教育改革和发展纲要》，深化教育改革，调整教育结构，增加教育投入，提高教育质量和办学效益，进一步调动广大师生的积极性，维护社会稳定，使教育更好地适应辽宁经济建设和社会发展的需要。

以实施九年义务教育和全面贯彻教育方针，全面提高教育质量为中心，重点抓好教师队伍建设和教学改革、中小学内部管理体制的改革。

重点抓好中等专业学校的布局调整和职业技术教育骨干学校建设，推动学校走产教结合的新路。

重点抓好高等学校专业结构和布局的调整，提高教育质量和办学效益。加大高等教育的改革力度，保持高校的稳定。

以岗位培训和继续教育为重点，推进成人教育结构调整，加强对社会力量办学的管理。

〔**全省教育工作会**〕 1994年9月2日至3日在沈阳召开了全省教育工作会议。各市的市委书记（市长）、县和郊区县（区）委书记或县（区）长及省直有关部门、学校代表出席了会议。会议传达了全国教育工作会议精神。代省长闻世震作了题为《优先发展教育，全面实施纲要》的主题报告，省委书记顾金池作了总结讲话。沈阳、大连、鞍山、抚顺、阜新、锦州、辽阳等7个市在会上交流了工作经验。

代省长闻世震在报告中阐明会议的主要任务是：从辽宁90年代经济建设和社会发展的实际出发，加速教育改革，促进教育事业发展，建立面向21世纪的辽宁教育新体系，使教育为辽宁经济振兴和社会发展，为“第二次创业”提供更为有力的支持和保证。他指出，进一步深化各项改革，保证教育投入，搞好教师队伍建设，加强各级政府对教育工作的领导。

顾金池书记在讲话中提出要用全国教育工作会议精神，统一对优先发展教育的战略地位的认识。必须把思想认识统一到教育是全局性、先导性的基础产业上来，统一到现代化建设要依靠科技进步和提高劳动者素质上来，统一到解决教育的根本出路在于改革上来，统一到加强教育的关键在领导上来。

会议研究确定了全省教育改革和发展总的目标和各项工作任务。全省到本世纪末教育发展的总目标是：(1) 到1997年，全省要基本普及九年义务教育，即在85%的人口地区实现“普九”，初中阶段入学率达到90%左右；到2000年，全省要高标准普及九年义务教育，即以县（区）为单位实现“普九”，初中阶段入学率达到95%以上，三年巩固率达到90%。大中城市市区在普及九年义务教育的基础上，2000年以前基本普及高中阶段教育。(2) 大力发展职业教育和成人教育。发展职业教育的重点是搞好初中后分流。到2000年，全省要建设好200所重点职业技术学校和培训中心，届时中等职业学校年招生数达到26万人，城市和农村中等职业学校在校生占高中阶段在校生的比例分别达到70%和40%。积极发展高中后职业教育和培训，各市要通过改革以及推进市属高等专科学校与成人高校的联合，办好一所规模较大、条件较好、科类较全的高等职业专科学校。成人教育重点是发展岗位培训和继续教育。2000年前，在农村每年搞500万人次实用技术培训，10万农民技术骨干培训，1.6万农村基层管理干部和技术人员培训。同时积极推进农科教结合，搞好农村教育综合改革和“燎原计划”的实施。要加强对城镇职工的培训，积极推行岗位证书制度，逐步做到持证上岗。对专业性、技术性较强的岗位，要进行岗位资格培训和适应性专项培训。努力实现高标准扫除文盲，在1994年实现扫除青壮年文盲，非文盲率达到99.1%的基础上，对剩余文盲和新生文盲每年组织2万人扫盲学习。(3) 以优化结构、提高质量和办学效益为重点，稳步发展高等教育。到1997年基本完成高等教育结构调整任务。调整的方向是，稳定本科教育，适度发展高等专科教育。到2000年全省地方投资的普通高等教育在校生达到12万人，本、专科学生的比例由目前的1∶1.5调整到1∶1.2；压缩长线专业，增加和扩大短线急需专业，到2000年，工科招生所占比例由目前的12%扩大到30%，师范类由目前的40%压缩到15%；同时，要适度发展研究生教育，加强重点学校和重点学科建设。

〔**实施《纲要》**〕 1994年12月，辽宁省人民政府印发了《关于〈辽宁省教育改革和发展纲要〉的实施意见》，提出了辽宁省贯彻全国教育工作会议精神，全面实施《纲要》的政策措施。(1) 努力增加教育投入。财政教育拨款是教育经费的主要来源，必须予以保证。各级政府要随着经济发展和财政收入的增加，努力增加教育经费，切实做到“三个增长”，要逐步提高教育支出占财政总支出的比重，特别是县级财政要做到“两保”，即确保教师工资性支出按月兑现，确保省当年确定的生均公用经费定额如数实现。各级财政部门要会同教育部门，根据财税体制改革后财政计算口径的变化做好安排，切实保证教育拨款有实际增长。进一步完善城乡教育费附加征收办法。城乡教育费附加按新“三税”(增值税、营业税、消费税)的3%征收；农村教育事业费附加，农民按上年人均纯收入的1.5%征收；不缴纳新“三税”的乡镇企业、个体企业，按销售收入的一定比例征收。继续坚持多渠道筹集教育经费。根据财税改革后的新情况，省政府决定再出台若干增加教育经费的新措施：一是开征用于教育的地方税费。主要包括：对非生产性建设征收1%的教育费附加；从车辆增容费和购买高档轿车征收的税费中提取15%约7500多万元用于教育。二是支持学校开展勤工俭学，兴办校办产业。对政策规定范围内的校办产业，继续实行税收优惠政策，其收益的一部分留作企业发展基金，一部分交上一级教育部门作为教育统筹基金，一部分用于学校经费补助。三是根据人民群众的承受能力，适时调整非义务教育阶段的收费标准，适当增加收费。四是继续鼓励厂矿企业、社会力量以及境内外各界人士捐资助学。(2) 进一步深化教育体制改革。改革办学体制，逐步形成以政府办学为主，社会各方面共同筹资办学的新体制。职业教育和成人教育在政府的统筹管理下，主要依靠行业、企事业单位、社会团体举办，或者由社会各方面和公民个人联合举办，政府给予适当资助和扶持。高等教育以中央和省两级办学为主，市主要举办高等职业和师范专科教育。积极推进高等学校的联合办学，按照“优势互补，互惠互利，资源共享，就地就近，先易后难”的原则，首先积极支持国家部委属高校选择联合伙伴，发展联合、共建；同时积极发展地方普通高校与成人高校以及相互之间的联合、合并，扩大办学规模，提高办学效益。本世纪末，省内普通高校由

1994年的61所减少到50所以下，学校平均规模本科院校达到3500人以上，专科院校达到2000人以上，并将东北大学、大连理工大学、辽宁大学等办成万人以上规模的大学。积极发展民办教育，各级政府要遵照积极鼓励、正确引导、加强管理的原则，在征地、贷款等方面给予大力支持。(3) 深化教育管理体制改革，明确省、市、县三级政府的责任。调整、完善农村基础教育管理体制。基础教育的办学责任主要办在县级政府，不能层层下放到乡、村，已下放的要收回来。职业教育的统筹和决策权主要在市、县两级政府。每个县都要打破部门、行业界限，集中力量办好一所规模较大、有自己特色的综合性职业培训中心。(4) 深化学校内部管理体制和教学内容改革，全面提高教学质量。基础教育要把重点放在提高儿童和青少年思想道德水平、文化科学知识、劳动技能和身体、心理素质上，认真克服片面追求升学率的错误倾向，逐步从“应试教育”转到“素质教育”上来。职业教育、成人教育要按照“实际、实用、实效”的原则，积极推进专业设置、教学计划和教学方法的改革，加强职业道德教育，重视实习基地建设，强化实践技能培训，建立学校与企业、部门双向介入，生产、教学相互渗透、相互促进的运行机制，努力办出职业教育和成人教育的特色。高等教育要进一步改变专业设置偏窄、知识陈旧的状况，拓宽专业面，更新专业内容，优化课程结构。

〔**实施《教师法》**〕 1994年，全省各级党政领导把认真学习、广泛宣传《教师法》列入重要日程。各市普遍加强对这项工作的领导，开展了多种形式的学习、宣传活动，进一步强化各级领导的依法执教意识，采取切实措施，实施《教师法》，提高教师的地位和待遇。

积极采取措施，努力解决农村公办教师工资拖欠问题。省政府及各市县（区）政府为解决农村公办教师工资拖欠问题尽了很大努力。教师节前，全省基本兑现了历年陈欠。在此基础上，省教委会同省财政厅联合下发文件推广辽阳、清原县对农村公办教师工资和教育经费实行县统筹的经验印发全省。

重视提高教师的社会地位，在庆祝第10个教师节时，全省评选出11名功勋教师，500名优秀教师和先进教育工作者，在全省教育工作会议上，省政府及省教委给予表彰（功勋教师每人一万元，优秀教师每人一千元）。有的市政府及教育部门也举办了类似活动。省教委积极推广大连、沈阳、抚顺、鞍山、辽阳等地加快教师住房建设的经验，利用已有的各项优惠政策，采取多渠道筹措建房资金的办法，扩大建设教师住房的数量。1994年10月，国务院办公厅在大连市召开了全国教师住房建设工作经验交流会，肯定了大连市的做法。据统计：1994年全省教职工住宅建设，投资金额近5亿元。人均住房面积为6.6平方米。

〔**教育抗灾自救**〕 1994年7、8月份，辽宁省遭受了历史上罕见的洪涝灾害和台风袭击，灾区部分中小学校舍和教学仪器设备受到严重损坏。倒塌的校舍主要集中在铁岭、阜新、朝阳、盘锦4个市，累计倒塌校舍2000多间，造成新的危房2万多间，直接经济损失1.7亿元。灾情发生后，省领导非常重视教育赈灾工作，闻世震代省长和张榕明副省长都对教育赈灾工作作了重要指示，要求省教委同赈灾办牵头向企业征集或募集建筑材料、资金，会同市里一起采取省、市、县、乡村农民共同集资的办法，重建倒塌和危险校舍。由于组织领导到位、宣传发动到位，教育赈灾工作很快受到全社会的关注和支持。全省各级政府教育赈灾投入1329.2万元。锦州市1994年筹资1529.6万元，重新翻建水毁校舍683间，维修危房205间。

在赈灾活动中，涌现出许多捐资助学、赈灾扶贫的动人事迹。本钢、抚钢、抚顺石化公司，铁岭市清河建材厂、沈阳市外贸学校、辽宁唯金集团（私营企业）都积极捐资助学。省内的一些书法家还开展了赈灾义卖活动，鞍山董少文、营口张云鹏、凌海市杨桂等都个人出巨资捐赠给学校。据统计，全省社会各界捐赠639.1万元。灾区人民及学校师生在政府的领导下，不等不靠，奋起抗灾自救，把损失降到最低限度。盘锦市是灾情比较严重的地区之一，他们发扬抗灾自救精神，率先全部完成毁坏校舍再建工程。朝阳、阜新、铁岭、锦州在抗灾自救方面也都取得了可喜的成绩。1994年受灾严重的大都是贫困地区，但是灾区农民在困难面前没有忘记关心下一代。他们积极响应党和政府号召，有钱出钱，有物出物，有力出力，为恢复校舍做了大量工作。据不完全统计，全省农民集资用于修复水毁校舍和危房的资金6900万元，仅阜新、盘锦两市农民集资建校舍就达930多万元。

截至1994年底，全省中小学损坏校舍已部分得到恢复。大连、鞍山、抚顺、营口、辽阳、盘锦、葫芦岛等市灾区毁坏校舍已全部重建完毕。据统计，全省新建、翻建校舍14058间，占倒塌危重校舍63.9%。

〔**阜新特大火灾**〕　1994年11月27日，阜新市艺苑歌舞厅发生特大火灾，在这次事故中死亡学生71人，占死亡总人数的30.5%。其中地方大专学生1人，中专学生17人，职高学生32人，技校学生9人，中学生11人，小学生1人。这一事故暴露出教育部门和学校在安全教育和学校管理方面还有许多薄弱环节亟待加强。火灾发生后，省教委要求各地教育部门要对各级各类学校的学生管理工作进行检查，对那些学校管理混乱、思想教育工作软弱的领导班子要及时调整或撤换。抓紧出台中小学校管理规程。继续坚持中小学生违法犯罪的通报制度，严格整顿校风校纪，把加强学生行为规范教育落到实处。同时，进一步加强对厂矿企业和部门办学的检查与指导，制定有关企业办学的政策法规，提高企业办学的整体水平。

以阜新“11.27”火灾为鉴，在全省学校大力开展安全教育，加强安全防范工作。要求各级各类学校都要建立安全工作领导机构，层层建立责任制，以防为主，对由于工作疏忽酿成事故的要追究责任，严肃处理。同时，要求各地教育部门要配合当地有关部门，在所有不宜青少年进入的娱乐场所设置明显的禁入标志，严加管理，防止此类问题的发生。省教委还组织专门力量，对阜新“11.27”事故中进入舞厅学生的所在学校、班级及家庭等各方面情况进行深入调查，从中找出深层次的问题，在全省有针对性地加强学校管理。

基础教育

〔**综述**〕 1994年，全省学龄儿童入学率为99.1%。全省城区已基本普及九年义务教育。以县为单位44个县中有12个县初中入学率已达95%以上，其中3个县达到100%。有8个县初中入学率接近95%。全省初中入学率已达89%。

全省中小学师资队伍质量进一步提高，数量足够。个别学科、个别地区有不相平衡的现象。1994年小学教师学历达标率为95.3%；民办教师比例继续下降，全省有民办教师8311人，民办教师占教师总数的比例为35%。1994年全省初中专任教师学历达标率为68.68%；农村初中教师学历达标率为57.2%。

坚持多渠道增加教育投入，提高教育经费的使用效益。省教委与财政厅等有关部门联合下发了《关于对部分非生产性基本建设投资征收教育附加费的通知》、《关于学校校办企业减免征税问题的通知》等几个增加教育投入的政策性文件。结合各地的实际情况，提出县级财政要做到"两保"，即保证教师工资性支出按月兑现，确保省当年确定的生均公用经费定额如数兑现。1994年全省教育经费预算为19亿元，实际支出为24亿元。

1994年全省加强了对教育投入水平的监控，建立了全省教育经费预算执行情况月报表制度，逐月向各市通报，使各市了解到预算安排执行情况及教师工资的支付情况。

继续调整农村小学布局，分流富余教师。1994年，全省又调整合并农村中小学353所，合并调整3703人，其中公办教师223人，民办教师3480人，年内仅人员经费可节省600万元，受到国家财政部和国家教委的表彰。全省中小学勤工俭学产值、利润已连续七年居于全国第二名，1994年中小学校办产业实现利润8亿元。

〔**义务教育**〕 根据全国教育工作会议和省政府的指示精神，1994年教育工作重点是全力推进九年义务教育特别是加快农村"普九"进程。围绕加快"普九"问题，省教委组织专门力量，对尚未实现"普九"的地区进行了深入调查和分析，向省政府上报了《关于辽宁省普及九年义务教育的调查报告》，为省领导决策提供了有力的依据。省教委组织有关人员全面论证了加快实现"普九"的可能性，在全省范围内按经济发展水平和初中教育规模分为一类、二类和三类地区，并以此为依据，重新调整全省的"普九"规划，将原来计划的到2000年基本实现"普九"的任务提前到1997年完成；同时提出大中城市市区到本世纪末基本普及高中教育。省委、省政府已通过了关于全省"普九"规划的调整。为了确保1997年全省基本实现"普九"，省教委还组织各市在充分调整论证的基础上，以县、乡为单位，调整各地的“普九”规划，并将规划目标和具体措施落实到乡（镇）和学校。为了贯彻全国“两基”督导会议和全国农村教育改革会议精神，推进全省农村特别是贫困地区“普九”工作。继全省教育工作会议之后，10月上旬省教委在清原县召开了“辽宁省农村‘普九’和督导工作会议”，交流了沈阳市、大连市、北镇县、葫芦岛市的经验，推广了辽东山区清原县提前实现“普九”的经验，尤其是清原县的做法在全省困难地区产生了很大的影响和推动。在省政府的领导下，对1994年申报验收的17个县（市、区）“普九”达标进行了验收，经检查全都合格，并报请省政府批准。截至1994年底，全省已有43个县（市、区）经省政府验收合格，“普九”合格县区达到县区总数的43%。在此基础上，还接受了国家教委对沈阳、大连、鞍山、锦州、阜新、葫芦岛等13个县（市、区）的督导抽查，国家教委对辽宁省“两基”工作给予了充分的肯定。

〔**教师队伍建设**〕 1994年，全省各地采取措施，加强教师队伍建设。一是加强师资的培养、培训，大力提高教师素质。以提高教师职业道德和业务能力为重点和“研训一体”的原则，加强教师培训，推广了锦州市古塔区、凌河区小学教师全员教学基本功训练的经验，在全省普遍开展了以基本功训练为主要内容的小学教师继续教育。1994年，全省举办小学骨干教师培训班，全年培训16000人。同时，还组织了高中教师“三沟通”本科学历培训，开办14个专业，招生近9000人。1994年还重视加强对职业学校校长培训。举办两期职业学校校长培训班，由有实际工作经验的10位优秀校长现身说法，传授经验，收到了较好的效果。同时，合理调整师范院校布局、结构和规模，注重为农村特别是偏远落后地区输送师资，努力实现师资供需平衡。二是加强教师队伍管理，通过考试、考核，整顿教师队伍。充分利用全省校办企业实力较强和政策比较优惠的有利条件，开办为教学和教师生活服务的项目，开发科技产品，发展多种经营，多渠道分流、安排好富余教师，充分发挥分流教师的专长和特点，继续为教育事业作贡献。加强教师的师德教育，发挥教师为人师表的作用。省政府决定，不准再招用新的民办教师，对不称职的民办教师要予以辞退。从1994年起，全省每年选择2000名优秀民办教师转为公办教师。逐步做到与公办教师同工同酬。三是下力量培养、建设一批名校、名师、名校长。在各类学校中扶持、建设一些知名度高的学校，在同类学校中起示范、引导作用；培养、造就一批知名度高的好校长、教育专家，作为发展教育事业的中坚力量；培养发展一批知名度高的优秀教师，作为广大教师学习的楷模，效法的典范。四是加强师德教育，提高教师的思想政治觉悟和职业道德水平，抵制“金钱至上”等社会不良风气的影响和腐蚀，发挥为人师表的作用。

〔**德育工作**〕 1994年，全省认真贯彻《中共中央关于进一步加强和改进学校德育工作的若干意见》和《爱国主义教育实施纲要》，并制定了具体的实施意见。在全省推广了抚顺市中小学开展爱国主义教育的经验。组织全省中小学生开展“振兴中华”读书活动和百部爱国主义影片影评活动，收到了很好的效果。1994年5月，省教委下发了《关于在全省中小学生中开展中华民族传统美德教育的通知》，组织编写了《中华民族传统美德读本》中学版和小学版。制定了《辽宁省中小学礼仪规范》，在全省中小学生中开展礼仪教育，取得了较好的效果。

〔**特殊教育**〕 1994年，在特殊教育中注重加强职业教育。下发了《关于在特殊教育、工读教育中发展职业技术教育的通知》，召开了全省盲童随班就读现场会，评选表彰了特殊教育先进集体10个，先进个人99人，促进了全省特殊教育工作的改革与发展，得到国家教委和中残联的肯定。

职业技术教育

〔**综述**〕 1994年，全省职业教育进一步发展。职业高中招生比1993年增加26.3%，其中城市招生比上年增加35%，农村招生比上年增加12.5%，全省职高在校生已占高中阶段学生总数的60.2%。1994年，进一步推动职业教育在政府统筹管理下，加强与行业、企事业单位及社会各方面的联合办学，推进农村职业教育发展，各县都努力办好一所适应本地区经济发展特点的综合性的中等职业学校或培训中心。

〔**重点中专建设**〕 1994年，辽宁省教委组织有关人员对国家重点中专备选学校进行了全面的复查，促进备选学校进一步上条件、上质量、上水平，推动备选学校的各项工作，从而使全省有20所普通中专学校被国家确定为国家级重点中专学校。同时，辽宁省教委通过第二次办学水平评估，确定了省银行学校等11所中专学校为省部级重点中专，加上首批的35所省部级重点中专学校，全省的省部级重点中专学校已达46所。为进一步加强骨干学校建设，省教委制定了《加强重点中专学校发展和建设的意见》，对重点学校的发展规划、骨干示范作用、基本条件和标准提出了明确的要求。

〔**普通中专教学管理**〕 1994年，根据经济建设对中等专业人才的需求及质量要求，省教委对全省普通中专学校专业设置情况进行了全面调查，针对中专的情况，制定了《中专学校专业的暂行规定》和《中专学校教学常规管理暂行规定》两个基础性管理文件，对学校增设专业的原则、条件和审批程序等进行规范；对中专学校教学实施过程的各个环节提出了明确的要求，从而使中专教育的教学管理工作纳入规范化管理轨道。先后组建了13个中专教学和管理工作的学科组，指导各学科组围绕全省职教的中心工作和各学校的教学工作，开展各种形式的教研活动。

〔**职业高中**〕 1994年，为了促进职业高中进一步上条件、上质量、上水平、上效益，省教委与省计委、省人事厅联合制定了《关于将部分职业高中改办为中等职业技术专业学校的通知》，经省人民政府同意，将92所职业高中（80%是省重点学校）改办成中等职业技术专业学校。

根据城市中学毕业生择业观念转变，一些学校第二产业的部分专业招生难的状况，经省人民政府同意，省教委下发了《关于部分职业高中从农村招生的通知》，解决了一些专业无人报考的问题。各地加快重点学校的建设。1994年，全省职业高中建设实验楼、教学楼33栋，达12.3万平方米，总投资达亿元。

〔**实施“燎原计划”**〕 1994年，农村教育综合改革和实施“燎原计划”主要是贯彻国家教委关于“点上深化、面上扩展”的方针和全国农村教育综合改革工作会议精神，抓好三教统筹，探索县级职业教育、成人教育办学模式改革和乡（镇）级教育结构改革以及各类教育内容改革。进一步推进农村学校端正办学思想，总结和推广北票市娄家店中学主动为经济建设服务的办学经验。组织“燎原之冬”活动，利用教育的优势，动员学校、教师在冬闲时间，组织全省200万劳动者学习农村实用技术。

〔**校长培训**〕 1994年，为了提高职业中学校长的政治、思想、管理、业务等素质，增强竞争意识、市场意识、服务意识，适应社会主义市场经济的需要，省教委组织了两期校长培训班，培训人数达130多人。针对校长如何全面贯彻执行党和国家的教育、如何加强德育工作、如何领导和组织教学工作，提高教学质量；如何领导和办好学校的校办企业和生产实习基地，走教育与生产劳动相结合等课题。由10名优秀校长授课，以实际工作经验现身说法，收到了较好效果。

〔**校办产业**〕 1994年，辽宁省把推动学校大力发展校办产业，不断提高自我发展，自我完善能力做为一次重要的工作来抓。把学校有无校办产业、校办产业的收入情况做为评选重点校的标准。1994年全省职业高中校办产业创收9200万元，创收超百万元的学校近60所。锦州第一职业高中，沈阳外事服务学校，大连渤海船舶学校，辽河石油学校、普兰店农业实验技术高中等，在发展校办产业方面都取得突出成绩，增强了学校自我发展和自我完善的能力，走出一条“产教结合”的新路。

高等教育

〔**综述**〕 1994年，全省61所普通高校中有中央部委院校25所，省属高校18所，市属高校18所。全省高校以优化结构、提高质量和办学效益为重点，稳步发展高等教育。

1994年进一步加强对高等教育的宏观管理。一是对普通高等学校招生总规模进行了适当压缩。全省地方普通高等学校招生24600人，比1993年减少10%。二是进一步改变科类和学科与全省经济和社会发展实际需求相脱节的问题，压缩师范专业招生规模，加大工科、财经等科类招生比重，1994年师范专业招生6283人，比1993年减少900多人，工科招生5985人，占招生总数的24.3%。

〔**体制改革**〕 1994年，辽宁省把高等教育办学体制和管理体制改革作为重点，结合本省实际，确定了改革的思路和对策。(1)有重点选择部委属高校进行联合共建，推动全省“211工程”建设。积极支持东北大学、大连海事大学等进入“211工程”，省政府利用各种政策给以支持，解决实际问题。(2)根据“优势互补、资源共享、互惠互利、平等志愿、就地就近”的原则，积极促进全省高校校际间实质性的联合或合作办学，资源共享，统一内部共同利益享受部分的标准，教学、科研共同开发，形成整体优势。(3)积极推进同一城市内，专业科类有互补性，有条件发展新的学科优势，或专业科类相近，有助于提高办学规模效益，增强综合实力的地方高校先进行联合，条件成熟后可以加快推进实体合并的步伐。(4)加快全省师范院校调整步伐，在对全省初中以上教师需求及科类要求进行科学测算基础上，实行总量控制。

〔**招生及毕业生就业制度改革**〕 1994年，围绕实施《纲要》，进一步深化招生制度改革，加强招生工作管理。在普通高校统一招生考试中实行了在高中会考的基础上新的高考科目组，即文史类考语文、数学、外语、政治、历史，理工类考语文、数学、外语、物理、化学。为加速乡镇企业人才培养，1994年继续在自费生招生中进行招收乡镇企业定向自费生的尝试，采取考生录取前与乡镇企业签订合同的方式，使学生招得来，回得去，用得上，留得住。进行普通高校招收有实践经验学生的试点工作。在沈阳农业大学和熊岳农业专科学校继续试行在农村招收有两年以上实践经验的在乡青年试点班工作。采取参加全国3门文化课统考，加试农业综合技术知识课，单独录取的办法。在沈阳工业高等专科学校继续进行在全民或集体所有制企业单位招收具有3年以上生产实践经验的优秀工人和管理人员的试点工作。

1994年积极推进毕业生就业制度的改革，缩小指令性计划，扩大指导性计划。除下达一部分保重点的指令性计划外，其余计划由用人单位与学校协商落实。发挥了学校在毕业生就业中的主导作用，加强了同用人单位的联系，也调动了各方面的积极性，使计划符合实际。为使毕业生就业逐步向市场过渡，继续扩大“双向选择”的范围和就业领域。对农科、林科院校以及供需矛盾突出的36个长线专业全部放开。实行“双向选择”办法就业。加强了地区之间的人才余缺调剂。促进了人才的合理流动。

成人教育

〔**扫盲工作**〕　1994年，全省的扫盲工作在各级政府的领导下，经过几代人的共同努力，高标准完成了扫盲任务，累计扫除文盲551万人，全省15周岁到50周岁人口的非文盲率达到99.1%。全省坚持高标准扫盲：一是提高扫盲年龄段，将扫盲年龄段由国家规定的1949年10月1日后出生的年满15周岁以上的人口，改为1944年9月1日后出生且年满15周岁的人口，比国家规定增加五年零一个月的扫盲任务。二是严格准确地把握文盲中失去学习条件者。省政府规定对丧失学习能力者的鉴定，需凭县（市、区）医院或乡（镇）医院的诊断证明，由乡（镇）政府报县级政府教育行政部门认定。使具备学习条件的文盲、半文盲不被遗漏。三是严格验收标准，在国家教委对脱盲学员进行验收考试听认300个汉字的基础上，要求听写300个汉字。四是在扫盲验收中始终坚持非文盲率以行政村为单位达标。同时要求县、乡两级扫盲档案工作的建立标准规范，数字上下一致，并同人口普查的统计相衔接。五是积极开展残疾人扫盲试点工作。丹东、辽阳等市先后开展了试点工作，仅丹东市已扫除聋哑文盲1300人。此项工作还得到联合国教科文亚太地区办事处等国际组织的充分肯定。1994年，根据国家教委的总体部署，全省又一次掀起扫除文盲的热潮。全面组织扫盲检查验收工作，在各市、县进行自查、复查的基础上，省教委组织9个检查组，分别对贫困和文盲较多的康平、法库等18个县进行了检查验收，结果表明全省100个县（市、区）全都达到国家和省定的扫盲各项指标要求。1994年12月经国家教育验收合格。

〔**农村成人教育**〕　1994年，全省农村成人教育，一是进一步扩大办学面，实现乡乡村村都办学；二是“上条件、上水平、上质量”，积极抓好骨干学校建设。1994年农村成人中等专业学校由上年的24所增加到25所；招生6941人（平均每校277人），比上年增加36.4%，农业广播学校招生8917人，比上年增加33.4%。学额巩固率由90%左右上升到98%以上。乡（镇）村两级农技校有较大发展。全省1239个乡（镇）和15919个村全部办了农民文化技术学校，办学面达100%。其中乡校达建制标准的在65%左右。大连市抓重点乡校建设。甘井子区辛寨子镇投资460万元，建起了高标准的成教中心。大力开展农村实用技术培训。1994年全省乡、村两级农校共培训劳动者560万人次，比1993年增加60万人次。培训面占农村劳动力的62%。1994年，农村成人教育工作有新的起色：(1) 适应市场经济发展需要，将原农民中等专业学校更为农村成人中等专业学校；(2) 适应农村经济发展需要调整和充实专业，在办学养殖、种植专业同时，增设第二、三产业，使教育更贴近农民生产、生活，有效地吸引农民送子女学习；(3) 完善招生制度改革。变过去一次招生录取，为两次招生录取，农广校可以招全日制班，成人中专可以向下延伸到农村办班等措施，既方便了办学，又方便了农民学习；(4) 强化了学校教育教学管理和师资培训。为长期做好农民教育师资队伍建设工作，筹资建起省农民教师师资培训中心。

〔**成人高等教育**〕 1994年，在成人高校进行高等职业教育班的试点工作。省教委会同有关部门制订了《辽宁省成人高等学校高等职业教育班试点方案》，确定7所试点学校。国家教委于9月在丹东召开了部分省、市高等职业教育研讨会，对辽宁省的试点情况给予了肯定。

扩大成人高校评估试点。根据国家教委《关于成人高等学校评估工作意见》，在4所成人高校试点评估的基础上，再次修改了评估方案，制订了《辽宁省职工高等学校、管理干部学院评估指标体系》(试行)。继续举办优秀中青年干部预科班。根据省委组织部、省教委、省总工会等8个部门联合下发的《关于举办优秀中青年干部预科班的通知》精神，经过各单位、各地组织人事、工会等部门推荐，有120人进入省职工大学预科学校学习。

〔**社会力量办学**〕 1994年，辽宁省积极鼓励和欢迎境外机构和个人按照我国法律和法规，捐资办学和合作办学，审批4所社会力量与国外机构合作办学的院校，进一步拓宽了社会力量办学的渠道。并注重管理工作的制度化、规范化，制定了《辽宁省社会力量办学管理办法》及《加强民办高等学校管理意见》等法规性文件，使全省社会力量办学和民办高等教育事业管理逐步走向规范化的轨道。

〔**自学考试**〕 1994年，辽宁省自学考试工作坚持"改革、完善、提高、发展"的方针，使自学考试教育和电视大学教育相沟通，自学考试教育有了新的发展。1994年4月，举行了全省第一次自学考试，共开考本科14个专业，专科31个专业，中专10个专业的178门课程；共报考141560人，313174科次。1994年10月，举行了全省第二次自学考试，共开考本科14个专业，专科35个专业，中专8个专业的203门课程；共报考148210人，338071科次。1994年辽宁省按照以应用型专科为主，适当发展本科，大力发展中专的原则，对专业和层次结构进行了调整。新开考专业基本适应社会主义市场经济发展和全省经济建设发展需要，体现了应用型、外向型和复合型专业的特点，受到社会的欢迎。

探索自学考试毕业生与人才录用相结合的办法。1994年在工业工程专业与省人才中心结合，试用这种办法，扩大自学考试教育形式的功能，为合理地向社会推荐人才和按需开考探索了一条可行的路子。

狠抓考风考纪建设。1994年在加强考风考纪建设上，除了加强省、市两级监察培训外，重点抓了考前教育和重点监察两方面。对考风考纪较差的考点实行重点监察工作。有力地促进了全省的考风考纪建设。同时，加强考籍工作管理，提高考籍管理科学化、现代化水平。

撰稿 刘劲姿

审稿 苏忠理

吉林省教育

概 况

〔基本情况〕

1994年各级普通学校基本情况

单位：人

学校类别	学校数（所）	毕业生数	招生数	在校学生数	教职工数	
					计	其中专任教师
一、普通高等学校	43	23248	32787	100434	39463	14956
研究生	21	1219	1871	5192	—	—
本 科	—	11347	14071	53120	—	—
专 科	—	10682	16845	42122	—	—
二、中等专业学校	120	20890	35957	96720	17956	8475
中等技术学校	97	15014	27935	72238	14804	6840
中等师范学校	23	5876	8022	24482	3152	1635
三、普通中学	1845	392366	431836	1266409	120059	88238
高 中	300	50393	65985	173389	—	14938
初 中	1545	341973	365851	1093020	—	73300
四、职业中学	310	55939	66569	151545	14808	9613
高 中	276	39896	48515	112287	—	7874
初 中	34	16043	18054	39258	—	1739
五、工读学校	5	72	70	170	144	76
六、小学	10374	400584	499130	2641898	180361	150242
七、特殊教育学校	48	661	1022	9763	1951	1372
八、幼儿园	4267	—	—	550703	30648	20781

1994年各级成人学校基本情况

单位：人

学校类别	学校数（所）	毕业生数	招生数	在校生数	教职工数	
					计	其中专任教师
一、成人高等学校	46	15817	31774	77769	7575	3612
广播电视大学	2	2259	6239	13754	1508	811
职工高等学校	27	2844	4393	12665	2595	1177
农民高等学校	4	88	468	694	255	130
管理干部学院	6	1410	1803	4185	1925	634
教育学院	7	370	588	1490	1292	860
独立函授学院	—	—	—	—	—	—
普通高校举办	—	8846	18283	44981	—	—
函授部	—	7923	16398	39614	—	—
夜大学	—	847	1801	4941	—	—
干部专修科	—	76	84	426	—	—
二、成人中等专业学校	161	13190	24487	49810	11412	6493
广播电视中专	2	1400	6279	9276	20	18
干部中专	5	220	451	750	235	109
职工中专	72	5328	10598	22627	4765	2359
农民中专	14	3521	5067	11781	1264	740
教师进修学校	66	—	—	—	4492	2903
函授中专	2	2721	2092	5376	636	364
三、成人中学	150	7498	9899	10129	481	334
职工中学	50	4125	4290	4580	273	171
农民中学	100	3373	5609	5549	208	163
四、成人技术培训学校	8073	1843868	1853354	1182096	14170	6122
职工技术培训学校	401	423125	261697	208633	3557	1874
农民技术培训学校	7672	1420743	1591657	973463	10613	4248
五、成人初等学校	4084	90188	132519	101304	4844	2048
职工初等学校	58	7039	3849	3180	177	113
农民初等学校	4026	83149	1286170	98124	4667	1935
其中：扫盲班	3057	24200	36938	41203	3549	1493

〔**全省教育工作会**〕 1994年，吉林省委、省政府在认真组织全教会精神的学习和深入进行调查研究的基础上，于11月召开了全省教育工作会议。会上，何竹康书记作了重要讲话，高严省长作了主题报告，张岳琦副书记作了会议总结，王国发副省长传达了全国教师住房建设工作经验交流会精神。各市（州）主要负责同志就进一步落实教育优先发展的战略地位，加快教育改革和发展作了大会发言。会议讨论了《关于进一步落实教育优先发展战略，加快教育改革和发展的决定》，《吉林省贯彻〈中国教育改革和发展纲要〉实施要点》，《中共吉林省委关于加强学校德育工作的意见》等三个文件，会后经省政府审定并以省委、省政府的文件正式下发。

全省教育工作会议进一步强调了落实教育战略地位，提出了“五优先”：在制定经济和社会发展总体规划以及安排年度计划时，保证教育事业的优先发展；在安排地方财政预算时，保证教育经费的优先增长；在制定城市建设规划和年度基建计划时，优先考虑学校建设布局，保证学校的用地和基本建设；在改善城乡居民生活，提高职工生活待遇时，优先安排提高教师工资和改善办学条件；在安排招生和毕业生分配时，优先满足师范院校的需要。在原有基础上，进一步明确了保障措施：在教育投入方面，根据中央要求和吉林省实际，补充明确了若干政策措施。一是落实财政投入的几个比例。“八五”末期财政预算内教育经费占财政支出的比例全省要达到20%，省级要达到12%，县（市）级不低于35%。根据新的财税体制，将吉林省过去规定的“力争达到”分别改为“要达到”和“不低于”。二是规定农民按上年人均纯收入的1.5-2%缴纳教育费附加（包括在农民负担的5%以内），具体比例由县（市、区）政府确定。对新购小汽车按购价的10%征收教育费附加。三是落实教育专项经费。把义务教育和“211工程”专项经费列入财政预算，并随财政收入的增加而增加，同时，决定省、市、县三级设立职业教育、师范教育和民族教育专项补助费，分别与上级的专项补助费相配套。四是继续大力提倡和鼓励厂矿企业、社会力量以及各界人士在自愿、量力的原则下捐资助学和集资办学。从城市容纳费中拿出一定比例用于教育。将农村教育集资由省审批改为由县审批。在教师待遇方面，做出了3个规定：一是从1995年起，师范院校每年从民办教师中招生的数量由2000人增加到2500人，同时增加民办教师转正指标，用6年或更短的时间解决民办教师问题。二是提出要确保公办教师平均工资水平高于国家公务员平均工资水平，同时，拟对终生从教的中小学公办教师退休金制定优惠办法。三是要求各级政府设立教师住房专款。省里决定在原来每年500万元基础上，从1995年起每年增加100万元，到“八五”末期，要使教师家庭人均居住面积达到或超过当地居民平均水平。在学习、贯彻全教会精神的过程中，注重与实际工作相结合，加大了“普九”工作力度，加快了教育改革步伐，加强了教师队伍建设，推动了基础教育、职业教育、成人教育、高等教育的发展，做到了边学习、边落实，从而使全省教育改革和发展在贯彻全教会精神的过程中得到了有力促进。全省教育工作会议结束后，各市（州）党委和政府相继召开会议，学习贯彻全省教育工作会议精神，筹备召开本地教育工作会议。

基础教育

〔**综述**〕 1994年，吉林省在基础教育方面，进一步完善了“地方负责，分级管理”体制，明确了县、乡、村三级办学的责任和义务，其中特别强调了县级政府在基础教育管理中的作用。公办教师工资由县发放，民办教师工资实行乡筹县管体制，保证了民办教师工资有稳定可靠的来源；省组织“普九”评估验收以县为单位进行。去年，受省政府委托，省教委又对24个县（市、区）进行“普九”评估验收，为了确保“普九”质量，对12个县（市、区）实行“验而不收”的政策，对12个认定达到“普九”标准的县（市、区）已报国家教委。至此，全省累计已有30个县（市、区）普及了九年义务教育，占全省县（市、区）总数的50.84%，占全省人口的47.2%，进入了我国第一批九省市“普九”工作先进的行列，国家教委电贺：“走在了兄弟省、自治区的前面”。全省普及初等义务教育整体达标县（市、区）达到43个，占县（市、区）总数的73%。新建中小学校舍74万平方米，危房比例已下降到0.08%；中小学实验室装备率达到78%，卫生室装备率达到85%，图书室装备率达到62.5%，比上年都有大幅度增长。经过一年来的积极努力，吉林教育电视台正式开播。积极稳妥地发展民办学校，全省民办中小学已达15所，并制定了相应的管理条例，加强了管理。

为了解决中小学冬季取暖费不足，1994年，在全省推广了介质油取暖法。介质油取暖法是一项具有良好的社会效益和经济效益的新型取暖方法。委托吉林市丰满区教育局进行了试点，5月召开了现场会，然后会同省财政厅拿出15万元给每个市、州无偿安装了1所学校，取得了比较好的效果。

着手调整中小学布局。一些地方中小学平均规模小，师生比过高的现象十分严重。一些学校，特别是村小，只有十几个，甚至几个学生，浪费十分严重。按1所学校年需教育经费5万元计算，全省40个县，如果平均每个县减少10所学校，一年就可节省教育经费2000多万元。为了提高规模效益，降低师生比，合理布局，多次召开座谈会，实地调查，布置各地着手工作，拿出工作方案，总结经验。延边州教委行动快，动手早。仅和龙一个县就合并10所学校，节省经费50万元。

〔**义务教育**〕 结合本省普及初等义务教育的实际和几年来的工作基础，1994年贯彻落实“一法一则一例”，坚持了“一手抓普及，一手抓提高”、“分类指导、分类推进”，进一步提高了普及初等义务教育的整体质量。主要采取6项措施：一是建立了初等义务教育复查验收制度，完成29个乡（镇）普及初等义务教育的复查验收工作。目前全省农村乡（镇）和城市学校都达到了“普六”标准，二是扎扎实实地开展了普及初等义务教育县（市、区）整体达标活动。三是修订下发了《吉林省小学（特教学校）规范化办学标准》，拟定了《吉林省实验小学规范化办学分类定级评估指标体系》。目前，全省四类小学普遍开展了分类定级工作，并实行了挂牌制度，全省282所小学成为全省首批规范化办学推荐学校。四是依法履行了义务教育的验收审批程序，以省政府的名义批准公布了通化市等6个市（州）为基本普及初等义务教育合格市（州）。五是继续坚持了普及初等义务教育“五率”审查制度。全省小学入学率为99.8%，巩固率为99.8%，普及率为99.4%，合格率为99.5%，体育达标率为93.4%，城市小学基本无流失生，农村小学流失率控制在0.12%以下。六是以巩固和提高3类适龄残疾儿童入学率和加强特殊教育管理为重点，加大措施，增强力度，加快特殊教育事业的发展。采取的主要措施是：加强特殊教育学校学籍管理，认真扎实地完成3至15周岁残疾儿童少年摸底调查，全省完成了盲、聋、哑、弱智学生的学籍重新登记备案工作，实行了规范化管理。对特教学校的教学实行质量监控，组织全省6年段和8年段聋哑学生统一考试，并进行了质量分析。利用社会福利有奖募捐基金为全省特教学校装备60多万元的教学及身体功能补偿仪器设备。会同省残联、省民政厅等部门表彰奖励了特教工作成绩显著的5个县（市、区）和81名先进个人。

全省盲、聋哑、弱智3类残疾儿童入学率达到94.4%，城区95%以上，县（市）90%以上，其中盲、聋哑儿童入学率达到89%以上，山区有4.1%乡（镇）建立了特教班，平原地区有9.5%的乡（镇）建立了特教班，全省乡乡都有随班就读点，在农村乡（镇）基本上消灭了特殊教育空白点。1994年全省有19个县（市、区）被国家教委评为特殊教育先进县（市、区），并受到表彰。

圆满地完成了联合国教科文组织对本省6县12校已实施7年的农村初等教育整体改革实验的第一周期终结评估，评估结论充分肯定了这项实验所取得的成功，联合国教科文组织高级官员奥德内斯题词说："你们的辛勤努力像一盏明灯，为吉林省、中国及全世界的其它学校指明了方向"。评估委员会的专家们在评估结论中说："该项实验完成了方案提出的各项任务，取得了一批具有较大影响的成果，实验是成功的、有效的，初步提出了农村初等教育的办学模式，丰富和发展了农村初等教育理论，具有普遍推广价值"。会议还对该实验项目第二周期实验方案进行了可行性论证，省已将这个项目扩大到了全省44个县（市、区）的143所学校。

加快普及九年义务教育步伐。1994年4月和9至11月，分两批共组织25个检查组150人次，对1993年提出申请的3个城市的区和1994年提出申请的21个县（市、区）以及行政区划变动后的洮北区等25个县（市、区）进行了检查评估。年内的评估验收工作，把重点放在坚持标准、保证质量、提高评估信度、全面推动工作上。在实施中有以下几个特点：一是准备工作充分，年初开会做了认真周密地部署，下发了通知。省教委还先后深入14个县（市、区）听取汇报、调查研究、了解情况、具体指导。二是工作量大。省教委与省政府签定今年评估验收12—15个县（市、区）的指标，实际检查评估了25个县（市、区），比原计划低限超出一倍多，比上限超出60%多。三是检查和覆盖面大。每个县（市）都检查9个以上的乡（镇），大县检查乡（镇）面达25%以上，小县（市）达50%以上。城市的区乡（镇）检查面达90%以上。全省共检查170个乡（镇），1009所中小学。四是重点突出。在对各项指标普遍检查的基础上，重点检查了教育经费、教师学历达标、控制初中学生流失、公民办教师工资按时定额发放等，保证了评估验收的质量。五是对工作推动大。年内检查的25个县（市、区）共投入2.6亿元，其中1500万元以上的6个，1000万元以上的5个，600万元以上的9个。新建校舍25万平方米，维修57万多平方米。有一个市政府一次拿出173万元还清了拖欠6年之久的民办教师的补贴工资。两个企业贷款165万元给教师发工资。各县（市、区）普遍反映，从办学条件看，一年的变化等于常年3到5年的变化。10月，国家教委在吉林省召开了带有现场会性质的全国部分省、市"普九"工作汇报会，国家教委对吉林省能够较快地实施“普九”给予了充分肯定。

在检查的基础上，加强了目标管理责任制。主要做了两方面的工作。一是对1993年实行教育工作目标管理责任制的工作进行了总结，评比、表彰奖励。起草了1994年的责任书。二是从1994年12月12日开始，到12月底，组成5个检查组对各地区进行了各一周的检查。共检查9个县（市、区），98个乡（镇），81所中小学和职业学校对责任制的落实情况。

〔**德育工作**〕 1994年，省依据《中学生德育大纲》试行稿，和《中学生日常行为规范》研究制定了《吉林省中学生思想品德评价试行办法》，对中学生思想品德的评定提出了明确的指导思想、原则、评价体系和操作要求，加强了德育工作规范化建设。并重点在初、高中两个毕业年级开展试点。取得较好的效果。在研究、论证的基础上，高中实行《普通高中优秀毕业生评选办法》，并与保送、评优结合，促进学校德育工作。制定了吉林省中小学实施《纲要》、《意见》的文件，明确了中小学爱国主义教育的核心。在全省中学生中，开展了评定三好学生、优秀干部工作。小学德育主要抓了两方面工作。一是以爱国主义教育为核心，从文明习惯的养成教育入手，切实抓好中华民族传统美德教育。制定并下发了《吉林省小学生日常行为规范训练指导》。分别对小学低、中、高3个年级段学生的行为规范教育和训练提出具体要求。继续开展“社会主义市场经济与中小学德育”调研活动。召开了优秀调查报告总结交流会。调查了解了几年来全省中小学国防教育的基本情况，并向国家教委报送了专题报告。会同省委宣传部、团省委等有关部门组织了全省中小学生向贫困地区学校捐款捐物的“手拉手、献爱心”活动。会同省委宣传部下发了《关于在全省中小学继续开展爱国主义影视系列化教育活动的实施意见》。会同省委宣传部、省高校工委起草了《中共吉林省委关于加强和改进学校德育工作的若干意见》。评选出了1994年度省级小学“三好”学生276名，并组织召开了全省“三好”学生先进事迹报告会。二是以教书育人为主要内容加强小学德育工作队伍建设。积极组织学校干部、教师联系实际，深入学习《邓小平文选》三卷、《中国教育改革和发展纲要》以及国家和省教育工作会议精神，使广大教师明确教育改革与发展的根本指导思想及目标、任务，自觉地为教育改革和发展贡献力量；深入学习宣传《教师法》，进一步提高教师的职业道德水平，增强教师把教书育人当作自己履行法律职责的意识，与此同时，举办了以提高小学班主任的政治、业务素质为目的的全省小学班主任基本功竞赛。

〔**师资建设**〕 1994年，是《教师法》正式实施的第一年，省政府把贯彻《教师法》作为一项重点工作来抓，使教师队伍建设纳入法制轨道，有力地加强了教师队伍建设。在提高教师队伍素质方面。认真组织教师深入学习《教师法》和《中国教育改革和发展纲要》，坚定教师执行党的基本路线的自觉性，更新教育观念，努力实现由应试教育向素质教育的转变。以高师函授、卫星电视教育、自学考试相沟通的形式，培训初中教师、小学教师和幼儿园教师，全面开展了高师类本专科自学考试，增加了教师培训数量。去年参加学习的中小学和幼儿园教师达到5万多人，有7000多名中学教师获得高师本、专科毕业证书。全省小学教师学历合格率达到98.3%，初中教师学历合格率达到78%（含专业合格），高中教师学历合格率达到70%（含专业合格），均居全国前列，保证了九年义务教育的顺利实施。为了加强教师队伍建设，注重抓了培养典型、树立典型、推广典型的工作。教师节期间，表彰全省优秀教学成果奖199名、优秀教研成果奖30项，表彰教学新秀"双十佳"22名。九台市第二十二中学特级教师张再昌还被树立为"全国十杰"中小学中青年教师。从而激励广大教师忠诚人民教育事业，教书育人，为人师表。在依法提高教师待遇方面，一是依法兑现教师工资。《教师法》颁布后，从执法高度来认识和解决这一问题，分清法律责任。省政府明确了市、县两级建立以政府一把手为第一责任人，主管财政和教育的领导为第二责任人，财政局长和教委主任（教育局长）为第三责任人的兑现教师工资责任制度。理顺了教师工资管理体制。去年，省教委会同监察厅、财政厅深入四个地区的部分县市，督促兑现教师工资。截止去年年底全省拖欠教师工资797.5万元，省政府要求春节前必须全部兑现。二是加快改善教师居住条件。通过改革，建立了多渠道解决教师住房的新机制，变单一的依靠国家建房的投资体制为国家、集体和个人共同负担的投资体制，变过去单靠教育部门自已建房为多种方式建房。通过一年来的积极努力，去年计划新建城镇中小学教职工住房30万平方米，年底实际竣工42万平方米，进一步改善了教师居住条件，从而稳定了教师队伍。

职业技术教育

〔**综述**〕 1994年，吉林省职业技术教育加大了企业、事业和各种社会力量办学的力度，逐步转变职业高中教育由教育部门独家办学的局面，非教育部门举办的职业学校已达到一半以上。同时，打通职业教育和成人教育界限，加强职前、职后教育的沟通与协作，在农村办好职业教育中心，以农职业高中为依托，既含有3年制的学历教育，又有短期农职业技术培训；既设职业高中，又设有农民文化技术学校，一校多用，这种农职业高中已占全省农职业学校总数的80%。这方面的改革，促进了职业教育事业的发展，1994年，全省中等职业技术学校在校生达27万人，占整个高中阶段在校生62%以上，全省每万人口中有中等职业教育在校生92人，居全国前列。全省40%以上的县市都办有1所骨干示范职教中心或职业高中，省交通学校等8所普通中专被批准为国家级重点中等专业学校。职业技术学校在校生中非教育部门办学的已占70%以上。

全年有5个专业10几个学科，近800多名骨干教师参加省级师资培训。职业高中对口开设12个专业，招生410人。中专保送生师资班招生40人。

〔**教育评估**〕 继续以合格评估和办学水平评估为手段，抓了中专学校和职业学校的教育评估。通过评估，有10所中专学校达到合格标准，没有达到合格标准的中专学校，办学基本条件也有了很大的改善。有8所中专学校被批准为国家级重点中专学校。职业高中在20所省级重点校的基础上，又有15所学校接近省级重点校标准。全省还有一部分学校，按国家级重点的标准，完善各项条件，迎接国家级重点校的评估认定。在各级政府和教育部门的共同努力下，全省各类中等职业学校的办学条件和办学水平有了新的较大幅度的发展。

〔**法规建设**〕 按照国家和省两级教育工作会议精神，进一步修改、充实了《吉林省职教条例》(草案)，在办学体制、管理体制、职教经费等方面增加了新的内容。《条例》(草案)已送交省法制局。在教学法规方面，为适应经济建设的需要，在各地各校专业调整的同时，印发了职业学校主要专业教学计划。在贯彻实施《职业高中德育大纲》、中专、职高《教学管理规程》方面。各地、各校做了大量工作，取得了成效。

〔**教学改革**〕 加强实践动手能力的培养。第一，修订教学计划，增加专业课和实习课的比例，职业高中文化课和专业课调整为3∶7，中专调整为4∶6；第二，加强实验室、实习室建设，全省许多职业学校装备了电教室、微机室、语音室、专业实验室、实习室也都有了很大加强；第三，广泛开展了教研活动，全省中专13个学科研究会，职业高中7个专业中心全年开展了1800人次的学术交流、专业竞赛、公开课、学科教材培训等项活动，交流学术论文近一千篇；第四，有组织、有计划、有针对性地组织了教改实验项目，全省职业学校申报教改实验项目近70个。

高等教育

〔**重点学科和重点学校建设**〕 制定了《吉林省普通高等学校重点学科（专业）建设和管理办法》，组建了省高校重点学科评审委员会，在省属高校中评选出首批11个重点学科，落实了重点学科建设经费100万元，并指导有关高校制定重点学科建设规划。积极支持有条件的重点高校进入国家“211工程”。经多方面协调，形成了“国家教委与吉林省政府共同建设吉林大学、东北师范大学的意见”、“机械工业部与吉林省政府共同支持吉林工业大学进入国家“211工程”的意见”。目前，正在筹备与地矿部协商共同支持长春地质学院进入国家“211工程”的工作。经过努力，吉林工大已被国家教委批准进行部门预审。在吉林省关于《中国教育改革和发展纲要》的实施要点中，正式确定吉林农业大学、吉林工学院、延边大学为首批省属重点高校。省政府从1995年起设置"211工程"专项经费。

〔**联合办学**〕　促进学校之间的合作办学，资源共享、优势互补，共同提高办学水平和效益。在认真调研和多方协调的基础上，已向省政府提出了关于合并延边地区五所高校的报告；吉林大学与白求恩医科大学已实行了联合办学，成立了联合办学工作领导小组和办公室，两校与长春生物制品所联合成立了长春生命科学与生物工程研究中心；支持吉林工大与东北师大、长春邮电学院等联合办学，签订了联合办学协议。

〔**调整专业结构**〕　积极促进教育同经济的结合，为全省经济建设服务。1994年，进一步优化教育结构，增强教育主动为经济建设服务的能力。根据吉林省产业结构、技术结构和市场经济需求，对省属普通高校进行大幅度的专业结构调整。工科招生数占招生总人数的比例上升到31%。压缩了长线专业，增设和试办了适应本省经济发展需要的71个新专业，充分发挥了人才使用效益，更好地为吉林省经济建设服务。1994年省教委下发了"吉林省普通高校专业设置暂行规定"，组建了省普通高校专业设置评议委员会，制定了评议委员会工作细则，省属高校专业实现了微机管理。

〔**教学管理**〕　召开了全省普通高校千人干部大会，省教委主任陈谟开做学习全教会精神的辅导报告。召开了暑期全省高校教学工作会议，贯彻国家教委《关于加强普通高校教学工作的意见》。进一步明确了高校工作的重点是提高质量和效益，引起了全省高校的普遍重视。各高校都召开了教学工作会议，提出了扭转教学投入三个不足的措施。省属高校在经费困难的情况下，吉林化工学院投入教学设备费267万元，课程建设费15万元，吉林工学院投入设备费150余万元，课程建设费20万元，就连创收不高的四平师院、延边师专也分别投入教学设备费50万和20万元。以评估为手段，加强对高校教学工作的宏观管理。在8所工科本科院校开展了教学工作状态评估，组织专家组对吉林工大、吉林工学院的自评进行了抽检，对全省7所高等工程专科的金工实习进行了评估检查，有力地促进了这些学校的教学管理和金工实习，1994年长春水电高专和吉林电气化高专分别投入金工实习基地40万元，建成了全国高专一流的金工实习基地。制定了省普通高校教学研究课题立项和成果鉴定制度，1994年全省高校确定教学改革、教学研究课题400余项，其中147项列为省级课题，47项为省重点课题。继续推进专科专业教学改革和省优课程评估，1994年有5所高校6个专业通过了国家教委专家组的评估检查，被批准为专业教学改革试点，全省又有64门课程被批准为省优秀课程。同时对1992年度以前评出的50门省优秀课进行复检，对发展较快的省优课予以表扬，对进展不大，或有行业差距的，限期改进。开展了评选优秀教务处和教学工作优秀系（部）活动，全省有6所高校教务处被国家教委授予先进教务处，通过自下而上的评选，全省评选出46个系（部）为教学工作优秀单位，推动了基层教学工作的管理，加强了教学工作在高校的地位。

大力提高学生的外语水平和计算机应用能力。大学英语国家四级教育通过率有了大幅度提高，各类学校平均通过率第一次超过全国平均水平，其中重点高校的平均通过率为89.3%，超过全国重点校平均通过率11个百分点。省教委下发了全省普通高校非计算机专业学生计算机教学基本要求和计算机应用等级考试章程，做好了1995年初计算机等级考试的准备工作。为全面提高学生素质和能力，培养跨世纪人才进行了积极探索。

根据国家教委部署，严肃毕业证书管理，发放本科毕业证书11198个，专科毕业证书10668个，没有出现差错。部分高校试行浮动制、流通动制、试谈制，有效地调动了学生的学习积极性。

成立了“两课”改革领导小组，东北师大为省国家教委试点学校，全省确定吉林工学院为改革试点校，组织高校马列理论课教师，以马克思主义、毛泽东思想和邓小平有中国特色的社会主义理论为指导思想，构建了新的高校马列理论课体系，《中国革命史论纲》、《当代资本主义分析》、《马克思主义哲学与现时代》、《有中国特色的社会主义理论与实践》，在部分高校试验效果良好，得到国家教委的肯定。

〔**师资建设和对外交流**〕 为了平稳地实现90年代高校教师队伍的新老交替，培养跨世纪的青年骨干教师，1994年开始实施培养中青年骨干教师的“双百工程”，经过严格评审，1994年在省属高校中确定101名35岁以下的省级优秀青年骨干教师，各校落实了培养规划和措施，予以重点培养。此外，还组织了第2批曾宪梓教育基金会教师评奖工作，吉林省师专有2人获2等奖，36人获3等奖。

1994年全省共聘请外国文教专家660人，比上年增长17%，接收外国留学生610人，比上年增长48.8%；公派出国留学生276人，比上年增长20%，自费出国留学生250人。大学新建国际间校际交流关系的学校增加了4所。

〔**科技工作**〕 1994年，吉林省继续发挥高校的科技优势，为企业技术进步服务。一是积极推动高校科研工作面向吉林经济建设选项目，促进成果推广和转化，在地方经济建设中见效益。全省高校共有164项科技成果在企业中转化，创产值2.2亿元，利税6700万元；二是面向地方需要，建立技术协作。全省高校与全省县（市、区）共签定长期技术协作关系协议71个，和74个乡镇、110个企业建立长期协作关系，创产值1.7亿元，利税5000万元；三是积极开展技术服务活动。对64个企业进行技术服务，创产值3.1亿元，利税3600万元。仅以吉林农业大学为例，他们利用科技优势，积极实施科教兴农“213”计划，鼓励科教人员深入到农业生产第一线，以发展地方经济为出发点，大胆研制开发新产品，努力实施成果转化的新举措，结合区域经济特点，发展规模经营，从事综合开发。一年间，技术覆盖面达17个县（市、区），先后动员科研人员389人次下乡技术服务，技术覆盖面积达890万亩，增产粮食累计达1.3亿公斤，技术增收累计达2300多万元。全省高校在为企业进行科技成果转化、技术协作、技术服务中，共为我省创利税1.53亿元。积极创办各级各类学校校办产业，为经济建设服务。高校校办产业创产值5.08亿元，利税0.78亿元。

〔**招生工作**〕 1994年，全省共有61181名考生参加全国普通高等学校招生统一考试。其中：报考理工类（含体育）的有41561人，报考文史类（含外语、艺术）的有19620人。全国普通高等学校在吉林省计划招生29479人。其中：国家任务计划招生19876人（含定向招生6139人；委托培养招生2504人。）自费生7099人（含电大普通专科班3856人）；空军飞行学员60人。严格执行国家教委制定的招生法规、政策和规定。在报名、体检、政审、考试、录取等主要环节工作中，坚持做到严格要求，严肃纪律，加强管理，保证质量。在录取工作中严格执行国家下达的招生计划，认真贯彻“德智体全面考核，择优录取”的原则，特别是对于调节性计划招生，加大管理措施，加强宏观调控。不随意扩大招生规模，不随意降低录取标准，维护招生政策和招生计划的严肃性。在各高等院校的大力支持和协助下，很好地完成了招生任务。实际录取新生总数为29265人。其中：国家任务计划录取新生20273人（含录取定向生6131人。保送生1051人、空军飞行学员60人、国家部、委属高等院校投入机动指标398人）。录取委托培养新生2454人、自费生6528人（含电大普通专科班3350人）。在录取的新生总数中，录取本科生13362人，录取专科生15903人，录取省级以上的三好学生和优秀学生干部123人。由于严格执行国家下达的招生计划和严格执行录取投档分数线，委培生和自费生减招611人。根据国家教委对1994年招生工作的总要求，坚持解放思想，实事求是的方针，积极主动地为建设发达的边疆近海省的战略目标服务，集中精力重点抓了6项改革。实行在高中会考基础上的高考科目改革经国家教委批准，今年我省在高中会考基础上减少了考试科目，实行“3·2”方案，即文科由过去的6科改为只考语文、数学、外语、政治、历史5科；理科由过去的7科改为只考语文、数学、外语、物理、化学5科，改革后社会各方面的反映都很好。利用高中会考成绩选拔保送生。采取应届高中毕业生的会考成绩必须达到省里规定的等第标准，中学推荐，由大学考核、录取的办法。提高了保送生的质量，促进了高中会考的健康发展。进一步扩大高校招生的自主权。实行专科以上的院校全部实行“学校负责，招办监督”的录取体制，深受高校的欢迎。省招办切实转变职能，转变作风，为高校提供良好的服务和实行必要的监督。继续试验招收有实践经验的青年入学深造。在吉林农业大学、延边农学院、吉林工学院等高校进行了招收有实践经验青年的改革试点，为振兴吉林经济定向为农村和乡镇企业培养技术人员和管理人员，共录取新生392人。切实控制阅卷评分的误差，对主观题的阅卷工作继续试行“小题分入机，比较总分，控制误差”的办法。高考成绩公布以后，我们共接待二千多名考生查询成绩，查阅六千多科次试卷，无一差错。提高了高考的信誉。进一步提高师范院校的生源质量，在政策导向上鼓励优秀毕业生报考高师院校，加强面试考核和志愿指导。今年高等师范院校招生出现了可喜的势头，不仅国家任务计划新生质量明显提高，调节性计划生源也很充足。

根据1994年招生工作面临的新形势和任务，强化了思想教育和工作力度。一方面强化系统内部的管理，同时，坚持公开办事制度。诚恳、主动地争得广大考生和家长及社会各界对工作的理解、监督和支持。一是主要环节工作增强透明度。试行了允许考生公开查分和查阅试卷；录取期间允许考生公开查询录取结果。不仅在录取场地可以查询，在长春市通过远程通讯也可查询，方便了考生，广大考生和家长对这些举措都很满意。二是主动接受舆论监督。在主要环节工作上，召开新闻发布会，主动邀请省内几家主要新闻单位的记者参加。向他们介绍工作程序和进展情况，通过新闻媒介广泛地向社会宣传。三是主动接受纪检、监察部门的监督和检查。在体育加试和“体育尖子”测试工作中，主动邀请省教委纪检组派人参加。录取期间，省监察厅和省教委纪检组在录取场地设立了纪检组，并制定了“录取场地十条纪律规定”，严肃查处录取中的不正之风。四是主动接受人大、政协的监督指导。今年5月份以来，多次向省人大和省政协教科文卫委员会报告工作，征求人大代表和政协委员对招生工作的意见和建议，认真答复人大代表和政协委员的提案。高考期间，部分人大委员和代表视察了考试工作。录取期间，主动邀请人大代表视察、指导工作，诚心诚意地接受监督和指导。五是主动接受广大考生的监督。高考成绩公布后，集中人力和时间接待考生查询高考成绩。录取期间，设立了信访接待处。接待考生查询录取结果，认真解决考生咨询的有关政策问题。录取结束后，利用一周的时间，热情接待考生和家长的来信来访，切实维护考生的正当升学权益。

〔**毕业生分配**〕 共计派遣毕业生53000多人，接收分配毕业生31798人，其中高等学校毕业生14008人；研究生1227人；中专毕业生15851人；自费生792人。从高校毕业生分配情况看，分配给地区的9980人，占71%；分配给省直单位的1943人，占14%；分配给中直单位的1671人，占12%；省院、部委之间的交流的414人，占3%。比较圆满地完成了工作目标和任务。从实际出发，合理配置人才资源。从1994年的情况看，人才培养专业结构性矛盾十分突出，尤其是农、林、文、理、政法、体育等行业性比较强或者比较专门化的专业毕业生存在严重的供过于求现象，有些部门和单位（银行、税务、邮电、工商、物价、保险、法律等）很少需要毕业生，再加之煤炭、矿业、地质、冶金等行业正处于比较艰难的调整时期，富余人员的安置、编制的压缩，工资总额的减少等，导致接收毕业生的困难，尽管毕业生数量不多，也很难安排进去。不同程度地增加了工作量和难度。针对上述一系列矛盾和问题，深入地进行了调查研究。直接到企业和基层单位，与各市、地广泛沟通，抽样调查6个市地的30多个企业，不仅对吉林省企业、事业单位的人才布局情况，而且对人才资源如何合理配置等进行了深入的调查了解。年初，召开了毕业生分配工作总结研讨会。在掌握了第一手材料基础上，进行了深入的分析研究。今年是毕业生分配改革的关键一年，在新形势下，确定了全省毕业生分配工作的方针、政策和办法，并结合本省区域性经济和产品的分布情况，把全省大致划分为6大经济发展区域，即：长春是以行走机械和机械电子产品为主的经济发展区；吉林市是以化工产品为主的发展区；四平、辽源为轻工产品区；通化、白山为煤炭、森工、特产经济区；延边为边贸、轻纺经济区；白城、松原为新开发综合经济区。毕业生分配充分体现区域性经济发展的特点，对短线专业毕业生根据区域性经济的发展布局优先满足，重点保证；对长线专业的毕业生，要考虑办学服务行业和生源地，尽可能扩大这部分毕业生的就业范围，定向、委托和保送的毕业生原则上按合同分配就业。为保持招生与分配政策相衔接，凡是国家任务计划招收的学生，都落实了分配就业去向。几项改革措施：按照《纲要》和《实施意见》的要求，我省毕业生主要是通过“供需见面”和“双向选择”相结合的办法就业。毕业生分配制度改革仍然遵循着四个阶段来逐步完成：第一、计划分配阶段，主要是在计划经济体制下，由国家统分，一揽子计划包下来的办法已经过去；第二、供需见面阶段，主要是以学校为供方，用人部门为需方，供需双方进行协商落实计划的办法，这是目前采取的主要办法；第三、双向选择阶段，主要是毕业生本人与用人单位直接接触，自我推荐，自我收集信息，在规定的范围内选择志愿，这本身也是一种计划的形式，只不过是信息来源和收集信息的途径不同，这项改革正在试点过程中；第四、自谋职业阶段，国家不再包底，这是改革的最终目标。1994年在经过几年试点的基础上，刚刚由供需见面向双向选择阶段过渡，仍然处于逐年扩大试点范围的过程当中，规定了省属院校30%的毕业生通过“双向选择”就业，70%的毕业生由学校通过“供需见面”落实就业去向。1994年，搞了一次就业市场，有2000多名毕业生到市场进行洽谈，结果签订意向协议1000多人，落实去向的700多人，达到了预期的效果。省内部属院校给吉林省留成部分毕业生按照主管部委规定的试点比例，在全省范围内安排就业。省外院校分配回本省的毕业生完全通过“双向选择”的办法落实就业去向。在吉林工大、东北师大二所部属院校进行100%的“双向选择”试点，在吉林工学院、吉林建工学院、长春税务学院、吉林林学院等省属院校进行50%的“双向选择”试点。总体设想是部属院校试点探路，省属院校紧随其后，局部试点取得经验后，再整体推进，预计1997年与招生制度改革接轨。逐步加大了毕业生就业指导的力度，已初具规模，在宣传贯彻国家和省里有关方针、政策；毕业生思想教育，推广典型事迹和分配就业工作经验起到了非常大的作用。已建立起一整套毕业生就业信息、咨询、预测、反馈系统，面向社会提供咨询服务300多人次，向有关部门单位和院校提供预测、反馈信息180多条，培训了就业指导人员200多人，充分利用现代化管理手段，在省内基本普及了Dbase Ⅲ语言，并与全国各部委、各省市《毕业生决策与支持系统》联网，正在努力建立招生——分配系统网络。在全省毕业生分配、就业工作中采取了既积极又稳妥的改革措施，改革的思路和办法受到国家教委的肯定。改革的特点主要是讲求实际，尊重客观规律，在1994年全国毕业生分配工作表彰活动中，省教委捧回了优秀分配工作奖；同时，吉林省还获得了先进集体奖；毕业教育优秀奖；管理现代化奖；珍惜人才奖等单项奖。毕业办全体同志同时获全国先进工作者称号，并颁发了荣誉证书。2位同志被省政府加记三等功。

成人教育

〔**综述**〕 继上年扫盲验收之后，经过一年的巩固，国家教委决定对吉林省扫盲工作进行表彰，给奖金100万元。农村教育综合改革深入发展，已由探索模式阶段进入效益评估阶段。在9月唐山农村教育综合改革工作会议上，全面介绍了吉林省的经验。巩固并扩大扫盲成果。共扫除青壮年文盲2.42万人。12月，国家教委副主任王明达同志召开东北三省教委领导同志座谈会，强调要抓好扫盲巩固工作。吉林省介绍了从思想发动，到组织落实方面所采取的6条措施，国家教委用简报形式转发全国。

为加快全省乡镇农民文化技术学校建设步伐，推广了前郭县委、县政府兴办农民学校的经验为推动农村教育综合改革效益评估的顺利进行，总结了松原市教育局积极开展评估准备工作的经验；为推动农民大中专学校积极参加科教兴农工作，总结了“五种科教兴农”的模式，对各校启发很大。

〔**教育综合改革**〕 深入进行农村教育和城市教育综合改革，为农民致富奔小康和城市经济发展、社会进步服务。1994年，农村教育综合改革已进入了经济效益和社会效益评估阶段。农村科技实验与推广“241计划”增加50个示范乡镇。为促进农科教结合，进一步强化了“三教统筹”，创造5种办学模式：普教与职教相结合的“渗透型”模式；普教与职教并存的“分流型”模式；普教与职教对接的“附加型”模式；职教与成人教育合一的“复合型”模式；普教、职教、成人教育合轨，“一校多教”的“多功能型”模式。这些办学模式已在全省普遍施行，取得了较好的教育综合效益，全省农村劳动力受培训面已达到85%以上。探索了以科技实验服务区为中介，以集团承包、技术推广为中介，以农村各类学校的实验实习场地为中介三种农科教结合的形式。加强了实用技术的普及和推广，取得了较好的经济效益。省教委组织有关专家研制的JNS—型土壤养分速测箱通过了省级鉴定，这项研究成果被省内外专家们誉为是一个创造，为农民增收节支，致富奔小康开辟了一条新路。城市教育综合改革在继续实施“612”工程的基础上，扩大了试点面，试点城市扩大到18个，试点企业扩大到91个。伴随着现代企业制度的建立，我们在一汽、吉化、电力等实行股份制企业，进行建立现代企业教育制度的试点，实行经科教结合，为他们实行公司化管理、商品化经营，逐步实行全员合同制开展职工培训。并积极探索了中小企业、三资企业、第三产业教育综合改革的路子。

〔**教育评估**〕 1994年，共开展了三项评估。(1) 农村教育综合改革效益评估，促进了农村教育综合改革工作的全面深入发展，并使这项工作进入了注重效益的阶段。在今年开展的评估工作中，仅种植业一项可为每个农民增加100多元的收入；养殖业一项又为每个农民增加260余元。(2) 社会力量举办高层次学校评估，为加强管理打下了坚实的基础，为健康发展社会力量办学发挥了导向作用。(3) P20人口教育项目评估，提高了这项工作的质量和效益，在农村计划生育工作中，作用尤其明显，深受乡镇领导的欢迎。

〔**成人高、中等学校招生工作**〕 1994年全省报名参加全国各类成人高等学校、中等专业学校统一招生考试的考生83744人。其中，成人高校报名51283人；成人中专报名32461人。实际参加考试的考生75889人，缺考7855人。

录取期间，坚持贯彻按需培养，专业对口，学以致用，德、智、体全面考核，择优录取的原则。严格掌握各项照顾政策，坚持标准，控制规模，保证质量。严格执行国家教委审定的最低录取控制分数线。

1994年各类成人高等学校在吉林省计划招生34158人，其中，理工农医类计划招生17939人（本科3993人，专科13946人）；文史类计划招生16219人（本科2573人，专科13646人）。实际录取新生（本、专科）27826人，完成招生计划的82%。其中，理工农医类录取新生12038人，完成计划的67%；文史类录取新生15788人，完成计划的97%。成人中专在吉林省计划招生27389人，实际录取27300人，完成计划的99.6%。在保证招生政策的稳定性和连续性的同时，继续深化改革，继续免试招收专科第二学历，具有大学本科和专科（国民教育系列）学历的考生可免试进入成人学校专科层次对口专业学习，资格审查由省招生办按原始毕业证书逐一进行了审查，共录取了1432人。录取分数执行普通高校自费生分数线，招生学校与用人部门先签订合同，经公证处公证后方可办理录取手续，共录取“双招生”43人。报考成人中专的考生只考三科，即政治、语文、数学（原来是五科四张卷）。具有高中毕业程度的考生，在报考成人中专时，可以免试录取。共审查合格并批准录取13000人。

〔**成教干部队伍建设**〕 1994年，吉林省加强了成人教育干部队伍建设，共对两类对象进行了培训。首先对市、县、乡成教干部进行了培训。其次对农村成人大中专院校校长进行了培训。省教委成人教育处同志结合本职工作，就加强管理问题进行了专题讲座。大家一致认为，培训工作应注意实际、实用、实效，并应形成制度。

撰稿　刘德敏　林乐琨
审稿　于志凯

黑龙江省教育

概　况

〔基本情况〕

1994 年各级普通学校基本情况

单位：人

学校类别	学校数（所）	毕业生数	招生数	在校学生数	教职工数	
					计	其中专任教师
一、普通高等学校	43	24278	36126	126838	42874	16097
研究生		1133	1876	5094		
本　科		12659	16004	72292		
专　科		10486	18246	49452		
二、中等专业学校	109	18508	35227	87394	17636	7449
中等技术学校	80	12927	25612	61030	13825	5514
中等师范学校	29	5581	9615	26364	3811	1935
三、普通中学	2690	497625	601983	1684547	173347	128506
高　中	497	76620	89789	241786		21737
初　中	2193	421005	512194	1442761		106769
四、农业、职业中学	428	44821	48846	124838	18488	11744
高　中	409	43386	42475	112539		11298
初　中	19	1435	6371	12299		446
五、工读学校	1	17	13	45	34	27
六、小学	16389	611456	686723	3765243	248820	215122
七、特殊教育学校	72	776	1306	81114	2723	1857
八、幼儿园	3669			665324	40583	28638

1994年各级成人学校基本情况

单位：人

学校类别	学校数（所）	毕业生数	招生数	在校学生数	教职工数	
					计	其中专任教师
一、成人高等学校	76	22168	41520	100032	13540	6596
广播电视大学	2	3950	9962	23186	4245	1898
职工高等学校	52	4808	8185	21836	5630	2823
管理干部学院	5	827	1409	2733	1053	446
教育学院	17	1236	1931	4917	2612	1429
普通高校举办						
函授部	(31)	8600	15680	36601		
夜大学	(19)	2517	3697	9547		
干部专修科	(1)	230	656	1212		
二、成人中等专业学校	360	37250	61527	129441	16498	9036
广播电视中专	5	10021	19843	44647	1956	1237
职工中专	197	14498	26930	55573	8038	3899
农民中专	50	7094	9494	18757	1778	1094
教师进修学校	108	5637	5260	10464	4726	2806
三、成人中学	360	17568	25553	25536	4452	2319
职工中学	283	14884	21957	21026	3826	1826
农民中学	77	2684	3596	4510	626	493
四、成人技术培训学校	11587	4380000	3780000	4250000	40000	20000
职工技术培训学校	1159	1260000	1250000	1900000	20000	10000
农民技术培训学校	10428	3120000	2530000	2350000	20000	10000
五、成人初等学校	13570	181620	186102	242578	24264	10397
职工初等学校	36	3105	3526	2010	202	115
农民初等学校	13534	178515	182576	240568	24062	10282
其中：扫盲班	8759	68257	100576	131428	16269	6766

制表　金莲芳

〔**实施《纲要》**〕　1994年，全省把宣传、贯彻落实《中国教育改革和发展纲要》做为教育工作的中心任务，制定了宣传规划，提出了贯彻实施的具体意见。特别是全国教育工作会议召开以后，省委、省政府分别召开了常委会和常务会议，听取了全国教育工作会议精神的汇报，研究了贯彻落实意见。经省委常委会议同意，结合黑龙江实际，提出了分三步抓好全教会精神的贯彻落实工作。

第一步，组织全省上下传达、学习会议精神，在此基础上，省、市、县三级共同行动，研究制订本地落实《中国教育改革和发展纲要》和国务院关于《纲要》的实施意见的具体规划和对策，为第二步召开全省教育工作会议打好基础。

第二步，省委、省政府于1994年12月

4日至6日，在哈尔滨市召开了全省教育工作会议，各地、市、县和企业办学的党政主要负责同志、教委主任、普通高校负责同志以及省直各有关部门的领导共460人参加会议。会上，代省长田凤山作主题报告；省委书记岳岐峰作了讲话；副省长周铁农作会议总结并对会议的贯彻落实工作作了部署。各地、市和企业办学部门党政主要领导汇报了落实《纲要》，加快本地、本部门教育改革和发展的规划、措施。会议讨论了《黑龙江省关于〈中国教育改革和发展纲要〉的实施意见》、《关于〈贯彻落实中共中央关于进一步加强和改进学校德育工作的若干意见〉的实施意见》、《关于进一步深化农村教育综合改革，为农村经济发展“第二战场”服务的意见》、《关于集中力量办好综合职业技术教育中心的意见》等4个文件。

第三步，狠抓落实、跟踪问效。全省教育工作会议后，各地市及时进行了传达学习，提出了本地的贯彻落实意见。省委、省人大、省政府将全省教育工作会议精神的贯彻落实，为督办检查的重要内容，确保会议精神的落实。

〔**年度工作方针**〕 1994年，全省教育工作以全面落实《中国教育改革和发展纲要》为工作重点，加大教育改革力度，强化保障措施，增强为经济建设服务上新台阶的能力。深化教育改革，逐步建立适应社会主义市场经济体制的教育新体制。基础教育继续完善“分级办学、分级管理”的管理体制改革，重点强化县级对教育的统筹管理职能；职业技术教育和成人教育进一步强化政府统筹的职能，推动政府统筹机制的形成；普通高校重点抓好综合改革、国有民营和实验学院三种不同办学形式的改革实验。深化农村教育、城市教育和企业教育综合改革，在农村进一步促进“三教统筹”的“农科教”结合，在城市和企业探索“经科教”统筹的路子。进一步深化和完善有利于人才通往农村、边远地区和急需部门的各项招生改革措施，逐步完善贷学金、奖学金制度，引进竞争机制，调动学生求学的积极性。改革中小学考试制度，在全省推行取消小学升初中考试，积极研究改革初中升学考试制度。积极推进以人事制度和分配制度为重点的学校内部管理体制改革，提高办学效益和办学水平，增强学校活力。

以全面贯彻教育方针，全面提高教育质量为中心，进一步加快教育教学制度改革。努力改变基础教育中普遍存在的“应试教育”倾向，把重点放在提高儿童和青少年的思想道德、文化科学、劳动技能和身体心理素质上来；进一步改革高等学校、成人学校、职业技术学校的专业设置和人才培养模式，拓宽专业范围，改革教学内容，优化课程结构，拓宽知识面，注重素质和实践能力的培养。进一步加强和改善学校体育卫生工作，加强国际教育交流与合作。加强和改进学校德育工作，深入进行党的基本路线教育，爱国主义、集体主义和社会主义思想教育，近代史教育和国情教育，进行中华民族优良道德传统的教育。

发挥教育优势，主动进入经济建设主战场，增强教育服务经济建设的能力。适应经济建设对专门人才的需求，积极发展工程技术等应用学科，加快发展面向第三产业、中小企业和乡镇企业及农村的专科教育。以县、乡、村三级学校为基础建立科技推广、辐射网络和体系，积极为县域经济发展服务；大力发展高校、中等职业技术学校校办产业和中小学骨干校办企业，加快高校科技成果的开发和转化。

大力宣传、贯彻执行《教师法》，加强师资队伍建设，努力提高教师待遇，进一步拓宽教育投入渠道，加强教育经费使用的审计监督，提高经费的使用效益；进一步加强党风廉政建设，深入开展反腐败斗争，继续开展纠正行业不正之风，进一步完善各项规章制度。充分发挥教育督导职能，通过“两基”验收检查和对热点问题的督促检查，强化政府教育行为，促进《纲要》和有关教育法规的贯彻落实。

〔**教育投入**〕　1994年，全省财政预算内教育经费支出22.93亿元，占财政总支出的16.1%，比上年增长1.1%，占国民生产总值的1.4%。其中教育事业费支出21.83亿元，占财政总支出的15.3%，比上年增长3.1%，教育基建投资0.35亿元，占全省财政基本建设投资的4.9%。1994年，全省教育事业费实际支出22.65亿元（其中预算外资金抵预算内支出1.10亿元），比上年增长34.27%，其中个人部分比上年增长49.32%，公用部分比上年下降4.38%。具体见下表。

1994年教育事业费支出情况分析表

单位：千元

	1993年实际支出数					1994年实际支出数				
	合计	人员经费	占支出比例%	公用经费	占支出比例%	合计	人员经费	占支出比例%	公用经费	占支出比例%
高等学校	215560	94340	43.77	121220	56.23	303012	158296	52.24	144716	47.76
中等师范	31774	16321	51.37	15453	48.63	39988	23351	58.40	16637	41.60
农职中学	55281	39370	71.22	15911	28.78	69593	57500	82.62	12093	17.38
中学	526913	412403	78.27	114510	21.73	692277	602520	87.03	89757	12.93
小学	649540	543000	83.60	106540	16.40	904560	818410	90.48	86150	9.52

	1993年生均经费（元）			1994年生均经费（元）			1994比1993年增减（元）		
	合　计	人员经费	公用经费	合　计	人员经费	公用经费	合　计	人员经费	公用经费
高等学校	3864.88	1691.47	2173.41	5398.59	2820.27	2578.32	1533.71	1128.80	404.91
中等师范	2429.76	1248.07	1181.69	2587.22	1510.81	1076.41	157.46	262.74	−105.28
职业中学	720.70	513.27	207.43	900.54	744.06	156.48	179.84	230.79	−50.95
中　学	396.41	310.26	86.15	523.92	455.99	67.93	127.51	145.73	−18.22
小　学	197.26	164.90	32.36	283.62	256.61	27.01	86.36	91.71	−5.35

基础教育

〔**综述**〕 1994年，黑龙江省“两基”评估验收工作全面展开，截止1994年底，已有27个县（市）、区、企业管局通过了“两基”评估验收，占应普及面的17.1%。1994年，全省小学招生比上年增加4.46万人，在校生比上年增加3.14万人，学龄儿童入学率达98.49%，比上年提高0.21个百分点，巩固率达99%，比上年提高1.2个百分点。全省普通初中招生比上年增加2.07万人，在校生比上年增加1.95万人，巩固率达95.9%，比上年提高4.4个百分点，初中毕业升学率达45.6%，比上年提高9.5个百分点。全省普通高中比上年减少12所，招生比上年增加6.56万人，在校生比上年增加0.15万人，巩固率达95.5%，比上年提高3个百分点。特殊教育继续提高，残疾儿童入学率和巩固率分别达到98.1%和98%。学前教育有较大发展，全省幼儿园其民办幼儿园有1737所，全省在园幼儿比上年增加6.04万人。中小学教师队伍继续得到充实，全省教师学历达标率进一步提高，高中教师学历合格率达53.2%，比上年提高2.8个百分点；初中教师学历合格率达62.8%，比上年提高3.6个百分点；小学教师学历合格率达90.5%，比上年提高3个百分点。小学教师中大专以上学历的教师达6%。教师总数中有专业技术职称的比例，高中达92.5%，比上年提高2.2个百分点；初中达81.7%，比上年提高3个百分点；小学达83.5%，比上年提高1.4个百分点。其中中教高级、一级教师比重，高中和初中分别达到48.2%和25.2%，小学中教高级、小教高级达20.3%，比上年分别提高4.5个、3.1个和2.6个百分点。1994年，全省筹措用于改善中小学办学条件的资金达2.01亿元，改造危房35.96万平方米，增添学生桌椅25.6万套，购置教学仪器30.3万台（件）、图书154.7万册，全省中小学砖瓦化程度达到96%以上，危房率已降到0.78%。

〔**义务教育**〕 1994年，全省在35%的人口地区普及九年义务教育。基础教育以普及九年义务教育为中心，按照《义务教育法》，在全省经济长期处在低速发展的情况下，采取一些特殊政策和措施，加快九年义务教育普及步伐。

进一步完善“分级办学，分级管理”体制，加强县级政府对基础教育的统筹管理权。按照《中国教育改革和发展纲要》及实施意见，对县级政府的职责进一步重申和明确：负责制定本县普及九年义务教育规划和农村教育综合改革方案，并组织实施；统筹管理和多渠道筹措教育经费；统筹管理公办教师工资和民办教师工资中的国拨部分，保障和改善待遇；规划、调整学校布局，并负责改善办学条件；调配和管理中小学校长和教师，考核民办教师任职资格；负责组织中小学教师培训；督导评估乡村和学校的教育教学工作等。在县政府统筹下，乡政府负责制定保证普及义务教育规划实施的乡规民约；保障适龄儿童、少年按时入学，并接受完规定的教育年限；征收农村教育事业费附加；负责本乡中小学校建设，改善办学条件；管理民办教师，保障和改善民办教师待遇等。基础教育管理权限的进一步明确，调动了县级政府对加快普及九年义务教育的积极性，许多县(市)，对原定规划进行调整，制定相应的改善措施，积极争取提前完成“普九”任务。

继续推进中小学规范化建设。1994年全省规范化小学和规范化初中均达到60%，分别比上年提高11%和5%。示范初中由1993年的30所，发展到45所。加大了农村初中办学模式改革力度，进一步推广12所农村教育改革先进中学的经验，积极推进“三加一”、“四年制”、综合中学等多种办学模式，提高农村中学为农村经济建设服务的能力，为加快普及九年义务教育工作奠定了基础。

严格控制中小学生流失。从1993年省政府电话会议以后，各级政府和社会各界从各自职能出发，齐抓共管，采取了一系列切实可行的措施控制中小学生流失，使流失率回升的势头得到扼制。1994年，全省小学生流失率由上年的2.2%下降到1.0%，初中学生流失率由上年的6.0%，下降到4.17%。

加大政府教育行为力度，依法推进九年义务教育的实施。根据国家教委的要求，省政府成立了黑龙江省“两基”评估验收领导小组，在各地市自评的基础上，省政府及时进行了验收，并对验收合格的市（县区）进行表彰奖励，调动了各地加快“普九”的积极性和主动性。为保证验收质量，各地市普遍建立了自评自查制度，加强了教育督导人员的培训，通过“两基”验收和对社会热点问题的督促检查，促进地方政府增加教育投入，加快九年义务教育的普及。

〔**德育工作**〕　1994年9月，省委宣传部、省教委等单位，在佳木斯召开了中小学爱国主义教育现场会，在全省继续推广了“五心”教育的成功经验，制定了黑龙江省贯彻《爱国主义教育实施纲要》细则。在全省中小学生中开展了“爱我中华、爱我家乡”读书活动和“全省中学生爱国主义教育演讲比赛”，通过学习和弘扬大庆精神、“铁人”精神和北大荒艰苦创业精神，对青少年进行民族优良传统和革命传统教育，培养学生艰苦奋斗和勇于进取的创业精神。

通过德育基地建设和教材建设，贯彻落实中共中央《关于进一步加强和改进学校德育工作的若干意见》，注重挖掘和利用当地的历史、文化、民族、革命传统、经济建设、改革开放和爱国主义教育等方面的资源，因地制宜地建设一批具有特色的德育基地，并对中小学生实行挂牌开放，1994年，省委、省政府命名了“东北烈士纪念馆”、“杨子荣烈士墓”、“日本七三一细菌部队旧址”等15个首批爱国主义教育基地。加强了德育教材建设。1994年，省教委组织编写了《礼仪常识》、《中华传统美德》德育辅助教材，充分挖掘当地德育资源对青少年进行爱国主义和中华民族优良道德传统教育，各地市也结合当地实际，编写了乡土教材，丰富德育内容，提高了德育工作的实效性。

〔**贯彻《教师法》**〕　《教师法》颁布后，省政府及时下发了《黑龙江省关于贯彻〈教师法〉若干问题的通知》，要求在全省范围内掀起学习、宣传、贯彻《教师法》高潮。一年来，省、市、县领导发表电视讲话和在报刊上撰写文章20余人次，召开各种座谈会100多次。8月13日至9月10日，在全省范围内开展了《教师法》宣传月活动，有关新闻单位进行了专题报道，省领导单荣范、朱典明、黄枫等同志和教师、学生一起参加了《教师法》宣传活动，推动了《教师法》宣传和贯彻落实。

认真执行《教师法》,积极为教师办实事。由于全省经济长期低速运行，财政拮据，连年出现拖欠教师工资现象，特别是工资改革以后，拖欠额大幅度上升。新任省委书记岳岐峰，代省长田凤山对拖欠教师工资十分重视，多次批示，要求彻底解决拖欠教师工资问题。省政府下发了《关于彻底解决中小学教师工资问题的紧急通知》，截止年底，各地基本兑现了拖欠中小学教师工资，省财政拨出专款率先兑现了高校工改工资，为地市作出了表率。继续在政策和资金上对教师进行倾斜，加快教师住房建设，各地市在实施城市建设总体规划和“安居工程”中，积极兴建“园丁住宅”，对教师实行优惠出售，加快了教师住房改善步伐。广泛开展评选、表彰优秀教师活动，为庆祝《教师法》颁布和第十个教师节，全省增评99名特级教师，各地市开展了评选“十大名师”、“教育世家”等活动，为在全社会弘扬尊师重教风气，起到了良好推动作用。

职业技术教育

〔**综述**〕 1994年，全省中等专业学校招生比上年增加860人，在校生比上年增加0.52万人。职业中学招生比上年增加0.10万人，在校生比上年增加0.16万人。技工学校202所，比上年减少18所，招生3.28万人，比上年减少0.16万人，在校生10.48万人，比上年减少0.49万人。高中阶段职业技术学校在校生占高中阶段教育在校生的比重达53.5%，比上年下降0.6个百分点。中等职业技术教育整体办学水平明显提高，学习河北省兴办综合职教中心经验，对县级中等职业技术教育进行调整合并，首批21所综合职教中心建设开始启动。中等专业学校在职业技术教育中的骨干作用进一步发挥，有8所学校通过国家验收，成为全国重点学校。职业技术教育专业结构继续向多样化方面发展，适应省委提出的在决不放松农业、国有企业等经济发展“第一战场”的同时，积极开辟经济发展的“第二战场”的要求，继续拓宽专业服务面向，加快急需人才的培养。

〔**体制改革**〕 1994年，为适应县城经济发展的需要，对县级职业技术教育的布点进行调整，改变职业高中、农职高中、农民中专等分摊布点的局面，推进和提倡联办功能多、规模大、效益好的县级职教中心。1994

年4月、5月，省政府率省直有关部门和地市、县主要领导50余人赴河北省石家庄、沧州、唐山等市、县考察、学习，提出集中一段时间，集中力量，统筹协调，给职业教育较大的投入，加大发展职业教育的力度，促进各类教育协调发展。通过政府统筹、部门联办，促进各类中等职业教育的联合，形成合理的资源配置，建水准高的职教中心，提高职教中心社会效益、经济效益。考察学习后，从6月开始，全省首批21所综合职教中心开始启动。为保证综合职教中心建设，省政府制定了《关于集中力量办好综合职业技术教育中心的意见》，提出了以县（市）政府自筹资金为主、地（市）配套支持、省拨专款作为导向资金给予扶助的多渠道筹措资金政策。省从1994年开始，扩大普通中专定向委培生的招生计划，采取和综合职教中心联办专业的办法，为"两高"（高产、高效）、"一优"（优质）农业和乡镇企业培养中等专业人才；从全省农转非指标中划出1%的比例给建综合职教中心的县（市）用于招收农村学生，实行收费上学，自主择业；各地（市）、县也制定了相应措施，支持职教中心建设。

围绕社会主义市场经济体制的建立，各级各类职业技术教育进一步调整了服务面向。中等专业学校在为本行业、本系统培养人才的同时，面向社会加快急需人才的培养；农职业中学在面向一、二产业同时，积极为第三产业培养适用人才。各校进一步调整了专业结构，拓宽服务领域，新建和改建专业占专业总数的30%以上，保证经济建设和社会发展对急需人才的需求。进一步深化教学改革，普遍加强了实验、实习基地建设，调整教学计划，增加实践教学环节，提高学生动手能力，促进应用人才的培养。

〔**校办产业**〕 1994年，全省职业技术学校按照省委提出的积极开辟经济建设"第二战场"，加快经济发展步伐的要求，大力发展校办产业，全省119所中等专业学校已建成产业实习基地和校办企业165个，固定资产净值2083万元，实现产值7836万元，创经济效益1378万元。全省428所职业中学有产业实习基地和校办企业722个，固定资产净值2652万元，实现产值9141万元，创经济效益3835万元。其中20所省重点职业高中年创利税均达到30万元以上。

〔**综合改革**〕 农村教育综合改革在点上深化的基础上，扩大面上推广范围，涌现出一批在省内有影响的新的典型群体，使农村教育综合改革呈现出生动活泼、特色鲜明、充满生机的局面。1994年8月，省政府在齐齐哈尔市召开了全省农科教结合现场会，对农村教育综合改革在推进农科教结合、促进农村经济和社会发展上所取得的成就给予了充分肯定。黑龙江省农村教育综合改革的成功经验，在全国农村教育综合改革工作会议上进行了交流，讷河市、密山市、绥化市西长发镇、五常县职业教育中心、佳木斯市郊区红旗中学、龙江县杏山乡八村学校等6个单位被国家教委授予全国农村教育综合改革先进集体。在全省教育工作会议上，省政府又制定了《关于进一步深化农村教育综合改革，为农村开辟经济发展"第二战场"服务的意见》，提出：在继续完善教育管理体制改革和"三教统筹"的同时，要把重点放在提高劳动者素质，优化教育结构，拓宽服务领域，提高服务能力上，为农村经济的全面振兴和精神文明建设作贡献。

城市（企业）教育综合改革在试点的基础上全面展开，1994年3月，省政府在佳木斯市召开了全省城市（企业）教育综合改革研讨会。一年来，各城市带头贯彻落实《中国教育改革和发展纲要》，结合本市实际，就如何深化城市教育综合改革进行了积极有益的探索，重点解决教育内部之间的相互“分割”，职前与职后教育不相“衔接”，教育与经济、教育与社会相互“脱节”问题，使城市教育综合改革在单项改革的基础上向综合改革推进，并从教育内部改革转到整个城市教育与经济协调发展的轨道。

高等教育

〔**综述**〕 1994年，全省普通高校本专科招生比上年增加1200人，增长3.6%，在校生比上年增加1.24万人，增长12.8%。研究生招生比上年增加156人，增长9.0%，在学研究生比上年增加705人，增长16.1%。高等学校层次、科类结构继续得到调整，本、专科招生比1∶1.4，在校生之比接近1∶1；经济学、法学、医学类专业招生继续增长，农学、教育学类专业招生大幅度下降。全省普通高校校舍建筑面积521.72万平方米，生均达47.98平方米；藏书1430万册，生均131册；教学仪器设备资产总值达56585万元。

师资队伍建设得到加强，在全省高校中开始实施跨世纪优秀人才培养工程。1994年，全省普通高校专任教师中有26.4%的教师达到研究生毕业水平，比上年提高0.6个百分点。在职称评聘中，继续向一线教师倾斜，全省普通高校评完高级教师1517人，其中正高级392人，副高级1125人；全省高校副高级以上教师达5670人，占专任教师总数的35.22%，比上年提高4.8个百分点。

〔**管理与教学体制改革**〕 按照《纲要》提出的深化教育体制改革的要求，本着优势互补、平等互利、资源共享、归属不变、先易后难的方针，逐步实行同一地区省属高校的联合、合并办学，积极创造条件实施部委与省属普通高校之间的合作办学，促进普通高校与成人高校的联合和高校与行业、企业的合作，形成整体优势，发挥办学效益。1994年，全省积极推进省属高校的联合办学。东北农学院与黑龙江农业管理干部学院合并，组建成立了东北农业大学。提出了齐齐哈尔市、佳木斯市两地省属高校联合方案，拟将齐齐哈尔师范学院、齐齐哈尔医学院合并，佳木斯医学院、佳木斯工学院、佳木斯师范专科学校和佳木斯大学合并，重新组建两所综合性大学。校际之间合作办学和高校与行业、企业的合作有新的进展，办学效益明显提高。

进一步完善招生、收费和毕业生就业制度改革。普通高中会考与高考的衔接顺利进行。有利于人才通往农村、边远地区和急需部门的各项招生改革措施得到完善，允许有条件的普通高校在完成国家招生计划的前提下，发挥办学潜力，扩大委托生和自费生比例，积极为第三产业、中小企业和乡镇企业培养人才。1994 年，省属高校招收委托生和自费生 9083 人，占招生总数的 50.4%，比上年增长 9.3%。逐步完善了奖学金、贷学金制度，引进竞争机制，调动了学生求学的积极性。建立了“黑龙江省特困优秀大学生奖学金”，第一批 61 名特困优秀大学生得到社会各界的救助，收到了良好的社会效果。

加大高等教育办学模式改革的力度，深化东北农业大学综合改革、黑龙江大学实验学院和齐齐哈尔医学院国有民办改革试点，进一步下放高校办学自主权。扩大高等工程专科学校专业改革试点，培养复合型、外向型、适应性强的专门人才。

按照“质量有较大提高”的方针，深化教学领域改革，积极探索新形势下教学管理的新模式，通过抓课程建设、教材建设、实验实习基地建设、教学管理制度建设和学风建设，促进了教育质量的提高。下发了《黑龙江省普通高校加强课程建设工作的实施意见》，首批评定 51 门课程为省级重点课程。根据经济发展的需求，对省属高校的专业进行调整，及时增设 25 个本科专业、151 个专科专业和 50 个非师范专业。开展了全省普通高校实验室评估工作，推动了高校实验室工作的进一步提高。建立完善学籍管理，升留级及考试等有关制度，加强了学风建设和制度建设。

〔**为经济建设服务**〕　1994 年，全省普通高校按照省委七届三次全会提出的积极开辟经济建设“第二战场”的决定要求，进一步解放思想。按照“稳住一头、放活一片”的方针，改进学校的人事管理，引导和动员富余的教学、科研和教学辅助人员，走出院校，领办和创办民营科技企业、乡镇企业和区街企业，开展技术咨询、技术转让等有偿服务，直接参与经济建设。1994 年，全省高校有校办产业 307 家，拥有固定资产原值 1.8 亿元，净值 1.5 亿元，实现销售收入 3.2 亿元，比上年增长 28%，实现利润 3448.3 万元，补充教育经费 1066 万元。高新技术产业迅速发展，初步形成了多元化、多种形式，滚动发展的高新技术产业群。一是利用自身的地理优势，对校区进行周边开发，发展围墙经济。哈尔滨工业大学按照“以房地产开发为突破口，以商业贸易为先导，以传统工业为基地，以高新技术产业为龙头，多种产业有机结合，逐步形成具有现代通讯咨询手段，较强中试和加工能力、服务与生活设施齐备的高新技术成果转化和跨世纪人才培养基地”的目标，加快园区建设步伐，目前校园已拥有资产 10 亿多元，年产值达 5 亿元，利税 1 亿元，入园企业达 108 家。哈尔滨工程大学在创办科技一条街的基础上，与哈尔滨市太平区联合创办的哈东科技园区开始起动。目前全省高校创办科技园区 4 个，科技一条街十余条。二是发挥科技优势，创办高新技术企业，进行实体开发。1993 年，全省高校兴办高新技术产业 149 家，占高校校办产业总数 48%。三是厂校结合，促进教育、科研与经济的对接。四是以高新技术开发区为依托，入区创办高新技术企业，仅哈尔滨高新技术开发区就有高校 118 家企业，130 多个项目入区落户。五是积极向社会推广和转化高新技术，促进企业技术进步，1994 年全省高校签定技术转让合同 362 份，成交额达 4000 多万元。

继续贯彻落实“科教兴省”的方针，开展集团承包和帮扶包扶工作，支持地方经济的发展。全省有20余所高校与114个工业小区进行对接，开展帮扶工作。继续开展了对克东县的包扶工作，协助克东县制定了县城经济发展规划，对现有企业进行分析，并在技术转让和科研成果转化上给予倾斜，扶持克东县发展乡镇企业和县镇工业。农业院校组织师生利用寒暑假开展“科教兴农”活动，推广优良品种，开展智力扶贫，促进全省粮食生产再上新台阶，取得了良好的社会效益。

〔**国际交流与合作**〕 1994年，全省高等教育对外交流与合作进一步得到加强，全年共接待55个国外来访团组，423人次；派出访问团204个，564人次；全年公派留学人员119人次，其中国家公派58人次，单位公派61人次；接纳留学归国人员113人次；批准具有大专以上学历自费出国留学人员256人次；接收来华留学生（含函授人）695人次；聘请长短期专家104人。通过国际教育交流，进一步加强了高校师资队伍建设，有力地支持了高校学术骨干队伍的形成与发展，提高了科研技术水平。1994年，全省在国际联合办学方面取得新的进展，吸收国外投资达130万美元。

成人教育

〔**综述**〕 成人高等学历教育巩固发展。1994年，全省成人高等学校比上年减少9所，招生比上年增加0.80万人，增长23%；在校生比上年增加1.6万人，增长13.4%。全省成人中等专业学校比上年增加31所；招生比上年增加2.54万人，增长70.3%；在校生比上年增加2.45万人，增长24.3%。全省成人技术培训学校比上年增加921所。企业职工全员培训率达44%。高等教育自学考试开考专业50个，比上年增加11个，报考人数16.4万人次，本专科毕业生1.2万人，中专自学考试毕业生1973人。社会力量办学开始走上依法管理的轨道，省人大颁布了《黑龙江省社会力量办学管理条例》。经国家教委批准，成立了全省第一所民办大学——民办东方学院。

〔**招生改革**〕 成人学校招收“预科生”和“往届生”改革试点继续扩大，其中“预科生”录取2682人，比上年增长123.5%，“往届生”录取5586人，比上年增长86.2%，考试科目改革扩大了试点范围，“5+2”能力考试由4所学校增加到6所，“3+2”考试在三类专业9所学校试行，录取新生4527人。第二学历教育试点招生1856人。招工与招生相结合试点录取新生119人。成人中专扩大了招生对象，根据学校条件放开了招生数量，不仅招收在职人员，而且招收了待业青年和应届初中毕业生，为广大青年提供了更多的学习机会。为多渠道培养经济建设人才，开始试行成人高等《学业证书》教育，首批确定11所学校试点，招生2000人。职工中专的学科累计制试点以及专业证书转全科证书试点继续在部分学校试行，积累了一定的经验。

〔**扫盲工作**〕 1994年，全省扫盲工作深入贯彻“一堵二扫三提高”的方针，以提高质量、加快扫盲步伐，迎接国家检查为出发点和落脚点。切实抓好堵盲、扫盲和扫盲后的巩固提高工作。首先是依法治教，严格控制小学辍学率，堵住新文盲产生的渠道，二是加快扫盲步伐，1994年，全省共举办扫盲班8759个，比上年增加4239个，扫除文盲68257人，使全省成人文盲率下降到12.21%，青壮年文盲率下降到1.75%，全省按规划提前6年完成了基本扫除文盲的任务。其中有20个县（市）青壮年文盲率下降到1%以下。三是抓扫盲后的巩固提高工作，对1990年以来的脱盲人员全部组织入学，接受继续提高教育，通过业余小学班和灵活多样的实用技术培训，使脱盲人员边学文化边学技术，为提高科技文化素质，增强吸收和运用科学技术能力打下了基础。

〔**农村文化技术教育**〕 1994年，全省农村文化技术教育继续得到发展，县（市、区）和有关系统举办的农民（成人）中专比1993年增加16所，招生比上年增加3249人；全省农村乡（镇）、行政村都建立了农民文化技术学校或教学点，农民中学比上年增加6所；农民技术培训学校比上年增加471所；农民初等学校比上年增加6119所。全年培训农村青壮年660.91万人次，比上年多培训63.02万人次，其中培训农村知识青年310.87万人次。广大农民学习科学文化知识的热潮高涨，许多农民系统地掌握了2—3项实用技术，带动了农村经济的全面发展。

撰稿 梁秀海

审稿 孟凡杰 鄢献革

附

齐齐哈尔市深化农村教育综合改革

齐齐哈尔市位于黑龙江省西北部，总面积42491平方公里，其中农村占89.9%；总人口543.4万人，其中农村占74.2%。是农村比重大的市。几年来，这个市以农村教育为突破口，不断深化农村教育综合改革，有力地促进当地经济、教育和社会发展。

深化农村教育综合改革的措施。一是加强领导，加大政府统筹力度。在组织上抓落实，建立了市、县、乡、村4级领导体系；在思想上抓统一，把领导和群众、教育内外部的思想都统一到“教育必须为社会主义建设服务，社会主义建设必须依靠教育”战略方针的落实上来；在计划上抓同步，把“燎原”、“星火”、“丰收”3个计划的实施步调一致起来；在工作上抓合作，在“八方抬教”的精神指引下，求得各行各业支持教育，形成合力；在条件上抓互补，把教育和其他行业可以利用的优势条件统一利用，互通有无；在政策上抓协调，依据教育和其他待业的部门利益和全局利益相符相悖的实际，制定和执行相应政策；在经费上抓统筹，多渠道筹措，力求投入的高效益。二是努力增加投入。采取了政府拨、社会捐、单位和个人自愿集、银行贷、利用政策争、制定政策保、县乡财政挤、办学单位借，使1994年全市农村向教育投入资金达2793.3万元。三是加大“燎原计划”的实施力度。以实施“燎原计划”为农村建设服务为中心，打破学校原有的办学形式、教育体制、教育内容和教育方法，注重引进、实验、推广先进科学技术和培养、培训相应人才，把农村教育从面向“升学教育”转到面向主要为当地建设服务的轨道上来；“燎原计划”的实施架起连接“星火”和“丰收”计划实施的桥梁，使农、科、教三家有机结合起来，发挥其1+1+1>3的合力作用，加快当地经济和社会发展的速度。四是提高和推广典型。他们在全市各级各类教育改革中树立了各自的典型，发挥其牵引作用。基础教育有多年坚持教育与生产劳动相结合的县城中学龙江一中，有高三分流强化职业教育的富裕县实验中学，有多渠道引进职教因素、坚持主要为当地建设服务的讷河市老莱镇老莱中学，有把农科教融为一体为发展经济和社会服务的龙江县八村学校；在成人和职业教育中有虽不包毕业分配但因向农村输送人才、提供科技而充满生机的龙江县农村成人中专，有以培养“专业户、科技户、劳动模范、乡村干部”为目标，并全面服务县域经济的富裕县农技高中，有站校联合、校企合一、直接服务于本乡经济和社会发展的讷河市巨和乡成职联校，有专为推广农机生产技术服务的讷河市农机行业办的农机学校，有靠自家技术和基地优势条件农民自办的家庭技术学校。这些典型模式已在乡、村、户三级形成群体，成为农村教育改革和正确方向的支撑力量。五是执行规划、政策和制度。市、县、乡逐级制订了完善的农村教育改革规划和实施方案；市委、市政府下发关于兴办主要为发展农业经济服务的“老莱式”学校、关于发展职业教育、推进农科教结合等方面的政策性文件，各级政府分别建立了领导和管理农村教育改革的可行制度，如岗位责任制、分级督导和评估制等。

农村教育综合改革的主要成绩。基础教育的办学方向得到了端正。坚持为当地经济和社会发展服务的“老莱中学式”学校建设迈出了新步伐，由上一年的87所发展到105所，占乡级中学总数的59.7%；把农科教融为一体的龙江县八村式学校建设也由去年的603所发展到673所，占村级学校总数的31.6%；在初中开展四年制、3+1、初二后分流等办学形式试验的学校已达116所，占农村初中的61.4%，使42%以上的农村初中毕业生同时受到绿色证书标准以上的职业技术培训。农村小学的愉快教育得以全面推广，以减轻学生负担、提高教育质量为目的的分项考核、按等评估的考试制度改革也在县（区）级以上学校生机勃勃地推开，形成了改革大面积深化，方向大面积端正的局面。教育结构发生了巨大变化。进一步完善和发展了市、县、乡、村、户五级职业教育和成人教育网络，即市建农学院，县（含一个以农业为主的区）建职教中心，乡建成职联校，村建农科教综合体，户建家庭技术学校，基本形成了成、职教育体系，打破了基础教育的一统天下，使“三教”比例日趋合理，呈现三者相联、相通、相补的协调发展的态势，奠定了“三教”统筹的基础。农科教结合有了突破性的进展。在领导体系上实现了网络化的全方位领导，即纵向各级党政领导一把手和主干线领导亲自抓，分管领导具体抓和横向层层部门主要领导深入第一线亲自抓，亲自干；在“结合”意识上普遍增强，各级都逐步把“结合”看作是发展农村经济和社会的必由之路，作为提高农村生产力的依托；在“结合”领域上明显拓宽，由主要是种、养业扩展到“两高一优”农业、乡镇企业、第三产业、高新技术产业、个体私营经济等各个领域；在“结合”质量上显著提高，有4个县、42个乡成为省级实验点，有650个村成为高级基点村。1994年准备和接待了省第三次农科教结合现场会，提供18个现场，有6个县在大会上介绍了经验，会后有3个县被评为省农科教结合先进县。

农村教育综合改革的深入发展，有力地促进了教育的发展。“两基”得到了保证，全市累计在38.1%人口的地区实现了“普九”，青壮年文盲率已降至1.66%，并在1994年顺利通过国家检查验收成人、职业教育有了较大发展，在市、县、乡、村、户各个层次上开展不同类别、不同形式、不同程度的成人、职业教育，使农业、职业高中和农村成人中专等职业高中阶段在校生达到24353人，占农村高中阶段在校生的52.4%，使农村各级所需各类不同程度的技术人才初步得以培养和培训，全年培养中级技术人才4000多人、初级20000多人，实用技术培训达百万人次以上。办学条件得到了根本改善，已从解决“一无两有”的阶段进入了大面积规范化建设阶段，基本合格以上的小学和初中分别已达到74%和69.3%以上。教学质量稳步提高，初中和小学毕业生及格率分别稳定在75%和95%以上，高中应届毕业生高考升学率提高到29%，比上年高出4.5个百分点，处于全省领先的位置。

农村教育综合改革更加有力地促进了当地经济和社会的发展。由于教育培养培训人才作用的发展，使科技在大面积上得以较为深入的推广，使科技入户率达到95%以上，使农业科技进步因素达到40%以上，使农业生产获得历史上最好收成。粮豆薯总产量达到47.55亿公斤，为计划的126.7%，比上年增长13.8%；农业总产值完成65亿元，为计划的111.1%，比上年增长13%；乡镇企业完成65.3亿元，利润、税金、上缴税金分别达到4.9亿元、2.4亿元和8080万元，分别比上一年增长70%、58.1%、50.5%和33.4%。农村其他各业也都得到了相应的发展，农民人均收入达到1481元，比上一年增长53.6%，涌现出市级小康示范村16个，县（区）和乡镇级小康示范村110个。随着物质生活的改善、社会主义精神文明有了很大提高，到处都呈现助人为乐、遵纪守法、健康向上的新风尚。

撰稿　魏向新
审稿　李作生

上海市教育

概况

〔**基本情况**〕

1994年各级普通学校基本情况

单　位：人

学校类别	学校数（所）	毕业生数	招生数	在校学生数	教职工数	
					计	其中专任教师
一、普通高等学校	46	34630	46960	153486	49877	21863
研究生		2859	5130	13090		
本　科		18504	24799	95240		
专　科		13267	17031	45156		
二、中等专业学校	100	17243	36782	92300	14755	6384
中等技术学校	89	14477	34356	83243	13199	5558
中等师范学校	11	2766	2426	9057	1556	826
三、普通中学	754	168124	257752	661914	70839	44846
高　中		33280	215281	119168		8595
初　中		134844	42471	542746		36251
四、农业、职业中学	81	17118	35641	75413	5622	2935
高　中	80	17089	35618	75284		2919
初　中	1	29	23	129		16
五、工读学校	15	366	495	1482	706	313
六、小学	1981	215404	186704	1151582	73907	55814
七、特殊教育学校	36	355	1476	5161	1347	710
八、幼儿园	1090			349890	34876	22090

1994 年各级成人学校基本情况

单　位：人

学校类别	学校数（所）	毕业生数	招生数	在校学生数	教职工数	
					计	其中专任教师
一、成人高等学校	108	14508	29289	72169	12556	5493
广播电视大学	1	628	1661	4467	787	289
职工高等学校	48	3736	6501	17792	8011	3371
农民高等学校						
管理干部学院	5	312	1084	2341	827	337
教育学院	12	659	1049	2086	2931	1496
独立函授学院						
普通高校举办：						
函授部	9	5275	7849	21090		
夜大学	33	3561	11035	24071		
干部专修科		337	110	322		
二、成人中等专业学校	105	9714	21587	43803	5302	2549
广播电视中专	2	1133	3749	8830	68	42
干部中专						
职工中专	90	7735	16547	32734	3730	1779
农民中专	2	204	368	393	116	40
教师进修学校	11	642	923	1846	1388	688
三、成人中学	78	31434	62769	50360	1875	1092
职工中学	60	27652	54694	42821	1545	882
农民中学	18	3782	8075	7539	330	210
四、成人技术培训学校	753	851395	1095325	362557	10072	4826
职工技术培训学校	566	515712	723522	302065	8873	4200
农民技术培训学校	187	335683	371803	60492	1199	626
五、成人初等学校		304	659	555	18	11
职工初等学校		304	223	373	18	11
农民初等学校			436	182		
其中：扫盲班						

制表　冯静波

〔**全市教育工作会**〕　全国教育工作会议后，市委、市政府召开了市委常委会、市委书记办公会和市长办公会，传达全国教育工作会议精神，学习江泽民总书记的重要讲话和李鹏总理的主题报告，研究部署上海贯彻落实全教会精神的具体步骤。市委、市政府召开了有近千人参加的全市党政负责干部会议，传达学习全国教育工作会议精神。各区县政府，教育系统也都作了相应的传达与学习。同时由市委、市政府分管教育的副书记、副市长带队，组织力量，针对新形势下教育改革和发展遇到的新问题，开展调查研究，提出解决问题的新思路，新对策，确保高标准实施《中国教育改革和发展纲要》。9月初，市委、市政府召开上海教育工作会议。市委书记吴邦国作了题为《落实教育优先发展战略，培养社会主义“四有”新人》的重要讲话，黄菊市长作了《以极大努力建设世界一流教育》的工作报告。市委副书记陈至立、副市长谢丽娟分别主持了会议。会议明确了今后一个时期内全市教育改革和发展的基本任务、重点工程和改革举措，动员和组织全社会力量高标准实施《纲要》，为上海率先建成与一流城市相适应的一流教育而奋斗。会议印发了《上海市关于〈中国教育改革与发展纲要〉的实施意见》、《上海市人民政府关于贯彻实施〈中华人民共和国教师法〉的若干意见》、《关于大力发展职业技术教育的若干意见》、《关于大力发展上海成人教育的意见》、《上海市1995—1997年教育立法规划》等5个文件的征求意见稿，以及《关于大力推进高校马克思主义理论课和思想政治教育课改革和建设的若干意见》。会后，除南汇县、宝山区外，各区县相继召开了教育工作会议，各有关部门和教育系统也都结合各自实际，进一步制订具体的贯彻措施。

〔**教育投入**〕 1994年，各级政府进一步重视教育，多渠道筹措教育经费，增加对教育的投入。全市基础教育经费投入23.15亿元，比上年增加7.45亿元，年增长47.5%。各类学杂费收入3.52亿元，比上年增加1.06亿元，年增长43%；教育费附加征收5.5亿元，比上年增长48.6%；农村教育费附加征收0.94亿元，比上年增长51.6%；校办产业创利5亿元，比上年增长10%，完成了8所弄堂小学的改造。

1994年，市财政投入的市属高校事业经费计3.3108亿元，比上年增长32%，争取到专项经费6000万元，教育费附加600万元，校产流转税退税1300万元，落实了复旦大学、上海交通大学、上海外国语大学共建补助费435万元，通过对校办产业、基建竣工项目的审计，获得经济效益250余万元。1994年，市属高校共完成基建投资6507万元，其中市财政拨款4545万元，自筹经费1962万元，施工面积达13.5万平方米，新开工面积7.1万平方米，竣工面积2.3万平方米。1994年，高校教学的基础设施得到了加强，课程教材重点建设费投入15万元，高教校外实习基地经费70万元，中学实习基地投入50万元。1994年以政府拨款为主，社会、集体、个人和海外爱国人士参与投资、捐资的新体制逐步形成。上海教育发展基金会成立一年多来，已得到2872家单位和495名个人的捐赠。到1994年底，筹措资金已逾亿元。基金会资助教育项目和活动达29个。

为支持上海教育电视台的开播，市政府投资3500万元，其中2000万用于购置设备，1000万元用于节目制作，500万元用于开播费。

基础教育

〔**中小学教育**〕　1994年，市政府颁发了《上海市各级政府和有关部门实施九年义务教育的职责》，强化了政府行为，明确了各级政府和职能部门的职责。圆满完成了妥善解决全市初中净增9.2万名学生的全日制就读这一市府为民办实事的项目。1994年，高中阶段教育入学率达到83.73%，比上年提高4.15%。其中郊县达68.7%，比上年提高8个百分点。全市中学师生比为1∶17.54；小学师生比为1∶18.52。1994年，针对城建规划和区划的实施调整，以及学生生源的变化，部分基础教育的学校重新布局、调整，中学比上年增加12所，小学减少160所，幼儿园增加1所。积极创建九年一贯制学校。闸北区拟扩建5所新的九年一贯制学校，黄浦区拟在4个街道各设一所规模较大、设施完备的九年一贯制学校。同时，结合城区改造，组建教学小区。杨浦区拟将中原地区办成门类齐全、富有特色的教育小区。卢湾区已拟定形成4个教育小区。

1994年，中小学校积极开展艺术教育活动。全市中小学有学生艺术团21个。全市先后举办了“六·一”少年儿童画展、94上海学生戏剧优秀作品展演、各类学生歌咏比赛等。市中学代表队在全市庆祝上海解放45周年歌咏大会上获歌咏比赛第一名。此外，各专业文艺团体多次免费为学生演出交响乐、芭蕾舞、歌剧等高雅艺术，培养和熏陶了学生的情操。中小学的科普教育活跃。全市约有80%以上的中小学参加了各区县举办的科技节和爱科学月活动，展示了中小学科技活动课和科技教育的成果。光明中学、市西中学在第十五届国际OM竞赛中分获第2名和第5名。

〔**德育工作**〕　1994年5月中旬，中宣部、国家教委、广电部、文化部和团中央联合在上海召开全国中小学生爱国主义教育现场会，肯定了上海充分发挥学科主渠道作用，对学生进行爱国主义教育；开发利用社会德育资源，开展“活的国情”教育；运用文化艺术手段，陶冶学生情操，潜移默化地开展爱国主义教育；依托社区，营造氛围，优化教育环境的基本做法。上海市根据中央四部委《关于运用优秀影视片在全国中小学开展爱国主义教育的通知》精神，制定了实施意见，把爱国主义影视片作为学校选修课、活动课的内容。还建立了上海中小学电影教育活动基金。全市普教系统还组织了“上海少年看上海”的教育活动，有近百万学生参加。为努力改进和加强中小学教师思想政治工作，1994年，召开了上海市中小学教师思想政治工作研讨会。

〔**体育卫生工作**〕　1994年中小学校的体育教育，在市体委支持下，对群众性体育竞赛制度进行了改革，打破了学校和年级限制，学生可以自由组队，自行报名，目的在锻炼，在参与。出现了“新民晚报杯”中学生足球赛参赛队超千支，运动员超万人；解放日报“永和杯”篮球赛参赛队超百支，运动员超千人的可喜现象。由敬业中学游泳队代表中国中学生游泳队参加第十届世界中学生运动会获得4金、2银、3铜，金牌数名列第一。由复兴中学与市北中学联合组成的男子排球队代表中国中学男子排球队参加世界中学生排球锦标赛获亚军。

1994年，中小学卫生工作逐步规范化。全市义务教育阶段已全面提前试行保健课程，部分小学五年级和初中二年级试行开设义务献血课。市教育局还制订了中小学校卫生室合格标准，并进行验收。全市中小学生营养午餐供应量达7万客。

〔**课程教材改革**〕 经过三年的试验，1994年，首轮23所课程教材改革整体试验校的高中学生毕业，质量普遍提高。小学六年级和初中预备班全部使用新教材。小学一、二年级推行新课程方案，使用新教材。全年出版必修课教材779册、选修教材101册，评选出活动课程资料30余册，出版配套图书30册及《学生选修指南》。召开了“课程教材改革和21世纪人才培养”上海国际研讨会。

〔**农村教育综合改革**〕 1994年9月，嘉定区和青浦县被国家教委评为全国农村教育综合改革先进单位。郊区“燎原计划”示范实验乡（镇）发展到50多个。为推广实施“燎原计划”与农村教育综合改革的经验，市教育部门与市农委联合作出了《关于开展学习嘉定区、高境镇，进一步推进上海郊区教育综合改革的决定》，推动了这项改革的深化。

〔**干部、教师队伍建设**〕 1994年，普教系统干部岗位培训已完成“八五”计划的92.5%；对50名区县教育局干部进行了培训，同时，委托上海师范大学等院校举办紧缺学科师资班，以解决中学入学高峰造成的师资紧缺矛盾。中、高师毕业生贯彻供需见面、双向选择原则，共接收本市高师毕业生2328人、中师毕业生1910人、幼师毕业生431人，此外，吸收外省市应届高师毕业生500多名，招聘外省市在职中学教师1189人，其中高级教师166人、中学一级教师851人、中学初级教师172人。通过电视教育、函授教育、自学考试结合的培训方法，提高在职教师的学历达标率。1994年全市小学、初中、高中教师达标率分别为83.9%、84.57%、75.15%、分别比上年提高2.2%、1.27%、1.75%。

中小学教师职务评审工作加强了管理和制度建设，成立了市中学教师职评教科研成果鉴定委员会，对508篇论文进行鉴定。经市政府批准，1994年共命名中小学特级教师84名，评选出中学高级教师1410名，占教师总数的4.7%，比上年提高0.6%，中学一级教师比例由上年的40.7%提高到46%。

1994年开展了各类先进表彰活动。全市表彰了12位优秀党务工作者和12位优秀校长，激励了广大党务工作者和校长的工作积极性和责任感。还开展了评选表彰优秀人事工作者和总务工作者的活动，共评选表彰了165名优秀人事工作者和150名优秀总务工作者，并编辑出版了《上海普教群英谱》和《尊师重教》画册。

为进一步落实教师工资高于国家公务员10%的标准，结合上海情况，试行了教育工作者津贴制度，中小学教师人均月增资30元。对有突出贡献的教职工5400余人晋升了职务工资，特殊教育津贴按职务工资15%发放。实行工资制度改革后，人均月增资87元。

为贯彻国务院办公厅召开的全国教师住宅建设工作会议精神，市政府办公厅召开了上海市教师住房建设工作会议，市政府与各区县政府签订了教工住宅建设的责任书，各级政府采取切实措施，增拨土地与资金。1994年施工面积39万平方米，竣工面积24万平方米。

职业技术教育

〔**综述**〕　1994年，全市中等专业学校在校学生比上年增加16400人，职业中学在校学生比上年增加11529人。职业技术学校办学规模扩大，平均每校规模为820人。中等专业学校扩大了自费生录取比例，对郊县增加定向招生名额，全年招生数比上年增加33%，其中农村初中毕业生生源占60%，平均每校规模增至750人。三类职业技术学校1994年招生数占整个高中阶段招生数的63%。

1994年，上海市立足扶植职教体系，实行“普、职、成”三教统筹。闸北、黄浦、长宁、南市、徐汇、虹口等区结合本地区经济发展的需求，从大力发展职业技术教育着手，拟定了三教统筹的目标，组建高层次的职业技术学校。高等职业技术教育的招生试点加快，有3所高职校共计招生600余名。在校生（含高职班）约3000人。1994年，通过多渠道筹措经费，职业技术教育第三批重点项目装备第一期投入249万元，专项经费投入796万元，改善了办学条件。

〔**办学水平评估**〕　1994年，通过实施《上海市职业高级中学办学水平评估指标》，对15所职校开展了办学水平评估。在23所市级重点中专校的基础上，评选出9所全国级重点中专学校。有3所技工学校被劳动部评为全国重点技工学校。通过实施《上海职业学校学生行为准则》以及商业、旅游、交通、财经、工业、农副业等6大类专业的学生行为规范，强化学生的职业习惯、职业纪律的养成，经自查、评选，有20所职校被评为先进集体。

高 等 教 育

〔**调整布局结构**〕 1994年修订了上海高校布局结构调整的规划方案。根据市委、市政府确定的高等教育要实行“合并、调整、联合”的方针，确定在今后几年内将全市现有46所高校调整到40所左右；提出联合办学要本着资源共享，优势互补的原则，寻求高校的“互惠互利、共同发展”的原则；明确逐步建立“上海高校公共服务体系”，发展新的教育园区，促进高校资源的开发和综合利用的规划等。

1994年普通高校的合并工作取得实质性进展。一是在原上海工业大学、上海科技大学、上海大学和上海科技专科学校基础上合并组建新的上海大学，已于1994年5月正式挂牌运行。二是将上海师范大学和上海技术师范学院合并，也已正式挂牌运行。上海师范高等专科学校的合并方案正在进一步酝酿之中。另外，中央部委属上海铁道学院与上海铁道医学院的合并，市属华东工业大学与上海机械专科学校的合并也正在进行中。

根据国家教委有关负责同志的意见，经过磋商，已制订了由上海交通大学、上海医科大学、上海农学院、中国纺织大学、华东师范大学、华东理工大学、华东政法大学等7所地域相近而隶属关系不同的高校联合办学的章程，规定了联合办学的宗旨、目标、内容及组织管理机构等一系列问题，建立了由校（院）长组成的七校联合办学管理委员会，设立了教学、科研、学科建设、计算机网络、图书资料、学生工作、后勤服务等7个对口协作组。

1994年全市推进学校与企业、企业集团和科研单位之间的联合办学。上海财经大学在1993年与恒通、南德两大集团实行协作办学，建立了培养MBA的工商管理和国际经济管理两所学院，两大集团每年分别资助学校100万元。1994年他们之间又合作建立了证券期货学院和国际投资学院。上海工程技术大学先后与上海汽车工业总公司和上海航空公司合作，建立了汽车工程和航空运输两个学院。上海交通大学与汽车工业总公司、计算机公司等合作，建立了汽车学院和计算机学院等。复旦大学与中国科学院及上海分院也签订了联合办学协议，市经委、科委和市高教局等有关部门联合组建了产学研办公室，规划和促进产、学、研相结合的工作。

〔**管理体制改革**〕 一是开展“共建”试点工作。1994年，市府作出决策，同意与国家教委先后在复旦大学、上海交通大学、上海外国语大学进行“共建”试点。4月，国家教委和上海市政府共同签署了对三校进行“共建”的文件。“共建”后三校在建制上仍为国家教委所属高校，同时实行国家教委和上海市双重领导体制；管理上复旦大学、上海交大仍以国家教委为主，上海外国语大学以上海为主，原有的投资渠道不变，市财政每年给三校一定数量的“共建”补贴，并在人才引进、减免城市建设费、土地征用等方面享受地方高校同等待遇。市政府逐年为三校确定一些共建项目。二是完成了上海外贸学院管理体制划转工作。7月，外经贸部与市政府领导共同签署了《关于上海外贸学院交接工作备忘录》，学校的日常管理从1994年9月1日起划归上海市。从1995年起，教育事业经费由财政部划转上海市，基建也由上海市统筹规划。为了使划转后的外贸学院有更大的发展，进行了“公办体制”转为“民办公助”改革探索。三是积极推进市属高校管理体制划转。根据市教育工作会议提出的“将原属市各部委的地方高校统一划转由市教育主管部门管理”的精神，已基本完成上海城建学院管理体制划转的各项工作。

〔**招生和毕业生就业制度改革**〕 1994年，上海高校招生和毕业生就业制度改革在前两年的基础上又有新发展。

一是推进收费制度改革。根据国家教委提出的逐步“并轨”的要求，采取了两项重要步骤：(1) 把自主招生与“并轨”结合起来，提出在确定自主招生学校时，优先考虑“并轨”学校，先在复旦大学、上海交通大学、同济大学、华东师范大学、华东理工大学、上海外国语大学、华东政法大学等自主招生高校实现“并轨”；(2) 在面上继续扩大自费生招生比例，计划招收自费生50%，实际已达64%，从而为1995年全市高校实行“并轨”打下了良好的基础。

二是深化招生制度改革。在总结上海工业大学1993年试行自主招生的基础上，1994年确定复旦大学、上海交通大学等8所以及南京大学、东南大学2所外地高校，在本科专业中进行自主招生的试点，并制定了《关于1994年上海市扩大普通高校自主招生改革试点的意见》。1994年报考自主招生院校的考生计14203名，占集中录取阶段报名人数的50.3%。招生计划为5566人，实际录取5723人。与此同时，与招生改革相配套的奖学金、贷学金、勤工助学、医疗保险改革也排上高校的重要议事日程。

三是深化毕业生就业制度改革。1994年全市高校毕业生比上年增加3000余人。由于就业制度改革定位准确，力度适当，加上上海经济发展速度较快，吸纳人才的势头强劲，到年底，全市99%以上的毕业生都走上了工作岗位。毕业生就业制度的改革进一步冲破了传统的“统包、统配”和“包当干部”的制度，实现了少数毕业生由国家安排就业、多数由学生自主择业的改革目标。同时，由于市场机制的引入，外省市毕业生生源渠道的开拓，1994年共引进外省市生源的毕业生7000余人，比上年增加1000余人。其中本科以上学历占84%，引进毕业生中的党员近950人，缓解了上海一些部门和单位对紧缺专业人才的需求。

〔**教育教学改革**〕 一是调整专业结构。为了加强对专业设置的宏观管理，建立了“上海高校专业设置评审委员会”，并受理了18个本科专业和13个专科专业的申报，按规范化评审程序，共通过了15个本科专业和9个专科专业的设置申请。二是加大了学分制改革的力度和广度。全市从1993年的5所高校试行学分制到1994年扩大到17所，其中本科院校14所，专科学校3所，涉及到工科、理科、文科、政法、医学、农林、艺术等各个专业和学科。为配合学分制改革，全市高校已建立219个计算机选课中心、终端。全市高校新生中已有13000余人进入选课制的管理轨道。选修课程近3000门。三是加强教学基础建设。1994年，高校重点课程教材建设费投入15万元，高校校外实习基地追加经费70万元。为了加强校外学生实习，推动实习基地建设，成立了产学合作教育协会，修订了校外实习细则，组织力量对医学院校的28所教学医院进行了评审验收。

〔**思想政治工作**〕 1994年，上海市有关部门编写了《邓小平理论教程》(教学大纲)，召开了邓小平理论“进教材，进课堂，进头脑”的研讨报告会，培训了青年骨干教师，为邓小平理论教程作为一门独立的课程进入课堂打下了基础，受到市委和国家教委的好评。据统计，50%的大学生已通读《邓小平文选》第三卷。大多数学生对选修邓小平同志建设有中国特色社会主义理论表现出较高热情。

1994年大力推进“两课”改革和建设。在调查研究的基础上，市教卫党委、教卫办下发了《关于大力推进上海高校“两课”改革和建设的若干意见》，召开了全市高校推进“两课”改革和建设的动员大会，争取和落实了连续5年，每年投入50万元用于“两课”改革和建设的专项经费，完成了“两课”5本统编教材的修订出版。全市确定6所学校进行“两课”改革试点，拨款15.7万元。与此同时，投入资金15万元，建立了“两课”信息资料中心。

经过各有关方面的共同努力，上海高校政治稳定。大学生积极向上，看好我国社会主义市场经济的前景，赞同党和政府的大政方针；学校学习风气进一步好转，学生注重自身的专业学习，投身勤工俭学成为大学生参加社会实践的主体；学生政治上要求上进，申请入党的积极分子已占学生总数的13%，本科生的党员比例达4.94%；市委、市政府先后拨款100万元和850万元补助特困学生，还设立了困难补助基金，使特困学生生活困难的矛盾有所缓解，在学生中产生良好反应。

〔**“211工程”建设**〕 1994年，“211工程”进入实质性启动阶段。全市有10余所高等学校（包括第二军医大学）相继提出了争取进入国家重点建设的“211工程”。其中上海医科大学在11月通过了由卫生部组织的预审，复旦大学、上海交通大学在12月通过了由国家教委组织的预审。市委、市政府正式确定将上海大学、上海第二医科大学作为地方高校建设“211工程”的学校，并初步确定了两所学校“211工程”建设的经费。上海第二医科大学的浦东新校区建设规划已开始付诸实施。为了加快和推进“211工程”建设，市高教局专门成立了上海高校“211工程”办公室。市委、市政府还确定了对复旦大学、上海交通大学等建设“211工程”中与国家教委共同投入的比例。

从1985年起到1994年，市属高校共重点建设42门学科。经过10年两批的重点学科建设，市属高等学校在学科发展、人才培养、梯队建设等方面出现了质的飞跃，为地方高校争取进入国家“211工程”打下了坚实基础。

〔**实验室建设**〕 根据国家教委的要求，结合市属高校的实际情况，一是继续加强基础教学实验室的建设，1994年共投入520余万元，支持10所学校的20个项目，比上年增加30%。同时，还投入600万元的计算机专项经费，配置700台IBM486微机，使市属高校的微机教学条件有了很大改善。二是继续支持重点实验室建设，使上海第二医科大学内分泌代谢病、内科消化等三个实验室被确定为卫生部重点实验室，这是市属高校首次被授予部级重点实验室。

〔**科研工作**〕 1994年，市高教局下达科技发展基金207项。为解决青年教师基金经费不足矛盾，首次实行了与学校1∶1投入，共同扶植的办法。1994年，上海高校在市科委的项目中继续保持较高的比例，其中启明星项目21项，占全市的61.76%；启明星后项目4项，占全市50%；自然基金项目36项，占全市66.46%；市重点项目9项，占全市69.23%；留学人员资助经费项目20项，占全市的80%。1994年市科委经高教局下达的经费，共计706.5万元。全市有10余所理工类高校参加了上海市第六项难题攻关招标暨成果转让活动，在全市最后立项的40项产学研项目中，高校占19项。1994年在产学研工作中作了对认定项目申报的探索，上海高校申报的40余个项目中有10项被列入市重点产学研项目，占全市的76%。全市高校有98项获市科技进步奖，占全市获奖总数的32.5%。其中委属高校35项，地方高校41项，部属高校22项。

〔**体育、卫生、艺术教育**〕 1994年，上海高校体育教育着重抓教学管理的制度建设，制定了体育教学优秀成果评审办法、群众体育先进评定办法等。全市有26所高校开设各类卫生健康的知识讲座，听课人数达6万余人次。此外，1.2万名外省市来沪学生得到"三病"检疫。高校师生义务献血势头不减，连年完成献血计划，其中无偿献血达70%以上，被卫生部门评为89—93年度上海市献血先进集体。以上海交通大学、华东理工大学为主的中国大学生乒乓球队，在第十届世界大学生乒乓球锦标赛上获得4金、3银、4铜的好成绩。1994年，高教系统先后举办了以"祖国、大地、母亲"为主题的第五届大学生电影节和以"我与祖国"为主题的校园广播节目联赛。电影节放映电影510场，有33万人次参加电影节的各项活动。有40所高校的学生广播台参加节目联赛。话剧《冰山情》在27所高校巡回演出，有3万人次观看。

〔**师资建设**〕 全市46所普通高校专任教师中，正高级教师1842人，副高级教师5815人，中级教师9736人，初级教师3924人。

高教系统发挥了青年教师协会作用，开展多种形式活动，组织优秀青年教师进行考察活动等，并进行年度考核和检查活动。参加考核的184名教师，获A等奖的45人、B等奖的139人。1994年，组建第三届上海高校教师高级职称评审委员会及下属学科组，通过160名正高级、324名副高级、52名中级专业技术职称。

1994年，高教系统发起评选"高教精英"活动，推选出十大高教精英和十大高教精英提名奖，并组织力量编写了《智慧之光》，以宣传十大精英事迹。

在实施广厦工程中，1994年市属高校教工住宅建设计划面积4万余平方米，总投资

1880.6万元，实际施工面积39775平方米，年内竣工面积达2万平方米，有效地缓解了部分市属高校的教工住房困难状况，并完成全市20余所高校，140余户因成都路高架建设而动迁的教工住房。

〔**对外合作与交流**〕 1994年，国际合作办学有了新进展。在市政府的大力支持下，中国政府与欧洲联盟合作项目—上海交通大学所属中欧国际工商学院经多方努力，奠基成立，并开始招生。该学院的成立，将在合作培养高层次工商管理人才方面发挥重要作用。上海大学与澳大利亚悉尼科技大学合作建立的上大悉尼工商学院于7月成立，该学院接收学员280名。中国纺织大学与加拿大拉萨尔服装学院合作建立的中纺大拉萨尔国际设计学院于10月成立。浦东继续教育中心、上海医科大学等单位与境外有关单位合作的培训性质的办学机构增加了6所，另外，浦东继续教育中心还主办了2项英国公认会计师资格考试，全市有843人参加了考试。与境外合作的职业技术学校已有3所。

1994年，上海市近40所高校聘请长期外国文教专家、外籍教师182人次、外国短期专家932人次；由外国专家帮助新建的专业有18个，新建学科9门，开设新课程40余门。由外国专家编写的教材29册、讲义1485种、资料269万字。外国专家以办班带合作教师等形式培训教师1000余人、各类专业人才1500余人，培训研究生1700余人、本科生8300余人，举办短期培训班214期，参加人数近5000人，举办讲座近1400次，达25500余人次，合作科研2374项。

1994年继续做好公派、自费出国和来华留学生工作。市属高校出国留学、进修人员全年有99人，办理短期出国考察、访问的人数有458人次。上海19所高校长期留学生人数达到1715人，比上年增加21%，硕士以上的高层次留学生286人，比上年增加20%。接收短期班留学生1200余人。在对青年留学生的管理上，注意加强规范化、科学化管理。

此外，1994年上海高校召开国际学术会议16次，与会人数1000余人。由高教局出面接待的外国代表团51批，计469人次。

成人教育

〔**综述**〕 1994年，全市有成人非学历教育学校1209所，其中乡镇成人中等文化技术学校225所，社会力量办学984所。参加高等教育自学考试的有18.19万人次，专科毕业1200人，本科毕业70人。参加中等教育自学考试的有6.48万人次，毕业2942人。全年接受各级各类成人教育总数达220万人。

1994年，围绕企业改革的需要，各行业、单位努力把提高劳动者的素质落到实处。全市财贸系统自上而下健全了职工教育管理网络，改善办学条件，用于教育基地建设和设备添置的经费达 8500 万元。新增校舍面积 1.8 万平方米，有 19 万人次参加教育培训。不少企业针对“转岗、待岗、试岗”人员的不同特点，开展教育培训，为企业经营机制转换服务。郊区农村在大力发展乡镇企业职工岗位培训的同时，全面实施“绿色证书”工程，开展农村妇女的“双学双比”活动。全年有 2700 人参加“绿色证书”培训，有 2000 余人获“绿色证书”。有 32.2 万人次的农村妇女参加培训，30 万人次参加竞赛活动，推广新技术 400 余项。

1994 年，建立和完善了上海市通用外语等级水平考试和计算机应用能力考核制，全年分别组织考试、考核 3 次。有 17 万人次参加计算机应用能力考核，3 万人次参加通用外语等级水平考核，合格率在 70%左右。国家教委、人事部、中组部的有关司（局）联合在上海召开现场会，推广上海计算机应用能力考核工作。

1994 年，完成十大紧缺人才培训中心的筹组，启动培训考核工作。经过专家审核、确认十个培训中心已筹组完成，将承担现代企业高级经理、高级营销、涉外法律等 26 类紧缺人才的培训考核。1994 年，市财贸人才培训中心、市建设人才培训中心、市涉外法律人才培训中心、市旅游培训中心已组织 7 个岗位的培训、考核。市教育发展基金会资助 100 万元筹组十大培训中心。

1994 年，建立了上海教育电视台。

〔**成人高校**〕　1994 年，经与市各有关委、办、局以及成人高校间的协调，成人高校合并调整的步子较快。市建委系统所属的建工局职工大学，市政局职工大学，市业余土木建筑学院，公用事业局电大分校，建设电大工作站，环卫局、建工局和房管局电大分校等 8 所学校，组建成为“上海建设职工大学”；市财贸系统所属的财贸管理干部学院、商业一局职工大学、供销职工大学和粮食局职业大学 4 校合并组建成为“上海商业高等职业技术学校”。此外，在市有关方面的支持下，石化职大、金山电大分校联合组建了“金山社区学院”。

1994 年，成人高校新设置专业 30 多个，成人中专增设专业 44 个。这些专业主要是根据上海城市功能转换，发展第三产业需要而新设的。此外，进行第二学科教育的成人高校由原来的 37 所增至 51 所。

〔**社会力量办学**〕　全市初步形成了以国家办学为主、社会各方面参加的多元化办学新格局。1994 年，市政府颁发了《上海市民办学校管理办法》。全市普教系统对申报开办的 22 所民办中小学已完成审批、备案工作；民办杉达学院已获国家教委正式批准；由市政府和欧共体合作，依托上海交通大学的“中欧国际工商学院”，已经国家教委批准；第一所民办高等职业技术学院，经市政府批准已试行招生。全市社会力量举办的学校近千所，全市出现了私立、民办、个人承办、校企联办、中外合办、大中小学联办、普职合办、重点中学与薄弱中学挂钩、重点中学相互联办等多样化、多层次的办学模式。

撰稿　徐钦福

审稿　郑令德

江苏省教育

概　况

〔基本情况〕

1994年各级普通学校基本情况

单位：人

学校类别	学校数（所）	毕业生数	招生数	在校学生数	教职工数	
					计	其中专任教师
一、普通高等学校	67	46715	70023	210905	71440	27313
研究生	(26)	2025	3892	9371		
本　科		21095	27998	101045		
专　科		23595	38133	100489		
二、中等专业学校	213	42753	99704	247104	26248	12568
中等技术学校	177	34260	86334	212321	21211	10096
中等师范学校	36	8493	13370	34783	5037	2472
三、普通中学	4761	882936	1104481	3046616	254007	183455
高　中	967	133591	158332	438507		34146
初　中	3794	749345	946149	2608109		149309
四、农业、职业中学	446	67199	95599	243307	25666	16745
高　中	446	66945	95035	242114		16677
初　中		254	564	1193		68
五、工读学校	3	46	69	151	128	49
六、小学	27636	1013055	1260304	6161663	310811	269513
七、特殊教育学校	135	1494	4142	30085	3664	2532
八、幼儿园	20287			2082530	95793	79933

注：(1) 高中学校数中有完全中学891所。

(2) 高中班级8867个；初中班级60742个（其中小学附设初中班34个）；小学班级17.44万个；特殊教育班级1365个；幼儿班级58208个。

1994年各级成人学校基本情况

单位：人

学校类别	学校数（所）	毕业生数	招生数	在校学生数	教职工数	
					计	其中专任教师
一、成人高等学校	64	20319	49383	109943	11395	5671
广播电视大学	2	6424	13101	28966	4070	2049
职工高等学校	41	2944	3544	11294	3367	1800
农民高等学校						
管理干部学院	10	1237	2334	5001	1637	702
教育学院	11	1760	2328	6400	2321	1120
独立函授学院						
普通高校举办						
函授部	(41)	5744	18558	39009		
夜大学	(43)	1764	7470	15821		
干部专修科	(17)	446	2048	3452		
二、成人中等专业学校	246	31518	65695	160855	11915	5935
广播电视中专	3	7284	22576	53204	736	383
干部中专	6	3259	3133	6923	246	97
职工中专	157	12274	30316	72405	6660	3377
农民中专						
教师进修学校	80	8701	9670	28323	4273	2078
三、成人中学	564	46055	46700	64066	3866	2538
职工中学	249	28715	32516	42500	2399	1555
农民中学	315	17340	14184	21566	1467	983
四、成人技术培训学校	24073	3679733	3666831	3282274	17167	7508
职工技术培训学校	1073	378900	368491	333445	4487	2043
农民技术培训学校	23000	3300833	3298340	2948829	12680	5465
五、成人初等学校	7208	735551	514337	435601	5957	1973
职工初等学校	224	77693	78803	82507	662	256
农民初等学校	6984	657858	435534	353094	5295	1717
其中：扫盲班	3394	375425	209962	97793	3039	1092

〔**全省教育工作会**〕 全国教育工作会议召开后，中共江苏省委两次召开常委会，专门研究全省教育改革和发展的重大问题。8月10日，省人大主任会议专门听取全省教育工作的汇报。8月20日，省委、省政府召开全省教育工作会议。各市市委书记或市长、分管教育的市委副书记或副市长、教育行政部门负责人，各县（市、区）分管教育负责人，各高校负责人和省级机关有关部门负责人出席了会议。省委书记、省长陈焕友作主报告，副省长张怀西作专题讲话，副省长王荣炳作总结。会上，制定了《江苏省委、省人民政府关于〈中国教育改革和发展纲要〉实施意见》，决定将1988年确立的“科技兴省”战略充实为“科教兴省”战略，进一步明确科技、教育在振兴江苏的宏伟实践中的重要地

位和作用。会上确定了全省教育发展的目标：到本世纪末，全省全民受教育程度和劳动者素质显著提高，各级各类教育事业的发展水平居全国前列，90年代培养专门人才总量比80年代翻一番，教育结构优化，办学条件较好，办学效益较高，教育质量一流，建立主动适应社会主义现代化和市场经济体制建设需要、符合教育发展规律、具有江苏特色的社会主义教育体系。

具体目标为：1995年全省基本普及九年义务教育，人口覆盖率达90%，初中入学率达95%以上。1995年，全省基本扫除青壮年文盲，非文盲率达95%以上；到2000年达98%以上。到本世纪末，全省高中阶段入学率达60%以上，城镇及沿江地区基本普及高中阶段教育，积极启动教育现代化工程。高中阶段教育中，职业教育的比例达65%。普通高等教育以内涵发展为主，使结构更加合理。到2000年，高校本专科生之比达到1∶2左右，研究生占本科在校生的比例达10%以上。城镇企业和乡村企业职工年全员培训率分别达50%和30%左右，全省技术工人等级在现有基础上平均提高一级；农副业从业人员培训率达30%左右；回乡初高中毕业生普遍受到职业教育和实用技术培训。

根据以上目标和分类指导的原则，江苏省教委于1993年12月发出《关于在苏南地区组织实施教育现代化工程试点的意见》。1994年，苏南地区普遍制定规划、确定试点学校和乡镇，同时抓干部培训、抓措施落实，把推进教育现代化作为今后教育发展的主要目标。全省有7个省辖市、22个县（市、郊区）、76个乡镇和600多所学校开始启动教育现代化工程。苏州、无锡、常州等市确定了各类学校现代化的标准，并根据标准进行建设和组织检查督促，促进了教育现代化工程的实施。1994年12月，江苏省教委下发了《关于在苏北地区组织实施教育促小康工程的意见》，对进一步深化苏北农村教育综合改革，推进教育与经济、科技的结合，促进苏北地区加快经济发展，实现小康目标等提出了要求。目前，这项工程正在顺利实施。

撰稿　朱卫国

审稿　蔡霖村　全鱼为

基础教育

〔**综述**〕　1994年，全省小学学龄儿童入学率为99.4%；初中学龄少年入学率为83.4%。小学毕业生升入初中的升学率为93.4%。初中毕业生升入高中阶段的升学率为52.1%。在校学生的年巩固率，小学为99.41%；初中为96.52%。教师达到国家规定合格学历的比例，小学为88.01%，初中为73.85%，高中为57.84%。

1994年，江苏省有民办小学1所。有民办普通中学17所，其中高中10所，初中7

所，共有班级30个，专任教师113人，在校学生2866人。

〔**义务教育**〕 1994年全省加快了初级中等义务教育的实施步伐。有24个县（市、区）、401个乡（镇、场）实施了九年义务教育。到1994年底，全省累计实施九年义务教育的县（市、区）达83个、乡（镇、场）达1718个，实施九年义务教育的人口覆盖率达81.0%。

经省政府同意，省教委5月在洪泽县召开了全省普及九年义务教育工作会议。参加会议的有徐州、淮阴、盐城、连云港、南通、扬州6个市的教育局（教委）局长（主任），尚未实施九年义务教育的30个县（市）的分管教育的县（市）长和教育局长。张怀西副省长出席了会议并在会上讲了话。他要求各地对九年义务教育工作要认清重大的意义，进一步统一思想；抓住机遇、扎实工作，加快实施工作的进度；突出重点、分类指导，加大实施工作的力度。

全省加快九年义务教育实施步伐。省委、省政府在8月召开的全省教育工作会议上，要求到1995年全省基本普及九年义务教育，人口覆盖率达90%以上，适龄少年初中入学率达85%以上；1997年全省普及九年义务教育，人口覆盖率达100%，适龄少年初中入学率达95%以上。到本世纪末，全省九年义务教育的教育质量和办学标准显著提高，建成100所在国内居领先地位的现代化示范性窗口学校。为此，省委、省政府提出了增加财政拨款、提高教育费附加征收比率、开征教育地方附加费、建立人民教育基金等政策，以保证投入的增加。为支持贫困地区实施义务教育，从1994年起省财政每年增加安排1000万元用于义务教育及有关的师范教育。全省各地采取切实措施，积极落实会议精神。已经实施九年义务教育的地区，努力搞好巩固提高工作，经济较发达地区开始实施教育现代化工程。尚未实施九年义务教育的地区，加大工作力度，加快实施进程。

评估验收“普九”县（市、区）。1994年4月和6月，省政府组织验收组分两批对申报九年义务教育验收的江宁县等28个县（市、区）进行了评估验收。经验收，确认南京市鼓楼区、玄武区、白下区、下关区、建邺区、雨花台区、大厂区、栖霞区、浦口区、江宁县、六合县、高淳县、常州市郊区、钟楼区、天宁区、戚墅堰区、金坛市、溧阳市、启东市、海门市、建湖县、大丰县、东台市、泰州市、镇江市京口区、润州区、扬中县、句容县均达到了评估验收标准。经国家教委审核，江苏省1993年评估验收的20个县（市、区）和1994年评估验收的28个县（市、区），普及九年义务教育都达到了规定的标准。继苏州、无锡、常州之后，1994年南京、盐城、镇江3市在全境范围内全面实施九年义务教育。其中盐城市比规划提前3年，南京市比规划提前1年。至此，全省11个省辖市中已有6个市实施了九年义务教育。

〔**德育工作**〕 1994年着重抓了德育基本建设。一是加强爱国主义教育的课程教材建设。据统计，全省85%的县（市）编写了乡土地理教材，90%县（市）编写了乡土历史教材，省教委还组织编写了小学思想品德课、中学思想政治课、国情教育、艰苦奋斗教育、法制教育等方面的补充教材。二是加强德育队伍建设。全省已落实了省、市、县（市）的培训基地，编写出版了《班主任工作的理论和实践》等培训教材，形成了一支专兼结合的培训师资队伍。三是重视德育基地建设。目前，省、市、县（市）都建有自己的校外德育基地，形成了利用基地开展教育活动的制度。四是校园环境建设。加强校风建设、优化学校软环境。

1994年10月，省教委召开全省中小学爱国主义教育经验交流会。会议认为，中小学教育是民族素质的奠基工程，中小学教育的性质和任务决定了中小学德育内容的基础性、层次性和相对稳定性。新时期社会形态的特征决定了中小学德育必须具有时代性和开放性。既要用改革的成果和改革过程中形成的理论教育下一代，又要正确对待变革中形成的挑战。会议强调，教师是学生爱国主义教育的实施者，必须加强对教师的爱国主义教育，尤其要注意用改革开放的成果，激发教师的自信心、自豪感以及历史使命感。

为了更好地贯彻实施国家教委正式颁布的《中学生日常行为规范》，省教委提出新的贯彻意见，要求各地贯彻《规范》工作要突出3个重点：加强对学生的礼仪教育；加强交通安全常识教育；加强传统美德教育。要根据学生的不同层次，与各项教育教学活动结合起来，相互渗透，在"实效"上下功夫。

为促进学校德育工作规范化、制度化、科学化，保证教育内容的落实，教育效果的提高，教育目标的实现，依据《江苏省中学德育工作考核评估方案（暂行）》，省教委确认江苏教育学院附属中学等78所中学为1993年度省级德育先进学校，并规定此项荣誉有效期为5年。

〔**中学教育**〕 1994年普通高中会考工作取得了新的进展。一是随着工作的逐步到位，会考有利于加强教学管理，克服偏科现象，调动大多数学校办学的积极性和大多数师生教与学的积极性，有利于面向全体学生。二是从实际出发充实、完善了会考制度。高中会考的对象，除在校学生以外，还面向社会，允许年龄在25周岁以内的社会青年报名参加会考。1994年5月，全省普通高中首轮会考结束。据统计，参加会考人数13.45万人，合格人数12.21万人。1994年11月，省教委印发了《关于加强普通高中会考实验、劳技操作考查的通知》，要求各地要组织力量对本地普通高中实验、劳技条件及课程开设的现状逐校进行检查验收，对不达标的学校提出限期充实、完善的措施。通知规定，1994年底，实验、劳技条件和课程开设情况经教育行政部门认定为不达标的学校，则不允许在本校进行物理、化学、生物学科的实验操作和劳技考查，由教育主管部门指定到有条件的学校借考；最迟至1996年底验收仍不达标的学校则不准进行考查，也不发给会考合格证书。

重点高中教育。至1994年，通过五年的评估，全省被确认为合格重点高中为99所。为总结基本经验，进一步办好这批骨干学校，省教委于1994年11月召开全省重点高中和部分完中校长会议。会议就重点高中在新形势下，如何巩固和发展检查验收成果，努力办成国际先进、国内一流的现代化学校提出如下意见，即：要切实树立现代化的教育思想，特别是在课程建设方面要形成学科性、活动性、环境性课程互相补充、互相渗透的复式课程结构；要认真改革和加强德育工作，讲究德育工作的针对性和实效性；要在加快推进学校现代化的基础上，逐步实现学校管理的现代化，积极推进办学体制改革和学校内部管理改革;要努力建设现代化的师资队伍，逐步实现现代化的办学条件。会上，根据省委、省政府关于《中国教育改革和发展纲要》的实施意见进行了部署，到本世纪末，全省重点高中总数将由现有的99所发展到200所左右，并争取其中100所达到国家重点建设的高中标准，要求各市、县（市）教育行政部门从实际出发，制订具体规划。

组织部分中学校长赴日考察。1994年6月，经省政府批准，省教委组织17名普通中学校长赴日参观考察。8月，省教委印发了《江苏省中学校长赴日考察团考察报告》，要求各重点高中结合国情、省情和各校实际，借鉴日本中学教育的长处和经验，把重点高中办出新的水平和特色。

〔**人口与环境教育**〕　根据我国政府与联合国人口活动基金达成的CPR/94/P53项目协议规定，江苏省确定高淳县顾陇第一中学等15所学校为初中人口教育试验项目学校。该项目从1994年8月开始执行，于1995年底结束。

环境保护教育。根据江苏省省长与省教委主任签订的环境保护目标责任状，年初省教委下发了江苏省1994年环保教育工作计划，要求各地中小学要结合有关课程进行环保知识的“渗透”教学；普通高中开设环境保护选修课；环保教育试点学校单独开设环境保护课。

〔**学科竞赛获奖情况**〕　1994年4—5月，在法国巴黎举行的世界中学生排球比赛中，江苏省由殷山红、薛英语、张蔚、范田、张寒艳、韩波、张春惠、高翔、邱爱华、朱红超组成的中学生女子排球队为我国夺得冠军。1994年5月，第十届世界中学生运动会在塞浦路斯举行，江苏省南通中学学生储春霞以55.16米的成绩获得女子标枪第1名，钱春华分别以18.03米、44.95米的成绩获得女子铅球第1名和女子铁饼第4名，严晓明以49.10米的成绩获得男子铁饼第3名，张建军以17.26米的成绩获得男子铅球第4名；徐州市第三中学学生姜国芹获女子5公里竞走第1名。1994年7月，在瑞典挪威举行的第二十六届国际化学奥林匹克竞赛中，江苏省无锡市第一中学学生唐海峰获得银牌。1994年1月，全国中学生化学竞赛中，江苏省南京师范大学附属中学学生李晓峰获一等奖，省苏州高级中学学生蒋鸿获二等奖。1994年10月，全国中学生物理竞赛在西安举行，江苏省启东市中学学生毛蔚、通州市中学学生楼铭铭分别获得一等奖的第1名和第9名，省盐城中学学生李立龙获二等奖。1994年10月，在合肥举行的第十届全国高中学生数学联合竞赛中，江苏省常州高级中学学生庄伯金、南京外国语学校学生杨天、徐开闻、省南通中学学生顾一驰、武进县高级中学学生唐烨、靖江市高级中学学生黄星炜、启东市中学学生蔡开华均获得一等奖。1994年8月，第三届全国中学生生物学竞赛中，江苏省南京师范大学附中学生张川、季海峰、常州市第一中学学生卢挺均获得三等奖。

〔**小学教育**〕　1994年，全省不失时机地抓好小学教育的改革和发展，扎扎实实地全面提高小学教育质量，把巩固提高初等教育工作，真正落实到每一所学校。12月初，省教委在苏州吴江市召开了全省农村乡(镇)中心小学工作会议。研究部署了改革和发展农村小学教育的目标和任务：扎扎实实巩固和提高小学教育，积极推进小学教育现代化工程建设，努力提高教育质量。要求农村中、小学实现“五化”，即办学条件标准化、学校管理规范化、教育教学素质化、教师队伍优良化、三大作用制度化；成为四个中心，即全乡教研中心、师资培训中心、图书资料中心、信息交流中心。

实施素质教育，努力提高教学质量。部分县（市）下放了毕业考试权，实行小学毕业生划片就近入学，为素质教育的实施创造了良好的环境。一些农村中心小学甚至村小增强了教育科研意识，制定方案进行实验。省教委颁发了教师教学基本功要求，组织了教师教学基本功大赛。各地从三字（粉笔字、毛笔字、钢笔字）一话（普通话）入手，有计划地组织教师训练、考核，分期分批达到要求，提高了教师素质和教学能力。

〔**特殊教育**〕 1994年，全省盲童入学率达70%，聋童入学率达77%，弱智儿童入学率达71%，三类残疾儿童少年的入学率达72%。全省已初步形成比较完整的特殊教育体系。各市县都建立了特殊教育骨干学校，创办了残疾儿童学前教育，开展了聋童听力语言康复训练，对弱智幼儿进行早期训练和智力开发；60%的市级特殊教育学校在实施九年义务教育的基础上，创建了盲、聋职业教育初中班、职业高中班和中专班，南京市还创办了盲人按摩大专班；江苏省除在南京特殊教育师范学校和如皋师范学校建立特殊教育中等师资培训基地外，南京师范大学又开设了大专特教师资培训专业。

召开残疾儿童少年随班就读工作会议。1994年5月22日至25日，国家教委和江苏省教委在盐城市联合召开了全国暨江苏省残疾儿童少年随班就读工作会议。会议参观了盐城市残疾儿童少年随班就读现场，盐城市教育局介绍了此项工作的经验。会议讨论了《关于开展残疾儿童少年随班就读工作的意见》，并对今后全面开展残疾儿童少年随班就读，进一步抓好残疾儿童少年义务教育工作进行了部署。会议认为，开展随班就读工作，要着重抓好3个层次的工作。一是要突出政府行为，坚持依法治教。地方各级政府应当依法把残疾儿童少年教育纳入义务教育的轨道，制定有利于残疾儿童少年随班就读的方针、政策和规章、制度；要认真组织残疾儿童少年的普查和登记；要认真落实普通学校和家长使适龄残疾儿童少年接受义务教育的责任，并要在随班就读工作的培训师资、经费投入、帮助家庭困难的残疾儿童少年入学等方面采取切实可行的保证措施；二是普通学校要切实落实有关随班就读的工作。要选好教师，并使其接受培训；要搞好残疾学生的学籍管理、建立健全档案资料；要抓好具体教学工作，盐城市随班就读教师总结的“学前语训是基础，倾注爱心是关键，科学施教是根本，家庭配合是保证”，概括了听力语言残疾儿童少年随班就读教学的基本经验，同时也揭示了学校开展随班就读教学工作的一般规律。三是各地特殊教育学校要在推进残疾儿童少年随班就读工作中发挥骨干中心作用。要积极培训随班就读任教教师；配合对残疾儿童少年进行检测评估；积极为残疾儿童少年的家长提供咨询和指导；为普通学校派出巡回指导教师等。

特殊教育先进县（区、市）验收。1994年，江苏省教委于12月21日至30日组织6个检查组对29个县（区）进行特教先进县（区、市）检查验收，验收主要内容是：(1)

当地人民政府和教育行政部门重视特殊教育情况。(2) 残疾儿童义务教育情况，是否形成以特殊教育学校为骨干，以特殊教育班和随班就读为主体的残疾儿童少年义务教育格局；听力语言、视力和弱智三类残疾儿童的入学率是否分别达到80%以上。(3) 是否积极开展教学改革，加强劳动教育和职业教育，使教育教学适合残疾儿童少年的需要。(4)特殊教育所需师资是否基本配齐，并有计划地开展在职的特殊教育专业培训。(5) 是否多种渠道筹措特殊教育经费，保证特殊教育发展的需要。生均公用经费能够逐步提高。特殊教育所需教学仪器设备及其它办学条件基本具备并逐步改善。经验收为合格单位的有：南京市鼓楼区、白下区、玄武区；镇江市京口区；扬中市；常州市天宁区、武进县；无锡市崇安区；苏州市金阊区、沧浪区、吴江市、吴县；扬州市广陵区、泰州市、宝应县；南通市崇川区、海门市；盐城市郊区、大丰县、东台市、射阳县；连云港市赣榆县、东海县；淮阴市宿迁市；徐州市贾汪区、邳州市、新沂市、沛县、睢宁县。

〔**幼儿教育**〕 1994年，全省学前三年幼儿入园率南京、无锡、常州、镇江、苏州、连云港、南通等7个市已达81%以上，扬州、盐城市达73%以上；教师文化学历达标率为70.9%，受过学前教育专业训练的人数占总人数的37.4%，取得专业合格证书的有13999人。私立园又有了发展，全省共有私立园408所，783个班，在园幼儿2.27万人，教职工2300多人。幼儿学前班的管理得到加强，全省共有学前班17796个，在班幼儿65万多人，每班人数从1993年的60人下降为36.5人。

幼儿园登记注册。至1994年底，全省除南京市外，86%以上的城区幼儿园（班），除扬州、徐州市外，80%以上的农村幼儿园（班）进行了注册，即达到了省规定的办园（班）基本条件。全省共投入办园经费6.7亿元，其中城市约3亿元，农村约3.7亿元，幼儿园（班）的面貌发生很大的改变。至1994年底，全省共有一类园（优质园）429所。

启动幼儿园现代化建设工程。在登记注册、评估定类的基础上，1994年幼儿园现代化建设工程开始启动。省教委转发了无锡市教委关于《教育现代化工程示范幼儿园办园标准（试行）》。《标准》根据现代化建设对幼儿教育的要求，从领导管理、教工队伍、园舍设备、教改实验等4个方面提出20条要求。《标准》转发后，各地从实际出发，制定本地区的现代化示范幼儿园标准，进而着手制定现代化建设规划，确定试点园和试点乡镇。无锡县、江阴市、张家港市、昆山市、丹阳市、扬中市等县（市、区），乘势而上，积极推进试点工作。

幼教干部培训。各地继续根据省教委关于加强培训的要求，办好幼教干部、幼儿园园长、幼儿教师等各类培训班。1994年7月，省教委举办培训班，培训班深入领会把握幼儿教育的性质、任务和特点。要求必须遵循教育规律，提高保教质量，坚持“谁办园谁出钱、谁受益谁负担”的原则。幼儿教育是社会福利事业，政府、企事业单位、社会都应给予特殊的优惠政策，幼儿园还必须提高服务质量。

撰稿　袁云亭　林　放　徐俊峰
　　　张　仁　程益基　成尚荣
审稿　蔡霖村　金鱼为

职业技术教育

〔**综述**〕 1994年，全省中等专业学校比上年增加6所，招生比上年增加1.55万人，在校生比上年增加5.53万人，职业高中比上年增加39所，招生比上年增加0.64万人，在校生比上年增加2.06万人；技工学校166所，招生3.74万人，在校生9.14万人。1994年，全省各类中等职业学校与普通高中招生数和在校生数之比分别为1.45：1和1.32：1，分别占高中阶段教育的59%和57%。高等职业教育有了新的发展，国家教委批准江苏省无锡机械制造学校成为全国首批进行高职班试点的中等专业学校，招生90人。

〔**职业教育发展目标**〕 省委、省政府《关于〈中国教育改革和发展纲要〉的实施意见》中明确到本世纪末，江苏省职业教育事业发展的总目标是：积极发展和普及以中等职业教育为主的高中阶段教育。大力发展职业教育。到2000年，高中阶段入学率达60%，高中阶段职业教育占高中阶段教育的比例达65%左右，年招生数35万人，在校生100万人左右。省辖市各主要行业建成1—2所，每个县建成2—3所规范化的职业学校。全省重点建设100所示范性骨干职业教育中心。积极发展高等职业教育，通过改革现有高等专科学校、职业大学和成人高校，以及选择少数中专、技工学校，举办多种形式的高等职业教育等途径，加速高等职业教育的发展。到2000年，全省高等职业教育年招生数达3万人左右，其中招收中等职业学校毕业生1万人，在校生达9万人左右。加强职业教育与普通教育的沟通与衔接，为接受职业教育的学生提供多种形式的继续学习深造的机会。

为了实现上述目标，省委、省政府要求：(1) 加快职业教育办学体制改革。在政府的统筹下，主要依靠行业、企事业单位、社会团体和公民个人举办或联合举办，政府通过专项补助、贷款和制定优惠政策等形式给予必要的扶持。职业学校要走产教结合的路子，增强学校自我发展能力。逐步建立与现代企业制度相适应的现代企业教育制度。(2) 严格执行“先培训后就业”、“先培训后上岗”制度，包括乡镇在内的所有企事业单位的关键岗位，未经职业教育培训或达不到岗位要求的一律不得就业上岗，城乡企事业单位用人首先要从专业对口或相近的各类职业学校毕业生中择优录（聘）用。(3) 采取切实有效的措施，努力增加职业教育投入。切实保证各级政府拨款有较大幅度的增长。从1994年起，省财政每年增加安排1000万元，连同原来已安排的500万元，共1500万元用于发展职业教育。市、县财政也要作出相应的安排。教育费附加主要用于基础教育和职业教育。大力扶持和发展校办产业，对包括各类职业学校在内的校办产业继续实行减免税政策。运用金融手段扩大教育资金来源，各专业银行要抓紧落实发展职业教育贷款，每年不少于 9000 万元规模。(4) 全面贯彻教育方针，全面提高教育质量。

〔**职教中心建设**〕　1994 年，江苏省提出职业教育发展“1122”工程，即到 2000 年，全省在各市、县要建成 100 所占地 100 亩以上，校舍 2 万平方米以上，在校生 2000 人以上，职前职后沟通的高水平、高质量、高效益的市、县职业教育中心。为此，在省委、省政府的支持下，省教委在阜宁县召开了全省职业教育中心建设现场会，研究落实省委、省政府提出的在本世纪末全省 100 所职业教育中心建设和事业发展问题。

为了加快职教中心的建设，省除在职教专项经费方面适当倾斜和提倡地方利用贷款建校外，从 1994 年起，在职教中心安排普通中专自费生指标招生，1994 年共安排 3730 人。

1994 年全省各地都根据省定规划和要求对职教建设提出了新的规划和要求。苏、锡、常地区各市结合教育现代化工程实施落实职教中心建设规划，苏州市提出了“122”工程，在全市范围内建成 10 所职教中心；连云港市已初步建成一所职教中心，1994 年又拨款 100 万元用于职教中心设备建设；无锡、镇江、淮阴等市政府决定新征 100 亩地建职教中心。还有江阴、通州、射阳、海安、睢宁、如东、海门、昆山、江宁、宝应、铜山、武进、无锡、吴江、泰兴等县（市）都在积极兴办职教中心。据不完全统计，1994 年开始新建、扩建职教中心的有 30 多个市、县(市)。

〔**职业教育贷款**〕　为进一步拓宽职业教育经费筹措渠道，更好地利用贷款加快职业教育的发展步伐，1994 年，在省政府的关心、支持和协调下，省教委、省财政厅、省人民银行、工商银行、农业银行联合下发了关于印发《江苏省职业技术教育贷款实施意见》的通知，要求各地政府、财政、银行、教育等部门要积极利用贷款发展职业教育，银行予以优先支持，省财政从 1994 年起每年由省财政厅安排贴息 300 万元给省教委，不足部门用职教专项补助经费贴息。至 1994 年底全省 40 所职教中心共贷款 1.5 亿元，有力地改善了职业学校的办学条件。

〔**重点中专**〕　根据国家教委《关于评选国家级省部级重点普通中等专业学校的通知》，从 1993 年江苏省评估的部分中专校中选出条件较好的，经省政府审核，报国家教委审批为国家级重点中专。1994 年国家教委公布了国家级重点中专名单，江苏省共有 17 所学校成为国家级重点中专。它们是：南京铁路运输学校、南通纺织工业学校、南京机电学校、南京地质学校、徐州煤炭工业学校、南京无线电工业学校、南通航运学校、常州纺织工业学校、无锡机械制造学校、苏州农业学校、徐州煤炭建筑工程学校、常州财经学校、南京交通学校、江苏省邮电学校、南京化工学校、苏州工艺美术学校、南京市体育运动学校。

〔**教育教学改革**〕　加强学生动手能力、实际操作能力的培养。全省举办了职业学校财会、计算机专业技能竞赛，无锡、常州，常州、南京分别获得计算机专业组和非专业组竞赛团体一等奖；苏州、连云港获得财会应用竞赛团体一等奖。各地注重技能教学。据无锡市教委统计，1994年城区职业高中毕业生总数为2083人，除部分专业国家尚没有制定技术等级只有岗位要求而参加岗位考核外，应参加技能等级工考核的1859人，考核结果，100%达到三级工；参加四级工考核的1483人，达到四级工考核的1375人。并有18人达到五级工的水平。

加强教育教学管理，1994年江苏省先后制定和印发了《江苏省职教教研工作规程》、《江苏省中专校后勤管理规范》、《江苏省中专校学生管理规范》等，逐步使学校管理走上科学化、规范化的轨道。同时，省教委还和东南大学一起与香港理工学院联合举办了一期职教行政管理干部和职业高中校长培训班，进一步提高学校管理水平。

〔**师范学校建设**〕 为贯彻落实国家教委、省政府关于“加快师范院校标准化建设”的要求，进一步提高中等师范学校办学质量，省教委制定了《江苏省中等师范学校办学条件标准及评估细则》。

根据评估细则，省教委决定用2至3年时间对全省36所中等师范学校进行评估验收，对验收合格的中等师范学校，将颁发合格标牌，给予经费上的倾斜奖励，其中办学水平高的将列入省首批100所示范性学校。对验收不合格的中等师范学校，将视情况予以通报、限期纠正、停止招生等处理。要求各市认真做好落实整体规划、年度计划、基本建设各项目和经费渠道、落实管理机构。

撰稿 李步年 马 斌

审稿 蔡霖村 金鱼为

高等教育

〔**综述**〕 1994年，全省普通高等教育在改革中进一步优化结构，办学效益进一步提高，规模适度发展。全省高校在校生总数比上年增加11.8%。“211工程”建设全面展开，中国矿业大学和南京大学分别通过了煤炭部和国家教委的预审。全省自学考试报名40万人，毕业6000多人。公派出国留学人数62人，自费留学960多人，接收来江苏高校外籍留学生1300多人。

〔**办学体制改革**〕 1994年，江苏普通高校逐步形成三级举办、二级管理、以省为主的体制，打破条块分割，实行多种形式的“联合”、“共建”，联合办学的思路和模式进一步拓展。苏州蚕桑专科学校并入苏州大学，在保持原有的蚕桑专业特色的同时，成立了生物科学学院。扬州大学加快了向实体过渡的步伐。无锡轻工业学院纺织分院撤销分院并入无锡轻工业学院。江苏理工大学以院、系为单位，先后与镇江市润州区、江苏长江电器集团等十几家地方政府和大中型企业联合办学。东南大学与南京汽车集团联合成立了东南大学汽车工程学院。江苏省政府与国家教委共建南京大学、东南大学，两校实行国家教委和江苏省双重领导，以国家教委为主的领导体制，在原投资渠道不变的情况下，江苏省政府把两校的发展列入江苏省经济和社会发展规划，以多种形式支持两校的建设和发展，两校将逐步扩大在江苏的招生规模和毕业生在江苏的就业比例，充分发挥两校的优势为江苏经济建设和社会发展服务。与此同时，民办三江大学已通过了国家教委的评审。

〔**重点学科建设**〕　为了加快江苏高校“211工程”建设的步伐，进一步为江苏经济建设和社会发展服务，江苏省委、省政府决定在江苏高校建设一批省级重点学科。重点学科的遴选采取学校申报、专家评审、省政府批准建设的程序。从1993年底开始，共有18所高校申报156个学科。省教委在调查研究的基础上，制定了《评选办法》，成立了评选委员会，省人大副主任吴锡军教授担任评委会主任，中科院院士冯端教授等担任评委会副主任，成立文、理、工、农、医5个专家组。通过严格评选，共评出79个学科，其中文科15个、理科13个、工科29个，农科11个、医科11个；部委属院校47个，省属高校32个，其中有8个学科由2—3所高校联建，或同一高校内部两个相近学科联建。这样，加上1993年已宣布的12个省级重点学科，江苏省共有省级重点学科91个。省教委于9月召开了重点学科建设启动大会，举行了重点学科的授牌仪式，下发了《江苏省重点学科建设管理办法》和《重点学科建设计划任务书》。年底，又组织专家对各学科的《计划任务书》进行了审定，随即对审定合格的下拨2000万元的重点学科启动经费。省教委计划通过几年的建设，投入2亿元左右的建设经费，使江苏有80个左右的学科进入国家“211工程”，大大增强江苏高校为经济建设和社会发展服务的能力。

〔**扶持特困生**〕　所谓特困生，是指月消费水平低于所在城市最低消费水平的学生，在南京高校，一般把月生活费低于100元的称为困难学生，而特困生是指低于60元的。据了解，江苏高校中困难学生数占学生总数的比例约为8—10%。江苏省委、省政府对高校特困生问题非常重视，决定筹款1000万元，建立大学生贷款基金。1994年省财政下拨省属高校10万元特困生补助金。省教委多次召开会议，提出解困措施，各高校认真调查研究，逐个登记在册。主要措施包括：(1)发动特困生积极参加校内外的各项勤工俭学活动，如参加公益劳动，打扫实验室、联系家教、做钟点工等；(2)改革奖学金制度，鼓励学生品学兼优，引入竞争机制，提高金额，拓宽来源，扩大覆盖面；(3)设立贷学金，一些高校根据自身的财源，挤出资金作为特困生贷学金；(4)发放特困生困难补助；(5)开展“献爱心”活动，通过同学之间的互帮互爱来解决学生的问题。高校特困生的问题也引起了社会各方特别是新闻界的关心和支持。

〔**校风建设**〕　1994年，江苏省教委根据《关于在全省高校开展校风检查评估活动的通知》精神，组织了高校领导、专家对申报“江苏省高校校风建设合格单位”的40所院校中的部分高校进行检查评估。评估结果有：中国药科大学、南京理工大学、南京航空航天大学、苏州医学院、常熟高等专科学校、沙洲职业工学院、江南大学、常州工业技术学院、镇江师范专科学校、扬州大学水利学院、淮阴师范专科学校、盐城师范专科学校、东南大学、中国矿业大学、华东船舶工业学院、南京邮电学院、南京师范大学、南京动力高等专科学校、南通师范专科学校等院校成为达标单位。通过检查表明，江苏省高校在教书育人、管理育人、服务育人、环境育人以及学生学习、生活、文明举止等方面有了新的提高。各校领导重视、师生广泛参与校风建设，建立了严格的规章制度，积极推进管理改革，促进学生德智体全面发展。学校校风建设的成效体现在：一是带动了学校的全面工作上水平、上档次；二是形成了育人的合力；三是改变了学校的面貌；四是促进学生的自我教育、自我管理、自我服务；五是为改革、发展创造了稳定、良好的环境。

〔**理论课教学**〕 1994年，江苏高校马克思主义理论课教学与改革工作贯彻以建设有中国特色社会主义理论为中心内容和“学马列要精、要管用”的指导思想，重点开展了两方面的工作：一是开展了教材建设，让建设有中国特色社会主义的理论进入教材，理论联系实际，组织部分骨干教师认真编写、出版了《马克思主义原理》、《中国革命史》教材，使学生在学原理、学历史中掌握特色理论，加强对特色理论的认识；二是抓师资培训，组织召开“中国社会主义建设”备课会，通过研讨、交流、辅导、参观等活动，促进教师业务水平的提高，提高了教学质量。省教委组织110人分赴广东、上海、三峡和南京等地开展社会考察和社会调查，开拓视野，进一步加深对建设有中国特色的社会主义理论的理解和掌握，使江苏高校政治理论课建设得到了健康的发展。

〔**教学管理改革**〕 1994年，江苏高教始终把教学改革摆在高校改革的核心地位，积极推行学分制、双学位制、主辅修制，加强教学管理制度的改革。上半年，在苏州大学召开9所高校教务处负责同志研讨会，对学分制问题进行了专题研究，并成立了学分制理论和实践研究课题组。8月中旬，在无锡轻工业学院召开了部分高校领导参加的教学管理理论研讨会，就学分制的有关理论和实践问题进一步开展研究。到年底，驻江苏的部委属高校大部分实行了学分制，省属高校中南京师范大学、苏州大学、镇江师范专科学校、盐城工业专科学校、扬州大学等逐步开展了学分制的试点工作，取得了明显的成效。同时，进一步探索校际间开放式人才培养模式，加强校际间的教师互聘、资源共享、学分互认，加强与社会、企业的联合与合作。南京市模范马路地区的5所高校、苏州地区的9所高校，连云港地区的3所高校都进行了外语师资、图书资料、考试题库、选修课等方面的协作；南京大学、南京师范大学已着手在南京地区开设“周末辅修专业”或“周末选修课”，充分利用学校资源，调动教与学两方面的积极性，提高人才培养质量和全面素质。

1994年，省教委围绕面向21世纪改革教学内容，选择若干专业进行“小范围、大幅度、高起点、创特色”的教改试验，江苏已有8所高等学校的13个专业列为国家教委教学改革试点专业，随即又有8所学校12

个专业申报。同时，省教委认真抓好计算机等级考试和大学外语四、六级考试，以此促进教学内容的改革，推动计算机和外语教学尽快跨上新台阶，大力开展计算机辅助教学、电化教育以及多媒体教学。组织了对全省高校电化教育现状的调查，开展了优秀电教教材的评选，年底在无锡召开了全省高校电教工作研讨会暨电教研究会第五次会员代表大会，总结交流经验，探讨今后深化改革的思路和办法，讨论修订了《电教工作暂行规程》和《高校电教工作评估办法》。

〔**师资建设**〕 1994 年，主要做了 4 方面工作：一是加快跨世纪学科带头人和青年骨干教师的培养。评选出江苏高校第二批优秀青年骨干教师 238 名，涉及 63 所高校。同时还建立了校级优秀青年骨干教师选拔培养制度。二是正确运用评奖评优的作用。继首批曾宪梓奖评选之后，又进行了第二批评奖工作。经国家教委专家组评审，44 人获奖，其中二等奖 2 人，三等奖 42 人。三是加强高校职务聘评改革工作的规范化、科学化建设，继续完善分类评审。为了配合高等学校管理体制改革，进一步扩大学校办学自主权，根据国家有关文件精神，制定了《申请教授、副教授学科评议权的暂行规定》，国家教委向全国转发了此文。四是加快高校教师住房建设。至年底省属高校教师住房竣工面积达 5 万平方米，超额完成 4 万平方米的省政府年度工作目标管理任务。在宁高校教师公寓建设开始启动。

撰稿 梅泽铭

审稿 蔡霖村 金鱼为

成人教育

〔**扫盲教育**〕 1994 年，全省共组织 65.3 万脱盲人员参加巩固、提高学习。

1994 年 6 月 25 日省八届人大常委会第八次会议通过决定，将《江苏省扫除文盲暂行条例》修改为《江苏省扫除文盲条例》，修改后的《条例》，对江苏省扫盲工作的要求和验收标准提得更高了；扫盲的有关措施也更为得力。为了把省扫盲《条例》的规定落到实处，以法促扫，按照省政府的要求，省教委及时发出了关于学习、贯彻扫盲《条例》的《意见》，并组织力量对这项工作的落实情况进行检查。一些市、县（市、区）人大也行动起来，听取扫盲工作情况汇报，研究加快扫盲步伐措施，深入基层进行专项检查指导。徐州市人大领导在听取政府和教育部门汇报后明确提出：“要把新颁布的扫盲《条例》与《义务教育法》结合起来贯彻执行，提高全市城乡劳动者的素质。”

省教委继续把扫盲作为全省教育工作的一件大事紧紧抓住。省教委主任办公会议多次研究扫盲工作；省教委主任袁相碗专门就全年扫盲工作进行动员和部署，并要求地方各级教育行政部门的一把手继续抓好这项工作；省教委先后两次颁发文件，两次听取各市扫盲进展情况汇报，组织3项专题检查。省教委排出了全年重点抓的市、县（区）名单，市、县则排出有关乡镇、村的名单，实行“单兵教练”。坚持高标准、严要求，即使通过国家和省扫盲验收的市、县，也继续开展了这项工作；强调以乡镇、村为基本单位，每个乡镇、村都要达标，到8月底，全省未达到扫盲验收标准的乡镇仅剩39个、行政村232个，乡镇和行政村的达标率分别达到98%和99%以上。

严格进行扫盲验收。根据国家教委的部署，省政府按照有关规定，在省政府的组织、安排下，分期分批对申报达标的县（市、区）进行验收。到1994年底，全省106个县（市、区），有61个县（市、区）通过了国家教委组织的扫盲验收。验收中坚持标准，严格程序，统一考核，确保质量。如在对泗洪县和泗阳县的扫盲评估验收中，省验收组在听取当地政府和有关部门扫盲工作情况汇报及查阅、核实有关数据资料的基础上，随机抽查18个乡镇、36个行政村；先后召开有基层干部、扫盲专职干部、扫盲教师、脱盲学员及有关人员参加的座谈会56个，累计有442人参加，走访有关人员126人；用省级扫盲验收统一试卷对抽到的587名脱盲人员进行了考试。

〔**农村成人教育**〕 全年共组织588.4万人次参加农村成人教育、培训，其中有8万人参加业余小学学习，10万人参加业余初中或高中学习；有792万人次参加了政治、政策、道德、法制及社会生活等有关内容的培训；参加各类实用技术培训的有391.8万人次，占年培训总人次的70%。在农村成人培训中，突出技术培训这个重点。省教委要求各级教育部门要牢固树立围绕经济办成人教育，办好成人教育促经济的办学思想；围绕当地农村经济发展和农民收入增长的主要目标，以“燎原计划”为纽带，以科教兴农为指针，大力开展名、特、优新产业项目培训，为发展农村市场经济服务。在农副业技术培训方面，各地紧紧围绕当地产业项目作文章。海安县在开展各类教育、培训的同时，狠抓科学养鸡技术培训，使全县年养鸡总量达到1600多万羽。为进一步推进乡镇职工教育，省教委和省乡镇企业管理局联合下发了《关于加快我省乡镇企业职工教育改革和发展步伐的意见》。按照《意见》的要求，各地的步伐在加快，全省参加培训的乡镇企业职工达154.7万人，比上年增加近20万人。在乡镇企业比较发达的地方，培训的层次、质量都在提高；在外向型企业发展较快的地方，电脑及实用外语培训热也正在兴起。各地在大力开展技术培训的同时，还开办了一些政治思想、时事政策、职业道德、社会公德、民主法制及社会生活等内容的培训班，这些对农村精神文明建设也起了重要的促进作用。为了进一步推动这项工作，5月，省教委在南通市召开全省农村成人教育现场会，推广南通市农村成人教育走教育、经济一体化道路，为农村两个文明建设提供全方位服务的经验。

回乡中学毕业生培训。回乡初高中毕业生是建设农村的生力军。为了继续抓好对他们进行爱祖国、爱农村、爱家乡教育和农村实用技术培训，近几年来，省教委坚持把这项工作作为硬任务落实到乡镇成人学校，限期完成；实行“双证”齐发，初、高中学生毕业后，到乡镇成人学校接受技术培训，待取得技术培训合格证书后，再回原校领取毕业证书；要求有条件的乡镇成人学校举办职业技术班，全省这类学校举办的3年制职业技术班2418个，学员达9.3万人。对这些乡镇成人学校，按规定增加专职教师并增拨职业技术教育经费。通过多种形式，全省应届回乡初高中生年培训率已达95%以上。

乡镇成人教育中心建设。全省乡镇成人教育中心已达1988所，占乡镇总数的98.66%，其中单独列编的779所。全年乡镇成人教育中心直接举办各类教育、培训班5.3万个，培训农村成人321.5万人次，占全省农村成人教育培训总人次的55%。为在普及基础上提高乡镇成人学校建设水平，1994年8月，省委、省政府召开的全省教育工作会议上提出，到2000年，全省创办200—250所省级重点乡镇成人教育中心校，争取50所进入国家示范乡镇成人学校的行列。9月底，省教委下发了《江苏省重点乡镇成人学校评估细则（试行）》。根据《评估细则》，省教委组织力量对各地申报的学校，从办学方向和效益、组织领导、教师配备、学校管理、教学工作、校舍设备、经费投入等7个方面59项进行逐校逐项评估。在评估的基础上，12月份，省教委研究确定并公布江阴市申港镇成人教育中心校等33所学校为江苏省首批重点乡镇成人学校。争创省级重点乡镇成人学校活动的开展，进一步推动了面上工作，使一大批乡镇成人学校的基础设施建设、管理水平、办学水平和效益上了一个档次。全年在乡镇成人学校毕业或结业的人员237万人，占入学人数的75%。全省乡镇成人学校通过教育、培训，当年推广农村实用技术1377项，约产生经济效益9亿多元。各乡镇成人学校在农村精神文明建设中也做了大量工作。

11月19日至24日，全国扫盲与农村成人教育工作会议暨乡镇成人学校现场会在江苏省无锡县召开。全国各省、自治区、直辖市及计划单列市的教委（教育厅、局）分管主任（厅、局长）、主管处处长，国家有关部委、国家教委有关司司长等近200人参加了会议。省教委主任袁相碗作了题为《加强领导，真抓实干，把乡镇成人教育中心校建成为农村两个文明服务的坚强阵地》的专题讲话；会议期间，与会代表还到无锡县华庄镇、江阴市申港镇、宜兴市洋溪镇等15所镇、村（厂）成人学校进行现场考察。代表们对江苏省提供的经验和现场给予充分肯定和高度评价。国家教委专职委员郭福昌代表国家教委到会讲话，要求各地学习推广江苏省乡镇成人学校办学经验，加快扫盲步伐，大力发展农村成人教育，推动农村经济和社会发展，为实现我国第二步战略目标作出更大的贡献。

〔**成人高、中等教育**〕 1994年成人高、中等教育以解放思想、实事求是为指导思想，以发展为龙头，以质量为中心，以加强管理，加强教师和管理人员队伍建设为重要保证，以改革精神为动力，以办出成人特色为目标，全面拓展成人高、中等教育工作，使成人高、中等教育更好地适应社会主义市场经济体制的建设，更好地为江苏经济和社会发展服务。(1) 事业规模进一步扩大。1994年成人高校招生比上一年增加10.3%；成人中专校招生也比上年有所增长；成人高等专业证书教育招生比上年增长77.2%。1994年省教委还批准25所高校新增了成人高等教育专科专业83个。(2) 成人中专招生采取了一系列改革举措：招生计划由下达到学校改为下达到各市，调动了各市积极性；高中毕业生进入初中起点的中专班，免试入学；进入高中起点的中专班，进行水平测试；农业广播学校根据其学员特点，实行单独提前招生；参与高中会考后分流，1994 年共批准 5 市 14 所办学条件较好的成人中专校参与高中会考后分流的试点，共录取 600 名学生。试行首批评估合格的成人中专校优秀毕业生保送进入对口的成人高校学习，比例为应届毕业生总额的 1%，1994 年共录取 84 名。(3) 成人高、中等教育评估全面展开。成人中专校评估在完成首批 68 所验收合格后，3 月上旬在扬州召开了评估总结会，因评估增加的投入达到 1.55 亿元。在此基础上，又进行了第二批合格学校的评估验收工作。成人高等教育评估全面展开：开展了南京人口管理干部学院等 6 所独立设置的成人高校试评；开展了无锡县等 11 个县级电大（每市一所）的试评与自评。据 1994 年底不完全统计，11 所县电大因评估增加的投入已经到位的达 3000 多万元，加上意向性投入近一个亿；普通高校函授、夜大学的评估进行了调查研究，试点工作即将展开。教学管理进一步加强，管理队伍素质和教学质量进一步提高。省教委印发了《成人中等专业学校管理规范》；举办 3 期成人高、中等学校校长、普通高校成人教育教务管理人员培训班；成人中专校承担了全面成人中专外语、计算机等教材的编写工作；通过成人高等教育教学成果评审、抽考等工作，成人高、中等教育教学质量进一步提高。

〔**成人高等职业教育试点**〕 1994 年，经国家教委批准，有 13 所成人高校举办应用电子技术、机电一体化、计算机应用、精细化工、财务会计 5 个专业高等职业技术教育试点，对口招收中等专业学校（普通中专、成人中专、职业中专、职业中学、技工学校）的往届毕业生，入学考试采取“3＋2”形式（3 门文化课参加全国成人高校统一入学招生考试，2 门专业基础课由省招办统一命题组织入学考试）。当年国家教委批准的这种入学考试举办高职的试点仅江苏一家。

为保证试点健康有序进行，取得成效，1994 年重点抓了培养方案的制订工作。培养方案最大特点是以转变思想为先导，以能力本位教育为基础，以课程设置的改革为核心，以提高职业素质为目的，表现在：(1) 办学思想和课程设置由学校为中心转向由社会为中心，如以职业、岗位（群）技能组合课程，聘用实际部门具有教学能力的同志为兼职教师，以参与社会和社会参与共建实践基地，教学质量由自我评价转向社会评价。(2) 教学模式由注重理论教学的单一性转向理论与职业技能并重的双元性。人的技能分为智力技能和操作技能两种，二者融为一体构成人的技能的完整性。将理论知识的教学与职业技术技能的训练有机统一起来，二者并行并重，理论与实践学时之比达到 1∶1。(3) 课程设置由普通教育的三段论模式转向模块组合，如应用电子技术专业的课程设置在公共基础课、职业基础课基础上按八大项职业技能模块组合课程。(4) 实践环节由培养认识能力转向注重职业技能训练。这样的培养方案具有鲜明的职业性，培养模式具有典型的“双轨性”。

〔**教学成果奖评审**〕 开展成人高等教育教学成果奖评审。截至 1994 年 5 月申报结束时止，共收到 49 校（普通高校 25 所，职工大学、管理干部学院23所，电大1所）报来的申报材料112项，其中理科19项，文科22项，工科32项，财经15项，管理24项。经过评审委员会的评审，共评出一等奖7项，二等奖31项，三等奖57项，淘汰17项。

〔**职工教育**〕　1994年，全省参加50小时以上学习的职工有299万人，其中岗位培训239.6万人、继续教育10.7万人、高等教育30.6万人、中专教育11.5万人、高、初中文化基础教育6.6万人。为贯彻《江苏省职工教育条例》，省教委于12月制定了《江苏省职工教育条例实施细则》，下发各市教育行政部门和省各部门征求意见。南通、连云港市为贯彻《江苏省职工教育条例》，由市教委会同市人大对企事业单位职工教育进行执法检查。通过执法检查，加强职工教育管理机构，充实职教队伍，加大教育投入，完善教学设施。

企业教育综合改革。推动企业教育综合改革深入发展，省教委于12月14日至16日在南京召开了全省企业教育综合改革工作研讨会，国家、省、市三级实验企业的领导，各市教育、职教部门的分管局长、主任，省有关厅局的教育处长等160余人参加了会议。会上，南京汽车制造厂、金陵石化公司等9个单位介绍了经验。主要经验有：(1) 企业的领导重视教育、关心领导教育，把教育纳入企业自身改革和发展的总体规划，确保教育的战略地位在实际工作中的落实。(2) 重视抓好经济、科技、教育统筹和人事、劳资、教育制度改革的配套结合，真正解决好服务和依靠的关系。(3) 根据建立现代企业制度的需求，深化办学体制和管理体制的改革，构建企业教育体系的框架。(4) 围绕提高教育质量和办学效益，改革教育内容和教育方法，形成企业教育特有的模式。(5) 采取切实有效措施，保证教育经费的投入和加强师资队伍的建设。(6) 注重把企业教育、企业文化和企业的精神文明有机结合，为两个文明建设服务。

〔**社会力量办学**〕　根据国家教委对社会力量办学“积极鼓励、大力支持、正确引导、加强管理”的16字方针，省教委1994年新批7所独立设置的社会力量办学单位，它们是江苏科技进修大学、江苏社科进修大学、石城高等培训学院、江南智力进修学校、南京驾驶培训学院、江苏传统养生益智培训学校、江苏化工培训中心。省教委还会同省物价局、财政厅制定了《社会力量办学收费管理办法》，统一收费标准，规范收费管理。为了提高社会力量办学的管理水平和教育质量，省教委举办了社会力量办学管理人员培训班，组织学习社会力量办学的政策法规，交流社会力量办学经验，并实地参观考察徐州市、青岛市的社会力量办学现场。

撰稿　冯荣坤　李世恺　经贵宝
审稿　蔡霖村　金鱼为

浙江省教育

概况

〔基本情况〕

1994年各级普通学校基本情况

单位：人

学校类别	学校数（所）	毕业生数	招生数	在校学生数	教职工数 计	教职工数 其中专任教师
一、普通高等学校	37	18668	32048	91421	28212	11345
研究生		773	1566	3993		
本　科		8433	13720	46561		
专　科		9462	16762	40867		
二、中等专业学校	155	23195	49155	108749	15760	7442
中等技术学校	126	16830	38005	81178	12711	5781
中等师范学校	29	6365	11150	27571	3049	1661
三、普通中学	3315	568850	728220	1940201	127220	101187
高　中	542	69485	98032	253058		17922
初　中	2773	499365	630188	1687143		83265
四、职业中学	481	38779	75198	158379	12998	8882
高　中	471	38349	74367	156211		8799
初　中	10	430	831	2168		83
五、工读学校	2	50	50	67	50	40
六、小学	23674	661987	727091	3661468	154588	139843
七、特殊教育学校	55	1172	2774	18038	1291	1003
八、幼儿园	11705			993301	48006	39453

1994年各级成人学校基本情况

单位：人

学校类别	学校数（所）	毕业生数	招生数	在校学生数	教职工数 计	教职工数 其中专任教师
一、成人高等学校	38	9396	35426	71397	4360	2104
广播电视大学	2	3845	15227	29351	1554	725
职工高等学校	26	805	1301	4001	1111	550
农民高等学校						
管理干部学院	4	317	793	1690	668	276
教育学院	6	1192	2560	6557	1027	553
独立函授学院						
普通高校举办						
函授部		2263	8145	17109		
夜大学		563	5684	10347		
干部专修科		411	1716	2342		
二、成人中等专业学校	138	10055	35651	68371	4936	2419
广播电视中专	16	2286	9797	24431	572	259
干部中专	1	115		95	40	15
职工中专	65	4013	13548	28355	2355	1186
农民中专	2	88	327	725	74	39
教师进修学校	50	2710	9122	9047	1733	839
函授中等专业学校	4	843	2857	5718	156	81
三、成人中学	355	17750	28827	36023	1241	687
职工中学	125	9404	17487	24629	748	379
农民中学	230	8346	11340	11394	493	308
四、成人技术培训学校	10352	1640354	1693436	1332191	7681	3146
职工技术培训学校	903	182387	202503	187342	2564	1149
农民技术培训学校	9449	1457967	1490933	1144849	5117	1997
五、成人初等学校	2480	119246	124462	108511	1647	564
职工初等学校	76	5247	5525	5155	93	30
农民初等学校	2404	113999	118937	103356	1554	534
其中：扫盲班		77315	80647	65045	1231	387

制表　张其宏

〔**全省教育工作会**〕　1994年9月12日至14日，浙江省委、省政府召开全省教育工作会议，传达贯彻全国教育工作会议精神，研究浙江省贯彻落实《中国教育改革和发展纲要》实施意见，动员各级党委和政府进一步贯彻实施《纲要》，为实现90年代浙江教育改革和发展目标而努力奋斗。省委书记李泽民到会讲话，省长万学远作主报告，省委副书记刘枫作大会总结，副省长徐志纯传达全国教育工作会议精神。包括各市（地）党政一把手在内的300多位同志参加了大会。国家教委代表杨金土同志出席了会议。

万学远省长在报告中指出，要着眼于二十一世纪，进一步增强浙江省加快教育改革和发展的紧迫感、责任感。贯彻全国教育工作会议，实施《中国教育改革和发展纲要》，首要的任务是要从21世纪浙江经济和社会发展的未来着眼，进一步统一对教育优先发展战略地位的认识，使浙江的教育工作真正上一个新的台阶。从现在起到1997年是初步构成具有浙江特色教育体系的重要时期，全省要重点实施“9761”工程。即到1997年，全省实施九年义务教育和扫除青壮年文盲；建设好贫困地区的100所乡初中；在原有基础上，重点投入，建设好100所重点中学、100所职业学校、100所成人文化技术学校、100个高校重点学科、100所省级文明学校。为实现上述目标和任务，浙江省加快教育改革与发展的措施是：

第一，确保政府教育投入，多渠道筹措教育经费。一是各级政府要千方百计挤出资金，确保教育经费切实做到《纲要》提出的“三个增长”。省政府决定，到1997年，全省预算内教育经费支出占财政支出的比例，提高到20%以上。二是动员社会各界力量，帮助贫困地区实施九年义务教育。到1997年全省普及九年义务教育，主要困难在部分贫困地区。省政府决定，每年增加1000万元教育经费，重点扶持贫困地区义务教育和职业技术教育。有关市、地、县也要根据中央的要求，拿出一部分资金专项用于扶持贫困地区的义务教育。同时，采取对口扶贫的办法，发动省级各部门、各大中型企业、经济发达市（县）扶助贫困乡（镇）的教育。积极鼓励、支持“希望工程”等有益的助学活动。三是认真做好教育附加费的征收工作。城镇教育费附加按“三税”的3.5%征收；农村教育费附加按农民上年人均收入的1.5—2%计征（包括在农民负担的5%之内）。在征足用好城镇教育费附加和农村教育事业费附加的同时，中外合资、合作企业中方股份入城乡教育费附加的征收范围；除微利房外的商品房按每平方米建设面积征收一定数额的教育配套费。

第二，进一步深化教育体制改革。浙江经济体制改革起步较早，在全国处于领先地位。教育改革也应走在全国的前列。各地要认真总结实际工作经验，在全省不断加以推广。省要重点抓好几个方面改革：一是调整教育结构。在确保基本普及九年义务教育和基本扫除青壮年文盲的基础上，大力发展职业技术教育和岗位技术培训，逐步建立结构合理、行业配套、多渠道办学的职业教育体系。提高从业人员的素质，培养大批适应市场经济需要的多规格人才和合格劳动者。高等教育要进一步改善教育结构，提高办学效益。二是加快办学体制改革。要进一步改变政府包揽办学的状况，在坚持政府为主办学的前提下，积极鼓励企事业单位、社会各界和个人依法办学，鼓励港澳同胞和海外侨胞捐资助学，逐步形成政府办学为主、社会各界参与办学的新体制。三是深化基础教育管理体制改革。进一步完善分级办学、分级管理体制，各级政府要切实负起基础教育的责任；扩大市、县政府对基础教育的统筹权和决策权。农村教育的集资权放到县一级。四是继续深化高等教育体制改革。进一步扩大高校办学自主权，属于学校的权限要坚决下放；逐步调整高校布局，推进联合办学；进一步改革高校招生、毕业生就业制度改革。通过试点，在取得经验的基础上，逐步实行缴费上学，大多数毕业生自主择业。

第三，加强师资队伍建设。要加快师资培养步伐。大力办好各级师范教育，鼓励优秀学生报考师范院校，扩大师范定向招生比例，继续招收部分优秀代课教师入师范院校深造。建立师范毕业生服务期制度，保证毕业生到中小学任教。通过多种办法，补充中小学教师的不足，争取在1997年前解决民办教师转正问题。改善教师工作条件和生活待遇，努力为教师办几件实事：一是凡教龄满30年的中小学教师，从教师岗位上退休后，按基本工资的100%发给退休费。二是享受公费医疗的教师同当地国家工作人员享受同等医疗待遇。三是不准拖欠教师工资。四是加快改善教师住房条件。通过"财政补一点、学校筹一点、教师个人拿一点"的方法，多渠道筹集建房资金，加快教师住房建设。省里四年内拿出1亿元资金，结合房改，建造一批高校教师住房，争取在1997年前缓解高校中青年骨干教师的住房问题。各地也要尽力解决当地教师的住房困难。到1997年，要求各地中小学教师住房达到或超过当地居民的平均水平。同时，对教师建房、购房实行优先、优惠政策。

在会上，印发了《浙江省关于进一步贯彻〈中国教育改革和发展纲要〉，加快教育改革和发展的若干意见》（征求意见稿），经过会议讨论修改后，1994年12月7日，浙江省人民政府颁发了《关于贯彻〈中国教育改革和发展纲要〉加快我省教育改革和发展的若干意见》。《意见》共分6个部分，即：正确认识浙江省教育事业发展的现状；浙江省教育事业九十年代发展目标和任务；深化教育改革的任务和政策措施；增加教育投入；加强教师队伍建设，提高教师待遇；加强领导，真正落实教育的战略地位。

撰稿　钱晓芳

审稿　阮忠训

基础教育

〔**综述**〕　至1994年，全省已有62个县（市、区）、1560个乡（镇）实施九年义务教育，覆盖人口3885万人，分别占乡（镇）总数的84%和人口总数的90.1%，比上年分别提高9.5和7个百分点。小学适龄儿童入学率和巩固率分别为99.7%和99.92%，小学毕业生升初中的比例达到95.32%，初中学生巩固率为96.56%，义务教育学龄人口入学率达97.44%。1994年全省新办聋哑学校2所，附设特教班达106班，在校学生总数比上年增长36.6%，其中附设班和随班就读学生达12587人，比上年增长52%。初中毕业生升入高中段比例达46.1%，比上年提高5.8个百分点，其中普通高中招生比上年增长14.4%。中小学布局调整取得较大成绩。小学在校生比上年增加近7万人的情况下，学校数减少1640所，其中减少单班学校1008所、两班规模学校393所；班级数减少624个，其中班额不足10人的班级减少331个。中小学师资队伍得到进一步加强。全省普通中小学共接收大中专毕业生1.23万人，向社会招聘565人，使教师总数达到25万人，比上年净增加0.7万人；有1.8万余名初中教师和1.7万余名小学教师接受全员培训，达到合格学历的教师比例为：小学78.4%、普通初中70.7%、幼儿园57.6%、普通高中55.7%；小学有1805名、初中有935名符合工龄和学历要求的代课教师分别被录取到中师、高师学习，全省在编民办教师减少到1.78万人，代课教师减少到3.7万人。学校办学条件进一步得到改善。全省普通中小学校舍面积达2749.6万平方米，比上年净增72万平方米，建设窗口学校已摆到各级政府的重要议事日程。绍兴县鲁迅中学1994年9月2日落成。学校占地面积92.5亩，建筑面积2.3万平方米；总投资3500万元，其中政府投入1400万元，社会各界和群众集资2100万元，是省内迄今为止集资数量最多的普通高中。她的诞生，为加快发展高中段教育开辟了一条成功之路。全省中小学教学设施、实验、图书等教学装备也有一定程度的改善，中学生均藏书为9.5册、小学为4.83册。

〔**义务教育**〕　省教委于12月19日至21日在青田县召开了浙江省第九次义务教育研讨会，着重研讨以县为单位宣布实施义务教育的基本条件和调整普及义务教育评估验收指标，解决普及义务教育所需师资的措施，普及残疾儿童少年义务教育和控制中小学生辍学，提高完成率等问题。会议认为，全省已在84%的乡（镇）、90.1%人口的地区实施九年（或八年）义务教育，反映普及程度的几个主要指标（小学学龄人口入学率、小学五年保留率、小学毕业生升初中比例、小学生辍学率、初中生辍学率等）都完成较好，“全省到1997年普及义务教育”的目标经过各地扎扎实实的工作，是可以实现的。会议认为，以县为单位宣布实施九年义务教育，应具备以下四个基本条件：全县小学毕业生升初中的比例达到95%，教育经费做到“三个增长”，小学、初中专任教师学历合格率分别达到80%和70%以上，校舍坚固、够用、适用并能及时排除危房。会议认为，要加快部分县（市、区）实施九年义务教育，省、市（地）、县（市、区）应在以下几方面作特别努力：(1)普及是义务教育的核心，各地要采取切实有效的措施，坚决制止流生，保证每一位适龄儿童入学，保证他们依法受完规定年限的教育；(2)残疾儿童少年教育是义务教育的重要组成部分，各地要充分认识残疾儿童少年教育在义务教育中的地位和作用，严格执行《义务教育法》和《残疾人保障法》，切实把残疾儿童少年教育纳入普及义务教育的轨道，努力加快发展残疾儿童少年教育；(3)教师是教育改革和发展的关键，对尚未实施九年义务教育的县（市、区），除了加大投入，改善办学条件，提高普及程度外，必须把师资的培养、培训和提高学历层次作为“重中之重”，采取特殊措施，予以优先考虑，逐步建立一支数量足够、质量较高、结构合理、相对稳定的教师队伍，确保全省实施“普九”目标的实现。

〔**普通高中**〕　改变单一办学模式，鼓励和引导学校从当地实际出发，积极探索普通高中办学新路子。1989年以来，湖州市在一个市范围内开展了普通高中分流教育试点，积累了实践经验，并在全省得以推广。1994年，浙江省在总结湖州等地普通高中分流教育试点经验的基础上，加大改革力度，制订配套措施，在全省部分市（地）进行大面积的普通高中分流教育试验，以适应社会主义市场经济对人才的不同需求，使普通高中走出一条“放开搞活、适量发展”的新路子。为此，8月25日至26日，省教委在湖州市召开全省普通高中分流教育工作会议，成立了省试验领导小组，部署了大面积普通高中分流教育试验的有关工作。会议确定试验采取“二一分段，高三分流”的基本结构，即用两年时间学完普通高中现行教学计划所规定的文化课必修内容，并结束规定科目的会考，高三年级开始实施为期一年的升学预备教育或就业预备教育。在高三阶段分流教育的组织形式上，力求多样化，可采取“本校内部分流”，即参与分流教育试验的普通高中根据本校的办学条件和师资情况，开设升学预备班和职业技术培训班；也可以采取“跨校分流”，即在本县（市、区）或市（地）范围内的若干所高中段学校实行横向沟通，试验学校的高三学生可以到重点高中、职业高中和成人职业教育培训中心去接受升学预备教育或就业预备教育；还可采取“跨系统分流”，即由试验学校完成文化课教学任务后，让社会力量承担一部分职业技术培训任务或举办各类升学预备班，积极鼓励社会团体、用人单位和公民个人参与办学，充分利用民间办学的力量加快整个高中段教育事业的发展。为保证普通高中大面积分流教育试验的顺利进行，应采取如下政策和措施：（1）试验学校按现行普通高中教材的必修内容进行教学。根据分流教育试验的要求，对课时安排和会考科目、时间作相应调整。（2）改变高中证书会考办法，鼓励学生发展个性特长。试验学校的高中证书会考采取“3＋2＋4”的形式。前五门为考试科目，由省统一命题，其中语文、数学、外语三门为必考科目，学生再在其余六门科目中选考两门。后四门为考查科目，由试验市（地）或县（市、区）自行决定考查形式，自行组织实施。考查科目一律分“合格”、“不合格”两档记载成绩。对参加会考的学生由省统一发给会考证书。（3）高三阶段接受就业预备教育并达到当地规定要求的学生，由培训单位发给职业技术培训合格证书。其中会考合格的学生并经过考核允许发给职业高中毕业证书，在就业和升学上与三年制职业高中毕业生享受同等待遇。普通高中分流教育试验工作正在全省各地积极展开。

办好重点中学。截止到1994年，浙江省有92所重点中学。在各级党委和政府的支持下，通过各级教育部门和学校的共同努力，办学条件得到了较大改善，教育质量和办学效益有了明显提高，不仅为高校输送了大量的新生，而且在贯彻教育方针、开展教学改革和教育实验等方面给普通高中起到了带头和示范作用。1994年，在贯彻落实《中国教育改革和发展纲要》和全国教育工作会议精神过程中，浙江省出台了《关于进一步办好省重点中学的意见》，提出了重点中学的办学要求和建设目标：到本世纪末，全省办好100所左右重点中学，并使其中50所左右能代表浙江水平的重点中学进入全国1000所重点中学的行列。为实现这一目标，浙江省主要采取了以下几项措施：（1）实行省重点中学等级评估制度，以进一步加强政府部门对学校的宏观管理，探索教育主动适应社会主义市场经济的运行机制；促进各级政府及有关部门重视和支持重点中学建设，为学校的改革和发展创造良好的社会环境；调动重点中学的办学积极性，鼓励重点中学开展办学水平竞争，增强重点中学办学活力，发挥重点中学在贯彻教育方针、深化教育改革、提高教育质量和办学效益等方面的示范带头作用。重点中学等级评估工作将以办学条件的标准化、学校管理的科学化、教师队伍的优良化、示范作用的发挥、教改实验的探索等几个方面为依据，评定省一级、二级和三级重点中学。（2）采取多种形式，开拓多条渠道，不断增加经费投入，进一步改善重点中学办学条件。（3）实行校长负责制，扩大重点中学在招生、教师管理、教学改革、办学模式等方面的办学自主权，使其率先建立起自我激励、自我发展、自我调控和自我约束的运行机制，以促使重点中学在深化改革中加快发展。（4）加强重点中学领导班子建设，不断提高学校管理水平。

〔**音、体、美教育**〕 1994年，学校体育、卫生、艺术教育工作进一步得到加强，中小学生整体素质有了提高，城乡差别正在缩小。为逐步改变“小三门”教师缺乏状况，1994年在有条件的中师扩招了音、体、美师资，表彰了从教30年的音、体、美教师85名，极大地调动了教师的积极性。

举办了省中学生田径运动会。有267名运动员参加，有1人次破省青少年甲组最高纪录，5人次达到一级运动员标准，125人次达到二级运动员标准，总成绩有明显提高。1994年还成立了省中学生体育协会。

1994年6月成立了“浙江省教委艺术教育委员会”。该委员会负责指导、咨询、协调浙江省学校艺术教育工作。委员会成立后对全省学校艺术教育的基本情况进行了调查；制定了《浙江省学校艺术教育发展规划(1994—2000)》，明确了浙江省学校艺术教育至本世纪末的发展目标；制订了《浙江省学校音乐、美术教学器材配备目录(试行)》，以推动学校艺术教育的正常化、规范化；组织浙江京昆剧院赴高校演出活动，以弘扬民族文化，提高学生文化艺术素养。

〔**民办中小学、幼儿园**〕 1994年，浙江省民间办学得到了较快发展，民办中小学、幼儿园遍及全省各地。据不完全统计，全省有各类民办幼儿园4894所，民办中小学216所(含职业中学和特殊教育学校)，民办普通高校1所。在全省幼儿园、小学、中学中，民办幼儿园占总数的41.8%，在园幼儿占总数的22.8%；民办普通高中占总数的8.9%，在校生占总数的4.0%；民办职业高中占总数的22.6%，在校生占总数的16.3%。民间办学范围已由非学历教育向学历教育拓展；办学层次已由幼儿教育向高中段教育发展；办学模式已由单纯民办向“民办公助”、“国有民办”、“合资联办”等形式拓展；办学主体也已出现多元化，私人办学占到了一定的比例。

为了鼓励、支持民间办学，浙江省于1993年制定《浙江省民办中小学管理办法(试行)》后，1994年初又对17名优秀民办中小学创办者和校长进行了表彰；温州、杭州、宁波和台州等地也已陆续出台或即将出台有关政策，为全省民间办学持续、快速、健康地发展提供了有效的政策保障措施。10月，成立了浙江省民办中小学（幼儿园）协会，对于民办学校强化自我管理，进一步提高民办学校的教育质量和办学水平起到促进作用。

为加快浙江省民办教育事业发展，推进办学体制改革，10月6日至7日在杭州召开了省民间办学研讨会，着重研究民间办学在发展过程中所遇到的困难和问题，探讨鼓励、支持民间办学的政策和措施。会议确定进一步加快民间办学发展步伐，这是贯彻落实《中国教育改革和发展纲要》，主动适应社会发展和经济建设对教育需要的重要措施。

〔**督导工作**〕　1994年，浙江省教育督导工作，坚持以“两基”评估验收为重点，坚持加强督导工作与制度建设相结合。浙江省政府批准建立浙江省教育督导室，行使省人民政府赋予省教委的教育督导职权。市、县一级建立政府教育督导机构的数量也有较大增加。

“两基”评估验收制度得到进一步完善。为进一步规范评估验收工作，确保评估验收质量，制订了《浙江省“两基”评估验收工作程序》。1994年9月、10月，根据省政府的规定和省评估验收办法，组织力量分别对杭州市的临安县，宁波市的慈溪市、余姚市，温州市的鹿城区，嘉兴市的郊区、桐乡市、海宁市、嘉善县、海盐县，绍兴市的上虞市，金华市的婺城区、东阳市，舟山市的嵊泗县等13个县（市、区）进行了“两基”评估验收。10月28日浙江省政府批文同意上述13个县（市、区）通过验收。这样，浙江省通过验收的县（市、区）总数已达到30个，占全部县（市、区）数的34.09%。

普通高（完）中的合格督导评估验收全面展开。在1991年至1993年先后对镇海中学、杭州高级中学、东阳中学等3所省首批办好的重点中学进行试点性合格督导评估的基础上，至1994年4月已完成了对另外14所省首批办好重点中学的合格督导评估。各市也在试点的基础上，全面开展对一般重点中学的合格督导评估，其中杭州、金华、温州、衢州、绍兴、湖州等已基本完成。开展合格学校督导评估是依靠党和国家有关教育的方针、政策、法律、法规，制订比较合理的、全面的评估标准和方案，运用比较科学的检测方法，对学校工作的实际情况进行全面的综合的评估，初步形成了与单纯用升学率或考试成绩来评价学校的旧教育观念相对立的新的评价标准。通过督导评估，使绝大多数学校原来某些薄弱环节（如音、体、美、劳教育等）得到加强；教学计划得到严格执行；对加强学校科学管理，全面提高教育质量，对进一步改善办学条件都起到了积极的推动作用；对引导社会、家长用正确的标准评价学校产生了积极的影响；也进一步激发了地方政府、人民群众和学校干部、教师的办学积极性。杭州市教委对萧山中学、富阳中学的合格督导评估，促使萧山市委、市府下决心将原来已征用的110亩准备新建政府大楼的土地转给教育部门并投资5600万元，用于移地重建萧山中学；促使富阳市委、市府改变了原来准备将依山傍水、风景优美的富阳中学招商拍卖的决定。温州市教委对所属11所重点中学的合格督导评估仅促进县级政府增加投入一项就达2500万元。

撰稿　钱晓芳　胡惠华　顾　玮

审稿　阮忠训

职业技术教育

〔**综述**〕 1994年，浙江省职业技术教育事业有较大的发展。全省共有中等职业技术学校735所（普通中专155所，职业中学481所，技工学校99所），其中普通中专比上年增加11所，职业中学比上年增加80所。1994年全省中等职业技术学校共计招生13.24万人，招生数与普通高中招生数之比已达到1.35∶1。中等职业技术学校在校生数占高中段在校生总数的53.9%，职业教育的发展使中等教育结构单一的状况彻底改观，使“教育为社会主义现代化建设服务”的方针，进一步得到落实，使浙江省的职业教育更好地适应经济建设和社会发展的需要。

〔**示范性职业学校评估**〕 1994年4月，省示范性职业中学评估组根据省教委有关文件，依据浙江省示范性职业中学评估体系的评估项目指标要求，对7个市地申报的符合省级示范性职业中学6条基本条件的29所职业中学进行了评估。经过检查评估，杭州、宁波、金华、台州、温州、绍兴、衢州市的23所职业中学成为首批省级示范性职业高级中学，促进了浙江省职教事业的发展和改革的深化。第一、建设和评定省级示范性职业中学的要求，得到了各地的积极响应，引起市、县党委与政府的高度重视。评估前许多市、县领导关心、重视职业学校的发展和建设，在增加投入、改善办学条件等方面亲自协调，做了很多工作；评估后，不少市县对评估组提出的意见，专门进行讨论，作出决策，进行了大量的整改工作，促进了学校的全面工作。第二、改善了办学条件，明确了发展目标。许多参评学校，以评估为契机，把争创示范性职业学校作为争取未来发展的机遇与起点，在当地政府的支持下，办学条件有了改善，认真规划发展蓝图。苍南县决定征地140余亩，建造新的职教中心；上虞县职校在评估后又征地45余亩，新建400米跑道的操场等。第三、进一步改进了学校管理工作，加强了制度建设，加强了常规教育，校容、校貌焕然一新，教学秩序井然，有力地促进了教育质量的提高。各校还通过多种方式，将“争创示范性职业高中”化为全校师生的实际行动，增强了学校的向心力、凝聚力。

为深化职业中学体育教学改革，编写了《浙江省职业高中体育教材》，并从1994年秋季开始在全省职业高中统一试用。

〔**职业中专教育试点**〕 举办职业中等专业学校是深化浙江省中等职业技术教育改革，促进各市（地）重点办好示范性职业学校和骨干专业，不断提高教育质量和办学效益的一项举措。1994年，省教委会同省计划经济委员会、省人事厅制订了《关于举办职业中专的意见》，对职业中专的性质、办学形式、招生对象、学制等作了规定，并选择较好的省级重点或示范性职业中学举办职业中专，在各县（市）办学条件较好的职业中学内设立教学点。职业中专的设立，由市（地）教育、计划部门提出申请，经市（地）政府（行署）同意，报浙江省教委、省计经委审批。招生对象一律为初中毕业生，学制三至四年。招生录取工作，由市（地）教委负责并作出规定。新生录取名单报省教委备案。职业中专学生在校期间，不转户粮关系，不享受各类补贴，收费标准按照省有关普通中专的规定执行。学生按规定学习期满，成绩合格者发给由省教委验印的职业中专毕业证书，国家承认中专毕业学历。1994 年，杭州、温州、嘉兴、湖州、绍兴、金华、衢州、舟山、丽水、台州等地的 10 所职业中专共招生 4920 人。

〔**高等职业教育试点**〕　1994 年，浙江省进行了以职业学校毕业生为招收对象的高等职业教育试点。共选择了浙江工业大学、浙江农村技术师范专科学校、宁波师范学院等 3 所普通高校，杭州业余科技大学、西湖电子集团职工大学、杭州机械职工大学等 3 所成人高校，浙江机械学校、浙江建工学校、浙江纺织学校、金华卫生学校等 4 所重点中专的 10 个专业试办高等职业教育，共招收学生 582 名。高职班的试点目的在于完善职教体系，培养和输送高级职业人才，促进中等职教的发展和质量的提高，同时也为改变成人高校的办学结构，深化成人高等教育改革开辟新的途径。

高职班采取单独招生的办法，招收对象为应届、历届专业对口或相近的各类中等职业技术学校毕业生。考生向当地县（市）招生部门报名，市（地）招办汇总后报省招办。由省招办根据考生情况设置考点，先进行文化课和专业基础课的考试。由省统一命题、阅卷。然后根据文化课、专业基础课考试成绩，按照一定的比例确定参加专业技能考核。专业技能考核由招生学校负责进行，考核内容、办法、评分标准，由省招办审核批准。招生学校根据考试和考核成绩，提出录取名单，报省招生委员会批准。

各试点学校根据培养高级技艺性人才的要求，认真制订了教学计划。省教委还召开了高等职业教育专题研讨会，积极进行高等职业教育的探索。1994 年 11 月在浙江杭州召开的全国成人高教第 14 次协作会议上，代表们对浙江省电力职工大学试办高职班的经验给予了较高的评价。

〔**专业师资培训**〕　为了加强职业高中师资队伍建设，提高职教专业师资水平，1994 年，浙江省教委举办了财会、计算机专业师资培训班，时间为 3 个月，有 61 人参加培训。财会专业师资班由浙江会计学校组织安排教学，并对所开设的课程进行考核，考核合格者，颁发结业证书。计算机专业师资培训班委托杭州船舶工业学校承办，由学校组织安排教学，学员经考试合格者发给结业证书。

为使教师尽快适应从 1994 年开始试用的中专、职业学校政治课新教材，举行了全省中专、职校政治课教师新教材备课会。

撰稿　钱晓芳　陆玲娣

审稿　阮忠训

高等教育

〔综述〕 1994年，浙江省普通高等教育在重点抓好教育质量和办学效益的同时有较快发展。省属普通高校科类结构继续调整，加强了急需的应用性人才的培养。办学规模和效益有较大提高。各高校在加强基础科学研究的同时，着重加强应用科学研究。1994年有44个科研项目申报省科技进步奖，34个项目申报国家教委科技进步奖，一批科技成果产生了较大的经济效益。

〔专业设置管理〕 为加强普通高校专业设置管理，使普通高校的专业设置及其调整既适应社会主义现代化建设的需要，又能遵循教育自身的规律，正确处理好需要与可能，数量与质量，当前与长远，特殊与一般的关系，根据国家教委《普通高校本科专业目录》和《普通高校本科专业设置暂行规定》，结合浙江省实际，制订了《浙江省普通高等学校专业设置暂行规定》，该文件就加强普通高校专业设置管理的意义和专业设置的条件、专业设置的审批权限、审批程序等作了规定，划定了专业设置中政府管理部门和学校的权限。

成立浙江省普通高等学校专业设置评议委员会。作为省教委的咨询、审议机构，该委员会的职责为：对浙江省地方普通高等学校专业布局、专业发展规划进行研究；对地方普通高等学校申请设置的专业进行评议；对地方普通高等学校专业建设情况进行检查。评议委员会由高等学校、教育行政部门、计划部门、人事部门、财政部门及其它有关单位的专家学者组成。第一届评议委员会由17人组成。1994年评议委员会根据重点发展应用学科，适当发展新兴学科的原则，对各校上报要求增设的专业进行了认真的评议，共评审通过21个专业，调整2个专业。其中杭州大学增设广播电视新闻、信息工程、市场营销、会计学本科专业，台港澳侨事务专科专业，水资源环境区划与管理专业改为水文与水资源利用本科专业、地理学专业改为资源环境区划与管理本科专业；浙江农业大学增设贸易经济、生物技术、应用化学、城镇建设、汽车与拖拉机本科专业；浙江医科大学增设护理、药物制剂本科专业，妇幼卫生专科专业；浙江工业大学增设环境艺术设计、交通土建工程、通信工程、工业设计本科专业；宁波大学增设电子学与信息系统本科专业，经济信息管理与计算机应用专科专业；浙江财经学院增设市场营销、货币银行学本科专业；浙江林学院增设林业经济管理、风景园林本科专业；绍兴高等专科学校增设服装工程专科专业；杭州医学高等专科学校增设心电学专科专业；浙江师范大学增设财务会计教育本科专业、初等教育专科专业；杭州师范学院增设计算机科学教育、服装设计、家政教育专科专业；温州师范学院增设体育教育专科专业；绍兴师范专科学校增设旅游管理专科专业。

〔**教学评估**〕 1994年5月，成立了“浙江省普通高校教学工作评估委员会”，聘请原高校领导和教务处负责人担任委员，下设工科、农医、师范、综合四大组，按评估指标体系分别对全省36所高校教学领导、教学改革、教学管理、专业建设、课程建设、实验室建设、教风与学风建设、教学条件、教学基地、经费投入、教学效果等情况进行了评估和检查。评出“A”类学校1所、“B+”类学校4所、“B”类学校11所、“B-”类学校12所；“C+”类学校6所。

根据国家教委《关于开展普通高等工程金工实习教学检查评估的通知》和《关于开展普通高等工程专科电工实习、电子实习、建工实习教学检查评估试点工作的通知》，浙江省教委组织评估组对杭州应用工程技术学院、宁波高等专科学校、温州大学、浙江水利水电专科学校、嘉兴高等专科学校、绍兴高等专科学校、浙江工业大学浙西分校等7所高校进行了金工实习、建工实习教学的合格评估。从评估情况看，有几个可喜的变化：(1)高等教育与经济建设的结合渐趋紧密，适应程度有较大的提高。近年来，各高校根据经济建设需要，积极调整专业，增设了一批社会急需的旅游、金融、经贸、房地产经营、广告、保险、应用艺术和工科类专业。与此同时，学校积极修订教学计划，更新教学内容。(2) 高校师资队伍的总体水平有较大的提高。毕业研究生在教师中所占的比例从1986年的12%提高到1993年的25.2%；同期专科及以下学历的教师所占比例则从12.6%下降到9.5%。师资队伍的学术水平有了很大的提高，使教学内容得到及时更新，科研、教学相得益彰。(3) 实验条件有改善，提高了学生的动手能力。近年来，高校更新实验设备8000多万元，特别是计算机课程和外语课程的教学设备的投入量较大，使得大学生的外语水平和计算机能力有了较大幅度的提高。同时，随着学校计算机辅助设计(CAD)和计算机辅助教学(CAI)的开展，使得学生运用现代化工具的能力也有所提高。(4) 学风好转，学习积极性与主动性普遍提高。随着社会就业体制的改变和市场取向的驱动，学生分配时“好爸爸”作用越来越小，用人部门越来越强调学生的真才实学。所以，学生感到最可靠的是学得一身真本领，以便及早和人才市场接轨。

〔**教学工作**〕 浙江省教委针对教学评估中出现的问题，从当前亟需加强的教学领导、教学改革、教学条件和教学基本建设等方面出发，印发了《关于加强普通高等学校教学工作的若干意见》，进一步要求学校将工作重点集中到教学上。文件下发后，各高校纷纷针对在教学评估中反映的问题，结合学校实际情况，提出了一系列整改措施。据1994年底对36所高校统计，评估后各校共增加投入2003.4万元，有20所高校成立教学委员会。杭州电子工业学院暂缓建造宿舍，抽出100万元投入教学(其中70万元用于添置教学设备，20万元用于课程建设，10万元用于教学改革)。该校成立教学委员会后，每月召开一次会议，解决一个问题。杭州大学增加教学投入140万元，提出今后三年内建设好100门重点课程；规定重点学科经费用于教学领域的比例不能少于40%；建立全校公共课教学基金，用于政治理论、大学外语、公共体育、计算机和高等数学等5门课程的教学。与此同时，各校均加大了专业调整和课程建设力度；建立校、系两级听课制度，做到有制度有检查；建设教学评估与督导小组，加强对教学质量的监控。

〔**联合办学**〕 为充分发挥高校整体优势，提高办学效益，促进基础学科与各应用学科的结合，建设高水平学科，1994年浙江省高校联合办学工作取得重大突破。10月，浙江省政府和国家教委决定共同建设浙江大学，以尽快把该校建成国内一流、国际有影响的国家重点大学，国家教委副主任张孝文和副省长徐志纯分别在共建协议书上签字。浙江农业大学和浙江农村经济管理干部学院、浙江工业大学和浙江经济管理干部学院，在大量调查研究、反复论证的基础上，1994年经省委、省政府同意实行联合办学，撤销浙江农村经济管理干部学院和浙江经济管理干部学院。11月，杭州大学和杭州电子工业学院达成协议实行联合办学，现有领导体制、人事关系、投资渠道、校产产权、招生分配渠道不变。另有几所学校的联合办学正在商谈之中。

〔**重点学科建设**〕 为了进一步加强学科建设，提高浙江省高等教育水平，增强高校主动适应社会主义市场经济发展需要的能力，省教委制定了高校重点学科管理办法，明确了重点学科建设工作的指导思想、建设目标、基本条件和主要任务，提出了有计划、分层次、分步骤建设好100个重点学科的构想。经浙江省政府批准，组成了浙江省高等学校重点学科建设评估委员会，并于1994年12月在调查研究的基础上，经学校申报，省教委预审，评委会评审产生了浙江省高校省级重点学科20个，省级重点扶植学科20个，为实施建设好浙江省高校100个重点学科的战略目标迈出了关键的一步。

撰稿 钱晓芳 叶 宏 周加敏

审稿 阮忠训

成 人 教 育

〔**综述**〕 1994年，浙江成人教育继续向多层次、多形式方向发展，教育质量稳中有升，办学效益也有了进一步提高，较好地满足了广大人民群众求学的需要。全年成人高等学历教育招生数和在校生数均比1993年增长；各类成人文化技术培训学校达到1万余所，培训各类人员200万人次。全年扫除青壮年文盲7万余人。10月，省教委和省妇联联合下发了《开展学文化，迎“四大”妇女扫盲活动的通知》，要求各地以第四次世界妇女大会在北京召开为东风，加快扫除妇女文盲的步伐。1994年继续开展了高等教育《专业证书》教育，招收学员9000人。新增成人中专6所。中专学历教育招生和在校生分别比 1993 年增长 66.7%和 51.5%。

〔**乡镇成人文化技术学校**〕 随着农村经济的发展，乡（镇）成人文化技术学校的地位和作用越来越突出，各地政府和教育部门普遍认识到，建好、办好乡（镇）成人文化技术学校既是教育事业发展的需要，也是农村经济和社会发展的需要。省教委在制订建校规划的基础上，下达了对乡（镇）、村成人文化技术学校进行全面检查的通知，并印发了乡（镇）成人文化技术学校基本情况卡片，加强对各地建校工作的检查督促和对学校的规范化管理。至 1994 年底，全省已建乡（镇）成人文化技术学校 1474 所，占乡（镇）总数的 80%，与上年相比，增加 160 所。全省共有 452 万余农民参加乡（镇）、村成人文化技术学校学习。

浙江省委、省政府在全省教育工作会议上提出建设好 100 所示范性成人文化技术学校的目标。为此，省教委大力促进各地成人文化技术学校改善办学条件，扩大办学规模，提高办学层次，积极为建立省级示范性成人文化技术学校作好基础工作。在调查研究的基础上，拟订了乡（镇）成人文化技术学校等级评估标准，并于 6 月在宁波市的鄞县、北仑区等地进行评估试点，进一步统一了认识，完善了评估标准。9 月，省教委正式印发了《浙江省乡（镇）成人文化技术学校等级评估标准》和《评估办法》。此后，各市（地）相继开展了评估工作，有的已评出了一级成人文化技术学校。省教委要求，1995 年全省所有乡（镇）都要建立成人文化技术学校，到 2000 年至少有三分之一成人文化技术学校达到省定一级的标准，三分之一成人文化技术学校达到二级的标准。省教委还拟订了省级示范性成人文化技术学校的办学标准，计划从 1995 年起有步骤地开展省级示范性成人文化技术学校的评估工作。

1994 年 11 月，省教委在舟山市召开乡镇成人文化技术学校第五次联系点会议，对农村成人教育工作作了进一步推动。会议进一步明确了农村成人教育的地位、作用，要求各地为实施“9761 工程”而努力工作，在农村经济和社会发展中作出更大贡献。

〔**实施“燎原计划”**〕 1994 年继续以“点上深化，面上推广”为工作方针，以实施“燎原计划”为重点，抓紧建立省级实验县的准备工作，逐步形成以国家级实验县和省级实验县为示范、各市（地）实验县和大量示范乡（镇）为群体的开展农村教育综合改革和实施“燎原计划”的新局面，并注重提高经济效益和社会效益，在当地获得了良好的声誉。1994 年有鄞县、德清县钟管镇、海盐县欤城乡、诸暨市牌头镇越山完小、临安县吉山镇初中、绍兴县杨汛桥镇成人文化技术学校、温州市瓯海区滕桥镇成人文化技术学校、宁海县第二职业中学等 8 个单位被国家教委授予“全国农村教育综合改革先进单位”称号。

〔**广播电视大学**〕 为了充分发挥市、县两级政府办好电大教育的积极性，进一步加强市、县两级电大的建设，经省政府同意，并授权省教委对部分条件较好的电大分校和工作站进行更名。年初，省教委会同省电大拟定并下发了更名条件和评估、审批办法，并于下半年组织对部分电大分校和工作站进行评估，已有杭州、温州、嘉兴、舟山等 4 所市级电大分校更名为广播电视大学，有 16 个县级电大工作站更名为电大分校。这些学校更名后，原电大分校和工作站的性质、任务、职责和领导管理体制不变。通过更名评估和审批，各地政府都表示要进一步增加对电大的投入，改善办学条件，促进电大的发展。

〔**自学考试**〕 1994年新增开考了医药中专、法律本科、建筑经济与管理3个专业，还对某些专业进行了改造拓宽，增设了多个方向，增强了自学考试的适应性。1994年两次考试总报考课次达39万多人次，共有近14万人次获得课程合格证书。全年有5004人考完专业计划规定的课程，获得大、中专或本科毕业证书。浙江省高等教育自学考试开考10年来，开考专业已发展到51个，开考层次也由单一的大专拓宽到中专和本科，专业覆盖面遍及文、理、工、医、法、农、经、师范8类学科。10年来共有毕业生4.5万余人，其中专科2.8万人，本科433人，中专1.7万人。

1994年继续进行了成人高校与自学考试联合举办大专学历教育的试点，年内已有810名学员通过"基础段"规定课程的自学考试，经省教委录取进入学校"专业段"学习。

面向基层，加强乡镇自学考试联络网点建设。为满足城乡青年自学考试的需要，在1993年试点的基础上引导和推广在县以下乡镇建立自学考试联络站的做法，并在政策上规范基层建网工作。一年来，全省各地共建立乡镇自学考试联络站388个。不少联络站承担起自学考试咨询、接纳报名、资料供应、助学辅导等工作，大大增加了自学考试在基层、农村的影响面和辐射面，为基层考生提供了极大方便。

〔**职工教育**〕 省教委提出了以建立与现代企业制度相适应的现代企业教育制度为中心，开展企业职工教育和进行企业教育综合改革。在1993年建立职工教育联系点的基础上，1994年省级联系点扩大到21家企业。省教委于11月在湖州市召开全省企业教育综合改革研讨会，对建立现代企业教育制度问题进行了深入研讨，明确了工作目标和工作方法。一些市（地）也相应建立了企业教育的联系网络，以推动企业职工教育和科技进步。

浙江省人大把《浙江省职工教育条例》列入了立法计划。省教委从年初起就抓紧《条例》的起草工作，到年底，已完成送审稿报送浙江省人大审议。

撰稿　钱晓芳　金建雄　白锡定
审稿　阮忠训

安徽省教育

概况

〔基本情况〕

1994年各级普通学校基本情况

单位：人

学校类别	学校数（所）	毕业生数	招生数	在校学生数	教职工数	
					计	其中专任教师
一、普通高等学校	35	21574	29271	90123	27219	11616
研究生		497	1049	2435		
本　科	21	8910	11950	44095	19238	9417
专　科	14	12167	16272	43513	7981	2199
二、中等专业学校	140	27270	36414	109730	16232	8068
中等技术学校	99	19381	27802	84654	12033	5812
中等师范学校	41	7889	8612	25076	4199	2256
三、普通中学	4234	670355	956724	2494272	173491	136725
高　中	621	79711	95847	254922		20321
初　中	3613	590644	860877	2239350		116404
四、农业、职业中学	694	58327	112516	260053	20382	14806
高　中	366	32832	47656	116580		7142
初　中	328	25495	64860	143473		7664
五、工读学校	3	43	100	186	108	68
六、小学	31171	1013395	1226638	6055346	290131	266486
七、特殊教育学校	32	320	2276	7819	703	515
八、幼儿园	1962			874501	24393	20848

1994年各级成人学校基本情况

单位：人

学校类别	学校数（所）	毕业生数	招生数	在校学生数	教职工数 计	教职工数 其中专任教师
一、成人高等学校	27	11951	38189	71179	3902	2029
广播电视大学	1	2319	7004	12737	766	246
职工高等学校	15	1465	3787	7757	1084	842
农民高等学校						
管理干部学校	2	307	2027	3379	388	148
教育学院	9	3044	5386	11756	1664	793
普通高校举办：						
函授部		3646	14448	26161		
夜大学		1126	5021	8441		
干部专修科		44	516	948		
二、成人中专学校	128	22536	23542	55383	3580	1655
广播电视中专	14	9641	5817	15976	450	155
干部中专学校	11	925	1467	2871	322	184
职工中专学校	50	3525	7019	13787	1323	674
农民中专学校	2	289	552	1346	43	25
函授中专学校	7	3855	2562	6301	213	41
教师进修学校	44	4301	6125	15102	1229	576
三、成人中学	219	17299	32261	33684	574	479
四、成人技术培训学校	5870	1231273	1011263	875584	2499	1422
五、成人初等学校	9515	943601	919032	996133	2223	1343
其中：扫盲班	8362	894196	774423	901178	1793	1280

〔**全省教育工作会**〕 全国教育工作会议后，省委、省政府立即召开常委（常务）会议，传达会议精神，研究贯彻意见。11月13日—15日，省委、省政府在合肥召开全省教育工作会议，根据全国教育工作会议精神，结合安徽实际制订了全面实施《中国教育改革和发展纲要》的具体部署和政策措施。省委、省人大、省政府、省政协负责同志出席会议；各地、市、县一位党政主要负责人和分管教育的负责人以及教委主任，省直20个部、委、办、厅、局负责人，省教委兼职委员，大型企业和部分学校负责人参加会议。省委书记卢荣景发表讲话；省长傅锡寿作了题为《认真实施〈中国教育改革和发展纲要〉为实现安徽教育优先发展而奋斗》的工作报告；副省长杜宜瑾作了专题讲话；省委副书记方兆祥作了会议总结。会议讨论了省委、省政府《关于加快中等及中等以下教育改革和发展若干问题的决定》、省政府《关于增加教育投入的决定》和省委《关于加强和改进学校德育工作的意见》等主要文件，并进行了大会交流。省委书记卢荣景在讲话中说，应当从

全面贯彻党的“一个中心，两个基本点”的基本路线，确保加快改革开放和经济发展，确保提高民族素质和社会文明进步，确保迎接21世纪国际经济技术挑战的战略高度去看待、认识和处理教育问题。我们要牢固树立“科教兴省”的战略思想，使全省教育工作再上新台阶。各级领导干部要像抓经济工作那样抓好教育工作，要少说空话，多办实事。各级党委、政府要树立教育投资是战略性投资的观念，下决心合理调整投资结构，对教育实行倾斜和重点扶持；努力增加财政对教育的投入，在安排财政预算时，要优先保证教育的需要，“先让教育满意”，再穷不能穷教育，并以此作为落实教育战略地位和为教育办实事的一条根本标志。省长傅锡寿在报告中说，落实教育优先发展战略地位，关键在领导。各级党委、政府要把教育工作列入重要议事日程，经常研究解决本地区教育发展中的问题，创造一切可以提供的条件，确保教育事业优先发展。要把重视人才培养、保证教育投入、为教育办实事作为各级党政领导干部任期目标责任制的重要内容和政绩考核的重要标准。每年进行一次考核，一级抓一级，一级对一级负责，切实抓出成效。傅锡寿还提出，各级政府和有关部门要集中力量为教育办好10件实事。

会议根据《纲要》确定的教育发展目标和任务，提出了到本世纪末安徽教育发展的总体目标，即：全民受教育程度和劳动者素质明显提高，各类专门人才的拥有量基本满足现代化建设的需要，与经济社会发展相互促进，各类教育协调发展，面向21世纪的教育体系框架基本形成。具体目标是，到1998年全省基本普及九年义务教育，基本扫除青壮年文盲，小学阶段适龄儿童入学率达到99%，初中阶段适龄少年入学率达到95%，青壮年文盲率下降到5%以下；建成一批省部级重点职业学校或培训中心，同短期培训相结合，形成职业教育网络，各类中等职业学校年招生数和在校生数占高中阶段学生数的比例达到60%左右，新增劳动力上岗前都要得到必要的职业培训；高等教育在校生规模年递增5%，层次结构和科类结构进一步优化，教育质量进一步提高，有一两所高等学校进入国家“211工程”。

〔**为教育办实事**〕　省委、省政府提出为教育办10件实事。(1) 逐步提高教育经费占财政支出的比例。各级政府要在经济增长、财政收入增加的同时，努力增加教育经费，保证做到“三增长一优先”，财政收入增长1%，教育经费应增长1.2%以上。(2) 设立教育发展专项资金。从1994年起到1997年，省财政每年安排700万元，用于扶持贫困地区普及九年义务教育和达到“两基”县的奖励资金，各地也要相应做出安排。从1995年起，全省专控商品附加费收入和各级财务、税收、物价大检查的罚没收入缴同级财政部分均要按规定比例用于教育。(3) 实施“211工程”。从1993年起的五年内，省财政每年安排1000万元专项资金用于安徽大学的建设，争取进入国家“211工程”。积极支持中国科技大学、合肥工业大学进入国家“211工程”。(4) 征足用好城乡教育费附加。城市教育费附加按“三税”的3%计征；农村教育费附加按不低于上年人均纯收入的1.5%计征，最高不超过2%(包括在农民负担的5%之内)，农村不缴纳增值税、营业税、消费税的乡镇企业、私营企业和个体工商户，按销售收入的千分之二至千分之三征收教育费附加，并实行“乡征、县管、乡用”的管理体制。(5)开辟新的教育资金来源渠道。从1995年起，开征城镇基本建设、广告、旅馆等教育附加费。鼓励企事业单位、社会力量和海内外各界人士捐资助学、集资办学。筹建教育银行分支机构，融通教育资金。(6)大力扶持校办产业。省将继续安排一定数量的周转金和银行贷款,用于扶持校办产业的发展。在税收方面，要按照国家和省的有关规定，继续对校办产业实行减免税政策。(7)实施“教师安居工程”。各级政府要采取有力措施，对教师住房采取优先优惠政策，确保在今后两三年内使城镇教职工家庭人均住房面积，达到或超过当地居民的平均水平。(8)切实解决好民办教师问题。到本世纪末，全省计划内民师通过整顿、招生、转正、退养等手段基本予以解决。从1994年起，除国家安排的招收民办教师指标外，省里也要逐年安排一部分指标，同时增加师范学校招收民师的比例，逐步将民办教师择优转为公办教师。(9)加快培养中青年骨干教师。创造条件提高中青年教师的思想素质和业务水平，使他们中间的一批人成为教师队伍的中坚力量。到本世纪末，高校的中青年骨干教师达到1000人，学科带头人400人；中学骨干教师4000人；小学骨干教师7000人；初中教师具有本科学历的1.5万人，小学教师具有专科学历的2万人。(10)建设一批示范学校。每个市、县要重点办好一所普通中学和职业学校，到本世纪末，全省要有50所高中、100所中等职业学校或培训中心，进入国家实验性、示范性学校行列。

〔**教育投入**〕 为进一步落实教育优先发展的战略地位，保证教育经费的稳定来源和逐步增长，省政府作出了《关于增加教育投入的决定》:(1)各级政府在安排财政预算时，要优先保证教育的需求，切实做到《纲要》提出的“三个增长”。(2)进一步改革和完善教育经费管理体制，使事权与财权统一。教育经费预算每年初由各级教育行政部门提出方案，报同级财政部门，由同级政府纳入预算，并切块单列。中小学公办教师工资和民办教师工资的国拨部分，要全额纳入财政预算，不得留有缺口。民办教师工资的民筹部分，在农村教育费附加中予以保证。(3)从1994年起到1997年，省级财政每年安排教育专项经费700万元，其中500万元作为扶持贫困地区普及义务教育专项资金，200万元用于“两基”县奖励资金，今后视财力状况适当增加。地、市、县级政府也要相应设立专项经费。(4)城市教育费附加按增值税、营业税、消费税税额的3%计征。农村教育费附加按不低于上年农民人均纯收入的1.5%—2%计征，凡不缴纳“三税”的农村乡镇企业和个体工商户一律按营业(销售)总额的2—3‰征收教育费附加。农村教育费附加实行“乡征县管乡用”的管理制度。(5)开征城镇基本建设教育附加费，凡在城市进行房地产开发的基建项目，每平方米建筑面积缴纳15元教育附加费。开征广告教育附加费，各类广告媒介单位按广告刊播费金额的5%加收；户外广告经营单位按户外广告费的2%加收。开征旅客住宿教育附加费，全省境内的宾馆、旅社、饭店、招待所均按住宿费的5—10%加收教育附加费。(6)自1995年起，从全省专控商品附加费收入中划出一定比例用于教育，地市县级划出30%，省级划出40%。今后每年各级财务、税收、物价大检查的罚没收入缴同级财政部分，划出25%用于教育。(7) 省将继续安排一定数量的周转金，同时每年协调银行贷款 1000—1500 万元，用于支持校办产业和职业教育的发展。(8) 积极开展组建省级教育金融机构的前期准备工作，尽快设立中国教育科技信托投资公司安徽分支机构。(9) 继续鼓励和提倡社会、单位和个人捐资助学和农村集资办学。(10) 对非义务教育阶段学生适当收费。政府设立专项奖学金和定向奖学金，奖励品学兼优学生和某些重点学科、专业和志愿到边远地区工作的学生；设立贷学金和勤工俭学基金，扶助家庭经济困难的学生。(11) 加强教育经费的监督与管理，提高经费使用效益，省每年将公布各地、市、县教育经费投入和教育费附加征收情况，对好的地方予以表彰，并与安排有关专项经费挂钩。

1994 年，全省各级财政预算内教育经费支出为 20.8 亿元，比上年增加 4.9 亿元，增长 30.8%。各级政府征收用于教育的税费 5.35 亿元 (其中城市教育费附加 1.26 亿元，农村教育费附加 3.96 亿元)。全省中小学勤工俭学总纯收入 2.5 亿元，比上年增长 27.8%；高校校办产业总纯收入 6000 万元，比上年增长 50%。校办产业、勤工俭学和社会服务收入用于教育的经费 0.8 亿元。社会捐资集资办学经费 1.5 亿元。社会团体和公民个人办学经费 0.2 亿元。学杂费收入 5.26 亿元。其他教育经费收入 1.13 亿元。

各级各类学校的办学条件进一步改善。全省高教、普教基本建设投资总额达 3.11 亿元，省级基建计划高教开工面积 19.6 万平方米，当年竣工 6.9 万平方米；普教开工 105.6 万平方米，当年竣工 88.6 万平方米。通过多渠道筹措资金，全省新建校舍 23 万平方米，改建校舍 62 万平方米，维修加固校舍 45 万平方米。全省中小学尚有危房 52.7 万平方米，占校舍总面积的 1.7%，比上年下降 0.9 个百分点。全省受援的邵逸夫先生赠款项目全面竣工，建成大、中、小学图书馆和教学楼总和 11.4 万平方米。各类学校购置课桌凳 72 万套，价值 0.4 亿元；添置仪器设备 50 万台 (件)，价值 0.5 亿元；购买图书资料 726 万册，价值 2.2 亿元。全省又有 30 个县 (市、区) 普及中小学实验教学，新建成蚌埠等 7 座教育电视台和一批卫星电视地面接收站，一批县 (市、区) 完成了中小学校园“六配套”建设。

〔**制止乱收费**〕　春季开学前，省教委召开地市教委主任会议，专题研究了中小学收费管理问题，并发文取消了不合理收费项目 29 项。同时要求各地结合实际进行认真检查，全面清理。8 月份国务院关于抑制通货膨胀的明传电报下发后，省教委立即会同物价局、财政厅联合发出紧急通知，要求各地中小学收费标准在下半年一律不得调整。省还组织专门检查组，对群众反映强烈、乱收费较为严重的地方进行了重点抽查。对部分学校的不合理收费项目和超标准收费，除一律取消外，还限期退还多收费用。据对阜阳、滁州等地的不完全统计，退还学生的不合理收费达 280 多万元。

省教委机关将清理、整顿乱收费作为廉政建设的重要内容，原有的 32 个收费项目，经过认真清理，除继续保留 18 个批准手续完备的项目外，其余一律取消或暂停。

撰稿　江传瑞

审稿　陈贤忠　陈钦

基础教育

〔**综述**〕 小学教育。在1993年实现普及初等教育的基础上，我省把1994年的工作重心转移到深化改革、强化管理、巩固提高上。加强了窗口学校建设；实施了国家教委同联合国儿基会合作的“加强贫困地区小学教育”项目。小学学龄儿童入学率达99.37%，比上年提高1.07个百分点；小学生年保留率达98.43%，与上年大体持平。特殊教育招生数和在校生数分别比上年增长210%和141%。

1994年，中学教育坚持控制新设普通中学、合理调整布局的原则，全省高中比上年又增加3所；初级中学比上年增加26所；农职业初中比上年增加48所。由于各地积极推进“普九”，初中学额增幅较大，少数地方采取应急措施，在有条件的348所小学增设了初中班，比上年增加227所。学校规模效益有所提高，全省中学平均班数高中为8.26班，初中为11.17班，全省中学平均班额高中为49.7人，初中为55.5人。普通高中招收新生比上年增加10411人，普通初中招收新生比上年增加97574人，农职业初中招收新生比上年增加15987人。全省普通高中在校学生比上年增加6878人；普通初中在校学生比上年增加176920人，农职业初中在校学生比上年增加37286人。小学毕业生升学率为91.35%，比上年增加14.07个百分点。全省12—14周岁初中适龄少年入学率为87.58%，比上年提高11.02个百分点。全省普通中学学生流失基本得到控制，初中辍学率为1.5%，比上年下降2.3个百分点，高中辍学率为1.85%，比上年下降1.04个百分点。全省普通高中教师中具有本科以上学历的有12145人，比上年增加29人。初中专任教师比上年增加3463人，初中教师中具有大专以上学历的有74571人，比上年增加6239人。普通高中专任教师学历合格率为59.77%，比上年提高1.51个百分点；普通初中专任教师学历合格率为64%，比上年提高3.5个百分点。

坚持社会主义办学方向，继续做好中小学德育工作。通过课堂教学、课外活动和重大节（纪念）日活动等渠道，采取生动活泼的形式坚持不懈地在全省中小学开展近代史和国情教育；认真贯彻落实中共中央《关于进一步加强和改进学校德育工作的若干意见》和中共中央印发的《爱国主义教育实施纲要》，组织全省中学生收看100部爱国主义影视片；坚持在全省中学开展中学生守则和日常行为规范的养成教育、法制教育和时事政策教育；对合肥、蚌埠、阜阳、宿县等地、市部分中学的德育工作进行了调查研究，实地指导这些学校结合本地、本校的实际，进一步加强德育工作，提高德育工作的实效，促进学校精神文明建设和良好校风的形成。同时，配合团省委做好省十佳少年的评选工作，在全省开展十佳少年事迹的宣传，推动了全省中学生创十佳、争当优秀少年的活动。

〔**义务教育**〕 1994年，全省各地在教育工作中，把“普九”放在“重中之重”的位置，按照省政府的规划和部署，认真贯彻“分区规划，分类指导，分步实施”的方针，积极开展工作，加大力度，加快速度，上上下下形成了有利于“普九”工作的好形势。

许多地方为贯彻全国教育工作会议精神，落实《纲要》提出的目标、任务，召开了高规格的教育工作会议或“两基”专题会议，进一步宣传发动，造成了强大的抓“普九”的舆论氛围。为了加强对“普九”工作的指导，省教委分别召开了原计划1996、1997年实现“普九”的25个县、市和1998—2000年实现“普九”的29个县、市的教委主任会议，汇报情况、交流经验、部署工作。

从实际出发，进一步调整了“普九”规划，明确了实现规划的措施。根据当前形势，经省政府决定，计划到1998年，全省98个县级单位实现“普九”，人口覆盖率为90.77%，实现安徽省基本“普九”的目标。到2000年，全省103个县级单位全部实现基本普及九年义务教育。为实现上述目标，采取了一系列措施：进一步巩固普及初等义务教育成果，保证适龄儿童入学率达到100%，提高普及初等义务教育的水平，防止初等义务教育滑坡；全省各地“普九”全部启动，每年使95%以上的小学毕业生升入初中；做好补偿教育工作，对前几年未读完初中的适龄少年，采取多种办法，使他们受完规定年限的义务教育；政府、社会、学校、家庭采取有效措施，防止学生流失，确保在校学生年辍学率控制在1%以下，初中控制在2%以下；狠抓残疾儿童“普九”工作，将残疾儿童少年义务教育纳入“普九”规划，切实做好特殊教育学校（班）布点，扩大招生规模，积极动员残疾儿童少年入学，加强特殊教育师资培训；认真贯彻执行省政府《关于增加教育投入的决定》，多渠道增加教育投入，切实改善办学条件；设立专项基金，扶持贫困地区的“普九”工作；抓好中小学师资培训工作，通过自学考试、函授、全员培训等多种途径，提高现有教师学历合格率。加强“普九”督查工作，对地、市、县的“普九”工作进行经常性的检查、指导，认真做好“普九”达标验收工作，保证“普九”质量。

通过调研，使“普九”工作取得显著成效。夏季以后，杜宜瑾副省长亲自到3个地（市）调研，省教委几位负责同志带队到8个地（市）调研，与各地的同志共商“普九”大计。下半年，在全省抓了“普九”的全面启动，力争小学毕业生全部升入初中。全省各地千方百计克服困难，摸底算帐，落实措施。全省小学毕业生升初中的比例由上年的77.3%上升到1994年的93.6%，上升16个百分点；几个大的地（市），如六安地区，由上年的68.7%，上升到1994年的96.2%，阜阳地区由上年的64.5%，上升到1994年的84.2%，安庆市由上年的72.8%，上升到1994年的92.9%。全省初中新增班级3600多个，新增初中生27万多人。到年底有25个县市区通过了省级“两基”验收。至此，全省实现“两基”的县市区累计已达41个。

〔**素质教育**〕 为进一步贯彻落实《中国教育改革和发展纲要》精神，5月31日至6月2日，省教委召开了中小学素质教育研讨会。各地市及有关县市教委、教研室、陶行知教育思想研究会的负责人和一些中小学负责人在会上交流了各地开展素质教育的经验，展示了安徽省中小学素质教育已取得的成就，并从理论和实践的结合上，对中小学素质教育的概念、内涵、目标、内容和实施途径等问题进行了认真研讨，形成了共识，统一了思想，提出了“实施素质教育工程，全面提高教育质量”的口号，并印发了《安徽省中小学素质教育研讨会纪要》。为把素质教育工作落到实处，省教委采取了以下措施：(1) 省教委制定了《安徽省中学素质教育基本要求》和《安徽省小学素质教育基本要求》两个讨论稿。(2) 组织编印了《实施素质教育工程宣传材料》，作为教育管理干部、中小学校长和教师培训工作的参阅材料。(3) 在着手制定中小学素质教育工程实施规划的同时，省及各地确定了一些素质教育实验区和实验学校，推动了素质教育的深入开展。(4) 借鉴外地经验，联系本地实际，省及各地着手制定《安徽省中小学素质教育评价指标体系》，其中，宣城等地市已制定并进入实施阶段。(5) 进一步建立健全实施素质教育的保障机制，深入开展以素质教育为中心的中小学教育教学改革活动。由于措施得力，素质教育在全省各地普遍展开，并出现了一些好的典型。如马鞍山市开展的“跨世纪希望之旅”活动，巢湖地区包括素质教育内容的“2340工程”，黄山市的“合格+特色”教育等，都取得了明显的成效，产生了一定的影响。

〔**体育、卫生和国防教育**〕 按照国家教委部署，以贯彻《学校体育工作条例》、《学校卫生工作条例》和《学校国防教育工作条例》为中心，以评估促实施，积极推动学校体育卫生和国防教育工作的深入开展。对全省中小学贯彻《条例》和有关法规情况进行了全面评估，分别不同层次进行了表彰和奖励，使学校增加了法规意识。参与举办了全省传统项目学校中学生田径运动会；参加了全国长江杯田径比赛；农村学校体育工作受到国家教委肯定，凤阳县被列为全国8个试点县之一，并以凤阳县为现场，6月21日在蚌埠市召开了全国农村学校体育工作研讨会。认真开展学校卫生和健康教育工作。召开了在安徽省的10所全国近视眼监测点会议，并对22579人次进行监测；举办3期校医学习班，100多万中小学生接受健康教育，2万多名中小学生参加了全国营养知识竞赛，为全国学校健康教育工作管理干部培训班提供了黄山市现场。中小学校军训和国防教育工作取得新进展。全年投入军训经费近10万元，保证了军训质量；合肥市西市区国防教育试点工作和市少年军校受到团中央和国家教委表彰。

〔**教育改革**〕 深化教育体制改革。(1) 选择宣城、芜湖、合肥、铜陵、阜阳、六安等6个地市，开展了基础教育“分级办学、分级管理”的专项调查，通过分析现状、研究问题，提出了进一步改进、完善教育管理体制的意见和建议，并形成书面报告报送国家教委作为决策参考。(2) 省教委会同宿县地区及其灵璧县教委，对灵璧县朱集乡合理调整小学布局，提高办学规模和效益的情况进行调查。调查结果表明，该乡自1992年开始实施“抓区域规模办学、促正规化办教育”战略，将全乡25所完小、2所初小调整为11所完小、14所初小，使全乡初等教育形成合理布局，走出了一条高质量、高效益办学的新路子。省教委在《安徽教育工作情况》上全文刊发了省、地、县三级联合调查组的调查报告，引起热烈反响。(3) 明光市、铜陵县等地也提出适合本地区中小学校布局的调整方案，并分步组织实施，取得初步成效。

推进教学领域的各项改革。一是制定中小学办学水平评估方案和标准。为了加强中小学学校管理和教学质量评估和监测，省教委先后印发了《安徽省重点中学办学水平评价方案》和《安徽省农村示范小学基本标准(试行)》等，供各地各校遵照执行，并以此作为评估学校管理和办学水平的主要依据。二是推进中小学课程改革。根据国家实行新工时制的情况，制定颁发了全省新课程计划的调整方案，自当年秋季开始执行。还结合贯彻中小学教学大纲，继续编写出版了适合本省小学生使用的思想品德课教材和初中劳动技术课教材。各地市教育部门也相继编写、使用了一批乡土教材。如，芜湖、马鞍山市的《人口与环境》，铜陵市的《兴趣课》，岳西、枞阳县的劳动技术课补充教材等，使用后反映较好；全省中小学人口教育（P19 项目）试点工作继续进行。三是普通高中毕业会考顺利进行。根据国家教委的规定，按照经省政府批准的全省普通高中会考试行方案，顺利实施自 1991 年秋季入学的高一新生的高中毕业会考。当年，省教委核发普通高中毕业证书 7.19 万份，应届高中毕业生按时毕业率为 96.64%。四是组织开展各类评选、竞赛活动。全省 9 名品学兼优且具有一定特长的学生荣获首届“宋庆龄奖学金”，并应邀参加了在上海举行的颁奖仪式和 1994 年上海国际少年儿童文化艺术节活动，他们是：定远中学的赵星、蚌埠一中的李树春、六安一中的刘传军、马鞍山二中的张超、旌德县白地中学的傅小红、阜阳三中的晏皖琳、安庆一中的吴璇、宿州一中的张茅矛和合肥虹桥小学的张学宇；由省教委、团省委、省科协共同组织开展中学生实践技能评选活动，有 5 人被国家教委、团中央和中国科协授予“实践技能标兵”称号，有 24 人获“实践技能奖章”。省教委还组织 25 名初中学生赴京参加数学夏令营和数学理科实验班招生考试，有 10 人被录取进入理科实验班就读；组织省代表队参加了全国中学生信息学奥林匹克竞赛，获总分第七名的好成绩，其中，马鞍山二中初中一年级学生钱文劼名列第十位，荣获二等奖；芜湖一中学生查文娟荣获三等奖。

〔实施“加强贫困地区小学教育”项目〕

1994 年 5 月，国家教委和联合国儿基会委托上海智力开发研究所对六安、岳西进行 1990—1993 年周期项目工作评估。其后，又在六安、霍邱、金寨、舒城、岳西、太湖、枞阳、宿松、颍上、无为等 10 县（市）组织实施 1994—1995 过渡周期“促进贫困地区女童教育”项目。有关地、市（县）按计划开展项目工作，实验区 14 个乡（镇）的女童教育得到明显加强。金寨、寿县、太湖、岳西作为国家教委和联合国儿基会“贫困地区社区、家庭、教育机构共同促进学前儿童发展”项目县，也已按方案组织实施。10 月，承办了国家项目主任会议，与会的国家教委基础教育司负责人和儿基会教育官员对安徽省项目工作给予了高度评价。

〔教育教学研究〕 教育科研取得新的成绩。省教委先后举办了“教育理论研讨班”和“教育管理研讨班”，集中培训了一批教育科研骨干。对已完成的省级“八五”教育科研课题进行了论证验收。省教委与省陶行知教育思想研究会联合召开了素质教育研讨会，对变“应试教育”为“素质教育”提出了指导性意见。完成了《安徽教育志》的审稿、定稿工作和《中国农村教育年鉴（安徽部分）》1910—1949年和1949—1980年两个阶段的编写任务。

陶行知教育思想研究继续深入。为使陶研活动紧密联系教育工作实际，由民间办学、挂靠在陶研会的固镇县行知私立高中、安徽省金宝成人中专，经省教委批准后正式开学。这两所学校以学习、实践陶行知教育思想为宗旨，培养有爱国主义精神，有知识、有特长的中、初级专门人才。原省人大常委会主任、现任省陶研会会长王光宇等出席了两所学校的开学典礼。

教学研究进一步拓展。一是根据国家教委召开的“基础教育工作会议”和“基础教育教材工作会议”精神，组织全省中小学14个学科九年义务教育的教材培训，接受培训的教师和教研人员达1500多人；二是举办了政治、历史、化学、地理等学科全省中青年教师课堂教学观摩、评比活动，发现和表彰了一批中青年骨干教师，为大面积提高课堂教学质量起到积极促进作用。三是省教委抽调省、地、市部分教研人员，对黄山、蚌埠、宣城、淮北等4个地、市部分省属重点中学和普通中小学进行了教学视导。四是对芜湖市九年制义务教育中学阶段整体改革实验进行了评估、验收。

〔**特殊教育**〕 (1) 在抓好残疾儿童按时入学的同时，狠抓了“基础教育先进县”和已通过“两基”评估验收的20多个县（市）特教工作的“补课”，加大了特教“五年规划”实施的力度。(2) 加强了特教工作管理。修订下发了《残疾儿童少年义务教育入学率统计表》，在全省范围开展了三类残疾儿童的调查摸底和登记建档工作，为全省特教管理工作纳入普九验收体系打下了坚实的基础。(3) 加快了特教师资队伍建设步伐。暑期分别举办了盲童、弱智儿童和聋童随班就读师资培训班，共有200名承担随班就读教学工作的教师接受了培训，这批骨干教师在开展三类残疾儿童随班就读工作中发挥了重要的作用，推动了全省残疾儿童义务教育的发展。(4) 巩固、推广幼儿一体化教育实验成果。全省开展一体化实验的幼儿园已由去年的12所扩大到17所。这项实验成果8月份在河北承德召开的“改善农村幼儿教育环境国际研讨会”和11月份在英国曼彻斯特市召开的国际研讨会上作了交流，得到与会中外专家的高度评价。(5) 加强与国外的合作交流。12月6日至10日在寿县召开了中英弱智儿童教育研讨会，英国、香港的幼教、特教专家及国内、省内有关单位的专家学者和专业工作人员，部分弱智学校、班、随班就读点和开展一体化实验园的校（园）长、教师共90多人参加了会议。省委教育工委书记、省教委主任陈贤忠，副主任金汉杰等到会并作报告。英国专家对安徽项目的成功经验，给予了肯定和赞扬。

〔**幼儿教育**〕 1994年，全省各地继续认真组织实施《幼儿园工作规程》和《幼儿园管理条例》，幼教事业有了新的发展。根据《九十年代中国儿童发展规划纲要》、《安徽省儿童少年发展规划纲要》要求，制订了《安徽省1994—2000年幼儿教育事业发展规划》，各地、市亦制订了相应的规划。各地加强了幼儿园评估分类工作，评出了一大批地市级一类园。争创省级示范园活动广泛开展，已有8个地、市向省教委申报验收。

〔**师资建设**〕 省及各地以宣传、贯彻《教师法》为契机，进一步加快中小学教师队伍建设步伐。1994年，全省有16000名取得《专业合格证书》和高中学历证书的小学教师，在补学有关课程后，经考试合格，换发了中等师范毕业证书。在已完成学历培训任务的城镇学校，开展了小学教师继续教育和提高学历层次培训的试点；有34171名学历不合格的初中教师参加专科层次学历培训，省组织2次验收考试，开考21门课程。初步统计，1994年全省小学、初中、高中教师学历合格率分别为83.1%、60.5%和58.3%，分别比上年提高4.2、4.7和0.2个百分点。全省还有3400余名中小学校长接受了岗位培训。

为了提高中等师范学校教学水平，培养合格新师资，在学校自查、地市自评的基础上，省教委对全省28所师范学校进行了检查评估。这项活动的开展对于加快中师建设和学校管理，提高教育教学质量，起到推动作用。

从优化中等师范专业结构的实际需要出发，在肥西师范学校举办了民族师资班和特教师资班，在部分办学条件较好的中等师范学校举办了体育班和艺术班；部分中等师范学校还根据当地经济社会发展需要，开办了职教师资班。

撰稿 查海波 焦凤君
审稿 陈贤忠 陈 钦

职业技术教育

〔**综述**〕 1994年全省各类中等职业技术学校招生达17.89万人，在校生达47.45万人。

职业教育改革继续深化，年初分别召开了中专学校的学校管理、教学工作、校办产业和思想政治工作4个专题研讨会，并成立了几个相应的专门委员会，开展中专学校教育教学改革研究。进一步改革职业高中的教学模式，加强实践环节教学，先后组织了全省职业中学的电子计算机操作、钳工等技能竞赛；总结推广了“学分制”、“工学交替制”等教学模式，引导职业高中办出特色和成效。加强职业教育教材建设，成立了省职业教育教材编审委员会，组织开展职业学校有关专业教学计划、教学大纲的修订工作。

骨干职业学校的建设得到进一步加强。合肥电力学校、淮南化学工业学校、安徽银行学校、安徽纺织工业学校和安徽省艺术学校等5所学校，被评为国家级重点中专学校。合肥市职教中心、马鞍山市职教中心、黄山中华职业学校、芜湖市职教中心、铜陵市第一职业高中、霍邱县陈埠职业高中和淮南市职教中心等7所省级重点学校，开展了争创国家级重点职业高中的活动。这些地方的政府积极增加经费投入，学校的教育质量和办学水平也有了明显提高。同时，省教委在全省开展了县级示范职业高中的评估活动，一个以各类骨干学校为支撑点的、覆盖全省城乡的职业教育网络正在逐步形成。

〔**颁布职业教育条例**〕 省教委配合省人大教科文卫委员会和省法制局等单位在深入调查研究的基础上，起草了《安徽省职业教育条例》，省八届人大常委会第十一次会议于1994年7月16日审议通过，并于当年9月1日起施行。《条例》第一次以法规的形式明确了职业教育在全省社会主义现代化建设中的地位，对开展职业教育的职责、义务、管理、办学、教师、考核、就业、经费等方面作了全面的规定，对于深化教育改革，推动全省进一步大力发展职业教育具有重要意义。《条例》颁布后，全省各地都把学习宣传《条例》纳入普法规划，作为普法学习的重点。省将1994年10月定为《安徽省职业教育条例》宣传月，各地通过报刊、电台、电视台等多种新闻媒体，广泛开展了《条例》的学习、宣传和普及活动，并将宣传贯彻与实际工作结合起来，深入探索具有安徽特色的职业教育发展新路子。

〔**教育评估**〕 全省中等师范学校在自查自评和地、市初评的基础上，有15个地、市申报28所学校参加省级评估。评估采取听学校工作汇报和行署、市教委初评汇报，查阅有关文件、报表和原始档案资料，实地核查办学条件等方法进行，既有定性分析，又有量化评分。共听课240多节次，召开教职工和学生座谈会120多次，并与当地政府、教育主管部门和学校领导交换了意见，整个检查评估工作较客观公正，收到了预期效果，对加快中等师范学校建设，提高教育教学质量，起到了很好作用。评估结果为，一类学校14所，二类学校13所，三类学校1所。

根据全省建成100所县级示范职业高中的规划，省教委制定了《安徽省县级示范职业高中评估指标体系（试行）》，在全省开展了首批县级示范职业高中的评估验收工作。省级评估在学校自评、地市复评的基础上进行。到年底，对71所申报学校全部进行了评估，其中51所学校达到合格标准。评估工作的主要成效：(1)促进了党政领导、各部门和社会各界对职业教育的关心、重视和支持，一些县、市政府把争创工作列入了任期目标或年度工作目标。(2)促进了办学条件的进一步改善。据初步统计全省参评学校累计投入5700多万元，新增基建项目30多个，建教学楼、实验楼、综合楼、宿舍楼等28幢，建筑总面积达11.2万平方米；新增图书42万册；新增价值512.8万元的教学仪器设备。(3)促进了职业学校教育教学改革的深化，各校在广泛开展教育经济调查的基础上，根据经济社会发展需要，积极调整办学方向，改革专业设置，实行多层次多形式办学，努力培养各类适用人才。(4)促进了学校的内部建设，进一步提高了管理制度化、规范化和科学化的水平。

〔**教育综合改革**〕 在继续抓好芜湖、马鞍山、合肥三个国家级城市教育综合改革试点的同时，围绕建立现代化企业制度这个中心，在全省确定57个大中型企业作为教育综合改革试点，开展了创建省级“教育明星企业”活动。试点企业启动了“培训、考核、使用、待遇一体化”、“下岗职工再就业培训”等40多个教改实验项目，推动了企业的生产经营活动。57个试点企业中，46个当年无亏损，38个实现经济效益持续增长。

全省农科教结合工作坚持以县、乡为重点，以提高劳动者素质为核心，以项目为龙头，继续取得好成绩。据初步统计，全省共培训农民100多万人次，推广应用科技成果和实用技术200多项，产生直接经济效益约12亿元。各地涌现出一批农民人均收入比上年净增200—400元以上的农科教示范乡（镇）和农科教致富小康村，是继1989年以来培训范围最广、推广项目最多、经济效益最好的一年。

进一步加强了对农科教结合工作的领导。8月份，省政府发出了《关于进一步加强农科教结合工作的通知》，提出了农科教工作近期的目标任务和发展措施。省农科教协调领导小组办公室根据省政府文件精神，制定了《地、县两级农科教结合工作评估指标体系》、《安徽省科教兴农奖励办法暂行规定》、《安徽省乡镇农科教中心设置标准》等配套文件。各地还根据各级政府人事变动的情况，及时调整了农科教领导组成员。为了直接指导农科教工作，三位副省长和省农科教协调领导小组成员单位先后在21个县（市、区）建立了农科教联系点。蒙城、铜陵、南陵等联系县制定了有地方特色的农科教结合实施方案，并把任务分解到乡（镇）和部门，乡（镇）政府和县政府签定了科教兴农责任书。

进一步推动农科教实体化建设，具体做法是：(1) 巩固提高已建起的县、乡骨干农科教中心。(2) 加快发展贸工农、技工贸、种养加一体化的农科教综合服务实体，试验“科教实体＋公司＋农户”的结合形式。(3) 试办区域性农科教开发治理示范区，如合肥市现代农业示范区、淮北市煤田塌陷综合治理示范区等。(4) 试办东至县良种繁育基地和芜湖市特种水产繁育基地两个省级农科教种养基地。

撰稿　江传瑞　吴金辉
审稿　陈贤忠　陈　钦

高 等 教 育

〔**体制改革和学科建设**〕　积极推进办学体制改革。安徽师范大学、安徽机电学院、安徽商业专科学校等院校成立了董事会，企业和社会参与办学。中国科技大学与中国科学院合肥分院实行联合办学，教学、科研资源共享。继续扩大高等学校办学自主权，在1993年下放给高校设置专科专业、确定学校内设机构等方面权限基础上，将副教授以下专业技术人员调配权下放给高校。

加快学校内部管理体制改革。全省高等学校普遍制订了内部管理体制改革的措施和方案，华东冶金学院和皖南医学院等一些院校已经实施改革方案，安徽师范大学、安徽农学院实施整体改革方案取得了新进展。

学科专业建设。一是继续调整和优化了高等教育学科、专业结构和层次结构。全省高校调整和增设经济建设和社会发展急需的本专科专业51个，其中专科专业40个。省属普通高校招收本、专科学生1.9万人，研究生140人，本、专科招生比例为1∶2.18。二是加快了硕士点和博士点建设。省属高校增列两位博士生导师、14个硕士学位授权点，硕士学位授权点已经发展到84个。

〔**教学和科研**〕 继续加强教学领域的改革。安徽农学院实行了学分制改革；合肥经济技术学院、安徽机电学院试行了专科生升本科改革；阜阳师范学院试行了“双专科”教学改革；安徽大学、安庆师范学院、淮北煤炭师范学院等一些院校实行了“主辅修”、“淘汰制”、“教考分离”等教学改革。此外，各高等学校普遍修订了教学计划和教学大纲，更新了教学内容，压缩了必修课，强化了外语、计算机和实践环节的教学，进一步拓宽了学生的知识面，提高了学生的应用能力和实际动手能力。

高校科研和科技开发工作面向经济建设主战场，取得较大成就。据10所高校初步统计，1994年新立科研项目876项，争取科研经费达7802万元，共推广科技成果232项，合同金额达1696万元；共鉴定科研成果101项，其中达到国际先进水平的有37项；获省部级以上奖励成果共142项，其中获国家级奖励2项。6月份，组织20所高校和100个高新技术项目参加了“安徽省科技成果展示交易会”，高校参展项目占整个参展项目的十分之一。由于参展项目技术含量高、技术成熟、成果水平高，获得全省优秀组团奖。合肥工业大学同时获得金桥奖和百春杯。

1994年省属高校共派出国家公费访问学者及进修教师14人，单位公派出国和赴港、台地区进修、讲学、从事合作科研等50余人。聘请长期外籍专家和教师29人，接待来华讲学的专家、学者40人，接待长期来华留学生55人。

〔**安徽大学争取进入“211工程”建设**〕 安徽大学争取进入“211工程”建设进展顺利。1994年新增设6个本科专业、3个专科专业；新增美学、汉语史、国际贸易3个硕士点；投入190万元，重点建设5个学科、9个实验室和30门主干课程，经重点建设的9个实验室的实验项目中有70%达到国内同类高校的先进水平；选择28名中青年骨干教师进行重点培养，并接纳了一批知名学者专家来校工作；招生规模有所扩大，在校本、专科生达到6300人。为保证生源质量，从1994年起，列入全国重点大学批次招生。

〔**招生和毕业生分配**〕 加大普通高校毕业生就业制度改革的力度，扩大试点范围，在合肥工业大学、安徽机电学院等6所院校试行“在国家就业方针、政策指导下，以学校为主导，在一定范围内‘双向选择’的就业方法”。学校在完成国家保证重点计划的前提下，把毕业生引向就业市场，运用市场机制，落实就业方案，取得了良好的效果。省教委还会同计委尝试建立毕业生就业市场，首次举办了全省高校毕业生“供需见面”暨“双向选择”洽谈会，2400余名毕业生与用人单位达成意向或签订协议书。为更好地推进和适应毕业生就业制度改革，省教委成立了毕业生就业指导中心，高校和地、市也陆续建立了毕业生就业指导机构。

〔**党建和思想政治工作**〕　省委教育工委把高校领导班子建设和高校基层党组织建设摆上重要位置，对安徽医科大学、安徽农学院、安庆师范学院、安徽大学、安徽师范大学、安徽农业技术师范学院6所省属高校领导班子进行了考核，经省委批准，进行了调整和充实。共提拔校级干部15人，平均年龄45.9岁，使校级干部进一步年轻化。进一步加强了高校领导班子的思想作风建设。同时切实抓好高校校系两级后备干部队伍建设，完善和规范了后备干部的培养工作。省委教育工委具体指导和参与了安徽师范大学、安徽农业技术师范学院、华东冶金学院和淮南矿业学院4所高校的党代会筹备工作。检查了高校基层党组织建设中有关条例的贯彻执行情况，推动了高校基层党组织建设。各高校党组织坚持和完善三会一课、学习日、民主评议党员等制度，提高了基层党组织生活质量。加强和改进党员教育与管理，更好地发挥党组织的战斗堡垒作用和党员的先锋模范作用。

认真贯彻落实中共中央《关于进一步加强和改进学校德育工作的若干意见》和中共中央印发的《爱国主义教育实施纲要》，加强学生思想政治工作，认真组织学生进行党的十四大、十四届三中、四中全会精神和《邓小平文选》第三卷的专题学习和教育；强化主旋律教育，加强学校精神文明建设。省委教育工委、省教委和团省委联合开展了“安徽省十佳高校青年”评选表彰活动，激励和引导广大高校青年勤奋学习、立志成才；围绕纪念建国45周年、五四运动75周年，省委教育工委、省教委与有关部门组织高雅艺术节目到高校巡回演出，并举办了以热爱祖国、健康成才为主题的“大学生之春”文艺调演活动；各高校认真举办歌咏比赛、演讲比赛、文艺晚会，弘扬了社会主义主旋律和民族文化，在高校创造了文明健康、积极向上的校园文化氛围。高等学校还认真组织学生参加社会实践活动、抗旱斗争和献爱心活动，组织教师开展向灾区捐送衣被活动，使师生进一步了解国情和省情，坚定建设有中国特色社会主义的信念。

撰稿　李明阳

审稿　陈贤忠　陈　钦

成人教育

〔**扫盲工作**〕　1994年，全省共组织文盲、半文盲117.8万人入学，脱盲88.1万人，青壮年文盲率由1993年的13.1%下降到9.8%。宣城行署、黄山市、铜陵市、淮南市青壮年文盲率已下降到5%以下。至年底，全省共有44个县（市、区）经省验收，实现了基本扫除青壮年文盲。扫盲工作的主要做法是：(1) 加强领导。分管教育的副省长杜宜瑾同志年初抓的第一项工作就是扫盲，并亲自深入基层进行扫盲工作调查研究，亲自在每年一次的省扫盲工作会议上部署全省扫盲工作。各级政府始终把扫盲工作列入政府任期目标，常抓不懈。1994 年省政府拿出 286 万元，用于表彰奖励“两基”达标县。(2) 明确职责。各级政府把扫盲工作作为政府行为，全面推行扫盲“双线承包责任制”。政府包组织、包经费、包任务落实；教育行政部门包教室、教材、教学、包脱盲。全省自上而下，层层签订扫盲责任合同书，确保扫盲工作的落实。(3) 分类指导。省教委从全省各地市扫盲任务和扫盲工作进展情况不同的实际出发，分类进行指导。对扫盲工作进展较快的县（市、区)，要求他们在抓紧扫除剩余文盲的同时，抓好巩固提高工作，同时大力发展乡（镇）成人文化技术教育，进一步巩固和扩大扫盲成果，向更高标准扫除文盲的目标迈进；对扫盲任务重的县（市、区)，给予重点指导，在经费安排上给予必要的倾斜，推动长年办扫盲班的经验，鼓励因地制宜采取多种形式进行扫盲，从而使这些地方加快了扫盲步伐。(4) 注重质量。为保证扫盲工作的质量，省教委采取了以下措施：一是对各地办班设点、扫盲教师、课程设置、教学时数、教材使用等作出具体要求和统一规定。二是加强扫盲专职干部的业务培训，不断提高他们的思想素质和业务水平。三是改革扫盲教育内容，加强全省扫盲教材建设，组织编写了内容丰富、好学易记的扫盲教材。四是坚持验收标准。(5) 加强督查。1994 年元旦刚过，省教委从委机关抽出 20 多名干部，分成 5 个组，分赴扫盲任务重的 5 个地（市)、26 个县的 57 个乡（镇)，对扫盲工作进行检查督促。省教委还采取定期或不定期的方式对扫盲工作进行抽查，并将抽查情况用简报形式通报全省。

扫盲后继续教育发展很快。1994 年，全省乡镇农民文化技术学校已发展到 1652 所，办学面达 93%，比上年上升 13 个百分点；村级农民文化技术学校已达 14000 余所，比上年增加 112%。约 200 余万农民接受了各种形式的实用技术培训，20 万应、往届初高中毕业生受到中、短期专业技术培训。

〔**成人中专教育**〕 1994 年，省教委根据国家教委有关文件精神，对成人中专招生政策进行改革：(1) 劳动模范、先进人物和年龄较大的生产业务骨干，根据送培单位的意见，由招生学校组织文化补课，地（市）教委配合进行入学水平测试，成绩合格者报省教委审批录取。(2) 中等专业技术学校毕业生需要进入成人中专学习第二专业的，可凭毕业证书到学校报名，免除入学文化测试。(3)1990 年后初、高中毕业回乡知识青年，报考成人中专种植、养殖、农产品加工专业的，免除入学文化测试。(4) 会考成绩合格的高中毕业生和当年成人高考总分 200 分以上的考生，可直接凭毕业证书或成人高考准考证、成绩单到成人中专招生学校报名，免除入学考试。(5) 对评估合格，办学方向端正，办学条件较好，教育质量较高的成人中专学校，允许其招收应届初、高中毕业生。

〔**成人高等教育**〕 1994 年，全省成人高校招生比上年多招 1.21 万人。报考各类成人高校考生比上年增加 2.2 万人，是自 1986 年全国各类成人高校统一招生以来报考人数最多的一年。为做好成人高校招生工作，省教委、省计委、省人事局联合发出《关于认真做好一九九四年各类成人高校招生工作的通知》,对继续试办招工与招生相结合的高等职业型专科教育,开办第二专业专科学历教育,进行西医类、中医类及劳改、劳教专业入学考试科目改革等做出了规定。《通知》还规定，第二专业专科教育限招国民教育系列专科（以上）毕业的从业人员，培养适应经济建设需要的复合型人才，学生毕业后可享受本科待遇。

1994年核发《专业证书》4000余份。批准27个业务主管部门举办成人高等教育《专业证书》教学班，批准招生计划6300人。

进一步加强成人高等教育改革和管理。(1) 理顺办学体制，促进联合办学。经省政府与国家教委批准，淮南机械职工大学与淮南职业医专调整合并并更名为淮南职工大学。(2) 加强宏观管理。依据国家教委和本省有关规定，对全省普通高等学校的函授站进行了清理。审核了蚌埠高专等6所普通高校举办函授、夜大学专科的资格。(3) 典型引路。召开了“职业型专科教育现场会”，引导独立设置的成人高校积极探求适应市场经济需要，培养社会急需人才的路子。

〔**自学考试**〕 全年组织了两次高等教育自学考试。上半年有131627人报考，计258449科次；下半年有130056人报考，计241663科次。有6000人通过了自学考试本、专科毕业生资格审查。为适应本省经济和社会发展需要，1994年新开考金融、高级护理两个大学专科专业和现代会计、市场营销、计算机应用3个中专专业，同时停考了统计本科，机械、税收、财政和政治管理专科等5个专业。为加强自学考试的管理，省教委和省自学考试委员会狠抓考风考纪，抽调人员组成纪律检查组分赴各地、市检查自学考试情况，对违纪考生依照规定作出严肃处理；严格按考试标准组织命题，做好命题、制卷、考试、阅卷过程中的保密工作；积极采购发行自学考试教材，为考生提供服务；评选、表彰41个自学考试工作先进集体和152名自学考试工作先进个人。

组织开展了自学考试10周年庆祝活动：和《安徽日报》社共同举办了“自学考试10周年”征文活动；省教委、省自考委为全省176名从事自学考试工作10周年的同志颁发了荣誉证书；举办了安徽自学考试10周年图片展览；于11月20日召开了庆祝安徽省自学考试10周年大会，省委副书记方兆祥、副省长杜宜瑾以及省教委和省直有关部门负责人出席了会议。

为推动自学考试工作的进一步发展，经省人民政府批准，充实调整了安徽省高等教育自学考试委员会，杜宜瑾副省长任安徽省第三届自学考试委员 会主任。

撰稿　陈　钦
审稿　陈贤忠

福建省教育

概　况

〔**基本情况**〕

1994年各级普通学校基本情况

单位：人

学校类别	学校数（所）	毕业生数	招生数	在校学生数	教职工数	
					计	其中专任教师
一、普通高等学校	33	17247	23418	71222	19905	8432
研究生		374	806	1967		
本　科	13	6763	8168	31480		
专　科	20	10110	14444	37775		
二、中等专业学校	108	18720	31820	87062	12077	6486
中等技术学校	83	11594	21333	59479	8732	4527
中等师范学校	25	7126	10487	27583	3345	1959
三、普通中学	1639	344346	515359	1362098	106655	85254
高中	403	56763	54715	165382		13609
初中	1236	287583	460644	1196716		71645
四、农业、职业中学	271	30842	61324	144492	12416	8743
高中	262	29139	58725	136785		8342
初中	9	1703	2599	7707		401
五、工读学校	1				2	1
六、小学	15972	560620	653107	3719814	179760	164039
七、特殊教育学校	56	1335	2764	14321	734	631
八、幼儿园	12086	565066	609120	1008878	43747	38435

1994 年各级成人学校基本情况

单位：人

学校类别	学校数（所）	毕业生数	招生数	在校学生数	教职工数	
					计	其中专任教师
一、成人高等学校	20	5341	15691	37731	2507	1215
广播电视大学	2	2001	6311	13461	801	301
职工高等学校	9	578	747	2598	398	251
农民高等学校						
管理干部学院	4	657	1641	3365	587	278
教育学院	5	336	567	2270	721	385
独立函授学院						
普通高校举办：						
函授部		1461	3861	11960		
夜大学		266	2164	3424		
干部专修科		42	400	653		
二、成人中等专业学校	171	8512	23722	64476	4549	2651
广播电视中专	3	2411	9073	25315	52	33
干部中专	30	991	1989	4483	476	261
职工中专	55	2357	6861	14375	1075	637
农民中专	5	194	221	846	102	60
函授中专	2	1927	3314	7475	47	
教师进修学校	76	632	2264	11982	2797	1660
三、成人中学	119	3241	6581	8900	311	148
职工中学	48	2072	2527	4084	286	125
农民中学	71	1169	4054	4816	25	23
四、成人技术培训学校	12779	2193338	2308365	2304059	6543	2137
职工技术培训学校	822	268452	285119	282791	1169	818
农民技术培训学校	11957	1924886	2023246	2021268	5374	1319
五、成人初等学校	11188	308942	240401	267906	3598	605
职工初等学校	27	1532	1289	1149	4	3
农民初等学校	11161	307410	239112	266757	3594	602
其中：扫盲班	6059	194207	118753	142797	2029	134

制表　潘家坤　陈玉钦

〔**全省教育工作会**〕　1994 年 10 月 14—16 日，福建省委、省政府在福州召开改革开放以来规格最高、规模最大的全省教育工作会议，省委书记贾庆林作重要讲话，省长陈明义作主题报告，副省长王良溥作会议总结。省委、省人大、省政府、省政协有关领导、省直各委、办、厅、局主要负责人，各地（市）、县（市、区）主要领导、教委主任（教育局长），各普通高等学校、部分成人高等学校负责人等共 1000 多人参加了大会。

会议的主要任务是认真贯彻党的十四届四中全会和全国教育工作会议精神，研究解决优先发展教育，建设教育强省等问题，进一步部署实施《中国教育改革和发展纲要》，制订福建教育改革和发展的目标、思路和措施，推动福建教育工作上新台阶。

贾庆林在会上讲话指出，实施“优先发展教育，建设教育强省”奋斗目标，要做到“五个必须”：一是必须进一步增强各级党政领导抓好教育的责任感和使命感。要始终把教育作为关系社会主义现代化建设全局、关系民族兴衰存亡的问题来看待，牢固树立“为官一任、兴教一方”的重教意识，切实把教育摆上应有的位置，切实加强领导。二是必须进一步形成全社会关心教育、支持教育、兴办教育的大气候。各级各部门要进一步做好宣传、引导工作，把方方面面的优势发挥好，潜力挖掘好，使社会办学有个大的发展。三是必须进一步推进教育改革。各地各部门要进一步解放思想，开拓视野，大胆探索建立与社会主义市场经济相适应的教育体制和运行机制的新路子；要为教育改革创造良好的外部环境，尽最大努力支持教育改革，使改革的各项任务真正落到实处。四是必须进一步加强教育战线党的建设。切实加强学校领导班子建设，加强各级各类学校党组织建设，加强和改进学校德育工作。五是必须进一步发挥广大教师和教育工作者的聪明才智。高度重视教师队伍建设，认真贯彻《教师法》，维护教师合法权益，努力提高教师待遇，为广大教师排忧解难。广大教师要进一步树立为人师表，教书育人的光荣感和责任感，刻苦钻研业务，努力提高教育质量，为培养更多合格人才做出更大的成绩。

陈明义省长在主题报告中宣布，到本世纪末福建教育发展的目标是：全面落实《纲要》提出的各项任务，使教育结构进一步优化，布局更加合理，办学质量和效益明显提高，一些主要指标居全国领先地位。根据这一目标，从现在起到本世纪末，要确保完成八项任务：提前两年基本普及九年义务教育，提前三年基本扫除青壮年文盲，加快发展高中阶段教育，大力发展职业教育，积极发展成人教育，进一步提高高等教育的规模效益，认真组织实施“211”工程，努力建成一批有特色的示范学校。为此，陈明义在报告中提出了优先发展教育的八大政策措施：一是加大改革力度，增强教育活力。要加快办学体制改革。继续探索以政府为主、社会各界积极参与的多种形式的办学路子；要深化管理体制改革，进一步落实和完善分级办学、分级管理体制，理顺政府、社会和学校的关系；要改革招生、收费和毕业生就业制度；要大力推进教育综合改革试验；要切实提高教育质量。二是进一步调整教育结构，提高办学的综合效益。要在确保实现“两基”的前提下，大力发展适应社会主义市场经济需要的学校、学科和专业，逐步形成初等、中等、普通高等教育与职业教育共同发展、相互衔接、比例合理的教育体系，使教育资源发挥出更大效益。首先要全力推进“两基”进程；其次，要大力发展职业技术教育；同时积极发展以岗位培训和继续教育为重点的成人教育；要办好不同层次的高等教育。三是增加财政投入，改善办学条件。全省国民生产总值中财政性教育经费支出比例，从1994年起，每年提高0.217个百分点，确保本世纪末达到4%；在今后6年内，全省将通过增加财政投入，发动全社会各方面多渠道集资办学途径，筹集150亿元资金，用于改善各级各类学校的办学条件；要充分发挥财政投入的主渠道作用，各级财政在安排预算支出时，要优先保证教育发展所需要的资金，财政支出中教育经费所占比重要高于全国要求，从1995年起，全省平均达到21%以上；实行教育经费预算单列，确保事权与财权统一；要进一步加强教育费附加的征管工作，同时大力发展校办产业。四是调动各方面办学积极性，推动教育事业发展。进一步动员社会各界和广大群众集资办学和捐资办学；继续鼓励企业支持办学；要增强各部门发展教育的责任。五是发挥侨、港、台优势，扩大教育对外开放。要大力弘扬陈嘉庚捐资兴学的崇高精神，继续鼓励台湾同胞、港澳同胞、海外侨胞和国际友人关心支持福建省教育；加快集美大学建设步伐；加强对外、对台教育交流与合作。六是加强教师队伍建设，提高教师整体素质。要加快发展师范教育，有计划地开展教师的继续教育，努力提高教师的思想政治素质。七是千方百计改善教师待遇，调动教师积极性。当前重点要解决好教师工资、住房、医疗等方面存在的问题；认真做好民办教师队伍的管理工作，逐步降低民办教师所占的比重。八是切实加强领导，确保教育优先的战略地位。要求各级党委和政府、各级各类学校都要坚持党的教育方针，认真贯彻《爱国主义教育实施纲要》和《中共中央关于进一步加强和改进学校德育工作的若干意见》，切实加强学校的思想政治工作，全面提高教育质量，培养德、智、体全面发展的跨世纪“四有”新人。

王良溥副省长作大会总结时就如何贯彻落实好会议精神提出了具体要求。

〔**贯彻实施《纲要》**〕 1994年11月19日，福建省委、省政府正式颁发了《中共福建省委、福建省人民政府关于贯彻实施〈中国教育改革和发展纲要〉的决定》。《决定》明确了建设教育强省的战略目标，并从九十年代福建教育事业发展的目标任务，进一步深化教育改革，增加教育投入、保证教育改革和发展的需要、加强教师队伍建设、提高教师待遇、大力加强和改进学校党的建设和德育工作及切实加强领导、保证教育优先发展战略地位的落实等6个方面，提出了福建省贯彻实施《中国教育改革和发展纲要》的36条具体措施。

《决定》对全省各县（市、区）基本实施九年义务教育和基本扫除青壮年文盲的目标作出了规划，要求：1993～1994年，全省实现“两基”覆盖人口180.5万人，占人口数5.73%；1995年，全省实施“两基”覆盖人口605·22万人，占人口数17.23%；1996年，全省实现“两基”覆盖人口1696.52万人，占人口数54.87%；1997年，全省覆盖人口2959.87万人，占人口数87.83%；1998年，全省全面实现“两基”目标。

〔**纪念陈嘉庚诞辰**〕 1994年10月20日，省和厦门市各界人士在集美福南堂举行纪念爱国华侨领袖陈嘉庚先生诞辰120周年大会。党和国家领导人江泽民、李鹏、乔石、李瑞环等为纪念活动题词。国务院副总理李岚清，全国政协副主席孙孚凌，中央、国务院有关部、委、办领导，省和厦门市领导，陈嘉庚先生亲属，海外来宾以及各界代表近2000人出席了纪念活动。省政协主席游德鑫主持大会。李岚清代表党中央、国务院作重要讲话。省委书记贾庆林代表省委、省人大、省政府和省政协，厦门市委书记石兆彬代表厦门市委、市政府，陈嘉庚先生的儿子陈元济代表陈嘉庚的亲属，香港福建商会理事长黄光汉代表参加大会的各界人士分别讲话。省长陈明义宣读《福建省人民政府关于表彰为福建教育事业发展作出重大贡献的海外侨胞、港澳同胞、台湾同胞和国际友人的决定》。国家教委副主任王明达宣读国家教委《关于将集美学村5所高等学校合并组建为集美大学的祝辞》。

〔**学校德育工作**〕 1994年，福建教育系统认真贯彻中共中央《关于加强和改进学校德育工 作的意见》和《爱国主义教育纲要》，坚持在德育的实效上下功夫。本着从小抓起、打好基础的原则，全省重点加强了中小学生基础道德、文明礼貌养成教育，30多所中小学试点校 已取得初步成效。同时采取多种形式广泛开展爱国主义、集体主义、社会主义教育以及中华民族优秀文化传统和革命传统教育。全省已建立省、地、县三级德育基地575个，军警民共建点1300多个，评选县级以上文明学校3400多所。暑假期间，全省精心组织100支共10万名大中专学生参加的“青年志愿者”服务队深入基层、农村、厂矿开展社会实践，参加抗洪救灾等活动。各级各类学校还普遍加强了劳动教育，全省已建立学校劳动基地1.5万个，80%以上县(市)的农村中小学实现了“一校一地”。

〔**实施《教师法》**〕 《教师法》颁布后，省委、省政府高度重视《教师法》的实施。全省上下组织了声势浩大的《教师法》系列宣传活动。省委书记贾庆林通过发表专题电视讲话，向全省发出了学习宣传贯彻《教师法》的总动员。年初，贾庆林书记还亲自主持召开教师迎春座谈会，对贯彻实施《教师法》作了进一步强调。教师节期间，省委、省政府举行了隆重的庆祝活动；贾庆林书记、陈明义省长出席了省委、省政府召开的庆祝教师节座谈会，代表省委、省政府向全省广大教师和教育工作者表示节日的祝贺和慰问；省政府授予192位同志为福建省特级教师；省教委等部门表彰694位优秀农村教师、教育工作者；省教育工会表彰89位“三育人”先进个人；通过这些活动进一步弘扬了尊师重教的传统美德，在全党全社会推动了《教师法》的宣传、贯彻、实施。省人大也高度重视，不仅领导参加各种形式的宣传活动，还对提高教师待遇、加强教师队伍建设等进行了具体的指导和监督。12月，省人大常委会教科文卫委员会、省教委、省教育工会还组织力量对漳州市、龙岩地区贯彻实施《教师法》一年来的情况进行检查，促进了《教师法》的实施。由于各级党委、人大、政府的重视和全社会的共同努力，《教师法》实施一年成效明显，主要体现在以下几方面：

一是促进了尊师重教良好社会风尚的进一步形成。为使《教师法》家喻户晓，各地都由党政一把手在当地新闻媒介上发表了专题讲话或文章，组织了声势浩大的宣传活动。在庆祝第10个教师节期间，各地普遍检查落实了为教师办实事项目，表彰奖励一批优秀教师，并确定一批办实事的新项目。厦门市从9月起为在职在岗教师发放了教师津贴，并将教龄津贴增加一倍。全省教育工作会议之后，各地陆续出台了一批提高教师素质、改善教师待遇的措施。

二是拖欠教师工资现象得到有效遏制。年初，省人大教科文卫委员会和省政府办公厅二次牵头组织有关部门进行专项督促检查。省教委也多次组织有关人员下到拖欠问题严重的地（市）、县（乡）督促检查。经过艰苦细致的工作，使历年来全省拖欠的2100多万元教师工资在1994年春节前兑现。而后，省委、省政府办公厅及时向各地发出《关于采取有力措施确保教师工资按时足额发放的通知》，建立了按时发放教师工资的保障机制。省监察厅、省财政厅、省教委也联合发出《关于建立确保教师工资按时足额发放反馈、监督、检查制度的通知》，对建立定期报告、按时足额发放教师工资的制度作了具体的规定。省教委还与省财政厅联合发文，就理顺教育经费管理体制提出意见，要求在经济落后、财政困难、不能保证教师工资按时足额发放的地方，可根据当地的实情，将预算内教育经费由乡管改为县管。实行新的工资改革后，又及时要求各地核实财政预算，保证教师工改增资额及时兑现。另外，省委、省政府还研究决定采取本省的特殊政策让省属本科高等学校党政管理人员参照国家机关公务员的工资标准参加工改。据调查，由于各方面的重视努力，1994年教师工资问题解决得比较好，虽然仍有个别地方曾出现前清后欠现象，但经过及时做工作，在教师节前也已基本得到解决。

三是教师的住房紧缺和就医难等困难正在加快解决。1994年，省政府继续安排专项资金500万元补助高等学校建设中青年教师住房；同时安排450万元补助各地中小学教师住房建设。各地（市）也都普遍加快了中、小学教师住房建设步伐。不少地方对教师住房建设采取了优惠政策，福州市把教师住房建设纳入城市建设总体规划，对教师住房采取优先、优惠政策，决定三年内为市属学校教职工建住宅600套。厦门市安排1000套统建房给教育系统，教师正陆续迁入新居。南平地区各县（市）普遍推行“园丁工程”，全区已落实教师住宅用地187亩，原计划为教师兴建住宅1000套，1995年春节前实际完成1200多套。泉州、安溪集中划拨一批土地由教师集资建设教师公寓。据不完全统计，1994年省属高等学校在建教师住房6万平方米，750套；中小学在建教师住房9万平方米。对教师公费医疗费积欠问题，不少地方实行先清后理，即对积欠的部分进行清理，合理的超支由财政部门解决。南平地区在教师节前解决了累计超支的医疗费187万元；漳平市、漳州市芗城区分别解决了历年教师医疗费超支部分30多万元和20万元。许多地方在提高教师公费医疗费标准的同时，大胆探索公费医疗费超支问题，有的建立了“教师医疗保健互助金”，有的实行教师医疗保险制度。同时，省政府批转了省教委、人事厅、财政厅共同拟定的民办教师工资制度改革方案，实行民办教师职务等级工资制。为稳定农村幼儿园教师队伍，省教委与省民政厅联合制定了《福建省农村幼儿教师社会养老保险暂行办法》，推行农村幼儿教师社会养老保险制度。

四是教师培养、培训工作得到加强。为适应教育事业规模不断扩大对教师数量的需求，在前几年的基础上，1994年全省中等师范招生数扩大到10487名；还继续招收5000名函授学员。全年新安排师范类毕业生1.4万多名到中小学任教；培训中小学校长5000多名。省里分2批安排专项指标，从民办教师中选拔录用公办教师3000名。同时，加强了中小学教师的继续教育，使小学、初中、高中教师的学历达标率分别达到83.63%、86.10%和62.68%；当年，共有716名初中教师，7466名小学教师、8125名幼儿园教师取得专业合格证书。高等学校通过联合办学、联合培养等形式加强了教师的互聘和交流。在提高教师队伍业务水平的同时，各级教育部门、学校还采取各种措施，努力提高教师的思想素质，加强对教师的职业道德教育。教师职称改革稳步推进，省教委重点配套完善了教师任职资格和职称聘用管理办法，使各级各类教师职务评聘工作全面转入经常化、制度化的轨道。8月，省里还出台了高等学校教育管理工作部门工作人员评审教育管理研究职务任职资格的实施意见，稳定了高等院校的管理队伍。

〔**教育立法**〕 为保证福建教育事业的顺利发展，促进依法治教、依法治校。1994年，福建省教委进一步重视和加强了教育法规建设，组成了由委领导任组长的工作小组，在省政府法制局、省人大教科文卫委员会的大力支持下，通过大量的调查研究与协调，先后出台了《福建省扫除文盲工作条例》、《福建省实施〈未成年人保护法〉办法》和《福建省中等职业教育条例》。

根据国务院发布的《扫除文盲工作条例》精神，结合福建实际情况，对原《福建省扫除文盲工作暂行条例》进行修改后产生了《福建省扫除文盲工作条例》，由省第八届人大常委会第十二次会议于1994年9月16日审议通过并颁布实施。《条例》对扫盲对象、脱盲标准、扫盲教育形式，经费来源渠道、扫盲验收制度，以及各级政府应承担的责任、任务作了明确规定。它为加快福建省扫盲步伐，提前实现基本扫除青壮年文盲的目标提供了法律保障。

《福建省实施〈中华人民共和国未成年人保护法〉办法》，是加强福建省未成年人保护工作法制建设的一个新举措。它针对未成年人保护工作中出现的新情况、新问题，依据《保护法》有关规定，在肯定和保留原《福建省未成年人保护条例》基本内容的基础上进行补充修订，经省第八届人大常委会第十三次会议审议通过，于1994年11月21日公布施行。《实施办法》对未成年人的家庭保护、学校保护、社会保护、司法保护以及违反本法应承担的法律责任作出明确的规定。

《福建省中等职业教育条例》是在对原《福建省中等职业技术教育条例》进行修订、补充的基础上形成的，由省人大常委会第十三次会议审议通过，于1994年11月22日颁布施行。《条例》对中等职业教育的办学体制、管理体制、经费投入、师资队伍、毕业生就业与考核等方面作了明确的规定，为促进中等职业教育发展、依法治校提供了法律依据和保证。

基 础 教 育

〔**幼儿教育**〕 1994年，国家教委在福建省开展了学前班试点工作。国家教委关于学前班试点工作的部署下达后，福建省教委即召开各地（市）幼教干部会议，传达全国学前班试点工作会议精神，组织学习国家教委《关于改进和加强学前班管理的意见》和《学前班试点工作指导意见》等文件。省教委成立了试点工作领导小组，并制定颁发了《福建省学前班试点工作方案》。省教委要求各地深入一个县（市、区）进行试点，并选择福州市仓山区和龙岩市作为省教委直接指导的试点单位。试点工作开展以来，省、地两级幼教干部多次深入试点县，与当地教育部门一起制定试点工作实施方案，研究加强学前班管理，克服“小学化”现象的具体措施，开展各类培训，帮助解决试点工作遇到的实际困难。年底，国家教委在北京召开全国学前班工作会议。福建关于加强学前班管理、严格学前班收费和经费管理、改善教师待遇、加强教材建设和教研网络建设等试点工作经验得到了国家教委的肯定。

1994 年 1 月 1 日，福建省政府颁布《福建省实施〈幼儿园管理条例〉办法》。省教委随即下发了“关于贯彻、实施《福建省实施〈幼儿园管理条例〉办法》的意见”。在全省原有幼儿园（班）基本完成登记注册的基础上，进一步促进各类幼儿园（班），特别是农村幼儿园（班）的办园（班）条件上新水平：一是对办班条件提出严格要求，通过不定期检查，防止因完成注册而造成思想松懈和办园条件回落。二是进一步优化幼儿园的室内外环境，许多县（市）开展了园（班）环境创设、活动室布置比赛。三是继续发挥侨乡优势和群众乐于捐资助学的优良传统，通过多渠道集资改善办园条件。省教委会同省物委、省财政厅等单位对幼儿园的收费和经费管理作出新规定，将制定收费标准的权限下放到地（市）一级，以解决地（市）间发展不平衡的问题。9 个地（市）新的收费标准公布施行后，受到各地幼儿园和社会的欢迎。

为满足幼教事业发展的需要，促进幼教师资队伍素质的提高，省教委坚持引导各地依托职业中学，加快培养合格的新幼儿教师，并通过扩大中等幼儿师范学校函授点、举办职业中学在职幼儿教师进修班、鼓励教师参加教材教法与专业合格证书考试、组织教师参加学前教育专业函授和自学考试等多种形式，进行在职幼儿教师培训，提高教师的学历水平和业务素质。同时，大力开展农村幼儿教师养老保险，提高幼儿教师工资待遇，落实幼儿教师的教龄、物价等津贴。省教委与省民政厅联合发出《关于在全省推行农村幼儿教师养老保险的通知》，在全省范围内全面开展投保工作。1994 年，仅在省农村社会保险公司投保的幼儿教师就达 1500 人以上，投保金额超过 40 万元。

〔**义务教育**〕 1994 年，福建省、地、县教育部门以贯彻《中国教育改革和发展纲要》为指导，进一步按照《义务教育法》的要求，大力开展入学率、年保留率、按时毕业率、全科及格率及 15 周岁人口初等义务教育完成率的自查和抽查，进行评估，健全档案资料管理；并对照省颁必备办学条件标准，努力争取增加投入，不断改善办学条件，加快实施初等义务教育的步伐。经过努力，全省宣布全面实施初等义务教育，人口覆盖率达到 100％。

针对初中校舍不足，办学条件仍十分困难的实际情况，1994 年，福建继续全力以赴打好初中 建设翻身仗，抓紧初中布点和扩建初中校舍工作。全省共新建初中校 49 所。普通初中招生在几年来持续较大增长的基础上，又有大幅度的增长，使小学毕业生升学率达82.63%，比1993年提高1.86个百分点。巩固在校初中生的工作也收到明显成效，流生率由上年的5.28%下降到4.47%。初中教育事业的发展有效地促进了义务教育的实施，1994年，又有198个乡（镇）宣布实施初级中等义务教育。全省累计已有16个区、766个乡（镇）宣布实施初级中等义务教育，人口覆盖率达80.16%。

按照国家教委的评估验收标准，福建还重点加强了“两基”验收工作，1994年，有8个县（市、区）通过了省组织的“两基”验收，其中厦门市的5个市区已由国家教委验收合格并正式公布。

〔**特殊教育**〕 通过采取事业发展指标落实到县、基本建设项目责任到人和增班增点增校、挖潜扩招等措施，推动全省80个县（市、区）都开办特教班，实现了消灭特教空白的目标。全省现有特教学校比1993年增加24所；在校生数比上年增加2695人；7—15周岁残疾儿童毛入学率上升到62%，比上年提高11.66个百分点。与此同时，在泉州师范学校特教部举办特教培训班，培训50名特教师资；为12所盲聋哑学校配置了电脑、语言训练设备、钢琴、录相机、生物标本等教学设备，促进了特教质量的提高。

〔**小学教育**〕 为提高普及初等义务教育的水准，福建省教委以加强小学示范校为契机，全面提高小学教育教学质量。一年中，省教委先后在泉州实验小学和长乐市梅花中心小学举办示范小学教学观摩活动，组织各县（市、区）教研员、学校领导和教师代表近300人，分别以“如何从应试教育向素质教育转轨”和“加强自身建设发挥示范作用，规范学校管理提高办学水平”为中心议题，结合现场观摩，讨论了社会主义市场经济与学校思想政治工作、义务教育课程教材改革试验、开展教育科学研究与教学改革试验、学校管理规范化和对一般小学起示范作用等问题，使与会校长提高了认识，学到了经验，增强了进一步办好城乡小学的信心。在此基础上，编印了《福建小学名校（57所）》和《福建农村示范小学（24所）》两本书，总结推广了一批历史悠久、教育质量高、富有特色的示范小学的办学经验。

与此同时，福建省教委进一步注重在德育的实效上下功夫。把教会少年儿童懂得做人的道理，养成良好的文明行为习惯列入学校德育工作的奠基工程。省教委组织编写了《小学生文明礼貌养成教育读本》，从小学生日常生活中的言行规范、人际交往中的文明举止及基本道德素养等方面，选定100个课题，分五册，提供给小学各年级，配合思想品德课教学和早会课、班队课及社会实践活动，对广大学生进行懂得怎样做人的教育。同时，组织评选第三批小学优秀德育论文，全省有500多位小学德育工作者撰文参评，选题涉及小学德育工作中急需研究解决的养成教育、消费教育、劳动教育、道德教育、艰苦磨炼教育等，其中获奖28篇。此外，还结合进行“两史一情”教育，运用影视开展爱国主义教育系列活动，让学生了解必看的16部影片的故事梗概，在思想品德课和有关活动中予以渗透教育，收到了引导学生“明国情、知重任”的教育效果。

一年中，福建省教委还在全省大规模、大范围发动，在教师中广泛开展了教学新秀评选活动。围绕师德、学历、教学基本功、教学艺术、教学理论，高标准地进行全面评审，课程计划内的学科任教老师都参与了评选。通过学校推荐、群众评议、专家评定，层层选拔，最后由省评定省级“教学新秀”115名并给予表彰奖励。同时，举办全省义务教育小学语文课堂教学电视观摩和教学论文评选活动，通过广大教师的积极参与，产生了一批可作示范的课堂教学实例和有一定深度的教学理论文章，从中选定11节课堂教学实况录像向全省推广。

〔**中学教育**〕 1994年，省教委加快了对普通完中分级达标验收的步伐，全省共复查验收7所各方面条件比较好的一级达标学校，6所三级达标学校；审批15所二级达标学校。截止年底，全省已有一级达标校8所、二级达标校48所、三级达标校23所。在前三年开展普通完中注册登记的基础上，省教委新批准4所完中注册登记。全省已注册登记的完中学校数达396所 。

年初，省教委要求各地对普通中学进行教学常规管理大检查，通过检查促进普通中学教学常规走上规范化、科学化和制度化的轨道。在各地检查、推荐的基础上，省教委组织各地进行互检、交流，评选出全省普通中学教学常规管理先进集体63个、先进个人67人。根据国家教委下达的《实行新工时制后初、高级中学教学计划调整意见》，省教委结合福建省中学实际情况下达了福建省新工时制普通中学教学（课程）计划，并要求学校认真做好宣传培训工作，落实教学计划要求，切实减轻学生过重的课业负担，提高教育、教学质量。

继续做好5个学科竞赛工作，组织开展计算机教育先进工作者和先进集体的评选活动，并推荐2名先进工作者和1个先进集体参加全国评选表彰活动。组织做好全国理科实验班招生考试工作，福建省1名学生被录取。重视学校课外科技活动，厦门一中学生陈欣在第七届全国青少年发明创造比赛中，荣获一等奖和三等奖。

1994届高三毕业班是福建省贯彻国家教委“高中两项改革”并实施新高考科目组的第一届，为了使学校更好地适应高考科目组改革的特点和要求，搞好毕业班总复习工作，省教委在年初下发了《关于做好1994届高三毕业班教学和复习工作的意见》，对1994届高三毕业班的教学和复习工作进行具体部署，并于3月组织人员分赴泉州、漳州、福州等地（市）了解、检查1994届高三毕业班复习工作情况，总结、交流各地经验，推动这项工作扎实有效地进行。5月，省教委又在泉州召开全省高中毕业班教学工作会议，参加会议的有全省100多所重点中学校长、9地（市）教育局中学教育科长等，交流了省质量检查考试情况，并对普通高中全面提高教育教学质量的两项改革措施进行了研讨，对下一阶段的高考总复习安排起了很好的促进作用。1994年高考结束后，省教委进行了高考质量分析，并将有关资料下发各地（市），以利各地（市）总结经验，更好地做好毕业班工作。

职业技术教育

〔**中专体制改革**〕 进一步依靠行业、企事业单位、社会力量举办职业教育。1994年，省教委新批建1所由财贸系统筹建的完全招收自费生的普通中专学校；新批准5所职业中专学校，其中1所由南平地区旅游局承办、2所由福建中华职教社举办、1所由合资企业举办，还有1所为福清籍企业家张忠恩先生投资建成的规模达2000人，办学条件较好的职业中专学校。省教委还积极组织中专学校选优评估，通过评估，促进其主管部门与地方增加对学校的投入。据统计，全省中专学校（1991—1994）固定资产投资增加3.2亿元，增添设备总值达4490万元，新建校舍366万平方米，使学校办学实力得到增强。经国家教委批准，福建机电学校、福建水利电力学校、集美轻工业学校、泉州电力学校、漳州农业学校、福建省邮电学校、福建林业学校、福建省侨兴轻工业学校、福建工艺美术学校被评为国家级重点中专学校。

为促进中专学校面向市场，省教委在调查论证的基础上，同意三明供销学校改名为三明财经学校；福建农垦学校由邵武市搬迁来榕与省农干校合并办学；泉州商业学校、泉州供销学校合并新建泉州商业供销学校，为这些学校的进一步发展提供了有利条件。

〔**招生和毕业生就业改革**〕 省教委年初分片在福建邮电学校、泉州电力学校、福建水利电力学校召开全省中专校长会议，传达全国中专教育工作会议精神，探索招生制度改革有关问题，并出台了福建省中专捐资生招生政策。1994年，全省普通中专（不含中师）下达的招生计划中，自费生和委培生达1.2万名，占总数的57%。

在前二年试验的基础上，1994年职业中专、职业高中继续实行缴费上学。省教委通过下达职业中专、职业高中的招生计划实行宏观调控，要求各地严格执行省物委、财政厅、省教委规定的收费限额标准，同时允许各地（市）根据当地经济发展状况、群众经济承受能力等实际情况，在省定的限额标准内自主决定收费比例，再由学校根据不同专业确定具体收费标准和办法；学校收费后应设立奖学金和助学金；所收取的经费主要用于改善办学条件。这项改革使学校增添了活力，如泉州华侨职业学校增加1万平方米的校舍；福清龙华职业学校、宁德职业学校、莆田城厢职业学校、上杭职业学校、漳州第二职业学校等校校容校貌均有明显改观。

更新观念，继续拓宽毕业生就业渠道：一是建立、健全职教服务体系，1994年又有三明、南平、龙岩等地（市）成立了职教中心，开展就业培训服务工作。一些职业学校成立人才就业机构。二是通过省国际合作人才培训中心强化培训，进一步扩大职业学校毕业生的国际劳务输出。据统计，1994年又有700

多名职业学校毕业生劳务输出到新加坡、香港、澳门。三是继续组织体育、音乐、美术、幼教等职业中专应届毕业生聘用考试，共聘用650名毕业生，比上年增加150名。四是加强中等职业教育与高等教育间的沟通，努力探索初等、中等、高等职业教育体系的协调发展，在闽江职业大学，厦门鹭江职业大学继续实行对口招收应届毕业生入学深造。

〔**师资建设**〕 继续开展中等职业学校师资队伍的充实、加强工作，师资短缺状况有所缓解。全省中专学校专任教师比1993年增加176人；职业中学专任教师比1993年增加972人。1994年，首次在福建师范大学举办计算机本科职教师资班，通过推荐加考试，从专业对口的应届职业学校毕业生中择优录取。上海旅游专科学校、北京第二外国语学院等校也从福建省招收了部分专业对口的优秀职业高中毕业生入学深造。同时，组织教师参加国家教委举办的“全国中等职业技术学校政治课（法律）骨干培训班”以及浙江大学职业师范学院举办的专科函授学习，进一步提高在职教师的业务素质。

高 等 教 育

〔**成立集美大学**〕 由江泽民总书记题写校名的集美大学于10月20日正式成立。中共中央政治局委员、国务院副总理李岚清，省委书记贾庆林为集美大学校牌揭幕。集美大学是在集美学村现有的集美航海学院、厦门水产学院、福建体育学院、集美财经高等专科学校、集美师范高等专科学校的基础上组建的。党和政府高度重视集美大学的筹办工作。李鹏总理亲笔题词：“弘扬嘉庚精神，办好集美大学”。李岚清副总理明确表示：“我支持集美学村联合办学”。省委书记贾庆林亲任筹委会主任，提出“要以办开发区那样的劲头办好集美大学”。省长陈明义要求：“省和厦门市政府要努力把集美大学办成面向海内外，面向21世纪，以培养现代化应用型人才为主，具有开放型、国际化特色的多层次、多学科、多功能、高质量、高水平的综合性大学。”厦门市委、市政府还把办好集美大学作为厦门教育城建设的重点工程。省和厦门市政府分别拨出专款500万元和1000万元，为学校征地12万平方米，并已落实海外捐款5000万元。

〔**共建厦门大学**〕 1994年4月，厦门市政府与国家教委达成共同建设厦门大学的意见。协议规定，国家教委支持厦门大学积极为厦门市培养高层次紧缺人才，为厦门市经济建设和社会发展提供各种服务。厦门大学毕业生要优先满足厦门市的需要；厦大专业的设置和调整，要更多地考虑厦门市经济和社会发展的需要。厦门市政府明确厦大既是国家的大学，也是厦门市的大学，把厦门大学的发展列入厦门市高等教育和科学技术发展规划，支持厦门大学进入“211工程”，把厦门大学办成国内一流、国际有较大影响的大学。厦门市将根据厦门经济、社会和厦大发展的需要，组织对厦大进行多种形式的教育、科研投资。1994年—1997年间每年从市政府的财政中为厦大安排1000万元用于共建，1997年后相应增加。厦门市政府在各项具体政策上保证厦大教职工在工资、各项补贴以及其它生活待遇上不低于厦门市属高校的水平，补齐厦大教职工因特区政策与国家一般政策差异而造成的生活待遇方面的不足，所需经费由厦门市政府拨给厦门大学。这一共建活动正式展开后，应厦门市政府的要求，厦门大学经国家教委批准，已开办通讯工程和飞机维修工程两个新专业并于1994年秋季开始招收新生。厦门市政府1994年安排给厦门大学的1000万元共建经费也已如期到位。

〔**博士后流动站**〕 1994年，厦门大学、福建农业大学分别获国家教委批准各设立1个博士后流动站；此外，经国家教委批准，福州大学设立1个国家理科人才培养基地，厦门大学、福建师范大学各设立1个国家文科人才培养基地。至此，全省高等学校已拥有4个博士后流动站，5个国家级人才培养基地。除厦门大学外，三所省属高等学校均为首次设立。

厦门大学设立博士后流动站的学科是海洋科学，所含专业是海洋化学、海洋生物学；福建农业大学设立博士后流动站学科是农学，所含专业是作物栽培学与耕作学、作物遗传育种学、果树学、昆虫学、植物病理学。福州大学设立的理科人才培养基地是化学学科，厦门大学新设立的文科人才培养基地是历史学科，福建师大设立的文科人才培养基地是中文学科。

〔**科研及科技开发**〕 1994年，高校科研工作紧紧围绕全省加快经济发展的要求，主动面向全省经济建设主战场，积极争取国家和省的重点科技项目资助，优先扶持并大力开展生产建设急需项目和应用前景广阔的高新技术项目的研究、开发及科技成果的试推广，加强与经济、科技部门的联系和科技协作，积极走“产、学、研”一体化的路子，进一步促进了科技成果向现实生产力的转化。全省高等学校先后签订横向委托合同209项，合同金额635万元；技术转让合同46项，成交金额313万元。省教委还组织11所高等学校与漳州市政府举办大型科技成果信息发布会；组织高校参加各种成果交易和招商活动近百场。福建师大帮助长汀柠檬酸厂将1200多万元闲置设备成功地改造为苹果酸新产品生产线，当年就收回了全部投资。福州大学转让铝压力喷雾罐原块新技术，使企业获得新生，产值由上年的300万元提高到1800万元。一年中，全省高等学校共开展2260个科研项目的研究，获得科技成果216项。其中，达到国际水平37项，国内首创51项，国内先进97项；有8项获得国家科技三大奖，73项获国家部委科技进步奖。

高等学校科技产业和第三产业进一步发展到260多家，总产值超过3亿元，利润达4000多万元，分别比上年增长32%和25%。

成 人 教 育

〔**扫盲工作**〕 1994年，全省共扫除青壮年文盲22万人，巩固提高30.5万人，提前超额完成省委、省政府为民办实事项目之一"扫除青壮年文盲20万人，巩固提高30万人"的任务。到1994年底，全省青壮年文盲率从11.3%下降到5%左右，青壮年文盲数从157万人下降到45万人；全省已有19个县（市、区）通过了基本扫除青壮年文盲的评估验收。

1994年，省委、省政府向社会公布将扫盲工作列入为民办实事的项目后，省教委即召开专门会议，把扫盲任务分解到各地（市），并要求各地教育行政部门在当地政府领导下，将扫盲任务再分解到各县（市、区）、乡（镇）直至行政村。各级政府也积极采取措施，切实做到扫盲工作"领导到位、经费到位、政策到位、管理到位、工作到位"，保证扫盲工作"八到村"。泉州市把扫盲工作列入1994年为民办实事计划；福州市政府拨出20万元专款用于教育，并由市教委主任同各县（市、区）教育局长签订扫盲工作责任书。1994年，各级教育行政部门还加强了督导评估，提高扫盲质量。龙岩地区教委把扫除文盲作为1994年教育工作的"重中之重"，重新拟订了扫盲规划，以提前实现基本扫除文盲为目标，把基本扫除文盲县（市、区）评估列入政府议事日程，进行通盘考虑，统一部署，组织实施；南平市教育局拨出新建文化技术学校补助款18万元，为扫盲后继续教育提供基地，各县（市）都在积极创造条件接受评估督导。

〔**农村成人教育**〕 经过几年的发展，福建省农村成人教育已逐步形成以县成人教育中心和成人中专学校为龙头、乡镇文化技术学校为主体、村文化技术学校为基础的三级办学网络。1994年，全省县（市、区）成人教育中心已达49所，占县（市、区）总数的61.25%，县办成人中专40所；986个乡镇都建立了乡镇文化技术学校，其中230所乡镇文化技术学校达到省教委提出的"八有"标准（即：有健全班子、有专兼职教师、有独立校舍、有电教设备、有实习厂（场）、有固定经费、有办学规划、有规章制度）；64%的行政村建立了村级文化技术学校。1994年，德化县浔中镇文化技术学校、建阳市童游镇文化技术学校、福清市阳下镇文化技术学校、福安市赛岐镇文化技术学校等4所学校被国家教委授予"全国农村成人教育先进学校"的光荣称号。

据统计，1994年县、乡、村三级办学共培训各类人员300万人次以上，有力地促进了农村物质文明和精神文明建设。其中：各类中专班203个，在学人数7993人；农业函授大学835班，在学人数32873人；成人高中375班，在学人数4290人；成人初中839

班，在学人数19175人。各类技术培训：长班（120课时）6802期，在学人数185946人；短班（15课时）33561期，结业1314271人；讲座27475期，参加人数1342951人次；社会教育（人口教育）34780期，参加人数1200025人次。

〔**成人学历教育**〕 1994年，省教委认真贯彻落实省政府《关于加快我省成人高等教育改革与发展的若干意见》，加大改革力度，继续走内涵发展为主的路子，扩大招生范围，提高办学质量。对成人高等学校函授站进行设站备案，全省共有37个函授站通过初步设站审核；通过挖掘高等学校内部潜力发展成人高等教育，在8所高等学校新开辟21个专业。扩大成人高教的生源，对农、林、工科等成人高教在招生、办学上给予政策上的扶持，继续搞好福建农业大学等5所高等学校的成人高等教育单独招生工作；继续实行成人高教第二专业教育招生。1994年，省教委还组织对全省电大工作站进行评估，对6类成人高等学校的教学质量进行检查。

深化成人中专教育改革，加快成人中专的发展。1994年，省教委制定了成人中专学校办学审批条件，积极鼓励和调动部门、企业、个人办学的积极性，全年部门新办成人中专8所，民办成人中专4所；全省已有独立设置的成人中专学校90所；还有19所普通中专设立函授部；4所成人高校附设中专部；52所普通中专、34所省地属干部学校和66所地（市）县（区）委党校举办了成人中专班，共开设160多个专业。改革成人中专招生制度，通过水平认定考试（共招收新生8000多人）、高中层次的毕业生免试入学和农广校单独招生等措施，不断扩大成人中专教育生源，满足经济建设对中级人才的需求。同时，注意加强成人中专管理，提高教学质量。开展成人中专办学水平评估，举办成人中专校长研讨会，进行教学改革和管理探索。并对成人中专教学过程进行跟踪，实行抽考，检测教学质量。

专业证书教育势头良好。1994年，省教委通过严格把关，按规定办理入学审批手续和加强抽考工作，对少数抽考不及格的给予除名等措施，加强学历教育管理。同时，省教委还积极与组织、人事等部门、行业做好协调工作，形成齐抓共管局面。1994年，全省共举办各类专业教学班70个，在学人数达3000多人。

〔**社会力量办学**〕 1994年，省教委加强了对社会力量办学的管理，坚持“积极鼓励、大力支持、正确引导、加强管理”的十六字方针，在加强招生广告刊播，提高教学质量等方面取得一定成效。目前，全省社会力量举办的各类成人职业技术培训学校达612所，设有80多个专业，在校生数12.03万人。这些学校以办学时间短、种类齐全、实用性强、见效快的优势受到社会的欢迎，帮助一大批劳动者掌握了实用技术，较好地适应了社会上相当部分人员择业、求职的需要。

撰稿 林其天 张凯民
陈 晃 吴仁华
潘家坤 肖 铮
戴 颖
审稿 郭荣辉

江西省教育

概况

〔基本情况〕

1994年各级普通学校基本情况

学校类别	学校数（所）	毕业生数	招生数	在校学生数	教职工数	
					计	其中专任教师
一、普通高等学校	31	17550	25526	78608	27032	9331
研究生		136	254	632		
本　科		6788	8851	33217		
专　科		10626	16421	44759		
二、中等专业学校	102	25049	38576	91106	13777	6815
中等技术学校	76	15711	27310	63049	10525	4931
中等师范学校	26	9338	11266	28057	3252	1884
三、普通中学	2812	557227	660693	1826597	139794	116179
高　中	539	78408	87450	250169		20354
初　中	2273	478819	573243	1576428		95825
四、农业、职业中学	379	35010	57524	118683	13139	8413
高　中	328	30222	48430	98966		7258
初　中	51	5588	9094	24717		1155
五、工读学校	1				9	2
六、小学	25633	679861	843590	421132	6242270	227161
七、特殊教育学校	22	490	595	3333	341	272
八、幼儿园	4123			505530	21058	17755

1994年各级成人学校基本情况

学校类别	学校数（所）	毕业生数	招生数	在校学生数	教职工数	
					计	其中专任教师
一、成人高等学校	23	9418	22646	47353	4558	1953
广播电视大学	1	3171	7370	16708	854	388
职工高等学校	14	1296	2778	5898	1545	861
农民高等学校						
管理干部学院	3	938	1583	3207	1199	298
教育学院	5	1122	2040	4294	960	406
独立函授学院						
普通高校举办：						
函授部	13	2471	5896	12553		
夜大学	13	420	2160	3710		
干部专修科			819	983		
二、成人中等专业学校	129	3696	13712	27170	3895	2158
广播电视中专	2	929	9650	18711	249	182
干部中专	3	117	220	553	177	58
职工中专	31	1701	3386	6263	1400	754
农民中专	2		52	52		
教师进修学校	91	949	404	1591	2069	1164
三、成人中学	156	8334	6235	11213	605	336
职工中学	134	6810	4786	8718	535	328
农民中学	22	1524	1449	2495	70	8
四、成人技术培训学校	7773	1208090	1223226	1264766	4510	969
职工技术培训学校	87	41709	21024	22757	508	315
农民技术培训学校	7686	1166381	1202202	1242009	4002	654
五、成人初等学校	9316	254867	296659	333604	6056	1003
职工初等学校	2	10	147	174	5	5
农民初等学校	9314	254857	296512	333430	6051	998
其中：扫盲班	7218	217721	257576	288023	4668	936

注：此外，另有函授中专学校1所，招生2784人，在校生3587人，教职工17人，其中专任教师8人。

制表　胡　军

〔**全省教育工作会**〕 1994年8月27日至29日，召开全省教育工作会议。会议的主要任务是，以邓小平同志建设有中国特色社会主义理论和党的基本路线为指导，传达全国教育工作会议精神，学习、领会江泽民、李鹏、李岚清同志在全会上的重要讲话，研究制定全省2000年教育事业发展规划，研究贯彻落实《纲要》的实施意见，部署九十年代教育改革和发展的任务。会上，省委书记毛致用作了题为《像抓好经济工作那样抓好教育工作》的讲话，省长吴官正作了《认真贯彻全国教育工作会议精神，全面落实教育优先发展的战略》的主题报告，副省长黄懋衡作了会议总结。参加会议的有地、市委书记或专员、市长，分管教育的副专员、副市长，教育局长，省直有关单位主要负责同志，各类学校的代表共计100余人。全省党、政、军6套班子的主要领导出席了大会开幕、闭幕式。各民主党派负责人应邀列席会议。

会议主要解决4个方面的问题：(1) 确保本世纪内基本普及九年义务教育。明确义务教育的责任主要在政府，必须强化政府行为，将其列为政府领导干部目标管理的内容。到2000年，在全省90%以上的人口地区普及九年义务教育（包括初中阶段的职业教育），小学适龄儿童入学率达到99%，小学毕业生升入初中的比例达到95%，初中阶段适龄人口入学率达到90%。(2) 重视发展职业教育。到2000年全省各类中等职业学校招生数、在校学生数占整个高中阶段学生数的比例均要达到60%以上。为了统筹协调全省各类职业教育和成人教育的发展，省政府决定成立职业技术教育协调领导小组，由副省长黄懋衡任组长，省政府副秘书长、省教委主任、省劳动厅长任副组长，有关部门的负责人为成员。要求地（市）、县（市）也成立相应机构。并特别强调县级政府要采取切实措施，加强对各类职业教育的统筹。(3) 切实提高教师待遇。要依法保障教师的合法权益，建立有效机制，坚决杜绝拖欠教师工资的现象。全省在17个城市和省属高校中，每年兴建2000套教师住房，争取“八五”期间全省60%的城市教师都住上套房，使教职工家庭人均居住面积达到或略高于当地城市居民的平均水平。会议责成卫生部门会同有关部门解决好教师，尤其是农村教师看病就医难的问题，保证教师的医疗享受当地公务员的同等待遇。教龄满30年的教师退休金按工资总额全数计发。从1994年开始每年解决民办教师转国编7000人（包括中师选招3000人），力争用六、七年的时间基本解决民办教师问题，从1994年9月1日起，民办教师每人每月增资40元，由财政和集体各负担一半。当地财政特别困难的县、乡，在农村教育费附加中支付。以后逐年有所增加。(4) 增加教育投入。继续采取多渠道筹措教育经费，进一步完善教育投入保障机制，将农村集资办学的审批权放在县一级。确定城乡教育费附加按增值税、营业税、消费税的3%征收。农村不缴纳“三税”的乡镇企业、个体企业教育费附加按销售收入的1‰—2‰征收，具体比例由各县制定。农民按上一年人均纯收入的1.5%—2%征收。教育费附加统一由地方税务部门负责征收，存入教育部门在财政开设的预算外专户。尽快制订《江西省义务教育经费筹措和使用管理办法》，省、地、县都要设立预算内义务教育专项经费，并要求逐年有所增加。

会议研究讨论了《江西省贯彻〈中国教育改革和发展纲要〉实施意见》（征求意见稿），《江西省2000年教育事业发展规划》（征求意见稿），《关于进一步加强和改进我省学校德育工作的意见》（征求意见稿），修改后以省委、省政府名义下发。

全省教育工作会议后，各地、市和省直一些部门相继召开教育工作会议，把贯彻落实全教会精神同本地区、本部门实际紧密联系起来，制订规划，突出工作重点，精心组织实施，推进教育改革和发展。

〔**教育投入**〕　1994年江西省地方教育部门从各条渠道筹措的教育经费为255187万元，较上年的203512万元，增长25%。其中：财政预算内拨款为171038万元，较上年的136058万元，增长25%；各级政府征收用于教育的税费为28571万元（其中城市教育费附加9799万元）；校办产业、勤工俭学、社会服务收入中用于教育的经费为8591万元；其他属于国家财政性教育经费拨款数为597万元，社会捐集资办学经费为9279万元，学费、杂费收入为24292万元，其他教育经费为12818万元，以上各项收入较上年均有较大幅度增加。

1994年地方财政预算内教育事业费实际支出为172996万元，较上年增长32%，其中：个人部分为154448万元，公用部分为18548万元，公用部分占教育事业费支出的10.72%，较上年增长1.48%。各级政府征收用于教育的税费支出为27860万元，其中：个人部分为3333万元（主要用于农村中、小学校民办教师调资），占此项支出的11.96%；教育部门校办产业、勤工俭学、社会服务收入等项用于教育的经费支出为8094万元，其中个人部分支出为2167万元，占此项支出的26.77%。各条渠道筹措的资金为弥补教育经费不足，改善办学条件起到积极的作用。

1994年财政经常性收入为41亿元，较上年的34亿元增长21%，而财政预算内教育经费较上年增长25%。

1994年江西省普通高校生均教育事业费为3649元，较上年的2801元增加848元，其中公用经费为1513元，占41.46%，比上年增加202元；师范学生生均教育事业费为1321元，较上年增加122元，其中公用经费为443元，较上年增加45元；普通中学生均教育事业费为338元，较上年增加70元，其中公用经费为22元，较上年减少4元；普通小学生均经费为191元，较上年增加47元，其中公用经费6元，较上年减少2元。

1994年江西省财政预算内教育经费及生均教育事业费均达到了《纲要》提出的两个增长的要求。

基础教育

〔**义务教育**〕 1994年，全省依法推进义务教育。一是义务教育各项任务基本达到管理目标要求。全省小学适龄儿童入学率达99.05%，比上年增长0.22%，辍学率2.11%，比目标控制下降0.39%；初中入学率达74.33%，比原定目标提高2.33%，辍学率4.73%，比目标控制下降0.27%。二是对13个县（市、区）进行了省级“普九”评估验收。经国家教委审定，全省有21个县（市、区）基本普及九年义务教育，占全省县（市、区）总数的21%，人口覆盖率占17%。三是加强了对贫困地区实施义务教育的扶持。获得世界银行第二个贫困地区基础教育贷款1750万美元，用于扶助22个老区贫困县；接受香港吴伟先生1273万元赠款，设立了“吴伟儿童教育基金会”，每年资助万名贫困小学生上学，并一次性建设2所农村小学。四是省教委、省残联共同在全省范围内开展了残疾儿童少年普查工作。历时两个多月，基本摸清了全省残疾儿童少年的数据，为制订残疾儿童少年义务教育规划奠定了基础。国家特教检查团一行6人对江西省特殊教育进行了检查，并对南昌市、新余市、上高县进行了实地考查。

根据全国教育工作会议精神，省政府重新确定了全省2000年以前基本普及九年义务教育的步骤和目标，1995年在约占全省总人口44%的地区普及初级中等义务教育；1997年在约占全省总人口74%的地区普及初级中等义务教育；2000年在占全省总人口90%以上的地区普及初级中等义务教育。规划从全省各地实际状况出发，分年度落实到县（市、区），有较强的可操作性。为了保证规划目标如期实现，省政府作出规定，对在“普九”工作中作出突出成绩的地方政府予以表彰，在任期内没有完成“普九”规划目标任务的，要追究其主要领导人及分管领导人的责任。并要求各级政府把“普九”工作摆上重要的议事日程，建立明确的责任制，列入年度目标管理考核的内容。

为了实施教育优先发展的战略，建立以国家拨款为主的多渠道筹措义务教育经费的体制，保证义务教育经费来源稳定和逐年增长，省八届人大常委会第十二次会议通过了《江西省义务教育经费筹措和使用管理办法》，于1995年1月1日起施行。该《办法》共分6章54条，其基本精神是政府、社会各个方面和个人都有义务对教育进行投入。对义务教育经费来源渠道规定为财政拨款，国家开征的教育费附加，用于义务教育的附加费，学校的杂费收入，校办产业、勤工俭学及社会服务收入，社会捐赠、教育集资和教育基金等6个方面，共20多条渠道。这个《办法》是迄今为止我省第一个专门规范义务教育经费投入的地方性法规，将对全省加快实施九年义务教育产生积极影响。

〔**德育工作**〕 各类学校积极贯彻落实党中央、国务院和省委、省政府关于加强和改进学校德育工作的一系列指示，以课堂教学为主渠道，以爱国主义教育为主旋律，强化德育工作，突出德育的首要地位。在《中央关于进一步加强和改进学校德育工作的若干意见》和《爱国主义教育实施纲要》颁布后，采取了多种方式宣传贯彻，并且结合省情，省教委拟订了《关于进一步加强和改进我省学校德育工作的意见》和《江西省学校爱国主义教育实施细则》，提出了目标、任务和要求。通过对全省首轮重点中学的评估，带动了中小学由升学教育向素质教育的转变。政治思想教育得到进一步加强。在搞好课堂教育的同时，开展了第二课堂教育，建立社会活动基地160处，爱国主义教育基地命名16个，评选出省级三好学生746名，优秀学生干部99名，组织了“我爱社会主义”、“走向辉煌”等读书活动，500多万青少年受到教育，发展大学生党员比上年增加1个百分点。建立了高校和中小学德育基金。学校局势继续保持稳定。

〔**中小学教育**〕 为加强高中学籍管理，1994年重新修订了普通高中学籍管理办法，制订了《关于统一规范普通高中档案的规定》，并开始对高中学生学籍实行计算机辅助管理。全省实行会考制度后首届高中毕业生毕业，全省颁发了统一的高中毕业证书，并开始实行“3+2”高考制度的改革。

为促使重点高（完）中认真贯彻党的教育方针，提高办学效益和教育质量，使重点中学更具有实验性、示范性、高质量和办学特色，省教委下发了《江西省重点高（完）中办学水平评估方案》和《江西省重点高（完）中办学水平评估细则》，并首轮对30所省级重点中学办学水平进行了评估，评估工作引起各地党政和教育行政部门的重视，各重点中学反应热烈，起到了较好的促进作用、导向作用、鉴别作用，解决了一些问题，发现了一批好的典型。

1994年，省教委对全省18个县（市、区）的小学、初中部分年级、部分学科的教学质量进行抽查测试。结果表明，小学、初中的学科教学取得了较好效果，总体发展比较平稳，达到了教学大纲的基本要求，同时也存在一些问题。为了使全省基础教育教学继续健康地发展，省教委下发了《江西省小学、初中教学质量抽测情况通报》。江西省学生参加全国小发明、小论文、小制作竞赛，获个人一等奖2项、二等奖4项、三等奖7项，集体获“精神文明代表队”称号，参加全国计算机奥赛，1人获三等奖；参加全国数理化竞赛，1人获物理竞赛二等奖，2人得三等奖，有5名同学录取到全国理科实验班学习。

1994年，省教委艺术教育委员会组织了对全省中小学艺术教育的评估检查，并接受了国家教委的评估检查。省教委与省文化厅、省文联联合举办了全省第四届少儿艺术节。举办了全省第三届中小学生合唱节。推荐2个合唱队参加全国比赛获得2个二等奖、5个三等奖。举办了全省教师美术作品及中小学生美术、书法作品汇展。

1994年，在全省实行了初中毕业生升学体育科目考试。为推动中小学健康教育的深入发展，在全省成立了县（市、区）校医协作组28个。中小学勤工俭学面继续稳定在95%以上，总产值达6.5亿元，年纯收入1.8亿元。

〔**改善办学条件**〕 1994年筹集资金46411.64万元，新建、改建、维修中小学校舍面积279.93万平方米，其中初中扩建校舍84.86万平方米。实现校园“六配套”的乡（镇）累计达96%，城市中小学建成教工住房1391套。针对修水、贵溪两所乡、村学校违章施工，个别乡镇干部和学校领导玩忽职守，造成房舍倒塌，死伤学生的教训，省教委在全省范围组织了全面检查，再次强调校舍安全工作，提出防范措施。至年底，全省中小学危房占校舍总面积的比例由6月份安全检查时地市上报数的6.7%下降到1.29%。

中小学实验室建设和电化教育成绩显著。1994年又有18个县通过了省级实验教学普及县的评估验收，全省累计实验教学普及县达52个。自筹仪器和图书配套经费800万元，装备学校的教学仪器和图书价值达1500万元，教学仪器生产完成产值1400万元，开发新产品26个。建成了省教育电视台，全省已有地市教育电视台4座，县（市）教育电视台71座，乡（镇）教育电视台27座，教育电视覆盖了全省73%的人口，接近《纲要》规定2000年达到覆盖75%人口的目标。

〔**师资建设**〕 1994年，全省小学、初中、高中教师学历达标率分别为79.88%、64.51%和41.57%，分别比上年增加0.88%、4.81%和2.17%。为了开创师资培养、培训工作的新局面，1994年先后召开全省中师校长会议、全省教师进修学院（校）长会议和全省“三沟通”师资培训工作会议。

各级政府认真贯彻《教师法》。大力组织学习与宣传。5月，省长吴官正发表电视讲话，号召全省人民进一步重视教育，尊重教师，强调各级党委和政府“一把手”要为执行《教师法》作出表率。为了从根本上解决教师工资拖欠问题，省政府批转了省教委、省财政厅《关于加强教育经费管理，切实保证教师工资按期足额发放的报告》。报告提出了以下主要措施：把教师工资兑现纳入领导干部年终责任目标进行考核，教师工资发放由各级政府负责，政府部门工作失职造成工资拖欠并产生严重影响和后果的，要依法追究责任；经济落后，财政困难，难以保证教师工资按月足额发放的，在一定时期内，预算内教育经费改由县发；任何地方不准以财政资金、教师工资作经济担保或抵押，否则从严追究有关人员责任，在逐步实现民办教师与公办教师同工同酬的同时，严格执行“关、招、转、辞、退”方针，对全省民办教师进行全面清理，对在编民办教师经考核不合格和不胜任教学工作的予以逐步清退，对达到退休年龄的继续实行退休养老制度，对1980年7月19日以后擅自吸收的民师予以清退，今后一律不再增加新的民师。各级政府为解决教师住房难问题采取了一系列措施，1994年，城市中小学教师家庭人均居住面积提高到7.44平方米。在全国教师住房建设工作经验交流会上，江西省的工作得到国务院有关领导的充分肯定。在全省范围内开展《教师法》执法检查。省人大常委会成立了《教师法》执法检查组。各地（市）、县（市、区）也及时成立了《教师法》执法检查组，普遍进行了自查。省人大组织重点检查。检查活动得到各级党委、人大、政府的高度重视，积极配合，有关新闻单位及时报道。通过这次检查，进一步明确了实施《教师法》的主要责任在各级人民政府，增强了领导层对教育的法律意识，促进了《教师法》的贯彻落实。

职业技术教育

〔**综述**〕 1994年，中等职业教育招生数、在校生数分别占整个高中阶段的57.24％、51.35％，比上年分别增长4.63％、3.78％。为适应社会主义市场经济建设和社会发展的需要，1994年对职业学校的专业设置和学制进行了调整，增设了市场营销、装璜设计、医药商品经营、经贸外语、财务会计电脑专门化、经济法律事务等专业；同时进一步贯彻“大家办”的方针，充分调动各部门、各行业、社会团体和个人的办学积极性，发展职业学校。在1994年8月5日吴官正省长主持召开的会议上，对职业教育问题，提出了下列措施：

（1）省政府成立职业技术教育协调领导

小组，统筹协调全省职业教育工作，加强全省各类职业教育宏观管理。(2)以进行学历教育为主的职业学校和成人学校，原则上由各级教育部门进行管理；职业培训和在职岗位培训工作，要发挥部门办学的积极性，按现行体制加强管理，原则上由各级劳动、人事部门和有关业务部门进行管理。由计划部门提出人才需求计划。(3)加强县级政府对县和县以下各类职业教育的统筹。建立县级政府统筹领导小组，由县政府主要负责人任组长，有关部门参加，统筹协调全县各类职业教育和成人教育。(4)与劳动用工制度配套，把技术等级考试和持证上岗结合起来，做到相同水平的各类职业学校毕业生在就业和待遇上大体一致。

〔**发展规划**〕 1994年结合江西实际，制定发展规划。到2000年，全省各类中等职业学校年招生数和在校生数占整个高中阶段的百分比要达到60%以上，普通中专招生5.2万人，在校生达14.5万人；职业高中（含职业中专）招生8万人，在校生达22.5万人；技工学校招生3.6万人，在校生达10.05万人。2000年前，各县、市和有关行业要办好一所示范性的中等职业骨干学校或培训中心，其中，建成60所国家级重点中等职业学校或培训中心（职业高中或培训中心30所，普通中专15所，技工学校15所）。加强师资队伍建设，中专学校教师基本达到任职资格标准，职业中学、技工学校60%以上的教师达到任职资格标准。

〔**重点学校建设**〕 为抓好国家级重点职业高中建设，省教委转发了《国家级重点职业高中标准》，对通过努力有可能达到国家级重点职业高中标准的学校，要求各地市教育部门会同政府有关部门，制定规划，采取措施，力争1995年评估能达到国家级重点职业高中标准要求。1994年在评选省部级重点中专的基础上，经省人民政府推荐，国家教委批准，九江船舶工业学校等5所学校为国家级重点中专学校。省教委根据省示范性职业中学标准要求，批准了上高县农业职业技术学校等8所学校为省示范性职业中学。

经省政府同意，省教委决定从1994年起，原则上在办学条件较好的省示范性职业高中举办职业中等专业学校（简称职业中专）或职业中专班，学生毕业后，国家承认其职业中专学历，不包分配，不转粮油关系，不迁户口。1994年省教委批准了18所职业中学举办职业中等专业学校，51所职业中学内附设了职业中专班。10月，经国家教委批准，九江船舶工业学校被列为举办高职班的试点学校。

〔**教材建设**〕 1994年1月4日，省教委成立了江西省职业技术教育教材审定委员会，制定了《江西省职业技术教育教材审定委员会暂行工作条例》。为逐步解决困扰职教事业发展的“用书难”的问题，1月4日省教委下达了《江西省中等职业技术学校教学用书供应暂行办法》，并优选出303种教材，覆盖18个专业（工种）。

〔**师资与干部培训**〕 为加强职业教育师资和职教管理干部队伍建设，切实做好培训与职教研究工作，1994年1月在江西农业大学建立了“江西省农村职教研究与师资培训中心”。省教委规定，职业中学校长上岗前必须在“江西省城镇职业中学师资培训中心”或

“江西省农村职业中学师资培训中心”接受岗位培训，获取国家教委统一印制的《职业中学校长岗位培训合格证书》。为了加快培养职业中学专业课和实习指导教师，省教委决定：今后每年在国家核定培养职业技术师资的招生计划中，安排从职业中学招收部分优秀应届毕业生升入普通高等学校学习，毕业后分配到职业学校任教。1994 年江西农大职业师范学院、南昌职业技术师范学院共招收职业中学应届优秀毕业生 175 人。

高 等 教 育

〔**综述**〕 1994 年全省高校招收本专科学生比 1993 年减少 3.91%，但在校本专科学生数比 1993 年增长 10.55%。1994 年南昌大学招收了博士研究生 4 名，实现了江西省博士研究生零的突破；招收硕士研究生 254 人，在校硕士研究生 632 人。高教结构有一定改善，工科类招生数已占招生总数的 19.41%，比 1993 年提高 7 个百分点，工科在校生数已占在校生总数的 17.82%，比 1993 年提高 3 个百分点。进一步加强高等教育事业的宏观管理。为了制止乱招生、乱收费、乱办学、乱发文凭，省教委重新制订并下发了《关于制止普通高校、普通中专计划外招生的暂行规定》，并从 1994 年起实施由国家教委统一印制的普通高校毕业证书发放制度。

〔**体制改革**〕 1994 年，在贯彻全国教育工作会议精神，实施《中国教育改革和发展纲要》中，充分发挥南昌大学的龙头作用，推动全省高校体制改革的深入进行，省委、省政府领导多次亲临南昌大学，就学校的办学思想、建设规划、管理改革进行现场指导，促使南昌大学做到真合、真投、真干。“真合”就是突破文理综合大学和工科大学分离办学局限，努力朝着“文理工渗透、学研产结合”的新型综合大学办学模式转变；“真投”就是省里舍得挤出巨资重点建设南昌大学，继上年到位 3000 万元，1994 年又到位 3600 万元，两年资金已达 5 年规划的 48.5%；“真干”就是一手抓改革，一手抓建设，扩大联合办学的路子，逐步建立与社会主义市场经济体制相适应的高等教育联合办学新体制。

在南昌大学的带动下，全省高校出现了学校与部门、学校与企业、学校与学校之间联合办学的形势。南昌大学在与共青企业集团联办共青学院的基础上，又与“江铃”、“南柴”企业集团联合培养人才和进行科技重大项目攻关，并与南昌航空工业学院签订了协议，联合培养研究生，互聘教师，联合搞科研，相互开放实验室、图书馆，学生相互选学对方课程。江西农业大学分别与省农业厅、林业厅联合办农学院、林学院。江西财经学院与昌北经济技术开发区和一些金融机构联合办学。南昌航空工业学院除与南昌大学合作办学外，还与南昌水专联合培养专科生、与南昌中德高级职业学校联合实行中级工双元教学培养制度。

为了适应高教体制改革的需要，部分高校设立了一些二级学院。南昌大学新成立政法、经济、人文、数理与材料工程、生命科学与食品工程、机械、信息科学工程、建筑与环境工程、化学化工等9个学院；江西农业大学在原有3个学院基础上，新成立经济贸易、农学、工程技术等3个学院；江西师范大学在原有3个学院基础上，新成立教育科学、外国语、数学与计算机、文学等4个学院。这些学院在发挥学科群综合优势，提高教育质量，开展对外联合办学等方面起着积极作用。

〔**党建和思想政治工作**〕 全省各高校党组织普遍重视党的建设和思想政治工作，积极组织师生和干部学习、研究邓小平同志建设有中国特色社会主义理论。据不完全统计，全省高校先后举办的教授党员班、青年教师党员班和学生党员学习班等达250余个班次，参加学习的达13000余人次。大学生争取进步、要求入党的人数日益增多。到7月1日，全省普通高校学生党员达2400余人，占在校学生总数的3.5%，许多高校低年级班有党员，高年级班有党支部或党小组。11月，省委组织部、省委宣传部、省教委联合召开第五次全省高校党的建设工作会议，总结、交流了五年来高校党建工作经验，表彰奖励了一批党建工作先进集体和先进个人。

在加强学生思想政治教育中，突出了爱国主义教育主题。为贯彻中共中央印发的《爱国主义教育实施纲要》，省教委制订了《江西省学校爱国主义教育实施细则》，各高校也普遍制订了实施规划，开展了教育活动。着重抓了四个环节：一是以课堂教学为主，把爱国主义教育贯穿到教学全过程，渗透到各学科领域；二是以校园文化建设为载体，创造良好的爱国主义教育氛围，开展“走向辉煌”读书活动，组织观看百部爱国主义影视片，阅读百本爱国主义书；三是充分利用各种爱国主义教育基地，立足校内，走向社会，把校内校外教育紧密结合起来；四是加强领导，建立爱国主义教育的检查评估制度，把教育效果列为校风建设重要内容，列为管理考核、评先评优、晋级晋职的重要依据。

1994年积极进行马列主义理论课和思想政治教育课教学改革。省委宣传部、省教委根据新形势的要求，组织高校教师重新编写6本教材，其中《中国革命史》、《马克思主义基本原理》、《社会主义建设》、《法律基础》4本教材已出版，供全省高校使用；还举办了“两课”暑期讲习班，表彰奖励了一批“两课”先进集体和先进个人。

〔**教学改革和管理**〕 1994年积极落实教学在学校工作中的中心地位，全省高校采取措施深化教学改革和改善教学管理。有的高校确定1994年为教学年，把学校工作放在深化教学改革、提高教育质量上。很多高校注重以建立激励机制为导向，不断深化教育思想、教学内容和教学方法的改革。南昌大学实行学分制、淘汰制和滚动竞争制，取得明显成效，整个校园呈现上课到堂率增多，晚自习人数增多，图书借出数增多，阅览室入座率增多，第二专业报名人数增多，舞会减少，晚会减少，谈恋爱减少，经商减少，违纪减少的“五多五少”喜人景象。

1994年省教委采取了一系列措施加强对高校教学工作的宏观管理。召开了全省高校教学工作会议，交流教学改革经验，部署1994—1995学年度教学工作，表彰先进教务处。南昌大学、江西师范大学、南方冶金学院、南昌水利专科学校教务处被国家教委授予“先进教务处”称号。开展了第四次全省普通高校优秀教学成果评选活动。在各高校评选、推荐的基础上，评出省级优秀教学成果39项。

进行全省高校教学工作大检查。在高校自查基础上，12月抽调近40名校、处级干部组成检查组，分工科、医农、师范、高专对全省高校教学工作（包括教学条件、教学状态、教学改革、教学效果进行全面检查，并按国家教委规定，组织工科本科院校参加全国大学物理教学质量检测，对高等专科学校的金工实习进行评估。分类指导高校的改革和建设。上半年先后召开全省农村教育工作会议和全省高等专科工作座谈会，分别就高等农林院校和综合性高等专科学校的改革、建设问题进行研究。健全了高校专业设置管理机构与制度。成立江西省高等学校专业设置评议委员会，制订《江西省普通高等学校专业设置规定》，对各高校“八五”、“九五”期间专业设置数额进行核定。开展了对第一批省级中青年学科带头人和骨干教师工作状态调查及第二批新增对象选拔工作，并着手建立省级高等学校教职工数据库筹备工作。

〔**科技工作**〕　围绕“稳住一头，放开一片，加强两头，搞活全盘”的思路，积极开展科技工作，加强基础研究和高新技术研究。1994年全省高校得到国家自然科学基金资助课题20项。研究和发展经费首次突破二千万元。南昌大学承担了国家教委下达的“江西跨世纪区域经济发展研究”项目，填补了长期以来这个省未承担国家教委社科规划重点项目的空白。全省高校获得1994年度省科技进步奖24项，占总数的20.9%，其中获得一等奖3项，占总数50%。高校普遍重视科技开发，把主要科技力量投入到经济建设主战场，仅据24所高校不完全统计，1994年接受委托的科研项目200多项，获得经费854.8万元，签订技术转让合同71项，成交金额608.2万元，分别比上年增长2.7倍和2.3倍。江西农业大学承担的国家“八五”重点推广项目“水稻配方施肥技术”，在省内外推广1500万亩，经济效益达20亿元。

成 人 教 育

〔**扫盲工作**〕　按照全省教育工作会议要求，修订了扫盲规划，签订地方政府和教育行政部门“双线承包”责任状，将扫盲任务层层分解到村、落实到人。1994年，全省扫除青壮年文盲21.77万人，使青壮年文盲率降到4%以下。为巩固扫盲成果，提高劳动者素质，各地根据“堵、扫、提高并举”原则，组织上一年的19.38万脱盲人员参加巩固提高班学习，占1994年脱盲总人数的70.5%。同时，乡镇和村农民文化技术学校组织农民参加各种实用技术培训，全年达175.65万人次。在11月召开的全国扫盲与农村成人教育工作会议暨乡镇成人学校建设现场经验交流会上，新建县流湖乡农民文化技术学校等三个单位、波阳县湖滨乡扫盲干部王明想等3人，分别获国家教委授予的“全国农村成人教育先进学校”和“全国扫除文盲先进工作者”称号。

1994年省教委印发了《江西省扫除青壮年文盲县（市、区）评估验收办法》，组织人员对23个申报“两基”评估的县（市、区）进行验收。至年底，全省基本达到扫盲要求的县（市、区）增至21个，占全省县（市、区）总数的21%。各地按照省教委的布置，对省人口普查办提供的青壮年文盲名单逐一进行核对，通过查验原始证件和“以考代扫”办法，核准文盲基数。在此基础上，省教委根据各地经济、教育基础和文化状况，确定1997年底全省实现“基本扫除青壮年文盲”的目标，并决定在1995年、1996年、1997年，分别对30个、22个和27个县（市、区）进行扫盲评估验收。

〔**农村教育综合改革**〕 1994年1月31日至2月2日，省教委召开农村教育综合改革暨实施燎原计划工作会议。地市教育局长，30个教改实验县的分管县长以及省农大等大专院校有关负责人参加会议。会议对全省1987年以来的农村教育综合改革工作进行总结，修订《江西省农村教育实施“3696工程”的意见》，并部署了今后几年的工作。会后，各地农村教改加快推进。9月下旬，在全国农村教育综合改革工作会议上，宜丰县、弋阳县、宁都县青塘镇等6个单位受到国家教委表彰，获“全国农村教育综合改革先进单位”称号。

为深化农村教育综合改革，10月上旬，省教委农村教改实验领导小组决定在原有四个“全国农村教改实验县”（宜丰、弋阳、宁冈、井冈山）的基础上，增加高安市、临川县两个实验“点”，并把高安、临川、弋阳三市（县）作为省教委的工作重点。10月下旬，省教委组织7个农村教改实验县的分管县长、教育局长赴河北唐山学习考察。12月初，省教委主要领导和分管主任带领有关处室负责同志先后到高安市和临川县，与当地政府共商深化农村教育综合改革的具体方案，并拨出专款120万元，重点支持高安市、临川县、弋阳县建设“职教中心”。

〔**成人高、中等教育**〕 1994年，成人高校继续试行“双招”和“第二学历”免试入学，适当扩大“3+2”考试试点。同时允许未完成当年招生计划、有办学条件的职工大学、管理干部学院、教育学院，招收参加当年高考达到一定分数线的往届高中毕业生；有办学条件的独立设置的成人中专学校，在当年招生计划内，允许招收参加中等学校入学考试达到一定分数线的应届初中毕业生。

为加强成人学历教育教学管理，省教委审定了1994级成人高校121个专业和成人中专141个专业的教学计划；制定了成人中专不同入学起点、不同办学形式的财会类教学计划和18门课程的教学大纲，召开了全省远距离教育研讨会；对广播、电视、函授学员1500人进行抽查考试，及格率达到89%。

〔**社会力量办学**〕 本着“积极鼓励、大力支持、正确引导、加强管理”十六字方针，省教委把加强引导、管理民办非学历高等教育作为1994年工作重点。首先是对民办高校招生进行宏观调控。在学校招生、专业设置自主的前提下，同时考查部分学校的办学条件，按照审批权限，对各类招生广告进行审查，并深入招生点，及时解决问题。其次是省教委会同省物价局对南昌地区民办高校收费进行审计，修订了民办学校收费标准，制订了退学退费办法。此外，省教委还会同省卫生厅联合发文，对社会力量举办非学历医科类教育作出若干规定，并清理整顿了民办医科类学校，检查评估原已办班的学校。

6月中旬，在南昌市举办了华东地区社会力量办学第2次协作会。国务院法制局、国家教委法规司、国家教委社会力量办学管理办公室的负责同志，以及北京、天津、黑龙江、陕西、湖北5省市教育局管理社会力量办学的负责同志应邀出席会议。会议重点研究了《民办学校条例（草案）》，对社会力量办学的形势进行了分析和评估，并提出今后一个时期的工作任务。

撰稿 周懋胜 胡 军 何少加 邓 弘 梁必骞 熊庆任 韩 薇 李国祥 梁玉萍 余印根

审稿 黄定远 王文才 王仲才 王占铭

山东省教育

概况

〔基本情况〕

1994 年各级普通学校基本情况

单位：人

学校类别	学校数（所）	毕业生数	招生数	在校学生数	教职工数 计	教职工数 其中专任教师
一、普通高等学校	49	51117	56400	159965	49537	19460
研究生		660	1364	3326		1986
本　科		15953	24876	82500		
专　科		34504	30160	74139		
二、中等专业学校	243	50801	89643	222551	35066	17516
中等技术学校	182	35514	72134	178238	27136	13329
中等师范学校	61	15287	17509	44313	7930	4187
三、普通中学	5429	1026240	1546675	4271530	345640	268514
高　中	632	15777	212097	562254		40620
初　中	4797	1010463	1334578	3709276		227894
四、农业、职业中学	602	104119	159534	407946	37895	24388
高　中	551	100407	152114	391326		23073
初　中	51	3712	7420	16620		1315
五、工读学校						
六、小学	50824	1530271	2061512	8955360	448601	414912
七、特殊教育学校	125	1131	2573	12391	3759	2255
八、幼儿园	46907			2680548	131134	108920

1994 年各级成人学校基本情况

单位：人

学校类别	学校数（所）	毕业生数	招生数	在校学生数	教职工数	
					计	其中专任教师
一、成人高等学校	123	30786	81379	196381	13048	5872
广播电视大学	2	9013	14158	39851	4459	2264
职工高等学校	30	4585	8769	22792	4535	1710
农民高等学校						
管理干部学院	5	1684	6382	11536	1271	468
教育学院	16	5243	8861	26379	2783	1430
独立函授学院						
普通高校举办：						
函授部	34	7892	31853	72308		
夜大学	31	2244	8949	20723		
干部专修科	5	125	2407	2792		
二、成人中等专业学校	248	58150	62924	161504	12005	6422
广播电视中专	13	9298	10712	24813	602	399
干部中专	18	6611	5847	13080	696	344
职工中专	47	11784	13137	29986	2333	1175
农民中专	45	8107	12294	29894	1809	1068
教师进修学校	125	22350	20934	63731	6565	3436
三、成人中学	183	76591	18068	24269	1601	790
职工中学	5	49350	979	2495	206	105
农民中学	178	27241	17089	21774	1395	685
四、成人技术培训学校	50634	6525190	5294172	4801948	55136	22494
职工技术培训学校	529	119052	109191	64274	2191	1178
农民技术培训学校	50105	6406138	5184981	4737674	52945	21316
五、成人初等学校	23206	775735	776210	643558	19188	8455
职工初等学校	4	120	60	60	10	
农民初等学校	23202	775615	776150	643498	19178	8455
其中：扫盲班	17566	407019	399698	304765	11778	5167

注：另有函授中专 6 所，招生 3163 人，在校生 7230 人，毕业生 1700 人，教职工 275 人，其中专任教师 164 人。

制表　李霞

〔**全省教育工作会**〕　1994 年，省委、省政府加强对教育工作的领导，省委常委会、省长办公会多次听取教育工作汇报，及时研究解决教育改革发展中的重大问题。全省各级教育部门和学校运用多种形式，广泛学习宣传《纲要》和全国教育工作会议精神，认真探讨改革和发展教育的新思路。省教委组织开展了一系列调查研究，对教育发展的规划、目标、深化改革的措施和加快教育发展的重要政策进行反复论证。

9月中旬，省委、省政府召开了有各市、地、县党政主要负责同志参加的全省教育工作会议。中共中央政治局委员、省委书记姜春云出席会议并作了重要讲话，省委副书记、省长赵志浩作了主题报告，副省长张瑞凤作了总结讲话。会议进一步明确了九十年代山东教育改革发展的方针和目标任务，就全面贯彻落实《纲要》和全教会精神，开创全省教育工作新局面，作了总体规划和部署。11月，省委、省政府正式印发《山东省实施〈中国教育改革和发展纲要〉的意见》，确定了到本世纪末全省教育发展的总目标是：提前3年即到1997年基本普及九年义务教育、基本扫除青壮年文盲，全民受教育水平有明显提高；城乡劳动者的职前职后教育有较大发展，新增从业劳动者受教育水平提高到9年，并在上岗前基本掌握一两项岗位需要的初、中级技术；基本满足全省各行业对各类专门人才的需求；高等教育水平有较大提高；初步形成与山东经济建设和社会发展相适应的、规模适当、结构合理、功能完善、质量效益较高、各类教育相互衔接的社会主义教育体系的基本框架。

《意见》在合理调整投资结构、切实增加教育投入方面出台了若干重大政策措施：

——切实做到《纲要》提出的“三个增长”，即政府教育拨款的增长高于财政支出的增长，并使在校生人均教育费用逐年增长，保证教师收入和学生生均公用经费逐年增长；同时坚持多渠道增加教育投入，力争1997年各级各类学校基本达到国家规定的办学标准。

——按照《纲要》要求，全省财政性教育经费支出（包括：各级财政对教育的拨款，城乡教育费附加，企业用于举办中小学的经费，校办产业减免税部分）占国民生产总值的比例，1997年达到3.3%，到本世纪末，达到4%。省计划、财政、税务等部门要制定相应的政策措施，认真加以落实。全省财政预算内教育经费支出占财政总支出的比例要尽快达到22%以上，省、市（地）、县各级财政支出中教育经费所占的比例，要在现有基础上适当提高。

——各级政府要优先安排对义务教育的投入，并切实予以保证。财政困难、学校经费无法保证、教师工资不能按期足额发放的地方，教育经费由县级政府统筹管理。省、市（地）、县三级财政都要设立和增加扶持贫困地区实施义务教育的专项经费。从1994年起至本世纪末，省财政义务教育补助专款由现在的每年900万元增加到1500万元。

——各级财政要增加职业教育和成人教育的专项补助费。从1994年起至本世纪末，省财政安排的职业教育补助经费由每年100万元增加到300万元；企业职工教育及其他成人教育经费要切实予以保证。

——为适应高等教育发展的需要，确保1997年基本达到办学标准，从1995年起，省属普通高校基建投资每年确保安排8000万元，力争增加到1亿元。普通高校重点建设专项经费随着财政状况的好转逐年增加。省设立实施“211”工程重点建设补助经费4000万元（含青岛市500万元），其中原定2000万元按原渠道承担。此项经费按重点建设项目和进度分配使用。

——从1995年起实行教育经费预算单列，每年由教育行政部门提出年度计划建议，报同级财政部门，由同级政府列入预算，批准后认真实施。

——加强对各级政府教育投入水平的监控。从1994年开始，省统计局、省教委对全省及各市地教育经费的支出情况按国家规定指标进行统计并向社会公布。各级政府要定期向同级人民代表大会专题报告教育经费预算执行情况，接受监督考核。

——改革、完善教育费附加的征收管理办法。城乡教育费附加按增值税、营业税、消费税的3%由税务部门征收。农村不交纳“三税”的乡村企业、联合体企业、私营企业和个体工商户按销售收入的4‰由税务部门征收。农民按人均纯收入的1.5%～2%（包括在农民负担的5%之内），由乡财政所征收。农村教育费附加实行乡征县管乡用的办法，主要用于乡村民办教师补贴和学校公用经费，不得扣减和挪作他用。

——政府支持学校大力发展校办产业和勤工俭学，对校办产业实行减免税政策。

——高校科技开发周转金，中小学、职业中学勤工俭学周转金要在原有基础上视财力情况逐年增加。

——城乡中小学危房改造和新建校舍要列入基建计划，各级各类学校修建校舍设施免交公共设施配套费、用水用电权费、增容费、征地配套费、商业网点费、人防工程费。

——根据群众承受能力，适当调整义务教育阶段的杂费标准和非义务教育阶段的学费标准。学校收费由省教委会同有关部门统一确定项目，并提出收费标准的幅度，由市、地政府、行署确定具体标准。各类学校不得以任何名目乱收费，社会也不得向学校乱摊派。

——农村教育集资，主要用于学校危房改造、新建校舍及内部设施配套等基本办学条件的改善，审批权放在县级人民政府。

——争取在省、市地建立教育银行，运用金融手段扩大教育资金来源。

——对城镇就业职工按其工资总额的一定比例征收义务教育费。月工资500元以上（含500元）者按2%征收；300元以上（含300元）者按1%征收；300元以下者免征。

——在城镇统一筹集职业教育经费。凡城镇全民、集体企事业单位（含股份制企业），每年按职工工资总额的一定比例由单位交纳，具体比例和办法由各市、地确定。

——对宾馆、旅社、招待所、饭店按住宿费标准加收3%的教育费，专项用于义务教育。

——对水产品，在特产税中加收1%的教育费。

全省教育工作会议后，省教委由委主任带队，分六路到全省各市地抓贯彻、落实情况的督促检查和情况反馈，向省委、省政府写出了贯彻落实情况的专题报告。各地相继召开了教育工作会议，从当地经济和社会发展的实际出发，作出科教兴市、兴县的新部署，制定或修订了教育发展的具体规划和措施。

阳信县从当地经济和社会发展的要求出发，高度重视教育工作，加强对教育的统筹规划，在搞好学校布局调整的基础上，普遍推行中小学校长负责制、教师聘任制、岗位责任制、绩效工资制，有效地增强了内部活力，增加了教育投入，调动了教职工积极性，提高了教学质量和办学效益，走出了一条经济欠发达地区加快教育发展的新路子。他们的经验受到省委、省府领导同志和国家教委的高度重视。11月，省教委、省财政厅在滨州召开了全省中小学内部管理改革经验交流会，在全省推广了阳信等地的先进经验。

〔**德育工作**〕 在发展社会主义市场经济和改革不断深化的新形势下，山东省突出强调坚持社会主义办学方向，坚持全面贯彻教育方针，为四化建设培养德智体全面发展的合格人才。1994年，在抓好政治理论课教学和经常性思想政治工作的同时，运用业余党校、形势报告会、专题讲座、读书班等多种形式，组织教育系统广大干部和师生员工认真学习邓选第三卷和十四届三中全会、四中全会精神，宣传、贯彻《爱国主义教育纲要》，举行丰富多彩的爱国主义教育、国情教育和社会实践活动，加强了高校政工队伍培训和中小学德育工作制度建设，成功地举办了全国大学生田径锦标赛。按照省委、省政府部署和要求，始终把稳定工作贯穿于各项工作之中。对1992年扩大招生学生的证书发放和就业安置工作进展顺利，维护了全省安定团结的大局。与此同时，在治理“三乱”、优化育人环境方面采取一些积极措施，取得一定成效。

〔**教育投入**〕 1994年，全省地方教育经费总支出为89.8亿元，比上年增加23.9亿元，增长36.18%。总支出中：(1)国家财政性教育经费为68.44亿元，比上年增长31.79%；(2)社会团体及公民个人办学经费0.41亿元，比上年增长47.28%；(3)社会集资捐资经费9.04亿元，比上年增长47.94%；(4)学费杂费支出9.10亿元，比上年增长65.71%；(5)其他教育经费2.79亿元，比上年增长31.94%。

1994年全省预算内教育经费支出为49.7亿元（不含城市附加），比上年增长37.26%，分别超过同期财政收入32.05%，财政支出16.11%的增长速度。

生均教育事业费：高等学校4905.44元，比上年增长8.67%；中等师范学校2367.34元，比上年增长22.37%；职业中学797.41元，比上年增长36.03%；高中798.63元，比上年增长24.5%；初中373.06元，比上年增长40.1%；小学181.63元，比上年增长38.32%。但生均公用经费比上年下降：高等学校减少9.53%；中等师范学校减少15.1%；职业中学减少12.97%；高中减少27.3%；初中减少6%；小学减少9.02%。

教育事业费的增量为13.15亿元，其中人员经费的增量为13.39亿元。增量部分全部用于增加人员经费还不足，因而挤占了公用经费，使公用经费的绝对数和相对数都进一步下降。

1994年，全省财政支出为218.72亿元，预算内教育经费支出占财政支出的比例为22.72%，比上年高3.5个百分点。1994年，全省国民生产总值为3872亿元，财政性教育经费为68.44亿元，占国民生产总值的比例为1.77%，比上年下降0.15个百分点。

1994年，全省义务教育经费的比重上升到63.18%，比上年提高2.58个百分点，主要是初中、小学教师调资因素，使义务教育经费比重上升。

1994年各类学校公用经费的比重均比上年下降。高等学校下降到47.49%；中等师范学校下降到36.01%；职业学校下降到12.35%；高中下降到12.23%；初中下降到5.9%；小学下降到4.43%。许多农村初中、小学，根本就没有国拨公用经费。

〔**存在问题**〕 1994年，我省教育改革迈出了新的步子，教育工作取得了很大成绩，但是在当前由计划经济向社会主义市场经济加快转轨的过程中，教育的改革与发展也面临着许多新的矛盾和困难，存在着一些不容忽视的问题。主要是：(1) 教育改革的步伐仍然滞后于经济和社会发展的要求，不同程度地存在着教育思想和观念陈旧、教育内容和方法脱离实际、人才培养与实际需要脱节的状况；(2) 在对教育优先发展重大意义的认识上，各级党政领导和全社会都有了很大提高，但也有一些同志是受中央和省的大气候影响才重视的，本身的主动性、自觉性和精力投入不够，这种状况很容易出现一阵风现象；(3) 教育投入不足与加快教育发展的矛盾比较突出。全教会后，省里出台了一些重要政策措施，在实际落实上还有相当的难度；(4)教育部门自身的工作也存在一些问题，在党和政府高度重视教育的新形势下，教育部门和学校迫切需要增强主人翁意识和改革、创新意识，进一步端正办学指导思想，具有与优先发展教育相适应的精神面貌；(5) 在加强学校管理、治理“三乱”方面虽然采取了一些积极措施，取得了一定成效，但仍存在着管理不严、乱收费现象，对师生安全工作重视不够、教育不够，在几所学校发生了几起重大伤亡事故。这些问题需要制定具体措施，认真加以克服和解决。

撰稿　郭思民　徐明祥　刘振鹏

基础教育

〔**义务教育**〕　1994年，山东省九年义务教育实施工作进展较快，势头良好。在全省教育工作会议上，省长赵志浩代表省委、省政府与市地签订了“两基”目标责任书，从领导和制度上保证这项工作的落实。1994年全省学龄儿童入学率达到98.85%，辍学率下降到1.42%，小学毕业生升学率比上年提高4.77个百分点，达到87.7%。

到1994年底，全省2415个具有办学能力的乡（镇）和街道办事处中，已有1872个实施了初级中等义务教育，占乡镇总数的77.5%，比上年提高16.5个百分点；全省138个县（市、区）中，有107个以县为单位实施初级中等义务教育，占县（市、区）总数的77.5%，比上年提高20.5个百分点；初级中等义务教育覆盖人口6797.2万，人口覆盖率为79.3%，比上年增加15个百分点。

经县（市、区）人民政府评估认可，1994年全省又有406个乡（镇）实现了初等义务教育，覆盖人口1235.8万，累计已有2139个乡（镇）实现了初等义务教育，覆盖人口7484.6万，人口覆盖率为87.3%，占乡（镇）总数的88.6%。累计已有101个县（市、区）所属的乡（镇）全部实现初等义务教育，占县（市、区）总数的73.2%，其中1994年达到上述要求的有章丘市等28个县（市、区)。

经市地人民政府评估认可，1994年全省又有399个乡（镇）实现了初级中等义务教育，覆盖人口1492.6万；累计已有1097个乡（镇）实现了初级中等义务教育，覆盖人口3981.5万，人口覆盖率为46.4%，占乡(镇)总数的45.4%。经省评估认可，青岛的即墨市等22个县（市、区）实现了“两基”，累计已有54个县（市、区）实现了“两基”。青岛、威海、莱芜已在全市实现“两基”。

全省小学毕业生升入初中的情况，以县(市、区)为单位，升学率高于95%的有80个；升学率在80%～95%之间的有37个；在60%～80%之间的有17个；低于60%的有4个。

11月，省教委在临沂召开了实施九年义务教育现场会，运用典型引路的办法，研究探讨加快本省中西部地区义务教育实施的途径和措施。

1994年，山东省基础教育存在的主要问题有：初中在校生人数的增长超过学校建设和经费投入的增长，校舍不足的问题日趋突出；中小学办学经费的困难没有得到明显缓解；义务教育学校乱收费和学生课业负担过重的问题依然存在。这些，都需要进一步研究解决。

撰稿　杜希福　司马义南

〔**幼儿教育**〕 1994年，全省幼儿园比上年增加7960处，在园幼儿增加58000人。3岁至入学前幼儿入园率为54.5%，比上年提高2.3个百分点。幼教师资队伍整体素质有了明显提高。全省共有幼儿教师（含园长）116781人，其中专业合格者为50517人，占43.26%，比上年提高7.44个百分点，学历合格率为69.7%。

1994年，在省、市（地）级一类幼儿园中开展了评选省级示范幼儿园的活动。根据《省级示范幼儿园办园标准》，省教委、物价局、财政厅联合对申报的幼儿园进行评估检查，确定省委机关幼儿园等71处幼儿园为首批省级示范幼儿园。

撰稿　王春英

〔**普通高中**〕 1994年，普通高中比上年增加20所。全省平均13.67万人口有一所普通高中，平均每所普通高中在校学生889.6人，每校15.79个教学班，班额53.38人，规划布局比较合理，规模适宜。高中学生留级率为0.01%。全省实行高中毕业会考与学籍管理一体化，提高了普通高中教学管理水平和教学质量，毕业会考合格率在90%左右，优秀率达到15%。各地加强了普通高中学校规范化建设，使普通高中全面贯彻教育方针、全面提高教育质量，在办学条件、学校管理、学生素质、教育思想等方面上等级、上水平。通过省级规范化学校评估验收，1994年有56所普通高中达到合格等级，被命名为省级规范化学校，占全省普通高中总数的9%。

撰稿　郁建成

〔**特殊教育**〕 1994年，残疾儿童少年入学率有了较大提高。盲、聋、弱智儿童入学率分别达到57.5%、73.1%和82.5%，比上年分别提高21.9、24.5和16.5个百分点。全省又有24个县（市、区）达到全国特殊教育先进县标准，被推荐申报全国特教先进县。1994年，特殊教育体系进一步完善。10月，省残疾人职业中专正式开学，使全省全面形成了学前教育、义务教育、高级中等教育（普高、职高、职专）和高等教育层次齐全的，独立学校、普通学校附设班、随班就读等办学形式多样的，教育管理、教育科研、师资培训各类机构齐备、布局合理的特殊教育体系。全省特教学校中已有5%的学校达到省级规范化学校办学标准，已有6所通过了省级规范化学校的验收。

1994年，特殊教育工作者的待遇进一步得到提高。省教委、省财政厅、省人事厅等5部门于6月联合下发《关于提高特殊教育工作者特殊教育津贴的通知》，将特教津贴由过去本人基本工资的15%提高到现职务等级工资的20%，同时规定，从事特教工作20年以上并在特教岗位上退休的，其特教津贴计入退休费计发基数，调动了广大特教工作者长期从事特殊教育的积极性。

撰稿　梁斌言

〔**教师队伍建设**〕　1994年全省共有22211名高中教师和76880名初中教师取得教师专业合格证书，岗位合格率分别达到68.98%和60.06%；顺利完成了9509名高师函授和教育学院毕业生的审核和验证工作；高师函授和教育学院共招收新生27971人。在抓好国家计划内中学教师学历培训的同时，重点抓了“三沟通”培训。培训中严格执行国家教委颁发的教学计划，开足课时，强化理科实验和技能训练，还编写21门具有山东地方特色的教材，作为必修课列入教学、考试计划。并以省教委文件下发了《关于进一步加强我省初中教师“三沟通”培训，确保培训质量的意见》和《关于进一步加强我省高中教师“三沟通”培训教学管理工作的意见》。1994年开考94科次、考生达40万人次。通过培养和培训，全省中学教师队伍整体素质得到进一步增强，高中、初中教师学历达标率分别为48.99%和57.85%。

1994年全省小学教师培训工作在继续做好学历培训扫尾的同时，全面开展继续教育。据统计，全省开展岗位职务培训的已有13个市地，57个县市区，开展新教师见习期培训的有16个市地、73个县市区，开展骨干教师培训的有14个市地、76个县市区，参加培训的学员达7万余人次。8月，在烟台召开了全省小学教师继续教育工作研讨会，总结交流了经验，并就进一步开展继续教育的指导思想、培训重点、培训的内容、形式和要求等提出指导性意见。为适应开展小学教师继续教育的需要，对原教师进修学校建设标准进行了修订。

1994年，有80%以上的中小学校长接受了培训或轮训。

为加强中师教师队伍建设，在制订省级规范化学校评定细则中，增加了教师队伍状况的检查；采取优惠政策，有计划地逐年引进研究生到中师任教；从有培养前途的中青年教师中选拔培养研究生；选拔教学骨干脱产进修。同时制定《中师青年骨干教师评审办法》，建立“中师青年教师奖励基金”，鼓励优秀青年教师脱颖而出。并继续推荐中师优秀学生升高师本科深造。

1994年6月，省人大组织了对《教师法》贯彻情况的全面检查，对改善教师待遇、全面提高教师素质起到了促进作用。拖欠教师工资的现象基本上得到纠正。

撰稿　张如柏

职业技术教育

〔**综述**〕 到1994年底，全省中等职业技术学校发展到1104所，其中普通中专243所，职业高中（含职业中专）551所，技工学校310所。各类中等职业技术学校在校生77.99万人（其中职业高中比上年增加5.88万人；普通中专比上年增加3.76万人；技工学校比上年增加2.33万人），占高中阶段在校生总数的58.11%，比1993年增长近2个百分点，比“七五”末增长了近三分之一。职业高中平均在校生规模扩大到710.2人，比上年增加107人；普通中专在校生规模扩大到979.3人，比上年增加195.3人。

各类中等职业技术学校招生总数有所提高。职业高中招生比上年增加1.66万人；普通中专招生比上年增加1.18万人；技工学校招生比上年增加1.19万人。年招生总数占高中阶段年招生总数的59.3%，比上年提高1.1个百分点。

全省职业中学专任教师中，文化课教师13025人，占53.4%，技术课教师11363人，占46.6%；具有大学本科学历的5492人，占22.5%，专科学历的13964人，占57.3%。中等职业技术学校专任教师与在校生之比，普通中专为1∶13.37，技工学校为1∶13.37，职业高中为1∶16.96，职业初中为1∶12.64。

1994年，全省有20所普通中专被国家教委认定为国家级重点中专；有15所技工学校被劳动部认定为国家级重点技工学校。这些重点学校成为全省职业教育发展上水平、上质量、上档次的排头兵。

〔**教育改革**〕 在办学体制方面，进一步扩大了联合办学的覆盖面。通过积极倡导和支持，制定优惠政策等，激励行业、企业、民主党派和公民个人及有条件的高等院校、普通中专、普通高中、乡镇、村联办或自办多种形式、多种层次的职业教育，使职业教育的办学体制由教育部门一家办向多家办、社会办的方向发展。到年底，全省500多所职业高中中，非教育部门办的近200所，占30%以上，企业、事业单位、乡镇村和个人自办或联办的在校生已占全省职业高中在校生总数的60%以上，鲁东沿海发达地区联合办学达70～80%。

在教学体制方面，进一步推广和完善了以教学为中心、以发展和完善校办实验实习基地建设为重点、以提高师生实践技能为目的的多位一体的教学体制、初步走出了培养新型实用人才和学校自我完善、自我发展的新路子，达到了既教书育人，又经营创收、由单独的人才培养过渡到人才、经济的双向开发。全省职业高中校办经济实体年产值超过4亿元，有30所学校年利润超过50万元，其中过百万元的有10多所。

在管理体制方面，学习借鉴以“五定”

（定经费、定规模、定编制、定岗位、定工作量）、“四制”（校长负责制、教职工选聘制、岗位责任制、绩效工资制）为主要内容的阳信改革经验，结合实际，在全省职业学校进行推广。在学校内部管理方面，进一步推进了专业实体制，将专业和实体、教学和生产经营结合起来，加大了专业科的权力和责任，启动了学校的办学活力。

在招生制度改革方面，通过放宽农村职业学校报名条件、采取招收“志愿兵”、委托培养、定向招生、“先找市场后招生、招工与招生相结合”以及“双元制”、“两期制”、“工读交替制”、长短结合和举办校外班等形式，多层次、多形式办学，使职业教育的招生面和规模进一步扩大。

在农村教育综合改革方面，到1994年，全省有国家教委批准的实验县9个（平度、平原、平邑、梁山、诸城、胶南、莱州、肥城和莱芜），市地级实验联系点1个（淄博市）和2个省政府批准的实验区（滨州、临沂），有“燎原计划”示范县64个，示范乡和示范学校分别达到232个、101个，在农村两个文明建设中发挥着积极作用。全省绝大多数县都建起了一处能发挥骨干示范作用的职业教育中心或职业中专。全省农村职业学校普遍发展了校办产业，有校办工厂和服务网点各300多个，农林牧副渔基地480个，年纯收入3300多万元，其中补助教育费1900多万元。

〔**为经济建设服务**〕 1994年在继续抓好省教委提出的职业学校搞好多项服务的基础上，进一步强化职业教育主动服务意识和功能，全省各职业学校根据自身办学优势和办学条件，紧密结合当地近期和长远经济、社会发展的需求，以超前的眼光，搞好专业调整，进一步扩大服务面向。1994年，全省职业学校共设置专业（工种）点400多个，基本覆盖了全省经济的各个方面，包括一些新兴行业、产业，如房地产、金融等。围绕为经济建设服务，全省职业教育进一步强化了实践性教学环节。省教委要求，职业学校凡有技能考核标准的专业，从1994年始都要实行技术等级考核。烟台、威海、枣庄等市地还规定初中生不经过相应的职业技术培训不许就业。

1994年，省教委与省劳务合作公司合作成立了山东省国际劳务合作培训中心，拟引进国际统一认证的加拿大国际推进中心和英国伦敦行业教育学会的C&G考试机制，采用国际惯例和现代运作方式，尽快培训一批会外语、有技术、取得国际认证资格的劳务人员，参与国际劳务市场的竞争与合作。1994年已向新加坡输送出职业高中的第一批劳务人员。各地为适应全省发展外向型经济、对外开放的需要，也加强了职业教育的对外交流与合作。如潍坊市第一职业中专加入了潍坊市国际集团公司，先后派出了10名毕业生到阿联酋和新加坡等国家进行实习和工作，昌邑县职业中专也有近20名毕业生被派往新加坡工作。

〔**分类指导**〕 1994年，省教委对全省职业教育实施分类指导。对鲁东经济较发达地区，主要抓了重点学校和骨干学校的建设。在省级重点职业高中评估认定的基础上，又根据国家教委的统一要求，提出了争创国家级重点职业高中的目标，并利用校长培训班、重点学校校长联谊会及各种形式的研讨会等，宣传加强重点职业学校建设的意义及有关规定。各地也通过加大对重点学校的投入等方式，加快了重点职业学校的建设步伐。如1994年青岛市各市、区为重点职业学校共投入1947万元（不含未到位资金）；潍坊市11所省、市级重点职业学校共投资2500万元。对经济发展较为缓慢的鲁西地区，6月，省教委在临沂召开了鲁西地区职业教育工作研讨会。通过经验交流、现场参观、座谈讨论等形式，对如何进一步发展鲁西地区职业教育进行了深入的探讨，达成这样的共识：改革和发展职业教育，转变观念是前提，领导重视是关键，内部主动是根本，改革创新是出路，政策立法是保证，典型引路是良策。会后各地结合贯彻全国、全省教育工作会议精神，积极开展工作，推动职业教育发展。

〔**“重点带动工程”**〕 几年来，山东各地在发展职业教育中逐步形成了具有地方特色的经验和思路。为总结各地经验，进一步理清职业教育的发展思路，省教委在1994年先后组织了农村职业教育调查、农村教育综合改革调查、职业教育师资调查、职业教育发展现状分析调查等十几次调查研究。通过调查，发现和总结了一些好经验、新路子，并结合实际加以推广。如青岛市以“三教统筹”为中心的大职业教育思路及加强骨干学校建设的经验；烟台市“强化一主、展开两翼、构筑发达职业教育基本框架”的经验；济南市为适应建立国际化城市需要实施八项职教工程的思路；潍坊市为建立城乡一体化的现代化城市实施职业教育“四带动”工程的思路；临沂地区“抓好三项改革，强化两项工作，突出两个提高”建立立体交叉开放型职业教育框架的思路以及诸城市农科教结合，临沭县职专发展校办产业，龙口市、阳谷县企业办学的经验等。还有平度市实行“双元制”，突出技能培养，加强产教结合，深化教学改革的路子。该市引进借鉴德国职教培训模式，在职业教育中坚持理论与实践相结合，以实践为主，学校与企业相结合，以企业为主，培养有较强实践技能的现代劳动者，开辟了城乡职业教育的新途径。莱芜市多途径推进经科教结合的路子。该市面向当地经济建设，大力发展职业教育和成人教育，以市场为导向设置和调整专业；以人才培训和科技推广为重点建立健全服务体系，加强政府统筹和协调，建立经科教结合机制，密切了教育、科技、产业的联系，促进了经济建设和教育发展的良性循环。在调查研究、总结经验的基础上，省教委代省政府起草了《关于大力发展职业教育和成人教育的意见》，明确了全省今后一个时期职业教育发展的总体目标和基本思路。根据全省教育工作会议提出的到2000年60所职业学校达到国家级重点标准，中等职业教育在校生达到130万人，占高中阶段在校生的65%以上的目标要求，本着“整体推进，重点突破，办出特色，争创一流”的工作指导原则，酝酿提出了发展职业教育的“重点带动工程”，通过这一工程的实施，进一步加强骨干学校及不同层次的重点学校的建设，带动和促进本地和全省一般职业学校的建设和发展，使全省职业教育整体水平有较大的提高，更好地为全省经济建设和社会发展服务。其主要目标是，到2000年，全省各县（市、区）、各大企业都建有骨干职业学校或职业教育中心。该中心设在县政府驻地，以进行中等学历教育为主，具有综合性、多功能、高质量、高效益等特点，成为当地中、高级专门人才的培养培训基地。骨干职业学校或职教中心的规模和办学水平达到或接近国家教委颁布的省级重点职业高中标准；创建100所省级重点职业高中、30所国家级重点普通中专和30所国家级重点职业高中；在全省创建10所规模大、条件好、占地200亩、建筑面积在4万平方米以上、学校规模在2000人以上、质量效益高、在全国有影响、具有特色的龙头职业学校。通过“重点带动工程”的实施，使全省职业教育办学条件有显著改善，在校生规模扩大一倍，社会力量办学和联合办学学生达到在校生总数的70%以上，学校管理初步实现规范化，职业教育水平提高到一个新的阶段。

〔**中专教育评估**〕 自1991至1994年上半年，对全省普通中等专业学校按照统一标准进行了学校工作的全面评估。各级领导对中专教育评估工作极为重视。省教委牵头成立了有省有关部门领导参加的“山东省中等专业学校教育评估领导小组”，设立了评估工作办公室。抽调20多名长期从事中专教育有丰富经验的同志组成专家小组，组织并培训了近200人的评估工作队伍，先搞试点，然后深入各中专学校开展工作。历经三年，圆满完成任务。全省参加评估的学校183所，评出合格学校149所，占81.5%；优秀学校63所，占34.23%；被批准为省部级重点学校的52所，占28.42%；被批准为国家级重点学校的20所，占10.93%。这次评估极大调动了地方政府、部门和中专学校的办学积极性，增加了资金投入，改善了办学条件，扩大了招生规模，提高了办学效益和办学水平。据统计，1991年到1994年，全省中专学校累计增加投入超过3亿元，新增校园面积1905亩，新增校舍112.8万平方米，增加专任教师1792人、高级讲师1396人、讲师1987人，新增实验、实习、电教设备价值1.42亿元，新增藏书208万册，在校生增加7.6万人，师生比由1∶11.1提高到1∶13.37，校均规模由604人增加到979人。

撰稿 李兰香 张兆松

高 等 教 育

〔**综述**〕 由于驻青岛的4所高校合并组建成新的青岛大学，同时，山东电力学校升格为山东电力专科学校，并于1994年开始招生，因此山东省普通高校比上年减少2所，但教育资源配置更加优化，高校布局更加合理。全省49所普通高校本专科生平均规模为3196人，其中在7000人以上的有5所。专任教师与本专科生的比例为1∶8.05。在专任教师中，具有正高级职称的1329人、副高级职称的5083人、中级职称的8365人、初级职称的4683人，分别占专任教师总数的6.83%、26.12%、42.99%和24.06%。具有研究生毕业学历的4908名，占专任教师总数的25.2%。青年教师中，半数以上通过了研究生阶段的培养。1994年重视加强了高校中青年学术骨干、学科带头人的培养，在省属高校选拔200名中青年培养对象，在晋升职称、科研经费、科技立项、出国深造等方面给予优惠。一大批中青年学科带头人脱颖而出，被破格晋升高级教师职务。

1994年，山东已有博士学科点53个，博士导师145名，有硕士授予权单位21个、硕士学位点268个。高校专业种类达到281个，专业种类覆盖面占到国家教委审定的本科专业种类的55.8%。在新增设的专业点中，多为计算机、外经、外贸、外语、经济、文秘、法律等社会急需人才的学科。

高校科研工作得到加强。1994年国家教委公布的全国普通高校科技8项主要统计指标中，山东省高校有5项进入全国前10名。

〔**高教体制改革**〕 为使驻鲁部委属高校更好地发挥对山东经济及社会发展的推动作用，山东省在多方面支持各部委属高等学校加快改革与发展。省政府于1993年提出了《关于共同建设山东大学和青岛海洋大学，实行双重领导，联合办学的意见》。1994年6月，山东省人民政府与国家教育委员会共同签署了共同建设山东大学和青岛海洋大学的文件。自1995年起，山东省每年给山东大学和海洋大学各提供1000万元经费，重点支持山东大学、海洋大学及石油大学进入国家“211工程”。1993年和1994年，山东省政府已先后两次拨付山东大学300万元与1000万元重点建设经费。根据省关于加快高教体制改革与发展的意见，济南、青岛等地市免收了部委属高等学校的多种税费，使共建进入实质运转阶段。

积极稳妥地推进新青岛大学的合并组建工作。山东省政府于1993年报请国家教委同意，将驻青岛的原青岛大学、山东纺织学院、青岛医学院、青岛师范专科学校合并组成新的青岛大学。新的青岛大学实行校、院、系三级管理体制，设置文学院、理工学院、纺织服装学院、国际商学院、师范学院、医学院共6个学院。1994年，学校完成6个学院的建制及干部配备工作，并已将原设各学科、专业调整并入相应的院系。新的青岛大学开始正常运转。新的青岛大学座落在青岛市的高新技术园区，校园依山傍海，环境优美。该校现设43个本科专业、63个专科专业，有18个硕士学位授予点。专业设置覆盖除哲学以外的文、理、工、法、医、经济、教育学及历史学、农学等9大门类，是一所真正的综合性大学。现有在校本、专科生13718人，专任教师1373人，其中正副教授457人。合并组建新青岛大学，是山东省高教体制改革的一项重大举措。原来的4所高校分别隶属省和市两级政府及相关的4个政府部门主管，虽然3所高校的校园相毗连，但由于条块分割的办学与管理体制，使本来就十分紧张的教育资源难于充分发挥效益。新青岛大学的建设，打破了条块分割的办学模式，优化了教育资源的配置。新的青岛大学实行省市双重领导、以省为主的领导管理体制，归口省教委主管。为加强青岛大学的领导管理，省政府决定成立了青岛大学管理委员会。省委常委、青岛市委书记兼市长俞正声任管委会主任，分管教育的副省委和省教委主任为副主任，成员由有关部门和青岛大学的负责同志组成。省政府决定，学校发展建设经费由省市两级财政负担，原来各经费投入渠道不变。

社会有关各界支持和参与高等学校办学

是高教体制改革的主要方面。1994年，已有山东经济学院、石油大学、山东建工学院、青岛化工学院、青岛海洋大学经贸学院及烟台大学、青岛大学等高校聘请企业界人士共同组成董事会或厂校合作委员会、管理委员会，对学校发展规划、学科专业设置、经费筹措，毕业生就业安置等，实行全方位合作，促进了办学条件的改善，加快了高校科技成果的推广应用，拓宽了高等学校面向市场育人才的领域。

1994年招生制度改革进一步深化。部分高校实行了国家指令性计划与委培、自费计划的“并轨”。在前几年高校招生制度改革的基础上，1994年，山东省在山东大学、青岛海洋大学和山东工业大学实行两种招生计划的“并轨”。即上述3校本科招生不再区分国家指令性招生计划和委托培养及自费生计划，所招收的新生全部实行缴费上学。1994年招收的本科生，每生每年缴学费1500元，同时，学校进一步健全了奖学金、贷学金、困难学生补助及勤工助学等有关制度和措施。

〔**国际交流**〕 1994年全省有24所大学与外国100余所大学签订了校际交流协议，聘请外国专家的学校由1978年的2所发展到48所；接收外国留学生的院校由1980年的1所增加到9所。适应全方位对外开放的要求，在青岛大学设立了德语系，在山东师范大学、烟台大学设立了韩国语系。教育对外交流的项目拓展到互派考察团组、人才培养培训、合作研究开发、联合办学等，领域越来越宽。

撰稿 薛立魁 郭思民 徐明祥

成人教育

〔**扫盲工作**〕 1994年全省扫除15岁以上，45岁以下的青壮年文盲52.5万人，使剩余文盲下降到不足90万人，全省非盲率已达97.5%。同时组织了近60万脱盲学员进行扫盲后的文化、技术培训，巩固和扩大扫盲成果。全省已有44个县、市、区通过了“两基”验收，还有50多个县、市、区正在抓紧工作，迎接省政府的验收，为1995年年底全省完成基本扫除青壮年文盲的历史任务打好基础。1994年扫盲的主要特点是：(1)强化政府行为，全面实行扫盲工作行政领导责任制。在全省教育工作会议上，省长与各市(地)市长(专员)签订了“两基”工作责任书，将扫盲工作的具体指标逐项分解下达，根据各地的情况提出不同要求。各地也都将扫盲任务当作“两基”的重要内容分解下达，逐级签订责任书，增强了政府领导抓好扫盲工作的紧迫感和责任心。各级政府都采取了有力措施，统筹规划，组织协调人、财、物的投入。(2)进一步完善有关部门协调配合、齐抓共管的机制。一是发挥部门工作优势，明确分工，妇联结合“双学双比”活动、团委结合“希望工程”、农业部门结合“绿色证书”的实施开展扫盲工作；二是在政府领导下，有关部门参与扫盲责任制的实行。如枣庄、聊城、荷泽等地实行“三线承包”，有关部门对一定地方和单位的扫盲工作重点联系，全面负责，落实奖惩。(3) 教育部门“两基”并举并重，加大扫盲工作力度。省教委规定，已实现初等义务教育的地方，可以进行扫盲验收，未实现基本扫除青壮年文盲的单位，不能进行“两基”或“普九”验收；还决定继续落实1993年省教委与市、地教委签订的扫盲和农村成人教育工作目标责任书，凡扫盲工作落后的单位，不能评为先进单位。具体工作中，各级教育部门狠抓文盲底数、扫盲队伍、扫盲教材、教学任务、扫盲经费、奖惩措施等6方面的落实，促使扫盲工作深入、全面、细致地开展。

〔**农村成人教育**〕 1994年，全省2400多个乡镇全部建起中心成人学校，有299所达到省级示范学校标准，示范学校累计达460所，占学校总数的20%。新建村成人学校8600所。在8600个行政村中已有6416个建起了有固定校舍的成人学校，办学面达74%。各市、地、县共评选出4000多所标准较高、效益突出的村成人学校作为联系点。1994年乡、村两级农村成人学校共培训农民达1720万人次。大部分回乡初、高中毕业生、乡镇企业职工和40%的青、壮年农民全年至少接受一次岗位培训和一至两项实用技术培训。

〔**成人高等教育**〕 1994年积极探索并拓宽成人高等教育的办学路子。全省有51所普通高校和成人高校开展大专《专业证书》教育，招生12000余人；有35所高校开展专科第二学历教育，招生3100余人；省电大与省统计局联合举办了大学基础教育试点，招生4923人。

全省成人高校专任教师中，具有高级职称的1163人，占19.81%，具有中级职称的2351人，占40%。高、中级职称教师所占比例均高于上年。

1994年，省教委制定了成人高等学校学籍管理规定和评估标准，同时制定了成人高校抽查考试办法，并对全省6所职工大学、管理干部学院和普通高校函授教育的9个专业进行了抽查考试。另外，还组织部分专家、教授编写了《英语》、《应用文写作》和《计算机应用》3门统用教材，1995年投入使用。

1994年12月，省成人高等教育研究会召开年会，评选出一批优秀论文，推动了成人高等教育理论研究工作的开展。

〔**成人中专教育**〕 1994年各类成人中专学校学科门类达30多类，招生专业120多个。省教委组织编写6个专业的教学计划和教学大纲，编写了部分专业统用教材。进行了各类成人中专学校的文化课统考，对2个学校的6个专业进行了抽考。1994年改建和新建县办成人中专学校34所，总数达95所，办学面近70%，年招生2万多人。

〔**社会力量办学**〕 1994年，全省新增社会力量举办的非学历教育高校14所，各种形式的社会力量办学已达1915所，在学人员30多万。

为加强对社会力量办学的管理，省教委加强了对招生广告的管理。下半年与省工商局联合发文并在全省进行招生广告专项检查，停发了一些违反规定的广告。省民办高校评审委员会组织评选出 1 所举办高等学历教育的学校，准备报批。同时评选出 7 所准予筹建高等学历教育的高校和 4 所非学历教育的高校。

〔**全国农村成人学校人口教育经验交流会**〕 5 月 24 日至 28 日，全国农村成人学校人口教育(P20 项目)工作经验交流会在泰安市召开。各省、自治区、直辖市教育部门的 P20 项目官员，6 个国家级人口教育师资培训中心的专家，部分项目学校的代表参加了会议；国家教委的领导、中国联合国教科文组织全国委员会秘书处的领导和联合国人口基金的官员出席了会议。会议总结交流了 1990 年以来各地、各单位组织实施 P20 项目的基本情况、主要经验和项目效益，讨论研究了项目实施中的问题，确定了今后工作的重点，并参观了有关现场。

从 1990 年起，山东省有 60 所农村成人学校参加国家教委组织的、联合国人口基金援助的 P20 项目试点。几年来，为搞好此项试点，成立了省领导小组，召开了专题会议，单列了活动经费，培训了师资、官员，下发了电教设备，编印了教学大纲，编写了教材、读物，录制了放像盒带，各地各学校采取内、外结合，长短结合等多种形式灵活办学。到 1994 年，项目学校所在县均普及了人口教育，带来显著社会效益。

〔**电化教育**〕 到 1994 年，全省已建教育电视收转台 28 个，教育卫星电视地面接收站近 1500 个，占全国的五分之一。省教育电视台筹建工作基本完成，11 月 1 日试播成功，将于 1995 年 3 月 1 日正式开播。

撰稿　周长笃　郭思民　徐明祥

审稿　马　钊

河南省教育

概　况

〔基本情况〕

1994年各级普通学校基本情况

单位：人

学校类别	学校数（所）	毕业生数	招生数	在校学生数	教职工数	
					计	其中专任教师
一、普通高等学校	50	29639	42123	118231	39479	15509
研究生		315	452	1178	675	675
本　科		10844	14038	52341	25418	9704
专　科		18480	27633	64712	13386	5130
二、中等专业学校	182	51571	74061	184281	27251	13485
中等技术学校	137	27852	47771	115642	19665	9119
中等师范学校	45	23719	26290	68639	7586	4366
三、普通中学	6476	1038959	1442010	3848043	290027	239374
高　中	661	139768	139756	425098	50087	34774
初　中	5815	899191	1302254	3422945	239940	204600
四、农职业中学	785	61581	169598	357358	29308	20756
高　中	720	56802	161065	330057	27808	19459
初　中	65	4779	8533	27301	1500	1297
五、工读学校	3	48	48	120	66	31
六、小学	41899	1664767	2200094	9910636	417939	388703
七、特殊教育学校	103	301	1834	6654	1872	1380
八、幼儿园	2417	803832	1017134	2113142	29076	17561

1994 年各级成人学校基本情况

单位：人

学校类别	学校数（所）	毕业生数	招生数	在校学生数	教职工数	
					计	其中专任教师
一、成人高等学校	52	22236	57657	133155	8821	4168
广播电视大学	1	4753	11185	26290	1744	801
职工高等学校	29	2800	4106	10578	2631	1306
管理干部学院	4	756	1473	3321	1382	565
教育学院	18	3728	5039	15305	3064	1496
普通高校举办						
函授部		9567	33209	72005		
夜大学		632	2645	5656		
二、成人中等专业学校	234	31160	36302	78165	12162	6534
广播电视中专	4	4666	3371	10225	1090	530
干部中专	2	3016	5145	12648	1811	901
职工中专	63	3805	3833	10257	2386	1172
农民中专	35	3334	8935	16734	1595	897
教师进修学校	130	16339	15018	28301	5280	3034
三、成人中学	127	48025	45986	46631	208	182
职工中学	78	41365	41817	41613	124	102
农民中学	49	6660	4169	5018	84	80
四、成人技术培训学校	24129	4262495	4170968	2531344	6943	5469
职工技术培训学校	1278	445810	470994	284812	2628	1858
农民技术培训学校	22851	3816685	3699974	2246532	4315	3611
五、成人初等学校	(14649)	702024	733607	562505	1160	1115
职工初等学校	(77)	4430	5443	5499	10	10
农民初等学校	(14572)	697594	728164	557006	1150	1105
其中：扫盲班	(11024)	472017	502829	363150	678	652

注：另有成人函授中专 2 所，招生 7682 人，在校生 23986 人，毕业生 5020 人，教职工 2967 人，其中专任教师 1465 人。

〔**实施《纲要》**〕　1994 年，河南省进一步采取措施贯彻实施中共中央、国务院印发的《中国教育改革和发展纲要》和国务院《关于〈中国教育改革和发展纲要〉的实施意见》。9 月 13—15 日，省委、省政府召开全省教育工作会议，省委、人大、政府、政协和各市、地、高校、省直有关单位的主要负责人参加了会议，省长马忠臣作主题报告，省委书记李长春作会议总结讲话，会议的内容是传达贯彻全国教育工作会议精神，动员全省各级党委、政府和全社会进一步贯彻实施《中国教育改革和发展纲要》。10 月 17 日，河南省印发《中共河南省委、河南省政府关于〈中国教育改革和发展纲要〉的实施意见》，确立教育改革和发展的总体思路和具体发展目标，制定一系列政策措施，进一步推进《纲要》在河南的贯彻落实。

一是加快改革办学体制。基础教育特别是义务教育主要是各级政府办学，同时鼓励企事业单位和其他社会力量依照国家法律和政策多渠道、多形式办学。有条件的地方，也可实行“公办民助”、“民办公助”等形式办学。职业教育和成人教育应面向社会，适应市场，在政府统筹管理下，主要依靠行业、企事业单位、社会团体和公民个人举办或联办。建立和完善现代企业教育制度，通过立法，明确企业举办职业教育以及对在职职工进行岗位培训和继续教育的责任。普通高等教育以政府办学为主，积极促进多种形式的联合办学。

二是全面规划。省政府负责制订基础教育发展规划，确定教学计划，选用教材和审定省编教材；组织对基础教育的评估、验收；建立扶持贫困地区发展基础教育的专项基金。市、地政府（行署）根据中央和省政府制定的法规、方针、政策，对本地区实施义务教育进行统筹和指导。县（市、区）政府对九年义务教育的实施负有主要责任，包括制订和组织实施教育事业发展规划，统筹管理教育经费，改善办学条件，调配和管理校长、教师，指导教育教学工作等。乡镇政府负责落实义务教育的具体工作，包括依法保障适龄儿童、少年接受义务教育。中等及以下职业教育和成人教育，实行政府统筹协调，教育行政部门宏观管理的体制。高等教育要逐步改变条块分割、封闭办学的局面，优化高等学校布局。要各展其长，优势互补，联合共建博士点、硕士点；提倡在师资、图书资料、仪器设备和校舍等方面的资源共享。努力推进高等职业学校、师专、教育学院、电大等高校的合并工作。

三是积极改革中等以上学校招生、收费和毕业生就业制度。积极推进高等学校和中等专业学校、技工学校逐步实行学生缴费上学、大多数毕业生自主择业的制度。普通高校可以继续招收农村有两年以上实践经验的优秀青年，农林、师范类院校招生可以单独划线录取，重点面向农村。农林医师专科国家任务的80%以上要面向农村继续实行定向招生、定向分配的政策。高等职业学校、成人高等学校可以面向职业中学、成人中专毕业生“对口”招生。要积极推进成人高等学校招工与招生相结合等招生制度改革。农村初中毕业生实行免试进入农民中专学习。

四是进一步调整教育结构，大力发展职业教育。通过三年左右的努力，把调减的普通高中改办为职业高中，有条件的可以改办为职业中专。调整优化高等教育结构。稳定提高基础学科，大力发展应用学科，积极扶持发展新兴边缘交叉学科，努力办好重点学科；优化文理专业，调整提高师范专业，适当发展农林、医药专业，大力发展经济建设急需的工科、财经、涉外等专业。到1996年，工科、财经、涉外等专业招生要占高校招生总数的60%以上。

五是确保教育投入的“三个增长”。从1994年起，全省财政性教育经费支出占国民生产总值的比例由上年的2.5%逐年有所增加，到2000年达到4%。待财政部、国家教委制订出省级教育经费占财政支出的比例后，河南省在执行中要高于国家提出的比例。市（地）、县级教育经费占财政性支出的比例应更高。乡镇财政收入主要用于义务教育。

六是改革教育经费管理体制。教育经费纳入地方政府预算实行单列，使教育事权和财权相统一。合理调整建设布局和投资结构，优先保证对教育的投入。农村实施义务教育各类学校公办教师的工资，一般由县级财政负责支付，经济发达的农村，也可以由乡级财政负责支付（具体由省辖市人民政府和地区行政公署确定并督促落实）。民办教师工资，属政府支付部分，由县级财政负责；乡筹部分，在征收的教育费附加中支付。

七是各级政府要设立教育发展专项经费。(1) 增加教育基本建设投资。以 1994 年省级年度教育基本建设投资 4200 万元为基数，从 1995 年起，新增基建投资预算部分按 14%以上的比例用于教育。各市地、县（市、区）都要增加教育基建投资。(2) 设立和增加职业教育、扫盲、师资培养培训、中小学校舍修缮和扶持贫困地区实施义务教育等专项经费。在发展教育事业专款 4337 万元的基础上，从 1995 年起，省财政每年按 10%以上的幅度递增，由省教委根据教育事业发展需要统筹设立。各市地、县（市、区）也要设立和增加上述专项经费。(3) 设立实施“211 工程”专项经费或基金。从 1995 年起，省财政安排 500 万元、省教委安排 300 万元，作为启动资金，以后每年递增 10%以上，主要用于扶持一所重点高校和全省高校 10 个左右的重点学科进入国家“211 工程”，建设 2—3 个国家级基础研究基地和工程（技术）研究中心。(4) 设立贫困学生资助金。1994 年，省财政安排 416 万元专项经费，以后每年按实际在校生人数核拨贫困学生资助金，用于解决省属普通高等学校在校生的生活困难补贴。

八是征足用好教育费附加。城乡教育费附加按“三税”的 3%由税务部门负责征收，财政部门专户管理，按月拨给教育部门安排使用。农民按上年均纯收入的 1.5%征收教育费附加（包括在农民负担的 5%之内），由地方税务部门负责征收。农村教育费附加实行“乡征、县管、乡用”的体制，主要用于农村计划内民办教师补贴和补充学校公用经费。县级政府要组织教育、财政、审计、监察等有关部门对教育费附加征收使用情况，每年进行一次审计。

九是多渠道筹措教育经费。对各级各类学校校办产业继续实行国家统一规定的减免税政策。对享受减免流转税照顾的，实行先征后退的办法，边征边退、即征即退。各级金融部门对校办产业的贷款要优先给予支持，贷款额要逐年有所增加。继续鼓励厂矿企业、社会力量和海内外各界人士捐资助学和城乡集资办学。农村教育集资的审批权放在县一级政府，集资款主要用于学校危房改造、新建校舍和改善教学基本条件。各级各类学校不得乱收费。社会也不得向学校乱摊派。

十是进一步充实和完善办学条件。(1)各级政府和有关行业、部门要按照国家教学大纲的要求，切实解决各级各类学校教学仪器设备、教科书和图书资料短缺问题。凡达不到国家要求的，要增加购置教学仪器设备和图书资料的经费，争取在三五年内基本适应教学的需要。(2) 城乡学校建设要纳入城乡建设总体规划。中小学、幼儿园要和城镇新区开发、新建住宅小区同时规划，同时建设，同时启用。从 1995 年起，各级都要把中小学校舍维修作为城镇建设维护税支出的重点之一，有基数的以后每年递增 10%以上，没基数的从 1994 年城市建设维护税中划出 7—10%的比例为基数，以后每年递增 10%以上，用于当地城镇中小学校舍维修补助，由城建、财政、教育部门协商安排。(3) 继续采取多渠道、多形式筹措资金的办法，建设城乡中小学和高校教师住房。省财政每年对高校教师住房建设补助投资300万元，从1996年起在原来300万元的基础上每年递增20%以上。各市（地）、县（市、区）每年也要安排一定数量的教师住房专项投资。(4）各级各类学校在征地和新建、改建教学科研用房、教职工和学生生活用房及其附属建筑设施时，免收各种配套费、增容费、规划费、消防费、人防费、绿化费、征地管理费、水资源费、土地增值收益（土地收益金、地段差价)、商业网点费、合同签证费、墙体开发费、工程质量监督费等土地、建设部门及其它有关部门征收及代收的一切行政、事业性收费；工程招标费、预算审查费、标底审查费等服务性收费给予优惠。

十一是加强教师队伍建设。(1）到2000年，95%以上的小学教师、80%以上的初中教师、70%以上的高中教师达到国家规定的合格学历或专业标准。普通中专85%以上的教师和职业中专、职业高中、成人中专、技工学校60%以上的教师达到任职资格。(2）高等学校要大力培养中青年骨干教师，重视吸收国内外优秀人才，造就一批跨世纪的学科带头人，形成较合理的学科梯队。(3）制订中小学校长岗位规范。按照“分级管理，分级负责”的原则，到1995年，全省中小学普遍实行校长“持证上岗”制度。中小学校长培训要形成制度，今后新任中小学校长必须经过培训。(4）加快解决民办教师问题。用七年左右时间，通过招生、转正、退休等渠道，基本解决计划内民办教师问题。从1995年起，每年解决30000名。其中，每年安排师范院校招收计划内民办教师15000名，招转民师指标15000名（国家多下达指标可以多转)，通过考试考核的办法，逐步将计划内民办教师择优转为公办教师。不适应教学工作的计划内民办教师，可以有计划地录用为学校勤杂工。坚决杜绝任何单位和个人以任何理由再招用计划内民办教师。中小学计划外民办教师一律清退。(5）提高教师待遇和社会地位。切实解决教师尤其是农村教师看病难、医疗费报销难的问题。按规定享受公费医疗的教师，要同当地国家公务员享受同等医疗待遇。鼓励教师终身从事教育事业。对分配到贫困县（不含县城)、贫困乡以下农村和深山区任教的中师及以上毕业生，在见习期间直接执行定级工资，对同等学历的国家正式教师可向上浮动一级工资。任教满8年以上者浮动工资变为固定工资，然后再向上浮动一级工资（要把正常晋资与浮动工资区别开，正常晋资不能冲销浮动工资)。凡男满30年、女满25年教龄，并获得县以上政府或市地以上教育行政部门表彰的优秀教师，退休后其奖励补贴与退休金之和相当于原工资。

十二是切实加强对教育工作的领导。各级党委和政府要切实把教育摆在优先发展的战略地位，要经常深入学校，与师生座谈，了解情况，解决实际问题，向师生作形势报告。各级党委宣传部门和新闻单位要切实加强对教育工作的宣传。

〔**教育投入**〕 1994年，全省全口径教育经费总支出为66.85亿元，比1993年增加17.91亿元，增长36.6%。其中，国家财政性教育经费（包括各级政府对教育拨款、各级政府征收用于教育的税费、企业办学经费、校办产业减免税部分）支出为51.46亿元，比上年增加12.01亿元，增长30.44%。教育部门教育经费总支出59.31亿元，比1993年增加15.8亿元，增长36.31%。其中，国家财政性教育经费达到45.60亿元，比1993年增加10.7亿元，增长30.65%。

1994年，全省多渠道筹措预算外教育经费25.49亿元，较上年增加6.99亿元。其中，各级政府征收用于教育经费支出达8.98亿元（城市教育费附加2.17亿元，农村教育费附加6.69亿元），校办产业、勤工俭学和社会服务性收入用于教育的经费达1.86亿元，学杂费5.69亿元，社会捐资和集资办学经费达6.64亿元，其他教育经费1.38亿元。全年高校教育事业收入达到16897万元，较上年增加6920万元。

由于全省各级党委、政府的高度重视，1994年，全省实现了《中国教育改革和发展纲要》中提出的“两个增长”的要求。一是财政预算内教育经费增长比例高于财政收入的增长比例。1994年，全省财政预算内教育经费为37.32亿元，较上年增加8.63亿元。其中，财政预算内教育事业费达到34.35亿元，较上年增加8.75亿元。1994年度全省财政收入数为171.3亿元，其中地方性收入92.1亿元，按可比口径计算，财政收入较上年增长23%。1994年，全省财政预算内教育事业费增长比例高于财政收入增长比例11个百分点。二是各级各类教育事业生均经费有较大幅度提高。全省普通高等学校生均教育事业费达到3838元，较上年增加317元；中等师范生均教育事业费达到1649.8元，较上年增加376.8元；农职业中学生均560.8元，较上年增加85.8元；普通高中生均695.2元，较上年增加179.2元；普通初中生均309.7元，较上年增加65.5元；普通小学生均教育事业费124.4元，较上年提高26.4元。

上述情况表明，1994年教育投入总量在不断增加。但由于物价上涨等因素的影响，公用经费比重逐年下滑的趋势在这一年仍然没有得到有效控制。全省预算内教育事业费中公用部分所占比重为13%，比上年又下滑2.77个百分点。中等师范生均公用经费由上年的430.25元减为429.20元，农职业中学由90.15元减为76.80元，普通中学由24.70元减为24.65元。普通高校和普通小学生均公用经费虽有增长，但在物价上涨幅度较大的情况下（河南省1994年零售物价上涨指数为20.6%），公用经费仍严重短缺。

基础教育

〔综述〕 1994年，河南进一步采取措施，推进基础教育转轨，即从“应试教育”转到“素质教育”轨道上来，切实减轻学生过重的课业负担，使儿童、青少年在思想品德、文化科学、身体心理和劳动技能等方面得到健康发展。特别是全省各地结合《纲要》的贯彻实施和当地的实际情况，采取切实措施，推进基础教育事业的稳步发展。小学、初中教育规模持续扩大。小学招生比上年增长15.6%；在校生比上年增加近40万人。初中招生比上年增长12.8%；在校生比上年增加近23万人。特殊教育学校招生和在校生分别比上年增长48%和26%。全省盲聋哑学校比上年增加8所。独立设置的幼儿园2417所，增加169所；学前班2.2万处，增加8000多处。在园（班）幼儿比上年增加近28万人，连续三年保持15%以上的增长速度。其中，信阳、鹤壁、平顶山、周口等市地的增幅均在20%以上。普通高中实现了规模控制目标。普通高中由719所调减为661所，招生数减少8800多人，比上年减少1万人。

〔**义务教育**〕 1994年，河南义务教育实施本着“积极创造条件，以条件定发展；分类指导，分期实施；由县组织，落实到乡”的指导思想，以建设义务教育示范乡为龙头，按照“三个战场”的工作思路全面展开。这“三个战场”是：围绕巩固提高普及初等教育成果在全省开展普及初等义务教育工作；建设义务教育示范乡进而开展以乡（镇）为单位的“普九”工作；在有条件的县（市、区），以县（市、区）为单位实施九年义务教育。按照这一工作思路，制定了实现“普九”目标的具体步骤，即约占全省人口30%的城市市区、省特别试点县（市）及其他经济发展水平较高的县（市），在1996年以前普及；约占全省人口30%的经济发展中等程度的县，在1998年以前普及；约占全省人口25%的经济发展程度较低的县，在2000年以前普及；其余约占全省人口15%的贫困地区，到下世纪初基本普及。根据这一要求，各地都制订了以县（市、区）为单位的“普九”规划。

1994年，经省政府验收、国家督导检查，信阳市、南阳市卧龙区、义马市、驻马店市、郑州市上街区、偃师市、孟津县、洛阳市涧西区、西工区、新乡市新华区、红旗区、郊区、安阳市文峰区、北关区、焦作市解放区、山阳区、修武县、孟县、许县市魏都区、长葛市、漯河市源汇区、平顶山市卫东区等22个县（市、区）的各项指标均达到验收标准，被确定为河南省普及九年义务教育单位。

从全省的整体情况来看，义务教育阶段的重要比率指标稳步上升。小学适龄人口入学率达到99%，初中适龄人口入学率达到75%，比上年分别上升0.1%和6.4%。在校生年巩固率小学为99.2%，上升0.4%；初中为95.9%，下降0.3%。应届毕业班学生毕业率，小学、初中均为97.5%，均比上年提高0.9%。小学毕业生升入初中阶段的占78.7%，比上年提高7.5%；初中毕业生升入高中阶段的占41%，比上年提高4.2%。

〔**德育工作**〕 1994年，中小学德育工作坚持社会主义方向，开展党的基本路线、爱国主义、集体主义和近代史、现代史教育及传统美德教育；改革教学内容和教学方法，加强教材建设；加强和改善学校体育、美育、卫生劳动和国防教育，着重开展了爱祖国、爱河南、爱家乡的教育。一是《中共中央关于印发〈爱国主义教育实施纲要〉的通知》和《中共中央关于进一步加强和改进学校德育工作的若干意见》颁发后，省教委在调查研究的基础上代省委初拟了“实施意见”。二是充分利用百部爱国主义教育影片加强对中小学生的爱国主义教育，开展了我与祖国影评征文活动，组织编写了活动课用书。三是加强礼仪教育和时事政治教育，编写了《小学生礼仪教育》、《中学生礼仪教育》书籍，使中小学生的礼仪教育有章可循；省教委还印发了《关于进一步加强中学时事教育的意见》。四是着手进行对省级中小学德育基地的基本情况的搜集、整理和宣传工作，并陆续在《河南日报》、《教育时报》发表介绍教育基地的文章。

〔**教师队伍建设**〕 1994年，省教委结合教师队伍建设实际，印发了《河南省小学教师继续教育规划》、《河南省中小学教师职务培训方案》等文件，加强了对教师队伍的管理，对中学教师还进行“三沟通”培训。1994年，中小学教职工较上年增加1.2万人。每一教职工负担学生数普遍提高，小学提高到1∶23.7人，初中提高到1∶14.3人，普通高中提高到1∶18.5人。专任教师的学历和职称层次有较大提高。学历达标率小学为88.2%，初中为53.9%，普通高中为49%。高级教师比例，小学为14.9%，初中为1.3%，普通高中为14.9%。民办教师得到调整和压缩。到1994年底，全省共有计划内民办教师24.1万人，比上年减少0.96万人，占中小学教职工总数的比例由33%降至32.6%。计划外民办教师由12.36万人调减为7.59万人，这些人员主要分布在农村小学、学前班和成人学校。1994年加强了中小学校长岗位培训工作。在原来试点的基础上，继续采取以业余自学为主，分层次、有组织、集中辅导培训的办法，共培训中小学校长17247人，累计培训47100人，占应培训总数的88.3%。举办了全省聋哑教育专任教师培训班和弱智儿童师资鉴定人员培训班，共培训130多人。在全省教育系统进行“巾帼建功”标兵评选工作，共评出全国教育系统“巾帼建功”标兵6名，河南省教育系统“巾帼建功”标兵56名。全省教育系统涌现出“全国十佳民办教师”李道理、“全国十杰中小学中青年教师”宋飞琼等杰出教师。

〔**农村教育集资管理**〕 为解决农村教育集资管理混乱问题，1994年，省政府印发了《关于加强农村教育集资管理的通知》，要求：(1)开展农村教育集资，要本着“实事求是，因地制宜，量力而行，群众受益”的原则，既要从发展农村教育的实际需要出发，又要考虑农民的承受能力，以提供资金、物资、劳务等多种方式筹措。当前的农村教育集资首先是改造危房和维修破旧校舍。(2)农村实施义务教育的学校的危房改造、修缮、新建校舍以及改善教学基本条件，所需资金主要由县、乡两级政府负责解决；投资不足时，经批准，可以开展农村教育集资。教育方面除此之外的乱集资必须严格禁止。各级各类学校不得以任何名目乱收费，社会也不得向学校乱摊派。(3)农村教育集资由县一级政府严格审批。(4)集资必须按照县级政府批准的项目范围，专款专用，不得截留、挪用。(5)各级教育部门要加强对集资款的管理、监督，对违反财经纪律的要严肃处理。

〔**教职工住房建设**〕 1994年，5月18日至25日，省教委派4个调查组分赴各市地调查了解中小学教职工住房建设情况。6月21—22日，省教委在洛阳市召开1994年全省城镇中小学教职工住房建设工作会议，总结交流住房建设工作经验，表彰了“八五”前3年特别是1993年在城镇中小学教职工住房建设中成绩突出的洛阳等7个市地、荥阳等9个县级市、孟津等7个县。据统计，1994

年通过多渠道筹措资金15005万元，年底实际完成投资13064万元，竣工交付使用住房4510套，建筑面积32.99万平方米。到年底，全省城市中小学教职工住房建筑面积308万平方米，家庭人均居住面积8.1平方米，提前完成了“八五”计划确定的目标。

〔**治理乱收费**〕 1994年，各市地对治理中小学乱收费采取了一系列措施，取得明显成效。到年底，全省共清理学校自立收费项目19项、社会乱摊派收费项目45项、学校代收项目22项。其主要措施是：(1) 年初，省教委会同省物价局、财政厅并报省政府批准，印发了《关于调整我省义务教育阶段学校收费标准的通知》，适当调整了河南省义务教育阶段的杂费收费标准。(2) 省教委针对中小学用书混乱等问题，印发了《关于加强普通中小学教学用书管理的基本规定》，制止了中小学收费过多过乱现象。(3) 一级抓一级，层层抓落实。一是利用广播电视、报纸等形式，广泛宣传治理乱收费的有关规定，把新的收费标准和规定原原本本地向社会公布，接受监督。二是对执行新标准强调一律实行“一卡”(收费明白卡)、“三统一”(统一使用正规收费款收据，统一由财会人员收款，统一由财会部门设专户管理)、“五不准”(不准设帐外帐、不准公款私存、不准以任何名目对学生进行经济处罚、不准为任何部门代收费用，不准超标准收费)、“一坚持”(坚持收支两条线，定期公布帐目，接受师生监督)的制度。三是层层建立责任制，抽调机关干部包县包乡包校，直接进行监督检查。四是省、市地、县定期进行检查。

职业技术教育

〔**综述**〕 1994年，河南省以抓中等教育结构改革为重点，进一步推动职业技术教育的发展。各类中等职业学校由上年的985所发展到1088所。其中，职业高中增加99所，增加较多的市地有南阳、郑州、濮阳、新乡、商丘。职业教育规模持续增加。各类中等职业学校招生数和在校生数均增长25%左右。职业高中招生和在校生分别比上年增长34%和37%。全省各类中等职业学校招生数和在校生数占高中阶段招生和在校生的比例达到65%和58%，分别比上年提高6.5%和6%。职业教育科类和专业结构得到进一步调整。普通中专在校生中，工科、财经所占比例由上年的36.7%上升为40.3%，师范由40.5%降至37.2%；职业高中在校生中工科、财经所占比例由37.5%升至42.4%。

〔**教育改革**〕 在管理体制上，1994年，将普通中专的专业设置权下放到办学主管部门和有关学校；将市（地）管的职业学校的专业设置、学籍管理、招生计划及招生审批权限下放到市(地)，扩大了学校办学自主权。

在办学形式上，灵活多样，长班短班结合，全日制与业余并举，职前职后沟通；学生可以自主选择专业，选修课程。在专业设置上，压缩一些长线专业，改变专业划分过细的做法，办复合型专业，重点发展经济建设急需的工科、财经等专业。据统计，目前普通中专在校生中，工科、财经专业占40.3%；职业高中在校生中，工科、财经专业占42.4%。在招生上，职业学校可以根据需要，扩大招生计划。一些学校打破常规，变一年一次招生为常年不定期招生，招生对象除应届初中毕业生外，还从社会上直接招收往届初高中毕业生。在教学方面，注重实践性教学环节，提高学生动手能力，增强了毕业生的适应性。

〔**师资建设**〕 近两年，由于改建、新建职业学校比较多，专业课教师不足的矛盾更加突出。为此，省教委把师资队伍建设作为一项重点工作。首先，对全省职业中学教师情况进行全面调查分析，汇总了全省职业中学60个专业所需教师的数量，为高等学校职业师资班的专业设置和招生提供了依据。其次，举办了服装、家电、机电、果林、食品加工、中草药栽培与炮制、花卉和饮料加工等10个专业的教师培训班，共培训500名专业课教师。第三，对职业中学专业课教师职务评聘实行优惠政策，并在省高评会中增设了职业中学专业课教师综合学科组，解决了多年来职业中学专业课教师职务评聘挂靠普通中学各学科的问题。第四，切实做好高校职业师资班的招生工作。当年高校职业师资班共招3200多人，比上年增加2000多人。在3200多人中，有835人是对口从职业中学应届毕业生中招收的。第五，要求各地按“专兼结合，以兼为主”的原则，解决职业中学师资问题。第六，农村通过农科教统筹加以解决。由于措施得力、及时，使专业课教师不足的问题得到一定缓解。

〔**示范学校建设**〕 省教委于3月下旬组织人员对第一、第二批省级示范性职业学校进行了检查评估。从评估情况看，大多数省级示范性学校办学指导思想明确，办学条件得到改善，教育质量明显提高，在为当地经济建设服务方面闯出了新路，起到了带头作用。但也有少数农村学校办学指导思想不明确，办学条件差，没有特色，对这些学校提出了严厉的批评，并要求限期达标，否则，取消示范性学校的称号。1994年省教委确定建设第三批省级示范性职业学校43所。全省省级示范性职业学校已达到102所，分布在全省74个县（市），各县（市）都以此为“龙头”，带动其他职业学校的发展，并同大量的乡村成人学校相配合，初步形成了职前职后相沟通的职教网络。

〔**中专教育**〕 1994年，全省普通中专学校的学籍管理工作得到加强。6月6日，省教委转发了《国家教委关于印发〈普通中等专业学校学生学籍管理规定〉的通知》，结合本省实际，提出加强普通中等专业学校学籍管理工作意见。省教委采取措施，促使普通中专学校的专业设置管理走向规范化。一是明确了省教委与省有关委、办、局对专业设置的职责分工；二是明确了对专业的设置管理的审批权限；三是对现有专业名称的更换和归并，增设专业的审批、备案的材料提出了具体要求。1994年圆满完成了历时5年的普通中专教育评估工作。评出郑州铁路机械学校等38所学校为省部级重点普通中等专业学校。有9所学校被国家教委命名为国家级重点普通中等专业学校。10月5日，在郑州召开了普通中等专业学校教育评估总结会议，对全省开展的近5年的普通中专办学条件评估、办学水平评估和评选重点普通中等专业学校工作进行了全面的总结。

高等教育

〔**综述**〕 1994年，河南省高等教育以提高质量和办学效益为重点，继续调整和优化专业结构，深化教育教学改革，建立竞争激励机制，开展招生收费制度改革的试点工作，全省普通高等教育事业得到稳步发展。1994年，经国家教委批准，郑州电力高等专科学校和黄河科技学院正式建立。全省进一步抓好郑州大学进入“211工程”的建设工作，先后拨款2663万元，政策倾斜使郑州大学增加收入2100万元，加强郑州大学的工科建设。同时，认真做好预审前的准备工作。全省高校新增博士点2个（郑州大学的有机化学和基础数学），新增河南财经学院为硕士单位。经各学科点申报，专家评审，省教委审核，择优确定了郑州大学基础数学等30个学科为河南省高等学校1994—1996年省级重点学科，资助经费400万元。

普通高等教育科类和专业结构进一步改善。一是扩大了工科、财经等紧缺科类和专业培养规模。郑州大学等23所高校新设国际贸易、国际金融、计算机应用与维护等专业49个，筹建专业4个。在新增专业中，工科、财经类41个，占新增专业总数的75%，进一步加大了工科、财经类专业在高校专业设置中的比例，以适应本省对外开放和经济发展的需要。1994年，这类专业种数达到192个，专业点达到438个，占全省专业种数和点数的比例均达到50%左右。二是稳定师范教育规模并调整了结构。全省普通高校师范专业招生数与上年基本持平，所占比例由上年的32%降为30%。在校生所占比例由32.6%降为25.4%。在师范教育内部，着重扩大了职业师范专业的规模，招生比上年增加2000人。三是农林医科类规模和比例稳中有降。农林医招生比例降至10.3%，在校生比例降至11.4%。四是控制压缩了文、理科类及其专业培养规模。文科和理科招生和在校生所占比例分别降为3.9%和4.4%，保留的现有培养规模，大部分已调整为应用方向。五是积极发展电大普通专科班教育。招生比上年增加3936人。其中，工科、财经专业招生占80.37%。

〔**管理体制改革**〕 1994年10月，省委、省政府印发的《关于〈中国教育改革和发展纲要〉的实施意见》，对深化高等教育管理体制改革提出通过立法，明确高等学校的权利和义务，扩大学校办学自主权，使学校真正成为面向社会自主办学的法人单位。在政府宏观管理下，学校自主组织实施教学科研工作及相应的人财物配置。同时积极促进省属院校、市地属高校以及高校与企业之间多种形式的联合办学。

1994年，省教委、省人事厅印发了《关于在我省高等学校专业技术人员中实行高职低聘、低职高聘的通知》。其主要内容是：(1)各高等学校可以在省人事（职改）部门审核批准的专业技术职务结构比例内，对专业技术人员实行高职低聘、低职高聘。(2)实行高职低聘、低职高聘，要以专业技术人员年度考核或任期考核的结果为主要依据。对少数政治表现好，能出色完成工作任务，很好地履行岗位职责，学术水平和业务能力已符合高一级专业技术职务任职条件者，在相应评审组织尚未确定其高一级专业技术职务任职资格以前，可以对其低职高聘；对政治表现不好或不能胜任本职工作，不能履行现岗位职责者，可以对其高职低聘。聘期由学校自定。(3)对实行高职低聘的专业技术人员，其工资待遇应按低聘职务兑现；实行低职高聘的专业技术人员享受高聘职务的工资待遇，高出部分的经费，由学校自筹解决。

为深化高校管理体制改革，省教委还进行了高校"并轨"改革试点和高等学校的联合办学。6月，省教委批准河南财经学院的国际经济、贸易经济、财政金融和会计4个系8个专业进行招生分配制度改革试点。为促进高校优势互补，资源共享，联合共建，提高办学实力，11月7—8日，河南省教委与国家化工部人事教育司、机械部教育司及郑州大学、郑州工学院、郑州工业高等专科学校的负责同志就三校联合办学问题进行了协商，初步达成了共识。

〔**教学改革**〕 11月，省教委召开全省普通高等学校教学工作会议，交流各校在教学管理和教学改革方面的经验，对教学工作作了部署，讨论并通过了《关于当前加强普通高校教学工作的十条意见》。其主要内容是：(1)高等学校必须全面贯彻党的教育方针，始终坚持教学工作是学校经常性中心工作的思想，把提高教学质量、培养合格人才摆在重要的位置，使学校其他工作都能自觉地服从、服务于教学工作的需要。(2)进一步拓宽专业方向，积极推进教育思想、教学内容和教学方法的改革，抓紧调整教学计划和课程结构。到1997年，本科院校开出选修课的门数应占开课总门数的30%以上，为实行学分制奠定基础。高等专科学校开出的选修课应达到15%以上。(3)进一步调整和优化学科、专业结构。设置新专业要加强人才需求预测工作，确保经费投入，保证新增专业的基本办学条件。老专业要进一步拓宽专业方向，面向社会需要，调整教学内容，增强毕业生的适应能力。省教委建立专业检查评估制度，尤其对新增专业要定期进行检查评估，并拨出专款对办学条件好、培养质量高的专业进行奖励。(4)切实加强重点学科和重点课程建设，努力提高办学水平。从1994年起，省教委增加省级重点学科的投资，继续实施目标管理。到1997年，省教委将组织评选出150门课程作为省级优质课程，颁发证书并给予奖励。(5)建立必要的保障机制，改善教学的基本条件。各高校每年的预算外收入应拿出30%以上用于购置仪器设备、图书资料、教师培训等。省教委将根据学校的投入情况，按一定比例给予奖励。(6)加强实践教学，坚持走教学、科研、生产相结合的道路。各校要建立健全实践教学体系，进一步明确各实践教学环节的作用和基本要求，通过建立董事会、校企合作办学等办法，建立一批相对稳定的生产实习基地。要特别注重培养大学生的实际应用能力，强化公修外语和计算机教学，使大学生的外语水平和计算机应用能力普遍提高。(7) 要充分发挥教务部门综合管理教学工作的职能，强化教务部门在全校教学工作中的组织协调作用。(8) 建立教学工作检查评估制度和优秀教学成果鉴定制度。(9) 加强学位与研究生教育工作。(10) 加强校风建设，优化育人环境。通过改革，全省高校学习气氛更为浓厚。10月，省教委首次举行全省普通高校非计算机专业学生计算机知识和应用能力等级考试，全省16所高校的3258名学生参加了考试。全省有17625名和6436名学生分别参加全国大学英语四、六级考试，四级考试通过率达到65.91%，较往年有较大提高。

〔**培养中青年骨干教师**〕 1994年，省教委对高等学校中青年骨干教师的培养及管理提出了明确意见。全省有43所高校推荐188名省级优秀中青年骨干教师人选。省教委组织有关专家教授组成评委会，对推荐人选进行评定。最后确定140名教师为高等学校第二批优秀中青年骨干教师。这批教师的培养期限为1995年1月至1997年12月。

〔**思想政治工作**〕 1994年，全省高等学校组织广大师生认真学习邓小平同志关于建设有中国特色社会主义理论，深化高校公共政治理论课教学改革，进一步加强高校马克思主义理论教育工作。一是开展了新时期高校党员形象大讨论，为全省高校进一步搞好党员教育工作探索、总结经验，促进党员队伍整体素质提高。二是开展了首届"两课"优秀教师奖励基金评审工作，周文顺（郑州大学教师）等54名教师被评为优秀教师，并予以奖励。三是针对高等专科学校政治理论课教学无统编教材的实际，省教委组织编写了《马克思主义基本原理》和《中国革命和建设基本问题》两部教材。

成 人 教 育

〔**综述**〕 1994年，全省成人教育得到广泛开展。一是成人高等学历教育在宏观调控中进一步发展。独立设置的成人高校52所，普通高校附设的成人教育机构和市地级电大分校共61处。成人高等教育招生数比上年增长16.8%；在校生数比上年增长33%。全省成人高校共设置专业190余种，专业点540多个，其中工科、财经类专业占52%，其招生数占49.7%。二是成人非学历高等教育继续放开搞活。高等院校举办的实用人才班、专业证书班、继续教育等，在籍学员计11.7万人，全年累计结业人员近8万人。社会力量举办的成人教育在学人员6.5万人。三是成人中等专业教育稳中有升。1994年，由于成人中专招生计划实行了宏观管理，并改革了招生办法，全省236所学校招生数和在校生数均比上年有所发展，扭转了滑坡趋势，出现回升局面。四是成人中、初等文化技术教育取得新成果。全年累计完成在职职工岗位培训50万人次，农民文化技术培训300多万人次，回乡初高中毕业生实用技术培训100万人次。

〔**扫盲工作**〕　1994年，全省完成扫盲任务47万人。经省政府验收、国家检查，又有信阳市、南阳市卧龙区等22个县（市、区）的各项指标达到《河南省县级扫除青壮年文盲单位检查验收办法(试行)》所规定的标准，被确定为河南省扫除青壮年文盲单位。到年底，全省共有57个县（市、区）经验收达到扫除青壮年文盲单位标准，占全省县（市、区）总数的36.08%，占全省人口的23.9%。

〔**农村文化技术学校**〕　乡（镇）成人学校建设质量和标准有所提高，县、乡、村三级办学网络进一步完善和加强。县办成人教育学校（培训中心）发展到106所，比上年增加15所；乡镇成人教育学校普遍加强了规范化建设，学校总数达1990所，办学面达92.9%。其中，达到省定三类以上学校标准的969所，比上年增加88所；全省村办成人学校（教学班）4.2万所，办学面为90.14%，比上年增加2.44%。县、乡、村三级成人教育学校对乡镇企业职工和农民进行文化技术培训达381.67万人次，比上年增加67.67万人次。

全省农村成人学校人口教育工作在试点的基础上由点到面，逐步展开。开展人口教育的农村各级成人学校发展到1902所，其中项目学校103所，比上年增加35所，项目学校教学点发展到1537个；接受人口教育的农民达45.1万人，比上年增加21.3万人，其中女生占62%。

〔**成人高等教育**〕　1994年，全省成人高教专业设置190余种，比上年增加50余种；专业点540个，比上年增加170个。其中工科、财经类专业占52%。根据成人高等专科教育主要是培养应用型人才的特点，1994年，省教委组织修订教学计划，增加实践教学环节，工科类各专业课程结构公修课、专业基础课、专业课的比例由原来的3∶3∶3调整为3∶4∶3或3∶3∶4。为了培养复合型人才，在独立设置的成人高校、普通高校成人脱产班、夜大班，不论是工科、理科、财经还是文科，要求都把计算机应用、英语、应用写作三门课作为基础课开设。

1994年，加强对函授站的管理。对省内、外所有高校在河南省各地设立的函授辅导站进行了重新登记。第一批公布达到设站条件的共有50所高校的68个函授站，分布在14个市、地。为了发挥农牧院校的优势，为农村、偏远山区、经济不发达的县培养人才，进行了农牧院校函授单独招生改革试验，共录取6000人。实践证明，农牧院校函授单独招生有以下几点好处：(1) 探索出农牧院校如何更好为农村培养留得住、用得上、安心工作的专门人才的有效途径；(2) 解决了农牧院校成人教育生源困难，提高了学校现有资源的利用率；(3) 加强了学校与农村、乡镇企业的联系，促进了学校专业调整和教学改革；(4) 调动了学校教职工的积极性、提高了办学效益和社会效益。

为了发挥部属院校工科、财经类办学优

势，为乡镇企业培养人才，为各地培养师资力量，1994年省教委批准部分部属院校和教育学院招收电大普通专科生，9所院校共招收2350名。

〔**社会力量办学**〕 1994年，认真贯彻“积极鼓励，大力支持，正确引导，加强管理”的方针，全省社会力量办学事业特别是民办高校有较大发展。2月，黄河科技学院(原黄河科技大学)正式建校。明确该院是一所独立设置的全日制民办高等学校，专科层次，学历教育发展规模为1000人。当年6个专业招生200名。省教委同意该院从1995年始，增设武术专业专科层次，学制两年，面向省内招生。9月，国家教委同意郑州大学与台北广兴文教基金会合作举办郑州大学升达经贸管理学院。该校为郑州大学二级学院，由郑州大学领导和管理。1994年，该校国际贸易、财务会计、工商企业管理、市场营销、资讯管理、商用英语6个专业招生764名，实现了一年建校，当年批准招生目标；12月，省教委同意河南教育学院同美国马歇尔大学合作举办河南教育学院美国马歇尔大学联合语言学院，简称HMC语言学院，该校为河南教育学院的二级学院。

1994年，经审查和实地考察，省教委批准筹办高等层次非学历教育的学校（中心、站）12所。全省社会力量举办的各类高、中、初等层次的学校达1751所，其中高等层次约占5.6%，中等层次约占30%，初等层次约占64%；在校生达27万余人，其中高等层次约占36%（高等学历教育占1%），中等层次约占26%，初等层次约占36.6%。这些学校已为河南省经济建设和社会发展培养、培训155万余名“留得住，用得上”的实用人才。

为了加强社会力量办学的管理和引导，3月，在市、地教委预审的基础上，省教委组织年审复查组，对82所社会力量办高等层次学校（中心、站）进行了检查评估和办学许可证年审。通报表扬办学情况和效益优良的学校33所，一般的24所，限期整顿的14所，停办11所。在年审和检查评估的基础上，评选先进办学单位37个，先进个人55名。

〔**实用人才班管理**〕 1994年是河南省大批量实用人才班学员的毕业年。由于一些学校在办班过程中擅自许诺颁发国家承认学历的毕业证书等问题，以至在九二级学员毕业之际，来信来访增多，问题纷纷暴露。省教委从稳定社会，稳定大局，稳定高校教学秩序、促进改革的高度来认识，先后到20所高校调查了解情况，妥善处理上访事件。省教委下发了《关于认真做好九四届实用人才班学员毕业工作的通知》，要求有关高校，会同委托单位和学员所在部门认真细致地做好学生思想工作。由于各方面的密切配合，1992年招收的7.5万余名学员顺利毕业，确保了高校的稳定。为了促进实用人才班健康发展，省教委下发了《关于1994年普通高校实用人才班招生工作的意见》，就办班的指导思想、协议的签订、校外班的管理、招生的总量控制，继续坚持突出实用、办出特色等提出了新的、更为明确的要求。经认真审查协议和办班条件，1994年共有41所普通高校，16所成人高校招收实用人才班学员25651人。其中普通高校21551人，成人高校4100人；校外办班点115个，招生10141人，校内招生15510人；脱产11389人，业余3253人。共有329个单位委托，基本实现了总量控制。

〔**成人中专教育**〕　10月19日，省教委下发《关于加快改革和发展我省成人中等专业教育的意见》，提出九十年代成人中专发展的目标：全面提高成人中专教育水平，建立规模适度，布局合理，结构优化，质量和效益较高，具有地方、行业特色及较强职业性和开放型的成人中专教育体系。到本世纪末，全省成人中等专业教育总体规模达到25万人，其中中专学历在校生15万人（其中职工中专1.4万人，干部中专1.4万人，农民中专3.6万人，广播电视函授中专5.6万人，中专自学考试和教师进修学校3万人）。4月1日，省教委下发了《关于下放成人中专学校专业审批权的通知》，规定成人中专学校的专业审批权原则下放市地管理。这项工作已在市地开展。

为加快成人中专的改革步伐，省教委确定洛阳市经贸成人中专（属职工干部中专）和汝州市成人中专（属农民中专）为改革试点学校。要求两校在面向社会、面向市场办学，提高教育质量，为社会主义建设培养更多合格人才方面进行积极探索。允许这两所学校在改革试点阶段有招生自主权。

经省教委批准，1994年，省广播电视中专学校试行预科生制，即组织考生参加文化课补习，通过课程结业考试，成绩合格者直接录取到省广播电视中专学校。预科生制的试行在拓宽生源渠道、提高生源质量方面进行了探索。省广播电视中专学校通过预科生制录取新生4000余人。

撰稿　孙增福　韩　冰

审稿　亓国瑞　曹法耀

湖北省教育

概况

〔基本情况〕

1994年各级普通学校基本情况

单位：人

	学校数（所）	毕业生数	招生数	在校学生数	教职工数	
					计	其中专任教师
一、普通高等学校	61	40311	56922	179965	65500	24512
研究生		2007	4063	9837		
本　科		20691	28353	103002		
专　科		17613	24506	67126		
二、普通中等专业学校	233	47760	95384	236556	31146	15688
中等技术学校	198	39518	80727	201268	26042	12649
中等师范学校	35	8242	14657	35288	5104	3039
三、普通中学	4027	632658	884652	2368939	212143	168781
高　中	590	100623	125701	327632		29144
初　中	3437	532035	758951	2041307		139637
四、农业、职业中学	455	38812	62583	152044	17845	12902
高　中	306	28415	41308	96786		8736
初　中	149	10397	21275	55258		4166
五、工读学校	6	41	76	104	110	59
六、小　学	30293	913179	1253905	6461601	338750	301662
七、特殊教育学校	56	385	1229	5404	1164	821
八、幼儿园	3291			1054692	48314	35205

1994年各级成人学校基本情况

单位：人

	学校数（所）	毕业生数	招生数	在校学生数	教职工数	
					计	其中专任教师
一、成人高等学校	74	30402	70678	165552	11234	5207
广播电视大学	16	7836	15413	34521	3433	1728
职工高等学校	36	2208	4911	10594	3560	1563
农民高等学校						
管理干部学院	8	1188	4002	7468	1961	796
教育学院	13	4147	4562	20079	2240	1084
独立函授学院	1	558	1256	2481	40	36
普通高校举办：						
函授部		12453	34369	77141		
夜大学		1831	4621	11161		
干部专修科		181	1544	2107		
二、成人中等专业学校	294	28842	45915	103709	12250	7174
广播电视中专	5	1209	1893	3210	384	221
干部中专	8	587	1079	2331	383	224
职工中专	171	19111	28996	66161	8123	4260
农民中专	62	3097	5778	11498	1454	903
教师进修学校	48	4838	8169	20509	1906	1064
三、成人中学	113	117606	19229	8881	908	442
职工中学	79	112075	14348	3041	783	373
农民中学	34	5531	4881	5840	125	69
四、成人技术培训学校	8370	1768209	1207217	1185259	10846	5487
职工技术培训学校	238	68720	57249	61750	1227	971
农民技术培训学校	8132	1699489	1149968	1123509	9619	4516
五、成人初等学校	5120	221131	212749	202996	5284	2734
职工初等学校	34	10947	9810	2130	60	39
农民初等学校	5086	210184	202939	200866	5224	2695
其中：扫盲班	4709	186423	168094	171695	4636	2542

制表　张文彬

注：另有函授中专8所，毕业生14901人，招生5979人，在校学生15901人，教职工1332人，其中专任教师502人。

〔李岚清考察湖北教育〕　1994年5月28日至6月2日，国务院副总理李岚清在湖北考察了武汉无线电工业学校、华中师范大学第一附属中学、华中理工大学、中国地质大学、武汉大学、湖北汽车工业学院、东风汽车公司技工学校，听取了省、市、地党政领导关于教育工作的汇报，并与在汉的27所高校负责人座谈，同各方面的干部、教师一起研究改革和发展教育的路子，解决当前教育工作中实际问题的措施。在考察中李岚清强调，实现九年义务教育的困难主要在农村，必须在增加投入、解决办学条件的同时进行改革。要根据各地的不同条件，实行小学后、初中后、高中后三级分流，抓好三教统筹、农科教结合。尤其重要的是在普及义务教育的基础上大力发展职业教育和成人教育，特别是中等职业教育。职教可以兴国、兴省、兴市、兴县、兴厂，发展职教是发展经济的必由之路。必须加大改革力度，提高办学质量和效益。集中力量办好部分高水平的大专院校，提倡联合办学。要处理好发展、改革与稳定的关系，改革和联合都要讲求实效，不能搞形式主义。要坚决贯彻“德、智、体全面发展”的方针，注重德育教育。各级政府每年都要为教师办实事，解决教育和教师的一些实际困难。

〔**全省教育工作会**〕 1994年12月3日至6日，湖北省教育工作会议在武昌举行。会议研究、解决教育改革和发展中的重大问题，制定《中共湖北省委、省政府关于教育改革和发展的决定》和全面实施《中国教育改革和发展纲要》的政策措施，促进全省各级各类教育事业全面发展，努力开创全省教育工作新局面。

会议提出，到2000年湖北省教育发展的总体目标是：全民人均受教育的年限达到8.5年；连同职业技术教育和成人教育在内，初中以上文化程度人口占总人口的比重达到50%以上；各级各类教育办学条件、教育质量有较大提高，教育事业发展水平居全国前列；初步建立起适应湖北省经济建设和社会发展需要、结构合理、水平较高、充满活力的教育体系，为实施“科教兴鄂”战略，全面振兴湖北经济，促进社会繁荣作出贡献。为实现这一目标，应当从以下6个方面实行重点突破：（1）切实加强基础教育。到本世纪末全省基本普及九年义务教育，大中城市和经济发达的农村基本普及高中阶段教育，满足幼儿接受教育的要求，大多数适龄盲、聋哑、弱智儿童少年接受义务教育。（2）大力发展职业技术教育。到本世纪末在全省建立起比较完整的职业技术教育体系，争取使80%的初中毕业生接受各类职业技术教育，中等职业技术学校在校生与普通高中在校生的比例达到1.3∶1，城乡新增劳动力受到基本职业技术训练，一些专业性、技术性要求高的岗位就业者能受到系统、严格的职业技术教育。（3）稳步发展普通高等教育。到本世纪末在校生达到23.5至24万人，其中省属高校由现在的5.8万人增加到8.5万人，连同成人教育在内，全省18—21岁学龄人口入学率达到10%左右。争取武汉大学、华中理工大学等高校和80个左右的重点学科进入“211”工程。（4）切实加强德育工作。科学地对各教育阶段的目标、内容、实施途径和方法进行规划，加强学校德育队伍建设，建立健全学校、家庭、社会三结合的教育网络，形成全社会关心、保护青少年健康成长的生动局面。（5）着力抓好农村教育，振兴山区、少数民族地区教育，加大投入，集中力量，帮助这些地区改善办学条件，发展以“两基”为重点的教育事业。（6）认真贯彻“面向”与“服务”的方针，加快培养适应“科教兴鄂”战略需要的各级各类人才，对全省经济发展中关键性的技术开发、技术改造、技术引进项目进行联合攻关，加强应用技术、高新技术研究，对口支援有关县、市、企业，促进全省经济90年代战略目标的实现。

为把教育优先发展战略地位真正落到实

处，会议强调：(1) 要切实加强各级党委和政府对教育工作的领导，实行任期目标责任制。主要领导要切实负起领导教育工作的责任，建立和完善党政负责人定点联系学校的制度，要把重视教育、为教育办实事，作为各级领导干部任期目标责任制的重要内容和组织人事部门考核干部政绩的重要标准。各级政府要经常向同级人大报告教育改革和发展情况，虚心听取民主党派和人民群众对教育工作的意见，努力改进工作。(2) 要建立和完善多渠道筹措教育经费的体制，努力增加教育投入。一是逐步提高教育事业费占财政总支出的比重。从1995年开始，全省财政支出中教育经费所占比重达到20%；省本级财政支出中教育经费所占比例，在1993年基础上，每年增加1个百分点，力争到2000年达到17%。二是增加对义务教育的投入。继续在全省进行以初级中学校舍建设为主要内容的“项目管理”和“目标管理”，重点扶持贫困地区中小学布局调整。省财政在1994年1000万元义务教育专款的基础上，1995年增拨500万元，1996年再增拨500万元，确保“九五”期间每年2000万元。三是增加省属高校的基建投入。从1995年起，将省属高校基建投资由现在的每年2560万元增加到4000万元。四是设立“211”工程建设专项资金。从1995年到2000年，省里筹措资金1.2亿元，支持武汉大学、华中理工大学等重点院校进入“211”工程。五是在征足用好城乡教育费附加的同时，开征“湖北省地方教育发展费”。从1995年元月1日起，对乡镇企业和个体私营企业按其销售收入的1‰计征；行政事业单位按预算外资金收入的2%计征。六是适当调整义务教育阶段杂费标准。每年由省下达限额，各地、市、州根据当地情况具体确定。七是大力支持发展校办产业。按国家政策，对各级普通学校校办产业继续实行减免税。从1995年起，增加对校办产业的贷款1000万元，省财政给予适当贴息。(3) 要加强教师队伍建设，努力提高教师经济待遇和社会地位。一是改善教师工资待遇。教师工资要全额纳入财政预算，除少数经济比较发达的地区由县乡两级统筹外，一般应由县市统筹。1994年年底前全部兑现拖欠的教师工资，争取不留“尾巴”，不欠新帐。二是努力改善教师住房条件。各级政府要把教师住房建设纳入城建规划和建设计划，对教职工住房的建设、分配、销售、租赁实行优惠政策，力争使城镇教职工家庭人均住房面积高于当地居民的平均水平。三是为鼓励教师终身热爱教育、献身教育，从1995年起，对教龄满30年的退休教师其退休费按原工资额100%计发，同时还要切实为他们解决看病难和医疗费报销难的问题。四是切实解决民办教师问题。从1995年起，对县以上教育部门认定的在岗民办教师的国家补助标准由每月22元提高到38元，从1995年起，采取转一批、招一批、退一批、辞一批的办法，争取在本世纪末基本解决民办教师问题。(4) 要加强教育法制建设，坚持依法治教。当前，必须全面贯彻落实国家《义务教育法》和《教师法》，同时抓紧制定和完善与之相配套的地方教育法规，逐步形成适合我国国情、省情的教育法规体系。

会议期间，省长贾志杰代表中共湖北省委、省政府作了题为《落实教育优先发展战略，全面振兴湖北教育事业》的主题报告，副省长韩南鹏为会议作了总结。

〔贯彻《教师法》〕　《中华人民共和国

教师法》颁布后，湖北省积极组织学习、宣传、贯彻。成立了由省政府副秘书长孙樵声、省人大教科文卫委员会秘书长胡文昌、省教委主任孙德华等组成的《教师法》学习宣传贯彻领导小组，制定了学习、宣传、贯彻《教师法》方案。一是下发文件。1993年12月31日，省委宣传部等7单位联合转发了中宣部等6部、委《关于认真学习、宣传〈教师法〉的通知》，结合湖北省实际，提出具体要求。二是编印2万份学习手册下发各地党政部门。三是于1994年1月开展“宣传月”活动。四是举办《教师法》知识竞赛，参加这一活动的有35万余人。五是通过新闻媒介，为《教师法》的实施大造舆论。

在全省大张旗鼓开展学习、宣传的同时，各地进一步加强教师队伍建设，解决教师的实际困难。如中共武汉市委、市政府1994年为教师办10件实事，重点解决教师工资兑现、医疗费报销和住房困难三大难题。由于上下共同努力，至1994年2月，全省拖欠中小学教师工资总额由1993年8月的1.78亿元下降到2000万元。在此基础上，建立全省教师工资月报制度和保障机制。据统计，至1995年1月底，全省中小学教师工资拖欠问题已经得到解决。

在1994年9月教师节10周年之际。全省对优秀教师、优秀教育工作者、尊师重教模范等进行了表彰。全年共表彰1130人，其中国家级89人，省级1041人。此外，为第四批特级教师颁发了证书，组织100多名优秀教师、教育工作者参加在张家界和承德举办的夏令营活动。各地、市、州、县也表彰了一大批优秀教师、教育工作者。这些表彰奖励活动树立了从教重教的榜样，对于提高教师的社会地位，调动教师的积极性起到了促进作用。

撰稿 罗成杰 丁雪峰

基础教育

〔**修订义务教育规划**〕 1994年，经省人民政府批准，对1991年湖北省普及九年义务教育的规划进行修订，由省政府办公厅印发实施。新规划要求：到2000年，全省基本普及九年义务教育，小学阶段入学率达到99%以上，初中阶段入学率山区县（市）达到85%以上，其他地区达到90%以上。完成期限：全省除已基本普及九年义务教育的15个市（区）外，其余的按三类地区分步实现。第一类地区包括大中城市的18个城区和郊区，加上已普及的15个区，约占总人口的30%，1996年底以前基本普及九年义务教育，小学阶段入学率达到99%以上，初中阶段入学率达到95%以上。第二类地区包括经济比较发达的30个平原和丘陵地区县(市)，约占总人口的60%，1998年以前基本普及九年义务教育，小学阶段入学率达到99%以上，初中阶段入学率达到90%以上。第三类地区包括38个山区县（市），约占总人口10%，2000年以前基本普及九年义务教育。小学阶段入学率达到99%以上，初中阶段入学率达到85%以上。

〔**德育工作**〕 1994年10月，省教委召开全省中小学德育工作座谈会，主要讨论如何贯彻落实中共中央《关于进一步加强和改进学校德育工作的若干意见》和《爱国主义教育实施纲要》。会议提出要整体规划中小学德育工作的目标：一是要根据建设有中国特色社会主义培养“四有”人才的要求；二是要遵循各学段青少年学生思想品德形成的规律。小学要加强爱国主义、集体主义、社会主义教育；初中除了抓好爱国主义主旋律外，要十分重视良好品质和遵纪守法的教育；高中要以培养道德评价能力、法制观念和初步树立正确的人生观、价值观及科学的思想方法为重点。会议认为要进一步拓宽德育工作的途径：（1）要制定各科渗透德育特别是爱国主义教育的计划，要大力开展教学研究活动，提高德育的渗透水平；（2）要开展学生喜闻乐见的、丰富多彩的、积极向上的团队、班会及科技、体育等活动；（3）要重视校园文化建设；（4）要进一步组织好百部影视片的观看活动；（5）要积极开展社会实践活动；（6）学校、家庭、社会教育要相互结合，形成合力。会上决定，由省委宣传部牵头，在武汉市武昌区继续办好爱国主义教育试点。

〔**改革高中办学模式**〕 为了适应社会主义现代化建设对人才多样化、多规格的需求，满足学生个性特长与兴趣爱好多样化的需求，1994年湖北省对普通高中的办学模式进行改革试验。（1）试办综合性高中。对学生进行较高层次综合素质的教育，培养通用性广、适应性强的人才。其文化课达到现行普通高中的必修课要求，扩大技术课的比例，使学生掌握两三门技术的基本技能。（2）试办分流性高中，在会考的基础上，对一部分文化知识比较好，并准备升学的学生，侧重文化知识的选修，对另一部分准备就业的学生侧重职业技术培训。（3）试办分科性高中。在完成必修课教学任务后，分文科、理科和技术科进行教学。（4）试办特色性高中。在达到普通高中教育教学基本要求的前提下，根据学校实际和学生的兴趣、爱好进行教育教学，形成学校办学特色。特色的形成，可采取“三年一贯，长期培养”、“二一分段（即二年基础文化课，一年特色课），重点培养”，“2.5＋0.5（即二年半学基础文化课，半年学特色课），专项培养”。

为此，在办学体制方面，逐步建立以政府办学为主体，社会各界共同办学的体制。（1）积极支持厂矿企业办学，鼓励企业与教育部门联办普通高中。（2）提倡和鼓励社会团体、公民个人和集体单位依法举办普通高中，或实行“民办公助”、“公办民助”等办学形式。（3）试行“国有民办”性质的办学形式，将现有普通高中承包给适合办学的公民和团体。承包者与学校主管部门签订“双向责任目标”。学校产权为国有，承包者依法自主办学、自筹经费，并承担一定的责任和义务。（4）探索合资办学形式。由社会团体、集体单位或公民个人合资办学，成立校务管理委员会、校长由校务管委会任命，报教育行政主管部门备案。教育行政主管部门对多种办学，实行“积极鼓励、大力支持、正确引导、加强管理”的方针。

〔**结对支援民族贫困县**〕 1994年，湖北省教委组织全省经济、教育基础较好的武汉市、黄石市、荆沙市、荆门市、鄂州市分别与恩施土家族苗族自治州的利川市、巴东县、鹤峰县、咸丰县、宣恩县等5个少数民族贫困县（市）进行教育结对支援协作。主要任务是：(1) 帮助和指导少数民族县（市）实施九年制义务教育、开展农村教育综合改革实验，逐步提高少数民族县（市）自身发展的能力与后劲。(2) 帮助培训教育行政管理干部及中小学校长、骨干教师，派优秀校长及骨干教师到贫困县（市）指导教学，提高当地师资水平和教育质量。(3) 开办民族高中班、中师班、职业高中班，招收少数民族县（市）学生，为其培养质量较高的中学、中师毕业生和初、中级技术骨干；组织一部分中小学开展手拉手活动，帮助少数民族县（市）办好一批中小学（含职业中学)。(4) 利用发达地区的信息、人才、技术、资金优势，协助少数民族县（市）开办校办企业，开展勤工俭学，并使之与少数民族县（市）的资源优势结合起来，逐步形成优势互补、互惠互利。

〔**教师队伍建设**〕 1994年，积极组织、动员未达标的中小学教师参加成人高考，进修本、专科学历。据统计，全省中小学教师有3.8万余人报考，录取1.1万人，其中本科3000余人，专科7000余人。经过培训和补充，1994年全省高中、初中、小学教师的学历达标率已分别达到53%、63%、84%（不含《专业合格证书》)。

1994年，全面推进小学教师的基本功训练及骨干教师培训。沙市、十堰、孝感、汉川、蕲春、英山等地还举办了基本功的单项或多项竞赛活动。1994年下大力抓了教师进修院校的建设。一是通过检查验收，促使各地争创“合格教师进修学校”。二是设立教育学院和教师进修学校“优秀教学奖”，调动学校重视教育教学工作，使教师安心教书育人。教育学院系统首届评出优秀教学一等奖8名、二等奖23名、三等奖27名，分别发给奖金2000元、1000元和500元；进修学校系统的优秀教学奖评选工作将于1995年第一季度结束。

全省中师从1993年下半年起，以迎接国家教委的检查评估为契机，1994年，狠抓办学条件标准化建设和学校管理。经过一年多的努力，全省中师办学条件有了很大改善。1994年10月，国家教委组织的检查团，对湖北17所中师进行了检查评估。认为学校办学条件标准化建设有了突破性进展，教育教学质量高，基本功扎实，校园文化建设有特色。

撰稿 边边 邓世民 程天轴

职业技术教育

〔**综述**〕 1994年继续贯彻积极发展的方针，加强职业技术学校的建设和改革，注重专业结构调整，新增金融、公关、旅游、市场营销等一批新专业，扩大了适应经济发展需要的老专业。职业技术教育的持续发展，使全省中等教育的结构发生了深刻的变化，中等教育基本形成了普通教育与职业技术教育双轨并行的新格局。1994年全省各类中等职业技术学校招生数较上年增加10.6%，与普通高招生数之比为1.41∶1；在校生占高中阶段在校生总数的57.1%。其中，普通中专招生数比上年增加8.9%；职业中学学校数虽然比上年减少56所，但在校学生数却比上年增加4千余人；技工学校194所，招生4.1万人，在校生10.31万人。据襄樊、荆沙、黄冈、宜昌等地、市不完全统计，农村普通初中毕业生的短期实用技术培训率已达85%以上。过去荆州地区职业学校招生数、在校学生数一直低于全省平均水平。1994年通过召开部门办职教现场会、县市重点职业高中会议，推广京山、仙桃等县市经验，促进了职教发展。1994年荆沙市各类中等职业技术学校招生29880人，在校生65066人，分别占高中阶段学生数的59%和56%，达到全省平均水平。近几年，农类职业技术学校招生数逐年下降，但1994年开始出现回升的势头。

1994年中等职业技术教育事业存在的主要问题：一是认识没有达到应有的高度，工作还没有摆到应有的位置，鄙薄职业教育的思想仍然存在。二是投入不足，经费困难，造成多数学校办学条件差，不能适应发展的需要，影响人才培养的质量。三是劳动就业制度不够完善，“先培训、后就业”的原则未能落实，学生就业方面存在长训不如短训，“双向选择”不如“关系选择”的现象。由于就业渠道不畅，直接影响到职业教育的发展。四是职业技术学校管理力量薄弱，服务体系不够健全。职业技术教育现有管理体制不完善难以做好统筹协调工作。有的县市在机构改革中还撤销了职教科，全省的职教教研网络尚未形成，教学服务体系不够健全。

〔**骨干学校建设**〕 1994年，全省有县级重点职业中学85所，省级重点职业高中20所。经过多年努力，被列为重点的学校办学条件显著改善，教育质量稳步提高，发挥着骨干带头作用。本着巩固一批，发展一批的原则，在继续办好已有重点学校的同时，省教委部署了评估、认定第三批省级重点职业中学的工作。不少县、市成立了以县、市长牵头的创建工作领导小组，把创建省级重点职业学校列入县、市工作计划，变为政府行为，在政策和经费上给予倾斜。有25个县(市)向省教委呈送了创办省级重点职业中学的报告，据其中23所学校统计，近两年共投入资金6522万元，新征建校用地493亩，扩建校舍13万平方米，添置教学设备价值593万元，增购图书25万册，极大改善了办学条件，促进了学校规模的扩大和办学效益的提高。职业中学办学条件远不如普通中学的状况有了根本改变。上述申报省级重点职业中学的学校，平均在校生919人，最高的达到1740人。在1993年省政府确定40所省、部级重点中等专业学校的基础上，1994年经省政府同意，向国家教委推荐、申报15所国家级重点中等专业学校，已有12所获准。

〔**为农服务**〕 1994年结合贯彻全省科教兴鄂经验交流会精神，总结推广了襄樊市农业学校发挥骨干“龙头”作用，与有关贫困山区挂钩，开展科技支农，建立农村职教网络的经验。

全省有农类中等专业学校28所(含林业学校、水产学校、水利学校)。这些学校创办历史久，师资力量强，教学设备先进，管理水平高，在各地影响大。省教委注意发挥这些学校的积极性，使之带动一批农村职业中学健康发展，做到优势互补，普遍开花。1994年农类职业中学招生呈回升势头。许多农村职业学校注意稳定第一产业类专业，提高第二产业类专业，发展第三产业类专业，拓宽专业服务面，并采用“主、兼结合”等办法，培养复合型实用人才。潜江市杨市职业中学种养类专业的学生除主学本专业的课程外，还兼学市场营销、缝纫等专项技术，做到一专多能，使自己有更强的社会适应能力。在省教委的倡导下，各地农村职业学校采取了更加灵活的办学形式，尽可能从农村、农业、农民的实际出发，确定学制、学习方式和专业设置。省教委加强调查研究，及时总结推广先进经验和先进典型。如郧西县职业高中实行农科教结合，为农户培养科技致富带头人，其作法切实可行，效果明显。京山县永兴职业高中向农民传授科学养鳖技术，为农民致富服务。这两所学校的经验在全省起到很好作用。1994年，有28所普通中等专业学校调整设置48个为乡、镇企业服务的专业。为了加强农村职教师资队伍建设，适应农村职业学校专业结构调整的需要，1994年划出专项招生指标，对口培养农村职教师资，共招生700人，其中本科生占半数。

1994年，县级农机学校坚持为农服务。全省县办农业机械学校77所，1—6月，培训各类技术人员达3518人次，各县（市）农机学校围绕农村人材需求开设专业，确定教学内容，根据实用、实效的原则，开设了农机具操作手、拖拉机手、动力机手，汽车和摩托车驾驶员、修理工，微机操作手等40多个技术培训项目。有的学校还开办了学制一至三年的成人、职业技术教育中专班。这样学制长短互补，主兼结合，使参训人员较快地掌握了1至2门实用技术和较系统的基本专业知识。各县（市）农机学校还积极拓宽办学门路，努力满足生产第一线对中初级技术人材的需求。经济发达地区急需汽车驾驶和维修、公关、保安等专业的技术人员，当地农机学校就及时举办相应的培训班，结果生源充足，结业后有用武之地。“京九”铁路麻城段施工现场急需施工技术人员，麻城市农机学校便与铁路施工部门联合开办铁路修建机械工程班，及时培训了数十名铁路修建机械的使用、维修人员。各地农机学校合理安排理论与实践的教学比例，因地制宜建设与专业配套的实验室、实习车间，有的还建了微机室。

〔**德育工作**〕 1994 年，省教委转发了国家教委《关于中等职业技术学校政治课改革的意见》，要求各校保证开设、开足相应的政治课程，对 1994 年秋季入学的新生（含中专、职高）进行《经济·政治》学科的统考，统考成绩作为学生升留级的依据。省中专政治课教研会和省职业中学思想政治教育中心教研组积极推动各校开展政治课教学研究，使政治课教学和学生思想工作适应时代要求，体现职教特点。省职教教研室根据国家教委颁发的中等职业技术学校职业道德教学大纲，编印了《职业道德》教材，使职业道德教育的基本内容稳定下来。1994 年，成立了全省中等职教学会学生工作专业委员会，加强学生工作的理论研究和实践指导。该委员会成立伊始，即配合教育行政部门和学校，在中等专业学校开展了争当“三好”学生的活动，评选出 535 名省级“三好”生。同时，经省教委批准表彰了 276 名职业中学“三好”学生。

〔**复评中专办学条件**〕 1994 年，省教委从部分中专学校抽调近 30 名领导干部、教育专家，分成 6 个评估小组，对 1992 年办学条件评估结果为基本合格或暂缓通过的 62 所中等专业学校进行复评工作。复评工作受到各主管部门、地方政府及学校的重视，纷纷加大经费投入，充实办学力量，保证复评升级。据统计，其中 31 所学校 1992 年以来共投入资金 8500 万元；21 所学校新增建校用地 450 亩；33 所学校新建校舍 11 万多平方米；24 所学校新购置图书 30 多万册。经过复评，62 所学校全都达到合格标准。

〔**教材、教研工作**〕 截至 1994 年底，共组织编印发行职业中学（含职业初中）种植类、养殖类、农村机电及《职业道德》等教材、教学大纲 68 种，基本满足了教学的需要。同时，先后建立职业学校思想政治教育、财会专业、幼师专业、种植专业、水产专业等 5 个中心教研组，积极开展教研活动。1994 年与省会计协会联合举办了职业学校财会专业技能竞赛，单独举办了职业学校幼师专业技能比赛，引导各类职业学校注重并加强学生基本技能和动手能力的训练。此外，为国家教委代发行中等职业学校政治课、文化课、专业基础课教材 250 余种，计 19 万多册，疏通了职业学校教材供应渠道。

撰稿 刘立刚 刘烈辉 曹慧明

高 等 教 育

〔**调整结构**〕 1994 年，湖北省继续调整优化全省高等教育结构，提高办学效益。宜昌师范高等专科学校、宜昌医学高等专科学校和宜昌职业大学 3 校合并成立“湖北三峡学院”;促进荆州师范高等专科学校与荆州教育学院、黄冈师范高等专科学校与黄冈教育学院合并，已完成前期准备工作；支持黄石高等专科学校与黄石工人疗养院的联合，增强黄石高等专科学校的办学实力与活力；支持湖北中医学院与武汉市第一医院、武汉市中西医结合医院联合办学，缓解湖北中医学院临床教学基地不足的矛盾。本着体制不变、优势互补、资源共享、互惠互利、促进发展的原则，支持武汉大学、华中理工大学、武汉水利电力大学、中国地质大学（武汉)、武汉测绘科技大学等5校签订联合办学协议，以联合培养本科人才、提高教学质量为主要内容，1994年秋季开始实施。武汉交通科技大学等4所高校、武汉工业大学等6所高校的联合办学也已基本就绪。

〔**教学改革**〕 1994年省教委、省卫生厅联合召开全省医学院校改革经验交流会，根据本省医疗卫生事业发展对医学人才的需求，提出了加强医学临床教学的措施；1994年，全省继续进行高校专业结构调整，重点发展应用型专科专业，共审批专科专业49个，本科专业15个，撤销专业2个。同时组织对工科院校部分基础课实验室进行评估，评出34个优秀、30个良好、3个合格实验室。1994年首次举办省属高校教务处长培训班，交流教学管理经验，提高教学管理水平；成立湖北省高等教育咨询委员会，发挥高校专家学者的积极性，为本省高教改革和发展提供信息和决策咨询意见。

1994年，省教委深入全省13所高校调查，借鉴部分省市区的经验，与省计委、省财政厅协商，制定《关于确立我省若干所高校进入“211工程”的意见》，并确定了湖北省人民政府与国家教委联合共建武汉大学、华中理工大学，力争尽快进入“211工程”的方案，推动了两校的建设和发展，促进了本省高校“211工程”建设。

〔**研究生教育**〕 1994年省属高校和研究院所招收研究生382人。批准武汉化工学院、武汉纺织工学院、武汉食品工业学院和省委党校招收自筹经费研究生20名。两次召开省属高等院校、科研院所研究生工作座谈会，确定本省研究生教育的近期发展目标；通过对省内12所有权开展在职人员以同等学历申请学位的高校进行检查、调研，提出了在职人员申请学位工作的改革思路；抓好成人本科毕业生学位授予工作，组织了英语和5门小语种的统一考试，共授予208人成人学士学位。

〔**德育工作**〕 1994年，湖北省继续把高校的稳定作为一件大事来抓。年初省教委召开了全省高校安全保卫工作会议，提出加强高校安全保卫工作的意见。并帮助高校解决粮油肉蛋、水电供应等方面的困难。省教委多次召开高校马列课部主任座谈会，探讨马列课教学内容和教学方法的改革与教师队伍建设问题，并完成了新的政治理论课教材编写工作。省学位办公室与省研究生教育学会联合召开了“湖北省第三次研究生思想政治教育工作研讨会”,进一步明确了新时期研究生思想政治教育工作的基本任务。1994年湖北各高校积极采取措施，加强学校德育工作。(1) 改革政治理论课和思想教育课（以下简称“两课”)。华中理工大学将原政治理论课的内容改为《中国革命与建设史》、《社会主义市场经济学》、《当代资本主义》、《马克思主义哲学与现代化》,并按照新的课程体系制订教学大纲，编写教材。讲授中突出邓小平建设有中国特色社会主义理论这一中心内容，贯穿爱国主义、集体主义和社会主义思想教育，紧密联系改革开放和社会主义现代化建设的实践,回答学生普遍关心的问题,并采取灵活多样的教学方法，让学生主动参与教学过程，学生的学习兴趣明显增强，政治理论课的到课率达95%以上。湖北大学改变政治理论课按照教材的章节顺序满堂灌的老办法，列出专题进行教学。在《马克思主义原理》课中设了党的思想路线、正确认识当代资本主义、正确认识社会主义等专题，在《中国社会主义建设》中设了社会主义初级阶段与党的基本路线、社会主义市场经济等6个专题，每个专题都采用教师上启发课、直观教学(看录像和开展社会调查)、学生自学、课堂讨论、教师总结“五步教学法”，使学生的学习由被动变为主动。在改革政治理论课教学的同时，湖北高校普遍开设了形势与政策、法律基础、大学生道德修养、人生哲理等思想教育课,形成了比较完整的内容体系。他们将课堂教学与日常思想教育及管理结合起来，对学生的政治思想、人生价值观、道德法纪观、理想信仰、心理健康、行为习惯等给予正确引导，使思想教育课贴近学生的思想实际，收到较好教学效果。(2) 组织学习《邓小平文选》第三卷（以下简称《邓选》)。武汉测绘科技大学学生组织的“马列研究会”,1994年又增加400多名新成员。他们聘请19名政治理论课教师担任马列研究会的指导教师，做到《邓选》原著人手一册，认认真真地通读原著,精读有关重点篇目,联系社会实际和思想实际，写出了近200篇论文，汇编成《人生里程的又一次跨越》、《点亮生活的路标》等专辑。武汉交通科技大学的学生自1990年组建马列主义协会以来,坚持开展理论学习研究活动从未间断。近年来,校马列协会有计划地组织学生学习《邓选》,听“有中国特色社会主义理论”系统讲座,开展专题讨论，并在协会创办的刊物《学习通讯》上进行学习交流。1994年，该校各班级建立的马列学习小组发展到116个，参加学生达1410人,校马列协会成为规模最大、最为活跃的学生社团。(3) 注重校园文化建设,使学生处处受到校园文化的薰陶。如位于武昌桂子山的华中师范大学，在学校中心干道旁的宣传橱窗里，有反映校园生活的新闻照片，有教工、学生的书法、美术、摄影作品，有先进集体、先进人物的事迹荟萃，每天过往观看者络绎不绝。学校每年四、五月间举办的“桂子山之春艺术节”,有多项文化活动,吸引师生争相参加。1994年省教委、省委高校工委等单位共同举办了第四届武汉地区高校校园文化系列大赛活动，进一步活跃了高校校园文化。

〔**重点学科建设**〕 1994年,省教委在继续加强湖北大学、湖北工学院、湖北农学院和湖北民族学院重点建设的同时，大力加强重点学科、专业建设，对直属高校的15个重点学科进行了中期检查评估，对专科学校的23个重点专业进行了中期检查。省教委还从在鄂的22所部委属普通高等学校中遴选、确定51个省级重点学科,以发挥部委属高校的人才优势和科技优势，增强其办学特色，提高教学质量和学术水平，更好地服务于湖北的经济建设和科技发展。

这次确定的51个省级重点学科专业中,有38个学科专业具有硕士或博士学位授予权，有5个学科专业是博士后流动站。这些学科专业拥有一大批造诣较深的知名专家、教授，学术梯队结构合理，某些研究领域达到国际先进水平。武汉大学遗传学学科点，在鱼类细胞遗传、分子细胞遗传研究等方面，武汉测绘科技大学工程测量学在变形监测理论与工程测量专用仪器自动化方面，均达到国际先进水平。一些学科在开展教学科研的同时，积极参与市场经济建设，取得了显著的成绩。华中理工大学铸造专业参与攻关的武汉钢铁公司新3号高炉热风炉冷却壁、炉篦子、耐磨合金衬板等项目，达到了国际先进水平，为武钢带来了巨大经济效益，创产值2500万元，获利润667万元。

省级重点学科建设的投入采取以学校主管部门或学校为主，积极争取各种基金项目、承接科研任务，开辟多种经费渠道，湖北省准备制定优惠政策，支持省级重点学科的建设和发展。

〔**评选优质课程**〕 1994年11月省教委对全省高校公共课、基础课、专业（技术）基础课中的优秀课程进行评选，授予华中理工大学《高等数学》等94门课程为“湖北省普通高等学校优质课程”称号。这些受表彰的课程在教师队伍建设、教学过程和条件、教学研究与学术水平、教师教法及育人等方面普遍居于省内先进水平。多年来，这些课程高职称教师授课率、主讲教师中级职称以上任课率均为100%；教师培养有计划、有措施、有检查，青年教师授课优秀率普遍达到95%以上；各教学环节严格按教学工作规范组织实施，无任何教学事故发生，90%以上的学生评价优良；教学大纲、教材建设充分体现了时代特点，现代化教学手段得到广泛运用；全体教师积极开展教学内容、教学方法的改革和研究，近3年，教师人均公开发表论文1—2篇，一批教学和科学研究成果还获得了省、部（委）和国家的奖励；为鼓励广大教师积极开展课程建设，省教委决定每4年在全省高校中评选表彰一批省级优质课程，对获省级表彰的优质课程，省和学校主管部门将在教师培养、教学和科研工作条件的改善、教学研究立项和评审奖励等方面给予优惠。

〔**科技工作**〕 1994年，湖北高校科技工作进一步解放思想，深化改革，积极探索建立适应社会主义市场经济的科技体制，面向经济建设，推动成果转化，发展校办产业，为学科建设和人才培养服务。1994年对省属20所高校下达科研经费175万元，立项课题210项，下达指导性课题75项，经省教委下达的第一批省重点课题37项。1994年由省教委组织和主持鉴定的科研成果86项。组织18所高校申报国家教委科技进步奖138项，有8所高校的54项分获一、二、三等奖，获奖率达40%。

组织科技开发。(1) 启动“大学——乡镇合作计划”，已有16所高校与49个县(市、区）的86个乡镇共同开展91个项目，实现产值1.86亿元。武汉大学研制的“从猪毛、猪血粉中提取多种氨基酸及其衍生物”项目在潜江日用化工厂落户之后，使该厂在濒临倒闭的情况下起死回生，年产值达1500多万元，出口创汇20多万美元。(2) 实施“产学研联合开发计划”。有9所高校与武汉电力设备厂等12家企业共同承担了高新技术和重大新产品开发项目12项，其中省级项目7项，武汉市5项，预计新增产值6亿元。

(3) 对口支援工程建设。有 13 所高校对口支援宜昌、秭归、兴山等县市合作项目 27 项。武汉工业大学校长袁润章教授自任对口支援领导小组组长，协助秭归县茅坪镇建立一座年产 10 万吨的水泥厂。华中理工大学校长杨叔子教授亲自带领有关科技人员三下宜昌，对库区开发及“三峡工程指挥部信息管理决策系统”等科技攻关项目进行考察落实。华中农业大学为有效解决移民问题，与库区有关县市落实了“无病毒优良脐橙基地”等 11 个合作项目。武汉交通科技大学与宜昌市“联姻”，广泛进行技术协作，已签订正式协议 5 项，帮助宜昌市搞好港口规划、开发港口机电产品、设计内河新型船舶、培训技术与管理人才、优先转让科技成果等。(4) 组织本省 18 所高校参加 1994 年咸宁科技信息发布、科技与人才洽谈会。会上达成协议 154 项，其中签订正式协议 51 项、意向性协议 89 项、长短期合作协议 14 项，分别占会上成交总量的 84.2%、91.1%、97.8%、45.2%，成交技术交易额 503 万元，占全部成交额的 86.9%。这些项目实施后，预计年增产值、税金、创汇额分别达 9326 万元、1581.3 万元和 479 万美元。

发展校办产业。1994 年全省高校校办产业产值、利税分别达 8 亿元和 1.6 亿元；举办了现代企业制度研讨会，在有条件的校办产业逐步建立现代企业制度；在全省评定高校校办科技明星企业 15 个、先进集体 20 个、优秀实业家 11 名、先进厂长（经理）26 名。此外，1994 年组织全省高等学校学报评估。评出先进学报编辑部 24 个，编辑部建设奖 15 个。

由省教委牵头，20 余所高校集资 4 千万元兴建的湖北高校科技大厦，1994 年完成了征地、规划、设计、勘探等施工前的准备工作。

成 人 教 育

〔**扫盲工作**〕 1994 年，全省扫盲工作继续推行“一堵、二扫、三提高”的方针和“双线承包”责任制（即政府一条线，通过上一级政府与下一级政府层层签订责任状的形式把扫盲任务落实到村，责任到人；教育一条线，采用分片包干、包教包学等形式与扫盲专职干部、扫盲教师签订承包合同，落实扫盲教学任务）。各地在抓紧扫盲的同时，采取多种形式抓脱盲学员的巩固提高。把巩固提高工作与乡（镇）成人文化技术学校基地建设相结合，与学员脱贫致富学习实用技术相结合，与县、乡（镇）、村的两个文明建设相结合，与妇联开展的“双学双比”、科协开展的“科普之春”、“科普之冬”、农业部门开展的“绿色证书”等活动相配合，提高农民的科学文化素质。1994 年，共培训农民 326 万人次，培养科技致富带头人 173 万人，脱盲后巩固提高学习 25 万人，乡（镇）成人文化技术学校实验基地纯收入1006.9万元。

为保证扫盲教育质量，省教委在1994年3月印发了《湖北省县级基本扫除文盲单位考核验收工作若干问题处理办法》，规定了基本扫除文盲单位的标准，规范了扫盲验收程序，建立了一套较完整的扫盲验收工作制度。1994年5月、12月，省教委组织力量先后对麻城市等30个县（市、区）进行了验收。截止年底，全省已有47个县（市、区）达到基本扫除青壮年文盲标准，约占全省县级行政区划单位的45.5%、人口的40%。已验收的单位仍然坚持班子不撤、人员不少、经费不减、工作不停，本着有1名文盲扫除1名、扫除1名巩固1名的精神，积极扫除剩余文盲。

〔**成人高等教育**〕 近几年湖北省成人高等教育办学规模逐步扩大。1994年，全省除独立设置的成人高校外，有61所普通高校开办成人高等教育；1所民办高校开办成人高等教育。在独立设置的成人高校专任教师中有教授38人、副教授969人，校舍建筑面积134万平方米，图书520万册，固定资产5.2亿元。

教学改革逐步深化。密切注意国家和本省经济建设和社会发展的总体规划和发展趋势，以适应需要为成人高教的办学方向，以培养急需的应用型人才为办学目的，依据市场经济发展对人才知识结构的新需求，调整、设计专业结构和教学内容。湖北成人高教主动为三峡工程、长江经济带开发以及全省10个经济开发区的外向型产业和高新技术产业培养了千余名本、专科层次的人才，同时还通过继续工程教育和各类岗位培训，培训5000余名各个层次的技术人员和管理人员，充分显示了成人教育直接有效地为经济建设服务的功能。

管理体制改革初见成效。武汉水利电力大学、荆州师范高等专科学校等已开始试行成人教育学院（成人教育处）向学校全承包的运行机制。

〔**自学考试**〕 1994年10月31日，湖北省高等教育自学考试委员会、省教委召开了湖北省高等教育自学考试开考10周年庆祝大会。会上表彰了武汉市自学考试工作委员会办公室等28个先进集体、武汉市东西湖区副区长余元珍等244名先进工作者和新洲县仓埠镇中心中学张长春等140名优秀毕业生。

湖北省高等教育自学考试于1984年开考，10年累计有320多万人次报考。初次开考仅有11个专业，现已开设有文、理、工、农、医、法、管理等7大门类210个专业，其中应用型专业83个、中专专业由2个增至50个、本科专业15个。到1994年已培养大中专毕业生146236人，其中本科毕业生1413人、专科毕业生117328人、中专毕业生27495人。1984年举办自修大学，开始建立个人自学、社会助学、国家考试相结合的新的教育制度和教育形式，至1994年已发展到80余所，在籍学生达10万余人。

〔**电大建校15周年**〕 1994年12月8日，湖北广播电视大学庆祝建校15周年。该校创办于1979年。15年来，形成了由省级电大1所、地市电大及直属分校22所、县市及企事业单位电大工作站（分校）90所的覆盖全省城乡的广播电视教育网络。至1994年，全省电大占地总面积2200余亩，校舍建筑面积近90万平方米，固定资产1.75亿元；还利用世界银行贷款在省电大建设了计算机、实验和节目制作中心，在9所地市电大装备了学习中心，并建设了遍及全省的卫星地面接收系统。15年来，该校根据社会经济发展的需求，发展到以成人专科和普通专科教育为主，辅之以大专第二学历教育、中专教育、岗位培训、继续教育、燎原教育等多层次、多规格、多种类的办学格局。先后开设了121个大中专专业，累计招生17万人，培养大、中专毕业生13万余人。

撰稿 关学丰 姚 刚 罗成杰
审稿 陈德清 胡学荣

湖南省教育

概况

〔基本情况〕

1994 年各级普通学校基本情况

单位：人

学校类别	学校数（所）	毕业生数	招生数	在校学生数	教职工数	
					计	其中专任教师
一、普通高等学校	47	27022	40290	125917	39061	14993
研究生	(17)	630	1209	2864		(2196)
本　科	19	10668	14977	54151	28384	10164
专　科	28	15724	24104	68902	10677	4829
二、中等专业学校	141	26841	58409	154410	21648	9725
中等技术学校	109	17504	44548	121444	17705	7702
中等师范学校	32	9337	13861	32966	3943	2023
三、普通中学	5022	677018	1025816	2653543	210991	171994
高　中	787	114124	147252	376426		30969
初　中	4235	562894	878564	2277117		141025
四、农业、职业中学	604	39525	105633	229346	19279	13280
高　中	513	36495	99494	215967		12331
初　中	91	3030	6139	13379		949
五、工读学校	2	34	12	6	13	2
六、小　学	45416	1016035	1319481	7153460	319521	298787
七、特殊教育学校	40	492	899	3694	801	597
八、幼儿园	4620			1278903	52457	44799

注：研究生培养单位 17 个，其中普通高等学校 12 所已包括在学校总数内。

研究生指导教师数已包括在高等学校专任教师数中。

1994 年各级成人学校基本情况

单位：人

学校类别	学校数（所）	毕业生数	招生数	在校学生数	教职工数	
					计	其中专任教师
一、成人高等学校	39	24279	58683	132135	6120	2680
广播电视大学	1	6988	19813	41784	1182	434
职工高等学校	27	3715	8023	17618	2824	1305
农民高等学校						
管理干部学院	3	1609	3474	6569	835	370
教育学院	8	3634	4395	10211	1279	571
独立函授学院						
普通高校举办：						
函授部		5300	14557	33892		
夜大学		3018	8133	21417		
干部专修科		15	288	644		
二、成人中等专业学校	272	50152	57811	142829	11903	6279
广播电视中专	10	16268	17420	53275	1640	628
干部中专	31	1425	2869	5888	1264	515
职工中专	81	12281	15772	38529	3763	1981
农民中专	43	3927	6144	12017	1844	1148
函授中专	1	1156	1540	1001	26	24
教师进修学校	106	15095	14066	32119	3366	1983
三、成人中学	284	12309	17593	26892	3956	2313
职工中学	103	6161	7643	12307	2810	1492
农民中学	181	6148	9950	14585	1146	821
四、成人技术培训学校	21810	2050200	1736068	1593499	31731	11819
职工技术培训学校	1171	222606	215749	152698	4972	2384
农民技术培训学校	20639	1827594	1520319	1440801	26759	9435
五、成人初等学校	8766	346446	341389	382705	16364	4875
职工初等学校	62	2893	3148	3819	135	72
农民初等学校	8704	343553	338241	378886	16229	4803
其中：扫盲班	4880	205632	211898	220936	12939	3386

制表　许胜如

〔**年度工作目标**〕　1994 年全省教育工作坚持“深化改革、促进发展、保证质量、提高效益、维护稳定、真抓实干”的 24 字方针，重点贯彻落实“一纲二法”（《中国教育改革和发展纲要》和《义务教育法》、《教师法》），全面实施省委、省政府 1993 年出台的一系列教育决策。

1 月 28 日，省教委召开 1994 年全省教育工作电话会议，部署了全年工作任务，主要是：以“两基”工作为重点，推进《纲要》贯彻落实。要求把普及九年义务教育作为工作的“重中之重”，按照“分区规划、分类指导、分步实施”的原则，坚定不移地按规划实现“两基”工作目标。确保16个县市区进入“普九”实施期；采取特殊措施，重点扶持民族地区和贫困地区的“普九”工作；加快特殊教育的发展，创办10所特殊教育学校；全省小学入学率、巩固率保持在98%以上，小学毕业生升初中的比例在88%以上，初中年巩固率在95%以上；扫除文盲20万人以上。

会议强调年度工作要以改革促进各类教育事业发展。(1)加大各类教育改革力度。基础教育要完善分级办学、分级管理的体制，改革教育投资体制，确保各级政府对义务教育的投入；职业技术教育应面向社会、依靠社会搞活办学机制，扩大发展规模，提高职业教育在整个教育结构中的比重。中等职业技术学校招生数、在校生数力争分别占到高中阶段总数的55%和50%；成人教育以岗位培训和继续教育为重点，加强对成人高校的评估工作，进一步规范民间办学；高等教育按照“规模有较大发展、质量上一个台阶、结构更加合理、效益明显提高”的方针，逐步实行“政府为主、社会参与、各方联合”的办学体制，进一步改革大中专学校招生、毕业生就业制度，加强重点学校、学科和专业建设，推动教学、科研、生产相结合，促进高等教育上规模、上水平。积极开展对高校办学质量的评估。(2)以贯彻《教师法》为动力，加强教师队伍建设。加强师资培养、培训工作，下大力气提高教师队伍素质；建立教师工资保障机制，加快教师住房建设，努力落实教师待遇；认真做好民办教师工作，在全省逐步建设一支数量足够、素质优良、结构合理、相对稳定的教师队伍。(3)加强对教育工作的宏观调控。在完善基础教育地方负责、分级办学、分级管理体制的同时，建立义务教育目标责任制，落实各级领导发展教育的责任；进一步健全教育督导制度，加快教育立法工作和加大教育执法力度；切实抓好学校稳定工作。切实转变省教委机关工作职能和工作作风。

〔**贯彻全国教育工作会议精神**〕 1994年，湖南省委、省政府在上一年召开了全省贯彻实施《纲要》暨义务教育工作会议，并做出了《关于加快普及九年义务教育的决定》和《关于扩大普通高等学校办学自主权若干问题的决定》的基础上，又反复研究修订了《湖南省实施〈纲要〉的意见》，加大了实施《纲要》的力度。并于12月18日至20日召开了全省教育工作会议，主题是贯彻全国教育工作会议精神，部署实施《中国教育改革和发展纲要》，制订教育改革和发展的战略目标和政策措施。省长陈邦柱代表省委、省政府在会上作了题为《全面实施〈中国教育改革和发展纲要〉，努力使我省教育跃上一个新台阶》的工作报告，省委副书记储波作了重要讲话，副省长郑培民作大会总结，国家教委副主任韦钰出席大会并讲话。

陈邦柱的报告提出：为了推动全省教育登上一个新台阶，在本世纪的最后几年内，要在邓小平建设有中国特色的社会主义理论指导下，认真贯彻党和国家的教育方针，坚持“教育必须为社会主义建设服务，社会主义建设必须依靠教育”的原则，调整教育结构、改善办学条件、加快发展速度、全面提高质量、服务经济建设。并且着重强调三个“坚定不移”：(1)坚定不移地实现教育发展目标。到本世纪末，力争占全省总人口90%地区普及九年义务教育，初中阶段入学率达到85%以上；1998年前青壮年非文盲率达到95%以上。中等职业技术教育的招生规模所占比例，城市达到70%以上，农村达到60%以上。使大多数青壮年农村劳动力，特别是基层干部掌握一两门实用技术。各类高校在校学生规模达到30万人，其中省属普通高校11万人。学校平均拥有在校生，专科校达到3000人左右，本科校达到4500人左右。研究生年招生规模2500人，其中省属院校600人以上。力争有30个左右的学科、专业和2至3所高等学校进入国家“211工程”计划。各级各类学校生均校舍面积达到国家规定标准，危房控制在校舍总面积的1%以下。教学质量和科研水平跻身于全国前列。(2) 坚定不移地推进教育改革。进一步调整优化教育结构，坚持把发展重心放在普及九年义务教育和扫除文盲上，突出抓好大中专学校的专业结构调整，增设、扩大湖南省经济、科技发展迫切需要的专业。积极推进城乡教育综合改革，要继续大力推广农科教结合，提倡中等职业学校和普通高中、成人中专学校结合，办综合性高中，一校多用；全省着重抓好1～2个综合改革试验示范区，并继续在长沙、岳阳两市进行城市教育综合改革实验。加快办学体制的改革，尽快形成政府办学为主、多种力量参与、多种形式办学相结合的新体制。1997年大多数普通高校、中专、技工学校按照学生缴费上学，毕业后自主择业的新制度运作，2000年基本实现新旧体制转轨。同时，还强调了改革和完善教育经费管理体制，进一步深化学校内部管理体制的改革，大力加强和改进学校德育工作，努力推进教学改革和学校科研。并且要求各地根据实际，结合乡镇体制调整，统筹规划和合理调整中小学布局，下决心精简非教学人员。(3) 坚定不移地保证教育优先发展。切实落实各级党政发展教育的职责。切实增加对教育的投入。加强教师队伍建设。加强教育法制建设和教育督导工作。

大会讨论了《湖南省实施〈中国教育改革和发展纲要〉的意见》和贯彻《加强和改革学校德育工作的若干意见》的意见，会上，省委、省政府对实现“两基”的县（市、区）给予了表彰，并对16名尊师重教的县委书记、县（市）长授予“教育功臣”的称号。省委、省人大、省政府、省政协主要领导及各地州市县（市）区党政一把手、教委主任、高校负责人、省直单位负责人及各类学校代表、企事业单位代表共600余人参加大会。

1994年12月20日至22日，省教委召开了全省“两基”督导工作会议。会议传达贯彻全国“两基”督导工作会议精神，总结和交流了近几年全省教育督导工作的基本经验，明确了今后一段时期教育督导工作的指导思想和基本任务。代表们讨论了《湖南省2000年前普及九年义务教育和扫除青壮年文盲评估验收工作实施方案》、《湖南省普及九年义务教育县（市、区）评估验收暂行办法》、《关于中小学校长岗位培训评估工作的意见》等文件。湖南省人大副主任沈瑞庭、副省长郑培民到会讲了话，省教委主任季益贵作了主题报告，主任督学向宏业作了工作报告。会上，给25位省兼职督学发了聘书，表彰了20个教育督导工作先进单位和47位教育督导工作先进个人。

〔**教育经费**〕 1994年全省教育经费总量达到567106万元，比上年增加171147万元。其中：高教经费为50042万元，比上年增加17339万元；其他各类教育经费517064万元，比上年增加153808万元。国家财政性教育经费为 422540 万元，比上年增加 124075 万元，占当年国民生产总值的 2.5%，与国民生产总值增长速度（41.83%）基本保持一致。

全省预算内教育经费为 309193 万元，比上年增加 77454 万元。其中高教经费为 29766 万元，比上年增加 8823 万元；其他各类教育经费为 279427 万元，比上年增加 68631 万元，均达到“两个增长”要求。

全省预算外教育经费为 257913 万元，比上年增加 93693 万元。其中高教经费为 20276 万元，比上年增加 8516 万元；其他各类教育经费为 237637 万元，增加 85177 万元。

全省预算内、外教育经费有较大幅度增长的主要原因是：第一，国家在当年大幅度调整机关事业单位工作人员工资。在全省预算内教育事业费支出中实际用于个人部分的支出达 276027 万元，比上年增加 82133 万元。第二，适当调整了学杂费收费标准，扩大了调节性招生计划比例，增加了学杂费收入 25335 万元，比上年增长 49%；第三，社会捐（集）资办学热潮再度高涨，社会捐（集）资办学收入增加 22088 万元，比上年增长 78.6%；第四，教育事业费附加征收工作进一步得到加强，农村教育事业费附加增加收入 9777 万元，比上年增长 27.1%，实际征收比率达到上年农民人均纯收入的 1.03%；第五，发展校办产业、开展勤工俭学和社会服务活动及其他渠道筹措的教育经费也有大幅度的增长，这部分收入增加 32298 万元，比上年增长 63.1%。

教育经费来源的内部构成也有一些变化，预算内外教育经费占教育经费总数的比例差距进一步缩小，预算内由上年的 57.8% 下降到 56.3%，预算外由上年的 42.2%上升到 43.7%，其中：高等教育经费预算内、外占教育经费总数的比重分别达到 60%、40%，其他各类教育经费预算内、外占教育经费总数的比重分别达到 54%、46%。

1994 年全省各级各类学校共投入 49393 万元资金，改造危房 123 万平方米，使全省中小学危房率下降到 2.82%。投入资金 7 亿多元改善办学条件。添置课桌椅近 70 万单人套、教学仪器设备 189 万台件、图书资料 900 多万册。

但是，教育经费支出中公用部分的比重呈下降趋势，由上年的 17.04%，下降到 14.88%；农村教育事业费附加支出中公用部分的比重由上年 20.82%，下降到 18.54%。人员经费增长过快仍是造成这一变化的重要原因。

基础教育

〔**综述**〕 1994 年基础教育工作重点是一手抓普及初等教育的巩固和提高，一手抓初中教育的发展。与 1993 年相比，全省幼儿园新增 1084 所，在园儿童新增 6 万人；全省小学连续三年适龄儿童入学率保持在98%左右。小学在校学生年巩固率达到98.41%。小学毕业生升初中的比例仍然保持近几年递增4%左右的速度，由1993年的83.56%上升到87.07%。全省普通初中教育规模扩大，在校学生比上年增加52.21万人。初中学生的流失率由上年的9.17%下降到7.01%，减少流失学生4.49万人。特殊教育学校新增4所，在校生新增488人。普通高中的招生数和在校学生数分别新增0.96万和0.44万人。师资队伍建设得到加强。各类师范教育每年可为小学输送近万名、为初中提供近6000名学历合格的新教师。教师学历达标率小学已提高到86.56%，加上专业合格的达到95%以上，初中提高到61.1%。中小学教育质量不断提高，中小学生体育达标率、体检合格率也在逐年上升。全省中学生代表参加国际奥林匹克学科竞赛，连续几年夺得了好成绩，金牌总数名列全国前茅。参加各项体育竞赛也都取得了优异的成绩。

〔**重点中学建设**〕　湖南省坚持了“重点中学重点办”的原则，要求把重点中学办成高质量、有特色、现代化的示范学校。省教委拟订了《湖南省重点（实验）中学标准和管理暂行办法》（征求意见稿），进一步建立和完善了重点中学的评估制度，成立了重点中学评审委员会，颁布实施了《湖南省重点中学资格评审委员会工作章程》。按照省重点（实验）中学的建设标准，对通过第二批重点中学检查合格的临澧县一中等8所中学授予“湖南省重点中学”匾牌，新批准湘潭电机厂子弟中学等3所中学为省重点中学并授牌，同时对湖南师大附中等3所学校授予“湖南省实验中学”匾牌。

进一步加大了重点中学改革的力度，在湖南师范大学附中等21所省重点（实验）中学进行高中招生改革的试点，在招生考试、录取办法、考生的选择权限、收费标准等方面进行了一系列改革，收到了较好的成效。5月下旬，省教委在常德市召开了湖南省重点（实验）中学建设工作会议，省委副书记杨正午出席大会并给21所省重点（实验）中学授牌。11月下旬，召开了有省重点中学校长、各地州市教委普教科长参加的省重点中学工作座谈会，明确了新形势下办好重点中学的方向，部署了1995年省重点中学的工作。12月上、中旬又对申报持牌的10所省重点中学进行了检查，督促其改善条件达到省重点中学建设标准。

〔**教育督导评估**〕　1992年省教委发出了《关于开展普通中小学校督导评估试点工作的通知》，1993年制定了湖南省普通中小学校督导评估系列方案，包括高中和完中、初中、完小、初小4个督导评估方案，并根据分级办学、分级管理的原则，省、地、县实行分级督导。各地根据本地区教育的实际情况，各有侧重、形式多样地开展中小学校督导评估工作。至1994年底，全省已对6241所普通中小学校进行了综合督导评估，其中高中及完全中学227所，占高中和完中总数的28.6%，初中1721所，占总数的40%，完全小学1035所，占总数的16%，初小3258所，占总数的8%。沅江市、南县、华容县等县市已对辖区范围内所有中小学校全面进行了一次督导评估。长沙市已对全市重点中学和市区学校进行了一轮督导评估。有的地方还给优秀学校颁奖挂牌。这项工作的基本经验是：把督学校与督政府结合起来，进一步促进地方各级政府落实办学职责；把重点（内容）督导与全面督导结合起来，进一步促进学校提高管理水平和教育教学质量；把坚持统一标准与实事求是因地制宜结合起来，进一步促进学校的规划建设；把实行评估定级与多种激励措施结合起来，进一步巩固和发展学校督导评估成果。学校督导评估标准体系正在逐步成为学校的工作规范，不少学校依此建立了自查自评制度。

经省督导部门的检查验收，并报国家教委抽查认定，1994年，湖南省100%的人口地区已普及初等义务教育。有17个县（市、区）普及了九年义务教育，覆盖7.8%的人口地区。

〔**师资建设**〕 继续扩大师范教育规模，加强对各类师范学校的管理。省教委拟订了《湖南省中师标准化建设评估细则》，继1991年3月、1992年12月第一、二批县（市）教师进修学校复查评估之后，1994年11月又对27所县（市）教师进修学校进行了第三批复查评估。全省已有99所教师进修学校通过了复查评估。国家教委向全国转发了湖南省《对县（市）教师进修学校复查评估的报告》。通过各级各类师范院校的培训，高中教师取得本科学历的14954人，学历合格率为46.1%，取得专业合格证的2349人，占7.5%；初中教师取得大专学历的83431人，学历合格率61.1%，取得专业合格证的6555人，占4.8%。“三沟通”培训有在籍学员3万多人。小学教师的学历合格率为95%，已经基本完成合格学历培训的历史任务。继续培养一批具有大专学历的小学骨干教师，中师小教大专班年招生规模由1993年的180人增加到300人。

小学教师由学历培训向继续教育转移。年内省教委制定了《湖南省小学教师继续教育实施办法》，强调开展基本功训练是继续教育的重点内容，是提高教育教学能力的有效途径。11月份组织各地、市师训干部在江永县召开了全省小学教师基本功训练研讨会，并出台了《湖南省小学教师基本功训练的实施办法》。全省各地教师进修学校这一年培训小学一级教师6800人，二、三级教师15420人。中学教师继续教育开始起步。省教委委托湖南教育学院成立了中学教师继续教育研究课题组，该课题组通过调查、研究、考察，起草了《湖南省中学教师继续教育实施办法》和12个专业的教学计划，并在岳阳市召开了专门会议进行研讨。

加强中小学校长培训。省、地、县三级教育部门和培训机构积极推进中小学校长“八五”培训规划，年内全省各地教师进修学校培训小学校长和教育行政管理干部1541人，省教委年内举办7种类型（对象）的培训班，培训400余名中小学校长。全省5万多名中小学校长第一轮培训任务已完成80%，有不少地市提前一年完成“八五”培训任务。为了圆满完成中小学校长“八五”期间第一轮培训工作，省教委正在草拟和修订《湖南省中小学校长岗位培训评估工作意见》。

1994年全省教育系统教师工资套改工作全面完成。省教委和省财政厅联合下发了《关于解决拖欠中小学教师工资若干问题的通知》，从解决教育经费管理体制入手，规定教师工资一律收归县管，由县财政按时足额拨给教育部门。全省拖欠中小学教师工资的现象较上年有所好转。

中小学教师年度专业技术职务评聘工作

顺利完成。经评审确认高级职务 2941 人，中级职务 985 人。通过全省各级教育行政部门和各级学校认真推荐，省教委评选确认 10 名“湖南省中小学优秀校长”，并在教师节前给予了表彰和奖励。同时还评选 58 名“湖南省教育系统巾帼建功标兵”。

〔**教学改革与实验**〕 1994 年，省教委研究改进了中小学德育和思想政治理论课程的方案，进一步修订和完善了中小学德育评估方案。各类学科的教学研究和改革形式多样，讲求实效。全国生物学教学研究会第三届代表大会暨第四次年会、第五届中南六省区中小学美术教育协作交流及美术教育现场会先后在湖南召开，省教委教研部门还组织了一系列中小学教学研讨会和经验交流会。生物、化学、美术、音乐等学科组织了优秀课的评比观摩和优秀论文、教案的评比活动。为了全面实施九年义务教育新的课程计划，帮助教师掌握好教学大纲和教材，省教研部门在上半年广泛调查的基础上，针对外语、数学等学科教学计划实施难度大，教师不适应的状况，暑假期间召开了学科教学研讨会，组织了示范课，培训 900 多名骨干教师；各地、州、市又组织了二级培训，培训教师 2100 多人。教改实验进一步活跃。省教科所举办了教改实验骨干理论讲习班一期，共培训各地市教改实验骨干 40 人；召开了全省教改实验管理协调会议，统一了全省各地市课题管理的指导思想和操作程序；1994 年承担国家级实验课题共 8 项（独立研究 1 项，协作研究 7 项），其中独立研究的“协同教学”实验获 1994 年国家教委教改课题优秀奖。1994 年管理课题立项 21 项，加上 1994 年前的滚动课题，全省省级管理课题共 35 项，地市级管理课题 270 多项，县市管理课题 1000 多项。为加强对教改实验的管理，省、地教研部门都制定了教改实验课题管理的“申报”、“管理”、“评奖”办法。年内全省完成了省管理课题 13 项的结题论证工作，并对 12 项新立项课题进行了开题论证。

〔**电化教育**〕 中小学电教教材建设得到加强。小学语文、数学教材教法系列录像带在全省中师、进修学校、各县教育电视台及教学录放像点内部发行 200 多套；初中物理录像片年内完成了《滑轮》等 5 个课制作任务。幻灯投影教学片年内完成了小学语文三、四册、数学三、四册、自然一、二册，初中生理卫生（全一册）以及小学语文听说训练单册等学科的编制工作。为各级各类学校提供复制教学录像资料 5000 多小时，教学录音资料 6000 多小时。

全省第三期电教科学实验子课题的评估验收工作展开。省电教馆在湘潭市第二中学对生物学科以录像教学为主的多媒体教学模式进行了评估验收试点，各地市电教馆都组织了子课题验收评估工作，共验收实验研究成果 35 项。为完善和充分发挥学校闭路电视的作用，省教委对已持牌和未持牌的 24 所重点中学各装配了一台编辑机和一台摄录一体化的摄像机，为 20 所电教示范中小学各装配 1 万元的软硬件常规电教器材，装配 5 所师范学校的语言实验室及摄录设备，并为 14 个地市电教馆各装配 486 计算机一台。全省初步落实了省、地（市）合办的电教综合实验县 5 个（新邵、耒阳、澧县、宁远、汨罗）、中小学电教示范学校 20 所。

职业技术教育

〔**综述**〕 职业教育的办学规模在继续扩大。1994年中等职业学校招生比上年增加1.5万人，在校学生比上年增加2.6万人，招生数和在校生数分别占高中阶段总数的53.48%和49.4%。其中职业高中招生比上年增长14.2%，在校学生比上年增长20.6%；普通中等专业学校招生比上年增长6.7%，在校学生比上年增长19.4%。学校规模效益有所提高。普通中专校均在校生1185人，其中在校生2000人以上的有16所；职业高中校均在校生443人，其中在校生1000人以上的有19所。办学条件又有改善。全年各地共投入职业学校建设资金2.7亿元，其中基建投入1.8亿元，新增校园面积3000亩，校舍建筑面积25万平方米，图书135万册。有14所中专学校被国家教委批准为国家级重点中专，38所中专学校被省政府批准为省部级重点中专。职业高中在原有20所省级重点学校的基础上，有10所学校接近于国家级重点学校的标准，又有20所学校基本达到省级重点学校的标准。全省普通中专、职业高中校办产业实现利税6500万元，比上年增长近30%。

〔**教育改革**〕 继续完善中专招生制度改革。进一步扩大国家任务计划中收费生计划的比例和调节性计划的比例，其中收费生计划比上年增加1373人；调节性计划比上年增加近9000人。

联合办学迈出了新步子。在上年郴州工业学校和郴州商业学校与社会联合办学试点的基础上，1994年又扩大5所学校进行联合办学试点。学校为联办单位培养人才，联办单位向学校提供一定的办学经费，学生按委培生的录取分数线招生，其招生计划形式为国家任务定向收费。

实行教学改革，强化专业技能教学。要求学生直接参加校内生产承包和校外技术服务，并通过校企挂钩和送技术上门，使学生动手能力在实践中得到加强。全年职业高中有近5000人参加了近30个工种的技术等级考核，获三级以上技术等级证书者在80%以上，其中获四级以上证书的在25%以上。全省组织了九五届毕业生专业抽考和九六届学生文化课统考。专业课抽考20个专业、55门课程，约有21万人次参加考试。

省教委召开了改革中专政治课教学会议，对中专政治课教师进行了培训，全面推行国家教委新的政治课教学方案，执行政治课教学新体系。

〔**学校管理**〕 5月，省教委召开评估学校及其主管部门负责人会议，部署37所中专学校开展达标争优活动；11月中旬组织7个专家评估组对8所学校进行了水平评估，对23所学校进行了合格评估。评定出A级学校

2所，B级学校3所，合格学校14所。职业高中的综合评估从1991年开始，在学校自我优化的基础上，1994年上半年进行了地市自评；10月份，省教委对部分申报省级重点的职业学校进行了试评。开展评估工作三年来，全省各类职业高中总投入(不含人头经费)近3亿元，1994年投入达1.7亿元。

重点职业学校建设。坚持把办好重点学校列入职教工作目标管理，强化地方政府和教委的责任，促进学校完善办学条件，上规模、上水平。对重点学校从建设到管理都提出了具体要求，并组织科技人员进行了技术指导。省教委在专项经费拨款中对重点学校实行了倾斜政策，充分利用重点学校专业基地、师资、设备等方面的优势，引导学校在为当地服务、为培训全省专业师资和开展校际交流中发挥示范辐射作用。年底省教委召开了重点职业学校建设工作会，传达了国家教委1993年河北会议精神，明确了全省重点职业高中建设的目标、措施及办法。

颁布《湖南省职业教育条例》。职业技术教育立法从1991年开始，四年来通过广泛深入的调查研究，召开10多次部门协调会统一思想，先后修改20余次。1994年经省人大常委会第12次会议审定通过，于1994年12月29日颁布实行。

〔**师资和教材建设**〕　1994年省级举办了城市类、农村类职业中学校长培训各一期，培训115人，举办家电、政治、计算机、服装师资培训班共7期，培训教师450人。通过对口招生培养新师资，从业务部门选聘专业课教师等途径，使职业学校师资队伍水平有了较大提高。全省现有职业高中专任教师12331人(其中专业课师资7864人)，具有本科学历的4458人，占总数的36.2%，具有高级职称的1302人，占总数的10.6%，具有中级职称的5041人，占总数的40.9%。

1994年召开了首次全省职业高中教研工作座谈会，从总体上对教研工作进行了部署，推动15个省级教研组和地市开展职教教研工作。在此基础上，展开44个职业高中专业技能训练大纲研究，有14个大纲初审完毕。1994年修订和新编了普通中专、职业高中教材近40种，审定和出版了农村家庭经营、机械类、会计等11个专业工种38门课的教学大纲。全省职业高中覆盖面较大的专业基本上做到了省编统一的教材、教学计划、教学大纲相配套。

高 等 教 育

〔**专业建设**〕　1994年，湖南省进一步调整了高等教育的专业结构，改造和新增了一批湖南急需的专业。省教委组织有关专家对32所高等学校申报的209个专业(包括成教专业)进行了审查，新批准79个专业(其中继续筹建的10个，成人教育专业45个)；

并批准了部分学校和有关部门联合办专业、实行按系招生等改革试点。加强了对专业的宏观管理，省教委对高等学校的专业进行了总额核定，停办了一批专业。高校招生之前，又印发了《湖南省普通高等学校招生专业目录》，规范了高等学校招生专业名称、专业方向、学制等内容，根据全省到2000年建设100个左右重点专业的目标，省教委提出了“关于加强普通高校重点专业建设的几点意见”，各高等学校按照要求已经申报了一批重点专业。4月，国家教委高教司在湖南召开专业管理研讨会，湖南介绍了这方面的工作经验和体会。

〔**学生管理**〕 为了适应新形势的需要，进一步提高高等学校学生的学习积极性，省教委颁布了《关于普通高等学校教学管理制度和学生学籍管理有关问题的暂行规定》，提出了学生学籍管理的一系列改革措施。(1)实行退学收费试读。高等学校因成绩不合格退学的学生，经本人申请，学校审查同意，可以留级自费试读一年，试读期间成绩全部合格的，可以恢复学籍。(2)试行专科生转本科。有条件的本科院校，对学习成绩优异、德智体全面发展的3年制优秀专科生，经省教委批准后，可以转入相同或相近专业的本科学习。专科生转本科应由学校组织3门以上的专业基础知识考试，各科成绩良好；专科转本科人数不得超过同年级本专业专科生总数的4%。专科生转入本科后，其自费、公费性质不变。(3)实行自费生与公费生收费转换。高等学校对成绩优异的自费学生可以免收学费，对成绩差的公费学生可以按自费生标准收取学费。(4)试行主辅修制度。有条件的学校可以开设若干辅修专业，供学习成绩好、学有余力的学生选学。辅修专业应开设专业主干课程，学时数500～700学时。学生学完辅修专业规定的全部课程，经考试成绩合格的，由学校发给辅修专业结业证书。(5)试行学分制。试行学分制的学校或专业，学生在校学习时间不论何种原因，不得超过原规定学制两年。(6)优秀学生可以提前毕业。学生提前修完所学专业的全部课程(包括各种实践环节)或提前修满规定的学分，经考试考核成绩优良的，可以提前毕业。包分配的学生纳入当年的分配计划。该《规定》还对高等学校学生的成绩考核、留降级以及转学、转专业等作出了具体的规定。

〔**教学评估**〕 在上年开展专科学校金工实习教学评估的基础上，1994年，省教委又对11所本科院校的金工实习教学进行了评估。其中6所学校评估合格。对省建材高等工业专科学校的金工实习教学进行了复评。3～4月，湖南承办了国家教委召开的金工实习评估工作会议和高等工业专科学校重点专业评估工作会议。年内还开展了本科教学评价试点工作，对中南工业大学和长沙交通学院的本科教学工作进行了全面评估。国防科技大学和中南工业大学先后通过了国家教委“211工程”项目部门预审。

〔**师资建设**〕 1994年初，省教委对全省高校教师情况进行了为期一个月的调查，落实1994年度高校师资培训计划，共招收研究学者73人，研究生主要课程函授进修班学员400人。11月，对43所高校推荐的237名青年骨干教师进行了评审，确定1994年青年骨干教师培养对象179名，其中省属院校143名，部委院校36名。省属院校的培养对象省教委安排100万元给予资助，培养对象每人每月可获得30元的个人生活津贴，每年可报销500元书籍资料费。组织了“1994年度曾宪梓教育基金教师奖”评选推荐工作，共推荐师专和教育学院教师54名，有49人获奖，其中二等奖4名，三等奖45名。还推荐28名专家和骨干教师享受1994年度国家政府特殊津贴，向国家人事部推荐1名高校青年教师作为有突出贡献的中青年专家。年度专业技术职务评聘新增高级岗位职数110个，中级岗位职数350个，分别占全省新增岗位职数的15%和4.3%。1994年新评聘教授124人，副教授635人，高级讲师413人。

〔**招生管理**〕 1994年，湖南省普通高等学校招生、普通中等专业学校招生、成人高等学校和成人中等专业学校招生由省教委招生部门统一管理，新的管理机制统一了各类招生政策，规范了管理办法，提高了工作效率；同时，减轻了业务处室的工作负担，有利于充分发挥业务处室的职能作用。1994年全国共有29所实行招生“并轨”改革试点的院校在湖南招收新生。通过加强宣传和志愿指导，共录取新生1615人，为进一步推进招生和毕业生就业制度改革积累了经验。师范院校招生实行了“参加统考、单独划线、提前录取”的办法，有效地解决了师范院校生源不足的问题。中等师范招生仍然实行招收音乐、体育、美术特长生制度，提高了新生质量。师范教育为了适应市场经济建设的需要，增加2000名师范生委培计划，并在坚持以师范为主的前提下开设了非师范专业。参加高考的考生中，填报了师范志愿的有55022人，占考生总数的37.5%，新生入学达到98.4%。

1994年湖南共录取博士研究生、硕士研究生、本科生、专科生和中专生185236人，是历史上录取总人数最多的一年。普通高等学校和科研院所录取攻读博士研究生250人，硕士研究生1217人（其中定向264人、委托培养192人，自筹经费82人）。普通高等学校（中专）录取高中毕业生总人数比上年增加1750人，录取率为33.5%，比上年提高五个百分点。普通中专学校录取初中毕业生总人数比上年增加9403人，增长率为22.5%。成人高等学校和成人中专学校录取新生78172人。普通中等师范学校录取小学民办教师和民办幼儿教师4803人，其中小学民办教师3941人，民办幼儿教师142人。

〔**科技工作**〕 1994年高校科研立项、经费资助的原则是，高等专科学校和成人高校共划出10万元，每校一个项目；普通本科院校50%按研究和开发人员人头安排，30%按获省、部级以上科技成果奖励数（社会科学以出版学术专著和国内外公开发行的刊物上发表学术论文计）安排，20%按国家、省及其他行业、部门科研经费安排。并且规定社会科学和软科学项目每项安排经费不超过0.5万元，科技项目不超过2万元。全年安排新上项目89项（其中人文社科28项，科技61项），经费200万元。下达了1994年湖南省“211工程”重点建设计划，确定了省属4所高校的9个重点学科点，投入总经费500万元。年内通过鉴定的高校科技成果91项，其中国家自然科学基金资助项目9项，省教委下达计划项目29项，省科委下达计划项目15项，自选项目26项，横向科研项目12项。3月，湖南省教委科技进步奖评审大会召开，省教委聘请23位专家教授对高校申报的55

项（其中2项为省级复审）科技项目成果进行了评审，评出并核准湖南省教委科技进步奖46项，其中一等奖25项，二等奖17项，三等奖4项。获得湖南省科技进步奖励一等奖1项，二等奖10项，三等奖15项，四等奖8项，共获奖金7.3万元。

3月，省教委与省乡镇企业局、省科委、省经委联合举办94'湖南省乡镇企业、科研院所、大专院校、大中型企业挂钩暨技术洽谈会，省教委组织22所高校的310多项成果参展。22所高校共与30多个县市签订了全方位挂钩协议111份，技术转让、技术开发意向合同金额902.4万元。

〔**外事工作**〕 3月，省教委召开了全省高校外事工作会议，制定了《关于加强高等学校外事工作的意见》。这是改革开放以来省教委制定下发的第一个关于外事工作的指导性文件，对高校进一步做好外事工作做出了一系列具体规定。年内，省教委还制定了《全省外国文教专家管理工作评估条例》，成立了评估委员会，并对37所院校近几年以来外国专家管理工作进行了一次全面检查和评估。在评审的基础上，向国家教委申报6个留学生点和港澳台学生招生点，并得到了批准。为做好对外招收留学生的工作，省教委出台了《湖南省高校招收外国留学生办法》，使招收留学生工作规范化、制度化。与港澳台教育交流有新的进展，对各级各类学校与港澳台地区合作办学、捐资助学、学术交流、人员往来等方面的工作加强了归口管理。

为了充分发挥外籍教师的作用，提高智力引进的效益，省教委组织全省外籍教师开展了一次教学研讨活动促进他们提高教学水平和质量；省教委还以“湖南教育国际交流协会”的名义与加拿大多伦大学教育学院、湖南大学等7个单位联合召开了一次题为“'94文化选择与大学教育理想”国际学术研讨会，有13个国家的100多名专家与会，在国内外产生了很好的影响。

组织接待了邵逸夫先生一行78人和来自8个国家和地区的21批客人，开辟了新的交流渠道。为海外留学人员出版、邮寄了反映留学人员为国作贡献的宣传册子《求学四海，建功三湘》，受到留学人员的赞赏和驻外使馆的好评。

成人教育

〔**扫盲工作**〕 1994年初，全省各级教育部门开展了文盲普查工作。省教委统一印制了文盲普查表册4种，并以湘潭市为现场召开了文盲普查工作会议，全省投入普查的人员达4万多人次。8月底全省14个地市完成了普查任务。省教委根据文盲普查情况，重新修订了全省扫盲规划，并落实到县市。1994年完成9个县（市、区）的验收，使全省基本扫除青壮年文盲县（市、区）达到17个；按规划：1995年验收27个，1996年验收14

个，1997年验收28个，剩余的37个1998年全部验收完，并报请国家抽查验收为基本扫除青壮年文盲省。重新修订和颁布了《湖南省基本扫除文盲单位考核验收暂行办法》和《湖南省脱盲考试验收暂行办法》。还组织编写6种扫盲后读物。1994年全省计划扫除文盲20万人。到8月底统计，全省共办扫盲班14510个，组织30.6万文盲参加扫盲学习，其中脱盲20.5万人，为全年任务的102.5%。同时，还组织21.3万脱盲人员接受扫盲后继续教育，有效地巩固了扫盲成果。这一年全省已验收实现了基本扫除青壮年文盲的17个县（市、区）中有6个县已报国家教委认定达到基本扫除文盲县。在11月份召开的全国扫盲与农村成人教育工作会议上，湖南有5个单位和4名成人教育工作者受到国家教委表彰和奖励。

〔**农民文化技术教育**〕 全省已办起乡镇农校3405所，乡镇办学面98.8%，年培训规模210万人次。其中，合格乡镇农校2207所，合格率达64.8%；示范乡镇农校840所，占乡镇农校总数的24.7%。村办农校发展到36770所，村级办学面达76.4%，年培训420万人次。

实施"燎原计划"。全省共接受国家"燎原计划"专项贷款670万元，省教委制订了《关于"燎原计划"贷款还本付息工作的意见》，将这笔贷款分别落实在13个地市的31个县、86个乡镇、共109所项目学校。共调动当地"燎原计划"配套资金1785万元，开发生产经营项目256个，年创产值6100多万元，获纯利590多万元。同时，围绕这些项目培训农民2.4万人次，开展技术咨询近10万人次，引进和推广技术387项，辐射面达586个乡镇。

〔**成人高、中等学校**〕 省教委先后制定和颁布了《湖南省成人高校学籍管理暂行办法》和《湖南省成人高校预科生管理的意见》，加强了对成人高校办班的管理。同时为确保成人高、中等学校的办学水平，加强了对学校和专业的审批工作。在多方论证的基础上，按国家教委的有关规定，全年共审批民办非学历高等学校9所，成人中专6所。凡成人高校申报要求审批的新专业，都根据兼顾社会需求和学校条件的原则，经湖南省高等学校专业评审委员会严格评审，由省教委或报国家教委批准公布。1994年全省成人高校申报新开专业35个，审批27个。

受国家教委成人教育司委托，湖南承担了全国农民中专果林专业教学计划及8科配套教材的编写工作，8月底全部完成了编审和出版任务。为解决成人中专财会专业教材与现行财税体制不相适应的矛盾，还组织有关大中专院校的20多位专家、教授编写了财会专业教学计划及11科教学大纲和配套教材，并于8月份全部出版。与此同时，还组织力量修订再版了《人口教育》教材，编写出版了成人中专《体育》教材。

全省独立设置的成人高校拥有固定资产31400万元，校舍建筑面积80.92万平方米，仪器设备折价4142.96万元，图书资料245.7万册。成人中专有校舍建筑面积170.84万平方米。

为了促进农民中专提高办学水平，10月底，省教委抽调35人分成7个组对27所县办农民中专学校进行了办学水平评估。通过听取汇报、查阅资料、实地考察、个别走访和座谈等形式，对照《湖南省县办农民中专办学水平评估标准》，逐项考核计分，认定25所学校达到优秀标准，2所学校达到良好标准，优良率100%。11月份，省教委召开了全省成人高校评估工作会议，总结了一年来成人高校自评情况，修订了《湖南省成人高校评估指标体系》，进一步部署了下一阶段的评估工作，推动各校改善办学条件，加强学校管理。

7月，完成了全国社会科学"八五"重点课题"中国岗位培训制度研究"的综合性分课题"湖南省企业岗位培训制度"的研究，约14万字的研究报告已正式提交总课题组。编辑出版28万字共80篇论文的《湖南省职工教育论文集》(第三集)。10月份，召开了有50多人参加的湖南省职工教育研究会各分会和团体会员秘书长会议，总结10年来职工教育理论研究的成绩，部署了下一步的理论研究工作，并表彰32个先进团体会员。省独立设置的成人高校协作会还先后召开了两次研讨会，针对成人高校评估工作中的有关问题及成人高校如何面向市场的问题展开了广泛深入的探讨。

〔**民办学校管理**〕 1994年全省开展了对民办学校的清理整顿。8月，省教委派出3个调查组对31所成人学校、9个大中型企业和3个县的成人教育情况进行了为期一个月的调查。11月，召开了全省民间办学工作会议，具体部署了民办学校清理整顿工作，统一印制了《湖南省民办学校许可证》，在全省实行持证办学制度。省教委制定和颁布了《湖南省民办学校审批暂行规定》，并向社会公布了经省教委批准的民办非学历高等学校名单。这一年民间办学进一步规范化。全省民办学校发展到746所，在校学生达13.75万人；其中，经省教委批准的民办中专学校8所、民办非学历高等学校13所。各类民办学校拥有专兼职教师78.4万人，教学仪器设备折价515.8万元。

〔**人口教育**〕 全省人口教育发展项目学校60所，全年共培训学员5.8万人次。以这些项目学校为依托，建立人口教育联系点204个，培训骨干教师1800多人。妇女女童扫盲基础技能培训项目，以郴县为试点，建立培训基地26个，培训项目管理和教学人员338人，扫除妇女文盲3200人，举办妇女实用技术培训班3269期，使9.8万名妇女掌握了一至两门实用技术。

民族教育

〔**寄宿制学校建设**〕 省教委一直将寄宿制学校的建设作为民族地区普及九年义务教育的基础工作来抓。1994年对上年定点建设的102所寄宿制中心小学进行检查验收。先由有关县(市、区)自查，4月中旬省、地(州、市)教委、民委联合组织验收进行抽查。

结果100所合格，2所不合格。1993年全省上下共投入寄宿制中心小学建设近2000万元，其中县、乡约占80%。五年来，省教委共补助资金1370万元，省民委补助500万元，地（州、市）、县、乡采取多种渠道筹集资金近1亿元，兴建507所民族寄宿制中心小学，覆盖全省民族地区85%以上的乡镇，小学五、六年级学生中在校寄宿生达10万人，占应寄宿生的70%左右，收到了良好的效益。

4月上旬，省教委以绥宁县为现场，召开全省民族寄宿制中心小学管理工作会议，部署和继续抓好第五批寄宿制中心小学建设。会上着重推广了绥宁县政府一手抓寄宿制中心小学建设，一手抓学校内部管理的先进经验。并就加强寄宿制中心小学管理提出具体要求。与会代表还现场参观10多所学校。会后，省教委会商省民委共同部署了1994年第五批100所寄宿制中心小学定点建设任务。年底有近80%的学校已基本竣工。

1993年省教委提出了帮助民族地区发展初中教育的“五年百校工程”（用五年时间投资2000万元支助民族地区建设100所寄宿制初中），并确定了第一批定点建设20所。1994年5月，省教委又对江永、蓝山、宁远等散居民族乡比较集中的县进行调查，在综合县、乡意见的基础上，提出了帮助这些县的散居民族乡每县集中建1所民族寄宿制初中以解决其“普九”问题的方案，同时还把隆回县最贫困的两个瑶族乡（虎形山和茅坳）的寄宿制初中建设纳入了“五年百校工程”计划，铺开了第二批民族寄宿制初中定点建设工作。并于年底召开学校布局调整暨民族寄宿制初中扩点工作会议。这一年完成了对第一批20所寄宿制初中的检查验收工作，经省、地（州、市）共同验收合格的18所，不合格2所。

〔**对口扶贫**〕 3月，省委书记王茂林在深入湘西自治州进行调查之后，亲自发起并动员省直各部门和社会各界捐资帮助湘西自治州建设100所希望小学。省教委与团省委共同研究制订了具体的实施方案，并督促有关单位尽快落实援建资金。经过两个多月的努力，共筹集建校款近1000万元，通过捐资单位与援建学校结对的办法，第一批30所希望小学当年开始动工兴建。8月，省教委确定在湘西自治州建设好5所窗口学校，并实施了具体方案。

1994年省委、省政府做出决定，组织经济较发达的地市对口支持湘西自治州贫困县。确定长沙市支持龙山县，湘潭市支持永顺县，株洲市支持泸溪县，岳阳市支持保靖县，衡阳市支持花垣县，常德市支持古丈县。这些地市与州县政府签订了1995年至2000年的扶持规划。省教委帮助这些地市落实了教育方面的援建项目。同时，按照省委统一部署，省教委这一年对口扶持了芷江县一个乡。

〔**师资建设**〕 1994年5月，省教委举办了民族地区寄宿制初中骨干校长培训班，30多人参加了培训学习，时间近1个月。目的在于提高学员们的业务素质和管理水平，推动民族地区寄宿制初中的整体建设。

7月25日至8月3日，由省教师奖励基金会出资，举办了首届民族边远地区优秀教师“园丁之家”活动，共有20名教师被推荐参加。这次活动，鼓励表彰那些长期在民族地区辛勤工作的教师，并对北京市进行参观考察。

为了缓解民族地区初中师资严重不足的状况，省政府决定在吉首大学和武陵高等专科学校开办少数民族预科班。省教委落实了1994年预科班200名的招生计划。10月初，这两所学校在做了充分准备的基础上各招收了一个预科班（专科），计140名学生。这些学生毕业后将被充实到民族地区乡镇学校第一线担任教师。

〔**援藏工作**〕 1994年岳阳市第一中学办有西藏初中班8个，学生近400人，省财会学校和岳阳师范学校办有西藏中专班4个，学生188人，从事西藏班教学和管理工作的教职工104人，其中藏援教师9人。

7月，国家教委以岳阳第一中学为现场，召开了全国西藏班招生暨管理工作会议，与会代表110人，时间7天。省教委和岳阳市第一中学在会上介绍了工作经验。

1994年是内地西藏班办班10周年，湖南省西藏班有12名优秀教师和8名优秀学生受到国家教委表彰。省教委也表彰27名教师和24名学生。

撰稿 雷桂平

审稿 田维泉 罗春晖

广东省教育

概　况

〔基本情况〕

1994年各级普通学校基本情况

单位：人

学校类别	学校数（所）	毕业生数	招生数	在校学生数	教职工数	
					计	其中专任教师
一、普通高等学校	47		49486	142196	40870	16134
研究生		1085	1913	4738		
本　科		12737	18915	67111		
专　科		13262	28658	70347		
二、中等专业学校	230	39616	71559	197023	22043	11150
中等技术学校	185	27882	54099	153756	16748	7919
中等师范学校	45	11734	17460	43267	5295	3231
三、普通中学	3817	740520	1178235	3073751	208805	212803
高　中	824	103398	130256	346647		25148
初　中	2993	637122	1047969	2727104		137655
四、农业、职业中学	526	67334	77186	188070	18536	13687
高　中	517	65356	72750	178038	39	13238
初　中	9	1978	4436	10032		449
五、工读学校	4	54	123	69	40	31
六、小　学	24718	1146583	1531761	8622146	360320	305946
七、特殊教育学校	37	504	2872	12620	825	594
八、幼儿园	7243	1154865	1226264	1918458	85560	57790

1994年各级成人学校基本情况

单位：人

学校类别	学校数（所）	毕业生数	招生数	在校学生数	教职工数	
					计	其中专任教师
一、成人高等学校	58	15768	33431	88013	9985	4891
广播电视大学	3	4887	10850	39464	2749	1279
职工高等学校	28	4076	7388	17517	2542	1384
农民高等学校						
管理干部学院	14	2246	6970	12570	2130	947
教育学院	13	4559	8223	18462	2564	1281
独立函授学院						
普通高校举办：						
函授部						
夜大学						
干部专修科						
二、成人中等专业学校	284	22569	54013	116776	9123	4910
广播电视中专	3	2146	7809	17033	972	564
干部中专	8	923	2055	8016	277	131
职工中专	123	10719	26453	54937	3045	1597
农民中专	49	4152	10018	21760	1518	864
教师进修学校	101	4629	7678	15030	3311	1754
三、成人中学	434	61764	70307	89397	2120	1059
职工中学						
农民中学						
四、农村成人学校	15685	4370709	11473	666499	15214	2194
乡镇成人文化技术学校	1648	590709	11473	666499	15214	2194
管理区成人文化技术学校	14037	3780000				
五、成人初等学校	2728	466722	444688	385666	5161	795
职工初等学校						
农民初等学校						
其中：扫盲班	593	28999	15120	20498	1128	114

〔**全省教育工作会**〕 1994年11月1日至3日，广东省委、省政府召开全省教育工作会议。会议议题是贯彻全国教育工作会议精神和《中国教育改革和发展纲要》，研究确定广东今后教育发展的目标和任务，以及实现这些目标任务的途径和措施，动员全省人民为把广东建设成为教育强省而奋斗。省委书记谢非作了重要讲话，省长朱森林作主报告，副省长卢钟鹤作大会总结，常务副省长卢瑞华也在会上发了言。各市、县（区）主要负责人、教育部门、各高等学校和省直有关单位的负责同志共500多人参加了大会。

会议明确90年代全省教育改革和发展的目标和主要任务是：力争到1996年在全省

范围内比原规划提前一年基本普及九年制义务教育，使广东进入全国第一批实现“两基”目标的省市行列；本世纪末城市和发达地区基本普及高中阶段教育，加大职业教育比重；2010 年全省基本普及高中阶段教育，并使高中后各类高等教育在校生占全省人口的 3.2%；争取全省有 50 所高中和 80 所中等职业学校或培训中心分别进入全国 1000 所实验性、示范性高中和全国 2000 所重点中等职业学校行列；到 2000 年，争取有 2—4 所中央所属高校和 2 所省属高校进入“211 工程”，建设 50 个国家级重点学科和重点实验室（含国家工程中心），全省建好 200 所示范性乡镇成人文化学校。

〔**贯彻《教师法》**〕 4 月 15 日，省教育厅和省委宣传部、省委高校工委、省人大常委会教科文卫委员会、省高教局、省司法厅、省政府法制局、省教育工会联合召开广东省《教师法》宣传月新闻发布会。在宣传月里，主办单位组织了《教师法》知识竞赛、教育植树等大型活动。5 月 31 日，省教育厅、省委高校工委、省教育基金会在广州隆重召开广东省表彰 1994 年南粤优秀幼儿教师暨颁发刘宇新奖金大会，30 名教师获特等奖，150 名教师获优秀奖；9 月 6 日，省委、省政府举行了广东省庆祝 1994 年教师节暨表彰教书育人优秀教师、尊师重教先进单位大会，大会表彰了南粤杰出教师 15 人、南粤教坛新秀 764 人、南粤优秀班主任 302 人、南粤尊师重教先进单位 68 个；12 月 17 日，省委高校工委、省教育厅、少先队广东省工作委员会与广东中华民族文化促进会联合表彰了 1994 年“南粤优秀中小学历史、地理、音乐、美术、体育教师”和“南粤优秀少先队辅导员”共 80 人。当年，还评出第四批中小学特级教师 205 名。

为解决贫困山区教师待遇过低的实际问题，省政府 1994 年继续拨出专项补助 5000 万元，用于解决 30 个贫困山区县农村中小学教师岗位津贴。为加快“民转公”进程，省当年通过各种渠道共解决 3.5 万名民办教师转为公办教师。

此外，省人大教科文卫委员会会同省教育厅和省高教局组成检查组奔赴各地，于 11 月至 12 月间对各级党政贯彻落实《教师法》的情况进行了检查，检查组深入各级各类学校，就各级党政提高教师待遇和加强教师队伍建设等工作进行了认真细致的检查和了解，这次检查促进了各地进一步宣传、贯彻、落实《教师法》。

〔**制订教育投入保障措施**〕 1994 年，省教育工作会议对增加教育投入和加强教师队伍建设提出了一系列保障措施：(1) 教育经费实行预算单列。高等教育经费投入，要按照《广东省高等教育管理条例》规定，切实予以保证。(2) 按《纲要》规定，切实做到教育经费的“三个增长”；使教育经费在全省财政支出中所占比例在“八五”期间高于 20%。努力争取到本世纪末，财政性教育经费支出占国民生产总值的比例达 4%。(3)“三税”附加 3%必须足额征收，农民按人均纯收入的 1.5%—2%征收（包括在农民负担的 5%之内），每年按上年人均纯收入确定。(4) 省将根据教育发展需要，继续筹集教育专项资金。并从 1995 年起，努力增加教育专项资金的数额。(5) 各级政府要根据教育经费每年的实际需要，把财政教育拨款、教育费附加、学杂费收入、校办产业（勤工俭学）收入、社会教育集资、社会捐资、教育基金、银行贷款及其他来源纳入教育总投入，统筹安排。在确保增加财政教育拨款的同时，积极增加其他渠道的教育经费来源。(6) 各市、县（区）政府可根据国家有关法律和实际需要与可能，决定开征其他用于教育的地方附加费。(7) 农村教育集资坚持量力的原则，由县级政府负责审批和组织实施。(8) 广泛建立教育基金会，通过多种方式扩大基金。(9) 发展校办产业，对校办产业继续实行减免税政策。(10) 根据生均培养成本的一定比例，逐步提高非义务教育阶段学杂费标准，并适当调整义务教育阶段杂费标准。(11) 继续鼓励厂矿企业和社会力量以及境内外人士捐资助学和集资办学，并进一步完善教育社会集资和捐资的政策法规。(12) 力争使教师平均实际收入水平高于当地国家公务员的平均实际收入水平。经济贫困地区起码要实现省提出的“八五”期间各类教师收入最低标准。民办教师的收入不得少于同类公办教师的三分之二。(13) 各级政府要采取措施按时足额发放教师工资，并落实各种政策性补贴；凡未兑现教师新工资（包括增加离退休教师离退休费）的地方，要千方百计筹措资金，最迟于年底兑现，绝不能拖到1995年。(14) 采取有效措施，确保城镇教师家庭人均居住面积达到当地居民人均水平，到2000年实际超过当地居民人均居住面积。力争3—5年，全省基本解决教师中现有的无房户和困难户的住房问题，实现“教者有其居”。省从1995年起安排教师住房建设补助款。(15) 争取用三年或更多一点的时间，经过考核逐步将合格民办教师转为公办教师，不合格的要予以调整，妥善安置。

1994年，广东省各级政府和教育部门努力多渠道筹措教育经费。全省财政安排教育事业费支出67.96亿元，比上一年增长40.4%，加上财政安排的基本建设投资、部门办学和教育费附加支出，总计为80亿元。各地还继续鼓励华侨、港澳台同胞捐资助学，发动企事业单位、社会团体和个人捐资和集资办学，共筹措资金40亿元。因此，1994年全省投入教育的资金达120多亿元。

〔**抗灾救灾工作**〕 1994年，广东省遭受百年罕遇的洪涝灾害，同时受到强台风3次正面冲击，部分地区还发生龙卷风等自然灾害，有的地区3次甚至4次被水淹，中小学受灾情况严重。据统计，受灾面达9个市54个县（市、区），受灾的中小学校达3011所，全省普教系统受灾造成直接损失共计5亿元。

受灾地区的教育行政部门干部和全体教职员工在省委、省政府和各级党政领导下，积极投入抗灾、救灾斗争，取得了较好的成绩。灾后，各地又积极进行救灾复课活动。省教育厅还组织广大教育工作者和师生响应省委、省政府发动的捐款活动，在教育系统内部发动珠江三角洲8个市支援8个受灾严重的市；灾区也组织了捐资捐物的自救活动。通过有声有色、形式多样的救灾工作，全省普教系统共筹集资金1亿多元，帮助了受灾严重的学校迅速修复校舍，从而使得灾区没有一名教师因灾误教，没有一名学生因灾失学。

撰稿 陈 钢 彭红光 方树生

审稿 林受之

基础教育

〔**综述**〕 1994年，广东省基础教育稳步发展。全省小学入学率达99.58%，年巩固率为98.92%，小学毕业生升学率为91.8%，12—15周岁儿童少年普及率为95%以上，辍学率为1.08%；初中年巩固率为95.04%，辍学率为4.96%；初中毕业生升学率为58.7%；“三残”儿童入学率已达73.54%。普通高中内有完全中学770所，高级中学54所，比上一年增加22所；高中毕业生升学率56.20%；有县以上重点中学124所，在校学生110674人，比上一年增加学校8所，增加学生11.78%。

〔**义务教育**〕 1994年，在完成原规划的汕头市龙湖区、澄海市，韶关市仁化县，梅州市平远县，惠州市博罗县、惠东县、惠阳县，汕尾市城区、海丰县，阳江市阳西县，湛江市霞山区，茂名市高州市、化州市，肇庆市封开县、德庆县、广宁县，清远市连州市，揭阳市揭东县等18个县、市、区“普九”验收的基础上，又有吴川、电白、佛冈、龙门4个县、市提前至本年度普及初中阶段义务教育，全年共有22个县、市、区实施“普九”验收，为全省提前到1996年基本普及九年义务教育奠定了良好的基础。至此，全省共有81个县、市、区普及了九年义务教育，占全省县、市、区总数的66.3%，占总人口的67.3%。

进一步宣传贯彻《义务教育法》及其实施细则，建立健全依法治教的机制。采取措施，动员广大适龄儿童少年依法入学，控制学生非正常流动。6月份，在新兴县召开全省“控流”工作会议，总结推广部分“控流”先进地区“控流”经验，采取“四管齐下”的政策，即“法律手段、政府行为、乡规民约及经济手段”，通过宣传《义务教育法》，动员儿童少年依法入学接受九年义务教育；同时，通过政府发文，制订乡规民约，杜绝工厂、企业及个体经营者招收童工；另外，对部分经济困难的学生实行“减、免、缓”杂费的办法。全省各地还纷纷成立“中小学生互助基金会”、“女童入学基金”等，帮助这一部分学生入学受完九年义务教育。

〔**特殊教育**〕 4月15日，省教育厅下发《关于普及初中阶段义务教育标准的补充意见》，将残疾儿童入学率指标作为普九验收的一个指标。同时大力推进残疾儿童少年随班就读的工作。9月29日，下发《关于进一步开展盲、聋童随班就读工作的通知》，并组织了盲、聋童随班就读教师的培训。7月举办省残疾学生夏令营，邀请港澳残疾学生参加，加强两地特殊教育的交流。全年新建5所象深圳市特教学校那样在规模和质量上都具有较高水准的特教学校。

〔**幼儿教育**〕 1994年3月，开始筹备幼儿家长学校教材编写工作。4月中旬，召开学前班试点工作会议，从化等9个试点县（市、区）的幼教干部出席了会议，会上提出了试点的任务和要求。5月，根据国家教委的要求，在潮州等6个市开展幼儿园园长任职资格、条件及现状调查。10月份，对9个学前班试点县（市、区）的试点工作进行检查，并向全省通报检查情况。同月，部署省一级幼儿园的等级评定工作。10月中旬，在深圳召开全省实施《幼儿园工作规程》试点工作总结会，11所试点园介绍了经验。会后，在深圳大学举办了培训班，推广实施《规程》试点工作的经验。11月下旬，参加全国学前班试点工作阶段性总结会，会上介绍了本省的试点工作情况，受到好评。12月下旬，召开部分学前班试点市幼教干部和教师座谈会，听取他们对学前班教育教学改革的意见。

〔**普通高中教育**〕 1994年，根据国家教委要求和广东省高中教育发展的实际情况，广东省教育厅开展了研制普通高中新课程方案的工作，提出了《广东省普通高中新课程方案（草案）》，广泛征求意见。

实施高中毕业会考制度后的首届学生，经过三年9门学科的会考毕业。为配合毕业会考制度的实施，加强管理，广东省教育厅在全省启用了新的普通高中毕业证书。

全省贯彻实施国家教委根据新工时制对现行高中教学计划和教学大纲的调整意见。广东奥林匹克学校继续在全省范围招生。广州、中山、东莞、南海、顺德等市普及高中阶段教育按规划进行，初中毕业生升学率都有明显提高。广州市广雅中学、广州市执信中学、汕头金山中学、江门市第一中学、湛江市第一中学、茂名市第一中学继续招收高等师范预备班。与此同时，城市和珠江三角洲等经济发达地区在先行“普九”的基础上，正把普及高中阶段教育提到重要议事日程上来。

〔**师范教育**〕 中等师范教育以落实1993年召开的全省中小学师资工作会议精神为中心任务，加强宏观管理，在督导各中等师范学校加强办学条件建设的同时，适应普及九年义务教育的需要，努力扩大培养规模，提高培养质量。着重开展三项工作：(1) 深入挖潜，强化质量意识。1994年，为了保证中等师范生质量，省规定：第一，中等师范招生录取分数线要与当地重点中学录取分数线相同；第二，坚决按照从高分到低分录取的原则；第三，实行由省统一审批和发放录取通知书制度；第四，继续完善中等师范统考制度。为了确保统考质量，加强监督管理，实行由省直接派监考员送卷到各学校，考完后把试卷带回省统改的做法。(2) 加强中等师范办学条件建设。广东省政府要求，全省45所中等师范中的36所中等师范须在1995年实现标准化建设，为此，各地都采取了有力的措施，大幅度地增加经费投入，并努力征地扩大校园面积。1994年全省中等师范在基建和图书仪器设备方面的投入共达18485万元，平均每校430万元，这是广东省中等师范有史以来增加投入最多的一年。有11所中等师范共征地607亩，平均每校扩大校园面积55亩。部分有条件的中等师范还努力走“一大三高”（大规划、高层次、高质量、高效益）的道路，在完成标准化建设的基础上，努力向现代化迈进。(3) 继续扩大培养五年制专科程度小学教师的试验。广东省是全国最早开展培养、培训专科程度小学教师试点工作的七个省市之一。经国家教委批准，全省已有10所试点学校。在试点工作中，广东对培养、培训的学制、教学计划、教学大纲和教材都进行了全面的试验。为了总结交流经验，国家教委师范司于1993年3月在广东省召开了全国培养培训专科程度小学教师的研讨会。

教育学院主要完成两大任务：(1) 适应普通教育特别是普及九年义务教育的需要，继续扩大招生规模。1994年全省教育学院共录取本科生1446人（其中在职教师947人，普通师范生499人），专科6598人（其中在职教师3699人，普通师范生3846人），本专科招生比1993年增加1430人。(2) 适当扩大中小学教师自学考试规模。1994年中小学教师自学考试新招收自考学员4398人，其中高师本科1398人，小教大专3000人；至此，全省中小学教师自学考试两个层次（本科、专科）三个系列（高师本科、高师专科、小教大专）共有自考学员49509人，其中高师本科8054人，高师专科7418人，小教大专34037人。为了适应教学工作的需要，广东省已完成了中学教师进修高师本科物理、化学、生物、教育管理、体育5个专业，高师专科物理、化学、生物、历史、地理5个专业和小学教师进修大专英语、教育共11个专业教学计划的研制工作。目前高师本科5个专业的教学计划已下发执行。

教师进修学校除继续推进小学教师继续教育工作，承担小学教师进修大专学历自学考试的助学任务外，还根据普及九年义务教育和民办教师转为公办教师工作的需要，扩大招生规模。1994年全省教师进修学校录取新生中脱产班5200人，函授班11200人，一年制高中毕业起点民师函授班32280人，与1993年相比，全省教师进修学校增加招生33680人。

1994年，中小学教师的学历达标率：小学为90.08%，初中为75.48%，高中为54.02%。

〔**德育工作**〕 广东省教育厅认真贯彻中共中央宣传部、国家教委等五部委联合在上海召开的全国中小学爱国主义教育现场会精神，突出抓好以爱国主义、集体主义、社会主义为主旋律的思想教育，具体组织全省中小学开展“三个一百”（百片塑国魂、百歌颂中华、百书育英才）活动，引导校园文化气氛向健康高雅方向发展。省组队参加了国家教委和中央电视台等单位组织的“百部爱国主义影片知识竞赛”活动，荣获“理想杯”。全省近50万中小学生参加全国“振兴中华”读书活动，其中441个先进集体、445个先进指导者和919个积极分子受到省级表彰。广东省10名德智体全面发展特别优秀的中小学生报由全国宋庆龄基金会表彰，荣获奖学金。

广东省委、省政府于11月4日至5日召开了全省中小学德育工作会议。各市、县（区）主管教育的党政领导及教育行政部门的主要负责人共300多人参加。这次会议贯彻落实《中共中央关于进一步加强和改进学校德育工作的若干意见》，提出了广东省今后一段时间的中小学德育工作的新思路：以中央《意见》为指针，加强领导，齐抓共管，合力育人，完善体系，科学管理，建好基地，强化实践，优化环境，形成特色，为创建德育工作先进省，为培养有理想、有道德、有文化、有纪律的献身有中国特色社会主义事业的建设者和接班人而努力。具体措施是：(1) 进一步加强中小学德育工作的领导。首先是党委和政府的主要领导要抓德育，把学校德育工作列入议事日程，制订德育整体规划，定期研究和检查，落实德育工作机构、人员经费、基地和设施，督促有关部门优化社会育人环境。其次要健全德育工作机构，要求省和各市、县（区）、镇（街）要分别成立中小学德育工作协调委员会，组织协调社会各方面支持、配合学校德育工作；要求省、市、县（区）教育行政部门要把学校德育工作作为主要业务之一，第一把手亲自抓，分管的领导具体抓，要落实专门机构，配备专职人员，指导实施德育工作。(2) 全社会支持，优化育人环境。要求宣传、理论、文艺、影视广播、出版、新闻等部门要为青少年提供精神食粮和良好的服务，给青少年健康有益的正确导向。要求各地要运用行政、法律、经济及群众监督等手段，特别加强对学校周边的文化娱乐、商业经营活动的监督管理。要认真执行省人大制定的关于营业性电子游戏机室管理的有关规定，彻底清除学校 200 米范围内开设的营业性的电子游戏机室。要求城镇以上的中小学都要举办家长学校，普及家庭教育知识，提高家庭教育水平，发挥家庭教育对学校教育的配合作用。(3) 加强中小学德育队伍建设。要求用 5 年时间将全省德育专职干部和政治科组长以上的骨干进行一次轮训，提高全省中小学德育队伍的素质。决定建立定期表彰优秀班主任和德育工作者制度。要求职称评定设置德育系列，解决好德育工作者的专业职务待遇等实际问题，提高德育骨干，特别是班主任的职务津贴。形成德育工作者、班主任受人尊重的风气。(4) 保证经费投入，搞好基本建设。要求各级政府要为学校德育工作在人、财、物等方面创造必要的条件，切实解决学校德育工作的实际困难。各级教育行政部门和学校要合理确定德育方面的经费投入科目，列入预算，切实保证。省将在 1997 年前确定 100 个示范性的德育基地，并拨出经费建设好，供全省中小学生使用。各级政府要建立一批德育基地，充分发掘和利用各地的人文和地理资源、改革开放的成就，加强对中小学生的教育。(5) 加强对中小学德育的研究和管理。要把新形势下中小学德育重大问题的研究列入省哲学社会科学研究规划和教育科学研究规划，培养和造就一批德育专家、特级教师。要实行德育目标管理，省将制定学校德育工作评估办法，由各级教育行政部门对学校德育工作进行评估。

继续抓好中小学教师的政治理论学习和德育骨干队伍的建设。组织教师学习了《邓小平文选》第三卷、《中共中央关于进一步加强和改进学校德育工作的意见》和《爱国主义教育实施纲要》，并举办了德育骨干、理论骨干培训班。举行了全省小学思想品德课青年教师优质课现场调教大赛和全省初中思想政治课优质课现场调教大赛。有 92 位中小学思想品德课、政治课教师获省级优质课奖励。

进一步抓好法制教育和家庭教育。继续抓好中小学生违法犯罪情况的监控，并把防治青少年犯罪的综合治理纳入学校评估内容。组织了全省第四届中学生法律知识竞赛和中学生法制夏令营。1994 年上半年有 11 个市达到中小学生无一犯罪，校园总体情况稳定，秩序良好。家庭教育与学校教育的配合方面取得了新进展，省教育厅与省妇联联合表彰了百所先进家长学校、百名好家长、百名好孩子。

〔**中小学等级评估**〕 1994年，广东省中小学等级评估工作主要是继续进行首批省级学校等级评估和开展第二批省级学校等级评估，部分市进行了市级学校的等级评估。3月下旬，首批省级中小学校等级评估工作基本结束，共评出省级学校96所；连同试点学校评估出的6所学校，共有102所中小学被评为省级学校。其中小学46所，初中4所，完全中学（含高级中学）52所。

7月中旬在广州举行广东省首批省级中小学校授牌仪式，省委、省政府的领导向省级中小学校代表授牌。12月中下旬，全省进行第二批省级学校等级评估。初步评估31所中小学校。第二批省级学校等级评估工作拟在1995年4月结束。1994年，佛山、江门、肇庆、深圳、广州等市经过充分准备，分别于下半年开展市级学校的等级评估工作。

〔**体育与卫生工作**〕 1994年，广东省中小学校体育卫生工作发展迅速，学生体质状况逐步提高。到1994年止，广东省考上大学的学生，在国家教委组织的36所重点大学新生体能测试中，连续4年获全国第一；全省体育卫生管理机构及人员较为健全，有17个市设立体卫处（科）；88个县（区）设体卫股，全省中心小学以上均设有体育卫生工作领导小组，有40个市、县已成立中小学卫生保健所。全省县（区）以上教育行政部门有体育专干和教研员224人，卫生专干70人，保健所在编人员223人，镇（乡）教办专（兼）职体卫人员共6999人。全省中小学校现有200米环形跑道田径场5068个，300米有989个，400米有611个；有全塑胶标准400米田径场2个，200米3个；体育馆191个，体育室7744个；室内外游泳池342个，其中标准池95个；全省有92%的完全中学，79%的初级中学，81%的中心小学已基本按省体育器材配备标准进行了配备；全省有中小学体育教师37288人，卫生保健专职教师及人员6360人，兼职教师及人员4476人。

中小学体育及卫生保健教材体系已逐步建成，已完成既体现现代教学论又符合广东省实际的体育课本、教学指导书及卫生保健教材及指导书。

中小学课余体育训练和学生课外体育活动开展活跃。现已有省级体育传统学校127所，市、县体育传统学校1200所。学生课外体育活动形式多样。

〔**实验室及教学设备建设**〕 据1994年底统计，全省教学仪器设备总值达6.68亿元，比去年增加3.3亿元。配齐和基本配齐中小学教学仪器的学校共有20139所，占应配学校的66%。

全省中小学实验室建设规划于1995年底121个县（区、市）全部达标。现已有83个县（区、市）的学校通过中小学实验室建设达标验收，约占全省总数的70%。到1994年底，全省中小学有983所建了独立的实验楼或科学馆，比1993年增加58幢；实验室总数达15618间，比1993年增加2628间；仪器室22011间，比1993年增加1979间。新建的实验室其标准均达到或超过国家和省的要求。实验室内部设施配套、实验台凳、仪器柜架得到充实。全省中小学现有实验台凳360130套，比1993年增加了129253套；仪器柜架187202个，比1993年增加20340个。

除了理、化、生、小学自然实验室外，其他各学科也建立了专用实验室。全省现有电脑室782间(24877套)，语言实验室702间，电教专用室1596间，音乐室2248间，美术室1290间，地理、历史专用室893间，生物园1904个，地理园534个。教学仪器的充实和实验室内部设施的完善，使现代化的教学手段在城市中小学广泛运用，并逐步普及到农村中小学。

〔**勤工俭学**〕 1994年，广东省中小学勤工俭学开展面达90.31%，有64.67%的中小学有校办产业。全省校办工业企业和第三产业网点共12578个，比1993年增1004个。年末固定资产净值6.3499亿元，比1993年增1.2561亿元。流动资产年末占用数7.0537亿元，比1993年增2.4546亿元。

1994年全省勤工俭学总收益3.9898亿元，比1993年增7千万元，比1994年初计划创收数增1.248千万元。总收益中2.4828亿元用于补充教育经费。

1994年，勤工俭学总收益超10万元的学校全省共690所，比1993年增147所。其中超100万元的学校14所，比1993年增4所。总收益超10万元的校办企业388个，比1993年增11个。其中超100万元的校办企业15个，比1993年增3个。总收益超100万元以上的县(市、区)87个，比1993年增13个。其中超500万元的县(市、区)15个，比1993年增8个；超1000万元的县(市、区)4个，比1993年增1个。总收益1000万至5000万元的地级市17个，比1993年增1个。其中5000万至10000万元的地级市1个。

撰稿 方树生 陈亚林 刘齐爱 程五一 卢羡文 林梓营 石熙平 叶春平 庄弼 刘勇明 彭荣瑜

审稿 林受之

职业技术教育

〔**综述**〕 1994年，广东省职业高中教育规模保持大体稳定，学校略有减少。全省职业中学比上年减少31所；招生比上年增加0.2万人；在校生比上年减少0.56万人。招生数增加，在校生减少，主要由于辍学流失较多，达1.2万人，占上年学生数的6.6%。连同中师、中专、技校合并计算，1994年中等职业学校学生共44.93万，与普通高中学生34.66万之比例为56.5∶43.5。

1994年，省颁发了职业中学教职工编制(试行)标准。该标准按学校规模和专业分类，规定了职业中学机构设置原则、领导职数和人员编制数。教工人数最高的为城市的工科学校，每班学生46人配教工5.6人(内含教师4.3人)，最低的为县以下文科学校，每班学生48人配教工4.4人(内含教师3.4人)。1994年全省职业中学共有4085班，平均每班学生43.6人，现有教师1.32万人，平均每班3.24人。教师学历情况也有提高，其中大学本科毕业教师有0.42万人，占教师总数的32%，专科毕业教师有0.79万人，占60%。

〔**教育教学改革**〕　1994年，一些条件过差的职业中学由于招生困难等原因停招停办。发达地区职业中学教育继续健康正常发展，新办了一批学校和新建一批校舍，规模较大的如东莞市长安职业中学、中山市港口理工学校等。为适应社会经济发展需要，一些职业中学调整了专业设置，新办或增招电脑应用、办公室自动化、电讯和金融、财会电算化等专业班较多，农林类专业继续萎缩。

与此同时，职业中学与其他学校或各类职业学校合作办学有较大发展。有的职业中学与中专、技校联办，有的与成人中专、成人大学联办；有的在省内跨县市联办，有的与外省学校联办。

省、市、县各级注重集中力量抓好重点、骨干职业中学的建设。全省现有省级重点职业中学19所，各市、县拟定建设的骨干职业中学106所。各校纷纷订出争取达到国家级、省级重点标准的规划，加速校舍、师资、设备和管理制度等方面建设，提高教育质量和办学水平、效益。1994年省财政在继续拨款600万元建设省重点职业中学之外，再增拨700万元，支持一批学校按国家级重点标准加速建设。顺德市将占地28亩、建筑0.6万平方米、总值5300万元的现成场地房舍拨交梁球琚中学建设职教中心，机械车间已开始安排市内其他职业中学学生的生产实习。

继续在全省推开对职业中学学生实行毕业证书与技术等级证书的“双证”制，促进了实践教学，提高了学生就业竞争能力。中山市经多年实践已形成较完善的制度。省教育厅还组织了职业中学教师专业技能暑期短训班，并举办职业中学学生专业技能竞赛，收到较好的效果。

1994年8月，佛山华材职业中学、阳江第一职业中学、湛江第八中学被评为全国职教系统体育先进学校。

撰稿　罗运铢

审稿　林受之

高等、中专教育

〔**综述**〕　1994年，省委、省政府作出了“教育兴省”和建设教育强省的重大决策。11月初，广东省委、省政府召开全省教育工作会议。省委书记谢非讲话强调：教育是广东省追赶亚洲“四小龙”，实现现代化的基础工程，必须优先发展。我们要坚持走“教育兴省、以法治省”的路子。

1994年，全省普通高校比上年增加2所；成人高校比上年增加3所；普通中专学校（不含中师）比上年增加3所；成人中等专业学校（不含教师进修学校）比上年增加1所；全省普通高校招生和在校生分别比上年增长0.03%和17.5%；研究生招生（其中博士生292人）和在校生（其中博士生672人）分别比上年增长23.6%和18.8%；全省成人高校招生和在校生分别比上年增长3.9%和46.9%；普通中专学校招生和在校生分别比上年增长9.9%和12.1%。1994年，经国家教委批准，有11所普通中专被评为国家级重点中专学校；经省政府批准，有34所列为省级重点普通中专学校。在当年下拨的1000万元中专专项资金中，有900万元用于重点中专学校建设。

教师队伍不断发展壮大。全省高校专任教师中正高级职务1299人，副高级职务5318人，占专任教师数的25.3%，中级职务8995人。

在教育经费投入方面，由于省委、省政府的重视和多方筹集资金，进一步加大了教育经费的投入。当年全省共安排高教事业费48022.2万元，比上年增加13066.9万元，增长37%；共安排高校基建投资26905万元，加上其他资金，全年高校基本建设总资金达30185万元，预计可完成基建投资3.6亿元，建成各类校舍建筑总面积约26万平方米，从而有效地改善了学校的办学条件，促进了教育事业的发展。

〔**体制改革**〕　为适应广东社会、经济发展的需要，根据国家教委和省的有关指示精神，1994年，广东高等中专教育进一步深化教育领域各项改革，尤其在教育体制改革方面迈出了新的一步，初步形成了政府办学为主，社会各界参与办学的多形式的办学新格局。

积极发展多种形式的联合办学。为了充分发挥在粤部委属高校的“龙头”作用，增强广东高教实力，继续实行省与国务院部委“共建”部委在粤高校。继上年已与国家教委“共建”的中山大学、华南理工大学后，1994年，省政府又分别与有关部委签订了“共建”中山医科大学、广州中医学院、暨南大学、华南农业大学的协议，当年投入“共建”费共3300万元；为了进一步挖掘教育资源，积极实施校际间联合办学，广州石牌地区的华南理工大学、华南农业大学、华南师范大学等6所高校在隶属关系和投资渠道不变的基础上，签订联合办学协议书，以优势互补、资源共享、自愿联合为原则，实行教师互聘、图书、实验室设备等资源共享的办学形式，以发挥各自的优势，提高综合办学效益，取得较好效果；实行学校与政府部门、企业、科研单位联合或合作办学，华南理工大学分别与省电力工业局和省交通厅联合创办华南理工大学电力学院和交通学院。

积极配合国务院部委在粤高校进行办学管理体制改革。省政府分别与国家外经贸部、国家教委签订协议，将广州外贸学院和广州外语学院的隶属关系转移到广东省。从实际出发，统筹布局，对现有学校和专业进行调整，以优化高等教育结构。根据广东经济社会发展的实际要求，按照“调整、充实、优化结构”和“规模、结构、质量、效益相统一”的原则，拟订了广东省普通高校、成人高校布局调整方案和专业调整方案，并逐步加以实施。当年，完成了深圳大学与深圳师专合并，成立深圳大学师范学院的工作。并成立4所中专学校。1994年，成立了广东省高校专业设置评议委员会，进一步加强专业设置审批管理，严格控制和压缩长线专业，增设广东经济建设和社会发展急需的学科和专业，当年全省普通高校新设本科专业7个，专科专业19个，成人高校新设专业100个，中专学校29个。

根据本省实际，发展和完善三级办学体制，继续在条件具备的中心城市筹办综合性高等职业学校。采取积极鼓励、大力支持、正确引导、加强管理的方针，发展民办教育，鼓励和扶持社团、企业、个人创办民办或私立高等学校。创办了民办南华工商学院和私立华联学院两所民办普通高校。

〔**招生和毕业生就业制度改革**〕　从1994年，开始实施以中山大学等7所院校为试点的国家任务招生计划和调节性招生计划"并轨"改革。这一改革不再分"公费生"、"委培生"、"自费生"，实行招生计划、录取分数线、收费标准并轨，学生缴费上学，毕业后实行自主择业与推荐就业相结合的办法。同时，建立和实施奖学金、贷学金和与就业挂钩的国家专项奖学金制度，推行学分制与开展勤工助学。并积极做好招生考试各环节的管理和监督工作，始终坚持"严格要求、精心组织、规范管理、严密实施"的原则，使整个招生改革和招生录取工作进展顺利。在毕业生就业制度改革方面，积极开拓以学校为主体的毕业生就业市场，着力发展、扩大供需见面、"双向选择"范围，并加强宏观调控，保证重点单位、山区市县对人才的急需。

〔**党建和思想教育**〕　1994年，各高校党委在抓好学校改革发展的同时，建立和健全各级党团组织，积极在青年教师和学生中发展新党员，不断壮大党的组织和力量。并带领广大党员积极投身学校的各项改革，较好地发挥了党组织在学校改革、发展中的领导核心作用。

进一步加强师生的思想教育工作。积极组织广大干部师生认真学习党的十四大精神和《邓小平文选》第三卷，深入学习《纲要》和全国、全省教育工作会议精神，增强把广东建成教育强省的信心。同时，认真贯彻中共中央《爱国主义教育实施纲要》和《关于加强和改进学校德育工作的若干意见》的精神，进一步加强对青年学生的党的基本路线教育、理想信念、世界观和人生观的教育，开展融思想性、知识性、娱乐性为一体的校园文化活动，举办百歌颂中华、百书育英才、大学生合唱节等活动，强化了学生的爱国主义、集体主义和社会主义的思想意识。此外，积极推进学校马克思主义理论课和思想教育课建设，开展以中山大学、广东工学院两校为试点的"两课"教改实验工作，推动了"两课"的教学改革，收到了较好的效果。

〔**教学和科研改革**〕　在教学工作方面，一是加强教学管理和评估，进一步完善各项教学管理制度和措施，认真总结了各校实行学分制的经验，制订《广东省普通高等学校学分制管理规定》，推动和完善学分制工作，积极开展办学水平评估，制订了省属重点大学办学水平评估方案，通过对两所省属重点大学进行全面评估，以评估促进学校的发展。在国家教委组织的评选先进教学管理单位活动中，全省有6所高校被评为全国先进单位，3所学校被评为全国普通高校优秀教学成果奖励工作先进单位。二是加强重点学科、重点课程和重点实验室建设。采取自己培养和引进人才相结合的办法强化重点学科梯队建设，使学科队伍的职称、年龄、知识结构更趋合理，教学科研能力也有所增强；认真加强重点课程建设，通过评估，全省确定65门课程为第二批省级重点课程。三是加快高校图书馆和教学实习基地建设，成立全省高校图书馆计算机网络工程设计工作组，积极研究和实施高校图书馆管理现代化的工作；积极组建校外教学实习基地，在去年建设50多个实习基地的基础上，又为师范、农业、医学类院校建设了68个校外教育教学实习基地，保证了学校教学实习的需要。

在科研方面，在加强基础研究、高技术研究和重大科技攻关的同时，继续深化科技体制改革，大力发展校办产业和科技开发。积极开展省内产学研工程，与省有关部门成立了广东省产学研联合开发工程协调办公室，在该办公室当年下达的10项产学研工程项目计划中，广东高校承担6项，其中由华南理工大学承担的“2000吨/日大底辊两辊甘蔗提汁机列”项目，在湛江遂溪城月糖厂实施后，该厂年增产值4570多万元，年增收金额1700多万元，取得了明显的经济效益和社会效益。1994年度，全省高校申报科研成果132项，其中88项获广东高校科技进步奖，在省高教局与省卫生厅联合举办的全省高校医药卫生成果评奖中，有35项科研成果获广东医药卫生科技进步奖，在广东省自然科学奖和科技进步奖评奖中，有18项成果获省自然科学奖，29项成果获省科技进步奖。

〔**师资建设**〕 1994年，各院校认真做好重点教师的培养工作，全省选拔191名重点教师，并落实了培养经费和计划；通过自已培养和向外省引进等办法，加强了学术梯队的建设。汕头大学、广州师院等校采取优惠措施，向外省引进了一批著名学者或高水平教师当学校重点学科、重点课程的学术骨干和带头人，收到较好的效果。继续积极采取措施，改善教师的生活待遇和住房条件。努力实现省委、省政府提出的“教工住房三年解困”的目标，当年完成10万平方米的教工宿舍建设，并积极开展建设教工新村的各项准备工作，已落实教工新村用地200多亩，广州石牌地区的首座教工大厦已破土动工，计划实现后，我省高校教师的住房条件可望得到较好改善。

〔**教育立法**〕 根据《纲要》提出的“加快教育法制建设”的精神，广东高等教育认真把教育立法工作摆上重要的工作日程，经过广泛的调查论证，起草了《广东省实施〈民办高等学校设置暂行规定〉补充规定》、《广东省普通、成人高等专科学校设置审批实施细则》、《广东省教学成果奖励办法》、《广东省私立高等学校管理条例》等法规规章草案，并上报省政府审核，正在起草的还有《广东省社会力量举办高中后非学历教育管理暂行条例》、《广东实施〈教师法〉办法》等法规。依法治教正在走上轨道。

〔**自学考试**〕 到1994年开考专业发展到48个，报考人数累计已达76万多人，取得1门或多门课程合格证书的在籍考生31万多人，已取得毕业证书的57243人；考试范围不断扩大，已从内地发展到港澳地区，1994年，经国家教委批准，广东首次在香港设立考点，面向港澳台同胞和海外侨胞，促进了大陆与港澳台地区的教育交流与合作；实行了自学考试与各类高等中专教育互相承认课程成绩，其它高教形式的专科和自学考试本科段合理接轨，中专教育自学考试与职业中学结合起来等改革，加强了自学考试与其他教育形式的沟通与联系，扩大了自学考试适应面。

撰稿 曾婉文 郑建辉
审稿 许学强

成人初、中等教育

〔**综述**〕 1994年，广东省完成了扫除青壮年文盲的历史任务。全省乡镇成人文化技术学校达1648所，办学面达99.6%。各级政府对乡镇成人学校的经费投入有所增加，全年乡镇成人校的办学经费支出为3049万元，基建投入经费达5422.7万元。全年新建乡镇成人文化技术学校的校舍面积为63165平方米，全省乡镇成人学校的总建筑面积达507099平方米，平均每校建筑面积达300平方米。全省乡镇成人教育专职干部人数为1670人，乡镇成人学校专、兼职教师为15214人，其中专职教师为2194人。全年参加乡镇和管理区两级成人教育学习、培训的总人数达572万人（次），比1993年增加20%。其中参加成人初中、高中、中专、大专等学历教育的人数为4.74万人；参加各种证书班学习的人数为24.1万人，参加各种技术长班培训、学习的人数为98.9万人，参加技术长班和各种证书班学习的人数比1993年增加40%；参加各种技术短班、讲座等学习培训的有435万人（次）。

农村文化技术学校建设。1994年，确定了深圳市宝安区龙华镇成人文化技术学校等30所乡镇成人校为第二批省农村成人教育联系点，分别在茂名市和惠州市博罗县召开了西片和东片农村成人教育联系点现场经验交流会。中山市沙溪镇成人文化技术学校、花都市赤坭镇成人教育培训中心，化州市长岐镇成人文化技术学校、梅县水东镇成人文化技术学校、博罗县柏塘镇成人文化技术学校等5所乡镇成人校被国家教委评为“全国农村成人教育先进学校”，占全国表彰先进学校总数的1/20。

〔**扫盲工作**〕 据统计，1994年全省扫除青壮年剩余文盲10.9万人，青壮年文盲率从建国初期（1949年）的79%下降到1%以下。省和地级市人民政府组织的扫盲验收小组，对惠来县等41个县（市、区）和农垦系统的扫除青壮年文盲工作进行了检查验收。省政府审核批准了惠来县等31个县（市、区）为扫除青壮年文盲达标单位，颁发了证书。并审核批准了徐闻县等10个县（市、区）和省农垦总局为扫除青壮年文盲达标单位。至此，全省各县（市、区）都达到国家有关扫除青壮年文盲单位的标准要求。惠来县教育局成教股副股长许永仁、广宁县江屯镇成人文化技术学校副校长梁成光、电白县观珠镇成人文化技术学校校长杨珊青等3人被国家教委评为“全国扫除文盲先进工作者”。

〔**农村教育综合改革**〕 1994年，广东省农村教育综合改革和“燎原计划”实施工作，在粤东地区取得了突破性的进展，初步形成了全省农村教育综合改革的大格局和实施“燎原计划”的大网络。3月底至4月初在饶平县、五华县和梅县召开了粤东地区6个地级市12个实验县（主要是新增加的实验县）主管教育的县领导和部分示范乡镇的常务领导，以及市、县教育局的主要领导参加的现场会议，通过现场参观学习和经验交流，有力地推动和促进了粤东地区的农村教育综合改革工作。1994年，全省新增实验市、县12个，实施“燎原计划”乡镇81个，到年底全省农村教育综合改革实验市、县（区）共43个，实施“燎原计划”的乡镇达464个。全省实现了各地级市都有实验县的大格局和各县（市及有农村乡镇的区）都有实施“燎原计划”乡镇的大网络。

农村教育综合改革实验点改革进一步深化，水平有新的提高。在全国农村教育综合改革工作会议上，广东省在4个展室中均有实验市、县的资料、乡土教材、适用技术教材和经验成果选编等参加展出。东莞市、从化市、南雄县，中山市横栏镇、梅县松源镇、四会市大沙镇，华南农业大学、遂溪县渔业高级中学、南海市九江镇成人文化技术学校、高州市沙田镇成人文化技术学校等10个单位被国家教委评为“全国农村教育综合改革先进单位”，占全国表彰先进单位总数的1/20。经逐级评估验收，1994年全省有40多个乡镇达到“燎原计划”示范乡镇的标准要求。

1994年，实施“燎原计划”的社会效益和经济效益都比较显著，促进了农村的两个文明建设。据年底354个实施“燎原计划”乡镇报来的统计资料，当年实施的工农业项目共2076项（次），创产值240亿元，创利税36.5亿元，接受技术培训达175万人次，推广适用技术5854项（次），受技术辐射的农户为97万户。

撰稿　方树生　叶鼎环
审稿　林受之

广西壮族自治区教育

概　况

〔基本情况〕

1994年各级普通学校基本情况

单位：人

学校类别	学校数（所）	毕业生数	招生数	在校学生数	教职工数	
					计	其中专任教师
一、普通高等学校	27	12892	19588	58623	15048	7434
研究生	(8)	107	285	678		
本科生		4738	6304	23388		
专科生		8047	12999	34557		
二、中等专业学校	123	23416	38954	104762	14524	7442
中等技术学校	97	15887	27246	71232	10911	5316
中等师范学校	26	7529	11708	33530	3613	2126
三、普通中学	3050	449530	680406	1766861	126801	92599
高　中	452	70872	69498	205684		14601
初　中	2598	378658	610908	1561177		77998
四、农业、职业中学	278	29788	43722	105465	9551	6281
高　中	247	26708	37346	90957		
初　中	31	3080	6376	14508		
五、工读学校						
六、小学	15968	794813	1173431	6316207	226995	194116
七、特殊教育学校	28	314	2079	8909	520	429
八、幼儿园	2437			997553	28519	22053

注：(1) 招收研究生的单位或学校共8处。

(2) 高中学校数中有374校是完全中学。

(3) 农职业高中学校数中有37校是初、高中合设。

1994 年各级成人学校基本情况

单位：人

学校类别	学校数（所）	毕业生数	招生数	在校学生数	教职工数	
					计	其中专任教师
一、成人高等学校	23	11472	17347	47437	4881	2458
广播电视大学	1	3008	4200	12848	690	259
职工高等学校	9	1251	2462	5822	1257	676
农民高等学校						
管理干部学院	4	1128	1559	3847	904	405
教育学院	9	3633	4368	12915	2030	1118
独立函授学院						
普通高校举办						
函授部		2282	3974	10524		
夜大学		170	784	1481		
二、成人中等专业学校	159	25509	46542	110816	8660	4521
广播电视中专		794	7249	9027	702	311
干部中专	30	3484	10741	19142	2434	1262
职工中专	28	2927	5541	13628	1547	706
农民中专	17	964	3744	6562	612	367
函授中等专业学校	5	3143	3448	9264	627	261
教师进修学校	79	14197	15819	53193	2738	1614
三、成人中学	93	4695	5387	8861	206	120
职工中学	10	917	946	1089	81	40
农民中学	83	3778	4441	7772	125	80
四、成人技术培训学校	10611	2299890	2382622	2519793	9993	2811
职工技术培训学校	126	31383	39811	37087	1160	533
农民技术培训学校	10485	2268507	2342811	2482706	8833	2278
五、成人初等学校	3408	122962	56941	178396	7081	666
职工初等学校	15	2530	2657	2657	37	8
农民初等学校	3393	120432	54284	175739	7044	658
其中：扫盲班	1570	44983	43624	53993	4274	133

〔全区教育工作会〕 1994 年 10 月 10 日至 12 日，自治区党委、区人民政府召开了有地、市、县第一把手参加的全区教育工作会议。自治区党委、政府从中国的国情和广西区情出发，决定了教育宏观结构和发展方针，即把“两基”工作列为各项工作的“重中之重”；职业教育必须大力发展；高等教育适度发展。区党委、区人民政府批准颁发《关于教育改革与发展若干问题的决定》、《关于多渠道筹措教育经费的决定》，为广西教育改革与发展提出了有关政策和保障条件，进一步拓宽教育经费来源渠道。通过会议，全区各级党委、政府和各族人民群众进一步提高了真正坚持教育优先发展战略地位的思想

认识。各地、市、县根据全区教育工作会议精神，先后召开本级教育工作会议，全面规划从现在起到本世纪末的“两基”工作计划，制定执行两个《决定》的具体政策措施。

〔**重建水毁校舍**〕　六月以来，广西先后四次遭受强台风和特大暴雨的袭击，造成百年不遇的特大洪涝灾害，教育系统相当部分学校片瓦无存。据不完全统计，全区教育系统在这四次洪涝灾害中共有 8636 所学校受灾，倒塌校舍 16095 间计 61 万平方米，造成严重危房 23064 间计 70 多万平方米，造成一般危房 21159 间计 2 万多平方米，损失瓦片 71444 万块，损坏、冲毁课桌椅 11 万套，师生死亡 37 人，受伤 233 人，因灾无家可归的师生达 15 万多人，学校直接经济损失达 78879.93 万元。

灾情发生后，自治区高校工委、自治区教委立即成立了救灾领导小组，教委主任李林任组长，统筹负责教育系统抗洪救灾护校保教工作。发布紧急通知，对各地开展抗洪救灾工作给予及时指导，带领各处室干部分赴灾区，慰问师生，指挥学校抗灾护校。还发出倡议，动员全区教育系统积极捐款献物，以实际行动向灾区人民献爱心，支持灾区校园重建工作，仅省、地级教委机关捐款达 242 万元，捐衣物 7000 多件，各高校捐款达 342 万多元，捐衣物 16 万多件。还从事业费及各种专项中挤出 2356 万元，用于灾区救灾工作。与此同时，国家教委、国家计委、财政部先后拨给 1280 万元，自治区财政拨出 1000 多万元，联合国儿基会赠款 43 万元援助灾区重建校园。自治区各金融部门也破例为教育部门发放救灾贷款 1 亿元，加快了水毁校舍的重建进程。水灾灾情历史罕见，但全区教育系统广大师生经受了考验，在大灾面前不畏艰险，团结奋战，抗灾护校，表现了高度的凝聚力，有的教师为了保护学生，保护学校和群众的财产，献出了自己宝贵的生命，广大师生在灾情面前表现出来的可歌可泣的事迹，受到了各级党委和广大群众的高度赞许，被誉为一支仅次于解放军的救灾队伍。通过广大师生员工的努力和各级党委、政府及人民群众的支持，各级各类学校基本保证了秋季学期能按时开学，而且入学率、巩固率甚至收费情况都比灾前要好。经过水灾的锻炼，群众对教育更加有感情，更加重视，灾区人民以高昂的斗志、百倍的热情，节衣缩食，高标准、高速度搞好水毁校舍的重建工程。原来预计需要三年才能恢复校舍重建工程，将大大缩短为一年左右就可以基本恢复。

撰稿　吴桂就
审稿　李　林

基础教育

〔**综述**〕　普及九年义务教育稳步推进。1994 年，全区小学学龄儿童入学率为

98.15%，比上年提高了0.19个百分点；初中阶段教育的毛入学率为59.24%，比上年提高2.21个百分点。

普通高中教育规模继续减少。1994年，全区普通高中（含完中），比上年增加11所（其中完中增加7所），招生数减少0.22万人，在校生减少0.85万人。

民办中小学办学效益有所提高。全区有民办普通高中21所（其中完全中学10所），比上年减少16所；在校生0.29万人，比上年减少0.21万人；民办普通初中143所，民办职业初中4所，分别比上年减少17所和3所，共招生1.41万人，比上年增长4.44%，在校生3.10万人，比上年增长13.14%；民办小学59所，招生0.2万人，分别与上年减少2所和0.25万人，在校生0.87万人，与上年基本持平。

中小学教师队伍素质有所提高。全区小学专任教师中有民办教师4.07万人，另有代课教师10.41万人。代课教师比上年增加14.70%；初中专任教师中有民办教师0.51万人。初中专任教师比上年增长6.58%，高中专任教师比上年减少0.05万人；普通中学代课教师1.21万人，职业初中专任教师比上年有所减少，职业中学代课教师0.046万人。专任教师学历合格率：小学为86.22%，普通初中为55.62%，普通高中为59.13%，职业初中为30.45%，小学、普通初中、普通高中分别比上年提高1.70、2.35、0.53个百分点。

中小学专任教师专业职务分布情况

	高级		一级		二级		三级		未评级	
	人数	%	人数	%	人数	%	人数	%	人数	%
高中	2785	19.07	4892	33.50	4868	33.34	961	6.58	1095	7.50
初中	1337	1.71	19105	24.50	28507	36.56	16948	21.73	12101	15.51
小学	16636	8.70	85781	44.20	43578	22.80	8523	4.46	19433	10.17
备注	小学中另有中学高级教师165人，占小学教师总数0.09%。									

办学条件得到进一步改善。小学、普通中学占地面积分别为13599.36万平方米和8064.76万平方米，分别比上年增长1.15%和22.69%；生均占地面积小学比上年减少0.5平方米，普通中学比上年增加5.5平方米。小学、普通中学校舍总面积分别为2455.96万平方米和1249.42万平方米，分别比上年增长3.02%和7.35%，生均校舍面积与上年基本持平。小学、普通中学藏书分别为1048.45万册和1073.50万册，分别比上年增长26.1%和10.03%，生均图书比上年分别增加0.3册和0.2册。

〔**义务教育**〕 全区各级政府积极实施义务教育，截止年底，累计有4个城区、1个县、202个乡（镇）普及了九年义务教育。年内共有10个贫困县普及初等教育。普及初等教育的县、市、区总数达到102个，全区基本完成了普及初等教育的任务。

为确保普及九年义务教育任务的按期完

成，各级政府及其教育行政部门采取了如下措施：一是修订了普及九年义务教育规划。自治区党委和政府召开全区教育工作会议提出，到2000年，在占全区总人口85%的地区基本普及九年义务教育，全区小学阶段的入学率达到99%，初中阶段的入学率达到85%左右。并提出分区规划、分类指导、分步实施的步骤，到1995年，区辖市城区和经济较发达的乡镇首先实现“两基”；到1997年，中等发展程度的乡镇，基本实现“两基”；到2000年，经济发展程度较低的乡镇，努力实现“两基”，特别贫困的乡镇，可先普及5年或6年义务教育。二是进一步落实完善“地方负责、分级管理”的教育管理体制，建立普及九年义务教育责任制，明确了自治区、地(市)、县、乡、村的职责，强化了县、乡、村三级的责任，把“普九”任务纳入各级政府的任期目标。三是扩大初中规模。1994年，全区集中了一定的人力、物力、财力，扩建和新建初中学校172所，缓解了适龄少年多、初中学校少、招生规模过小的突出矛盾。四是抓好“普九”先进典型，总结经验，以点带面。4月上旬，自治区在贵港市召开义务教育示范乡现场检查评估会，总结交流各地、市抓好示范乡(镇、区)建设的经验。9月下旬，自治区组织了“两基”评估验收工作团，对桂林市叠彩区、象山区和荔浦县的“两基”工作进行评估验收。连同上年验收的秀峰区和七星区，桂林市4个城区和荔浦县成为全区第一批普及九年义务教育的城区和县(市)。

〔**贫困地区女童教育**〕　解决女童入学问题，是提高贫困地区适龄儿童入学率的关键。为了促进贫困地区初等教育的发展，年初，选择了女童入学率较低的马山、天等、乐业、隆林、凌云、融水、上思、南丹、天峨、田阳等10个贫困县，实施中国与联合国儿童基金会合作的“促进贫困地区女童教育”项目。一是宣传女童接受教育，对发展社会经济、对提高贫困地区女童的生存能力的重要意义，宣传《义务教育法》和《未成年人保护法》，提高家长对女童教育的认识，积极送孩子入学；二是培训项目学校的校长、教师，让他们掌握女童教育的特点和方法，提高管理水平和教学能力；三是因地制宜采取多种形式办学，解决进入全日制学校学习有困难的女童入学问题；四是开展教学改革和教学研究活动，开展劳动技艺教育实验，使女童学有所长，并总结交流“复式教学”经验，提高山区教学质量。通过开展项目工作，提高了山区学龄女童的入学率和巩固率，10个项目县都达到了普及初等教育的要求。

此外，还在女童入学特别困难的地方，采取一些特殊措施，创办女童班。女童班由地方政府资助或社会集资捐助，把家庭生活困难的女童免费或半费给予生活补助。1994年秋季学期，全区有11个县共办女童班65个，入学女童2700多人。全区女童入学率达到97.53%，比去年增加0.39个百分点。

〔**勤工俭学**〕　1994年，广西中小学勤工俭学遇到了前所未有的困难，校办企业资金紧缺的矛盾更加突出；六、七月间全区范围的严重洪涝灾害，又使5441万公顷校办农业生产基地、604个校办工业企业、1087个校办第三产业网点受淹，造成直接经济损失8027万元。面对严重困难，全区勤工俭学战线的干部职工与广大师生团结奋斗，千方百计筹措资金，上新项目，齐心协力抗洪救灾，恢复生产，在大灾之年仍保持了较高的发展势头。全区中小学勤工俭学总产值（营业额）达202972万元，比上年增加58110万元，纯收入达38714万元，比上年增加9768万元，分别比上年增长40.1%和33.7%，提前一年完成本区勤工俭学“八·五”计划指标。

据统计，1994年全区共有18368所中小学校（含中等师范学校）开展了不同形式的勤工俭学活动，开展面为95.2%，其中，拥有校办产业的学校有13908所，占学校总数的72.6%，比上年增长3.3%。全区共有校办农业生产基地29370个，比上年减少494个，面积46030公顷，比上年增加4195公顷；有校办工业企业2257个，比上年增加41个，有校办第三产业网点9710个，比上年增加1535个。全区中小学校办企业职工人数44202人（其中教师9179人），比上年增加4583人。年末校办产业固定资产总值达56790万元，比上年增长31.8%。

中小学勤工俭学的经济效益明显提高。全年勤工俭学总产值中，校办农业总产值20595万元，比上年增加7684万元，纯收入5851万元，增加2151万元；校办工业总产值91002万元，比上年增加21217万元，纯收入6933万元，减少1040万元；校办第三产业营业额61847元，比上年增加13807万元，纯收入9536万元，增加2917万元。其它勤工俭学收入16394万元，比上年增加5740万元。全区中小学勤工俭学生均纯收入达47元，比上年增加10.51元。全年勤工俭学上缴国家税金5642万元，比上年增加1735万元。

中小学勤工俭学的整体实力进一步增强。全区15个地、市级单位，有11个年纯收入超千万元，其中玉林地区年纯收入达12371万元，比上年增加6163万元。89个县（区）级单位，已有81个单位年纯收入超百万元。其中，100—500万元的63个，500—1000万元的10个，1000万元以上的8个。贵港市年纯收入达2450万元，居全区县（区）级单位之首。

1994年，全区勤工俭学纯收入用于补充教育经费26242万元，占纯收入总额的67.8%，相当于同年国拨普教经费的12.6%，其中，用于改善办学条件13602万元，占总收益的35.1%，用于师生福利和政策性补贴12640万元，占总收益的32.7%。

1994年5月，区教委为了调动各地开展勤工俭学的积极性，加快本区勤工俭学的发展步伐，实现提前一年完成勤工俭学“八·五”计划目标的任务，评选并表彰奖励了一批在勤工俭学工作中成绩卓著的单位和贡献突出的个人，全区共评选出九四年度自治区勤工俭学先进单位27个，其中特等奖6个，一等奖21个，先进个人100名。这批先进单位和个人受到了区教委的通报表彰和重奖。

1994年，中小学校办企业实力进一步增强，骨干项目的建设和发展速度加快，全区年纯收入10万元以上的校办企业有194个，比上年增加80个。其中年纯收入过百万元的有4个：柳州龙城化工总厂（720万、柳州龙城中学）、柳州天城金芝保健品厂（310万、柳州十三中）、博白中学铸造厂（115万）、柳州市教育建筑工程公司（103万）。

〔**特殊教育**〕 1994年，全区各类特殊教育学校比上年增加12所；附设在普通小学的特教班161个，比上年增加54个。在校（班）残疾儿童少年共计13580人，比上年增加3280人。此外，民政部门在社会副利院举办了残疾儿童少年特教班22个，比上年增加

8个，在班残疾儿童252人，比上年增加123人。

召开残疾人事业总结表彰会。元月11日至13日，自治区人民政府在南宁召开了广西残疾人事业五年工作总结表彰会，自治区残联理事长赵济乔传达了中国残疾人事业五年工作总结大会精神；自治区人民政府副主席陆兵作《关于广西残疾人事业五年工作总结及今后的工作意见》的报告；自治区教委甘幼坪副主任代表区教委作《全区特殊教育五年工作总结及今后工作意见》的报告。会议认为，近五年来广西特殊教育已从城市向农村发展，从经济较发达地区向少数民族贫困地区推进，13个地、市都各有1所以上特教学校，百色、河池、梧州地区的一些贫困山区县也办起了特教学校和特教班；创立了国家、部门、集体和个人共同办特殊教育的新格局。特殊教育示范点工作正在展开，包括特教示范县、示范特教学校、示范特教班、点等，正在步步深入，发挥以点带面的作用；培养、培训了一批特教管理干部和教师；多渠道筹措了特教事业发展所需资金；特殊教育获得了明显的教育效果。会议提出了今后的发展目标和工作意见。桂林市、北流市、隆林县人民政府在会上介绍了发展特殊教育的经验。会议宣读了自治区人民政府残疾人工作协调委员会《关于表彰全区残疾人三项康复和特殊教育先进集体、先进个人的决定》。自治区党委书记赵富林到会讲了话。3月9日，国家教委向全国转发了《广西壮族自治区特殊教育工作总结报告》，在转发通知中指出："广西的经验表明，发展残疾儿童少年义务教育的关键在于各级政府和教育行政部门领导的重视，并能采取有力的措施去推动这项工作。"

贫困地区对有特殊需要儿童的教育项目。3月，国家教委批准广西田阳、隆林、马山三县为联合国儿童福利基金会资助的贫困地区对有特殊需要儿童的教育项目县。这3县的桥业、巴别、雷圩、者保、沙梨、祥播、加方、合群、双联等9个乡为实施项目乡。项目周期为1994—1995共两年。项目目标为：在普通小学通过简便的教育方法的改变，如调整课程和与残疾儿童相适应的教材资料，从而增加有特殊需要儿童入普通小学的在校生，并保持其稳定。立项后，3个项目县组织力量，调查核实了项目乡7—15岁视力、听力语言、智力残疾儿童少年人数；对项目乡的党政干部、学校校长和教师、残疾儿童少年家长进行开展项目工作目的意义的宣传教育，提高有关人员的认识，调动社区参与项目工作的积极性；制定适合当地实际的残疾儿童安置计划；培训教师和管理干部；开展教育教学研讨活动等。1994年，自治区、县两级共培训教育管理干部47人（次），特教师资153人（次），9个项目乡在校盲童10人，入学率71.4%，低视力儿童29人，入学率93.5%，聋童10人，入学率33.3%，重听儿童26人，入学率48.1%，弱智儿童104人，入学率39.8%，各类残疾儿童入学率均超过了全区的平均水平。贫困山区残疾儿童能入学，并受到很好的教育，在当地传为佳话。国家教委特殊教育专家组两次到3个项目县进行检查、评估、指导和咨询，对项目工作所取得的成效给予了肯定和很高的评价。

残疾儿童随班就读工作。自治区教委坚持将视力、听力语言、智力残疾儿童少年教育一起抓，建校、办班、随班就读一起布局，自治区、地（市）、县、乡一起动手，把三类残疾儿童少年随班就读工作摆在重要位置上。8月至9月，区教委转发了《全国残疾儿童少年随班就读工作会议纪要》和国家教委《关于开展残疾儿童少年随班就读工作的试行办法》，并结合广西实际，制定了《积极贯彻全国残疾儿童少年随班就读工作会议精神，全面推进我区残疾儿童随班就读工作的意见》，指导各地吸收三类残疾儿童到普通学校随班就读并加强管理。区教委决定，南宁市盲聋哑学校、柳州市盲聋哑学校、桂林市培智学校分别为广西盲教、聋教、弱智教育师资岗前短训基地和随班就读指导中心，加上外派学习考察人员，使55人（次）的特教管理干部和特教学校校长、66名盲童随班就读辅导教师、34名聋教师资、162名弱智教育教师接受了一定的业务培训，84名乡村分管特教的干部和特师班学生接受了简易智商测查操作方法的培训；随班就读的盲童达210人，聋童545人，弱智儿童10023人，合计10778人，占全区在校残疾儿童少年的79.4%。

〔**幼儿教育**〕 1994年，全自治区幼儿园比上年增加683所，另有学前班22832个，在园（班）幼儿数中有学前班幼儿76.46万人，比上年减少9.85万人，减少原因是受洪涝灾害，大批校舍倒塌，部分幼儿教室被临时改为小学一年级新生教室。有民办幼儿园359所，比上年增加146所，在园幼儿7.88万人。全区幼儿园教职工中园长0.16万人，保健员0.10万人。幼儿园教师学历合格率为78.2%。

学前班管理。为了贯彻国家教委《关于改进和加强学前班管理的意见》，采取了各县、市自检，自治区抽检，对全区学前班教育教学管理工作进行全面检查。学前班的教育教学管理日趋规范化：(1) 全区各地坚持了学前班登记注册制度。(2) 领导管理机构逐步建立健全。大部分地、市做到：在城市建立了市、城区、学校三级管理网；在农村则建立了县、乡、村三级管理网络和相应的机构。(3) 各地建立了相应的管理制度。结合当地实际情况，制定学前班教育教学管理，教师的管理和使用，学前教育考核评比奖惩制度等。

实施贫困地区学前教育项目。年初，选定融水、金秀、平果、田东4个少数民族贫困县为实施联合国儿基会1994—1995年周期开展《贫困地区社区、家庭、教育机构共同促进学前儿童发展》的项目工作。从自治区到县分别制定了实施方案，成立了项目工作领导小组，并对项目人员、教师进行了培训。4个县分别选了当地经济、文化发展条件较好和较差的两个乡为试点，采取正规、非正规教育相结合的形式对当地儿童进行学前教育，探索建立适合当地情况的有效的组织形式以取得经验，在全县推广。

〔**师范教育**〕 (1) 1994年，国家教委批准在梧州地区教育学院的基础上建立梧州师范高等专科学校。全区有普通高等师范院校8所，其中本科院校2所，专科院校6所；应届毕业生4795人（其中本科968人，专科3827人）；招生6312人（其中本科1218人，专科5094人），在校生17701人（本科4659人，专科13042人）。各校成人教育学院、培训（函授）部培训在职中学教师，毕业学员1523人，（其中本科499人，专科1024人）；招生3630人，（其中本科964人，专科2666人）；在校学员8461人，（其中本科2626人，专科5835人）；普通高等师范院校教职工4799人，其中专任教师2139人，比上年增长7.6%，教授102人，副教授519人，讲师881人，助教460人，教员177人（分别比上年增长25.9%、17.2%和14.4%、15.7%）。校舍面积达到67.12万平方米，图书资料370万册。（2）教育学院在职教师学历培训毕业本科245人，专科3388人；招收本科162人，专科4206人；在校（在籍）学员本科527人，专科12388人；普通师专毕业生628人；招生1698人，在校生4696人。教职工2142人，其中专任教师1118人（教授10人，副教授214人，讲师537人，教员62人）。校舍面积达到28.81万平方米，图书资料126万册。（3）普通中等师范学校中有幼儿师范学校1所，毕业372人，招生402人。特殊教育专业招生41人。中等师范学校教职工中高级讲师298人，讲师782人，助理讲师718人，教员136人。校舍面积达到52.04万平方米；有图书资料126.4万册。（4）教师进修学校校舍面积34.46万平方米。小教、幼教培训中心共4所，分别设在南宁民族师范学校、桂林民族师范学校、巴马民族师范学校和广西幼儿师范学校。1994年培训幼儿园园长40人；幼儿教师学历培训，毕业200人，招生522人，在校（在籍）学员86人。

深化中师、师专教育教学改革。（1）制订《广西壮族自治区高等师范专科教学方案（试行）》，下发各师专试行。根据国家教委要求，结合基础教育改革和师专的具体情况，制订了师专教学新方案，促进了各师专教育教学改革，迈开了师专教育整体改革的第一步。制定中师音、体、美和英语专业教学计划，保证中师专业的教学质量，并根据我国新工时制改革的需要适当调整课时。（2）组织编写地方教材和中师选修课教材，充实师专、教育学院和中师教育教学内容。所有中等师范学校开设了外语课和计算机课。（3）加强五年制师范专科试验研究，经国家教委批准，继续招收了4个主要为城市小学培养骨干教师的五年制师范专科实验班，共招生160人。召开了4市师范五年制试验研讨会。（4）组织中师主要课程抽考，了解各校教学质量情况，加强教学监督和管理。一年级抽考语文、二年级数学、三年级教育学，采用标准化考试，用计算机统一评卷。三科平均及格率分别为94.25%、72.4%、99.87%。

继续加强师资队伍培训。（1）继续抓好初中教师“三沟通”全员培训。除了加强对中小学在职教师脱产、函授、电视师专、电视中师的系统进修和小学教师继续教育外，重点抓了初中教师“三沟通”全员培训。为提高管理水平，举办了管理人员电脑培训班，强化计算机管理；开发了中学教师全员培训学员学籍管理系统，供有关院校使用，提高了工作效率。加强面授辅导，严格考纪，据统计，共有85327人次参加培训和考试，考试合格率平均达到67%以上，其中由中国电视师范学院命题抽考的《中国古代文学》、《有机化学》两门课程，及格率分别为83%，75%。通过采取多渠道、多形式培训，加上师范院校毕业生分配，中小学教师学历达标率比1993年又有所提高。（2）继续抓好中小学校长培训。第一，对中小学校长队伍情况进行了一次调查，全区有小学校长18388人，已经参加岗位培训的有11666人，占校长总数的63.4%；初中校长3817人，已经参加岗位培训的2841人，占初中校长总数的75.1%；高中校长1418人，已经参加岗位培训的668人，占高中校长总数的47.1%。第二，抓好培训中的质量管理。制订了广西壮族自治区中小学校长岗位培训评估方案（试行），为1995年开展校长岗位培训评估工作做准备。(3) 开展小学教师继续教育工作。年初在玉林市召开全区教师进修学校校长会议，要求各校在继续完成小学教师学历补偿教育的同时，积极开展学历后的继续教育活动。

撰稿　吴桂就　廖　斌　刘谋桂
庞健全　江立人　朱伯群
俞妮亚　莫显槐　肖荣亮
审稿　李　林

职业技术教育

〔**综述**〕　各类中等职业技术学校在校学生、招生、毕业生分别比上年增长15.81%、16.13%和18.74%。专任教师中达到本科学历的教师7421人，有高级专业技术职务的教师1792人，有中级专业技术职务的教师5814人。在各类中等职业技术学校中，有技工学校117所，在校学生54993人，招生24412人，毕业14326人，教职工7261人，其中专任教师3664人。

派出专业干部和技术人员深入南宁、柳州、河池、百色等地区的24个贫困县检查指导工作，帮助各级领导提高认识，并具体落实发展职业教育的规划和措施，发动先进地区及有关学校向贫困地区对口支援。广西交通学校、广西农校、广西轻工业学校和南宁市一职高等校分别向都安、西林、凌云、龙州和龙胜开展支援活动。博白与忻城，浦北与都安，横县与天峨等县结成为对口支援协作对子。贫困地区的职业教育开始出现好的转机。

〔**重点职业学校建设**〕　(1) 根据广西职业中学现状，确定柳州市第一中等职业技术学校、北海市第一职业高中、浦北县第一中等职业技术学校、横县职业中学、博白县中等职业技术学校等5所省级重点职业高中作为争创国家级重点职业高中的主要建设对象。根据国家教委颁发的《国家级重点职业高级中学标准》，制定各校的建设规划和措施。多次派员深入上述学校进行检查指导，帮助学校对照《标准》落实争创国家级重点职高的实施方案，并积极争取当地政府帮助学校解决办学中的实际问题，增加投入，狠抓学校硬件建设。各级政府在财力、物力的投入方面给予了倾斜，当年，自治区拨给5所省级重点职业中学专项补助费176万元，占专项总数的49.72%。并配给总价值56.7万元的仪器设备，占总数的56.7%。(2) 年初，经广西壮族自治区人民政府审批认定20所普通中专为省部级重点中专学校，其中，有10所学校被国家教委确定为国家级重点普通中等专业学校，它们是：广西水电学校、广西交通学校、广西轻工业学校、柳州铁路运输学校、广西贸易经济学校、广西农业学校、广西柳州卫生学校、广西南宁化工学校、广西林业学校、广西壮族自治区体育运动学校。

〔**职业高中校长培训**〕 自治区教委在广西农业大学职业师范系建立了职业中学校长岗位培训基地，首期培训班于 1994 年 10 月至 12 月举办，共有 35 名职业中学校长参加了培训。这次培训班开设有《马克思主义基本理论》、《职业技术教育政策法规及法律知识》、《学校管理》、《职教学科知识讲座》、《经济和技术知识讲座》、《职教管理实践》六门课程，还聘请广西区计委、区科委以及江苏等区内外的有关部门领导同志和专家、学者来班上课。经过培训，使参加培训校长的政治、思想、管理、业务等素质有较大提高，经考试考核，均获得了国家教委颁发的《职业中学校长岗位培训合格证书》。

〔**提高办学效益**〕 (1) 调整办学布局，优化专业结构。根据市场经济和社会发展的需要，在调查论证的基础上，新办了广西人民武装学校，筹办了广西乒乓运动学校和广西佩珠民族艺术学校，广西南宁化工学校。在贵港等地新设 5 个办学点。并根据广西经济发展开设适销对路专业，审批新办和试办《计算机与应用》等 51 个新专业。(2) 挖掘学校潜力，扩大办学规模。在完成国家招生计划的前提下，充分发挥学校自身优势，积极面向社会、乡镇企业以至外省招生。据统计，年内，接受广东、云南的委培生达 830 人。(3) 深化校内管理体制改革。自治区教委大力宣传广西贸易经济学校校内管理体制改革的经验，积极推行校长负责制、教师聘任制、岗位责任制、校内结构工资制、考核奖惩制等一系列改革措施，使学校建立起充满活力的运行机制，调动了广大教职工的积极性，使管理和决策逐步走上了民主化、程序化、科学化的轨道。

〔**技工学校教育改革**〕 (1) 继续贯彻学历证书与职业资格证书并重的制度，要求技工学校凡开设的工种有部颁技术等级标准的，一律组织毕业生参加技术等级考试。除继续按三级工、四级工标准组织考试外，对教学质量较高的技校首次开考五级工。全区有 12051 名毕业生参加了“双证”考试，占全区毕业生总数的 83%，比上年提高 3%，其中取得三级工证书的 6359 人，取得五级工证书的 455 人。(2) 开展技工学校教育质量评估工作。对 44 所学校进行了合格技校评估，对 11 所学校进行了自治区重点技校评估。为了迎接评估，1994 年，全区技校基建投资达 5488 万元，比上年度增加 42%，其中自筹资金 4154 万元。通过评估进一步改善了办学条件，提高了教育质量。(3) 加强教研活动。组织和指导电工、机械基础、数学等教研会对 8 门学科的部颁教学计划进行调整，旨在保证教材系统性和教学重点内容的基础上，突出技能训练。组织修订了技校德育课教材《思想品德教育》及大纲，并由中国劳动出版社发行。组织教师参加劳动部“第三产业”3 个工种 6 本教材的编审工作。(4) 开展初级计算机操作技能师资培训班和组织全区技校第三次机械制图竞赛。

〔**城乡教育综合改革**〕 1994 年全区教育综合改革实验县（市）已扩展到 16 个县、2 个市、一个地区，燎原计划示范乡由原来的

200个扩展到230个，各实验县在转变办学思想，从单纯为升学服务转向主要为当地经济建设服务兼顾向高一级学校输送合格新生，实行普、职、成三教统筹，农（经）、科、教结合，取得了可喜的成果。玉林地区行署决定建立100个职教培训基地，把普通学历教育和非学历教育的培训工作以及技术等级证书考核统筹起来，多渠道、多形式、多元化发展职业技术教育，已经被国家教委批准列为全国教育综合改革实验地区之一。一些贫困地区也逐步推广学习先进综改县的经验，并取得显著成绩。融水、罗城、龙胜等新的综改实验县，重视在小学阶段渗透职业教育因素和高中分流教育，学生普遍学到一两项劳动技术，帮助家庭和村民解决劳动中的实际问题，且文化成绩普遍持续上升，家长高兴，群众赞扬。区教委在民族贫困地区基础教育阶段渗透职教因素的改革实验获得了世界银行官员和教育专家的一致好评。世行贷款科研项目专家评审团团长比默先生称赞“这是世界首创”。

撰稿 吴桂就 韦瑞杰 金星荣
审稿 李 林

高等教育

〔**综述**〕 普通高等教育规模有所发展。1994年，全区普通高等学校中部委属院校3所；自治区属院校24所，另有分校（院）2所，大专班点3个。自治区有7所普通高等学校举办研究生教育，有博士学科专业点1个，硕士学科专业点81个，硕士学科专业点比上年增加16个；研究生招生比上年增长14.92%；在学研究生比上年增长35.6%。普通本专科招生比上年略有减少；在校生比上年增长13.73%，其中国家任务计划公费生和计划委培在校生增长6.11%，调节性计划委托培养和自费生增长43.97%，调节性计划在校生的比重由上年的20.13%提高到25.48%。平均每万人口中的普通高校在校生数为13人，占全国平均数的54.17%，比上年提高1.43个百分点。教职工中正高级专业职务教师414人，副高级1960人，中级3119人。普通高等教育层次结构进一步优化。研究生与本专科生招生数比由上年的1∶78.7变为1∶67.7，在校生数比由上年的1∶101.9变为1∶85.5；本科与专科的招生数比由上年的1∶2.3变为1∶2.1，在校生比由上年的1∶1.3变为1∶1.5。

普通高等学校办学条件仍然趋紧。普通高等学校的投入增加，办学条件得到充实和改善，但由于在校生规模增长过快，办学条件趋紧。自治区属普通高等学校校舍总面积221.77万平方米，其中学生宿舍面积38.34万平方米，分别比上年增长6.42%和11.45%；教学仪器设备价值1.33亿元，比上年增长16.67%；学校藏书951万册，比上年增长18.88%。生均校舍面积、生均学生宿舍、生均教学仪器设备价值和生均图书分别为 43.3 平方米、7.5 平方米、2600 元和 185.9 册，生均校舍面积和生均学生宿舍分别比上年减少 2.9 平方米和 0.1 平方米，生均教学仪器设备价值和生均图书分别比上年增加 71 元和 17.3 册。

〔**教学改革**〕（1）开展教学评估工作。根据国家教委的要求，自治区教委对广西大学、广西工学院、桂林工学院、桂林电子工业学院等 4 所院校进行了工科本科教学工作状况评估；（2）加强对教学质量的检测工作，对广西大学等 6 所院校工科本科专业的高等教学课和广西医科大学等 4 所医科院校的生物化学课进行了抽考，有关部门、院校针对抽考情况进一步改进了教学；（3）继续加强大学英语教学。结合广西高校生源的实际，区教委提出到本世纪末，区属本科高等院校英语四级考试通过率要达到 40%，专科院校英语三级考试通过率要达到 50%。年内全区共组织高等学校学生 54388 人次参加大学英语三、四、六级考试，比上年增加 8.6%；（4）加强普通高校非计算机专业计算机教学工作。大多数高校在非计算机专业开设了计算机必修课，部分院校成立了计算机教学部，抽调各系教师培训，筹资购买计算机，加强计算机教学，区教委为了配合高校非计算机专业的计算机教学，组织专家编写了《计算机等级考试系列教材》和《一九九五年我区普通高校非计算机专业等级考试样题及考试大纲》；（5）培养复合型、应用型人才。在广西师范大学等 5 所院校进行了“本科辅修专科制”的试点工作；在广西财政高等专科学校等两所院校进行了“双专科制”的试点工作；（6）加强学历学籍管理工作。自治区教委下发了《我区普通高等学校学籍管理的补充规定》和《我区普通高等教育学历证书管理暂行办法》，根据国家教委的有关规定，全区给 27 所普通高校的毕业生发放了 13504 本毕业（结业）证书。

〔**专业设置**〕　适应社会对高校人才结构、数量与质量的要求，对专业结构进行了较大的调整，使专业设置工作逐步走上科学化、规范化的轨道。1993 年增加 32 种专业，1994 年增加到 71 种，专业点 98 个。本科非重复专业发展到 150 多个，专科 359 个。加强了工学、经济学类专业，新设专业中，工学和经济学所占比重分别为 28.2%和 21.1%，新设的专业点工学和经济学所占比重分别为 36.7%和 198.4%，增加了广西经济建设所急需的专科专业，使本专科专业点之比由 1992 年的 110∶101 调整到 130∶170；增加了社会需求较大的工科、金融、财贸、工民建、计算机应用等紧缺专业以及新兴学科、边缘学科和外向型学科的专业；填补了部分专业空白，如国际贸易、广告学、汽车与拖拉机、生物技术、海水养殖、影像技术等；改造老专业，压缩长线专业，增加短线专业；部分专业实行按系招生，拓宽专业口径，院校的专业结构和布局得到了较大程度的优化。

〔**招生和毕业生分配**〕　从 1992 年开始，广西实行国家指令性和地方调节性计划相结合，扩大了高等院校的办学规模和效益，激发了高校的办学积极性。1994 年，继续执行这一招生计划体制，全区区属普通高校招生人数比去年的招生人数略有增加，达到 17255 人（含部属院校为 19303 人），报考人数与录取人数之比持续缩小（1991年6.6：1；1992年4.5：1；1993年2.8：1；1994年2.47：1），给更多的高中毕业生创造了升学提高的机会。

继续对普通高校毕业生分配就业制度进行改革，部分实行“双向选择”、推荐就业的多元化分配就业体制。举办了高校毕业生“双向选择洽谈会”，社会各界计有上万人参加会议，共签订协议3000多份，占生源的60%以上。这一改革，发挥了人才市场对高校毕业生资源优化配置的作用，并对高校的人才培养规模和要求提出新的课题。

〔**与企业联合办学**〕　年内，广西大学实现了与玉林柴油机厂等企业联合办学，创办起广西大学工程技术学院，直接为企业培养人才。广西工学院已先后同柳州10多家企业签订了厂校联合办学的协议，创立了校董事会。其中与柳钢、柳汽东风集团结合，已初步形成了较有规模的汽车工程和钢铁冶金工程系列，推动了柳州市这两大支柱产业的发展。广西医科大学将分校的制药厂承包给著名农民企业家方秋潮，经济效益有了较大提高。方秋潮又设立教学、科研奖励基金，对推动学校的教学、科研工作发挥了积极作用。其他各高校也正在不同程度地探索与企业结合办学的新路子。

〔**“211工程”建设**〕　为适应21世纪科技发展和经济建设的需要，自治区人民政府批准实施广西“211工程”建设方案，包括重点建设广西大学和全区高校20个重点学科两项子工程；以及重点建设4个自治区级实验中心（广西大学工业测试实验中心、广西农业大学生物技术实验中心、广西医科大学医学科学实验中心、广西师范大学理科实验中心），和“跨世纪人才工程”两项辅助工程。“跨世纪人才工程”主要是结合重点学科点和实验中心建设的需要，加强对学科带头人的培养工作，首批培养对象19人已经向社会公布并进入培养阶段。4个实验中心的建设已经初具规模，并且通过两年的启动建设，在学科建设、科研开发上已形成了明显的优势，成为广西高校面向社会的一个窗口。目前已建立了研究所（室）35个，承担各类科研项目152项，获科研经费199万元，年创利润达数百万元。4个实验中心坚持高水平教学科研基地建设的方向，并具有多学科交叉并进、联合攻关的特色，吸引了各界尖端科技人才，现已有博士22人，硕士41人，高级职称人才94人。4个实验中心集中了一批精良的仪器设备，现已拥有高、中档仪器设备2495台（套），价值2750万元。整个“211工程”正在按计划逐步实施。

〔**科学技术研究**〕　区教委下发了《关于加强我区高等学校科学技术工作的若干意见》，对理顺高校科研管理体制，调动广大教师、科技人员积极性，加强科技成果应用推广工作提出了具体要求；全区共立科研项目101项，其中项目负责人为留学回国人员的有45项，项目负责人40岁以下的占80%；高校普遍加强了与工矿企业的横向科技合作，据不完全统计，全区高校科研经费达1300多万元以上，比上一年度增加400多万元，其中约80%是横向项目经费；由自治区教委组织和受委托主持鉴定的项目28项，鉴定意见认为达国际同类先进水平3项，国内领先水平7项，国内先进水平5项，区内先进水平13项。全区高校获广西科技奖一等奖

1项，二等奖5项，三等奖14项。区教委组织评定的广西高校科技进步奖项目27项，广西高校社会科学优秀成果奖获奖项目26项。

〔**国际交流与合作**〕 (1)有23所大中专学校聘请了外国长期文教专家、外籍教师46人，短期讲学及合作研究的专家教授76人。(2)全年共接收外国来华留学生260人。(3)全年共接待来自美、日、英、法、澳等十多个国家和地区的访华团组109批601人次，共签订协议和达成意向10份(项)；年内先后派出访问考察团组共15个96人，出国参加学术会议短期讲学和合作研究44批60人。(4)年内通过国家教委下达的国家公派名额、广西自筹经费名额以及校际交流等渠道，共派出留学生70人，办理全区自费出国留学人员116人。回国留学人员62人(其中博士2人)。

撰稿 吴桂就 庞健全 刘冰

审稿 李林

成人教育

〔**扫盲教育**〕 1994年，广西共开办5867个教学班，组织97617人入学，脱盲44983人，其中扫除妇女文盲30649人，比上年减少脱盲92817人，在校生53993人。大化、田林、隆林、西林4个县低标准扫除青壮年文盲；博白、北流、贵港、桂平、陆川、灵山县(市)通过行署高标准验收，荔浦县、桂林市象山区、叠彩区通过自治区人民政府验收。2人获全国扫盲先进工作者。全年抓了以下几项主要工作：(1)年初下达全区扫盲任务，要求各地把任务落实到村和人，签订承包合同，限期完成。(2)传达学习全国"两基"工作会议精神。召开地、市成教科长会议贯彻落实会议精神。(3)制定政策。与区公安厅联合下达《关于办理脱盲人员变更文化程度手续的通知》、印发《广西壮族自治区县级扫除文盲单位检查验收办法(试行)》的通知、《广西壮族自治区县级扫除青壮年文盲验收实施细则(试行)》的通知，使县级单位扫盲验收有了统一标准。(4)重新修订规划。根据国家教委规划，重新修订了广西的扫盲教育规划，于1998年前完成全区基本扫除青壮年文盲任务。(5)验收"两基"。组织地、市成教科长及有关人员参与荔浦县及桂林市两城区的验收工作，培训骨干，明确指导思想，统一要求和做法。(6)抓扫盲巩固提高。

〔**农村成人教育**〕 (1)自治区教委下发《1994年全区农村成人教育工作意见》，要求各地明确当年农村成人教育的指导思想、目标任务和应采取的措施，推动其发展。印发《广西壮族自治区级乡(镇)成人文化技术学校验收方案(试行)》的通知，使乡(镇)成人文化技术学校的建设有了个统一标准，加快了自治区级乡（镇）成人学校的建设。自治区计划重点建设的15所区级示范学校，已有9所建成。平南县镇隆乡、邕宁县吴圩镇、合浦县党江镇3所农技校被评为全国农村成人先进学校。(2) 县办成人中等教育有了发展。区教委下发《关于在县教师进修学校基础上创办县成人中等专业学校的意见》，10所条件较好的县进修学校增挂县成人中专校的牌子，实行一个基地两个牌子，发挥多功能作用，为当地培养更多人才。年内全区县办成人中专学校已发展到27所，有12个县（市）已建成或正在建设成人教育培训中心，初步形成区、地、县、乡、村五级农村成人培训网络。(3) 广泛开展实用技术培训，为发展农村经济和脱贫致富服务。农村成人学校紧密围绕当地经济开发及劳务输出开展各类各层次的培训。据统计，全区共开办35041班(点)，不少农技校还创办了教学、科研、生产三结合的经济实体和科技示范基地，辐射到农村千家万户，直接为农村经济和农民脱贫致富服务。

〔**成人高、中等教育**〕 成人中等专业教育在改革中持续、稳定、健康发展。(1) 学校的数量增加。全区独立设置的成人中专校由63所发展到75所。(2) 继续深化招生制度的改革，扩大生源，增强办学活力，当年录取62945人，创历史最高水平。在部分条件好的党校、成人中专校举办村干部中专班和进行春季招生试点。另外，还进行岗位培训-干部专修-全科班一体化教育制度的试点。

成人高等教育强化管理，逐步规范。区教委下发了《广西成人高等学校学生学籍管理暂行规定》，规范了成人高校学生学籍管理，建立了正常的教学秩序，认真进行教学改革。根据国家教委《成人高校教学计划制订原则》，对全区文、理、工科类、经济应用类等34个有代表性的专业的教学计划进行了修改，规定成人高校必须开设《英语》、《计算机应用基础》、《应用写作》等三门基础课程；组织对全区成人高校一、二年级学生进行英语摸底测试和对部分普通高校成人教育教学班进行抽考。继续抓好《专业证书》教育，严格保证成人高等学历教育的规格和质量。1994年全区成人高等教育《专业证书》教学班共录取了1700多人，由区教委统一验印发放毕业证书8172本。

〔**职工教育**〕 在自治区2637805名职工中，参加各类培训学习的人数达787233人，培训面为29.8%。其中参加岗位培训的有637854人，接受高等教育485667人，中等教育29813人，文化基础教育7625人。在886178名干部中，参加培训学习的有281653人，培训面为31.8%。其中参加岗位资格培训48463人；适应性培训111521人；继续教育63374人；接受高等教育35806人，毕结业10923人。其中参加全科学习21700人，毕业6827人；参加专业证书班学习结业的有3207人；接受中专教育19821人，毕结业10097人。其中参加全科学习的有15499人，毕业的有6845人；参加中专专业证书班学习结业的有2668人。在全自治区1751627名工人中，参加培训学习的有505580人，培训面为28.9%。其中：参加岗位资格培训有93372人；技术等级培训77762人；适应性培训306786人；其中参加全科学习6829人，毕业的1831人；参加专业证书班学习结业的有988人；接受中等教育有9992人，毕结业

4916人，其中参加全科学习5126人，毕业2595人；参加中专专业证书班学习结业的有1152人；接受文化基础教育的4957人。

撰稿　吴桂就　黎汉光　刘展佳
审稿　李　林

民族教育

〔综述〕　全区有独立设置的民族中小学189所，民族普通中专20所，其中，民族普通中师10所，民族普通高校3所。少数民族在校生数：小学240.75万人，占在校生总数38.12%；幼儿园17.49万人，占在园总数的17.53%；普通中学63.52万人，比上年增长2.60%，占在校生总数的35.95%；职业中学2.68万人，占在校生总数的25.44%；普通中等专业学校2.66万人，占在校生总数的25.36%，其中，中等师范学校0.69万人，占普通中学师范教育在校生总数的20.55%，普通高等学校1.63万人，比上年增长21.77%，占在校生总数的28.12%；幼儿园、小学、普通中专和职业中学少数民族在校生均比上年有所减少。少数民族专任教师：小学教师7.59万人，比上年有所增长，占教师总数的39.10%；幼儿园教师0.45万人，比上年增长25%，占教师总数的20.54%；普通中学教师3.37万人，比上年增长12.33%，占教师总数的36.42%；普通中等专业学校专任教师0.14万人，比上年有所减少，占教师总数的18.36%；职业中学教师0.18万人，比上年增长5.88%，占教师总数的28.26%；普通高等学校教师0.16万人，比上年增长14.29%，占教师总数的20.96%。

现有11所高等院校举办少数民族预科班，年招生650人左右，全部集中到广西民族学院预科部办学。大学预科面向边远山区少数民族招生，多年来，大学预科已成为培养少数民族人才的有效途径。台湾大丰洋伞股份有限公司在了解了预科部的办学情况及效益后，决定进行无偿捐赠，资助广西民族学院预科部，成立了“大丰教育基金会”。基金会资金主要用于广西民族学院预科部改善办学条件，培训师资，奖励优秀学生，资助困难学生等。年内，该基金会无偿捐赠了人民币153万元，广西民族学院预科部用此项资金兴建了学生宿舍楼一幢，添置了部分教学仪器设备。

〔综合改革实验〕　5所民族实验小学进行文化教育与职业技术教育早期结合的实验有新的进展；一是文化课教学质量稳步提高。中寨乡中心小学毕业班参加全县统考，及格率达100%，名列全县同类学校前茅。其余4所小学教学质量也有大幅度提高。二是加强职业技术教育，推广科学养殖。中寨乡中心小学让四年级学生学习“稀土动植宝”养猪技术，部分学生把所学的技术带回家，教会家长科学养猪，促进了科学养猪法的推广。三是校办产业有新发展。杆洞乡中心小学办起了优良茶种——高显茶叶加工厂，产品在本地供不应求。为扩大生产规模，学校开设茶叶种植课，让学生帮助家长解决茶叶种植技术问题。乡政府决定把种植高显茶作为当地经济开发的一个项目，动员群众扩种 2.5 万亩，以增加群众收入。

民族教育综合改革实验县强化职业技术教育。罗城仫佬族自治县在部分农村中小学中进行渗透职业技术教育因素的实验，在中学毕业生中试行颁发“两种证书”制度。应届高中毕业生参加升学考试后，在离校回乡前，都要参加短期职业技术培训，学习 1 至 2 门农村实用技术，考试考核合格者，县教育局发给《职业技术培训结业证书》；同时发给初、高中毕业证书。对不参加职业技术培训或考试、考核不合格者，暂缓发给初、高中毕业证书。截至 1994 年，全县已有 3000 多名中学生领到《职业技术培训结业证书》。县人民政府还作出决定，加强对成人进行岗位培训和实用技术培训，对考核合格者发给《农民技术员合格证书》。

〔**双语文教学**〕 全区现有 107 所壮文小学校点，23 所民族中学进行壮汉双语文教学实验。年内，各实验县、校遵照自治区人民政府确定的：“以壮为主、壮汉结合、以壮促汉、壮汉兼通”的方针开展实验，加强管理，培训提高师资队伍，取得了可喜的成绩：(1) 壮语文成绩有明显提高。根据 6 月中旬全区壮文小学毕业班统一命题考试成绩统计，全区平均及格率 81.28%（去年为 74.36%），全区平均分 70.05（去年为 64.94 分）。(2) 实验学校教学质量稳中有升。年内，全区壮文实验小学升初中的平均比例为 78%（去年为 75%），绝大部分实验学校的教学质量高于当地同类汉文学校。德保县那录、棋江、峒奇、艾屯 4 所小学在年内全县初考评比中，分别排在全县的第一、三、六、八名，全部挤进了全县 186 个村完小的前 8 名。贵港市 4 所壮文实验小学，今年升初中考试（地区统一命题），汉语文及格率达 99%，其中古山小学和双龙小学都达到 100%，4 所实验小学升初中的比率是 98%。(3) 壮汉双语文教学研究有了更系统的研究成果。年内，对学前壮语文教学，壮汉“同步”教学中的汉语拼音、认字、阅读教学，作文提前起步教学，壮汉结合数学教学等课题作了进一步研究探讨；初步进行了书面总结，丰富和发展了我区壮汉双语文教学的理论，使壮汉双语文教学实验向前迈进了一步。

〔**寄宿制中小学民族班**〕 全区现有 68 所中小学办有寄宿制中小学民族班。年内，各校继续以提高教学质量为中心，加强管理，配备教师，改善办学条件，使中小学民族班的教学质量稳步提高。高小民族班毕业生升学率约 90%，初中民族班升学率约 80%，高中民族班升学率约 70%。柳州地区高中民族班，来自边远山村的少数民族孪生姐妹覃刚力、覃毅力同时双双考上清华大学。

〔**民族中学**〕 全区现有独立建制的民族中学 59 所，大体可分为二类：一是同时挂民族中学和壮文学校两块牌子的民族中学，其中，有壮文实验任务县的民族中学（壮文学校）主要招收壮文实验小学毕业生，开设壮文必修课，没有壮文实验任务的县民族中学（壮文学校）主要招收本县边远地区少数民族学生；另一类是原有或新办的民族中学，主要招收本县边远山区的少数民族学生。各级政府加大对民族中学的投入，五年来，自治区对有壮文实验任务的23个县的民族中学共投入400多万元，各有关县（市）也拨给相应的配套资金，加速民族中学建设的进程，年内，这23所民族中学都具备6至12个班的办学规模。没有壮文实验任务的县的民族中学，在自治区的扶持下，经过各县（市）、学校的努力，学校面貌也有较大的变化。如天等县民族实验学校在几间破旧房子的基础上，建起了两栋教学大楼，改建了教工宿舍一栋，具备了开办18个小学班，9个初中班的规模。

民族中学的教学质量稳步上升。多数县（市）都把民族中学作为县（市）重点中学来抓，充实学校领导班子，加强师资配备，强化学校管理，有效地提高办学效益。年内，23个有壮文实验任务县（市）的民族中学中，有19所学校毕业生，平均升学率为49.71%，比上年略有增长。田林县民族中学1993、1994两年的中考成绩，都排在全县17所中学的第一名。没有壮文实验任务的天等县民族实验学校，今年升学率为93.75%，名列全县第一。民族中学已成为少数民族地区人才培养的重要基地。

撰稿　吴桂就　毛彩宏　黄耀强　赵益真

审稿　李　林

海南省教育

概　况

〔基本情况〕

1994年各级普通学校基本情况

单位：人

学校类别	学校数（所）	毕业生数	招生数	在校学生数	教职工数	
					计	其中专任教师
一、普通高等学校	5	2371	3654	11753	3363	1302
研究生		6	21	34		22
本　科		1193	1379	5701		1280
专　科		1172	2254	6018		
二、中等专业学校	30	3718	6934	16188	2718	1319
中等技术学校	22	1960	3894	8640	1750	832
中等师范学校	8	1758	3040	7548	968	487
三、普通中学	475	73820	114560	295728	25523	18125
高　中	122	14521	14615	40493		3193
初　中	353	59299	99945	255235		14932
四、农业、职业中学	41	2425	4144	9303	1373	951
高　中	40	2284	3834	8600		914
初　中	1	141	310	703		37
五、工读学校	1				6	3
六、小学	4478	127044	177905	1102250	49284	42216
七、特殊教育学校	1	23	172	743	44	22
八、幼儿园	468	56419	46473	133418	5290	3548

1994 年各级成人学校基本情况

单位：人

学校类别	学校数（所）	毕业生数	招生数	在校学生数	教职工数	
					计	其中专任教师
一、成人高等学校	4	1954	4325	9101	386	211
广播电视大学	1	146	634	998	101	51
职工高等学校	2	36	133	300	60	29
农民高等学校						
管理干部学院						
教育学院	1	343	757	1586	152	71
独立函授学院						
普通高校举办：						
函授部		967	1790	3839		
夜大学		424	531	1857	73	60
干部专修科		38	480	521		
二、成人中等专业学校	28	3339	4391	9444	1085	526
广播电视中专	1	571	277	962	40	11
干部中专						
职工中专	6	536	696	1540	196	100
农民中专	3	60	126	551	105	55
函授中专		195	300	514		
教师进修学校	18	1977	2992	5877	744	360
三、成人中学	5	405	453	522	28	21
职工中学	5	405	453	522	28	21
农民中学						
四、成人技术培训学校	903	99412	97437	97980	276	148
职工技术培训学校	35	8792	4565	4665	119	64
农民技术培训学校	868	90620	92872	93315	157	84
五、成人初等学校	302	9890	17415	21217	16	13
职工初等学校						
农民初等学校	302	9890	17415	21217	16	13
其中：扫盲班	215	8674	15520	19219	14	11

制表　唐和亲

〔教育经费〕 1994年，海南省教育经费情况见下表：

1994年地方教育经费来源情况表

项 目	经费数（万元）	各项所占比重%
总 计	145853	100
(一) 国家财政性教育经费	115884	79.45
1. 预算内教育经费	84487	57.93
2. 各级政府征收用于教育的税费	5347	3.67
3. 厂矿企业办学经费	20481	14.04
4. 校办产业、勤工俭学社会服务	4177	2.86
5. 其他属国家财政性教育经费	1392	0.95
(二)社会团体公民个人办学经费	729	0.5
(三) 社会捐、集资办学经费	9832	6.74
(四) 学生个人交纳的学杂费	17271	11.84
(五) 其他教育经费	2137	1.47

地方教育经费来源构成变化表

项 目	1993年（%）	1994年（%）
地方教育总经费	100	100
(一) 国家财政性教育经费	81.56	79.45
1. 预算内教育经费	60.86	57.93
2. 各级政府征收用于教育的税费	4.01	3.67
3. 厂矿企业办学经费	12.04	14.04
4. 校办产业、勤工俭学社会服务用于教育的经费	3.22	2.86
5. 其他属国家财政性教育经费	1.43	0.95
(二)社会团体公民个人办学经费	0.09	0.5
(三) 社会捐、集资办学经费	6.66	6.74
(四) 学生个人交纳的学杂费	11.05	11.84
(五) 其他教育经费	0.64	1.47

1994年地方教育经费与经济增长速度的比较

单位：亿元

项 目	1993年	1994年	增长额	增长率%
国家财政性教育经费	8.74	11.59	2.85	32.58
国内生产总值	204	359.7	155.7	76.32
预算内教育经费	6.46	8.45	1.99	30.77
财政总支出	38.52	40.01	1.49	3.87

预算内生均教育事业费比较表

单位：元

学校类别	1993年	1994年	增长比例%
1. 普通高等学校	7243.20	8078.90	11.54
2. 中等师范学校	4217.97	5915.09	40.23
3. 普通中学	516.89	653.00	26.33
高 中	720.59	1150.27	59.63
初 中	483.07	568.76	17.74
4. 农职业中学	1276.80	1242.36	－2.70
5. 小 学	246.09	328.52	33.49

预算内生均公用经费比较表

单位：元

学校类别	1993年	1994年	增长比例%
1. 普通高等学校	3803.24	2753.78	－27.59
2. 中等师范学校	2041.18	2714.98	33.01
3. 普通中学	74.93	90.10	20.25
高 中	123.68	199.14	61.01
初 中	65.78	71.63	0.89
4. 农职业中学	300.50	230.84	－23.18
5. 小 学	40.25	30.57	－24.05

生均财政预算内教育基建支出比较表

单位：元

学校类别	1993年	1994年	增减额	增减率%	备注
普通高等学校	1232.53	890.70	－341.83	－27.73	
中等师范学校	294.62	332.61	37.99	12.89	
农职业中学	800.11	1243.06	442.95	55.36	
普通中学	229.73	227.78	－1.95	－0.85	
小　学	55.54	39.30	－16.24	－29.24	

基础教育

〔**义务教育**〕　1994年通过春、秋两季的开学工作检查和对海口市新华区及各市县部分乡镇的“双基”评估验收，切实加强《义务教育法》的执法检查，把“普九”工作放在重中之重的位置上加以实施。

全省各级政府将小学、初中入学率、辍学率列入管理目标，再通过省组织检查督促，使全省中小学学生辍学率稳步下降，小学学龄儿童入学率明显提高。1994年小学学龄儿童入学率为99.02%，小学毕业生升初中的比例为78.67%。

加快特殊教育的发展，广泛开展弱智儿童随班就读工作，1994年全省随班就读的残疾儿童达2262人，占7—15周岁残疾儿童、少年总数的48%。同时积极提倡有条件的地方和学校筹办弱智儿童班，澄迈县已办1所残疾儿童学校。

加强对“普九”单位评估验收工作。1994年通过省评估验收的市级单位有海口市新华区（已上报国家教委复审）；通过县级评估验收的有53个乡（镇）、35个农场基本达到“普九”的要求。

对民办教育事业按照省教育厅1993年11月制定的《海南省民办中小学校幼儿园审批和管理工作的暂行规定》，采取“积极鼓励、大力支持，正确引导，加强管理”的办法，至1994年底止，全省共有民办中小学20所，其中从幼儿教育到高中教育一贯制学校5所，中学6所，小学6所；已有16所正式招生，在校学生近4000名。另外已批民办幼儿园96所，在园幼儿近6000名。其中国际儿童智力开发中心、国科园实验学校、和平公学、立达学园等学校，投资规模3千万到1个亿。

1994年7月28日，省教育厅召开省教育系统会议贯彻全国教育工作会议精神，结合本省实际，对海南“普九”的基本措施，教学设备、师资力量等办学条件重新进行匡算，修订了“普九”规划，延至2000年全省基本普及九年义务教育。

1994年，加强了教育督导评估工作，完善了督导机构。全省成立教育督导室的市县已由原来的3个发展为17个，占应建立市县的89%。专职督导人员也由原有9人发展为92人。

〔**德育工作**〕 1994年，各级教育行政部门，各中小学切实把德育工作放在学校工作的首位，认真贯彻中央颁发的《爱国主义教育实施纲要》和《关于进一步加强和改进学校德育工作的若干意见》。结合本地本校实际制定实施规划，海口市第九小学专门成立爱国主义教育工作领导小组，制定具体措施，决定将10月定为爱国主义教育月，要求全校学生在爱国主义教育月中做到“七个一”，即：画一幅爱国画，看一本爱国故事书，讲一个爱国故事，看一部爱国影片，开一次爱国主题会，写一篇爱国主义内容的作文，学校要进行一次爱国主义教育总结表彰。

各级教育部门配合党委宣传部门做好百部爱国主义影片的汇映工作。省委宣传部于8月开展一次爱国主义影片影评活动，省教育厅配合省委宣传部联合编写了《我爱你海南》、《我爱你祖国》，并把这两本书和《100部优秀爱国主义影视片主题歌选编》，列为中小学爱国主义教育读物；开展爱国、爱乡、爱集体、公共道德、艰苦奋斗、“两史一情”、法制与安全、科学人生观、价值观以及中华民族优秀传统文化等教育；举行《我的祖国，我的老师》美术书法比赛和《爱祖国、爱家乡》大合唱录像比赛（有一件作品获全国一等奖，3件作品获三等奖），把德育教育寓于活动之中。

开展“三好学生”、“优秀学生干部”、“文明班级”评选活动。1993—1994学年度有356名学生，其中小学生136名、初中生125名、高中生95名被评为省“三好学生”；有130名学生干部，其中初中79名，高中51名被评为省“优秀学生干部”。省教育厅发出通知，号召广大师生学习羊盛老师为救同学而英勇献身的感人事迹。此外，各市县还成立900多所家长学校，对家长传授教育子女的方法，让家长及时了解子女在校表现，配合学校搞好德育教育，把学生培养成为德智体全面发展的社会主义建设者和接班人。

1994年，省教育厅组织学生参加国家教委举办的“爱我老师，爱我祖国”歌咏录像比赛，比赛结果：省教育厅获组织奖，海口第九小学、海南华侨中学分别获小学组，初中组一等奖；海口市第十一小学获小学组二等奖，海口市第十一中学获初中组三等奖。受到国家教委表彰，并在海南举行颁奖大会。

〔**学校管理改革**〕 1994年3月下旬，省教育厅在海南中学、海南铁路中学召开全省中学学校管理工作经验交流会，与会代表交流了学校管理经验，观摩了部分学校的办学成果，提高了认识，明确了目标。省教育厅在会后，制定了《海南省普通中小学学校校长负责制暂行规定》和《海南省普通中小学公开选聘校长实施办法》供各地试行。到年底，东方、儋州、万宁、乐东等市（县）经过施行，效果良好。11月28日，省教育厅组织全省中学校长参加的海峡两岸暨港澳地区中学校长和教育专家作的“学校德育教育”、“学校内部管理改革”、“教学改革”等内容的报告会。在幼儿教育方面，汇编了《海南省幼儿园管理工作文件》，对定安、琼中、保亭等县的幼儿教育进行调查，提出了指导性意见，提高了学校管理水平。并起草了《海南省幼儿教育研究会章程》为推动幼教理论和教学研究工作。

〔**教学改革**〕 1994年，各级教育行政部门和各中小学在抓好教学常规和教学目标管理的同时，不断深化教学改革。琼山市教育局从1993年以来积极推广先进的微格教学，取得了显著的效果，被全国微格教学研究会评为全国微格教学先进单位，4月20日，全国微格教学研究会在该市召开现场会，推广了琼山市微格教学的经验。10月22日，省教育厅教科所在儋州市召开全省中小学教学常规管理工作会议，交流了4年来贯彻省教育厅颁布《关于加强中小学教学常规管理意见》的经验。海南中学在会上介绍了以量化手段控制办学质量，在学科教学中心的各个基本环节上施以严格数量监控外，对不大容易确定的质的教学科目，一是采取了对“课堂教学质量实行综合量化评估”；二是对“教学质量普查”，实行如“下班辅导”、“印发资料”、“工作责任心”等7项专项量化评估，调动了教师的教学积极性，提高了教学质量。东方县教育局近年来，根据县城、沿海、山区不同地区的经济文化发展不平衡状况，制定“面向全体，分类指导的教改方法”，在全县开展“三优”（优秀课、优秀教案、优秀论文）评奖活动，制定“高三教师奖励优惠制度”，激励教师勤奋耕耘，提高教学质量。

积极开展教研活动。省教科所教研室开展学科教改试验及经验总结，数学科在全省范围内开展了为期三年的“教学目标分级管理”的试验，小学语文科对开展多年的“注音识字，提前读写”的改革试验，进行了总结交流。省师资培训研究中心于1994年举办了“小学语文一级教师继续教育师资研讨班”、双语教学研讨班（此为联合国儿基会软件项目）、中小学计算机教学研讨会，此外，还组织了小学语文、小学数学、中学政治等学科，中青年教师的教学观摩，评比活动，推动了青年教师提高教学能力。省教育厅并组织全省幼教语文评选活动。

教材建设。1994年，省教科所教研室，根据全国统一教学大纲的要求，结合本省实际，组织编写《海南地理》、小学3—6年级《写字》课本；省教育厅与省出版社合编了小学《劳动》、初中《劳动技术》教材，此外，还组织10所一级幼儿园教师编写了海南省学前班教材。

组织学科竞赛和科技活动。1994年，省教科所根据国家教委的有关规定组织了数学、物理、化学等学科的奥林匹克竞赛。小学数学：儋州市新州第一小学获全省团体总分第一。该校学生陈廷俊获全省个人总分第一名；高中数学有12人获一等奖，海南中学占7人，其中李春辉参加全国竞赛，获三等奖；物理科：海南中学学生符传艺、王雄参加省赛分别获第一、第二名；海南农垦中学学生许锦雄获省赛第三名；这三名学生参加全国决赛，均获三等奖，并免试为清华大学等大学吸收；化学科：海南中学王天池、符先亮分别获省赛第一、二名，两人参加全国竞赛均获二等奖。此外，配合省科协利用第二课堂结合学科开展科技活动，组织青少年参加全国小发明、小创造和科学研讨会，海南省有两个发明创造获全国二等奖，三个获三等奖；有一篇论文获二等奖，四篇获三等奖。

〔**校长培训与师资建设**〕 抓好中小学校长岗位职务培训和教育行政干部的培训工作。1994年，全省共举办小学校长岗位培训班71期，共培训小学校长3876名，占全省小学校长总数96.66%；举办中学校长培训班19期，共培训中学校长1106人，基本上完成了培训任务。还举办了“小学教导主任岗位职务培训班”2期178人，“学区教研员岗位职务培训班”3期261人。

抓好中小学教师继续教育。1994年有计划地开展了对小学一级教师的培训，共办75班次，3000名教师参加。省师资培训研究中心与辽宁教育学院联办“小学教师进修高等师范专科小学教育专业函授班”，招收在职教师643名。委托北京师范大学培训民族地区中学英语骨干教师50名，委托北师大京师科技学院为海南民族地区举办英、日、俄3个语种师资班共80人。另外组织海南教育学院与美国英语协会联合举办中学英语教师暑期培训班，受训95人。组织通什教育学院与辽宁教育学院联办“教育理论本科函授与自考培训班”，共培训学员290人。举办“双语教学培训班”、“心理学教学实验研讨班”、“小学语文一级教师师资研讨班”各1期共137人。通过培训提高了教师的业务素质，全省小学、初中、高中教师的学历合格率分别为92.5%、72.70%和43.56%。

随着《教师法》的颁布，省教育厅在全省范围内开展宣传尊师重教的意义。在教师节期间，评选了“十佳校长”10名、“十佳班主任”20名，由省人民政府给予表彰。在全省广泛宣传学习爱教敬业、无私奉献的好校长傅映柏和抢救溺水学生英勇献身的羊盛老师的光辉事迹。《中国教育报》以头版显著位置刊登了《小学校长的榜样——傅映柏》长篇报道。评选了全国劳模韩玉玲、黄国泰、高荣泰等，推荐吴义等3人为全国曾宪梓基金师专教师候选人，吴义老师获二等奖。各级政府和有关部门都积极为教师办好事，办实事。海口、琼山、三亚、万宁等市县分别给教师提高了工资、福利、医疗补贴，海口市规定市区内教师每人每月增拨100元，郊区学校每人每月增拨150元作为结构工资。各市县都相继把教师住房纳入“安居工程”重点建设。海口市继1993年投入教师住房建设资金4200万元的基础上，1994年又投入6200万元，计划在94、95年全部解决教师住房问题。琼海、儋州、琼山、万宁、三亚等市县教师村建设已有一部分交付使用。其他市县也已进入全面规划。

〔**改善办学条件**〕 1994年全省各市县发动群众集资办学，初步建立了多渠道筹措教育经费的新机制，有效地增加了全社会对教育的投入。据统计，1994年全省社会集资、捐资达9832万元，其中万宁县1480.2万元。11月1日省政府、省教育厅在万宁县召开了全省多渠道筹措教育经费改善办学条件现场会。现场会后，琼山、儋州、海口等市县都行动起来，海口市秀英村群众集资500万元，建起一栋2000多平方米的教学楼，1700多平方米的教师宿舍楼；琼山企业家张大超捐资300万元兴建一所新型农村小学。万宁一个体户也投资办起一所学校。

1994年，省政府、省教育厅共投入2亿多元用于校舍建设，中小学新校舍建设及危房校舍改建面积达到35.3万平方米，中小学危房比例已从上年的11.1%降至7%。目前，全省有的市县已实现或接近实现“一无两有”，全省中心小学以上学校逐步实现校舍、教学设备、图书资料及其他附属设施的配套建设，办学条件有了改善。

〔**体育、卫生工作**〕　1994 年，省教育厅继续贯彻学校体育、卫生两个《条例》和《标准》，进一步完善了学校体育、卫生检查验收的实施细则。组织专业人员完成了全省中小学生体质、健康监测工作，并抽查了海口、琼山的中小学生视力检测。附表如下：

1994 年中小学生视力检测情况统计表

市县	类别	视力不良（%）	近视（%）	备考
海口市	小学生	27.87%	25.96%	
	初中生	57.36%	55.54%	
	高中生	75.79%	73.13%	
琼山市	小学生	7.5%	7.0%	
	初中生	36.7%	36.3%	
	高中生	78%	76.7%	
说明	检测结果表明：城乡学生近视眼相当严重。高年级高于低年级，女生高于男生，城市高于农村。主要原因是学生课业负担重和不注意用眼卫生所造成。			

根据健康监测的数据资料进行整理、分类、统计和撰写分析论文 10 篇，参加全国论文交流评比，其中获一等奖 1 篇，二等奖 2 篇，三等奖 5 篇。同时开展了中小学生常见病防治工作，组织了各种体育竞赛活动，加强了学校业余体育训练，促进了运动技术水平的提高，抓好学生军事训练和国防教育。在全国性比赛中均取得了较好的成绩，特别是省中学生田径代表队参加全国中学生田径赛获团体总分第三名（居甲组总分第二，乙组总分第六），共获金牌 8 枚、银牌 8 枚、铜牌 5 枚，为历年来最好成绩。

〔**电化教育**〕　1994 年，省教育厅加快了电教设备的建设，共投入 1200 万元，比上年增长 40%。各级各类学校的实验室建设有了突破性的进展，全省 24 所省直中学和市县重点中学新建实验室 82 个，面积共 6000 平方米。海南中学、三亚一中新建的化学实验室和电教室，达到国内一流装备水平；市（县）重点小学新增添投影机 300 台、电视机 100 部，录放像机 80 部，海口市第九小学、定安第二小学做到“三机一幕”（电视机、投影机、收录机）进教室，实现了教学手段现代化。全省完全中学、城镇中小学都按照二类配备标准，配齐了全部仪器设备和建成各学科实验室，基本达到了教材规定的开设实验要求。

电化教育得到了全面发展。1994 年，电化教育试点学校从上年的 23 所增加到 45 所。琼山市、三亚市建成教育电视台二座；全省新建了卫视站 12 个，近 50 个站及时地调整了接收方位；琼山市 25 个乡（镇）建成远距离放像点，有 65%的点已利用开展培训教师活动。

〔**勤工俭学**〕　1994 年，全省开展勤工俭学的中小学 4671 所，占学校总数的 95%，学农基地 4380 个，种植面积 84786 亩，分别比上年增加 44 个和 863 亩；校办工厂 98 个，比上年增加 2 个；第三产业网点 1428 个，比上年增加 164 个。总产值 8192 万元，比上年增加 1085 万元。其中农业产值 1308 万元，工业产值 1559 万元；第三产业营业额 2695 万元，其他勤工俭学收入 2230 万元。纯收入

3328万元，比上年增加305万元。其中农业纯收入632万元，工业纯收入283万元，第三产业利润1208万元，其他勤工俭学纯收入1205万元。学生人均收入22.83元。其中：中学生人均41.80元，小学生人均13.93元。1994年创纯收入超万元以上的小学247所，超5万元以上的中学78所，超10万元以上的学区35个。

1994年，教育厅对勤工俭学主要采取以下措施：一是进一步开拓教育内部市场，发展第三产业；二是面向市场开发项目，根据市场的需求，做到“两个转向”：由单纯服务师生的自给型转向社会商品经济型校办企业，由单一种植转向种、采、养、加工一条龙，农工贸一体化综合发展；三是广开渠道筹措资金，采取学校内部借资、集资、股份制等方式吸取闲散资金，争取财政借放勤工俭学周转金，争取银行贷款，发展横向联合，争取港、澳、华侨和社会力量投资办企业；四是争取当地政府和各部门支持，如海南农垦总局通知各个农场要给学校划拨一定土地，作为校办农场生产基地，明确规定：属于开发区的农场最少划50亩，一般的农场划150—200亩。总局第一批给学校安排勤工俭学周转金110万元。此后，各农场都给学校划土地，解决资金、技术和种苗等，有的农场无偿的把整块橡胶园拨给学校管理，收入归学校所有。

职业技术教育

〔**重点学校建设**〕 为落实国务院《决定》中关于“要有计划地对现有各类职业技术学校加强规范化建设，并集中力量办好一批起示范和骨干作用的学校”的任务，省政府从1993年起就提出办好职业中学骨干示范校的三年规划，1994年省政府从财政拨出专项经费1200多万元，新建校舍30990平方米，购置了价值500万元教学设备和图书，进一步改善了骨干学校的办学条件。

各市县为了办好示范性职业学校，积极帮助学校解决经费、师资、场地及毕业生就业等问题，琼海市政府成立了以市委副书记、常务副市长李言静为主任的市职业教育管理委员会，制定了《琼海市发展职业教育实施方案》。1994年市政府决定从地方财政中拨款100万元和教育附加费中拨40万元，加快骨干示范学校的建设，市政府还规定，各部门招工都要执行先培训，后上岗的政策，每年都将招工指标的20—30%给市职业中学安排毕业生就业。因此，该市的职业中学的办学规模和效益越来越好。

〔**联合办学**〕 1994年，省政府、省教育厅为了充分发挥职业技术学校主动适应特区经济建设需要的骨干作用，坚持走内涵发展的路子，积极推动国内与国外，省内与省外，中专与大专、中专与中专、中专与职业中学等多种形式的联合办学，根据“双方自愿，优势互补，利益共享，平等互利”的宗旨，省外贸学校与美国的圣约瑟夫学院，省农垦卫校与长春中医学院和昆明医学院，省财税学校与湖北财税学校，琼山府城职业学校与重庆大学，省商业学校与三亚市职业中学，海口市旅游职业学校与北京西城区旅游教育集团等联合办学。省农垦卫生学校从1985年起坚持10年联合办学，分别与云南省卫校、广东省汕头卫校、北京卫校、武汉卫校、长春中医学院、昆明医学院联合办学，到1994年已培养7个短线专业近1000名中专毕业生和190名大专毕业生，达到了不用投资，也能培养出人才，又加强了自身的基础学科建设。从1993年起，省商业学校、省农机学校、海口农垦中专、通什农垦中专主动与三亚市职业中学、西流职业中学等联合办学，开设商业财会、机电维修等专业，招收委培、自费生350名，按照联合办学协议合同，招收的学生放到职业中学学习，由普通中专制订教学计划，负责专业课教学和实践实习的组织安排，并进行学校管理，教学质量的检查与考核以及毕业生就业的指导推荐等，职业中学提供教学和生活场地，负责生源和学生管理以及基础课教学，做到两校优势互补，互惠互利，充分发挥办学的社会效益和经济效益。

职业学校和企业合作办学。琼山市府城职业学校与市内几个糖厂联办甘蔗制糖工艺专业；三亚职中与大东海旅游公司联办旅游服务专业，实行对口招生，对口教学，对口实习。企业参与办学的全过程，并实行有偿培养，较好地解决了职业教育发展遇到的专业师资缺乏，经费困难和学生的实习、就业出路等问题。校、企联办给职业技术教育注入了生机。

鼓励社会团体或个人兴办、联办职业学校。琼山市民盟创办钟声职业学校，屯昌县教育局与湖南省民进联办屯昌育才职业学校等，为特区经济建设加快培养人才。

〔**改善办学条件**〕　1994年，全省各市(县)对职业教育共投入2631.15万元，其中地方财政投入20756万元，自筹330.45万元，社会捐助211.3万元。海口市政府投入1000多万元，给市旅游职业学校修建师生宿舍和购买教学设备同时，拨400万元基建费和40万元设备费给海口市第一职业中学建教学大楼和购置教学设备。三亚市政府拨270万元给三亚市职业中学购置教学设备，使这所学校的语音、电脑等部分设备达到国内先进水平。琼山市企业家梁振发先生捐资100万元给红旗职业中学建了一幢教学大楼。文昌爱国侨胞陈应桓先生捐资20万元给文西职业中学修建教学大楼，使学校面貌焕然一新。省农垦总局拨130万元给西流高级职业中学，用于校舍建设和师资培训。乐东、白沙、琼中等县在经济困难的情况下也分别挤出56万元、18万元和19万元给职业中学，改善办学条件。

〔**教育教学改革**〕　继续调整专业设置。各类职业学校都根据海南特区人才市场需求的实际，不断调整专业设置。省商业学校根据海南大中型商业企业急需大批第一线的柜组服务人员的情况，开设了商品流通会计、商品企业管理、商业统计、商业物价、商业经营、贸易经济等5个专业，同时停办一些无竞争力的旧专业；还针对企业在竞争中要保持优势从而对职工素质要求更高的实际，打破部门界限，新增了一些有海南特色的新课程，如考虑到财务工作逐步计算机化，和海南毗邻粤、港、澳，交往日益增多，开设了电脑打字课和粤语课。琼海市职业中学根据当地经济发展的实际，增设了加工制造、动物养殖、旅游、电脑、家电、农学等专业，积极为社会培养各种实用人才。

深化教学改革，提高教学质量。各职业技术学校都突出必修课的主体地位，按照教学大纲的规定和要求，按时完成必修课的全部教学内容。广大教师为了提高教学质量，都大胆地进行了教学改革。琼海师范学校结合师范教育的特点和当前小学教育的实际，在所有学科中进行“四块一体”的教学改革，即以必修课为基础，增设选修课，开展课外活动，参加教学实践，使之成为有机的统一体。如语文科除按教学大纲、教材要求完成教学任务外，还以培养学生今后的教学能力为目的，进行“学教同步”、“学为教”的整体改革，开设“口才学”、“写作系列训练”、“小学语文教学法辅导”等选修课，并组织朗诵表演队，成立《椰韵》文学社，出版《椰韵》文学报等，从多方面训练学生的听、说、读、写能力，加强学生“教”的能力的培养，使学生毕业后能迅速适应小学语文教学的需要。经过几年来的改革试验，教学质量不断提高，毕业出去的学生都普遍受到用人单位欢迎，很快成为小学教学骨干。

建立实践基地，加强实践性教学环节。全省职业技术学校普遍建立实践基地，海南省农业学校除了在校内建立生产劳动基地外，还在海口市罗牛山农场和琼山市红明农场建立实践基地，每年都带学生去进行一个月的生产实习。琼海市职业中学，根据教学的实际需要，发动教职工集资30多万元，办起一个年产量600吨的塑料聚脂综合厂，利用市涤纶厂的废丝作原料，进行加工再造涤纶短纤原料，变废为宝。1994年创收纯利5万元。既增加了学校的收入，又提高了学生的生产技能。琼海师范学校为了培养学生适应农村工作环境的合格小学教师，在寒暑假期间，按照区域组织学生实践小组深入社会、农村，了解社会政治经济和教育状况，使学生了解农村、热爱农村小学，增强社会责任感，为毕业后全心全意为农村小学教育服务打下坚实的思想基础。

教育评估。1994年，省教育厅对34所职业技术学校进行评估，评估结果：评为A等的4所；评为B等的7所；评为C等的15所；评为D等的8所。评为D等的主要原因是校园面积，建筑面积，实验设备，图书资料，实习基地，投入不足等而不能达标。

高等教育

〔**德育工作**〕 1994年省教育厅、省高校工委认真贯彻《中共中央关于进一步加强和改进学校德育工作的若干意见》，召开了全省高校党委书记、校长和有关部门负责人的座谈会，研究落实措施。在研究的基础上，省高校工委制定出《关于加强与改进高校德育工作的意见》，并下发各高校贯彻执行。

抓好马列主义理论课和政治课的“两课”改革。1994 年初，省高校工委开展调查摸底，制订改革计划，确定海南大学，海南师范学院为“两课”改革试点，省财税厅拨给 7 万元为“两课”的改革经费。12 月下旬，省高校工委召开《马克思主义哲学》研究会，对“两课”成果进行总结鉴定。

开展大专学生社会实践活动。1994 年，各高校组织各种社会实践团队共 225 个，参加人数达 2845 人；参加指导的校级领导有 12 人，中层干部 76 人，教师 191 人；参加暑期社会实践活动人数共 10337 人，占在校人数 84.3%；各高校投入经费达 23 万元。省财税厅拨出社会实践活动经费 15 万元。1994 年，新增社会实践基地 2 个，目前全省每所高校都有一个社会实践基地。实践活动范围遍布全省 19 个市县以及东南、中南、西南的部分省市，通过社会实践，取得了较好的效果，学生撰写论文、实践报告共 7540 篇。

〔**教育改革**〕 高校内部管理体制改革不断深化。高校内部管理体制的改革在上年的海南大学试点的基础上，1994 年已在全省高校铺开，7 所高校（含 2 所成人高校）中有 5 所进行了内部管理体制改革。海南大学在巩固内部管理体制的基础上，1994 年又在招生工作中实行“并轨”制，公费生，自费生一律交费上学。在同一分数线（本科或大专线）上录取，不再区分公费生、自费生和降低分数录取学生，同时，设立新生奖学金，对高分数进入分数线，第一志愿又只报海南大学的考生一经录取，在入学的当年发给新生一等奖学金 3000 元；新生入学后，该校共发放新生奖学金 8.7 万元，获奖学生 41 名，实行招生“并轨”制和设立新生奖学金，提高了海南大学生源整体水平。

继续调整专业结构。1994 年，各高校为了适应特区市场经济对人才的需求，增设了一批新专业，海南大学增设工商行政管理、公共关系与广告学、食品科学与工程、建筑管理工程、海水养殖、园艺和环境艺术设计等，其中工商行政管理、公共关系与广告学、园艺等三个新专业已开始招收三年制专科学生。华南热带作物学院增设高分子材料等工程，汽车检测与维修、农业环境保护和经济法等。

积极推行多形式的合作办学。1994 年 9 月 6 日，海南大学、海南师范学院和海南医学院在海口市举行联合办学签字仪式。联合三方在不改变各校领导体制，投资渠道的前提下联合办学。由省教育厅和 3 所高校成立协调领导小组领导联合办学的全面工作。3 校合作项目有互聘教师兼课；学生跨校选课；互相开放图书信息资源；实践基地互惠开放；联合承担科研项目；合作培训在职教师；合作兴办校办产业等 7 项。这是为海南深化教育改革开辟了一条新途径。此外，华南热带作物学院与儋州市合办职工大学、与安徽财贸学院合办紧缺专业；琼州大学与省旅游局合作培养培训旅游人才的工作也已起步；国际合作办学初有突破，海南师院与美国坦帕学院合作举办双联学位课程班已招生近万人，与韩国中特业发展公司合作举办韩国青年汉语培训班协议已签字；海南大学海外课程中心与美威尔士大学斯温西高等学院建立了合作办学关系；海南大学海外课程教育中心开课的专业课以 SIHE 原版课程纲要为主，大专文凭及高级文凭由斯温西高等学院颁发，硕士及博士学位由威尔士大学颁发。

〔**科研工作**〕 改善科研环境，为科研服务。各高校加强了科研实验室建设，积极为科研服务。华南热带作物学院完成了教学设备管理计算机化，实现了实验教学管理规范化和科学化后，1994年又投入50万元，给各高校各实验室购置仪器设备。增加环保实验室、组织培养实验室，并在院部划出12亩地新建汽车检测实验室，继续巩固现有的示范基地，保证各示范基地发挥榜样作用。

加强科研制度建设。海南大学制定了《科研人员科研工作量计算办法（试行）》、《海南大学科研工作津贴和成果奖励实施细则》、《海南大学吴乾齐、吴潘彩金科研成果奖与教学研究成果奖奖励办法》等；海南师范学院制定了《科研管理工作规定》和《科研成果登记，评选及奖励试行办法》；华南热带作物学院建立健全科技管理办法，调动了教学科研人员的积极性。

做好科研项目申报组织工作。据不完全统计，1994年，全省普通高等学校申报科研课题共255个，其中国家自然科学基金课题25个，部重点课题10个，其余为省科研课题。大多数课题都能如期完成计划进度，部分课题取得阶段性成果。获省级科研成果奖共28项，其中省级科技进步奖一等奖2项、二等奖2项、三等奖5项、四等奖2项。获省社科优秀科研成果奖18项，其中一等奖4项、二等奖2项、三等奖12项。获全国科协优秀科学建设奖1人；海南师范学院被评为省级科技人员社科统计工作先进集体。1994年各高校在国际国内各级刊物、杂志及各种学术交流会上发表论文435篇，出版专著30部，其他作品200多种。

积极开展科教兴农和科技开发。(1)为了引起全社会对农民、农业、农村问题的重视和关心，加强农业技术的应用与转让，促进农业高校与地方、大学与农户、科研与生产、专家与农民之间的联系。1994年，华南热带作物学院在海南省农村工作会议期间，建院35周年校庆期间举办了科技成果展览，展出项目277项，9个市县组织一千多人次来参观、洽谈，让社会更多了解学院的科研情况。1994年5月21日，根据农业部要求，举办1994年全国农民科技活动日，内容丰富，形式多样。有专家咨询，由该院著名的和有影响的专家教授，在橡胶热作、果树、花卉、植保、农产品加工与食品工程、农业机械、经济贸易、科技信息等诸系列实用技术方面开展咨询；有成果展览，向来宾展示农场和农村急需的各类科技成果及新技术等一百多项，包括新品种、新药物、新的仪器设备、新农业机械、作物专用肥、组培苗木、绿化苗木等；有开放测试中心、重点实验室、组织培养中心等供来宾参观；有组织人才交流，供需见面会，推荐该院毕业生；有开展一系列项目洽谈会活动。(2)在湛江市举办科技成果展览会，供当地党政领导、群众参观学习；在琼山市举办热带农业与经济管理培训班，讲授芒果、香蕉等热带水果的商品化生产技术，以及市场、领导管理科学等内容，提高了学员的水果生产技术和管理水平。(3)积极开展有偿技术服务，提供优质种子种苗，跟踪服务，承包绿化工程。各学部还积极开展横向联系，进行技术转让活动，1994年推广《微波干胶测定仪》、咖啡果肉白兰地酿制品技术、甘薯果脯生产技术、橡胶宠物玩具制作技术等，都取得了较好的社会效益和经济效益。(4) 坚持为各市县科技示范基地、良种苗圃基地提供技术指导，作为华南热带作物学院长期技术服务和教学网点，保证各示范基地发挥榜样作用。

〔**招生工作**〕 1994年，海南报考普通高校考生共19197人，其中男生14248人，女生4949人；理工类11156人，文史类8041人；城市应届生6143人，农村应届生5574人，城市往届生2908人，农村往届生4400人，其他考生172人；考生中少数民族考生2200人，台湾籍青年6人，归侨及其子女1634人，残疾考生31人。

招生计划及执行情况。1994年省内外普通高校在海南计划招生6185人，其中国家任务招生5273人(含定向生和省内师范院校已招的379名保送生)，委托培养341人，自费生571人。实际录取人数共6236人，完成计划的100.8%。其中国家任务招生共录取5282人，完成计划的100.2%；委托培养录取158人，完成计划的46%；自费生录取796人，完成计划的139.4%。中央部门所属院校投放机动指标65名。省外招收免试保送生72名。

深化招生改革。(1) 允许海南医学院使用当年高校招生指标招收有实践经验的医生入本校学习，经过严格考试合格后发给毕业证书，入学考试由学校自行命题和组织报名考试；(2) 批准海南大学在省属院校中实行招生"并轨"改革，不再降低分数线录取自费生，按本科或专科线录取进校的新生，一律交费，学校制定了与"并轨"相配套的贷学金，减交学费和奖学金评选制度；(3) 实行900分的标准分转换方法，便于拉开各批分数距离、减少同分者多的现象，有利于划线、换档、录取；(4) 扩大高校自主权。在第一批录取时允许高校提出投档比例，在文化成绩相同情况下，允许高校按德、智、体全面考核，择优录取，对高校投放的机动指标，可在同批分数线下20分内投档录取，对一些冷门院校冷门专业，可在生源不足的情况下，录取同批分数线下20分内的考生；(5) 严控计划，拒绝安排未经国家审批和不具备学历教育的招生计划；(6) 公开志愿与招生计划对比情况，使录取院校心中有数；(7) 改革录取审批程序，实行组长负责制和省教育厅领导下的集体领导审批制，凡降分投档或有特殊情况需要照顾的，一律要经5人领导小组集体讨论决定，坚持少数服从多数的原则。

〔**对外交流和合作**〕 1994年，海南省对外教育交流和合作活跃。省教育厅于9月21日向国家外国专家局申请成立"介绍外国文教专家境内中介机构"，介绍给全省高校聘请外国教育专家教师，1994年全省高校共聘外国教师10人，组织"海南省赴美高等教育考察团"赴美考察，增进了友谊，促进了教育国际交流事业的发展。1994年海南大学共接待来自香港、台湾、美国、英国、澳大利亚、新加坡、泰国、马来西亚、日本、芬兰等国家和地区34批320人次的港澳台同胞、海外侨胞、国际友好人士、著名学者与团体。共派出12批17人次赴台湾、澳大利亚、美国、新加坡、马来西亚、泰国等国家和地区进行考察和学术交流。并与美国优林顿大学等17所国外高等院校建立了校际联系关系。

成人教育

〔**扫盲工作**〕 修订扫盲工作计划。1994年，海南省教育厅根据全教会精神，结合本省实际，进一步修订了全省扫盲计划，向各市县下发了《关于印发海南1994—1997年扫除文盲计划表的通知》,将扫盲任务逐年分解到各市县,并下达1994年全省扫除青壮年文盲任务。

加强检查督促,推动扫盲工作开展。1994年，省教育厅先后4次到白沙、儋州、临高、澄迈、屯昌、通什、保亭、陵水、定安、万宁、琼山等11个市县进行调查，检查扫盲工作、燎原计划贷款使用和还本付息情况等情况，推动扫盲工作的开展。

解决扫盲课本问题。为了提高扫盲教育质量，省教育厅组织编写《扫盲课本》，印刷5万册供学员学习。

加快扫盲工作步伐，7月21日，省教育厅在海口市召开全省扫盲工作座谈会，传达国家教委“两基督导工作会议”精神，制订了《海南省1997年前基本扫除青壮年文盲的实施意见》，对全省扫盲工作提出了目标，实施原则和实施步骤及措施。同时对海口市新华区的扫除青壮年文盲工作，进行了评估验收，推动了扫盲工作深入开展。据统计，1994年全省扫除青壮年文盲15552人，全省有40名扫盲干部、教师被评为省扫盲先进工作者；梁定佳、马忠释被评为全国扫盲先进工作者，受到表彰和奖励。

〔**农村成人教育**〕 加强乡镇、村成人文化技术学校建设。1994年全省乡镇办起成人文化技术学校226所，办学面由上年的71%提高到74%；行政村办起农民文化技术学校1540所（班），办学面由上年的50%提高到55%。三亚市乡镇、村新增加22所，比上年增加了一倍，共45所（班），年受训达67385人次。全省共30多万人次，参加了各类的培训学习。

增加投入，改善办学条件。1994年除省属6个乡镇的联系点外，每个市县都抓好1至2个乡镇为联系点。如琼山市重点抓好红旗镇的成人文化技术学校的阵地建设，该镇政府投资30多万元建起一幢二层300平方米的镇成人文化技术学校；澄迈县永发镇政府积极筹集资金，创办了一所独立设置的成人文化技术学校，而且根据当地生产实际，定期举办各种培训班，给农民传授生产技术。此外，省教育厅给6所成人文化技术学校联系点充实了教学设备和图书资料等。为了推动工作，1994年省评选20所先进乡镇成人学校，澄迈县永发镇成人文化技术学校被国家教委授予全国先进成人学校，受到表彰奖励。

抓好人口教育试点。省教育厅根据国家教委关于人口教育的实施意见，在定安、万宁、三亚、乐东等4个市县各找一个乡镇的成人学校作为人口教育的试点。拨给一定的教学设备和经费，使这些点的经验逐步推广到全省各乡镇，从而不断提高人口素质。

〔**农村教育综合改革**〕　认真抓好点上深化，面上扩展的工作。1994年在总结琼海、白沙两个国家级经济改革实验县和三亚、屯昌、澄迈、乐东综合改革经验的基础上，扩展到海口、琼山、万宁、临高等4市县的综合改革实验，并确定三亚市为国家教委综合改革实验区联系点，其他市县也积极抓好示范乡镇的工作。

努力实施燎原计划。1994年全省实施燎原计划的示范乡镇已由122个发展到140个，全省参加各级各类培训的农民达30多万人次。琼海市一年共举办各种培训班307期，参加学习的农民达10万余人。80%的农民基本上掌握1至2项实用生产技术。

〔**成人高、中等教育**〕　加强成人高等教育的宏观指导。1994年，省教育厅进一步完善成人高等教育的招生、管理、专业设置等方面的政策法规，制订了《海南省改革与发展成人高等教育的意见》(初稿)、《成人高等教育毕业证书统一印刷与验印的实施办法的通知》。1994年共审核验印了1397人成人高等教育毕业证书，有效地加强了毕业文凭的管理。

成人招生考试工作。1994年，全省各类成人高校计划招生总数为7277名，其中，理工类2643名，文史类4634名；部委属院校2752名，本省属院校3990名，外省属院校535名；高中起点本、专科班6722名，专科起点本科班555名。成人中专学校计划招生总数为6271名。报考大专起点本科班的人数为468名，占总人数的84%；报考高中起点本、专科班的人数为11589名，与计划数之比为1.7∶1。录取情况，专科起点本科班录取新生为197名，仅完成计划34.95%。高中起点本、专科班录取新生数为5843名，完成计划91%。其中部属院校录取新生数为1604名，完成计划58.78%；本省属院校录取新生数为3948名，完成计划98.8%，外省属院校录取新生数为291名，完成计划54.37%；理工类1534名，完成计划58.04%，文史类4388名，完成计划94.69%。第二专业科教育班录取新生528名。

成人中等学校录取新生（含应届初中毕业生）1207名（其中高中起点307名），完成计划19.25%。改革成人中专学校招生制度。省教育厅、省考试局根据国家教委《关于进一步改革成人中等专业学校招生工作的通知》精神，结合本省的实际，进行了招生改革：一是规定近两年的高初中毕业生，凡报考种植和养殖专业的考生，可以免试入学；二是允许成人中专学校招收部分应届初中毕业生，以进一步发展中专教育；三是批准农业广播学校招收农村和农垦系统从事农村、农垦基层工作10年以上的骨干，可以免试入学。

积极开展干部职工的岗位培训和继续教育工作。据统计，1994年全省参加学习的干部和职工共25万人。这一年组织了海南钢铁公司和陵水县部分干部职工参加高中文化学习，通过统考共有410人取得了高中毕业证书，提高了干部职工的文化水平。

〔**社会力量办学**〕　1994年，省教育厅认真地贯彻对社会力量办学的“积极、鼓励、大力支持、正确引导，加强管理”的方针，在数量上控制发展，重点在规范化、法治方面进一步加强，较有效地制止了乱登广告，乱收费，乱发文凭的现象。此外，还注意把民办教育发挥拾遗补缺的作用，引导向成人化职业化发展，更有效地为经济建设和发展生产服务。1994 年，省教育厅已初步建立对社会力量办学的审批、评估、检查、督导等制度，逐步把民办教育纳入规范化和法治的轨道，使民办教育得到稳步健康地发展。

撰稿　唐和亲

审稿　符鸿合

四川省教育

概　　况

〔基本情况〕

1994 年各级普通学校基本情况

单位：人

学校类别	学校数（所）	毕业生数	招生数	在校学生数	教职工数	
					计	其中专任教师
一、普通高等学校	63	46948	67256	206049	68343	25410
研究生		1727	2968	7642		
本　科		21423	25935	97863		
专　科		23798	38353	100544		
二、中等专业学校	299	51833	85749	224081	38473	17448
中等技术学校	191	31571	62796	158907	28421	12161
中等师范学校	108	20262	22953	65174	10052	5287
三、普通中学	6287	925897	1344282	3438005	323843	251540
高　中	1109	153937	153027	435364		41227
初　中	5178	771960	1191255	3002641		210313
四、农业、职业中学	639	70412	109324	263621	32018	20245
高　中	602	67139	105157	253400		19529
初　中	37	3273	4167	10221		716
五、工读学校	12	159	137	326	250	121
六、小学	69673	1385946	1960469	9616019	491815	436799
七、特殊教育学校	83	466	1310	6808	1318	1006
八、幼儿园	16173	1149140	1266367	2223258	91009	74233

1994年各级成人学校基本情况

单位：人

学校类别	学校数（所）	毕业生数	招生数	在校学生数	教职工数	
					计	其中专任教师
一、成人高等学校	77	33895	72450	178983	12889	5740
广播电视大学	3	7379	19807	52773	1452	435
职工高等学校	45	3908	5934	15893	5236	2489
农民高等学校						
管理干部学院	11	2504	3519	6989	2454	933
教育学院	17	6487	6678	18652	3241	1601
独立函授学院	1	1807	3193	8831	506	282
普通高校举办						
函授部		7512	19264	47156		
夜大学		2963	4349	13218		
干部专修科		1335	9706	15498		
二、成人中等专业学校	336	35056	68684	162831	14049	6226
广播电视中专	5	17073	30543	34403	1728	993
干部中专	27	1690	3476	6555	1492	637
职工中专	76	7418	19162	34855	2927	1339
农民中专	27	1177	3108	5422	741	433
教师进修学校	196	4963	6640	15965	5405	2756
函授中专	5	2735	5755	15631	1756	68
三、成人中学	469	21495	36565	50095	2910	1833
职工中学	81	6015	4890	9278	794	400
农民中学	388	15480	31675	40817	2116	1433
四、成人技术培训学校	33994	8585677	5280831	5326999	25405	12977
职工技术培训学校	604	228821	132130	135721	3575	1901
农民技术培训学校	33390	8356856	5148701	5191278	21830	11076
五、成人初等学校	10046	662725	655583	662650	9026	5029
职工初等学校	15	1790	1631	2293	51	43
农民初等学校	10031	660935	653952	660357	8975	4986
其中：扫盲班	5141	269294	280599	280599	4482	2306

制表　魏成松

〔**全省教育工作会**〕　1994年8月21日至24日，省委、省政府在成都召开了全省教育工作会议，传达贯彻全国教育工作会议精神，研究全省进一步落实教育优先发展的战略地位，全面贯彻《中国教育改革和发展纲要》的措施，部署今后一个时期全省的教育工作。各市地州党委、政府，普通高等学校和省级有关部门的主要负责同志共500余人参加了会议。国家教委副主任张天保到会祝贺并讲话。省委书记谢世杰、省长肖秧在会上作了重要讲话，副省长徐世群作了工作报告，常务副省长蒲海清作了经济形势报告，省委副书记秦玉琴为会议作了总结。会议讨论修改了《中共四川省委、四川省人民政府关于贯彻实施〈中国教育改革和发展纲要〉的意见》、《四川省实施〈中华人民共和国教师法〉条例》、《中共四川省委关于贯彻〈中共中央关于进一步加强和改进学校德育工作的若干意见〉的实施意见》以及全省基本普及九年义务教育和基本扫除青壮年文盲（以下简称“两基”）实施意见等4个文件。

谢世杰同志在开幕式讲话中指出，尽管四川经济还比较落后，但是千万不能等经济发展了再来发展教育。重视教育，落实教育优先发展战略地位，要从各级党委、政府做起，要一级抓一级，一级促一级，一级带着一级干。各级党委、政府要树立教育投资是战略性投资的观念，下决心调整投资结构，对教育实行倾斜和重点扶持，努力增加财政对教育的投入。肖秧同志在讲话中强调，必须下大力气解决好办学条件问题。在安排财政预算时，要按照“先让教育满意”的原则，优先保证教育的需要。明年省财政预算中教育经费的比例要有一个较大的增长。别墅少建点，高档住房少修点，在大、中城市划出一点地方来，专门修教师宿舍，无论如何要把教师住房这个问题解决好。

会议进一步确立了九十年代四川教育事业的战略目标和任务。即：力争到本世纪末，基本普及九年义务教育，基本扫除青壮年文盲，即确保在占全省人口85%以上的地区，力争在占人口90%的地区基本普及九年义务教育，使青壮年中的非文盲率降到5%以下；大力发展职业技术教育，使全省中等职业技术学校在校生达到高中阶段在校生总数的60%以上，新增劳动力基本上受到程度不同的职业技术训练；大力发展以职工岗位培训和继续教育为重点的成人教育，完善成人教育培训体系，使成人高等和中等学历教育招生规模按年均7%的速度递增；高等教育要以提高教育质量和办学效益为重点，坚持走内涵发展为主的道路，招生规模按年均6.6%的速度递增，力争到2000年，全省普通高校在校生本专科生达到24万人，在校研究生达到1万人，有6所左右的重点院校和一批重点学科进入国家“211工程”。会议明确提出“两基”是今后一个时期四川教育事业发展的“重中之重”，各级政府必须花大力气，首先予以保证。

根据以上任务，省委、省政府决定：(1)从1995年开始，全省实行教育经费预算单列，每年由各级教育行政部门提出年度计划的建议，报同级财政部门，由同级政府列入预算，经批准后实施，以实现教育事权和财权的统一。(2)逐步提高各级财政支出中教育经费所占的比例，具体比例将根据财政体制改革后财政支出计算口径变化的情况，按财政部、国家教委提出的意见确定。(3)国家财政性教育经费支出占全省国民生产总值的比例，“八五”期间达到3.1%，本世纪末达到4%。(4)为保证学校正常教学的基本需要，由省财政厅、省教委研究制定全省高校和中等专业学校公用经费开支标准。中小学公用经费开支标准，由各市、地、州政府研究制定。(5)省上用于教育的各项专款，要有大幅度的增长，具体增长幅度和数额由省财政厅在每年预算中作出安排。(6)“三州”（甘孜藏族自治州、阿坝藏族自治州、凉山彝族自治州，下同）开发基金和支持不发达地区发展基金，按省政府规定的用于教育的比例，拨给民族地区教育部门安排使用。(7) 从1995年1月份开始，在全省城乡干部职工中，按年工资总额的1—1.5%征收职工个人教育费。(8) 根据既满足教学最基本的需要，又考虑人民群众的经济承受能力的原则，适当调整义务教育阶段的杂费和非义务教育阶段的收费标准。(9) 恢复征收专控商品购置教育附加费，用于实施义务教育。(10) 农村教育集资的审批权放在县一级，其经费主要用于农村义务教育阶段学校的危房改造、修缮和新建校舍，以及教学基本条件的改善。(11) 允许地方报经省政府批准，征收用于教育的地方附加费。

会议提出90年代要按照教育事业发展“低重心”的原则，合理配置教育资源，重点抓好普及九年义务教育；大力发展初、中级职业教育和成人教育；适当发展高等专科教育，努力提高本科教育的质量和水平。逐步形成初等、中等、高等普通教育和职业教育与成人教育协调发展、相互衔接、结构合理、质量较高的教育体系。

建立为教育、为教师办实事的制度，着力解决教师住房和兑现教师工资问题。会议要求各级党委和政府要建立每年为教育、为教师办几件实事的制度，并把重视人才培养，保证教育投入，为教育办实事，作为各级党委和政府领导干部任期目标责任制的重要内容和政绩考核的重要标准。为保证教师工资按时足额发放，要求各地把教师工资和各种政策性补贴全额纳入财政年度预算，不留缺口。规定凡是拖欠教师工资的地方，一律不准用地方的财政经费购买小轿车、修楼堂馆所，不准领导干部出国。为解决教师住房困难问题，决定尽快实施“四川广厦工程”。力争三年内（成、渝两市在两年内），基本解决教师住房困难问题。在本世纪内新建中小学教职工住房1200万平方米，使全省中小学教职工家庭人均居住面积达到全省城镇居民人均8.5平方米的平均水平，住房成套率达到75%以上，基本实现教职工都有一套（处）住房。

全省教育工作会议后，有20个市、地、州和绝大部分高校相继召开了教育工作会议，各地和学校紧紧围绕贯彻实施《纲要》和全国、全省教育工作会议精神，结合本地和学校的实际情况，制定了一系列教育改革和发展的政策措施，不少地方还有重大突破。重庆市委、市政府制发了《关于对区市县党政主要负责同志抓教育工作进行年度考核的通知》和《关于建立为教育办实事制度的通知》，要求各区市县要对为教育办实事作出规划，每年办一批，年年出实效。同时，出台4项政策：(1) 从1995年开始，城市建设维护税市一级用于教育的由过去的300万元增加到600万元；(2) 控制城市人口机械增长收入的城市增容费，划拨一部分作教育经费；(3) 成片新建住宅区，旧城改造住宅区，零星新、改、扩建住宅，均按当年当地每平方米综合造价的8%征收教育设施配套费；(4) 对勤工俭学和校办产业实行税收优惠。万县市委、市政府决定：(1) 各级各类普通教育学校教学、办公、生活及运动场建设用地，按审批权限，由县以上人民政府行政划拨解决。并免征基建中的水电增容费、环境排污费、超标噪音费、市政设施费；(2) 各级政府掌握的土地一级市场收入的5%，土地出让增值税的5%，以及向全市城区新扩、改建房屋征收的教育费，全部用于实施义务教育；(3) 向从事客运的中巴、出租车及其他出租机动车辆征收教育费；(4) 房改资金中教育部门的部分全部返还教育；(5) 在城建部门实施的“安居工程”中，安排不低于20%的比例，用于解决城镇教职工住房困难户。成都市决定从1995年起，市财政每年增拨300万元作为“普九”专项经费，用于扶持边远贫困地区实现“普九”和巩固“普九”成果。乐山市实行在风景旅游区按门票一定比例征收教育费附加，在城镇房屋建设中按建筑造价一定比例征收城镇房屋建设教育配套费。绵阳等市还作出了“教龄满30年的教师享受100%退休金”的规定。随着全国、全省教育工作会议精神的落实，全省上下出现了一个共识共举，鼓劲务实抓教育的热潮，全党全社会“重教、兴教、支教”的社会风尚和改革发展教育的良好环境正在形成。

〔**教育投入**〕 1994年，全省各类教育经费（不含中央部委属院校，下同）总支出为77.3亿元，比上年增长36.2%；其中预算内经费支出为50.2亿元，比上年提高4.5%，预算内经费占财政支出的21.2%；预算内经费生均支出：高校为3441.74元，中等师范学校为1566.74元，普通中学为490.05元，职业中学为845.12元，小学为231.61元。在财政增加对教育投入的同时，各地认真落实已出台的教育筹资政策，多渠道筹措教育经费。(1) 执行城市教育附加费按“三税”计征比例由2%提高到3%（重庆市提高到5%）和在宾馆、招待所、旅馆、饭店等对住宿的团体和个人征收教育附加费。这两项政策1994年增加教育经费2亿元。(2) 全省中小学勤工俭学纯收入达4.5亿元，高校产业实现利税1.2亿元。(3) 鼓励社会各界和个人自愿捐资助学，建立1000万的四川高校长虹助学基金和400万元的中国（香港）嘉陵勤工俭学基金，达川地委书记、行署专员带头，并动员全区人民捐款支教，召开了声势浩大的万人大会当场收到捐款100余万元。(4) 争取到世界银行贷款1900万美元，用于25个贫困县“普九”和19所中等师范学校建设。(5) 省和10个市、州、县（区）建立了教育基金会。省教育基金会1994年接受香港合创集团等捐赠人民币67.3万元，1994年底，该基金会本金已达865万元。成都武侯区开展教育基金百万行传递活动，募集基金320万元。

加强教育经费管理。一方面，加强对各级政府教育投入水平的监控，省政府决定从1994年开始，由省统计局和省教委对全省和各市、地、州教育经费执行情况予以公布；各级政府要定期向同级人民代表大会专题报告教育经费预算执行情况，接受监督。另一方面，各级财政和审计部门加强了对教育经费的审计、监督和检查。强调对挤占、挪用教育经费的单位和个人，要视同挤占、挪用救灾款一样严加惩处。省政府还下发了《关于进一步完善农村教育费附加征收和管理办法的通知》，规定农村教育费附加的征收，在不改变乡筹乡有的前提下，一律实行“乡收县管乡用，财政收教育用的管理办法”，较好地制止了挤占挪用教育经费现象的发生。

教育投入的增加，促进了学校办学条件的改善。1994年，全省中小学危房比例继续控制在1%以下，全省普教校舍总面积中砖混结构的校舍比重达到43.3%以上。全省又有10个县（区）普及实验教学。全年新建县级教育电视台（站）8座，新建地面接收站54座，建立电化教育学校540所，教学放像点

553个。办学条件的进一步改善，对提高教育质量发挥了积极的作用，促进了教育事业的发展。

撰稿 魏成松

基础教育

〔**义务教育**〕 依照全省教育工作会议重新确立的九十年代四川教育事业发展的总体战略目标和任务，省教委调整了全省“普九”规划，进一步明确了各市（地、州）、县（市、区）实现“普九”的具体年限，重新修订了全省“普九”标准和验收办法。

加快“普九”进程。按照规划，1994年，成都市的新都县、郫县、都江堰市，重庆市的双桥区，自贡市的自流井区，德阳市市中区，泸州市市中区等7个县（市、区）经省政府检查验收合格，普及了九年义务教育，加上普及九年义务教育的乡镇，全省1994年“普九”人口覆盖率达15%，累计全省有18个县（市、区），占全省人口总数27%的地方实现了“普九”。1994年全省有占总人口22%的地区普及了初等义务教育，累计普及初等义务教育地区人口占全省总人口的58.6%。

积极推进特殊教育事业的发展。认真贯彻执行国家教委召开的全国残疾儿童少年随班就读工作会议精神和《关于开展残疾儿童少年随班就读工作的试行办法》，省教委制定下发了《四川省残疾儿童少年随班就读工作实施方案》、《关于大力推进残疾儿童少年义务教育工作的函》，组织培训弱智儿童鉴定人员80人，培训残疾儿童少年随班就读师资75人。1994年全省特教班由1993年的384班增加到415班。盲聋弱智学生由1993年的5192人增加到6808人。联合国儿童基金会对四川“女童入学和特殊教育”的援助项目，通过了国家教委的检查验收。

加强教材建设。1994年，全省组织编写的九年义务教育内地版小学三年级、初中三年级各学科教材，通过了国家教委中小学教材审定委员会的审查，列入全国中小学教学用书目录，向全国推荐；小学4—6年级教材编写完毕，继续进行试教。新编小学《活动课材料》一套12册，新编小学三算结合教材1册。修订再版初中音乐教材、教学参考资料，编写中小学音乐乡土教材7册，中小学美术乡土教材18册。完善了小学、初中计算机教材体系，新编了小学、初中计算机教材。

总结推广教改经验。全省重点总结推广了“小学整体改革”、“愉快教育”等一批成功的教改经验。成都市盐道街小学的“课内外结合整体优化教育实验”课题并通过省科委组织的专家鉴定。成都市龙江路小学的“愉快教育”经验，得到了国家教委的重视和肯定。1994年全国“愉快教育”研讨会在龙江路小学召开，国家教委副主任柳斌到会作了题为《推广愉快教育经验，减轻学生过重负担》的讲话。

〔**高中教育**〕 进一步明确了普通高中教育的奋斗目标。全省到2000年，在大中城市城区和经济发达的农村基本普及高中阶段的教育；逐步建立以普通高中教育为主体，有专业特色的高中、综合高中并存的普通性质高中办学模式体系；省重点中学在1995年前，一般普通高（完）中在2000年前达到《四川省普通高（完）中办学基本要求》；依法治校，学校管理规范化。

1994年，全省继续实施《四川省普通高（完）中办学基本要求》，努力改善高（完）中的办学条件，提高学校管理水平，经检查验收，全省又有35所高（完）中达到了办学基本要求，累计达到办学基本要求的高（完）中学校共65所。顺利完成了高中一、二、三年级毕业会考工作。修订了《四川省普通高中学生学籍管理和成绩考核暂行办法》，规定高九四级学生须地理、生物会考及格（含补考）才能毕业；从1994年秋季起取消留级制度，实行附读制度。积极进行办学模式的探索，努力把学校办出特色，全省涌现出一些具有体育、艺术、外语、计算机等专业特色的高中和综合高中。全面实施分流教育，分流形式主要有“2.5＋0.5”和“2＋1”。为促进其发展，绵阳、乐山、达川等地制定了相应的优惠政策，对参加职业技术教育一年的普通高中学生，成绩合格者，发给其普通高中毕业证和职业高中毕业证书。

建设示范性、实验性、高水平的学校。按照“一手抓普及，一手抓提高”的工作方针，省教委决定在基本普及九年义务教育的基础上，规划到2000年全省重点建成200所左右实验性、示范性中学，30所左右达到全省一流，10所达到全国一流办学水平。

加强人口教育。省教委在重庆市召开了高中人口教育工作会；完成了联合国人口基金会与中国合作项目P_{19}在50所中学的试验任务；开始实施P_{53}项目，全省15所农村初中参与试验；组织全省中学生参加国家教委组织的《人口——21世纪的关键问题》绘画比赛，获二等奖1个，三等奖11个。

〔**幼儿教育**〕 动员和依靠社会力量发展幼教事业。1994年，全省3—6岁幼儿入园率为45％。继续抓好示范幼儿园建设。全省有40所示范幼儿园经检查验收达标，至此，全省300所示范幼儿园中，已有150所达到了示范幼儿园条件。10—11月省教委组织力量对前三年验收的示范幼儿园进行复查，抽查面达28％，合格率为100％。举办了全省示范幼儿园园长培训班，培训园长48人。根据国家教委的部署，认真抓好成都、德阳学前班教学改革试验县的试点工作，制定了《四川省学前班工作评估方案》，完成了对成都、重庆、乐山、自贡等市幼儿园园长资格认定调查。

〔**德育工作**〕 认真组织广大师生员工学习《邓小平文选》第三卷和党的十四届三中、四中全会精神，帮助师生更好地把握党的基本路线和邓小平同志建设有中国特色社会主义理论。组织各级干部、教职员工认真学习、广泛宣传《中共中央关于进一步加强和改进学校德育工作的若干意见》和《爱国主义教育实施纲要》。以爱国主义教育为重点，在全省广泛开展了爱国主义教育系列活动。全省700多万名中小学生参加此项活动。在各地开展活动的基础上，8月，组织5次大型活动：小学故事大赛；中学生历史知识竞赛和中学生历史知识电视抢答赛；高中生爱国主义演讲比赛；爱国主义征文大赛；四川省爱国主义教育赴京夏令营活动。

认真贯彻落实中小学德育大纲和中小学生日常行为规范，突出行为规范的养成教育。注重校风、班风、学风建设。组织部分地区近8万名学生参加国家教委组织的“让精神世界更美好”读书活动，荣获组织金奖3个，银奖9个。

1994年12月，四川省委宣传部、省教委联合召开了全省中小学德育工作会议。表彰中小学德育先进单位94个，德育先进工作者301人。会后，省委宣传部、省教委联合下发了《关于中小学德育工作几个问题的意见》，提出：(1) 在中小学德育专职人员中开展评聘教师职务的工作；(2) 建立德育工作人员培训制度，到2000年，省、市、县三级分工负责，对所有德育工作者进行一遍轮训；(3) 建立中小学德育工作表彰奖励制度，每三年召开一次全省中小学德育工作会议，表彰中小学德育工作先进集体和个人，每两年表彰奖励一次普通中学的省级“三好学生”、“优秀学生干部”和“先进班集体”；(4) 切实保证德育经费，各级教育行政部门要设立德育经费项目，列入预算，划拨专项经费，并逐年增加。

〔**体育、卫生、艺术和国防教育**〕 1994年，全省中小学校新建、改建400米运动场7个，2百米运动场50个，游泳池11个，中学体育场馆6个。扩大初中毕业生升学考试体育试点面，完善其实施办法。规范中小学生《体育合格标准》和《体育锻炼标准》的常规管理。《中学生体育合格标准》1994年施行面为97.5%，合格率为94.8%。中小学《体育锻炼标准》1994年施行面为95%，达标率为88%。确定了33所中学为培养体育后备人才试点校，进一步完善了中学培养高水平运动员和体育后备人才试点校管理办法。

建立了四川省学生体育协会。圆满完成了四川省参加世界、全国学生比赛的任务。长寿中学彭凤梅同学1994年5月在世界中学生运动会上以6.39米的成绩获得女子跳远金牌，打破了世界中学生运动会纪录。在全国各项学生比赛中，四川省获田径团体总分第一名，女子篮球第二名、男子篮球第三名的好成绩，取得金牌15枚。四川省1994年承办了全国中学生田径运动会，得到了国家教委、兄弟省市自治区代表团的好评。

大力普及健康教育。全省有200多万学生接受健康教育。对40%的学生进行了集体驱蛔、治龋，降低了学生常见病多发病的发病率。1994年全省学生视力不良率比1993年下降1.14个百分点。

艺术教育方面，举办了音乐教学改革学习班，培训音乐教师215人，举办了全省中小学青年美术教师教学技能比赛，开展了中小学和中师音乐、美术优秀论文评选和“贫困山区艺术教育实验”研究。组织学生参加全国第二届中小学生歌咏比赛和全国教师优秀美术作品展览，均获优秀组织奖；参加全国中小学生“爱祖国、爱老师”美术、书法展览，获团体第二名；组织作品参加了国际少年儿童航空绘画赛和香卡尔国际儿童画比赛。

重视国防教育，完善了军训试点校管理制度。组织高中新生入学后的军训工作，全省开展学生军训的中学达400多所。

〔**师资建设**〕　省教委发出通知，对《教师法》学习宣传的重点、步骤、考核以及贯彻落实等提出了安排意见，要求各级各类学校把教职工学习《教师法》作为1994年政治理论学习的重点。省委宣传部、省教委编写了《教师法辅导讲座》，帮助广大干部和教职工更好地把握《教师法》的精神实质。省教委会同有关部门，在多方面征求意见的基础上，起草了《四川省〈教师法〉实施条例》，已报省人大常委会初审。

为了进一步提高教师的社会地位，使《教师法》家喻户晓，深入人心，结合庆祝第十个教师节，在全省范围内开展了“十项活动”：组织3千万人（次）师生员工上街宣传《教师法》和教师节的宣传月、宣传周活动；举办了四川省第二届“园丁杯”教师演讲比赛；四川省教师书画展览；开展了第四届优秀青年教师夏令营；优秀教师、优秀教育工作者暑期休养活动；举办了边远农村“一人一校”的80位优秀教师到成都观光考察活动；评选100名“三育人”先进个人和10名优秀园丁；开展了第二届优秀教改教学评选活动；举行了庆祝第十个教师节招待会，国务院副总理李岚清和省委、成都军区、省人大、省政府、省政协的主要领导出席了招待会。

进一步加强中小学校长队伍建设，大力培养青年骨干教师。继续开展了中小学校长岗位培训工作。到1994年，全省已培训中小学校长10.6万人，占应培训总数的94.8%。全省评选出第二批青年骨干教师550人，被列为省掌握的有培养前途的青年优秀人才，并对他们进行为期2年的培养。

中等师范学校标准化建设。全省首批办好的36所中师1994年接受了检查验收。4月7日至27日，省教委组织力量对21所中师，按照四川省首批办好的中师办学条件、办学水平检查评估量化指标进行了检查，均达标。6月2日至16日，国家教委组织全国15个省区共60名中师教育专家，分3组抽查19所。10月22日至11月6日，省教委组织力量在4月份检查的基础上，对余下的15所中师按同样的量化指标进行了检查验收。经检查，全省36所首批办好中师均达到了国家教委规定的标准。

中师抓教研，促教改，努力提高教育质量。全省组织开展了“中师教育现代化”研讨活动，围绕中师实施新教学方案，深入探讨必修课、选修课、教育实践、课外活动的有机结合；组织开展了新教材培训和青年教师教学比赛；开展14门课程教改教研论文交流与评选，在全国中师青年教师教研论文评选中全省有15篇论文获奖。完成了国家教委下达的中师《小学教育学教程》教学质量评价标准的试行和修改。组织力量编写了中师劳技、舞蹈、电教、数学等课程的选修课或课外活动教材。

完成了初中教师“三沟通”培训考核工作。组织了全省中小学、幼儿园教师《专业合格证书》考试，11000余名中小学、幼儿园教师获得《专业合格证书》。扩大招收小学教师进修师专学历教育试点，18所教育学院招生1469人。扩大小学教师继续教育登记制度试点，培训小学教师178250人，占小学教师总数的18.1%。

进一步深化中小学职务改革，完善教师职务评聘工作。1994年重新组建了四川省中学高级教师职务评委会和各学科评议组，开展了评审工作。为完善教师职务评聘工作，省教委先后制订并由省职改办转发了《中小学从事勤工俭学工作的专业技术人员评聘专业技术职务的意见》、《四川省中小学教师破格评聘教师职务推荐意见》、《关于中小学校专职德育工作人员评聘教师职务的意见》等文件。

积极为教育、教师办实事。省政府下发了《关于一九九四年为教师办十件实事的通知》，推动各地政府为教育、教师办实事，进一步形成全社会“尊师重教”的风气。经省政府批准，评选出第四批中小学特级教师347名，由省政府授予“四川省特级教师”称号。加快民办教师“民转公”步伐，1994年全省安排5000名专项指标(不含成渝两市各安排的1000名专项指标)，用于从优秀民办教师中选招公办教师。同时，国家人事部、国家教委从1994年全国15万“民转公”专项指标中分给四川省12000名，省人事厅、省教委将指标全部分配给市、地（州）。认真解决教师家属“农转非”和教师子女就业问题。各地在“农转非”中，对教师家属“农转非”在同等条件下优先安排，保证教师家属“农转非”指标不少于当地总指标的70%。1994年，省政府安排2000名专项指标，用于招收小学公办教师，其中教师子女占80%以上，既补充了边远山区教师，又解决了教师子女就业问题。省政府决定，1994年，全省民办教师与公办教师同步实行工资改革，这对解决民办教师待遇低，增加其收入，调动他们教书育人积极性，收到了明显效果。为解决教师看病难的问题，设立了省教师职业病防治医院，为教师看病住院提供优先优惠条件。

加强劳资管理，全面完成了工资制度改革工作。省教委对全省普通教育劳资干部进行了业务培训，使其正确掌握工资改革政策，为工资制度改革工作的顺利实施奠定了基础。在调查研究基础上，省人事厅、省教委制定了《四川省民办中小学教师工资制度改革的实施意见》，根据各地经济发展状况，提出了民办教师工资制度改革的3个方案供各地选择。

〔**教育研究**〕 组织四川省第二届普教科研成果评奖活动，从206个参评项目中评出79个获奖项目；组织了四川省教育学会第六次教育科研成果评奖活动，评出获奖项目189个；确定60个项目为1994年度四川省教委普教科研资助金项目；对1990—1993年列为省教委普教科研资助金项目的30个课题进行了结题鉴定；承担了国家教委下达的“教改经验成果的推广研究”、“全国中小学课程改革研究”、“全国教育实验现状调查”等研究任务。参与联合国儿童基金会和国家教委联合组织的贫困地区小学教育项目的工作，制定了小学语文、数学质量标准分项目。对九年义务教育小学、初中各学科进行第二次大纲教材培训，组织培训18个学科骨干教师和教研员近1000人。组织了中小学各学科的教学研究活动，交流教学经验，开展教学论文评选，编辑《四川教学研究》中学文科版、中学理科版和小学版，部分学科如小学语文、数学、自然，中学语文、物理、化学等，开展了青年教师评课赛课活动，推动了全省青年教师教学水平的提高，并形成了这些学科的优质课评价标准。

〔**督导工作**〕 健全督导机构，提高督导水平。1994年，四川有6个地（州）建立了教育督导室，至此，全省23个市、地（州）

都建立了教育督导室，175个县（市、区）已建立教育督导机构，教育督导人员由1993年的1347人增加到1588人。举办了第五期县（市、区）教育督导人员培训班，培训督导人员73人。大力推广重庆、绵阳等地的经验，认真抓好督导人员岗位培训，在督导实践中提高督导水平。

教育执法检查和督导评估工作。省人大常委会、省政协先后组织力量赴10余个市地州进行《教师法》、《义务教育法》、《未成年人保护法》等的执法检查和调研。受省政府委托，省教委组织力量，对7个普及九年义务教育的县（市、区）和26个基本扫除青壮年文盲的县（市、区）以及部分省级重点中学进行了评估验收。1994年9月，国家教委督导团对四川"两基"工作进行了督导评估，充分肯定四川省在实施"两基"中，"做了大量艰苦的富有成效的工作，取得了显著成绩，积累了不少好经验"。

撰稿　魏成松

职业技术教育

〔**中专教育**〕　根据全国、全省教育工作会议和全国中专教育工作会议的精神，省教委召开了有省、部级重点中专校、省级有关部门和市地州教委负责人参加的全省中专教育工作会议，会议提出了四川省中专教育改革与发展的基本思路，研究、讨论了《四川省人民政府关于大力发展普通中专教育的决定》、《四川省中等专业学校校长负责制试行意见》等文件。副省长徐世群在会上作了《统一认识，加强领导，推动我省中专教育改革和发展》的讲话，强调必须进一步解放思想，加快中专教育改革的步伐。一是要改革办学体制，加强政府统筹职能，进一步发挥部门、行业、企事业单位办学的积极性；二是要改革招生和毕业生分配制度；三是要加强宏观调控，进一步向学校放权。他要求，各地政府和省级有关部门要把中专教育摆到重要的议事日程之中，要重视学校队伍建设，不断增加投入，同时，要加强部门之间的配合。省教委主任王可植在会上作了总结讲话。

按照省教委1993年提出的要求，1994年初，对未达合格标准的19所中等专业学校进行了评估，其中16所学校通过评估验收，达到办学合格标准；组织力量对13所达到合格标准的中专学校进行了省部级重点学校的评估，其中，10所学校已通过评估验收；还对符合复评条件的23所省级重点职业高中进行了复查评估，对8所职业高中进行了省级重点职中评估。为了指导职业高中的评估工作，省教委重新制订了省级重点职业中学的评估标准，制订了《四川省职业中学合格评估标准》。

〔**管理与教学**〕　针对农村职业中学种养

殖专业滑坡的现象，1994年，省教委发出了《关于农村职业教育加强种养专业知识教育的通知》,要求农村职业中学对学生普遍开展农业基本知识和基本技能教育。按照产教结合、按需办学的方针，调整了职业中学的专业、科类结构。

切实加强教学工作,努力提高教育质量。(1)加强职业学校政治课教学；(2)强化专业技能教学，进一步强调了教学实验、实践的重要性，提出了学生动手技能的标准；(3)在职业学校推行“双证制”工作。省教委会同省劳动厅、省交通厅、省商业厅先后下发了《关于对中专、技校、职业高中商品经营专业毕业生推行“双证制”，实行技术等级鉴定的通知》、《关于对中专、技校、职业高中汽车修理专业毕业生推行“双证制”，实行技术等级鉴定的通知》和《关于对职业高中、中专学校毕业生进行技术等级考核的通知》等几个文件，进一步加强了职业学校的教学管理；(4)积极开展教育教学研究。

〔**师资建设**〕 加强在职教师的培训，提高教师的专业理论知识和技能水平。省教委举办4期计算机应用、市场营销短训班，培训教师400余人。同时，组织100余名职业高中在职教师参加西南农业大学、四川农业大学和四川畜牧兽医学院有关专业的第二学历的函授教育；通过对口招生，培养新师资，调整了对口师资专业，增设了紧缺专业。

1994年，全省职业技术教育继续保持了稳定发展的势头，全省中等职业技术学校在校学生达到63.29万人，占高中阶段在校学生的比重由上年的56.4%上升到59.2%。

撰稿 周兴华

高 等 教 育

〔**体制改革**〕 四川省对高等学校加强统筹协调和宏观管理，充分调动各方面办学的积极性，大力推进地方与学校、企业与学校、学校与学校之间的联合办学，初步走出了一条“联合、合作、合并、共建”等多种形式联合办学新路子。

合校办学。原四川大学和成都科技大学合并，改名为四川联合大学，实行优势互补，以中央为主，中央和省共建共管。四川联合大学于4月8日举行成立大会，党和国家领导人江泽民、李鹏、李岚清、李铁映、宋健等题词祝贺。省委书记谢世杰致电祝贺，省长肖秧、副省长徐世群出席大会并讲了话。国家教委副主任张孝文发表书面讲话。四川联合大学成立后，按照“理工结合、文理渗透，多学科交叉、综合裂变”的学科发展目标，将两校原有80多个系、所和各类专业进行调整，组建成15个学科型学院。

产学合作，各扬其长，双向育人，共同发展。重庆大学于1月成立了有四川省、重庆市政府和国内14家大型企业（集团）、研究院及社会各界参加的校董事会，从而进一步加大了产学研合作的力度，1994年，各董事单位共同为重庆大学筹集办学经费1000万元以上。10月14日，中共中央总书记江泽民在国家有关部委领导和省市党政军领导陪同下视察重庆大学，参观了重庆大学的国家重点实验室和ICT研究中心，听取了学校领导和专家的工作汇报，对学校实验室建设、计算机化、应用高科技解决经济建设中的问题取得较好成绩，给予了充分肯定。西南交通大学通过与全国铁路系统近20家企业单位组成董事会，实行产学研结合，在第一次董事会议上就筹措教育发展基金1000万元以上；重庆工业管理学院由西南地区各兵工企业出资1000万元（1994年已到位410万元）联办车辆工程学院，与重庆市国土局联办了土地管理学院；电子科技大学等8所高校先后与成都、重庆市政府联办了8个高校科技园区；成都中医学院以10个市场前景好的高技术医药成果作股，与成都、深圳几家股份制企业共同组建高科技企业“四川西南华神药业股份有限公司，并成为其最大的股东，该公司出资100万元为该校设立了科技发展基金。

实行中央部委与地方共建共管，扩大部委院校的服务面。西南工学院实行由国家建材局与绵阳市政府共同建设和管理的体制，增设了地方急需的应用性学科专业，办学规模也由1993年的3000余人迅速增加到3500多人，办学条件得到较大改善，办学效益明显提高。成都电子机械高等专科学校实行了电子部与四川省双重领导，以省为主的管理体制。

校际间联合办学，实行优势互补，资源共享。成都地区的电子科技大学、西南交通大学等5所院校和重庆北碚区的西南师范大学与西南农业大学两校，实行联合办学，并初步形成了跨学科、跨行业、跨部门的联合办学方案。即在不改变领导管理体制和投资渠道的前提下，淡化单一的隶属关系，按照“平等协作，资源共享，互惠互利，共同发展”的原则，以教学、科研、校办产业、后勤等方面为主要内容，进行广泛联合和合作，逐步实现互相承认学分，共同培养研究生、教师互聘、资源共享。

合理调整高校，优化布局结构。原万县师范专科学校与万县教育学院合并组建的四川三峡学院正式挂牌成立。原攀枝花大学与攀枝花教育学院合并成立了新的攀枝花大学。

进一步扩大高等学校办学自主权，积极稳妥地进行以人事、分配制度改革为重点的学校内部管理体制改革，使之逐步建立起适应市场经济和社会发展需要的自我发展和自我约束机制。在人事制度改革方面，学校普遍实行了定编、定员、定岗、定责，精简了党政机构，转换管理职能，下放管理权限，实行分级管理，事企分开，提高了工作效率。在分配制度改革方面，一般采取国家工资与校内分配并行的双轨运行机制，国家固定工资不变，校内自筹或创收经费通过课时津贴、岗位津贴、年终奖励等诸种形式进行合理分配，体现了按劳分配、奖勤罚懒的原则，调动了教职工积极性。

〔**党建和思想政治工作**〕 为认真贯彻党的十四届四中全会精神，进一步加强党的组织建设和德育工作，1994年，召开了全省高校党委书记会议。开展了教育系统党员标准和青年教师入党问题的专题调研。狠抓了高校政工后备队伍的建设工作，对高校政工干部评聘专业技术职务的问题进行了专题调研。

进一步研讨马列主义理论课和政治课（即“两课”）的改革和建设，修订省统编教材，对“两课”改革试点学校进行了评估，落实了“两课”教学巡视员制度，组建了高规格的马列ＡＢＣ课题组。

组织广大师生认真学习党的十四届三中、四中全会精神和《邓小平文选》第三卷；在全省高校部署了爱国主义教育工作；认真学习贯彻《中共中央关于进一步加强和改进学校德育工作的意见》，召开了座谈会和专题研讨会；进一步加强高校德育的理论研讨工作，开展了学术研讨会和优秀论文评选工作。

〔**教学改革**〕 优化结构布局。省教委印发了《四川省普通高校专业设置管理暂行规定》，成立了高校专业设置评议委员会。对38所省属院校进行专业设置总量控制和专业清理核查，公布地方高校专科调节性计划专业名单，核定高校专业设置控制数，确定32个本科专业、25个专科专业的调整与设置。完成了国家教委下达的高等教育结构优化研究课题。这对高校专业设置规范化、制度化、科学化，优化专业结构，保证新办专业质量，产生了积极作用。

抓好重点学科和重点课程建设。在高校自查基础上，组织专家对13所高校23个省级重点学科、省属高校3个国家级重点学科建设规划中期执行情况进行抽查。组织各校规划、落实省校两级重点课程建设。4所高校的4个专业经专家评估审核，被国家教委列入第二批全国高等工程专科专业教学改革试点专业。加强重点院校建设，积极支持省内部分高校争取进入国家“211工程”计划。开展了全省工科本科院校教学工作评估。

加强实验室、图书馆建设与管理。制定了省级重点实验室申报、评审、建设方案和全省高校实验室评估方案，对37所高校图书馆进行了评估。

积极开展大学本专科教育教学改革。省教委先后召开了农林、高师、艺体、医学教育教学改革座谈会，进行专题研究，分类指导。投入150万元进行高师教育实习基地建设。继续组织大学生参加全国英语、高等数学统一测试，英语四、六级通过率比上年提高15.95个百分点；开展了第二次全省高校计算机等级考试。组织24所高校参加全国大学生数学建模和电子设计竞赛，成绩列全国之首，并获全国最佳赛区。

研究生教育和学位工作。省教委对西南片区17个单位的31个硕士点进行了评估；开展在职人员申请博士、硕士学位工作调研；探索学位授权审核两级管理新体制；加强成人高校本科生授予学士学位工作。

〔**科研工作**〕 按照“稳住一头、放开一片”的科技方针，面向经济建设主战场，产学研结合，为经济建设和社会发展服务。一是多渠道争取科研任务和经费。1994年全省高校争取科研经费超过2.2亿元，其中获国家自然科学基金项目158项，经费1105万元。组织高校申报国家、省科技项目，作好“九五”及2010年规划。与企业横向科技合作，获得的科研经费占总经费的50%以上。二是充分调动科技人员积极性，使一大批水平高、效益好的科技成果面世。高校申报国家教委科技进步奖27项，获省科技进步奖

106项，占全省获奖总数的36.2%。省政府第一次重奖的8名科技人员中有3人是高校教师。三是采取措施，使高校科技成果尽快转化为生产力。1994年推广科技成果600项，取得经济效益30亿元。四是抓社会科学研究项目中后期管理，保证所承担的国家级课题如期完成。五是开展知识产权研究和学术交流，完善高校科研管理。

〔**招生、毕业生工作**〕 首次实施高考科目新方案，科目减少，过渡平稳，负面影响小，对改“应试教育”为“素质教育”起到了积极作用。进行国家任务计划和社会调节性计划招生“并轨”改革试点，并逐步扩大调节性计划，“并轨”学校生源明显好转。改进了社会调节性计划招生政策和办法；规范了委培、自费生招生管理；重新核定了享受照顾的三线单位。1994年全国477所普通高等学校在川招收新生66254人，较1993年的65177人增加了1077人，增长1.65%。

试行“两自”（自费上学、自主择业）的招生“并轨”试点。1994年，开始在四川联合大学和重庆大学进行“并轨”试点。普通高校毕业生就业实行“供需见面”和“双向选择”。省教委组织了两次大型的供需见面信息交流暨计划衔接会，为毕业生就业方案的落实奠定了基础。在四川音乐学院、四川美术学院、四川外语学院等院校进行毕业生就业中期改革方案试点的基础上，扩大了部分省属院校进行“双向选择”就业试点。按照省政府有关文件精神，通过推荐与自荐相结合，约80%的高校自费、电大与函授普通专科班毕业生就业。

〔**外事工作**〕 国际交流进一步加强，合作领域不断扩大。派遣公费、自费留学生567人，接受25个国家和地区来川留学生329人；办理出国访问、考察、参加国际会议80批220人，接待国外来川访问团考察团36批；聘请外国文教专家和外籍教师136人到36所院校任教。

〔**体育、卫生、艺术教育**〕 继续对大学生《体育合格标准》和《体育锻炼标准》进行了常规管理，进一步对培养高水平运动员和体育后备人才的试点普通高等学校管理办法进行了完善，加强了试点学校招收中学体育后备人才的保送工作。

经省政府批准，7月18日至10月5日，省教委、省体委、团省委联合主办了四川省第二届大学生运动会。本届大运会以“竞赛育人，管理育人，服务育人”为宗旨，通过各种竞赛活动充分展示当代大学生的精神风貌。省委、省人大、省政府、省政协、省军区的主要负责同志出席了运动会开幕式。3月至12月，四川省教委和中共四川省委宣传部、省文化厅、团省委以及四川日报社、四川电视台共同举办了建国以来的四川省首届大学生艺术节。艺术节自始至终贯穿了爱国主义，集体主义和社会主义思想教育的主题，以弘扬民族文化为基调，通过艺术活动的形式，陶冶当代大学生的思想情操，丰富了校园文化生活，进一步促进了高校精神文明建设和艺术教育的开展。全省高校90%的学生参加了艺术节丰富多彩的活动。

进一步加强学校卫生工作和对学生的健康教育，以及高校卫生院（所）的建设，提高学校防病治病能力，降低学生中传染病、多发病的发病率，有效地控制了高等学校学生急性肠道传染病的暴发流行。

〔**企业捐资助学**〕 1994年，四川长虹电器股份有限公司和嘉陵（中国）投资发展有限公司，分别无偿捐赠1000万元和400万元人民币，支持四川高等教育事业的发展，分别建立了“四川高校长虹助学基金”和“四川省香港嘉陵（中国）投资发展公司勤工俭学基金”。4月8日，省人民政府在四川电视台举行了四川高校长虹助学基金新闻发布会，省长肖秧等向长虹公司颁发了省政府授予长虹公司“支持教育，功德千秋”的证书和奖牌。1994年，发放长虹助学金194万余元，支持在校贫困大学生22000余人。这两项基金的建立，对四川高等教育事业的发展起到了积极作用，在社会上引起了强烈的反响。

撰稿 周兴华

成人教育

〔**扫盲工作**〕 年初，省教委召开了有各市地州教委分管领导和成人教育科(处)长参加的全省成人教育工作会议。副省长徐世群、省教委主任王可植出席了会议，徐世群同志就进一步落实《中国教育改革和发展纲要》，加快成人教育改革发展问题作了重要讲话。省级10余个单位的负责人也出席了这次会议。全国教育工作会议后，省教委又一次召开了有各市地州教委成教科（处）长参加的成人教育工作会议，研究了全省九十年代成教改革发展的目标，任务和政策措施。省政府修改并重新颁布了《四川省〈扫除文盲工作条例〉实施办法》，省教委下发了《关于进一步加强扫除青壮年文盲评估验收工作的通知》。经评估验收，1994年全省共扫除青壮年文盲26.9万人，26个（累计163个）县（市、区）达到了基本扫除青壮年文盲标准，使全省青壮年非文盲率达到95.6%。参加扫盲后巩固提高学习结业人数107.9万人，成人中小学毕（结）业人数9.9万人。法国CCFD代表团赴四川考察后，对四川的扫盲农村成人教育工作给予了高度评价，并就有关合作事宜达成意向协议。

〔**农村成人学校及技术培训**〕 (1)抓乡镇成人学校阵地建设，省教委制定了全省乡镇成人学校建设总体规划及建制的合格标准。(2)抓乡镇成人学校建制工作，推动成人学校巩固发展。(3)抓省、市（地州)、县示范成人学校，以点带面，省教委制定了省级示范学校标准，提出了示范学校要做到“校舍楼房化，教学手段电教化，管理科学化，办学效益化”。(4)抓校办产业，鼓励、支持学校走教学、科研、推广、生产经营、服务一体化路子，实行实教结合、校企合一、育人创收。1994年，全省县、乡（镇)、村成人学校分别达到69所、4800所和43000余所，分别占县、乡（镇)、村总数的31.5%、80%和

57%；较系统地开展了扫盲后的实用技术教育，全年培训1146.6万人次，系统的技术培训结业419.7万人。

〔**职工教育**〕　围绕深化企业改革，建立现代企业制度，进一步解放思想，转变观念，积极主动地为企业服务，加快了职工教育改革和发展的步伐。职工教育得到较大发展，到1994年底，全省各类职工学校达到1540所，同时，形成以岗位培训、继续教育为重点，适度发展学历教育的职工教育新格局。据统计，全省参加各类政治、文化、技术学习的职工达318万多人，占职工总数的32.5%，其中参加岗位培训的264万人，占职工学习人数的83%。

针对企业在转换经营机制，建立社会主义市场经济体制的过程中职工教育面临的新情况，新问题，省教委组织召开了全省部分大中型企业职工教育研讨会，进一步明确了方向，推动了全省职工教育的发展；召开了职工教育统计会，对各市地州和省级部门的100余名统计人员进行了培训；深入到国家教委的教育综合改革实验企业进行调查研究，掌握了企业转换经营机制中教育综合改革的新情况、新问题、新经验，为进一步推动全省职工教育的发展提供了实践依据。

〔**成人高等教育**〕　以贯彻《中国教育改革和发展纲要》和省政府《关于进一步改革和发展成人高等教育的意见》为中心，狠抓质量，加快改革和发展。1994年，除全省独立设置的77所成人高校外，有54所普通高校举办成人高等教育，成人高校共招生7.17万人。采取措施加强管理，努力提高教育质量。省教委制发了《关于加强成人高等教育管理，制止乱办学的通知》；积极开展成人高等教育的评估工作，根据国家教委《关于各类成人高等学校评估工作意见》和《关于成人高等学校评估的基本内容和标准》的要求，结合四川省实际情况，省教委制定了《四川省成人高等学校评估工作实施意见》，为1995年开展评估工作作了充分准备。

认真做好成人高等职业技术教育工作。1994年，在成都无缝钢管厂职工大学等4所学校的8个专业进行了成人高等职业技术教育招生试点，招生200多人。为适应社会经济发展对各类专门人才的大量需求，在省电大、四川联合大学等16所成人高校和普通高校试办了大学基础教育，招生9000余人。为加强对这项工作的管理，省教委成立了大学基础教育领导小组。加快招生计划管理体制的改革，实行由学校根据本地经济和社会发展的需要及办学条件自下而上编制计划，报送上级教育主管部门汇总下达。与此同时，对成人高等教育的科类和结构作了调整，着眼于经济、社会发展的长远需要，重点发展应用学科、农林、经贸、师范等专业，办学层次实行学历教育和非学历教育并举。

〔**成人中等教育**〕　职工中专积极推行“双证”教育，在部分学校试行的学历文凭与职业资格培训证书并存并用制度取得较好效果；继续进行学校面向社会自主招生试点工作；下发了职工中专11个专业指导性教学计划；新批2所职工中等专业学校。狠抓农村成人中专的发展，全省新建学校2所，16所农村成人中等专业学校，12所技工学校开办了中专班；3所县办成人中专积极改革招生制度，实行联合办学，扩大学校规模，采取考试与免试相结合的办法，招生6000多人，比上年增加了2倍。

按照国家教委《关于加强成人高中教育的意见》，进行了成人职业高中教育试点，试点工作在3个市按计划实施，同时，省教委还加强了成人高中的管理，以确保教学质量。据统计，全省1994年参加成人高中学习的人数达4.3万人，毕业2.3万人，分别比上年增加6900人和7500人。

〔**社会力量办学**〕 在充分调查研究和论证的基础上，省政府颁布了《四川省社会力量办学管理办法》这是全国第一个由省政府颁布的关于社会力量办学管理的法规性文件。之后，省教委又召开座谈会，研究贯彻《四川省社会力量办学管理办法》的措施，起草了“实施细则”；开展了对全省社会力量办学的检查评估工作，清理和停办了一批不合格的学校，表彰了一批办学先进单位和先进个人。全省社会力量办学健康发展，到1994年底，全省社会力量所办各类学校达到4000余所，在学人数达67万余人，初步形成了融成人教育、职业技术教育、基础教育和高等教育为一体的办学格局。

〔**自学考试**〕 全年开考49个专业，报考人数51万人，比上年增长18.6%，11万人获得一科以上单科合格证，1.7万人获得本科、专科毕业证书。及时开考了社会需要的长线、短线专业13个，较好地适应了社会对应用性、复合型人才的需要。完成了经济类10个专业和文秘、汉语言文学、英语、护理专业考试计划的调整。全面推广规范化考场，全省五分之一的县以上自考考场达到规定标准，确保了自学考试质量。

〔**城乡教育综合改革**〕 围绕“点上深化，面上拓展”的工作方针，大力推进农村教育综合改革。全省已建立德阳、乐山、涪陵3个省级农村教育综合改革实验区（其中德阳市是国家级农村教育综合改革试验区）；33个省级农村教育综合改革实验县、200个“燎原计划”示范乡。省教委组织力量对全省农村教育综合改革工作进行了一次全面检查。

1994年12月20日至22日，省教委在温江县召开了全省第四次农村教育综合改革工作会，各市地州教委主任、33个省级农村教育综合改革实验县党政领导和教委主任、部分高校和省级有关部门负责同志等160人参加了会议。副省长徐世群、省教委主任王可植等到会讲了话。会议交流了经验，参观了温江县农村教育综合改革现场，表彰了近两年工作突出的先进单位，研究部署了今后工作。温江县在农村教育综合改革中，形成办“大教育”，抓“大统筹”，动“大马力”，实现“大合唱”，带来“大发展”的经验具有普遍意义。

1994年，全省扩大了城市、企业教育综合改革试点。

撰稿 周兴华

民 族 教 育

〔**综述**〕

四川省民族学校基本情况

单位：人

学校类别	学校数	毕业生数	招生数	在校学生数	教职工人数 合计	教职工人数 专任教师
幼儿园	232	4452	31617	80716	2901	2352
小　学	8431	91354	165429	816094	44987	39946
普通中学（含内地班）	432	48003	71693	178144	20123	15213
高　中	106	9409	7817	22504		2604
初　中	326	38594	63876	155645		12609
职业中学	40	3045	3884	9161	1325	880
职业高中	23	1980	2025	4766		564
职业初中	17	1065	1859	4395		316
中等专业学校	31	4191	6158	16672	2687	1435
中等技术学校	17	1678	3458	8349	1559	846
中等师范学校	14	2513	2700	8323	1128	639
成人扫盲与技术培训	5061	684210	782640	791477	2557	1073

〔**普及初等教育**〕　1994 年，省教委对民族地区普及初等教育进行了规划，将年度目标任务层层分解落实；召开了民族教育工作例会，研究民族教育改革发展的具体措施；印发了《1994 年四川省民族地区教育工作目标管理要求及评奖办法》；对普及初等教育县、乡镇进行了检查验收。1994 年全省又有康定、马尔康、黑水、冕宁、马边 5 个民族自治县和其他县的 40 个乡镇基本普及了初等教育。

〔**内地中学民族班**〕　1994 年，德阳、绵阳市招收少数民族初中学生 180 人，成都、重庆市等市招收少数民族高中学生 180 人。省教委、民委规定：内地中学民族班主要招收少数民族农牧民子女，招收干部职工子女的比例，初高中分别不得超过30%、50%；内地中学民族班学生生活补助标准年生均由480元提高到540元，农牧民新生卧具装备费由120元提高到150元。为加强管理，省教委召开了内地中学民族班工作座谈会，印发了《内地中学民族班（校）管理实施意见》，对内地中学民族班的领导与管理、德育工作、教学工作、经费、学籍与生活管理等作出了规定。

为了进一步办好成都西藏中学，省教委、计委、财政厅联合下发了《关于进一步办好成都西藏中学的意见》，建立了以副省长徐世群为组长，省教委、计委、财政厅、人事厅和成都市政府、市教委负责同志为成员的协调领导小组，负责学校的领导协调工作；保证办学经费，省教委、财政厅根据财力和学校需求，每年划拨适当经费补助学校，省教委按重点中学标准为学校配备教仪设备和师生生活设施；加强领导班子和教师队伍建设，给予教职工适当补贴并列入工资基金在财政拨款中开支。

〔**对口支援协作**〕 为了进一步落实省委、省政府关于组织内地市、县对口支援少数民族地区教育的指示，省教委、民委、财政厅于1994年3月1日至2日在成都联合召开了全省教育对口支援协作工作会。内地9个市和“三州”及黔江地区的教委、民委和省级有关部门负责同志参加了会议。省委副书记秦玉琴，省人大副主任孙自强，副省长徐世群、欧泽高，省政协副主席韩邦彦，省教委主任王可植等到会并讲了话。会议传达了全国教育对口支援协作工作会议精神，总结交流了教育对口支援协作工作的经验，探讨进一步搞好此项工作的思路和措施，部署了下一阶段的工作，对口支援协作的市地州教委负责同志签订了《教育对口支援协作协议书》。

〔**双语教学与教材建设**〕 开展检查评估，促进双语教学健康发展。省教委制定下发了《双语教学检查评估办法》。各州教委组织力量对县、乡镇双语教学机构及双语教学的中小学进行了检查评估。在此基础上，省教委进行了抽查、总结表彰奖励，从而推动双语教学工作按规范化、科学化的要求发展。

搞好民族文字教材建设，为开展双语教学提供教材。依据四川省中小学彝文教材审查委员会章程，聘任周旺云、沙马拉毅等39人分别为四川省中小学彝文教材审查委员会第二届主任、副主任、顾问、委员。1994年7月14日至8月4日在西昌市召开了四川省中小学彝文教材审查委员会第二届一次教材审查会议，审查了九年义务教育彝文小学和彝文初中教材9册、教参3册、教学大纲2册。省教委于10月9日至11日在康定召开了民族师范学校藏语文教材《藏语文基础知识》编写会，专题研究此教材编写问题。省教委、省出版集团在6月14日至15日联合召开了民族文字教材联席会，研究民族文字教材编译、审定、出版工作，进一步理顺了民族文字教材发行渠道，确保民族文字教材“课前到书、人手一册”。

1994年，四川省教委被国务院评为全国民族团结进步先进集体。

撰稿 魏成松

审稿 王可植 纪穡缘

贵州省教育

概况

〔基本情况〕

1994年各级普通学校基本情况

单位：人

学校类别	学校数（所）	毕业生数	招生数	在校学生数	教职工数	
					计	其中专任教师
一、普通高等学校	22	7969	11094	32586	12730	5540
研究生		37	102	258		
本　科	9	3563	3838	15194		
专　科	13	4369	7154	17134		
二、中等专业学校	111	18584	24062	66331	11832	6002
中等技术学校	83	12527	17271	46958	9243	4456
中等师范学校	28	6057	6791	19373	2589	1546
三、普通中学	1769	284802	383816	1030770	78307	63059
高　中	342	39211	45590	124593		9969
初　中	1427	245591	338226	906177		53090
四　农业、职业中学	279	20888	26289	67894	6542	4490
高　中	171	14043	15250	40065		2766
初　中	108	6845	11039	27829		1724
五、工读学校	3	211	296	144	59	42
六、小学	19691	495703	948067	4552968	183980	168842
七、特殊教育学校	12	203	1244	4268	752	388
八、幼儿园	1415		356681	13657	11056	

1994年各级成人学校基本情况

单位：人

学校类别	学校数（所）	毕业生数	招生数	在校学生数	教职工数	
					计	其中专任教师
一、成人高等学校	17	4515	17133	32854	3016	1411
广播电视大学	1	1320	5193	9824	951	431
职工高等学校	6	242	1019	2689	561	278
农民高等学校						
管理干部学院	4	473	2626	3855	681	309
教育学院	6	1253	2202	4351	823	393
独立函授学院						
普通高校举办						
函授部		674	3510	7622		
夜大学		35	749	1802		
干部专修科		518	1834	2711		
二、成人中等专业学校	27	4880	27196	55161	1226	605
广播电视中专	1	2000	5547	19859	289	92
干部中专	4	800	473	1187	183	68
职工中专	17	1680	1790	5555	596	346
函授中专	1	200	19183	28082	39	21
教师进修学校	4	200	203	478	119	78
三、成人中学	23	403	571	998	34	29
职工中学	2	32	40	214	17	17
农民中学	21	371	531	784	17	12
四、成人技术培训学校	4593	1412487	877659	1246241	3204	533
职工技术培训学校	35	1837	3771	4439	196	119
农民技术培训学校	4558	1410650	873888	1241802	3008	414
五、成人初等学校	3462	152552	190212	203973	7704	656
职工初等学校	3	1696	666	666	48	14
农民初等学校	3459	150856	189546	203307	7656	642
其中：扫盲班	3422	145190	183525	200150	7604	618

注：1994年成人自学考试全年开考6次，参考人数达10万人次，规模24万科次，比上年翻一番。

制表　黄　琳

〔**全省教育工作会**〕 1994年9月10日至13日，贵州省委、省政府在贵阳召开全省教育工作会议，贯彻全国教育工作会议精神，进一步全面落实教育优先发展的战略地位，研究实施《中国教育改革和发展纲要》的措施。全省各地（州、市）、县党委和政府、教育行政部门、高等院校的主要负责同志以及省直部门的负责人共400余人出席了会议。

省党政军领导出席了大会开幕式。省委书记刘方仁在会上讲话，省长陈士能作了主题报告，龚贤永副省长作了会议总结。部分地(州、市)、县和高校在大会上进行交流发言；会议对《中共贵州省委、贵州省人民政府关于实施〈中国教育改革和发展纲要〉的决定》(征求意见稿）进行了认真讨论；省政府与各地（州、市）政府（行署）负责人、省教委与各地（州、市）教委（教育局）负责人签订了《教育工作目标管理责任书》；表彰奖励了一批优秀教师和教育工作者。

刘方仁同志在讲话中指出，进一步落实教育优先发展的战略地位是兴黔富民的根本大计。要正 确认识和处理好全党工作重点转移到以经济建设为中心与经济建设要转到依靠科技进步和提高劳动者素质轨道上来的关系，真正落实教育优先发展的战略地位，切实抓好教育工作；要明确认识和处理好发展经济与发展教育的关系，本着超前原则，高度重视和大力支持教育事业的发展，努力适应经济社会发展的需要。实施《中国教育改革和发展纲要》一是要有高度的自觉性和紧迫感，二是要进一步解放思想，转变观念，坚持以改革为动力推动贵州教育的发展，三是要有切实可行的具体措施。要进一步在全党全社会形成和保持尊师重教的良好风气。要进一步加强党和政府对教育工作的领导，全面贯彻党的教育方针。各级党委和政府必须象抓经济工作那样来抓教育工作，真正把教育工作列入重要议事日程，不仅把各项具体措施千方百计落到实处，而且要随着实践的发展不断探索发展教育事业的成功做法和成功经验。各级党委和政府一定要加强对各级各类学校全面贯彻党的教育方针的领导，认真贯彻执行党中央印发的《爱国主义教育实施纲要》，积极引导广大青少年树立正确的理想、信念、人生观和价值观。

陈士能省长在主题报告中分析了贵州省教育发展面临的形势和任务，提出要深化改革加快教育事业发展。各级党政要加强领导，努力为教育办实事。从全省来讲要重点办好以下几件实事：(1）要保证教育的投入，多渠道筹措教育经费。力争到本世纪末财政教育经费占财政支出的比例达到20%以上，省、地、县三级政府都要设立和增加对贫困地区和民族地区实施义务教育专项经费、扫盲专款、师资培养培训专款，省级从1995年到2000年财政拨款1亿元设立“211工程”专款；扶贫资金中划出10%左右的比例发展贫困地区的教育；1995年起从中央拨给贵州的支援不发达地区发展资金和民族机动金中各划出30%的资金，用于少数民族教育的补助专款。随各级财政按有关规定增加投入外，对原有的城乡教育费附加要足额征收，已开征的城镇教育费附加按增值税、营业税、消费税的3%计征，农村教育费附加按不低于上年农民人均纯收入的1.5%计征，条件好的地区也可按2%的比例计征，城市维护建设税仍按不低于10%的比例用于中小学校改善办学条件。为了弥补教育经费的不足，省政府决定对机关、企事业单位在职干部、宾馆、饭店、招待所等服务单位、广告业、娱乐业和购买小汽车者新开征教育费附加。(2）省委、省政府决定用3年时间集中力量实施危房改造工程，解决180万多平方米现有危房。(3）认真贯彻落实《教师法》，逐步提高教师待遇。争取在2000年前使全省小学、初中教师的学历合格率分别达到90%和85%以上，实施“万名校长培训计划”。为了激励广大教师和教育工作者献身教育事业，省政府决定拨款100万元作为启动资金建立人民教师奖励基金。争取2000年前教职工家庭人均住房面积达到或超过当地居民人均住房面积。对1986年前从事民办教师工作的人员，到2000年前在整顿和提高素质的基础上，力争做到与公办教师同工同酬，各地不再新增加民办教师。(4) 加强教育法制建设，进一步增强教育立法、执法的意识。

〔**贯彻《教师法》**〕 贵州全省对《教师法》的宣传是采取有力措施帮助教师解决实际困难，为教师办实事。把学习、宣传和普及《教师法》活动同维护教师合法权益，提高教师待遇和社会地位，鼓励教师忠诚于人民教育事业，安心从教，加强教师队伍建设等工作紧密结合起来。

重点解决拖欠教师工资问题。为了保证教师按时足额获取法定劳动报酬，通过全面深入调查，将全省中小学教师工资拖欠情况报告了省委、省政府，省委、省政府及时下发了两次电传电报，要求各级党政领导特别是县乡基层人民政府的领导同志，要千方百计增加对教育的投入，把按时、足额兑现教师工资问题作为一个长期的、严肃的政治任务抓紧抓好，把兑现教师工资问题作为尊师重教的重要措施，一抓到底；不能按期兑现的要追查原因，如财政实在困难，也应做到确保教师工资的优先发放。省教委还会同有关部门及时赴铜仁、黔东南、毕节、遵义、安顺等地检查督促解决拖欠教师工资问题。通过各级政府和有关部门的共同努力，遵义、安顺、铜仁、毕节、黔西南、黔南、黔东南等6个地（州）20多个县拖欠的893.9万元教师基本工资得到了及时兑现。为了不再出现新的拖欠，省政府于1994年3月1日发出“关于做好教师工资发放工作的通知”。要求有关部门今后要按时兑现，足额发放教师工资，不准拖欠，部分县已将教师工资的预算和发放收归县政府统管。对挤占、挪用、克扣教育经费的行为，要坚决依法查处。同时还对理顺全省教育经费管理体制，完善保障机制作了规定，不准乱摊派、乱收费、增加教师负担，要求各地对中央和省政府明文规定给予教师的各种政策性补贴都要千方百计保证全部兑现，防止教师工资前清后欠，坚决杜绝拖欠教师工资现象的重新发生。

提高教师工资待遇。在事业单位工资改革中，省教委根据《教师法》的有关规定和国务院工改文件的精神，积极争取有关部门的理解和支持，结合省情提出对全省各级各类学校中30年教龄以上的教师退休金比例给予提高；在教师岗位上工作20年以上者，在教育系统内改作其他工作的，保留原享受的教龄津贴和提高10%工资部分；规定民办教师国补部分按人均不低于30元增资，如果按国补和民酬各占½计算，人均增资不低于60元，达到公办教师平均增资水平的⅔以上。

改善教师生活条件。在教师住房条件、子女就业上，各地积极采取措施加快了解决教师住房困难的步伐。有些地区大幅度增加教育的投入，不断改善办学条件和教师住房条件，优先解决教师子女读书、就业问题。遵义县龙坑镇计划从今年的农村教育费附加中拿出40万元改善龙坑中学和龙坑小学的办学条件和教师住房条件。遵义县和道真县分别为教师解决了上万元住院医疗费。遵义地区今年拟定从中等师范学校、银行学校招收部分教师子女作为委托培养，毕业后由教育系统负责安排就业，解决教师子女就业难的问题。对殴打教师的事件进行了及时严肃的处理，维护教师的合法权益。

教师队伍建设。各地加强了师资培训工作和干训工作，采取卫星电视师专、中等师范函授、脱产进修、校长培训等形式让教师学习，不断提高教师业务水平和素质。有的地区还采取优惠政策吸引外省大中专毕业生来本地区工作，充实师资力量。为了在教师中树榜样，全省开展了评优、评特、评职、民转公等工作。为解决教师职务评定中人多指标少的矛盾，让成绩突出的中青年优秀教师脱颖而出，省教委在多方面努力下，争取到200多个破格指标和增岗指标，解决了大中小学一些教师应有的专业技术职务。整个评审情况，高教系列共评出高级专业技术职务1082人，中级1900人，中专系列共评出高级职务796人，中级275人，中小学系列共评出高级职务787人，今后仍按职务工作转入经常化和正规化的要求，进一步进行职务评审工作。1994年评选96名“特级教师”；从优秀民办教师中选招9000名公办教师；表彰88名优秀教师、教育工作者和93名“三育人”先进个人。

基础教育

〔**义务教育**〕 1994年，省教委进行2000年前“普九”规划的制定及落实到县的工作。制定义务教育评估验收标准。对镇宁、麻江、赫章、贞丰等4个县普及初等义务教育的工作进行指导、检查，这4个县均基本合格。至此，普及初等教育的县达到68个，占总县数的79%。贵阳市白云区基本普及九年义务教育，成为全省第一个“普九”的县（区）。小学适龄儿童入学率达到95.1%，女童入学率达到90.47%，分别比上年提高1.32和3.88个百分点。为使学生能够受完6年（边远地区受完4年）义务教育，在边远居住分散地区大力提倡复式教学，1994年下发了《关于加强我省复式教学工作的意见》并组织了一期复式教学的师资培训，培训80多人。为及时了解和控制中小学生的流失，从1994年开始建立了流失生报告制度。1994年全省进行了3类残疾儿童的普查，培训了测查人员。进行了全省聋、哑，弱智教育的师资培训和项目县的师资培训，共培训师资248人。为推动特教班点的发展巩固，组织了全省性的对特教班点的交叉检查。由于各地的重视，1994年特殊教育在校学生比1993年增加了近3倍，残疾儿童入学率达到14.46%，其中盲童2.91%、聋哑9.98%、弱智18.15%。全省特教班点发展较快，特教班增加80个，特教点增加1276个。

办学条件有所改善，中小学危房面积为131万平方米，比1993年减少4.82万平方米。世界银行贷款为20个贫困县兴建改建360所学校的校舍，共16.31万平方米。

〔**高中教育**〕 1994年完成38.5万人次的4次会考工作，1994届毕业生的证书发放和1996届的学籍审查工作。组织利用会考信息，加强高中管理，提高教学质量的研究。组织全省14人到湖南大庸学习评价方法，并对全省350多所高完中6年来9科会考成绩进行了5项参数的统计分析，为各地评价学校和学科教学质量提供了依据。利用多年来会考成绩和督导评估结果，确定了首批具有向本科院校保送学生资格的61所中学和具有向专科保送学生资格的141所中学（含具有本科保送资格的61所）。保送学校占总校数的39%。

〔**德育与校外教育**〕 1994年，省教委与宣传部等部门联合下文，组织中小学收看国家教委 推荐的100部优秀影片，组织影评、征文比赛等活动，并组织评比表彰奖励。为推动学校的贯彻实施《中学生日常行为规范》，全省组织了中小学生行为规范的表演比赛。省教委与新华书店等单位联合组织了《爱我中华、爱我家乡》读书教育活动，几十万学生参加了此项爱国主义教育活动，其中100多名师生参加了省的夏令营，48名师生参加了全国组委会举办的夏令营。省教委与国际旅行社贵州分社联合组织30名贫困地区乡以下学校师生赴京参观活动。省教委与科协配合，组织了中小学生小发明竞赛，全省评出11件作品参加全国展览，有4篇论文分获一、二、三等奖，7件作品获奖。还与科协联合组织了联想杯计算机竞赛等竞赛活动，并分别评选出优胜者参加全国比赛。1994年评出21个先进县，给他们各奖励一部汽车。

〔**幼教工作**〕 广泛发动全社会办园（班），使幼儿教育特别是学前班又有了较大发展，幼儿园（学前班）数和在园（班）幼儿数分别比1993年增加14.9%和13.7%。3—6岁幼儿入园率上升到20%，建立了对幼儿园的分类评估和复查制度。决定今后每年均对申报上等的幼儿园和已评估上等的幼儿园进行分类评估认定。1994年组织3个组，对全省6个地、州、市的幼儿园进行了分类评估和复查工作。这项工作对促进各地幼儿园上等级起到了很好的作用。为适应幼儿教育改革和发展的需要，扭转学前班小学化的倾向，根据国家有关规定和贵州省实际，组织重新编写学前班教师用书及学前班读物。

职业技术教育

〔**综述**〕 1994年，贵州省继续贯彻国务院《关于大力发展职业技术教育的决定》和《贵州省职业技术教育暂行条例》，加快职教发展。全省农职业中学在校生增长2.81%，普通中专在校生增长4.39%，各类高中阶段职业技术学校在校生占高中阶段在校生的比例达到52%，中等教育结构趋于合理。

1994年，贵州省贯彻全国中专教育工作会议精神，推进中专教育改革。(1) 中专学校历时3年的综合办学水平评估，促进了教育的发展，使全省中专教育上了一个新台阶。经省人民政府批准，确定18所省级重点中专学校，并颁发了匾牌。由省政府推荐，国家教委批准，贵阳卫生学校和黔南民族学校为全国重点中专学校。评估产生了良好的社会效益和经济效益，全省参评学校额外投入8000多万元，新增房舍27万平方米，征地近千亩，学校办学条件得到改善。(2) 中专学校普遍挖掘潜力，扩大招生，大部分地州、市中专学校办职高，省也有部分中专学校开办职高班。(3) 社会力量办学得到发展，从1993年起，批准100余所职校，举办单位有民主党派，社科联，中医学会等，目前在校生达万余人。1994年首次召开社办职校校长会，使职中招生、教学计划、学籍档案纳入规范管理。(4) 召开职校工作会议，提出重点职高建设意见及教材建设等要求，对农职校招种养殖业等专业提出要求，并对农村职校其它专业要求选修农业方面的课程。(5) 乡办初级职中受欢迎，如乌当永乐初级职校，天柱兰田职校，今后要求有条件的乡办初级职校。

〔**教育综合改革**〕 1994年，贵州省继续推进城乡教育综合改革。召开了乌当、独山、清镇、黔西3县1区农村教育综合改革会议。分管局长、职校校长参加，要求试点县推进改革，促进职业教育、基础教育、成人教育协调发展。配合省农科教结合办公室工作，其中乌当、玉屏、息烽、瓮安拿出了方案，并对4县农科教工作年终进行了检查。评出贵阳市乌当区、清镇市王庄乡翁昭村、湄潭县职业高中、黔西县素朴镇素丰小学、镇远县都坪痰成人教育中心农民技术培训学校为农科教先进单位，并上报国家教委。

高等教育

〔**综述**〕 贵州省高等教育事业的规模有了长足发展，为社会主义现代化建设培养了大批人才。全省高等学校的数量由1981年的20所（其中普通高等学校16所、成人高等学校4所）发展到1994年的38所（其中普通高校22所、成人高校16所），1994年普通高校在校生增长10.32%，成人高校在校生增长44.55%；高校中少数民族在校生比例由1987年的8%提高到1994年的34%；高等学校开设的专业增至160余种，初步形成了多层次、多形式、学科门类基本齐全的高等教育体系；十余年来，全省共培养本、专科毕业生13万人，硕士研究生400余人，大大缓解了各条战线人才匮乏的状况，为贵州的现代化建设事业输送了新的力量。

〔**体制改革**〕 通过调整结构，优化布局，使高等教育的办学效益得到提高。对部分办学条件严重不足、布局不够合理的高校进行了积极、慎重、稳妥的充实调整，将贵州建筑专科学校、贵州计划管理干部学院、安顺教育学院、铜仁教育学院、贵州人民大学分别与贵州工学院、贵州财经学院、安顺师范专科学校、铜仁师范专科学校、贵州大学合并办学，加快了调整专业结构步伐。改造、更新部分老化和长线专业，拓宽专业服务面，以适应社会主义市场经济对人才的需求，先后新增131个专业（办学形式），其中，为适应地区经济发展的需要，在高等师范专科学校新增了一批人才需求量较大的非师范专业；通过论证在本科院校确定11个重点学科。经过对部分院校的调整合并和专业结构的调整，少数学校的规模效益得到提高，如贵州工学院已结束了办学30多年来在校生在3000人左右徘徊的局面，目前在校生已达5000多人，贵州大学、贵州师范大学的在校生规模都已近4000人。

高等教育管理体制、高校内部管理体制改革取得了新的进展。实行了省与地（州、市）分级管理的管理体制。省级教育行政部门直接管理本科院校，专科院校主要由地（州、市）和省级有关部门管理。理顺了关系，调动了地方政府和部门办学的积极性。以校内人事、分配、住房等项改革为主要内容的高校内部管理体制改革开始在部分高校实施，取得一定的成效。

高等教育投入逐年增加，办学条件逐步改善。省直高等院校的教学楼、实验楼、图书馆已建成使用。贵州工学院、贵州大学、贵州师范大学、铜仁师专、安顺师专等5所高校通过对世界银行730万美元贷款项目的实施，办学条件得到改善。在“八五”期间省政府又新增投资1.1亿元用于省直9所本科高等学校进一步改善办学条件。

〔**师资建设**〕 高等学校师资队伍建设得到加强，逐步形成了一支门类比较齐全、结构较为合理、素质较高的师资队伍。据统计，1994年全省高校教师中具有高级职务的1814人，占26.1%，具有中级职务的3222人，占46.35%。在职务评聘中又制订了破格晋升的政策，使一批中青年学术带头人脱颖而出，破格晋升最年轻的教授37岁、副教授31岁，使教师队伍的结构和素质得到进一步的优化和提高，队伍更加稳定。

〔**招生与毕业生分配**〕 高校招生和毕业生就业制度的改革取得了新的进展。高等学校招生制度除实行逐步扩大定向外，还制订了定点招生的政策，扩大委托培养和自费生的招生规模，打通人才流向边远民族地区和山沟里的大中型企业的道路。此外，高校招生中还采取了对少数民族考生降分录取、招收有实践经验的农村青年入学、招收优秀应届高中毕业生免试入学、增强招生工作透明度等措施，受到了社会的普遍欢迎。在高校毕业生就业制度的改革中，继续围绕打破“包当干部”和“统包统分”的体制，在国家政策指导下，实行学校与用人单位“供需见面”、学生与用人单位“双向选择”的就业办法，收到了较好的效果，全省80%以上的毕业生分配回各地、州、市工作。为满足国有大中型企业对毕业生的需要，从政策和实际派遣上都给予了优先保证。

〔**科研工作和对外交流**〕 高等学校的教学科研取得丰硕成果。全省进行3次普通高等学校优秀教学成果奖评选活动，共评审出省级优秀教学成果奖52项，其中5项荣获国家级奖。贵州省在自然科学研究设立3大奖以来，高校获奖占全省获奖总数的三分之一左右；高校哲学、社会科学研究项目也占全省项目总数的三分之一以上。

高等教育的对外开放和国际交流合作有所扩大。十余年来，全省教育系统公派出国留学500余人，回归率达70%，高于全国水平，自费出国留学300余人，接受来黔的外籍留学生50人，派出国外任教的教师8人，聘请外国专家学者200多人次，邀请来黔参加国际学术会议的外国专家、学者250人。通过对外开放，广泛吸取了国外的有益经验，促进了全省高等教育的改革和发展，促进了教育质量和办学效益的提高。

成人教育

〔**扫盲工作**〕 1994年，全省扫除青壮年文盲25万人，青壮年人口中的非文盲率达到85.7%，上升1个百分点。余庆、贵定、锦屏、江口、乌当、息烽6个县通过了高标准扫盲验收；全省有28个县（市、区）青壮年人口中的非文盲率达到95%以上，占总县数的32.6%，上升7个百分点。全省9000余所乡、村农民文化技术学校开展了培训，计158万人次。

1994年，就《扫除文盲工作条例》规定的扫盲范围、对象、标准、任务、目标和职责等方面向少数民族干部和群众进行广泛宣传，利用有线广播、电视、录相、标语、墙报、大小会议等形式组织学习和贯彻，教育、共青团、妇联、工会、农业、科协、卫生等部门深入少数民族地区广泛组织学习和宣传，做到家喻户晓，人人皆知。强化扫盲机构和扫盲队伍的建设，在各级政府的领导下，成立各级扫盲工作领导协调小组，由政府主要领导任组长，教育、妇联、共青团、财政、农业等有关部门领导为成员。同样，相应成立各级农民文化技术学校校务委员会。扫盲机构主要做到政府行为到位，执行教育、政策、法令、法规，解决教育经费，特别是保证扫盲专款，落实扫盲任务，调整充实扫盲教师。制订扫盲管理措施。

设立“扫盲基金”，多渠道筹措扫盲经费。1994年为了加快全省扫盲步伐，省委、省政府在《关于实施〈中国教育改革和发展纲要〉的决定》中提出：鉴于贵州省文盲率较高，省级设立扫盲专款300万元，并逐年增加。

实行扫盲“双线”承包责任制。全省教育工作会上，副省长龚贤永与地、州、市领导，省教委领导与地、州、市教委领导分别签订了“两基”“双线”承包责任书。地、州、市也对县、乡扫盲实行目标管理。抓“双线”承包责任制、做到层层落实，层层有人抓，处处有人管。

通过立法，推动少数民族地区的扫盲工

作。贵州省各级人民政府分别制订了《扫除文盲工作条例》的实施细则和措施。从法制上保证扫盲工作地位，确保在少数民族地区扫盲工作顺利开展。

坚持“一堵二扫三提高”的指导方针，抓好“三教”统筹和“农科教”结合。在少数民族地区开展扫盲工作，扫一批，巩固一批，防止复盲。一手抓巩固提高，抓普及初等教育成果；一手抓小学控制流失率，做到严格控制新文盲的产生。脱盲学员一律进入农民文化技术学校学习提高，有条件的举办业余小学。办学形式采取长短结合，以短为主，把农技校办成多层次、多功能的学校，上挂横联下辐射的学校。利用广播、电视、录相等现代化教学手段，帮助自学，采取同妇联“双学双比”，同“燎原计划”“丰收计划”“星火计划”等结合，使扫盲教育真正服务于农村经济建设和促进“两个文明”建设。

根据少数民族的特点开展扫盲工作。少数民族都有自己的语言、风俗习惯和民族特点，在这些民族地区扫盲，注意尊重他们的风俗习惯和特点，多种形式扫盲。采取带字上山、送字上门等形式抓民族人口教育，开展“双语教学”（民族语言和汉语），辅助扫盲，请寨老、族长（群众自发领袖）监督扫盲。

优先安排妇女扫盲工作。特别是少数民族妇女文盲是扫盲的重点，也是扫盲的难点。一方面狠抓普及初等教育，因势利导和提高女儿童的入学率；另一方面，在抓扫盲的同时注意成人妇女的扫盲，努力提高“半边天”素质。根据女性的特点，开展妇女喜闻乐见的扫盲教育。如传授编织、刺绣、蜡染手工艺等。利用山歌、舞蹈等文娱活动，增加少数民族妇女识字的兴趣。举办“姑娘班”、“妈妈班”，动员“姑娘头”、“妈妈头”学文化、学技术，巩固脱盲成果。

新编扫盲课本。根据国家教委成教司制定的脱盲标准，省教委成教处新编了扫盲课本《成人识字》。为了保证扫盲的质量，个人脱盲的试卷由省统一命题标准。

加强扫盲管理工作。(1) 制定“扫盲管理细则”，包括干部、教师、教学、质量、检查、验收、督导评估等；(2) 制定“经费管理细则”，包括经费管理项目、标准、使用方案等；(3) 制订“业务档案管理细则”，包括文件类、资料类，按年度分类存档，一般档案要求保存10年以上，验收档案应作永久保存。

〔**成人中等专业教育**〕 1994年，贵州省认真贯彻国家教委《改革和发展成人中等教育的意见》，加强成人中等教育的深化改革和宏观管理。全省成人中专在校生增长62.46%。召开两次全省成人中专学校校长会议，专题研讨了“加强学校内部机制改革”和“如何加强校办产业，增强学校自身办学活力”方面的意见措施。加强成人中等专业学校办学水平、办学质量的检查，1994年抽查39所成人中专学校，对办学条件、特别是办学的质量和效益等方面进行了检查。还对税务干部学校、开阳磷矿职工中专学校的“专转全”班学生进行了《社会主义市场经济基础》、《征管知识》和《哲学》、《财经应用文》等学科抽考。调整部分专业结构，根据近几年的招生情况和市场的需求情况以及社会、经济的发展需要，调整了部分成人中专学校的部分专业设置，增开13个专业。加强成人中等专业学校的宏观管理，抓教学质量和办学效益。组织讨论修改《贵州省成人中等专业学校学籍管理规定》和《成人中等专业学校办学水平评估方案》。讨论制定《贵州省成人中等专业学校办学水平评估方案》使成人中等专业教育、教学管理逐步规范化、科学化。进行部分成人中专学校招收应届初中毕业生的试点，参与初中后的分流。根据国家教委有关招生改革的文件，1994 年，全省 12 所学校、22 个专业，招收 1000 多名应届初中毕业生，学完全部课程，毕业后不包分配，自主择业。

民族教育

〔**综述**〕 贵州省委、省人民政府关心和重视民族教育，采取了一系列的特殊政策和措施，使民族教育的发展达到前所未有的水平。

1994 年，全省各级各类学校在校少数民族学生，占在校学生总数的 32%，接近少数民族人口占总人口的比例，少数民族在校学生无论从数量，还是从所占比例上，均有了较大幅度的提高。全省各级各类民族学校 255 所，其中民族小学 143 所，民族中学 11 所，民族学校（九年制）27 所，民族中等师范学校 11 所，民族中专 7 所，民族师专 3 所，民族医专 1 所，民族学院 1 所，培养了一大批少数民族人才，对发展平等、团结、互助的新型民族关系起到重要作用，为民族地区的稳定与繁荣作出较大的贡献。

优先、重点办好民族师范学校。根据民族地区普及小学教育亟需大量合格教师情况，结合各少数民族人口的分布特点，在黔东南、黔南、黔西南 3 个自治州和毕节、铜仁、安顺地区优先、重点办好凯里、都匀、安龙、威宁、镇宁、黎平、三都等 8 所民族师范学校。8 所民族师范学校面向本地、州的边远乡村招生，以招收少数民族学生为主，为边远民族地区培养本民族的合格小学教师。8 所民族师范学校共培养出中师毕业生 9378 人，其中：少数民族学生 6134 人，占毕业生总数的 70.4%；分配到乡村小学任教的 8472 人，占毕业生总数的 90.3%；分配到边远民族贫困乡村小学任教的 7983 人，占毕业生总数的 86.1%，全省共有 652 个边远民族贫困乡（镇）分到了民族师范的毕业生，对贵州省边远民族贫困地区实施普及初等义务教育起着决定性的作用。

帮助 17 个民族贫困县办好综合性示范性的民族职业技术学校。重点扶持 17 个民族贫困县职业技术教育，帮助每县办好 1 所综合性示范性的民族职业技术学校，省政府已投资 710 万元、加上地方自筹资金，共投资 1000 万元，使这些学校具备了一定的办学条件和培养、培训“乡土人才”的能力，几年来，采取长短结合的培养、培训，为民族贫困地区输送农林、畜牧、兽医、果蔬、农机，建筑等农村实用技术的初、中级人才 9000 多人，培训了各种技术人员 2 万多人次。

举办各种类型的民族班。先后在贵阳医

学院、贵州师范大学、贵州农学院和贵州民族学院举办了少数民族预科班，面向民族地区招收少数民族学生，经一年预科学习合格后，直升本科；在8个地、州、市的卫生学校举办了民族医士班，为民族贫困乡村输送基层医务人员；陆续在23个贫困县条件较好的中小学内举办了36个高小、初中寄宿制民族班，专门招收边远乡村的少数民族农家子弟，省已投资350万元。

在黔东南州、黔南州、黔西南州各创办1所民族行政管理学校，在贵州民族学院建立了中专部。为民族地区培养、输送4000多名乡、镇基层干部和中级管理人才。

双语文教学的试点推广工作在积级、稳步发展。全省已推广“双语文教学”的县（市）达50多个，开办1000多个班点，在校生达6万多人，参加扫盲的有35万多人。

对少数民族学生在招生和生活照顾等方面给予优惠措施。贵州省在普通高校招生中实行对贵阳、遵义、安顺等3个城市的少数民族考生降10分，对其它地区的少数民族考生降20分参加录取的办法，加之建立民族高等学校和举办高校民族班，全省普通高校录取少数民族学生占录取总人数的比例不断上升，民族学校的学生得到了诸如减免学杂费、书本费和给予生活困难补助等方面的照顾。

民族地区积极探索适合本地区教育发展的路子，取得成效。全省民族自治地区的46个县（市）中，已有30个县（市）基本普及初等教育。黔西南布依族苗族自治州根据本州基础教育发展的特点，采取特殊措施，在全省率先实行以乡（镇）为单位普及初等教育的办法，经过几年不懈努力，实现了全州一半以上的乡（镇）普及了初等教育。黔东南苗族侗族自治州鉴于农村少数民族适龄女儿童入学率低的实情，全州各级政府把组织适龄女儿童入学纳入依法治教的轨道，将责任落实到各级领导干部，并采取措施帮助、鼓励民族地区女儿童，取得较好效果，全州适龄女儿童入学率大幅度提高。

撰稿　鲁源安
审稿　霍健康

云南省教育

概况

〔基本情况〕

1994年各级普通学校基本情况

单位：人

学校类别	学校数（所）	毕业生数	招生数	在校学生数	教职工数	
					计	其中专任教师
一、普通高等学校	26	14463	16052	52035	17137	7296
研究生		122	296	704		
本　科	12	5565	6848	26088		
专　科	14	8776	8908	25243		
二、普通中等专业学校	142	22105	32956	94321	14889	7628
中等技术学校	114	14810	23451	67189	11519	5728
中等师范学校	28	7295	9505	27132	3370	1900
三、普通中学	2182	360853	452038	1242741	101687	78488
高　中	469	57296	62456	175211		12674
初　中	1713	303557	389582	1067530		65814
四、职业中学	231	24265	65083	108002	7594	5100
高　中	196	21863	30695	69071		4222
初　中	35	2402	34388	38931		878
五、工读学校	1	8	12	40	41	27
六、普通小学	25007	551688	867778	4506091	194698	178376
七、特殊教育学校	13	252	976	3198	420	295
八、幼儿园	1323			487123	21847	16324

1994年各级成人学校基本情况

单位：人

学校类别	学校数（所）	毕业生数	招生数	在校学生数	教职工数	
					计	其中专任教师
一、成人高等学校	18	6319	16458	33460	2932	1314
广播电视大学	1	2010	4101	9177	771	319
职工高等学校	10	242	505	1176	773	348
农民高等学校						
管理干部学院	1	335	290	703	216	112
教育学院	6	897	1121	2086	1172	535
独立函授学院						
普通高校举办：						
函授部		1904	6800	13462		
夜大学		623	2640	5269		
干部专修科		308	1001	1587		
二、成人中等专业学校	141	8981	9299	33351	3430	1750
广播电视中专	3	3209	3436	17972	458	421
干部中专		1018	304	1377	234	104
职工中专	10	1067	2030	3346	397	192
农民中专						
函授中专	2	2857	2524	8873	477	116
教师进修学校	126	830	1005	1783	1864	917
三、成人中学	5	144	347	347	42	14
职工中学	5	144	347	347	42	14
农民中学						
四、成人技术培训学校	5097	3691150	1051321	1088506	2864	1065
职工技术学校	45	21062	11171	11171	614	212
农民技术学校	5052	3670088	1040150	1077335	2250	853
五、成人初等学校	54	364566	14362	442071	1062	219
职工初等学校	4	159	110	110	11	8
农民初等学校	50	364407	14252	441961	1051	211
其中：扫盲班		354382		427683	1010	211

制表　袁耘毅　唐家华

〔实施《纲要》〕 1994年3月，云南省委、省政府在文山州召开全省教育工作现场会，推广该州各级党政领导认真学习、宣传和贯彻《纲要》，增强教育意识，不等不靠，充分发动群众和依靠群众，走出一条穷州办教育路子的经验，以指导民族、贫困、山区教育的改革和发展的经验。会议要求全省教育战线，联系实际，认真学好《邓小平文选》第三卷，着重领会教育的战略地位，教育与经济的关系，教师、知识分子的地位和作用等重大问题，以贯彻实施《纲要》为中心，重点抓好“两基”教育，提高教育质量和办学效益；大力发展职业技术教育，加强农村智力开发，把培养中初级人才放到突出位置；强化教育立法，提高执法力度。各级领导表示要振奋精神，开拓进取，抓住机遇，加快教育的改革和发展。

全国教育工作会后，云南省委及时召开常委会，传达和学习全教会精神及有关文件，并提出分三步贯彻的决定：第一步，于7月召开全省教育工作座谈会，传达会议精神，部署调研工作；第二步，于1995年初，召开全省教育工作三干会，动员全省各族人民全面贯彻实施《纲要》；第三步，各县市召开教育工作三干会，落实全省贯彻《纲要》实施意见。从7月开始，省地两级共组织71个小组，近300人，前后20余天，对全省教育工作进行了全面的调查。参加调查的有各级党政领导，组织、宣传、共青团、妇联、民委、教育、计委、财政、税务、工商等10多个部门。参与调研的人数之多、涉及面之广、时间之长都是空前的。在调查研究的基础上，组织了6个课题组进行专题研究。形成了《云南省委、省政府贯彻〈中国教育改革和发展纲要〉实施意见》、《中共云南省委、省政府贯彻落实〈中共中央关于进一步加强和改进学校德育工作的若干意见〉的实施意见》，以及《云南省实施"两基"规划意见》、《关于改革和发展职业技术教育的意见》、《关于改革和发展民族教育的意见》等文件。待全省教育工作三干会讨论后，颁布实施。

〔**教育经费**〕 1994年全省国家财政性教育经费投入39.6亿元，比1993年增加11.3亿元。其中：预算内教育经费投入32.9亿元，比1993年增加8.2亿元。

1994年全省教育经费总支出29.5亿元，其中公用经费占支出总额的32.83%。总支出中高等学校支出3.1亿元，公用部分占支出总额的48.22%，中等专业学校支出0.8亿元，公用部分占支出总额的29.24%，中学支出7.9亿元，公用部分占支出总额的20.43%，职业中学支出0.7亿元，公用部分占支出总额的29.91%，小学支出14.4亿元，公用部分占支出总额的11.68%，特殊教育支出0.06亿元，公用部分占支出总额的41.24%，幼儿园支出0.66亿元，公用经费占支出总额的14.22%。

〔**为教师办实事**〕 1994年，省政府贯彻《教师法》决定为教师办10件实事。(1)在各地推荐评选的基础上，由省教委表彰奖励650名优秀教师；(2)省政府对第4批评选出来的70名特级教师授予荣誉称号；(3)继续向从事教学工作满30年的教师颁发荣誉证书；(4)在4所师范专科学校和教育学院举办小学教师大专班，招收310名小学教师入学；(5)对高寒山区、贫困地区工作满10年的教师子女，报考师范院校给予照顾，报考其他院校的在同等条件下优先录取；(6)建立健全按时发放工资的机制，杜绝拖欠教师工资的现象；(7)由地方政府分级负责，按时发放民办教师工资的国家核发部分，每月不低于100元；(8)对长期患病、身患重症、家庭特别困难的教师给予适当补助；(9)继续安排2000名民办教师转公办教师指标，其中100名优秀民办教师适当放宽年龄，民主评议免试转为公办教师；(10)从1994年起，在原定550万元的基础上，全省每年再筹措500万元建盖教师住宅小区；对教师建房、购房优先安排，无房户可实行集资建房，教师租赁新房可免购住房债券。

基础教育

〔**综述**〕 云南省各级政府认真落实《纲要》和全国教育工作会议精神，把普及义务教育作为教育发展的“重中之重”。省教委依据全省本世纪末普及九年义务教育的目标，按照分区规划、分类指导、分步实施的原则，修订下发了《云南省普及义务教育计划》、《云南普及九年义务教育评估验收标准》。各县（市、区）制定了“普六”、“普九”的年进度计划，将任务分解到乡（镇），落实到村（办事处）和学校。按照依法治教的要求，各级政府加强了配套的地方法规规章建设，建立和完善了义务教育档案，加强了民族儿童、女童和残疾儿童教育，加强了执法的监督检查，有力地推动了普及义务教育的进程。

通过各种形式的培训，提高了教师的学历合格率。小学教师达到77.6%，比上年提高2.5个百分点；初中教师达到69.2%，比上年提高3.2个百分点；高中教师达到59.6%，比上年提高2.1个百分点。

全省乡（镇）完小以上的中小学继续实行学校内部管理体制改革；全面实施调整后的九年义务 教育课程方案和高中教学计划。完成9所一级完中、21所实验小学办学水平的评价工作。扩大创建中学劳技课合格学校和小学劳动课示范学校的试点，扩大高、初中办学模式多样化改革的试点。全省小学适龄儿童入学率为97%，比上年提高0.7个百分点。小学毕业生升学率为71.2%，比上年提高3.5个百分点。幼儿教育、特殊教育在校生分别比上年提高11.6个百分点、47.4个百分点。

〔**义务教育**〕 1994年，云南省根据1993年执行普及义务教育规划和评估验收反映出的问题，对普及义务教育的进度计划作了调整，适当放慢了贫困县的速度，使之更切实可行。按照这一计划，到本世纪末，占全省人口总数的70%的86个县（市、区）普及九年义务教育，其余的县市（区）普及六年义务教育。此外，还修订了普及义务教育的评估验收办法，对指标要求加权量化，使其更能客观地、系统地反映普及义务教育的总体水平，提高了可操作性。考虑到73个重点扶持县的特殊困难，对其办学条件的要求作了必要的变通，体现了既坚持标准，又从实际出发的原则。为进一步完善依法规范管理义务教育，省教委印发了《云南省义务教育档案样表》共16种，作为承担实施义务教育的学校和乡镇管理义务教育的档案规范。

1994年，昆明市官渡区、西山区、安宁县等3县（区）通过了“普九”验收；富民县、嵩明县、路南县、马龙县、峨山县、建水县、蒙自县、石屏县、丽江县等9个县通过了“普六”验收。至此，全省共有7个县（市、区）通过了“普九”验收，人口数220

万，占全省人口总数的5.6%；36个县通过了“普六”验收，人口数1007万，占全省人口数的26%。

对“两基”评估验收。受省人民政府委托，1993年12月，根据玉溪、畹町市的申报，省教委派出两个检查组，对两市普及九年义务教育的情况进行了检查评估，1994年10月，对两市扫除青壮年文盲的情况进行了检查评估。评估组认为：玉溪和畹町市按照“两基”要求的主要指标，均已达到验收标准。10月省政府同意对玉溪、畹町市“两基”工作的评估验收。并将上述两市与1993年底验收的盘龙、五华区一起，上报国家教委列为首批公布的普及九年义务教育、扫除青壮年文盲县（市、区）名单予以表彰；省人民政府颁发了奖牌和奖金。11月中旬，受省政府委托，省教委又派出3个评估验收组，分别对昆明市官渡区、西山区、安宁县普及九年义务教育和扫除青壮年文盲进行了检查评估。评估组认为：官渡区、西山区、安宁县“两基”工作做得比较扎实。政府行为体现得比较充分。几年来，他们不断增加教育投入，官渡区、安宁县还做到了“三个增长”。校园建设、教学仪器设备、图书资料、体育设施大大改善。但存在的问题：一是基础教育要深化改革，在办学指导思想上要进一步从应试教育转到素质教育上来；二是要做好巩固提高工作，特别是西山区，要加大教育投入，依法做到“三个增长”，大力改善办学条件。根据以上情况，省政府已准予验收。

普及六年义务教育评估验收。1993年底，省教委受省政府委托，对23个县（市、区）普及六年义务教育情况进行了抽查。1994年上半年，各地又进行了复查。总的情况：一是县（市、区）人民政府重视教育，明确政府行为，不断提高干部、群众的法律意识，使普及义务教育逐步走上了依法治教的轨道。二是教育行政部门在党委、政府领导下精心组织、严格掌握评估验收标准，分类要求，坚持督促指导，把实施工作落到实处。三是县（市、区）政府实行目标管理，责任落实，办学条件大有改善。自查工作发动面广，边查边改，资料齐全，数据翔实。四是从存在的问题看，图书、仪器、设施普遍不足，不少县的教育经费未做到“三个增长”，多数县的农村教育费附加尚未依法开征。根据以上情况，省政府同意有关地（州、市）的“复核认可”意见，准予验收备案。这23个县（市、区）是：官渡、西山、安宁、呈贡、晋宁、宜良、绥江、水富、曲靖、陆良、楚雄、牟定、禄丰、江川、澄江、通海、华宁、易门、个旧、开远、思茅、大理、丽江。12月中旬，省教委在实现普及六年义务教育的富民、嵩明、路南、马龙、峨山、蒙自、建水、石屏、丽江9县中，选择路南、蒙自县进行了抽查。情况是：路南县严肃认真学习宣传《中华人民共和国义务教育法》、《教师法》，实施“普六”深入人心，干部群众法律意识不断增强，制订配套法规文件和乡规民约，依法管理学校，加强教师队伍建设，改善办学条件，特别是依法做好适龄少数民族女童入学、控制学生流失的工作突出。党政领导重视教育，把教育工作当作政府行为，认真加以实施，增加教育投入，做到“三个增长”。群众发动面广，集资高达1千万元，办学条件显著改善。不断提高教师待遇，特别是民办教师待遇显著提高。作为一个彝族自治县，“普六”工作做得这样好，是难能可贵的。蒙自县执行《中华人民共和国义务教育法》、《教师法》是积极的，政府重视教育工作。特别是近两年，多渠道筹措教育经费，增加了投入，办学条件进一步改善。采取措施稳定教师队伍，为教师办实事。在实施“普六”过程中，做了大量工作，作了艰苦的努力。作为少数民族人口过半的民族自治地方，“普六”工作能够达到这个程度是不容易的。根据抽查情况，省政府同意各有关地（州、市）的“复核认可”意见，准予验收备案。

〔**中学生计算机知识竞赛**〕 为纪念邓小平同志“计算机教育要从娃娃抓起”谈话发表十周年，检阅云南省中、小学计算机教育水平，增强青少年现代科技意识，促进云南省中小学计算机教育进一步开展，云南省教委举办了全省首届中学生计算机知识竞赛。竞赛分为初赛、复赛、决赛三个阶段。初赛以地区（州、市）、行业为单位，由各地区(州、市)、行业组织进行。8月19日至21日，有10支代表队集中到昆明参加了复赛；8月22日，复赛前六名进行了决赛，决出一等奖队一名：楚雄州代表队；二等奖队二名：红河州代表队、省教委直属学校代表队；三等奖队三名：大理州代表队、曲靖地区代表队、昆明二队。

〔**完全中学评价认定**〕 为了实现完全中学办学水平的科学化、标准化，云南省教委根据国家教委的有关指示精神，在全面调查、科学论证的基础上，制定了《云南省普通中学办学水平达标晋级综合评价方案(试行)》。将办学水平分解为A、B、C三级共33个指标的综合评价体系，把受评学校办学条件的好坏、管理水平的高低、办学效益的大小分为一、二、三级，每级分为1、2、3等。评价的程序是：学校根据评价标准，逐项自评，确定等级，然后上报教育行政部门综合评价认定。省负责一级，地、州、市负责二级，县负责三级完中的评价认定工作。省教委对首批申报一级完中的学校，在地区复评的基础上，组织专家、省督学、教育行政部门干部，于1993、1994两年分别评价认定21所一级完全中学。地区对二级完中、县对三级完中的评价认定工作业已基本结束。通过评价认定工作对已评和未评学校的全面建设和发展均产生了正确的导向作用。

〔**幼儿园登记注册**〕 根据云南省人民政府批准发布的《云南省幼儿园登记注册管理办法》，幼儿园登记注册工作全面展开。按照登记注册的操作程序，对分散在各地的1093所幼儿园和9000多个学前班认真进行了一次全省性的普查。通过登记注册，使全省幼儿园得到整顿，提高了各级领导及社会各界对幼儿教育工作重要性的认识，增强了依法治教，依法办园（班）的观念。进一步落实了“地方负责，分级管理和有关部门分工负责的管理体制，促进了幼教师资队伍建设和改善办园（班）条件，提高保教质量，使幼儿教育工作逐步走上依法规范管理的轨道。推动了全省幼教事业的改革和发展。全省在园（班）幼儿比1993年增长11.62%，幼教工作综合水平也有了提高。

〔**校舍建设**〕 省政府在第一个5000万元专款项目结束后，又增拨5000万元专款用于边疆、民族、贫困地区发展初中、扩大高小的校舍建设。1994年，扩建高小2085所，初中655所，完成14所逸夫楼建筑。全省中小学校舍建筑面积达2975.0万平方米，比上年同期增加110.3万平方米；普通中学、职业中学和小学的生均校舍面积分别为7.85平方米、7.60平方米和4.25平方米，比上年分别增加0.5平方米、0.26平方米和0.07平方米。1994年共改造中小学土木结构房屋63万平方米，现有土木结构校舍建筑面积1178万平方米，占校舍总面积的39.6%，比上年减少1.5个百分点。排危工作继续得到各级党委、政府的重视，加上教育部门的努力和全社会的大力支持。全年共排除中小学危险房屋49万平方米，现有危险房 屋面积56.4万平方米，占校舍面积的1.9%。昆明、曲靖、红河、怒江等地州市的危房比率已下降到1%以下，许多县（市）已基本消除危房，一大批学校已基本实现了“一无两有，六配套”。各地在大力排危的同时，不放松对完好房的维护与管理，每年都要拨出专款进行修缮。全年共修缮中小学损坏房83万平方米，现仍有损坏房239.4万平方米，占校舍面积的8.05%，比上年下降1.46个百分点。

撰稿　林寿辉　王强华　李晓南　常锡光
　　　任树恒　张晓村　何开喜
审稿　海　淞　郎畴生

职业技术教育

〔**综述**〕　云南省从经济社会发展的需要出发，结合当地资源条件和产业优势，把培养初、中级人才摆在突出位置，因地制宜发展职业技术教育。普通中小学普遍引进职业教育因素，开设劳动课或劳动技术课。越来越多的学校开办特色班，试行“初三分流”、“高三分流”，由于紧密结合当地经济建设和社会发展的需要进行职业技术教育，学生毕业后受到家长和社会的欢迎。中专在校生比上年增长12.38%，5所学校经过评估，被认定为国家级重点中专，14所被评定为省部级重点中专。职业高中在校生比上年增长7.03%。高中阶段普通高中与中等职业技术教育招生数之比，由上年的1∶1.28提高到1∶1.35；在校生之比由上年的1∶1.07提高到1∶1.23。提前一年完成“八五”规划的1∶1.15的目标任务。初等职业技术教育也有发展。在深化改革中，许多中专、职中走产教结合、联合办学的路子，提高了办学水平和办学效益，增强了自身活力。

撰稿　郎畴生
审稿　郎畴生

高等教育

〔**教育改革**〕 1994年，云南高等教育在调整结构、优化布局、深化改革等方面取得了成绩。在上年投资2000万元的基础上，今年又新增投资2500万元，争取云南大学进入“211工程”正在顺利进行；1994年又投资2000万元，加强云南师范大学、云南工业大学、云南农业大学、昆明医学院、云南民族学院省级重点院校的建设。云南工业大学在省委、省政府和有关部门的大力支持下，经过近一年的积极筹备，顺利地完成了组建工作，于9月6日正式挂牌，一所多学科综合性的地方工科大学已经成立。

深化高校内部管理体制改革。1994年3月，省教委召开了全省高校工作会，对高校内部管理体制改革工作进行了总结，并对在1993年度进行学校内部管理体制改革取得显著成绩的27所高校给予表彰，以“以奖代补”的形式，共发出奖金100万元。同时提出了进一步深化高校内部管理体制改革的意见。省教委对原高校内部管理体制改革检查评估方案进行了修改，制定了与总体改革方案相配套的规定制度。要求有条件的学校，要制定出以提高教学质量和办学水平为主要目标的综合改革方案，深化人事制度改革，实行定岗、定编、定职责、定考核办法；实行全员聘任制，建立目标责任管理体系；完善与人事制度改革相配套的奖惩办法及管理制度。通过分配制度的改革，建立较为完善的、合理的分配政策，充分体现奖勤罚懒、多劳多得、按劳分配的原则；建立工作质量和效益的监控评估体系，实现数量管理向质量管理的转变，做到优教优酬、优质优酬。要求学校制定并执行工资30%再分配的考核指标及这部分津贴发放的实施办法。

〔**科研工作**〕 1994年，全省25所普通高校，共完成鉴定科研成果166项；其中达到国际水平21项，国内首创14项，国内先进63项。申请专利18项，专利授权18项。出版著作153部；发表学术论文1334篇，其中在国外刊物发表了105篇，国家级刊物发表583篇。有1项科技成果获国家星火奖，有7项社科成果获国家级奖，有94项成果分别获国务院部委级和省级科研成果奖，有108项科研成果获地、州、市级科研成果奖。鉴定技术转让合同17项，成交金额达259万元；出售专利6项，总金额105万元。云南省教委科研处被国家教委评为科技统计和社科统计先进单位，受到了表彰。

滇型杂交水稻研究和应用取得突破性进展。云南农业大学水稻研究所承担的省“八·五”攻关项目“滇型杂交水稻研究和应用”，在原有水稻三系杂交优势利用科研基础上，发挥学校多学科优势，与协作单位密切合作，奋力拼搏，克服重重困难，于1990年选育出滇型杂交粳稻“榆杂29”等强优势新组合，1991—1993年在姚安、保山、昆明等地栽培试验示范，一致表现株型好、优势强、增产显著、适应范围广，深受基层科技人员和试种农户的欢迎。1994年扩大试验示范，在姚安草海102亩连片示范取得平均亩产850公斤的好收成，大理高产示范亩产1009.32公斤，宾川大营高产示范亩产1108.55公斤，创粳稻亩产世界纪录。省科委、省种子公司及有关地州市科委等部门的专家和领导参加了现场验收。

省教委对科研基金立项。1994年，有22所高校共申报427项科研项目，经过组织形式审查，分学科组专家评审，高校学术委员会专家终审，最后经省教委批准确定资助18个单位的135个项目；同时还确定了云南大学的"半群代数理论"和"植物中（类）胰岛素物质的活性及工业生产的前提取研究"；昆明医学院的"天然药物抑制低密度脂蛋白氧化及抗动脉粥样硬化的研究"；云南工业大学的"云南省高烈度地震地区普通住宅房屋体系研究"共4个项目为重点项目，对于该项基金工作作了进一步的改革，即在经费有限的条件下，减少资助项目数，加大单项资助强度，减少重点项目数，加大力度使重点项目更加突出。

〔**重点学科建设**〕 1994年5月16日至19日，省教委组织有关专家对云南大学等8所高校的16个省级"八五"重点学科建设情况进行了中期检查和评估。本次查评的目的是理顺关系，落实经费，奖优罚劣，进一步加强对省级重点学科的管理，促进学科建设顺利发展。

"八五"16个省级重点学科自1991年批准以来，省教委共划拨610万元专项经费给予扶持，较好地促进了学校点的基础设施建设，充实了实验仪器设备，改善了教学、科研工作的条件，提高了教学质量和科研工作水平。1991年至今，这些学科点共有115项科研成果获得国家、部委及地厅级奖励；出版专著、教材76部；在国内外核心刊物上发表论文470篇；主办国际学术会议3次，国内学术会议27次；出国进修讲学49人次。3年来，16个学科点共培养硕士研究生92人，培养本科生5932名。学术梯队建设也卓有成效，一部分中青年骨干教师脱颖而出，逐渐成为学科的后备力量和学术带头人。实践证明：省级重点学科建设，绝大多数达到和超过了预期的阶段建设目标，学术梯队实力增强，结构渐趋合理，正在成为学校教学、科研、人才培养的主要阵地和龙头。本次查评，6个学科获评估B^+等级，5个学科被评为B等级，3个学科被评为B^-等级，1个学科评估为C等级。除少数学科外，大多数学科的建设情况都是好的或比较好的。查评中也反映出少数学科重点不够突出，没有得到学校应有的重视和支持，经费使用不尽合理，学术梯队削弱，建设规划不落实等问题仍然存在。专家们本着认真、求实的态度对少数学科点提出了要求整改充实的意见，取得了较好的效果。

重点建设专项资金如期到位。在云南省计委、财政及有关部门的支持下，10月10日云南省教委组织专家对云南大学和云南工业大学等5所省属重点大学1994年度4500万元重点建设专项资金使用安排计划进行论证审核，同时对这6所重点高校1993年度重点建设专项资金3600万元的使用情况进行了检查评估。与会专家认为，重点高校重点建设专项资金的安排和使用，基本符合"突出重点、注重效益，紧紧围绕教学科研上水平、上质量、上台阶”的原则，总的情况较好，效益也较明显。云南大学等6所重点高校根据专家组的意见和建议，对1994年度重点建设专项资金的使用计划作了进一步的调整：云南大学“211工程”建设专项资金2500万元，云南工业大学等5所省属重点大学每院（校）400万元的重点建设专项资金，已于年底前分别到位。

〔**思想政治教育**〕 1994年6月，昆明地区举行了大学生学《邓小平文选》第三卷知识竞赛，参加初赛的学生达44322人，占在校学生总数的98%。在预赛的基础上，又抽出其中的5%（2216人）决赛。并统计了大学生“谈学习《邓小平文选》第三卷体会”的各种观点，结果看到当前云南大学生关注的十大时事热点依次是：中国特色社会主义；解放思想·实事求是·一切从实际出发；改革开放（对外开放，对内搞活）；科技·人才·教育；经济建设；坚持四项基本原则；精神文明建设（两手抓，两手都要硬）；稳定·团结；一国两制·祖国统一；和平外交·独立自主。

云南省教委采取措施加强高校的政治思想教育。(1) 加强形势政策教育组织师生学习《邓小平文选》第三卷，开展有针对性的形势政策教育，帮助师生正确理解有关改革和发展的方针、政策，提高其承受力；(2) 做好思想政治工作。把思想政治工作渗透到学校的各项工作，贯穿到改革的全过程，及时疏导和解决改革过程中由于利益调整而出现的思想问题；(3) 切实解决师生的实际困难。重点解决好工资套改后出现的心理不平衡、部分干部教师的住房、学生伙食、特困生的补助、供水供电等问题；(4) 加强校风校纪建设。遵照国家教委《普通高等学校学生管理规定》和省教委关于加强校风校纪建设的意见，严格教学、学习、工作和生活纪律，强化校园秩序的管理，坚决杜绝由于工作人员失职或违纪造成的不稳定因素的发生；(5) 抓好校园治安管理。一是分工负责，群防群治。二是加强重点部位的防范，减少各类治安案件的发生。三是对已发生的案件，要配合有关部门尽快侦破。四是抓好保卫干部队伍建设；(6) 开展丰富多采、寓教于乐的校园文化活动。5月4日至6月20日举办“昆明地区大中专学生弘扬主旋律校园文化活动”，把学生的注意力吸引到有益的活动中来；(7) 抓好信息工作。及时准确地掌握师生的思想动态，拓宽信息渠道和扩大信息员队伍，及早发现问题，及时报告，及时做好工作。

1994年，省教委对省内24所高校的马克思主义理论课和思想政治教育课（简称“两课”）进行调查。本次调查采用点面结合的形式，前后共召开10次不同层次的座谈会。调查结果：24所学校中有14所学校的“两课”教研室有固定的教学经费，有5所学校有固定的科研经费；有10所学校的“两课”教研室配备有一台电视机，有8所学校有一台录像机。至今还有6.5所学校没有专用图书，有4所没有杂志。

〔**招生与毕业生分配**〕 1994年全省报考高等学校的考生为70183人，比1993年减少3208人。报考考生中男性42310人，女性27873人；文科类28217人，理工科类37019人，外语类2449人，艺术类1221人，体育类1277人；城镇应届高中毕业生17967人，农村应届高中毕业生31319人，城镇往届高中毕业生5278人，农村往届高中毕业生15443人，工人39人，干部31人，转业和退伍军人7人，其他类别99人；少数民族青年17313人，台湾省籍青年5人，归侨及子女124人，残疾青年77人，年龄超过25周岁青年12人。全省普通高等学校招生计划为22124人，其中国家任务招生16320人，委托培养招生662人，自费生1642人，电大和函授大学普通班招生3500人；文科类6762人，理工类13075人，外语类1248人，体育类335人，艺术类704人。共录取新生21900人，其中国家任务录取16259人，委托培养录取426人，自费生录取1875人，电大和函授大学普通班录取3340人；录取新生中男生13709人，女生8191人，理工类（含体育类）12750人，文史类（含外语类、艺术类）9150人，城镇应届高中毕业生6993人，农村应届高中毕业生6716人；录取新生中少数民族青年5274人，占录取新生总数的24.1%。共招收保送生465人，农林师院校招收有实践经验青年454人。省内普通高等学校共招收预科班新生1123人，其中少数民族预科班招收431人，普通预科班招收172人，委托培养预科班招收441人，体育尖子预科班79人。

1994年，全省高校共招收博士研究生16人，毕业博士生6人，授予博士学位4人；招收硕士研究生281人，毕业硕士生115人，授予硕士学位112人；普通高校本科毕业生5451人，其中4715人获准授予学士学位。

云南省师范院校举办小学教师大专班。为贯彻中共中央、国务院颁布的《中国教育改革和发展纲要》中，关于逐年提高小学教师学历层次的精神，省招生考试委员会、省教委决定，1994年在昆明师范高等专科学校、玉溪师范高等专科学校、云南教育学院、曲靖教育学院举办小学教师专科班，招收具有中师或高中毕业学历、教龄5年以上，年龄在35岁以下的小学教师。全省统一命题、统一考试，文史类考试科目为语文、政治、教育理论（含教育学、心理学）、历史，理科类考试科目为政治、数学、教育理论（含教育学、心理学）、理化（含物理、化学）。报名人数2136人，录取310人。

1993—1994学年云南省29所普通高校（含3个办学点）在校学生52239人中，因各种原因学籍变动728人。

毕业生就业分配顺利进行。全省共有省内外高等学校、中等专业学校毕业生38200人，其中国家有关部委按系统直接分配到中央在滇单位，及应届毕业生考取研究生有1070人，经省人民政府下达的大中专毕业生就业计划为36822人。其中本科毕业生6687人，专科毕业生6813人，中专毕业生23322人。就业分配情况是：到17个地州市的29231人，其中分到10个边远地州13866人，分到省属委办厅局及下属单位4742人，分到中央在滇单位2553人，分配出省296人。有98%以上的毕业生都到了基层第一线。毕业生派遣3天内离校率达98%以上。

成人教育

〔**扫盲工作**〕 1994年，省教委贯彻省人民政府发出《关于认真做好今年扫盲工作的通知》，全年共办扫盲班2.2万个，组织42.8名文盲、半文盲学习。全年扫除青壮年文盲、半文盲354382人，比1993年多扫盲94.625人，青壮年文盲率已下降到17.4%。畹町市、玉溪市、官渡区、西山区、安宁等县（区）经省人民政府组织验收，已达到基本扫除青壮年文盲单位标准。

畹町、玉溪、官渡、西山、安宁、呈贡等6个县级行政单位青壮年文盲率下降到5%以下，实现了基本扫除青壮年文盲的目标。全省有3名扫盲先进工作者受到国家教委表彰，100名扫盲先进工作者受到省教委表彰。

〔**农村文化技术学校**〕 1994年，全省乡村两级文化技术学校比上年增加1573所，全年培训人数比上年增加117万人（次）。根据农村经济发展的需要，全省新建了一大批乡、村成人文化技术学校，其中乡级新建313所，全省总数达到1470所（其中重点建设了100所省级示范性学校），村级新建1248所，总数达到3570所。办学面分别达到93.8%和22.6%。根据发展“两高一优”农业和二、三产业的需要以及群众生产、生活的需要，依托乡、村成人文化技术学校培训的人数达到36.7万人（次）。3所乡（镇）成人文化技术学校受国家教委表彰，13所乡（镇）成人文化技术学校受省教委表彰。

〔**成人高、中等教育**〕 1994年，全省26所普通高校中，有18所设有夜大学、函授部，其中有4所设立了成人教育学院；全省有独立设置的成人高校中有广播大学、职工大学、教育学院和管理干部学院。在教育学院中有省级教育学院1所，地州级教育学院5所。1994年全省各类成人高等学校招生总数为16458人，比1993年增加4556人；在校生33460人，比1993年增加9248人。

1994年，全省报考各类成人高等学校的报名人数为31709人，比1993年增加11411人，其中高中起点本科、专科为28158人，专科起点本科班为3551人。招生计划为16219人，其中高中起点本科、专科为14869人，专科起点本科班为1350人，省属成人高校招生计划为12457人，中央部委属成人高校招生计划为3762人。共录取新生15387人，其中高中起点本科、专科录取13286人，专科起点本科录取2101人；省属成人高校录取12644人，中央部委属成人高校录取2743人；专科第二学历免试录取1560人。

全省各类成人中专报名人数6566人，比1993年减少2193人，招生计划6650人，录取4776人。

1994年，在成人本科毕业生中有351人申请学士学位，有 61 人获准学位；在职人员有 18 人申请硕士学位，有 14 人获准学位。

1994 年，根据国家教委的文件精神，昆明船舶设备集团职工大学、云南建材局职工大学、云南省机械职工大学等 3 校合并，成立联合职工大学。

〔**社会力量办学**〕　1994 年，云南省的企事业单位、民主党派、人民团体、社会团体，以及公民个人，采取多种形式，举办了各种类型的学校和短训班，在辅导青年学习，帮助在职人员进修，普及科技文化知识方面，弥补了国家办学的不足，同时也为科技人员、离退休教师、干部以及其它人员提供了继续发挥作用的场所。现在，我省已有社会力量举办的学校 320 多所，办学内容已涉及到了生活的方方面面。社会力量办学在开发智力，促进社会精神文明和物质文明以及改善社会风气等方面，发挥了积极的作用。

撰稿　冯长根　徐惠珠　袁耘毅　周益群
审稿　海　淞　郎畴生

民族教育

〔**综述**〕　1994 年，全省少数民族儿童入学率达到 95.4%。全省少数民族地区的 79 个县市，在原普及初等教育的 47 个县市的基础上，按照《中华人民共和国义务教育法》普及九年义务教育标准验收，有 7 个县市基本实现了普及六年义务教育，有 1 个市（畹町市）基本普及了九年义务教育。

1994 年，坚持从民族地区的实际出发，采取民、汉语文扫盲并重方针，使少数民族青壮年文盲率从原来的 47.8%，下降为 43.7%。8 个少数民族自治州的青壮年文盲率下降到 16.17%（全省 17.4%）。

全省小学少数民族在校生 1624074 人，占小学在校生的 36%；中学少数民族在校生 37262 人，占中学在校生总数的 29.9%；职业中学中少数民族在校生有 24356 人，占职业中学在校生总数的 22.6%；中等专业学校少数民族在校生 30113 人，占全省在校生总数的 22.3%；成人中专少数民族学生 4993 人，占在校生总数的 15%。高等学校少数民族在校生有 10749 人，占在校生总数的 20.9%；成人高等教育，在校生有少数民族学生 2741 人，占在校生总数的 20.09%。

全省各级各类少数民族在校生有 206.96 万人，占在校生总数 608.9 万人的 34%，比 1993 年净增 470000 人，增长 29.73%。基本达到了与少数民族人口占全省总人口 34.6%的比例。

〔**教育改革**〕　1994 年，在省举办的 40 所省定寄宿制民族中、小学中，实行校长负责制、教师聘任制、结构工资制的已有 36 所，占 60%；在 3000 所半寄宿制高小中，已有 1100 所推行“三制”改革，占 36.7%。为了提高教育质量和办学水平，继续坚持对半寄宿制高小的检查评估和教学统测工作。在3000所半寄宿制高小学校中，语文、数学和思想品德三科的平均分达88.6分，比1993年提高1.1分。按照省制订的办学条件和质量标准检查评优，共评出198所优级学校、307所良级学校、119所在某方面具有办学特色的单项奖学校，分别给予3000元、1500元和1000元的资金，并向全省通报表彰。1984年举办3000所半寄宿制高小以来，累计培养150万合格的高小毕业生；经办学条件和质量等标准综合检查评估，有900所（校次）半寄宿制高小、近2000所半寄宿制高小（校次）分别被评为“三优”、“良”级学校。1980年举办40所省定寄宿制民族中、小学以来，其中的17所民族小学培养出19665名高小毕业生；23所民族中学培养出35893名初、高中毕业生，小学毕业升初中的有19655人；初中毕业升入高中、中专的有10804人；高中毕业升入大专院校的有5957人。

〔**对口支援协作**〕 根据国家教育委员会和国家民族事务委员会1992年召开的全国第四次民族教育工作会议精神，决定组织全国内地发达地区的省、市对边疆民族贫困省区进行教育对口支援。这是贯彻落实党和国家的民族平等、团结、进步和共同繁荣的方针的一项重要措施。1993年11月，云南省组织19个少数民族贫困县到上海，与上海市的19个县区签订了教育对口支援协作协议。1994年6月，省教委在丽江地区召开会议，组织落实了玉溪、曲靖地区和昆明市的五华区、盘龙区与禄劝、德钦、维西、宁蒗县的对口支援协作，签订了协议。一年来，共达成100多项协议，落实了价值300多万元的各种教学、图书、仪器设备380多件；支援经费150多万元。上海市和各县区到云南省考察、培训教师100多人次；云南省组织到上海考察、培训的有60多人次。促进了云南省少数民族贫困地区的教育改革和发展。

〔**表彰先进**〕 为贯彻落实中共中央第十四届四中全会和国务院召开的第二次全国民族团结进步表彰会议精神，1994年11月17日至21日，省委、省政府召开了全省民族工作会暨第三次民族团结表彰会，表彰了为促进民族团结进步事业作出突出贡献的350名先进集体和先进个人，其中教育部门受表彰的先进集体有：

云南省教育委员会
昆明市教育委员会
昭通地区行署教育局
广南县教育局
云南民族学院
云南工学院
红河哈尼族彝族自治州民族师范学校
红河哈尼族彝族自治州中等专业学校
红河哈尼族彝族自治州卫生学校
德宏傣族景颇族自治州民族师范学校
云南省供销学校
宁蒗彝族自治县民族中学
迪庆藏族自治州民族中学
思茅地区民族中学
思茅地区第二中学
麻栗坡县民族中学
云南教育学院实验中学
云南师范大学附属中学
大关县职业技术中学
德钦县升平完全小学

受表彰的先进个人有：

马裕兴	回族	云南大学教授
张　森	汉族	云南师范大学副教授
杨　福	白族	云南省投资管理学校副校长
李喜庆	白族	巍山彝族回族自治县第一中学教师
高振益	汉族	西双版纳傣族自治州民族中学校长
李天中	汉族	永平县厂街彝族乡中心小学校长
李富东	彝族	元江哈尼族彝族傣族自治县龙潭乡完全小学附属中学校长
王显中	汉族	永平县厂街彝族乡中心小学校长
杨玉凤	白族	鹤庆县松桂乡东坡小学教师
胡志文	普米族	兰坪白族普米族自治县通电校区教师
赵家祥	德昂族	梁河县河西乡勐来乡完全小学校长
汪家友	汉族	大姚县湾碧傣族傈僳族乡学区校长
谷自文	彝族	文山壮族苗族自治州党校党支部书记、校长

撰稿　米云光

审稿　海　淞　郎畴生

西藏自治区教育

概况

〔**基本情况**〕

1994年各级普通学校基本情况

单位：人

学校类别	学校数（所）	毕业生数	招生数	在校学生数	教职工数 计	教职工数 其中专任教师
一、普通高等学校	4	621	991	3220	1771	777
研究生						
本科生		360	378	1226		
专科生		261	613	1994		
二、中等专业学校	16	1291	1531	5190	1441	744
中等技术学校	11	779	816	3043	958	478
中等师范学校	5	512	715	2147	483	266
三、普通中学	77	6309	10731	28725	3600	2691
高　中		1480	1705	4521		534
初　中		4829	9026	24204		2157
四、农业、职业中学	1	117	75	103	9	4
高　中		96	75	83		
初　中		21		20		
五、工读学校						
六、小学	3477	12594	63812	232976	12390	11514
七、特殊教育学校						
八、幼儿园	26			2517	300	169

〔**贯彻纲要**〕　为进一步贯彻落实《中国教育改革和发展纲要》及全国教育工作会议精神，根据《国务院关于〈中国教育改革和发展纲要〉的实施意见》，结合西藏实际，

自治区提出了《西藏自治区关于〈中国教育改革和发展纲要〉的实施意见》(以下简称《意见》)。《意见》包括：(1) 到2000年西藏自治区教育发展的目标和任务，深化教育改革的任务和政策措施，增加教育投入与加强师资队伍建设，切实加强党和政府对教育工作的领导等4个方面。关于到2000年教育发展总目标，《意见》提出，坚持把教育放在优先发展的战略地位；以培养社会主义事业接班人为宗旨，着重培养急需的初中级专业技术人才；重点加强基础教育，优先发展师范教育，不断优化高等教育，积极发展职业技术教育和成人教育，努力扫除青壮年文盲；实施到2000年全区教育发展"121"工程，即(1) 中小学在校生增加10万人；(2) 新建中小学1000所；(3) 建设重点中小学、中专和高校重点学科100所(个)；(4) 扫除青壮年文盲10万人；(5) 新建职业学校10所；(6) 建设"三教"统筹、农科教结合示范县10个；(7) 培训中小学校长100人；(8) 培养中青年骨干教师1000人；(9) 培养自治区级中青年教学能手100人；(10) 新建骨干教师住房1000套；(11) 建设学校德育室1000处；(12) 建设重点德育基地100处。《意见》对各类教育提出了具体目标和任务。

基础教育：实施三、六、九年不同年限的义务教育，至2000年，牧区基本普及三年义务教育，农区基本普及六年义务教育，主要城镇普及九年义务教育；到2000年，基本实现县县有中学，乡乡有完全小学，适龄儿童入学率达到80%以上，即"两有80"(下同)；根据分区规划、分类指导，分步实施的原则，全区74个县(市、区)划分三种类型地区逐步实施义务教育，积极创造条件，发展幼儿教育、学前教育和特殊教育。

职业技术教育：积极发展职业技术教育，要同本世纪末西藏基本完成脱贫任务、使多数群众生活达到小康水平的发展目标紧密结合，同实施不同年限义务教育相结合。农牧区职业技术教育以小学后为起点，发展初级职业技术教育和实用技术培训。有条件的地方逐步创办职业初中，到2000年，使多数未能升学的小学毕业生受到多种形式的农牧业技术和实用技术培训；全区职业技术教育以初中后为重点，实行3+1学制，也要创造条件，创办职业高中、职业中专，到2000年，使未能升学的初中毕业生大多数受到各种形式的职业技术教育，为农牧区和生产建设第一线培养农牧业生产、农畜产品加工、水电、卫生、财会等方面的初级技术人员和熟练劳动者；适当发展高中后的职业技术教育，区内高校可举办二年或三年制的高等职业技术教育，为社会培养各种实用型人才；建立自治区职业技术教育中心，负责有关专业学历教育、岗位培训、职教师资培养、职教研究和咨询服务工作 。

高等教育：以提高教育质量和办学效益为重点，不断优化高等教育，到2000年，高校各类在校生达到5600人，其中本专科学生达 到4600人，累计招生6600人，毕业生6000人左右；继续坚持多层次、多规格、多渠道、多种形式办学，坚持普通教育与成人教育并举，学历教育与非学历教育并重；调整优化专业结构、办好重点学科和专业、拓宽服务面，对具有地方特色和民族特色的专业、系科、要下大力气办好，办出较高水平；高校科学技术工作，要面向经济建设需要，同培养人才结合，积极组织科技攻关，开展技术开发、推广应用和咨询服务，有计划、有重点地开发农、林、牧、藏医等方面的科技项目，使其尽快转化为现实生产力，高校哲学社会科学研究工作，应以马克思主义、毛泽东思想和邓小平建设有中国特色社会主义理论为指导，研究和解决我区社会主义现代化建设中的重大理论和实际问题、为建设团结、富裕、文明的社会主义新西藏作出贡献。

成人教育：发展以扫盲和岗位培训及继续教育为重点的成人教育，在国务院全国扫盲工作协调机构的统筹指导下，自治区政府统筹教委、农委、藏语文指导委、妇联、团委、民政厅等单位，努力开展扫盲工作，对已取得脱盲证书的人员要做好巩固、提高工作并加强岗位实用技术培训；自治区各厅(局)、各企业、事业单位要建立和完善在职(业)人员在岗和转岗的培训制度，积极开展岗位培训，每年都应有一定比例人数参加多种形式的岗位培训，农牧区要依托乡、村小学，常年开展农牧民文化技术教育，把扫盲同实用技术培训工作结合起来；成人学历教育向多样性、职业性方向发展，加强对成人高校的招生、考试和管理工作，要进一步完善自学考试制度，鼓励自学成才；大力加强在职干部的培养提高和继续教育工作。

《意见》对内地办学、发展广播电视教育、学校电化教育、藏语文教学、双语教学、教育的对外交流与合作等提出了明确的要求。

《意见》在增加教育投入，加强师资队伍建设上提出，树立教育投资是战略性投资的观念，自治区在安排财政预算时，优先保证教育的需求并切实做到《纲要》提出的“三个增长”，从1995年起年度教育事业费预算不低于当年自治区财政预算支出总额（不包括中央专项）的17%，年底教育基建投资不低于当年自治区地方预算内基建投资总额的17%。到2000年前，使这两项教育经费分别达到20%。《意见》强调指出，各级财政对教育的投入是教育经费稳定增长的重要保证，各地（市)、县地方财政收入要努力增加对教育的投入；实行教育事权与财权的统一，自治区所拨教育经费实行预算单列，教育经费的管理、使用权限归各级教育部门，各级财政部门监督。建立和完善教育费附加征收办法，多渠道筹措教育经费。关于师资队伍建设，《意见》指出，认真贯彻执行《教师法》，加强教师队伍建设，提高教师队伍的思想、业务素质和教学水平。到本世纪末，通过培养合格新教师和完善各种形式的培训制度，使80%的教师达到任职要求，70%以上的教师获得资格证书，培养输送具有合格学历的新师资8000人以上，教师总规模达到2.1万人。《意见》对我区教师队伍的培养培训、对教师业务考核与管理、提高教师的待遇和社会地位等提出了明确的规定和要求。

〔**全区教育工作会**〕 为全面贯彻全国教育工作会议和全区第四次教育工作会议精神，动员全党全社会进一步落实教育优先发展的战略地位，推进《中国教育改革和发展纲要》的全面实施，自治区党委、人民政府于1994年10月26日至30日在拉萨召开了全区第五次教育工作会议。参加这次会议的有全区各地（市）书记（或专员)、分管教育的书记（或专员)、教体委书记和主任、大中专学校书记和校长、各县分管教育的书记(或县长)、县教育局局长、部分中小学校长及有关厅局负责人等259人。自治区党委、政府的主要负责同志、区人大、政协的有关领导出席了大会。自治区党委书记陈奎元在会议开幕式上讲话。在分析西藏教育时指出，西藏教育在党的领导下，经过四十多年的努力，成绩巨大、功在史册，为西藏同全国人民一道实现社会主义现代化，打下了较好的基础。但是，西藏自治区教育的发展仍然落后于其它省市区，不能满足社会经济发展的需要。基础教育不普及，适龄儿童入学率、巩固率不高，文盲队伍仍然庞大。初、中、高级专业学校、职业学校数量少，专业面比较狭窄，很多事业因缺乏必要的管理人才、专业人才而力不从心。西藏虽然建起了很多学校，但是各级各类学校教学水平、毕业生的质量不高。照此下去，到本世纪末下世纪初，缺少具有专业知识的各级领导骨干、专门人才、生产业务骨干的矛盾，不能从根本上解决。教育的落后，将直接制约西藏经济社会向现代化迈进。陈奎元强调指出，要坚决落实教育优先发展的战略，为培养大批热爱祖国、适应现代化建设需要的建设者和接班人而不懈努力，并就教育优先发展战略的实现、全面贯彻党的教育方针、进一步优化结构、提高教育质量、加强领导班子和教师队伍建设等，坚决制止宗教干预教育，绝不能在社会主义讲坛散布分裂独立思想和宗教唯心主义，坚持社会主义办学方向，培养热爱祖国、热爱社会主义事业的建设者和接班人等重要思想，培养什么人，为谁培养人是自治区的办学指导思想和办学方向问题。

〔**年度工作进展**〕 1994年1月至7月，自治区党委、人大、政府相继颁发文件或决定，批准实施《西藏自治区实施〈中华人民共和国义务教育法〉办法》和义务教育发展规划，批转区教委《关于改革和发展全区高等教育的意见》，提高了教育5项费用标准，即“三包”费用标准，民办教师补助工资标准，区内大中专学校学生助学金标准，内地西藏班学生伙食补助标准，农牧民子女到区外高校就读补助标准。九月份，在全区开展了教育宣传月活动，教师节前后，自治区党委、政府有关领导同志到基层慰问教师、现场办公。在会议筹备期间，除了决定从明年起提高教育事业费、教育基建经费预算外，一次性拨给教育部门100名“农转非”指标、220名教师专业技术职务指标，解决优秀骨干教师的后顾之忧和专业技术职务待遇；10月17日宣告成立自治区教育基金会，目前教育基金已达到532万元；在国家教委的帮助下，在自治区成立“30周年大庆项目”中落实8个教育基建项目。

1994年自治区教委，先后共派出工作组42个，行程9万余公里，深入到全区6个地（市）50多个县及所有高校、中专学校，调查研究，检查指导工作；召开了全区首批“普六”（即普及六年义务教育）县曲水现场会；开展了中专办学水平等级评估、地（市）基础教育评估；12月下旬召开了年终地（市）教体委负责人会议，会议简要回顾了1994年自治区教育工作、教育形势，重点提出了1995年地（市）教育工作的主要任务。

1994年自治区教育科研领导小组从46项教育研究申报课题中选择24项予以立项，并下达教研经费7万余元；各级教研部门积极承担国家和自治区下达的有关研究项目并积极配合有关学校开展多种教改教研试点、实验活动，努力为提高教学质量和办学效益服务。自治区电教馆根据国家教委和国家民委颁发的《少数民族地区电化教育发展纲要》，结合自治区电化教育现状和全区教育发展目标，制定了《西藏自治区电化教育发展规划》，摄制了《农牧职业技术培训》系列职教片总计汉文版10部、藏文版10部，制作了《小学藏语文》投影片，听记了《九年义务制教育大纲讲座》7讲，并作了部分翻译，拍摄专题片《千秋功业》续集8部，拍摄小学课堂教学观摩课共8课时，完成了每天一小时半的卫星电教节目的编拍、发送任务，为各级各类学校和社会复制了电视教学录像片230盘，协助中央电视台经济半小时节目组拍摄系列报道《从经济援藏到智力援藏》，竭力为我区教育改革和发展服务。山南地区等地积极发展地区电教事业，收到了较好的效果。

积极开展教育交流合作和教育信息工作。1994年，自治区教委组织人员收集展品并参加了“中国发展成就展”西藏教育部分的展览。参加了“港、澳、大陆华夏园丁大联欢”活动。在自治区党委、政府领导同志指导、联系下，吸引的内地、港、澳、外国教育投资增多，1994年已取得500多万元外援教育项目投资。坚持出版发行《西藏教育》藏汉文版、编发《西藏教育简报》和《西藏自治区教育事业统计资料》汇编，各地、市和一大批县教育行政部门进一步重视教育信息工作，编印了教育期刊和简报。

撰稿 白玛次仁

审稿 孟德利

基础教育

〔综述〕 1994年，西藏基础教育：学校规模不断壮大；办学条件有较大改善；教育教学质量不断提高；顺利地完成了自治区基础教育的年度各项目标责任。截止年底，全区幼儿园，小学和中学已增加到3580所，其中，小学比上年增加387所，小学招生63812人，比上年增加11072人，小学毕业生数比上年增加1151人，小学在校生比上年增加21104人；小学少数民族在校生226274人，比上年增加22927人，占小学在校生总数的97.1%；小学教职工比上年增加1862人，小学教职工中少数民族教职工11792人，占95.2%；小学专任教师比上年增加1927人；小学专任教师中少数民族教师10987人，占95.4%。普通中学比上年增加8所，普通中学中，完中20所；初级中学57所。普通中学在校生比上年增加3151人，在校生中少数民族在校生25148人，占在校生总数的87.6%；普通中学教职工中少数民族教职工2438人，占67.7%，中学专任教师中少数民族专任教师1833人，占68.1%。普通中学教职工比上年增加440人，专任教师比上年增加349人。

1994年，从区内小学应届毕业生中招收1283名学生到内地西藏班（校）学习，其中农牧子女占 学生总数的70.23%。内地西藏班（校）初中分流1182人，其中升入高中336人，中师240人，中专606人。249名学员高中毕业参加普通高校招生考试，被区外高校录取205人，其中，本科生105人，专科生

90人，待定10人；被区内高校录取43人，淘汰1人。到1994年年底为止，内地历年从西藏累计招收少数民族学生20753人，分布在全国26个省市的140多所学校，其中初、高中在校生就达14526人。

1994年，全区中小学基建投资总额为2566万元，其中中学基建投资为401万元，小学基建投资为2165万元。各地区财政对教育投入达1101万元，其中拉萨市200万元，日喀则220万元，山南150万元，林芝96万元，昌都180万元，那曲70万元，阿里185万元。各县财政对教育的投入达711.5万元。同时各地发动群众投工献料新建村初级小学249所，新建乡完全小学82所，改扩建村初级小学307所，改扩建乡完全小学51所，已投资新建中学10所。中小学办学条件得到较大改善。全区中小学校舍占地总面积9958537平方米，其中小学占地面积68287.84平方米，中学占地面积3129753平方米；中小学校舍建筑面积1527487平方米，比上年增加103256平方米，其中小学校舍建筑面积1044797平方米，比上年增加31581平方米，中学校舍建筑面积482690平方米，比上年增加71675平方米；中小学危房总面积126642平方米，比上年减少27099平方米，其中小学87974平方米，比上年减少34052平方米，中学38668平方米，比上年增加6953平方米；中小学危房面积占中小学校舍建筑面积的8.3%。

小学入学率从去年的63%提高到67%。办学质量也有较大提高。1994年，内地西藏班初中招生考试录取分数线平均提高20分，自治区普通中专招生录取分数线，汉族考生提高53分，藏族考生提高43分。

〔**义务教育**〕 1994年年初，《西藏自治区实施〈中华人民共和国义务教育法〉办法》颁布 实施。5月，自治区人民政府审议通过了《西藏自治区实施义务教育规划》和《西藏自治区普及义务教育标准和评估验收办法》。有力地促进了自治区实现“两有八0”的基础教育发展目标和到2000年，牧区基本普及三年义务教育，农区基本普及六年义务教育，主要城镇普及九年义务教育的进程。义务教育作为基础教育的“重中之重”，它的地位逐步得到了落实，全区各级党政组织对努力实施义务教育已形成共识。

根据自治区实施义务教育规划，拉萨市城关区、曲水县、日喀则市等17个县、市、区将于1998年前普及六年义务教育。全区首批“普六”现场会，由自治区教委组织，于7月28日到30日在拉萨市曲水县举行。自治区人民政府副主席拉巴平措、自治区教委有关领导、全区除阿里外的6个地市教育行政部门领导、全区首批“普六”县、市、区领导及部分非“普六”县的负责同志参加了会议。与会同志参观了曲水县9所乡村小学，听取了曲水县近年来的基础教育情况和《曲水县九年义务教育实施方案》的介绍。会议讨论首批“普六”县实施普及六年义务教育的目标和任务。与会同志普遍认为，这次会议使大家对义务教育提高了认识，增强了使命感和紧迫感，看到本县（市、区）与曲水县的差距，对实现“普六”明确了思路，增强了信心。在西藏采取什么样的办学模式是普及义务教育的一个重大课题。曲水县率先摆脱集中办学的习惯模式，走出了一条“以分散办学为主，合理布点学校，使大多数适龄儿童就近入学”的本区占绝大多数的农区办学的新路子，极大地提高了初等教育的普及程度。目前，全区各地形成了一个借鉴曲水经验，积极探索本地办学模式的新热潮。

1994年，西藏自治区人民政府颁发了《西藏自治区人民政府批转自治区教委关于建立我区基础教育年度目标责任制的意见》，而后自治区教委又下发了《西藏自治区地、市基础教育评估方案（试行）的规定》。根据这两个文件精神，各地（市）已于1994年8月底之前相继完成了本地区年度教育发展水平的评估检查工作。在各地市自评的基础上，自治区教委对拉萨、山南、日喀则、林芝4个地（市）进行了复评和检查，共抽查12个县120多所中小学。从复评结果看，各地（市）执行1994年度基础教育目标责任书总的情况比较好，在落实教育优先发展战略，加强教育宣传，建立各项规章制度、地、县财政对教育增加投入、多渠道筹措教育经费等方面较好地完成了任务。以昌都地区为例，地区财政对教育的投入目标是100万元，而实际完成180万元。在事业规模责任目标方面，全区小学在校生责任目标完成率为102.2%，初中在校生责任目标完成率为103%，小学2—6年级责任目标完成率为92.5%，该项指标各地（市）从高到低排列依次为：阿里105%、拉萨99.8%、山南96.5%、日喀则91%、那曲86%、昌都85%、林芝83.7%。高中在校生责任目标完成率为90.7%。

〔**教师队伍建设**〕 1994年，全区全年新补充大中专学校毕业生1216人担任中小学教师。在小学专任教师（含民办教师）中，中师及高中以上学历的占46.4%；初中专任教师中，大中专及其以上学历的占62.9%，高中专任教师中，具有大学本科学历的占64.6%。以小学教师的学历合格率计，各地（市）从高到低排列依次是：阿里69.7%，那曲64.5%，拉萨53.3%，林芝51.4%，昌都49.7%，日喀则40%，山南31.3%。民办教师的培训提高工作引起了应有的重视，不合格民办教师的调整工作开始进行。1994年，全区共调整不合格民办教师455人，其中，拉萨90人，日喀则230人，山南90人，昌都45人。民办教师中，初中以上文化程度的所占比例各地（市）从高到低排列依次是：林芝64%、拉萨52%、日喀则28%、山南28%、昌都23%、那曲22.3%、阿里13.6%。1994年，从区内初中应届毕业生中招收200名初中毕业生到部分地（市）师范学校专门培养乡村小学教师外，还继续招收了民办教师中师班70人。目前，中小学教师在数量上基本保证了事业发展的需求，小学师生比为1∶20、初中师生比为1∶11.2、高中师生比为1∶8.1。

〔**教育教学**〕 在教材建设方面，1994年，初中和小学全部使用九年义务教育教材。自治区编写的小学至高中、中师各年级藏语文课教材和小学至高中各年级的汉语文课教材全部出版发行。自治区教材编译局共完成编译教材69种，1127万余字，其中，翻译34种教材、自编35种教材，按时完成了新编再版共162种教材的发稿任务。同时，加强了教材审查和协作工作。

加强了学校德育和体育卫生工作。1994年，全区中小学普遍重视了国旗、国歌、国徽教育。自治区制订了《关于进一步加强学校德育工作的意见》，并在全区第五次教育工作会上，学校德育工作作为一项重要内容，进行了广泛深入的研究和讨论。根据我区的实际，学校德育工作突出了维护祖国统一、增强民族团结、反对分裂活动的教育内容。自治区教委还下发了“关于进一步加强中小学体育卫生工作的意见”。举办了全区第五次中学生田径运动会。

〔**藏语文教学**〕　在中央召开的第三次西藏工作座谈会上明确提出了“继续重视藏语文教学，积极推行双语教学，做到藏汉语兼通，创造条件开设外语课”。根据中央的精神和《关于西藏自治区学习、使用和发展藏语文的若干规定的实施细则》的有关规定，继续重视区内中小学和内地西藏班的藏语文教学的同时，切实加强全区4个高中藏语文授课试点班及其初中藏语文授课班的领导与管理。1994年，自治区教委召开高中藏语文授课试点班经验交流暨总结表彰会，表彰奖励在试点工作中成绩突出的先进个人和集体。在总结试点工作经验教训的基础上，对出现的新情况、新问题进行了及时纠正，安排和布署了下一步的工作。1994年5月，自治区教委组织调研组前往拉萨、山南、林芝、日喀则等地专门对中学藏语文授课工作进行了深入调研。

1994年，首批初中藏语文授课班的308名学生参加了全区普通中专招生考试。其中92名学生达到了当年普通中专招生录取分数线，占藏语文授课班学生总数的29.9%，比当年普通藏族班考生上线率高14.8个百分点。

中学阶段的藏语文授课初具规模，截至1994年底，全区共有147个初、高中藏语文授课班，学生总计达6735人。其中高三年级4个班（试点班）、高一年级2个班、初三年级9个班、初二年级57个班、初一年级75个班。中学藏语文授课教师的培养培训及资格考试考核工作加紧进行。1994年，西藏大学培养输送183名数、理、化等6个专业的中学藏语文授课教师，在职教师中52名教师通过了初中藏语文授课资格考试。在中学能用藏语文讲授各门课程的教师数量有所增加，素质有所提高。

撰稿　索朗顿珠

审稿　孟德利

职业技术教育

〔**综述**〕　调整教育结构，发展职业技术教育，是西藏教育主动适应经济发展需求的主要措施。1994年，西藏自治区在“积极发展职业技术教育”的办学指导思想下，以16所中等专业学校为依托，加速培养初、中级专业技术人才，同时在中小学引进职业教育因素，加强了劳动技术和生产实践的教育。

自治区唯一的职业中学——山南地区职业中学正式开学后，招收乡医、电机维修、民族绘画和残疾人职业培训等6个专业的170

余名学生，1994年已有94名学员学成一技之长毕业返乡。类乌齐、林周、康马、堆龙德庆等县根据本县实际，积极发展职业技术教育，在县中学办起了职业班。1994年，全区中等专业学校和职业中学毕业学生比上年增加254人；新招收学生比上年增加211人；中等专业学校在校生比上年增加242人，其中，中专少数民族在校生3323人，占64%。区内大学附设中专生622人，内地西藏中师班学生1602人，区内外中专在校生总计达7414人。中等专业学校和职业中学教职工1450人，比上年增加95人，中专少数民族教职工584人，占40.3%；专任教师748人，比上年增加53人，少数民族专任教师292人，占39%。

〔**指导思想**〕 1994年，在全区第五次教育工作会上，自治区提出了发展本区职业技术教育的指导思想和基本原则。其指导思想是：主动适应西藏社会经济发展的需要，逐步调整中等教育结构和教学内容，以小学后职业培训为起点，以初中后的职业技术教育为重点，广泛开展职前、职后的各类实用技术和岗位培训，努力培养急需的初、中级专业技术人才。到本世末，初步建立起符合本区实际的、形式多样、能与其它教育协调发展、相互衔接的职业技术教育系列。其基本原则是：(1)必须与自治区基础教育的发展相衔接。(2)必须服从和服务于“一个中心、两件大事、三个确保”(以经济建设为中心，稳定与发展两件大事，确保西藏经济的加快发展，确保社会的全面进步和长治久安，确保人民生活水平的不断提高)，着重培养自治区经济建设和社会发展急需的初中级专业技术人才，提高劳动者素质，特别是培养一些大型的基础产业和基础设施建设项目在建设中和完成后所需的初中级管理人员和技术操作人员。(3)必须坚持以培养社会主义事业的接班人为宗旨，以专业技术和职业道德培训为主，注重学生德智体全面发展，努力提高教育质量和办学效益。(4)依靠行业、企事业单位和社会各方面来举办职业技术教育，谁办学，谁管理；谁投入，谁受益。注重联合办学，走产教结合的路子，增强其自身发展的能力。

〔**发展目标**〕 到本世纪末，新建职业技术学校10所，其中地(市)以上职业技术学校7所，县级职业技术学校3所，职业技术学校在校生达到5000人。职业技术学校的专业设置、教学内容与方法，都要把立足点放在为农牧区经济发展服务上，培养回乡治穷致富的人才。要使全区多数未能升学的小学毕业生受到各种形式的短期农牧技术或实用技术培训；使大多数未能升学的初中毕业生接受一年左右的职业技术培训；使高中阶段接受职业技术教育与接受普通教育在校学生的比例达到6∶4(达到全国平均水平)；使城镇新增劳动力上岗前都受到必需的职业训练，使45岁以下的在职职工普遍受到一次专业技术或岗位培训。

在农牧区，积极发展初等职业教育。由县、乡两级负责，以县为主，对未能升学的小学毕业生结合当地生产生活的需要，进行“6+1”的初级农牧业常用技术培训，使学生获得简单的农牧业常用技术知识。有条件的县可在县中学试办职业初中班，使学生学习比较系统的农牧业科技知识和实用技术，毕业回乡后成为能工巧匠或科学种田、养畜等全乡治富的带头人。

全区以初中后分流为重点，积极发展中等职业技术教育。初中阶段的劳动技术课应教给学生适合我区生产生活需要的一些实用技术。学生初中毕业后约20%进入普通高中学习，30%进入中等专业学校、职业高中和各地（市）职业培训中心学习，对其余未能升学的初中毕业生，主要进行“3+1”的职业技术培训，使之获得一技之长。

适当发展多样化的高中后职业教育和在职职工的岗位培训。区内高等学校根据西藏社会经济发展的需求，试办二年或三年制的高等职业班，培养中等职业技术教育师资和各类应用人才；举办各种形式的职工岗位培训和继续教育（包括电大、夜大、函大和自学考试等），提高在职职工的文化素质和专业技术水平。

撰稿　索朗顿珠

审稿　孟德利

高 等 教 育

〔**综述**〕　1994年，自治区4所普通高等学校中的毕业生比上年增加57人；招生数比上年减少98人；在校学生数比上年增加467人；教职工比上年增加27人，专任教师比上年增加16人。高校在校学生中少数民族学生2566人，比上年增加988人，占普通高校在校生总数的78.2%；专任教师中少数民族教师373人，比上年增加34人，占专任教师总数的48%。教职工人数与学生人数比值及专任教师与学生人数比值分别为1∶1.9与1∶4.2。

1994年，自治区党委批转了自治区科教委《关于改革和发展全区高等教育的意见》（以下简称《意见》）。《意见》指出了改革和发展全区高等教育的指导思想和主要任务、全区高等教育的专业结构调整、改革和完善办学体制、扩大学校办学自主权、深化学校内部管理改革、加强对高校改革的领导等作出了规定和要求。

〔**管理体制改革**〕　1994年由区党委批转的《关于改革和发展全区高等教育的意见》提出，进一步理顺高等学校办学和管理体制，扩大学校办学自主权，增加办学活力。逐步建立国家统筹宏观指导、学校面向社会自主办学的机制。自治区教委管理全区4所高等学校，运用国家的教育方针、政策、法规、评估和奖惩以及必要的行政、经济手段，对学校进行统筹规划、政策指导、组织协调、检查监督，并提供服务，对学校实行目标管理；除教委加强宏观管理外；自治区有关厅、局、委还应给以必要的关心和支持，参与办学全过程，帮助学校办好相关的系科、专业，建立联合办学的新体制；区党委办公厅、组织部、自治区人事局、计经委、财政厅、文化厅、经贸厅、体委、旅游局、广播电视厅、高级法院、民宗委、西藏日报社等应分别协助西藏大学、西藏民族学院办好有关系科专业；自治区农牧林委、工业电力厅应分别协助西藏农牧学院办好有关专业；卫生厅应协助办好西藏藏医学院和西藏民族学院医学系。自治区各有关厅、局、委、办的任务是：把相关系科专业作为自己的人才培养基地，对于学校有关系科专业的基本教学设施和专业实验室建设给以资助，帮助改善办学条件，参与制定相关专业的招生计划和专业管理工作，负责毕业生分配，免费提供学生实习场所、推荐有关专业干部和教师，向学校提供专业人才需求情况和毕业生工作情况等。另外，《意见》对深化高校内部管理体制改革和扩大学校的办学自主权等方面都有明确、具体的规定和要求。

西藏民族学院在党委的领导下，本着改革和创新的精神，狠抓学生管理，维护正常的教学、生活秩序。在学生管理方面，全面实行《西藏民族学院学生德智体综合考评条例》和班主任工作的量化考核。把助学金改为奖学金，实行贷学金制度，并将这些都与综合考评联系起来，奖优罚劣，调动了学生学习的积极性，全校形成了良好的学习风气，班主任工作基本走向了正规化。在人事管理制度建设方面，随着社会主义市场经济体制的形成，离退休制度已不适应形势的发展，针对这一情况，经学院组织、人事部门会商并报学院党委批准出台了《关于我院教职工离退休时间等问题的暂行规定》和《关于我院教职工调离和辞职的暂行规定》。学院后勤工作在改革中求发展、求效益、求质量，在办学规模不断扩大的情况下，保证了以教学为中心的各项工作的基本要求。学生宿舍管理工作有了新的提高，被评为“学生宿舍管理文明单位”。

西藏农牧学院，在进行认真调查研究的基础上，从本校的实际出发，进一步深化了内部管理体制改革，理顺关系，完善制度，明确职责，强化管理。为适应发展社会主义市场经济的需要，学院进行了涉及教学、人事制度、分配制度、学生管理、后勤服务等多方面的综合改革。学院党委研究制订了《我院机关与系部工作联系制度》，由党委委员牵头，机关各单位领导组成联系小组，分别与各系部建立工作联系制度，定时到系部蹲点，沟通信息，掌握情况，协助系部工作，及时解决困难与问题；在教学管理改革方面，学院进一步强化课堂教学评估工作，严格考试管理，制订了《标准化命题检查表》，使客观与主观试题命题趋于规范化，制订了《考试成绩统计分析表》，加强了成绩管理的监督工作，避免了考试过程的一些漏洞；在人事制度改革方面，学院认真按院内规定的工人不进、教师调入严格考核的原则，从优化队伍，提高职工素质出发，严把调入关，慎重进人，下放了部分后勤服务创收部门（实习厂、场、站）的科级干部的任免权限，与此同时，核定了院内编制和岗位设置，根据国家教委核定的高校编制比例和自治区核定的编制数额，学校完成了教学、后勤、行政等各大部分编制和岗位设置的核定工作，为下一步的定编、定岗工作打下了基础；在分配制度改革方面，学院修订和完善了岗位津贴的发放办法，同时下放了岗位津贴的发放权限，由各单位根据岗位量化考核情况自行发放，体现了奖勤罚懒、鼓励职工多做贡献；在学生管理方面，除了加强对学生进行多种形式的思想政治教育工作以外，还改善了管理手段，重视发挥学生班、组和学生会、团组织的作用，加大了学生自我管理的份量。在后勤服务改革方面，学院理顺管理体制、形成后勤服务一体化。将学院所有财务会计业务归并财务科，使财务管理一体化，强化了财务管理，除膳食科仓库外，后勤其余仓库归并总务科，形成物资管理一体化，强化了物资管理，水电维修、用电管理零星土建维修一体化；属于后勤服务的所有科室归并总务处，理顺了关系，加强了领导，为了保证师生员工的身体健康，进一步改善师生员工的生活，制定了“学生食堂管理办法”、“职工食堂管理办法”、“菜地管理办法”及“职工粮点管理办法”、并成立了食堂优质达标评议小组，形成干部轮流下食堂制度，强化了膳食管理工作，提高了后勤服务质量。学校还理顺校产开发的各种关系，成立了院校产管理机构——校办产业办公室，将院内所属的产业归口到校产办管理，解除现有产业领导干部兼任的职务，并制定了相应的管理办法和制度，加强了对全院校办产业的政策指导和宏观管理。

〔**为经济建设服务**〕 1994年由自治区党委为使自治区高等教育更好地适应经济建设的需要，提出在今后一段时期内，西藏大学要逐步办成以培养师资为主的文科综合大学；西藏民族学院要办成文理结合以理工为主的综合大学；西藏农牧学院要办成与自治区农牧林建设与资源开发相适应的教学、科研、生产相结合的学院；藏医学院要办成以传统医学教育为主，面向全国和国外的教学、科研、医疗、制药一体化的重点大学。为此，对各校专业作如下调整：

西藏大学：在继续办好现有各系科、专业基础上，设立职教系，成立电子计算机培训中心，增设电子计算机专业，藏文系增设藏汉文翻译专业，培养藏语文翻译和藏语新闻人才，建立硕士生点和留学生部，争取招收藏语文研究生和留学生；藏语文授课师资培训部改建为教育学院；成立藏学研究所和夜大学。

西藏民族学院：在语文系增设行政管理专业、新闻专业；政治系改为政治法律系，思想品德和政治教育专业改为马克思主义基础专业，增设法学专业；财经系按国家批复恢复为经济系，增设税务专业，并逐步向金融、商业、经贸、企业管理、计算机等专业方向拓宽延伸；医学系增办预防医学专业；干训部改为成人教育部。在社会需要的情况下，学院可逐步筹建工业与民用建筑专业；历史系撤销，历史专业并入西藏大学政史系，档案专业并入本院语文系；其余专业和预科保留并继续办好。

西藏农牧学院：在继续办好现有系科、专业的基础上，积极创造条件增办草原专业、植保专业和农牧经济专业。农牧学院要走与自治区农科所、自治区畜科所、自治区农牧学校及地市、县联合办学的路子，办成全区教学、科研、生产三结合的农、牧、林、电行业的人才培养和科研中心。

藏医学院：撤销自治区藏医学校建制，合并到藏医学院。设立藏医系和藏药专业。目前暂开设藏医学、藏药学两个专业并开设天文历算课。在各系内均开设普通本专科班，普通中专班和成人教育班。学制应根据藏医教学特点适当延长。在以面向西藏招生为主的同时，积极创造条件，逐步面向全国招收委托培养生，并招收研究生和外国留学生。自治区藏医院及其住院部、制药厂等所属单位划归藏医学院，作为藏医学院附属医院和藏医学院制药厂。成立藏医药、天文历算科学研究所。今后一个时期，藏医学院招生规模要控制，重点放在改进方法，提高教学质量，培养高质量的本区藏医药教学、科研、医疗高层骨干人才。真正把藏医学院办成在全国及国际上具有一定影响的藏医教学、科研、医疗、制药一体化的藏医学中心。逐步改善办学条件。

根据区党委转发的《关于改革和发展全区高等教育的意见》的精神，我区各高校在高等教育为经济建设服务方面，作出了不同程度的努力。例如，西藏民族学院，为认真贯彻自治区党委转发的《关于改革和发展全区高等教育的意见》，首次组织院系两级主管教学的领导赴京对中央民族大学等8所院校进行教学考察，学习了兄弟院校的办学经验，组织有关人员调研论证，审查上报了新闻、经贸专业的计划和筹建建筑工程系和建筑工程专业的方案，上报了办好成人教育部和预科的设想。在总结经验的基础上，制定了《西藏民族学院教育改革与发展的意见》，进一步明确到本世纪末该院教育改革和发展的具体目标、任务。西藏农牧学院，根据学院实际和西藏经济建设的需要，本着"加强基础，突出主干，确保适应型人才的培养"的原则，重点调整了水电系的教学计划、制订了文秘专业、劳技班的教学计划，结合西藏实际，自编了劳技班部分专业课教材和教学大纲十几种。西藏大学，为适应社会主义市场经济的需要，首先抓了专业设置与调整，学校提出了"加强特色专业、保护优势专业、拓宽相近专业、发展应用专业"的调整方针。根据这一思路，学校重视办好经济管理系外，还开办了藏汉翻译专业、藏文新闻专业、导游翻译专业，还拟招收计算机专业和工艺美术专业。各学校除了从调整专业、教学计划和课程设置方面为经济建设服务外，还从加强科研工作，为社会提供必要的技术服务等方面，努力适应和服务于经济建设的需要。

〔**科研工作**〕 1994年，自治区各高等院校根据西藏经济发展的需求，进一步明确了科研方向，切实加强了科研项目的立项和管理工作。西藏农牧学院把直接为经济建设服务的科研项目作为重点，加强了组织领导。1994年，新立项的科研课题有高产优质油菜、冬小麦品种筛选及栽培技术等三项。西藏民族学院组织全院性学术报告会13场，评选院第四届科研成果奖29项，60多人申报科研项目、课题30项，自编教材9册，还修改完善了院优秀成果奖和优秀科研奖评定办法，广泛收集了全院1980年以来的科研成果。西藏大学1994年4月召开学校科研工作会议，对科研工作的开展情况、取得的成果及存在的问题进行了总结和交流，同时经讨论修改后出台了《西藏大学科研管理工作暂行条例》、《西藏大学科研项目管理办法》、《西藏大学优秀科研成果奖励办法》等管理措施。西藏大学召开第九届学术研讨会，交流论文50余篇，其中3篇论文获一等奖，12篇论文获二等奖，获得三等奖的论文有33篇。内容涉及西藏的经济、政治、文化各个方面。在学校1994年科研项目立项会上申报的科研项目有15个，其中藏族石刻文化学，美术史与鉴定等11个项目通过了立项。西藏大学还承担着"羌塘野生动物志"、"藏文计算机国家标准"等国家级项目和"理科专业术语汉藏对照词汇"等多项自治区级科研项目。

撰稿 白玛次仁 索朗顿珠

审稿 孟德利

成人教育

〔**扫盲工作**〕　为全面贯彻落实全区1993年第四次教育工作会议提出的每年要把青壮年文盲、半文盲率下降两个百分点，到2000年，使青壮年文盲、半文盲比率比现在下降15个百分点的扫盲教育目标，全区努力开展了扫盲工作。1994年，自治区人民政府审议通过了《西藏自治区实施〈扫除文盲工作条例〉细则》，自治区有关部门出台了《西藏自治区扫除文盲规划》和《西藏自治区扫除青壮年文盲单位考核验收办法》等文件。自治区与各地（市）签订的基础教育目标责任书中，也明确提出了扫除青壮年文盲、半文盲的具体目标，根据这个目标，本年度计划扫除29500名青壮年文盲、半文盲。从西藏的实际出发，自治区教委印制了10万册扫盲教材和2万册扫盲辅助读物。据初步统计，到1994年底，全区已有5000多个扫盲点（班）。1994年参加扫盲的农牧民达12万多人，共扫除文盲30500名。

自治区重视把扫盲教育与农牧民文化技术培训相结合。自治区教委成人教育管理部门，1994年对山南、林芝的成人教育进行了全面调查，并确定山南乃东县为"燎原"试点县，该县被评为全国农村教育综合改革先进县（首次），受到全国表彰；在林芝地区评选出了两个全国扫盲先进个人；林芝县米瑞乡和乃东县昌珠乡等地的农民文化技术培训工作得到重视。

1994年，自治区的扫盲工作虽取得了一定的成绩，但目前文盲率仍很高，据统计，到1994年，全区的文盲率为58.50%；做好已取得脱盲证书人员的巩固，提高工作，防止出现复盲和新文盲的任务仍很重；"三教统筹"和农科教结合方面仍有很多工作要做。

〔**自学考试**〕　1994年，自治区继续重视和加强了自学考试工作。根据社会需求，1994年新增开了文秘（大专）、汉语语言文学和藏文（大专）等自考专业，到目前为止，共设有9个自考专业，所开课程达85门。1994年共举办了两期自学考试辅导班，参加学习的学员达300多人次；积极到区外联系购买自考学员所需教材，努力为学员学习提供服务。自学考试服务工作受到社会的好评。1994年共组织了两次自学考试，考生比往年增多，共有2000多报考科（次）。1994年全区的自学考试及格率由去年的53.2%，提高到56%，全年共颁发自学考试合格证书1060份。

撰稿　白玛次仁

审稿　孟德利

陕西省教育

概　况

〔基本情况〕

1994 年各级普通学校基本情况

单位：人

学校类别	学校数（所）	毕业生数	招生数	在校学生数	教职工数 计	教职工数 其中专任教师
一、普通高等学校	47	30011	41803	134518	52218	20148
研究生		1804	3092	7646		
本　科		17193	21594	81328		
专　科		11014	17117	45544		
二、中等专业学校	111	19769	30146	81927	17133	7024
中等技术学校	89	12215	22124	60413	14255	5416
中等师范学校	22	7554	8022	21514	2878	1608
三、普通中学	2829	377537	512261	1342382	128118	99166
高　中	569	81175	100698	251916		21798
初　中	2260	296362	411563	1090466		77368
四、农业、职业中学	245	25188	41090	88276	9839	6007
高　中	233	24008	38409	82513		5643
初　中	12	1180	2681	5763		364
五、工读学校	1	11	104	115	44	26
六、小学	36456	466360	828891	4249972	201217	184164
七、特殊教育学校	23	265	1131	6282	516	366
八、幼儿园	1545			770064	23048	16451

1994年各级成人学校基本情况

单位：人

学校类别	学校数(所)	毕业生数	招生数	在校学生数	教职工数 计	教职工数 其中专任教师
一、成人高等学校	41	15609	36366	79380	7352	3180
广播电视大学	2	3513	7308	15390	2199	1049
职工高等学校	28	1357	2565	6548	2832	1135
农民高等学校						
管理干部学院	5	791	2126	3597	948	385
教育学院	6	2318	3810	10692	1373	611
独立函授学院						
普通高校举办：						
函授部		5507	13956	30389		
夜大学		1979	3888	9513		
干部专修科		144	2713	3251		
二、成人中等专业学校	127	10203	21311	39594	5582	2311
广播电视中专	2	2011	8288	10145	1175	274
干部中专	2	44	76	137	75	32
职工中专	32	1704	2941	10211	1260	541
农民中专						
函授中专	2	4733	7086	13990	804	281
教师进修学校	89	1711	2920	5111	2268	1183
三、成人中学	60	3831	4546	4906	237	149
职工中学	40	2715	3019	3317	156	100
农民中学	20	1116	1527	1589	81	49
四、成人技术培训学校	12637	2020000	1500000	1410000	20000	10000
职工技术培训学校	359	50000	50000	50000		
农民技术培训学校	12278	1970000	1450000	1360000	20000	10000
五、成人初等学校	8244	224185	240202	268449	8030	2134
职工初等学校	1	252	270	270	16	2
农民初等学校	8243	223933	239932	268179	8014	2132
其中：扫盲班	7541	210501	229689	245627	6704	1884

〔**全省教育工作会**〕 1994年11月14—17日，陕西省委、省政府在西安召开了全省教育工作会议。白清才省长作了题为《认真贯彻落实全国教育工作会议精神，为实现我省教育改革和发展的战略目标努力奋斗》的主题报告，省委书记张勃兴、副书记刘荣惠，副省长姜信真和国家教委副主任柳斌分别作了讲话。会议根据《中国教育改革和发展纲要》的要求，结合本省实际，提出了到2000年陕西省教育发展的总目标：基本普及九年义务教育，基本扫除青壮年文盲，城乡劳动者职前职后教育有较大发展，中等教育结构

基本合理，高等教育的水平有较大提高，各类专门人才的拥有量基本满足陕西现代化建设的需要，经过努力，初步形成与陕西省经济建设和社会发展相适应、结构合理、质量效益较高、各类教育相互衔接的教育体系的基本框架。具体任务是：(1) 到2000年，全省85%以上人口的地区普及九年义务教育，初中阶段入学率达到85%以上，小学入学率达到99%以上，全省青壮年非文盲率1998年达到95%以上。在“普九”的基础上，西安、宝鸡、咸阳等大中城市的城区基本普及高中阶段教育。在全省建成100所示范幼儿园、500所示范小学、200所示范初中、30所示范高中。(2) 到2000年，各类中等职业学校在校生达到42万人，占高中阶段在校学生总数的60%；普及高中阶段教育的城市、城区，职业教育在校学生占到70%。全省建成省级重点中专25所、重点职业高中30所、重点技工学校30所。(3) 在农村进一步完善以乡农技校为骨干的县、乡、村三级农业技术培训网络，力争对1500万人次的农民进行1—2项实用技术培训，使100万乡镇企业职工受岗位技术培训。(4) 到2000年，全省普通高校在校本专科生达到16.5万人，其中地方高校达4.5万人。国家级重点学科达到52个，国家级重点实验室达到35个，培养跨世纪学术和学科带头人300名。为了实现上述目标，省委、省政府提出8条措施：继续增加教育投入，省本级财政增设2000万元扶持贫困地区实施九年义务教育补助专款，增加高校“三重”专款和职教专款各500万元，在两三年内各项专款总数由现在的3300万元增加到一亿元，“八五”期间所安排的每年2000万元教师住房建设专款再延长两年；开征新的地方教育费附加；成立陕西省教育信托投资机构；每年安排4000至5000名招转教师的专项劳动指标；每年增加3000名中小学教师高级职务指标；提高民办教师工资待遇；对连续教龄满30年以上的退休中小学教师发给退休补助金；每两年表彰奖励一次在教育工作中作出优异成绩的县级党委和政府。

县一级党委和政府在教育实行分级管理后，对教育事业的改革和发展起着举足轻重的作用，为实现到2000年陕西教育发展的总目标，陕西省委、省政府对县一级党和政府抓教育工作提出8项必须做到的基本要求：(1) 坚决贯彻执行《义务教育法》，如期实现省规划确定的“两基”目标。(2) 政府对教育的投入要保证实现中央一再强调的“三个增长”，即财政对教育拨款的增长要高于财政经常性收入的增长，并使按在校学生人数平均的教育费用逐步增长，切实保证教师工资和生均公用经费逐年有所增长。(3) 按照中央和省的规定，足额征收教育费附加。税务部门要及时将所征收的“三税”教育费附加如数划给教育部门设立的专户，由教育部门提出安排意见，商财政部门使用，实行专款专用、不得抵顶教育经费拨款，不得挪作发放教师工资。农村教育费附加，实行乡征县管乡用。(4) 制定适宜当地实际的增加教育投入的鼓励性政策，引导首先富裕起来的地方、首先富裕起来的群众舍得向教育投资，乐于捐资助学。(5) 县县建立职业教育中心，或者在县办重点职业中学的基础上，建立一校多制的职业教育中心，在政府的统筹下，切实担负起各行各业职业技术培训的任务。(6) 加快教师住房建设，努力改善教师居住条件。在今后3年内，力争使教师家庭人均居住面积达到或高于当地居民的平均水平。

(7) 不拖欠教师工资。对教师工资和民办教师补助费，各级财政实行全额预算，不留缺口。(8) 县委、县政府每年表彰一批优秀教师，对在教书育人工作中作出优异成绩的优秀教师给予奖励；每两年表彰奖励一批在教育工作中作出突出贡献的乡（镇）党委和政府。

〔**教育投人**〕 1994年，陕西教育经费总支出为302904.2万元，比1993年增长7.59%。其中，国家财政预算内教育事业费支出数为152544.3万元，比上年增加29754.5万元，增长24.23%，比上年增长率高出10.64个百分点。多渠道筹措教育经费82660.1万元，比上年增加21158万元，增长25.6%，其中社会捐款、群众集资达19848万元，比上年有较大增长。

1994年，陕西省普通小学生均事业费支出为157.92元，比上年增长26.6%；普通中学生均事业费支出为461.86元，比上年增长27.4%。尽管1994年各级教育生均预算内事业费支出比上年有不同程度的增长，但由于国家近几年来出台政策性增支因素较多，致使人员经费增长过快，公用经费不增长，甚至出现负增长。1994年，普通小学生均公用经费支出为8.46元，比上年减少14.1%；普通中学生均公用经费支出为37.27元，比上年减少8.5%。公用经费在支出结构中比重下降，如果剔除中央、省、地设立的教育专款，全省中、小学公用经费也就所剩无几。这是长期以来教育事业发展的一大困扰，也是普及九年义务教育中必须认真对待的一个问题。

基础教育

〔**综述**〕 1994年，全省各级政府和教育行政部门，按照《陕西省1993—2000年普及九年义务教育规划》要求，采取多种措施，扎扎实实地开展工作。

全面推进九年义务教育的实施。1994年，全省又有10个县（市、区）达到实施九年义务教育基本标准和要求，累计普及九年义务教育的县（市、区）达到15个，九年义务教育地区人口覆盖率达到15.73%。1994年全省有365个乡（镇）实现了普及六年义务教育的基本标准和要求，累计普及六年义务教育的乡（镇）达到2321个，六年义务教育地区人口覆盖率达到94.16%以上。1994年，全省小学入学率为98.72%、辍学率为2.24%、升学率为87.36%，全省初中入学率为80.06%、辍学率为6.68%、升学率为53.9%。全省残疾儿童入学率增长到30%，达到国家残疾儿童少年义务教育“八五”实施目标。

根据陕西省实际情况，确定“普九”战略决策。1994年省教委为了推动全省“普九”工作，决定从贫困地区入手抓典型，制定了“北抓旬邑、南抓白河”的工作策略。5月，在旬邑县召开全省贫困地区实施九年义务教育现场会，向全省推广旬邑经验，明确“普九”工作思路，提出了主要任务。旬邑这个典型，对全省“普九”工作起到了很大的推动作用，并且受到国家教委领导同志的肯定。

完善基础教育管理体制。1994年为了将实施九年义务教育的责任落到实处，省教委组织地、市教育局对基础教育管理体制进行了重点调查，制定了《陕西省人民政府关于进一步完善基础教育分级办学、分级管理体制的意见》，对省、地、县、乡、村各级管理基础教育的职责作了明确规定，还制定了《陕西省普及九年义务教育的实施意见》等一系列政策性文件。为了巩固“普六”成果，省教委颁发了《陕西省义务教育小学学籍管理暂行规定》，提出了严格控制中小学辍学的意见。

多渠道筹措基础教育资金。1994年陕西省基础教育形成财政、税收、收费、产业、社会、基金、群众集资、外资等多方筹措教育资金的渠道。世界银行贷款第一期项目正按计划执行，第二、三期项目开始启动；邵逸夫教育捐款项目也开始了前期准备工作；全省城乡掀起大规模捐资助学活动，中小学教育基金达到630万元；中小学勤工俭学纯收入达到1.6亿元。在以政府投资为主的基础上，其他筹措教育资金渠道，对补充教育经费起了一定作用。为了缓解基础教育经费紧缺的状况，在全省教育工作会议上，省教委明确提出了解决教育投入的政策措施，主要有：要求各级政府落实“三个增长”，教育经费预算单列，教育经费收归县一级管理，增加教育专款，开征新的教育附加费，调整基建投资结构，落实生均公用经费等。

〔**“两基”评估验收**〕 1994年，陕西省“两基”评估验收在省政府的直接领导下，在省人大、政协的监督指导下，由省教委、省有关部门和各级督学组成“两基”评估验收工作组负责进行。副省长姜信真为组长。评估验收工作组以《中国教育改革和发展纲要》为指导，以《中华人民共和国义务教育法》、《扫除文盲工作条例》、《陕西省义务教育实施办法》为依据，严格按照《陕西省县(市、区)“二个基本”评估验收指标体系》，对10个县(区)“两基”工作进行了评估验收。这10个县(区)是，西安市未央区、阎良区，高陵县，宝鸡市金台区、渭滨区，咸阳市杨陵区，渭南地区韩城市、渭南市，汉中地区南郑县，延安地区黄陵县。这10个县均通过验收。它们“两基”工作主要特征是：领导重视，注重投入，依法治教的意识强，政府行为到位，尊师重教的社会风气初步形成，教育质量稳步提高。县(区)政府都把宣传贯彻《义务教育法》列入重要议事日程，制订一系列有关措施，把义务教育实施情况作为考核各级领导干部政绩的重要内容；坚持以政府拨款为主，多渠道筹措教育经费的方针，增加对教育的投入；县(区)政府都非常重视教师队伍建设，如设立教育质量奖，提高民办教师工资，切实解决教师实际困难，让更多教师参政议政等，有效地改善了教师的政治、生活待遇，提高了教师的社会地位。

12月，省教委召开了全省“两基”督导工作会议。这次会议主要是建立健全督导机构，会上宣布成立陕西省人民政府教育督导团。督导团由总督学、副总督学和省督学组成。会议要求地、市和县也要设置督导机构，并划分了各级督导机构的分工。省教育督导团主要负责督导各地(市)、县(区)政府的教育工作；地、县督导机构则逐级对下一级进行督导；地（市）一级督导机构也可以指导所辖县（区）的乡、镇。对县（区）实施“两基”评估验收，由省教育督导团负责。确定全省中小学上等级学校分三个档次，即陕西省级示范学校（一级学校）、地级示范学校（二级学校）和县级示范学校（三级学校），各级督导机构督导评估的对象分别为，县（区）负责三级学校，地（市）负责二级学校，省负责一级学校。

〔**德育工作**〕 陕西省中小学德育工作经过几年不懈的努力，逐步走向科学化、制度化、多样化。1994年在抓好思想政治课和思想品德课的基础上，重点开展了爱国主义教育和日常行为规范的养成教育，同时实行定期表彰省级中小学三好学生、优秀学生干部和先进集体制度。1994年，受省教委表彰的三好学生297名、优秀学生干部199名、先进集体96个。

1994年，在全省中小学开展了以观看百部爱国主义影视片为主要内容的书画、读书、征文、演讲等系列教育活动。有500万中小学生参加。11月，在西安举行了全省中小学爱国主义影视征文、演讲比赛，比赛分小学、初中、高中三个组进行，收到地、市推荐的优秀征文300余篇，其中有73篇获奖，59名同学在演讲比赛中获奖，受到省教委表彰和奖励。1994年还在全省中学生中开展“德育基地一日”征文活动。据不完全统计，1994年底，全省建立的德育基地及德育联系点已达2000多个，这些德育基地的建设，使中小学生德育活动落在实处。在这次征文活动中，省教委组织有关专家进行评比，分别评出高中、初中一、二、三等奖各60名。

根据《中共中央关于进一步加强和改进学校德育工作的若干意见》和《爱国主义教育实施纲要》，省教工委、省教委及时对中小学校德育工作和爱国主义教育作了具体部署，要求各地、各校组织广大师生认真学好文件，通过座谈会等形式，大力宣传，并通过新闻媒介向社会报道。与此同时，印发了《中共陕西省委贯彻〈中共中央关于进一步加强和改进学校德育工作若干意见〉的实施办法》、《陕西省关于贯彻〈爱国主义教育实施纲要〉的实施意见》。

〔**教学管理**〕 1994年，省教委对普通中小学教学计划和教学大纲进行了调整，要求各教学单位开好必修课，增设选修课，落实活动课。同时进一步完善高级中学会考制度，提出对部分高中学生免于会考的意见，加强对会考成绩的综合分析和反馈工作，对高考科目设置进行了重大改革，按照文科、理科两大类设置高考科目，引导中学教学朝着更加有利于中学生成长的目标进行。1994年，改革招生制度，决定在普及九年制义务教育的地区取消初中招生考试；小学毕业生划片就近入学；实行重点中学招生加试体育的办法；坚持中专只招收应届初中毕业生的制度。在部分学校实施联合国亚太地区《关于提高学生学习质量整体改革行动计划》的实验项目，促进中小学教育教学改革，探索整体提高教学质量的经验。为了保证九年义务教育教学计划的实施，切实减轻学生课业负担，省教委提出了减轻学生过重课业负担的意见，并形成文件下发，要求各地贯彻执行。

1994年对课程结构的改革收到成效。省教委在制订教学计划时，将劳动技术课列入课程，保证学时；在普通中学渗透职业技术教育已在全省开展；在8所农村初中继续进行劳动技术教育综合实验，总结经验向全省推广，向国家教委推荐了其中3所学校的办学经验，受到国家教委的重视。省教委在总结54所前期开展人口教育试点学校经验的基础上，在全省中学全面铺开对中学生的人口教育。中小学计算机教育得到进一步发展。省成立了计算机教育竞赛委员会，定期开展比赛，反馈计算机教育质量方面的信息，指导学校教学工作。省教委要求，各地中小学根据学校条件开展不同层次的计算机教学。

1994年10月，第11届全国中学生物理竞赛（决赛）在西安举行，来自全国各地的109名选手参加比赛。陕西省有5名选手参加决赛，其中2人获得一等奖，3人获得三等奖。

西安市注意提高中小学教师的教学业务水平。5月，对中小学教师教学全过程评优活动进行表彰。全市中小学22个学科共有220名教师参加角逐，经过评委认真考评（听课、查阅业务档案等），评出一等奖，中学34名、小学20名；二等奖，中学51名，小学31名；三等奖，中学56名，小学28名。

12月，该市召开首届小学青年教师基本功“大比武”竞赛活动。来自区县和直属学校的近百名小学青年教师参加“三笔字”、“3500”常用字、汉语拼音、朗读、弹唱、说课等6项比赛，展示了青年教师队伍的业务素质，教学技能与精神风貌。

〔**体育、卫生、文艺工作**〕 1994年，省教委组织人员对10个地市的25个县（区）142所学校的体育、卫生、艺术教育工作进行了深入检查，推动各级教育行政部门加强对学校体、卫、艺教育的领导。同时，重点抓了初中毕业生升学考试体育工作，将学生体育分数的40%记入升高中、中师、中专的升学总分数内。8月，陕西省组队参加了在重庆召开的全国中学生田径运动会，取得了一金一银一铜的成绩。

1994年，省教委、省计生委联合下发《关于在普通中学开展青春期教育的通知》，要求全省初级中学从1994年秋季入学的初中一年级开始，进行青春期教育，规定每两周安排1课时，每学期至少安排8课时，同时编写了《青春期健康》教材印发各地使用。

1994年，在全省中学组织了歌手比赛，选择出优秀歌手参加全国中学生歌手比赛。还组织和参加全国中小学生书法、美术作品展览和评比，陕西有38件作品获奖。西安市教委于1月组织中小学师生书画大赛，全市百万中小学师生踊跃参加，参赛作品2000余幅，获奖优秀作品在市美术家画廊展出。11月，陕西乾县师范附小举行中日中小学生剪纸书画作品联展活动，展出中日学生作品180幅。

〔**教师队伍建设**〕 1994年，陕西省从管理、培训、培养三方面入手，采用多种形式加强教师队伍建设。通过对中小学教师的学历培训及各项素质的短期培训、中国—联合国儿基会小学教师培训合作项目以及加强中等师范学校教学管理与改革等，使全省的教师队伍建设向健康方向发展。省教委还注意通过“函授、卫电、自考”三沟通培训加快提高教师学历。3月，陕西省招收了第二届9个专业“函授、卫电、自考”三沟通学员8800名，编成530个学员班，全面开展培训工作。为确保培训质量，省卫星电视教育办公室两次召开“三沟通”培训工作会议，交流经验，组织了两次省级集体备课教学研讨班和两次单科结业考试，狠抓了“音像收视率、学员巩固率、考试及格率”和助学辅导工作及考风考纪工作，进一步完善了学员学籍管理、自学管理、面授辅导，结业考试等各个环节的管理，保证了培训工作的顺利进展。全省学员卫星电视教学课程收视率达到75—97％，学员面授辅导到课率达到90％以上，作业完成率达100％，学员单科及格率65％，考风考纪良好。一年里，全省有2500多名在职中学教师取得大专以上学历、9300余名小学教师取得中师学历。1994年，全省中小学教师学历达标率，高中为53.04％、初中为56.96％、小学为85.87％，分别比上年提高1.03、3.97、4.17个百分点。全年组织5000名中小学校长参加脱产和在职培训，全省中小学校长培训率已达94％。

1994年大力开展向人民教师王思明学习活动。王思明同志是陕西省延长县罗子山下西渠小学教师。他扎根山区27年，继承和发扬延安精神，在办学条件极其困难的情况下，不等不靠、三迁校址、四修校舍，实现了自己要在“山沟里办好学堂”的理想。他从培养学生的自学能力入手，启发学生“自学自醒”，创造了“五步教学法”，研究出了小学数学教学“溯导法”。1994年教师节之际，国家教委和人事部联合授予王思明同志“全国教育系统劳动模范”称号，中宣部、国家教委、陕西省委、省政府发出通知在全国和全省开展学习王思明的活动。王思明的先进事迹和创业精神，在全省产生广泛影响。

1994年，陕西省政府为提高教师待遇出台了一系列新的政策措施：对连续30年教龄的中小学教师实行退休荣誉金制度；将8300名中小学优秀民办教师转为公办教师；招收1750名小学民办教师进入中师学习、300名中学民办教师进入师范专科学习，毕业后转为公办教师；批准中小学教师高级职务382人。同时积极改善教师住房条件。据不完全统计，1994年全省城镇中小学新建教师住房16万平方米，约3000套，全省用于教师住房建设的资金9000万元，有2000多名教师喜迁新居，城镇中小学教师家庭人均居住面积，已由“七五”末的不足4平方米提高到7.3平方米。1994年全省中小学办学条件得到改善，全省用于中小学校舍修建资金3.87亿元，其中群众集资2.4亿元，新建校舍98.5万平方米，维修校舍2000多万平方米。

职业技术教育

〔**综述**〕 1994年，省教委把职业中学上规模、中等专业学校深化改革列为重点工作。全省各类职业学校共招生8.95万人（其中技工学校2.1万人），占高中阶段招生人数的47％。全省中等职业学校在校生23.4万人（其中技工学校7万人），占高中阶段在校生总数的48.2％，比上年提高两个百分点。

〔**职业中学招生**〕 年初，省教委召开首次全省职业中学招生工作会议，总结交流近几年职业中学招生工作经验，认真分析上一年职业中学招生数和在校生数下滑的原因，讨论并制定了1994年全省职业中学分地市招生计划，提出确保任务完成的对策和措施。主要是：(1)通过改革找出发展的突破口，一是大力提倡社会力量办职业教育，二是在中等专业学校、技工学校及有关培训机构附设职业班，三是大力推进高三分流，注意加强政策调节；(2)贯彻早抓、实抓、主动抓的工作方针，通过多种渠道，搞好招生宣传，强调毕业生安置的优越性，以“就业”带动招生工作；(3)坚持职业学校以质量立校的办学宗旨，保持职业教育的强大生命力和吸引力；(4)加强领导，一是协调好教育行政部门内部职业教育、基础教育、计划信息等职能部门之间的关系，二是加强行政干预，计划下达后及时检查指导，保证计划的完成，三是把分解的招生计划作为各级教育部门的责任目标确定下来，保证落实。1994年全省职业中学招生任务的顺利完成，扭转了上年职业中学招生数和在校生数下滑的局面，实现了职业中学上规模的目标。

〔**骨干学校建设**〕 1994年，在全省宣传推广河北省实行“政府统筹，部门联办，教委协调，一校多制”，创办县级职教中心的经验，调动了各地兴办职业教育的积极性。7月，省教委在汉中市召开了全省骨干职业学校建设研讨会，提出学习河北经验，推进陕西骨干职校建设。10月下旬，省教委组织各地市教育局（教委）局长（主任）、职教科（处）长、部分县（市、区）的书记、县（市、区）长等共47人，对河北省全面建设县级职教中心工作进行考察学习。11月，全省教育工作会议明确要求：每个县（市、区）都要建立一两所骨干职业中学或职业教育中心，职业教育中心可以单独创建，也可以在县办职业中学的基础上建立。

1994年，省教委共组织验收6所省级示范职业中学（三原县西阳职业中学、黄陵县职业中学、神木县职业中学、宝鸡铁路职业中学、咸阳市秦都区职业中学、渭南市城关职业中学）、2所省级重点职业中学（西安市兴庆职业学校、渭南市城关职业中学）。国家教委经过评估，将陕西省5所中等专业学校确定为国家级重点中等专业学校。全省累计，有国家级重点中等专业学校5所、省部级重点中等专业学校20所、省级重点职业中学15所、省级示范职业中学14所、重点技工学校18所。

〔**培训制度改革**〕 为了推动教育制度和劳动制度的配套改革，省教委会同省劳动厅、人事厅、农业厅、工商行政管理局制定了《关于实行“先培训后就业”和“先培训后上岗”制度的意见》经省政府批转各地执行。这项政策的出台为改善陕西省职业教育改革和发展的社会环境创造了十分有利的条件。

《意见》提出，要逐步实行学历文凭和职业资格两种证书并重的制度，并明确规定：从1996年起，从事技术复杂的专业工种或同人民群众身心健康相关的专业工种，未取得双证书者，一律不得就业、上岗。转岗人员也要按新上岗位的技术要求进行培训，经考核合格后才可上岗。《意见》同时提出：国家机关、企事业单位在核定的编制内录用职工，除按条件录用高等学校毕业生外，应采取公开招聘、公平竞争、考核录用的办法。首先从专业对口的各类职业学校（含职业班）毕业生中录用，不足部分从专业相关的职业学校（含职业班）毕业生中择优录用，仍不足时，再择优招收经过短期职业培训的人员；对持有双证书的职业学校毕业生，用人单位应优先录用，上岗后享有相应的职级待遇。《意见》还提出，“在农村要逐步实行绿色证书制度”，规定：乡镇企业职工及技术性较强的生产经营岗位，上岗前必须经过中等以上职业教育或持有绿色证书。乡村选聘农民技术员、基层干部、公益事业管理人员时，除按条件选用高等学校毕业生外，也应从各类职业学校（含职业班）毕业生和绿色证书持有者中择优选用。对经过职业教育和取得绿色证书的人员，在承包土地、发放贷款、获得生产资料、领取工商营业执照等方面予以优先安排。《意见》还规定：人事、劳动部门要建立和完善人才劳务市场和人才储备制度，允许取得各类职业教育学历文凭和职业资格合格证书的人员进入人才库，供用人单位择优录用。为了保证职业学历文凭和职业资格合格证书的质量信誉，《意见》就职业教育、职业培训的评估、检查，实行职业教育学历文凭验印与职业资格鉴定等作了有关规定。

〔**师资培训**〕 为了提高职业教育质量，1994 年，省教委把专业课师资的培养与提高当做重要工作来抓，委托西北农业大学等院校培养职教专业教师 110 名；举办幼教专业师资强化短训班 2 期，培训幼教专业教师 32 名。为适应国家教委对中等职业学校政治课教学的改革，省教委在全省推行新的政治课教学大纲，举办两期政治课骨干教师培训班，参加培训的政治课教师共 120 名。

〔**学校管理体制改革**〕 1994 年，陕西省有 10 所中专学校进行了以人事、分配制度改革为重点的校内管理体制改革试点。西安铁路运输学校等校通过深化内部机制改革，增强了学校发展活力。西安铁路运输学校从 1988 年开始，就引入竞争机制，在校内进行劳动人事制度改革，实行干部、教师聘任制和工人的优化组合。7 年来该校已进行 4 轮聘任，对聘任办法进行了不断完善，在 1994 年的第 4 轮聘任中，进一步加大改革力度，引入岗位工资制度和最低工资制度。聘任制和优化组合极大地改变了学校面貌：教职工观念发生重大变化，承受能力越来越强；实行能者多劳、多劳多得的分配原则，调动了教职工的工作积极性；干部、教师和工人处于一种动态的良性组合之中，不断形成教职工的最佳配置，有利于工作效率和质量的提高；有利于年轻干部脱颖而出，干部队伍素质不断提高。1994 年第 4 轮聘任中，有 9 名年轻干部走上科职岗位，学校中层干部平均年龄比上届下降 5.5 岁，具有大专以上学历的占到 92.8%，高出上届 7.1 个百分点。教职工队伍稳定，1994 年在校学生人数突破 2500 名，办学效益提高。

西安铁路运输学校进行干部教师聘任制和工人优化组合的指导思想和原则是：既要态度坚决，对现行干部人事制度有所突破，又要从实际出发、考虑群众的心理承受能力，平稳推进；既要对干部、教师和工人的思想观念有较大触动，又要做过细的思想政治工作，避免大的思想波动；既要坚决执行政策规定，按办法实施，又要把立足点放在教育人、激励人和调动积极性上。把民主、公开、择优、竞争、精简、效能、近亲回避、实事求是作为必须坚持的原则。其聘任范围是：除不能任满一个聘期者外，学校人事管理权限范围内的干部、教师和工人，包括非选举制产生的党群干部均在内。聘任过程中，一律打破原有职务、级别、部门界限，按照学校定编定号、干部“四化”要求进行，“双向”选择，合理流动，正确引导，使人员流向教学生产第一线和工作困难多的部门和岗位，限制逆向流动。基本方法和步骤是：(1) 精简机构，定编定员，修订和明确各部门、各岗位职责范围及岗位任职的基本资格等，公之于众；(2) 成立临时性的聘任工作小组，包括基本资格审查组、群众测评组、评介推荐组；(3)在广泛动员、个人充分考虑的基础上，本人提出竞聘意向书，必要时须举行竞聘演说；(4) 党政工领导联席会议集体讨论，决定中层上岗人员；(5) 由聘任的科职干部聘任副职干部及其他人员；(6)确定一批宣布一批，在规定时限内上岗的，享受新岗位待遇，未被聘任的，按待岗或落聘人员对待。

1994年，全省有20多所中专学校和一批职业高中根据社会需要调整专业设置。处于渭北的澄城县职教中心，由县政府统筹组织进行人才市场需求预测，适时调整专业设置，取得了较好的社会效益和经济效益，培养了一大批活跃于经济建设主战场的各类专业技术人才。

高等教育

〔**综述**〕 1994年，全省普通高校拥有810多个本专科专业点、25个博士后科研流动站、23个国家级重点学科、136个博士授权点、520个硕士授权点、28个国家级重点实验室。在校研究生比1990年增长37.76%；在校本专科生比1990年增长33.8%。1994年，校舍面积达到608.6万平方米，比1990年增加121.5万平方米。生均校舍面积48平方米，比1990年减少3.4平方米，其中学生宿舍88.4万平方米，比1990年增加14.5万平方米，生均宿舍面积7平方米，比1990年增加0.06平方米；教职工住房面积216万平方米，比1990年增加49.4万平方米，人均41.4平方米，比1990年增加8.8平方米。教学仪器设备总值达到7.32亿元，比1990年增长42.1%，生均教学仪器设备值5769元，比1990年增加338元。馆藏图书达到2000万册，比1990年增加231万册。

1994年，根据《中共中央关于进一步加强和改进学校德育工作的若干意见》和《爱国主义教育实施纲要》，编写印发了《形势教育宣传资料》，在高校师生中进行爱国主义和形势、政策教育，对高校马克思主义理论课和思想教育课提出了改革意见，进行了检查评比。在向灾区和贫困地区募捐的活动中，18所高校共捐款14835元、捐物30700件。高校党建工作进一步加强。为33所高校配备了45岁左右的中青年干部，领导班子年轻化程度有所提高；重点抓了后进党支部的整顿工作，对248个基层党支部成员做了调整与充实；各高校党委领导成员普遍建立了联系党支部的工作制度，加强了党员管理工作；在大学生和中青年教师中积极发展党员，大学生党员的人数比1993年有了较大增长。

〔**管理体制改革**〕 1994年，陕西省认真贯彻《中国教育改革和发展纲要》精神，加快了高等教育办学和管理体制改革，进行了省属高校的调整与合并。西安外国语学院与省外国语师范专科学校合并方案已经省政府同意，报国家教委审批；其他部分省属高校的调整与合并的前期准备工作正在进行之中。省政府和省教委成立了两级“211 工程”协调领导小组，负责高校进入“211 工程”的协调工作。西安交通大学、西北工业大学、西北大学、西安电子科技大学、西安公路交通大学、第四军医大学 6 所院校争取进入国家“211 工程”。

在省教委的促进下，西北大学、西北工业大学、西安电子科技大学 3 所全国重点大学签订了联合办学协议，实行联合办学。三校联合办学所遵循的原则是：原有隶属关系、领导体制和投资渠道不变，保持各校自主办学，在此前提下，平等协商、互利互惠，优势互补、资源共享，协同发展、共同提高，开展全面合作。合作的运作方式是采取先易后难、分步实施的办法，在积累和总结经验的基础上，逐步向深度和广度扩展。联合办学的主要内容是：互聘兼职教师，联合进行师资及各类人员的培养与培训；相互开设选修课、实验课及辅修专业；联合申报博士、硕士学位授权点，合作培养研究生；联合申报国家和地方科学研究项目，联合跨系统、跨学科科研机构，联合推广科技成果；联合创办科技产业，开发高新技术产品，共同开拓市场，联合开发建设高科技工业园区；实验室相互开放，大型及精密仪器设备共同利用，协作开展仪器设备的保养与维修；联合发展成人教育、继续教育；图书馆图书资料、外文书刊相互开放，实行信息资源共享，互通有无；共同规划、联合建设计算机信息网络；加强与地方政府的沟通与合作，共同探讨为省市地方经济、科技、文化和社会发展服务的新途径等。为保证 3 校联合办学工作的顺利进行，成立了联合办学指导委员会，负责重大事宜的咨询、协调和指导工作。

〔**教育改革**〕 为深化高等师范教育教学改革，省教委于 1994 年 1 月召开了以“面向农村，深化改革”为主题的全省师范教育改革座谈会，进一步明确和端正高等师范专科学校为农村基础教育服务的办学指导思想。省教委制订了《关于深化高等师范教育教学改革意见》。为保证师范院校生源质量，鼓励考生报考师范院校师范专业，《意见》规定，本省高等师范院校在招收新生时，对报考第一志愿的考生，优先录取，如不满额，可在录取分数控制线以下 20 分以内择优录取第一志愿者，对各级各类学校的教师子女第一志愿报考师范院校师范专业者，在与其他考生同等条件下优先录取；为解决初中教师队伍专业结构不合理问题，《意见》提出，从 1994 年起，西安音乐学院、西安美术学院师范教育系和汉中师范学院体育系、延安大学体育大专班可面向省政府划定的 60 个山区县招收部分保送生，招收比例为当年招生计划的 10%，学生毕业后回所在县、乡工作。《意见》还决定，从 1994 年起，在延安大学、汉中师范学院、宝鸡文理学院、渭南师范专科学校、咸阳师范专科学校、榆林高等专科学校、安康师范专科学校、商洛师范专科学校、省外国语师范专科学校为本省山区县举办预科班，预科学习结束后，经考试合格，一般转入有关师范专科专业学习，并享受师范生待遇。对 40 岁以下的中学民办教师进入全日制师范院校学习，《意见》提出了具体办法。为便于实施，省教委制定了有关配套文件，如《关于在我省部分高等师范院校设置民办教师大专班的暂行办法》、《关于高等师范院校设置预科班的暂行办法》、《关于保送体育、音乐、美术优秀毕业生进入高等师范院校学习的暂行办法》。1994年，在6所师范院校开办了初中民教班，招收民办教师300名；在省属8所师范院校开办了师资班，面向60个山区县培养师资400名；在渭南师范专科学校举办了“中师、大专一体化”试点班，并在7所中学举办了高师预备班。

为使陕西高校专业建设适应社会经济发展需要，1994年省教委在抓高校本科专业建设中，注意改变专业业务范围狭窄、课程结构固定、服务方向单一的弊病，着力拓宽专业口径，增强人才培养的适应性；在专业设置上强调避免盲目求全、求新、求多，按照社会的人才需求和学校的实际办学条件，对专业进行合理的调整。在抓高校专科专业建设中，注意充分体现应用性、针对性和灵活性的特点，使人才培养能很快适应各种职业和岗位的需要。据此，在加强和保持基础学科和专业与保证国家和地方科学研究和教学人才培养的基础上，积极发展适应经济和社会发展的应用学科和专业，调整和改造原有专业；在保证师范院校为农村基础教育服务的同时，挖掘办学潜力，举办适应农村职业教育和当地经济发展急需的专业大专班。1994年，省属院校共增设6个专科专业，设置大专班41个，改造和拓宽专业2个。省教委为了合理调整专业结构，掌握好质量标准，从宏观上控制专业发展数量，1994年10月，对全省高校的专业设置进行了摸底调查，下发了《陕西省普通高等学校专业设置和审批备案工作的暂行规定》，设立了陕西普通高等学校专业设置评议委员会。

1994年，省教委为提高学生英语水平和计算机应用能力、优化学生知识结构，强化了大学英语和计算机基础课教学。1994年，陕西高校学生在参加全国大学英语四、六两级考试中，通过率为59%，比1993年提高11个百分点；参加高校非计算机专业学生计算机等级考试，合格率高达68.4%。省教委还对全省工科院校高等数学、大学物理、物理实验3门课程进行了质量检测，对大学机械设计（机械零件）、金工、计算机基础等课程进行了评估检查。这些工作，有力地促进了高校基础课程建设。在深化教学管理改革方面，继续推行浮动学制和主辅修制。1994年，省教委又批准5所高校试行浮动学制；审批323名优秀专科生升入本科、6名本科生转入专科学习。批准西北大学等5所院校实行主辅修制。在基础学科基地建设方面，为了加强和保护地方综合大学文、理科基础学科及其人才培养，省教委向国家教委申报建立西北大学3个理科（物理学、化学、生物学）、1个文科（历史学）基础科学研究和教学人才培养基地，国家教委已批准物理学和化学两个理科基地。在加强图书馆建设方面，注重了图书馆队伍的建设，省教委召开了陕西省高校图书馆工作先进集体、先进工作者暨馆长会议，表彰13个先进图书馆、19个先进资料室、17名优秀图书管理干部、69名先进工作者。在加强重点学科、重点实验室建设方面，全省已建立国家级重点学科17个、省（部）级重点学科53个（其中省属高校21个），国家级各类重点实验室28个、省（部）级重点实验室15个。为使实验室管理进一步科学化、规范化、现代化，1994年陕西省实现实验室仪器设备计算机管理的院校达35所，占高校总数的75%，比上年提高40%。

省教委对陕西地区在职人员申请学位工

作进行了检查和调查研究，召开了学位工作经验交流会，加强了学位授予管理工作。全省已有学士授予单位38个，其中省属单位10个，授予学士学位18.57万人，占同期本科毕业生的92.8%。

〔**招生和毕业生就业制度改革**〕　1994年，陕西省招生实行了标准分数制度，与高中毕业会考接轨，减少了高考科目，社会反映良好。省教委在西安交通大学、西安音乐学院、西安美术学院等校进行并轨收费试点，并采取一系列配套措施，如针对贫困学生缴费困难，制订了贷学金办法、减免学杂费规定等，并由学校提供勤工俭学机会，使他们得以取得一定收入补贴生活日用，顺利完成学业。

陕西省举办大学生就业市场在全国是比较早的，培养和建立不同层次的毕业生就业市场、区域性的毕业生就业市场的尝试得到了省委、省政府和国家教委有关领导的支持和肯定。1994年大学生就业市场已初具规模，进入就业市场洽谈的毕业生达2万余人，与用人单位直接签订协议的有4000多人。

〔**科研工作和校办产业**〕　1994年，陕西省重点加强了“两个基地建设”，全省高校建成科学研究基地42个、科研成果转化基地34个。高校科研项目6000项，科研经费达3亿元，分别比1993年增长15.38%。同时，加强了科研成果的管理。组织高校积极申报各级各类科技进步奖和优秀成果奖，全年全省高校共鉴定科研成果560项，其中省教委组织鉴定的成果有110项；在鉴定的科研成果中，达到国际水平、国内首创和领先水平的占80%左右；获奖成果441项，其中，获省部级以上奖励的254项。同时抓住“产学研”工程，积极推进高校科技成果向生产力的转化。1994年，组织高校参加杨陵农科城科技成果博览会等5个交易洽谈会。全省高校共有161项次成果得到转化应用，合同额1281万元。

1994年，全省高校校办产业已发展到500多家（其中科技产业有356家），年产值可达4亿多元，利税可达8000万元。出现了一批科技含量高、经济效益好的骨干企业，如西安交通大学开元集团，年产值已超过亿元，利润高达1000万元；西安电子科技大学远动技术开发中心，成为明星企业；西北工业大学爱生集团开发的无人驾驶飞机，在国内处于领先水平。

〔**教师队伍建设**〕　1994年，有675名高校教师晋升为教授、副教授，有150名专业技术人员晋升为高级工程师和高级实验师，有10名教师经省政府批准享受国家政府津贴。此外，选派了一批优秀教师出国深造，公派出国留学人员82人。

为了缓解高校英语师资严重不足的状况，保证大学英语教学工作的正常进行，省教委委托西安交通大学举办了一期英语师资班，招生对象为高校二年级优秀的并且有志于高校英语教学的本科生，1994年招收学员25名，他们将成为高校英语师资的后备力量。

1994年全省有29位在师范专科学校工作中有突出成绩的教师获得曾宪梓教师奖。其中二等奖2名，三等奖27名。

成人教育

〔**综述**〕 1994年6月，省教委组织人员对全省扫盲教育、农民技术教育、农村人口教育、成人高等教育、成人中专教育、社会力量办学等各类成人教育进行了一次调查，掌握了发展状况，总结了经验，分析了存在问题，并在此基础上，拟订了《陕西省1994—2000年成人教育发展规划》，提出了改革发展主要目标任务：到1998年，全省基本扫除青壮年文盲，使青壮年非文盲率达到95%以上；到2000年，全省成人高校和普通高校附设的成人办学机构在校生达到7.9万人，成人中等专业学校在校生达到6万人；县（市、区）、乡（镇）和90%的行政村都办起农民文化技术学校，全省每年完成250万人次的农民和25万人次的乡镇企业职工的技术培训。省政府成立全省扫盲工作协调领导小组，统筹指导扫盲工作。省教委根据各地普及六年义务教育和扫盲教育的进展情况，分区规划，分类指导，分步实施。

〔**扫盲工作**〕 1994年，省教委把扫盲工作列为成人教育的重点，制定了《陕西省1994—1998年基本扫除青壮年文盲教育规划》与《陕西省扫除青壮年文盲验收办法》。通过努力，全省青壮年中的文盲率由上年的7.22%下降到5.8%。西安市未央区、闫良区、灞桥区、莲湖区，高陵县，南郑县，黄陵县，杨陵县，咸阳市秦都区，宝鸡市金台区，洛南县，宁陕县，洛川县，合阳县，华阴县等15个县（区）通过省政府验收，达到国家规定的县级扫除青壮年文盲标准。至此，全省累计26个县（市、区）基本扫除了青壮年文盲。为顺利完成1994年扫盲任务，省教委采取了以下措施：(1) 把扫盲任务分解到各个地市，再由地市层层分解，责任到村组，承包到个人，把扫盲任务真正落到实处；(2)加快制订扫除文盲配套政策法规制度，使全省扫盲工作早日走上法治和规范的轨道；(3) 建立4项制度（核查验收制度、档案管理制度、情况报告制度、表彰奖励制度），狠抓4个落实（政府行为落实、组织机构落实、扫盲经费落实、工作机构落实）；(4) 经常性检查与进度监控相结合，对中期完成好的地市给予通报表彰，完成任务差的地市进行通报批评。

〔**农村文化技术学校**〕 1994年，全省成人技术学校比上年增加410所，招生比上年增加9万人，在校生比上年增加15万人。县、乡（镇）、村三级农民文化技术学校广泛开展实用技术培训，共举办各种技术培训71068期，培训365.7万人次。

农村成人学校人口教育存在设备被挪用、借用、截留问题，1994年5月，省教委发出通知，要求各地市对人口教育设备到位与使用情况进行检查，杜绝挪用、借用、截留现象。1994年，全省共举办人口教育培训班928期，接受培训人数达72348人次，其中妇女占 38.9%。

〔**社会力量办学**〕 为了防止社会力量办学由于发展迅速，而带来的“乱办学、乱收费、乱发文凭”问题的发生，7 月初，省教委专门召开了社会力量办学招生工作会议，明确了有关政策规定，重申了招生纪律，并发出关于做好 1994 年招生工作的通知。从 9 月开始，陆续派出 3 个检查组对 90 所学校的招生工作进行检查。

陕西综合培训大学乱招生的问题被发现后，省教委非常重视，进行了认真查处。一是查明情况，及时书面报告省委、省政府；二是督促该校及与之签订联合办学协议的学校共同安排好学生的生活与学习；三是督促该校尽快退还学生学费。为杜绝此类现象再发生，进一步规范社会力量办学，11 月，省教委对社会力量办学提出 12 条整顿措施，并制定清理整顿工作方案，决定用一年时间进行一次全面整顿。

〔**成人高等与中专教育**〕 1994 年，全省成人高等教育招生比上年增长 26.1%，在校生比上年增长 27.64%，平均每万人口在校生数为 23.06 人。此外，有 22 万多人参加了高等教育自学考试，有 8200 人获得了本专科毕业证书。对成人高等教育，省教委主要进行了以下工作：(1) 在上年试点的基础上，扩大和深化 4 项改革：一是进行成人高校招工与招生结合的职业技术教育试点，为生产第一线培养应用型人才，共招生 368 名；二是试办第二专业专科学历教育，培养复合型人才，共招生 1173 名；三是为专科毕业生升本科创造条件，继续办好大专起点本科班，非师范类招生 2950 名，师范类招生 2776 名；四是进行选拔优秀专科生直接升入本科的试点，全省共选拔优秀生 71 名。(2) 组织成人高校教师编写了《高等数学》（上、下册）、《物理学》、《物理实验》教材，均已正式出版。(3) 审批了普通高校成人教育专业点 29 个、成人高校专业 16 个。(4) 组织了成人高校教师专业技术职务评审外语考试，对 108 名申报讲师、90 名申报副教授和 14 名申报教授的教师任职资格进行了评审。

成人中专教育招生数创历史最高水平。1994 年，招生比上年增加 10582 名，增长 98.63%；在校生比上年增长 17.78%。

〔**农村、城市教育综合改革**〕 1994 年，陕西省农村、城市教育综合改革继续坚持为当地经济社会发展服务的根本指导思想，按照“点上深化，面上扩展”的方针开展工作。农村教育综合改革实验工作已总结出一批经验，如商洛地区结合贫困山区特点开展教育综合改革的经验，韩城市以优化教育结构为重点构建农村教育新体系的经验，城固县强化政府统筹全面实施“燎原计划”的经验，泾阳县桥底镇实行农科教结合开展家庭全员培训的经验，宝鸡县上王乡以经济项目为龙头实行人才培训、技术推广、社会服务一体化的经验和榆林市牛家梁乡艰苦创业试办多功能综合中学的经验等。涌现出 6 个“全国农村教育综合改革先进单位”：韩城市、城固县、宝鸡县上王乡、榆林市牛家梁乡、户县第二中学和柞水县职业中学。1994 年下半年，先后有 10 多个县开始建设职前与职后教育相结合，融教育培训、研究示范、科技推广、经营服务为一体的多功能职教中心。韩城、南郑、澄城、柞水等县的职教中心已初具规模，乡镇一级也出现一批农科教结合的实体。在“燎原计划”的实施和“燎原计划”示范乡的建设方面，继续按照《陕西省燎原计划示范乡（镇）评估标准》，采取成熟一个验收一个的办法，对全省258个“燎原计划”实施乡分期分批进行检查评估验收。1994年，全省共验收21个乡（镇），挂牌认可的有17个乡镇。城市教育综合改革起步，以企业教育综合改革为重点，建立了首批26个企业教育综合改革试点单位，有铁道部西安车辆厂、西安电力机械制造公司、西安航空发动机公司、陕西彩色显像管总厂、西安铁路分局、西北电管局、省邮电管理局、陕西建筑机械厂、陕西省建筑总公司等。

撰稿　魏天纬
审稿　李　浩

甘肃省教育

概　况

〔基本情况〕

1994年各级普通学校基本情况

单位：人

学校类别	学校数（所）	毕业生数	招生数	在校学生数	教职工数 计	教职工数 其中专任教师
一、普通高等学校	17	10265	15272	46426	15761	6239
研究生		302	532	1257		684
本　科		5184	6393	23797		
专　科		4779	8347	21372		
二、中等专业学校	113	15505	20111	56227	12931	6206
中等技术学校	91	11088	14999	40770	10523	4867
中等师范学校	22	4417	5112	15457	2408	1339
三、普通中学	1632	255474	319522	880041	75885	62047
高　中	458	50213	58766	157346		13034
初　中	1174	205261	260756	722695		49013
四、农业、职业中学	194	14184	23046	45616	6011	3975
高　中	185	13286	20463	42128		3788
初　中	9	898	2583	3488		187
五、工读学校						
六、小学	23797	310664	513978	2616411	135567	128594
七、特殊教育学校	12	108	366	1396	322	228
八、幼儿教育学校	1026			376156	12829	8637

1994年各级成人学校基本情况

单位：人

学校类别	学校数（所）	毕业生数	招生数	在校学生数	教职工数 计	教职工数 其中专任教师
一、成人高等教育学校	21	6174	12057	28822	2319	1193
广播电视大学	1	1999	2396	5482	179	57
职工高等学校	15	913	1780	4034	1138	666
农民高等学校						
管理干部学院	1	206	90	1506	224	108
教育学院	4	794	1001	2173	778	362
独立设置函授学院						
普通高等学校						
举办：函授部	7	1651	3980	10173		
夜大学	9	516	1554	3897		
干部专修科	6	95	1256	1557		
二、成人中等专业学校	93	6646	16712	37971	2659	1293
广播电视中专学校	2	3264	10304	23863	48	27
职工中等专业学校	32	2273	4975	10777	1426	662
干部中等专业学校	5	181	235	676	155	51
农民中等专业学校	1			48	23	7
教师进修学校	53	928	1198	2607	1007	546
三、成人中学	2	195	338	539	27	
职工中学	2	195	338	539	27	
农民中学						
四、成人技术培训学校	2550	938857	753137	654226	3441	866
职工技术培训学校	30	12975	13986	14554	201	168
农民技术培训学校	2520	925882	739151	639672	3240	698
五、成人初等学校	2375	321187	286669	285448	10757	1639
职工初等学校						
农民初等学校	2375	321187	286669	285448	10757	1639
其中：扫盲班		314467	278656	283135	10471	1621

注：另有函授中专1所，招生3792人，在校生7788人，毕业生1100人，教职工120人，其中专任教师34人。

制表　马光荣

〔**教育工作思路**〕　1994年，甘肃省认真贯彻落实《中国教育改革和发展纲要》和全国教育工作会议精神，紧密结合甘肃实际，研究制定全省教育工作的基本思路是，以“双基”（基本普及九年义务教育，基本扫除青壮年文盲）为重点，建立和完善各项制度和措施，加快普及九年义务教育的步伐；继续深化职业技术教育改革，加快重点骨干学校建设，提高办学效益和适应建立社会主义市场经济体制的能力；稳步推进高等教育体制改革，优化调整结构，提高高等教育整体素质和水平；进一步完善成人教育办学机制，提高质量，使其更好地为经济建设和社会发展服务；继续采取措施，强化各级各类学校的思想政治工作和德育工作，改善教育内部和外部环境；努力增加对教育的投入，完善多渠道筹措教育经费的有效机制，充分发挥教育投入的效益，使各类学校的办学条件有新的改善；加快师资队伍建设，在数量、质量、结构等方面逐步适应各类教育发展的需求，进一步改善教师的学习、工作和生活条件，充分调动广大教师和教育工作者的积极性，不断提高教育教学质量。

1994年11月，省委、省政府召开了全省教育工作会议，围绕贯彻全国教育工作会议精神，全面落实教育优先发展的战略地位，总结交流各地实施《中国教育改革和发展纲要》的经验，研究加快教育改革和发展的具体措施，安排部署工作。省委、省人大、省政府、省政协主要领导出席会议，省委书记阎海旺、省长张吾乐、副省长陈绮玲分别在会上讲了话。阎海旺同志在讲话中指出，要把贯彻全国教育工作会议精神和实施《纲要》的工作作为当前和今后的一件大事来抓，并组织有关部门对全省教育改革和发展的几个重大问题进行了专题调查研究。阎海旺同志指出，一是要进一步牢固确立教育优先发展的战略地位；二是要深化教育改革，促进教育事业更快发展；三是要全面贯彻党的教育方针，切实加强和改进德育工作；四是要加强党委和政府对教育工作的领导，扎扎实实抓好各项任务的落实。张吾乐同志作了题为《加快教育改革和发展步伐，为振兴甘肃经济服务》的讲话。国家教委副主任韦钰参加了会议，并作了讲话。韦钰同志对甘肃教育工作和这次会议取得的成果给予充分肯定，并对今后的工作提出了意见和要求。她指出，各级领导干部和广大教育工作者都要认真学习贯彻全国教育工作会议精神，加快教育的改革与发展；各部门及社会各方面要继续关心和支持教育，不断增加对教育的投入；要把本世纪末基本普及九年义务教育、基本扫除青壮年文盲和大力发展职业技术教育作为90年代甘肃省教育事业发展的重点，各类教育都要主动为甘肃省的经济建设和社会全面进步服务。

省委、省政府制定的《关于加快教育改革和发展若干政策的决定》中提出，要进一步落实教育优先发展的战略地位。各级党委和政府要千方百计为教育办实事，对教育采取重点扶持和倾斜的政策措施，切实增加教育投入，把优先发展教育变成各级领导班子的集体行为。要像抓经济工作那样抓教育工作。要把重视人才培养、保证教育投入、为教育办实事，作为各级党政领导干部任期目标责任制和政绩考核的重要内容。要为加快教育改革和发展创造良好的环境和条件，把本世纪末基本普及九年义务教育，基本扫除青壮年文盲和大力发展职业技术教育作为九十年代甘肃教育事业发展的重点，加大改革力度，强化学校管理，不断调整教育结构和学校布局，提高教育质量和办学效益。

《决定》对增加教育投入和提高教师待遇，提出了几条具体措施。一是逐步提高财政性教育拨款。省财政教育支出占国民生产总值的比例在现有的基础上每年递增0.15个以上百分点，到本世纪末达到4%，确保教育经费支出达到《纲要》规定的“三个增长”。增加财政对教育的拨款，到“八五”末全省教育经费占财政支出的比例达到18%以上；保证在校学生生均教育费用逐年增加；教育事业公用经费在现有水平上，每年提高1.5个百分点，到2000年达到30%。要力争教育基本建设投资占地方统筹和财政自筹的15%以上。为保证2000年基本实现“两基”，省财政每年的专项资金从原有的1150万元增加到2000万元，用于“两基”工作；为扶持部分高校和学科进入“211工程”，省里每年拿出300万元专项资金予以支持。二是提高教育费附加的征收比例和范围。农村教育费附加由农民人均纯收入的1.3%提高到1.5%至2%计征（包括在农民负担的5%以内），由乡镇负责征收。农村不缴纳增值税、营业税、消费税的乡镇企业和个体企业教育费附加按3%计征，由地方税务部门负责征收。城市教育费附加给办学企业的返还部分，按实际征收数额的30%，由财政部门核实划拨，教育行政部门返还。征收高消费教育附加。各类营业性饮食业、娱乐业，按月营业额的2%缴纳，由地方税务部门负责征收。征收住宿教育附加。凡在宾馆、饭店、招待所住宿，每个床位每天加收1元，由宾馆、饭店、招待所代办，地方税务部门负责征收。征收机动车辆教育附加。凡本省挂照注册的机动车辆（不含农用拖拉机）每车每月征收5元教育附加，由交通部门在征收养路费时统一征收。上述费用征收后，交教育行政部门管理使用，均用于普及九年义务教育和扫盲工作。三是多渠道筹措教育经费。建立教育信用社，开展教育储蓄，运用金融手段融通教育资金，扩大资金来源。积极鼓励厂矿企业、社会力量以及海内外各界人士和农村集资办学、捐资助学。行政、事业单位在职的副县（处）级以上干部每人每月拿出月收入的1%集资办教育。集资主要用于中小学危房改造、修缮新建校舍以及教学基本条件的改善。教育集资的审批权放在县一级人民政府。根据国家对校办产业政策性低息贷款逐年增加的精神，省人民银行协调有关专业银行，设立职业教育和校办产业政策性低息贷款。四是对教育实行优惠政策。严禁社会各方面对学校的摊派和搭车收费，学校可以拒绝未经政府批准的各项收费。教育部门要严格收费管理，不准乱收费。省计委将教育基建投资每年节约的5%返还教育行政部门，集中用于教职工住房建设。城镇建设设施配套费原用于教育的3%的标准提高到10%，由各级城建部门划拨到当地教育行政部门，用于城镇中小学校舍建设。各地征收的校办产业所得税、增值税、营业税和学校各种用房的房产税、土地使用税由税务部门收取后财政部门返还教育行政部门，做到税不进校、费不出校。免收各级各类学校教学仪器设备专控商品附加费。提高非义务教育阶段学生学杂费标准，同时按不同情况确定义务教育阶段学校学杂费收费标准。严格执行《甘肃省校园校产保护条例》，任何单位及个人都不准挤占校园、校产。五是贯彻落实《教师法》，切实提高教师的社会地位和待遇。要按时足额发放教师工资。凡是拖欠教师工资的地方，一律不准用地方财政收入盖楼堂馆所，不准购买小轿车。省、地、县各级每年都要安排一定专款，用于城镇中小学教职工住房建设补助，三至五年内使城镇教职工家庭的人均住房面积达到或超过当地居民的平均水平。全省每年划拨一定数额的指标，用于录用优秀民办教师为公办教师。各地再不准新增加民办教师，逐年减少民办教师数量。各级政府要切实解决好教师尤其是农村教师看病难、报销难的问题。按规定享受公费医疗的教师要同当地国家公务员享受同等医疗待遇。

〔**教育投入**〕 1994年，全省国家财政预算内教育经费支出152954.6万元，占全省财政支出的21.34%，比上年增长36.52%。其中：教育事业性经费支出139070.4万元，比上年增长37.52%；基本建设支出19881.4万元，比上年增长27.29%。

继续完善以财政拨款为主，征收教育税费和收取学杂费以及社会捐资集资助学为辅的多渠道筹措教育经费的体制。1994年全省共征收教育费附加15543.9万元，比上年净增3499.7万元，其中农村教育费附加9665.3万元，比上年增加2215.3万元，城市教育费附加5828.9万元，比上年增加1255.8万元；校办产业、勤工俭学、社会服务收入中用于教育的经费3615.5万元；集资、捐资助学收入5493.6万元，比上年增加3291.5万元；其他教育经费3164.3万元，比上年增加1671.1万元。

1994年共维修改造中小学危房48.16万平方米，购置课桌凳9.16万双人套，购置教学仪器设备9.02万台（件），购置图书资料124.39万册，中小学办学条件得到了新的改善。

1994年，全省教育经费投入较上年虽有较大增长，但从教育发展的实际需要相比，仍有较大缺口。由于物价上涨过快，个人经费所占比例逐年增加，公用经费占教育事业费的比例明显下降。1994年，教育部门财政预算内教育经费实际支出121363.9万元，其中个人部分支出104986.4万元，公用部分支出16377.5万元，公用部分所占比重为13.49%；全省农村教育费附加仍然未能足额征收。

撰稿 马光荣

基础教育

〔**综述**〕 1994年，全省基础教育以普及九年义务教育为重点，全面贯彻《义务教育法》及其实施细则，落实省委、省政府《关于大力加强和发展基础教育的意见》，进一步完善分级办学、分级管理的体制，加强和改进中小学德育工作，稳步推进高初中毕业会考工作。

1994年，全省学龄儿童入学率96.4%，女童入学率94.3%，小学毕业生升入初中的比例为84%；初中毕业升入高中的比例为

28.6%。与1993年相比，幼儿园增加325所，学前班增加224个，接受学前教育的儿童增加3万人，六周岁儿童接受学前教育的比例提高4.2个百分点。特殊教育学校增加1所，特教班增加33个，残疾儿童、少年在校学生总数增加311人。

〔**义务教育**〕 1994年，又有华池县、秦安县、庄浪县、渭原县普及初等义务教育，张掖市普及初级中等义务教育。至此，全省有58个县（市、区）完成普及初等义务教育任务，15个县（市、区）完成普及初级中等义务教育任务。在实施义务教育工作中，采取的主要措施有：（1）落实省委、省政府《关于大力加强和发展基础教育的意见》，年初，省教委专门召开普教工作会议，提出普及九年义务教育关键在提高认识，真抓实干。各地把普及九年义务教育工作列为重点，建立目标责任制，许多县、乡把完成普及九年义务教育作为干部任期目标的重要标准。省教委下发了调整后的普及九年义务教育规划和《甘肃省普及九年义务教育标准及评估奖励办法》，建立《义务教育入学通知书》和《义务教育证书》制度，推动义务教育进一步落实。（2）确立重点和难点，加快贫困地区普及九年义务教育的步伐。甘肃省目前尚未普及初等义务教育的县，主要是一些自然条件差、经济文化欠发达的县，有些特困县尚未解决温饱问题，教育工作的难度较大。省教委对贫困地区普及九年义务教育问题进行了调查研究，加强了工作的指导。同时决定，凡当年普及义务教育的县，在分配经费时给予扶持，并戴帽下达。（3）坚持标准，注重质量，提高普及九年义务教育的水平。一是分阶段实施，分步骤推进。要求普及初等义务教育的县，做好“两头延伸”，即大力发展学前教育和初中教育，为普及九年义务教育奠定基础；普及九年义务教育的县区，主要是查漏补缺，提高办学水平和教育质量，同时加强初中阶段的职业教育渗透。二是要求普及九年义务教育步伐要快，质量要高，标准要坚持。对不能按规划普及的县，要求采取措施，限期达到标准。对按规划要求提前普及的县，组织人力进行考查，在条件成熟时进行验收。三是对已经普及初级中等教育的县、市、区按国家验收“两基”的标准进行复查，对一些普及水平较低的乡（镇）进行补课，要求在办学设施、师资达标、学校管理、教育质量等方面花大力气进行改进。（4）建立评估验收制度，强化政府行为。评估验收制度的建立，有效地强化了各级政府的执法意识，落实了“分级办学、分级管理”的办学体制，促进了政府行为到位，措施到位，教育投入到位。

〔**特殊教育和幼儿教育**〕 1994年，开展了残疾儿童、少年摸底工作，建立残疾儿童、少年档案，采取措施，扶持有条件的小学举办特教班，并大力开展残疾儿童、少年的随班就读。积极开展教学改革，认真实施国家教委课程计划，并加强对弱智学生的智商鉴定工作，开展对弱智学生智商鉴定人员的培训。

全省幼儿教育工作继续贯彻幼教法规，进行幼儿园的分类评估工作。在全省范围层层开展幼儿园分类评估的基础上，全省新评出一类幼儿园20所，使全省一类幼儿园总数达到62所。召开了全省幼儿教育工作会议，对新评定的一类幼儿园颁发了园牌，交流了幼教改革的经验。

〔**德育工作**〕 1994年，全省中小学德育工作以社区教育为重点，促进学校、家庭、社会三位一体的教育网络的进一步形成；强化爱国主义教育，把它放在德育工作首要位置，并贯穿到学校教育的全过程。其做法是：(1) 把国情教育纳入教学计划。中学政治课普遍增加一定课时，用于国情教育和时事政策教育。学校设立德育室，开辟爱国主义教育基地，对学生进行国情、省情、县情、乡情教育。(2) 广泛开展升降国旗仪式。全省中小学在周末、开学典礼、结业典礼、运动会等大型集体活动中坚持升旗教育，培养学生的爱国主义情感。(3) 加强劳动技术教育和社会实践活动，将其作为必修课，列入教学计划。(4) 开展爱国主义教育系列活动，普遍开设影视讲评课，组织学生参加影视教育征文、演讲、配音竞赛活动。在全省举办了爱国主义教育知识竞赛，吸引广大青少年参加。使爱国主义教育达到了新的高潮。(5) 加强以行为规范为中心的养成教育。严格按照中小学生行为规范和中小学生守则，加强行为规范管理，增强学生自我教育、自我管理的能力。

〔**减轻学生课业负担**〕　1994 年，在减轻学生过重课业负担方面采取了几项措施：(1) 加强对省编教材的审定和管理，减少教学辅助读物的品种。规定从 1995 年秋季开始，小学一、二年级停止使用教学辅助读物；制定了《甘肃省中小学教学用书管理的规定》；将教学用书目录分为必订书目和选订书目，在报上刊登，并设立举报电话，接受监督。(2) 抓考试。省教委制定了《甘肃省中小学考试管理办法》，规定除普通高中毕业会考和初中毕业会考以及地、县组织的初中招生考试外，不得组织其他形式的统考。明确考试管理权限，严格控制学校考试次数，严禁各种以教学评价为借口、以盈利为目的的考试、模拟测试等。(3) 控制学生在校时间。各地对不同年级学生在校活动时间都作出了具体规定，严格控制学生在校活动的总量，明确禁止利用课余时间和节假日给学生集体补课等，使学生课业负担过重的问题开始得到好转。

〔**农村教育体制改革**〕　全省普及九年义务教育的重点在农村，难点在少数民族地区。为了加快普及九年义务教育的步伐，甘肃省在进一步完善县、乡、村“三级办学，两级管理”的体制过程中，将农村初级中学的办学权限下放到乡（镇）一级，明确由乡（镇）办、乡（镇）管，调动基层办学的积极性。在甘肃东部贫困地区，经费筹措问题一直是实施九年义务教育的一大难题，为此推广了静宁县农村教育费附加乡征县管、统一使用、分期分批改善办学条件的经验，解决了农村教育费附加征收不上来和使用不合理、效益低等问题，为贫困地区实施九年义务教育找到了一条新途径。在多渠道筹措教育经费、增加教育投入过程中，各地采取多种办法，制定教育方面筹资的优惠政策。张掖市为弥补教育经费不足，开展了教育融资活动，通过教育储蓄，运用金融手段扩大教育资金来源。省教委加强对厂矿企事业单位办学和公民个人办学的指导，鼓励社会各界捐资助学、集资办学，取得明显效果。

〔**教学改革**〕　1994 年，基础教育教学领域的改革主要有以下几个方面。(1) 在高中推广分层次教学，夯实基础；加强实验教学，创造条件开展职业选修课。把基础教育、素质教育、成才教育有机地结合起来。学校在完成必修课基本教学任务的基础上，根据学生的实际，培养学生的兴趣，发展学生的特长，按照学生专长进行不同层次的教育，使学校办出特色。(2) 在初中渗透职业技术教育因素，大力发展多种层次的职业教育，从宏观上解决中小学教育由“应试教育”向“素质教育”转轨的问题。(3) 继续推进校长选任责任制、教师定编聘任制、教育岗位责任制和内部结构工资制 4 项改革，在全省范围内不同程度地提高了民办教师的补助工资，进一步稳定教师队伍。

学校体育卫生工作和艺术教育得到加强，全省已有 13 个地、州、市进行初中毕业生升学考试体育试点工作。全省范围内的中小学群众体育活动广泛开展，在参加的全国和全省的各种竞赛中都取得了较好成绩。全省各地均开设了健康教育课，开课率达 60%。为提高中小学艺术教育水平，1994 年对全省 100 多所中小学艺术教育工作进行了综合检查评估。9 月国家教委派人对兰州、武威、张掖、酒泉和金昌五地市的 20 多所学校进行了检查，对甘肃学校艺术教育工作给予了充分肯定。

〔**毕业会考**〕 1994 年，全省初高中毕业会考工作完成第一轮，在组织实施、制度建设等方面都取得成效。(1) 高中毕业会考与高考制度开始接轨。全省从 1991 秋季招收的高一学生开始实行高中毕业会考后，今年有了首届毕业生。这届学生均按新的高考科目设置参加了高考。高考报名以高中毕业证为准。在高校录取新生时，高中毕业会考成绩作参考，学校按会考成绩直接向高校推荐保送生。同时，按照省教委、省人事局、省劳动局和省军区的规定，在招工招干、征兵中都以普通高中毕业会考成绩和毕业(结业)证为依据，使会考功能开始体现。(2) 加强了毕业资格的审定和命题的指导研究工作。省教委统一颁发高中毕业证，使会考的信度和质量有了保证。在命题上，对试卷结构和难易进行了必要的调整，既满足使大多数学生考合格的要求，又满足重点中学学生考优秀的要求，鼓励学生争取会考的优秀率。(3) 加强对会考的调研与管理，不断解决会考中出现的新问题。为使会考工作有计划按步骤地进行，制定了会考量化管理办法，对各地工作分项量化打分，评选先进。(4) 对会考实行微机管理。包括学籍卡的输入、学籍档案库的建立、会考成绩统计分析和毕业资格的审查等。

〔**师资建设**〕 1994 年，继续开展中小学教师的学历培训和非学历的短期培训，县、乡、校三级培训网络逐步建立，多种形式的在职教师培训工作广泛开展。

1994 年，全省教师进修院校计划内招收中小学教师 3467 人，其中本科 296 人，专科 1973 人，中师 1198 人。共毕业 4517 人，其中本科 339 人，专科 3070 人，中师 1108 人。加上新教师的补充和多种渠道的在职培训，中小学教师的学历合格率有了新的提高，小学教师达到 83.2%，比上年提高 1.4 个百分点；初中教师达到 58.2%，提高 4.1 个百分点；高中教师达到 44.7%，提高 1.9 个百分点。

初中教师高等师范专科函授、卫星电视教育、自学考试“三沟通”的新的培训模式逐步完善，已开齐了与初中教学对口的汉语言文学等 12 个专业，自 1993 年开始，报名参加学习的初中教师已近 20000 人。省教委先后召开两次“三沟通”培训工作会议，进行总结和交流。1994 年有 5661 名民办教师转为公办教师。

〔**教学仪器装备**〕 1994 年，全省村级以上完全小学基本配齐了地球仪、三球仪和行程演示仪；80%以上的独立初中基本达到理科三类仪器配备标准，与上年相比，绝对数有一定增长；50%的独立初中和小学附设初中班配齐了演示仪器，比上年增长10个百分点。全省中小学、师范学校音、体、美电教器材配备进度加快，部分重点中学配备了语音、微机设备；向中小学配备儿童文库21326套，少年文库11364套，青年文库428套。全省中学图书拥有量已达506.8万册，生均图书4.2册；小学图书拥有量已达780万册，生均图书2.6册。全省中小学实验室由上年的5200余间发展到5557间，面积由35万平方米增加到37.4万平方米；完全中学理化演示实验开出率由81%提高到82%，独立初中理化演示实验开出率由82%提高到82.5%，小学数学、自然演示实验由63%提高到80%。又有3个县、区基本达到实验教学普及县的标准，全省实验教学普及县已增到11个。

1994年，全省建成教育电视台26座(地、市级2座)，卫星地面站264座，教学放像网点5234个。

撰稿　盛文涛　柳永恒　梁祖选

职业技术教育

〔**综述**〕　1994年，是甘肃职业技术教育巩固提高，持续发展的一年。全省职业技术教育工作坚持“以改善机制、适应市场为指导思想，以内涵发展、提高质量为导向，以骨干、重点学校建设，专业调整与改造及发展校办产业、增强实力为重点”，推进教育改革与发展。

全省职业技术学校(含普通中专、职业中学、技工学校)总数为382所，在校学生124786人，当年招生50808人，各类职业技术学校招生数与普通高中招生数之比达到0.91∶1。全省社会团体和私人办职业学校(班)60个，在校学生5000多人，同时，小学、初中、高中后职业技术培训突破3万人。但从总体上看，职业技术教育仍然存在许多问题和困难，还不能很好地适应经济和社会发展的需要，如办学规模效益低，基础薄弱，机制发育不健全，发展不平衡，投入不足，政府的统筹作用还没有得到很好地发挥等，有待逐步加以解决。

〔**骨干学校建设**〕　全省普通中等专业学校通过选优评估和优化整改，1994年有7所学校被批准为国家级重点中等专业学校。全省职业中学开展的三级评估工作，经评估验收，又有13所学校达标，其中A级学校1所，B级学校4所，C级学校8所，全省C级以上骨干职业学校达到79所，占全省职业中学总数的41.4%，比1993年提高4.2个百分点，骨干职业学校的办学水平和效益都有了提高，全省26所B级以上学校校均在校生规模达到600人以上，其中11所达到千人规模。为深化中等职业技术教育改革，适应经济社会发展的需要，使毕业生顺利进入人才市场，省教委有计划地将14所骨干职业高中改建为职业中专，1994年招生近5000人，有效地遏制了职业中学招生的“滑坡”局面。

1994年，省教委结合甘肃实际，有计划、有目的、有选择地在省内沿黄、城郊及河西一些率先奔小康的地、县着手进行县级综合职业教育中心的筹建工作，全省已有4个地区、18个县确定了“政府统筹、部门联办、教育主管、一校多制”的职业教育中心建设规划。

〔**职教专业调整**〕 为使职业技术教育适应经济建设和社会发展的需要，特别是乡镇企业、第三产业、“两高一优”（高产、高效、优质）农业的需要，1994年先后有16所学校增设新专业18个，20所中等专业学校进行了专业调整、改造和归并，编制了职业中专15个专业的骨干课程的设置方案。

1994年，全省职业技术教育完善了教育教学工作的各项规章制度。颁发了普通中专《教学管理规程》、《甘肃省职业中等专业学校管理暂行办法》、《社会力量办学暂行规定》及《市场调节生管理与质量监督暂行办法》，进行了中专财经类专业数学课程的统考，以促进教育质量的提高。

〔**校办产业**〕 1994年，根据《关于加快发展我省职业技术教育的实施办法》，较好地实施了发展校办产业的“6156”工程，（即在全省范围内建立职教系统的6大产业基地：高效、优质、高产农业，林果业，农副产品加工业，农业社会化服务体系，城乡第三产业，高新技术产业；100所职业技术学校创收超过50万元；全省职业技术学校年创收总额达到6000万元以上），各类职业技术学校校办产业有了较大发展，校产总值达到9368万元，有5所职业中学和18所普通中专年创收超过50万元，其中3所中等专业学校超过百万元。

撰稿 赵振文

高等教育

〔**综述**〕 1994年，根据省委、省政府《关于加快改革和积极发展普通高等教育的若干意见》精神，积极稳妥地推进高等教育体制改革，带动高等教育整体水平的提高，取得了一定的成效。全省高等教育开始实现持续稳步的发展，过高的招生增长率开始回落。高等学校本专科招生中省属高等学校招生8570人，比上一年减少1.05%；毕业学生中省属高等学校毕业生5720人，比上一年增加0.81%；在校本专科生中省属高等学校24630人，比上一年增加12.78%。

〔**体制改革**〕 一是淡化条块关系，促进部委院校与地方的联合办学。甘肃工业大学根据办学前景，积极创办“三全”（全自费、全走读、全学分）性质的甘肃工业大学技术工程学院，并在招生计划、政策等方面省教委与有关部门予以优惠和扶持，调动了学校为社会经济发展服务的积极性；二是采取省、市共建，拟定了将天水师范高等专科学校与天水工业学校合并的方案，逐步改建成一所包括师范在内的，含文、理、工、财等专业的多科性高等专科学校。逐步建设以地区师范专科学校为基础，发展面向当地中等教育、中小企业、乡镇企业和第三产业的地方性综合高等专科学校，调整高等教育结构不合理状况；三是进一步推进了高等学校内部管理体制的改革，在此基础上，提出以学科建设为龙头，以全面提高教育质量为目的的校内综合改革。按照优势互补、学科渗透的原则，批准了西北师范大学在校内相关系部之间联合的基础上，设立教育科学研究所、艺术学院、化工学院和经济学院等4个二级学院，培植了新的学科增长点，增强了学校的办学活力和适应能力；四是继续扩大以建立收费制度为标志的高校招生和毕业生就业制度改革。在去年兰州医学院、兰州工业高等专科学校实行学生缴费上学改革试点的基础上，又增加了西北师范大学经济系、计算机应用两个非师范系试点单位，并在招生录取、缴费标准等方面做了相应的政策性调整。

〔**专业设置**〕 1994年，省教委加强了对高校专业设置工作的宏观管理。下发了《甘肃省普通高等学校专业设置暂行办法》，促进了专业设置工作的规范化、制度化；组织成立了甘肃省高等学校专业设置评议委员会，为省教委的决策提供咨询和建议。甘肃中医学院等6所院校增设16个专科专业，西北师范大学等3所院校增设6个本科专业。新增专业都是应用性较强的专业，改善了高等教育的科类结构。1994年，西北师范大学的《中国古代史》和《有机化学》两个专业被定为重点学科。

〔**思想政治工作**〕 1994年，省委组织部、宣传部、省教委联合下发了《关于认真贯彻执行〈关于新形势下加强和改进高等学校党的建设和思想政治工作的意见〉的意见》，制定了《甘肃省高等学校党的建设和思想政治工作奖励条例》；组织高校党委书记赴上海、浙江、江苏等地考察高教发展与改革、高校党建和思想政治工作情况，调查研究新形势下高校思想政治工作的方法和途径。

各高校结合《爱国主义教育实施纲要》的贯彻落实，加强了学生思想政治教育。以爱国主义为主题，开展大学生社会实践活动。各高校积极组织大学生参加中国第四届艺术节义务服务活动，全省高校共有5000余人参加了这项活动。

1994年，根据“学马列要精，要管用”的原则，深化了马克思主义理论课和思想政治教育课改革。省委组织部、宣传部、省教委联合下发了《关于马列主义理论课和思想政治教育改革的意见》，并在西北师范大学和张掖师范高等专科学校开展了两课改革的试点工作。课程设置将《中国革命史》、《中国社会主义建设》、《马克思主义原理》、《世界政治与国际关系》4门课，改为《中国革命和建设》、《马克思主义基本原理》和《世界政治与国际关系》3门课。精减了重复的内容，将其分为教师精讲的基本原理部分，和学生自学、社会调查、社会实践的部分。省教委拨专款2万元，用于两课教材的编写。

1994年继续开展高校党政管理干部评聘职务的工作。下发了《甘肃省高等教育管理职务评聘条例》，进行第二届高校党政干部的职务审定工作。评审高教管理研究员2人，副研究员42人。

1994年，内蒙古自治区为甘肃培养蒙古族大中专学生174名，新疆维吾尔自治区为甘肃培养哈萨克族大中专学生106名。甘南藏族自治州在双语教学中，实行“两个为主”的教学要求，即在群众通用藏语的地区，以藏语文教学为主，单科加授汉语文；在汉藏语兼通地区，以汉语文教学为主，单科加授藏语文，全州开设藏语文的中小学已发展到240所，中等专业学校3所，学习民族语文的学生达到15762人。

撰稿 白天佑

审稿 阎思圣 高维新

青海省教育

概　况

〔基本情况〕

1994 年各级普通学校基本情况

单位：人

学校类别	学校数（所）	毕业生数	招生数	在校学生数	教职工数 计	教职工数 其中专任教师
一、普通高等学校	7	1784	2196	1172	2989	1421
研究生		3	2	2		
本科		1055	947	4022		
专科		726	.1247	3148		
二、中等专业学校	34	3087	4363	12786	3001	1662
中等技术学校	23	1770	2604	7385	2127	1105
中等师范学校	11	1317	1759	5401	874	557
三、普通中学	471	59208	68527	191932	19481	15749
高　中	185	12820	16094	40221		4023
初　中	286	46388	52433	151711		11726
四、农业、职业中学	32	4916	3403		803	560
高　中	26	2412	2943			416
初　中	6	2504	460			144
五、工读学校	1	1		4	23	12
六、小学	3457	61469	81097	443799	29063	27127
七、特殊教育学校	2	13	115	2972	105	77
八、幼儿园	205			63920	2547	1623

1994年各级成人学校基本情况

单位：人

学校类别	学校数（所）	毕业生数	招生数	在校学生数	教职工数 计	教职工数 其中专任教师
一、成人高等学校	3	659	1794	3865	685	324
广播电视大学	1	152	613	1223	104	27
职工高等学校	1	58	346	708	219	140
农民高等学校						
管理干部学院						
教育学院	1	449	625	1482	362	157
独立函授学院						
普通高校举办：						
函授部			120	227		
夜大学						
干部专修科			90	225		
二、成人中等专业学校	19	1515	3510	7088	564	270
广播电视中专	1	281	1125	2508	103	45
干部中专	3	315	405	730	107	45
职工中专	15	919	1980	3850	354	180
农民中专						
教师进修学校						
三、成人中学						
职工中学						
农民中学						
四、成人技术培训学校	455	257298	243415	238740	92	48
职工技术培训学校	3	614	197	485	34	26
农民技术培训学校	452	256684	243218	238255	58	22
五、成人初等学校	447	41662	55229	63806	654	82
职工初等学校						
农民初等学校	447	41662	55229	63806	654	82
其中：扫盲班	426	41000	52001	59901	627	55

注：另有函授中专一所，招生1000人，毕业生171人，在校学生2046人，教职工46人。

制表　张晓乐

〔**全省教育工作会**〕　1994年12月16日至18日，省委、省政府召开全省教育工作会议。省委书记尹克升主持会议开幕式并讲话，省委副书记、省长田成平作主题报告，副省长白玛作会议总结。会议讨论修改了《青海省人民政府关于筹措教育经费的规定》、《青海省人民政府关于征收农村牧区教育事业费附加的补充规定》、《中共青海省委、省人民政府关于在本世纪末基本扫除青壮年文盲的决定》、《省委、省政府调整关于贯彻〈中国教育改革和发展纲要〉的实施意见中有关基础教育发展目标任务的意见》、《青海省人民政府关于高等教育联合办学的若干意见》和省教育厅《关于进一步加强和改进全省学校德育工作的若干意见》。会议进一步明确了在新形势下教育改革和发展的思路、目标、任务、政策和措施。

〔**女童教育国际研讨会**〕　1994年8月24日至21日，走向“95第四次世界妇女大会——女童教育国际研讨会”在西宁召开。这次大会是由北京大学妇女问题研究中心，国家“八五”社科重点女童教育研究课题组，青海省教育厅和青海省妇联共同发起的。来自美国、越南、台湾地区的代表，和国内有关部门、学校、省、区的代表80多人参加了会议。开幕式上，全国妇联儿童工作部部长、国务院妇女儿童工作委员会办公室主任李启民宣读了中央领导为扶持女童入学的“春蕾计划”的题词。江泽民的题词是：“扶持女童入学，利国利民利家”。李鹏的题词是：“实施春蕾计划，发展女童教育”。李岚清的题词是：“伸出友爱之臂，共绘春蕾蓝图”。陈慕华的题词是：“把爱心奉献给孩子”。国家教委专职委员郝克明代表国家教委向大会致词。大会主席、北京大学郑必俊教授宣布本次研讨会的主题是重点研讨“影响农村女童就学的障碍及原因”，“整体优化女童教育环境的理论与实践”，“发展女童教育的国际比较”，“加强女童教育的宣传与合作交流”。会议重点汇报交流了西部4省区（宁夏、甘肃、青海、贵州）协作研究“八五”国家哲学社科重点课题《农村女童教育现状、问题及对策》的进展情况。代表们参观西宁市东关回族女子小学家长学校、共和县江西沟藏族牧区寄宿制学校，了解了“整体优化女童教育环境，有效解决女童就学难”的试验情况与成效。

撰稿　贾生喜　任玉贵

基础教育

〔**义务教育**〕　到1994年底，全省学龄儿童入学率由1993年的85.64%提高到86.4%，小学升初中的升学率达到86.05%。在全省46个县（区）中，约占全省总人口64.76%的16个县（区）基本普及了初等教育，约占全省总人口27.7%的10个县（区）

基本普及了初级中等教育。

6月，省教育厅召开加强贫困地区小学教育项目工作会议，总结自1989年以来全省加强贫困地区小学教育项目工作，表彰了在项目工作中作出突出成绩的8个先进县，54个先进乡，59个先进学校和278个先进个人。1994年全省各州、地、市、县，先后召开教育工作会议，根据本地实际，调整义务教育规划，制定政策措施，加强分类指导，提出明确目标，把实施义务教育的各项任务层层落实到县、乡、村及有关责任人员，同时进一步健全宣传机制，开展义务教育宣传月活动，继续实行义务教育入学通知书制度。义务教育证书制度和流失生报告制度，依法治教，使学龄儿童入学率和义务教育阶段学生巩固率稳中有升。

经国家教委批准，青海省新确定玉树、泽库等11个县的15个乡为联合国儿基会促进贫困地区女童教育项目1994—1995周期项目县（乡），整个项目工作进展顺利。11月，教育厅召开全省人口教育项目学校经验交流会。总结1990年以来的工作，布署全省人口教育工作。

1994年，青海省共和、同仁、贵德及玉树州先后新办4个特教班，使全省特教班总数达到10个班，结束了青海6个藏族自治州没有特殊教育的历史。

为使广大中小学教师尽快掌握九年义务教育教材，5月，举办了初中物理教学大纲，配套教材的二级培训，有90多人参加。7月，省教育厅派人前往湟源、乐都、湟中、西宁市城北区进行第二次小学语文、数学教学大纲培训，有100多人参加。12月，省教育厅举办了贫困地区项目县小学教研员和骨干教师培训。此外，还举办了小学语文直读法、教研论文写作、教师基本功、骨干教师、教研员等形式多样的培训班，先后有1000多人次参加，还组织了九年义务教育教材使用观摩、论文评比、经验交流等，帮助教师尽快适应九年义务教育教材。

1994年，在西宁市城北区、海东地区乐都县，及青海铝厂厂办中学建立教研工作固定实验点，开展为期三年的跟踪调查。选定30所中小学的起始年级为调查对象，每学期由学校报送期末考试题及考试成绩，进行分析研究，了解九年义务教育教材的使用情况，及时发现和解决问题。

〔**德育工作**〕 针对学校德育工作出现的新情况、新问题，全省各地认真贯彻中共中央《关于进一步加强和改进学校德育工作的若干意见》和《爱国主义教育实施纲要》，西宁市、玉树州、海东地区教育局还制定了《实施细则》，层层健全机构，强化政府行为。以学校教育为主要阵地，以家庭教育为基础，以社会教育为依托，优化育人环境。全省于4月和9月两次组织影片汇映月活动，并开展了影评。10月举办了“歌唱祖国，立志成才”为主题的全省中小学歌咏比赛，收到良好效果。

〔**幼儿教育**〕 1994年加强了对幼儿园教师和园长的培训。6月和9月，举办了两期全省幼儿舞蹈教师专业培训班，有150人参加。4月和10月，分别举办了“市场经济条件下，幼儿园如何适应和发展”和“如何提高幼儿教师论文写作技巧”的讲座，有180余名教师参加。举办了省首届幼儿园园长培训班，有50名园长接受了为期30天的培训。

1994年，省教育厅印发了《关于全省幼儿园评估定级分类工作的通知》，安排并开展了全省幼儿园登记注册工作。12月，省教育厅会同有关部门组成专家组，在对西宁市十几所幼儿园评估摸底的基础上，对海东乐都幼儿园进行了评估验收。

〔**高中会考**〕 1994年完成了全省高中一二年级地理、历史、生物、物理、化学五科的毕业会考工作。五学科的通过率均在80%以上。全省有10989名高三学生，经过三年高中会考，均达到毕业标准，由省教育厅颁发了毕业证书。省教委在总结三年来高中会考工作的基础上，认真研究会考制度对高中教学质量，学生知识水平的影响，积极探索它对学校管理、教学评估等方面的功能。更好地发挥其对高中教学的导向作用。同时结合本省实际制定了《青海省普通高中教学质量评价方案》(试行)，在乐都县进行试点。省教育厅还进一步修改并出版了适合青海实际的高中各学科考试标准。

〔**管理体制改革**〕 9月15至17日，省教育厅在海南州贵德县召开全省中小学内部管理体制改革座谈会，会议交流了贵德县、西宁市十二中、玉树州红旗小学实行学校内部管理体制改革的经验，参观了贵德县实行“三制”（校长负责制、教师定编聘任制，结构工资制）改革的部分中小学校，讨论了省教育厅草拟的《关于进一步巩固完善和深化中小学内部管理体制改革的意见》，确定了实行此项改革的指导思想、目标、基本内容以及方法、步骤等。

〔**教研及教材工作**〕 1994年积极开展中小学教学研究。省教育厅教研室深入西宁市及平安、乐都、民和等县和一些大中型企业的60多所中小学听课380节，进行调查研究，撰写论文30余篇。1994年举办了首届中小学语文教师“听说读写”基本功竞赛，有470名教师参加；举办了西北五省（区）中小学作文教学研讨会及写作讲座，有800多名教师观摩了示范教学；9月在乐都召开了语文课实验研讨会，同时举行了全省复式教学比赛；10月在西宁召开了全省教研室主任会议，讨论了《青海省中小学教学规范（征求意见稿）》。

1994年编写了高、初中劳动技术课教材；编写与九年义务教育教材配套的寒暑假作业24册，120万字，编写了中学健康教育教材6万字。

〔**教育督导**〕 1994年3月30日，青海省人民政府给34名省级督学颁发了督学证书。其中，专职督学10名，兼职督学24名。西宁、海西、海南、黄南等地及一部分县（区）也相继聘任了一批专、兼职督学。截止年底，全省已有7个州（市、地）、38个县（区）建立了督导机构；另有1个州配备了专职督导人员。全省共有专职督学150人（其中省级10人、地（市）级20人、县（区）级120人），兼职督学141人。1994年，青海省教育督导室重点督导检查了“一纲两法”（中国教育改革和发展纲要、义务教育法、教师法）的贯彻执行情况、《目标责任书》的落实情况及青海省《教育督导暂行规定》的执行情况，先后深入5州1地1市及所辖18县44乡的113所学校进行督导检查。及时向有关部门反馈了意见和建议，同时还先后深入到西宁市的24所中小学，检查开学情况、收费情况、德育工作及学生课业负担、流失等情况，纠正了部分学校的错误做法。与此同时，各州县督导室也积极开展了专项督导检查，推动“两基”工作。

〔**勤工俭学**〕 为了适应市场经济的发展，青海省在勤工俭学工作上提出了“全面发展、重点突破，宏观加强、微观放开”的方针，一年来在不断提高认识的基础上，深入调查研究，狠抓到期周转资金的回收、深化改革，调整产业结构。截止年底，全省75%的中小学开展了各种形式的勤工俭学活动。已有各类勤工俭学基地1543个。有近30%的在校学生接受了劳动技术教育。贵南县过马营乡、森多乡分别给本乡寄宿制学校增拨耕地一万多亩。1994年，青海省中小学勤工俭学完成总收入3512万元，纯收入1014万元，首次突破一千万元大关，生均收入15.31元，分别比上年增长26%、30%、31%。上交国家税金92万元，补助教育经费810万元，占总受益的80%。

〔**师资建设**〕 1994年，省教育厅颁发了中小学教师职称考核办法及评审条件。开展了全省中小学（幼儿园）教师职称评审工作。民办教师首次参加了职称评审。3月下旬，省教育厅对不具备合格学历晋升中级及中级以下专业技术职务的4540名中小学教师，进行了基本理论和专业知识考试，有4119名教师成绩达到合格。

10至12月，举办了第19期中学校长培训班，有60人参加，至此，全省第一轮为期四年的中学校长培训工作结束，中学校长培训面达到92%。1994年各地采取多种形式培训小学校长，小学校长培训面也已达到70%。

1994年，青海"函授、卫星电视、自学考试'三沟通'"招收新生2541人。注册学员达4713人，全省共设20个教学点、88个教学班、14个专业，成为青海省第一所没有围墙的、规模最大的学历培训学校。为全省初中教师学历培训发挥了巨大作用。

1994年，全省评出第二批特级教师17名。同时还评出"青海省十大杰出校长"，每人奖人民币1000元。

〔**中等师范教育**〕 2月，省教育厅印发了《青海省关于加强和改革中等师范教育的意见》。9月又制定了《青海省中等师范学校办学标准》。同时建立了中等师范学校14个学科的中心教研组。

4月，省教育厅召开全省中等师范学校项目主任座谈会，总结上一周期项目工作，部署"94—95"过渡周期项目软件活动（十期培训班）任务。青海省黄南州民族师范学校被联合国儿基会确定为"94—95过渡周期"项目学校。1994年，全省5所中等师范项目学校举办了各种类型的小学教师及学前班教师培训班，先后培训小学及学前班教师410人。

〔**体育卫生工作**〕 1994年继续狠抓体育卫生两个"条例"的落实。对海南州及共和县的部分中小学落实两个"条例"的情况进行检查评估，并表彰了青海师大附中、西宁市西关街小学等10余所中小学。同时，狠抓了九年义务教育体育教学大纲的实施，组织各地进行三级培训。1994年还对全省31所体育传统项目学校进行了检查评估，有18所学校，获得奖励。在试点的基础上，1994年在全省小学普遍开设了健康教育课，并对小学健康教育教材进行了修订。1994年参加军训试点的中学生达1400余人。

撰稿 赵仰仑 马永清

职业技术教育

〔**综述**〕 1994年，青海省职业技术教育抓改革，促发展，抓评估，上质量，迈上了一个新台阶。中等职业技术学校在校生占整个高中阶段在校生总数的41.87%。1994年，青海省东部农业区结合农村实际举办了初中后“三加一”职业技术教育班60余个，在校生达3000余人。全省中等职业技术教育在规模不断扩大的同时，随着师资、教材和办学设施条件的不断完善、管理的强化，人才培养的质量和办学的综合效益也得到提高，为社会主义市场经济服务的功能日趋明显，形成了“社会需要职教，职教寻求市场，两者有机结合”的新局面。各地、各部门切实落实发展职业技术教育的责任。各地发展职业技术教育的积极性普遍提高。西宁市城东区下大力气，合并两所普通小学，为职业技术教育挪出办学场地，初步解决了西宁市第三职业中学的办学场地；化隆等县召开专门会议，研究发展本地职教的方案，并成立了由县级领导负责的职业技术教育领导小组；玉树等地组织州县教育局长到西宁等地考察职业技术教育情况；各有关行业、部门也加强了对所属中等职业学校的管理，增加了投入。

〔**中专和职业高中评估**〕 国家制定的关于普通中专、职业高中的教育评估条件是科学化、规范化的体系，青海省虽受经济、文化基础较簿弱的历史原因的影响，学校建设总体水平距评估条件的要求较远，但是，省教育厅仍要求各职业技术学校结合实际，努力在尽可能短的时间内达到标准。为此，省教育厅对已进行一轮教育评估的普通中等专业学校，继续开展自检自查，力争在最短的时间内分别达到重点标准或合格标准。对职业高中，省教育厅组织了大量的迎评估准备工作，对一些学校自身无法解决的问题，省教育厅与地方政府和教育行政部门进行协商，提出了解决办法。通过评估，全省普通中专、职业高中管理工作得到加强，办学条件得到很大改善。据统计，全省普通中专评估三年来，新增投入4000余万元。1994年元月，经青海省政府批准，省建工建材学校、省卫生学校、省湟源畜牧学校、西宁电力学校及省财经学校等5校被确定为省级重点普通中专学校；8月，经国家教委复评批准，省财经学校、省湟源畜牧学校被确定为国家级重点普通中专学校。

〔**教育改革**〕 1994年抓了以下几项工作：在办学形式上，坚持多形式多层次，引导和鼓励学校与学校、学校与企业、地方与地方的联合办学，到年底，有三分之二以上的职业技术学校实行了联合办学。西宁第一职业中学、西宁旅游职业中学等校还与外省学校、企业联合办学。通过联合办学提高了企业、社会参与职业技术教育的积极性，为人才通向企业、行业打通了道路，提高了办学效益。在学校内部管理方面，继续推行校长负责制、人员目标量化管理责任制和教师聘任制。在学校的专业设置上，省教育厅要求各校根据自己办学中了解的实际情况，积极争取行业、部门和社会的理解与支持，做好人才预测，适时调整专业。1994年，省教育厅还对普通中专专业设置进行了清理调整，新增商务秘书等专业及专业方向10个。在教学内容、教学方法上，强调加强实践性教学环节，培养学生的动手能力和解决实际问题的能力，要求学校采取改善校内实验实习条件、校内外教学相结合等办法，力争使理论教学与实践教学的比例达到1∶1。1994年，西宁市教委为加强职教的实践性教学，开展了职业技能竞赛。

〔**中专学籍管理**〕 1994年上半年，针对职业技术教育迅速发展的形势下，个别中等专业学校出现的“乱办班、乱发证”苗头，省教育厅下发了《关于统一开展我省普通中专学校学历证书验印工作的通知》，对青海中专学历证书进行统一印制，统一验发，全年印发普通中专毕业证书2701份，基本杜绝了乱发证的现象，维护了中专学历证书的权威性。

〔**教材、信息**〕 1994年，省教育厅组织了全省职业技术教材的统一征订工作，规范了各职业学校教学用书，方便了学校教材征订。在教材建设方面，组织编写了全省农村职业学校《种植业》、《养殖业》两套乡土教材30余万字，印5000余套，下发东部农业区各县作为农村初中后“3+1”班和职业学校的主要乡土教材，结束了青海省农村职业技术学校无统一乡土教材的局面。省教育厅还注意为各职业技术学校提供信息服务，介绍全国各地职业技术教育新情况、新信息，推广河北等地兴办“职教中心”的经验，还在劳动就业、专业设置、实习及发展第三产业方面，为各方提供有益的信息咨询，受到好评。

〔**农村教育综合改革**〕 为切实解决农村教育分散、多头管理的问题，1994年，省教育厅组织专门人员在乐都县曲坛乡、湟中县多巴镇进行“三教统筹”、“农科教结合”综合试点。首先，在教育内部通过协商，取得了基础教育、成人教育、职业教育三方面教育职能合一建校的一致性意见，在当地政府支持下，取得农业、科技等部门形成农业、科技、教育三部门集中办学的模式。实践证明，这一办学模式节省人力、物力、财力，调动了各方面的积极性，真正做到成人教育、职业教育、普通教育统筹发展，做到“一校多能，综合办学”。湟中、乐都两个综合改革试验县1994年对农民开展短期文化技术培训7000余人次，学龄儿童入学率、“普九”率、成人扫盲率等几项指标稳步提高，乐都县、湟中多巴镇和乐都县高级职业中学被评为全国农村教育综合改革先进单位。以大通县青林、逊让等乡镇为代表的“燎原计划”示范乡开展“科教兴农”技术项目，取得良好经济效益，其中“牛羊育肥”、“科学种植”等技术辐射到附近区域，带动了当地经济的发展，使全省农村教育综合改革在点上取得了经验。海东地区经国家教委批准，列为全国地级农村教育综合改革实验区，农村教育综合改革工作在面上也取得了新进展。

撰稿　丁生东　胡玉萍

高等教育

〔**党建和思想政治工作**〕 为了切实改进和加强高校党建和思想政治工作，1994年省教育厅积极配合省委高校工作领导小组，坚持教育导向，突出稳定，注重实效，推动事业发展的原则，加强了对高校各级领导干部和师生的马克思主义基本理论教育和思想品德教育，深化马克思主义理论课和思想教育课改革，进一步改进“两课”教学，组织开展“两课”教学竞赛活动。各高校普遍增设了《中国革命史》、《马克思主义原理》、《中国社会主义建设》、《思想品德修养》、《法律基础》、《形势政策教育》等课。省委高校工作领导小组在部署1994年高校党建和德育工作时提出，以校级领导班子建设为重点，把加强基层党组织建设放在首要位置，在抓组织建设的同时，突出抓思想理论和作风建设。

全省高校认真贯彻《爱国主义教育实施纲要》和中共中央《关于进一步加强和改进学校德育工作的若干意见》，省委高校工作领导小组召开了全省高校贯彻爱国主义教育实施纲要座谈会，提出8点意见：抓学习，增强自觉性；抓宣传，形成气氛；抓安排，保证教学有计划地进行；抓主渠道，深化教育；抓措施，做好具体工作；抓典型，形成激励机制；抓载体，把教育活动与爱家乡、爱集体、爱岗位、立志成才结合起来；抓教师队伍，发挥主力军作用。各高校也制定了加强和改进学校德育工作的具体实施意见，以培养学生树立正确的人生观，世界观和社会主义理想信念及道德自律能力。

1994年，各高校采取措施加强校园精神文明建设。在学生中普及《大学生行为准则》，进行礼貌用语教育，开展校园义务劳动，利用宣传栏、广播、黑板报、班级学习园地开展“三育人”活动，进行中华民族历史教育、名人名言教育。评选“校园十佳”进行国情、省情、院情、系史教育活动，这些活动对进一步优化高校育人环境，创造积极向上的校园文化气氛，开展思想政治工作起到了积极的作用。

〔**重点学科、实验室建设**〕 为了贯彻落实青海省委、省政府《关于贯彻〈中国教育改革和发展纲要〉的实施意见》中提出的到2000年全省高等学校要建设20个左右省级重点学科和实验室的目标，年初，省教育厅对高校现有学科和实验室进行了全面摸底和调查，7月下发了《关于青海省高等学校建设省级重点学科和实验室的实施意见》，从5个方面作了规定。一是建设省级学科、实验室的指导思想和目标；二是选择原则和条件；三是选择方法和步骤；四是建设措施；五是重点建设应注意的几个问题。根据《实施意见》，在组织专家评议的基础上，确定了青海师范大学数学等6个学科，青海畜牧兽医学院青藏高原动物疾病研究等4个实验室为高校首批立项的重点学科和实验室。

〔**高教改革**〕 1994年全省高等教育坚持“规模有较大发展，质量上一个台阶，结构更加合理，效益有明显提高”的方针，认真贯彻《中国教育改革和发展纲要》，加大改革力度。为了进一步提高办学效益和教学质量，省教育厅提出了《关于高等学校联合办学的若干意见》。该《意见》提出了全省高等教育改革与发展的指导思想，高等教育联合办学遵循的原则和具体联合办学方案，明确提出了15项合作领域及内容。

青海师专按照《全国高等师范专科教学方案研讨会纪要》精神，进一步深化教育教学改革，全面提高初师培养质量，开创全省师范专科教育工作的新局面。4月，青海师专教务处被国家教委授予“全国普通高等学校先进教务处”光荣称号。为贯彻全国普通高等农村教育工作会议精神，加强宏观管理，深化农林院校教学改革，青海大学和青海畜牧兽医学院认真做好《高等农林院校本专科教学调查与评价方案》工作，为改进学校教学工作提供了翔实的依据。

1994年省教育厅制定了《高等学校教材工作规程的实施意见》。并组织开展了高校教材工作评估，评选出3个先进集体和3名先进个人。青海师范大学教材科被国家教委授予全国教材管理工作先进集体。

〔**科研工作**〕 1994年，全省高校科研有10项获青海省科技进步奖，其中，二等奖1项，三等奖3项，四等奖6项。另外，有1项获中国首届青年人文社会科学优秀成果奖。1994年，省教育厅资助高校的科研项目有20项，资助金额10.80万元，组织有关专家完成20项科研项目的鉴定工作。青海师范大学的《汉藏科技机器翻译系统》项目已列入国家“863”计划，青海医学院耿排力的《青海不同民族基因组中若干位点基因结构比较研究》项目获国家教委“1994年资助优秀年轻教师基金”资助。另外，还有7项高校科研项目获得青海省科委的资助。根据国家教委的要求，完成了全省高校人文、社科专家库（省、校二级）的建库工作。

〔**师资建设**〕 1994年，重点抓了高校中青年骨干教师和学术带头人的选拔工作。省教育厅制定了《关于选拔培养中青年学术骨干教师的实施意见》。该《意见》规定了选拔中青年学术骨干教师的基本条件，选拔程序，培养目标与要求，考核办法。据此，1994年已选拔38名高校中青年学术骨干教师。

1994年，积极指导和资助省高校师资培训中心，做好高校省内进修学者的培训工作。6月，首批12名进修学者在省高校师资培训中心结业，又确定了第二批15名进修学者。省高师培训中心还开展了青年教师的岗前培训工作，至年底培训的人数已占应培训青年教师的90%以上。另外，通过资助部分经费，选派到省外进修的高校教师有67人。与此同时，聘请美国、日本、加拿大等国的文教专家10人来青海大学、青海师范大学等4所院校任教。

1994年，组织高校认真做好优秀教师的推荐工作。有4位同志获曾宪梓教育基金会1994年高等师范专科学校教师三等奖。经过推荐选拔，并经省人民政府批准，4位同志为1994年政府特殊津贴专家，有3位同志为第2批省级优秀专家。

〔**体育工作**〕 1994年7月，在全省第十一届运动会上，高校代表队夺得田径团体总分第一名和女篮桂冠；获武术表演赛金牌一枚。在此次运动会上，高校共获得金牌12枚，银牌6枚，铜牌7枚，7名运动员和足球队被授予体育道德风尚奖。8月，在山东济南举行的全国大学生田径赛上，青海省高校代表队健儿夺得金牌5枚，银牌4枚，铜牌5枚，女子团体总分列全国第一，总团体分列全国第2名。同月，在四川成都举行的全国大学生篮球赛中，青海省女队力挫群英，荣获全国第2名，并荣获“体育道德风尚奖”。

撰稿　任玉贵　李维恒　邢建民

成人教育

〔**扫盲工作**〕　1994年，扫盲工作继续实施“双轨”目标管理责任制，做到责任到乡，工作到村，验收到县，使扫盲持续健康发展。1994年全省15—45周岁年龄段人口非文盲率为80.34%。全省已有12个县（区、市）达到省颁无盲县标准，占县总数的26.09%；全省基本无文盲乡172个，基本无文盲村2195个。乡镇农民文化技术学校发展到169所，新增27所。1994年举办各种技术培训班1699期（班），有330956人次接受了培训。1994年调整和充实了省扫盲工作领导小组及其办公室，对各参加成员单位的责任都做了明确分工，同时加强了扫盲教育的理论、政策研究，制定了加强宏观管理的文件，修订了《青海省1995—2000年农村成人教育规划》；代青海省委、省政府起草了《关于在本世纪末基本扫除青壮年文盲的决定》。组织3个检查小组，分别对海东、海西、海南、西宁地区8个县（区）的扫盲工作进行重点抽查，同时，对互助县基本扫除文盲进行了验收检查，互助县达到了省颁基本扫除文盲县标准。

〔**成人大、中专教育**〕　1994年，报考成人大中专学校的考生首次超过万人，达11222人。今年录取新生总数比1993年增加2940人，其中大专以上增加1159人，中专增加1781人，为历年之最。为了加强对成人大、中专学校的规范化管理，省教育厅修订了《成人大、中专学校学生学籍暂行管理办法》；制定了《青海省成人中等专业学校教学管理规范》和《青海省联合职工大学章程》。修订了《青海省成人大、中专学校教师破格评审教授、副教授（高级讲师）职称的基本条件》、《青海省成人高等学校教师职称评审条件补充规定》及《成人大、中专学校教师职称评审细则》。

〔**社会力量办学**〕　1994年，全省各级人民政府、教育行政部门积极支持党政部门、企事业单位、集体经济组织、社会团体、学术团体、公民集体、公民个人办学。全省以西宁地区为中心的社会力量办学形成了举办服装工艺、电脑技术、外语、美发美容、自学考试辅导、文化基础教育、社会文化和生活教育培训等办学热潮。据统计，目前已有学校（班）148所，学科门类60多个，省学历教育和非学历教育两类，以非学历教育为主。按办学层次和学科门类主要分为：学前幼儿园8所，小学1所，初中1所，高中4所，职业高中1所，中等专业学校2所，初、中等层次培训学校49所，家长学校72所，高等层次学校10所（为非学历教育）。上述学校共有专兼职教职工1150人，在校学生44210人，已结（毕）业生数5.2万人。初步形成了有一定规模的多渠道、多门类、多层次、多形式办学的社会教育培训体系。

为了加强社会力量办学的宏观领导和管理，根据青海省人民政府《青海省社会力量办学暂行管理办法》精神，省教育厅会同有关部门制定了办学审批、财务、教学、招生广告、印章等方面的管理办法，同时实行年度检查评估制度，制定了《青海省社会力量办学检查评估标准（试行）》，对合格、限期改进、停办学校在省报上通告，实行规范化管理。召开了全省社会力量办学工作会议，帮助学校排忧解难，优化办学环境。

撰稿 王金生 刘佑 张吉愷

民族教育

〔**综述**〕 1994年，青海民族教育工作重点向省内自然条件艰苦、各项事业发展困难较大的青南地区的玉树、果洛、黄南3个藏族自治州和民族贫困地区倾斜。到1994年底，全省共有专设的民族学校1572所（其中民族高校2所，民族中专13所，民族中学82所，民族小学1475所），全省少数民族在校生包括普通学校的少数民族学生达247425人，占全省在校生总数的35.58%。其中：少数民族大学生3056人，占全省高校学生总数的38.01%；中专生6267人，占中专学生总数的49.01%；中学生50984人，占中学生总数的26.56%；小学生187118人，占小学生总数的42.16%，与人口比例基本持平。全省普通学校中的少数民族专任教师共有13092名，占全省教师总数的27.14%。少数民族学龄儿童入学率达到72.79%，牧区6州平均入学率达到71.05%，农业区的5个自治县平均入学率达到92.95%。1994年省内外普通高校共录取少数民族新生1164人，占全省录取总数的25.83%，为历年最高比例。

〔**边远牧区教育**〕 近几年，国务院及有关部门对青海省民族贫困地区的经济建设和各项社会事业的发展给予了较多的关心、支持和帮助。国家教委和国家民委曾派员直接来青海深入青南3州调查研究，并向国务院反映了这些地区的情况，已引起中央领导同志的重视。省教育厅从1993年8月以来，给青南3州先后增拨425.4万元专项补助款，用于改善这些地区的办学条件。经过多方面的努力，到1994年，3州的平均入学率都有明显提高，与1993年相比，玉树州提高3.49个百分点，果洛州提高2.45个百分点；黄南州提高0.99个百分点。为进一步加强青南3州的民族教育，省教育厅对青南3州的经济、社会、自然环境及教育现状、存在的问题进行反复研究制定 1995 年至 2000 年 3 州教育事业发展规划。

〔**教育对口支援**〕 1994 年 4 月，召开了全省民族贫困县教育对口支援协作工作会议。会上回顾交流了第一批到山东省考察和洽谈项目的民和、大通、同仁、玉树、班玛 5 县的工作情况，研究部署 1994 年对口支援协作工作。会后由教育厅副厅长和省民委副主任率领化隆、循化、泽库、囊谦和杂多 5 个民族县主管教育的副县长、教育局长赴山东进行考察学习和洽谈项目活动。至此，全省 10 个民族贫困县除泽库因对方变动行政区划暂未签订协议外，其余 9 县都与山东省对口市正式建立了教育对口支援协作关系，协商了具体项目和实施步骤。1994 年实施的项目主要有 3 个：一是免费培训教师和教育教学管理干部。同仁、玉树、民和、囊谦、杂多 5 县已分期分批选派教育行政管理干部、中小学校长、教导主任和教师 50 多人（次），到对口市进行学习和岗位锻炼。二是免费开办普通高中班、初中补习班和职业中专班。已由循化县选送 50 名高一新生到山东荣城上学，该项目 3 年为一个周期，学生高中毕业后回当地参加开学考试，然后再送出 50 名高一学生。玉树县已选送 40 名学生到山东招远市职业中专学习。囊谦县已选送 40 名初中生到山东平度市进行文化补习和学习无线电修理、宾馆服务等职业技术。三是免费培养中学教师。经与山东省有关部门反复协商，议定由山东曲阜师大为大通、民和、循化、化隆等县提供免费培养中学教师（本科）指标 20 个，已全部落实。

〔**行政干部培训**〕 1994 年，省教育厅委托青海师范大学举办第二期县教育局长培训班，系统学习了《教育行政管理学》、《管理心理学》、《青海地方教育行政》、《教育政策法规》等基础理论和基本知识。同时，还组织学员到内蒙古考察学习，两期共培训 56 人。通过培训，促进了全省县级教育局长自身素质的提高。

〔**双语教学实验研究**〕 为探索具有科学性、系统性和可操作性的双语教学模式，青海藏汉双语教学改革实验领导小组和课题实验研究组。确定同仁县为实验区，该县加毛藏族小学为实验学校，江什加、和日加两所藏族小学为对比试验学校。这个实验项目被列为青海省“八五”期间民族教育重点科研项目。从 1993 年 9 月开始工作，经过一年多的实验研究，已取得阶段性成果。通过严格的科学测试和定性定量分析，实验班 23 名藏族学生双语能力从实验前的平均成绩 14.5 分提高到 23 分，特别是汉语听、说、理解能力远远超过对比班的学生。这就为以后的实验研究打下了良好基础。

〔**师资建设**〕 为加快边远牧区和民族贫困地区师资队伍建设步伐。1994 年办了三件事：一是从西北少数民族师资培训中心争取到 34 个指标，免费为青海省边远牧区和民族贫困地区培养中学教师。其中：“培训中心”委托青海师大为青南 3 州培养双语专科教师 20 名（已落实 17 名）；“培训中心”招收大通、民和、化隆和循化 14 名学生，已全部落实。二是安排落实在省教育学院举办民族地区尤其是牧区 6 州教师报考成人高校考前补习班的工作。补习班分两期招生，第一期招收 68 人。三是落实青海省与内蒙古自治区等交换培养蒙汉双语兼通的中学教师指标 7 个，其中内蒙古师大招收汉语、物理、生物和音乐专业各 1 名，内蒙古民族师专招收数学专业 3 名。

〔**藏文教材建设**〕 1994年在省教育厅民族教材编译处等单位在搞好九年义务教育藏文教材编译、出版、发行工作的同时，根据西北5省区藏族教育协作领导小组第一次会议《纪要》精神和青海省高等师范双语教学的需要，于9月和11月分别召开了高等师范理科藏文教材座谈会和高等师范理科藏文教材建设规划论证会。会议总结了青海省师范大学民族部、教育学院民族部和民族师专成立以来，在培养双语师资和藏文教材建设方面取得的成绩，分析了高师理科藏文教材现状和面临的问题。认为要逐步改变3所高师理科藏文教材各校自编自用的局面，实行统一规划，协作编译，提高效益，逐步纳入5省区协作编译的轨道。会议还讨论通过了《青海省高等师范理科藏文教材建设规划》。

〔**藏族中学生升学问题**〕 为研究解决全省藏族中学教学计划、教学语言文字与普通大中专招生考试不配套的问题，1994年9月，省教育厅对海南、黄南两州和循化县的9所藏族中学进行了实地调查，并与青海师范大学、畜牧兽医学院、民族学院和湟源牧校、警校、财校、农林学校，就这些院校招收少数民族学生有关问题进行了磋商。从调查情况看，全省藏族中学中以藏语文教学为主，单科加授汉语文的初、高中毕业生逐步进入省属普通大中专院校学习，这不仅有利于藏族中学教育教学质量的提高，而且有利于为藏区培养土生土长的各级各类专业人才。但这个问题涉及面广、政策性强，还需进一步工作。

撰稿 刘文璞 刘永成
审稿 高 荣 程庆麟
蒋焕东 任玉贵

宁夏回族自治区教育

概　况

〔基本情况〕

1994年各级普通学校基本情况

单位：人

学校类别	学校数（所）	毕业生数	招生数	在校学生数	教职工数	
					计	其中专任教师
一、普通高等学校	7	2405	3117	10531	3409	1736
研究生		7	10	29		
本　科		1056	1467	5234		
专科生		1342	1640	5268		
二、中等专业学校	26	3400	4437	12355	2899	1505
中等技术学校	22	2179	3414	8370	2313	1183
中等师范学校	4	1221	1023	3985	586	322
三、普通中学	438	81373	97317	269316	22105	17700
高　中	114	17088	18401	51051		3865
初　中	324	64285	78916	218265		13835
四、农业、职业中学	34	4417	5162	10520	1039	790
高　中	29	2616	2868	6917		681
初　中	5	1801	2294	3603		109
五、工读学校						
六、小学	3821	90801	109312	614804	32477	29822
七、特殊教育学校	5	58	166	771	510	73
八、幼儿园	218			77004	3918	2545

1994年各级成人学校基本情况

单位：人

学校类别	学校数（所）	毕业生数	招生数	在校学生数	教职工数	
					计	其中专任教师
一、成人高等学校	6	1600	3303	7725	1011	423
广播电视大学	1	572	1142	2724	153	52
职工高等学校	4	348	716	1977	391	251
农民高等学校						
管理干部学院						
教育学院	1	392	686	1379	467	120
独立函授学校						
普通高校举办：						
函授部			307	475		
夜大学		275	325	849		
成人脱产班		13	127	321		
二、成人中等专业学校	26	1444	2184	5288	735	411
广播电视中专	1	532	486	1397	18	16
干部中专	2	28	135	181	57	41
职工中专	9	281	910	2087	323	157
农民中专	1	26	9	52	30	9
教师进修学校	13	93	130	328	297	185
其它		484	514	1243	10	3
三、成人中学	14	1136	1325	1325		27
四、成人技术培训学校	1418	137766	141696	155608	687	129
职工技术培训学校	2	200				
农民技术培训学校	1416	137566	141696	155608	687	129
五、成人初等学校						
职工初等学校						
农民初等学校	441	39585	50080	49403	1138	27
其中：扫盲班	441	39585	50080	49403	1138	27

制表　殷　华　韩庆新

〔**全区教育工作会**〕　1994年12月21日至23日，自治区党委，政府在银川召开了全区教育工作会议，贯彻全国教育工作会议精神，进一步动员和部署实施《中国教育改革和发展纲要》，制定了到本世纪末宁夏教育改革和发展的目标、思路和措施。自治区党委书记黄璜作了讲话，自治区政府主席白立忱作了《统一思想、明确任务、真抓实干，为我区教育事业的繁荣昌盛而努力》的主题报告，政府副主席刘仲作了会议总结。会议期间，白立忱代表自治区人民政府同各市县政府主要领导签订了普及义务教育目标责任书。

会议按照《纲要》精神，根据宁夏实际，确定了宁夏90年代教育事业发展的6项目标：(1)基本普及九年义务教育。到2000年，在占全区总人口70%以上的地区普及九年义务教育，其余地区基本普及初等义务教育。全区初中阶段入学率达到80%，小学阶段入学率达到99%。(2)扩大职业教育覆盖面。到2000年，使50%以上的初中毕业生都能进入各类职业学校或职业培训中心学习；高中阶段在校生中，职业学校在校生所占比例达到50%。(3)高等教育培养专门人才基本适应宁夏经济、科技和社会发展的需求。到2000年，普通高等学校本专科在校生达到1万人左右，建立25个硕士学位授予点，争取建立博士学位授予点。(4)建立以扫盲和岗位培训及继续教育为重点的成人教育体系。到2000年，使90%以上的青壮年农民达到扫除文盲、扫除科盲的标准，国有企业从业人员50%以上持证上岗。成人高等教育实现多样性、职业性，在校生达到1万人。(5)实现民族教育与全区教育协调发展。到2000年，使回族人口受教育程度大体接近全区总体水平。(6)全面提高办学质量和效益。到2000年，各类学校的平均规模，本科院校达到2500人以上，专科院校达到1000人以上，中专学校达到800人左右，技工和职业高中达到500人以上。各级各类学校的办学条件和师资队伍质量基本适应发展需求。

为实现上述目标，会议决定必须重点抓好7项工作：(1)加快普及九年义务教育步伐；(2)大力发展职业技术教育；(3)以调整结构和提高质量为重点发展高等教育；(4)全面推进和深化以扫盲和岗位培训为重点的成人教育；(5)进一步发展少数民族教育事业；(6)抓好跨世纪师资队伍的建设；(7)努力提高教育质量。

会议确定了教育改革的任务和有关政策：(1)改革办学体制，逐步建立政府办学为主和社会各界参与办学相结合的新体制。(2)深化教育管理体制改革。改革的主要方向是理顺关系，统一事权，明确职责。特别要进一步完善分级办学、分级管理的体制，把发展基础教育的职责主要落实到县。(3)改革招生、收费和毕业生就业制度。在普通高等学校、普通高中、中等及中等以上职业学校，逐步实行学生缴费上学，大多数毕业生自主择业的制度。1995年将选择少数学校进行公费生、自费生招生"并轨"试点，争取1997年大多数学校按新制度运作，2000年基本完成新旧体制并轨。(4)推进城乡教育综合改革。把重点放在农村，坚持"点上深化，面上推广"的方针，大力实行基础教育、成人教育和职业教育"三教统筹"，积极实施"星火计划"、"燎原计划"、"丰收计划"和"231工程"(两扫——扫文盲、扫科盲；三学——学文化、学技术、学经营管理；一造就——造就一代新型农民)，促进农科教结合，使农村教育更好地为当地经济建设和社会发展服务。(5)改革教育投入体制。改革教育经费管理体制，教育经费实行预算单列，从1995年起，3年内普通高校的经费，按1995年在校生规模予以核拨，实行预算包干加补贴的办法。城乡实施义务教育的学校，其新建、改建和危房改造所需资金，由各级政府列入基建计划。

会议制定了地方政府增加教育投入，改善教师待遇的保障措施：(1)财政投入确保"三个增长"的落实。全区财政性教育经费支出占国民生产总值的比例，2000年要达到

4%。从1995年起，自治区财政年度教育经费支出，占财政支出的比例达到20%以上。逐步增加教育基建投资占地方统筹基建比例，在现有占11.6%的基础上，每年递增一个百分点，达到15%。增设教育专项补助，除自治区继续安排用于教育的不发达资金，每年不少于600万元外，从1995年起，每年增设义务教育专项补助资金200万元，扫盲和实施“231工程”专项补助资金50万元，职业教育专项补助资金100万元，民族教育专项补助资金100万元。共新增专项经费450万元。另从新开征的地方教育费附加费中，每年划拨150万元专项资金，用于高校改善办学条件和重点学科建设。(2) 做好城乡教育费附加的征收工作。城乡教育费附加按增值税、营业税、消费税的3%征收。农村不缴纳“三税”的乡镇企业和个体企业，按销售收入和经营收入的5%征收。川区农民按人均纯收入的2%征收，山区农民按人均纯收入的1.5%征收(包括在农民负担的5%以内)，农民年人均纯收入低于300元的户予以免征。(3) 拓宽教育经费渠道。在全区开征燃料油教育附加费，每公升汽油、柴油按0.02元征收。在全区开征住宿教育附加费，按每个床位住宿费的6%计征。对中小学、高等学校以及各类职业学校校办产业实行国家统一规定的减免税政策。积极创造条件筹建教育金融机构，运用金融手段扩大教育资金来源。各类成人教育收费标准，由学校自主确定，报教育、物价、财政部门备案。鼓励企事业单位、社会力量以及海内外有关组织，各界人士集资办学和捐资助学。将农村教育集资的审批权放在县一级。有关部门和社会对中小学（包括幼儿园）应收取的垃圾清运费、排污费、治安费、卫生费、绿化费等予以免收，大中专学校减半收费。筹备成立自治区回族教育基金会。(4) 进一步改善中小学办学条件。开展中小学标准化建设，从1995年起，自治区每年安排500万元，加上县市配套资金，每年筹集1300万元，用于添置和改善中小学的教学仪器，图书资料，文体器材及电教设备。到本世纪末，全区乡（镇）中心小学以上的中小学，办学条件基本达到自治区的标准。(5) 办好40所起骨干示范作用的中等学校。即建设10所重点中学，18所重点职业学校（包括7所中专、7所技工学校、4所职业中专或职业中专），1所自治区级残疾人职业教育培训中心，建设7所寄宿制回民中学，两地（银南、固原）两市（银川、石咀山）办好4个面向本地区的多功能、综合性的职教中心。(6) 卫星电视教育要上新台阶。今后6年，自治区安排300万元用于发展卫星电视教育，使卫星电视覆盖率由现在的72%提高到78%。(7) 确保教师工资待遇落实。保证公办教师平均工资高于国家公务员平均工资水平。各级财政年初安排教师工资时，实行全额预算，一次到位，不留缺口，以确保教师工资按月足额发放。今后凡是教师工资出现拖欠的地方，一律不准用财政收入兴建楼堂馆所。(8) 切实解决教师住房和医疗困难问题。实施“教师安居工程”。自治区每年安排500万元教师住宅建设经费，市县和高校每年安排相应的配套资金，向住房教师集资1000万元，每年共筹集2000万元，争取用三年左右时间解决城镇教师住房困难问题。积极妥善解决教师特别是农村中小学教师医疗费用报销难的问题。(9) 加快解决民办教师转公办教师的步伐，争取用五年时间基本解决民办教师问题。

会议还讨论了《中共宁夏回族自治区党

委、人民政府关于〈中国教育改革和发展纲要〉的实施意见》、《宁夏回族自治区〈教师法〉实施办法》。

〔**贯彻《教师法》**〕 1994 年是《教师法》实施第一年，3 月份在全区开展了《教师法》宣传周活动，自治区教育厅在银川市召开了社会各界近千人参加的学习宣传《教师法》大会，会后组织了近万人参加的宣传游行活动，在全区引起极大反响。各级政府认真实施《教师法》，在当前财政拮据，经费紧张的情况下，都优先保证了教师工资的发放。在教师节十周年，全区各地都开展了隆重的庆祝活动，并努力为教师办实事。教师节前夕，自治区政府主席白立忱主持召开了自治区政府常务会议，决定为教师办实事。评选表彰 119 名自治区优秀教师，19 名自治区优秀班主任，12 名优秀校（园）长；授与 49 名特级教师称号；为全区 1700 多名从教 30 年以上的老教师举行了庆教龄活动；组织了教师节“园丁颂”文艺汇演和教师优秀书画展。自治区拨专款 50 万元用于民办教师补助，并决定每年拿出 500 名民师班招生指标，500 名专项指标用于民办教师转正，争取用 5 年时间基本解决民办教师问题。师资队伍建设进一步加强。狠抓了师德教育，重视了青年教师培养，举办了形式多样的青年教师培训班，在评优、晋级、进修等方面为青年教师脱颖而出创造了条件。继续教育工作得到进一步加强，组织开展了各种业务培训，全区培训教师达 5000 多人次。卫星电视教育在网络建设和管理方面也都取得了新成绩。中小学校长培训工作取得新进展，累计培训中小学校长 4186 名。

撰稿 张广平

基础教育

〔**综述**〕 1994 年宁夏基础教育在各级各类教育中“重中之重”的战略地位进一步加强，全区学龄儿童入学率为 95.8%，巩固率为 98.03%，分别比 1993 年增长 0.71 和 1.36 个百分点。

1994 年，在全区 10 个县（市）推开残疾儿童随班就读，在校生有较大幅度增加；幼儿教育进一步健全了管理体制，针对学前班存在的问题，制定了《学前班办班标准》，并组织编写学前班教师指导用书，使幼儿教育步入良性发展轨道。

〔**义务教育**〕 1994 年，自治区制定了全区实施九年义务教育发展规划。根据规划，到 2000 年，占全区总人口 70%以上的地区普及九年义务教育（包括初中阶段的职业教育），占全区总人口 25%的地区普及初等义务教育，占全区总人口 5%的山区特困地区普及 3—4 年小学教育。全区初中阶段的入学率达到 80%左右，小学入学率达到 99%以上。同时积极创造条件，使全区残疾儿童的入学率达到60%左右。

1994年，自治区政府对吴忠、青铜峡、惠农、灵武、陶乐等县（市）普及义务教育工作进行了检查，并参与了上述县（市）普及初等义务教育的验收工作。同时，还对永宁、贺兰、银川郊区的普及九年义务教育工作进行了指导。截止1994年底，全区有13个县（市、区）在县级验收的基础上，通过了地、市级验收，完成了普及初等义务教育的任务。

进一步加强了义务教育执法机构建设，5月，在全区开展了一年一度的“义务教育法宣传月”活动，强化了各地的执法意识。截止1994年底，全区县一级行政区普遍建立了“贯彻义务教育法执法领导小组”，人员组成包括政府县长、司法、工商、税务、共青团、妇联、教育等部门领导，各乡（镇）也成立了相应的领导小组，并设置了劝学员。在深入调查研究、广泛征求意见的基础上，自治区教育厅提出了到本世纪末“两基”工作的实施意见和普及义务教育的评估验收标准，完善了普及义务教育的规章制度。

继续抓紧做好制止中小学生流失工作，建立健全了学生缀学报告制度，并及时下发简报推广各地经验，截止年底，全区小学缀学人数为4889人，初中缀学人数为5614人，小学缀学率为0.79%，初中缀学率为2.8%，分别比年初下降0.38%和0.59%。

1994年，宁夏被列入世界银行贷款“第二个贫困地区基础教育发展项目”，获贷款500万美元；争取到海内外资助570万元；在全区开展了“向贫困山区捐资助学活动”，获捐赠总额200多万元，自治区政府决定用上述款项来集中解决宁夏南部山区8县的中小学课桌凳严重短缺的问题。

〔**教育教学改革**〕 1994年，自治区进一步深化了小学、初中毕业升学考试制度改革。年初，召开了全区地、市教育行政部门负责人和自治区重点中学校长会议，就当前小学、初中毕业升学考试问题进行了研讨，统一了改革思路和办法。随后，自治区教育厅制定了改革方案。规定：从1994年起，小学毕业考试在县级教育行政部门的指导下，由学校或乡镇教育管理机构命题；已普及或基本普及初中的地方，一律取消小学升学考试，凡符合毕业条件的学生，由当地教育行政部门按就近入学的原则，直接安排升入初中；初中毕业和升高中考试，由地、市教育行政部门统一命题，两考合一，有条件的地方，初中毕业考试也可由县（市）命题，但升高中考试命题仍由地、市负责。为了保证这项改革的顺利进行，自治区加强了对考试改革的客观管理，统一制定了初中毕业升学考试命题范围和要求及全区小学、初中学生毕业标准，并对毕业考试科目和升学考试科目也作了相应的规定。

为了贯彻落实国家教委关于减轻中小学生过重课业负担的有关规定，针对全区当前普遍存在的中小学生竞赛活动过多过滥的问题，1994年，自治区教育厅制定了《宁夏回族自治区中小学生竞赛管理办法(试行)》，从强化管理入手，对竞赛的举办、组织、审核等均作了严格规定，凡举办中小学生竞赛活动，必须事先到教育行政部门办理审批备案手续，经批准备案的，方可举办；参加全区性竞赛活动的获奖证书，须加盖“宁夏回族自治区中小学生竞赛管理专用章”方可有效。依据上述规定，1994年，自治区逐一对全区性的中小学生竞赛活动进行了审核，并下发公布了经批准备案的竞赛活动名单的文件，有效限制了中小学生竞赛活动。

〔**特殊教育**〕　1994年，全区特殊教育利用94助残日契机，自治区教育厅组织了声势浩大的特殊教育学校联谊活动，在全区范围内进行了特殊教育宣传和残疾学生文艺汇演，增强了残疾儿童自尊自强自立的信心，取得了较好的社会效益。在青铜峡、惠农两县（市）残疾儿童随班就读试点工作的基础上，自治区教育厅及时总结经验，在青铜峡市召开了随班就读工作座谈会，使我区残疾儿童随班就读扩展到10个县（市、区），全区残疾儿童入学率达到23%。自治区还建立了残疾儿童随班就读教育手册，加强了特殊教育工作管理，举办了视力、听力、智力三类残疾儿童随班就读师资培训班，培训教师84名，使他们成为我区开展残疾儿童随班就读工作的骨干。为了提高特殊教育工作者业务素质，自治区还举办了有200多名干部、教师参加的专家讲座。1994年，自治区教育厅还接受了联合国儿童基金会特殊教育项目，在灵武、盐池、固原三县九乡的44所学校开展了残疾儿童随班就读工作，使项目乡残疾儿童入学率达到76%。

撰稿　王建平

职业技术教育

〔**综述**〕　1994年，宁夏回族自治区为了加快职业技术教育的发展步伐，年初自治区人民政府即抓住举国上下贯彻实施《中国教育改革和发展纲要》的时机，积极筹备召开以“结合宁夏经济特点，保障职教事业健康发展”为宗旨的全区职业技术教育工作会议。自治区教育厅先后派人到兄弟省考察学习兴办农村初级职业技术教育的做法和经验；深入到各市、县和职业学校调查了解职教发展的情况及职业学校在办学过程中遇到的主要困难和存在的问题，听取教职工对发展职业技术教育的意见和建议。在此基础上，教育厅代自治区政府起草了《关于加快职业技术教育改革与发展的决定（征求意见稿）》《宁夏回族自治区职业技术教育发展规划（征求意见稿）》、《宁夏回族自治区关于发展农村初级职业技术教育的意见（征求意见稿）》。在筹备会议的过程中，还就社会力量及个人兴办职业学校；在职业学校毕业生中试行“双证书”（毕业证书、技术等级证书或岗位资格证书）制度等工作做了大量的调查研究以及文件准备工作。全区职业技术教育工作会议将列为1995年自治区人民政府的重要议事日程和教育厅的重点会议。

〔**改革职教经费使用办法**〕　为了加快职业中学校办产业和实习基地建设，使有限的资金，发挥较大的作用，自1992年起，自治区教育厅对自治区职教专项补助经费使用办法进行了改革，变单纯无偿投入，为有偿、风险投入，即将原来职教专项补助经费部分改为贷款贴息，鼓励具有一定规模的职业中学走利用贷款发展职教的路子，增强学校自我发展的能力。并积极争取使用职教周转金，帮助条件较好，但资金周转有困难的校办产业进行规模生产。自改革专项补助经费使用办法以来，有效地调动了各地、各学校办学积极性，增加了地方教育部门和学校的责任感，使有限的资金发挥了较好的作用。一些学校在较短的时间里办学条件显著改善，充实了教学设备、扩大了实习场所，引进了先进的技术和设备，并如期还清了贷款。一些边远山区难以维继的学校，使用贴息贷款后，不仅学校继续办了下去，而且出现了新的转机。为此，自治区教育厅在检查上一年使用贴息贷款和周转金发展职业技术教育工作的基础上，总结经验，找出不足，进一步完善了管理办法，1994年继续为6所职业中学安排95万元贴息贷款，为2所职业中学安排35万元的职教周转金。为推广改革职教专项补助经费使用办法的经验，进一步扩大职教贴息贷款的使用范围，自治区在继续做好向自治区境内各银行申请贴息贷款额度的同时向国家教委争取到1995年度200万元的职教贴息贷款的额度，为2所职业中学申请到国家教委职教周转金50万元。为1995年职业教育的发展奠定了良好的基础。

撰稿　丁广兴

高等教育

〔**德育和思想政治工作**〕　1994年1月，教育厅召开了全区高校马列教研室主任会议。研究了全区高校马克思主义理论教育课和思想政治教育课教学中出现的新情况和新问题，提出了全区高校“两课”教育的改革方案，组织编写了《马克思主义哲学概论》、《当代资本主义概论》、《中国革命史论纲》三部教材，现已投入使用。12月，会同自治区党委宣传部召开了全区大中专院校思想政治工作研究会暨“社会主义市场经济与学校思想政治研讨会”，有23篇论文获奖。为了在高等学校学生中深入持久地开展爱国主义教育，会同自治区党委宣传部联合下发了《关于在大中专院校广泛深入开展爱国主义教育的意见》，编写了《爱国主义教育概论》。年底，教育厅和宣传部、文化厅等部门共同组织了银川地区爱国主义歌曲演讲比赛。

〔**教学管理**〕　为提高教学质量，促进教学改革，1994年教育厅对宁夏农学院、宁夏医学院、宁夏工学院部分本科教学状态进行了检测、评估。在自评的基础上，组织了有关部门和高校专家参加的评估组，对宁夏工学院的本科教学工作进行了复评。通过评估，使各高等学校进一步重视和加强了教学工作。在教学管理方面，各校不断完善各项教务、考务工作制度，提高教学管理水平。为了杜绝近年来学生考试中的舞弊现象，在加强对学生进行考试纪律教育的同时，积极进行试题库的建设工作，现在全区高校中65%的课程都列入题库。为考试科学化和规范化打下了基础。为了提高学生的学习积极性，1994年继续开展了中期选拔工作，有23名品学兼优的专科学生被选拔到本科学习。各高校都采取一些措施，鼓励学生参加大学英语四、六级考试，学生报考人数逐年增加，6月，有1368人参加考试，220人通过考试，通过的人数超过了全区开考以来通过人数的总和。

〔**师资建设**〕 为了实现90年代教师队伍新老交替，使教师队伍在结构上更加合理，在对申报教师德、能、勤、绩全面考评的基础上，对有突出贡献和成绩显著的青年给予破格或优先晋升。1994年全区高校共晋升教授55人，副教授167人，讲师38人。高级职务平均年龄有所下降，高、中级结构臻于合理。

根据教师培训年度计划，全年共开办4期青年教师岗位培训班，对高等学校中35岁以下非师范专业毕业的教师进行岗位培训，通过讲授教育学、心理学、教学法等课程，提高了青年教师的业务水平。并与区科技干部局共同举办了全区公派出国进修人员外语培训班，培训学员16人。1994年全区高校有6名教师经选拔、推荐，被国家教委录取分赴英国、澳大利亚、瑞典、芬兰、新加坡等国进修学习。

〔**重点学科建设**〕 加强高等学校学科建设，是提高教学质量和水平的重要措施之一。根据宁夏高等学校的实际情况，制定了到2000年建设15个左右在西北地区和国内具有一定影响的自治区级重点学科，其中1至2个达到国内先进水平的学科建设规划。为了做好此项工作，教育厅建立了学科评估指标体系。在各校自评申报的基础上，组织由多学科专家参加的评估组，对高校上报的16个学科逐一进行评审，最后确定宁夏大学的函数论、汉语言学；宁夏医学院的药理学、心血管内科学；宁夏农学院草原学、作物耕种与栽培等6个学科为首批自治区级重点学科。

〔**科研工作**〕 为了充分发挥高等学校人才密集、知识密集、信息密集的优势，使之更好地为宁夏经济社会建设服务，自治区决定每年划拨一定数额的科研专项经费，支持高等学校的科学研究工作。1994年，自治区教育厅从各高等学校申报的82项科研课题项目中，筛选出30项和教学、当地经济发展联系较密切的基础研究、应用研究课题，做为教育厅下达科研课题项目，补助经费25万元。年终，对项目的研究进展情况进行了检查。与此同时，认真完成了国家教委1993年高校人文社会科学、自然科学科研统计年报工作。对国家教委下达的人文社会科学“八五”规划项目进行了中期检查。

〔**对外交流**〕 1994年全区高校聘请外国文教专家和教师11人。其中专业课教师2人，语言教师9人。1994年，宁夏大学等院校共接收来自美国、德国、日本、韩国、泰国等国家的10名学生攻读学位或短期进修。

9月，根据宁夏和日本国岛根县作为友好省区的协议，自治区高等教育代表团到日本国岛根县进行了为期8天的考察。在日期间，宁夏大学与岛根大学、宁夏农学院与岛根农业大学建立起初步的联系。

在学术交流方面，先后派出9名教师到美国、俄罗斯、巴基斯坦、香港等国家和地区参加国际学术会议，接待5批国外大学的专家、学者到宁夏高校考察、讲学和学术交流。

〔**后勤改革**〕 为进一步深化高校后勤管

理改革，使之逐步向后勤服务社会化的方向过渡。1994年，在宁夏大学后勤部门实行事企分离、企业化管理的试点工作，减少行政管理机构和人员，把一些服务性的科、室组合成多个实体，开展经营服务活动，提高了后勤服务的社会效益和经济效益。

各校加强了对伙食工作的领导和管理，千方百计节约开支，降低成本，提高饭菜质量，增加花色品种。自治区人民政府和有关部门对高校的伙食工作给予了很大支持，区政府拨专款15万元，改善后勤食堂的炊事机械设备，增强了后勤的服务能力。自治区粮食部门以优惠价格供应高校成品粮100万斤，食油3万斤，为稳定今年高校伙食供应价格提供了条件。

〔**扶持特困生**〕 1994年，高校中部分家庭经济状况不好的学生在上学期间生活上出现了一定困难。为了使这些学生能安心在校就学，教育厅在对各校特困生情况调查的基础上，及时向自治区人民政府和有关部门反映，自治区人民政府对此拨专款30万元，对全区高校1100多名学生进行了生活困难补助。在此基础上，自治区教育厅要求各校采取措施，为特困生进行勤工助学提供条件。宁夏大学、宁夏工学院等院校现已开展了这方面的工作。

撰稿 周学峰 吕 进

成人教育

〔**成人高、中等院校改革**〕 1994年全区成人高、中等院校在全国教育工作会议精神的指导下，遵循“深化改革、调整结构、加强管理、提高质量”的方针，使成人高、中等院校专业结构调整和办学水平评估、成人大中专招生改革、加强学历管理、提高教学质量等方面取得了较大进展和成效。(1)以专业调整为重点，提高成人高、中等院校的办学效益。为使成人高、中等院校专业设置更加适应全区经济发展的需要，自治区教育厅对全区成人高校、中专的招生专业进行了较大的调整与更新，对部分专业的学制也进行了调整，使全区成人大中专院校的专业设置趋于合理、科学。同时，根据国家教委《关于制订成人高等院校专业教学计划的意见》中提出的原则和规定，各成人高校重新修改、制订各专业新的教学计划，并报请自治区教育厅批准后实行。自治区教育厅还批准了宁夏电视大学试办大学基础教育。此外，经自治区物价局同意，自治区教育厅于年内调整、提高了全区成人大中专院校的收费标准。(2)围绕成人高校办学水平评估工作，加强成人高校管理，不断提高教学质量。自治区教育厅制定并下发了《关于宁夏回族自治区成人高等学校办学水平评估工作的安排意见》，并制定了相应的评估指标体系，具体安排了94—95年度全区成人高校办学水平评估工作的进程。到年底，各成人高校已完成了自查自评工作。在加强学校管理工作中，自治区教育厅多次组织了对成人高校校外班抽查考试工作。通过抽考，对学校强化考风考纪，提高教学质量和学校声誉等起到了积极作用。(3) 深化成人中专招生改革，在改革中求发展。自治区教育厅提出了《全区成人中等学校招生改革的意见》，对促进成人中专学校的继续发展起到了及时有效的推动作用。同时，还制定了成人中专学校优秀毕业生（5%）经推荐和考核，可直接升入专业对口的成人高校学习，提高了中专学生的学习积极性。此外，自治区教育厅对全区成人中专学校的学制年限做了进一步明确规定，对保证成人中专的教学质量产生了积极效果。(4) 加强成人学历管理工作，认真审核各种学历证书。根据国家教委有关文件的精神，审核、验发了区内成人高校毕业证书 1512 份、成人中专毕业证书 2000 余份；审核验证了区外成人大中专毕业证并颁发学历审核通知书共 1557 份，其中大专以上 1351 份、中专 206 份。

〔**社会力量办学**〕 为加强社会力量办学的规范化管理，促使其健康顺利的发展，自治区教育厅根据国家教委和自治区政府颁发的有关文件精神，于 1994 年 1 月 4 日制定并下发了《关于加强社会力量办学管理工作若干规定》，对全区社会力量办学的条件、审批手续和《社会力量办学许可证》的颁发及管理等有关问题作出具体规定。该《规定》的颁发执行，为全区加强社会力量办学管理提供了依据，并开始了全区社会力量办学清理整顿和《社会力量办学许可证》登记与颁发工作。到 1994 年底，区属社会力量办学登记工作基本结束，共颁发《社会力量办学许可证》48 个；市、县社会力量办学重新登记并颁发《许可证》39 个。至此，全区初步建立起社会力量办学规范化管理体系。5 月，自治区教育厅会同自治区工商局颁发了《关于社会力量办学招生广告归口审批的通知》，对全区社会力量办学发布广告的有关归口审批、管理等问题作出规定。截止 1994 年底，自治区教育厅共归口审批社会力量办学招生广告 62 份，同时对违反规定、擅自刊发的二份招生广告进行了查处。自治区教育厅还严肃查处了银川市成人教育学校乱发“毕业证书”的问题，将该校乱发“毕业证书”问题通报全区各地、各部门，并责成银川市教育局继续查处该校的有关问题。

〔**“231 工程”实施**〕 1994 年是全区农村实施“231 工程”（即：扫文盲、扫科盲，学文化、学科技、学经营管理，造就一代新型农民）的第四年。在全区实施“231 工程”工作会议和自治区实施“231 工程”领导小组《关于进一步推进和深化实施“231 工程”的意见》精神指导下，全区实施“231 工程”在前三年取得阶段性成果和基本经验的基础上，开始向提高实效、促进深化、全面推进、再上台阶的阶段发展，实施“231 工程”取得了新的成效。

扫除青壮年文盲工作取得了新的突破和成绩。1994 年，全区共组织 6.9 万多文盲参加扫盲学习，扫除文盲达 28643 名。中宁、银川郊区、永宁、吴忠、青铜峡、灵武、惠农、陶乐等八县（市、区）通过了自治区组织的基本扫除文盲考核验收，青壮年非文盲率均达到 95%以上，完成了基本扫除文盲的历史任务。彭阳县经固原行署组织考核验收，青壮年非文盲率达到了 92.16%，成为南部山区第三个青壮年非文盲率达到 85%以上的县。西吉县的红耀、田坪等 6 乡（镇）经县政府组织考核验收，青壮年非文盲率分别达到98%—86.9%，成为西吉县历史上首批青壮年非文盲率达到85%以上的乡（镇）。

农村扫科盲及科技培训教育向纵深发展，形成多样化的发展格局。一是培训阵地多渠道。目前，全区农村已形成以乡、村农民文化技术学校为主阵地，辅之以农函大、农广校、农民中专、农职业技术学校、农技推广站（中心）、县乡党校、文化站以及农林大中专院校等多种阵地，使培训阵地渠道拓宽，适应了多层次、多种类的培训需要，开始建成具有宁夏特色的农村扫科盲及科技培训教育网络。二是培训方法多形式。现在，全区农村扫科盲及科技培训教育的方法已突破传统的以黑板教学为主的模式，开始向电视、广播、电影、现场讲授、典型观摩、考察交流、科技咨询、科技承包等多形式方向发展。1994年，全区共举办各种类型的农村科技培训班1.5万多期，培训农民达94.63万人次；举办扫科盲学习班8936期，参学人数达39万多人次，扫除科盲13.5万多名。三是培训对象多层次。为适应农民追求中、高层次培训教育的需要，在科技培训教育中，各地努力做到普及与提高相结合、实用技术与专业技术培训相结合、初级人才与中高级人才培训相结合，低、中、高多层次与全方位的开展培训教育，为不断推动农村科技培训教育的发展，加快农业科技进步奠定了人才基础。四是培训内容多种类。即变以农业实用技术培训为主向多学科、高新技术、综合性方向发展，适应了农业科技进步和农村市场经济发展的需要。目前，培训教育的内容已涉及到农业专业技术、农业高新技术、家庭经营、乡镇企业管理、市场营销、财务会计、计划生育、农村政策、法律、环境保护等。

由于农村经营大户和个体私营企业开始涌现，“学经营管理”有较大的需求。为推动“学经营管理”活动的广泛开展，使广大农民从中直接受益，促进农村经济结构、农业产业结构合理调整，各地在实践中主要抓好两方面的工作：一是认真开展农村经营管理知识的学习和培训，提高广大农民从事家庭经营生产的能力和乡镇企业、个体私营企业的经营管理水平，为农民开辟更多的致富途径，推动农村经济的全面发展。中宁县由于重视这方面的工作，使全县乡镇企业和个体私营企业在1994年为地方财政创造了三分之一的收入，农村开始出现种粮500亩、经果林500亩、养猪千头、养鸡万只的“学经营管理”典型及经营大户。二是抓经营大户及“学经营管理”典型的培养和示范作用的发挥，带动广大农民群众走科技致富、经营发家、富裕奔小康之路。贺兰县农口各业务部门重点扶植了一批农村经营大户，待其取得经验和成效后，组织示范户、专业户及周围群众参观学习，有针对性的在全县示范推广，有效地推动了“学经营管理”活动的深入开展，创造了突出的经济效益。

抓好典型和“窗口”建设，以点带面推进和深化“231工程”的实施。一年来，各级实施“231工程”办公室重视抓好各种类型、不同层次的典型，建设了一批“231工程”示范“窗口”，促使典型和“窗口”提高了层次、规范了标准、扩大了范围、增强了实效。到1994年，全区共建成示范乡55个、示范村813个，培养示范户5.08万多个。全区乡（镇）农民文化技术学校经过评估分类，达到一类示范标准的占19.2%、二类标准的占36%。

实施“231工程”与农村中心工作相结

合，在促进农村经济发展、增加农民收入等方面发挥了主导作用，也是“231 工程”生命力所在。经过一年来的实践，“231 工程”在推动农村中心工作有效地开展上取得了明显的进展和效益。(1) 广大农民吸收、运用科学技术的能力提高，科技意识、经营观念普遍增强，学习科技和经营管理的愿望更加强烈。(2) 广大农民科技素质的提高，加快了农业科技进步，有效地促进了全区农村经济的全面增长和农民收入大幅度增加。(3) 农村精神文明建设步伐加快。随着农民文化科技素质的普遍提高，“231 工程”在推动农村精神文明建设中的奠基作用日益明显。通过在农村培训教育中开展形势、政策、道德、法律等教育，使创建文明个人、文明家庭、文明村镇等活动得到了落实，为农村经济发展和社会进步创造了一个文明健康、积极向上、安定祥和的社会环境，有效地推动了农村精神文明建设。

撰稿　裴勇俊

民族教育

〔**综述**〕 1994 年，宁夏继续认真贯彻落实自治区党委、政府发展民族教育的一系列特殊政策和措施，民族教育得到了进一步加强。据统计，全区回族在校生达到 277305 人，占全部在校生总数的 27.86%。其中普通高校、中专、中学、小学回族在校生占在校生总数的比例已分别达到 19.6%、20%、20.7%和 33.69%。回族小学在校生比例已达到全区回族人口自然比例。回族教师队伍不断扩大，中小学回族教职工和专任教师已分别达到 10258 人和 9186 人，占中小学教职工总数的 18.79%和 19.3%。普通高校招生中，少数民族考生录取比例递增 1%以上。全区目前已办起回民中小学 123 所，并兴办各种民族班和民族预科班，初步形成了民族教育的办学体系。

〔**民族地区义务教育**〕 1994 年，随着全区义务教育步伐的加快，民族地区的义务教育也有了较快的发展。全区回族儿童入学率达到 89.6%。回族聚居的吴忠市、灵武县经自治区评估验收达到了普及初等义务教育的合格标准，并开始实施初中阶段的义务教育。对回族聚居的南部贫困山区，自治区继续采取特殊政策和措施，加大投入和给予倾斜，促进其普及义务教育的进程。继宁夏教科所在回族聚居的贫困山区 6 县 8 所学校进行“整体优化女童环境，有效解决女童就学难”的试验，1994 年联合国儿童基金会和国家教委确立的促进贫困地区女童教育项目在宁夏的 9 县 11 个乡（镇）实施（这些地区大部分是回族聚居县和贫困山区县）。进一步扩大了女童教育在回族贫困地区试验的范围、深度和影响。实施一年来，有力地促进了当地女童教育的发展，并为全面推广女童教育经验进行了一些有益的探索。

宁夏回族自治区党委和人民政府在全区教育工作会上，就民族地区普及义务教育的目标、原则、步骤和保障措施提出新的意见，为90年代加快宁夏民族地区普及义务教育步伐提供了政策指导和保障。(1)各级政府要在教育经费、师资培训等方面对回族聚居的贫困山区采取特殊的倾斜政策，并充分利用世界银行贷款和联合国儿童基金会等国内外组织的援助及发达地区对宁夏教育的对口支援等，改善回族聚居的贫困山区中小学的办学条件,加快其普及九年义务教育的进程。(2)回族聚居贫困地区的初小和教学点，在保证开设语文、数学两科的前提下，其他学科的开设，根据当地实际情况自行确定。(3)高度重视回族女童教育，抓好女童教育的研究实验和推广,优化女童教育的社会、家庭、学校环境，多方筹措资金，设立回族女童助学金，有效解决南部山区回族女童入学难的问题。(4)优先办好固原民族师范学校和其他学校的民族师范班，加快回族教师特别是回族女教师的培养。(5)采取特殊措施培养一批优秀回族教育管理干部和学科带头人。(6)自治区人民政府建立用于补助贫困地区、民族地区的专项基金，对县级财政教育事业费有困难的地区给予补助等。从1995年起，自治区每年增设民族教育专项补助资金100万元。(7)筹备成立自治区回族教育基金会，向区内外各界回族群众、企业家以及国外穆斯林团体、慈善机构募集资金，用于发展回族教育特别是回族女童教育。

〔**中专民族预科班**〕 中专预科班是宁夏民族班的又一重要形式，1993年经自治区人民政府批准招生，至今已招收两届学生，其规定为：(1)中专少数民族预科班规模暂定为160名，其中初、高中中专预科生各80名。1993年先招收初、高中中专预科生各45名(1995年以后达到300名规模)。(2)民族预科班重点招收南部山区8县考生，其中回族女学生应占有一定比例（全区教育工作会规定不低于40%)。(3)预科生在参加统一考试的少数民族考生中单独划线录取，经一年文化课学习成绩合格后，进入自治区普通中专学习。(4)预科班设在同心阿语学校，由该校负责预科班的教学与管理工作。(5)办学所需经费由财政部门按规定划拨。

撰稿　王玉林　马维骃

审稿　马文亮　周　卫　陈少娟

文件·资料

文件选编

□教学成果奖励条例

（1994 年 3 月 14 日国务院发布）

第一条 为奖励取得教学成果的集体和个人，鼓励教育工作者从事教育教学研究，提高教学水平和教育质量，制定本条例。

第二条 本条例所称教学成果，是指反映教育教学规律，具有独创性、新颖性、实用性，对提高教学水平和教育质量、实现培养目标产生明显效果的教育教学方案。

第三条 各级各类学校、学术团体和其他社会组织、教师及其他个人，均可以依照本条例的规定申请教学成果奖。

第四条 教学成果奖，按其对提高教学水平和教育质量、实现培养目标产生的效果，分为国家级和省（部）级。

第五条 具备下列条件的，可以申请国家级教学成果奖：

（一）国内首创的；

（二）经过 2 年以上教育教学实践检验的；

（三）在全国产生一定影响的。

第六条 国家级教学成果奖分为特等奖、一等奖、二等奖三个等级，授予相应的证书、奖章和奖金。

第七条 国家级教学成果奖的评审、批准和授予工作，由国家教育委员会负责；其中授予特等奖的，应当报经国务院批准。

第八条 申请国家级教学成果奖，由成果的持有单位或者个人，按照其行政隶属关系，向省、自治区、直辖市人民政府教育行政部门或者国务院有关部门教育管理机构提出申请，由受理申请的教育行政部门或者教育管理机构向国家教育委员会推荐。

国务院有关部门所属单位或者个人也可以向所在地省、自治区、直辖市人民政府教育行政部门提出申请，由受理申请的教育行政部门向国家教育委员会推荐。

第九条 不属于同一省、自治区、直辖市或者国务院部门的两个以上单位或者个人共同完成的教学成果项目申请国家级教学成果奖的，由参加单位或者个人联合向主持单位或者主持人所在地省、自治区、直辖市人民政府教育行政部门或者国务院有关部门教育管理机构提出申请，由受理申请的教育行政部门或者教育管理机构向国家教育委员会推荐。

第十条 国家教育委员会对申请国家级教学成果奖的项目，应当自收到推荐之日起90日内予以公布；任何单位或者个人对该教学成果权属有异议的，可以自公布之日起90日内提出，报国家教育委员会裁定。

第十一条 国家级教学成果奖每4年评审一次。

第十二条 省（部）级教学成果奖的评奖条件、奖励等级、奖金数额、评审组织和办法，由省、自治区、直辖市人民政府、国务院有关部门参照本条例规定。其奖金来源，属于省、自治区、直辖市人民政府批准授予的，从地方预算安排的事业费中支付；属于国务院有关部门批准授予的，从其事业费中支付。

第十三条 教学成果奖的奖金，归项目获奖者所有，任何单位或者个人不得截留。

第十四条 获得教学成果奖，应当记入本人考绩档案，作为评定职称、晋级增薪的一项重要依据。

第十五条 弄虚作假或者剽窃他人教学成果获奖的，由授奖单位予以撤销，收回证书、奖章和奖金，并责成有关单位给予行政处分。

第十六条 本条例自发布之日起施行。

□关于加强地方教育电视台站管理的通知

（1994年7月16日国家教委印发）

电视教育是国际上通用的远距离教育的重要手段之一。发展电视教育，也符合我国国情。在国务院的直接指导下，经过八年多的艰苦努力，我国的电视教育已在全国初步形成了网络，为我国的教育事业，特别是为促进广播电视大学的发展、培训中小学师资作出了成绩，在对青少年进行爱国主义教育以及为农民实用技术培训等方面也取得了明显的效益。但是，各地发展还不平衡，覆盖面不够大，教学节目质量亟待提高，教育台站的建设与管理需进一步加强。为了认真贯彻《中国教育改革和发展纲要》发展电视教育，加强教育电视台站的建设与管理。现就有关问题通知如下：

一、为贯彻国务院《卫星电视广播地面接收设施管理规定》，经国务院领导批准，教育系统用于接收国内教育节目的卫星电视地面接收设施的设置，“经广播电视行政部门审批后，由教育部门自行管理”。据此，凡需设置用于接收国内电视教育节目卫星地面接收设施的学校和教育、教学单位，由各省、自治区、直辖市教育行政部门统筹规划，初审后，报同级广播电视行政部门办理审批手续。该类卫星地面接收设施属于非盈利的教学设施，除按规定交纳地面接收设施《许可证》的工本费外，任何部门不得收取管理费用和其他服务费用。

二、为了认真贯彻《中国教育改革和发展纲要》所提出的发展卫星电视教育的目标，应大力推进各级教育电视台的建设，特别是加速以省和大中城市教育电视台为骨干的地方教育电视网络建设。

三、要继续认真贯彻1989年国家教委颁发的3号令《地方教育电视台站设置管理规定》。教育电视台站是教育专业台站，是教育与教学设施，主要任务是要为各类教育、教学服务。各地教育电视台站在地方政府领导下，必须由教育行政部门统筹规划，统一管理。

四、凡是经过无线电管理部门指配并按批准参数设立的教育电视台的频道，应受到保护，不得干扰。如出现干扰教育电视台频道的情况，当地教育行政部门要商请无线电管理部门协调解决。

五、各级教育电视台必须坚持为教育和教学服务的办台宗旨，各地教育电视台要认真转播中国教育电视台的教育新闻节目和国家教委要求转播的其他节目（每天一般不得少于六小时）。省、地（市）教育电视台还应努力办好为当地服务的教育与教学节目，可以采、编、播出地方教育新闻节目；制作、播出生动活泼的德育、美育特别是爱国主义教育节目。

六、教育电视台要有稳定的事业经费来源，以保证教育电视台业务的正常开展。教育电视台的事业经费要纳入当地的财政预算或教育部门的预算。

七、各级教育电视台除转播上级教育电视台和播出本台自制节目外，播出的其他教育节目要遵守著作权法和有关公约。

八、各级教育电视台要建立健全各项管理制度和操作规程。除转播上级教育电视台的节目外，凡需播出的其他节目都应经过严格审查。教育新闻节目须经教育行政部门的主管领导审查。各级教育电视台不能播出非教育新闻，更不得搞有偿新闻；不得播出非教学任务和教育目的的节目，更不能搞有害于青少年身心健康的节目；不得播出假冒伪劣商品广告。严禁从文化音像市场（录像放像单位或租赁点）租赁文艺节目在教育电视台公开播放。

各级教育行政部门对所属教育电视台站要经常检查指导，凡有违反上述规定和国家教委的其他有关规定的台站要及时纠正，对情节严重的要限期整顿，直至停播。对责任者必要时，给予纪律处分。

□关于在九十年代基本普及九年义务教育和基本扫除青壮年文盲的实施意见

（1994 年 9 月 1 日国家教委印发）

到本世纪末基本普及九年义务教育和基本扫除青壮年文盲（以下简称“两基”），是提高整个民族素质的奠基工程，是今后一个时期教育发展的“重中之重”。90 年代实现“两基”，是党中央、国务院的一项战略决策，是全党、全社会一项紧迫而艰巨的历史任务。为更好地贯彻落实《中国教育改革和发展纲要》，推进“两基”工作，根据国务院制定的《关于〈中国教育改革和发展纲要〉的实施意见》的精神，并经国务院领导同志审核同意，特制定本实施意见。

一、“两基”的目标、实施原则和步骤

（一）关于“全国基本普及九年义务教育”（包括初中阶段的职业教育，以下简称“普九”）的目标、实施原则和步骤。

1. 目标：到 2000 年，普及地区人口覆盖率为 85%，初中阶段入学率（注）争取达到

（注）初中阶段入学率$=\frac{\text{初中阶段在校生数}}{\text{13—15 周岁人口总数}}\times 100\%$

85%左右，在校生达到5500万人左右。

按上述指标，到2000年，我国小学和初中阶段的规模是：

小学：适龄儿童1.349亿人，入学率为99%，考虑到部分超龄儿童在小学继续就读等情况，到2000年在校生预计达到1.35亿人，比1993年净增小学生1079万人，平均年递增1.19%。

初中阶段：13—15周岁适龄少年为6568万人，在校生将比1993年增加1360万人，平均年递增4.15%。

85%初中阶段入学率是指毛入学率，是全国的平均数，各省（自治区、直辖市）依本地实际情况制订目标，分阶段、有步骤地实现。

2. 实施原则：(1) 坚持积极进取，实事求是的精神，依照分区规划、分类指导的原则，进行规划和组织实施；(2) 分步实施，坚持在普及小学教育的基础上再普及初中阶段教育；正确处理普及速度和办学条件的关系；(3) 坚持标准，注重质量。师资队伍建设不可降格以求，应保证必需的教学仪器、图书和文体设备；(4)“普九”的重点在初中，要充分利用现有学校，挖潜扩招，也要根据需要和条件建些新校。要加大农村初中改革的力度，以改革促发展；(5)“普九”的难点在贫困地区、民族地区。有些贫困地区、民族地区可在实现了“一无两有”和保证必要的师资和设备条件下，实施九年义务教育，逐步改善办学条件；还可实行正规教育与非正规教育相结合。对这些地区实施义务教育和女童、残疾儿童少年的入学予以特别扶持。

3. 步骤：实现上述目标，全国按四类地区分三步走。(1) 第一步（1994—1996）：在40—45%人口地区“普九”，主要是城市及经济发展程度较高的农村。包括京、津、沪和江苏三市一省共164个县和其他省（区）的1115个县，合计为1279个县。(2) 第二步（1997—1998）：累计60—65%人口地区“普九”，主要是增加了中等发展程度地区20—25%的人口覆盖地区，共累计1800余县（区）。(3) 第三步（1999—2000）：累计85%人口地区“普九”，主要是中等发展程度地区余下的15%人口地区和贫困地区中条件较好的5%人口地区，共累计2400余县（区）。贫困地区中10%人口地区继续发展和巩固“普五”或“普六”，5%人口的特困地区普及3—4年的小学教育。

（二）关于“全国基本扫除青壮年文盲”的目标、实施原则和步骤。

1. 目标：到本世纪末，在90%以上人口地区扫除青壮年文盲，使青壮年人口中文盲率降到5%以下。

2. 实施原则：(1) 坚持普及初等教育、扫盲教育、扫盲后继续教育统筹规划；(2) 学文化与学技术相结合；(3) 广泛动员社会力量支持、参与扫盲；(4) 把扫除妇女文盲，少数民族地区文盲以及贫困、边远地区文盲工作作为重点；(5) 坚持标准，注重质量。

3. 步骤：国家规划90年代每年扫盲不少于400万人。具体实施上，分类指导，分期达标。第一步，经济、教育条件好，占全国人口33%的十个省（市），到1996年前使青壮年文盲率降到5%以下。第二步，经济、教育条件比较好，占全国人口52%的十三个省（区），到1998年使青壮年文盲率降到5%以下。第三步，经济、教育基础较差，占全国人口15%的六个省（区），到2000年使青壮年文盲率降到15%以下；其中，占该地区三分之一人口以上的城镇、条件比较好的农村使青壮年文盲率降到5%以下。

二、深化管理体制和教育教学改革，促进“两基”积极健康地发展

（一）深化管理体制的改革。

1. 要进一步坚持和完善基础教育实行“地方负责、分级管理”的体制。应当明确，“地方负责”首先是省（自治区、直辖市）政府负责。其主要责任是：对本辖区“普九”和扫盲负有领导责任和规划实施责任，对本省（区、市）贫困地区的普及初等义务教育、普及九年义务教育和扫除文盲教育承担经费扶持等责任。其次，要加大地（市）政府实施“两基”的责任，实行省、地（市）、县、乡四级各司其职，各尽其责。

当前，各省、自治区、直辖市还应就解决基础教育事权与财权、人权分离的问题，制定办法，保证基础教育事权与财权、人权的统一。

2. 重申在农村实行县、乡、村三级办学，县、乡两级管理，以县为主的管理体制。县级政府在组织“两基”实施方面负有主要责任，包括制定落实到乡、村的规划；统筹管理教育经费，保证义务教育、扫除文盲的经费投入和中小学教师工资实行全额预算，按时足额发放（财政收入不足以支付工资的地区，其不足部分应从上级政府给予的财政补贴中支付）；管理中小学校长、教师，指导中小学教育教学工作等。乡政府落实“两基”的具体工作，包括保障办学条件、适龄儿童少年按时入学和扫盲对象接受培训等。在经济发展程度较高地区，义务教育可以实行县乡两级管理，充分发挥乡财政的作用。

3. 基础教育应以地方政府办学为主，同时鼓励企事业单位和其他社会力量按照国家的有关法律和政策多渠道、多形式办学。有条件的地方，还可以采取“民办公助”、“公办民助”等办学形式。对于社会团体和个人依法办学，采取积极鼓励、大力支持、正确引导、加强管理的方针。在企业转换经营机制中，所属中小学、幼儿园应继续办好。地方教育行政部门应加强对企业办学的业务指导。

4. 建立中小学校舍建设投资体制。中小学校舍建设应采取“两条腿走路”的方针，实行国家、社会和个人的多渠道投资体制。

城镇中小学校舍建设应纳入城市总体规划，由当地计划、财政部门列入计划和预算，予以保证。特别在建新居民区和老居民区改造时，必须配套建设实施义务教育的学校。农村中小学校舍建设（包括房屋修建、设施配套和教学仪器设备配备等）纳入当地政府基建计划，实行“公建民助”或“民建公助”的办法，把由乡村负责筹措资金、群众集资与乡以上政府投入结合起来。

（二）深化教育教学改革。

1. 全面贯彻教育方针，全面提高教育质量（简称“两全”）。要转变教育思想，更新教育观念，树立正确的人才观、质量观，克服单纯为升学的应试教育弊端，切实落实提高公民素质的教育宗旨，使学生德、智、体、美、劳诸方面都能得到发展。实现“两全”目标的根本途径在于深化教育教学改革。

新形势下，要重视发挥学校、社会和家庭共同育人的作用。进一步加强中小学的爱国主义、集体主义和社会主义思想教育，近代史、现代史和国情教育，以及革命传统教育、我国优秀传统文化和道德的教育，抵制拜金主义、享乐主义、极端个人主义等错误思想的侵蚀。注意培养学生健康的心理品质，养成良好的行为习惯，遵守社会公共道德和法纪。要改革中小学各科教学工作，加强基础知识教学和基本技能训练。实行新工时制后，要进一步精减课程内容，调整教学要求，切实减轻学生过重的课业负担，加强体育、美育、劳动教育，促进学生全面发展和个性特长的发展。

2. 深化农村基础教育改革，为当地“两个文明”建设服务。

(1) 要进一步推动“农科教”结合和“三教统筹”。从促进农村经济上一个新台阶，实现经济和社会发展的第二个战略目标的高度，研究和改革农村的基础教育，以适应广大农村发展生产，改变面貌，渴望人才，科教致富的时代要求。

(2) 改革农村基础教育，应采取的主要措施：一是县一级领导要进一步树立“百年大计，教育为本”的思想，整个社会要改变陈旧的人才观念，学校要克服片面追求升学率倾向，面向全体学生，把培养社会主义新农村的建设者，作为农村基础教育的根本任务；二是对学生加强热爱家乡、献身农村现代化建设的思想教育；三是从农村实际出发，改革办学模式、学制、课程设置、教学内容、教学方法，为培养适应农村“两个文明”建设需要的各种人才打基础；四要积极创造条件，使多数农村初中能及早增加实用技术教育内容，特别是不发达地区，基础教育要适时分流。各地还可试办初等职（农）业学校，深化农村教育综合改革，使农村教育的体制和结构更好地适应农村建设与发展的需要。

3. 进一步改革扫盲教育的内容，把学文化与学生产知识、实用技术结合起来。要根据成人学习的特点，改革教学方法，充分调动学员的积极性，推动扫盲工作持续有效地开展。

三、努力增加投入，加强师资队伍建设，保证“两基”顺利实施

(一)确保义务教育和扫盲经费有稳定的来源并逐步增长。

1. 实施“两基”主要是各级政府的责任。各省、自治区、直辖市在编制年度财政预算时，应在确保“两个增长”的同时，切实保证中小学教师（包括民办教师）工资和生均公用经费逐年有所增长；省级人民政府应制订中小学生均公用经费标准；要逐步提高各级财政支出中教育经费所占的比例，省级和县级财政支出中教育经费的比例，由省级政府确定，乡财政主要用于义务教育。

2. 在教育经费中，义务教育经费单列并逐步增加比例。

3. 地方政府机动财力中应有适当比例用于义务教育和扫盲教育。

4. 为保证边远、贫困和民族地区实施义务教育和扫盲教育，中央、省、地（市）、县四级政府要设立专项经费。中央财政现有的扶助贫困地区义务教育专项经费，从今年开始逐年提高，省、地（市）、县财政预算也应作出相应的安排。

5. 城乡教育费附加按增值税、营业税、消费税的3%征收；乡镇企业、农村私营企业和个体工商户的计征比例由省（自治区、直辖市）确定，农民按人均纯收入的1.5—2%，在乡统筹款中征收。城乡教育费附加主要用于义务教育。农村教育费附加主要用于农村义务教育公用经费和民办教师工资的“集体支付部分”，也要安排一部分用于农村扫盲，但都不能冲抵财政对教育的拨款。地方政府可以根据国家有关法律规定，开征其它用于义务教育的税费。

6. 鼓励社会多渠道、多形式集资办学。

特别是在广大农村，对前几年集资办学的成绩应予肯定。要继续鼓励农民在自愿量力的基础上集资改善办学条件。农村集资经乡人民代表大会通过，县政府审批。集资主要用于农村中小学危房改造、新建校舍以及改善教学基本条件等。

7. 大力扶持城乡中小学和乡、村成人学校校办产业的发展，补充办学经费。国家继续对校办产业实行减免税政策。国家银行应增加对中小学校办产业的低息贷款。

8. 地方政府应适时调整义务教育阶段的杂费标准和非义务教育阶段的收费标准。

9. 拟制定和颁布《实施义务教育投入条例》，从法律上确保国家财政拨款在义务教育投入中的主体地位；确保义务教育经费稳定的来源和稳步的增长；加强对各级政府义务教育投入水平的监控；提高义务教育经费使用效益。

（二）建设一支素质良好、结构合理、相对稳定的教师队伍。

1. 提高教师待遇，稳定教师队伍。各级政府要认真贯彻执行《教师法》有关教师工资待遇的规定，保证教师新工资方案的落实，各地各部门根据实际情况，制订教师津贴标准和范围，坚决杜绝拖欠教师工资的违法行为发生；要继续高度重视并积极解决中小学教职工住房问题；要使中小学教师的医疗同当地国家公务员享受同等的待遇；逐步建立教师社会医疗保险和社会养老保险制度。

2. 必须把发展师范教育、培训在职教师和扫盲教师作为实施“两基”的关键措施，切实抓紧抓好。各级政府要大力办好师范教育，对师范教育的投入要优先考虑，重点保证。各地要相应提高各级师范院校学生专业奖学金（助学金）标准，保证学生学习期间的基本生活待遇；要加强在职教师的培训，继续提高中小学教师学历合格比例和学历层次；加强中小学骨干教师队伍建设、青年教师和扫盲教师的培训。师资培训经费的来源应有固定的渠道。

3. 进一步改善和加强民办教师工作。要采取有力措施，认真贯彻落实国家教委、人事部、财政部、国家计委《关于进一步改革与加强民办教师工作若干问题的意见》，全面贯彻实施“关、招、转、辞、退”统筹解决民办教师问题的五字方针。各级人民政府应当积极改善民办教师待遇，逐步做到使其在工资收入上与国家支付工资的教师同工同酬。国家和地方政府每年都应划拨一定数量的劳动指标，从优秀民办教师中选招公办教师，通过多种途径逐步减少民办教师数量，争取在本世纪末或稍长一点时间内基本解决民办教师问题。

4. 要加强中小学教师，尤其是青年教师的思想政治工作，加强师德教育，全面提高师资队伍素质。抓好中小学校长的培训工作，“八五”期间基本上对全国中小学校长和扫盲专职干部、农村成人教育专职干部进行一遍岗位培训。从1996年起，新任中小学校长要逐步实行持证上岗。以后每五年轮训一遍，形成制度。要改进培训内容和方法，注重实效。逐步建立中小学校长岗位培训质量评估制度，加强对培训工作的检查。

四、加强“两基”工作的领导与监控

（一）提高认识，加强领导。

加强对“两基”工作的领导，使“两基”工作沿着正确的轨道扎实、健康地发展，是各级党政领导必须履行的历史责任，也是实现“两基”目标的重要保证。

1. 各级党政领导应明确：在建立社会主

义市场经济新体制，加快经济发展的条件下，教育仍然是社会主义建设的战略重点，经济持续、快速、健康发展必须依靠科技进步和劳动者素质的提高。象抓好经济工作那样抓好教育工作，仍然是新的历史时期加快经济建设的一个重要指导思想。“忽视教育的领导者，是缺乏远见的、不成熟的领导者，就领导不了现代化建设。”

2. 依法积极推进“两基”的实施，是各级政府应当履行的职责。各级政府必须认真贯彻《义务教育法》及其实施细则和《扫除文盲工作条例》，牢固树立法制观念，带头执法，绝不能以任何理由推卸自己的责任，更不能以所谓改革的名义把基础教育尤其是义务教育推向市场。实施义务教育，必须是政府行为。政府有关职能部门应当认真履行职责，密切配合，协调一致，共同负起实现“两基”目标的责任。

3. 各地要把实施“两基”工作列入重要议事日程，进一步研究和制定到本世纪末实现“两基”的规划和措施，并纳入本地区经济和社会发展的总体规划，保证实施“两基”的经费、师资和设置等必要条件。扫盲规划需要落实到村、到人。各级人民政府应形成每年向同级人大常委会报告一次“两基”工作的制度。凡属实施“两基”中遇到的重大问题，各级党政部门都应及时调研，尽快做出决策。在部署、检查、总结年度工作和考核干部（尤其是主要领导）时都应把“两基”工作作为一项内容。

（二）加强“两基”的立法、执法和评估验收。

首先要完善“两基”法规体系，并要广泛宣传，使“依法治教”成为社会的共识；其次，要做到“有法必依”，“执法必严”，保障义务教育的实施；第三，督导要坚持“督政”，使各级地方政府明确：实施义务教育和扫除文盲是政府行为，保证教育投入是政府责任；第四，国家建立对实现“普九”和完成扫盲规划的县（市、区）进行评估验收和表彰奖励的制度。国家教委将修订颁布《普及义务教育评估验收暂行办法》。各省、自治区、直辖市依实际情况制订实施意见和标准。评估验收工作由各省、自治区、直辖市政府有计划地分期、分批进行，国家进行抽查。为促进贫困、边远和民族地区实施义务教育，对普及初级中等教育和到2000年只能普及初等教育的地方实行分别验收。中央和地方都应设立一笔专项奖励基金，分别对“普九”、“扫盲”工作先进省（自治区、直辖市）和实现“普九”、“扫盲”的先进县（市、区）以及其他先进单位与个人进行表彰奖励。

□关于进一步做好学校收费工作的通知

（1994年9月20日国家教委印发）

为认真贯彻落实党中央、国务院抑制通货膨涨，稳定物价的重要决定，采取切实有效的措施，尽快缓解物价上涨过猛的势头，保证学校教学工作和生活的正常秩序，为改革开放和经济发展创造一个更好的客观环境，现对进一步做好学校收费工作通知如下：

一、各省、自治区、直辖市教育行政部门、中央部委教育主管部门及各级各类学校，必须从全国改革开放和现代化建设的大局出发，按照党中央、国务院的部署，统一认识、统一行动，严格执行国务院、国家计委、财政部、国家教委及地方政府有关学校收费工作的有关规定，要把加强对学校收费工作的管理和监督，作为当前的一项大事抓紧抓实抓好。

二、学校收费项目和标准的确定，必须严格按规定审批权限进行，不得层层下放，不得超越权限自立收费项目和提高收费标准。学校主管部门应按国发［1994］16号文件的规定，自觉接受物价部门对学杂费的监控。对于国家教委公布取消的21项中小学收费项目，不得自行突破。下半年各地各部门不得再出台新的学校收费项目。

三、严禁学校向学生乱摊派、乱集资，也不得向学生强行推销各类商品和搭配推销国家规定之外的书籍。对于社会向学校的各种乱摊派，教育行政主管部门应支持学校予以抵制，更不能转嫁到学生头上。要严格控制学校代收费用项目，除学生生活学习必需者外，不得替校外单位代为办理其他收费。

四、要严格执行国办发［1993］66号文件中的有关规定，不得把捐资助学同录取学生挂钩，坚决杜绝以钱买分、以钱买学籍、以钱选择公办学校和重点学校的错误作法。

五、学校收费应由学校财务部门统一收取或由财务部门委托基层单位代收，并开具财政部门统一印制的行政事业性收款收据，所收费用由财务部门按照“收支两条线”的原则，进行核算管理，不得自收自支和私设“小金库”。

六、高等学校的各类内部收费项目和标准，必须按规定报批，必须实行严格的成本核算，不得随意提高，特别是涉及到学生吃、住等基本价格，必须保持基本稳定，并特别注意解决好困难学生的生活问题。

七、要加强社会和群众对学校收费的监督，提高收费工作的透明度。各级各类学校的收费项目和标准，应及时公布于众，接受监督。中小学收费应建立收费卡制度，以接受群众监督。

八、各省、自治区、直辖市教育行政部门和中央部委教育主管部门应在开学前后，组织一次对所属学校的收费工作的检查，对违反有关规定，巧立名目向学生乱收费的学校和部门除退还全部乱收款项外，还应追究经办人员和有关负责人的行政或法律责任。我委将在10月份对各地学校收费工作的情况组织一次检查，对违反规定者，将视情况予以通报或处理。

□关于开展普通话水平测试工作的决定

（1994年10月30日国家语委、国家教委、广播电影电视部发布）

《中华人民共和国宪法》规定：“国家推广全国通用的普通话。”推广普通话是社会主义精神文明建设的重要内容；社会主义市场经济的迅速发展和语言文字信息处理技术的不断革新，使推广普通话的紧迫性日益突出。国务院在批转国家语委关于当前语言文字工作请示的通知（国发［1992］63号文件）中强调指出，推广普通话对于改革开放和社会主义现代化建设具有重要意义，必须给予高度重视。为加快普及进程，不断提高全社会普通话水平，国家语言文字工作委员会、国家教育委员会和广播电影电视部决定：

一、普通话是以汉语文授课和各级各类学校的教学语言；是以汉语传送的各级广播电台、电视台的规范语言，是汉语电影、电视剧、话剧必须使用的规范语言；是全国党政机关、团体、企事业单位干部在公务活动中必须使用的工作语言；是不同方言区及国内不同民族之间的通用语言。掌握并使用一定水平的普通话是社会各行各业人员，特别是教师、播音员、节目主持人、演员等专业人员必备的职业素质。因此，有必要在一定范围内对某些岗位的人员进行普通话水平测试，并逐步实行普通话等级证书制度。

二、现阶段的主要测试对象和他们应达到的普通话等级要求是：

中小学教师、师范院校的教师和毕业生应达到二级或一级水平，专门教授普通话语音的教师应达到一级水平；

县级以上（含县级）广播电台和电视台的播音员、节目主持人应达到一级水平（此要求列入广播电影电视部部颁岗位规范，逐步实行持普通话等级合格证书上岗）；

电影、电视剧演员和配音演员，以及相关专业的院校毕业生应达到一级水平。

三、测试对象经测试达到规定的等级要求时，颁发普通话等级证书。对播音员、节目主持人、教师等岗位人员，从1995年起逐步实行持普通话等级证书上岗制度。

四、成立国家普通话水平测试委员会，负责领导全国普通话水平测试工作。委员会由国家语言文字工作委员会、国家教育委员会、广播电影电视部有关负责同志和专家学者若干人组成。委员会下设秘书长一人，副秘书长若干人处理日常工作，办公室设在国家语委普通话培训测试中心。各省、自治区、直辖市也应相应地成立测试委员会和培训测试中心，负责本地区的普通话培训测试工作。

普通话培训测试中心为事业单位，测试工作要合理收费，开展工作初期，应有一定的起动经费，培训和测试工作要逐步做到自收自支。

五、普通话水平测试工作按照《普通话水平测试实施办法（试行）》和《普通话水平测试等级标准（试行）》的规定进行。（详见附件一、二）

六、普通话水平测试是推广普通话工作的重要组成部分，是使推广普通话工作逐步走向科学化、规范化、制度化的重要举措。各省、自治区、直辖市语委、教委、高教、教育厅（局）、广播电视厅（局）要密切配合、互相协作，加强宣传，不断总结经验，切实把这项工作做好。

附件一：

普通话水平测试实施办法（试行）

根据国家语言文字工作委员会、国家教育委员会、广播电影电视部《关于开展普通话水平测试工作的决定》，制定本办法。

一、普通话水平测试委员会

第一条 普通话水平测试工作在国家普通话水平测试委员会的领导下，根据统一的标准和要求，在规定的范围内逐步开展。

第二条 各省（自治区、直辖市）应组建省级普通话水平测试委员会和普通话培训测试中心。中央人民广播电台、中央电视台以及具备条件的国家部委直属师范、广播、电影、戏剧等高等院校，经国家普通话水平测试委员会批准，可以成立本单位的普通话水平测试委员会，负责本单位的普通话水平测试工作。省级和部委直属单位的测试委员会接受国家普通话水平测试委员会的领导。

第三条　在普通话水平测试委员会和培训测试中心成立前，省（自治区、直辖市）内的测试工作在省（自治区、直辖市）语委、教委和广播电视厅的统一领导下进行。

二、普通话水平等级标准和《测试大纲》

第四条　普通话水平划分为三级六等（详见附件二），级和等实行量化评分。

第五条　普通话水平测试工作按照国家语委组织审定的《普通话水平测试大纲》统一测试内容和要求。

三、测试员

第六条　普通话水平测试员分国家级和省（自治区、直辖市）级两类。国家级测试员需经国家语委普通话培训测试中心培训、考核并取得测试员证书；省级测试员需经省普通话培训测试中心培训、考核，并经国家语委普通话培训测试中心复审、备案后，由省（自治区、直辖市）普通话培训测试中心颁发省级测试员证书。

评定普通话一级（甲、乙等）水平，必须由国家级测试员主持或复核方为有效。

第七条　测试员应熟悉和拥护国家语言文字工作方针、政策，热心语言文字工作，熟练掌握汉语拼音，普通话水平达到一级乙等以上（省级测试员少部分1946年以前出生的可放宽到二级甲等），具有大专毕业文化程度和三年以上工作实践，并有较高的语音分辨能力，作风正派。

国家级测试员最低上岗年龄为25岁，省级测试员最低上岗年龄为24岁。

第八条　测试员在省（自治区、直辖市）培训测试中心（或部委直属单位的普通话水平测试委员会）的组织领导下承担测试任务。测试工作必须严格按统一的测试标准和要求独立进行。

第九条　等级测试须有三名测试员协同工作（分别测试，综合评议）方为有效。评定意见不一致时，以多数人的意见为准。人员不足时，可用加强上级复审的办法过渡。

第十条　测试员不能正确掌握测试标准或在工作中有徇私舞弊行为时，省（自治区、直辖市）或部委直属单位的普通话水平测试委员会应在一定期间内（半年至一年）停止其测试工作，错误性质严重的应撤销其测试员资格。对国家级测试员的处分和撤销处分的决定应通知国家语委普通话培训测试中心。

四、应试人员

第十一条　1946年1月1日以后出生至现年满18岁（个别可放宽到16岁）之间的下列人员应接受普通话水平测试：

1. 中小学教师；

2. 中等师范学校教师和高等院校文科教师；

3. 师范院校毕业生（高等师范里，首先是文科类毕业生）；

4. 广播、电视、电影、戏剧，以及外语、旅游等高等院校和中等职业学校相关专业的教师和毕业生；

5. 各级广播电台、电视台的播音员、节目主持人；

6. 从事电影、电视剧、话剧表演和影视配音的专业人员；

7. 其他应当接受普通话水平测试的人员和自愿申请接受普通话水平测试的人员。

第十二条　现阶段对一些岗位和专业人员的普通话等级要求：

1. 教师和师范院校毕业生应达到二级或一级水平，语文科教师应略高于其他学科教师的水平；

2. 专门从事普通话语音教学的教师和从事播音、电影、电视剧、话剧表演、配音的专业人员，以及与此相关专业的毕业生应达到一级甲等或一级乙等水平。

五、普通话等级证书

第十三条 普通话等级证书由省（自治区、直辖市）培训测试中心或部委直属单位普通话水平测试委员会颁发。

第十四条 普通话等级证书全国统一格式，由各省（自治区、直辖市）分别编号。

第十五条 测试评定的普通话一级甲等，需分批报国家语委普通话培训测试中心复审。复审比例为：10名以内复审1/3，11～50名以内复审1/5，51名以上复审1/10。复审后，在国家语委普通话培训测试中心备案，省（自治区、直辖市）培训测试中心注册。证书由国家语委普通话培训测试中心盖章后，由省（自治区、直辖市）培训测试中心颁发。

测试评定的一级乙等，在省（自治区、直辖市）培训测试中心注册，在国家语委普通话培训测试中心备案，必要时得由国家语委普通话培训测试中心抽查，然后由省（自治区、直辖市）培训测试中心颁发证书。

测试评定的二级甲、乙等，报省（自治区、直辖市）培训测试中心备案并发证书。

测试工作的重点是工作和学习需要普通话水平应达到一级或二级的人员。普通话三级水平测试由各地按照测试标准和大纲的要求，根据各地的情况和工作的需要组织进行。

第十六条 未进入规定等级或要求晋升等级的人员，需在前次测试5个月之后方能提出受试申请。

六、附则

第十七条 本办法由国家语委普通话培训测试中心负责解释。

第十八条 本办法自1994年10月30日起实施。

附件二：

普通话水平测试等级标准（试行）

一 级

甲等 朗读和自由交谈时，语音标准，词汇、语法正确无误，语调自然，表达流畅。测试总失分率在3%以内。

乙等 朗读和自由交谈时，语音标准，词汇、语法正确无误，语调自然，表达流畅。偶然有字音、字调失误。测试总失分率在8%以内。

二 级

甲等 朗读和自由交谈时，声韵调发音基本标准，语调自然，表达流畅。少数难点音（平翘舌音、前后鼻尾音、边鼻音等）有时出现失误。词汇、语法极少有误。测试总失分率在13%以内。

乙等 朗读和自由交谈时，个别调值不准，声韵母发音有不到位现象。难点音较多（平翘舌音、前后鼻尾音、边鼻音、fu—hu、z—zh—j、送气不送气、i—ü不分、保留浊塞音、浊塞擦音、丢介音、复韵母单音化等），失误较多。方言语调不明显。有使用方言词、方言语法的情况。测试总失分率在20%以内。

三　级

甲等　朗读和自由交谈时，声韵母发音失误较多，难点音超出常见范围，声调调值多不准。方言语调较明显。词汇、语法有失误。测试总失分率在30%以内。

乙等　朗读和自由交谈时，声韵调发音失误多，方音特征突出。方言语调明显。词汇、语法失误较多。外地人听其谈话有听不懂情况。测试总失分率在40%以内。

□关于加强教学地图编制出版管理工作的通知

（1994年11月28日国家测绘局、新闻出版署、国家教委、外交部印发）

地图出版物不同于其他出版物，它具有很强的技术性、政治性。教学地图是经国家教育委员会审定通过的教材，是学校课堂教育教材的重要组成部分，是对学生进行爱国主义教育、国情教育最直观的教材。同时，教学地图内容的表示、国界线画法、行政区域、国家首都、首府名称的标注等，都反映了国家的政治观点和外交立场。因此，编制出版教学地图，除应严格按照国家教委规定的教学大纲和相应的教材编制外，还应严格执行国家对公开地图编制出版管理的各项规定。

近年来，有些部门和出版单位，只考虑本部门和本单位的经济利益，不考虑对社会可能造成的影响，在不具备教学地图编制出版权限的情况下，擅自编制出版教学地图，致使一些教学地图编制出版质量达不到国家规定的要求，甚至出现严重错误，给国家带来不应有的影响，亦给学生形成错误的概念，影响了教学地图的严肃性。

为保证和维护教学地图的严肃性、权威性，加强教学地图编制出版管理和教学地图市场管理，现对教学地图编制出版工作作以下规定：

一、依据国务院关于地图编制出版管理的行政法规，教学地图其中含地理和历史地图册、地理和历史填充图册、地理和历史教学挂图中的地图部分等，由专门的地图出版社按照新闻出版署批准的地图出版范围编制出版。与乡土教材配套的地图和地图册可以由经国家测绘局批准具有教学地图编制资格、经新闻出版署批准具有教学地图出版范围的出版单位编制出版。未经批准的任何出版社和出版单位，不得编制出版教学地图。

二、为保证教学地图的政治要求和技术质量，凡出版教学地图、地理和历史教科书必须依据国家有关地图审批的规定，将教学地图或地理、历史教科书中的地图样图或复制图先报送外交部、国家测绘局审查，再报国家教委中小学教材审定委员会审定（含地图的教科书）；乡土教材中的地图和与乡土教材配套的地图、地图册必须将样图或复制图报省、自治区、直辖市测绘局（处）审批，再报省级中小学教材审查委员会审查（含地图的教科书）。未经审查批准的教学地图、乡土教材和与乡土教材配套的地图、地图册，一律不得出版发行。

三、为了保证教学地图的印刷和装订质量，各编制出版单位印刷教学地图所选定的地图印刷厂，应是书刊印刷定点企业，并经考查认定其技术条件（设备和人员等）能满足地图印刷的要求。教学地图印刷照光样张须经编制出版单位审核。

本通知自发布之日起执行。

□中小学贯彻《事业单位工作人员工资制度改革方案》的实施意见

（1994年2月5日人事部、国家教委印发）

根据国务院颁发的《事业单位工作人员工资制度改革方案》和国务院办公厅下发的《事业单位工作人员工资制度改革实施办法》的规定，结合中小学的特点和具体情况，制定本实施意见。

一、实施范围

此次中小学工作人员工资制度改革的实施范围，限于下述单位和人员范围中1993年9月30日在册的国家正式职工。

（一）普通中学、农业中学、职业中学、普通小学、幼儿园、特殊教育学校、工读学校、成建制的中、初等成人学校；

（二）少年宫、少年之家、少年辅导站等校外教育机构；

（三）教育行政部门所属的教研室、电化教育馆（站）、教学仪器装备供应站等教育事业单位；

（四）属于教育事业编制专职从事农村成人教育与扫盲教育的人员，以及上述学校中从事勤工俭学工作、现仍属学校事业编制、工资关系仍在校内的工作人员列入这次中小学工资制度改革实施范围。

二、新工资制度的主要内容和工资构成

新的中小学工资制度总称为中小学职务（技术）等级工资制。工作人员工资由职务（技术）等级工资和津贴两部分构成。职务（技术）等级工资为工资中固定的部分，主要体现工作能力、责任、贡献、劳动的繁重复杂程度；津贴主要体现各类人员的岗位工作特点、劳动的数量和质量。在各单位工资总量构成中，职务（技术）等级工资部分占70%，津贴部分占30%。

三、职务（技术）等级工资

（一）教师职务等级工资。中小学教师实行国家统一的职务序列和职务工资标准。受聘中小学教师职务的人员，执行中小学教师职务等级工资标准（见附表一）。

中小学教师在此次工资套改后职务等级工资标准提高10%。

（二）中小学中的其他各类专业技术人员分别执行国家规定的同类人员的职务等级工资标准。

（三）中小学行政人员实行国家统一规定的事业单位职员职务等级工资制度，执行职员职务等级工资标准（见附表二）。各级各类中小学校长等行政人员根据其学校的具体情况分别执行三至六级职员职务等级工资标准。行政职务与职员职务等级的对应关系，可参考本实施意见（见附表三），由省级教育行政部门和人事部门具体确定。

（四）中小学技术工人执行技术等级工资标准，普通工人执行普通工人等级工资标准（见附表四）。幼儿园保育员原则上执行技术等级工资标准。

四、津贴

（一）中小学根据其教育教学等工作的特点设立下列津贴：教师课时津贴、领导职务津贴、职员岗位目标管理津贴、工人岗位津贴等。

1. 课时津贴。课时津贴是教学工作津贴，以教师实际授课时数和教学质量为主要依据计发。根据国家教育行政部门规定的教学计划，计算课时总量；根据当地和学校的具体情况，规定标准周课时，对不同学科的课程确定适当的折合系数。津贴标准可根据学校类别、层次和教师专业技术职务规定若干档次（参考标准见附表五）。

2. 领导职务津贴。担任中小学校长、教导主任及相当职务的领导人员领取领导职务津贴。津贴标准可按学校的类别、层次分别确定。中小学校长的领导职务津贴由上一级教育行政部门确定（参考标准见附表六）。兼任教学工作的，按照实际的工作量同时领取教学课时津贴。

3. 职员岗位目标管理津贴。适用于学校行政人员，津贴标准根据学校行政人员的岗位责任、工作实绩确定。其中担任领导职务人员的津贴水平要与担任同级领导职务的专业技术人员的津贴水平大体平衡。

4. 工人岗位津贴。分为技术工人岗位津贴和普通工人作业津贴。津贴标准根据技术等级、岗位差别、工作量和工作表现确定。

（二）津贴是工资构成中活的部分，要与固定部分同时实施。津贴的发放，要以考核结果为依据，与工作人员的岗位、实际工作数量和质量紧密挂钩，拉开应有差距，真正体现按劳分配原则，多劳多得，少劳少得，不劳不得，不能平均发放。具体办法即要强化津贴分配的激励作用，又要注意正确的政策导向，体现中小学工作的特点，简便易行。

（三）津贴的实施实行国家宏观控制、政策指导，学校自主分配。中小学各类津贴由各省、自治区、直辖市教育行政部门根据本实施意见规定的原则和指导性意见，制定当地的具体实施细则和津贴的基本标准。县级教育行政部门以学校为单位（乡以下学校以乡中心校为单位），按工资构成的30%核定的各校津贴总额，由学校统一掌握使用。学校在不超过核定津贴总额的前提下，可按照本实施意见和省级教育行政部门制定的实施细则及基本标准，根据本单位的实际情况，具体确定津贴档次、津贴标准和发放办法等，报县级教育行政部门审核后实施。

（四）上述津贴制度建立后，原按国家规定发放的奖金（包括按国家有关政策用学校自有收入发放的带有奖金性质的其他项目）在四个月平均基本工资以内的部分，予以取消。超过四个月平均基本工资的部分，由学校统一掌握，可与新设津贴合并使用。

（五）在上述工资构成30%的津贴之外，国家规定的中小学教龄津贴、特级教师津贴、班主任津贴、特殊教育津贴、工读学校补贴继续实行，并按现行标准和办法按月发放。现行超课时酬金与课时津贴合并，不再单独发放。

五、奖励制度

（一）对为国家培养优秀人才贡献卓著的教师以及在教育教学改革中取得重大成果、做出重大贡献的专业技术人员给予重奖。具体办法按国家有关规定执行。

（二）从1994年起，各地区、各部门所属学校工作人员要进行年度考核。在考核的基础上，对考核合格的人员年终发给相当本人一个月工资（当年12月份职务工资与津贴之和）的奖金。年终奖由教育事业费列支。

六、正常增资制度

（一）中小学实行严格考核、定期升级制度。考核工作按国家统一规定，并结合中小学的具体情况组织实施。年度考核一般在学年末进行。凡连续两年正常履行教育教学职责，经考核合格的工作人员，每两年晋升一个工资档次。考核不合格的，不得晋升。经考核优秀的专业技术人员，可以提前或越级晋升，晋升比例在单位总人数的3%以内掌握。定期升级的工资，从下一年度的一月份起发给。

（二）工作人员在职务（技术等级）晋升时，相应增加职务（技术等级）工资。原工资低于新任职务（新定技术等级）工资标准最低档的，进入新任职务（新定技术等级）工资标准最低档；原工资已在新任职务（新定技术等级）工资标准以内的，就近就高进入新任职务（新定技术等级）工资档次。增加的工资，从晋升职务（技术等级）的下月起发给。

七、新参加工作人员的工资待遇

新参加工作的各类学校毕业生的见习期工资、初期工资和定级工资，按国家统一规定执行。对到边远、艰苦地区和农村工作的人员，待遇从优。凡到边远、艰苦地区以及乡（含乡）以下学校工作的中专以上学校毕业生，可以直接定级，定级工资标准比同类人员高1—2档。具体实施按省级人民政府的有关规定执行。

八、离退休人员待遇

中小学离退休人员待遇原则上按国家统一规定执行。根据《教师法》规定，县级以上地方人民政府可以适当提高长期从事教育教学工作的中小学退休教师的退休金比例。中小学教师职务工资标准提高10%的部分计入离退休费的基数。

九、工资管理体制

为强化中小学教师工资待遇的保障机制，并增强中小学的自我激励、自我约束机制，对中小学工作人员工资实行国家宏观控制、分级管理和工资总额包干管理。

国家对中小学工作人员工资实行宏观管理，制定统一的工资制度、工资政策和工资标准，并提出指导性意见。各省、自治区、直辖市在国家政策规定范围内和总量控制的前提下，结合当地实际情况，制定具体实施意见。乡级财政薄弱，不能保证教师工资按时发放的地方，要按《国务院办公厅关于采取有力措施迅速解决拖欠教师工资问题的通知》（国办发[1993]78号）的有关精神执行，以保证教师工资按期足额发放。

在保证普及九年制义务教育事业发展的前提下，中小学可试行工资总额包干管理办法。在定编的基础上，增人不增工资总额，减人不减工资总额，节余的工资由学校自主安排使用。

十、工资制度改革的实施

（一）中小学工作人员工资制度改革从1993年10月1日起实施。

（二）中小学从现行结构工资制向新工资制度过渡的套改办法，按照《国务院办公厅关于印发机关、事业单位工资制度改革三个实施办法的通知》（国办发［1993］85号）的统一规定，并结合中小学的实际情况执行。小学三级教师可按小学二级教师的套改办法进行套改。

（三）对做出突出贡献的人员以及1985年工资制度改革以来根据国家规定授予奖励升级的人员，可适当高定职务工资档次。对表现差、不能履行本职职责，或不能坚持正常工作的人员，学校有权低定其职务工资档次。

（四）中小学教师兼任学校行政领导工作的，可以按教师职务确定职务工资，也可按两种职务中较高一种职务工资执行。

（五）经费来源。中小学属全额拨款的事

业单位，其工资构成中固定部分70%和活的部分30%同时实施，由国家财政预算列支，并保证按月足额兑现。

（六）在公办教师实行新工资制度的同时，民办教师的工资如何增加，由各省、自治区、直辖市人民政府决定。

十一、组织领导

各省、自治区、直辖市教育行政部门可以根据本实施意见，结合当地实际情况，制定中小学工作人员工资制度改革的实施细则，经省、自治区、直辖市人民政府批准后实行，并抄报国家教育委员会和人事部备案。

这次中小学工资制度改革，是在中共中央、国务院颁发《中国教育改革和发展纲要》和《教师法》颁布的背景下进行的重大改革，是提高教师待遇的重大措施。各级人事部门、教育行政部门、各级各类学校要高度重视，切实加强领导，严格执行政策，保证这次工资制度改革顺利进行。

附表一：

中小学教师专业技术职务等级工资标准表

单位：元/月

职务等级	职务工资标准										津贴部分
	一	二	三	四	五	六	七	八	九	十	
中学高级教师	275	305	335	365	395	435	475	515	555		62～238（按在工资构成中占30%计算）
中学一级教师 小学高级教师	205	225	245	265	285	315	345	375	405	435	
中学二级教师 小学一级教师	165	179	193	213	233	253	273	293	313	333	
中学三级教师 小学二级教师	150	162	174	192	210	228	246	264			
小学三级教师	145	156	167	183	199	215	231				

附表二：

职员职务等级工资标准表

单位：元/月

职员等级	职务工资标准										岗位目标管理津贴
	一	二	三	四	五	六	七	八	九	十	
一级职员	480	520	560	605	650	695					62～298（全额拨款单位，按在工资构成中占30%计算）
二级职员	335	370	405	440	480	520	560				
三级职员	235	260	285	310	340	370	400	430			
四级职员	180	198	216	234	252	276	300	324	348	372	
五级职员	160	174	188	202	216	233	250	267			
六级职员	145	157	169	181	193	207	221	235			

附表三：

中小学行政职务与职员职务等级对应关系参考表

职员职务等级	职员工资起点	行政职务	
三级职员	二　档	重点高、完中、重点职业中学、18班以上的高中、24班以上的完中校长	一栏
	一　档	其他高、完中，职业中学校长；24班以上初中、规模较大的实验小学校长；第一栏所列学校副校长	二栏
四级职员	二　档	其他初中、实验小学校长；第二栏所列学校的副校长；第一栏所列学校的中层正职	三栏
	一　档	县以上城市完全小学、乡中心完全小学校长；初中副校长、实验小学副校长；第二栏所列学校中层正职	四栏
五级职员		乡镇完全小学校长，县以上城市完全小学副校长，未进入三、四级职员的中、小学中层干部	五栏
六级职员		未进入三、四、五级职员的中、小学行政人员	六栏

注：重点高完中学系指省级教育行政部门确定的学校。

附表四：

工人工资标准表

1. 技术工人技术等级工资标准　　单位：元/月

技术职务、技术等级	技术等级工资标准										岗位津贴
	一	二	三	四	五	六	七	八	九	十	
高级技师	245	267	289	315	341	367	393	419			62～180
技　师	205	223	241	259	283	307	331	355	379		
高级工	180	196	212	228	248	268	288	308	328	348	(全额拨款单位，按在工资构成中占30%计算)
中级工	160	174	188	202	220	238	256	274	292	310	
初级工	145	157	169	181	197	213	229	245	261	277	

2. 普通工人等级工资标准　　单位：元/月

等级工资标准													津贴
一	二	三	四	五	六	七	八	九	十	十一	十二	十三	58～135 (全额拨款单位，按在工资构成中占30%计算)
135	146	157	168	182	196	210	224	242	260	278	296	314	

注：技师、高级技师工资标准，只限在国家规定的考评工种范围内使用。

附表五：

中小学课时津贴参考标准表

单位：元/课时

学校类别 / 职务等级	高　中	初　中	小　学
高　级	2.3—4.5	1.8—3.5	1.1—2.3
一　级	1.7—3.6	1.4—2.8	0.9—1.8
二　级	1.4—2.8	1.1—2.2	0.8—1.4
三　级	1.2—2.2	1.0—1.7	0.8—1.2

注：高中教师按 10～12 课时/周计算
　　初中教师按 14～16 课时/周计算
　　小学教师按 18～22 课时/周计算

附表六：

中小学领导职务津贴参考标准表

$$校长津贴=\frac{学校各类人员津贴总额}{学校总人数}\times（80\%\sim100\%）$$

$$副校长津贴=\frac{学校各类人员津贴总额}{学校总人数}\times（60\%\sim80\%）$$

$$学校中层正职=\frac{学校各类人员津贴总额}{学校总人数}\times（50\%\sim60\%）$$

$$学校中层副职=\frac{学校各类人员津贴总额}{学校总人数}\times（40\%\sim50\%）$$

□中学生日常行为规范

（1994 年 3 月 11 日国家教委发布）

一、自尊自爱，注重仪表

1. 维护国家荣誉。尊敬国旗、国徽，会唱国歌，升降国旗、奏唱国歌时要肃立、脱帽、行注目礼，少先队员行队礼。

2. 坐、立、行、读书、写字姿势正确。

3. 穿戴整洁、朴素大方。头发干净整齐，不烫发、化妆、佩戴首饰。男生不留长发，女生不穿高跟鞋。

4. 养成良好的卫生习惯。不随地吐痰、乱扔废弃物。不吸烟、喝酒。

5. 举止文明。不打架骂人、说脏话。不赌博，不参加封建迷信活动。

6. 情趣健康。不看色情、凶杀、迷信的书刊、影视片，不唱不健康歌曲。

7. 不进营业性舞厅、营业性电子游戏厅、酒吧和音乐茶座等不适宜中学生活动的场所。

8. 爱惜名誉，拾金不昧，不受利诱，不失人格。

二、真诚友爱，礼貌待人

9. 要讲普通话。使用礼貌用语。讲话注意场合，态度和蔼。

10. 尊重他人的人格、宗教信仰和民族习惯。谦恭礼让，敬老爱幼，尊重妇女，帮助残疾人。遇见外宾，以礼相待，不卑不亢。

11. 尊重教职工，见面行礼或主动问候。回答师长问话要起立，接受递送物品时要起立并用双手。给老师提意见态度诚恳。

12. 同学之间团结互助，正常交往，真诚相待，不叫侮辱性绰号，不欺侮同学，发生矛盾多做自我批评。

13. 待客热情，起立迎送。邻里有困难时，主动关心、帮助。

14. 未经允许不进入他人房间、动用他人物品、看他人信件和日记。

15. 不随意打断别人的讲话、打扰他人学习工作和休息，妨碍别人要道歉。

16. 惜时守信。答应别人的事要按时做到，做不到时表示歉意，借他人钱物要及时归还。珍惜时光。

三、遵规守纪，勤奋学习

17. 按时到校，上课前准备好学习用品。上、下课时，起立向老师致敬。下课时，请老师先行。

18. 上课专心听讲，勇于提出问题，敢于发表自己的见解，积极回答老师的提问。

19. 认真预习、复习，按时独立完成作业。考试不作弊。合理安排课余生活。

20. 积极参加团队活动和学校、班级组织的文体活动、劳动和社会实践活动。

21. 认真值日，保持教室、校园整洁优美。保持图书馆、阅览室的安静。不在教室和楼道内追逐喧哗。

22. 爱护校舍和公物，不在黑板、墙壁、课桌、布告栏等处涂抹乱刻画。借用公物要按时归还，损坏东西要赔偿。

23. 参加各种集会准时到达，不做与会议无关的事。

24. 遵守宿舍和食堂的制度，爱惜粮食，节约水电，服从管理。

四、勤劳俭朴，孝敬父母

25. 生活有规律，按时作息。

26. 学会料理个人生活，自己的衣物用品收放整齐。

27. 主动承担收拾房间、洗衣、做饭、洗刷餐具和打扫楼道、庭院等力所能及的家务劳动和公益劳动。

28. 生活节俭，不摆阔气，不乱花钱。

29. 尊重父母意见和教导，经常把生活、学习、思想情况告诉父母。

30. 外出和到家时，向父母打招呼，未经家长同意，不得在外住宿。

31. 尊敬体贴帮助父母、祖父母、外祖父母，关心照顾长辈和兄弟姐妹。

32. 对长辈有意见，有礼貌地提出，不要脾气，不顶撞。

五、严于律己，遵守公德

33. 遵守交通法则，不违章骑车，过马路走人行横道。

34. 乘公共车、船主动购票，给老、幼、病、残、孕妇及师长让路、让座，不争抢座位。

35. 遵守公共秩序，购票购物按顺序，对营业人员有礼貌。

36. 爱护公用设施、文物古迹。爱惜庄稼、花草、树木。保护有益动物和生态环境。

37. 参观游览守秩序，瞻仰烈士陵墓保持肃穆。

38. 观看演出和比赛，做文明观众，不起哄滋扰，结束时鼓掌致意。

39. 尊重外地人，遇有问路，认真指引。

40. 见义勇为，对违反社会公德的行为要进行劝阻，发现违法犯罪行为及时报告。

□关于进一步加强中小学生竞赛、评奖活动管理的通知

（1994 年 7 月 6 日国家教委印发）

近几年，中小学生的健康成长受到社会各界的关注，各级教育行政部门、文化、新闻、学术机构和群众团体等，面向中小学生组织了各类竞赛（包括读书、征文、野营、考级、文体活动……，下同）评奖等活动。这些活动从总体上讲，对于激发中小学生兴趣爱好、丰富课余生活、促进全面发展，起到积极作用。但是，面向中小学生的竞赛等活动，从全国到地方都不同程度地存在着一些不良倾向，如：竞赛、读书、评奖等活动过多过滥，严重干扰了教育行政部门的日常工作，冲击了学校正常的教育教学秩序，加重了学生的负担；有些活动导向不正，品位不高，造成消极影响和混乱；有些活动收费过高，推销书刊、商品等，引起广大教育工作者和家长的强烈不满；有的组织者未通过教育主管部门同意，采取欺上瞒下的手段，打着教育部门的旗号来开展活动，在社会上造成很坏的影响。为了正确引导全国中小学生各项竞赛、评奖等活动的健康发展，加强对其管理，除继续按国家教委 1990 年颁布的《全国普通大、中学校学生体育竞赛暂行规定》（教体［1990］011 号）和国家教委办公厅 1991 年颁布的《关于加强中小学生竞赛活动管理的通知》（教基厅［1991］6 号）精神执行外，现重申和补充通知如下：

一、组织中小学生开展竞赛等活动必须全面贯彻教育方针，有利于学校教育教学工作，有利于中小学生健康成长，发展个性特

长，发现和培养人才。

竞赛、评奖等活动的内容和形式必须符合中小学生生理、心理、年龄等特点，要有教育性、科学性、知识性、趣味性，寓教于乐，促进学生奋发向上，健康成长。

开展竞赛活动要以基层和学校为主，面向大多数中小学生，要少而精，爱惜人力财力，就地就近。小学生的各项活动原则上在省内进行。

中小学生竞赛、评奖等活动要坚持学校和学生自愿参加的原则。

二、凡以中小学生为对象的竞赛、评奖等活动，均实行教育部门归口管理、严格履行报批手续：

凡欲举办全国性或跨省市的中小学生竞赛活动，主办单位须将竞赛活动方案于上一年12月底之前报国家教委基础教育司，有关体育卫生、艺术等方面的竞赛活动报体育、卫生与艺术教育司，审查并行文批准；举办省、市（地）、县级的竞赛、评奖等活动，必须报当地同级教育行政部门审查、批准。

各地教育行政部门也应严格控制教育内部举办的各项竞赛等活动。

三、经批准的中小学生竞赛、评奖等活动，举办单位须按批准方案实施，并接受教育行政部门的监督、指导。活动结束后一个月内，由主办单位将结果报有关的教育行政部门。

四、各省（区、市）教育行政部门要根据国家教委有关司局的正式批文，结合当地实际情况，确定是否参加有关的竞赛、评奖等活动。未经批准的竞赛、评奖等活动，各地教育行政部门和学校不得组织学生参加。凡参加未经批准的竞赛、评奖等活动的学校、学生和辅导教师的成绩，教育部门一律不予承认，不作为评选先进、升学、评职和晋级的依据。

在经过批准的竞赛、评奖等活动中所取得的成绩是否与评选先进、升学、评职和晋级挂钩，各地教育行政部门应认真研究，逐个从严审核。

中小学生竞赛、评奖等活动均应坚持以精神鼓励为主的原则，严禁用高额奖金或奖品引诱学校、教师和少年儿童参加。

五、举办竞赛、评奖等活动不得收取活动费、报名费或其它各种名义的费用，所需经费，原则上是谁举办谁出钱；企、事业单位可以赞助，但不能通过活动做商业广告，更不能利用各种竞赛、评奖等活动推销书刊、商品等牟利。

六、各社会团体、学术部门、新闻、出版等单位未经国家教委及有关教育行政部门的允许，不得使用教育行政部门的名义编书向中小学生推荐，发行各类书刊、产品和组织中小学生竞赛、评奖等活动。违反者，如经发现，将追究其责任。

□关于开展残疾儿童少年随班就读工作的试行办法

（1994年7月21日国家教委发布）

一、总则

1．深入贯彻执行《中华人民共和国义务教育法》和《中华人民共和国残疾人保障法》，开展残疾儿童少年随班就读工作，是发展和普及我国残疾儿童少年义务教育的一个主要办学形式，是建立适合我国国情的残疾儿童少年义务教育新格局的需要。实践证明，这是对残疾儿童少年进行义务教育的行之有效的途径。

2. 残疾儿童少年随班就读有利于残疾儿童少年就近入学，有利于提高残疾儿童少年的入学率，有利于残疾儿童与普通儿童互相理解、互相帮助，促进特殊教育和普通教育有机结合，共同提高。

3. 各级教育行政部门必须高度重视和积极开展残疾儿童少年随班就读工作，并使其逐步完善。

二、对象

4. 残疾儿童少年随班就读的对象，主要是指视力（包括盲和低视力）、听力语言（包括聋和重听）、智力（轻度，有条件的学校可以包括中度）等类别的残疾儿童少年。

5. 招收残疾儿童少年随班就读，一般应当对其残疾类别和程度进行检测和鉴定。

视力、听力语言残疾儿童少年应由医疗部门、残疾儿童康复部门或当地盲、聋学校的专业技术人员进行检测鉴定。

对智力残疾（特别是轻度）儿童少年的确认一定要慎重。一般先由家长或学生所在班级的教师提出名单，由乡镇组织有医疗、教育部门人员参加的筛查小组，在家长和班级教师的参与下进行严格的筛查（其主要内容是了解被查儿童的病史、家族史及日常行为表现，并进行医学检查，智商测定和教育、行为测定，然后进行综合分析）。名单确定后，由县鉴定小组鉴定。城市可由区组织鉴定小组进行筛查和鉴定。鉴定小组应当由医疗、教育、心理等专业人员组成。有关人员应经过专业培训。使用量表人员要有资格认定。对被确认为智力残疾的儿童少年，要定期复查，如发现有误，必须立即纠正。

在暂不具备筛查鉴定条件的农村地区，对被怀疑智力有问题的儿童少年（指轻度），可以作为有特殊需要的儿童少年，接收其在普通班就读，暂不作定性结论。

6. 智力残疾儿童少年的鉴定结论，仅作为对其采取特殊教育方式的依据，不得移作他用。其姓名和档案材料应该严格保密，仅由有关管理人员、科研人员和任课教师掌握，不得在学生中扩散。

三、入学

7. 残疾儿童少年随班就读，应当就近入学。在城市和交通便利的地区，也可以相对集中在指定学校就读。

8. 残疾儿童随班就读的入学年龄与普通儿童相同。特殊情况可以适当放宽。

9. 在普通学校随班就读的残疾儿童少年每班以 1—2 人为宜，最多不超过 3 人。

10. 县级教育行政部门应当把接收残疾儿童少年随班就读纳入普及九年义务教育发展规划，并把任务落实到乡镇和学校，切实保证残疾儿童少年按时入学。

11. 普通学校应当依法接收本校服务范围内能够在校学习的残疾儿童少年随班就读，不得拒绝。

四、教学要求

12. 学校应当安排残疾学生与普通学生一起学习、活动，补偿生理和心理缺陷，使其受到适于自身发展所需要的教育和训练，在德、智、体诸方面得到全面发展。

13. 学校应当对残疾学生加强思想品德教育，培养其良好的行为习惯，使其逐步树立自尊、自爱、自强、自立精神。同时要加强对普通学生的思想教育，以逐步形成普通学生与残疾学生互相关心、互相帮助的良好校风和班风。

14. 随班就读残疾学生使用的教材一般

与普通学生相同（全盲学生使用盲文教材），轻度智力残疾学生也可以使用弱智学校教材。学校可以根据学生的实际情况，对其教学内容作适当调整。

对视力、听力语言残疾学生的教学要求一般与普通学生相同，特殊情况允许有适度的弹性。对轻度智力残疾学生的教学要求可以参考弱智学校的教学计划、大纲和教材作出安排。对中度智力残疾学生的教学和训练也应作出适当安排。

15. 对随班就读的残疾学生应当贯彻因材施教的原则，制订和实施个别教学计划。应当采取多种形式和方法，激发残疾学生的学习兴趣，挖掘其学习潜力。各科教学应当结合本学科的特点，在教授文化科学知识的同时，注重对残疾学生适应社会生活能力的培养和心理、生理缺陷的矫正、补偿。

16. 教师在随班就读班级的课堂教学中，要处理好普通学生与残疾学生的关系，应当以集体教学为主，并要对残疾学生加强个别辅导。

17. 对残疾学生的考核评估，应当包括思想品德、文化知识、缺陷矫正和补偿以及社会适应能力等方面。此项工作应该有利于残疾学生自信心的培养和提高，不要简单套用对普通学生的考试方法。

18. 随班就读班级教师应当指导残疾学生正确使用助视器、助听器等辅助用具，并教育全体学生爱护这些用具。

19. 有条件的乡镇中心小学或随班就读残疾学生人数较多的学校要逐步设立辅导室，配备必要的教具、学具、康复训练设备和图书资料。

辅导室应配备专职或兼职辅导教师。辅导教师应当受过特殊教育专业培训，其主要工作是帮助残疾学生补习文化知识，指导学生正确选配和使用助视器、助听器等辅助用具，对其进行康复训练，培养社会适应能力等；帮助随班就读班级教师制订个别教学计划和评估残疾学生的进步情况；宣传、普及特殊教育知识、方法及提供咨询等。

五、师资培训

20. 随班就读班级的任课教师，应当遴选热爱残疾学生，思想好、业务水平较高的教师担任。他们应当具备特殊教育基础知识和基本技能，了解随班就读班级教育教学的基本原则和方法。

21. 地方各级教育行政部门应当把视力、听力语言和智力残疾儿童少年随班就读的师资培训工作列入计划，设立培训基地，采取多种形式，对教师进行岗前和在职培训。

普通中等师范学校要分期分批开设特殊教育课程，以保证从事随班就读教学新师资的来源。

22. 省、市（地）级教育行政部门应当组织有关专家，为县、乡两级培训残疾儿童少年的检测人员。

23. 对随班就读班级教师工作的考核评估，应当包括普通教育和特殊教育两个方面，并应充分肯定他们为残疾学生付出的劳动。

24. 地方各级教育行政部门和学校应当根据实际情况，制订奖励和补贴的办法，鼓励教师积极从事随班就读班级的教育教学工作。对表现突出的教师，应当给予表彰。

六、家长工作

25. 学校和班级教师应当与残疾学生家长建立经常的联系，随时交流学生情况，以取得家长的配合和帮助。

26. 学校要采取多种形式，加强对残疾学生家长的培训，使他们了解其子女的心理、生理特点，基本的教育训练方法和辅助用具的选配、使用、保养常识，对其子女做好家庭教育训练工作。

七、教育管理

27. 地方各级教育行政部门应当在调查摸底的基础上，制订规划和有关规定，建立残疾儿童少年随班就读工作的目标责任制。要加强对残疾儿童少年随班就读工作的领导和管理，对工作中出现的问题，应及时研究，认真解决。

28. 各级教育行政部门应逐步增加对残疾儿童少年随班就读的经费投入，并在教师编制、教师工作量计算、教具、学具和图书资料等方面照顾随班就读工作的需要。

地方教育行政部门和学校应当为残疾学生在校学习提供便利条件，帮助残疾学生购置或配备特殊需要的教材、学具和辅助用具等。

29. 省、市（地）及有条件的县级教育行政部门要充分发挥教研、科研部门的作用，配备专职或兼职特教教研、科研人员，组成由教育行政管理人员、教研人员、科研人员、特殊教育学校和普通学校教师参加的研究队伍，积极开展残疾儿童少年随班就读的教育教学研究工作，不断提高教育教学质量。

应当充分发挥特殊教育学校在教学研究、师资培训和提供资料、咨询及残疾儿童少年测查等方面的作用，做好残疾儿童少年随班就读的教育教学指导工作。

30. 县级教育行政部门应当委派指导教师，对残疾儿童少年随班就读工作进行巡回指导。应当注意发挥乡镇中心学校在当地开展残疾儿童少年随班就读工作中的积极作用，组织各校随班就读班级教师进行经验交流，开展教学研究等活动。

31. 学校应当建立残疾学生档案，主要包括个人和家庭情况、残疾鉴定、个别教学计划、学业、考核评估等资料。

32. 学校如无特殊原因，不得随意让随班就读残疾学生停学、停课或停止参加学校和班级的各项活动。

33. 智力残疾学生通过随班就读，其学习能力、社会适应能力有明显改善，能跟上普通学生学习进度的，应当不再视为随班就读对象。

34. 残疾学生一般不留级。智力残疾学生可视其具体情况，在小学阶段适当延长其学习年限。学习期满，发给毕业证书或完成义务教育证书。

35. 对小学毕业的残疾学生，可根据本地和学生的实际情况，安排其进入初级中等学校随班就读，或进入特殊教育学校学习。

36. 各级教育行政部门在开展残疾儿童少年随班就读的工作中，要加强与当地卫生、民政、残联等有关部门的协调，并争取社会的支持和帮助。

□全国中小学校长岗位培训评估工作指导意见

（1994年8月22日国家教委印发）

根据《中国教育改革和发展纲要》和中组部、国家教委《关于加强全国中小学校长队伍建设的意见（试行）》及国家教委《关于加强全国中小学校长培训工作的意见》等文件的精神，为指导各地开展中小学校长岗位培训评估工作，在总结部分地区进行评估工作经验的基础上，提出如下意见：

一、评估的目的

检查地方教育行政部门和承担中小学校长培训任务的院校，贯彻落实国家关于中小学校长队伍建设和培训的方针、政策，开展中小学校长培训工作的情况和成效，督促培训任务的完成，完善中小学校长岗位培训制度，不断提高培训质量和实效，全面提高中小学校长的政治、业务素质和履行岗位职责的管理能力，促进普及九年义务教育的实施和基础教育质量的提高。

二、评估的内容要点

（一）教育行政部门

总要求：贯彻落实中组部、国家教委《关于加强全国中小学校长队伍建设的意见（试行）》（教人［1992］76号）和国家教委《关于加强全国中小学校长培训工作的意见》（教人［1989］035号）以及有关文件提出的要求和各项政策措施。

1. 组织领导

（1）领导重视，将中小学校长培训纳入年度工作计划；

（2）有确定的主管领导和主管部门。

2. 培训规划

（1）调查并掌握本地区中小学校长队伍的现状；

（2）制定并组织实施培训规划，完成阶段性培训任务；

（3）制定并落实年度培训计划。

3. 培训措施和政策

（1）落实培训与校长考核、任用相结合的政策；

（2）落实培训场地、设施、经费，改善培训条件；

（3）有办班备案、发合格证书及考核、监督、奖惩等岗位培训的规章制度。

（二）办学单位

总要求：具备培训的基本条件；认真执行国家教委《关于开展中小学校长岗位培训的若干意见》（教人［1990］018号），坚持理论联系实际、按需施教、学用结合、注重实效的原则，不断提高培训质量和效益。

1. 教学工作

（1）按照有关文件的要求，从实际出发，制定本校的教学计划；

（2）按照教学计划的要求，因地制宜，多种形式办学，保证开齐课程，完成规定的总学时数；

（3）贯彻执行课程教学大纲，用好国家统编教材，编写或选用符合培训需要的教学补充材料；

（4）坚持理论联系实际、按需施教、学用结合、注重实效的原则，精心组织教学。培训前注意调查校长需求，培训中注意针对性，重视案例教学，培训后进行跟踪调查；

（5）教学管理制度健全，并严格执行，逐步做到教学管理科学化、规范化；

（6）充分发挥本地区校长考察见习基地的作用，外出考察目的明确、组织严密、效果明显。

2. 教师队伍

（1）建立专兼结合的教师队伍；

（2）有培养专职教师的措施，使教师熟悉中小学教育和管理情况，增长实际工作经验。兼职教师队伍保持相对稳定；

（3）建立教学研究和备课、听课、评课等制度，组织教师钻研教材教法，不断改进教学工作，保证教学质量。

3. 培训成效

（1）学员经过培训，全面掌握教学计划规定课程的内容，考试、考核成绩合格，达到《全国中小学校长任职条件和岗位要求（试行）》规定的岗位必备知识要求，政治、业务素质和履行岗位职责的实际工作能力明显提高；

（2）学员能自觉运用所学理论知识积极改进学校教育和管理工作，学校面貌发生变化，在培训跟踪考核或当地中小学校督导工作中获得好评。

三、评估的组织领导

中小学校长岗位培训评估工作在国家教委指导下，作为“普九”评估的一项重要内容，由各省、自治区、直辖市负责组织实施。各省、自治区、直辖市要组成评估工作领导小组，根据本《意见》和有关文件，制定本地区的评估办法，组织、指导、检查本地区的评估工作。

各地从现在起要分期分批对中小学校长岗位培训情况进行全面检查评估验收，评估工作的一般程序是：已完成中小学校长岗位培训任务的地区，由本地区教育行政部门或中小学校长岗位培训领导小组先进行自评，自评后向上一级教育行政部门提交评估验收申请报告。对提出申请的地区，上一级评估工作领导小组要及时组织检查验收，并作出评估结论。对中小学校长培训的先进单位和个人应给予必要的表彰和奖励。省级评估验收情况及结果应形成书面报告，报国家教委。国家教委对各地中小学校长培训及其评估情况将分片进行抽查。

培训评估是一项十分严肃的、政策性很强的工作，各地要切实加强领导，精心组织，先行试点，逐步推开。要坚持标准，防止走过场。要注意运用评估的手段，推动各地区，特别是广大农村地区中小学校长培训工作的深入开展。校长培训评估工作可与“两基”评估检查工作结合进行。在评估工作中要不断总结经验，及时给予指导，并将评估办法、工作实施计划、进展情况和经验及时报国家教委人事司。

□普及义务教育评估验收暂行办法

（1994年9月24日国家教委发布）

第一章　总　　则

第一条　为保障本世纪末在全国普及初等义务教育和在大部分地区普及九年义务教育，根据《中华人民共和国义务教育法》及其实施细则的规定，国家教育委员会决定对普及九年或初等义务教育的县（市、市辖区，下同）进行评估验收。为此，特制定本办法。

第二条　普及九年或初等义务教育县的评估验收工作，由省、自治区、直辖市人民政府负责。国家教育委员会对此项工作进行指导、监督、检查。

第三条　九年义务教育包括初等和初级中等义务教育。在现阶段初等义务教育包括实行五年、六年制的教育；初级中等义务教育包括实行三年、四年制的普通初中和职业初中教育。

第四条　评估验收工作，应依据省、自治区、直辖市人民政府制定的义务教育实施规划，分期分批进行。

第五条　省、自治区、直辖市人民政府对在2000年前普及九年义务教育的县，应就其初等和初级中等教育普及情况，分段或一并进行评估验收；对在2000年前只普及初等义务教育的县，应就其初等教育阶段普及情况进行评估验收；对在2000年前只普及小学三年或四年义务教育的县，可组织阶段性评估。

第六条 评估验收以县、不设区的市、市辖区和国家划定的其他实施义务教育的县级行政区域为单位。

第二章 评估项目及指标要求

第七条 对普及九年义务教育县普及程度的基本要求

1. 入学率：初等教育阶段适龄儿童都能入学。初级中等教育阶段适龄少年，在城市和经济文化发达的县都能入学；其他县达到95%左右。

各类适龄残疾儿童、少年，在城市和经济文化发达的县达到80%左右，其他县达到60%左右(含在普通学校随班就读的学生，下同)。

2. 辍学率：初等教育和初级中等教育在校生年辍学率，城市和经济文化发达的县应分别控制在1%以下和2%以下；其他县应分别控制在1%左右和3%左右。

3. 完成率：15周岁人口中初等教育完成率一般达到98%左右。17周岁人口中初级中等教育完成率达到省级规定的要求。

4. 文盲率：15周岁人口中的文盲率一般控制在1%左右（识字人口含通过非正规教育达到扫盲要求的，下同)。

5. 全县扫除青壮年文盲工作符合规定要求，并经省、自治区、直辖市人民政府评估验收。

第八条 对2000年前只能普及初等义务教育的县普及程度的基本要求

1. 适龄儿童入学率达到95%以上。县城和集镇的适龄残疾儿童、少年大多数能入学。

2. 在校学生年辍学率控制在3%以下。

3. 15周岁人口中初等教育完成率达到省级规定的要求。

4. 15周岁人口中的文盲率控制在5%左右。

5. 适龄女童入学率、辍学率和15周岁人口中初等教育完成率、文盲率均达到省级规定的要求。

第九条 师资水平的基本要求

1. 小学、初中教师都能达到任职要求。

2. 教师学历符合国家规定和取得相应专业合格证书的，小学达到90%以上；初中达到80%以上，确有实际困难的县在1995年前亦不得低于70%。

实施义务教育后补充的小学、初中教师学历均符合国家规定。

3. 小学、初中校长均经岗位培训并取得合格证书。

第十条 办学条件的基本要求

1. 小学、初中的设置符合义务教育法实施细则的规定。

2. 小学、初中校舍均达到省级制定的分类标准要求，做到坚固、够用、适用。校舍中的危房能及时消除。

3. 小学、初中的教学仪器设备和图书资料等均达到省级制定的分类配备标准要求，满足教学基本需要。

第十一条 教育经费的要求

1. 财政对教育的拨款做到了“两个增长”。在教育支出总额中做到了以财政拨款为主。

2. 财政拨发的按年度每生平均计算的公用经费达到省级制定的标准，并逐年增长。

3. 教职工工资（包括各级政府出台的政

策性补贴）按时足额发放。

4. 在城乡均按规定足额征收了教育费附加，并做到了专款专用，使用合理。

5. 多渠道筹措义务教育资金，坚持依法集资办学、捐资助学，开展勤工俭学。

第十二条 教育质量的要求

小学、初中毕业班学生的毕业率达到省级规定的要求。

第十三条 凡本章已量化的指标，各地不得自行降低要求；凡本章未量化的指标，均由省、自治区、直辖市根据《中华人民共和国义务教育法》及其实施细则的规定，区别不同类型地区制定具体标准，并报国家教育委员会备案。

第十四条 对已经普及初等教育，但居住特别分散的边疆地区、深山区、牧区等，因自然条件不利，达到本办法第七条规定确有困难的，省、自治区可对初级中等教育阶段入学率、辍学率、完成率的要求做适当调整，并报国家教育委员会批准。

对 2000 年前只能普及初等义务教育县的村办小学，可先要求做到：班班有教室，校校无危房，学生人人有课桌凳，教师教学有教具和必备的资料。

第三章 评估验收程序

第十五条 按省级确定的义务教育实施规划期限普及了九年义务教育或初等义务教育的县，应先根据本办法认真进行自查，在自查的基础上，向省级人民政府提出评估验收申请报告。

第十六条 省、自治区、直辖市人民政府对提出申请的县，应组织教育和财政、人事以及其他有关部门的人员按本办法进行评估验收。凡达到各项要求的，经省级人民政府核准，即成为普及九年义务教育或初等义务教育县。有关评估验收的报告、资料等，应于每年 10 月底以前报国家教育委员会。

地级人民政府在评估验收工作中的职责，由省、自治区、直辖市确定。

第十七条 国家教育委员会经对省、自治区、直辖市所报评估验收材料进行审查，如发现有不符合本办法要求的，可责成有关省、自治区、直辖市进行复查，并有权对复查结论进行最终审核。

第十八条 国家教育委员会分期分批对各省、自治区、直辖市义务教育规划的实施工作和普及义务教育的水平进行评估。

第四章 表彰和处罚

第十九条 凡普及了九年义务教育或初等义务教育的县，由省、自治区、直辖市人民政府授予相应的称号，发给奖牌，并予以奖励。

第二十条 凡被省、自治区、直辖市授予“普及九年义务教育县”或“普及初等义务教育县”称号的，经审查，符合本办法规定要求的，由国家教育委员会分期分批公布名单。

国家教育委员会定期组织评选普及九年义务教育或普及初等义务教育先进县，并予以表彰。

第二十一条 国家教育委员会依据本办法第十八条的评估结果，对工作取得显著成绩的省、自治区、直辖市进行表彰。

第二十二条 凡普及九年或初等义务教育的县在接受评估验收后，必须继续采取措施，巩固、提高普及义务教育的水平。

第二十三条 有以下情形之一的，由省、自治区、直辖市人民政府撤消其普及九年或初等义务教育县的称号，并报国家教育委员会备案：

（一）在评估验收活动中有弄虚作假行为的；

（二）连续两年（非常情况除外）不能保持本办法规定各项要求的。

第二十四条 经评估因工作失职未能如期实现义务教育实施规划目标的，应按《中华人民共和国义务教育法实施细则》第38条的有关规定处理。

第五章 附 则

第二十五条 省、自治区、直辖市人民政府可根据本办法，结合本地区的实际情况，制定具体实施办法，并报国家教育委员会备案。

第二十六条 本办法自公布之日起施行。

附：

对《普及义务教育评估验收暂行办法》中有关评估项目指标要求的说明

一、小学适龄人口入学率$=\frac{\text{学年初小学适龄人口中在校学生数}}{\text{学年初小学适龄人口总数}}\times 100\%$

初中阶段入学率$=\frac{\text{初中阶段在校学生数}}{\text{13—15 周岁人口总数}}\times 100\%$

1. 入学率按正常儿童、少年与残疾儿童、少年分项统计。

2. 正常儿童、少年在校学生数系指在小学（初中）上学、已毕业或在更高一级学校上学的学生数。残疾儿童、少年在校学生数指在普通学校和特殊学校（班）上学的学生数。

3. 适龄人口以户籍、当地现行学制和规定入学年龄为准。

4. 由于目前小学未完全取消留级制度，初级中等教育阶段适龄人口中尚有少数仍在小学就读。因此，1995年前在评估初级中等义务教育阶段入学率时，可把15周岁及以下的初级中等义务教育阶段适龄少年尚在小学就读的人数从这个年龄人口总数中减去，不作计算。但从1996年起，不得再按此办法计算。

5. 适龄残疾儿童、少年入学率在“八五”期间可按第七条第一款规定的要求进行评估（即视力、听力语言和智力三类生理残疾儿童、少年分别达到80%或60%）。“九五”期间应适当提高此项指标要求。

二、小学（初中）在校生辍学率$=\frac{\text{学年内辍学学生总数}}{\text{上学年初在校学生总数}}\times 100\%$

1. 学年内系指从上学年初到下学年初。

2. 辍学学生指除正常的毕业（结业）、升级、留级、转学、死亡和按规定办理了休学手续以外，其他所有中途不再上学而离开学校的学生。

三、15（17）周岁人口中初等（初级中等）教育完成率＝

$$\frac{15（17）周岁人口中小学（初中）学业完成人数}{15（17）周岁人口总数}\times 100\%$$

学业完成人数，系指该年龄人口中小学（初中）毕业人数、结业人数、读满规定年限人数以及经过非正规教育达到相应学业水平或年限的人数之和。

四、15 周岁人口中文盲率＝$\frac{15 周岁人口中文盲人数}{15 周岁人口数}\times 100\%$

脱盲标准：识 1500 个汉字，能看懂浅显通俗的报刊、文章，能记简单的帐目，能书写简单的应用文。

五、根据第九条第二款规定，各地在检查实施义务教育后补充的小学、初中教师的学历时，可按小学教师从 1990 年、初中教师从 1993 年起计算。

六、毕业班学生毕业率＝$\frac{实际毕业生人数}{学年初毕业班学生数}\times 100\%$

□关于全面贯彻教育方针，减轻中小学生过重课业负担的意见

（1994 年 11 月 10 日国家教委印发）

中小学生课业负担过重，是全社会普遍关心而始终未能解决的问题。近年来，党中央、国务院多次要求采取措施加以解决。国家教委制定了若干规定，各地教育行政部门和学校做了大量工作，取得了一定成效。但是目前在相当一些地方学生负担过重问题仍较严重，必须高度重视，切实予以解决。

一、解决中小学生课业负担过重问题的关键，在于转变教育思想，更新教育观念

中小学生课业负担过重突出表现在，有的学校随意增加课时，超纲授课，作业量大，考试频繁，资料泛滥；社会上各种竞赛、奥校、奥班、读书、评奖等活动名目繁多；一些领导部门向教育部门和学校下达升学指标等。这些做法，严重违背教育教学规律，扭曲了基础教育的性质和任务，剥夺了儿童少年的童心与乐趣，严重障碍着儿童少年全面地、生动活泼、主动地发展，制约了基础教育质量的全面提高。造成上述现象的原因是多方面的，是教育内部和外部多种因素的综合反映。但最重要的原因是教育思想不端正，没有真正贯彻党和国家的教育方针，在人才观、质量观上存在片面认识。

基础教育是提高国民素质的奠基工程，必须克服长期形成的“应试教育”模式，纠正片面追求升学率的倾向，全面贯彻教育方针，面向全体学生，全面提高学生的思想道德、文化科学、劳动技能和身心素质，促进儿童少年健康成长。要以“教育要面向现代化，面向世界，面向未来”为指针，端正教育思想和办学方向，培养出具有爱国情感，适应社会生活，开拓进取，勇于创新的一代新人。要确立评价学校教育质量的科学标准，不是只看其升学率高低，而是看它是否完成了基础教育的根本任务，使全体学生在德智体

诸方面，在原有基础上有较大提高。

二、解决中小学生课业负担过重问题的根本出路在于改革

要搞好中等教育结构的改革，实行小学后、初中后和高中后“三级分流”，大力发展各种层次的职业教育，特别是中等职业教育，从宏观上解决中小学教育中普遍存在的“应试教育”模式问题。

要改革教学内容、教学方法。要以实行新工时制为契机，认真落实调整后的中小学课程（教学）计划。教材要体现素质教育特点，应面向大多数学生，贯彻“少而精”的原则。要调动学生的学习积极性，因材施教，分类指导，提高课堂教学效率。

要积极推动招生考试制度的改革。小学毕业考试权要逐步下放给学校。已经普及初中教育的地方，小学毕业生免试就近入学。要加快高中招生制度的改革，积极推行高中阶段各类学校统一招生考试的办法。高考制度的改革要加大力度，研究探索高考报名和录取工作同普通高中学校脱钩的办法。

要大力加强师资队伍建设。采取措施办好师范院校和教师进修院校，加强教师的培养、培训工作，不断提高师资队伍整体素质。

三、解决中小学生课业负担过重问题必须严格执行有关规定

国家教委1993年发布的《关于减轻义务教育阶段学生过重课业负担、全面提高教育质量的指示》（教基［1993］3号，以下简称《指示》），其主要精神也适用于普通高中，要认真执行，条条落实。尤其需要强调和重申如下规定：

（一）学校应严格按照国家教委和省级教育行政部门颁发的课程（教学）计划组织教育教学活动，不得随意增减课程和课时，不得搞突击教学，提前结束课程。

各科教学要严格按照国家教委颁发的教学大纲进行，不得任意拔高教学要求。

（二）学生使用的教科书，必须是国家教委和省级教育行政部门审查通过并列入教学用书目录的教科书。教学用书目录中未列的书籍，一律不准作为教材在教学中使用。

各级教育行政部门、教研部门及学校不得组织编写、也不得组织或变相组织学生购买各种名目的复习资料、学习辅导资料等。教育行政部门和学校要坚决抵制其它单位或个人向学生推销这类复习资料。

（三）作业的分量和难度要适当。小学一年级不留书面家庭作业，二、三年级每日课外作业量不超过30分钟，四年级不超过45分钟，五、六年级不超过1小时，初中各年级不超过1.5小时（以上均按中等水平学生完成的时间计算）。高中各年级每日作业量由各省制定。

课余时间和节假日（期）由学生自主支配，学校或教师都不得占用，不得给学生集体补课或上新课。

（四）要严格控制学生在校活动总量。各地教育行政部门要根据当地实际，对不同年级学生在校活动时间做出具体规定。要教育学生，并与学生家长配合，原则上保证小学生每日有9小时以上的睡眠，初中生9小时睡眠，高中生8小时睡眠。

（五）改革考试办法，严格控制考试的科目与次数。考试要根据教学大纲的要求，着重考核基础知识和基本能力。要把考试权交给学校。除高中阶段招生考试（可与初中毕业考试合一）、高中会考外，废止其它年级任何形式的统考统练。义务教育阶段要积极创造条件，逐步减少留级人数，可选择部分地方和学校进行取消留级制度的试验。

（六）任何部门和个人都不得单纯以学科考试成绩或升学率高低评价学校和教师，不得给学校，学校也不得给教学班和教师下达学生考试成绩或升学率的指标；不得以此排列学校、教师、班级的名次，也不得以此作为评价他们工作好坏，进行奖惩的主要依据；学校、教师不得按学生考分高低排列名次、张榜公布。

（七）努力办好每一所小学和中学。义务教育阶段不应分重点学校（班）与非重点学校（班）。所有学校都要全面贯彻教育方针，面向全体学生，促进学生全面发展。各级教育行政部门要指导重点中学（高、完中）积极进行教育改革实验，发扬优良传统，努力办出特色，发挥示范作用。

要从经费投入、办学条件、师资队伍、领导班子、学校管理等方面大力加强薄弱学校，缩小其与示范学校的差距。

除经省级以上教育部门批准开办少量的学科奥林匹克学校（班）外，其它地方或单位一律不准以任何名义或形式开办学科奥林匹克学校或"超常班"。凡已开办的，各地要认真研究，妥善做好善后工作，限期撤消。

（八）要严格控制各种类型的竞赛、读书、评奖等活动。凡以中小学生为对象的上述活动，均实行教育部门归口管理的办法，严格按照国家教委1994年《关于进一步加强中小学生竞赛、评奖活动管理的通知》（教基［1994］13号）中的规定执行。

四、解决中小学生课业负担过重问题必须加强领导，加强管理，严肃纪律

1993年国家教委的《指示》和本《意见》均属教育系统内部的重要纪律。各级教育行政部门要带头模范地严格执行，同时加强领导，加强管理，强化干部、教师的法制、纪律观念，推动各项规定的贯彻落实。

（一）地方各级政府分管教育的领导和各级教育行政部门的主要负责人，以及中小学校长要亲自负责贯彻落实《指示》和本《意见》的工作。

（二）要把贯彻落实各项规定列为各级教育行政部门领导干部和学校校长任期目标责任制和政绩考核的重要内容。对成绩卓著的要予以表彰。对违反规定的要进行教育，限期改正；不能评优、授奖；情节严重的要给予批评、通报，直至追究行政责任。

（三）对上级机关和领导违反规定，教育行政部门、学校、教师和家长有权提出意见，予以抵制和越级举报；因此而遭到打击报复的，各级党委和政府要认真查处。

（四）各级教育督导机构要将贯彻落实《指示》和《意见》列为督导工作的一项内容，使其成为评估教育行政部门和学校工作的重要标准之一。

□关于开展小学新教师试用期培训的意见

（1994年11月14日国家教委印发）

试用期是新教师成长的一个关键时期。小学新教师试用期培训是教师队伍建设的一个重要环节，是小学教师继续教育的一个重要组成部分。小学新教师试用期培训是对新分配到小学任教的毕业生进行有目的有计划的使其尽快适应教育教学工作的培训。积极地开展小学新教师试用期的培训，对加强小学教师队伍建设；对实施九年义务教育，深化小学教育教学改革，提高初等教育水平，都具有重要的意义。为使此项工作更顺利的开展，提出以下意见：

一、培训目标

通过培训，使新教师进一步巩固专业思想，热爱小学教育工作，热爱学生；熟悉有关教育法规和教育教学环境；初步掌握所教学科教学大纲、教材和教育教学常规，尽快适应小学教育教学工作。

二、培训对象

新分配到小学任教的中等师范学校、其他中等学校及以上层次学校的毕业生。

三、培训内容和要求

1. 专业思想教育：了解国情、学习《中小学教师职业道德规范》和优秀教师先进事迹等，使新教师安心本职工作，立志做一个光荣的人民教师。

2. 政策法规教育：学习《义务教育法》、《教师法》、《未成年人保护法》和学科教学大纲等，使新教师加强教育教学法规和教学大纲意识。

3. 熟悉教育教学环境：了解乡情、地方教育发展状况、教改动态，并初步熟悉本地区的经济、文化环境以及人际关系等，使新教师尽快投入教师群体之中，转变角色。

4. 教育教学常规训练：运用已学过的教育理论了解和研究学生，制定班队计划、组织班队活动，做个别生教育和家访工作；按照教学大纲要求制定教学计划，组织教学，初步掌握备课、上课、作业、辅导和考试等常规，使教师尽快提高教育教学的实际能力。

5. 非师范专业的毕业生还要进行教育理论和学科教学法的培训。

四、培训形式

新教师试用期的培训，要充分考虑到新教师的特点、地区特点和培训内容的特点。要坚持自培、自练和以教育教学实践为主的原则，充分发挥老教师“传、帮、带”的作用。

新教师的培训可由集中培训和分散培训两部分组成。集中培训由县（市、区）教师进修学校统一组织进行，可采取上课、听报告、开讲座、看录像、组织参观、介绍经验、研讨问题等方式方法进行培训；分散培训由新教师所在学校（农村由乡中心校）负责。学校应为每位新教师安排有经验的指导教师，在指导教师的帮助下，可采取备课、说课、听课、评课、检查作业批改、考核教学效果等方式方法进行培训。

五、培训时间

一年试用期内，不少于120课时（每学期以15个教学周计算，每周4课时），具体安排由各地自定，集中培训时间不得少于总课时数的1/3。

六、考核

考核工作既是培训工作的一个重要环节，也是保证培训质量的重要手段。

新教师试用期考核的内容、要求、方法要根据培训目标和培训内容来制定，由教师进修学校、中心校和教师所在学校共同负责，并由教师进修学校考核，报教育行政部门备案。

七、加强领导管理

小学新教师试用期培训是一项意义深远的新工作，各级教育行政部门、培训机构必须明确分工，加强管理。

各省、自治区、直辖市教育行政部门负责统筹规划，有计划地组织实施新教师试用期培训工作，制定培训方案；县教育行政部门负责具体实施培训方案、落实培训经费；各地的师资培训机构主要负责培训工作的实施、检查和总结；教师所在学校或中心校主要负责确定指导教师、保证培训时间，建立新教师培训档案，组织新教师参加教育教学实践活动等。对培训合格的新教师，教师进修学校发给新教师结业证书并作为转正和确定教师专业技术职务的重要条件。

目前，小学新教师试用期培训已在全国陆续开展。希望各地认真总结经验，不断研究和解决培训中出现的新情况、新问题，逐步建立一个符合我国国情和教师成长规律的新教师试用期培训制度。

□托儿所、幼儿园卫生保健管理办法

（1994 年 12 月 1 日卫生部、国家教委发布）

第一条　为提高托儿所、幼儿园卫生保健工作质量，保证儿童的身心健康，特制定本办法。

第二条　本办法适用于中华人民共和国境内所有招收 0～6 岁儿童托儿所、幼儿园。

第三条　国务院卫生行政部门主管全国托儿所卫生保健工作。指导全国幼儿园卫生保健管理工作。地方各级人民政府卫生行政部门主管辖区内托儿所、指导辖区内幼儿园的卫生保健管理工作。

第四条　各级教育行政部门协助卫生行政部门检查、指导幼儿园的卫生保健工作。

第五条　托儿所、幼儿园园舍、桌椅、教具、采光、照明、卫生设施、娱乐器具及运动器械等必须安全并适合儿童健康发育的需要，符合国家规定的卫生标准和安全标准要求。

第六条　各类托儿所、幼儿园必须设立保健室，并符合《保健室设备标准》。（见附件）

第七条　各类托儿所、幼儿园必须设立隔离室（收托儿童在 70 名以下的单位可设立隔离床），隔离室应配备相应的设施。

第八条　托儿所、幼儿园必须根据接收儿童的数量配备儿童保健人员。

（一）日托儿童 100 名以下，全托儿童 50 名以下，设专职或兼职保健人员 1 名；日托儿童 100～150 名，全托儿童 50～100 名设专职儿童保健医（护）师（士）一至二名，以后每增加 100 名儿童，增设专职儿童保健医（护）师（士）一名。

幼儿园依据劳动人事部、国家教委劳人编［1987］32 号文关于《全日制、寄宿制幼儿园编制标准（试行）》配备保健人员。

（二）医师应当具有医学院校毕业程度，医士和护士具有中等卫生学校毕业程度，或者取得卫生行政部门的资格认可。保健员应当具有高中毕业程度，并受过儿童保健培训。

第九条　托儿所、幼儿园必须严格遵守卫生部颁发的《托儿所、幼儿园卫生保健制度》和有关规定。

第十条　托儿所、幼儿园卫生保健工作包括：

（一）建立合理的生活制度，培养儿童良好的生活习惯，促进儿童身心健康。

（二）为儿童提供合理的营养。应为母乳喂养提供必要条件，有哺乳室的应设立奶库。及时添加辅助食品，确保儿童膳食平衡，满足其正常生长发育需要。

（三）建立定期健康检查制度，3 岁以下儿童开展生长发育监测，并做好常见病的预防，发现问题及时处理或报告。

（四）完成计划免疫工作，预防传染病的发生，做好传染病的管理。

（五）根据不同年龄开展与其相适应的体格锻炼，增进儿童身心健康及抗病能力。

（六）制定各种安全措施，保障儿童人身安全，防止事故的发生。

（七）选择适合儿童身心发展和健康的儿童玩具、教具以及制作材料。

（八）做好环境卫生、个人卫生及美化绿化工作，为儿童创造安全、整洁、优美的环境。

（九）对儿童进行健康教育，学习自我保健的技能，培养健康的生活习惯。

第十一条 儿童入园所要求：

（一）儿童入园所必须经当地妇幼保健机构或当地卫生行政部门指定的医疗卫生机构进行健康检查。并填写健康检查表。

（二）对离开园所3个月以上或有肝炎接触史的儿童应检疫42天，经体检证实其健康后方能回班。

第十二条 托儿所、幼儿园工作人员健康检查要求：

（一）托儿所、幼儿园的工作人员每年必须在当地妇幼保健机构或当地卫生行政部门指定的医疗卫生机构进行一次健康检查。并填写健康检查表。

（二）工作人员体检合格，由健康检查单位签发健康证明书后，方能上岗工作。

托儿所、幼儿园工作人员健康证明书由卫生部统一监制。

（三）患有国家法定传染病、滴虫性及霉菌性阴道炎、化脓性皮肤病、精神病的保教人员、炊事员不得从事保教工作、炊事员工作。

第十三条 托儿所、幼儿园从事饮食工作的人员应接受有关儿童营养及食品卫生方面的专门培训。

第十四条 托儿所、幼儿园应贯彻保教结合的方针，认真做好卫生保健工作，并将其作为园所评估的重要指标。

第十五条 对认真执行本办法，在托儿所、幼儿园卫生保健工作中做出显著成绩的单位及个人，由各级人民政府卫生行政部门和教育行政部门给以表彰和奖励。

第十六条 对违反本办法的，由卫生行政部门和教育行政部门视情节轻重，给予警告、限期整顿、停止招生、停止办园的行政处罚；情节严重构成犯罪的，依法追究刑事责任。

第十七条 小学附设学前班和单独设立的幼儿班（学前班）参照本办法执行。

第十八条 本办法由卫生部负责解释。

第十九条 本办法自公布之日起施行。各地可根据本办法制定实施细则。

附件：

保健室设备标准

一、一般设备： 桌椅、药品柜、保健资料柜、流动水或

代用流动水设施、诊察床、电冰箱

二、体检设备：

体重计（杠杆式）、灯光视力箱、对数视力表、身高坐高计（供3岁以上使用）

卧式身长计（供3岁以下儿童使用）

三、消毒设备

高压消毒锅、紫外线灯、常用消毒液

四、常规医疗用品：

常用医疗器械（针、镊子、剪刀、弯盘等）、听诊器、血压计、体温计、手电筒、压舌板、敷料、软皮尺

五、常用药品：

1. 外用药

2. 防治常见病的中西成药

□高等学校贯彻《事业单位工作人员工资制度改革方案》的实施意见

（1994年2月5日人事部、国家教委印发）

根据国务院颁发的《事业单位工作人员工资制度改革方案》和国务院办公厅下发的《事业单位工作人员工资制度改革实施办法》的规定，结合高等学校的特点和具体情况，制度本实施意见。

一、实施范围

（一）此次高等学校工资制度改革的实施范围，限于全日制普通高等学校、成建制成人高等学校中1993年9月30日在册的正式职工。

（二）高等学校所属独立核算的企业均不列入这次工资制度改革范围，但其中由学校派遣到校办企业工作，现仍属学校事业编制、工资关系仍在校内的人员，列入这次高等学校工资制度改革实施范围。

二、新工资制度的内容和工资构成

高等学校专业技术人员、管理人员分别实行专业技术职务等级工资制、职员职务等级工资制。技术工人和普通工人分别实行技术等级工资制、等级工资制。

高等学校专业技术、职员职务等级工资制和技术等级、等级工资制由固定部分与活的部分两块构成。职务（技术）等级工资为工资中固定的部分，主要体现工作能力、责任、贡献、劳动的繁重复杂程度；津贴为工资中活的部分，主要体现各类人员岗位工作特点、实际工作的数量质量差别。在各单位工资总量构成中，职务（技术）等级工资部分占70%，津贴部分占30%。

三、职务（技术）等级工资

（一）高等学校教师（含科研人员，下同）执行高教、科研人员专业技术职务等级工资标准（见附表一）。

（二）高等学校实验技术人员执行高校实验技术人员专业技术职务等级工资标准（见附表二）。

（三）高等学校工程技术、图书情报、出版编辑、卫生技术等其他各类专业技术人员分别执行国家规定的相应职务等级工资标准。

（四）高等学校行政管理人员实行国家规定的事业单位职员职务等级工资制度，执行职员职务等级工资标准（见附表三）。

（五）高等学校党务工作人员及工会、共青团等工作人员参照同级行政人员工资标准

执行。

（六）高等学校的技术工人按照高级技师、技师两个技术职务工资标准和高级工、中级工、初级工三个技术等级工资标准执行(见附表四—1)。普通工人执行普通工人等级工资标准（见附表四—2)。

四、津贴

(一)津贴是高等学校工资构成中活的部分。津贴制度的建立和实施应与高等学校内部管理体制改革相结合。津贴的发放要以考核情况为基础，与工作人员工作的数量和质量直接挂钩，多劳多得、少劳少得、不劳不得，不能平均发放。

（二）津贴的实施按国家规定的30%比例实行总量控制、政策指导，学校自主分配。学校在核定的30%比例的津贴总额内，根据国家有关政策规定及本实施意见，结合本单位实际情况，具体确定津贴项目、档次、标准及实施办法，报上级主管部门、人事部门批准后实施。

(三)高等学校可根据学校教学、科研和管理工作各自的特点设置教学课时津贴、科研课题津贴、研究生导师津贴、岗位目标管理津贴、领导职务津贴等津贴项目。

1. 教学课时津贴。适用于高等学校教学人员，以教师实际授课时数和质量为主要依据计发。津贴标准可根据不同职务设若干档次。教学辅助人员、政治辅导员以及生产实习和社会实践指导教师等教学人员，可按工作量折算课时领取教学津贴。

2. 科研课题津贴。适用于高等学校专职和兼职科研人员，根据科研课题（项目）的等级、经费总额和科研人员在课题研究中所负责任大小确定。科研辅助人员可按工作数量和工作质量领取科研辅助津贴。科研课题津贴和科研辅助津贴可参照科研部门的有关规定执行。

3. 研究生导师津贴。根据实际指导研究生的层次和数量来确定。

4. 领导职务津贴。专业技术人员担任领导职务的，领取领导职务津贴。津贴标准根据职务高低和所负责任的大小确定。其中，学校校长和党委书记的津贴标准由学校提出意见，报上级教育行政部门确定。不担任领导职务时，该项津贴即行取消。在集中主要精力做好领导岗位工作的前提下，对兼做教学、科研工作的，在领取领导职务津贴的同时还可根据从事教学、科研工作的实际工作量发给相应的教学、科研津贴。

5. 岗位目标管理津贴。适用于高等学校行政人员，根据岗位目标任务完成情况确定。担任科以上实际领导职务的行政人员，其岗位目标管理津贴标准要与担任同级领导职务专业技术人员的津贴水平大体平衡。

6. 技术工人岗位津贴。根据技术工人实际工作的数量和质量、技术水平、岗位差别确定。

7. 普通工人作业津贴。根据高等学校普通工人实际工作的数量、工作表现确定。

（四）对高等学校重点基础学科、国家重点实验室、国家重点科研项目中从事基础研究、尖端技术和高技术研究的专业技术人员，经人事部、财政部批准，可在上述国家规定的30%津贴比例之外，另设特殊岗位津贴。津贴标准一般按这部分人员工资的20%—30%掌握。具体实施办法由主管部门提出意见，经人事、财政部门批准后实施。

（五）上述津贴制度建立后，原按国家规定发放的奖金（包括按国家有关政策用学校自有收入发放的带有奖金性质的其他项目）

在四个月平均基本工资以内的部分，予以取消。超过四个月平均基本工资的部分，由学校统一掌握，可与新设津贴合并使用。

(六)国家规定的政府特殊津贴、特殊行业的保健性津贴仍按现行规定执行。

五、奖励制度

对在教育教学、科学研究、科技开发和管理工作等方面做出突出贡献的人员要给予奖励。

(一)对做出重大贡献的专业技术人员，如在教育教学改革中取得开创性成果并产生重大社会效益；在基础研究、尖端技术、高技术研究中达到国际先进或国内领先水平；在应用科学方面取得重大成果，产生重大经济效益，以及获得全国优秀教学成果（优秀教材）奖、国家科技进步奖、国家发明奖、国家自然科学奖等人员，给予一次性重奖。凡其成果能够用于生产活动，带来重大经济效益的，奖励金额从所获利润中提取；从事教学工作、基础研究、尖端技术和高技术研究的人员，其奖励金额在国家专项基金中列支。重奖的具体实施办法和审批权限，按国家有关规定执行。

(二)从1994年起，各地区、各部门所属学校工作人员要进行年度考核，对考核合格的工作人员发给年终奖金，奖金数额相当于本人一个月的工资(当年12月份职务工资与津贴之和)。

六、正常增资制度

(一)正常升级

高等学校工作人员在严格考核的基础上，实行定期升级增资制度。年度考核一般在学年末进行。考核工作按国家统一规定，并结合高等学校的具体特点组织实施。凡正常履行工作职责，连续两年考核合格的人员，可以晋升一个工资档次。考核不合格者，不得晋升。对考核优秀的专业技术人员，可提前晋升或越级晋升，晋升比例一般控制在本单位总人数的3%以内。考核升级增加的工资，从下一年度的一月份起发给。考核晋升工资的增资总额，报上级教育主管部门和人事部门审核批准。

(二)晋升职务（技术等级）增加工资

高等学校工作人员在职务（技术等级）晋升时，按晋升的职务（技术等级）相应增加工资。原工资低于新任职务（新定技术等级）工资标准最低档的，进入新任职务（新定技术等级）工资标准最低档；原工资已在新任职务（新定技术等级）工资标准以内的，就近就高进入新任职务（新定技术等级）工资档次。增加的工资从职务（技术等级）变动后的下月起计发。

七、新参加工作人员的工资待遇

(一)新参加工作的取得博士和硕士学位的毕业生不实行见习期，在确定职务前执行初期工资。其他各类学校毕业生均实行一年的见习期，并执行见习期工资。见习期工资和初期工资标准执行国家统一规定。长学制高等学校毕业生见习期工资可适当高定。

毕业生见习期满后，按确定或受聘的职务领取相应的职务工资。各类毕业生的定级工资标准执行国家统一规定。

到边远、艰苦地区工作的各类学校毕业生，可以提前定级，定级工资标准可高于同类人员1—2档。具体实施按当地人民政府的规定执行。

(二)新参加工作的工人仍实行学徒期、熟练期制度。学徒期、熟练期的工资待遇和期满后的定级工资待遇，由高等学校按所在省、自治区、直辖市的有关规定执行。

八、工资管理体制

(一)高等学校均属国家全额拨款事业单位，工资构成中固定部分70%和活的部分30%，以及国家规定的年终奖金，全部由国家财政预算列支。

(二)高等学校在定编定员的基础上实行工资总额包干管理，增人不增工资总额，减人不减工资总额。在提高用人效益的基础上，编制内节余的工资总额，由学校自主安排使用，改善单位内部分配关系。实行工资总额包干，要保持国家规定的工资制度和工资标准相对完整，不得使用包干节余工资总额改变国家规定的工资制度和工资标准。

九、工资制度改革的实施

(一)高等学校由现行工资制度向新工资制度过渡的具体套改办法，按《国务院办公厅关于印发机关、事业单位工资制度改革三个实施办法的通知》(国办发［1993］85号)的统一规定执行。

(二)对做出突出贡献的人员以及1985年工资制度改革以来根据国家规定授予奖励升级的人员，可适当高定职务工资档次。对表现差、不能履行本职职责，或不能坚持正常工作的人员，学校有权低定其职务工资档次。

(三)同时具有专业技术职务和行政职务的人员，其职务工资可按所担任两种职务中职务工资较高的一种确定。

(四)高等学校校院长、党委书记的起点职务工资标准，要由上级主管部门根据学校的具体情况确定。地方院校由省一级教育行政部门提出意见，报同级人民政府审批；中央部门直属院校，按干部管理权限，由上级主管部门确定。本科院校正副校院长执行二级职员职务工资标准。其中，少数院校校院长的起点职务工资经上级主管部门和人事部门批准可适当高定。高等专科学校正职校长执行二级职员职务工资标准。高等学校中研究生院院长执行本校副校长职务工资标准；校长助理和目前还保留设置的教务长、总务长等起点职务工资标准可以比本校处长的职务工资标准高一档。

(五)地区津贴制度和特殊情况下工资支付及工资变动按国家有关规定执行。

(六)高等学校离退休人员的待遇及这次工资制度改革增加离退休费的办法按国办发［1993］85号文件并参照所在地省一级人民政府的具体规定执行。

十、组织领导

这次高等学校工资制度改革，由各省、自治区、直辖市人民政府统一领导。中央各部门在京直属院校，由各部门组织实施。各级教育主管部门要加强政策指导。

实行新的高等学校工资制度，是在中共中央、国务院颁发《中国教育改革和发展纲要》和《教师法》颁布的背景下进行的一项重大改革，是提高教师待遇的重大措施。各级人事部门和教育行政部门、各高等学校要高度重视，切实加强领导，严格执行政策，保证高等学校工资制度改革顺利进行。

附表一：

高教、科研人员专业技术职务等级工资标准表

单位：元/月

职务等级	职务工资标准										津贴部分
	一	二	三	四	五	六	七	八	九	十	
教授 研究员	390	430	470	520	570	620	670				71～287
副教授 副研究员	275	305	335	365	395	435	475	515	555		
讲师 助理研究员	205	225	245	265	285	315	345	375	405	435	（全额拨款单位，按在工资构成中占30%计算）
助教 研究实习员	165	179	193	213	233	253					

附表二：

高校实验技术人员专业技术职务等级工资标准表

单位：元/月

职务等级	职务工资标准												津贴部分
	一	二	三	四	五	六	七	八	九	十	十一	十二	
高级实验师	275	305	335	365	395	430	470	510	550	590	630	670	64～287
实验师	205	225	245	265	285	315	345	375	405	435			
助理实验师	165	179	193	213	233	253	273	293	313				（按在工资构成中占30%计算）
实验员	150	162	174	192	210	228	246	264					

附表三：

职员职务等级工资标准表

单位：元/月

职员等级	职务工资标准										岗位目标管理津贴
	一	二	三	四	五	六	七	八	九	十	
一级职员	480	520	560	605	650	695					62～298
二级职员	335	370	405	440	480	520	560				
三级职员	235	260	285	310	340	370	400	430			
四级职员	180	198	216	234	252	276	300	324	348	372	
五级职员	160	174	188	202	216	233	250	267			
六级职员	145	157	169	181	193	207	221	235			（全额拨款单位，按在工资构成中占30%计算）

附表四：

工人工资标准表

1. 技术工人技术等级工资标准 单位：元/月

技术职务、技术等级	技术等级工资标准										岗位津贴
	一	二	三	四	五	六	七	八	九	十	62～180
高级技师	245	267	289	315	341	367	393	419			
技　师	205	223	241	259	283	307	331	355	379		（全额拨款单位，按在工资构成中占30%计算）
高级工	180	196	212	228	248	268	288	308	328	348	
中级工	160	174	188	202	220	238	256	274	292	310	
初级工	145	157	169	181	197	213	229	245	261	277	

2. 普通工人等级工资标准 单位：元/月

等级工资标准													津贴
一	二	三	四	五	六	七	八	九	十	十一	十二	十三	58～135
135	146	157	168	182	196	210	224	242	260	278	296	314	（全额拨款单位，按在工资构成中占30%计算）

注：技师、高级技师工资标准，只限在国家规定的考评工种范围内使用。

□关于进一步做好授予高等学校教授、副教授任职资格评审权工作的通知

（1994年3月1日国家教委、人事部印发）

为了扩大高等学校办学自主权，增强办学活力，在1986年和1988年先后两批下放高等学校教授、副教授任职资格评审权的基础上，近几年，国家教委又下放了一批高等学校教授、副教授任职资格评审权。目前，高等学校正在贯彻《中国教育改革和发展纲要》和《关于加快改革和积极发展普通高等教育的意见》，为适应高等学校改革和事业发展的需要，国家教委将继续下放教授、副教授任职资格评审权。现将有关事项通知如下：

一、授予副教授任职资格评审权的学校必须具备的条件：

1. 学校领导班子健全，办学指导思想端正，团结协调好，能正确执行党的路线、方针、政策。

2. 具有学术水平较高、结构合理的教师队伍，主要学科均有以一定数量学术造诣较深的教授、副教授为骨干的学术梯队。

3. 经国家批准主要培养本科合格人才10届以上，教学梯队健全，教学质量较高。

4. 具有博士学位授予权和若干硕士学位授予权学科专业点；或综合、理工、农业、师范院校具有10个以上硕士学位授予权学科专业点，医学院具有15个以上硕士学位授予权学科专业点，其它院校具有5个以上硕

士学位授予权专业点（体育、艺术等特殊科类学校，经国家教委同意可酌情放宽要求），并培养过两届以上合格的硕士毕业生。

5. 主要学科已具备较好的科研工作基础，承担过国家级、省（部）级科研项目或其它具有重大经济、社会效益的科研项目，并获得过省部级以上奖励。

6. 师资、教学和科研工作管理制度健全，教师职务岗位设置合理，职务结构比例已经上级核定，建立健全了教师考核制度和职务评聘的实施办法，在教师职务聘任工作中能严格执行国家职称改革政策，坚持评审标准，保证评审质量。

7. 学校组建的副教授职务任职资格评审委员会及其下设的学科（一般指国务院学位委员会颁布的研究生专业分类目录中的一级学科，单科性或特殊科类学校可按二级学科，下同）评议组符合国家有关文件规定。评审委员会由在职教授、副教授和有教授、副教授职务的学校党政负责人组成，其中教授不得少于2/3；学科评议组全部由在职教授、副教授组成，其中教授不得少于1/2。

二、授予教授任职资格评审权的学校必须取得副教授任职资格评审权5年以上，在教师职务任职资格评审工作中能正确行使权力；有一定数量的博士学位授予权的学科专业点，并在培养博士研究生，接受国内外访问学者，科学研究工作和培训高校师资方面成绩显著，在国内有较大影响；教授职务任职资格评审委员会由在职教授和有教授职务的学校党政主要负责人组成，学科评议组都应由在职教授组成。

三、授予高等学校教授、副教授任职资格评审权的审批办法：

1. 教授任职资格评审权的授予，由学校提出申请，经省、自治区、直辖市和国务院有关部委、直属机构教育主管部门和人事（职改）部门审核，报国家教委批准，并抄报人事部备案。副教授任职资格评审权的授予，由学校提出申请，省、自治区、直辖市和国务院有关部委、直属机构教育行政部门审核，报经国家教委同意后，由各省市、各部委职改领导小组批复。其中，国务院有关部委、直属机构所属高等学校申请教授或副教授任职资格评审权，还应报送学校所在地教育行政部门审查，审查意见由学校所在地教育行政部门直接报国家教委。

2. 获得教授或副教授任职资格评审权的学校，应在批准授予的学科进行评审，少数暂不具备评审条件的学校仍由学校所在地高校教授职务任职资格评审组织评审。条件具备后，学校可按上述程序，申请报批。

3. 省、自治区、直辖市和国务院有关部委、直属机构应对所属高等学校申请授予教授或副教授任职资格评审权工作统筹规划后，报国家教委审批。

四、建立检查监督制度

省、自治区、直辖市和国务院有关部委、直属机构要加强对教师职务评聘工作的领导，按照本通知规定，坚持标准，严格要求，保证质量，积极稳妥地做好授予所属高等学校教授或副教授任职资格评审权的审核工作。地方教育行政部门要切实协助国务院有关部委、直属机构做好对部委所属高等学校申报教授或副教授任职资格评审权的推荐工作，会同人事（职改）部门对本地区高等学校教师职务评聘工作进行统筹指导。前一个时期，个别地方、部门未按规定授予的副教授任职资格评审权，务必终止评审（已审定的副教授任职资格，若群众反映大、存有异议者应报学校所在地高校教师职务任职资格评审组织重新审核，通过者任职资格可按学校评审通过之日算起)，并由学校主管部门按本通知的规定，重新报批。否则国家教委和人事部不予承认，并视情况作出必要处理。国家教委和人事部将委托地方教育行政部门会同当地人事（职改）部门以及有关部委教育行政部门组织力量采取普查与抽查相结合的办法，对已具有教授或副教授任职资格评审权的高等学校进行检查和评估，对不能正确行使权力、保证评审质量的，将暂停评审工作直至收回评审权。

五、本通知自下发之日起执行，由国家教委负责解释。过去所发文件与本通知规定不一致的，按本通知规定执行。

□关于高等学校发展科技产业的若干意见

（1994 年 3 月 1 日国家教委、国家科委、国家体改委印发）

改革开放以来，在党中央、国务院关于“经济建设必须依靠科学技术，科学技术工作必须面向经济建设”和“教育必须为社会主义建设服务，社会主义建设必须依靠教育”等方针的指引下，我国高等学校以开发、转化和推广科技成果、实现技术创新为主要任务的科技产业逐渐兴起，有力地促进了经济建设的发展、高校改革的深化以及人才的培养。我国高校已成为发展高科技，实现产业化的重要力量。为贯彻党的十四届三中全会决定精神，加快高新技术成果的商品化和产业化，现对高校发展科技产业问题，提出以下意见。

一、指导方针

1. 高等学校担负着培养高级专门人才、发展科学技术文化和促进社会主义现代化建设的历史使命。发展科技产业的主要目的是进一步发挥高校优势与潜力，促进科技成果向现实生产力转化，推进教育体制改革，提高人才培养质量，增强学校自我发展能力，为社会主义现代化建设多作贡献。

2. 高等学校发展科技产业，要以国家产业政策和技术政策为指导，与全国经济建设和产业结构调整紧密配合，带动相关行业的技术进步；要与本校的学科专业建设和人才培养密切结合，着重兴办高新技术企业和其它知识密集型企业，使之成为教学、科研的实践基地，并在学科发展和专业调整方面起到促进作用。高校应有组织、有重点、有选择地创办科技企业，从事教学科研和从事科技产业的主要人员应当合理分流，以保持学校正常的教学科研工作秩序。

3. 高等学校应以学科优势为依托，以市场为导向，从实际出发，因校因地制宜，发展多种类型的、有自身特点的科技企业。要选准方向，集中力量，办好几个能体现本校优势特色的支柱性企业，逐步实现规模经营，创造比较显著的经济效益。要结合学科建设积极扶植若干辐射型企业，以利于教育、科技、经济相互渗透，发挥孵化功能和试生产作用，为社会大生产提供成熟技术、工艺与设备；要按照自愿组合、优势互补、风险共担、利益共享的原则，大力推进产学合作联办科技企业；还可根据实际情况发展与科技、教育相关的知识密集型第三产业。

4. 要积极引导高等学校的科技企业参与我国高新技术产业开发区的建设，使高校科技企业成为高新技术产业开发区的重要组成部分。有条件的高校，可以在当地政府和有关部门的支持下，在学校周边开辟科技园区，建设科技企业群基地。这些园区和基地，经国家科委、国家教委认定，依据《科技进步法》第二十五条的规定，享受有关政策待遇。要扩大国际合作，加强国际交流，不断提高高校科技企业产品的技术含量和技术附加值，增强国际竞争能力，在国际市场竞争中取得优势、保持优势、发展优势。

二、逐步建立现代企业制度

5. 高等学校科技产业的主体是科技企业。高校科技企业应以开发、转化、推广科技成果和实现技术创新为主要任务。要遵循科学研究和技术创新的客观规律，主动建立适应市场经济的竞争机制和约束机制，按照《中共中央关于建立社会主义市场经济体制若干问题的决定》以及《中国教育改革和发展纲要》精神，积极探索符合社会主义市场经济体制要求并适应我国教育、科技、经济发展特点的科技产业化发展模式和运行机制。高校的教学、科研工作按事业方式运行管理，科技企业按企业方式经营管理。

6. 高等学校科技企业应按照市场经济的要求，逐步建立规范化的现代企业制度。要在清产核资、评估验证、界定产权、明晰资产占有量及其归属的基础上，逐步确立企业法人财产权，使之成为享有民事权利、承担民事责任，依法自主经营、独立核算、照章纳税、自负盈亏的独立法人实体和市场竞争主体，并对出资者承担资产保值、增值责任；要在理顺产权关系的基础上，实行事企分开，确立学校行政管理与其创办的科技企业的新型关系。学校作为事业单位法人，其独资创办的科技企业，产权属学校所有。学校享有资产收益、重大决策、资产转移与重组以及选择企业负责人等权利，但不得直接干预企业的生产、经营活动；建立董事会及合资联办的科技企业，则按批准的企业章程办理。高校科技企业应按现代企业制度的要求，逐步建立有效的财产组织形式和科学的内部管理、经营制度。具备条件的科技企业可根据国家有关规定逐步改造为有限责任公司或者股份有限公司。

三、完善财务、人事管理制度

7. 高等学校科技企业应认真执行国家发布的财务通则和会计准则。结合高校实际情况制定相应的实施办法，建立和健全现代企业财务制度，逐步实行全面成本核算。凡利用学校固定资产、能源、材料、人员、房地产等均采取有偿使用，所支费用计入成本，具体核算办法按国家和学校有关规定执行。

8. 高校科技企业的收益分配，要兼顾国家、学校、企业和个人各方利益。企业所创纯利及从联营、合资企业中获得的纯收益，其上交和留用的具体比例由学校与企业研究确定。在企业初创时期和重大技改阶段，学校应注意采取扶持措施，使企业尽快走上良性循环。在坚持职工收入总额增长率低于企业经济效益增长率、职工平均收入增长率低于本企业劳动生产率增长的前提下，由企业自主决定分配水平及方式。坚持以按劳分配为主体、多种分配方式并存的制度，体现效率优先、兼顾公平合理的原则。要引入竞争激励机制，打破平均主义，实行多劳多得，合理拉开差距。对发展科技产业和经营管理有突出贡献者应予表彰、奖励。

9. 要与高等学校综合改革和人才分流结合，妥善地解决科技企业的企业编制和人员来源。高校可以根据实际需要与可能，采取固定和流动编制相结合办法确定适度编制额。考虑到目前实际情况，允许科技企业在一定时期内保留少量事业编制和校内流动编制，以促进高校科技人才分流，吸收现有合适的教学科研人员充实科技企业的专业人员队伍。人员不足时，可向当地劳动部门申报招聘合同制职工。高校科技企业的职工一般可实行聘任制和合同制相结合的劳动用工制度，其工资、奖金和福利待遇由企业自行解决。根据国家、集体、个人三方合理负担保险费用的原则，按现代企业制度的要求，逐步建立起职工养老、工伤、医疗、待业等保险制度和住房制度，以解除企业职工的后顾之忧。

10. 发展科技企业，关键在人才，尤其是领导人才。学校要选派思想素质好，事业心强，懂技术、善经营、会管理的优秀人才进入企业领导岗位，并帮助其配备好结构合理、团结合作的领导班子，遴选合适的专业技术和经营管理人员，逐步形成以专职人员为骨干，兼职人员相配合，富有活力的科技产业队伍。高校科技企业人员根据《科技进步法》第四十一条规定，可以根据其学术水平、业务能力和工作实绩，取得相应的职称。其职称评聘工作，参照企业的办法进行。技术职务岗位数额，原属学校编制的人员可由学校在其总指标内切块解决，条件单列，设专门小组或委员会评审，以其在科技开发、生产经营和组织管理方面的水平与业绩为主要依据评聘。校内兼职人员，仍按原系列进行评聘。根据需要，经学校同意到高校科技企业兼职的教职工，可获取企业合理的报酬。

四、创造科技产业发展的环境和条件

11. 高等学校科技企业是在改革开放中出现的新生事物，具有高投入、高风险的特点，各级领导部门和有关方面应予热情支持，积极引导。国家教委、国家科委、国家体改委将会同有关部门，认真总结和推广成功经验，加强宏观指导与协调服务，制定和完善政策法规，尽力协助解决科技企业在体制、资金、税收、外贸以及其它方面的实际问题。希望地方各级人民政府也采取得力措施，予以大力支持，为高校发展科技产业创造良好社会环境。

12. 国家教委在国家科委、财政部和有关银行的支持下，建立高校科技产业专项贷款和风险基金，重点支持技术含量高、市场前景好、经济效益大的高新技术开发项目。国家科委将继续通过“火炬计划”支持高校的高新技术成果项目开发，以加快其商品化、产业化和国际化进程。各省、自治区、直辖市科委、教委高教（教育）厅（局）可视实际情况，会同本地区经济、财政和金融部门设立相应的贷款与基金。

13. 为强化实验室成果流向生产应用的中间环节，国家教委将会同国家计委、国家科委等有关部门以及地方政府和企业，在有条件和基础的高等学校，选择若干重要领域，采取多渠道资助和学校自有资金相结合的融资方式，有计划地组建一批中试基地、工业性试验基地和工程研究中心，担负产业化的研究开发、中间试验和小规模工业性试验任务，面向行业和社会开放，不断推出新产品、新技术、新工艺，及时向社会扩散高新技术成果，力争办成高新技术产业的技术辐射中心和人才培训中心，其中有些也可作为大型科技企业的一个组成部分。

14. 高等学校科技企业可同时享受国家对校办工厂和高新技术产业开发区高新技术企业的有关优惠政策和待遇。各省、自治区、直辖市可根据本地实际情况，在自己的职权范围内，制订推动本地区高校发展科技产业的具体措施。

科技产业的出现，是社会化大生产和科学技术进步的必然结果。高等学校参与科技产业的开发，已是世界性趋势。我国高校科技成果转化为现实生产力，通过产学合作转化科技成果方面进行了富有成效的实践，学校创办科技企业，转化高校所拥有的重要科技成果，将开辟一条具有重要意义的新途径。只要大胆探索，正确引导，有可能走出具有中国特色的、解放科技第一生产力的新路子，开创我国高校科技产业发展的新局面，为加速社会主义现代化建设和建立社会主义市场经济体制作出更大贡献。

□关于加强和改进高等学校人文社会科学研究工作的若干意见

（1994年3月11日国家教委印发）

党的十四大以后，我国的社会主义现代化建设事业进入了一个崭新的历史阶段。为使高校人文社会科学研究工作适应我国社会主义现代化建设事业的需要，推动高校人文社会科学进一步繁荣和发展，现提出如下意见：

一、高校人文社会科学研究自十一届三中全会以来取得了突出的成绩，当前是进一步繁荣和发展的极好时机

（1）十一届三中全会以来，高校人文社会科学研究工作取得了令人瞩目的成绩。

高校人文社会科学工作者围绕建设有中国特色社会主义的伟大实践，积极参与了关于真理标准问题的大讨论，社会主义初级阶段理论的研究，农村联产承包责任制的研究，经济体制改革和股份制理论的研究，建立社会主义市场经济理论的研究，社会主义精神文明建设特别是祖国优秀传统文化、伦理道德建设的研究，人权理论的研究等一系列重大理论问题的探索。应该说，高校人文社会科学研究在解放思想及有中国特色社会主义理论的形成过程中做出了积极贡献。

高校人文社会科学研究在为社会服务的同时，在人才培养和学科建设等方面也做出了重要贡献。大批研究成果填补了学科建设的空白，丰富、更新了教学内容，并促进了一批新专业的生长；大批课题负责人特别是一些中青年教师，通过科学研究成长为本专业的学术骨干或学科带头人。

高校人文社会科学研究条件有了明显改善，机构和队伍发展迅速，已经成为一支学科齐全、实力雄厚、在国内举足轻重的研究力量，为进一步繁荣和发展打下了坚实的基础。

（2）当前高校人文社会科学研究工作遇到的突出问题是：人文社会科学在现代化建设中的地位和作用尚未得到社会的应有重视；现有的科研体制和不同程度存在的理论脱离实际的倾向，使高校人文社会科学研究适应经济建设和社会发展需要的能力比较弱；科研经费投入严重不足，中青年业务骨干流失，基础学科和基础研究有滑坡危险。

（3）建设有中国特色社会主义的伟大实践向高校人文社会科学研究提出了更高的要求，提供了发展和繁荣的良好时机。

按照邓小平建设有中国特色社会主义的理论，在经济落后的条件下建设社会主义现代化强国，建立和完善社会主义市场经济体制，是艰巨复杂的社会系统工程，涉及到我国经济基础和上层建筑的许多领域，需要有一系列相应的体制改革和政策调整。要两个文明一起抓，两手都要硬。人文社会科学的众多学科，几乎涉及到两个文明建设的所有方面，肩负着责无旁贷的历史重任。伟大的社会实践已经向人文社会科学研究提出了积极投身到国家社会主义现代化建设中去的强烈呼唤。随着现代企业制度的建立、政府职能的转变以及其他领域改革的深入，对人文社会科学的需求及提供的支持条件，将发生深刻的变化。这是人文社会科学研究进一步繁荣发展的最为难得的契机。

二、以邓小平同志建设有中国特色社会主义的理论贯通高校人文社会科学研究工作的全局，树立“主战场”意识，全面发挥高校人文社会科学的功能

（4）邓小平同志建设有中国特色的社会主义理论，既是建设社会主义现代化强国的科学指南，也是指导人文社会科学研究和发展的科学指南。认真学好《邓小平文选》，用建设有中国特色的社会主义的理论贯通全局，是关系到高校人文社会科学研究能否真正体现时代精神、把握社会发展规律、成为推动社会发展有力武器的头等大事。系统深入地研究邓小平同志建设有中国特色社会主义理论，要紧紧抓住“解放思想、实事求是”的思想路线，认真学习邓小平同志从中国实际出发的科学态度，既面向现代化、面向世界、面向未来，大胆吸收和借鉴世界各国物质文明和精神文明的一切优秀成果，又坚持走自己的路，深入研究经济建设、改革开放和社会主义精神文明建设实践中的问题。各级主管部门和高校要加强领导、精心组织。

（5）以经济建设为中心，要全面认识和实现人文社会科学的功能和作用。人文社会科学是一个以人类社会及其发展为研究对象的庞大的学科群。笼统地把人文社会科学归结为意识形态，只能为精神文明建设服务，或把人文社会科学为经济建设服务理解为所有学科的研究都去追求直接的经济效益，都是片面的。高校人文社会科学研究要围绕经济建设这个中心，在物质文明建设和精神文明建设两个方面、理论研究和咨询决策服务两个层次、学科建设和人才培养两个领域，都做出自己应有的贡献。改革开放以来，高校广大人文社会科学研究工作者在为两个文明建设服务方面做出了很大的成绩，总的情况是好的。但也不能不看到，一些同志尚缺乏主动适应和服务于建立社会主义市场经济体制的需要、服务于社会文明进步需要的强烈愿望，存在着习惯于关在书斋里做学问、等待上级定课题、甚至只是为了出书和评职称而搞研究的倾向。今后，国家教委将采取多种形式，如了解社会对人文社会科学的需求、向社会宣传展示高等学校人文社会科学研究的实力、组织多学科对社会急需的重大课题的协作攻关、多渠道筹集研究经费等，推动高校人文社会科学主动而有效地为社会服务。广大人文社会科学研究工作者要进一步改变唯书、唯上的思维定势，牢牢树立以经济建设为中心的思想，面向社会，进行广泛深入的社会调查；紧贴国家的经济和社会发展，为培育和发展社会主义市场经济服务，为法制建设服务，为提高全民族的思想、道德和文化素质做出贡献；为解决社会和经济发展中出现的新问题提供科学的理论、方法和对策，为各层次的科学决策提供强有力的智力支持和信息服务。当然，人文社会科学的不同学科，为“主战场”服务的方式、侧重点，还应根据学科自身的特点而有所不同。有的是直接服务，有的是间接服务。只有这样，高校人文社会科学才能全面实现和发挥内在的功能与作用，并促进自身的全面繁荣和发展。

(6) 必须确立为学科建设和培养跨世纪人才服务的战略目标。科学研究是学科建设的动力，是高层次人才培养的重要渠道。制定长远的规划，通过对国内外社会现实和学术成果的系统、深入的研究，加快学科体系、学科内容和研究方法的更新、改造、重建，新建某些必要的学科，以适应社会和学科发展的客观需求；要把学科建设和培养跨世纪人才紧密结合起来。要十分重视中青年学术骨干的培养，现在的青年学者，是跨世纪的人才，特别是新一代学术带头人的选拔和培养，是学科建设的战略问题，各级领导务必高度重视。国家教委将通过设立重点研究课题、组织科研成果鉴定、评奖及资助重大科研成果出版等办法，为青年学者脱颖而出创造条件。学校要逐个学科、逐个人地研究，采取切实措施，抓出成效。

三、采取有力措施，扶持基础研究

(7) 人文社会科学的基础学科是人文社会科学学科建设的基础，凝聚着一个民族在漫长历史发展过程中积累起来的文化精华。它反映着一个民族的文化和文明程度，既是一个民族、国家区别于其他民族、国家的文明基石，又是今天建设具有中华民族特色的精神文明的基础，在任何情况下都不能轻视。

有些基础研究与社会实际距离较远，很难直接为现实服务，即使在市场经济十分发达的国家，也要靠国家财政的支持和帮助。国家、各级科研管理部门和学校，有责任采取切实有力的措施，扶持基础学科和基础研究，要统筹考虑教学和科研、当前和长远的需要。扶持的对象包括从事学术文化基础研究的文、史、哲等基础学科，各学科的基础研究和中华民族所特有的学科、研究领域、重点研究机构。扶持的措施包括经费投入（研究经费、图书资料及设备购置经费、学术会议经费、重要成果出版经费等）和优惠政策（人员编制适当放宽、合理计算工作量、优先安排出国进修和参加学术会议等）。

(8) 基础学科和基础研究要根据需要和可能，突出重点，择优扶持。

基础学科和基础研究在整个人文社会科学中要有一个合理的比例，比重不宜太大。在目前国家和社会的财力都不充裕的情况下，与其让数量过多的学科点捉襟见肘地维持，不如选择一批实力强、学风好、有发展前途的学科点，尽可能加大投资强度，使之能发展得快一些，水平高一些，成为“国家队”、“种子队”。国家教委准备在调查研究、严格评选的基础上，尽快确定重点扶持规划。省、自治区、直辖市教委、高教（教育）厅（局）和学校也应该有自己的规划。在学科扶持问题上，要树立全国一盘棋的思想，合理布局，上下通力合作，避免出现低水平的重复。

四、深化科研管理改革，加强管理队伍建设

(9) 管理体制的改革是推动高校人文社会科学研究繁荣发展的关键性的一环。管理体制改革的重点是，打破自我封闭的格局，引进竞争机制、建立激励机制，实行分级管理。

(10) 分级管理，就是要改变过去国家统得过多、管得过死的状况，使管理重心下移。

国家教委的工作重点是加强宏观管理、搞好服务。其主要职责是：研究、制订高校人文社会科学研究发展的方针、政策和措施；制定并组织实施高校人文社会科学研究规划；抓好重点研究课题；加强基础学科的扶持；组织应用学科和应用研究更好地为社会服务；开辟新的课题和经费渠道；提供科研信息服务；组织优秀科研成果评奖及科研机构评估。

省、自治区、直辖市教委、高教（教育）厅（局）和学校科研管理部门，也应根据实际情况恰当地确定自己的职能。

(11)要开阔视野，面向社会，从省内外、国内外，争取课题和经费，吸引人才。要发挥应用性学科的优势，组织教师和科研人员在完成本职工作的基础上到社会上兼职，有条件的学校要有领导地分离出一部分力量，通过兴办信息咨询产业等，将高校人文社会科学研究的一部分成果推向市场。开展有偿服务一定要有组织地搞，不能影响正常的教学和科研活动，更不能把人心搞散。

(12)加强科研管理机构建设，转变管理职能。加强科研管理机构的建设是保证人文社会科学繁荣发展的重要条件之一。各地、各学校要根据科学研究的规律，建立健全适合行业性管理的职能部门；要积极解决管理人员的职称、待遇等问题以保持管理队伍的相对稳定；要尽快采用现代化管理手段特别是计算机等信息管理手段，提高管理机构对科研信息的搜集掌握和分析使用能力；要定期进行各种业务培训，提高和改善人员的知识结构、管理水平和整体素质。科研工作静态、封闭的行政性管理，已不能适应形势发展的需要。新型的科研管理应该兼有策划、组织和加强对外协作等综合职能；管理部门和管理人员应改变过去那种单纯等下达课题、靠上级指示开展工作、向主管部门索要经费的被动局面，面向社会特别是通过精心组织为社会提供智力支持的各种咨询服务活动，开拓更加广阔的课题和经费渠道；要以改革的姿态，积极探索基金制等适应社会主义市场经济体制的科研管理新路子。

五、加强和改善对人文社会科学的领导

(13)要坚持正确的科研方向。从总体上说，人文社会科学的多数学科属于意识形态范畴，与政治的关系相当密切。人文社会科学研究在经济发展和社会文明进步中的作用往往带有全局性、战略性，不可低估。如果研究方向上出了偏差，它的负面影响往往会变成一种不好的社会舆论导向，造成严重后果。这就要求我们人文社会科学工作者，要有高度的社会责任感，坚持以马克思主义特别是邓小平同志建设有中国特色社会主义的理论为指导，坚持正确的科研方向。各级领导，一方面要鼓励人文社会科学研究工作者具有敢于探索、敢于创新的理论勇气；另一方面又要求他们坚持严肃的科学态度，敢于抵制和批判一切不利于社会主义现代化建设事业健康发展的错误思潮。

(14)切实贯彻“百花齐放，百家争鸣”的方针，按科学发展的规律组织、指导科学研究。一方面，在涉及党的基本理论、基本路线、基本方针包括民族团结、社会稳定、祖国统一、对外政策等重大原则问题上，旗帜要鲜明，坚持四项基本原则不动摇，不能忽视或削弱社会主义意识形态的主导作用；另一方面，要切实贯彻“双百”方针，充分保障学术自由，不能脱离实际地要求所有的学科领域“纯而又纯”，不能把意识形态领域中的问题简单地归结为政治问题，随意“上纲上线”。

在科研成果的评价问题上，要坚持科学性评价的标准，尊重实践，尊重同行专家的意见，服从真理。领导部门和领导者，要鼓励学术创新，鼓励在深入研究的基础上形成不同的学派，开展严肃的学术批评和活跃的学术争鸣，通过不同学派和学术观点的互补，达到繁荣学术、发展真理和造就人才的目的。

人文社会科学研究与自然科学研究一样，难免出现失误。当这种情况出现时，领导者和领导部门应该从团结的愿望出发，以关心爱护的态度，以朋友的姿态，与学者讨论，进行必要的批评，帮助他们提高认识、改正错误。在领导学术研究的问题上，我们应当认真地总结历史的经验教训，研究新情况，创造适应新时期特点的新鲜经验。

(15) 要制定切实可行的研究规划。我们的目标，是要在本世纪末或再长一些时间内，把高校的人文社会科学建设成为学科齐全、结构合理、队伍精良、学术水平较高，能为社会主义现代化建设提供强有力智力支持的学科体系。要达到这一目标，从科研的角度说，必须有一个既有前瞻性又切实可行的规划。国家教委将组织力量制定高校人文社会科学科研规划、博士点基金和青年基金课题规划。各级科研管理部门在制定本部门的研究规划时，要注意以下几点：

①优化学科结构，增强人文社会科学的活力。学科结构的优化是人文社会科学迅速发展的条件之一。学科结构要实现优化，必须使基础学科和应用学科、基础研究和应用研究的比例趋于合理。学科结构调整要树立长远发展和全面繁荣的观点，既考虑现实需要，又考虑长远发展；既要反对理论脱离实际和重理论轻应用的倾向，又要反对急功近利、重利轻义的片面性。现在高校人文社会科学的学科结构和学科内部构成，突出的问题是基础学科和基础研究的比重过大，应用学科、应用和对策研究比例过小。基础学科和基础研究的繁荣不能没有必要的数量，但根本的标志不在数量多，而在于水平高。在结构调整过程中应突出重点，国家有国家的重点，各省有各省的重点，学校有学校的重点。

②要重视、了解、研究本学科的世界前沿问题和发展趋势，扩大和发展对外学术交流，吸取和借鉴人类先进文明成果，构建具有中国特色的人文社会科学学科新体系。

③加大科研经费的投入。各级科研管理部门要对高校人文社会科学研究采取倾斜政策，尽可能地为其提供和创造较好的工作条件。

摆在高校人文社会科学研究工作面前的任务，是十分光荣和艰巨的。我们必须振奋精神，更新观念，深化改革；我们应该坚定不移地相信和依靠广大教师，尊重他们的首创精神，为创造高等学校人文社会科学研究工作的新局面而努力奋斗！

□关于进一步改革普通高等学校招生和毕业生就业制度的试点意见

（1994年4月7日国家教委印发）

为贯彻党的十四届三中全会精神，根据中央《关于建立社会主义市场经济体制若干问题的决定》对教育改革的要求，切实落实《中国教育改革和发展纲要》，加快教育体制改革的步伐，现就普通高等教育中有关招生和毕业生就业制度的进一步改革，提出如下意见。

一、根据《中国教育改革和发展纲要》精神，从招生开始，通过建立收费制度，改变学生上大学由国家包下来、毕业时国家包安排职业的做法。同时，建立相应的奖学金、贷学金制度，鼓励学生努力学习，引导学生毕业后参与劳动力市场的竞争，国家不再以行政分配而是以方针政策指导、奖学金制度和社会就业需求信息来引导毕业生自主择业。这样，逐步建立起“学生上学自己缴纳部分培养费用、毕业后多数人自主择业”的机制。

二、高等教育不属于义务教育，高等学校可以向学生收取部分培养费用，但要建立科学的收费制度，制定合理的收费标准。收费标准可因地因校因专业而异，既要考虑到实际培养费用，又要考虑到学生家庭的承受能力，由学校提出意见后报学校主管部门实事求是地确定。

三、建立与收费制度和人才培养计划相配套的奖学金和贷学金制度。国家依据宏观调控的有关法规和高等学校的办学条件核定招生规模，并根据国家需要确定由国家设立的专项奖学金的比例和专业范围。通过收费制度和奖、贷学金制度的实施来体现现行招生计划中的国家任务和调节性两种形式。

四、高校招生时，应在考生填报志愿前公布分省市、分学校、分专业招生计划，并明确公布分学校、分专业收费标准和学生奖、贷学金设置情况，供考生报考时参考；录取时，对同一学校只划定一个最低控制分数线。不再按国家任务和调节性两种计划分别划定分数线。

五、坚持德智体全面考核、择优录取，以文化考试为主要入学考核形式，以及公平竞争、公正选拔这三项原则。在此基础上，逐步实现选拔新生办法的多样化。当前，以全国统一入学考试为主要的选拔新生手段；同时，在保证质量的前提下，对在培养人才方面有特殊要求的高等学校，经国家教委批准，可以按系统或地区，联合或单独组织入学考试，但考试时间应与全国统考相协调。以后，将逐步过渡到高校招生的全国统一考试设置高中各门文化课程，而高等学校可根据各自专业的特点自行从中选择要求考生报考的科目，并自行决定录取标准、自主选拔新生。

六、在高等学校内设立专项奖学金，供入学新生自行选择申请。

——为保证国家重点建设项目、国防建设、文化教育、基础学科、边远地区和某些艰苦行业所需的专门人才，学校根据国家需要在有关专业设立专项奖学金。新生可在自愿的基础上申请，经批准并签定合同后领取奖学金，毕业后按合同就业。

——企事业或社会团体等用人单位，经征得有关部门同意，可在学校设立用人单位的专项奖学金，由新生自愿申请，但只能申请一项奖学金，并在与单位签定合同后领取，毕业后按合同就业。

——既没有领取国家专项奖学金也没有领取单位专项奖学金的学生，逐步做到毕业后国家不负责安排工作，由其自主选择职业。随着市场经济体制的建立和劳动人事制度的改革，这部分学生所占的比例将越来越大，国家教育行政部门和学校要通过方针、政策和发布信息等措施加强对他们的就业指导。

——国家设立贷学金，低收入家庭而又没有领取国家或单位专项奖学金的学生入学后可通过学校申请借贷。领取贷学金的学生，毕业后如果到国家指定的单位或地区工作，国家可以减免其还贷；其他学生应在毕业后按期将所贷款项及其利息还清。

——学生毕业后按国家专项奖学金或单位专项奖学金合同就业的，应有最少服务年限的规定。不按合同就业而违约的，应向国家或单位一次性退回奖学金本息，并交纳一定数量的违约金；服务年限不满而自行要求调离工作的，应酌情交纳一定数量的违约金和培养费。

——学校用于奖励品学兼优学生的优秀奖学金仍予设置，以鼓励所有学生在校时争取思想上和学业上的进步。

七、高等学校应加强学生思想政治工作，把这项工作同对学生的毕业教育和就业指导结合起来，鼓励学生积极考虑到国家需要的、有利于发挥个人业务专长的地方就业。在学籍管理方面，有条件的学校应积极推行符合我国国情的学分制、主辅修、双学位、德智体综合考评等多种办法，以更灵活的形式调动学生的学习积极性和主动性，以适应毕业后社会的需要。

八、上述以建立收费制度为标志的招生和毕业生就业制度改革，需要其他方面的改革措施相配合，采用试点和扩大试点的办法逐步推行。

九、进行招生“并轨”改革试点院校要一步到位，不能以新、老两种形式同时招收同一层次的新生。但过去已入学的学生仍实行原来的办法，只有今年招收的新生实行新办法。

十、在上述方案正式实施以前的过渡时期，招生部门和高等学校应采取积极措施，缩小两种 招生计划形式在录取过程中所造成的新生文化水平差距。原来按国家任务计划招收的学生，毕业时原则上仍由国家负责安排就业，实行“供需见面”和一定范围内“双向选择”的办法，落实毕业生就业方案；委托和定向培养的学生按合同就业，自费生自主择业。

十一、各级招生和毕业生就业部门要转变职能，配合试点高等学校做好工作，要为报考高等学校的学生和高校毕业生提供各种信息、咨询和指导，并配合有关部门制订改革的配套措施，促进这项改革的实现。

□关于进一步深化高等农林院校教学改革的意见

（1994 年 4 月 23 日国家教委、农业部、林业部印发）

（一）高等农林院校教学改革中存在的问题及改革的指导思想

（1）近些年来，高等农林院校在教育体制改革的推动下，克服种种困难，在专业调整、学科建设以及教学内容体系、课程结构、教学管理制度改革等方面做了大量工作；在探讨教学新模式、加强实践教学、建立校内外基地、推进教学科研生产三结合方面积累了较丰富的经验，为进一步深化教学改革，提高人才培养质量奠定了基础。

当前教学改革中存在的主要问题是：教学经费严重不足，影响教学的正常运行，教学质量难以保证；教学工作受到诸多方面的干扰和冲击，队伍不稳，学校领导的主要精力难以集中到抓教学工作上；学校教学工作与社会实际仍存在不同程度的脱节，专业设置还没有完全突破计划经济体制下的固有模式；教学内容、教学方法的改革力度不大；在教学管理中，激励师生教与学两个积极性的机制尚未建立和健全等。

（2）根据国家教委《关于进一步深化高等学校教学改革的意见》，高等农林院校教学改革要坚持“教育必须为社会主义建设服务”，要“面向现代化、面向世界、面向未来”的方针，遵循教育和教学规律，通过教学改革，解决教学领域中存在的主要问题，充分调动师生教与学的积极性，力求使教学质量上一个新台阶。

遵循上述指导思想，当前高等农林院校教学改革的主要任务是：打破学科专业设置单一的固有模式，优化专业结构，拓宽专业口径和服务方向；进一步研究本专科生基本培养规格，调整教学计划，协调理论教学和实践教学的关系，在优化课程结构的同时，建立和完善实践教学体系，建立相对稳定的教学基地；改革教学内容、方法，积极引进现代化教学手段；加强教师队伍建设，采取切实有效的措施稳定教师队伍，并形成合理的师资结构；深化教学管理制度改革，建立和完善调动师生教与学积极性的机制，提高科学管理水平。

（二）优化专业结构，拓宽专业口径

（3）高等农林院校调整专业结构和方向的思路是，根据社会需要，在现有专业基础上适当延伸，覆盖产前、产中、产后的全过程，拓宽专业业务范围和服务方向；在以农科和林科专业为主体的前提下，可根据区域特点和学校的条件逐步增设一些农村或林区急需的非农专业以发挥各校自身的优势，面向社会办学，挖掘潜力，满足社会对多方面人才的要求，并形成自己的办学特色。调整专业方向既要着眼于社会需要的长远性、整体性和稳定性，保证专业设置的相对稳定，又要适应社会需要的现实性、多样性和易变性，增设针对强、能灵活转移的专业方向，实行“大口径进，小口径出”，防止专业越分越细。

（4）在专业结构调整中，既要加强宏观调控又要注意微观搞活，按照社会需求和学校的实际办学条件，优化专业结构和布点。对行业长远战略发展影响较大，或代表学校办学水平和特色的，但又受行业局限，服务面窄，人才需求量小，发展较困难的农林基础学科专业和传统学科专业，实行政策性保护。比如可以隔年招生，使其一方面有较充裕的时间从事学术研究和科技开发，促进专业的自身发展，同时可根据社会的新需求，积极寻找发展专业的新途径等。对现设专业，要根据农林科技和农村社会发展的需要，进一步拓宽口径，扩展专业内涵，反映国内外农林科技和生产领域的最新成果和发展趋势，开辟新的专业服务方向。有计划地、积极稳妥地发展和新设面向广大农村、林区的中小企业、乡镇企业和第三产业的应用学科专业。对办学基础较好的学校要适当发展新兴和边缘、交叉学科专业。各校要根据专业发展水平的不同，有计划地建设若干个代表本校优势的特色学科专业。新设专业，尤其是新设非农林学科的专业和学科还不成熟的专业，必须遵照国家教委的有关规定，充分调查、论证，按程序进行，使专业建设健康地发展。

（三）优化培养模式，提高教学质量

（5）各校要根据国家教委制定的农科本专科的培养目标和培养规格，结合本校实际，全面修订教学计划，加强和拓宽基础，加强计算机、外语和人文、社会科学等基础文化教育和非智力因素的培养。要从师资力量、教学设备和管理措施入手，切实加强外语课程建设，力争在3—5年内，使农林本科教育的外语水平达到或接近全国普通高校的平均水平；改善条件，大力加强计算机基础教育，全学程学生人均独立上机时间农科类专业要达到50—60小时以上；改革马克思主义理论课程和思想政治教育课程，用马克思主义的基本立场、观点和方法解决新形势下学生的世界观、人生观和道德修养等方面的实际问题；增设经济、法律和管理类课程，使学生具有经济管理知识，增强市场意识和法制观念；适当压缩必修课，增加选修课，以利于因材施教和拓宽学生的知识面。

(6)积极探索新时期的人才培养模式，培养适应社会需要的多规格、复合型人才。近年来，在教育体制改革的推动下，高等农林院校积极深化教学改革，在人才培养过程方面进行了许多改革试点，如本科“基础＋模块”模式、三段人才培养模式、“3－1－1”模式（即前三年在校学习，第四年到预分配的工作单位实习，然后再返校有针对性地学习一年）、“5－2－1”模式（即前五学期在校学习，然后参加生产实践二学期，最后再学习提高一学期）、主辅修、双学位等；专科“2＋1”模式（即前二年在校学习，后一年参加生产实践）、“3－1－1－1”双循环模式（即前三个学期在学校学习基础理论，第四学期到生产单位参加劳动，第五学期在感性认识的基础上返校学习专业基础课和专业课，最后第六学期再参加实践）等，取得了较好的人才培养效果，为探索新时期的人才培养模式积累了新鲜经验。各校要借鉴这些经验，根据自身条件和不同学科专业的特点，积极开展研究，大胆进行实践，创造更多适合我国国情的、新的人才培养模式，提高人才培养的质量和效益。

（四）推进教学内容和教学方法的改革

(7) 加强课程建设，并通过课程建设带动教材建设、实验室建设，促进教学思想的转变，教学内容、教学方法的改革和教学手段的更新。要制订规划，高度重视基础课程和专业主干课程的建设，有计划地建设一批重点课程，使之达到“一类（优秀）课程”标准。开展课程评价，推动课程建设，保证课程质量，逐步减少和杜绝不合格课程。

(8) 各课程要删除陈旧过时的内容，更新教学内容，及时反映当今世界经济、文化和科学技术领域的最新成果及当前我国社会主义生产建设的实际。教学内容要符合专业培养目标的要求，遵循“少而精”的原则，突出重点、要点。要合理设计课程，进行分层次教学，处理好课程间的内容衔接，避免不必要的重复，建立科学的内容体系。

(9) 各校要制订教材建设规划，加强教材的编写和选用管理，提高教材的配备率、适用率和更新率。编写教材要计入教学工作量，给予一定的经费保证，建立教材评优奖励制度，促进教材质量的提高。有条件的学校要筹资设立教材建设基金，重点扶植编写、出版一批高水平、有特色的教材。

(10) 转变教学思想，抓好教学方法的改革。要破除单纯传授知识，忽视培养学生基本素质和能力的旧教学思想；提倡启发式教学，充分发挥学生的主体作用；鼓励开展有利于学生主动学习的各种教学方法的研究和实践。采取有力措施加强电化教学，充分利用幻灯、影视、录音、录像和计算机等现代教学技术作为信息运载与传递手段直接介入教学活动，提高教学效果。创造条件、加快发展计算机辅助教学（CAI）和计算机辅助设计（CAD）。

（五）加强实践教学，坚持教学、科研、生产三结合

(11) 建立和健全实践教学体系。要明确各个实践教学环节在培养专业人才中的作用和基本教学要求，对每个实践环节进行精心安排，使之建立以实验课为主体的实验教学系列，以教学实习、课程设计、生产实习和毕业设计（论文）为主体的实践训练系列，以社会调查和社会服务为主体的社会实践系列。在此基础上，对三者进行整体设计使之有机结合，形成完整的实践教学体系，纳入教学计划，按教学层次贯穿于培养全过程。

（12）采取切实措施，确保校内教学基地的建设。学校的实验场（农场、林场、牧场、渔场等）要端正办场指导思想，坚持为教学、科研服务的方向，实行“内联外引”，多种经营，增强自我发展的活力，逐步使之成为独立的法人实体。学校主管部门、学校和实验场多方筹资，单独立项，有计划地加强实验场的建设，把实验场逐步建成为教学的实习基地，科研的试验基地和推广的示范基地。

（13）要把教学、科研和生产三结合作为贯彻教育与生产劳动相结合方针，改革教学模式的重要途径长期坚持下去。通过建立校外实践基地和加强实践教学，促使学生更多地走向社会，参与科技兴农，社会服务，使学校在直接为当地经济建设服务中，建立学校面向社会办学，社会广泛参与人才培养的机制。建设校外基地必须要根据互惠互利的原则，充分调动地方和单位的积极性；要有一个有效的管理体系和一支精干的相对稳定的队伍；还要建立适合于当地经济发展的技术支撑体系和服务体系。

（六）改革和完善教学管理，树立良好的学风

（14）根据新形势下深化教学改革的要求，全面修订现行教学计划和教学大纲，加强其实施的管理。要使学生了解全学程的课程安排，有关先行课和后续课之间的联系，各门课程的教学基本要求，各章节的基本内容、重点和难点，指导学生合理安排学习计划，增强学生的主体意识和学习主动性。

（15）学籍管理要强化奖惩激励机制。对品学兼优的学生提供免修、免费辅修、跨院系选修等优惠学习条件；对不能按正常学习年限毕业的学生和重修科目要按有关规定精神严格处理或采取收费继续学习等其它有效的管理办法。

（16）教学管理制度的改革要引入竞争激励机制，有利于因材施教和发展学生个性。各校应选择适合本校实际的教学管理制度。有条件的学校可实行学分制、主辅修制、双学位制、双专业制和优异生选拔培养制度等。

（17）学校要制定系（院）级教学管理的评价体系和实施办法，通过试点，逐步开展教学管理评价工作。定期公布系（院）教学状态数据，为加强教学管理，改进教学，提高质量提供依据。

（18）学风是影响教育质量的重要因素之一。学风的好坏对于学生的思想、学习、生活都将产生潜移默化的作用。抓学风建设不能只着眼于学生，要把抓学风与改进领导作风，抓教风和学校精神文明建设结合起来；把思想政治教育与严格管理、严肃纪律结合起来。

当前，学风建设中的一项重要任务就是要采取有效措施端正考风。在考试管理中，一方面要推进试题库建设，实行考教分离，另一方面要严格考试纪律，严肃处理考试作弊和违纪行为，坚决刹住考试舞弊现象，为进一步搞好学风建设奠定基础。

（七）加强师资队伍和教学管理队伍建设

（19）加强师资队伍建设。学校要统筹兼顾，合理安排，改善条件，使老中青年教师都能各得其所，稳定队伍；要下大力气培养中青年骨干教师和学术带头人，抓好青年教师的培养、使用和提高工作，对确有成就的拔尖人才，要大胆破格提拔，使之脱颖而出。学校要在职称评聘、课时酬金、奖励和住房等方面，适当向教学第一线的教师，尤其是基础课教师倾斜。通过单设教学研究基金、奖励基金，鼓励、推动广大教师积极参加教学改革，从事教学研究，把优秀教学成果作为教师晋升职务的条件之一，促使教学水平的提高。

(20) 学校要采取必要的措施，加强教学管理队伍建设，关心爱护教学管理人员，帮助他们提高思想、业务素质和管理水平，尽可能解决他们工作上、生活上的实际困难。对专职教学管理干部要参照有关规定给他们评定相应的技术职务。要根据新形势的要求，实现教学管理制度化，引进现代化管理手段，不断提高科学管理水平。

□关于加强普通高等学校教学工作的意见

(1994年6月10日国家教委印发)

一、认清教学工作形势，加强教学工作地位

1. 当前，高等学校的教学工作和教学改革正处在一个关键时期。社会主义市场经济体制作为我国经济体制改革目标的确立，为高等教育教学改革提供了强大的动力，这是高校教学工作前所未有的机遇，许多学校认真贯彻《中国教育改革和发展纲要》以及第四次全国高教工作会议精神，不断深化教学改革，在教学工作中取得了很大的成绩。但是，由于社会处于经济体制转轨的过程之中，新体制有一个建立和完善的过程，我们的工作也有一个调整和适应的过程，因此在一段时间内，高校教学工作中也出现了不容忽视的困难和问题。例如：教学投入不足；部分学校领导和教师投入教学的精力不足；部分学生学习不够勤奋，对基本理论、基础知识的学习有所放松；有的地区和学校出现不顾条件盲目扩大招生规模和发展热门专业、忽视教学质量的倾向，等等。

由于上述问题，虽然高等学校教学工作总的情况是好的，但也面临着严峻的形势。

2. 针对当前的问题，必须进一步强调教学工作作为高等学校经常性中心工作的重要地位。学校的各级领导，首先是主要领导，应把更多的精力放在教学工作上，经常深入教学第一线进行调查研究，及时发现教学中的困难和问题；建议定期召开教学工作会议，提出改进教学工作的思路和措施；应千方百计多渠道地增加教学经费的投入，适当提高教学经费的比重。学校的各个部门，都要增强为教学服务的意识。

二、抓住机遇，深化教学改革

3. 提高教育质量的根本途径在于深化教学改革。要抓住由于经济体制改革、社会发展、科学技术进步等因素而为教学改革带来的空前的历史性机遇，及时把教学改革推向新的水平。在当前各校普遍进行校内综合管理改革的情况下，要善于发现和把握各项改革与教学改革的结合点，把各项改革所激发的积极性凝聚到教学改革上来，把“教学改革是核心”落到实处。应将能否成功地调动广大教师、学生投入教学改革的积极性视为检验学校各项改革工作成败得失的一个重要标准。

4. 深化教学内容改革，实施面向21世

纪教学内容改革计划。我国高等教育的教学内容体系虽经十几年的不断改革，仍然远远不能适应当代科学技术和社会的飞跃发展。因此，处在跨世纪过程中的中国高等教育，必须面向21世纪我国经济、政治和社会的全面发展，面向当今世界科学技术的重大飞跃，在专业结构、课程体系、教学内容等方面进行系统的改革，利用4—5年时间实施国家教委制订的面向21世纪教学内容改革计划。同时，各高等学校要充分利用教学上的自主权，主动地开展教学内容以及教学方法的改革试验。要重视教学方法的改革，大力发展计算机辅助教学、电化教学等现代化教学手段。

5. 改革教学管理制度，建立有利于发挥教师、学生教学积极性、主动性和创造性，有利于优秀人才脱颖而出的灵活机制，是教学改革的一个重要方面。近年来，许多高等学校进行了学分制、主辅修制、淘汰制等多种形式的改革尝试，积累了一定的经验。随着改革的深入，应提倡高等学校在改革教学管理制度方面进行更多的探索和试验，有条件的学校，可以采用符合中国国情及学校特点的更灵活的学分制以及其他有利于因才施教、促进人才成长的教学管理制度和形式，博采各国之长，逐步形成有自己特色的教学管理模式。

三、扎扎实实抓好教学基本建设

6. 专业建设和课程建设是学校基本的教学建设。在本科专业的设置上，要坚持不断拓宽专业口径，扩大专业基础，减少专业种类，调整专业结构，使之更加适合我国经济、社会发展的需要，符合本科教育的规律。专科专业要注意面向社会需要，特别是农村、中小企业、乡镇企业和第三产业的需要，办出特点。各省市、部委教育主管部门要认真按照《普通高等学校本科专业设置规定》的要求，尽快建立专业设置评议委员会作为审批专业的咨询审议机构，掌握好质量标准，从宏观上控制专业发展数量。

有计划地建设优秀（一类）课程是推动课程建设的一种有效形式。在建设过程中要注重实际效果，力戒形式主义。要注意加强基础课程的教学力量，一些学校组织高水平的教授讲授本科基础课程，或对主要基础课建立负责人制度的作法，值得提倡。

7. 生产实习和社会实践是贯彻教育与生产劳动相结合的方针，促进学生德、智、体全面发展的重要教学环节，在任何情况下都必须坚持。在市场经济发育过程中，由于利益机制的变化，实践教学和基地建设遇到一定的困难。解决这些问题，一方面要使教育进一步面向社会，在服务于社会的同时争取社会的支持合作；另一方面，要重视校内基地的建设，充分利用校办产业为教学服务，使之成为实现教学、生产、科研三结合的重要基地。无论校外或校内的社会实践活动，都要坚持把育人作为根本目的，加强对学生的思想教育，认真执行教学计划，不断改进教学效果。

8. 稳定骨干教师队伍，培养跨世纪的科研和教学带头人，建设教学梯队，是高等学校一项具有战略性的紧迫任务。对于骨干教师和教学成绩突出的青年教师，应采取必要的政策倾斜措施，为他们创造较好的工作和生活条件；同时要加强思想工作，提倡奉献精神，增强学校的凝聚力，培养尊师重教的良好风气。

四、严格教学管理，加强学风建设

9. 严格的教学管理，是教学质量的重要保障。改革要深入，思想要解放，制度要科学，管理要严格。各高等学校要根据国家对各类人才培养规格的要求，抓好教学计划、教学大纲等基本教学文件的建设，制定对各个教学环节的规范要求，加强对教学过程的监督和对教学质量的检查，认真开展各项教学评估工作。要抓好考务管理，采取有力措施，严格考场纪律，严格评分标准，刹住考试中的不良风气，争取在三年内考风有一个比较大的变化。

教务处作为学校管理教学工作的主要职能部门，对于开展教学改革、提高教育质量具有重要而关键的作用。从一定意义上说，教务处的工作状态能集中反映一个学校整体教学工作的状态。要加强教务处的工作，强化教务处在全校教学工作中的协调、组织作用。由于教务处对教师的教学工作、教学质量、教学态度比较了解，所以在涉及教师利益的各种决策过程中，例如教师待遇、职称评定、住房分配等问题上，要听取和尊重教务处的意见。要选派思想作风好、业务水平高的同志到教务处工作，全面提高各级教学管理人员的思想素质和业务素质，加强对他们的关心和培养。

10. 学风是影响人才基本素质的重要因素，社会主义大学在学风建设上从来有着自己的特色和传统。要充分肯定学风建设的成绩和广大学生积极向上、努力学习的主流方面，又要看到当前"经商热"、"下海风"的影响，以至拜金主义、享乐主义、极端个人主义等思想对部分学生的侵蚀。要始终把学风建设作为高等学校的一项基本建设，作为培养人才的一项根本任务；在经济体制转轨过程中，尤其要对学风问题给予特殊的关注。要注意加强思想教育，使学生树立科学的世界观、人生观、价值观及正确的学习目的；净化校园环境，倡导健康的校园文化，形成良好的学习氛围；以严明的纪律和制度规范学生的学习行为；强化干部、教师教书育人的意识，以自身的严谨作风为学生树立典范。

五、加强对教学工作的宏观调控

11. 随着高等教育体制改革的深入，国家教委将转变职能，采取必要的宏观调控措施，加强对高等学校教学工作的宏观指导。近期所采取的主要措施有：

——建立高等学校教学工作状态数据的统计和公布制度。各校每年10月份对上一学年度教学工作状态数据进行统计，在此基础上分析和掌握我国高等教育教学工作的宏观运行状态；

——制定各类学校的教学工作评价指标体系，分类开展高等学校教学工作的评价检测，公布评价结果；

——加快各科类主干基础课程国家计算机试题库的建设，逐步做到各校自行利用试题库组织考试，国家教委将不定期地用题库检测各校教学效果；

——对专业发展的数量、结构进行宏观调整，对少数基础理论专业和特殊专业实行有重点的保护。

□关于进一步推进高等农林教育改革和发展的若干意见

（1994年6月20日国家教委、农业部、林业部印发）

一、高等农林教育面临的形势和任务

1. 新中国成立以来，高等农林教育在推

动我国农业、林业发展中做出了巨大贡献，但又经历了曲折的发展历程。党的十一届三中全会之后，在建设有中国特色社会主义理论指引下，坚持改革，得到了长足发展。十几年来，在学校基本建设、学科专业建设、队伍建设、教学、科研基地建设、制度建设等方面都取得了明显的成绩；教学改革逐步深入，特别在专业结构调整、招生改革、专科教育改革、贯彻教育与生产劳动相结合方针，开展教学科研生产三结合、探讨教学新模式、建立实践教学体系等方面取得了较大的进展；科学研究取得了许多突破性的成就，并在若干重大研究领域达到了国际先进水平；支农扶贫、科教兴农、为经济建设服务取得了明显的社会、经济效益。这些成绩为高等农林教育进一步改革和发展奠定了良好基础。

2. 当前，高等农林教育存在的主要问题和困难是：投入不足，多渠道的经费来源体制尚未健全，已影响教学工作的正常进行；办学条件虽有改善，但由于原有基础薄弱，基本设施落后、教学设备陈旧、数量不足的状况依然没有根本改变；教职工待遇偏低，生活条件、工作条件困难；队伍不稳，特别是青年教师流失较多；学科专业及形式等比较单一，办学效益不高，主动适应社会、经济发展的机制还不健全，缺乏应有的活力；人才的培养规格单一、学生知识面偏窄、实践能力较差，不能很好地适应农村、林区新形势的要求，特别是人才通往农村、林区和生产第一线的渠道还不甚畅通。

3. 农业是经济发展、社会安定、国家自立的基础。党中央一贯十分重视农业，始终把农业放在经济工作的首位，并制定了实施科技、教育兴农的发展战略，要求高等农林院校“要根据农业和农村现代化建设的需要，调整专业结构和内容，采取扩大定向招生等措施，改革招生和毕业生分配办法，并制定相应政策，使人才流向农村”。中共中央、国务院颁布的《中国教育改革和发展纲要》(以下简称《纲要》)，明确提出了90年代高等教育的任务是要适应加快改革开放和现代化建设的需要，积极探索发展的新路子，使规模有较大发展，结构更加合理，质量上一个台阶，效益明显提高。最近国务院又发布了《九十年代中国农业发展纲要》，进一步明确了农村改革和农业发展的各项基本目标和政策措施。对高等农林教育提出了更加具体的要求。

党中央制定的实施科教兴农的发展战略和两个《纲要》的精神，为高等农林教育的改革和发展指明了方向，高等农林院校要充分认识当前面临的新形势和新任务，进一步解放思想，更新观念，紧密联系实际，加大改革的力度，开拓进取，努力把高等农林教育提高到一个新台阶，以适应进一步改革、开放和农村社会经济发展的需要。

4. 到本世纪末，高等农林教育改革和发展的主要任务是：面向21世纪，积极探索适应社会主义市场经济体制和政治、科技、文化体制改革需要的办学新路子和教学新模式，进一步加强学校与社会、经济的联系，密切与生产相结合，加速学校内部管理体制改革，进一步优化结构，提高教育质量和办学效益，逐步建立起主动适应农（林）业和农村经济、社会发展需要、具有中国特色的高等农林教育体系的框架，更好地为当地的社会经济发展，为农村的稳定和全面进步，为农（林）业现代化建设服务。

二、解放思想，积极探索办学新路子

5. 适应形势，更新观念。随着农村改革

的不断深化和乡镇企业的大发展，农村的社会和经济结构发生了巨大变化，逐步形成了贸工农结合，一、二、三产业协调发展的新格局。

社会主义市场经济体制的确立，推动农村经济发展进入了以调整结构、提高效益为主要特征的新阶段。在这历史转折过程中，高等农林院校必须认清形势、更新观念，转变对农村和农业的传统认识，树立贸工农结合，一、二、三产业协调发展的新农村观念；树立农林牧副渔五业并举的大农业观念；转变高等农林院校只进行高等学历教育的认识，树立以普通高等学历教育为主，多层次、多规格、多形式为农村和林区培养人才的观念；转变高等农林院校仅单一面向农（林）业生产的认识，树立主动为当地经济建设，为农村社会进步、为农（林）业生产发展、为农民致富服务的观念。

6. 拓宽学校服务面向和学科专业领域，逐步改变高等农林院校服务面窄、学科专业结构单一的状况。高等农林院校要适应农村改革新形势和现代化科技发展需要，并且在激烈的竞争中不断增强自我发展的能力，必须从单一面向农林业生产拓宽为面向当地社会经济建设、面向农村、面向大农业，有计划地、积极稳妥地建设一些适应当地社会经济和农村、林区新兴产业发展需要的近农或非农的专业，拓宽学科专业领域，有条件的学校，应在学校主管部门的统筹规划下，根据社会需要、区域特点及学校优势，以农林学科专业为主体，逐步向多科性方向发展，以增强学校的适应能力，提高办学效益。

7. 充分发挥学校潜力，实行多层次、多规格、多形式办学。要以全日制普通高等学历教育为主，统筹计划，积极发展函授、夜大学、继续教育、岗位培训等各种形式的成人教育。对于非学历教育，可以把在校内办和在校外办结合起来，以尽力满足社会对不同层次、不同规格人才的需求，尤其是要通过各种有效的形式，把最新的致富技术迅速传授给农民。

8. 进一步深化招生改革，开拓人才通向农林生产第一线的新途径。高等农林院校应主要面向农村和林区招生，尤其要从政策上采取措施，适当增加边远地区、贫困地区和山区的生源，扩大定向生比例，必要时可设预科班。要在现有基础上，根据不同地区的情况，进一步采取新的措施和办法，比如单独招生、单独划线、第一志愿加分一次投档、试行推荐、保送，增加实践生比例等，不断探索人才通往农林生产第一线的新途径。

9. 加强科学研究和生产推广工作，积极推进教学、科研、生产三结合。高等农林院校面向社会，实施科教兴农，投身经济建设主战场，必须肩负教学、科研和生产推广三项任务。各校在搞好教学任务的同时，要加强科研和技术开发及先进适用技术的推广工作，充分发挥高等农林院校在农林科学技术研究中的生力军作用，并且直接参与科技成果的转化，用现代科学技术改造传统农业，为农村、林区的开发、农林生产的发展，提供各种有效的技术服务。

在学校的三项任务中最基本的中心任务是培养人才，因此，必须在以教学为主的原则下，统筹安排教学、科研和生产推广等各项活动，并在实践中不断推进教学、科研、生产的结合，逐步把“三结合”纳入人才培养过程，藉以增强学校与社会、教育与经济、教师学生与工农群众、理论与实际的联系，调动地方、部门、企业和学校各方面的办学积极性，逐步建立和完善适合我国国情、学校面向社会、社会广泛参与的人才培养机制。

10. 加速校内管理体制改革，逐步转换学校内部管理运行机制，克服一切由学校“统管、统包”的吃大锅饭的现象，增强学校活力，提高办学效益。要根据事业发展的需要，调整学校人员结构，实行合理分流，合理配置校内人才资源。对校内各类人员要区别其承担的任务和工作性质，实行不同的管理体制和运行机制，充分发挥其工作积极性和创造性，逐步建立一支精干优化的教学、科研、推广和管理队伍，提高办学效益。

有条件的学校要结合新的教师工资制度，改革校内分配制度，依照按劳分配的原则，强化分配的激励机制。同时要进一步推进学校住房、医疗、退休养老保险制度等方面的配套改革，逐步改变学校对全部教职工实行统包全管的状况，使学校能集中财力，加强重点投入，并逐步改善办学条件和教职工的生活待遇，建立起良性的运行机制。

11. 兴办科技产业，增强学校活力。高校兴办科技产业有助于科技成果更迅速地转化为商品生产，促进新技术产业的开发和应用，从而使学校更有效地为经济建设直接作出贡献；有助于加强学校与社会的联系，促进理论和实际的结合，提高学校的研究水平和群体的攻坚能力，加速教师队伍的成长；同时可以为学校提供一个稳定的集资渠道，在一定程度上缓解办学经费严重不足的矛盾，有助于学校改善条件、稳定队伍、提高质量，促进各方面的改革和发展。

兴办科技产业必须有明确的指导思想，并从实际出发，尽量与本校学科专业相结合，以市场为导向，技术优势为依托；认真研究、充分论证、选准方向，首先集中力量办好一二个有特色、效益高的支柱产业。高校科技产业的主体是科技企业，要切实贯彻中共十四届三中全会提出的“产权清晰、权责明确、政企分开、管理科学”的精神，加速改革，尽快建立起现代企业制度，把校办科技产业引向健康发展的轨道。

兴办科技产业是学校一项崭新的工作，需要有一个探索过程，在这个过程中，会遇到这样或那样的困难，只要切实加强领导，把握住方向，对人员进行合理分流，制定合理的政策和措施，困难是可以克服的。

三、高等农林教育发展的基本思路

12. 坚持数量、质量、结构和效益统一的全面发展观。高等农林教育的发展必须从当前我国高等农林教育的实际出发，必须与我国农村社会、经济和农（林）业科技、生产发展的总体水平相适应。全面理解和贯彻高教会提出的“规模有较大发展，结构更加合理，质量上一个台阶，效益有明显提高”的精神。在发展的规模和速度上，既要坚持教育的超前性和人才的储备战略，又要充分估计高等农林院校的现实基础和条件，农村对人才和技术的实际吸收、消化能力以及当前国家、社会和个人各方面的承受能力，从实际出发。当前高等农林教育在适当扩大规模的同时，更需要着力优化结构、改善条件、强化管理、克服薄弱环节，提高质量和效益。

13. 稳步发展本科教育。不断地加强本科教育工作，提高本科教学质量是高等教育改革和发展的一项长期的、具有战略性的任务。当前，本科教育工作的重点是提高质量，在规模上采取稳步发展的方针，其基本思路是：稳定传统农科专业，在稳定中根据不同地区的需要和学校的特点，有选择地加以发展；在保证质量、优化结构的前提下，适当发展农村、林区社会经济发展急需而又与农林学科相关的应用性的非农专业。

14. 积极发展研究生教育。为实现“到本世纪末，高层次专门人才培养立足于国内”的目标，迎接下一世纪生命科学的发展和新的绿色革命的挑战，高等农林院校的研究生教育必须开拓新的学科领域和研究方向，在保证质量的前提下，数量上要有一个较大的发展，争取到本世纪末，招生规模能基本上满足教育、科技和生产发展的需要。

要加强学位授权点建设并根据农林学科具有综合性、区域性的特点，调整学位授权点。在学科结构上，加强农林基础学科，适当增加应用学科，特别是新兴、边缘学科和薄弱学科；在学科布局上，适当兼顾边远地区、不发达地区和具有明显区域经济特点的地区和行业对高层次专门人才的需求。

15. 按需发展专科教育。专科教育是高等教育中一个相对独立的层次。近几年高等农林专科教育适应农村和林区社会经济发展需要，取得了长足发展。今后一个时期的任务和工作思路是：不断端正办专科的指导思想，进一步提高对高等农林专科教育在高等农林教育事业中地位、作用的认识，深入研究专科教育的特殊规律，努力办出专科特色；加强宏观指导，进一步明确农林专科教育的培养目标和培养规格，健全和完善教学基本建设，不断提高质量；在规模上采取按需发展的方针，着重发展面向乡镇企业和农村、林区第三产业的应用性专业。

16. 加强应用型人才培养，明确人才培养规格要求。农林本专科教育主要面向各级业务管理部门，农业社会化服务体系，乡镇企业，为农村和林区生产第一线培养技术推广型、经营管理型、生产开发型等方面的高级专门人才。这些专门人才必须具有不畏困苦的精神和懂业务、善管理、会经营、能公关的全面素质，掌握比较丰富的综合知识和配套的生产技术，具有能推动农村技术进步，指导农民依靠科技致富的本领。

17. 加强农林基础学科专业。高等农林教育要“面向现代化、面向世界、面向未来”，肩负发展农林科学、高新技术，为国家培养高层次农林科技人才的重任。在面向农村、农林业和农民培养应用型人才的同时，必须统筹规划，加强农林基础学科专业的建设，办学基础较好的学校，要进一步创造条件，逐步建设一些与发展农林科技相关的高新技术学科专业、新兴学科专业和边缘学科专业，为下世纪农林科技的更大进步和农林生产的更大发展储备足够的人才。

四、深化教学改革，提高教学质量

18. 改进和加强德育工作。要坚持社会主义的办学方向，贯彻德智体全面发展的方针，积极推进马克思主义理论课和思想品德教育课的改革，要结合当前改革开放的实际，在政治理论课中充实邓小平同志关于建设有中国特色社会主义理论方面的内容，既要坚持课堂正面教育为主，又要结合青年学生的特点，采取多种形式、生动活泼的教育方法，增强教育的效果。要加强对青年学生的爱国主义教育，弘扬优秀的民族传统文化，培养高尚的道德情操和艰苦创业的精神。

进一步重视和加强学校政工队伍建设，充实政治工作机构。要通过严格考核，把思想业务素质好，政治理论水平高，社会工作能力强，并富有奉献精神和开拓意识的同志，尤其是青年骨干输送到政工队伍中去，并采取措施和相应政策不断提高他们的水平，调动他们的积极性，充分发挥他们的创造力，努力做好工作，开创新时期学校思想政治工作的新局面。

19. 调整学科专业结构。随着高等农林院校服务面和任务的扩大，必须打破学校学科专业设置单一的固有办学模式，充分利用当前农村产业结构调整以及新兴科技产业正在兴起的有利时机，抓紧研究和制订学科专业建设规划，加速进行学科专业调整，逐步建立起结构合理，具有竞争能力的学科专业体系。

学科专业调整的基本思路是：加强农林基础学科专业；保护、改造农林传统学科专业，拓宽专业面、更新专业内容，使之适应农村新形势和农林业现代化建设需要；积极发展农工、农理、农经、农文交叉的学科专业和与农林科技相关的新兴、边缘学科专业；根据办学条件，适当发展当地经济建设，特别是农村、林区与农林生产密切相关的新兴产业急需的应用性非农专业。

各校都应当根据自已的学科专业特点和现有基础，有计划地建设一批有特色的学科专业，尤其是要重点建设在全国具有一定优势的学科专业。对于优势学科专业，学校主管部门要增加投入，争取建设成为全国重点的专业人才和师资培养基地。

20. 全面修订教学计划，优化培养过程。修订教学计划要遵循打好基础，加强实践，注重能力，增强适应性的原则，除了处理好教与学，智育与德育、体育，理论与实践，基础与专业，必修与选修，课内与课外等方面的关系外，特别要合理设计课程和安排各个实践环节，精心研究课程和实践环节的内在结构及其相互之间的内在联系。探索新的人才培养模式，着力建立起一个包括理论教学体系和实践教学体系，两者密切联系、相辅相成的完整的教学体系，以利于学生构建起合理的知识结构和能力结构。

为了适应新形势需要，要重视提高学生的全面素质和复合型人才的培养，适当增加有关人文、社会学科方面的选修课程，把科研训练和社会实践活动纳入计划。研究并逐步建立主辅修的课程体系，实行主辅修制度。

21. 改革教学内容和方法。教学内容的改革，一是要紧跟科技发展，不断革除陈旧的知识和观点，更新内容；二是要注重整体优化，推动系列课程的改革，建立科学的内容体系；三是要贯彻“少而精”的原则，突出重点、要点；四是要研究教学内容在深度广度方面的专业适用性，使教学内容符合人才培养规格的要求。

要转变教学思想，树立以学生为主体的观念。积极开展教学方法的研究和实验，废除注入式，倡导启发式。要采取有力措施加强电化教学，研究、开发和推广计算机辅助教学，推进教学手段的现代化。

22. 加强教学基本建设。要制订规划，加强课程、教材、师资、基地以及教学管理等方面的基本建设，为教学、科研提供良好的基础和保证。要有计划地建设一批重点课程，采取有效措施强化外语、计算机和数学的教学，保证基础课程和专业主干课程的质量；

逐步提高课程的教材配备率、适用率和更新率，并要有重点地编著出一批与办学层次相适应的高水平、有特色的教材；

加速培养中青年学术骨干和学科带头人，尽快把他们推向教学、科研第一线，对青年教师中间表现突出、确有成就的拔尖人才，要有特殊政策破格提拔，加以重用；

加速实验室建设，不断更新和充实实验设备，推进实验室管理制度改革，提高实验开出率和设备利用率；

改革校内教学实验场（农场、林场、牧场、渔场等）管理体制，逐步把教学实验场推向市场，办成具有教学、科研、生产多种功能的法人实体，同时要根据本校的学科、专业特点，统筹规划，有计划、分层次地建立相对稳定的校外基地，并逐步形成与学校教育层次、专业结构相配套的基地网络；

采取必要措施稳定教学管理队伍，充分发挥教研室的作用。根据新形势的特点，修订和不断完善各项教学管理的规章制度，使教学管理制度化，研究、开发、推广和普及教学计算机辅助管理，逐步提高教学管理手段现代化的程度。

五、加强领导和宏观管理

23. 农业是国民经济的基础，农业、农村和农民问题是关系我们党和国家全局的根本性问题。实现现代化科技是关键、教育是基础。农林教育是上述两个基础的结合部，高等农林教育在农林教育体系中起着龙头的作用。高等农林教育的改革和发展，不仅是整个高教改革和发展中不可缺少的一部分，而且对于振兴农村经济，顺利实现社会主义现代化建设的宏伟目标，具有重要的意义，因此，必须重视高等农林教育，加强对高等农林教育的领导。

农业是受国家保护的产业，直接面向农业的高等农林教育存在着与农业问题密切相关的一系列特殊困难，同样需受到应有的保护。各级教育主管部门，在统筹规划的前提下，应在事业发展、人员编制、经费投入、重点建设、项目启动资金等方面给高等农林院校一定的倾斜。各级农林业务主管部门应积极参与、支持高等农林院校的人才培养计划，并在农（林）业开发、科研立项、技术推广、接纳学生实习等方面给高等农林院校必要的支持和优惠，共同推进农科教结合，加快高等农林教育改革和发展的进程。

24. 国家教委、农业部、林业部将与有关地方教育行政部门、业务主管部门进一步研究高等农林院校改革、发展中的新情况、新问题，加强对高等农林教育的领导。并将共同与国务院有关部门进一步研究对高等农林教育增加投入的渠道和办法，缓解目前办学中的困难。

国家教委将积极促进和帮助高等农林院校开展对外学术交流，在争取国际援助和海外资金方面给予支持。在教师培训、编制招生计划等方面，将充分考虑高等农林院校的实际情况，采取适当倾斜政策。适当的时候，将进一步研究和调整高等农林院校人员编制、学校基本建设（包括教学实验场、站）等方面的定额标准并作出相应的规定。

农业部和林业部将在事业发展中尽量增加对高等教育的投入，尤其是要增加对其所属重点院校、重点学科专业、重点实验室、校内基地以及教材建设方面的投入。

25. 国家教委、农业部、林业部将积极协调，推进部属院校领导管理体制的改革，及时总结中央部委与地方联合办学，有关高校之间联合办学的经验。支持各种旨在加强地方政府管理职能，调动高等农林院校和社会各方面办学积极性的改革试验，加速高等农林院校管理地方化的进程。中央部门要集中人财物力，重点建设若干所在教育、科研方面具有先进水平，在全国起示范作用的骨干院校。

26. 随着教育体制和其它各项有关改革的深化，主管部门要进一步扩大学校的办学自主权，使高校在国家宏观指导下，真正成为面向社会、自主办学的法人实体。对已经向学校下放的各项办学自主权，各级学校主管部门要切实加以落实。此外，可根据中央有关精神和本部门、本地区的实际情况，在各自的权力范围内考虑高等农林院校的特点，向学校下放更多的办学自主权。高等农林院校要善于行使这些权力，承担好自己的责任，建立起主动适应的运行机制，增强活力。

27. 国家教委将进一步转变职能，根据对不同地区、不同层次的学校采取分类指导的原则，加强宏观指导和监督，提高管理的科学化和民主化程度。对高等农林教育改革和发展的重大方针和重要决策，要通过各种形式吸收社会各界和专家提供的咨询意见。

在全国高等农林院校开展教学评价工作，经常性地公布各校有关教学状态的基本数据和评价结果，加强和推动学校教学工作。

加快建立农科专业主要基础课程的试题库，保证主要基础课程的质量。

28. 建立农科专业人才和师资重点培养基地。拟在教学评价的基础上，选定一批办学思想端正、专业方向明确、师资力量雄厚、设备条件较好、教学质量较高的专业点，作为全国重点的专业人才和师资培养基地。专业人才重点培养基地要在同类专业中起示范作用，在教学改革中起骨干带头作用。选定的人才重点培养基地，要制订长远规划，提出近期改革与发展的目标，主管部门要有相应的条件投入。

□关于建设国家文科基础学科人才培养和科学研究基地的意见

（1994年6月30日国家教委印发）

中国语言文学、历史学、哲学等文科基础学科是高等教育的基础，担负着为社会主义物质文明和精神文明建设培养人才的任务。对于弘扬中华民族优秀文化传统，提高整个中华民族素质，建立社会主义市场经济体制，建设有中国特色的社会主义，起着非常重要的作用。正如恩格斯所说："一个民族要站在科学的最高峰，就一刻也不能没有理论思维。"但当前文科基础学科的教学和科研中，面临着不少新问题，如：生源不足，经费短缺，师资队伍不稳等，已严重地影响了文科基础学科理论人才的培养和科学研究工作。为改变这种状况，面向21世纪，提高文科基础学科理论人才培养质量和科学研究水平，现就建设文科基础学科人才培养和科学研究基地（以下简称"基地"）的有关问题，提出以下意见。

一、目标

根据我国高校文科基础学科的实际情况，为适应21世纪我国政治、经济、文化和社会发展的需要，国家教委决定在全国高校范围内，依据"扶强保重"、合理布局的原则，分期分批建设40多个"基地"，培养少而精的高水平文科基础学科教学和科学研究人才。计划1994年建设20多个"基地"（其中国家教委所属学校15个）。每个"基地"每年招收本科生30名左右，至本世纪末，40多个"基地"将为国家培养出约3000名本科毕业生。这些人才除少数分配到实际工作部门外，大多数将进入研究生阶段学习，学生毕业后，主要从事文科基础学科教学和科学研究工作。

"基地"应坚持四项基本原则，培养社会

主义现代化建设和社会发展需要的德、智、体全面发展的人才。应有能够坚持马克思主义、品德高尚的政工干部队伍。应有政治素质好、学术造诣深、教学经验丰富、年龄结构合理的师资队伍。应经过深化教育改革，制定出科学的、高标准的人才培养方案及教学管理办法。应有比较固定的社会实践基地和校内实验室。应有组织有计划地开展科学研究。应有保证教学、科研需要的图书资料和现代化的教学设备。应在教学改革和科学研究中发挥骨干带头作用，为相关学科的建设提供可资借鉴的经验，并能够成为本学科师资进修和学术交流的基地。

二、选点原则、申报条件及办法

“基地”的选点应贯彻“扶强保重”、合理布局的原则。在综合大学、师范大学、工科院校和民族院校中，优先选择那些坚持正确方向、教学科研水平高、在国内同类学科中能够起骨干带头作用的学科点。

申报建设“基地”的学科点，必须具备以下条件：

1. 应是中国语言文学、历史学、哲学的一级学科点。

2. 有一个以上（包括一个）博士点或五个以上硕士点。

3. 有一支能够满足本学科专业教学和科研需要的高质量的师资队伍。

4. 有一套深化教学改革的思路和措施，有教育改革和重点建设的目标，有切实可行的人才培养和学科建设方案。

5. 学校领导和学校所属上级主管部门明确支持“基地”建设，并有相应的政策及配套措施。

国家教委所属高校直接向国家教委申报，国务院其他有关部委和省、自治区、直辖市所属学校，通过学校主管部门向国家教委申报。

在各单位申报的基础上，由国家教委组织专家论证，最后由国家教委审定批准。

三、招生办法

各校可在国家现行招生政策允许的范围内，制订吸引优秀生源的具体措施和办法。可适当增加招收优秀保送免试生指标。也可以从本科其他专业中，选拔少量当年入学的优秀学生。

在保证本科、研究生层次各自独立的前提下，可实行“本科生——硕士生——博士生”分流制，即在本科四年级学生中经严格考试选拔品学兼优者直接进入硕士研究生阶段学习，二年后，选择优秀生提前攻读博士学位。

四、人才培养

“基地”的人才培养工作，必须坚持社会主义方向，贯彻党的教育方针，用马克思主义和建设有中国特色的社会主义理论教育学生。政治理论课和德育课的教学，要坚持少而精的原则，理论联系实际，使学生树立正确的人生观和价值观，并能够运用所学的理论知识研究和解决现实问题。加强实践教学环节，认真组织学生参加社会调查、生产实习等社会实践活动，使学生了解国情、民情，增强责任感，培养劳动人民的思想感情，树立报效祖国的雄心壮志。

积极探索教学改革的新路子，努力提高教育质量。教学改革工作要认真贯彻落实《中国教育改革和发展纲要》及全国教育工作会议的精神，根据社会主义现代化建设和社会发展对人才培养的需要，制定高标准的培养方案。可考虑文科教育的特点，适当统一考虑本科生和研究生阶段的教学安排。在本科一、二年级，要强化马克思主义理论和文科基础理论知识的教学，并注意安排自然科学知识方面的教学；高年级要加强专业教学和初步的科研训练。对课程结构的改革，要强调其整体性与逻辑性，基础课程、专业主要课程与选修课之间的比例要适当。对教学内容的改革，要大胆吸收国内外的最新研究成果和在社会主义现代化建设中创造的新鲜经验，充实更新教学内容。提倡启发式的教学方式，课堂教学要讲重点、难点，认真组织好课堂讨论，指导好学生的课外阅读。“基地”的主要课程，应由具有高级职称的教师讲授。重视运用计算机辅助教学。本科阶段，应安排学生不少于三个月的社会调查和业务实习。

加强教学管理，制订和完善学籍管理条例，严格考场纪律，提倡求实、严谨、创新的学风。

加强科学研究工作，是“基地”提高人才培养质量的一个重要方面。要有组织、有计划地针对国家重点建设项目、重大理论问题和学科前沿问题进行攻关研究，提出有关方案和研究报告，并把有关的研究成果运用到教学和学科建设中。

加强师资队伍建设，是“基地”人才培养的关键。应采取各种有效措施，在一至三年内，建设一支具有良好业务素质、结构合理、相对稳定的教师队伍。要有计划、有步骤地培养青年教师，注意从中选拔出一批政治素质好、学术水平高的骨干教师重点培养，作为学术带头人。

加强图书资料和现代化教学设备的建设，是“基地”人才培养的保障。应加强管理，及时采购有关学科专业最新的科学研究专著、期刊和教学参考书，以保证教学和科研的需要。同时，要积极进行现代化教学设备建设工作，根据学科特点建立教学实验室。

“基地”应不断创新，认真总结人才培养和学科建设经验，为高校同类学科提供可资借鉴的具有较高理论水平的教学改革经验和科学研究成果。

五、经费与政策

“基地”建设经费，国家教委将根据“基地”建设的需要与可能，确定对“基地”的经费投入数额与使用周期。原则上对每个“基地”每年投入约20万元人民币，周期为5年。“基地”所在学校，应根据国家同期经费投入额度，原则上按1：1的比例另行投入。国家教委所属高校的“基地”建设经费，由国家教委在委直属高校设立的“基础学科人才培养基地建设专项基金”（文科）投入。其它学校的“基地”建设经费，由其学校所属上级主管部门（国务院各部委，省、自治区、直辖市）投入。

为保证“基地”建设顺利进行，国家将对“基地”采取以下几项政策：

1.“基地”内学生的奖学金，可高于其他专业学生的奖学金，以激励学生的学习积极性。

2.“基地”内各层次的毕业生，国家将根据有关政策和毕业生的志愿，优先分配到有关高校、科研单位和实际部门工作。

3.积极支持“基地”内的教师参加相关的国内外学术会议及进修和培训。根据国家的有关政策及规定，优先选派“基地”内的骨干教师出国讲学、访问；接受外国专家到“基地”讲学、访问。

4.学校应对“基地”的师资编制、职称晋升等予以适当的政策倾斜。

5.学校对“基地”的创收，可适当提高

留成比例，用于改善办学条件和提高教师待遇。

六、评估验收

国家教委将组织有关专家制订专业办学水平评估方案，对“基地”进行评估。评估工作将根据各“基地”所在学校申报的“教学改革和重点建设措施”、“教学改革和重点建设达到的目标”以及“人才培养和学科建设方案”,采取学校自评和专家组评审相结合的办法进行。每两年评估一次，检查其阶段性目标是否如期实现。在“基地”启动建设4年后，国家教委将组织全面验收，对基本实现预定目标的“基地”，国家教委将予以最后确认和表彰；对评估不合格的“基地”，将取消其资格。

□普通高等学校研究生奖学金办法

（1994年9月26日国家教委、财政部发布）

为保证普通高等学校研究生本人基本生活需要，鼓励研究生在校期间勤奋学习，全面发展，国家设立研究生奖学金。

研究生奖学金分为普通奖学金和优秀奖学金。

一、享受奖学金的条件

(一) 热爱社会主义祖国，拥护中国共产党的领导；

(二)遵守国家有关法律和学校的规章制度；

(三) 勤奋学习，努力掌握专业知识，各门课程学习成绩合格。

凡是具备上述基本条件的研究生，均可享受普通奖学金。

在专业学习和研究中成绩突出的研究生，除享受普通奖学金外，还可享受优秀奖学金。

二、普通奖学金标准

(一) 博士研究生

1. 入学前没有参加过实际工作（指应届毕业生及其他非在职人员，下同）和参加实际工作累计时间不满两年者，每生每月190元。

2. 入学前为国家正式职工，大学毕业后，参加实际工作累计时间满两年以上者，每生每月210元；大学毕业后，参加实际工作累计时间满四年以上者，每生每月230元。

(二) 硕士研究生

1. 入学前没有参加过实际工作和参加实际工作累计时间不满两年者每生每月147元。

2. 入学前为国家正式职工的，大学毕业后，参加实际工作累计时间满两年以上者，每生每月167元；大学毕业后，参加实际工作累计时间满四年以上者，每生每月187元。

三、优秀奖学金标准、评定比例和发放办法等由各学校自定。

四、各学校对研究生发放普通奖学金时，原则上可按第二条规定标准向下浮动40元，由学校集中掌握，用于下列支出：

(一)提高一部分特殊专业研究生的普通奖学金标准；

(二)与现已提取的优秀学生奖学金合并用于对优秀研究生的奖励；

(三) 对研究生兼任助教、助研、助管工作发放部分报酬等等。

具体办法由学校自定。

五、其他有关问题

（一）研究生本人学习期间的特殊困难可由学校在勤工助学基金和对特困生的资助经费中统筹解决。

（二）在国家设立的奖学金之外，鼓励国内外企业和个人出资为研究生设立奖学金。

□关于国家教委直属高校贯彻全国教育工作会议精神的意见

（1994年11月5日国家教委印发）

一、深刻领会全国教育工作会议的精神及其重要意义，在全国高校实施《中国教育改革和发展纲要》中起好示范带头作用。

今年召开的全国教育工作会议，是在我国加快建立社会主义市场经济体制和现代化建设步伐的新形势下，由党中央、国务院召开的一次重要会议。全教会的召开，对我国全面部署和动员实施《中国教育改革和发展纲要》，实现90年代教育改革和发展的战略目标，促进我国社会主义现代化建设，有着重大而深远的意义。委直属各高校要认真学习领会这次会议的精神及其重要意义，充分利用全教会为学校面向21世纪的事业发展所提供的良好机遇，进一步明确学校改革与发展的目标，加快各项改革的步伐，不断提高教育质量和办学效益，促进学校事业的健康发展，在全国高校实施《中国教育改革和发展纲要》中起好示范带头作用。

二、要以提高教育质量和办学效益为中心，积极推进和进一步深化几项重大改革。

全教会提出，“要以提高教育质量和办学效益为重点发展高等教育”，并指出，“改革是解决中国教育问题的根本出路”，委直属高校要遵循这一指导思想，以“质量”和“效益”为中心，积极推进和深化办学和管理体制改革，招生、收费和毕业生就业制度改革，教育教学改革，学校内部管理体制改革等学校的综合改革，要以改革促发展，通过改革进一步提高教育质量和办学效益，探索事业发展新路，为初步建立与社会主义市场经济体制和政治体制、科技体制改革相适应的高教新体制做出较大贡献。

——积极、稳步地推进委直属高校的办学和管理体制改革。要充分调动中央、地方和社会各方面的办学积极性，增强学校面向社会依法自主办学的活力，进一步扩大委直属高校面向地方的服务面，努力使学校成为地方经济建设和社会发展的依靠力量。要积极推进国家教委与地方政府的共建；努力吸收社会各方面的力量支持并参与办学；积极探索委直属高校之间及与其他高校之间的多种形式的联合办学和合作办学的途径；对具备一定条件的学校要鼓励并促进把国家教委的权限转移到地方政府。推行这项改革的根本目的是为学校的发展和改革创造更有利的条件，一定要从各地各校的实际出发，讲求实效，积极稳步地进行，要防止一哄而起和形式主义。要避免在联合办学中因不恰当地膨胀委直属高校的规模而影响投入强度。对已进行“共建”、“联合”和建立校董会的学校，要不断总结经验，切实使这项改革逐步向纵深发展。

——稳步实施招生、收费和毕业生就业制度改革。要认真总结今年委直属高校进行招生、收费制度改革试点工作，进一步深化和完善这项改革。试点学校在建立收费制度的同时，要继续完善奖（贷）学金、勤工助学制度等各项配套措施，确保学习勤奋优秀的学生不致因经济困难而中断学业；要建立和完善各种专项奖学金和定向奖学金，保证某些国家特殊需要的学科以及条件艰苦专业的生源需要和人才培养。各校要以招生、收费制度改革为契机，推动教学管理制度的改革，逐步建立和完善学分制、主辅修制、双学位制、合理的淘汰制和优秀学生奖励制等，改善培养机制，激发学生学习的主动性和创造性，促进教学质量的提高。招生、收费制度改革要与毕业生就业制度改革相衔接，近期内，要进一步完善学校与用人单位供需见面和一定范围内的双向选择制度。要注意发挥专项和定向奖学金的作用，以保证艰苦地区和行业、国家重点单位的用人需求。

——进一步深化校内管理体制改革。要在总结近几年来委直属高校推行这项改革经验的基础上，进一步加大改革的力度和范围。从管理体制和运行机制上保证校内人、财、物资源的合理配置，促进学校事业的发展，不断提高办学整体水平和办学效益。国家教委将按规定的规模及人员编制定额研究实行“工资总额包干”的方案。委直属高校要在我委下达的编制数内，结合学校实际，继续做好校内人员结构的调整，要通过人员的合理分流，逐步提高教学、科研人员占总人数的比例。要实行固定队伍与流动队伍、专职教师与兼职教师相结合的管理模式，继续实行和完善研究生兼任助教的制度，逐步提高师生比。争取到2000年万人规模的学校专任教师与学生之比达到1∶10，校本部教职工与学生之比达到1∶4.5；各校还要根据自身实际，努力提高校内人员的分流比例，其分流的效果将作为评估学校办学效益的一项重要指标。

三、调整教育结构，深化教育教学改革，提高教育质量。

——委直属高校90年代或下世纪初教育事业的发展规模将稳定在经我委确认的学校长远发展规模内。委直属高校事业发展的重点是调整和优化结构，努力上质量、上水平、出效益。在保持本科教育为主的基础上，一部分条件具备的学校可以适当扩大研究生特别是博士生的培养数量；部分区域服务性较强、所在地区对专科层次及高等职业技术人才需求量较大的委直属高校，可适度发展专科教育，但总体上委直属高校的专科学生培养数量不宜过大。成人高等教育要继续提高办学质量，并逐步转向重点发展大学后继续教育。

——学校学科结构既要按照经济建设和社会发展需要作必要的调整，也要防止每个学校不顾条件和水平都上一些热门的专业。一方面要改变学校专业类型过分单一影响学科交叉渗透发展的状况，也要防止各个学校不顾条件及社会需求都追求门类健全。各校仍然要重视保持历史上形成的学科的专长，并不断更新、丰富、补充以新的内容。

——改革和发展研究生教育，进一步提高培养研究生的教育质量。要调整和拓宽研究生学科专业口径，积极探索研究生培养模式的改革，努力提高研究生的全面素质和独立工作能力。要通过推行研究生兼任“三助”的制度，改善和不断提高研究生的待遇。

——努力提高本科生的教育质量。要扎实抓好教学基本建设，采取措施加强课程建设、教材建设和实验室建设。委直属各高校要在近几年内建设一批优秀课程、优秀教材和重点实验室，推动教学水平和质量稳步提高，争取在全国高校教学质量评估中继续保持领先地位。要更新教育思想，合理调整学科、专业和课程设置，拓宽专业基础和知识面，努力改变目前教学内容、教学方法、课程、教材不能反映迅速发展的科学技术，与经济、社会发展的实际相脱离，与社会主义市场经济的需要不相适应的状况。扩展学生的知识视野及运用现代工具的能力，增强其适应社会需要和进一步学习与研究的能力。要加强校风、学风建设，改革并强化教学管理制度，积极发挥竞争、激励机制的作用，充分调动教与学两方面的积极性。

要逐步完善理科基础学科人才培养基地的建设，同时，抓紧做好文科基础学科人才培养基地建设的启动实施工作。

——专科教育要办出水平和特色，要注意加强为普及九年义务教育和大力发展高等职业技术教育服务。

四、实施“211工程”，促使委直属高校办学整体水平上新台阶。

根据全国教育工作会议精神和《纲要》要求，委直属高校将启动实施“211工程”，大多数委直属高校要积极创造条件争取进入“211工程”的项目建设。通过“211工程”的实施，促使委直属高校的办学整体水平再上新台阶，办学综合实力得到增强，一批学校和一批重点学科点成为国家高层次人才的培养基地和科学研究中心，其中若干所学校要争取在21世纪初有一批学科接近或达到国际先进水平。

委直属高校应将“211工程”的实施作为促进学校改革与发展的建设过程，工作重心要放在贯彻《纲要》、深化改革、炼好“内功”上，要通过争取进入“211工程”，在委直属高校形成找差距、定措施、促改革、上水平的奋发向上的局面，形成有效的激励机制和竞争机制，增强学校的凝聚力，推动教育质量、学术水平和整体办学水平的不断提高。我委直属高校工作办公室将按照一定的程序和要求，组织做好对委直属高校申请“211工程”的部门预审工作，为“211工程”的实施做好准备。

五、加强和改进委直属高校的德育工作。

委直属高校的德育工作要以邓小平同志建设有中国特色社会主义理论为指导，坚决贯彻落实《中共中央关于进一步加强和改进学校德育工作的决定》，真正把德育工作放在重要位置，积极探索加强和改进德育工作的新思路、新经验，培养德、智、体全面发展的跨世纪的“四有”新人。

——德育工作的重点要放在培养学生树立正确的人生观、世界观和社会主义信念、道德自律能力上。当前要以邓小平同志建设有中国特色社会主义理论为中心内容，紧密结合改革开放和社会主义现代化建设的丰富实践，针对学生的思想实际，采取多种形式开展学习和教育活动，深入持久地进行爱国主义、集体主义、社会主义思想教育，开展中华民族传统美德、革命传统教育和法制教育，要增强适应时代发展、社会进步以及建设社会主义市场经济需要的素质教育，培养学生开拓进取、平等竞争、自立自律、艰苦创业的精神。

——加快“两课”改革的步伐。学校政治理论课和思想教育课是对学生进行思想政治教育，帮助学生确立坚定正确的政治方向，树立马克思主义的世界观和为人民服务的人生观，培养学生具有高尚的道德品质和良好的心理素质的“主渠道”、“主阵地”，必须加强“两课”的建设，进一步改进教学内容和方法，提高教学实效。委直属高校应发挥自身人文社会科学方面的教学、科研优势，积极推进“两课”的教学改革。

——进一步拓宽德育渠道，丰富德育方式。委直属高校要通过扩大开设相关课程，加强校园文化建设，严格校风校纪，组织有益的生产劳动和社会实践活动，创造良好的校园育人环境，发挥多方面的育人功能，采取切实措施调动全体教职工教书育人、管理育人、服务育人的积极性与责任感，发挥全体教职工的育人作用。建立和完善校长及行政系统为主实施的德育管理体制，把德育贯穿在教育的全过程，落实在教学、管理、后勤服务的各个环节上。要把德育工作作为评价学校教育教学工作的重要内容。

六、认真学习和贯彻落实党的十四届四中全会精神，加强学校党的建设。

委直属高校要认真组织学习贯彻《中共中央关于加强党的建设几个重大问题的决定》，要充分认识加强党的建设的重要性和紧迫性，提高抓紧抓好党的建设的自觉性。学校党的建设要按《决定》的要求，紧紧围绕学校的改革和发展，加强和改进德育工作，培养有理想、有道德、有文化、有纪律的社会主义事业的建设者和接班人来进行。要继续把党的思想建设放在首要地位，认真落实用邓小平同志建设有中国特色社会主义理论武装全党的战略任务。要坚持和健全民主集中制，在党的基本路线和关系全局的重大问题上，必须与党中央保持一致，使学校党委集体领导能真正做到统一认识、统一思想、统一行动。委直属高校要在牢固树立全局观念、正确处理学校利益和全局利益的关系、模范地遵守国家的法律、法规方面起好表率作用。

要加强和改进学校党的基层组织建设，认真研究新形势下学校改革与发展中出现的新情况和新问题，改进学校基层组织的活动内容和工作方式，严格党内生活，严肃党内纪律，保持党员队伍的先进性和纯洁性。要不断提高学校各级领导的素质，大力培养和选拔德才兼备的跨世纪人才，逐步形成优秀人才能够脱颖而出的、富有生机和活力的机制和办法。学校党委要和行政领导团结一致，率领广大教职工为实现在本世纪末学校的改革与发展的目标而奋斗。

□关于国家教委直属高校积极推行办学与管理体制改革的意见

（1994年11月7日国家教委印发）

《中国教育改革和发展纲要》提出，随着经济体制、政治体制和科技体制改革的深化，教育体制改革要采取综合配套、分步推进的方针，逐步建立起与社会主义市场经济体制和政治体制、科技体制相适应的教育新体制。改革开放以来特别是近几年来，国家教委直属高校在推进办学与管理体制改革方面进行了积极的探索，做了大量的工作，迈出了可喜的一步。根据全国教育工作会议的精神和要求，结合委直属高校的实际，现就进一步推进和深化这项重大改革提出如下意见：

一、高等教育体制改革的目标是建立国家宏观管理、学校面向社会依法自主办学的新体制。

为实现这一改革的目标，要通过立法，在国家统筹规划、宏观管理下进一步明确学校的权利和义务，扩大学校的办学自主权，使学校成为面向社会依法自主办学的法人实体。高等教育体制改革的重要任务是要进一步改变政府包揽办学的格局，形成政府办学与社会各界参与办学相结合的新体制。推行办学和管理体制改革要有利于使学校更加适应国家经济建设和社会发展的需要，更好地为社会主义现代化建设服务；有利于调动中央、地方、学校和社会各方面办学的积极性，增强办学的活力和综合实力；有利于不断提高教育教学质量、科研水平和办学效益。

二、委直属高校办学和管理体制改革当前的重点是放在促进多种形式的联合或合作办学上，要通过多种途径和形式，积极争取地方政府和社会各界参与办学，改变委直属高校单一的办学和管理体制。

——委直属高校要创造条件积极争取地方政府把学校纳入地方建设和发展的总体规划，努力成为本地区经济、社会发展的主要依靠力量和高等教育事业发展的骨干力量。国家教委支持委直属高校接受地方政府对本地区高校布局所进行的统筹规划和调整，支持委直属高校利用办学的整体优势，吸引地方政府依托学校创办某些地方急需的学院和专业，与地方政府进行局部的共建和合作办学。在有条件的地方积极推行国家教委与地方政府对委直属高校进行共同建设、双重领导、管理以国家教委为主，并积极支持条件成熟的学校实行管理以地方政府为主的体制。

——根据国家和地区高校布局调整的需要，积极推动有条件的委直属高校逐步转移由地方政府领导和管理，更好地发挥其为地方的经济和社会发展服务的作用。国家教委将同地方政府签定协议，以加强和落实地方政府对这些学校的领导及争取地方政府在改善办学条件、提高教职工待遇等方面加大对学校的投入，提高学校办学的整体水平和综合实力。国家教委对移交地方管理的委直属高校将继续加强业务指导和政策支持。这些学校在申报科研项目、对外交流、参加委直属高校会议等方面，仍保持享有国家教委直属高校的权利和待遇。

——国家教委积极支持委直属高校在充分发挥自身特色和优势的基础上，面向社会和经济建设主战场，与企业（集团）、科研单位等合作办学。在平等互利、优势互补的原则下，积极开展产学研合作。条件成熟的学校，还应积极探索组建有地方政府、企业（集团）、科研单位及社会各界参加的学校事业发展基金会、院一级的董事会或建立校董会，推动社会各方面参与学校办学的咨询、审议、资金筹措等工作，逐步探索学校面向社会合作办学的新路子。

——国家教委支持委直属高校在不改变学校法人地位、投资渠道、隶属关系的前提下，积极开展与国务院部委所属院校和地方所属院校的合作办学。通过合作办学进行教师互聘、互相承认学分、共同利用图书资料及公共服务体系、共同开展科学研究、联合组织科技开发、共办产业以及共同建设后勤服务设施等，挖掘学校办学的潜力，合理利用现有资源，达到优势互补、资源共享、学科交叉、共同发展的目的。

三、国家教委直属高校在保证完成国家人才培养和重点科研任务的同时，要加大为地方服务的力度，积极参与地方经济建设和社会发展的工作，努力成为区域经济和社会发展的依靠力量。

——委直属高校在制定学校事业发展的规划及学科专业结构的调整上要更多地考虑本地区经济建设和社会发展的需要，不断扩大为地方服务的面向和功能，增加为本地区招生的名额和毕业生留本地区工作的比例，积极参与地方科研攻关和技术改造，参与地区社会发展和产业结构调整等方面工作，努力为地区经济和社会的发展做出积极贡献。

——委直属高校要通过“共建”、“联办”等多种形式与地方联合和合作办学，取得地方政府在地方政策性补贴、教职工公费医疗、基本建设、校办产业等方面的投入和支持，使学校享有或部分享有地方政府对其所属高校的同等待遇。争取在与地方共建重点学科和为地方开办所需的院、系和专业，增加为地方培养的学生等方面取得地方政府的财政支持。要通过推行办学和管理体制改革，提高学校的综合实力，缓解办学中日益俱增的矛盾和困难，更好地适应社会主义市场经济体制的建立。

四、要通过办学和管理体制改革，在加强国家统筹规划、宏观管理的同时，进一步扩大学校面向社会依法自主办学的权限，使学校真正成为法人实体。

——国家教委将进一步转变职能，继续贯彻落实《关于国家教委直属高校深化改革、扩大办学自主权的若干意见》，通过立法进一步明确委直属高校的权利、责任和义务。对属于委直属高校办学自主权范围内的事，由学校按照相应法律、法规办理，保证学校在专业设置、招生、毕业生就业、经费筹措和使用、人员配置、机构设置、干部任免、职务评聘、工资分配、国际交流等方面的自主权落到实处，增强学校面向社会自主办学的能力。

——在扩大委直属高校办学自主权的同时，学校也要转变观念和做法，不断提高办学的管理水平和建立健全校内管理的规章制度和审议、监督、考核、评估制度，逐步形成在国家宏观管理下学校自主办学、自我发展和自我约束的运行机制，进一步发挥办学主动性和创造性，同时要注意严格执行国家的法律法规及有关政策，防止各自为政，实现权限与职责的统一，促使学校的教育质量、科研水平和办学的整体水平再上新台阶。

五、委直属高校办学和管理体制改革要符合国家高等教育体制改革的总趋势，要加强领导，讲究实效，积极稳妥地推进。

——考虑到当前我国高等教育体制改革尚在起步阶段，高等学校的管理体制、投资渠道诸方面关系的调整也有一个不断探索和完善的过程，因而办学和管理体制改革还应视国家经济体制、政治体制改革的进程而分步推进。在目前条件下，要坚持以内涵发展为主，加强必要的宏观调控。委直属高校与其他高校的联合办学，还要避免因不恰当地膨胀委直属高校的规模而导致投入强度的降低。

——如根据国家和地区高校布局调整的需要，委外高校确需并入我委有关直属高校的，应经过充分论证后报我委审批。经我委同意并入的其他高校，其建制应随之取消。其原有的事业经费、基本建设经费等划转给相应委直属高校。被并入学校的人、财、物资源应统筹安排使用。接纳的委直属高校原则上不得以此再扩大规模和编制。

推行办学和管理体制的改革是一项牵动学校全局和发展的大事，进行这项改革，一定要从实际出发，态度要积极，步子要稳妥，要讲求实效，不搞形式主义。在改革过程中，还要注意正确处理代表国家高等教育水平和面向地方服务的关系。要加强党委对推行这项改革的领导，做好深入细致的思想政治工作。要注意不断总结经验，促使这项改革逐步深化，确保这项改革取得预期效果，为我国高等教育体制改革起好示范带头作用。

□国家级重点职业高级中学标准

（1994年2月1日国家教委发布）

第一条 为办好一批国家级重点职业高级中学（简称职业高中），促进职业高中改革与发展，加强建设，提高教育质量和办学效益，特制定本标准。

第二条 国家级重点职业高中，是指全面贯彻国家的教育方针，适应社会主义市场经济发展需要，主动为当地经济建设和社会发展服务，坚持产教结合、工学结合，办学条件好，教育质量高，教育投资效益显著，在国内享有较高声誉的职业高中。

第三条 国家级重点职业高中在教育教学、学校管理、生产经营、科学实验、技术推广、社会服务等方面起示范作用，并为其他职业技术学校提供办学经验以及师资、设备、业务咨询等方面的服务。

第四条 学校充分利用自身的智力优势和技术、设备等条件，多层次、多形式办学，在进行学历教育的同时，举办短期职业技术培训班，开展岗位培训等，发挥多功能和辐射作用。

第五条 学校与有关部门及企事业单位建立密切联系，实行经（农）科教结合，联合办学。面向农村的学校应与科技示范乡、村、户和专业村、专业户建立固定教学联系点和校外生产实习基地，指导学生建立与专业对口的家庭实习场地，带动农民靠科技和勤劳致富。

第六条 国家级重点职业高中的规模，包括短期职业技术培训在内，在校生达到1200人以上。并有稳定的、具有优势的骨干专业（工种）。

第七条 有与办学规模和专业设置相适应的校园和校舍。校园占地面积，城市学校一般不少于3.3万平方米，农村学校一般不少于6.7万平方米。校舍建筑面积，一般不少于2万平方米。

第八条 有满足教学需要并适应专业（工种）特点的各类教室和设施、设备、仪器、标本、模型等。按教学计划和教学大纲的基本要求，分组实验（二人一组）的开出率：文化课100%，骨干专业专业课90%，其他专业不低于80%。

第九条 有1000平方米以上的专用图书馆。教师资料室和学生阅览室的座位分别按不低于教职工总数的25%和学生总数的15%设置。

有适用图书5万册以上，其中，专业图书占40%以上。报刊杂志不少于150种。有懂业务的专职图书管理人员。

第十条 有与专业对口的校内实习基地和较稳定的校外实习基地。各类专业（工种）的学生进行教学实习时，要做到每生一个工位；以农、林、牧、渔专业为主的要有相应的农、林、牧、渔场，总面积不少于6.7万平方米。

第十一条 有与学校规模相适应的体育运动场地。城市学校要有不少于250米的环形跑道，县城和农村学校要有400米的标准环形跑道；有满足体育教学和体育活动需要的体育设施和器材。

第十二条 有稳定的经费来源，年生均经费达到全国职业高中生均预算内教育事业费的二倍以上。校舍维修和基建投资等各类专项经费应纳入地方政府或学校主管部门的计划。

第十三条 有与办学需要相适应的校办产业。在确保完成教学任务的同时，要充分利用生产实习基地和校办产业，搞好勤工俭学，开展生产经营、科技推广和社会服务等活动。校办产业年创收50万元以上。

第十四条 校长任职要求按国家教委《全国职业中学校长主要职责及岗位要求》等有关规定执行。

学校领导班子成员具有大学本科学历或具有中级以上职称；热爱职业教育事业，懂得职业教育规律，熟悉本校骨干专业教学工作；了解本地区、本行业经济发展和人才需求情况，有较强的行政管理和社会活动能力，勇于开拓，廉洁奉公。

第十五条 有一支与学校教育教学工作需要相适应的专兼结合的师资队伍。有切实可行的教师培养、培训计划，教师应忠实地履行《中华人民共和国教师法》规定的教师权利和义务。

教师与学生比例一般应为1∶10（特殊专业除外）。文化课、专业课和实习指导教师的配备比例以文化课、专业课、实习课课时比例为依据。

教师任职要求按国家教委有关规定执行。

教师中具有高级和中级职称的分别占教师总数的15%和45%。每个骨干专业(工种)至少有2名具有高级职称或具有中级职称，同时还具有中级以上技能水平的专业教师。

第十六条 学校实行校长负责制，有健全的组织机构和各项规章制度，校风校貌良好。有切实可行的学校发展规划和具体实施方案。

第十七条 校长对德育工作全面负责。学校有健全的德育工作制度和机构。切实加强、不断改进思想政治工作，注重职业道德教育，将德育渗透于各科教学与学校各项工作之中，并取得显著成效。

第十八条 深化教育教学改革，开展教学研究，运用现代化教学手段，提高教学质量，成绩显著。

第十九条 根据当地经济和社会发展的需要设置专业（工种)。各专业（工种）教学计划、教学大纲齐全，并符合国家教委《关于制订职业高级中学（三年制）教学计划的意见》的精神。有适用的文化课、专业课教材，实习教学有大纲、教材，每个技能训练环节有明确、规范的要求，并能根据本地区特点和需要选用或编写适用的乡土教材。贯彻理论与实际相结合的教学原则，专业理论教学和操作技能训练密切配合，加强专业技能的培养。

第二十条 认真贯彻《学校体育工作条例》，上好体育课，开展各种有益学生身心健康的文体活动。

第二十一条 认真贯彻《学校卫生工作条例》，做好卫生保健工作，教育学生养成自觉维护公共环境卫生的品德和良好的卫生习惯。

第二十二条 重视美育，开设美育课或美育选修课，积极开展形式多样的美育活动。有专职或兼职美育教师，有美育教学设备和必要的活动器材。

第二十三条 加强劳动教育，教育学生树立热爱劳动，尊重劳动人民的观念。

第二十四条 做好毕业生的思想教育工作，积极开展职业指导，帮助学生正确选择职业，推荐或协助毕业生就业。毕业生普遍受到用人单位的欢迎，专业对口就业率在70%以上。积极帮助回乡毕业生开拓生产门路，使他们在科教兴农和勤劳致富等方面发挥骨干作用。

第二十五条 本标准自发布之日起施行。

□中等专业学校贯彻《事业单位工作人员工资制度改革方案》的实施意见

（1994年2月5日人事部、国家教委印发）

根据国务院颁发的《事业单位工作人员工资制度改革方案》和国务院办公厅下发的《事业单位工作人员工资制度改革实施办法》的规定，结合中等专业学校的特点和具体情况，制定本实施意见。

一、实施范围

（一）此次中等专业学校工作人员工资制度改革的实施范围，限于普通中等专业学校、成建制的成人中等专业学校中1993年9月30日在册的国家正式职工。

（二）上述学校所属独立核算的企业均不列入这次工资制度改革范围。但其中由学校派遣到校办企业工作，现仍属学校事业编制、工资关系仍在校内的人员也可列入这次中等专业学校工资制度改革实施范围。

二、新工资制度的内容和工资构成

中等专业学校专业技术人员、管理人员分别实行专业技术职务等级工资制、职员职务等级工资制。技术工人和普通工人分别实行技术等级工资制、等级工资制。

工作人员工资由职务（技术）等级工资和津贴两部分构成。职务（技术）等级工资为工资构成中固定的部分，主要体现工作能力、责任、贡献、劳动的繁重复杂程度；津贴为工资构成中活的部分，主要体现各类人员的岗位工作特点和实际工作的数量、质量差别。在各单位工资总量构成中，固定部分占70%，活的部分占30%。

三、职务（技术）等级工资

（一）中等专业学校教师执行中等专业学校教师专业技术职务等级工资标准（见附表一）。中等专业学校教师在此次工资套改后职务工资标准提高10%。

（二）中等专业学校中其他系列专业技术人员分别执行国家规定的相关职务系列同类人员的职务等级工资标准。

（三）中等专业学校行政人员实行国家统一的事业单位职员职务等级工资制度，执行职员职务等级工资标准（见附表二）。学校行政人员一般根据其学校具体情况分别执行三至六级职员职务等级工资标准。

（四）中等专业学校党务工作人员及工会、共青团等工作人员，参照同级行政人员工资标准执行。

（五）中等专业学校技术工人按照高级技师、技师两个技术职务和高级工、中级工、初级工三个技术等级工资标准执行（见附表三—1）。普通工人执行普通工人等级工资标准（见附表三—2）。

四、津贴

（一）中等专业学校一般设立下列津贴：教师课时津贴、职员岗位目标管理津贴、领导职务津贴、工人岗位津贴。

1. 课时津贴。以教师实际授课时数和质量为主要依据计发。津贴标准可根据不同的专业技术职务规定若干档次。教学辅助人员、生产实习指导教师、政治辅导员可按工作量折算领取课时津贴。

2. 领导职务津贴。专业技术人员担任副科长以上领导职务者，领取领导职务津贴。津贴标准依据职务高低、所负责任大小确定。学校校长、党委书记的津贴标准由学校提出意见，报上级主管部门确定。不担任领导职务时，该项津贴即行取消。

3. 职员岗位目标管理津贴。根据学校行政管理人员的岗位责任、工作实绩确定。担任副科长以上实际领导职务的行政人员，其岗位目标管理津贴标准原则上与担任同级领导职务专业技术人员的津贴水平大体平衡。

4. 工人岗位津贴。分为技术工人岗位津贴和普通工人作业津贴。津贴标准根据工作量大小、技术等级和岗位差别确定。

(二) 津贴是工资构成中活的部分。津贴的发放要认真贯彻按劳分配的原则，依据考核情况，与工作人员工作数量和质量直接挂钩，多劳多得，少劳少得，不劳不得，不能平均发放。

(三)津贴的实施按国家规定的比例实行总量控制，政策指导，学校自主分配。上级主管部门以学校为单位按工资构成 30%的比例核定各校的津贴总额。学校可在核定的津贴总额内，根据国家有关规定及本实施意见，结合本单位实际情况，具体确定津贴项目、档次、标准和实施办法，报上级主管部门、人事部门审批后实施。

(四) 上述津贴制度建立后，原按国家规定发放的奖金（包括按国家有关政策用学校自有收入发放的带有奖金性质的其他项目）在四个月平均基本工资以内的部分，予以取消。超过四个月平均基本工资的部分，由学校统一掌握，可与新设津贴合并使用。

(五) 在上述 30%比例的津贴之外，中等专业学校现行的教龄津贴、班主任津贴、特殊行业保健性津贴等继续实行。

五、奖励制度

(一) 对为国家培养优秀人才贡献卓著的教师，在教育教学改革中取得开创性成果，在科学研究和技术开发中取得重大成果，产生重大效益的工作人员给予一次性重奖。其中，从事教育教学、基础研究等工作的人员，重奖所需经费从国家有关专项基金中提取。具体实施按国家有关规定执行。

(二) 从 1994 年起，各地区、各部门所属学校工作人员要进行年度考核。对考核合格的人员年终发放相当于本人一个月工资（当年 12 月份职务工资与津贴之和）的奖金。年终奖金由教育事业费列支。

六、正常增资制度

(一) 正常升级

中等专业学校在严格考核的基础上，实行定期升级制度。考核工作按国家统一规定，并结合中等专业学校的具体情况组织实施。年度考核一般在学年末进行。凡连续两年考核合格的人员，每两年晋升一个工资档次。考核不合格的不能晋升。对考核优秀的专业技术人员，可提前或越级晋升，晋升比例一般控制在单位总人数的 3%以内。正常考核升级增加的工资，从下一年度的一月份起发给。

(二) 晋升职务（技术等级）增加工资

中等专业学校工作人员晋升职务（技术等级）后，按晋升的职务（技术等级）相应增加工资。原工资低于新任职务（新定技术等级）工资标准最低档的，进入新任职务（新定技术等级）

工资标准最低档;原工资已在新任职务(新定技术等级)工资标准以内的,就近就高进入新任职务(新定技术等级)工资档次。晋升职务(技术等级)增加的工资从晋升职务(技术等级)的下月起发给。

七、新参加工作人员的工资待遇

(一)新参加工作的各类学校毕业生工资待遇按国家统一规定执行。

到边远、艰苦地区工作的毕业生,可以提前定级,定级工资标准可以高于同类人员1—2档。高中毕业后入学的中专毕业生、四年以上学制的中专毕业生、医科等长学制高等院校毕业生,其见习期工资或初期工资可适当高定。

(二)新参加工作的工人仍实行学徒期、熟练期制度。学徒期、熟练期的工资待遇和定级工资待遇,按学校所在省、自治区、直辖市的规定执行。

八、离退休人员待遇

离退休人员待遇按国家统一规定执行。为鼓励教师长期从事中等专业教育工作,县级以上地方人民政府可以适当提高长期从事教育教学工作的中等专业学校退休教师的退休金比例。教师职务工资标准提高10%的部分计入离退休费基数。

九、工资管理体制

根据我国职业教育改革的总体目标,为强化中等专业学校的自我激励、自我约束机制,增强学校办学活力,对中等专业学校的工资实行国家宏观控制和政策指导下的学校自主管理体制。国家对中等专业学校的工资实行宏观管理,制定统一的工资制度、工资政策和工资标准。各省、自治区、直辖市和中央各主管部委在国家政策范围内和总量控制的前提下,结合本地区、本部门的实际情况,制定具体的实施意见。学校在国家立法和政策规定的范围内,可自主组织实施正常升级,具体确定津贴的分配。

中等专业学校在定编定员的基础上,实行工资总额包干,增人不增工资总额,减人不减工资总额,节余的工资由单位自主安排使用。

十、工资制度改革的实施

(一)中等专业学校工资制度改革从1993年10月1日起实施。

(二)从现行结构工资制向新工资制度过渡的套改办法按《国务院办公厅关于印发机关、事业单位工资制度改革三个实施办法的通知》(国办发[1993]85号)的统一规定执行。经中央主管部委或省、自治区、直辖市人民政府批准,个别专业技术水平高、贡献突出的高级讲师,其起点职务工资标准可适当高套。

(三)对做出突出贡献的人员以及1985年工资制度改革以来根据国家规定授予奖励升级的人员,可适当高定职务工资档次。对表现差、不能履行本职职责,或不能坚持正常工作的人员,学校有权低定其职务工资档次。

(四)中等专业学校工资构成中固定部分70%和活的部分30%同时实施,由国家财政预算列支。

十一、组织领导

各省、自治区、直辖市教育行政部门可以根据本实施意见,结合当地实际情况,制定中等专业学校工作人员工资制度改革的实施细则,经省、自治区、直辖市人民政府批准后实行,并抄报国家教育委员会和人事部备案。

这次中等专业学校工资制度改革,是在中共中央、国务院颁发《中国教育改革和发展纲要》和《教师法》颁布的背景下进行的。新工资制度的实施，是提高教师待遇的重大措施。各级人事部门、教育行政部门、各中等专业学校要高度重视，切实加强领导，严格执行政策，保证这次工资制度改革的顺利进行。

附表一：

中等专业学校教师专业技术职务等级工资标准表

单位：元/月

职务等级	职务工资标准										津贴部分
	一	二	三	四	五	六	七	八	九	十	
高级讲师	275	305	335	365	395	435	475	515	555		64～238
讲　师	205	225	245	265	285	315	345	375	405	435	
助理讲师	165	179	193	213	233	253	273	293	313	333	（按在工资构成
教　员	150	162	174	192	210	228	246	264			中占 30%计算）

附表二：

职员职务等级工资标准表

单位：元/月

职员等级	职务工资标准										岗位目标管理津贴
	一	二	三	四	五	六	七	八	九	十	
一级职员	480	520	560	605	650	695					
二级职员	335	370	405	440	480	520	560				62～298
三级职员	235	260	285	310	340	370	400	430			
四级职员	180	198	216	234	252	276	300	324	348	372	（全额拨款单位，
五级职员	160	174	188	202	216	233	250	267			按在工资构成
六级职员	145	157	169	181	193	207	221	235			中占 30%计算）

附表三：

工人工资标准表

1. 技术工人技术等级工资标准

单位：元/月

技术职务、技术等级	技术等级工资标准										岗位津贴
	一	二	三	四	五	六	七	八	九	十	
高级技师	245	267	289	315	341	367	393	419			62～180
技　师	205	223	241	259	283	307	331	355	379		
高 级 工	180	196	212	228	248	268	288	308	328	348	（全额拨款单位，
中 级 工	160	174	188	202	220	238	256	274	292	310	按在工资构成
初 级 工	145	157	169	181	197	213	229	245	261	277	中占 30%计算）

2. 普通工人等级工资标准

单位：元/月

等级工资标准													津贴
一	二	三	四	五	六	七	八	九	十	十一	十二	十三	58～135 （全额拨款单位，按在工资构成中占 30%计算）
135	146	157	168	182	196	210	224	242	260	278	296	314	

注：技师、高级技师工资标准，只限在国家规定的考评工种范围内使用。

□关于普通中等专业学校招生和毕业生就业制度改革的意见

（1994年3月9日国家教委印发）

中等专业教育是需要大力提倡和发展的重要教育领域，中等专业学校要主动适应经济建设和社会发展的需要，加快招生与毕业生就业制度改革的步伐。要拓宽服务范围，挖掘潜力，扩大规模，积极发展，更好地为我国现代化建设服务。

一、招生改革

1. 招生计划体制的改革。

从1994年开始，国家只下达分省、分部门所属普通中等专业学校招生计划总数，不再下达分学校招生计划。普通中等专业学校招生计划的制定，由学校及办学主管部门及地方教育行政部门会同计划部门根据本地区、本部门经济和社会发展的客观需要以及学校所具备的办学条件编制，按照隶属关系，由省、自治区、直辖市教委、高教、教育厅（局）和国务院有关部委教育司（局）审核确定，并将本地区、本部门招生计划总数上报国家教委、国家计委，经审核后列入全国普通中等专业学校招生计划下达。普通中等专业学校跨省招生计划由行业主管部门根据本行业实际需要编制，报国家教委列入全国跨省招生计划下达执行。

普通中等专业学校实行国家任务计划和调节性计划相结合的招生计划形式。国家任务计划主要保证国家重点项目建设、国防建设、边远地区及艰苦行业所需人才的培养；要逐步扩大定向招生，协作培养的招生数量。调节性计划是根据社会需要安排的委托培养和自费生招生计划。各地区、各部门在认真考虑社会需要和办学条件、适度平衡的前提下，确定国家任务计划和调节性计划的比例。随着招生规模的扩大，逐步扩大调节性计划的比例。普通中等专业学校在完成国家任务后，要根据社会需求和具备的办学条件，挖掘潜力，扩大规模，逐步实现学校面向社会，人才走向市场。

今后，要积极制定相应的配套政策，建立起“学生上学自己缴纳部分培养费用，毕业后大部分人自主择业”的机制，逐步代替现行招生计划中的国家任务和调节性两种计划形式。

2. 大力拓宽为农村培养中等专业人才的渠道。

中等专业教育要为农村经济建设服务，

培养农村和乡镇企业需要的中等专业人才。为了有利于中等专业人才流向农村，农业学校要利用各种招生形式，按照招生来源与毕业生去向相一致的原则，努力扩大招生数量。在国家任务计划中要扩大面向农村经济建设的定向招生。凡能为农村培养所需人才的其它中专学校，也均应深化改革，为农服务。各地区、各部门要根据实际情况，制定相应的政策和办法，积极主动适应农村经济建设的需要。农村不包分配班的招生，继续执行农业部、国家教委、国家计委等八部委(1988)农（教）字第4号文件《关于农业中等专业学校招收农村青年不包分配班的若干规定》。

3. 改革招生办法。

普通中等专业学校招生，要坚持德、智、体全面考核、择优录取，以文化考试为主要入学考核形式，公平竞争、公正选拔的原则。在此基础上，逐步实现选拔新生办法的多样化。

继续扩大对艰苦行业、边远地区定向招生、定向培养、定向分配的比例，完善招生办法。对定向招收的学生，录取时可在入学考试成绩方面，适当降低分数要求。

逐步形成各种为农村服务不包分配班单独命题、考试、录取的制度，采取考试和推荐相结合的招生办法，要保证招生的生源和质量。

录取委托培养生时，如报考煤炭、采矿、核能、石油、地质、农林、水产、盐业等艰苦专业的线上志愿人数不足，经省、自治区、直辖市招办批准可适当降低录取要求。对文化基础较落后的少数民族边远山区，可试办预科班。

国家任务招收的艰苦专业或特定行业需要的定向分配的学生，入学时定向地区或单位委托学校与学生及家长签定合同。委托培养的学生，学校与委托单位需在制定招生计划之前签定合同，学生入学前，由学校代表委托单位与学生及家长签定合同。合同应明确各自承担的责任与义务，以及违约后的处罚，并经过公证。

为鼓励社会多种形式集资办学，对投资办学有突出贡献的单位和个人，各省、自治区、直辖市教育行政部门可制定适当政策予以照顾。

逐步扩大普通中等专业学校选拔新生的自主权。学校要制定招生规定，把考试、推荐和专项考核结合起来，综合考虑，以保证录取的公正和质量。同时学校要建立和完善招生中的自我约束机制。

各地招生部门和学校在招生过程中，要认真执行国家的方针、政策和规章制度，接受监察部门和群众的监督和检查。

4. 改革招生管理办法。

要加强普通中等专业学校招生工作的领导。各省、自治区、直辖市教委、教育（高教）厅（局）要加强中等专业教育发展规模及招生工作的统筹与协调。要设置负责普通中等专业学校招生的专门机构，组织招生工作。

普通中等专业教育属非义务教育，要逐步实行收费和奖学金、贷学金相结合的制度。学生原则上均应缴纳学费，不同的地区、专业、学校收费标准可以不同。收费标准原则上按实际培养费用的一定比例计算。

学校、教育部门、主管部门、企事业单位、社会团体均可以设立奖学金，对品学兼优的学生给予奖励。对选择学习艰苦专业的学生，可减免学费或设立专项奖学金，予以鼓励。委托培养生与自费生均可参加优秀学生奖学金评定。

二、改革毕业生就业制度

1. 改革毕业生统包统配的制度。

普通中等专业学校是培养中等专门人才的重要基地，对中等专业学校的毕业生要合理使用，按需上岗。随着社会主义市场经济体制的建立和劳动人事制度的深化改革，要相应改革中等专业学校毕业生统包统配的制度。

在现行的招生计划形式下，国家任务招收的学生，原则上仍由学校按照招生计划协议，负责在一定范围内安排就业。学生毕业时，由学校安排毕业生与用人单位“供需见面”，由用人单位择优录用。毕业生若不服从安排，需向学校缴纳培养补偿费。少数经学校推荐，无单位录用的毕业生，回家庭所在地区自谋职业。定向培养招收的学生毕业后，到定向用人单位工作，不愿到定向单位工作的，应征得用人单位同意，并缴纳培养补偿费。

委托培养的学生，毕业时应按照学校制定招生计划时与用人单位签定的合同，毕业后应到委托单位工作，户口可以办理“农转非”。为边远地区及国家重点单位委培的学生，一般不得变更就业单位。凡不愿到原委托单位工作的，应征得委托单位同意，并缴纳培养补偿费。

自费生毕业后，自主择业。凡被城镇全民、集体企事业单位和乡镇企业录聘用的农村户口的毕业生，各地教育行政部门商公安部门可根据实际情况办理户口“农转非”。

2. 逐步实现毕业生自主择业，人才走向市场的就业制度。

随着我国社会主义市场经济体制的建立，劳务市场的不断完善，逐步实行招生面向社会，毕业生自主择业，人才走向市场。同时，要不断健全就业指导与咨询服务。今后，大部分毕业生将逐步实行在国家方针政策指导下，通过人才劳务市场，采取“自主择业”的就业办法。目前可以选择有条件的地区和学校进行试点。

要采取有力措施，拓宽人才通向农村、通向艰苦行业和地区的渠道。要积极制定相应政策，为毕业生创造安心工作的条件，鼓励他们到乡镇企业、农村基层单位工作。

□普通中等专业学校学生学籍管理规定

（1994年4月1日国家教委发布）

第一章　入学与注册

第一条　普通中等专业学校按照国家招生规定录取的新生，须持录取通知书和有关证件，按规定日期到学校办理入学手续。因故不能如期报到者，须凭有关证明，向学校申请延期报到（延期一般不得超过两周），无正当理由逾期超过两周不报到者，取消入学资格。

第二条　新生入学登记注册后，学校应在3个月内按照招生规定进行复查。复查合格者，即取得学籍。复查结束后，学校应及时将取得学籍的学生名册报省（自治区、直辖市）教育行政部门和学校主管业务部门备案。

第三条　经复查不符合招生条件者，由学校区别情况，予以处理。凡属徇私舞弊者，无论何时发现，一经查实，均应取消学籍，退回原地区或原单位。情节恶劣者，应报请有关部门严肃处理。

第四条 在新生健康复查中，如发现患有疾病，不能坚持学习，经指定医疗单位诊断，在短期内可以治愈者，由学校批准，回家疗养，保留入学资格一年。疗养期间，不享受在校生待遇（原为职工者，按原单位的有关规定执行）。下学年开学前，经县级以上医院和学校健康复查确已病愈者，应重新办理入学手续。复查仍不合格者和逾期不办理入学手续者，取消入学资格。

第五条 取消新生的入学资格，由学校会同录取新生所在省（自治区、直辖市）招生部门确定，并报学校所在省（自治区、直辖市）教育行政部门和学校主管业务部门备案。

第六条 每学期开学时，学生应按规定日期到学校办理注册手续。因故不能如期报到者，必须履行请假手续，否则以旷课论。未经请假且逾期两周不注册者，按自动退学处理。

第二章 成绩考核

第七条 成绩考核包括学业和操行两个方面。学业方面，按照教学计划的规定，考核学生的学习成绩；操行方面，对学生的思想品德、组织纪律等方面进行考察评定。考核成绩应记入学生本人档案。

第八条 学生学业成绩的考核分为考试和考查两种。考试成绩的评定，采用百分制或四级制（优秀、良好、及格、不及格）评定；考查成绩按合格、不合格评定。

考试、考查结果是确定学生升留级的依据。

第九条 学校可试行学分制，试行的具体方案由学校提出，经主管业务部门同意后，报省级教育行政部门审批。试行学分制的学校，学生按教学计划规定学完某课程，经考核成绩合格，即获得该课程的学分。

第十条 每学期或每学年考试和考查的课程门数，按教学计划的规定执行。考试题目和方法，由各学校根据教学大纲的要求确定。

第十一条 公共体育课为必修课，不合格者应重修或补考。对不同体质的学生应有不同的要求，因患有某些疾病或有生理缺陷上体育课确有困难者，经医生证明和教务部门批准，可减少考查项目或免考。

第十二条 学生自学某门课程，经本人申请，并按教学计划要求进行了考核，成绩达 80 分（良好）以上，经学校批准，可以免修，考核成绩作为该门课的成绩记载。该项规定不适用于留级生。

第十三条 考核成绩的评定，以期末考核为主，并适当参考平时成绩。实习（教学实习、生产实习）和结合专业的生产劳动均应进行考核，其办法由各学校自定。

第十四条 学生因故不能参加考试时，须经教务部门批准。凡擅自缺考或考试舞弊（包括协同舞弊）者，该课程以零分计，并视情节轻重给予批评教育或纪律处分。

第十五条 凡考核成绩不及格（不合格）或因请假缺考的学生，均应在学校规定的日期内补考。因不及格而补考的，其成绩要注明“补考”字样。学生在校期间，同一门课程的补考不得超过两次。

第十六条 学生操行评定应以中等专业学校学生守则为主要依据。操行评定每学期或每学年进行一次，毕业时进行全面鉴定。

第三章　升级与留级

第十七条　学生在每学年学完教学计划规定的课程后，经考核（含补考）成绩合格者或只有一门课程不及格者，准予升级。

第十八条　同一学年内累计不及格课程（经补考后）二至四门（含四门）者，应予留级。不及格课程门数按下列规定计：

1. 凡按教学计划规定的各种实践性教学环节，如单独进行考核，按一门课程计；

2. 毕业设计或毕业论文，按一门课程计；

3. 凡一门课分几个学期讲授，学期、学年都进行考核时，每学年可取其平均值，按一门课程计。

第十九条　学业成绩优秀的学生，如本人申请跳级或提前毕业，并按照跳越年级的教学计划规定的课程考核合格者，经学校批准，并报学校主管业务部门和省（自治区、直辖市）教育行政部门备案后，可允许其跳级或提前毕业。

第二十条　留级生留级前考核成绩达到80分（良好）以上水平的课程，本人提出申请免修时，教务部门可根据该课程的具体情况予以审批。未经批准的，仍须重修。

第二十一条　学生在校期间留级以两次为限（三年及以下学制的，以一次为限）；留级生原则上随本专业下一个年级学习；留级生应向学校交付一定数额的培养补偿费，具体标准由学校商有关部门确定。

第四章　转学与转专业

第二十二条　中等专业学校的学生有下列情况之一者，可予转学或转专业：

1. 经学校认可，学生在某专业领域具有一定专长，转学或转专业更有利于其能力发挥者；

2. 因某种疾病或生理缺陷，经学校指定的医疗单位检查证明，确实不宜在原专业学习，但可在其它专业学习者；

3. 经学校认可，学生确有某种特殊困难，不转学或转专业则无法继续学习者；

4. 留级或复学时，本专业无后继班级者。

第二十三条　学生转学、转专业均应由本人向学校提出申请，其后按下列规定办理：

1. 学生在本校范围内转专业，由学校审核，经主管业务部门同意，报省级教育行政部门备案；

2. 转入其他学校者，须经原学校、转入学校和双方学校主管业务部门同意，并报学校所在省（自治区、直辖市）教育行政部门（跨省者须两地教育行政部门）批准。由省级教育行政部门抄送转入学校所在地区的公安、粮油部门。

第二十四条　根据社会对人才需求情况的变化，必要时，由学校提出，经主管业务部门批准，报省一级教育行政部门备案，可以调整部分学生的专业。

第二十五条　转学或转专业时，一般不得从招生录取分数档次低的学校或专业转入录取分数高的学校或专业，不得变动招生时的计划类别；毕业年级的学生原则上不得转学或转专业。

第五章　休学与复学

第二十六条　凡有下列情况之一的学生，经学校批准，可准予休学或令其休学，并发给休学证明：

1. 因病或其他特殊原因不能继续学习

者；

2. 请假累计超过该学期1/3（包括理论教学、实习和生产劳动时间）者。

第二十七条 学生休学，每次以一学年为期，两次为限（三年及以下学制的，以一次为限）。

第二十八条 因病休学的学生，应回家休养；病休期间的医疗费用由本人自理；休学学生的户口不迁出学校。

第二十九条 学生休学期满后，应于学年或学期前一个月向学校申请复学，经学校审查批准后，原则上随原专业的下一个年级学习。因病休学的学生，在复学时，必须持县级以上医院的健康证明，并经学校复查能坚持正常学习者，方可复学。

第三十条 学校批准学生休学和复学，均应报主管业务部门和省级教育行政部门备案。

第六章 退 学

第三十一条 学生有下列情形之一者，经学校批准，可令其退学或准其退学，并通知家长或有关单位，报省级教育行政部门和主管业务部门备案：

1. 同一学年内（或在学期间补考后）考核成绩5门以上（含5门）不及格者；

2. 留级、休学次数超过规定者；

3. 休学期满后不办理复学手续或虽申请复学经复查不合格者；

4. 经学校动员，因病应休学而不休学，且在一学年内缺课超过该学年总学时1/3者；

5. 经指定医院确诊，患有精神病、癔病、癫痫、麻风等严重疾病及意外伤残不能坚持学习者；

6. 在校期间又考入其他学校（指占用本校学习时间的各类学校）者；

7. 在学期间，擅自结婚或生育者；

8. 未经请假又无正当理由，开学后逾两周不报到者；

9. 自愿要求退学者。

按本规定所作的处理，不属于对学生的处分。

第三十二条 在办理退学手续时，学校应给退学学生核发退学证明，并根据学习的年限（至少学满一学年并取得相应成绩）发给肄业证书。未经学校批准擅自离校者，不发给退学证明和肄业证书。取消学籍和退学的学生，不得申请复学。

第三十三条 退学学生的户口应退回原户口所在地或父母所在地。

第七章 纪律与考勤

第三十四条 学生应严格遵守国家的法律法令和学校的各种规章制度，尊敬师长，勤奋好学，团结同学，讲究卫生，关心集体，爱护公物，讲究文明礼貌，遵守社会公德。

第三十五条 学生不得抽烟酗酒、赌博、打架斗殴，凡有违反者，视情节轻重，给予批评教育和适当处分。

第三十六条 学校应建立严格的考勤制度，学生上课、自习、实验、实习、设计、劳动和参加学校组织的集体活动等，均应进行考勤。因故不能参加者，必须请假。凡未请假或超假者，均以旷课论处。对旷课学生应令其检查，并根据其旷课的时数、情节和认错态度进行批评教育和处分。

第八章 奖励与处分

第三十七条 对德智体全面发展或在思

想品德、学业成绩、社会工作、锻炼身体、课外活动等某一方面表现突出的学生，可分别授予“三好学生”称号或其他单项荣誉称号，并给以一定奖励，有关材料应存入学生的档案。

第三十八条 对犯有错误的学生，可视情节轻重，给以批评教育或纪律处分。处分分为下列五种：(1) 警告；(2) 记过；(3) 留校察看；(4) 勒令退学；(5) 开除学籍。

第三十九条 留校察看以一年为期。受留校察看处分的学生，一年内有显著进步表现的，可解除其留校察看处分；经教育不改者，可勒令退学或开除学籍。

第四十条 有下列情况之一的学生，可酌情给以勒令退学或开除学籍的处分：

1. 反对党的基本路线，组织煽动闹事，扰乱社会秩序，破坏安定团结，造成严重后果者；

2. 触犯国家刑律，构成刑事犯罪者；

3. 破坏公共财产，偷窃国家、集体和个人财物，造成严重损失和危害者；

4. 打架斗殴、行凶、赌博、偷盗等屡教不改者，品行恶劣、道德败坏，造成较严重后果者；

5. 违反校纪校规，情节极为严重者；

6. 一学期旷课超过72学时或在学期间旷课累计超过108学时（旷课一天，按6学时或当天实有课时计）者。

第四十一条 对犯错误的学生，要加强教育，促其认错悔改；必须处理的，要坚持实事求是的原则，慎重而适当。处理结论要同本人见面，允许本人申诉、申辩和保留意见。对本人的申诉，学校有责任进行复查。

第四十二条 对受处分的学生，勒令退学和开除学籍的除外，有显著进步表现的，可以撤销其处分。

对学生的处分决定应存入学生的档案，撤销处分后，原则上可将有关材料从学生的档案中取出，存入学校的文书档案。

第四十三条 对学生作出勒令退学或开除学籍的处分，须经校长办公会讨论决定，并报省级教育行政部门和学校主管业务部门备案。对于争议较大的决定，省级教育行政部门有权进行调查了解，并做出裁决。

第四十四条 勒令退学的学生，可发给学历证明；开除学籍的学生，不发给学历证明。凡被勒令退学、开除学籍的学生，其户口均应迁回入学前户口所在地或父母所在地。

第九章 毕 业

第四十五条 具有学籍，思想品德合格，学完教学计划规定的全部课程（包括实习和毕业设计），经考核合格的学生，准予毕业，并由学校发给经省、自治区、直辖市教育行政部门或由其授权的下一级教育行政部门验印的毕业证书，未经验印的毕业证书一律无效。

第四十六条 毕业时，经补考后不及格课程未达到留级规定者，发给结业证书。结业后，可在一年内按学校规定的时间参加补考一次，补考成绩及格者，换发毕业证书。因品德评定不合格者或毕业前受留校察看处分者，作结业处理，一年后经由用人单位或所在地区作出鉴定，达到合格者或可撤销处分规定者，换发毕业证书。凡毕业时作结业处理，后又取得毕业证书者，毕业时间自换发毕业证书时算起。

第四十七条 普通中等专业学校的毕业生（含结业生）通过以下途径就业：国家任务生（定向生）应服从国家的分配和安排，在条件许可的地方或部门亦可通过供需见面、双向选择的办法就业；委托培养生按入学时与有关方面签订的合同办理就业事宜；自费生原则上自谋职业，也可向学校提出申请，由学校根据具体情况向有关用人单位推荐。对凡应服从分配而不服从分配者，要进行严肃的批评教育，经教育仍不服从分配者或逾期3个月不去报到者，应向学校缴纳一定数额的培养补偿费，其分配资格应予取消。

第十章　附　则

第四十八条　本规定自发布之日起执行。原教育部（79）教专字004号文《普通中等专业学校学生学籍管理暂行规定》同时废止。过去各级部门下发的有关规定或补充规定，如与本规定不符，一律以本规定为准。过去已按原有规定办理的事项，均不再变更。

第四十九条　各省（自治区、直辖市）教育行政部门可根据本规定，并结合当地的实际情况及行业特点制定实施细则，实施细则应报国家教育委员会备案。

第五十条　本规定由国家教育委员会解释。

□关于改革和发展成人中等专业教育的意见

（1994年4月20日国家教委印发）

为了进一步贯彻、落实《中国教育改革和发展纲要》提出的“把提高劳动者素质，培养初、中级人才摆到突出的位置”的精神，加速培养适应社会主义市场经济体制需要的中等专门人才，现对改革和发展成人中等专业教育提出以下意见：

一、成人中等专业教育的发展目标

九十年代成人中等专业教育的发展目标是：全面提高成人中等专业教育水平，建立规模适度、布局合理、结构优化、质量和效益较高、具有地方、行业特色及较强职业性和开放型的成人中等专业教育体系。

县（市）、区成人中等专业教育应有较大的发展。到2000年，全国大多数县（市）、区要建立成人（农民）中等专业学校或成人教育中心。

部门（行业）、企事业单位成人中等专业教育应进一步巩固和加强。

广播电视、函授中等专业教育要在地方政府统筹规划下积极发展。要逐步与中专自学考试相互沟通，发挥各自优势，创造新的办学模式。“九五”期间，使管理水平和教育质量上一个新台阶。

到本世纪末，成人中等专业教育总体规模达到在校生600万，其中学历生300万。评选一批国家级、省（部）级示范性成人中等专业学校。

二、成人中等专业教育的改革措施

（一）坚持直接有效地为社会主义现代化建设服务的办学方向，培养德、智、体全面发展的建设人才。各类成人中等专业学校和办学机构，应积极了解本地区、本部门（行业）、本单位及农村的发展规划、资源优势、项目开发、技术引进、人才需求及经济建设的急需，及时调整专业。行业（部门）举办的成人（职工）中等专业学校，应根据企业经营机制的转换，结合企业目标管理、生产实际及社会需求，开办各种成人教育，全面提高企业人员素质。广播电视、函授中等专业学校应积极为大中城市社区、中小城镇、广大农村及边远地区服务。县、区举办的成人(农民)中等专业学校要为当地两个文明建设服务；为全面加强农业基础地位、面向乡镇企业及农村劳动力转移服务；为农村商品生产、贸工农一体化、产加销一条龙经营形式服务。为发展农村的主导产业设置专业。积极参与“星火计划”、“燎原计划”、“丰收计划”的实施，会同农业、科技部门组成农业技术推广网络，促进农村教育、科学技术、经济发展的结合。承担乡（镇）、村农民文化技术学校教学、管理人员的培养及教材编写任务。

(二)进一步完善成人中等专业教育管理体制。各部门（行业）要健全各级成人中等专业教育管理机构，继续完善分级办学、分级管理的体制。国家教委对全国成人中等专业教育进行宏观管理和总体规划，负责制定有关成人中等专业教育的方针政策、学校设置标准、学历教育基本规格要求，协调中央业务部门与地方有关成人中等专业教育工作。有关部委要办好所属成人中等专业学校，并对本系统（行业）范围内各类成人中等专业学校的布局、专业设置、教学计划、教材建设等方面进行业务指导和协调；对本部委及直属单位举办成人中等专业学校和设置专业，在征得学校所在省、自治区、直辖市及计划单列市教育行政部门同意后，可由部委教育行政部门负责审批。省、自治区、直辖市及计划单列市教育行政部门，负责对全省(市）的成人中等专业教育进行全面规划、督导和指导，加强对各类成人中等专业学校的领导和管理，负责审批学校和专业，调整学校布局，确定教学计划和教材，检查评估教学质量和办学条件，进行统考、抽考，把好毕业验印关。并可根据情况，适当放权到地(市）教育部门。

（三）改革学校内部管理体制和运行机制，扩大办学自主权。各地教育行政部门和业务主管部门应充分运用立法、规划、督导检查、信息服务及政策指导等手段进行宏观管理，给学校更多办学自主权。学校要改革人事制度和分配制度，逐步实行全员聘任制和结构工资制，建立起主动适应经济和社会发展需要的办学机制。学校实行校长负责制，建立岗位责任制、全员考核制。

（四）突破单一学历教育模式，采取各种教育形式，促进学校教育与社会的紧密结合，培养多规格人才。学校在办好学历教育的基础上，要大力举办岗位培训、实用技术培训及各种短期业务技术培训；开展单科、专业证书及结业证书教育，建立和完善学历文凭、技术等级证书、岗位资格证书并重的制度，国家教委将选择少数学校进行“双证”或“多证”教育试点的总结推广工作。打破封闭式的办学模式，提倡职前职后教育的结合，促进成人学校与职业学校的联系与合作，一所学校可挂多块牌子，进行职前和职后的中等专业技术教育，以合理利用教育资源，提高办学效益。开展学校之间，学校与地区、部门、企事业单位之间的多形式联合办学。

(五)建立一支素质较高、以专职为骨干，专兼结合的教师队伍。教师要教书育人，为人师表，积极进行教育教学活动，开展教育、教学改革实验。有关部门要创造条件，合理安排教师的业务进修和深入生产工作一线调查研究，增强实践教学能力；学校要制定奖励政策，鼓励教师一专多能，对优秀教师和教育工作者要进行精神和物质奖励；有计划、有目的地选拔优秀毕业生进入成人高等学校学习，不断充实成人中等专业学校教师队伍；教师职称评定工作要转入经常化、制度化，对杰出的中、青年教师可破格晋升职称。对符合条件、相对稳定的兼职教师可评定相应的教师职称。今后，要把改革更新教学内容、改进教学方法等成绩、教学研究成果及推广应用效果作为对教师考核、奖励和评定职称的重要内容；有条件的学校可实行双师制。

（六）深化教学改革，加强理论研究，全面提高教育质量。各地、各部门（行业），成人教研机构和成人中等专业学校要提高对教学改革重要性、紧迫感的认识，把教学领域的改革作为一项战略任务来抓，加强教学改革实验研究。成人中等专业教育的教学改革应贯彻按需施教、理论联系实际、学用结合、讲求实效的原则，优化课程结构，更新教材、教学内容，改革教学方法，加强实践性教学环节，注重能力培养。省、自治区、直辖市及计划单列市或国务院有关部委教育行政部门，要积极推进成人中等专业学校进行教改实验。改革方案从实际出发，把理论教学与能力训练落实到从业人员素质与任职资格的要求上。充分利用校办产业（企业）、工厂、科研单位及社会的有关条件作为学习理论知识和实践相结合、提高动手能力的实习基地。

要加强理论研究，建立研究机构，鼓励校内、校际间、地区和部门（行业）间开展学术研究、学术交流活动，主管部门要创造条件让学校参加国际交流。

（七）坚持和完善由地方、部门（行业）、企事业单位按需办学的体制。办学单位要根据国家有关规定，确保对学校的投入，应根据财政经常性收入的增长而增长。学校可接受社会捐资和多方面筹措资金。校办产业（企业）可开展有偿服务，在自愿互利的原则下，学校之间、学校与企业之间可联合创办产业（企业），把学校办成教学、科研、生产、咨询服务的实体，校办产业收入用于改善办学条件。地方政府和有关部门要积极扶持成人中等专业学校校办产业（企业），按当地条件尽可能给予优惠政策；在启动、流动资金和生产贷款等方面给予支持。

（八）加强评估督导工作，不断提高整体办学水平。各省、自治区、直辖市及计划单列市和国务院有关部委教育部门，要把检查评估成人中等专业教育质量作为一项经常性工作坚持下去，要不断完善评估指标体系，每隔5年左右对成人中等专业学校开展一次较全面的检查评估。对领导不够重视、办学方向不明确、条件简陋、办学效益差的学校，进行调整或撤并；建立由教育部门、协会、学会、专业委员会和专家组成的评估督导队伍，不定期地深入到成人中等专业学校进行必要的督导检查，坚持督导与评优相结合、分散与集中相结合、一般与重点相结合等多种督导检查方式，促进成人中等专业教育事业的健康发展。

□关于加强成人教育管理干部岗位培训工作的意见

（1994年10月8日国家教委印发）

成人教育管理干部作为贯彻成人教育方针、政策及组织、实施成人教育的人员，其整体素质和管理水平的高低直接影响到成人教育的质量和发展水平。为贯彻落实全国教育工作会议精神，抓紧实施《中国教育改革和发展纲要》，提高成人教育管理水平，推动成人教育的改革和发展，更好地为社会主义建设事业服务，现就加强成人教育管理干部岗位培训工作提出如下意见：

一、**岗位培训工作的指导思想**

成人教育管理干部的岗位培训，是对从事成人教育管理工作的人员所进行的以提高政治、业务素质和履行岗位职责必备的工作能力为目的的定向培训，包括按照成人教育管理干部岗位规范所进行的资格性培训和根据工作需要所进行的各种适应性培训。

成人教育管理干部岗位培训工作依照“积极推进、突出重点、保证质量、注重实效、逐步完善、形成制度”的指导思想进行。要以建设有中国特色的社会主义理论为指导，从适应社会主义市场经济体制下成人教育改革和发展的需要出发,坚持理论联系实际、学以致用、按需施教的原则，努力使培训为提高成人教育管理干部队伍的素质服务，为提高成人教育的工作质量和管理水平服务，为成人教育的改革和发展服务。

二、**目标及任务**

从现在起到本世纪末，在全国基本建立起成人教育管理干部的岗位培训制度。主要包括：对新从事成人教育管理工作的人员实行先培训、后上岗的岗前培训制度；对在岗成人教育管理人员实行经常性学习培训制度；对成人教育主要管理岗位上的人员实行持证上岗的制度等。

现阶段成人教育管理干部岗位培训工作的主要任务，一是按照社会主义市场经济体制建立过程中成人教育改革和发展的需要，结合成人教育管理干部队伍的实际，大力开展多样化的适应性培训，努力提高成人教育整个管理队伍的管理水平和对形势发展变化的适应能力；二是认真抓好各级各类成人学校院校长的资格性培训，提高成人学校主要管理者的政治、业务素质和履行岗位职责的能力，达到岗位规范的要求，此项工作应有计划、有步骤地进行，到本世纪末，各类成人高等学校、成人中等专业学校、职工学校和示范性乡（镇）农民文化技术学校校长均要达到培训合格，才能上岗。

三、**培训的对象**

成人教育管理干部岗位培训的对象，包括各级教育行政部门、业务主管部门、企事业单位和乡镇基层中从事成人教育管理工作的人员，各级各类成人学校主要管理人员及在社会力量办学机构中从事成人教育工作的管理人员等。

四、**培训的内容、形式**

资格性培训的内容按照各类成人教育管理干部岗位规范的要求确定，培训的重点是提高成人教育管理干部自身素质和履行岗位职责的能力。适应性培训的内容根据形势的变化和成人教育管理等方面工作的需要灵活掌握。培训中应突出针对性、实用性，注意补缺、补差和增新。

培训的形式和方法要灵活。可根据培训对象的工作实际，区别不同情况，采用适当的培训形式和方法，注意减少工学矛盾，努力提高培训效果。成人学校院校长的资格性培训需要适当脱产，也可采取个人自学与集中授课、统一考试相结合的方法，无论采取何种形式，都必须保证培训质量。

五、**培训的组织实施**

成人教育管理干部岗位培训工作实行统筹规划、分工负责和分级、定点培训。

国家教委对全国成人教育管理干部岗位培训工作进行宏观指导和整体推进。主要职责是：制定成人教育管理干部岗位培训工作的总体规划和工作指导意见；制定颁布成人教育主要管理岗位的岗位规范；制定指导性岗位培训教学计划；推荐和组织编写通用性培训教材；组织各类成人高等学校院校长、普通高等学校成人教育学院院（处）长、省级成人招生办公室主任及普通高等学校函授部负责人的资格性培训；举办示范性岗位培训班；对地区、部门的岗位培训工作进行检查、评估，组织信息和经验交流等。

省、自治区、直辖市教育行政部门和部委教育主管部门分别负责本地区、本行业（系统）成人教育管理干部岗位培训的开展和培训制度的建立。主要职责是：制订本地区、本行业（系统）开展成人教育管理干部岗位培训、建立岗位培训制度的实施规划和年度工作计划；制定本地区、本行业（系统）有关成人教育管理岗位的岗位规范；制定岗位培训教学计划，组织编写培训教材；建立培训网络，组织开展成人中专、职工学校、农民文化技术学校等成人中、初等学校校长的资格性培训及各类成人教育管理人员的适应性培训；制定培训、考核、任职等配套政策，推进本地区、本行业（系统）岗位培训制度的建立等。

资格性培训需定点实施。成人高等学校院校长等资格性培训点由国家教委确定，成人高等学校院校长培训计划由国家教委成人司制定。各类成人中、初等学校校长资格性培训点一般由省、市、自治区教育行政部门及部委教育主管部门确定。为保证培训质量，定点不宜过多。对从事成人教育管理干部岗位培训的教师应提出资格要求，并可颁发培训教师资格证书，确保师资质量。

开展资格性培训要先行试点，取得经验后再逐步推开。要加强对岗位培训特点和规律的研究，逐步使成人教育管理干部岗位培训工作规范化、科学化。

属公务员序列的成人教育管理干部的资格性培训按人事部门要求进行，成人教育主管部门应抓紧抓好对这类人员的成人教育专项业务等培训工作。

六、考核发证及相关措施

各级各类成人学校院校长等参加资格性培训，经考试、考核合格，可颁发岗位培训合格证书，作为上岗任职的资格证明；成人教育管理干部参加适应性培训的成绩应登记备案，作为考核本人工作和检查、评估各单位成人教育工作的重要内容。应把持证上岗作为社会力量办学审批、年检和评估的条件之一。对此各地、各部门应作出明确的规定，建立必要的登记、备案和审核、评估制度。

成人高等学校院校长岗位培训合格证书由国家教委负责印制，并授权定点培训单位颁发。成人中、初等学校校长岗位培训合格证书的印制及核发由省、自治区、直辖市教育行政部门和部委教育主管部门负责。各地、各部门应制定严格的培训考核和证书核发办法。

各级教育部门要提高认识，加强领导，把成人教育管理干部岗位培训作为成人教育的一项重要基础性工作，从组织培训、实施考核、任用上岗、检查评估等各个环节制定必要的政策、措施，促进岗位培训制度的建立和完善。要积极筹措培训经费，保证成人教育管理干部岗位培训，特别是成人学校院校长资格性培训的顺利开展，除收取一定的培训费用外，各级教育部门应在事业费中安排一定的专项支出。

整理　国家教委办公厅档案处

审稿　郑树山

资料选编

□建国后几次重要教育工作会议

新中国成立后至1994年，在全国教育发展的关键时期，党中央、国务院及中央教育领导部门召开了多次全国教育工作会议，解决了教育发展中一些重大的理论和实践问题，明确了教育发展方向，推动了我国社会主义教育事业不断前进。现摘选其中几次重要的教育工作会简介如下：

1949年12月23日至31日，教育部在北京召开第一次全国教育工作会议。参加会议的有部分大行政区、省、市、自治区的教育部、厅（局）长和中央有关部门负责干部200余人。会议由马叙伦部长致开幕词。政务院副总理郭沫若、黄炎培，文教委员会副主任陆定一，中央人民政府委员徐特立等到会讲话。教育部副部长钱俊瑞作总结报告。会议确定了全国教育工作总方针，明确了改革旧教育的方针和步骤与发展新教育的方向。其要点是：1. 中华人民共和国的教育是新民主主义的，即民族的、科学的、大众的教育。其方法是理论与实际一致。2. 教育必须为国家建设服务，学校必须向工农开门。3. 以老解放区新教育经验为基础，吸收旧教育有用经验，借助苏联经验，建设新民主主义教育。4. 教育工作的发展方针是“普及与提高的正确结合，即在普及的基础上提高，在提高的指导下普及”。5. 老解放区的教育，首先是中小学教育，现在应以巩固与提高为主。条件许可时，可作某些发展。6. 新解放区教育工作的关键是争取、团结、改造知识分子。必须维持原有学校，逐步改善。7. 积累经验，逐步改革旧教育制度。8. 在可能条件下，设法改善各级教育工作者的物质和政治待遇。会议还拟定了创办中国人民大学实施计划，草拟了工农速成中学实施方案，讨论了改进北京师范大学 和各地师范教育的意见。还决定集中一批有经验的干部、教师编写中小学教科书等事项。

1950年6月1日至9日，教育部在北京召开第一次全国高等教育会议。参加会议的有各大行政区教育（文教）部及全国主要高等学校的负责人、高等教育方面的专家、中央各部门代表等300余人。6月8日，毛泽东主席、周恩来总理来到会场，接见代表，周总理并就新民主主义的教育方针、理论与实际一致、团结与改革等问题作了指示。教育部部长马叙伦致开幕词和闭幕词，副部长钱俊瑞作了总结报告。

会议讨论了改造高等教育的方针和新中国高等教育建设的方向。会议指出，新中国的高等教育应该以理论与实际一致的方法，培养具有高度文化水平的、掌握现代科学和技术成就的、全心全意为人民服务的、高级的国家建设人才；准备和开始吸收工农干部和工农青年进高等学校，以培养工农出身的新型知识分子。高等教育无论在其内容、制度、方法各方面，都必须密切地配合国家的经济、政治、国防和文化的建设，必须很好地适应国家建设的需要，首先适应经济建设的需要。高等学校必须进行系统的基本的科学理论知识的教育，必须进行科学研究工作，不断提高教师与学生的水平，以便掌握现代科学和技术的最新成就。会议还指出，努力克服脱离实际的教条主义偏向，这是主要努力方向；同时也要防止轻视理论学习的狭隘实用主义或经验主义的偏向。

会议通过了《高等学校暂行规程》、《专科学校暂行规程》、《关于实施高等学校课程改革的决定》、《关于高等学校领导关系的决定》、《私立高等学校管理暂行办法》等五项草案，讨论修正了各系科课程改革的方案。

1953 年 1 月 13 日至 24 日，由政务院文化教育委员会（以下简称政务院文委）在北京召开大区文教委员会主任会议。参加会议的有各大行政区文教委员会主任、中央有关部门负责人。政务院文委副主任习仲勋在会议开始和结束时作了报告。会议提出 1953 年文教工作的方针是“整顿巩固、重点发展、提高质量、稳步前进”。会议制定了 1953 年文教工作计划，并确定了文教工作要按计划办事。会议指出，“教育是文教工作中的重点，而教育工作的重点是高等教育。必须研究解决高等学校教学改革中的问题，大力整顿中等技术学校，并吸收大量工人进入学校。普通教育是高等教育的基础，要整顿巩固中小学，特别要大力整顿小学”。在文教工作者中，“要继续开展思想改造运动”。

1953 年 6 月 5 日至 22 日，教育部在北京召开第二次全国教育工作会议。参加会议的有各大行政区、省、市教育厅（局）长、城乡小学教师和中央有关部门的代表 120 余人。教育部长张奚若作报告，政务院文委秘书长钱俊瑞作关于检查过去中央教育部的工作及今后改进领导方法、作风的报告。政务院副总理郭沫若在会上阐述了当前文教工作总方针“整顿巩固、重点发展、提高质量、稳步前进”的意义。政务院文委副主任习仲勋作《反对教育工作中的主观主义、分散主义和官僚主义》的报告。文委副秘书长刘墉如作关于如何拟订文教工作计划的报告。会议讨论了第一个五年计划期间普通教育和师范教育的工作方针和任务。会议确定今后的工作重点，一是加强和发展高等师范教育，一是加强和发展中学，特别是高中。中等师范教育、小学教育、幼儿教育、工农业余教育等，着重整顿和改进。并重点讨论了整顿和改进小学教育问题。会议确定，用地方附加粮、群众自筹等办法解决小学教育部分经费，并决定小学教育经费管理问题从 1954 年起按小学的行政领导关系分别列入各级预算。会议还座谈了首先办好一批中学和师范学校等问题。

1954 年 3 月 12 日至 23 日，由政务院文委在北京召开全国文教工作会议。国务院总理周恩来到会讲话，郭沫若、习仲勋作了报告。会议确定，1954年文化教育工作的方针和任务是继续贯彻“整顿巩固、重点发展、提高质量、稳步前进”的工作方针，推进各项文化教育事业，培养国家建设所必需的各项人才，会议制定了1954年的文教事业计划及五年文教建设的主要指标，并提出了1954年教育工作的主要任务是：发展和改进高等教育，整顿和发展中等专业教育；适当发展和改进普通教育；加强工农干部和工农群众的文化教育；发展少数民族的文化教育事业。

1958年，中共中央在北京召开教育工作会议。各省、市、自治区党委负责教育工作的书记、文教部长，武汉、成都、西安、沈阳、南京、重庆六市市委负责教育工作的书记和中国人民大学校长等100余人出席会议。中共中央宣传部部长陆定一在会上作了报告，传达了中共中央副主席刘少奇6月8日和20日有关教育工作的指示，中共中央宣传部副部长张际春作了会议总结报告。这次会议的结论，经过8月中共中央政治局扩大会议讨论，写入1958年9月19日发布的《中共中央、国务院关于教育工作的指示》，并由中央宣传部部长陆定一写成《教育必须与生产劳动相结合》一文（发表在《红旗》杂志1958年第7期）。

1959年1月12日至3月1日，中共中央在北京召开教育工作会议。参加的有各省、市委文教书记、宣传部长、教育（高教）厅局长和部分高等学校党委书记及中央有关部门负责人等290人。中共中央宣传部部长、中央文教小组组长陆定一等在会上讲了话。会议讨论了1958年以来贯彻教育方针的主要经验和存在的问题，提出了1959年教育工作的方针主要是巩固、调整和提高，并在此基础上有重点的发展。经过会议讨论，中共中央于1959年5月17日印发了以下10个文件：《教育部党组关于1959年教育事业发展计划的意见》，《中共中央、国务院关于在农村中继续扫除文盲和巩固发展业余教育的通知》，《中共中央关于在高等学校中指定一批重点学校的决定》，《中共中央、国务院关于整顿1958年新建的全日制和半日制高等学校的通知》，《中共中央、国务院关于试验改革学制的规定》，《国务院关于全日制学校的教学、劳动和生活安排的规定》，《国务院关于高等学校师资的补充、培养和调配问题的规定》，《国务院关于注意适当地解决高等学校所必需的校舍建筑、仪器、设备及原材料供应等问题的通知》，《教育部党组关于大中学校增设军事课程问题的请示报告》，《教育部党组关于编写普通中小学和师范学校教材的意见》。

1978年4月22日至5月16日，教育部在北京召开全国教育工作会议。出席的有各省、自治区、直辖市文教书记、文办主任、教育局长，国务院有关部委的副部长、教育局局长，部分学校的负责人等937人。中共中央副主席、国务院副总理邓小平、李先念，中共中央政治局委员、国务院副总理方毅等出席了开幕式，邓小平作了重要讲话。教育部部长刘西尧在开幕式上作了报告，在闭幕式上作了总结。会议学习讨论了邓小平的讲话，批判了“四人帮”破坏教育的罪行。会议期间进行了各种专业活动。国家民族事务委员会主任杨静仁、卫生部部长江一真、农林部副部长何康、中国社会科学院副院长于光远分别参加了民族教育、医学院校、农林院校、大学文科座谈会。会后，7月8日，国务院批转了刘西尧在会上的报告和总结。9月22日，教育部发出《全日制中学暂行工作条例》（试行草案）和《全日制小学暂行工作条例》（试行草案）。10月4日，教育部发出《全国重点高等学校暂行工作条例》（试行草案）。

1985年5月15日至20日，中共中央、国务院在北京召开全国教育工作会议。参加的有各省、自治区、直辖市和中央各部委主管教育工作的党政领导人，各地教育（高教）厅、局的负责人，各级各类学校的代表，部分市、地、县和厂矿企业、事业单位的代表，还邀请了全国人大、全国政协、各民主党派、人民团体有关的负责人和部分有名望的专家学者，共计608人。会议的主要议题是：学习中央、国务院领导人有关教育体制改革的重要讲话，讨论中共中央《关于教育体制改革的决定（草案）》，研究贯彻执行的步骤和措施。5月17日，中共中央政治局委员、中央书记处书记、国务院副总理万里代表党中央和国务院到会作了重要讲话。5月19日，中共中央政治局常委、中央顾问委员会主任邓小平在会上作了题为《各级党委和政府要把教育工作认真抓起来》的重要讲话。会后，经中央政治局讨论通过，1985年5月27日发出中共中央《关于教育体制改革的决定》，5月29日《人民日报》公开发表。

1994年6月14日至17日，党中央、国务院在北京召开全国教育工作会议。会议情况及内容，见本卷《1994年全国教育工作会议》条目。

□全国教育经费公告

1994年12月19日，国家教委、国家统计局联合发布《关于1993年全国教育经费执行情况统计公告》如下：

一、全国教育经费支出情况

1993年，全国教育经费总支出为1059.94亿元，比上年的867.06亿元增长22.25%，与上年18.53%的增长速度相比，高3.72个百分点。全国教育经费总支出中，国家财政性教育经费（包括各级财政对教育的拨款、城乡教育费附加、企业办中小学支出以及校办产业减免税等项）支出为867.76亿元，比上年的728.75亿元增长19.08%，与上年17.95%的增长速度相比，高1.13个百分点。

二、落实《中国教育改革和发展纲要》提出的“三个增长”情况

1. 中央和地方政府预算内教育拨款（不含城市教育费附加）为644.39亿元，比上年的538.74亿元增长19.61%。1993年由于财政非正常超收，扣除国内外债务收入后财政经常性收入达4420.98亿元，比上年的3483.37亿元增长26.92%。因此，预算内教育拨款增长速度相对低于财政经常性收入增长速度。但北京、天津、江西、四川四个省、市预算内教育拨款增长速度仍实现了《纲要》要求的高于财政经常性收入增长速度。

2. 各级教育生均预算内事业费支出增长情况

1993年全国普通小学、普通中学、职业中学和普通高等学校生均预算内事业费支出情况如下：

（1）全国普通小学生均事业费支出为162.80元，比上年的139.35元增长16.83%，其中增长速度较快的地区是上海、广东、天津和北京。

(2) 全国普通中学生均事业费支出为364.24元，比上年的300.96元增长21.03%，其中增长速度较快的地区是广东、云南、黑龙江和天津。

(3) 全国职业中学生均事业费支出为604.48元，比上年的526.01元增长14.92%，其中增长速度较快的地区是广东、新疆、天津、黑龙江、内蒙古和上海。

(4) 全国普通高等学校生均事业费支出为4102.30元，比上年的4091.94元增长2.53%，其中增长速度较快的地区是上海、北京、云南、天津和西藏。

尽管1993年各级教育生均预算内事业费支出有不同程度的增长，但由于居民生活费用价格上涨14.7%，零售商品物价上升13.00%，教育事业费短缺的情况仍较突出。

3. 各级教育生均预算内公用经费支出增长情况

1993年全国普通小学、普通中学、职业中学和普通高等学校生均预算内公用经费支出情况如下：

(1) 全国普通小学生均公用经费支出为17.09元，比上年15.57元增长9.76%，但8个省、自治区小学生均公用经费支出有不同程度的减少，其中减幅最大的达73.30%。

(2) 全国普通中学生均公用经费支出为62.72元（其中初中为49.62元，高中为133.57元），比上年55.03元增长13.97%，但7个省、自治区中学生均公用经费支出有不同程度的减少，其中减幅最大的达71.34%。

(3) 全国职业中学生均公用经费支出为158.28元，比上年162.86元下降2.81%，全国18个省、自治区、直辖市职业中学生均公用经费支出有不同程度的减少，其中减少幅最大的达70.62%。

(4) 全国普通高等学校生均公用经费支出为2040.55元，比上年2086.24元下降2.19%，全国18个省、自治区高等学校生均公用经费支出有不同程度的减少，其中减幅最大的达36.87%。

由于各类教育生均公用经费增长速度普遍低于物价上涨速度，加上相当部分地区生均公用经费出现不同程度减少，公用经费短缺的矛盾相当突出，应当引起各级政府的重视。

三、预算内教育经费支出占财政支出的比例

按财政支出扣除国内外债务还本付息支出，教育支出包含城市教育费附加的新财政支出统计口径计算，1993年预算内教育经费支出占财政支出比例为13.58%，同口径比较，比上年的14.30%下降0.72个百分点。

统计表明，全国各省、自治区、直辖市中，除北京、天津、安徽等地区外，大多数地区1993年预算内教育经费支出占财政支出比例都有不同程度下降。

四、国家财政性教育经费支出占国民生产总值比例

1993年全国国民生产总值按当年价格计算，比上年增长28.80%。同年国家财政性教育经费支出增长19.08%。国家财政性教育经费支出占国民生产总值的比例由上年的2.99%下降至2.76%。

1993年教育经费支出统计监测结果表明，我国教育经费总量有了一定的增长，但教育经费紧缺的状况依然存在，各级政府要树立教育投资是战略性投资的观念，合理调整投资结构，在安排财政预算时，优先保证教育的需求，并切实做到《中国教育改革和发展纲要》提出的“三个增长”。

注：

1. 公告中所列教育经费数以统计口径为准，不依财政会计预算科目为准。

2. 公告中所列财政经常性收入数引自1993年3月1日《人民日报》：国家统计局关于1993年国民经济和社会发展统计公报。

3. 公告中所涉及的全国性统计数据，均不包括台湾省和香港、澳门地区。

表一　1993年预算内教育经费与财政收入、支出增长情况

地区	1993年财政收入增长比例（%）	预算内教育经费拨款（亿元）			预算内教育经费占财政支出比例（%）		
		1992年	1993年	增长比例（%）	1992年	1993年	增长比例（%）
全国	**26.92**	**538.74**	**644.39**	**19.61**	**14.30**	**13.58**	**－0.72**
北京市	3.00	13.13	16.28	23.99	19.81	22.15	2.34
天津市	2.63	7.84	9.41	20.03	17.76	20.27	2.51
河北省	37.71	20.23	23.78	17.55	21.33	17.71	－3.62
山西省	24.88	13.86	16.20	16.88	22.49	22.32	－0.17
内蒙古自治区	43.56	11.73	14.40	22.76	16.73	16.89	0.16
辽宁省	41.00	23.37	26.80	14.68	17.24	16.11	－1.13
吉林省	24.23	13.39	15.58	16.36	17.43	15.87	－1.56
黑龙江省	27.14	16.52	18.74	13.44	16.87	15.64	－1.23
上海市	31.34	16.70	21.27	27.37	22.07	19.00	－3.07
江苏省	45.30	25.66	33.33	29.89	21.93	21.70	－0.23
浙江省	40.75	17.69	22.44	26.88	20.07	19.54	－0.53
安徽省	22.93	14.71	16.30	10.81	20.74	23.57	2.83
福建省	46.75	15.52	18.57	19.65	18.95	16.88	－2.07
江西省	0.30	12.13	13.61	12.20	18.62	17.65	－0.97
山东省	26.11	30.62	36.21	18.26	22.29	20.24	－2.05
河南省	33.81	23.87	28.69	20.19	21.53	20.26	－1.27
湖北省	21.80	16.63	19.66	18.22	17.86	16.40	－1.46
湖南省	23.76	21.39	22.91	7.10	22.60	18.49	－4.11
广东省	55.50	33.59	48.06	43.08	16.04	15.13	－0.91
广西自治区	20.80	17.39	19.91	14.50	22.99	19.18	－3.81
海南省	76.37	4.62	6.69	45.00	18.69	18.30	－0.39
四川省	0.70	30.70	34.93	13.76	20.03	17.47	－2.56
贵州省	19.51	9.99	11.02	10.31	17.32	17.11	－0.21
云南省	87.47	18.46	24.76	34.12	16.16	13.08	－3.08
西藏自治区	43.54	1.87	2.36	26.20	11.26	10.93	－0.33
陕西省	23.43	11.93	13.42	12.48	19.01	18.44	－0.57
甘肃省	31.17	8.31	9.59	15.40	16.32	15.89	－0.43
青海省	39.39	2.67	3.01	12.73	14.93	13.66	－1.27
宁夏自治区	40.45	2.84	3.27	15.14	18.35	17.32	－1.03
新疆自治区	34.75	11.09	12.68	14.33	20.13	20.07	－0.06

表二（1）　各级教育生均预算内教育事业费增长情况

单位：元

地区	小学			中学					职业中学			普通高等学校		
				小计			其中：高中	其中：初中						
	1992年	1993年	增长率(%)	1992年	1993年	增长率(%)	1992年	1993年	1992年	1993年	增长率(%)	1992年	1993年	增长率(%)
全国	**139.35**	**162.80**	**16.83**	**300.96**	**364.24**	**21.03**	**617.34**	**316.42**	**526.01**	**604.48**	**14.92**	**4091.94**	**4102.30**	**2.53**
北京	352.87	461.35	30.74	834.98	1067.60	27.86	1291.22	1028.53	1345.90	1398.84	3.93	5309.19	7442.13	40.17
天津	253.01	338.73	33.77	527.62	703.48	33.33	1338.09	576.17	790.13	1172.69	48.42	3720.68	5085.90	36.69
河北	90.87	109.55	20.56	300.03	329.96	9.98	689.99	278.42	512.51	574.18	12.03	3431.23	3012.94	-12.19
山西	141.33	167.06	18.21	289.45	375.86	29.85	530.98	346.64	372.36	491.77	32.07	3571.29	3454.54	-3.27
内蒙古自治区	186.86	230.19	23.19	334.19	428.06	28.09	611.88	378.41	389.52	523.58	34.42	3594.56	4107.21	14.26
辽宁	198.45	249.90	25.95	359.82	433.75	20.55	745.21	387.02	661.91	756.62	14.31	3932.83	3391.42	-13.77
吉林	183.75	225.25	22.59	328.93	384.34	16.85	493.37	363.11	362.26	394.70	8.95	4144.53	4149.80	0.13
黑龙江	158.78	197.26	24.23	295.48	396.41	34.16	852.09	329.02	516.79	712.15	37.80	3833.81	3864.88	0.81
上海	446.21	617.81	38.46	781.85	992.32	26.92	1597.13	872.81	1105.8	1440.22	30.25	4707.65	6676.10	41.81
江苏	164.36	212.14	29.07	279.96	356.66	27.40	712.77	323.21	455.78	512.93	14.51	3944.22	4421.87	12.11
浙江	176.20	218.01	23.73	287.96	355.47	23.44	730.10	297.92	559.93	720.01	28.73	4242.16	4117.92	-2.93
安徽	96.16	70.42	-27.52	212.42	224.63	5.75	345.51	210.75	320.00	261.26	-18.36	3613.75	2828.27	-21.74
福建	182.00	209.28	14.99	356.82	404.55	13.38	606.80	371.59	572.63	630.55	10.11	3651.41	3596.34	-1.51
江西	116.53	140.43	20.51	201.56	246.71	22.40	342.90	223.47	349.44	420.27	20.27	2642.89	2598.19	-1.06
山东	110.76	131.35	18.59	265.82	317.74	19.53	641.45	226.27	537.29	586.19	9.10	4482.98	4513.87	0.69
河南	77.39	97.43	25.89	233.68	282.84	21.04	505.89	247.80	449.06	479.05	6.68	3242.78	3521.38	8.59
湖北	81.28	97.86	20.40	261.00	308.02	18.02	494.91	273.98	368.73	395.30	7.21	4230.08	3578.44	-15.40
湖南	128.27	129.82	1.21	311.04	313.12	0.67	444.72	281.08	736.65	568.76	-22.79	3259.82	3558.07	9.14
广东	165.06	221.56	34.23	364.82	512.90	40.59	1091.19	422.35	655.27	1010.19	54.16	5157.15	4381.18	-15.05
广西	135.34	161.76	19.52	264.33	309.01	16.90	463.14	275.92	547.74	545.14	-0.47	4031.03	3653.63	-9.36
海南	197.35	254.60	29.01	447.76	527.07	17.71	720.59	484.11	852.76	1096.71	28.61	5845.60	4978.46	-14.86
四川	138.33	156.27	12.97	252.50	314.04	24.41	602.32	263.69	547.67	582.41	6.34	3019.79	3013.66	-0.20
贵州	106.15	115.11	8.44	205.05	239.24	16.67	378.22	208.53	401.95	387.51	-3.6	3566.89	3529.85	-1.04
云南	172.05	210.81	22.53	350.86	481.31	37.18	765.30	428.07	588.89	708.18	20.26	4062.14	5686.78	39.99
西藏	366.47	449.24	22.59	1427.70	1428.90	14.52				1082.80		8598.20	11502.78	33.78
陕西	111.13	124.74	12.25	310.18	362.47	18.86	486.70	329.53	589.39	618.75	4.98	3638.31	3299.14	-9.32
甘肃	131.22	150.05	14.35	273.02	318.21	16.21	468.88	276.70	638.20	617.02	-3.32	3586.27	3501.86	-2.35
青海	203.36	224.14	10.22	396.98	457.35	15.21	510.46	444.07	512.79	454.08	-11.46	4428.55	3727.87	-15.82
宁夏	151.60	174.05	14.81	291.83	329.97	13.07	413.60	305.44	432.06	494.19	14.38	4088.75	3489.19	-13.61
新疆	254.21	290.67	14.34	487.74	561.12	15.04	587.08	496.13	484.25	738.93	52.60	3991.46	3208.56	-19.74

表二(2)　各级教育生均预算内公用经费增长情况　　单位:元

地区	小学			中学					职业中学			普通高等学校		
				小计			其中:高中	其中:初中						
	1992年	1993年	增长率(%)	1992年	1993年	增长率(%)	1992年	1993年	1992年	1993年	增长率(%)	1992年	1993年	增长率(%)
全国	**15.57**	**17.09**	**9.76**	**55.03**	**62.72**	**13.97**	**133.57**	**49.62**	**162.86**	**158.28**	**-2.81**	**2086.24**	**2040.55**	**-2.19**
北京	104.53	105.99	1.40	262.76	306.90	16.80	361.24	297.40	546.64	491.39	-10.11	3041.35	4242.46	39.49
天津	40.00	54.09	35.23	124.00	158.17	27.56	359.16	117.85	248.00	353.94	42.72	2174.18	2722.78	25.23
河北	6.44	7.04	9.32	43.71	43.40	-0.71	141.25	29.39	140.61	129.97	-7.57	1579.00	1183.27	-25.02
山西	10.44	9.66	-7.47	40.83	43.60	6.78	87.20	35.39	116.82	118.22	1.20	1816.61	1699.43	-6.45
内蒙古自治区	30.92	30.04	-2.85	73.88	84.39	14.23	145.73	67.84	116.81	111.79	-4.30	1642.92	1723.03	4.88
辽宁	22.01	28.15	27.90	72.21	83.02	14.97	203.86	64.89	195.05	196.59	0.79	2040.24	1671.93	-18.06
吉林	23.69	28.72	21.23	68.95	79.38	15.13	114.92	72.45	100.01	97.01	-3.00	2176.54	2109.22	-3.09
黑龙江	19.81	32.35	63.30	61.20	86.15	40.77	152.02	76.41	170.72	204.48	19.78	2019.56	2173.41	7.62
上海	111.86	143.90	28.64	231.85	285.63	23.20	553.49	232.70	391.87	586.27	49.61	2419.06	3373.79	39.47
江苏	15.61	23.15	48.30	45.86	61.07	33.17	169.69	50.87	161.73	155.51	-3.85	2159.16	2232.64	3.40
浙江	28.91	26.58	-8.06	71.08	67.41	-5.16	182.31	49.76	234.53	245.00	4.46	2305.84	2061.08	-10.62
安徽	6.77	3.31	-51.11	27.66	32.44	17.28	42.75	19.27	59.30	38.07	-35.80	1262.80	1212.65	-3.97
福建	22.97	24.54	6.84	90.73	95.21	4.94	113.37	92.25	142.23	185.46	30.39	1534.94	1657.50	7.98
江西	6.22	6.58	5.79	21.57	25.19	16.78	40.63	21.46	65.08	54.91	-15.64	1139.69	1194.75	4.83
山东	6.93	8.84	27.56	34.65	38.65	11.54	134.35	23.43	124.82	113.20	-9.31	2708.46	2575.20	-4.92
河南	3.37	4.81	42.73	20.98	25.53	21.69	77.44	17.37	109.99	95.44	-13.23	1554.63	1664.45	7.06
湖北	2.89	3.46	19.72	21.70	23.52	8.39	56.19	17.57	56.15	42.99	-23.44	2514.65	1849.55	-26.45
湖南	18.24	4.87	-73.30	77.33	22.16	-71.34	62.51	12.33	371.55	109.16	-70.62	1710.15	1772.28	3.63
广东	21.79	34.30	57.41	81.57	143.93	76.45	384.95	106.19	221.85	350.86	58.15	2708.76	2281.57	-15.80
广西	11.13	10.98	-1.35	38.70	37.55	-2.97	75.10	29.49	200.82	128.84	-35.84	1852.21	1386.10	-25.17
海南	24.49	30.77	25.64	72.55	74.93	3.28	123.68	64.10	139.90	241.30	72.48	3081.00	2655.54	-13.81
四川	10.30	9.87	-4.17	35.67	40.87	14.58	109.69	30.43	134.47	125.01	-7.04	1516.72	1531.96	-1.78
贵州	8.60	7.61	-11.51	25.32	29.29	15.68	55.19	23.57	161.88	104.70	-35.32	1519.64	1441.99	-4.90
云南	31.61	39.26	24.20	117.72	165.26	40.38	305.68	138.94	309.35	322.52	4.26	2106.38	3474.95	64.97
西藏	126.81	155.34	22.44	457.82	658.95	43.93		658.95		891.72		3922.30	5507.53	40.42
陕西	9.05	9.85	8.84	45.82	40.73	-10.72	76.93	31.13	205.02	132.43	35.41	1946.74	1229.01	-36.87
甘肃	15.95	17.18	7.71	45.88	42.60	-7.15	71.26	34.71	199.49	158.11	-20.74	1612.18	1323.18	-17.93
青海	31.50	36.62	16.25	73.33	90.43	23.32	99.95	88.05	204.27	138.97	-31.97	2029.20	1773.85	-12.59
宁夏	19.43	20.59	5.97	66.80	59.34	-11.17	90.31	50.26	149.23	125.61	-15.83	1625.16	1483.45	-11.24
新疆	25.17	26.37	4.77	82.94	88.37	6.55	92.89	71.04	146.01	193.74	32.69	1638.88	1253.33	-23.59

□教育费附加新动态

山东省城乡教育费附加按“三税”的3%由税务部门征收；农民按人均收入的1.5—2%由乡财政所征收。城镇就业职工月工资500元以上者按2%征收，300元以上者按1%征收。水产品在特产税中加收1%的教育费。

黑龙江省农村教育费附加，按人均纯收入的2%征收。对大庆地区销售的计划外原油和聚乙稀等紧俏石化产品征收1%的教育附加费。从饭店、酒吧、夜总会及高级娱乐、洗浴中心提取营业额的5%，作教育附加费。对城镇干部、职工按年基本工资总额的1%征收教育附加费。

河南省从1995年起，新增基建投资预算部分按14%以上的比例用于教育。

浙江省中外合资合作企业中方股份按“三税”的3.5%征收教育费附加；商品房开发每平方米收取一定数额的教育附加费。

辽宁省从各级财政征收的城市增容费及对进口高档小汽车征收的附加费中划拨20%，用于补助改善办学条件。

山西省决定征收旅店、饭店、宾馆、招待所床位教育附加费、小汽车附加费、广告附加费、职工工资附加费。

四川省从1995年起，将在全省范围内征收城镇干部职工年工资总额的1—1.5%作为城市教育费。

江苏省从1994年下半年起，对全省乡镇以上新建房屋按建筑面积每平方米10元（楼、堂、馆、所及营业性用房每平方米20元）征收教育费附加，由规划部门代征。从1995年起，凡有工资性收入的在职职工，每月都要按一定标准缴纳人民教育基金。

河北省在职工中按工资总额1%征收教育费附加；对新购小轿车按价格的10%一次性征收教育费附加。农民按上年人均纯收入的1.5—2%征收教育费附加。

天津市从1995年开始，城市教育费附加征收比例从2%提高到3%，将开征广告费等用于教育的税费。

安徽省从1995年起，开征城镇基本建设、广告、旅馆等教育附加费。

贵州省对机关、企事业单位县处级以上在职职工按每人每月工资额的1.5—2%计征教育费；对广告业、娱乐业加收5%的教育费；对购买轿车者加收教育费。

吉林省对新购小轿车实行定额征收教育费附加。保证省、市、县各级工商罚没款上交财政部分中的10%用于教育。

□中国教育科技信托投资公司成立

为融通资金为教育和科技事业发展服务，经中国人民银行批准，国家工商行政管理局注册登记，中国教育科技信托投资有限公司于1994年8月28日正式成立。

该公司为非银行金融机构，业务上受中国人民银行领导、管理、协调、监督和稽核，行政管理部门为国家教委。其主要任务是：运用金融手段融通社会资金、教育资金和科技资金，为扶持和发展教育、科技产业服务，为发展教育事业和促进科技进步服务。

该公司的经营范围是：信托存贷款、投资业务；委托存贷款、投资业务；有价证券业务；金融租赁业务；代理财产保管与处理业务；代理收付业务；经济担保、资信调查和咨询业务；接受委托承办境内外专项基金业务；办理学生教育年金信托业务；中国人民银行批准的其它金融业务；经国家外汇管理局批准的外汇业务。

中国教育科技信托投资有限公司是在党中央、国务院的关怀下，由国家教委、财政部、国家计委、中国国际信托投资公司共同投资设立的我国建国以来在教育系统首家全国性非银行金融机构，是改革开放以来教育界期待已久的大事，是党和国家把教育摆在优先发展战略地位的一项重大举措。

该公司于1994年10月12日在首都人民大会堂举行开业仪式。全国人大副委员长孙起孟、雷洁琼，全国政协副主席万国权，国务院有关部门领导及教育界、金融界、企业界人士等共500人出席。为该公司开业题词祝贺有：国务院副总理邹家华的题词："努力办好中国教育科技信托投资有限公司。"国务院副总理李岚清的题词："办好教育科技信托投资事业，支持教育的改革和发展。"国务委员李铁映的题词："稳健经营，开拓创新，融通资金，振兴教育。"国务委员宋健的题词："发展教育事业，推动科技进步。"

该公司的法人代表是董事长兼总经理王显明，副总经理田嘉，高新生。据该公司负责人在开业仪式上介绍：根据今后业务发展的需要，该公司将在境内外设立分支机构。

□中国教育投入与使用效益分析

据1994年统计1992年的情况：中国有各级各类学校99万所，有1425.02万教职工和2.2亿多学生。目前，国家用于教育的支出由两大块组成：一是国家预算内安排的教育支出，包括教育事业费、教育基建投资、各部门事业费中用于教育的支出、支援不发达地区发展资金中用于教育的支出、城市教育费附加5项；二是预算外资金安排的教育支出，主要包括企业营业外支出中用于教育的支出、农村教育事业费附加等。社会集资、捐资和学校自行组织的收入（如校办产业的收入），不包括在内。据财政部统计（1993年数据尚未出全）表明：1992年国家预算内教育支出为561.5亿元，占国内财政支出（不含债务支出）的15%，比上年增加82.54亿元，增长17.2%，高于同年财政经常性收入增长11.8%的速度。在国家预算内教育支出中，教育事业费为452.52亿元，比上年增加69.9亿元，增长18.3%。虽说国家财政在确实困难的情况下尽可能增加教育投入，但仍然难以独力维持现有教育规模的日常运行及发展。近些年，正是凭借多渠道筹措教育经费，才在一定程度上缓解了投入不足的矛盾。

国家教委财务司有关负责人指出：当前从总体上讲，教育经费紧缺，需要增加投入；但由于管理不当，使用效益不高的现象也是存在的。该负责人认为，在教育经费使用上有两个突出问题：一个是学校布局不合理，规模效益差；一个是教职工数量多，师生比不合理。这两个问题解决好，经费使用效益会显著提高。

据统计，1977—1991年，全国普通高校数由404所增加到1075所。在新增加的学校中，有的未经充分论证，仓促上马；有的是中专升格，名不副实；更多的是规模过小，如在校生2000人以下有733所（占高校总数的68.2%），其中300人以下的58所，301～500

人的78所,501～1000人的222所。到1992年,经调整后,全国共有1054所普通高校,本科院校在校生不足1000人的仍有81所,占本科院校数的13.1%;专科院校在校生不足600人的有53所,占专科院校总数的15.2%。全国本专科在校生平均2074人/校,与同期发达国家相比差距极大(如英国本专科在校生平均5700人/校,日本为4200人/校)。另据统计,新增普通高校中有200余所办学条件很差,质量难以保证。直到1992年底,合格教师及校舍配备仍未达到整顿验收最基本要求的高校尚有95所,占高校总数的9%。据教育事业统计资料,1992年与1985年比较,普通中学在校学生增加65万人,增长1.4%,而教职工也增加了55万人,增长15.6%;小学在校生减少了8.7%,而教职工却增加了3%。中小学教职工与学生的比例,分别由1∶13.2和1∶22.2下降为1∶11.6和1∶19.7。这里还未包括中小学聘用的代课教师和临时工,仅1992年聘用的中小学代课教师就达73.73万人,相当于专任教师比例8.5%。师生比低、教职工超编的现象,在高校也比较严重。近年来全国高校平均师生比大体上不到1∶6;而从总体上看,1991年美国高校专任教师与全日制学生之比是1∶20。按我国多年沿用的编制标准计算,现全国中小学教职工超编66万人,高校教职工超编35万人。若以人均支出200元/月计算,每年需多支出人头费近30亿元。

为使教育优先发展战略地位真正落到实处,在现有国情下,唯有动员全社会力量增加对教育的投入。据悉,国家财政部最近已提出增加教育经费投入的基本思路:1. 发挥国家财政的主渠道作用,增加政府对教育的投入。2. 保持对贫困地区和少数民族地区的教育专项补助。3. 进一步完善教育费附加的征收管理。4. 继续支持校办产业发展,加强对优惠税收所得的管理,确保因政策优惠而增加的收入全部用于改善办学条件。5. 改革和完善收费办法,逐步提高学杂费标准。6. 建立教育发展基金。7. 鼓励开展社会捐资、集体办学活动。

□教育立法综述

中国教育法制工作,是社会主义民主与法制建设的重要组成部分。建国后,中国教育行政部门根据《宪法》的有关条款,制订了各级各类教育的许多法规性文件,为教育立法奠定了基础。

党的十一届三中全会后,教育部加强了教育法制建设,着手起草有关教育法律文件。1980年2月12日,第五届全国人民代表大会(简称"全国人大",下同)通过了《中华人民共和国学位条例》,规定从1981年1月1日起施行。同年12月15日,国务院学位委员会第一次(扩大)会议通过了学位条例的《实施办法》。

1985年5月27日,中共中央作出《关于教育体制改革的决定》中指出教育体制改革"在简政放权的同时,必须加强教育立法工作。"新成立的国家教委从此加快了教育法律文件的起草步伐。1986年4月12日,全国人大第六届四次会议通过了《中华人民共和国义务教育法》,同年9月11日,国务院办公厅批转国家教委、国家计委、财政部、劳动人事部联合制订的《关于实施〈义务教育法〉若干问题的意见》。1986年12月15日,国务院发布《普通高等学校设置暂行条例》。1988年2月5日,国务院颁布《扫除文盲工作条例》

(1993 年 8 月 1 日国务院第 122 号令发布修订扫盲《条例》);1988 年 3 月 3 日,国务院发布《高等教育自学考试暂行条例》。1990 年 2 月 1 日,国务院批准国家教委发布《幼儿园管理条例》。1990 年 3 月 12 日,国务院批准国家教委、国家体委联合发布《学校体育工作条例》;6 月 14 日,国务院批准国家教委、卫生部发布《学校卫生工作条例》。1991 年 9 月 4 日,第七届全国人大第 21 次会议通过《未成年人保护法》,决定从 1992 年 2 月 1 日起施行。

中共中央、国务院 1993 年 2 月 13 日印发《中国教育改革和发展纲要》第 25 条指出:加快教育法制建设,建立和完善执法监督系统,逐步走上依法治教的轨道。1993 年 10 月 31 日,第八届全国人大第 4 次会议通过并以中华人民共和国主席江泽民签署第 15 号令公布《中华人民共和国教师法》,决定自 1994 年 1 月 1 日起施行。1994 年 7 月 3 日,国务院发布《关于〈中国教育改革和发展纲要〉的实施意见》第 17 条进一步强调"加强教育法制建设,依法治教。加快教育立法步伐,抓紧制定《教育法》、《职业教育法》和《高等教育法》等一批教育法律和行政法规。各地也要从实际出发,制定和完善有关的地方性教育法规,逐步形成分层次的教育法规体系。"1994 年 8 月 31 日,国务院总理李鹏签署第 161 号令,发布《残疾人教育条例》,自即日起施行。

在制定上述法律文件同时,各类教育还制定了许多单项的或专业性的条例及行政法规,有的是为本类教育已出台的法律完善配套,有的是为该类教育制定总法奠基。此外,各省、自治区、直辖市在近几年也制定了一批地方性教育法规。

1994 年 10 月底,中华人民共和国教育"母"法——《教育法》的起草定稿工作完成。11 月 21 日,国务院总理李鹏主持召开第 26 次国务院常务会议,原则通过并决定将《教育法》提交全国人大常委会审议。12 月 13 日,全国人大举行委员长会议,乔石委员长、田纪云、王汉斌副委员长一致提议将《教育法》作为本次常委会议的重要议程进行审议;12 月 21 日,第八届全国人大第 11 次常委会在京举行。同日,国家教委主任朱开轩受国务院委托,向常委会议作《教育法》(草案)的说明,介绍了制定教育"母"法的经过、必要性、指导思想、教育方针的表述等情况。本次全国人大常委会议决定,将《教育法》提交下次(1995 年)全国人大全体代表大会审议通过并发布施行。1994 年 11 月 26 日,国家教委发布《中外合作办学暂行规定》。

到 1994 年底,中国《职业教育法》、《高等教育法》、《民办学校条例》等,正在审定或起草。对已经发布实施的法规,国家教委及各级教育行政部门正在通过各种方式大力进行宣传,使教育内部增强执行法律意识,创造教育外部执法的良好环境;并已建立起教育行政部门执法检查监督机制,以保障教师、受教育者的合法权益;同时着手完善或建立教育执法检查、教师申诉、教育纠纷调解与仲裁、行政诉讼与复议等制度,至此,初步形成了具有中国特色的教育法律、体系。

□教育引进工作

中国实行改革开放政策 15 年来,教育系统的引进工作成绩斐然。截止到 1994 年,中国教育已与世界 140 多个国家和地区建立了交流与合作关系,为教育引进境外的人才、科技、设备和资金开辟了多种渠道和广阔领域。

国家教委直属院校15年来，聘请来华外国专家、教师共达24598人次，他们分别来自世界50多个国家和地区；上述院校派出17000人次出国参加10000多个国际会议；在国内举办过600个国家级学术会议，邀请20000多名专家、学者前来与会。

从1978年到1994年，中国已向103个国家和地区选派各类出国留学人员23万人；据对1141名留学回国人员的抽样调查，他们已分别承担国家级或省部级重点科研课题1196项，其中162项获得国家级或省部级科技成果奖；获得专利134项；被开发利用的科技项目288个，经济效益约2亿4千万元。

中国高等学校15年来，与外国专家合作完成科研项目1000多项，外藉教师参与中国培训各类教师15万名，教授本科生50多万名，研究生10多万名；合作编写工具书近百种，各类教材1000余种；在"六五"和"七五"期间，外国教育机构或专家赠送给中国教育的科研仪器、设备和图书资料累计价值人民币4亿多元。

到1994年底，国家教委从世界银行引进资金11.33亿美元；从联合国开发计划署、儿童基金会、人口基金共引进资金7687.5万美元；国家政府间以及民间交流引资2.36亿美元；港澳台同胞及海外侨胞为国内教育捐资1.43亿美元。

国家教委利用引进的先进技术和设备，装备实验室35911个，建立分析测试中心167个，计算中心230个。北京大学15年来引进30多个国家的资金、仪器设备总计达2792万美元；东南大学仅靠外国专家提供的"激光颗粒尺寸及浓度定仪"和"电导率测定仪"就为学校节约了近10万美元的教育经费；兰州大学利用世界银行贷款项目引进资金723.66万美元，建成了应用有机化学和干旱农业生态国家重点实验室、分析测试中心、计算中心等，正在为学校的教学和科研发挥作用。

□爱国主义优秀影视片教育

自1993年9月13日中央宣传部、国家教委、广播电影电视部、文化部联合发出《关于运用优秀影视片在全国中小学开展爱国主义教育的通知》并附百部优秀影视片名以后，各省、自治区、直辖市的宣传、教育、广播电视、文化等部、委、厅(局)及时进行宣传，落实有关事宜，以最快的速度开始播映，各中、小学(包括部分大中专院校)积极组织广大师生员工普遍收看。截至到1994年年底，大中城市及有收视条件的小城镇与乡村中小学生70%以上都在每周观看1部爱国主义教育影(视)片。

在普遍组织观看的同时，中国教育报、光明日报、中央广播电台、中央电视台、中国教育电视台等新闻单位广泛开展了有关宣传活动。中国教育报从1993年12月12日起，在周日刊第四版开辟"百部优秀影视片＝百部生动教科书——介绍百部优秀爱国主义影视片故事梗概"专栏，介绍百部影视片的内容，同时刊登部分影片的主题歌或插曲。12月19日，该报与深圳市教育局又联合推出《征文启事》，同时刊登部分中小学生观看《毛泽东和他的儿子》、《狼牙山五壮士》、《周恩来》、《小兵张嘎》、《英雄儿女》、《血战台儿庄》等影片的"观后感"征文。1993年11月起至1994年3月止，光明日报教育部和中共辽宁省抚顺市委、北京市教育局、抚顺市石油学院联合举办《百部优秀影视片观后感》征文比赛，1994

年 4 月 22 日，该报刊登征文评比结果获一等奖的是中国人民大学附属中学学生郭苇的《灵魂的洗礼》、江苏无锡市梅梁中学教师张春燕的《沉思，在流泪后》；获二等奖的有《从"演员义演不义"说开去》、《铭记过去的耻辱》、《执著教育，不做候鸟》、《我爱我的祖国》；获三等奖的有《让我们也经经风雨吧》、《敬礼，五星红旗》、《天下兴亡、匹夫有责》等 8 篇，获奖征文的作者获得了奖金和证书。1994 年"五·四"青年节期间，中央电视台推出并向全国实况转播"我的祖国——百部爱国主义影视片知识竞赛晚会"，晚会在《我的祖国》、《共产主义儿童团歌》、《游击队歌》、《拥护解放军》等开场联舞中拉开序幕。北京、吉林、广东等省中学生参加竞赛并参与现场表演了《甲午风云》对白片断、《红灯记》唱段、《英雄儿女》、《铁道游击队》、《闪闪的红星》、《创业》等影片插曲及其它与百部影片直接有关的节目，晚会屏幕上播放了百部影片的部分镜头，随着镜头，参赛者一一回答该片片名、历史背景、历史事件等知识，晚会格调高雅和欢快，富于知识性、娱乐性，显示出青少年的风采和观看影片后的切身教育感受。

李岚清副总理关心并支持运用优秀影视片对中小学生进行爱国主义教育的活动。他向中央电视台举办百部影片知识竞赛晚会发贺电指出："运用优秀影视片在全国中小学开展爱国主义教育是一次成功的、很有意义的活动，在社会上引起很大的反响。我对这次活动所取得的成绩表示热烈祝贺，并希望有关部门和全社会继续采取多种生动活泼的方式对青少年进行爱国主义的教育，为社会主义现代化建设培养更多的"四有"新人。"我的祖国"爱国主义教育百部影片知识竞赛晚会是对这次活动成绩的一次检阅，预祝竞赛成功。"1994 年 1 月 10 日，李岚清副总理又为优秀电视剧《走出黄土地》题词："无论如何不能再误了娃儿们。"

国家教委自四个部委联合发文后，重视领导这一教育活动。1994 年 5 月 18 日至 21 日，全国中小学爱国主义教育现场会在上海市举行，中宣部副部长刘云山在会上讲话，国家教委副主任柳斌主持闭幕式，上海市委，上海市教育局及广东、江苏、辽宁等教育部门在会上介绍了经验，会议要求将优秀影视片向课堂延伸、向农村延伸，将爱国主义教育作为培育"四有"新人的出发点和落脚点。

1994 年 8 月 23 日，中共中央印发关于《爱国主义教育实施纲要》，1994 年 9 月 9 日，中共中央发出《关于进一步加强和改进学校德育工作的若干意见》后，国家教委于 9 月 19 日、23 日分别发出贯彻《纲要》和《意见》的通知，要求各地教育部门尽快形成以中国近、现代史和国情教育为依托，贯穿幼儿园和小、中、大学各教育阶段，由浅入深的爱国主义教育系列。国家教委将运用优秀影视片对青少年进行爱国主义教育作为贯彻《纲要》和《意见》的具体形式与内容，主管领导和主管部门积极指导并参加有关教育活动，及时了解教育动态，提出加强措施。上海市各中小学把学科教育作为爱国主义教育的主渠道；北京市举行了百部影视片教育的经验交流；吉林、江苏、四川、湖北、天津等省市都运用多种形式组织学生观看影视片，并逐步将这一教育引入时代化、艺术化、课程化和社区化。1994 年国庆节前夕，在中国文化扶贫委员会的大力支持下，又向 100 个贫困县赠送《百部爱国主义影视片》录像带、国家教委基础教育司还编写了影视片的《观看与指导》、《历史与人物》、《影视片歌曲集锦》、《精采片断、对白、解说词荟萃》

等丛书。截止到1994年,这项教育在取得丰硕成果的基础上,继续向广度和深度发展。

□世界部分国家教育比较

国家	每十万人口中受高教人数		第三级教育毛入学率		按国际教育标准分类各级在校学生的百分比(1990年)		
	1980	1990	1980	1990	专科	本科	研究生
埃及	1751	1698	17.3	18.4	85	15	
尼日利亚	191	320	2.1	3.5			
加拿大	4035	5102	41.0	71.2	47	48	6
墨西哥	1387	1552	14.1	14.0	96	4	
美国	5311	5591	55.6	72.2	29	53	18
巴西	1162	1074	11.1	11.3			
阿根廷	1741	3293	21.4	39.9			
孟加拉	272	382	3.2	3.4			
中国	117	186	1.2	1.7	34	62	4
印度	515	5.2					
印尼	367	838	3.8	9.2	15	68	17
日本	2065	2328	29.4	32.2	40	41	19
韩国	1698	3899	14.7	37.7	22	72	5
马来西亚	419	679	4.1	7.2	52	44	4
巴基斯坦	182	266	1.8	2.6			
菲律宾	2621	2738	24.4	24.4			
泰国	1284	1763	12.7	15.7	18	79	3
法国	2577	3326	32.2	48.2	98	2	
前东德	2395	2683	29.9	34.8	28	37	36
前西德	1987	2810	25.6	38.1			
意大利	1981	2519	27.0	29.9	2	94	4
前苏联	2190	1900					
英国	1468	2170	19.1	28.8	30	56	13
澳大利亚	2203	2839	25.2	35.0	14	70	16

□高校专利工作综述

中国政府于1980年3月3日向世界知识产权组织递交加入书,1980年6月3日起,中国成为该组织成员国。1984年3月12日,第六届全国人民代表大会第四次会议通过《中华人民共和国专利法》,从1985年4月1日起施行。

我国高等学校为了履行国家保护知识产权的国际义务,使知识产权保护水平努力向国际标准靠拢,积极协助国家进行宣传教育、开展专业研究和教学及培训,为保护知识产权履行义务和服务。1989年10月19日,国家教委下发了《关于加强高等学校专利工作的几点意见》,并在上海交通大学成立了首家中国专利代理人协会的“中国高校专利代理人协会分会”，1991 年 6 月，国家教委科技管理部门召开了有关科技（专利）研究会，并对 19 所高校征集高校专利管理规定或条例稿，在此基础上，起草了《高等学校专利工作条例》（目前正在审定中）。1992 年，国家教委召开了第一次高校专利工作研讨会，并制定了《高等学校专利工作“八五”工作要点》，并于当年在北京农业工程大学举办 60 多人参加的专利代理人考前辅导班；由国家教委科技发展中心与北京大学专利事务所对高等学校有关专利教学工作进行了问卷调查，以推动高校专利专业的教学与研究工作。当年，高等学校共申请专利 3682 项，已授权 1725 项 ，其中，发明专利占 35.7%，在第二届中国专利评出的 10 项金奖中，高校专利获 4 项；在 75 项优秀奖中，高校专利获 13 项。清华大学研制的“反应堆控制棒用对孔式水力步进缸”、“离子注入半导体瞬时退火设备”；胜利油田会战指挥部与上海交通大学合作研制的“步行坐底式钻井平台”；北京农业大学研制的“作物增产菌及其选育与发酵工艺”等 4 项获得专利金奖。

自中国政府颁布知识产权保护法律以来，高等学校积极开展法制宣传教育，协助国家举办法律知识讲座、培训班等，《中国专利法》修改后，高等学校配合有关部门共同举办培训班，接受培训总人数达数百万人，仅湖南省就培训 60 万人；参加世界知识产权组织举办的培训班 30 多次，接受培训 3000 多人（次）。中国人民大学于 1986 年设立知识产权教学研究中心，招收大学非法学专业的毕业生攻读知识产权第二学位；北京大学在开展有关教学研究的基础上，于 1993 年成立了知识产权学院。到 1994 年，全国共有 81 所高校经中国专利局批准成立了专利事务所，有 6 所高校开办了知识产权专业；高校专利机构已初步形成体系，基本建立起一支思想素质好、业务水平高的专利工作队伍；高等学校已经形成包括第二学位、硕士生、博士生的培养知识产权领域专业人才的教学体制，为国家不断输送知识产权专业化人才。

据 1994 年统计，截止到 1993 年，全国高校累计申请专利 13314 项，据对 1992 年获得第二届中国专利 17 项金奖和优秀奖实施后效益跟踪统计，已新增产值 100 多亿元。1993 年高校专利获许可贸易 327 项。到 1994 年，全国高校共获中国专利金奖 9 项。北京大学教授王选研制的以“高分辨汉字字型发生器”为基础开发的“方正电子排版系统”专利，已成为“拥有一项专利，开拓一方市场”的典型。高校的专利工作，利用自身雄厚的科技势力，面向国家经济建设，面向市场，为国民经济服务，填补了许多科技研究空白；同时也促进高校科技成果开发、占领国内国际市场，为保护知识产权、履行国家和国际义务作出了贡献。

1994 年 12 月，国家教委召开了高校专利工作座谈会，交流了全国高校专利工作经验，并讨论修改了国家教委与中国专利局共同起草的《关于加强高等学校知识产权工作的规定》，使今后高等学校专利和知识产权工作有法可依，并为保护知识产权和开展专利工作迈上新台阶奠定基础。

□“211 工程”启动

1994 年，国家教委在高等教育中实施的“211 工程”开始启动，并取得初步进展。

该工程是 1993 年国家教委在关于直属高校贯彻《中国教育改革和发展纲要》，加快九十年代教育改革和发展的《实施意见》中提出的。其内容是用10年左右时间(2010年前),在全国高等学校中重点建设一批(100所左右)学校,重点建设一批(100个左右)学科(简称“211工程”)。旨在集中力量,力争在21世纪初,使中国高等教育总体水平有一个明显提高,使其中若干所高校和若干个重点学科率先进入世界行列。国家教委在实施“工程”计划中指出,“211工程”是高等教育跨世纪的一项基础工程,是积极发展和深化高等教育改革的重大举措之一;旨在为迎接21世纪激烈的国际经济和科技竞争,培养大批跨世纪高层次专门人才,保证我国现代化建设第三步战略目标的实现、增强中国参与国际经济、科技和人才的竞争能力。

1994年,国家教委对启动“211工程”的主要举措及其进展是:(1)改革高等学校管理体制。从当年起,高等教育要逐步实行中央和省、自治区、直辖市两级办学、两级管理,以省级为主的办学与管理体制。中央行业主管部门除继续办好少量行业特点明显、有特殊需要的高等学校外,多数中央部委所属院校要逐步下放给省级政府领导,或实行中央部委和省级政府多种形式的联合办学,加强省级政府对本地区高校的协调、统筹和领导的责任。国家将逐步减少单科性院校,对校、院、系、学科或专业进行调整、联合、合并,充分发挥现有师资和设备等方面的潜力,提高教学质量和办学效益。(2)国家教委率先将委直属35所高校逐步改为与学校所在的省(直辖市、自治区)政府共管、共建的体制。年内已经签约的有:与广东省共建中山大学;与江苏省共建南京大学和东南大学;与上海市共建上海交通大学、复旦大学和上海外国语大学;并将原委属四川大学和成都科技大学合并创办四川联合大学,实行与四川省政府共管,以委为主的体制。到1994年底,委属35所高校已有20所与所在地政府共建或共管。(3)中央业务部门所属的普通高校年内已有50所通过部门与地方政府共同协议达成共建、共管等联合办学体制。(4)调整普通高等学校本科专业设置。国家教委1994年7月18日发出《关于近期普通高等学校本科专业设置审批和备案工作的意见》中指出:本科教育主要是贯彻提高质量、优化结构、提高效益,拓宽专业面的精神,实行分学校总量控制本科专业设置;充分发挥并健全地方和部门专业设置评议委员会及专家机构的作用;从严控制专业目录外专业的设置;高等专科学校不设置本科专业;高等师范院校主要承担师范教育任务,应确保质量,办出特色等。根据以上精神,调整后的1993/1994年度普通高等学校本科专业设置名单,已经国家教委批准备案在年内正式公布。(5)改革高校招生计划管理。国家实行“宏观指导,总量控制,中央和省部两级管理,分级负责”的原则;数量的发展要与办学条件平衡,以条件定发展,以发展促条件;为此,要求改革招生收费制度。1994年,已经国家教委批准有50所高校开展了招生收费“并轨”试点,并取得了初步成效。(6)投入启动经费。国务院总理李鹏在1994年6月14日至17日党中央、国务院召开的全国教育工作会议的报告中指出:实施“211工程”,需要设立专项基金,各级政府和有关部门要作出统筹安排。今年中央财政将拨出专款,作为实施这一工程的启动资金,以后还要逐年增加。省级政府和有关部门也要相应地作出安排。根据以上精神,国务院在7月3日发出《关于〈中国教育改革和发展纲要〉的实施意见》中进一步重申设立“211工程”的“专项基金”,“这项经费由中央和地方、部门要作统筹安排”。同时,国务院决定在1994年内,由中央财政拨出3亿元专款,作为启动资金,以后逐年增加。并要求省级政府和其它有关中央部门也要根据实际需要,作出安排。到年底,据初步了解,河北省已拨1亿元专款,贵州省已拨1.2亿元专款,作为实施“211工程”的专项启动资金。其它省、自治区、直辖市也已进行筹划,正在具体落实。

全国30个省、自治区、直辖市根据“211工程”的总体计划和部署,依据本地经济和社会发展战略对人才的需求情况,重点选择1～2所中央或省属普通高等学校进行先期调整和筹备,并集中人力、物力、财力进行重点建设。不少高等学校也根据自身的总体优势和学科优势,积极进行内部调整和改革,创造条件,力争进入“211工程”建设的重点学校或重点学科行列。

□高校“扶贫”工作

《中国教育改革和发展纲要》中规定,改革学生上大学由国家包下来的作法,设立贷学金,对家庭经济有困难的学生提供帮助。国务院关于《纲要》的《实施意见》中又明确“国家对家庭经济困难的学生设立贷学金”。

1994年6月10日,国家教委办公厅发出《关于对委属高校在校学生实行定向补贴的通知》中明确“对生活条件比较困难的学生实行不定期补贴、补助的办法”。1994年9月26日,国家计委、国家教委《关于调整普通高等院校学杂费问题的通知》中指出:在高等试点院校实行公费和自费招生“并轨”后学生杂费收费,对经济“特困生”进行补助、减免等政策和措施。

据1995年2月28日由国家教委、财政部联合召开补助“特困生”经验会上对1994年前的情况总结表明:中央近年来已拨款2.3亿元,同时每年增拨1亿元奖学金款,对生活困难的学生进行资助。另据调查:一般高校中,困难学生占学生总数的10～20%,其中家庭经济特别困难的学生在5～10%,这些学生约60%以上出生在农村家庭。为确保经济有困难、学习勤奋、有才华的困难学生完成学业,国家、各级地方政府、社会各界与高校一道采取措施形成合力帮助学生实现其学习愿望。中央财政除原定每年增拨1亿元基础上,计划在1995年再增拨1.1亿元,同时,由于奖学金标准提高后,国家财政再增拨1亿元奖学金专款。

各级地方政府紧密配合中央纷纷拨款资助特困生或为特困生办实事做了许多工作。北京市政府在1994年拨款300万元资助市属高校的困难学生;上海市政府拨款960万元,分4批发放给困难学生;广东省政府拨款2000万元专款长期存入金融机构,以每年500万元的利息用于困难学生的奖(贷)学金;辽宁省在1994年筹款资助100名特困生后,据对全省大学生的问卷调查,月生活费用不足60元的学生占被调查学生总数的6.2%,少数高校达10%。为此,省政府及有关部门决定多渠道筹资,从1995起在高等学校实施“希望工程”,1995年内资助1000名特困生,每人每年补助600元;黑龙江省在1994年已资助61名特困生。据调查,全省高校约有600名生活困难的大学生,其中有200名特困生。为此,省教育部门决定建立“特困优秀大学生奖学金”,奖学金的颁发采取“1对1”的方式,首批资助的60名特困生已与资助单位对口见面。

一些企业集团也解囊相助。浙江华茂集团总公司捐资120万元;深圳汇凯公司提供180万元;江西会计师事务所捐资10万元资助困难学生;中国卫生界也提供资金在中国医科大学设立"医学希望之星"奖(助)学金,长期奖(助)医学学生。

国家教委改革高校招生收费制度后不忘贫寒子弟。为保证经济困难的学生能够上得起学,在有关文件中规定:采取奖学金、贷学金、勤工俭学、特困补助等方式,使上述各项受益学生覆盖面达70%;奖学金是为品学兼优的学生而设,贷学金是贷给家庭经济困难的学生的学习资金,毕业后偿还。对家庭经济特别困难的学生或家庭遇有突发事件的学生,还可以通过生活困难补助、饭菜票补助、冬衣补助、节假日生活补助等方式,解决他们的特殊困难。

各高等院校积极落实,多方筹资,并不断改革和完善奖、贷学金制度,为经济困难的学生排忧解难完成学业。清华大学在1994年设立的奖学金种类达29种,经费230万元,其中专门为来自老、少、边、穷地区的知识基础差,成绩差,但学习努力,进步较大的学生设立了进步奖,励学奖;吉林大学、上海交通大学等校对特困生实行免收学杂费;上海已有29所高校建立了勤工助学基金,总金额1800万元,用创利增值来支付学生勤工助学报酬和困难学生的补助;广州外语学院、华南理工学院的4名交不起学杂费的学生,通过贷学金解决了困难;北京航空航天大学在1994年春节给寒假回家的困难学生发路费,为留校过节的学生安排活动,学校给月收入低于80元的320多名同学每人发放100元的一次性生活补助,为40多名留校学生安排了勤工俭学活动;河海大学的学生中每月低于100元收入的有1103名,其中低于60元收入的有332名特困生,该校在1994年实施了"解困工程",拨出3万元专款补助特困生,另拨出7000元发放给94级部分困难新生购置寒衣,还为新疆民族班的新同学每人代购一件军大衣;哈尔滨建筑大学在1994年设立助学基金会,推出"N+1"助学活动,积累资金4500余元,已资助36名特困生;江西财经学院对全院困难学生建立档案,采取"奖、补、助"措施,1994年度对91名特困生每月补助50元、30元两个等级资助;河南农业大学90%的学生来自农村,缺少御寒用品,学校开展了向困难学生"献爱心"活动,补助128名高年级特困生,总计金额2.5万元,为低年级学生添置过冬衣物,还对其中45名学生给予经济补助。

□具有学历教育资格的成人高校名单

1994年2月,国家教委决定:从本年起,每年在成人高等教育招生报名以前,向社会公布当年具有学历教育招生资格的高等学校名单。

全国现有独立设置的成人高等学校1175所,本年度向社会公布的学校名单为1068所,另有107所学校因办学条件低于国家规定的基本要求正在进行调整,今年暂停安排招生。已经批准公布的1068所学校中,办学条件达到国家规定标准的335所,基本达到标准可进行正常教学的555所,另有178所(即学校名称前加注"*"符号者)办学条件与国家规定的标准差距较大,但主管部门正在采取有力措施进行调整和改善办学条件,这次仍将其列入具有招生资格学校的名单予以公布。

1994 年度具有成人高等学历教育招生资格的学校名单如下：

北京市

学校名称	主管部门
中南海业余大学	中共中央办公厅
中共中央党校职工业余大学	中共中央党校
全国法院干部业余法律大学	最高人民法院
* 北京成人电子工业学院	电子工业部
华北电业联合职工大学	电力工业部
中国纺织机械工业总公司职工大学	中国纺织总会
中央乐团社会音乐学院	文化部
* 中国科学院职工科技大学	中国科学院
北京燕山石油化工公司职工大学	中国石油化工总公司
* 中国记协职工新闻学院	中华全国新闻工作者协会
北京市海淀区职工大学	北京市
北京市东城区职工业余大学	北京市
北京市西城区职工大学	北京市
北京市崇文区职工大学	北京市
北京宣武红旗业余大学	北京市
北京市石景山区业余大学	北京市
北京市丰台区职工大学	北京市
北京市朝阳区职工大学	北京市
北京市机械工业局职工大学	北京市
北京市电子仪表工业局职工大学	北京市
北京市化学工业局职工大学	北京市
北京市纺织工业局职工大学	北京市
北京内燃机总厂职工内燃机学院	北京市
北京汽车制造厂职工汽车学院	北京市
首都钢铁公司职工大学	北京市
* 北京市医药总公司职工大学	北京市
北京市工艺美术品总公司职工大学	北京市
北京市建筑设计研究院职工业余学院	北京市
北京市建筑工程局职工大学	北京市
北京市房地产职工大学	北京市
北京市物资局职工大学	北京市
北京职工医学院	北京市
北京市总工会职工大学	北京市
* 北京市农业机械局职工大学	北京市
北京人民警察学院	北京市
北京市成人教育学院	北京市
北京市实验大学	北京市
北京市成人教育学院	北京市
北京市实验大学	北京市
北京市西城经济科技大学	北京市
北京汽车工业总公司职工大学	北京市
北京市第一轻工业总公司职工大学	北京市
* 北京市法律业余大学	北京市
* 北京市农工商联合总公司职工大学	北京市
北京市职工体育运动技术学院	北京市
北京市第二商业局职工大学	北京市
首都联合职工大学	北京市
中央检察官管理学院	最高人民检察院
公安部管理干部学院	公安部
民政管理干部学院	民政部
中央政法管理干部学院	司法部
中央财政管理干部学院	财政部
中国人民银行金融管理干部学院	中国人民银行
北京商业管理干部学院	国内贸易部
对外经济贸易管理干部学院	对外贸易经济合作部
北京农垦管理干部学院	农业部
中央农业管理干部学院	农业部
北京林业管理干部学院	林业部
机械工业管理干部学院	机械工业部

电子工业管理干部学院	电子工业部
北京电力管理干部学院	电力工业部
北京冶金管理干部学院	冶金工业部
核工业管理干部学院	中国核工业总公司
化工管理干部学院	化学工业部
北京铁道管理干部学院	铁道部
北京交通管理干部学院	交通部
邮电部管理干部学院	邮电部
中央文化管理干部学院	文化部
国家建材局管理干部学院	国家建筑材料工业局
民航管理干部学院	中国民用航空总局
中国科学院管理干部学院	中国科学院
北京船舶工业管理干部学院	中国船舶工业总公司
石油化工管理干部学校	中国石油化工总公司
北京煤炭管理干部学院	煤炭工业部
中国工运学院	中华全国总工会
中国妇女管理干部学院	中华全国妇女联合会
北京农业管理干部学院	北京市
北京市经济管理干部学院	北京市
北京市财贸管理干部学院	北京市
北京市政法管理干部学院	北京市
北京市劳动管理干部学院	北京市
北京教育行政学院	北京市
北京教育学院	北京市
北京水利电力函授学院	水利部
* 中国纺织政治函授学院	中国纺织总会
中央广播电视大学	国家教育委员会
北京市广播电视大学	北京市

天津市

学校名称	主管部门
大港石油管理局职工大学	中国石油天然气总公司
天津市石油化工公司职工大学	中国石油化工总公司
天津市和平区新华职工大学	天津市
天津市河西区职工大学	天津市
天津市河东区职工大学	天津市
天津市红桥区职工大学	天津市
天津市河北区职工大学	天津市
天津市塘沽区职工大学	天津市
天津市南开区职工大学	天津市
* 天津市建筑工程业余大学	天津市
天津市职工公用事业学院	天津市
天津市职工经济技术大学	天津市
天津市汽车工业公司职工大学	天津市
天津市一轻局职工大学	天津市
* 天津市钟表职工大学	天津市
天津市渤海化工职工学院	天津市
天津市职工化工学院	天津市
* 天津市毛纺织工业职工大学	天津市
天津市冶金工业局职工大学	天津市
天津铁厂职工大学	天津市
* 天津市交通局职工大学	天津市
天津市建筑材料工业管理局职工大学	天津市
天津职工医学院	天津市
* 天津市医药管理局职工大学	天津市
* 天津市职工科学技术大学	天津市
天津职工工业技术学院	天津市
天津市机械工业管理局职工机电学院	天津市
天津市电子仪表局职工大学	天津市
天津市职工纺织学院	天津市
天津市第二轻工业局职工大学	天津市
天津青年职业技术职工学院	天津市
天津市房地产局职工大学	天津市
天津市职工工艺美术学院	天津市
* 天津联合业余大学	天津市
天津市职工现代企业管理学院	天津市
天津物资管理干部学院	铁道部

中国旅游管理干部学院	国家旅游局
中国农业银行天津金融管理干部学院	中国农业银行
天津市管理干部学院	天津市
天津市经济管理干部学院	天津市
天津市财贸管理干部学院	天津市
天津市政法管理干部学院	天津市
天津市工会管理干部学院	天津市
天津教育学院	天津市
天津市广播电视大学	天津市

河北省

学校名称	主管部门
管道局职工学院	中国石油天然气总公司
华北石油职工大学	中国石油天然气总公司
石油物探职工大学	中国石油天然气总公司
化工部石家庄职工大学	化学工业部
开滦矿务局职工大学	煤炭工业部
河北冶金职工大学	河北省
河北省纺织职工大学	河北省
* 华北制药厂职工大学	河北省
* 中国耀华玻璃公司职工大学	河北省
* 石家庄市建材职工大学	河北省
保定职工大学	河北省
唐山市职工大学	河北省
邯郸市职工大学	河北省
河北省职工大学	河北省
河北省职工医学院	河北省
* 张家口市职工大学	河北省
* 石家庄市职工业余大学	河北省
中央劳改劳教管理干部学院	司法部
农业部乡镇企业管理干部学院	农业部
化工部石家庄管理干部学院	化学工业部
秦皇岛环境管理干部学院	国家环境保护局
轻工业管理干部学院	中国轻工总会
中国有色金属工业管理干部学院	中国有色金属工业总公司
河北青年管理干部学院	河北省
河北政法管理干部学院	河北省
华北石油教育学院	中国石油天然气总公司
河北邯郸地区教育学院	河北省
河北邢台地区教育学院	河北省
河北石家庄地区教育学院	河北省
* 河北省衡水地区教育学院	河北省
廊坊市教育学院	河北省
河北张家口地区教育学院	河北省
河北保定地区教育学院	河北省
河北承德地区教育学院	河北省
邯郸市教育学院	河北省
秦皇岛教育学院	河北省
河北省广播电视大学	河北省

山西省

学校名称	主管部门
山西兵器工业职工大学	中国兵器工业总公司
大同矿务局职工大学	煤炭工业部
山西煤炭职工联合大学	煤炭工业部
* 太原重型机器厂职工大学	山西省
太原化学工业公司职工大学	山西省
山西机电职工学院	山西省
太原钢铁公司职工钢铁学院	山西省
* 华北测绘职工大学	山西省
* 太原职工大学	山西省
山西职工医学院	山西省
* 国营大众机械厂职工大学	山西省
* 山西省职工二轻学院	山西省
山西职工文学院	山西省
长治职工大学	山西省
* 山西省水利职工大学	山西省
忻州职工大学	山西省
山西煤炭管理干部学院	煤炭工业部

广播电影电视管理干部学院	广播电影电视部
太原经济管理干部学院	山西省
山西经济管理干部学院	山西省
山西政法管理干部学院	山西省
山西省教育学院	山西省
太原市教育学院	山西省
山西省大同市教育学院	山西省
晋城市教育学院	山西省
长治市教育学院	山西省
山西省吕梁地区教育学院	山西省
忻州地区教育学院	山西省
晋中地区教育学院	山西省
* 临汾地区教育学院	山西省
雁北地区教育学院	山西省
阳泉市教育学院	山西省
山西省广播电视大学	山西省

内蒙古自治区

学校名称	主管部门
国营内蒙古第一机械制造厂职工工学院	中国兵器工业总公司
国营内蒙古第二机械制造总厂职工工学院	中国兵器工业总公司
呼和浩特市职工大学	内蒙古自治区
内蒙古水利职工大学	内蒙古自治区
包头钢铁公司职工大学	内蒙古自治区
包头市职工大学	内蒙古自治区
乌达煤矿职工大学	内蒙古自治区
内蒙古管理干部学院	内蒙古自治区
呼伦贝尔管理干部学院	内蒙古自治区
内蒙古教育学院	内蒙古自治区
呼和浩特教育学院	内蒙古自治区
包头教育学院	内蒙古自治区
锡林郭勒盟教育学院	内蒙古自治区
乌兰察布盟教育学院	内蒙古自治区
马彦淖尔盟教育学院	内蒙古自治区
呼伦贝尔盟教育学院	内蒙古自治区
哲里木盟教育学院	内蒙古自治区
赤峰教育学院	内蒙古自治区
内蒙古自治区广播电视大学	内蒙古自治区

辽宁省

学校名称	主管部门
辽宁兵器工业职工大学	中国兵器工业总公司
第四十七研究所职工大学	电子工业部
沈阳飞机制造公司职工工学院	中国航空工业总公司
黎明发动机制造公司职工工学院	中国航空工业总公司
* 新乐精密机器公司职工大学	中国航天工业总公司
东北电业职工大学	电力工业部
辽宁省金融职工大学	中国人民银行
* 国营大连造船厂职工大学	中国石油化工总公司
* 大连石油化工公司职工大学	中国船舶工业总公司
抚顺石油化工公司职工大学	中国石油化工总公司
锦州石油化工职工大学	中国石油化工总公司
沈阳有色金属职工大学	中国有色金属工业总公司
* 沈阳有色冶金机械总厂职工大学	中国有色金属工业总公司
抚顺矿务局职工工学院	煤炭工业部
阜新矿务局职工大学	煤炭工业部
阜新煤炭职工医学专科学校	煤炭工业部
鞍钢职工工学院	冶金工业部
鞍钢职工医学专科学校	冶金工业部
辽河石油勘探局职工大学	中国石油天然气总公司
空军航空修理第四职工大学	总后勤部
海军舰船维修第一职工大学	总后勤部
大连职工大学	大连市

大连工人大学	大连市
辽宁建设职工大学	辽宁省
辽宁省直属机关职工大学	辽宁省
鞍山职工大学	辽宁省
辽宁轻工职工大学	辽宁省
抚顺职工大学	辽宁省
本钢职工工学院	辽宁省
丹东职工大学	辽宁省
锦州职工大学	辽宁省
*朝阳职工大学	辽宁省
辽宁职工体育运动技术学院	辽宁省
本溪职工大学	辽宁省
辽宁财贸职工大学	辽宁省
阜新职工大学	辽宁省
辽宁卫生职工医学院	辽宁省
辽宁文化艺术职工大学	辽宁省
辽宁冶金职工大学	辽宁省
铁岭职工大学	辽宁省
沈阳市职工大学	辽宁省
沈阳市联合职工大学	辽宁省
*沈阳矿山机器厂职工大学	辽宁省
沈阳市二轻家具职工大学	辽宁省
*沈阳重型机器厂职工大学	辽宁省
沈阳机械工业职工大学	辽宁省
冶金部鞍山冶金管理干部学院	冶金工业部
辽宁经济管理干部学院	辽宁省
辽宁农业管理干部学院	辽宁省
辽宁青年管理干部学院	辽宁省
辽宁政法管理干部学院	辽宁省
辽宁工运学院	辽宁省
大连管理干部学院	辽宁省
辽宁教育学院	辽宁省
大连市教育学院	辽宁省
辽宁省广播电视大学	辽宁省
沈阳市广播电视大学	辽宁省
大连市广播电视大学	大连市

吉林省

学校名称	主管部门
电力勘测设计职工大学	电力工业部
吉林电力职工大学	电力工业部
吉林铁路运输职工大学	铁道部
舒兰矿务局职工大学	煤炭工业部
第一汽车制造厂职工大学	中国汽车工业总公司
长春市职工大学	吉林省
吉林省建筑职工大学	吉林省
长春市建筑职工业余大学	吉林省
吉林省直属机关业余大学	吉林省
长春市直属机关业余大学	吉林省
长春职工医科大学	吉林省
吉林市职工大学	吉林省
吉林化学工业公司职工大学	吉林省
吉林职工医科大学	吉林省
长春市成人文理学院	吉林省
辽源市职工大学	吉林省
通化市职工大学	吉林省
通化钢铁公司职工大学	吉林省
吉林省油田职工大学	吉林省
延边职工大学	吉林省
白城地区工业交通职工大学	吉林省
吉林交通职工大学	吉林省
延边黎明农民大学	吉林省
梨树县农民专科学校	吉林省
扶余市农民专科学校	吉林省
敦化市农民专科学校	吉林省
长春煤炭管理干部学院	煤炭工业部
中国工商银行长春金融管理干部学院	中国工商银行
中国农业银行长春管理干部学院	中国农业银行
吉林省经济管理干部学院	吉林省
吉林卫生管理干部学院	吉林省
吉林省行政管理干部学院	吉林省
吉林省教育学院	吉林省
长春教育学院	吉林省
吉林市教育学院	吉林省

四平市教育学院	吉林省
通化市教育学院	吉林省
白城地区教育学院	吉林省
吉林省广播电视大学	吉林省
长春市广播电视大学	吉林省

黑龙江省

学校名称	主管部门
黑龙江金融职工大学	中国工商银行
*黑龙江兵器工业职工大学	中国兵器工业总公司
哈尔滨飞机制造公司职工工学院	中国航空工业总公司
*东安发动机制造公司职工工学院	中国航空工业总公司
*星光汽车工业集团职工大学	中国航天工业总公司
大庆职工大学	中国石油天然气总公司
大庆职工医学院	中国石油天然气总公司
黑龙江省电力职工大学	电力工业部
齐齐哈尔铁路运输职工大学	铁道部
*黑龙江省邮电职工大学	邮电部
大庆石油化工总厂职工大学	中国石油化工总公司
东北轻合金加工厂工学院	中国有色金属工业总公司
鸡西矿务局职工工学院	煤炭工业部
鹤岗矿务局职工工学院	煤炭工业部
双鸭山矿务局职工工学院	煤炭工业部
鸡西煤炭职工医学院	煤炭工业部
哈尔滨市工人业余大学	黑龙江省
哈尔滨化工医药职工大学	黑龙江省
哈尔滨市财贸职工大学	黑龙江省
哈尔滨机电职工大学	黑龙江省
*哈尔滨职工轻工学院	黑龙江省
哈尔滨市建设职工大学	黑龙江省
*哈尔滨市成人教育学院	黑龙江省
*哈尔滨科技职工大学	黑龙江省
*哈尔滨市教师体育学院	黑龙江省
*哈尔滨市职工医学院	黑龙江省
黑龙江省建设职工大学	黑龙江省
黑龙江省科技职工大学	黑龙江省
*黑龙江省直属机关职工大学	黑龙江省
黑龙江省物资职工大学	黑龙江省
*第一重型机器厂职工大学	黑龙江省
*齐齐哈尔第一机床厂职工机电学院	黑龙江省
*齐齐哈尔第二机床厂职工工学院	黑龙江省
*齐齐哈尔钢厂职工钢铁学院	黑龙江省
*齐齐哈尔市建筑工程总公司建筑工程学院	黑龙江省
*齐齐哈尔市冶金局职工机械学院	黑龙江省
*齐齐哈尔造纸厂职工工学院	黑龙江省
*齐齐哈尔市职工业余大学	黑龙江省
*牡丹江市机械局工学院	黑龙江省
牡丹江市职工大学	黑龙江省
牡丹江市轻工职工大学	黑龙江省
黑龙江省牡丹江农垦职工大学	黑龙江省
黑龙江纺织职工大学	黑龙江省
*佳木斯市联合职工大学	黑龙江省
*佳木斯市建委职工专科学校	黑龙江省
鸡西市经委职工大学	黑龙江省
鸡西市职工业余大学	黑龙江省
*黑龙江省西林钢铁厂职工工学院	黑龙江省
黑龙江省森林工业职工大学	黑龙江省
*伊春市职工大学	黑龙江省
黑龙江省商业职工大学	黑龙江省
*黑龙江省社会科学院职工大学	黑龙江省
*佳木斯市职工大学	黑龙江省
黑龙江省体育运动技术学院	黑龙江省
黑龙江省经济管理干部学院	黑龙江省

黑龙江省农垦管理干部学院	黑龙江省
黑龙江省林业管理干部学院	黑龙江省
黑龙江省卫生管理干部学院	黑龙江省
黑龙江省政法管理干部学院	黑龙江省
黑龙江省森林工业管理干部学院	黑龙江省
哈尔滨市经济管理干部学院	黑龙江省
齐齐哈尔铁路教育学院	铁道部
* 黑龙江省教育学院	黑龙江省
齐齐哈尔市教育学院	黑龙江省
哈尔滨市教育学院	黑龙江省
黑龙江省绥化地区教育学院	黑龙江省
牡丹江市教育学院	黑龙江省
佳木斯市教育学院	黑龙江省
松花江地区教育学院	黑龙江省
黑龙江省黑河地区教育学院	黑龙江省
黑龙江省林业教育学院	黑龙江省
大兴安岭地区教育学院	黑龙江省
黑龙江省广播电视大学	黑龙江省
哈尔滨市广播电视大学	黑龙江省

上海市

学校名称	主管部门
上海航天职工大学	中国航天工业总公司
* 国营第五七零三厂职工大学	中国航空工业总公司
上海电业职工大学	电力工业部
* 上海化工研究院职工大学	化学工业部
上海宝山钢铁总厂职工大学	冶金工业部
上海海运职工大学	交通部
上海市邮电职工大学	邮电部
上海造船工业职工大学	中国船舶工业总公司
高桥石油化工职工大学	中国石油化工总公司
上海石油化工总厂职工大学	中国石油化工总公司
* 海军舰船维修第二职工大学	总后勤部
上海市第二工业大学	上海市
上海市黄浦区业余大学	上海市
上海市南市区业余大学	上海市
上海市卢湾区业余大学	上海市
上海市徐汇区业余大学	上海市
上海市长宁区业余大学	上海市
上海市静安区业余大学	上海市
上海市普陀区业余大学	上海市
上海市闸北区业余大学	上海市
上海市虹口区业余大学	上海市
上海市杨浦区业余大学	上海市
上海市吴淞区业余大学	上海市
* 上海市业余土木建筑学院	上海市
上海纺织工业职工大学	上海市
上海冶金联合职工大学	上海市
上海市轻工业职工大学	上海市
* 上海市化学工业职工大学	上海市
上海机电工业职工大学	上海市
梅山职工大学	上海市
上海市粮食局职工大学	上海市
* 上海市新闻出版局职工大学	上海市
上海海港职工大学	上海市
上海市仪表电子工业职工大学	上海市
上海医药职工大学	上海市
上海对外贸易职工大学	上海市
上海市第一商业局职工大学	上海市
上海财政税务职工大学	上海市
上海汽车拖拉机联营公司职工大学	上海市
上海市第二轻工业局职工大学	上海市
上海职工医学院	上海市
* 上海职工体育运动技术学院	上海市
上海工商学院	上海市
上海建筑工程职工大学	上海市
上海市供销职工大学	上海市
上海金融职工大学	上海市
上海市财贸管理干部学院	上海市
上海市政法管理干部学院	上海市

上海市经济管理干部学院	上海市
上海市工会管理干部学院	上海市
上海青年管理干部学院	上海市
上海教育学院	上海市
上海市黄浦区教育学院	上海市
上海市南市区教育学院	上海市
上海市普陀区教育学院	上海市
上海市闸北区教育学院	上海市
上海市杨浦区教育学院	上海市
上海市第二教育学院	上海市
* 上海市广播电视大学	上海市

江苏省

学校名称	主管部门
江苏电力职工大学	电力工业部
常州水电机械制造职工大学	水利部
* 国营江宁机械厂职工大学	中国船舶工业总公司
金陵石油化工公司职工大学	中国石油化工总公司
* 南京汽车制造厂职工大学	中国汽车工业总公司
* 空军航空修理第一职工大学	总后勤部
铁道部工业职工大学	铁道部
江苏冶金职工大学	江苏省
江苏省卫生系统职工医科大学	江苏省
江苏对外贸易职工大学	江苏省
南京电子工业职工大学	江苏省
南京联合职工大学	江苏省
* 南京市机械工业职工大学	江苏省
* 南京市业余工业大学	江苏省
南京化学工业(集团)公司职工大学	江苏省
无锡市职工大学	江苏省
无锡市纺织工业职工大学	江苏省
* 无锡市城建职工大学	江苏省
江阴市职工大学	江苏省
常州市职工大学	江苏省
常州市轻工业职工大学	江苏省
常州市机械冶金职工大学	江苏省
常州市电子工业职工大学	江苏省
苏州市职工大学	江苏省
苏州市机械工业局职工大学	江苏省
苏州市轻工业局职工大学	江苏省
苏州市丝绸职工大学	江苏省
苏州市建工局职工大学	江苏省
苏州市职工业余大学	江苏省
南通市纺织工业职工大学	江苏省
南通市工人业余大学	江苏省
* 江苏省农垦职工大学	江苏省
淮阴市机械工业职工大学	江苏省
* 泰州市职工大学	江苏省
江苏省省级机关干部业余大学	江苏省
江南社会学院	江苏省教委(代管)
南京航天管理干部学院	中国航天工业总公司
无锡纺织工业管理干部学院	中国纺织总会
南京人口管理干部学院	国家计划生育委员会
江苏商业管理干部学院	江苏省
徐州经济管理干部学院	江苏省
江苏经济管理干部学院	江苏省
江苏省青年管理干部学院	江苏省
* 南京金陵旅馆管理干部学院	江苏省
江苏教育学院	江苏省
南京教育学院	江苏省
无锡教育学院	江苏省
徐州教育学院	江苏省
常州教育学院	江苏省
苏州教育学院	江苏省
南通教育学院	江苏省
连云港教育学院	江苏省
* 淮阴教育学院	江苏省
盐城教育学院	江苏省
扬州教育学院	江苏省

江苏省广播电视大学	江苏省
南京市广播电视大学	江苏省

浙江省

学校名称	主管部门
浙江省电力职工大学	电力工业部
富春江水电职工大学	电力工业部
浙江省邮电职工大学	邮电部
* 杭州机械工业局职工大学	浙江省
* 杭州市化工系统职工大学	浙江省
* 杭州市轻工职工大学	浙江省
* 杭州市纺织工业局职工大学	浙江省
* 杭州市丝绸工业公司职工大学	浙江省
* 浙江育才职工大学	浙江省
* 杭州钢铁厂职工大学	浙江省
* 西湖电子集团公司职工大学	浙江省
* 浙江省省级机关职工业余大学	浙江省
* 杭州市工人业余大学	浙江省
* 杭州市业余科技大学	浙江省
宁波市职工业余大学	浙江省
* 温州市工人业余大学	浙江省
* 温州市业余科技大学	浙江省
浙江省供销合作社联合社职工学院	浙江省
浙江省职工政治大学	浙江省
* 浙江省体育运动技术学院	浙江省
中国工商银行杭州金融管理干部学院	中国工商银行
浙江省经济管理干部学院	浙江省
浙江省政法管理干部学院	浙江省
浙江省农村经济管理干部学院	浙江省
浙江教育学院	浙江省
杭州教育学院	浙江省
宁波教育学院	宁波市
金华教育学院	浙江省
浙江嘉兴教育学院	浙江省
浙江省广播电视大学	浙江省
宁波市广播电视大学	宁波市

安徽省

学校名称	主管部门
淮北矿务局职工大学	煤炭工业部
淮南矿务局职工大学	煤炭工业部
安徽电力职工大学	电力工业部
安庆石油化工总厂职工大学	中国石油化工总公司
铜陵有色金属公司职工大学	中国有色金属工业总公司
淮南市职工大学	安徽省
马鞍山钢铁公司职工大学	安徽省
蚌埠市职工大学	安徽省
* 合肥职工科技大学	安徽省
合肥市职工大学	安徽省
安徽商业职工大学	安徽省
* 安徽水利职工大学	安徽省
安徽省直机关业余大学	安徽省
蚌埠市机械职工大学	安徽省
安徽经济管理干部学院	安徽省
合肥农村经济管理干部学院	安徽省
安徽教育学院	安徽省
合肥教育学院	安徽省
芜湖教育学院	安徽省
蚌埠教育学院	安徽省
阜阳教育学院	安徽省
淮南教育学院	安徽省
* 宿县地区教育学院	安徽省
淮北教育学院	安徽省
安徽宣州教育学院	安徽省
安徽省广播电视大学	安徽省

福建省

学校名称	主管部门
* 福建工人业余工学院	福建省
* 福建省直属机关业余大学	福建省

＊福州业余大学	福建省
＊福州市工人业余大学	福建省
＊厦门工人业余大学	厦门市
＊福建省漳州业余大学	福建省
福建省三明化工总厂职工业余大学	福建省
＊三明业余大学	福建省
＊南平业余大学	福建省
福建金融管理干部学院	中国人民银行
福建经济管理干部学院	福建省
福建财会管理干部学院	福建省
福建政法管理干部学院	福建省
福建教育学院	福建省
漳州教育学院	福建省
福州教育学院	福建省
厦门教育学院	厦门市
泉州教育学院	福建省
福建省广播电视大学	福建省
厦门市广播电视大学	厦门市

江西省

学校名称	主管部门
江西金融职工大学	中国人民银行
＊南昌飞机制造公司职工工学院	中国航空工业总公司
昌河飞机制造厂职工工学院	中国航空工业总公司
萍乡煤矿职工大学	煤炭工业部
江西新余钢铁总厂职工大学	江西省
南昌钢铁厂职工大学	江西省
江西省纺织工业职工大学	江西省
江西省机械职工大学	江西省
景德镇陶瓷职工大学	江西省
＊宜春市职工业余大学	江西省
＊南昌市工人业余大学	江西省
南昌市业余大学	江西省
吉安地区职工大学	江西省
江西财经管理干部学院	财政部
江西行政管理干部学院	江西省
江西经济管理干部学院	江西省
江西教育学院	江西省
南昌教育学院	江西省
吉安教育学院	江西省
九江教育学院	江西省
赣南教育学院	江西省
江西省广播电视大学	江西省

山东省

学校名称	主管部门
＊山东兵器工业职工大学	中国兵器工业总公司
胜利油田职工大学	中国石油天然气总公司
新汶矿务局职工大学	煤炭工业部
兖州矿区职工大学	煤炭工业部
山东电力职工大学	电力工业部
青岛冶金矿山职工大学	电力工业部
中国重型汽车集团公司职工大学	中国汽车工业总公司
青岛远洋船员学院	交通部
＊齐鲁石油化工公司职工大学	中国石油化工总公司
山东铝厂职工大学	中国有色金属工业总公司
山东省职工体育运动技术学院	山东省
济南机械职工大学	山东省
山东省水利职工大学	山东省
山东省商业职工大学	山东省
青岛市职工业余大学	山东省
＊烟台职工大学	山东省
山东省供销职工大学	山东省
济宁市职工大学	山东省
济南市职工大学	山东省
＊济南市职工科技大学	山东省
淄博市职工大学	山东省
＊潍坊市职工大学	山东省

*山东财政职工大学	山东省
山东外贸职工大学	山东省
山东冶金职工大学	山东省
山东省工会管理干部学院	山东省
山东省青年管理干部学院	山东省
山东省经济管理干部学院	山东省
山东省司法管理干部学院	山东省
山东省农业管理干部学院	山东省
胜利油田教育学院	中国石油天然气总公司
山东省教育学院	山东省
济南教育学院	山东省
青岛教育学院	青岛市
烟台教育学院	山东省
潍坊教育学院	山东省
山东省惠民教育学院	山东省
德州教育学院	山东省
山东省聊城教育学院	山东省
泰安教育学院	山东省
山东省济宁教育学院	山东省
山东省临沂教育学院	山东省
山东省菏泽教育学院	山东省
泰山乡镇企业职工大学	山东省
山东省广播电视大学	山东省
青岛市广播电视大学	青岛市

河南省

学校名称	主管部门
洛阳兵器工业职工大学	中国兵器工业总公司
黄河职工大学	水利部
郑州铝厂职工工学院	中国有色金属工业总公司
洛阳有色金属职工大学	中国有色金属工业总公司
河南石油职工大学	中国石油天然气总公司
郑州煤田职工地质学院	煤炭工业部
郑州矿务局职工大学	煤炭工业部
平顶山煤矿职工大学	煤炭工业部
焦作煤矿职工医学院	煤炭工业部
磨料磨具工业职工大学	机械工业部
河南省轻工业职工大学	河南省
郑州电缆厂职工大学	河南省
郑州纺织职工大学	河南省
郑州市职工业余大学	河南省
*河南省建筑职工大学	河南省
*河南省化工职工大学	河南省
*洛阳市职工科学技术学院	河南省
第一拖拉机制造厂拖拉机学院	河南省
洛阳轴承厂职工大学	河南省
洛阳矿山机器厂职工大学	河南省
开封市职工业余大学	河南省
新乡市纺织职工大学	河南省
河南省安阳钢铁公司职工大学	河南省
焦作市职工大学	河南省
*河南省漯河市职工大学	河南省
河南卫生职工学院	河南省
河南金融管理干部学院	中国人民银行
郑州公安管理干部学院	铁道部
郑州煤炭管理干部学院	煤炭工业部
河南政法管理干部学院	河南省
郑州铁路教育学院	铁道部
河南教育学院	河南省
商丘教育学院	河南省
周口教育学院	河南省
信阳教育学院	河南省
南阳教育学院	河南省
郑州教育学院	河南省
开封教育学院	河南省
洛阳教育学院	河南省
平顶山教育学院	河南省
新乡教育学院	河南省
焦作教育学院	河南省
安阳教育学院	河南省
濮阳教育学院	河南省

*鹤壁教育学院	河南省
驻马店教育学院	河南省
许昌教育学院	河南省
河南职业技术教育学院	河南省
河南省广播电视大学	河南省

湖北省

学校名称	主管部门
*国营江山机械厂职工大学	中国兵器工业总公司
长江葛洲坝工程局职工大学	电力工业部
江汉石油管理局职工大学	中国石油天然气总公司
华中电业联合职工大学	电力工业部
丹江口工程管理局职工大学	水利部
长江职工大学	水利部
第一冶金建设公司职工大学	冶金工业部
*武汉冶金安全技术职工大学	冶金工业部
长江轮船总公司职工大学	交通部
荆门炼油厂职工大学	中国石油化工总公司
第二汽车制造厂职工大学	中国汽车工业总公司
*湖北省城乡建设职工大学	湖北省
武汉市机械工业职工大学	湖北省
武汉钢铁公司职工大学	湖北省
武汉市成人教育学院	湖北省
武汉市职工医学院	湖北省
武汉市职工财经学院	湖北省
武汉市职工大学	湖北省
东风轮胎厂职工大学	湖北省
*湖北省纺织职工大学	湖北省
*襄阳轴承厂职工大学	湖北省
鄂城钢铁厂职工大学	湖北省
湖北省直属机关业余大学	湖北省
湖北省金融职工大学	湖北省
湖北省地质职工大学	湖北省
湖北国防科技职工大学	湖北省
大冶钢厂职工大学	湖北省
湖北省卫生职工医学院	湖北省
武汉交通管理干部学院	交通部
中国农业银行武汉管理干部学院	中国农业银行
湖北省经济管理干部学院	湖北省
武汉市经济管理干部学院	湖北省
武汉冶金管理干部学院	湖北省
湖北武汉公安管理干部学院	湖北省
湖北省计划管理干部学院	湖北省
湖北教育学院	湖北省
武汉市教育学院	湖北省
沙市教育学院	湖北省
荆州教育学院	湖北省
黄冈教育学院	湖北省
孝感教育学院	湖北省
湖北省宜昌教育学院	湖北省
鄂西土家族苗族自治州教育学院	湖北省
咸宁教育学院	湖北省
湖北省黄石教育学院	湖北省
襄樊教育学院	湖北省
宜昌市教师进修学院	湖北省
郧阳地区教师进修学院	湖北省
湖北函授大学	湖北省
湖北省广播电视大学	湖北省
武汉市广播电视大学	湖北省

湖南省

学校名称	主管部门
空军航空修理第二职工大学	总后勤部
湖南省金融职工大学	中国工商银行
湖南兵器工业职工大学	中国兵器工业总公司
南方动力机械公司职工工学院	中国航工业总公司
衡阳有色冶金机械总厂职工大学	中国有色金属工业总公司
湖南有色金属职工大学	中国有色金属工业总公司

＊衡阳工业职工大学	地质矿产部
湘潭钢铁公司职工大学	湖南省
涟源钢铁总厂职工大学	湖南省
湖南煤炭职工大学	湖南省
湖南省工艺美术职工大学	湖南省
湖南省二轻厅职工大学	湖南省
＊湖南省轻工业厅职工大学	湖南省
湖南石化职工大学	湖南省
湖南省电子职工大学	湖南省
长沙市职工大学	湖南省
衡阳市职工大学	湖南省
湘潭市职工大学	湖南省
株洲市职工大学	湖南省
湘潭电机厂职工大学	湖南省
湖南省机械工业厅职工大学	湖南省
＊湖南省职工体育运动技术学院	湖南省
湖南农村金融职工大学	湖南省
＊湖南纺织职工大学	湖南省
岳阳职工高等专科学院	湖南省
中国保险管理干部学院	中国人民保险公司
湖南省政法管理干部学院	湖南省
湖南经济管理干部学院	湖南省
湖南教育学院	湖南省
长沙市教师进修学院	湖南省
株洲市教师进修学院	湖南省
湘潭市教师进修学院	湖南省
衡阳市教师进修学院	湖南省
郴州地区教师进修学院	湖南省
湘西民族教师进修学院	湖南省
益阳地区教师进修学院	湖南省
湖南省广播电视大学	湖南省

广东省

学校名称	主管部门
＊广州机床研究所职工大学	机械工业部
广州铁路运输职工大学	铁道部
茂名石油工业公司职工大学	中国石油化工总公司
佛山煤田职工地质学院	煤炭工业部
广州市联合职工大学	广东省
广州业余大学	广东省
广州市职工业余大学	广东省
＊湛江市业余大学	广东省
广东省韶关钢铁厂职工大学	广东省
＊广东省国防工业职工大学	广东省
广州市第一职工商学院	广东省
广州市城建职工大学	广东省
＊广州建筑总公司职工大学	广东省
＊汕头市业余大学	广东省
汕头市职工业余大学	广东省
＊韶关市职工大学	广东省
＊肇庆工人业余大学	广东省
江门市职工业余大学	广东省
＊广东二轻职工大学	广东省
＊广东业余财经学院	广东省
佛山职工大学	广东省
华南文艺业余大学	广东省
＊广东业余大学	广东省
＊广东省体育运动学院	广东省
＊广东社会科技大学	广东省
佛山职工医学专科学校	广东省
海关管理干部学院	海关总署
广东省政法管理干部学院	广东省
＊广东农垦管理干部学院	广东省
广东省经济管理干部学院	广东省
广东省财贸管理干部学院	广东省
广东省农业管理干部学院	广东省
广东青年管理干部学院	广东省
广东省行政管理干部学院	广东省
广州市经济管理干部学院	广东省
广州市财贸管理干部学院	广东省
广州市农业管理干部学院	广东省
广东教育学院	广东省
汕头教育学院	广东省
嘉应教育学院	广东省
惠州教育学院	广东省

学校名称	主管部门
韶关教育学院	广东省
佛山教育学院	广东省
肇庆教育学院	广东省
湛江教育学院	广东省
珠海教育学院	广东省
江门教育学院	广东省
广东省茂名教育学院	广东省
广州教育学院	广东省
广东省广播电视大学	广东省
广州市广播电视大学	广东省
深圳市广播电视大学	深圳市

广西壮族自治区

学校名称	主管部门
柳州钢铁厂职工大学	广西壮族自治区
广西建筑职工大学	广西壮族自治区
广西柳州市工业职工大学	广西壮族自治区
广西农垦职工大学	广西壮族自治区
桂林市职工大学	广西壮族自治区
柳州市机电职工大学	广西壮族自治区
广西柳州市职工大学	广西壮族自治区
广西直属机关业余大学	广西壮族自治区
广西壮族自治区经济管理干部学院	广西壮族自治区
广西公安管理干部学院	广西壮族自治区
广西政法管理干部学院	广西壮族自治区
广西壮族自治区卫生管理干部学院	广西壮族自治区
广西教育学院	广西壮族自治区
柳州市教育学院	广西壮族自治区
桂林市教育学院	广西壮族自治区
梧州市教育学院	广西壮族自治区
玉林教育学院	广西壮族自治区
桂林地区教师进修学院	广西壮族自治区
南宁市教育学院	广西壮族自治区
梧州地区教育学院	广西壮族自治区
南宁地区教育学院	广西壮族自治区
广西壮族自治区广播电视大学	广西壮族自治区

海南省

学校名称	主管部门
*海口市业余大学	海南省
海南教育学院	海南省
海南省广播电视大学	海南省

四川省

学校名称	主管部门
重庆兵器工业职工大学	中国兵器工业总公司
*广元职工医学院	电子工业部
成都发动机公司职工大学	中国航空工业总公司
成都飞机工业公司职工工学院	中国航空工业总公司
西南航天职工大学	中国航天工业总公司
中国工程物理研究院职工工学院	中国工程物理研究院
*第一研究设计院职工大学	中国核工业总公司
八一二厂职工工学院	中国核工业总公司
四川石油管理局职工大学	中国石油天然气总公司
成都电力职工大学	电力工业部
重庆电力职工大学	电力工业部
成都勘测设计院职工大学	电力工业部
*第五冶金建设公司职工大学	冶金工业部
攀枝花冶金职工大学	冶金工业部
*重庆市电信局职工大学	邮电部
中国科学院成都分院职工大学	中国科学院
西南铝加工厂职工大学	中国有色金属工业总公司
有色金属地质职工大学	中国有色金属工业总公司

第二重型机器厂职工大学	四川省
四川省东方动力职工大学	四川省
成都电子职工大学	四川省
国营涪江机器厂职工大学	四川省
*红光电子管厂职工大学	四川省
四川省建筑职工大学	四川省
四川省机械工业厅职工大学	四川省
四川化工总厂职工大学	四川省
*重庆特殊钢厂职工大学	四川省
重庆钢铁公司职工大学	四川省
成都无缝钢管厂职工大学	四川省
*重庆城建职工学院	重庆市
成都工业职工学院	四川省
*重庆市机械工业管理局职工大学	重庆市
*重庆化工职工大学	重庆市
成都成人教育学院	四川省
重庆纺织工业局职工大学	重庆市
重庆市职工大学	重庆市
*重庆市北培区职工业余大学	重庆市
重庆市轻工业职工大学	重庆市
重庆职工医学院	重庆市
*重庆职工会计专科学校	重庆市
重庆社会大学	重庆市
*重庆商业职工大学	重庆市
南充市职工业余大学	四川省
四川省职工运动技术学院	四川省
成都市职工大学	四川省
成都煤炭管理干部学院	煤炭工业部
成都冶金管理干部学院	冶金工业部
四川卫生管理干部学院	四川省
四川经济管理干部学院	四川省
四川财贸管理干部学院	四川省
四川省公安管理干部学院	四川省
四川政法管理干部学院	四川省
四川农业管理干部学院	四川省
*四川省计划生育管理干部学院	四川省
重庆经济管理干部学院	重庆市
重庆青年管理干部学院	重庆市
四川教育学院	四川省
重庆教育学院	重庆市
成都教育学院	四川省
自贡教育学院	四川省
攀枝花教育学院	四川省
泸州教育学院	四川省
涪陵教育学院	四川省
万县教育学院	四川省
德阳教育学院	四川省
乐山教育学院	四川省
川北教育学院	四川省
南充教育学院	四川省
达县教育学院	四川省
雅安教育学院	四川省
凉山教育学院	四川省
内江教育学院	四川省
渝州教育学院	重庆市
四川干部函授学院	四川省
四川省广播电视大学	四川省
重庆市广播电视大学	重庆市
成都市广播电视大学	四川省

贵州省

学校名称	主管部门
*贵州航空工业职工大学	中国航空工业总公司
贵州航天职工大学	中国航天工业总公司
贵州铝厂职工大学	中国有色金属工业总公司
贵州机械工业职工大学	贵州省
〇八二基地职工大学	贵州省
贵阳市职工业余大学	贵州省
贵州省农业管理干部学院	贵州省
贵州经济管理干部学院	贵州省
贵州政法管理干部学院	贵州省

贵州公安管理干部学院	贵州省
贵州教育学院	贵州省
遵义教育学院	贵州省
毕节教育学院	贵州省
黔南州教育学院	贵州省
黔东南州教育学院	贵州省
贵州省广播电视大学	贵州省

云南省

学校名称	主管部门
云南兵器工业职工大学	中国兵器工业总公司
云南电力局职工大学	电力工业部
云南有色金属职工大学	中国有色金属工业总公司
云南省公路局职工大学	云南省
云南省地质矿产局职工大学	云南省
*昆明工业联合职工大学	云南省
*云南省文化厅职工大学	云南省
昆明钢铁公司职工大学	云南省
云南省经济管理干部学院	云南省
云南教育学院	云南省
云南昭通教育学院	云南省
曲靖教育学院	云南省
德宏教育学院	云南省
云南省广播电视大学	云南省

陕西省

学校名称	主管部门
陕西兵器工业职工大学	中国兵器工业总公司
西安航空发动机公司职工工学院	中国航空工业总公司
西安飞机工业公司职工工学院	中国航空工业总公司
*六二〇研究所职工工学院	中国航天工业总公司
陕西航空工业职工大学	中国航空工业总公司
*宝成通用电子公司职工工学院	中国航空工业总公司
陕西飞机制造公司职工工学院	中国航空工业总公司
陕南航空职工大学	中国航空工业总公司
西北电业职工大学	电力工业部
西安铁路工程职工大学	铁道部
西安铁路运输职工大学	铁道部
*国营陕西柴油机厂职工大学	中国船舶工业总公司
*宝鸡有色金属加工厂工学院	中国有色金属工业总公司
陕西煤炭职工大学	煤炭工业部
陕西电子工业职工大学	陕西省
*陕西重型机器厂职工大学	陕西省
西安电力机械制造公司机电学院	陕西省
陕西省建筑工程总公司职工大学	陕西省
*陕西省纺织工业公司职工大学	陕西省
*西安石油勘探仪器总厂职工大学	陕西省
*陕西延河水泥机械厂职工大学	陕西省
陕西职工体育运动技术学院	陕西省
西安市职工大学	陕西省
*宝鸡市职工大学	陕西省
西安市第一轻工业局职工大学	陕西省
陕西省财贸管理干部学院	陕西省
陕西省经济管理干部学院	陕西省
陕西省政法管理干部学院	陕西省
陕西工运学院	陕西省
陕西教育学院	陕西省
西安教育学院	陕西省
陕西省宝鸡教育学院	陕西省
陕西省铜川教育学院	陕西省
陕西省渭南教育学院	陕西省
陕西省咸阳教育学院	陕西省
陕西省广播电视大学	陕西省
西安市广播电视大学	陕西省

甘肃省

学校名称	主管部门
银光化学材料厂职工大学	中国兵器工业总公司
兰州航空工业职工大学	中国航空工业总公司
兰州化学工业公司职工大学	中国石油化工总公司
*国营五〇四厂职工大学	中国核工业总公司
*国营四〇四厂职工大学	中国核工业总公司
兰州铁路工程职工大学	铁道部
兰州炼油厂职工大学	中国石油化工总公司
金川有色金属公司职工大学	中国有色金属工业总公司
白银有色金属公司职工大学	中国有色金属工业总公司
甘肃省建筑职工工学院	甘肃省
甘肃机械电子职工大学	甘肃省
酒泉钢铁公司职工大学	甘肃省
甘肃省职工财经学院	甘肃省
*甘肃煤矿职工大学	甘肃省
甘肃服装职工大学	甘肃省
甘肃省经济管理干部学院	甘肃省
甘肃教育学院	甘肃省
兰州教育学院	甘肃省
定西教育学院	甘肃省
酒泉教育学院	甘肃省
甘肃省广播电视大学	甘肃省

青海省

学校名称	主管部门
青海省联合职工大学	青海省
青海教育学院	青海省
*青海省广播电视大学	青海省

宁夏回族自治区

学校名称	主管部门
宁夏煤炭职工大学	宁夏回族自治区
宁夏职工科技学院	宁夏回族自治区
*宁夏重工业职工大学	宁夏回族自治区
宁夏石嘴山职工大学	宁夏回族自治区
宁夏教育学院	宁夏回族自治区
宁夏回族自治区广播电视大学	宁夏回族自治区

新疆维吾尔自治区

学校名称	主管部门
乌鲁木齐石油化工总厂职工大学	中国石油化工总公司
*新疆有色金属工业公司职工大学	中国有色金属工业总公司
新疆维吾尔自治区钢铁公司职工大学	新疆维吾尔自治区
新疆纺织工业公司职工大学	新疆维吾尔自治区
新疆维吾尔自治区建筑职工大学	新疆维吾尔自治区
*新疆机械电子工业厅职工大学	新疆维吾尔自治区
*新疆轻工业厅职工大学	新疆维吾尔自治区
*昌吉回族自治州职工大学	新疆维吾尔自治区
*石河子八一棉纺厂职工大学	新疆生产建设兵团
新疆职工业余大学	新疆维吾尔自治区
*新疆维吾尔自治区卫生厅职工业余医科大学	新疆维吾尔自治区
乌鲁木齐市职工业余大学	新疆维吾尔自治区
新疆经济管理干部学院	新疆维吾尔自治区
新疆公安司法管理干部学院	新疆维吾尔自治区
新疆广播电视师范大学	新疆维吾尔自治区
新疆生产建设兵团教育学院	新疆生产建设兵团
新疆教育学院	新疆维吾尔自治区
乌鲁木齐教育学院	新疆维吾尔自治区
喀什教育学院	新疆维吾尔自治区
伊犁教育学院	新疆维吾尔自治区
新疆昌吉回族自治州教育学院	新疆维吾尔自治区
和田地区教育学院	新疆维吾尔自治区

新疆石油教育学院	新疆维吾尔自治区
＊阿克苏教育学院	新疆维吾尔自治区
新疆生产建设兵团广播电视大学	新疆生产建设兵团
新疆维吾尔自治区广播电视大学	新疆生产建设兵团

□国家级重点普通中等专业学校名单

1994 年 8 月 22 日，国家教委发出通知，批准公布 249 所国家级重点普通中等专业学校名单如下：

北京市

1 北京铁路电气化学校
2 北京市农业学校
3 北京煤炭工业学校
4 北京市建筑材料工业学校
5 北京卫生学校
6 北京工艺美术学校
7 中央音乐学院附属中等音乐学校
8 北京舞蹈学院附属舞蹈学校
9 北京戏曲学校
10 北京什刹海体育运动学校

天津市

11 天津铁路工程学校
12 天津建筑材料工业学校
13 大港石油学校
14 天津无线电机械学校

河北省

15 石家庄铁路运输学校
16 河北化工学校
17 河北唐山市卫生学校
18 华北石油学校
19 河北省机电学校
20 河北省沧州地区农业学校
21 河北省保定地区农业学校
22 解放军军需工业学校
23 河北省沧州卫生学校
24 保定电力学校
25 河北省体育运动学校

山西省

26 太原铁路机械学校
27 大同煤炭工业学校
28 山西省计划统计学校
29 山西省太原冶金工业学校
30 山西省建筑工程学校
31 山西省中药材学校
32 山西省戏曲学校

内蒙古自治区

33 包头铁路工程学校
34 呼和浩特交通学校
35 包头机械工业学校
36 赤峰卫生学校
37 内蒙古建筑学校

黑龙江省

38 黑龙江省邮电学校
39 黑龙江省建筑工程学校
40 黑龙江省农业机械化学校
41 大庆石油学校
42 哈尔滨电力学校
43 佳木斯农业学校
44 牡丹江林业学校
45 黑龙江省畜牧兽医学校

吉林省

46 吉林铁路经济学校
47 吉林省交通学校
48 吉林省邮电学校
49 吉林省农业学校

50 吉林冶金工业学校
51 吉林化工学校
52 长春地质学校
53 吉林省戏剧学校

辽宁省

54 抚顺煤炭工业学校
55 阜新煤炭工业学校
56 沈阳铁路机械学校
57 辽宁省水利学校
58 大连海运学校
59 渤海船舶工业学校
60 辽宁省石油化工学校
61 鞍山钢铁学校
62 辽宁省农业工程学校
63 辽河石油学校
64 辽宁省铁岭农业学校
65 辽宁省财政学校
66 辽宁省林业学校
67 辽宁省邮电学校
68 辽宁省粮食学校
69 辽宁省轻工业学校
70 辽宁省电子工业学校
71 大连铁路卫生学校
72 沈阳市体育运动学校
73 朝阳市体育运动学校

新疆维吾尔自治区

74 新疆石油学校
75 乌鲁木齐铁路运输学校
76 新疆农业学校
77 新疆邮电学校
78 新疆机械电子工业学校
79 新疆商业学校

甘肃省

80 兰州石油学校
81 兰州化工学校
82 长庆石油学校
83 兰州铁路机械学校
84 甘肃省林业学校
85 甘肃省畜牧学校
86 培黎石油学校

青海省

87 青海省财经学校
88 青海省湟源畜牧学校

宁夏回族自治区

89 宁夏卫生学校

陕西省

90 西安铁路运输学校
91 咸阳机器制造学校
92 陕西省农业学校
93 陕西省水利学校
94 陕西第一工业学校

河南省

95 郑州铁路机械学校
96 黄河水利学校
97 中原机械工业学校
98 河南省信阳卫生学校
99 河南省农业学校
100 河南省粮食学校
101 河南省交通学校
102 郑州铁道卫生学校
103 郑州水利学校

湖北省

104 武汉铁路运输学校
105 武汉船舶工业学校
106 武汉电力学校
107 武汉无线电工业学校
108 武汉水运工业学校
109 湖北省邮电学校

110 襄阳农业学校
111 黄冈地区农业学校
112 襄樊市卫生学校
113 恩施自治州财经学校
114 襄樊市体育运动学校
115 沙市市财政会计学校

湖南省

116 湖南省株洲冶金工业学校
117 株洲铁路机械学校
118 湖南省化工学校
119 湖南省长沙农业学校
120 湖南省机械工业学校
121 湖南省煤炭工业学校
122 衡阳铁路工程学校
123 湖南省农业机械化学校
124 湖南省建筑学校
125 湖南省林业学校
126 湖南省粮食学校
127 湖南银行学校
128 株洲铁路电机学校
129 湖南安江农业学校

广东省

130 广州轻工业学校
131 广东省邮电学校
132 湛江气象学校
133 民航广州中专学校
134 广东省交通学校
135 广东省航运学校
136 佛山市卫生学校
137 肇庆市卫生学校
138 韶关市卫生学校
139 广东省人民警察学校
140 广东省体育运动学校

广西壮族自治区

141 广西水电学校
142 广西交通学校
143 广西轻工业学校
144 柳州铁路运输学校
145 广西贸易经济学校
146 广西农业学校
147 广西柳州卫生学校
148 广西南宁化工学校
149 广西林业学校
150 广西壮族自治区体育运动学校

云南省

151 云南省交通学校
152 昆明地质学校
153 云南省财经学校
154 云南省财贸学校
155 云南省艺术学校

贵州省

156 黔南民族行政管理学校
157 贵阳市卫生学校

四川省

158 成都航空工业学校
159 成都水力发电学校
160 重庆煤炭工业学校
161 内江铁路机械学校
162 四川统计学校
163 重庆电力学校
164 四川银行学校
165 四川省泸州化工学校
166 四川省建筑工程学校
167 四川省邮电学校
168 四川省机械工业学校
169 四川省农业机械化学校
170 四川省轻工业学校
171 重庆机器制造学校
172 四川省财政学校
173 四川省重庆药剂学校

174 四川省林业学校
175 四川省南充农业学校
176 四川省川剧学校

上海市

177 上海市化学工业学校
178 上海市商业学校
179 上海市邮电学校
180 上海市第一人民警察学校
181 上海市第二医科大学附属卫生学校
182 上海市商业会计学校
183 上海港湾学校
184 上海市舞蹈学校
185 上海市体育运动学校

江苏省

186 南京铁路运输学校
187 南通纺织工业学校
188 南京机电学校
189 南京地质学校
190 徐州煤炭工业学校
191 南京无线电工业学校
192 南通航运学校
193 常州纺织工业学校
194 无锡机械制造学校
195 苏州农业学校
196 徐州煤炭建筑工程学校
197 常州财经学校
198 南京交通学校
199 江苏省邮电学校
200 南京化工学校
201 苏州工艺美术学校
202 南京市体育运动学校

浙江省

203 杭州船舶工业学校
204 杭州电力学校
205 浙江银行学校
206 浙江省交通学校
207 金华卫生学校
208 温州商业学校
209 浙江省艺术学校
210 浙江省体育运动学校

山东省

211 山东省轻工业经济管理学校
212 山东省昌潍农业学校
213 济南铁路机械学校
214 山东省机械工业学校
215 胜利石油学校
216 山东省畜牧兽医学校
217 泰安煤炭工业学校
218 山东省财政学校
219 山东省商业学校
220 山东省电子工业学校
221 山东省中医药学校
222 山东省林业学校
223 山东省水利学校
224 山东省农业机械化学校
225 山东省邮电学校
226 山东银行学校
227 山东省卫生学校
228 山东省城市建设学校
229 山东省烟台农业学校
230 山东省潍坊艺术学校

安徽省

231 合肥电力学校
232 淮南化学工程学校
233 安徽省银行学校
234 安徽纺织工业学校
235 安徽省艺术学校

江西省

236 九江船舶工业学校
237 江西省煤炭工业学校

238 南昌气象学校
239 江西电力学校
240 赣州地质学校

福建省

241 福建机电学校
242 福建水利电力学校
243 集美轻工业学校
244 泉州电力学校
245 漳州农业学校
246 福建省邮电学校
247 福建林业学校
248 福建侨兴轻工学校
249 福建工艺美术学校

□民族教育综述

《中国教育改革和发展纲要》规定的发展目标和指导方针中强调要“重视和扶持少数民族教育事业”，“各民族地区要积极探索适合当地实际的发展教育的路子”。国家教委1994年的《工作要点》指出要认真做好对民族贫困地区的教育扶持和支持工作。1994年，各地将民族教育与当地社会经济发展相结合，在政策和资金上予以支持，把发展教育作为重要工作放在领导的日程上。

西北5省区是中国少数民族最集中的地区之一。全区居住着维吾尔、藏、回、蒙古、哈萨克等近50个少数民族。由于5省区地域辽阔人口稀少，居住分散，经济欠发达，加之历史的，社会的，宗教和旧习俗等诸多原因，该地区教育也是全国发展最缓慢的地区之一。西北五省区政府采取”治穷先治愚”发展教育事业的指导方针，采取多种积极措施，使民族学生“进得来，留得住，学得好”。宁夏回族自治区1994年投资数百万元，新增300多个教学点，增设民族教育专项资金100万元，设立回族女童助学金，成立了回族教育基金会，全年使5300多名女童重返校园；该区民族教育到2000年的发展目标是：回族在校生占全区在校生总数的比例接近全区人口自然比例，小学达34%，中学达25%，大专院校达到20%以上。为此，自治区政府在1994年增加教育投入的同时，采取了以下措施：加强民族基础教育，改善回族聚居的贫困山区中小学的办学条件，加快这些地方的“普九”进程；进一步办好高校和中专少数民族预科部（班），在这些部（班）招生总数中回族学生不低于40%的比例；从1995年起，全区普通大中专院校招生录取分数线除继续执行民族地区考生降10分的政策外，凡区属大中专院校招收回族考生录取时再降10分；从1995年，录取本区内外普通高校的宁南8县农村户口回族女生，凡定向回到8县工作的，国家给予学杂费资助。青海省在1994年为贯彻实施《中国教育改革和发展纲要》，对全省教育发展目标作了调整，到本世纪末全省实现基本扫除青壮年文盲，青壮年非文盲率达到86%；全省普及九年义务教育的人口覆盖率达到68%，普及六年义务教育的人口覆盖率达到90%，并在青南3州农牧业人口普及三至四年义务教育。为此，省政府出台了关于筹措教育经费的规定和办法，要突出重点扶持民族教育，在办好寄宿制学校的同时，大力发展帐篷小学、牧读小学等，千方百计提高少数民族适龄儿童的入学率；要进一步巩固提高大专院校民族部（班），积极开办中专技术学校民族班，为牧区培养“下得去、留得住、用得上”的实用人才。甘肃省对民族地区教育的政策实行“优惠、倾斜”，近年来，先后拨出1000多万元专款，到1994年底，已新建和改建103所小学，

10所寄宿制民族中学；1994年，全省高校招生对民族考生实行"适当降分、择优录取"，全省招收少数民族学生1306人，占录取总数的7.9%，全省现有在省内外高等学校学习或毕业民族学生总数9857人，占全省招生总数的5.6%；为培养民族教育的民族语教学师资，先后在省重点中学、中等师范学校开办了民族班，在甘南自治州成立了民族师范专科学校，在甘肃中医学院设立了藏医系；国家教委还在西北师范大学建立了西北少数民族师资培训中心；为培养女童教育师资，在临夏师范学校开办了女子师范班。新疆维吾尔自治区到1994年，全区已投入上亿元的经费用于民族学校的建设，全区民族在校生已达150多万人，学龄儿童入学率已达到95%。西北5省区特别重视民族女童的教育，到1994年，回族女童入学率也达到适龄女童的68%。

西南4省区也是少数民族集中聚居区，民族教育的任务也相当繁重。西藏自治区全区主要人口是藏族，由于历史的、社会的、经济的、地理的多种原因，民族教育相对落后，藏族适龄儿童入学率大大低于人口自然比例。近来年，自治区贯彻"心往牧区想、人往牧区走、钱放牧区用"的教育措施，已在一些地区发生作用。亚东县地处喜马拉雅山南麓，山峦重叠，河湍谷深，全县总人口中藏族、不丹族占96%，多数人口又聚居在全县面积82%以上的牧区。经过多年来的努力，全县适龄儿童入学率仍然很低。县委、县政府在近年来，贯彻自治区的教育方针，优先发展牧区少数民族教育，在先进与落后地区，城镇与牧区实行区别对待，政策倾斜不搞"一刀切"；对去牧区工作的教师每年享受一次探亲假，实行三年一轮换；分配去牧区工作的教师，从到任之日起发正式职工工资；在两个点上巡回教学的教师发给行李、炊具、照明灯具、雨伞等费用；1994年县政府拨出的教育经费比1993年增长17%；牧区学校办学采取早晚班、隔日班、巡回小学等方式，方便学生入学；对经济困难的学生免交书本费和学杂费，对寄宿制学生每月发给生活补助费，并在学校开设了畜牧业实用技术课程，吸引更多的适龄儿童上学，毕业后无论升学或回家勤劳致富都学以致用。由于采取以上特殊措施，1994年，全县适龄牧区儿童入学率达到90%以上，全县11所中小学已吸收2000多名少数民族学生在校学习。云南省全省居住着26个民族，山区面积占94%；全省有25000所小学，但散布在群山峻岭中的教学点有27800个，其中一师一校有23000个。1994年，云南省委、省政府决定今后6年，到2000年共投入40亿元，每年递增2～3个百分点的经费发展教育科技事业；并在教育经费中实行重点投入，发展民族地区、经济不发达地区的教育事业，到本世纪末，全省各民族受教育年限从现在的4.6年提高到6年。"两基"是列入全省教育发展的"重中之重"，到2000年，占全省人口70%的地区基本普及九年义务教育；初中阶段的入学率达到70%左右；其余地区普及六年义务教育，全省小学适龄儿童入学率达到98%；全省每年扫除青壮年文盲25万人，全省127个县中的88个县基本扫除青壮年文盲，即在全省占总人口80%以上的地区基本扫除青壮年文盲。为此，云南省委提出，要下决心使全省少数民族从原始社会末期，从奴隶社会，从封建社会等各不相同起点的同胞，受到社会主义的教育，从而一起跨进21世纪。全省在原有40所寄宿制中小学，3000所半寄宿制高小，大部分县城中学开办民族部、民族班的基础上，再增设100所寄宿制完全小学。在人口特别分散的地区增设200所半寄宿初级小学，并提高其学生的生活补助。同时，加强并加快省民族中学建设，扩大招生规模，为培养少数民族的优秀人才创造条件。还要在重要边境口岸县各建2～3所示范性中小学。在招生、分配、师资培养、培训、对外扩大交流等方面，要继续向边疆民族地区倾斜。

四川省聚居着54个少数民族，主要有藏、彝、苗、回、羌等族，少数民族总人口约500多万人。全省有3个(阿坝藏族羌族、甘孜藏族、凉山彝族)民族自治州，解放后，省政府对民族地区的教育非常重视，也取得了较大进步，但由于多种原因，少数民族的教育仍然落后已成为全省实现"两基"的"重中之重"，尤其少数民族女童入学，又成为"普九""重"中的"难中之难"，省教委于1994年对凉山彝族教育进行了全面调查，找到了该州民族教育落后，尤其彝族女童入学难的4个原因，然后有针对性的制定了依法治教、经费保证、政策倾斜、特事特办、扬长避短等5条对策，已使该州民族教育、尤其彝族女童的入学率、巩固率、毕业率、合格率都有明显提高。在此基础上，向其它民族地区推开，可望1995年将初见成效，全省民族教育上水平。

1994年，其它有少数民族的省、自治区或民族地区的民族教育都有较大进步。黑龙江省牡丹江市优化教育结构，大力加强朝鲜族教育。该市采取的主要措施是：(1)基础教育、职业技术教育、成人教育同步加强与发展，实行县、乡、村三级办学；(2)以农村职业技术教育为突破口。该市90%的朝鲜族人口在农村，在打好文化基础课的同时，农村小学开设劳动技术课，中学设专业课，兴办职业高中，初中和高中后举办短期职业技术培训班等形式，使不同教育等级的毕业生都有"合格加特长"的素质，无论升学或回乡都用得上；(3)加强经费投入。在近年来全市共投入朝鲜族教育经费700万元，新建、改建、翻建民族学校12所，全市辖5县1区，均单独设有朝鲜族学校，其中规范化的中学达60%，规范化小学达83%；(4)进行教改实验。市成立了民族教育研究所、中小学朝鲜族各学科教学研究所，开展了学制改革实验、"集中识字，提前读写"相结合的教学实验、朝汉文混用的教改实验、朝汉两种语言改革为中心的整体改革实验等课题研究，其中有3项课题已列入国家级教改实验；(5)提高教师素质，采取自培、委托培养培训，代培、短训等形式已培训民族教育教师500多人次，促进了教学质量的提高。到1994年，该市朝鲜族学生已有1700余名升入高等院校学习，有8000多人成为经济发展的主力军。河南省开封市有23个少数民族，民族人口7万人。该市对民族教育常抓不懈，切实为各级各类学校办实事。首先把民族学校建在少数民族聚居的区、乡(镇)、村(街)，并确保民族学校的设施"六配套"；其次是少数民族学生入幼儿园、小学、初中在同等条件下优先录取；第三，为避免因路远和生活不便而不能读初中而辍学的问题，在民族学校一律设清真灶。1994年，全市已建成21所民族学校，在校民族学生1万多人。1994年，少数民族适龄儿童入学率、巩固率均达到97.5%。

□电化教育综述

中国广播电视教育(简称"电化教育")始于1960年创办的"北京市广播电视大学"，开设数学、物理、化学和中文4个专业，学制分四年、五年两种。到1966年，共培养8000多名毕业生，50000 多名单科结业生。在“文化大革命”中这所学校被迫停办。

1978 年，根据中国“四化”建设的需要，邓小平同志批示“要制订加速发展电视、广播等现代化教学手段的措施，这是多快好省发展教育事业的重要途径，必须引起充分的重视。”当年 8 月，经国务院批准，原教育部建立“中央电化教育馆”。1979 年 2 月，由原教育部、中央广播事业局共同在北京市建立“中央广播电视大学”，同时，全国除西藏自治区和台湾省外的 28 个省、自治区，直辖市建立了广播电视大学。1986 年 7 月 1 日，国务院决定租用国际通讯卫星开通教育电视专用频道，中国第一次实现电视教育并向全国播出。1987 年经李鹏总理批准，国家教委成立了“中国教育电视台(CETV)”，并于 1988 年 11 月，又开通第二套卫星教育电视专用频道。至今，中国电化教育一直保持开放性、优化教育资源配置、按需办学、发挥整体优势等特色，在远距离教育模式中独树一帜，开创中国电化教育新的一页。

到 1994 年，中国教育电视台用两套频道向全国播出 30 小时教育节目，其中包括教学课程和教育新闻联播等。在教学节目中，目前在进行高等专科学历教育方面，开设了理工、文法、经济管理、农科、医科等 5 个大科类的 200 多个专业的 350 多门课程。据 1993 年统计，累计招收大专学生 232 万人，毕业 167 万多人，占同期成人学历教育的 15.3%。1994 年在校生有 45 万多人。在师范教育中，1987 年建立了“中国电视师范学院”，开设中等和高等师范课程，培养(训)未受过正规师范教育的中小学教师，已有 200 多万教师和校长收看并接受教育。在成人继续教育或岗位培训方面，与中央和国务院有关部委合作，在全国开办 38 个非学历教育项目，已结业 300 多万人。自 1990 年起，为农村经济发展和农民脱贫致富的需要，为配合“燎原计划”的实施，建立了“中国燎原广播电视学校”，开设农村实用技术课程，已有 2000 多万农村干部和农民收看实用技术节目。

1994 年，全国已建成电视教育台(站)共 1000 多座，卫星电视地面站 6100 多座，放像点 53000 多个。全国近三分之一的县建立了教育电视台。目前累计，中国建成省级电视大学 44 所，地(市)电视大学 690 所，县级电视大学 1600 余所。近两年来，卫星电视教育又向边远山区、贫困地区、少数民族地区日益扩大。云南省基本实现“县县有教育电视台”；山西、四川、江西、广西等省(区)已有 60%的县建立教育电视台和收转台；宁夏回族自治区已有 70%的人口(地区)可收视教育节目；为实施国家援藏计划，国家教委投资在西藏自治区建立了 100 多座卫星教育电视接收站；内蒙古自治区根据草原农牧民的学习需要，电化教育建设也迅速发展。这些“老、少、边、穷”地区电化教育的发展，已成为本地区改变教育落后面貌，促进当地经济发展的重要手段。河南省信阳地区共 9 县 1 市，其中有 7 个老区县，9 县都属于贫困县，该地区目前建立 4 座教育电视台，42 座卫星地面接收站，285 个放像点，利用卫星电视教育手段开展“短、平、快”实用技术培训，其中罗山县楠杆乡播出烟叶栽培技术节目，1993 年全乡提高烟叶产量和质量，共创收 160 多万元，人均纯收入 117.8 元。到 1994 年，中国电化教育已经形成具有中国特色的教育体系，并在世界上堪称最大的教育电视节目传输网络。

到 1994 年，中国电化(电视和广播)教育先后在全国范围内聘请 1000 余名著名教授、学者、专家担任课程主讲或教材主编。美国著名华裔教授杨振宁及英国两名专家都被聘请担任中央电视大学的主讲或编写教材。中国电化教育到1994年累计编辑出版文学教材1000多种，总发行量1.5亿册；编制音像教材300多种，总计1.3万多学时。每年由中央电视台和中国教育电视台播送电视大学课程9000多学时，地方教育电视台还承担了部分统设课程的播讲工作任务。

在远距离教育理论研究方面，到1994年，中央电视大学完成了“七五”国家哲学社会科学重点科研项目“以电子信息技术为主要教学手段的远距离教育研究”。“八五”国家重点科研项目“广播电视教育质量保证体系与信息资源综合利用的研究”正在组织实施中。目前，中国电化教育已与英国、日本、加拿大等许多国家或国际组织的开放大学保持着良好的交流与合作的关系。中央电视大学已成为亚洲开放大学协会的会员单位，联合国教科文组织亚太地区办事处的APEID的联络中心之一，多次举办国际性远距离教育研讨会或讲习班。

据国家教委对电视大学毕业生的大规模跟踪调查表明，电大教育质量和教育效益较好，社会对电大毕业生的信任率为86%；毕业生在业务能力、管理能力方面达到大专及以上水平的分别为90%和79%，许多电大毕业生已在国家经济和社会发展不同部门和单位的实际工作岗位上成为骨干力量。

国家教委于1994年9月24日研究制订了《电视教育卫星应用“九五”计划》和《遥感与定位卫星应用“九五”计划和2010年长远规划》，已报送国家计委、国家科委审核后组织实施。

1994年11月21日，中央广播电视大学举行成立15周年纪念大会和表彰会。中共中央总书记江泽民题词：“办好广播电视教育，提高全民族素质”。国务院总理李鹏题词：“办好广播电视教育，培养‘四化’建设人才”。副总理李岚清题词：“进一步办好广播电视教育、提高全民族素质，培养‘四化’需要的人才”。全国人大常委会副委员长雷洁琼、国家教委主任朱开轩、广播电影电视部副部长杨伟光和中国科协、国家税务总局、邮电部等方面负责人及毕业生、在校生代表1000多人出席纪念大会，会上表彰奖励400名优秀毕业生、优秀教师及教育工作者。国家教委副主任、电化教育委员会主任、中央广播电视大学校长韦钰在大会上讲话充分肯定了中国电化教育发展和成绩。强调广播电视大学今后发展总目标是：立足我国的国情、适应社会经济发展的需要、发挥电大的特点和优势，增强开放度，服务于基层的多层次、多规格、多功能、多形式的办学，建设成为世界先进的现代化远距离教育的开放大学；要进一步稳步发展高等学历教育，积极发展职业教育，大力发展非学历教育。并要求广播电视大学要进一步推进教学改革、加强教材建设，完善质量保证体系，全面提高教育质量，加强远距离教育和教育技术的研究与应用，为落实《中国教育改革和发展纲要》，使电化教育再上一个新台阶。

□学校人口教育发展与现状

1994年9月5日，“国际人口与发展”第3次大会在埃及首都开罗举行。中国政府代表向大会提交了《中华人民共和国人口与发展报告》，其中阐述了中国人口教育问题。作为“人口与发展”而异军突起的学校人口教育，中国教育部门所采取的对策和行动，日益显示其在国家发展中不可替代的作用；人口教育本身也取得了有益的经验，发展现状喜人。

我国建国后，党和国家对人口教育是随着提倡和推行计划生育而重视和发展的。毛泽东主席和周恩来总理都要求学校对青少年进行青春期卫生知识教育。国家教育行政部门在不同时期对学校进行人口教育提出过许多要求。从七十年代开始，人口教育正式列入中学课程，并在部分省市(区)的一些中学试验：初中在生理卫生课中增加有关青春期的卫生知识；高中增设了《晚婚和计划生育讲座》。1978年1月，教育部颁发《全日制十年制中小学教学计划(试行草案)》规定："生理卫生课：初中讲授人体构造生理、青春期卫生知识和常见病、多发病的预防；青春期卫生的内容，各地可概括学生发育情况提前或移后讲授。高中利用机动时间，以6课时左右，用讲座的形式进行晚婚和计划生育教育。"同年6月，人民教育出版社编写并出版了初中《生理卫生课本》，安排了生殖系统和青春期生理卫生两章内容；9月，人民教育出版社又编写并出版了高中《晚婚和计划生育讲座》教材，供全国中学使用。

1980年以后，教育部加强人口教育。这一年，中国政府与联合国人口活动基金组织签定了"中华人民共和国普通中学人口教育及其师资培训"项目协定(CPR/80/P14)，对我国20所项目试点院校进行资助。之后，中学人口教育有了进一步发展。首先，教育部在1980年5月发出《通知》，决定从当年秋季新学期起，将高中的《晚婚和计划生育讲座》改为《人口教育讲座》，人民教育出版社为此编写并出版了相应的教材。1981年4月，教育部颁发了《全日制六年制重点中学教学计划试行草案》，规定"人口教育在高中三年级上学期开设讲座，并在生理卫生、生物、地理等课内结合进行。"其次，教育部经与10省市教育厅研究，确定10所教育学院进行人口教育师资培训试点；10所中学为开设人口教育课试点学校。试点教育学院是：北京市教育学院、上海市教育学院、四川、山东、河南、江苏、湖南、辽宁、河北、陕西等8省教育学院。试点中学为：北京市第十五中学、上海市市西中学、四川省新都县新都中学、山东省泰安市第一中学、河南省实验中学、江苏省扬州中学、湖南省衡阳市第六中学、辽宁省海城高级中学、河北省昌黎第一中学、陕西省长安县韦曲第一中学。为了使试点工作顺利开展，加强领导，教育部要求各试点院校成立人口教育领导小组。再次，1981年6月，人民教育出版社对1980年6月编写的《人口教育讲座(试用本)》进行了修订，正式出版《人口教育讲座》教材，内容共为4章：马克思人口理论基本观点、世界人口概况、控制人口是我国实现四个现代化的重要条件、我国控制人口增长的目标和具体要求。规定教学时数为6节。与此同时，人民教育出版社编写出版了供10所试点人口教育的中学使用的《人口教育》试验教材，内容更加充实，也适合全日制中学普遍试用。该教材共为8章：马克思人口理论基本观点、人口发展与生态平衡、世界人口概况、我国人口概况、控制人口增长是实现我国四个现代化的重要条件、我国控制人口增长的目标和具体要求、节制生育原理、人口预测和人口规划。教学时数为16课时。第四、1986年以后，进一步加强中学人口教育。全国建立了三个中心：人口教育教材中心(在人民教育出版社)、师资培训中心(先后在陕西、山东教育学院)、教学研究中心(在北京教育学院)。人口教育试点中学扩大到全国2000所。人教社编写出版了高中人口教育课本、初中人口和青春期教育课本,同时在地理、生物、政治教材中充实相关的人口教育内容。还编写出版了《人口科学教程》《人口教育丛书》《人口教育系列挂图》、青春期教育录像带等培训教材和教学辅助教材。有些省市也编写出版了一些教材。人口教学研究中心出版了《人口教育》刊物。师资培训工作分全国、省市级继续进行,培训教师数万人。第五、召开会议交流经验并开展国际交流。1980年12月5～11日,教育部在南京召开人口教育工作会议;1981年12月8～14日,在湖南省衡阳市召开中学人口教育经验交流会,肯定了中学人口教育的成绩。截止到1981年12月,10所试点教育学院汇编了人口教育教材《人口学基础》,共举办59期中学人口教育师资培训班,培训师资4945人。1981年4月,教育部派出中学人口教育考察组赴菲律宾、泰国、马来西亚3国考察。1980年以后,中国不断派人参加国际有关人口教育的活动。

在进行中学人口教育的同时,逐步在高等教育中开展人口教育。特别是经过"文革"后,1980年开始恢复和发展高等学校的人口科学研究和开设人口学专业教学。到1989年,全国高等学校人口研究机构已发展到34个,其中人口研究所16个。这些研究机构分布在22个省、自治区、直辖市的全国重点综合大学、地方综合大学、医学院、工科大学、财经院校内。其中有22个人口研究机构参加了联合国人口基金合作项目。据统计,这22个人口研究机构共有研究人口学工作者409人,其中研究和教学人员326人,包括25名教授,90名副教授。1981年,经教育部批准,中国人民大学设置人口学专业,1983年,该校又建立人口学系。1985年有31名学生毕业,1989年底,已培养本科生160名。1984年,国务院学位委员会批准中国人民大学人口研究所有人口学博士学位授予权。截止到1990年,高校有人口学(中国人民大学)、人口经济学(南开大学、西南财经大学)、人口地理学(华东师范大学)、系统工程(西安交通大学)等人口学学科博士点5个,博士导师7名;硕士点13个。已培养博士生4名、硕士生77名、尚有在校博士生17名,硕士生97名。与此同时,河北大学人口所接受河北省计划生育委员会的委托,举办了计划生育干部大专班,学制二年。从1980～1990年,全国高等学校人口学研究与教育机构共举办培训班76个,培养7253人次。在立足国内培养人才的同时,选拔优秀人员出国学习。到1990年已派出96名,这些人员有的在国外取得了硕士或博士学位,现已学成回国的人员大都成为教学或科研骨干,并有10名担任了高等学校人口研究所的正副所长职务。

1990年,我国政府与联合国人口基金组织签定了协议,决定从1990～1994年在我国25个省、直辖市选择735所农村成人学校为组织实施人口教育的项目学校(简称P20'项目)。其主要任务是:使学员和广大农民了解世界人口概况和我国人口概况,懂得人口变化与社会发展、生态环境、家庭生活等关系;掌握节制生育方法,自觉执行国家人口政策。项目协议规定,联合国人口基金为项目学校提供基本的电化教学设施。项目学校要开设人口教育课程或开展人口科学知识培训;每所项目学校要在乡村建立一个人口教育联系点,把人口科学知识传播到广大农村;5年后,试点县要有80%以上的乡(镇)普及人口教育。在本周期内,全国要培训735名项目学校校长、3万名人口教育专职或兼职教师,使150万名乡村干部和农民接受最基本的人口教育,其中35%是妇女。为加强农村人口教育的领导,国家教委办公厅于1991年2月22日印发了《农村成人学校人口教育项目实施意见》的通知,要求各地结合本地实际,制定工作计划,并采取有力措施,保证人口教育扎实而有效地进行。同时,国家教委成人教育司成立了"P20"项目办公室,负责项目实施的管理工作;各省、自治区、直辖市教育部门成立人口教育管理小组,由成人教育处确定专人负责日常工作;项目学校所在的县、乡(镇)亦应成立相应的项目领导小组,负责试点工作。国家教委为解决人口教育师资问题,在北京、哈尔滨、成都、上海、河南、湖南等6省市建立了师资培训中心。这个教育项目在本周期的计划,已于1994年圆满结束,其教育目标已实现。共培训管理人员、教师和农民500多万人。通过人口教育,广大受教育者初步掌握了人类自身生产的规律,明确了人口与社会、经济、自然界和家庭的密切关系,懂得了青春期生理卫生、优生优育等知识,从而改变了中国人口的家庭观、生育观,自觉地执行国家的人口政策。

中国人口教育经过建国45年来的逐步发展,以学校人口教育为"龙头",辐射全国城乡及各阶层人口中,形成了全国性的人口教育宣传教育网络,直接或间接接受教育的人数数以亿计。到1994年底,全国城市小学和有条件的农村小学,都开设了卫生知识课;全国城乡普通初级中学都开设了青春期生理卫生等课程,普及范围已达到30个省、自治区、直辖市;全国所有高级中学都开设人口教育课程,并已列入高中教学计划进行规范性的人口教育;全国高等教育中,已在中国人民大学、上海复旦大学、西南财经大学建立了人口学专业。其中:中国人民大学已将"人口学"列为该校重点学科建设,除培养本专科人口学专业人才外,已经国家学位委员会批准获得人口学学科、专业硕士和博士学位授予权,并建立了人口理论研究所。上海复旦大学设有本科人口学专业,已获得硕士学位授予权,并建立了人口研究所。西南财经大学设有本科人口学专业,已获得人口学学科专业硕士和博士学位授予权,建立了人口研究所。在高等教育中,人口学不仅已成为独立的学科,并且已形成若干教育分支学科,如人口统计学、人口经济学、人口社会学、人口地理学、人口生态学、民族人口学、人口遗传优生学、人口思想史学等。据对20个省(市、区)的29所国家教委直属高等学校或省(市、区)综合大学的人口研究所的数据统计:到1994年共有研究人员406人,其中正副教授112人;在校研究生500多人,其中博士研究生25人,硕士研究生103人;这些研究机构共承担有关人口问题研究课题167项,其中承担国家(部委)级课题63项,共获科研经费5049万元。此外,国家教育部门在农村依托成人教育培训中心及文化技术学校等机构,根据各地实际、人口类别年龄等情况需要出发,开展不同教育内容的人口培训,全年总开办约7000余班次,接受教育人员约3亿人次。

□解决教师住房情况

中共中央、国务院于1993年2月13日印发《中国教育改革和发展纲要》第44条提出"在住房和其它社会福利方面实行优待教师的政策。各级政府要制订切实可行的计划,尽快使城市教职工家庭人均住房面积达到当地居民的平均水平。"1994年7月3日，国务院印发《关于〈中国教育改革和发展纲要〉的实施意见》第26条(2)规定："改善教师住房条件。各级政府继续贯彻执行国务院办公厅〔1992〕52号文件精神，重视教职工的住房建设，把城镇教师住宅建设纳入城市建设总体规划和"康居工程"计划，对教师住房采取优先优惠政策，尽快使城镇教职工家庭人均住房面积达到或超过当地居民的平均水平。"

各省、自治区、直辖市政府在1993～1994年度中认真组织实施并贯彻落实，在部分省(市、区)已初获成效。

北京市政府在1994年实施"康居工程"建设筹建30万平方米解决4000户人均4平方米以下低收入住房困难户时，拨划出其中3万平方米给文教系统，解决了500户中小学教师的住房困难。

上海市在近几年教师住房建设已建200多万平方米，1994年开始实施教师住宅的"广厦工程"，计划在今后5年每年新建教师住房300万平方米，到本世纪末实现教职工家庭人均居住面积达到10.5平方米。

四川省从1994年计划实施"广厦工程"解决教师住房困难。该工程具体内容是到2000年全省中小学教职工家庭人均居住面积达到8.5平方米，住宅成套率达到75%，在1995至1997年3年内，重点解决特困户、无房户教职工住房问题，并使他们先达到"8.5"和"75%"的住宅目标。为此，省政府成立了以省长肖秧为组长的工程领导小组，与全省23个地(市、州)签订了责任书，并制定和出台了一系列优先、优惠政策：在1995年至1997年3年间，省财政安排6000万元资金投入。

湖北省教师住宅比当地城镇居住平均水平低，全省在1994年尚有人均5平方米以下的教师1.1万多户，无房教师1.5万多户。教师住房困难已引起省委、省政府的高度重视。1994年决定实施"安居工程"解决教师住房。12月，提出了全省教师住宅建设的方案和发展目标：到2000年，教职工家庭人均居住面积达到小康目标，并超过全省城镇居民人均水平。1995年到1996年重点解决无房户、危房户，人均居住面积达到8平方米，成套率达到65%；1999年至2000年重点解决未住上规定标准面积的缺房户，人均居住面积达到10平方米，成套率达到85%。1994年已多渠道筹措6000万元资金，启动工程建设，先用于高校教师住房建设。

山东省1994年专门召开教师住房建设会议，副省长吴爱英代表省政府提出全省上下广泛动员，集中财力，集中精力，奋战三年，到1997年，全省城镇教职工家庭人均居住面积达社会人均8.6平方米的水平，成套率达到70%以上；到2000年，教师人均居住面积达到9.6平方米，成套率达到85%以上。为此，省政府强调各级政府要把教师住房建设列入重要议事日程，每年部署和检查；财政、计划要优先安排教师住宅建设资金；城建部门在实施"安居工程"中要把解决教师住房列入当地住房解困扶贫计划和重点；土地管理、电力、税务、房改等部门要在教师住房建设的用地、征地、征费等各方面实行优先和优惠政策等。

江西省在1994年的学校建设总体计划实施中，全省县以上城镇共建中小学教职工住房3581套，其中城区兴建教职工住房1391套，完成当年计划建成1000套的139.1%的原定目标。

宁夏回族自治区于1994年计划从1995

年起，在全区实施“教师安居工程”，区政府每年安排专项资金500万元，县和学校配套500万元，教师个人集资1000万元，每年共集2000万元建设资金，连续实施3年，使县以上城镇教师人均住房面积达到9平方米，高于全区人均居住水平。

江苏省新任省长郑斯林接受《中国教育报》记者采访时称，要切实为教师办实事，1994年力争建设50万平方米的教师住宅，使教师的住房达到或超过当地居民水平。

在各省、自治区、直辖市政府的重视和实施教师住宅建设工程的统一部署下，一些地、市(州)也积极采取措施解决教师住宅建设。南京市在启动教育十大工程中，1994年对其中的“安居工程”在多渠道解决教工住房4万平方米的同时，又筹资2900万元建设教工新村，其中一期2万平方米在两年内交付使用。大连市在1994年在市中心地带建筑5栋31层的教师大厦，1995年春节前，许多在教师岗位辛勤工作几十年的住房困难的教职工迁进了新居。沈阳市从1995年起启动教师的“安居乐教”工程。四川广元市成立了“广厦工程”领导小组，为工程制订了如下优惠政策：教职工住房建设使用的土地，可以行政划拨方式供给，乡村修建教职工住房按公益事业用地对待；免征各种公用设施配套费等。该工程计划在3年内建成21万平方米住房，使全市中小学教职工人均居住面积达到8.5平方米，成套率达到75%。安徽淮南市重教办实事，计划今后每年兴建2000平方米住房。内蒙古呼和浩特市在1994年为教育办6件实事中的兴建教师住宅已在年前提前兑现，全市集资投资500万元，建成6600平方米教职工宿舍楼，使108户教职工迁入新居。

据1994年的统计：全国高等学校教师住房每人平均1992年达到6.59平方米；全国城市中小学教师住房每人平均1993年达到6.98平方米。

1994年10月22日至24日，国务院办公厅在大连市召开全国教师住房建设工作经验交流会，李岚清副总理在会上讲话强调，必须加快教师住房建设。各级党和政府要把它当成一件大事来抓，各有关方面要对教师住房建设实行优先、优惠政策，要多方筹集建设资金，要加强学校教师住房的规划和管理工作。

□实施“希望工程”情况

1994年1月28日，“希望工程”的“跨世纪的钟声”，在首都人民大会堂敲响，当晚，由共青团中央、文化部、广播电影电视部共同主办的《跨世纪的钟声》大型义演晚会，旨在呼唤全社会关心支持“希望工程”。党和国家领导人李岚清、雷洁琼、王光英、布赫、彭佩云等同首都10000余名观众观看演出，中央电视台向全国现场直播。著名歌唱家郭兰英、关牧村、殷秀梅、佟铁鑫、成方园、毛阿敏等以“不取分文、奉献爱心”的原则，不收出场费参加义演。在义演晚会上，由邓小平同志捐款5000元支持广西百色地区“希望工程”学校的学生代表汇报了学习成绩；山西、河北等地受助地区的师生诉说了他们从教及求学的感人经历。在晚会现场，李岚清及夫人带来捐款分别救助1名失学儿童。主要演员及词作者不收出场费及稿费，还分别捐款至少救助1名儿童，毛阿敏向“希望工程”捐款5.8万元。此次义演活动共筹集1200万元。

1994年，党和国家领导人对“希望工程”的关心和支持，对推动该工程发展起了重要作用。邓小平同志一家继续捐资救助失学儿童，卓琳同志在年初补发4000元工资，萧榕写《我的父亲邓小平》一书因受侵权得到1.5万元损失费，上述两笔款项全部捐给了“希望工程”。江泽民总书记在1994年春节前夕，冒着严寒，翻山越岭视察了山西省山村幼儿园、中小学校，称赞山西实施“希望工程”建学校，解决贫困地区孩子上学的做法好。李鹏总理在3月10日第八届二次人民代表大会所作的政府工作报告中说：“各级政府要有长远眼光和紧迫感，要重视做农村适龄儿童入学的工作，努力降低辍学率，动员社会力量，实施希望工程。”3月31日，江泽民委托中央办公厅的同志送给基金会一笔捐款，用来救助贫困地区失学儿童；3月12日，陕西省延安地区收到李鹏总理及夫人朱琳同志捐款1000元支持延安小学办学。本年的元旦，李鹏给延安希望小学的孩子寄来贺年卡，并题词“祝延安希望小学的朋友春节快乐，身体健康，学习向上”；2月16日，李鹏及朱琳又联名给该校师生写信慰问教师的辛苦，希望小朋友们茁壮成长。3月26日，中共中央书记处书记温家宝委托他所在的党支部到基金会为“希望工程”助款800元；3月31日，宋平及夫人写信并捐款1000元给延安地区希望工程；4月8日，陈云同志委托工作人员给基金会送来5000元支持革命老区、贫困地区失学儿童；5月，刘华清同志也为希望工程捐了款；6月2日，王震同志的夫人王季青亲自将2000元送到基金会，用于王震同志当年长征时经过的贵州省毕节地区；迄今为止，乔石、李瑞环、胡锦涛、丁关根、尉健行、王兆国、陈云、万里、杨尚昆、邓颖超、姚依林、薄一波、宋任穷等领导同志都为希望工程捐了款。

中央部门和国务院部委(局、公司)也在1994年进一步捐资支持希望工程。国家教委进一步要求受援捐款的学校切实用好捐款，努力搞好教学，提高办学质量。并于6月1日前夕，将国家教委机关干部职工捐献的10.2万元交给基金会，支持贫困地区建设希望小学，救助贫困儿童免费入学，中国青年基金会会长李克强在捐款现场代表“希望工程”组织者及受助儿童表示感谢；国家人事部、中央组织部、民航总局、外国专家局、中国石油天然气总公司等几十个部、委(局、公司)都捐助了数量不等的款项、图书及其它实物。中共中央军委在刘华清、张震及迟浩田、张万年、于永波、傅全有等领导带头捐资行动影响下，军委办公厅、陆、海、空三总部机关及全军的单位和个人，从1989年10月起到1994年5月，为希望工程总共捐款1603.5万元，捐赠教学设备29.2万件、图书287.7万册，资助和兴建了一批希望小学，帮助10万名贫困地区失学儿童重返校园。全军还有8万余名共青团员担任了希望小学的校外辅导员。中国石油天然气总公司在捐款200万元后，又组织了“播希望火种，献石油爱心”的活动，全石油天然气战线有122万人参加捐助总计1100万元。这笔捐款将用于建设7所希望小学。

1994年，主办单位又开展了希望工程“1(家)+1(名)”活动，本年为“希望工程”捐赠活动的显著特点是：自实施工程以来接受捐款最多的年份、国内捐赠大大超过境外捐赠数额、全年都是处在捐赠的“旺季”、到岁末寒冬救助失学孩子的单位、个人仍不断涌现，中国摩托罗拉电子有限公司在冬季捐款300万元。1994年，“希望工程”受款创纪录，全年共获捐款6600万元。

自1989年实施“希望工程”以来，第一次受益的学校是河北省涞源县桃木疙瘩村小学。当年该县因贫穷交不起学费，有377名儿童失学；桃木疙瘩村全村13名小学生中竟有11名失学，村小学仅有的一间夏不遮雨、冬不避风的教室里只有两名学生。1989年10月17日，当张胜利等11名失学儿童热泪盈眶地从领导手上接过《资助就读证》时，脸上绽开笑容，重新回到校园上课。1990年，全国第1所希望小学在安徽金寨县诞生。同年3月，共青团中央书记处书记、基金会副理事长李克强等同志到该县青山区油店乡中心小学考察了解到，该县在战争年代是全国有名的将军县，曾有10万人民贡献了生命。但是，由于历史的、经济的原因，仅油店乡中心小学的学生就流失26%，有一个家庭兄妹4人同时上学全年需交450元学费，因交不起学费有3人失学。考察组经过实地考察，决定用“希望工程”捐款在该县建立全国第1所希望小学，当年5月19日建成后，救助500名失学儿童重返了校园。1994年，金寨县团委、县实施“希望工程”办公室联合对上述500名获得救助的重返校园儿童进行了跟踪调查。已有366名完成小学学业，其中342名升入初中学习，在1991年初中毕业后，又有37人考上高中，2人考取中等专业学校，6人升入重点中学学习。

1994年，希望工程接受海外捐款1.57亿元，累计5年共获捐款总数3.58亿元。年内救助失学儿童46.6万名，援建希望小学524所，资助儿童总数达101.5万名，从而使援建希望小学总数达749所；还在年内为贫困地区考入大学和中学的2301名学生颁发了希望工程特别奖，使获此项资助的大、中学生总数达3862名。并建立“希望工程园丁奖励基金”，1994年，表彰奖励1000名贫困地区小学的优秀教师。此外，还拨款600万元为300多所小学添置教学设备，改善办学条件。受援学校充分利用这些有利条件，加强教育教学改革，提高教学质量；受助学生学习热情很高，表示一定要学好功课，将来报效祖国。

□实施“春蕾计划”情况

“春蕾计划”是全国妇女联合会在1989年为配合中国儿童少年基金会实施“希望工程”而设立的、帮助贫困地区女童免费接受初等义务教育的专项基金。1992年将“专项基金”更名为“春蕾计划”，这项计划准备动员社会各界关心和支持，争取在全国开办1000个女童班，使5万名贫困地区的失学女童重返校园读完小学。

这项计划受到中央和国务院的关注及国家教委有关部门的大力支持。1994年8月24日在广西南宁市召开的走向’95第四次世界妇女大会——女童教育国际研讨会上，展示了党中央、国务院领导为“春蕾计划”的题词。江泽民总书记的题词是：“扶持女童入学，利国利民利家”。李鹏总理的题词是：“实施春蕾计划，发展女童教育”。李岚清副总理的题词是：“伸出友爱之臂，共绘春蕾蓝图”。

女童教育，现已成为全球发展中国家普及初等教育的困难问题。由于中国经济和教育发展不平衡，据1993年统计，全国贫困地区有261万未入小学学习的学龄儿童中，女童超过2/3。在中国西部10个省区，女童入学率低、辍学率高的现象则更为突出。四川省凉山彝族自治州1994年女学龄儿童入学率只有36.8%，全州17个县(市)中有6个县女童入学率只占30%，其中越西县只占20.9%。全州总计未入学的女童为6万人。1990年全州招收一年级女生1万余人，到1993年读四年级时只剩5000余人，流失率达50.55%。为此，实施“春蕾计划”是一项具有现实意义的活动。从1992年开始，中国西北部的宁夏、甘肃、青海三省区教育科学研究所协作进行了《农村女童教育现状、问题及对策研究》，并将这项课题列入国家“八五”哲学社会科学重点课题在三省区15个贫困县的22所乡以下小学进行试验。研究对象涉及汉、回、藏、土、蒙古、撒拉等民族2000名学龄女童。两年后的1994年，22所试验小学的在校女生人数增长23.5%，女童入学率由57%上升到85.9%。这次试验已取得了较好的成果和经验，并受到了各方面的支持和好评。

从“春蕾计划”专项基金1992年投入救助失学女童工程运行后，国家教育部门在广西、四川、湖南、广东等部分边、远、贫地区，开设失学女童试点班16个班，招收800余名失学女童重返校园学习。

1994年初，中国儿童少年基金会提出抓住机遇，广募基金，力争募集300万元，建立积累机制，努力达到年基金增值130万元，其中100万元用于资助失学女童，兴办1000个春蕾班，共资助5万名女童入学。为此，有关部门联合推出“亿万爱心献春蕾”系列活动。5月20日，为迎接世界妇女大会，“亿万爱心献春蕾——94～95系列活动”大会在北京人民大会堂举行，会上收到捐赠款290万元。全国人大常委会副委员长、中国儿童少年基金会理事会会长陈慕华在理事会上发表谈话说，我们围绕解决女童辍学问题，实行了“春蕾计划”，取得了一定的成绩，今后还要制定出长远目标，加大宣传力度，为女童受教育多做实事。1994年11月18——20日，全国妇联第七届二次执委会决定大力宣传并推进“春蕾计划”的实施，提高农村女童入学率，降低辍学率。

到1994年底，“春蕾计划”共获得国内外资助700万元。资助的地区由最初的广西、四川、湖南、广东4省区16个班，发展到16个省区800个班，重返校园女童由800人增至4万人。其中，90%获得资助的是少数民族女童，每名女童每年可获得300元的资助，基本能解决学杂费、课本费和文具费用；每个女童班每年可获得5000元的实用技术培训费。

1994年12月13日，全国妇联、国家教委、中国青少年儿童发展基金会联合在宁夏回族自治区银川市召开全国28省区的女童教育工作座谈会，获悉我国女童入学率逐年上升，1994年比八十年代末提高3.8个百分点；男女童入学率差距也逐步缩小，由1985年的4.6个百分点缩小到1.71个百分点。全国唯一的撒拉族聚居区——青海省循化撒拉族自治县，1994年又有3500名妇女脱盲，目前，该县有3万余名妇女参加了实用技术培训。四川省凉山彝族自治州此前女童入学率低、巩固率低、辍学率高的问题已引起省、州政府及各方面的关注，主管教育的行政部门调查了解到产生这种现象有4条原因：(1)居住分散、生产粗放、劳力缺乏等自然生产条件造成女童入学比男童入学更难。全州平均每所小学招生范围达17公里以上，男生往返吃力，入学后难以坚持，而女生尤其为最；(2)群众贫穷、财力紧张、教育经费不足。全州人均年收入不足300元，而入学年每生平均学杂费需要50元，这就形成少数农村的民族适龄儿童“进得起学校读不起，上得来学校考不起，考得起学供不起”，连续几年，该州高中学生参加全国大专统考，没有1名彝族考生达到省级最低录取分数线；(3)重男轻女的陈规陋习。“女孩读书无用反赔钱”怪论导致彝族女童上学难；(4)教师数量奇缺、素质不高，尤其民族文教师极少,使学龄儿童上学难,已上了学的儿童学习兴趣减弱,而女童尤甚。针对以上原因,省、州教育部门在政府关怀下,在全国“希望工程”和“春蕾计划”的赞助下,已采取5条相应措施:(1)依法治校,提高“四率”。按照《义务教育法》等法律文件的要求加强宣传“普九”法律意识;总结推广普格、昭觉、布施等地举办“女子学校”“女子班”和盐原县为少数民族女生入学减免学费、提高补助费、升学“全部开绿灯”的经验,提高彝族女生的入学率、巩固率、毕业率、合格率;(2)经费保证。在国家加大教育事业投入的条件下,适当提高三类民族寄宿制学校(班)的补助,办好现有学校;增加“希望工程”救助彝族聚居区儿童的救助名额;新增“希望小学”的布点,并建议筹建“凉山彝族女童教育基金会”,重点扶持以彝族女童为主的农村适龄儿童“上得起学”;(3)政策倾斜。彝族居住区系高寒山区,招收彝族女生年龄适当放宽,凡愿读书的青少年都应收入学校分类编班教学,允许彝族女生迟到早退,有事请假缺课而后补课或暂时休学,允许女生带弟妹上学,学校可开办早午班、夜校、短训班、季节班等,允许学生任选其适合自己的一种办法上学或参加实用技术培训,并采取其它相应措施,重点扶持女童教育;(4)特事特办。凉山三类寄宿班是解决民族生特别是女童入学难的特殊措施之一,州政府把此举作为解决教育落后、女童辍学率高的突破口,全州约有4万名中小学女生,实行每人每月定额生活补助,吸引更多彝族女生入学并学完“普九”课程;(5)扬长避短。彝族女童多数不懂汉语文,教学语言问题应在彝族中小学采取“从母语起步,汉语会话过渡,双语并重,逐步靠近全国统一教学大纲的要求”。通过以上多种积极的特殊的措施,可望女童教育目前存在的困难会较快的解决。但西北、西南部分农村女童入学率低、辍学率高的问题,仍然比较突出。银川女童教育工作座谈会认为,要充分认识女童教育的长期性、迫切性、艰巨性,要进一步推进“春蕾计划”的实施,并采取措施实现在1995年开办1000个女童班,使50000名女童重返校园的目标。

□中国少年雏鹰行动

由全国少年儿童工作委员会发起并组织实施的“跨世纪中国少年雏鹰行动”计划(简称“雏鹰行动”),1994年1月由共青团中央转发通知各地施行。

“雏鹰行动”计划是共青团中央“跨世纪青年人才工程”的有机组成部分,是少年先锋队组织落实《中国教育改革和发展纲要》的重要举措。该行动的基本内容为两个方面:培养少年儿童健康向上的人格意识和引导少年儿童学习初步的生存与发展技能。包括:爱国意识、生存意识、群体意识、创造意识,生活技能、劳动技能、服务技能、创造技能。“雏鹰行动”的实施将通过一系列具有少先队特点的主题性活动展开。包括“启明星”科技活动,“五自”(自学、自理、自护、自强、自律)学习实践活动,“手拉手”互助活动,“百花园”文化艺术活动等。

该行动的实施,得到了中央领导和国家教委的支持。江泽民总书记于1994年5月24日为“雏鹰行动”题词:“自学自理自护自强自律,做社会主义事业的合格建设者和接班人”。国家教委有关部门负责人出席了在上海举行的现场交流会等活动。

1994年,是该行动全面展开的第一年,

重点推出“五自”活动和“手拉手”互助活动。全国少年儿童工作委员会(简称“少工委”)要求各地充分发挥少先队组织的优势,努力争取各级教育行政部门的支持,以办事业的精神和办法进行实施。号召全国少先队组织和少先队员积极参加到这一行动中来,做到“队队有行动,人人有提高”。“雏鹰行动”将以技能系列奖章为主要激励手段。共青团中央、全国少工委联合要求各级少先队组织和广大少先队员认真以江泽民总书记的题词精神为指导,积极实践,自觉锻炼,努力做社会主义事业的合格建设者和接班人。

“6·1”国际儿童节前夕,共青团中央和全国少工委等单位联合推出“百对城乡小朋友手拉手聚北京”的活动,齐集首都的百对儿童都是经过各省(区、市)认真挑选出来的、在当地开展此项活动的优秀代表,年龄最小的7岁,最大的14岁。其中40%来自老区和贫困地区,有45名同学是少数民族。百对小朋友在京登上天安门、畅游了中南海,与首都儿童开展了各种联欢座谈及“手拉手”活动。

6月1日,百对小朋友与首都儿童应邀访问中南海,参观了毛主席故居。在瀛台江泽民总书记、李鹏总理等党和国家领导人亲切会见了少年儿童。江泽民总书记勉励他们:祖国和人民要求你们具有更高尚的品德、更丰富的知识、更强健的体魄。长大后像雄鹰一样展翅翱翔,成为国家和人民需要的合格人才。李鹏总理希望少年儿童在社会主义阳光下茁壮成长,德、智、体全面发展,将来成为祖国各个方面的人才。小朋友们围着江爷爷、李爷爷唱出他们的理想和歌声“我们是共产主义接班人……”、“找呀、找呀、找朋友,我们都是好朋友,手拉手、心连心,你是我的好朋友……”。一位坐着轮椅的李欢小姑娘,患先天性营养不良失去了行走的能力,她战胜病魔而更坚强,参加了在美国举办的国际儿童活动,她顽强的学习和生活能力感动了国外小伙伴及老师们,主办单位专门为她举行升中国国旗仪式。江泽民总书记听到她的事迹后,连声称赞“了不起,了不起”;来自广西百色地区“希望小学”的少年黄诚武是邓小平同志资助下重返校园的,他请江爷爷、李爷爷一定替他向邓爷爷问好。《中国青年报》在1994年6月1日第一版头条以“雏鹰飞进中南海”为题报导了这一活动情况。

1994年6月15——17日,共青团中央、全国少工委在上海市联合召开全国“雏鹰行动”现场交流会。会议学习了中央领导的题词和讲话精神,听取和考察了上海市试点学校开展少先队技能训练奖章活动的经验,来自全国30个省、自治区、直辖市的少先队工作者交流了情况,研究了在全国推进“雏鹰行动”的有关工作,国家教委有关负责人出席会议,会上,决定进一步扩大试点范围,原则上各省(市、区)有超过$\frac{1}{3}$的地区,地、市中有$\frac{1}{3}$的学校,学校中有$\frac{1}{3}$的班级进行《雏鹰行动技能奖章实施细则》的试验工作,今后每年对各级少工委、少先队大队、少先队辅导员进行专项表彰奖励。

1994年8月12日至18日,由国家体委、国家教委、共青团中央主办,青海省有关部门协办的“青毛杯”全国“雏鹰起飞”小学生体育活动夏令营在青海省多巴高原训练基地举行。全国20多个省、自治区、直辖市的100多名“雏鹰”小营员参加了乒乓球、踢毽、跳绳等项目的比赛。江苏的朱洁和法洁锦获乒乓球男女冠军;江苏的贾明雷和山东的朱蕾获踢毽男女冠军;吉林的李维清和河北的王颖获跳绳男女冠军。通过夏令营活动"到阳光下，到大自然中去陶冶身心"检阅了"雏鹰起飞"的开展活动情况，"雏鹰"们磨炼了意志、增长了知识、开拓了眼界。

到1994年底，全国中小学校有250万名少先队员和儿童参加了"五自"活动，在提高少年儿童集体素质，生活能力、创造能力，增强新思想等方面引起了基层学校和社会的广泛关注，收到了良好的效果。为了检阅一年来学校开展"五自"活动的成绩，1995年1月22日，中央电视台举办了"雏鹰行动"以"我能行"为题的知识与技能竞赛，来自基层学校经选拔的50名少先队员参加了以基本生活为内容的竞赛，反映出儿童在1994年的"五自"方面有很大提高。

□第二所"手拉手"希望小学

由小朋友们在1993年春节期间倡议"把父母给的压岁钱送给贫困地区小朋友当学费"后，用"压岁钱"援建的第二所"手拉手"希望小学，1994年8月28日在河南省光山县砖桥乡陈乡村落成并开学。

光山县是革命老区，刘伯承、邓小平两位革命家在解放战争时期曾在该县砖桥乡文氏祠召开"王大湾会议"。解放后，由于各种原因这里的经济仍不发达，许多孩子上学交学费仍有较大困难，有的被迫失学。

1994年初，在共青团开展"跨世纪中国少年雏鹰行动"和全国小朋友手拉手互助活动中，南京市少年先锋队理事会向全国小朋友发出倡议：省下压岁钱，继河北省平山县西柏坡手拉手希望小学之后，再在革命老区建1所希望小学。这个倡议发出后，在全国小朋友中引起强烈响应，仅在1个多月里，就收到全国小朋友捐资20余万元。经中央宣传部领导提议，中国青少年发展基金会、中国少年报社共同组织并确定将这笔小朋友的"压岁钱"捐献到河南省光山县建设"王大湾希望小学"。这所希望小学总投资42.7万元，除小朋友们的捐献外，光山县的广大干部群众也纷纷解囊，并用4个月时间建成，其建校速度，是迄今建设200多所希望小学速度最短的。中宣部副部长徐惟城被聘请担任该校名誉校长，并捐献1000元支援建设该校。

8月28日学校落成并举行仪式。中共中央政治局常委、中央军委副主席刘华清题写了"王大湾希望小学"校名牌匾。即将到该校学习的小朋友一个个热泪盈眶又兴高采烈地迎接客人，当地前来参加仪式的干部群众都称赞并感谢全国小朋友们为他们办了一件很有意义的好事。

□残疾人教育综述

〔**概况**〕　我国残疾人学校最早建于1874年的北京"瞽叟通文馆"；1887年，山东蓬莱县又建"启暗学馆"；到1949年解放前，我国共建有残疾人学校42所。其中：盲校10所（公立1所、私立2所、外国教会办的有学制年限的7所）；聋哑学校26所（公立6所、外国教会办的20所）；盲聋哑学校6所（公立2所、私立4所）。在校残疾儿童总计2000余人。

新中国成立后，到1994年，全国共设立盲聋哑学校和弱智学校1263所，普通学校开设残疾儿童（又称"特殊教育"，下同）班4959个，在校残疾学生总计37万人；进入普通大学学习的残疾人大学生7000余人；建立残疾人专业职业（中专、中技）学校113所，在校学生5000人；建立残疾人职业培训机构370个，共培训15万人。新中国的特殊教育为残疾人就业提供了充分的文化和技术条件。

〔**依法办特教**〕 我国《宪法》规定“国家和社会帮助安排盲、聋哑和其它有残疾的公民的劳动、生活和教育。”1951年10月，政务院作出《关于改革学制的决定》中规定“各级人民政府应设立聋哑、盲目等特殊学校，对生理上有缺陷的儿童、青年和成人施以教育”，同时规定原属民政部门管理的独立设置的正规的盲、聋哑学校，交由教育部门接办。按照上述《决定》精神，教育行政部门在坚持办好原有学校的同时，经过调查，了解残疾人数量和分布状况后，于1957年4月，教育部发出《关于办好盲童学校、聋哑学校的几点意见》，提出“当前盲童教育和聋哑教育的工作方针是：整顿巩固、逐步发展、改革教学、提高质量。”到1957年，盲、聋哑学校发展到66所，在校生7538人。1958年，在“大跃进”的影响下，盲、聋哑教育贯彻“两条腿走路”的方针，全民办学，许多农村也办盲、聋哑学校（班），到1960年，学校增至476所，在校生增加到26701人。但经过三年困难时期对不具备办学条件的学校进行调整，至1965年巩固下来的学校有266所，在校生22850人。“文革”后的1980年，教育部迅速恢复残疾人教育，并提出“把盲聋哑教育纳入普及教育规划，继续有计划地、积极稳妥地发展盲聋哑学校。”1985年，中共中央制定《关于教育体制改革的决定》中指出：在实行九年义务教育的同时，还要努力“发展盲、聋、哑、残人和弱智儿童的特殊教育。”1986年4月12日颁布的，《中华人民共和国义务教育法》第九条规定：“地方各级人民政府为盲、聋哑和弱智儿童、少年举办特殊教育学校（班）。”这在立法上已将残疾儿童列为义务教育对象，并从此将残疾人教育范围扩大到弱智儿童，并开始在北京、天津等省市的学校办弱智班试验后逐步推开，到1993年，全国已建立起3至7周岁听力语言残疾（弱智）儿童康复训练中心1356个，已训和在训儿童38711人，其中12%的已训儿童进入普通幼儿园或普通小学学习。1988年12月，国家教委召开了建国以来第一次全国特殊教育工作会议，制订了发展残疾人教育的规划、方针和政策；1989年5月，国务院办公厅转发国家教委、民政部等八个部门联合拟定的《关于发展特殊教育的若干意见》，提出基本发展方针是着重抓好初等教育和职业技术教育，积极开展学前教育，要求“各级教育部门要把残疾儿童少年教育同当地实施义务教育工作统一规划、统一领导、统一部署、统一检查。到2000年，力争全国多数盲、聋哑和弱智学龄儿童能入学”的教育目标。

〔**确立培养任务及教学计划**〕 1953年7月，教育部在给西安市文教局的复函中就明确：“盲哑小学除实施智育、体育、德育、美育的基础教育外，在有条件的地方还需要给予盲哑儿童职业技术的训练。”1957年4月22日，教育部在《关于盲童学校、聋哑学校的几点指示》指出我国盲聋哑学校的基本任务是，“培养盲童和聋哑儿童具有一定的文化科学知识，掌握一定的职业劳动技能，并养成共产主义的道德品质，使他们成为积极的自觉的社会主义的建设者和保卫者。”规定盲童学校6年内学完普通小学的基本课程；聋哑口语班10年学完普通小学课程，同时制订了教学计划。1962年又修订了《全日制聋哑学校教学计划(草案)》,提出具体培养目标是:(1)具有"五爱"(爱祖国、爱人民、爱劳动、爱科学、爱护公共财物)、"四个观点"(工人阶级观点、群众观点、劳动观点、辩证唯物主义观点);(2)达到相当于普通小学的文化基础水平,掌握一定的看话、说话技能和生产知识技能;(3)使学生身心正常发展,具有健康的体质,养成良好的生活习惯。1987年1月15日,国家教委制订《全日制盲校小学教学计划》(初稿),进一步提出五个方面的培养目标。1989年5月,国务院办公厅转发国家教委、民政部等八个部门的《关于发展特殊教育的若干意见》中规定:"各类特殊教育学校都应贯彻执行德智体美全面发展的方针,在对残疾儿童进行思想品德教育、文化教育和身心缺陷补偿的同时,切实加强劳动技能和职业技术教育,为他们参与社会生活、适应社会需要创造条件"。根据以上培养任务和目标,结合残疾人自身学习特点和需要,在1956年6月,教育部制定了聋哑学校(六年、八年、口语、手势等)4个《教学计划(草案)》,经过试验形成正式执行计划的基础上,1987年,国家教委又制订了《全日制五年制盲童学校教学计划(初稿)》和《全日制六年制盲童学校教学计划(初稿)》;1993年10月,国家教委又颁布了《全日制盲校(小学、初中)课程计划》。

〔**残疾人教育师资**〕 1957年,教育部在《关于办好盲童学校、聋哑学校的几点指示》中对解决当前残疾人教育师资提出的办法是:(1)从中等师范学校毕业生中分配一定数量的人到盲校、聋哑学校见习半年或一年,然后担任教学工作;(2)抽调具有教学经验的普通小学教师经过培训或见习并学会盲字、手语后担任盲校、聋哑学校教师;(3)分配或配备到聋哑学校任教的教师,在采用口语教学的班级里,必须是健全人任教师,盲校可以吸收少数具有中等文化水平的盲人任教师。1982年,教育部在南京市建立特殊教育师范学校,承担全国培训特殊教育的小学教师。设盲、聋哑、智力迟钝3个班级,招收初中毕业生、学制四年,1985年建成并正式招生。1986年,国家教委要求各省、自治区、直辖市建特殊教育师范学校,或在师范学校内设特教师范班。1989年5月,国务院办公厅转发国家教委、民政部等八个部门《关于发展特殊教育的若干意见》要求,本着师资先行的原则,在五年内筹办起特教师资培训机构,可单独设校,也可在普通中等师范学校、特教师范学校或其它教育机构附设特教师资班、特教师范部。其毕业生分配到特教学校(班)或残疾儿童福利机构任教。所需的劳动指标,由省、自治区、直辖市在国家下达的增加职工计划指标内解决。至1991年,山东、辽宁两省已建立特教师范学校;黑龙江、吉林、四川、河南、湖南、湖北、浙江、福建、江苏、河北、山西、北京、贵州、新疆、广东等省区已在普通中师学校开办特教师范部(班);上海、天津、云南、青海等市省已设立特教师资培训中心或培训部。到1993年,已有6所师范大学设特教专业并招生,24所中等特殊教育师范学校(培训部),390多个特级师资及职业培训机构,总计已毕业(结业)生20000多名。到1994年底,又增加陕西师范大学(国家教委直属)开设特教师范专业,增加9所中学特教师范培训部(校),累计共培训出特教师资总数达30000人。

〔**特教教材建设**〕 为了使聋哑、盲童入学"有书可读",我国教育部门重视特教教材建设，并在此基础上改革教学，提高教育质量。1954 年 8 月，教育部开始推行聋哑学校口语教学实验和改革，并编写了一、二年级语文教材；1956 年又增编了“看法”和“语法”课教材；1957 年起，又陆续编写了聋哑学校一至四年级“识字”和“算术”课本和五年级阅读课本；1977 年，教育部委托上海市教育局编写聋哑学校语文、数学教材，并于 1979 年秋季开学时出版供全国聋哑学校使用；1993 年，国家教委委托人民教育出版社组织力量编写了全国统编的聋哑学校教材。

盲文教材在 1952 年前，是用 54 个“布莱尔”盲字符号组成的中国拼音盲字；1952 年，教育部决定改革旧盲字，以普通话为基础，以北京语言为拼音标准，采用分词写法，共用 52 个声母和韵母符号，还有声点和完整的标点符号的新盲字，从 1953 年起开始在盲校使用；1975 年，教育部又在一机部的合作下，研制了盲字《带调双拼盲字（现已改为七五盲字）》，由 22 个声母、3 个介母、12 个韵母、5 个调号组成。经过多次教学实验和专家研究，1988 年 4 月，经民政部、国家教委联合报请国家语言文字工作委员会同意在全国推广试行《汉语盲文七五方案》。

弱智儿童教育我国从 1979 年春，教育部决定在上海试办“智力明显低于一般人的水平，并显示出适应行为的障碍”弱智儿童、少年班，上海在普通小学内共设 10 个班，招生 137 人；1985 年 8 月《全国弱智教育经验交流会》上提出解决教材的两个办法：(1)采用普通小学教材，放慢教学速度，降低一年进度的要求；(2)由省（市、区）编写教材。随后，山东省编写了语文、数学 1～5 年级教材；江西省编写了语文、数学、音乐、美术、体育等低年级教材。1987 年 12 月，国家教委下达《全日制弱智学校（班）教学计划（征求意见稿）》根据这个教学计划编写的全国统编弱智教材，已于 1993 年由人民教育出版社出版供全国弱智学校（班）使用。

各类残疾人教育的机构和学校注意不断改革教学方法，并改进教学手段，使教育质量不断提高。

〔**颁布残疾人教育条例**〕 1994 年 8 月 23 日，国务院总理李鹏签署第 161 号令，颁布《残疾人教育条例》。《条例》共分总则、学前教育、义务教育、职业教育、普通高级中学以上教育及成人教育、教师、物质条件保障、奖励与处罚、附则等九章。《条例》的颁布及随着贯彻和施行，使我国残疾人教育更加走向法制化、正规化，保障特殊教育事业更好地发展。

□全国十杰中小学中青年教师简介

王思明　男　48 岁　陕西省延长县罗子山乡下西渠小学教师

王思明自 1968 年起担任下西渠村小学民办教师。27 年来，他扎根山区，献身教育，自己动手，艰苦创业，创造性地开展勤工俭学活动，改善办学条件，使下西渠小学由最初两孔破窑洞发展到一座两层 12 间，340 平方米的现代化“小洋楼”，而且从 1970 年起，就实现了免费教育，全村适龄儿童入学率、巩固率、合格率、按时毕业率均实现 100%，比延安地区规划整整提前 15 年，学校成为带动当地经济发展，传播现代文明的一大窗口。以他为原型的纪实性电视剧《走出黄土地》在全国引起强烈反响。

马芯兰　女　48岁　北京市幸福村中心小学特级教师

她以强烈的事业心和责任感从事小学数学教学研究，终于达到了用3年时间可以完成《大纲》规定的小学数学教学全部任务的水平，并使学生能力大大提高。1987年在北京市230所小学实验她的教法。目前全国有24个省2000余所学校学习运用她的经验，效果明显。她是北京十杰共产党员之一，首都十大杰出教师之一，全国五一劳动奖章获得者。

冯振飞　男　45岁　辽宁省农村实验中学特级教师

自1974年9月他被当地农民举荐为凤山中学农业课的民办教师起，悉心从教农业课教学二十载。其间，他两度被任命为县农研所所长和副县长，都被他婉言谢绝。20多年里，他先后完成26个实验项目；发表了35篇教学论文和科研报告；编写出版了23册70多万字的农业和劳技课教材；创造了"横讲竖穿"农业课教学方法，为农村培养了一大批实用人才。

韦造祥　男　43岁　广西壮族自治区东兰县大同乡弄甫小学教师

1985年，韦造祥在缺教师、学校面临停办情况下，毅然决定辞去村党支部书记职务，当一名民办教师。近9年来，他一边教学一边建校，先后拿出家中积蓄和材料折款共达1万多元，建起7间校舍，以家当作学生宿舍，让所有孩子有学上。他刻苦自学和大胆改革实验，探索出一套复式教学经验，使学校教学质量年年提高。他是全国教育系统劳动模范，党的十四大代表。

张学钊　女　43岁　四川省梁平县梁平中学教师

张学钊自1975年担任中学英语教师，她以崇高的信念，惊人的毅力，顽强地与病魔展开斗争，坚持在教学第一线工作。其间，她加强学习，提高自身业务水平，在英语教学中有许多独到之处。她还积极把计算机引入到英语教学中，她的实验论文《COMX微机英语辅助教学软件及应用》入选亚太地区计算机教育国际会议。她曾获全国"五一劳动奖章"，并获得"巴蜀十佳青年精英"称号。

张再昌　男　45岁　吉林省九台市22中特级教师

1969年担任小学教师，1984年应邀至22中任劳技课教师。面临一无大纲、二无教材的局面，他和校领导确立了该课为当地经济建设和社会发展服务的指导思想。在教学过程中，他让学生热爱土地，热爱农业科学，并多方获取大量的新科技信息补充至课堂，为提高当地农民素质打下基础，为农村中学教改方向做出了尝试性的探索。他本人也成为吉林省唯一一位劳技课特级教师。

彭中亚　男　43岁　湖南株洲市聋哑盲学校校长

1984年，彭中亚在株洲市创办了第一所聋哑盲学校，他的希望是让所有"缺角的太阳都升起来"。10年来，彭中亚凭着忘我的精神，让漂亮的教学楼、教工宿舍、学生食堂拔地而起，凭着坚韧不拔的精神，为学校解决了经费、设备、分配等棘手难题；凭着刻苦实干的精神，摸索出一条特殊教育的教学规律和管理办法。10年来,聋哑盲学校办出了特色,办出了水平,受到了国家、省、市的好评。

宋飞琼 女 29岁 河南省潢川县第一职业高中教师

她在作教师的6个年头中,以惊人的毅力,在极其艰苦的条件下,一边教学,一边开展科研。她讲课形象生动、妙趣横生,是师生们公认的好老师。她结合教学进行了小麦优良品种的选育工作,为在大别山区培育出自己的小麦优良品种,倾注了全部心血。她一年一个脚印,年年上新台阶,1993年被评为全国优秀教师。

吴光棣 男 47岁 贵州省黔西县二中特级教师

1970年,从华东师大化学系毕业的吴光棣为支援山区教育,告别大上海,来到黔西,一干就是25年。他兢兢业业教书,勤勤恳恳育人,教出了一批好学生,积累了丰富的班级管理经验。他曾经有多次机会携全家迁回上海,也曾经有多次机会离开三尺讲台走上领导岗位,但他都放弃了。他说,在世上众多的官衔中,他最感兴趣的是世上最多最小的"官"——班主任,他最有兴趣的岗位永远是三尺讲台。

吴伟国 男 34岁 上海市控江中学教师

当年,中学的班主任曾断言:吴伟国这孩子适合当老师。原因很简单:他细心、耐心,做什么事都有股认真劲。真当上了教师,吴伟国干得的确不错:当普通教师,吴伟国兢兢业业,熟悉教材,备课试教,批改作业,每天早早来迟迟走;做班主任,吴伟国勤勤恳恳,不急不躁,对症下药,悉心做思想工作。更可贵的是,吴伟国有机会出国,有机会到大公司工作,但他没有动摇,坚持在三尺讲台前站了11个春秋。

□宝钢公司为优秀教师和学生颁奖

上海宝山钢铁(集团)公司(简称:宝钢)为支持我国教育事业发展,加强宝钢与教育界合作,推动企业与学校的共同发展,在1990年创立宝钢奖学金基础上,1994年8月,扩大设立宝钢教育基金,基金额由原来500万元人民币,增加到3500万元人民币。设优秀学生一、二等奖,奖金分别为2000元、1000元;设优秀教师奖,奖金5000元;优秀教师特等奖,奖金10000元。

宝钢教育基金会聘请了领导成员:国家教委副主任张孝文、上海市副市长谢丽娟、宝钢集团董事长黎明担任名誉会长,宝钢集团副董事长朱尔沛任教育基金理事长,匡亚明、李国豪、苏步青、季羡林、张光斗、罗国杰、张仲俊、柯俊、陶大镛、钱令希、谢希德、路甬祥等12名教育家、科学家担任顾问。

1994年,基金会举行首次颁奖。11月19日举行颁奖仪式,全国59所高等学校的198名教师获奖,其中10名教师获特等奖;全国69所大学的599名学生获奖,其中研究生105名、本、专科生494名。获奖教师和学生除分别获奖金外,宝钢教育基金会还颁发了获奖证书和金质、银质奖章。在颁奖会上,基金会理事长朱尔沛介绍:自1990年宝钢设奖学金以来,获得奖励的学生中,已有48名到宝钢工作。1995年将考虑奖励范围扩大到在校中学生。

获 1994 年宝钢教育基金特等奖的优秀教师名单如下：

优秀教师特等奖：

东北大学

柴天佑（男）自动化研究中心教授、博士生导师、中心主任

武汉大学

余劲松（男）法学院教授、博士生导师、副院长

复旦大学

金亚秋（男）电子工程系教授、博士生导师

华东理工大学

徐永祥（男）基础教育学院副教授、副院长

北京师范大学

林崇德（男）发展心理研究所教授、博士生导师、所长

西安交通大学

陶文铨（男）能源与动力工程学院教授、副院长、陈大燮热工实验室主任（兼）

北京大学

赵敦华（男）哲学系教授、系副主任

大连理工大学

施光燕（男）应用数学系教授

清华大学

潘金生（男）材料科学与工程系教授、校务委员、校长教学顾问

北京科技大学

刘国权（男）材料科学与工程系教授

□香港教育资料

预委会讨论香港公民教育基本原则

据报载：香港特别行政区筹委员预备工作委员会文化小组 1994 年 9 月 12 日讨论了香港公民教育的基本原则。委员们认为，公民教育在香港一直没有受到重视，其内容缺乏国家观念和民族意识。随着中国对香港恢复行使主权，并在港实行“一国两制”，公民教育应该受到重视，其主要目标是在学生中建立国家观念、民族意识和对基本法与“一国两制”的认识。小组提议应着重加强中小学生对中国地理和中国历史的学习，而现阶段主要加强他们对基本法的学习。委员们指出，现时香港公民教育分散为许多科目，而且不是必修课程，难以引起学生们的足够重视，因此希望香港教育行政部门积极创造条件，逐步发展公民教育，使之成为中小学的正规科目。

对此，香港教育界人士提出：当务之急是加强青少年对祖国的认识。1994 年 9 月，参加香港九龙区中小学校长座谈会的大多数校长认为，目前教育的当务之急，是加强青少年对国家民族的认识。与会者说，还有两年半香港就回归祖国，但香港的学生过去缺乏在民族意识方面的培养，教育界应加强彼此的沟通，校长要主动在校内开展这项教育的有关工作。

香岛中学加强爱国主义教育

香港香岛中学在 9 月 1 日开学典礼上，由校长宣布：为加强爱国主义教育，在中学四年级增开“国事课程”。该校校监在讲话中强调：新校舍的落成启用对发扬优良传统，进一步办好学校，有很大的作用。对鼓舞胜利信心，迎接香港回归，增强历史使命感，为促进香港顺利过渡，为世界重点东移，多出成绩，多出人才，参与祖国建设，同样有着一定的作用。校监还劝勉全校师生：牢记早年郭沫若的题词——“一粥一饭，当思来处不易；半丝半缕，恒念物力维艰。”发扬艰苦奋斗精神，办好学校，培养德、智、体全面发展的人才。校长提出，学校在新学年要中、英文并重，积极参与各项活动，成立社会服务队，加强爱国教育。

普及中国法律教育

为在香港普及中国法律教育，香港及内地两教育机构在1994年10月起连续一个多月联合举办多项学术活动，推广中国法律知识。这些学术活动包括有中国法律单科证书课程、中国法律专题研讨会及出版中国法律丛书等。内地方面由中山大学法律系负责，香港方面则由担任中华全国律师函授中心香港辅导站的专业进修资料服务中心负责。

活动期间介绍的中国法律知识，除与商贸有关的房地产法、涉外经济法外，尚有首次向港人公开介绍的劳动法、行政诉讼法、民法、刑法、公证与律师制度等与一般人日常生活有关的中国法律知识。专题研讨的题目则有：知识产权的保护、外商与中国行政部门交往中的权益保护、中国新劳动法对涉外投资的意义、中国新房地产法对香港人的影响、中国外贸法与关贸总协定、中国刑法新发展等。

香港教联出版基本法教材

香港教育工作者联合会(简称“教联”)于1994年6月制作“基本法教材第一辑——未来的主人”发行后，有1200多所学校、社团及各公共图书馆索取。广受各界好评。

1994年9月，香港教联又编辑出版“基本法特辑之二——国旗、国徽、国歌、区旗、区徽教材套”并举行首映式及《中国·中国一百问》图书发行式。教联会会长杨耀忠表示，出版教材套及图书的目的在于，在全社会推动基本法工作，免却“九七”政权移交时，青少年们对祖国的认识停留在贫乏阶段。新华社香港分社副社长张浚生表示，尊重国家、尊重香港特别行政区，都是尊重我们自己。

杨耀忠在首映仪式上说，150多年的殖民统治，使年轻一代对自己的国家缺乏认识，产生疏离，所以在“九七”回归的时候加强青年一代对国家民族的认识与认同，是非常迫切的。他指出，新一辑教材套有录像带、挂图，对象不单是学生，还面向全社会，希望推动全社会认识基本法的热潮。推行基本法教育、加强青年一代国是知识，是当前教育界的迫切课题。而积极推动基本法教育、开展国是教育，必将加强青年一代的爱国爱港意识。他说，国旗、国徽、国歌是中华人民共和国的标志，是中华民族团结的象征。区旗、区徽是香港特别行政区的标志，亦象征港人的团结。这方面的认识是国家民族教育的起点。

教联出版发行的《中国·中国一百问》小册子，内容广泛，从历史地理到风俗民情无所不包，以帮助大家从历史文化角度增加对祖国的认识。

香港增设小学学位教师职系

香港教育当局于1994年9月设立新的小学学位教师职系。职系包括一级小学校长、二级小学校长、小学学位教师及助理小学学位教师。本年首先设立180个小学学位教师职位，到1997年至1998年，小学学位教师职位将增至880个。1994年为获得学位的教师增加职位经费451万元(港币)，未来将增至3748.5万元(港币)。

教统会提出改善语文教学28项建议

香港教统会于1994年7月12日正式公布语文能力工作小组的报告书。该报告书详细分析了香港语文教学状况，提出28项改善措施，涉及7个方面，包括成立语文教学及研究的机构，提出语文教学的目标，制订语文发展计划以及师资培训等等。报告书已送所有学校、教育机构及有关团体征求意见，咨询期于10月15日结束。

关于语文目标，报告书提出：找出升学及就业所需的语文要求、语文运用及理想的双语能力程度；研究儿童的语言发展及双语能力；语文教育及研究机构编制高质量的中文语文运用的材料作为教师辅助工具。

关于语言发展计划，报告书提出：鼓励采取不同方式发展学前教育及小学阶段的双语能力；有系统地发展儿童学习语文的兴趣；编定高中普通话课程纲要，以作为中学会考评估标准，为小学及初中学生提供更多接触普通话的机会。

关于师资培训，报告书提出：应明确规定完成职前专业训练课程学员的语文能力水平必须符合最基本的标准；尽快为语文教师设立一个认可的在职培训课程架构，并制订语文教师证书制度；尽快协助未曾接受语文训练的教师，提供应急的意见及训练；大专院校为中文语文教学提供学士学位以上程度的研究及专业发展的机会。

举办"新教师研习课程"活动

香港坚持在每年的8月，由多个教育团体联合举办一个名为"新教师研习课程"的活动，吸引数百名未受训的新教师参加。这个课程为期5天，由主要的科目学会负责介绍该科的课程、教学法等，其中数学、英文、中文等科目特别受欢迎，每年都有不少新教师因报名名额限制未能参加该项活动。故规定参加研习课程活动的学员必须参加过几个由"教学团"组织的"核心研讨会"，使新教师对学校教育有比较全面的初步认识，即除了学科专业以外的有关其他学校教育、教学问题，如课堂秩序，如何当班主任，师生关系以及心理预备不足，遇到困难而产生无奈、沮丧的情绪等等。

研讨会有时根据当年的焦点问题去确定主题：(1)教师的操守和形象，职业操守如守时等。教师的形象指教师衣饰、谈吐，还包括师生关系、同事之间的关系。(2)班主任角色。(3)课室管理，这是多数新教师最需要学习的一环。(4)教师的权益与责任，等等。这些课题由经验丰富的老教师、出色班主任、教育署代表或工会代表采用专项报告、小组讨论、总结等多种形式进行。

小学开设常识科课程

1994年暑假后，香港小学把社会科、科学科及健康教育科综合编订成一科《小学常识科》。这样，学生不但能省去重复学习各科同类课题的时间，更可通过不同角度去学习，对事物认识得更全面，而学校亦易于把跨科目的课程，如环境教育、公民教育、伦理教育、德育和性教育等渗透在该科目内。《小学常识科》课程纲要规定在小学五年级，学生系统地在课堂中获得正面灌输性教育知识，该课程为20课时。

为配合香港回归中国，小学常识科课程从1994年秋加入认识中国地理、政治、经济概况、中国近代历史与香港发展的关系；介绍中英联合声明的目的及基本法的作用、何谓一国两制、香港特区政府与中国的关系等内容。该课程与市民的生活息息相关。《纲要》的教学建议，鼓励教师利用报章上的最新资料。

教育界讨论大专学制问题

1994年，香港7所大专院校校长建议，从1998年开始实行大学四年制及中学改行六年制。这一建议引起香港教育界及社会各界对大专学制问题的关注和讨论。

9月13日，港府教育统筹科就此发表声

明指出，刚完成修订的高等教育体制已是既定的公开政策，港府并不认为需要或应该就该体制作进一步修订。

新华社香港分社副社长张俊生13日指出，从全世界大学来看，绝大多数是四年制，但学制问题很复杂，还是由香港教育界和社会各界自己来讨论为好。

香港教统会主席杨紫芝认为，学制刚修订推行没多久，未见成效再改不适时。同时此举会影响中小学课程的协调问题，一切都要从头设想。她亦同意大学学制最理想是四年制，但要看政府财政状况及社会需要。杨紫芝强调，改善学校教育应从中小学基础教育做好，再开始改善大学教育较为适宜。她认为大学改制暂不宜讨论，应在1995至1996年对香港教育作全面研究和考察。

普通话教学

从1994年开始，香港中学语文分流政策正式实施。全港400多所中学已有70%用中文教学，其他30%用全英语授课。

随着我国改革开放与香港“九七”回归临近，学习普通话的需求日渐增多，较早前就有电台听众要求把普通话纳入教授的课程内。教育部门了解社会的需求，早在1981年9月便开始推出普通话教学试验计划。1988年开始，为鼓励学校开设普通话科，教育部门给学校发放专项津贴，并在每年四、五月向学校推广介绍普通话教育。

为解决普通话教师不足的矛盾，语文教育学院已开设普通话语音训练和教学法等课程，供在职教师修读。从1986年开始，香港3所教育学院将普通话纳入职前训练课程，其他学校如中大、港大和城市理工学院也开办语文研习课程，受过普通话训练的教师至少在2300人以上。

中学实施语言分组学习

1994年，香港教育部门决定在中学采用教学语言分组，以便鼓励学生用一种最适合自己学习能力的语言进行学习。重点将放在语文应用，帮助学生丰富知识，发展思维能力，表达自己的思想感情，及解决难题的能力上。

同时，有关部门决心提高学校教学及师资培训的质量。除了确保教师能有效地应用教学语言外，将逐步迈向教师全部学位化的目标。目前，中学已有70%为“学位教师”。初步目标是到2007年，小学有35%的教师为“学位教师”。最近政府已拨款3亿元，作为语文基金，以发展新的语言教学计划。

母语教学考生成绩好

据教育署1994年的调查，从1989年由小学升入中学学习的学生在1994年的会考中，用母语（中文）教学的考生成绩高于中英文分班或中英文分科教学的考生成绩。这次调查以中学最佳六科，五个组别考生总人数为17785人，其中，中文教学考生5158名，中英文分班教学考生1548名，中英文分科教学考生11079名。调查结果以第一组别的会考平均总积分点为例：中文教学的考生为15.14；中英文分班教学的考生为14.07；中英文分科教学的考生为14.52。各组别的总积分点情况如下表：

1994年中学会考最佳六科之总积点

1989年 中学学额分配组别	中文	中/英(分班)	中/英(分科)
1	15.25	14.07	14.52
2	10.43	9.62	9.29
3	7.43	5.83	6.02
4	4.69	3.87	3.70
5	2.62	1.85	2.06

教育署在调查后分析认为:母语教学是最有效的学习语言。母语最能表达意思,刺激思考,启发智能,以及消除语言障碍。教育署鼓励中学采用母语(中文)教学,并呼吁各中学和家长为学生选择适合他们语文能力的教学语言来学习。

教育学院招生承认内地有关大学

1994 年,香港师资培训委员会决定 1995 年 9 月承认非英联邦毕业生在两大教育学院修毕课程后,将可成为学位教师。但从内地来港就读的毕业生往往由于没有香港中学会考证书,而在注册成为学位教师时会遇到困难。因此,中文大学教育学院讲师建议有关部门修订有关条例,以配合教育学院培训师资的需要。

中大教育学院从 1965 年开始接受非英联邦毕业生就读,以往一直以招收台湾的"国立大学"毕业生为主。教育学院院长表示,师资培训课程的收生标准不变,内地毕业生中文及数学科成绩不错,但英文科稍弱,可考虑为他们提供英语衔接课程。在收生资格上,中大教育学院承认内地重点大学,以及北京、东北、华东、华南等 10 所师范大学。

举办"认识中国学生体验计划"

由香港屯门儿童合唱团、狮子会暨勤学轩青少年服务协会在 1994 年暑期举办的"认识中国学生体验计划",受到香港学生的欢迎。来自香港 10 所中学和大专院校的 60 多名学生参加了这一活动,并收到良好效果。

组织这一学生体验团,目的在于促进新一代香港人在回归祖国前对中国大陆加深认识,探索广州、深圳特区与香港未来的发展关系。通过访问及参观广州、增城、东莞及深圳特区,使青少年进一步体验中国南方经济、政治、社会、农业、科技及资讯上所扮演的角色,使香港学生更关心祖国,认识中国的未来发展。学生体验团所到各处,都受到欢迎和大力协助。

开设中国文化课程

在 1994 年香港中文大学教育学院举行的《中学与大学"中国文化"教学研讨会》上,与会者对目前香港学校教育中有关中国文化的课程设置表示不满,建议必须尽快研究如何在小学、中学、大学全面建立有系统的中国文化教学。

与会者指出,以往的香港教育由于执行英国殖民教育政策,在教育上回避中国文化的课程。以提倡中国文化为己任的中文大学于 1963 年成立,也并未能扭转殖民教育轻视中国文化的主流,未能对香港中、小学教育造成很大的影响。直到中英联合声明草签,中国文化及公民教育才开始得到应有的重视。1991 年在预科开设的"中国语文及文化科",目的是要让年青一代做好"九七"回归的思想准备——改变他们"过去看不起中国文化,现在看不见中国文化"的状况。他们认为,要让年青人接受中国文化,发展中国文化,改变以西方为中心的世界观,必须尽快研究如何在小学、中学、大学全面建立有系统的中国文化教学。

在进行"中学大学中国文化课程内容之衔接问题"、"中学预科'中国文化'教学实践及建议"专题讨论中,与会者提出,"中国语文及文化科"是 3 年前突如其来地"空降"于预科,中小学各年级一直未设这一课程,因而令学者与教者都很难适应。而且,有关课程发展部门对新课程的推出,没有统筹规划,尤其对预科以下中、小学各级的文化教学采取放任态度，使预科新设课呈断裂现象，极可能导致本科因基础衔接不足，而最后失败。因此促请有关部门积极采取行动，配合"目标为本课程"推出的契机，做好"中国文化"教学向下的衔接。

"大陆台澳港大专生交流营"在港揭幕

1994年8月1日，"大陆台澳港大专生交流营"在港揭幕，这是近年来最大规模的4地大专生交流活动。交流营为期一周，逾百名来自4地的大专生以文艺汇演、报告会、辩论赛、参观、座谈等形式作直接的交流活动。

本次活动由香港青年大专学生协会主办，中华全国学生联合会、台湾港澳协会及澳门中华学生联合总会共同协办。本次活动是自1989年以来两岸4地华人大学生的首次大型交流活动。港报称该活动将成为今年4地大学生为之瞩目的盛事，并将推动4地大学生今后开展更多形式的交流活动。

□澳门教育讯息

中小学课程设置情况

据报载：澳门的中、小学课程设置不同于香港有统一的课程发展纲要而且举行会考。澳门除了由政府主办的中葡学校统一规定课程外，其他不牟利私校在课程设置上有很大的自主性。而不牟利私校收纳的中、小学生占澳门在校中、小学生的80%多。私校有纯办成小学的，也有从幼稚园、小学到中学"一条龙"的。私校多为社团办学：(1)教会——天主教会、基督教会办学；(2)各大社团主办的学校。这样澳门就有3种类型的学校：政府办的官校；教会办的教会学校；社会团体办的社团学校。这3类学校的课程安排官校与私校的根本区别是：官校统一课程，统一节数，一律不设英文而设葡文，每周上课数高达12节，为中国语文每周8节的一倍半。这样，对绝大多数的中国儿童与不懂中文和粤方言的葡国老师难以沟通，以致不少学生至四年级，葡文仍是一年级水平，甚至仍不及格。这说明，中、葡文节数的分配不合理，是影响学生发展不良的一大因素。而私校——教会学校与其他社团所办学校的课程设置却五花八门，显示了学校有较大的自主权。

开设多种硕士学位课程

为了提高澳门大学的教育水平，以满足澳门继续保持国际城市的地位和过渡为中国特别行政区对各种高级人才的新需求，澳门大学计划开设多种学科的硕士学位课程，以适应社会发展的需要。

最近，澳门大学法律学院正式开设了法律硕士学位课程，其主要目的是为了推广和灌输司法文化及思想，培训更多的法律人才，为澳门司法人员的编制作准备。同时，澳大法律学院希望加强与国内设有澳门法律课程的高校的密切联系与合作，共同培训这方面的专业人才。

此外，澳门大学教育学院为改变目前只能培养教育文凭、高级证书、教育学士及学位后教育证书课程毕业生的状况，为澳门教育界输送高层次的人才，他们正努力设计硕士学位课程，积极筹备九五/九六学年开设教育硕士学位课程，并研究及修改现有课程，以便更好地满足澳门教育发展的实际需要。

建立特殊教育资讯网络

澳门负责特殊教育的专门机构——澳门

教育暨青年司心理教育辅导及特殊教育中心，最近计划在澳门建立特殊教育资讯网络，与一些卫生机构合作，希望能收集更多特殊儿童的情况及资料，以便更好地了解投入的资料与社会需求的情况，让社会人士及特殊教育机构可以有机会更了解澳门特殊儿童的状况。

该中心目前直接管辖6所特殊教育学校及特殊教育班，并设立评估服务中心，由语言治疗师、心理医生等专业人员为接受特殊教育的学童和弱智人士提供诊断及智力、听力等评估服务。中心还负责开展一些与特殊教育有关的社区活动，并与其他机构合作举办课程研讨会，培训特殊教育师资等。

这个中心还与民间机构合作开展特殊教育工作，每年由教育暨青年司向特殊教育机构给予经费资助。1994年的资助总额为352.4万元(澳元)，比1993年增长10%。

为失学青少年提供发展机会

位于澳门望厦平民新邨内的职业培训中心，成立于1989年，1992年纳入劳工暨就业司，现设有电子、电工、机械、绘图、汽车及木工等六项全日制职前训练课程，另设有夜间业余培训课程。该中心力求在设备及收生人数等方面符合国际标准，每班只收14人左右。1994年全日制学员有70多人。全日制课程为时九个月，共1500个学时，学成后可具有一般专业知识以适应社会需求，培训中心为那些失学或被遗弃的青少年提供了发展机会。

澳门中学学生获奥林匹克数学奖

在1994年第三十五届国际数学奥林匹克竞赛中，澳门代表队6名队员中，有两名是澳门教业中学高二学生。其中许江雄荣获银牌，实现了澳门在国际数学奥赛史中零的突破。澳门教业中学是一所私立学校，有学生3000多人。学生的教科书，很多都采用大陆教材。

□台湾教育动态

高中教育几项试验

据报载：台湾教育部门公布，从1994年起，高级中学教育进行以下几项试验：

高中试行学年学分制。实施对象以1992年至1994学年度入学学生为主；修业年限以三年为原则，必要时可视学习情形调整其修业年限，最低二年，最高五年。为改善高中现行学时制及留级制的缺点，促使高中课程及教学能适应学生的个别差异，并促进高中课程以选修替代分组精神的实现，扩大学校依照教育理想办学的空间，特别订定这项实施计划。以省立高级中学、省市政府教育厅局指定的地方公、私立高级中学为试办学校。根据这项实施计划，学分计算的方式，以每周授课一小时满一学期或总授课时数达18小时为一学分，毕业总学分为196学分(含必修学科162学分)。选修科目不及格，不得重修该科目。学生未来升学之志趣改变，必须调整选修科目时，学校应辅导其修习现已开设之科目，或另外开班供学生选习。

实行“高二试探，高三分流”课程设置。据台湾《教育资料文摘》介绍，台湾实施了30余年的高二文理分科被完全舍弃，将自1995年起以“高二试探，高三分流”的方式取代。所谓“试探性课程”是将史地及理化生物两套课程，各以科际整合形成数个新学科，使学生从统整性质的文理教材中，了解自己适宜的方向,以便在高三阶段分流,进入专业领域的基础学习。台湾高中课程标准修正委员会通过的主要内容是:高二课程史地类以“世界文化”及“现代社会”取代(学生可任选其一)。自然科学类以“地球科学”、“物质科学”、“生命科学”三者取代(学生可三者选一或选二)。到了高三分组时,再针对史地或理化作专业选课,即原在高二阶段进行的分流课程挪至高三教授,让高二学生改习通识课程。至于高一阶段则以“统整课程”为主,原来的高一学生所上的国文、英语、数学、公民及本国史地均不变动,而基础科学则分为理、化、生物及地球学科四科,各两个学分,以基础知识为限。如此,高一阶段能对各专业学科有初浅认识,高二阶段再就通识范畴了解各专业学科与人类生活的关联,协助学生选择分流方向,高三再投入专业领域。除了分流专业课程的变革,有关艺能学科(音乐、美术、工艺、家政),也大幅修改为艺能科(音乐、美术、艺术与生活)及家政与生活科技(家政、生活科技)两大类。其中“艺术与生活”一科安排在高二,让不愿修习音乐、美术的学生可以该科取代学习;家政与生活科技类科为男女都要上的必修课。

试行高中学生到大学选修课程。从1994年9月1日起,台湾试行高中数理科的优秀学生到大学选修数理课程,所修学分,日后读大学时可以抵免。推行这个计划,可以让高中学生体会大学的学习方式和气氛,并可预修学分,将来读大学时缩短毕业年限,提前毕业。这种计划在美、日已经实施了一段时间。目前台湾只选定18所高中先行试点,明年起其余高中也可参加。大学开设的课程包括微积分、普通物理、普通化学、普通生物学等。原则上与本校大学生一起上课,必要时也可单独开设专班。他们所修习的学分,各大学则相互承认。参加大学选修课的学生,由高中推荐,经大学考试录取。原则上以高三学生为参加对象,但有特殊表现的高一、高二学生也可特批参加。

试办综合高中。台湾“教育部”最近决定试办综合高中。目前,综合高中的形式有两个方案:第一种是将高中和高职混合设在同一学校;第二种是高一不分科,高二和高三再根据学生志愿和成绩来决定其就读普通学科或职业类科。台湾“教育部”认为,第一种形式属于混合高中,和一般的综合高中还有距离,倾向于选择第二种形式作为综合高中的发展模式。

目前台湾高中与高职的学生比例约为3∶7,希望调整为4∶6,台湾省“教育厅”则希望调整到4.5比5.5。台湾学生大多数还是想读高中,而目前高中、高职及五专能够招收新生的数量,已超出每年初中毕业生人数,如果将部分高职调整为综合高中,可以节省另设高中的投资,亦缓和初中的升学压力,同时解决部分高职招生不足的问题。

试办高职特教班

台湾教育部门计划于1994学年度在台湾地区北、中、南、东四区各选1所高级职业学校试办特殊教育班,以使轻度学习障碍与轻度智力障碍学生增加就业机会。教育部门已召集3所师范大学的有关科系、职业学校与特殊教育学校代表及特教学者专家开会,商量高职特教班设在哪里、学什么科目、课程安排、学生编班是专门编班还是分散在普通班等问题。

中小学生假日后不考试

为了减轻学生学习负担,台湾教育部门要求各中小学校彻底落实“假日后不考试”的政策。今后在星期一或假日后隔天，学校均不得举行考试或安排学科测验，以便让学生在没有功课压力的情况下与家人欢度假期。

首次制订成人脱盲标准

台湾根据广泛搜集的资料并通过电脑分析，统计出该地区一般成人日常生活所需的基本字数为2328个汉字。从而认为识字量低于470个汉字者为“不识字”，属于扫盲对象；能写能读870至1680个汉字以下者，可理解生活中80%的文字资料，属于“半识字”者，即半文盲；凡能运用1680个汉字以上者，可应付95%的日常生活中的文字资料，属于“识字”者。由于识字标准随社会的进步而提高，台教育当局将根据新的识字标准，对失学民众进行全面调查和清理，以便确定扫盲对象和推动扫盲工作。

台湾民间提出教育改革主张

1994年，台湾众多关心教育改革的民间团体对本年6月召开的台湾第七次教育会议所提议题褒贬不一。这些团体联合召开了民间教育会议，并提出以下教育改革主张。

“落实小班小校”，目前主要是在中、小学推动“现代教育实验班”，使有教育观念的教师与家长结合起来，共同关心孩子的教育。现代教育实验班实行小班制教学，每班30人左右，基本特点是不体罚、减少考试、教师有充分的教学自主权，如以统一教材为参考版本，可自行选择教材；在符合课程标准大纲下，可实行弹性课表上课等，以及家长参与等。

“广设高中大学”，是针对官方扩增技术学院、加强高中阶段职业技术教育及不扩充高等教育规模而提出。台湾自80年代中期以来，普通高中和职业学校的学生比例始终维持在3∶7左右。台湾民间认为，目前的技术职业教育没有结合台湾的产业角色，没有照顾未来就业市场上越来越看重的普通基本能力和学习能力，而且只要人们有能力接受高等教育课程，并且愿意分担教育成本，不应限制人们接受进一步教育的机会。

“推动教育现代化”，主要包括师资培训教材多样化、中小学社区化、开放民间兴学等多项内容。

两岸文教科技交流项目

1994年8月4日至7日，大陆海协会常务副会长唐树备与台湾海基会副董事长兼秘书长焦仁和在台北举行会谈。8月8日，签署并发表了《海协会与海基会台北会谈共同新闻稿》，其中对文教科技等交流具体项目，达成如下共识：

一、青少年交流

海基会将促成高中篮球队、中学科学作品展、大专青年访问团、高中学生访问团赴大陆交流。海协会将促成大学生访问团、杰出青年访问团、京津沪中学生访问团、民族少年艺术访问团赴台交流。

二、文物交流

海基会将鼓励民间促成文物及艺术精品赴大陆展览。海协会将促成文物类别（如青铜器、陶瓷器等）、地域文物（如四川省、华东地区等）、历史时代文物（如商周时代文物等）、单位文物（如四川广汉三星堆出土文物等）等赴台展览。

三、科技交流

双方愿进行下列项目的人才交流：物理、化学、大气、地球、海洋、数学等自然科学；光电、无线电通讯、高级材料、航天（太）、电脑、机械、海洋技术等工程科学；中医药学、天然药用植物、生物学与医学等生命科学;以及文化人类学、考古学、历史学、语言学等人文及社会科学。鼓励建立两岸学术与科技资讯交流管道。研议两岸专家共同订定长程计划汇编两岸科技名词对照表。

四、新闻交流

召开新闻学术研讨会等活动。

1994 年教育大事记

1 月 1 日 《中国教育报》刊登邓小平同志 1985 年 5 月 19 日在全国教育工作会议上的讲话《把教育工作认真抓起来》。并发表题为《学习邓小平教育思想，落实教育的战略地位》的社论。

1 月 5 日—10 日 国务院副总理李岚清在浙江和上海视察一批高等院校、普通中学及职业高中，召开学校领导和教师座谈会，就教育改革和发展问题发表重要意见。

1 月 7 日 国家教委在北京召开部分委属高校 1994 年招生、收费制度改革研讨会。国家教委副主任张孝文出席会议并讲话。

1 月 9 日—13 日 国家教委在石家庄市召开北京、河南、山东等 14 个省（市、自治区）教委人事、法规处长参加的“贯彻《教师法》座谈会”，交流各地贯彻《教师法》的办法和措施，讨论《中小学教师资格试行条例》、《教师聘任试行办法》、《高等学校教师资格试行条例》等《教师法》配套法规。

1 月 11 日 国家教委在北京召开 1994 年全国教育工作电话会议。朱开轩主任在会上作工作报告，回顾总结过去一年的工作，部署安排 1994 年工作。

△ 全国教育系统“邓小平建设有中国特色社会主义理论研究中心”在北京成立。李岚清副总理致信祝贺。

1 月 11 日—15 日 国家教委、农业部、林业部联合在杭州召开全国普通高等农林教育工作会议。国家教委副主任张孝文代表一委两部在会上作题为《解放思想、振奋精神、加快改革，开创高等农林教育工作的新局面》的报告。国家教委、农业部、林业部联合印发了会议有关文件和张孝文等领导同志的讲话。

1 月 12 日 国家教委发出《国家教委 1994 年工作要点》。

1 月 13 日 国务院总理李鹏为藏族学生题词：“努力学习，奋发图强，建设社会主义新西藏”。

1 月 13 日—17 日 国家教委在海南大学召开“特区高校党建和思想政治工作”专题研讨会。

△ 中国教育学会在北京召开“学习《邓小平文选》第三卷和党的十四届三中全会精神，认真落实教育战略地位问题”座谈会。

△ 国家教委转发《财政部、国家税务总局关于福利企业、学校办企业征税问题的通知》。

1 月 17 日 国务院副总理李岚清在北京会见美国马里兰大学校长一行。国家教委副主任韦钰参加会见。

1 月 19 日 中宣部、全国人大内务司法委员会、共青团中央、国家教委、司法部联合发出《关于实施跨世纪青年文明工程“保护明天行动”的意见》。

1月20日 中宣部、全国人大内务司法委员会联合在北京举行《中华人民共和国未成年人保护法》施行两周年座谈会。有关部门负责同志及专家学者、未成年人代表共聚一堂座谈该法实施两年来的基本情况、成功经验和存在问题，并提出进一步加强这项工作的对策。

1月21日—23日 国家教委职业技术教育司在山西省太原市召开12个省市的职业技术教育（中专）处长和招办主任及中专招生工作研讨会。会议总结交流1993年中专招生工作情况和各省招生改革的经验。研讨《关于普通中等专业学校招生和毕业生就业制度改革的意见》，听取代表们对《1994年全国普通中等专业学校招生工作的几点意见》的修改意见。就《普通中等专业学校招生体检标准修改的初步设想》征求意见。

1月24日 国家粮食局、国内贸易部、国家教委联合发出《关于做好高等院校粮油供应工作的通知》。

1月25日 国务院副总理李岚清在人民大会堂会见即将赴安徽、河南、陕西、湖北四省进行检查的全国人大《教师法》执行情况检查组全体成员。强调兑现拖欠教师工资不是权宜之计，不能前清后欠。

△ 国家教委关心下一代工作委员会（简称“关工委”）召开第三届全体委员会议，总结1993年工作，提出1994年的工作建议。

1月25日—27日 国家教委基础教育司和人民教育出版社联合在北京召开九年义务教育全日制聋、盲校教材编写研讨会。这是建国以来第一次由国家级出版社承担编写、出版和印刷残疾儿童教材的任务，使残疾儿童教材开始走上规范化轨道。

1月27日—28日 国务院副总理李岚清到北京成人教育学院、北京广播电视大学、北京师范大学考察成人教育和师范教育，并与部分教师进行座谈。

1月28日 “跨世纪的钟声——希望工程大型义演”在北京举行。李岚清、雷洁琼等和首都万余名观众出席观看演出。

△ 国家教委办公厅发出关于印发《部分省市个体工商户子女教育研讨会纪要》的通知。

1月28日—29日 国家教委主任朱开轩分别看望全国特级教师霍懋征和北京黄庄职业高中校长吕牧，对辛勤工作在教育战线的教师们表示慰问。

1月30日—31日 国务院副总理李岚清在河北省对农村教育工作进行调查研究，到5所山区中小学看望教师。调查期间，李岚清还就高等教育、职业教育和成人教育的改革和发展问题，与河北省领导、有关方面负责人及教师代表进行座谈，听取意见和建议。

1月31日 国家教委发出《关于衡阳市教委等单位违纪问题的通报》。

2月1日 国家教委在北京举行慰问留学回国人员新春文艺晚会。党和国家领导人胡锦涛、李岚清在晚会前接见24位有突出贡献的留学回国人员代表。李岚清代表党中央、国务院在晚会上讲话。

△ 全国高等教育自学考试指导委员会举行在京委员座谈会，国家教委主任朱开轩出席会议并讲话。

△ 国家教委副主任王明达看望职业技术教育教师，向他们拜年。

△ 国家语委、国家教委发出《关于公布全国师范专科学校普及普通话工作抽查结果的通知》。

△ 国家教委颁发《国家级重点职业高级中学标准》。

2月2日 国家教委副主任王明达到北京西藏中学，看望教职员工和藏族学生。

2月3日 国家教委副主任韦钰在北京会见来华访问的俄罗斯莫斯科大学校长萨多夫奇一行。

△ 国家教委副主任张孝文委托专职委员陶遵谦在北京大学主持召开人文社会科学专家座谈会，讨论《关于加强和改进高等学校人文社会科学研究工作的若干意见》。

△ 国家教委副主任柳斌看望北京市中小学、幼儿教师，向他们致以新春问候。

2月4日 国务院副总理李岚清在中南海邀请部分国务院参事座谈，听取他们对我国教育工作及改革的意见。

2月5日 国家教委、北京市政府、中国中小学幼教教师奖励基金会和北京市人民教育基金会在北京举行慰问教师迎春茶话会，来自北京、天津和河北的3000名教师和部分教育工作者出席。李岚清代表党中央、国务院向教师祝贺节日。

△ 人事部、国家教委发出关于印发高等学校、中小学、中等专业学校贯彻《事业单位工作人员工资制度改革方案》三个实施意见的通知。

△ 国家教委举办的1992—1993年教育好新闻评选结果揭晓，共有62篇作品获奖。

△ 国家教委主任朱开轩到北京燕京华侨大学看望教师。

2月9日 《中国教育报》报道：国务院副总理李岚清在新春前夕致信全国教育工会退休教师工作委员会，向全国离退休教师致以新春祝贺和慰问。

2月14日 国家教委印发《全国普通中等专业学校（不含中师）体育课程教学指导纲要》。

2月15日 国家教委发出通知：自3月1日起学校实行新工时制度，并就有关问题提出安排意见。

2月16日 国家语委、国家教委发出《关于进一步做好师范专科学校普及普通话工作的通知》。

△ 国务院副总理李岚清主持会议，研究农、科、教结合的有关问题。国家教委、农业部、国家科委作了汇报。

2月17日 根据江泽民总书记的指示精神，李岚清副总理在国务院主持召开研究有关高校思想工作会议，就当前高校思想工作的形势及有关问题讲了话。国家教委专职委员林炎志作汇报，有关部门领导参加了会议。

2月18日 中国联合国教科文组织全国委员会第十六次会议在北京举行。国家教委副主任、中国联合国教科文组织全国委员会主任韦钰主持会议并讲话。同日，《中国教育报》刊登韦钰为中国联合国教科文组织全国委员会成立十五周年撰写的文章，题目是《开展多边智力合作，促进国内教育、科学、文化事业发展》。

△ 国家教委主任朱开轩在北京会见世界银行副行长伯基先生一行，双方就今后中国利用世界银行贷款发展教育事业等问题交换意见。

2月19日 李鹏总理主持召开座谈会，听取教育界人士对政府工作报告的意见。国家教委主任朱开轩出席。

2月20日 中央宣传部、广播电影电视部、国家教委、文化部联合发出《关于在全国农村中小学运用优秀影视片进行爱国主义教育的实施意见》。

2月20日—24日 中国教育学会1994年工作会议在郑州市举行。国家教委副主任柳斌在会上就我国基础教育面临的形势及任务做报告。

2月21日 国家教委发出《关于北京大学、复旦大学参加军训优秀毕业生直接进党政机关等问题的通知》。

△ 国家教委副主任韦钰会见并宴请德国DEG秘书米勒一行。双方就加强中德两国高校间科研合作进行会谈，并签署《会谈纪要》。

2月21日—22日 国家教委与全国妇联联合召开“高校妇女问题研究座谈会”。

2月22日 国家教委办公厅向各地教育行政部门发出《关于不得撤销普通高等学校招生委员会的通知》。

△ 国家教委副主任韦钰率教育代表团出访加拿大。

2月23日—25日 国家教委在石家庄市召开全国普通高中毕业会考工作座谈会。

2月24日 《中国教育报》刊登国家教育督导团对山东、天津、江苏、吉林、上海、浙江和北京7省市“两基”评估验收工作的抽查报告，题为《强化教育督导，促进“两基”发展》。

2月25日 国家教委副主任张孝文接受中国教育电视台记者采访，就《中国教育改革和发展纲要》颁布一周年发表电视讲话。

2月26日—3月2日 1994年全国普通高校招生计划、招生工作会议在郑州举行。国家教委副主任张孝文、张天保出席会议并讲话。

2月28日 国家教委主任朱开轩、副主任柳斌在北京会见应邀来华访问的新西兰教育部副部长麦克兰为团长的新西兰教育代表团。3月2日，双方签署两国关于基础教育和高等教育以及高校科研的《合作协议》。

△ 就中共中央、国务院颁发《中国教育改革和发展纲要》一周年，《中国教育报》发表评论员文章，题为《全面推进〈纲要〉的实施》。

3月1日 国家教委、人事部发出《关于进一步做好授予高等学校教授、副教授任职资格评审权工作的通知》。

3月1日—2日 国家教育发展研究中心在北京主持召开邓小平教育思想研讨会。国务院副总理李岚清出席开幕式并讲话。

3月2日 国务院副总理李岚清在中国人民大学向北京市各高等院校师生代表800多人作形势报告。介绍国际形势和国内改革开放、经济建设取得的巨大成就，分析1994年我国面临的主要任务，并就中国教育改革和发展问题作了深入阐述。

△ 1994年成人高考命题会在北京召开，国家教委副主任王明达到会并讲话。

3月3日—5日 国家教委在北京召开部分委属院校进口业务工作研讨会。学习宣传全国进口工作会议精神，研究贯彻新颁布的《机电产品进口管理暂行办法》。

3月4日 “《时事》杂志创刊暨中学时事政策教育座谈会”在北京举行。《时事》杂志是由国家教委基础教育司委托中宣部《时事报告》杂志社编辑出版的中学生时事政策教育杂志。李岚清为《时事》杂志创刊题词。

3月5日—7日 国际美术教育’94研

讨会在北京举行。来自美国、日本、新加坡、香港、马来西亚等国家和地区及我国美术教育工作者参加会议。

3月6日—7日 中国教育国际交流协会第二届理事会第五次常务理事会在北京召开。国家教委副主任韦钰出席会议并讲话。

3月8日 国家教委发出《关于在教育系统开展向徐洪刚同志学习的通知》。

△“首都高校女教授联谊会”在北京召开成立大会，国家教委副主任韦钰应邀出席大会，并代表国家教委和全国妇联表示祝贺。

△ 国家教委副主任王明达会见世界银行“第二个职业技术教育发展”项目确认团，并就本项目贷款的使用问题与该团负责人交换意见。

3月9日 国家教委在北京召开《教育法》座谈会。教育界、法律界10多位专家学者出席会议，对《教育法（草案）》中涉及到的教育方针、基本教育制度、教育投入、学校分类、法律责任等重大问题提出修改意见。

△ 国家教委发出《关于设立“全国教育系统邓小平建设有中国特色社会主义理论研究中心”的通知》。

△ 国家教委印发《关于普通中等专业学校招生与就业制度改革的意见》。

3月10日 国务院总理李鹏在八届全国人大二次会议上作政府工作报告时指出，各级政府要有长远眼光和紧迫感，认真落实《中国教育改革和发展纲要》，把教育放在优先发展的战略地位。要加快教育改革步伐，切实增加教育投入，加强教育经费管理，促进教育事业的发展。各级政府宁可在别的方面节省一点，也要千方百计为教育办几件实事。

3月10日—13日 国家教委在清华大学召开高校思想政治教育专业研究生培养工作座谈会。

3月11日 国家教委发出《关于加强和改进高等学校人文社会科学研究工作的若干意见》。

△ 国家教委发出关于正式颁发《中学生日常行为规范》的通知。

3月11日—14日 驻国家教委监察局和纪检组合署办公后在南京召开首次全国教育纪检监察工作会议，总结1993年教育系统的纪检和监察工作，部署1994年工作任务，提出纪检和监察工作要为全面贯彻党的教育方针和教育改革与发展服务。

3月13日 全国人大及政协“两会”新闻中心举行新闻发布会，国家教委主任朱开轩、副主任张孝文、柳斌、王明达出席新闻发布会，回答记者提出的有关我国教育工作的问题。

3月14日 国务院总理李鹏签署国务院第151号令，发布《教学成果奖励条例》。29日，国家教委召开《教学成果奖励条例》座谈会，国家教委副主任张孝文出席座谈会并发言。

△ 国务院副总理李岚清与教育界全国政协委员进行座谈，听取委员们关于改革和发展教育的意见和建议。

3月15日 国务院决定从总理预备金中挤出1.735亿元作为启动经费，支持全国369所中央部（委）属院校的特困生勤工助学。

3月16日 政协委员关于《教师法》提案现场办案座谈会在香山饭店举行。国家教委副主任张天保就有关提案作说明。

△ 国家教委印发《对七省、市“两基”评估验收工作的抽查报告》。

3月17日 李岚清副总理到全国人大河南代表团驻地与教育界代表座谈。

3月19日 《中国教育报》刊登国家教委发布的《1993年教育事业发展统计公报》。

3月20日 中央民族学院更名为中央民族大学,更改校名庆祝大会在北京举行。江泽民总书记题写校名,李鹏总理题词祝贺。李岚清出席大会并讲话。

3月21日 国家教委发出《关于做好1994年普通高等学校招生工作的通知》。

3月22日—25日 中国与联合国儿童基金会94/95周期贫困地区小学教育项目主任会在北京举行。会议就贫困地区女童教育项目、特殊教育项目、制定学习标准及建立教学质量监测机制项目等工作进行部署。

3月25日 国家教委办公厅发出《关于做好1994年普通高等学校收费工作意见的通知》。

3月28日 《国家教育委员会政报》1994年第3期刊载《北京市实施〈中华人民共和国义务教育法〉办法》。

3月29日 中国教育国际交流协会与日本教师家长联合会及日本国际"凯尔"组织联合举行向山西、陕西两省贫困县小学赠送2000箱文具的仪式。

△ 国家教委、中国福利会发出《关于在全国中小学设立"宋庆龄奖学金"的通知》。

△ 国家教委、国家体委、共青团中央联合发出《关于开展"到阳光下,到操场上,到大自然中去陶冶身心"活动的通知》。

3月30日 清华大学举行经济管理学院成立10周年庆祝会。国务院副总理朱镕基、国家教委副主任张孝文到会祝贺。

4月1日 国家教委印发《普通中等专业学校学生学籍管理规定》。

4月4日 国家教委发出《关于1994年"两基"评估验收工作的通知》。

4月5日 浙江省缙云县发生特大翻船事故,43名春游学生身亡。7日,国家教委就此发出紧急通知,要求加强安全教育,落实防范措施。

△ 国家教委主任朱开轩、副主任韦钰会见香港教育界知名人士访问团一行。双方就内地基础教育改革与发展及内地香港间教育交流等问题交换意见。

4月5日—14日 全国人大检查组在广东了解《教师法》落实情况。肯定广东省贯彻《教师法》,"领导重视,贯彻认真,措施得力,效果显著"。

4月6日 国家教委发出《关于建立国家教育督导团的通知》。

△ 国家教委副主任韦钰会见克罗地亚科技部长布耶伦一行,双方对教育、科技等领域加强交流与合作交换意见。

4月7日 国务院副总理李岚清到北京农业大学听取学校工作汇报,与部分老教授,中青年教师、学生代表进行座谈并讲话。

△ 《中国教育报》刊登该报记者对国家教委副主任柳斌的专题采访,题为《督导工作必须加强》。

△ 国家教委发出《关于做好1994年普通中等专业学校招生工作的通知》。

△ 国家教委发出《关于进一步改革普通高等学校招生和毕业生就业制度的试点意见》。

△ 香港美孚石油公司设立50万元教育基金捐赠仪式在北京举行。

4月7日—8日 国家教委在北京召开"中国教育科研计算机网"研讨会。国家教委副主任韦钰到会讲话。4月21日，国家教委印发了会议《纪要》。

4月8日 国务院副总理李岚清主持召开民主党派负责人座谈会，听取各民主党派对《教育法》（草案）的修改意见。国家教委主任朱开轩就《教育法》（草案）做说明。

△ 经国家教委批准，四川大学和成都科技大学合并创办四川联合大学的成立大会在成都举行。党和国家领导人江泽民、李鹏、李岚清、李铁映、宋健等题词祝贺。

4月9日 国家教委印发《国家教委考试中心主管的考试收费标准》。

4月11日—14日 全国教育审计工作会议暨先进集体、先进个人表彰会在济南市举行。国家教委副主任柳斌到会讲话。

4月14日 国家教委办公厅发出关于转发《北京市教育局对中小学校实行统一收费卡制度》的通知。

4月16日 国家教委在沈阳召开全国普通高校先进教务处表彰会。北京大学教务处等161个先进教务处受到表彰。

4月18日 国家教委办公厅颁发《普通高等学校招生全国统一考试建立标准分数制度实施方案》。

4月18日—30日 国家教委督导团对河北省4市29个乡镇110所学校进行督导检查。督导团认为河北省的“两基”工作正在依法治教的轨道上稳步推进。

4月20日 北京对外经贸大学、北京化工学院、北京中医药大学、北京服装学院、北京金融学院等5所高校就联合办学问题举行座谈会。国务院副总理李岚清出席座谈会并讲话。

△ 国家教委印发《关于改革和发展成人中等专业教育的意见》。

4月22日 国家教委与共青团中央、中央电视台联合举办“我的祖国”百部爱国主义影视片知识竞赛文艺晚会，并向获奖单位发奖。中央电视台在“五四”青年节期间向全国播放晚会的实况录像。

4月22日—26日 全国教育科学规划领导小组扩大会议暨第二次教育科研工作座谈会在河北省石家庄市举行。全国教育科学规划领导小组组长何东昌、国家教委副主任兼全国教育科学规划领导小组副组长王明达出席会议并讲话。8月31日，国家教委办公厅印发座谈会《纪要》。

4月23日—25日 国务院副总理李岚清在天津视察天津大学、南开大学、中华职业中专、耀华中学、市一中等学校，并同天津市各高等院校领导就教育改革等问题进行座谈。

4月25日—27日 国家教委学生司和驻国家教委监察局在沈阳市联合召开招生监察工作会议。会议交流贯彻国家教委《关于进一步加强普通高校招生工作的意见》的情况和招生监察工作经验，研讨今后的工作。

4月25日—30日 国家教委主任朱开轩在上海考察教育工作，就高等教育布局结构调整、高校马列主义理论与思想政治教育“两课”改革和基础教育等有关问题进行调查研究。

4月28日 国家教委主任朱开轩在上海与上海市副市长谢丽娟一致宣布：国家教委与上海市政府决定共同建设复旦大学、上海交通大学和上海外国语大学。

△ 《国家教育委员会政报》1994年第4期刊载《广东省高等教育管理条例》。

4月29日 《教育研究》杂志创刊15周年座谈会在北京举行。李岚清题词祝贺。张承先、何东昌、王明达等出席座谈会并讲话。

5月3日—6日 中国教育国际交流协会第三届理事会第一次会议在北京举行。国家教委主任朱开轩、副主任韦钰出席会议并讲话。理事会选举李滔为协会会长。

5月4日 国家教委主任朱开轩、副主任张天保与喀麦隆高教部长埃佐阿·迪蒂斯为团长的喀麦隆教育代表团进行会谈。双方签署两国相互承认文凭、职称和学位证书的"协议"。

△ 国家教委副主任韦钰与俄罗斯高教委副主任梅西科夫·谢尔盖耶维奇为团长的俄罗斯高教委代表团举行会谈。双方签署94/95学年合作议定书。

5月5日—8日 国家教委、中央组织部、中央宣传部在北京联合召开部分省市党委教育部门负责人、高校党委书记参加的高校党建工作座谈会，研讨社会主义市场经济体制总体框架确定后，高校党建工作如何加强和改进等问题。

5月6日 国家教委、总参谋部、总政治部联合发出关于新修订的《高等学校学生军事训练教学大纲》的通知。

5月7日 国家教委副主任韦钰在北京会见香港大学校长王赓武一行。双方就内地与香港高校间的学术交流及建立计算机网络等交换意见。

5月10日 国家教委、财政部发出《关于在普通高等学校设立勤工助学基金的通知》。

5月11日 国家教委主任朱开轩在北京会见印度人力资源开发部部长阿琮·辛格一行。双方就加强两国教育交流与合作等问题广泛交换意见。

5月12日 国家教委发出《关于成立全国中小学体育教学改革指导小组的通知》。

5月15日 国家教委科学技术委员会换届暨第三届全体委员会议在北京召开。国家教委副主任张孝文、韦钰到会讲话。

5月16日—18日 国家教委在南京召开委属高校财务工作会议。国家教委副主任张天保到会讲话。

5月18日—19日 全国高校毕业生分配工作表彰先进暨1994年毕业生就业计划协调会在长沙市举行。国家教委副主任张孝文出席会议并讲话。

5月18日—22日 中央宣传部、国家教委、广播电影电视部、文化部、共青团中央在上海联合召开全国中小学爱国主义教育现场会。国务院副总理李岚清给大会发贺信，国家教委副主任柳斌在会上作主报告。中宣部副部长刘云山作会议总结。8月9日，国家教委办公厅印发柳斌、刘云山的讲话。

5月21日—6月1日 全国人大《教师法》检查组对吉林省贯彻落实《教师法》的情况进行执法检查。肯定吉林省贯彻落实《教师法》态度积极、行动迅速、措施得力、工作扎实。

5月22日—26日 全国残疾儿童随班就读工作会议在江苏省盐城市举行。

5月24日 国际大学联合会中国地区会议在天津开幕。国家教委副主任韦钰出席开幕式并致词。25日，李岚清副总理在北京接见出席会议的全体中外代表。

△ 国务院副总理李岚清为南昌大学建校一周年题词："发挥联合优势，进一步提高教学质量和办学社会效益，为办好新型综合性大学作贡献。"

5月24日—27日 全国高等学校理科培养应用性人才经验交流会在武汉举行。

5月25日—28日 国家教委基础教育司和国家语委普通话推广司在杭州市联合召开中小学普及普通话工作汇报会。

5月27日 经国家教委批准，上海工业大学、上海科技大学、上海大学、上海科技高等专科学校合并组建为新的上海大学，并举行成立大会。江泽民总书记为学校题写校名，李鹏总理题词祝贺。

5月27日—31日 全国骨干职业技术学校（中心）建设工作研讨会在河北省石家庄市举行。国家教委副主任王明达到会讲话。7月16日，国家教委办公厅印发了研讨会《纪要》。

5月28日 《国家教育委员会政报》第5期转载1993年12月23日广西壮族自治区人民政府令，公布《广西壮族自治区中小学保护办法》。

5月28日—6月2日 国务院副总理李岚清在湖北考察武汉无线电工业学校、华中师范大学附属第一中学、中国地质大学、华中理工大学和武汉大学，并与在汉的27所高等院校负责人进行座谈。

5月30日 “'93电影政府奖”颁奖大会在北京举行。国家教委副主任柳斌宣布国家教委对故事片《凤凰琴》表彰的决定。

5月30日—6月3日 全国高等教育自学考试办公室主任工作会议在北京举行，讨论自学考试事业发展规划等问题。国家教委副主任王明达出席会议并讲话。

5月31日 国家教委发出《关于近期全国高等学校设置审批工作的意见》。

6月1日 国家教委副主任柳斌、韦钰分别到北京市第三聋哑学校、海淀区北极寺小学和北京市东城区府学胡同小学、东四五条幼儿园，向少年儿童表示节日祝贺。

△ 国家教委办公厅转发山西省人民政府办公厅《关于解决中小学生辍学问题的通知》。

6月2日 共青团中央、全国学联在北京举行“科技与创业：当代大学生与中国的跨世纪发展座谈会”。

6月6日 高等教育出版社成立40周年成果展览在北京开幕。国务院总理李鹏以及李岚清、李铁映、雷洁琼等题词祝贺。

△ 国家教委发出通报，表彰辽宁省大连市瓦房店许屯镇东马屯村小学16名学生在少先队大队长马振云（女13岁）带领下奋力扑救山火的英雄行为。

6月8日 国务院总理李鹏在中南海与各民主党派和全国工商联负责人、无党派人士进行座谈，听取他们对全国教育工作会议报告（征求意见稿）的意见。9日，受李鹏总理委托，国务院副总理李岚清邀请全国人大、全国政协教育界代表和委员到中南海座谈，听取对全国教育工作会议报告（征求意见稿）的意见。

△ 国家教委发出《关于〈建立全国地区（市）农村教育综合改革联系点〉的通知》。

6月9日 国家教委发布《1994年全国学生近视眼防治工作公告》。

6月10日 国家教委办公厅发出《关于对委属高校在校学生实行定向补贴的通知》。

△ 国家教委印发《关于加强普通高等学校教学工作的意见》。

6月14日 国家教委办公厅印发《内地西藏班（校）办学水平综合评估指标（试行）》。

△ 1994年全国各类成人高校招生录取工作集体办公会在北京举行。国家教委副

主任王明达到会讲话。

6月14日—17日 党中央、国务院在北京召开全国教育工作会议。中共中央总书记、国家主席江泽民在会议上发表重要讲话，李鹏总理作题为《动员起来，为实施〈中国教育改革和发展纲要〉而努力》的报告。国务院副总理朱镕基作了关于经济工作的报告。会议的主要任务是，以邓小平同志建设有中国特色的社会主义理论和党的基本路线为指导，贯彻党的十四大和十四届三中全会精神，进一步落实教育优先发展的战略，动员全党全社会认真实施《中国教育改革和发展纲要》，为实现九十年代我国教育改革和发展的任务而奋斗。国务院副总理李岚清在闭幕式上代表党中央、国务院作总结讲话。国家教委主任朱开轩在预备会议上传达党中央、国务院对会议的指导思想及介绍会议有关问题。

6月18日 为祝贺全国教育工作会议闭幕，《人民日报》发表评论员文章，题为《坚决落实教育优先发展的战略》。同日，《光明日报》发表社论，题为《教育发展史上的里程碑》。《中国教育报》发表社论，题为《开创教育工作的新局面》。

6月18日—20日 国家教委在北京召开"九十年代基本普及九年义务教育和基本扫除青壮年文盲督导工作会议。"国家教委主任朱开轩作会议主报告，副主任柳斌就"两基"评估验收工作和加强教育督导工作讲话。18日，国务院副总理李岚清接见参加会议的国家教委督导团全体同志。

6月19日—7月6日 国家教委副主任张孝文率中国高等教育代表团访问意大利和德国。

6月20日 国家教委、农业部、林业部印发《关于进一步推进高等农林教育改革和发展的若干意见》。

6月22日 中国教育学会在北京举行纪念会，庆祝学会成立15周年。国务院副总理李岚清题词祝贺。中国教育学会会长张承先作题为《进一步发挥教育学会在深化教育改革中的作用》的讲话。

6月22日—24日 国家教委艺术教育委员会在北京召开第三届全体委员会议。国家教委主任朱开轩、副主任柳斌分别到会讲话。国家教委办公厅印发李岚清副总理致国家教委艺术教育委员会第三届全体委员会议的信及朱开轩、柳斌在会议上的讲话和《会议纪要》。

6月23日—24日 国家教委在河北省阳原县召开扶贫工作会议，王明达副主任到会讲话。

6月24日 "'94大学毕业生之夜"文艺晚会在北京举行。李岚清、朱开轩、张天保等领导出席。李岚清副总理在晚会开始前会见首都高校毕业生代表并进行座谈。

6月27日 国家经贸委、国家教委、中国科学院联合发出《关于成立产学研联合开发工程领导协调小组的通知》。

6月28日 《国家教育委员会政报》1994年第6期转载1993年11月30日中共安徽省委、省人民政府作出的《关于高等教育改革和发展若干问题的决定》。

△ 国家教委办公厅发出《关于加强普通高等学校招生管理工作有关事项的通知》。

6月30日—7月4日 经济发达地区职业教育发展研讨会在上海举行。会议就经济发达地区的特征、职教发展趋势及规划作了探讨。国家教委副主任王明达到会讲话。

6月30日 国家教委发出《关于申报国

家文科基础学科人才培养和科学研究基地本科学科点的通知》。

7月2日　八届全国人大常委会第八次会议听取全国人大教科文卫委员会主任委员赵东宛所作的关于检查《中华人民共和国教师法》执行情况的报告。1994年上半年，全国人大常委会和全国人大教科文卫委员会组织12个检查组，分赴北京、吉林、内蒙古、河北、山西、河南、安徽、陕西、湖北、四川、广东、青海等地，对《教师法》宣传落实情况进行了全面检查，同时还检查了《义务教育法》的实施情况。认为自《教师法》颁行以来，各地广泛组织学习，开展宣传和普及活动，积极制定具体措施，紧紧围绕提高教师素质、改善教师工作和生活条件两个重点，作了大量工作，取得了初步成效。

7月3日　国务院发出《关于〈中国教育改革和发展纲要〉的实施意见》。

7月4日　国家教委主任朱开轩在北京会见联合国儿童基金会执行主席詹姆斯·格兰特一行。双方就1996—2000年教育合作交流方案交换意见。

△　国家教委办公厅转发湖南省《关于加强我省1994年大中专招生计划宏观管理工作的意见》。

7月4日—6日　全国医学学位与研究生教育工作会议在北京举行。

7月5日　清华大学举行研究生院建院十周年庆祝会暨博士学位、硕士学位授予典礼。李鹏、李岚清、宋健等为该校研究生院建院10周年题词。

△　国家教委印发《实行新工时制对全日制小学、初级中学课程（教学）计划进行调整的意见》和《实行新工时制对高中教学计划进行调整的意见》。

7月6日　国家教委发出《关于进一步加强中小学生竞赛、评奖活动管理的通知》。

7月6日—9日　国家教委在银川市召开15省、区“1994年高等学校招生计划管理座谈会”。讨论与研究普通高校与成人高校的招生计划管理工作。

7月7日　国家教委办公厅印发《关于大中专教材出版亏损补贴的暂行办法》。

7月7日—10日　全国部分高校关心下一代工作经验交流会在吉林省长春市举行。

7月8日　国家教委主任朱开轩会见应国家教委邀请来北京访问的陈香梅女士。就中国教育的改革与发展、中美教育交流等问题与陈女士交换意见。

7月9日　第六届国际信息学奥林匹克竞赛在瑞典斯德哥尔摩结束。我国参赛的4名选手成绩优异：广西南宁二中黄天明、沈阳育才学校高光平、上海华东师大二附中李万钧获金牌；河南郑州铁路一中安兴华获铜牌。

7月10日　第26届国际化学奥林匹克竞赛在挪威奥斯陆结束。我国参赛的4名选手均获得奖牌。湖南师范大学附中李帅格和黄永亮获金牌；北京大学附中丁胜和江苏省无锡市一中唐海峰获银牌。

7月11日—13日　大陆、香港、台湾管理教育研讨会在北京举行。与会专家学者就管理教育的趋势、管理学院的管理、管理教育的目标化与本地化等问题进行研讨与交流。国务院副总理朱镕基到会讲话。

7月11日—16日　全国大学出版社总编辑工作研讨会在厦门举行。

7月12日　国家教委发出《关于在普通高中开设艺术欣赏课的通知》。

7月12日—18日　第25届国际物理奥

林匹克竞赛在北京举行。中国代表队5名选手获得四金一银的优异成绩。其中上海华东师范大学二附中的杨亮获最高总分奖。

7月16日 国家教委发出《关于加强地方教育电视台站管理的通知》。

△ 国家教委印发《关于开展残疾儿童少年随班就读工作的试行办法》。

△ 国家教委办公厅转发财政部、国家税务总局《关于对科研单位取得的技术转让收入免征营业税的通知》。

△ 国家教委办公厅印发《全国骨干职业技术学校（中心）建设工作研讨会纪要》。

7月17日 有200名北京和香港学生参加的以“我的祖国”为主题的京港学生’94交流营在北京语言学院开营。李岚清副总理、朱开轩主任参加开营式。

7月17日—20日 国家教委在清华大学召开高校‘两课’教学改革试点工作会议。国家教委副主任张孝文到会讲话。

7月18日 国家教委印发《关于近期普通高等学校本科专业设置审批和备案工作的意见》。

7月25日—8月9日 国家教委副主任张天保率中国教育代表团到肯尼亚、刚果和喀麦隆三国访问。

7月26日 中国学位与研究生教育学会在北京成立。截至1993年底，我国已授予博士学位1.4万人、硕士学位25.7万人。全国在校研究生10.6万人，博士学位授予单位271个、硕士学位授予单位628个、博士生导师8043人。

△ 中国科协举办欢迎会，庆祝参加国际数学、物理学、化学、信息学和生物学奥林匹克竞赛的我国中学生代表队取得优异成绩。国务院副总理李岚清到会向获奖学生及教师表示祝贺。

△ 国家教委副主任韦钰同斯洛伐克教育科学部国务秘书贵德尔·马察谢克在北京签署中国和斯洛伐克1994年至1997年教育合作计划。

△ 国家教委、国家计委、财政部、新闻出版署联合发出《关于调整大中专教材价格的通知》。

7月29日 国家教委、国家计委、中央统战部和西藏自治区人民政府联合召开座谈会，纪念内地西藏班办学10周年。国务院副总理李岚清向座谈会发表书面讲话。国家教委副主任王明达、韦钰出席座谈会，王明达在座谈会上讲话。

△ 全国第一家专门从事学位与研究生教育评估工作的事业性机构——高等学校与科研院所学位与研究生教育评估所，在北京理工大学成立。

7月30日 国家教委召开主任办公会议，讨论并原则通过《中华人民共和国教师法实施细则》（草案）。决定将该草案修改稿下发各省、自治区、直辖市教委（厅、局）征求意见并报送国务院审批颁布。

8月3日—4日 国务院副总理李岚清在北戴河主持召开座谈会，研究减轻中小学生课业负担和全面提高教育质量问题。8月28日，《中国教育报》全文刊登李岚清在座谈会上的讲话。

8月5日 《中国教育报》全文刊登国务院副总理李岚清6月18日在全国“两基”督导工作会议上接见国家督学时的讲话，题为《各级政府要充分重视督导工作》。

8月9日 中宣部、国家教委发出《关于认真宣传全教会精神、加强教育宣传报道的通知》。

8月10日　人事部、国家科委、国家教委联合邀请19位专家，在北京座谈培养造就跨世纪学术和技术带头人的工作。与会专家对培养跨世纪人才工作和人事部、国家科委、国家教委共同起草的关于造就跨世纪学术和技术带头人的两个文件（讨论稿）提出意见和建议。

△　国家教委办公厅发出《关于加强1994年普通高等学校招生计划管理，严肃招生纪律的通知》。

8月11日　上海宝山钢铁（集团）公司宣布以3500万元巨资设立面向全国的宝钢教育基金。这是我国最大数额的由企业设立的教育基金。

8月12日—14日　全国中小学校督导评估工作座谈会暨“中国教育督导研究会”成立大会在哈尔滨市举行。会议总结交流各地开展中小学校督导评估工作的经验，征求对《普通中小学校督导评估工作的指导纲要》的修改意见，研究部署中小学校督导评估工作及制度建设等有关问题。

8月17日—21日　全国高教自学考试社会助学工作会议暨理论研讨会在辽宁省兴城市举行。

8月22日　国家教委发出《关于公布国家级重点普通中等专业学校名单的通知》。

△　“健风杯”全国优秀民办教师表彰大会在北京举行。由中国教育学会、光明日报社、大亚湾健风集团举办的全国优秀民办教师评选结果在会上揭晓，评选出10名全国十佳民办教师和20名全国优秀民办教师。国务院副总理李岚清致信祝贺，国家教委副主任柳斌到会讲话。

△　国家教委办公厅向12个遭受水灾灾情严重的省、区发出《关于保证灾区中小学秋季按时开学的紧急通知》。

△　国家教委印发《全国中小学校长岗位培训评估工作指导意见》。

8月23日　中共中央向各地印发中央宣传部拟定的《爱国主义教育实施纲要》。9月6日，《中国教育报》全文刊登该《纲要》。

△　李鹏总理签署国务院第161号令，发布《残疾人教育条例》。9月1日，国家教委、中国残联在北京举行座谈会，提出要认真实施《条例》，发展残疾人教育。国家教委副主任柳斌到会讲话。

△　国家教委、国家体委、劳动部在山西省太原市召开全国职业技术教育系统体育工作先进学校表彰大会，对武汉铁路运输学校等228所全国职业技术教育系统体育工作先进学校进行表彰。国家教委副主作王明达，山西省副省长张维庆和国家体委、劳动部有关领导参加会议并讲话。

8月24日—27日　走向’95第四次世界妇女大会——女童教育国际研讨会在青海省西宁市举行。大会宣读江泽民、李鹏等中央领导为全国妇联、中国儿童少年基金会组织并开展的专门扶植女童入学的“春蕾计划”所作的题词。来自中国、美国、越南等国家和地区的80多位专家学者参加会议。

8月24日—29日　全国首届职业技术学校田径运动会在山西省太原市举行。

8月25日　国务院副总理李岚清在中南海会见来京参加“第二届海峡两岸中国现代化学术研讨会”的台湾学者。国家教委副主任韦钰参加会见。

8月26日—9月13日　国家教委副主任王明达率中国教育代表团访问巴西、墨西哥、古巴等三国。

8月28日　《中国教育报》全文刊登国

务院《关于〈中国教育改革和发展纲要〉的实施意见》。

8月28日—30日 第二届“妇女与科学技术”中日研讨会在大连市举行。国家教委副主任韦钰在大会开幕式上作题为“中国妇女教育的现状与展望”的特别报告。

8月31日 中共中央发出《关于进一步加强和改进学校德育工作的若干意见》。9月16日，为贯彻落实《意见》，国家教委和中共北京市委、市政府邀请首都教育界负责人和教师代表到中南海座谈。与会人员就如何进一步加强和改进学校德育工作提出建设性意见。国务院副总理李岚清在座谈会上讲话。

△ 全国职业技术学校办学经验现场会在山西省左云县综合技术学校召开。

9月1日 《中国教育报》发表社论，题为《把德育放在学校工作的重要地位》。

△ 国家教委发出《关于在九十年代基本普及九年义务教育和基本扫除青壮年文盲的实施意见》。

9月3日 国家教委主任朱开轩在北京外国语大学向北京地区72所高校的1000多名大学生作形势报告，对大学生们提出殷切希望。

9月4日 劳动部在北京召开全国职业培训优秀教师和工作者表彰大会，表彰全国职业培训优秀教师216名，优秀工作者204名，并公布首批国家级重点技工学校。

9月5日 国家教委主任朱开轩在北京会见以罗马尼亚教育部部长利维乌·马约尔为团长的罗马尼亚教育代表团。双方就发展中罗两国教育交流与合作交换意见。

△ 国家教委发出《关于试行高等教育自学考试国际贸易专业考试计划的通知》。

9月8日 国务院副总理李岚清在四川省视察工作并出席四川省庆祝教师节招待会，与四川各级各类学校的150名优秀教师、优秀教育工作者代表共庆第十个教师节。

△ 全国教育工会在北京召开会议，表彰全国“三育人”先进个人和优秀教育工作者。湖南武溪小学校长刘本双等97人被授予全国“三育人”先进个人荣誉称号；郑州纺织工学院李福瑞等102人被授予全国优秀教育工会工作者称号。

△ 国家教委与深圳中华自行车集团公司在人民大会堂联合举行新闻发布会。深圳中华自行车集团公司捐赠1000万元人民币，设立“中华育人教育基金”，主要用于支持基础教育事业发展。

△ 来自全国26个省、自治区获得农村小学优秀教师称号的52名代表在中南海接受由中国青少年发展基金会设立的“希望工程园丁奖”的荣誉称号。中国青少年发展基金会在颁奖仪式上宣布，正式设立“希望工程园丁奖奖励基金”，以对贫困地区长期从事农村基础教育工作并取得突出成绩的优秀教师给予表彰奖励和资助。

△ 北京二十一世纪实验学校举行开学典礼。李鹏、李岚清、李铁映等分别为该校题词。该校由北京锡华电子有限公司与海淀区教育局联合创办，是全国首家“政企联办、产教结合”的新型学校。

9月9日 李鹏、乔石、李瑞环、荣毅仁、李岚清等党和国家领导人在中南海会见来自全国各地的50位模范教师代表。李鹏总理同模范教师代表进行座谈。

△ 国家教委办公厅印发《国家教育督导团若干工作制度（试行）》。

9月10日 国务院副总理李岚清到北京市海淀区实验小学、花园村第二小学、花园村中学、海淀旅游服务职业高中、北京邮电大学和首都师范大学等校看望教师并进行座谈，代表党中央、国务院向广大教师致以节日问候。《中国教育报》发表社论，题为《为迈向新世纪做贡献》。

△ “走进九月”’94教师节文艺晚会在中央电视台演播室举行。李岚清、雷洁琼、吴阶平、万国权等领导同应邀进京的全国模范教师代表、北京市的教师代表出席文艺晚会。

△ 国家教委举行庆祝教师节座谈会，北京地区20所高校的31位教师代表出席。国家教委副主任张孝文主持并讲话。

△ 国家教委召开部分中小学校长、班主任、教育科研人员和行政领导座谈会，讨论《中共中央关于进一步加强和改进学校德育工作的若干意见》，提出贯彻落实措施。

9月11日 我国著名英语教育家、语言学家，北京外国语大学博士生导师许国璋教授在北京逝世。

9月12日—27日 国家教委主任朱开轩率中国教育代表团访问日本和韩国。

9月14日 国家教委、国家语委发出《关于对普通中小学普及普通话工作进行检查评估的通知》。

9月15日 国家教委作出《关于表彰全国农村教育综合改革先进集体的决定》，授予北京市昌平县等204个单位为全国农村教育综合改革先进单位。

9月15日—18日 全国教育科学规划领导小组办公室、国家教委基础教育司举办的“邓小平论教育同生产劳动相结合”学术研讨会在苏州市举行。

9月16日 国家教委等部门召开贯彻落实《中共中央关于进一步加强和改进学校德育工作的若干意见》座谈会。国务院副总理李岚清出席座谈会并讲话。

9月19日 国家教委发出关于学习贯彻《中共中央关于进一步加强和改进学校德育工作的若干意见》的通知。

△ 国家教委、财政部发出《关于提高普通高等学校专业奖学金标准的通知》。

△ 全国教育系统学习《邓小平文选》和建设有中国特色社会主义理论研讨会在广州市举行。国家教委副主任张孝文主持会议并讲话。

9月20日 国家教委发出《关于进一步做好学校收费工作的通知》。

9月21日—24日 部分省市中小学收费管理工作座谈会在上海举行。会议就中小学收费中存在的问题及进一步做好改进工作进行研究。10月24日，国家教委办公厅印发了《会议纪要》。

9月22日—26日 全国农村教育综合改革工作会议在河北省唐山市举行。会议贯彻全国教育工作会议精神和《全国教育改革和发展纲要》，总结、交流全国农村教育综合改革的成果和经验，进一步动员和部署在新形势下深化农村教育综合改革工作。国家教委副主任王明达在会上作题为《认真贯彻全教会精神，积极推进农村教育综合改革》的报告。国务院副总理李岚清到会作重要讲话。会议对北京市昌平县等240个在农村教育综合改革方面取得突出成绩的先进集体进行了表彰。

9月23日 国家教委副主任张孝文在北京向全国政协在京委员、北京市政协委员和民主党派中央的部分同志近200人作题为《关于我国高等教育改革和发展》的报告。

△ 国家教委发出关于贯彻《爱国主义教育实施纲要》的通知。

△ 国家教委、国家体委、卫生部、国家民委、国家科委联合印发《1995年全国学生体质健康状况调查研究实施方案》。

9月24日 国家教委颁发《普及义务教育评估验收暂行办法》。

△ 国务院办公厅发出通知，成立全国扫盲工作部级协调小组。国家教委主任朱开轩任组长。

9月26日 国家教委、财政部印发《普通高等学校研究生奖学金办法》。

△ 国家计委、国家教委发出《关于调整普通高等院校学杂费问题的通知》。

9月28日 《人民日报》第三版发表国家教委主任朱开轩谈贯彻《中共中央关于进一步加强和改进学校德育工作的若干意见》的署名文章，题目是《新时期学校德育工作的纲领》。《中国教育报》已于9月26日刊登此文。

△ 《国家教育委员会政报》1994年第9期刊登李鹏总理1994年9月9日在教师节赴京模范教师代表座谈会上的讲话，题目是《为教育事业献身无上光荣》。

△ 中共中央发出《关于加强党的建设几个重大问题的决定》，要求学校党的建设要围绕学校的改革和发展，加强和改进德育工作，培养有理想、有道德、有文化、有纪律的社会主义事业的建设者和接班人来进行。

9月29日 国家教委办公厅发出《关于颁发语言学习系统产品合格证的通知》。

10月1日 首都各界群众10万人在天安门广场举行群众联欢晚会，热烈庆祝中华人民共和国建国45周年。北京69所高校、19所中专学校共16000名师生参加联欢晚会观看焰火并表演文艺节目。

10月3日 全国“十佳”少先队辅导员评选揭晓。上海市唐镇中心小学大队辅导员黄美英（女）、北京市香厂路小学大队辅导员颜凤岭、山西省襄垣县总辅导员刘义福、四川省重庆市中区第一实验小学大队辅导员万缨（女）、辽宁省沈阳市总辅导员鲁颖（女）、山东省枣庄市大坞镇总辅导员赵日贵、江苏省南京市总辅导员华耀国、内蒙古自治区哲里木盟科左中旗总辅导员包淑华、湖北省武汉市总辅导员柯有棣、福建省莆田市总辅导员翁士明等10人当选。

10月5日 联合国教科文组织在瑞士日内瓦举行第44届世界教育大会。国家教委副主任韦钰率中国代表团出席会议。大会宣布，从1994年起将10月5日定为“国际教师日”。

10月7日 国家教委办公厅发出《关于做好〈中国教育年鉴〉1995卷撰稿工作的通知》。

△ 国家教委在清华大学邀请中国科学院、中国工程院部分院士就如何适应社会主义现代化建设和科学技术发展的需要，培养高水平的跨世纪工程科学技术人才问题进行座谈。

△ 中国教育学会成立中学德育研究会，主要任务是开展对中学的德育研究，举办德育工作者培训班、研讨班等。

10月8日 国家教委印发《关于加强成人教育管理干部岗位培训工作的意见》。

10月10日—13日 全国部分省市“普九”工作汇报会在长春市举行。来自北京、天津、辽宁、吉林、上海、江苏、浙江、山东、广东9省市的代表汇报贯彻全国教育工作会议的情况和普及九年义务教育的经验，并就如何突破难点，进一步推进“普九”工作进行研讨。国家教委主任朱开轩在会上宣布：北京、上海、天津3个直辖市率先实现普及九年义务教育。

10月11日 国家教委发出《关于进一步建立健全教育内审制度的通知》。

10月12日 经中国人民银行批准成立的“中国教育科技信托投资公司”在北京开业。它是建国以来第一家依托教育系统设立的全国性非银行金融机构。由国家教委、财政部、国家计委、中信公司共同出资设立。

△ 国家教委发布新闻公报宣布:北京、天津、上海3个直辖市全面实现普及九年义务教育和基本扫除青壮年文盲。

10月14日 中央宣传部、国家教委在北京联合举行“新时期创业精神报告会”,陕西省延安地区延长县罗子山乡下西渠小学教师王思明在会上介绍艰苦创业、献身山区教育事业的事迹。10月11日,国家教委、人事部已决定授予王思明“全国教育系统劳动模范”称号。

△ 国家教委和经贸部在北京举行天津外贸学院并入南开大学议定书签字仪式。国家教委副主任张孝文和经贸部副部长李国华分别在议定书上签字。

10月16日 南开大学举行建校75周年庆祝大会。江泽民、李鹏、乔石、李瑞环等党和国家领导人题词祝贺。

10月17日 国家教委办公厅印发《普通高等学校函授教育评估基本内容和准则》、《普通高等学校夜大学评估基本内容和准则》、《普通高等学校函授教育评估指标体系(试行)》和《普通高等学校夜大学评估指标体系(试行)》。

△ 《中国教育报》发表长篇通讯《此情永驻黄土地》,介绍全国教育系统劳动模范、陕西省延长县罗子山乡下西渠小学教师王思明的先进事绩。

10月17日—20日 国家教委直属高校工作咨询委员会第五次全体(扩大)会议在浙江大学举行。国家教委主任朱开轩在开幕会上就深化教育体制改革和加强校级领导班子建设问题讲话。18日,国务院副总理李岚清出席会议,就当前深化高教改革中共同关心的问题发表讲话。会议期间,委员们广泛交流了贯彻《纲要》和全教会精神,推进办学和管理体制改革,积极调整教育结构,深化教育教学改革,提高教学质量和办学效益的思路、作法及经验。国家教委副主任张孝文在闭幕会上就会议研讨的议题及委属高校关心的几个问题发表了意见。

10月18日 国家教委发出《关于重新颁发全国各类成人高等学校招生复习考试大纲的通知》。

10月18日—23日 全国中小学整体改革第七届年会暨研讨会在杭州市举行。研讨如何贯彻落实全教会提出的“两全”方针问题。

10月20日 福建省、厦门市隆重举行纪念陈嘉庚先生诞辰120周年大会。江泽民、李鹏等中央领导为纪念活动题词。大会宣布集美学村的集美航海学院、厦门水产学院、福建体育学院、集美财政专科学校、集美师范专科学校等5所学校正式合并组建为集美大学。江泽民主席题写校名,李岚清副总理出席纪念大会并讲话。

10月21日 霍英东教育基金会第四届“高等院校青年教师基金”及“青年教师奖”颁奖仪式在人民大会堂举行。全国共有230名青年教师获奖,其中获青年教师基金80名,青年教师奖150名。杨尚昆、雷洁琼、霍英东等出席仪式。

10月22日 国家教委副主任韦钰会见韩国总统秘书室教育秘书宋泰镐一行。双方就进一步加强两国教育以及科技与产业方面的合作与交流交换意见。

△ 国家教委印发《中度智力残疾学生教育训练纲要（试行）》。

10月22日—24日 国务院办公厅在大连召开全国教师住房工作经验交流会。会议总结、交流和推广各地、各部门解决教师住房问题的经验及做法，研究加快教师住房建设和改革的方针政策及目标任务，以推动全国教职工住房条件的全面改善。国务院副总理李岚清出席会议并讲话。国家教委副主任张孝文在会上作报告。国务院副秘书长刘济民在闭幕会上作总结。11月16日，国家教委印发李岚清等领导在会上的讲话。

10月23日—25日 农村中小学课程改革研讨会在武汉市举行。

10月24日—28日 国家教委与联合国儿童基金会在合肥市召开“促进贫困地区女童初等教育项目”主任会议。

10月25日 为纪念叶圣陶诞辰100周年，人民教育出版社举行叶圣陶铜像揭幕仪式和座谈会。国家教委副主任柳斌出席并讲话。

△ 青岛海洋大学举行庆祝建校70周年大会。李鹏、乔石、李岚清等领导题词祝贺。

10月26日 国务院副总理李岚清、国家教委副主任张孝文、北京市委副书记李志坚等到北京理工大学和北京外国语大学与部分教师座谈。

10月26日—30日 国家教委在杭州召开农村综合初中实验工作会议，部署试办农村综合初中，以推进农村教育综合改革。国家教委副主任柳斌到会讲话。

10月27日—31日 国家教委在云南省昆明市召开1995年普通及成人高等学校招生计划管理工作会议。

10月28日 《国家教育委员会政报》1994年第10期刊载中共中央1994年8月23日印发的《爱国主义教育实施纲要》。

△ 江泽民主席在北京会见美籍华裔数学家、南开大学教学研究所名誉所长陈省身教授及夫人，就中国教育发展问题进行交谈。

10月25日—28日 国际教育与产业合作研讨会在北京举行。国家教委副主任王明达到会致开幕词。

10月28日—31日 由民建、民盟等八个民主党派及全国工商联、中华职教社共同召开的全国民办教育研讨会在北京举行。国家教委副主任王明达到会讲话。

10月29日—11月2日 全国第五届“愉快教育”研讨会在成都市举行。国家教委副主任柳斌到会讲话。

10月31日 国家语委、国家教委、广电部联合发出《关于开展普通话水平测试工作的决定》。

11月1日 国家教委办公厅发出《关于民办学校向社会筹集资金问题的通知》。

11月2日 全国扫盲工作部际协调小组在北京召开第一次会议。全国人大常委会副委员长、部际协调小组顾问陈慕华出席会议并讲话。国家教委主任、协调小组组长朱开轩主持会议，并宣读李岚清副总理的书面讲话。副主任王明达也在会上讲话。会上，国家教委对提前实现基本扫除青壮年文盲的吉林省予以表彰并奖励100万元。

△ 国家教委办公厅印发《第二学士学位点整理审核汇总表》。

11月2日—11日 由联合国教科文组织支持召开的“农村教育紧迫需要地区研讨会”在河北省保定市举行。来自16个国家和国际组织的代表就亚太地区各国农村教育发展中的一些紧迫问题交换意见和交流经验，并对一些理论问题进行探讨。

11月3日 国家教委职教司在北京召开座谈会，就职教系统进一步贯彻落实《中共中央关于加强和改进学校德育工作的若干意见》和《爱国主义教育实施纲要》，推动中等职业学校政治课的改革，加强和改进学校的德育工作等问题进行座谈。

11月4日 国家教委主任朱开轩在北京会见联合国教科文组织总干事科林·波尔，向他介绍中国教育发展与改革的情况。

11月4日—7日 中国国家教育发展研究中心和联合国教科文组织中国委员会秘书处联合主办的“市场经济与教育改革”国际研讨会在北京举行。国家教委主任朱开轩、副主任韦钰，联合国教科文组织总干事马约尔到会讲话。

11月5日 国家教委发出关于印发《关于国家教委直属高校贯彻全国教育工作会议精神的意见》的通知。

11月7日 国家教委接受菲律宾首都银行基金会捐赠300万元人民币的签字仪式在北京举行。雷洁琼、柳斌等出席签字仪式并致谢词。

△ 国家高级教育行政学院举行第九期高校领导干部进修班结业典礼。国家教委主任朱开轩在典礼上讲话强调加强领导班子建设，是办好高校的保证。

△ 国家教委印发《关于国家教委直属高校积极推行办学与管理体制改革的意见》。

11月8日 “国际农村教育研究与培训中心”在河北省保定市落成。联合国教科文组织总干事马约尔，国家教委副主任、中国联合国教科文组织全委会主任韦钰，河北省省长叶连松等参加落成揭幕仪式。马约尔和韦钰分别代表联合国教科文组织和中国国家教委签署国际农村教育研究与培训中心协议备忘录，并对中心工作进行考察指导。

△ 国家教委印发《1995年普通高等学校招生全国统一考试范围》。

11月9日 国家教委在人民大会堂召开表彰全国33个中小学计算机教育先进集体和56名先进工作者大会，并向获表彰者颁发“中国计算机教育奖励基金”，同时受表彰的还有获特别奖的国际信息学奥林匹克中国队总教练、清华大学计算机系教授吴文虎。

△ 国家教委发出《关于做好1995年全国普通高校毕业生和毕业研究生就业工作的通知》。

11月10日 国家教委发出《关于全面贯彻教育方针，减轻中小学生课外负担过重的意见》。

△ 国务院学位委员会发言人宣布：“东方高级决策管理学院”违犯国家教育法规、擅自与境外机构联合办班，所授予的“硕士学位”不予承认。

11月11日 新华社发布国家统计局最新公布的人口变动情况抽样调查结果，表明1993年人口情况与1990年人口普查时相比，全国人口文化程度有全面提高，文盲和半文盲的人数有所减少。

△ 国家教委举行新闻发布会，宣布减轻中小学生课业负担的出路在改革。要求学校改变“应试教育”模式，严格课时，控制考试，整顿“奥校”。

11月12日 国家教委副主任张孝文在

广州与广东省副省长卢钟鹤共同签署关于原委属广州外国语学院改为隶属广东省领导关系的决定和交接工作备忘录。

11月13日—14日 国务院妇女儿童工作协调委员会和全国人大内务司法委员会联合召开贯彻《妇女权益保障法》工作会议。国家教委副主任柳斌出席会议并作大会发言。

11月13日—15日 国家教委在郑州召开港澳台地区教育交流座谈会，副主任韦钰到会讲话。

11月14日 国家教委印发《关于开展小学新教师试用期培训的意见》。

△ 国家教委办公厅发出《关于严格消费基金过快增长和加强现金管理的通知》。

△ 国家教委发出《关于1995年人文社会科学研究优秀成果评奖工作的通知》。

11月14日—17日 全国中学实践活动座谈会在山西运城地区举行。会议研究中学实践教育活动的深化问题，并对100所中学实践教育活动先进学校给予表彰。

11月14日—18日 由国家教委、德国汉斯·赛德尔基金会、德国技术合作公司联合举办的中德职业技术教育学术研讨会在杭州举行。

11月15日 由清华大学承担主要建设和运行任务的国家CIMS（计算机集成制造系统）工程研究中心获得由美国制造工程学会颁发的1994年度CIMS应用与开发"大学领先奖"。

11月16日 国家教委印发《对天津、上海市普及九年义务教育和基本扫除青壮年文盲工作的督导评估报告》。

11月16日—18日 由中国教育国际交流协会、国家教委教育发展研究中心主办的"妇女与教育国际研讨会"在上海举行。国家教委专职委员郝克明在会上作《中国妇女教育的现状与发展》的主题发言。

11月16日—20日 全国高等工程专科学校校长工作研讨会在北京举行。国家教委主任朱开轩到会讲话。

11月17日 国家教委印发《关于国家教委直属高校积极推行办学与管理体制改革的意见》。

11月18日 国家教委与江苏省人民政府在南京签署共同建设南京大学、东南大学议定书。国家教委副主任张孝文、江苏省副省长季允石等出席签字仪式。

△ 国家教委在人民大会堂举行仪式，接受韩国大宇集团向我国高等学校赠送5000套《中华古文明大图集》。国家教委主任朱开轩、副主任韦钰及部分大学校长、学生代表参加赠送仪式。同日，李岚清副总理会见大宇集团董事长金宇中和韩国教育部长金淑喜等客人。

11月18日—21日 全国学校德育工作座谈会在山东省济南市举行。会议交流落实《中共中央关于加强和改进学校德育工作的若干意见》精神的情况，并就《全国高校德育工作大纲》、《中小学德育大纲》进行研究提出修改意见。国家教委副主任张孝文到会讲话。

11月19日 由企业出资承办的我国最大的教育事业奖励基金——宝钢教育奖首次颁发。总数为180万元的奖金颁发给来自全国高校的800名优秀教师和学生。国家教委向颁奖会和获奖师生发贺信。

△ 中国教学仪器设备总公司和香港工商业展览有限公司联合主办的"第三届国际教育器材展览会"在京开幕。国家教委副主任韦钰到会剪彩并讲话。

11月20日　国家教委作出《关于表彰全国扫除文盲先进工作者和农村成人教育先进学校的决定》。

11月20日—24日　全国扫盲与农村成人教育工作会议在江苏无锡市举行。会议总结交流全国扫盲与农村成人教育经验，研究部署今后工作。国家教委专职委员郭福昌到会讲话。

11月21日　国务院总理李鹏主持召开国务院第26次常务会议，讨论并原则通过《中华人民共和国教育法(草案)》。会议确定，这部法律草案经进一步修改后，按程序提请全国人大常委会审议。

△　中央广播电视大学15周年校庆暨全国广播电视大学表彰大会在北京举行。江泽民、李鹏、李岚清等分别为大会题词。国家教委副主任韦钰在会上作主题报告。

11月21日—24日　全国小学、初中国防教育工作会议在浙江绍兴市举行。

11月24日　国务院副总理李岚清在国家教委电教大楼会见参加中央电大十五周年校庆大会和全国电大校长座谈会的中央和44所省级电大校长，并发表讲话。李岚清参观了新落成启用的国家教委电教大楼并了解建设情况。国家教委主任朱开轩与各地电大校长举行座谈。

△　国家教委办公厅发出《关于重点支持部分民族师范学校改善办学条件的通知》。

11月25日　《中国教育报》载：我国首例由山东省东港公司诉山东大学委托培养生违犯合同不到委托单位报到和工作一案，经济南市历城区人民法院一审判决委培生败诉，赔偿委托单位培养费3—4万元。

11月26日　国家教委发布《中外合作办学条例》。

11月28日　国家测绘局、新闻出版署、国家教委、外交部联合发出《关于加强教学地图编制出版管理工作的通知》。

△　第五届大学生运动会在西安市开幕。全国30个省、自治区、直辖市高校组团参加田径、篮球、排球、艺术体操、健美操、武术等项目的竞赛。

11月29日—12月2日　全国学前班试点工作会议在北京召开，国家教委副主任柳斌出席会议，听取部分代表关于基层幼教情况汇报，并就当前幼儿教育改革的有关问题讲话。

11月30日　国家教委宣布，“中国教育和科研计算机网示范工程”已由国家计委正式批复立项实施。同日在清华大学举行汇报演示会，国务院副总理邹家华、国家教委副主任韦钰等参加观看“网络”汇报演示。

12月1日　卫生部、国家教委联合颁发《托儿所幼儿园卫生保健管理办法》。

12月3日　国家教委高校学生司与云南大学合作研制的“普通高等教育学历证书三级管理系统”在京通过验收，专家们认为，该系统具有较高的实用价值，对宏观控制高教规模，提高学历证书管理水平有重要作用。

12月5日　国家教委副主任韦钰在京会见香港理工学院助理校长曾庆忠先生一行，就加强教育交流与合作等问题交换意见。

△　国务院副总理李岚清在北京国际会议中心参观第二届中国大学生应用科技发明大奖赛成果展览暨技术交易会。

12月5日—7日　国家教委在北京召开高等学校专利工作座谈会，总结和交流高校专利工作成绩和经验，探讨新形势下改进和加强高校专利管理、强化高校专利实施的办法。国家教委副主任韦钰到会并讲话。

12月7日—9日 全国高校思想政治教育研究会第四次代表大会暨1994年年会在广州市举行。

12月8日 新疆克拉玛依市友谊馆发生特大火灾，正在观看市中小学汇报演出的796人中，有325人遇难。其中中小学生288人，干部、教师及工作人员37人。火灾发生后，国务院副秘书长徐志坚和国家教委副主任柳斌率领工作组一行18人，于9日下午飞抵克市进行火灾善后处理并慰问死难者家属和伤员家属。期间，柳斌专门听取了克市教委关于火灾和师生伤亡情况的汇报，并到6所中小学了解教学秩序等情况。经查明这是一起特大恶性安全责任事故。19名有关责任者分别受到刑事、党纪、政纪处理。

12月9日 国务院副总理李岚清分别到国际关系学院和北京林业大学看望教职员工，听取两校领导关于学校工作的汇报，参观两校教学科研成果展和部分教学、科研设施并与教职工代表进行座谈。

12月10日—14日 全国妇联、国家教委、中国少年儿童基金会在银川市联合召开全国部分省区女童教育工作座谈会，会议交流自1990年以来在发展女童教育方面取得的经验。

12月12日 国家教委主任朱开轩在京会见并宴请叙利亚教育部长哈勒比为团长的叙利亚文化代表团一行。双方表示将认真执行中叙文化协定94—97年执行计划中的教育条款。

12月14日 中宣部、中央党校、中央文献研究室、中国社会科学院、国家教委、解放军总政治部联合在京召开学习《邓小平文选》和建设有中国特色社会主义理论研讨会。

12月15日 国家教委督导团召开中小学督导评估校长汇报会。国家教委副主任柳斌到会讲话。

△ 联合国儿童基金会驻华代表处在京举行“1995年《世界儿童状况报告》（中文版）首发式”，国家教委副主任王明达到会并讲话。

12月16日 国家教委召开紧急通气会，通报12月8日克拉玛依市特大火灾有关情况。国家教委副主任柳斌在会上要求全国各级教育行政部门要认真从此事件中吸取深刻教训，大力加强安全工作。同日，国家教委发出《关于做好学校安全工作的紧急通知》。

12月16日—17日 国家教委和广东省政府在广州市共同举办1995年全国普通高校毕业生信息交流和重点计划洽谈会。国家教委副主任张天保在会上宣布，我国正积极培育毕业就业市场，争取到2000年，大多数高校毕业生实现自主择业。

12月16日—18日 国家教委在上海召开全国高等教育体制改革座谈会。朱开轩主任在会上作题为《积极推进高等教育体制改革》的报告，提出进一步深化高等教育管理体制改革的工作方针。会议总结交流近年来高等教育体制改革的经验，着重讨论进一步推进高等教育管理体制改革的思路、政策和措施。国务院副总理李岚清在闭幕会上就认真贯彻全教会精神，积极推进高教办学和管理体制改革发表讲话。

12月17日 《人民教育》杂志编辑部举办的“教师——美好的职业”散文征文评委会会议在京举行。国家教委副主任柳斌参加会议并发言。

△ 1995年全国成人高等学校招生工作集体办公会议在北京召开。国家教委副主

任王明达出席。

12月17日—19日 中央统战部和国家教委在上海联合召开全国部分高校统战工作座谈会。全国政协副主席、中央统战部部长王兆国到会讲话。国家教委主任朱开轩主持会议。中央统战部副部长刘延东作《团结协作，开拓高校统战工作新局面》的报告。

12月17日—20日 全国高等学校设置评议委员会第三次全体会议在广西北海市举行。会议明确今后一个时期全国高校设置审批工作的方针和任务，审议部分省市和部门的院校调整、合并的总体方案及部分高校更改校名问题。

12月19日 国家教委办公厅发出《关于禁止通过学生征收集资费等有关事项的紧急通知》。

△ 国家教委、国家统计局发布《1993年全国教育经费执行情况统计公告》。12月31日，《中国教育报》全文刊登该《公告》。

△ 全国扫盲工作部际协调小组印发第一次会议《纪要》。

12月20日 国家重点实验室建设十周年总结表彰大会国家教委分会在清华大学召开。国家教委副主任韦钰出席会议并讲话。

12月21日 国家教委主任朱开轩受国务院委托，在八届全国人大常委会第十一次会议上，就《中华人民共和国教育法（草案）》作说明，并请常委会审议。

12月22日 国家教委办公厅发出《关于公布1995年度普通高等学校举办函授、夜大学专科教育备案名单的通知》。

△ 国家重点实验室建设十周年总结表彰大会在北京召开。高等院校5个实验室被评为先进集体，29名教师获先进工作者称号。

△ 国家教委主任朱开轩到中央党校，与在党校接受培训的近20位高校校级年轻干部进行座谈，听取他们有关高等教育改革和发展的意见和建议。

12月23日 中国人民大学举行新加坡爱国华侨陈贤进先生捐赠1300万元人民币建筑我国首家知识产权大楼的签字仪式。国家教委副主任张天保参加签字仪式。

12月25日—27日 中国教育国际交流协会在厦门大学举办“华厦园丁联欢”活动，国家教委副主任韦钰参加联欢活动。

12月26日 国家教委发出《关于深化改革，加强1995年普通高等学校招生计划宏观管理的意见》。

12月27日 由《中国教育报》和上海宝钢集团联合主办的“全国十杰中小学青年教师”评选揭晓及颁奖大会在北京举行。国务院副总理李岚清在颁奖大会前会见获奖教师。

△ 国家教委颁发《中等职业技术学校政治课〈建设有中国特色社会主义的理论与实践〉教学大纲（试用）》。

12月28日 国务院副总理李岚清到北京轻工业学院和北京商学院，向两校教职员工和学生祝贺新年，与教职工代表进行座谈，对学校的发展与改革作了指示。

△ 国家教委办公厅印发《中小学校督导评估工作座谈会纪要》。

△ 国家教委、民政部、中国残疾人联合会发出关于贯彻《残疾人教育条例》的通知。

12月29日 第八届全国人民代表大会第11次常委会通过决定，将《中华人民共和国教育法》（草案）提交到1995年3月5日召开的第八届全国人大三次会议审议。

12 月 30 日 曾宪梓教育基金会 1994 年高等师范专科院校教师奖颁奖大会在人民大会堂举行。全国共有 1000 名高等师范专科学校的优秀教师获奖。

△ 国家教委发出关于在来华外国留学生中执行《普通高等教育学历证书管理暂行规定》的通知。

△ 国家教委办公厅发出《关于全国高等教育自学考试指导委员会办公室与国家教委考试中心合并及有关问题的通知》。

△ 国家教委办公厅发出《关于加强高等学校校园秩序管理的通知》。

12 月 31 日 国务院副总理李岚清到北京大学、清华大学、北京师范大学，看望陈岱孙、张光斗、启功三位老教授。

△ 国家教委办公厅印发《全国小学、初中国际教育工作会议纪要》。

撰稿 喻晓宪 吴伯康
闫 蕾
审稿 郑树山